国家卫生健康委员会“十四五”规划教材
全国高等学校药学类专业第九轮规划教材
供药学类专业用

天然药物化学

第 8 版

主　编　华会明　娄红祥

副主编　张卫东　邱　峰　张勇慧

编　者（以姓氏笔画为序）

王立波（哈尔滨医科大学）
华会明（沈阳药科大学）
刘　涛（中国医科大学）
汤海峰（中国人民解放军空军军医大学）
杨官娥（山西医科大学）
邱　峰（天津中医药大学）
何祥久（广东药科大学）
张小坡（海南医学院）
张卫东（中国人民解放军海军军医大学）
张勇慧（华中科技大学同济医学院）
罗建光（中国药科大学）
姜　勇（北京大学药学院）
娄红祥（山东大学药学院）
都述虎（南京医科大学）
高慧媛（沈阳药科大学）
穆　青（复旦大学药学院）

人民卫生出版社
·北　京·

图书在版编目（CIP）数据

天然药物化学 / 华会明，娄红祥主编 . —8 版 . —北京：人民卫生出版社，2022.8（2025.4 重印）
ISBN 978-7-117-33193-7

Ⅰ. ①天…　Ⅱ. ①华…　②娄…　Ⅲ. ①生物药 – 药物化学 – 医学院校 – 教材　Ⅳ. ①R284

中国版本图书馆 CIP 数据核字（2022）第 102145 号

天然药物化学
Tianran Yaowu Huaxue
第 8 版

主　　编：华会明　娄红祥
出版发行：人民卫生出版社（中继线 010-59780011）
地　　址：北京市朝阳区潘家园南里 19 号
邮　　编：100021
E - mail：pmph @ pmph.com
购书热线：010-59787592　010-59787584　010-65264830
印　　刷：河北新华第一印刷有限责任公司
经　　销：新华书店
开　　本：850 × 1168　1/16　　印张：33
字　　数：954 千字
版　　次：1988 年 5 月第 1 版　　2022 年 8 月第 8 版
印　　次：2025 年 4 月第 5 次印刷
标准书号：ISBN 978-7-117-33193-7
定　　价：98.00 元
打击盗版举报电话：010-59787491　E-mail：WQ @ pmph.com
质量问题联系电话：010-59787234　E-mail：zhiliang @ pmph.com
数字融合服务电话：4001118166　E-mail：zengzhi @ pmph.com

出版说明

全国高等学校药学类专业规划教材是我国历史最悠久、影响力最广、发行量最大的药学类专业高等教育教材。本套教材于1979年出版第1版，至今已有43年的历史，历经八轮修订，通过几代药学专家的辛勤劳动和智慧创新，得以不断传承和发展，为我国药学类专业的人才培养作出了重要贡献。

目前，高等药学教育正面临着新的要求和任务。一方面，随着我国高等教育改革的不断深入，课程思政建设工作的不断推进，药学类专业的办学形式、专业种类、教学方式呈多样化发展，我国高等药学教育进入了一个新的时期。另一方面，在全面实施健康中国战略的背景下，药学领域正由仿制药为主向原创新药为主转变，药学服务模式正由“以药品为中心”向“以患者为中心”转变。这对新形势下的高等药学教育提出了新的挑战。

为助力高等药学教育高质量发展，推动“新医科”背景下“新药科”建设，适应新形势下高等学校药学类专业教育教学、学科建设和人才培养的需要，进一步做好药学类专业本科教材的组织规划和质量保障工作，人民卫生出版社经广泛、深入的调研和论证，全面启动了全国高等学校药学类专业第九轮规划教材的修订编写工作。

本次修订出版的全国高等学校药学类专业第九轮规划教材共35种，其中在第八轮规划教材的基础上修订33种，为满足生物制药专业的教学需求新编教材2种，分别为《生物药物分析》和《生物技术药物学》。全套教材均为国家卫生健康委员会“十四五”规划教材。

本轮教材具有如下特点：

1. 坚持传承创新，体现时代特色　本轮教材继承和巩固了前八轮教材建设的工作成果，根据近几年新出台的国家政策法规、《中华人民共和国药典》(2020年版)等进行更新，同时删减老旧内容，以保证教材内容的先进性。继续坚持“三基”“五性”“三特定”的原则，做到前后知识衔接有序，避免不同课程之间内容的交叉重复。

2. 深化思政教育，坚定理想信念　本轮教材以习近平新时代中国特色社会主义思想为指导，将“立德树人”放在突出地位，使教材体现的教育思想和理念、人才培养的目标和内容，服务于中国特色社会主义事业。各门教材根据自身特点，融入思想政治教育，激发学生的爱国主义情怀以及敢于创新、勇攀高峰的科学精神。

3. 完善教材体系，优化编写模式　根据高等药学教育改革与发展趋势，本轮教材以主干教材为主体，辅以配套教材与数字化资源。同时，强化“案例教学”的编写方式，并多配图表，让知识更加形象直观，便于教师讲授与学生理解。

4. 注重技能培养，对接岗位需求　本轮教材紧密联系药物研发、生产、质控、应用及药学服务等方面的工作实际，在做到理论知识深入浅出、难度适宜的基础上，注重理论与实践的结合。部分实操性强的课程配有实验指导类配套教材，强化实践技能的培养，提升学生的实践能力。

5. 顺应“互联网＋教育”，推进纸数融合　本次修订在完善纸质教材内容的同时，同步建设了以纸质教材内容为核心的多样化的数字化教学资源，通过在纸质教材中添加二维码的方式，“无缝隙”地链接视频、动画、图片、PPT、音频、文档等富媒体资源，将“线上”“线下”教学有机融合，以满足学生个性化、自主性的学习要求。

众多学术水平一流和教学经验丰富的专家教授以高度负责、严谨认真的态度参与了本套教材的编写工作，付出了诸多心血，各参编院校对编写工作的顺利开展给予了大力支持，在此对相关单位和各位专家表示诚挚的感谢！教材出版后，各位教师、学生在使用过程中，如发现问题请反馈给我们(renweiyaoxue@163.com)，以便及时更正和修订完善。

人民卫生出版社

2022年3月

主编简介

华会明

博士，教授，沈阳药科大学中药学院天然药物化学系主任。国家中药学一流专业负责人，从事天然药物化学教学工作20余年，承担天然药物化学、有机化合物波谱解析、药学概论、专业英语、植化方法学、天然化合物结构研究法等本科生和研究生课程的教学。研究方向为活性天然产物与创新药物研究。主持国家“重大新药创制”科技重大专项、国家自然科学基金等各级科研项目30余项。发表科研论文300余篇，其中SCI论文200余篇；主编和参编教材和专著21部；获得专利授权40项。享受国务院政府特殊津贴，荣获辽宁省普通高等学校本科教学名师、辽宁省特聘教授、辽宁省新世纪百千万人才工程百人层次、辽宁省优秀博士学位论文指导教师等称号。担任中国药学会中药和天然药物专业委员会委员、世界中医药学会联合会中药化学专业委员会常务理事等职务。

娄红祥

博士，山东大学教授，天然产物化学生物学教育部重点实验室主任。从事天然药物化学教学工作30余年，研究方向为活性天然产物研究与新药开发。在揭示苔藓植物化学成分、化学生态、化学进化以及抗真菌、抗肿瘤等活性天然产物发现方面开展了卓有成效的工作。发表文章400余篇，申请专利40余项，新药证书3项，编著《苔藓植物化学与生物学》、译著《药用天然产物的生物合成》（原著第二版）等。

副主编简介

张卫东

博士，教授，现任海军军医大学现代中药研究中心主任。主要从事中药及复方药效物质基础、中药化学生物学以及创新药物研究。荣获国家杰出青年科学基金、教育部“长江学者”特聘教授、“万人计划”领军人才、中国科协求是杰出青年奖、百千万人才工程国家级人选、谈家桢生命科学奖、吴阶平医药创新奖。荣获国家科技进步二等奖3项、上海市科技进步一等奖2项。主持国家重点研发计划、国家科技重大专项、国家自然科学基金重点项目31项。担任国务院学位委员会学科评议组成员、国家药典委员会天然药物专业委员会副主任委员、中国药学会中药和天然药物专业委员会副主任委员、上海活性天然产物制备工程中心主任，2020年版《中华人民共和国药典》(英文版)副主编。在 *Nature Chemical Biology* 等国际杂志发表SCI论文570余篇，他引6 000多次。获授权国内发明专利41项、国际专利7项，获新药证书3项。

邱峰

药学博士，教授，天津中医药大学副校长。主讲天然药物化学、中药化学和波谱解析等课程20余年。主要从事中药和天然药物药效物质基础、体内代谢及作用机制研究。荣获教育部“长江学者”特聘教授、“万人计划”领军人才、百千万人才工程国家级人选等学术荣誉称号，享受国务院政府特殊津贴，为科技部重点领域创新团队“基于体内过程中药药效物质基础研究”团队负责人。兼任世界中医药学会联合会中药化学专业委员会副会长、中国药学会中药和天然药物专业委员会委员。主持国家科技重大专项、国家自然科学基金重点项目等课题20余项，在 *Natural Products Reports*、*Pharmacology & Therapeutics*、*Drug Metabolism and Disposition* 和 *Journal of Natural Products* 等发表学术论文200余篇，获授权发明专利18项。

张勇慧

博士，教授，华中科技大学同济医学院副院长、药学院院长。从事天然药物化学和波谱解析等教学工作20余年，国家药学一流专业负责人，国家级一流本科课程“天然药物化学”负责人。教育部“长江学者”特聘教授，国家杰出青年科学基金获得者，国家“万人计划”科技创新领军人才。国家重点研发计划首席科学家，国家“重大新药创制”科技重大专项课题组长，国家高技术研究发展计划项目负责人。主要从事天然药物生物活性成分及创新药物研究，分离鉴定了天然产物3 200余个，包括新化合物1 800余个，其中23个化合物被 *Natural Products Reports* 评为热点化合物。以通讯作者在国际重要刊物，如 *Angewandte Chemie International Edition*(6篇)、*Hepatology*(1篇)、*Nucleic Acids Research*(1篇)、*Natural Products Reports*(1篇)、*Chemical Science*(2篇)、*Organic Letters*(26篇)等，发表SCI文章300余篇(IF5以上110余篇)，获湖北省自然科学一等奖。

前　言

本教材是根据全国高等学校药学类专业第九轮规划教材（国家卫生健康委员会"十四五"规划教材）主编人会议精神，并在近5年来全国百余所高等院校的药学及相关专业使用的《天然药物化学》（第7版）的基础上修订编写而成。本版仍然配有配套教材《天然药物化学实验指导》（第5版）和《天然药物化学学习指导与习题集》（第5版）。

本次修订根据天然药物化学学科的发展需要，增加了微生物代谢产物和各类天然产物生物合成的内容。微生物来源药物是天然药物的重要组成部分之一，临床中应用的药物很多来自微生物代谢产物或其衍生物，故本书新增了微生物代谢产物一章。天然产物的生物合成是天然药物化学学科的一个重要领域，了解生物合成知识对天然产物结构鉴定、仿生合成以及合成生物学具有重要的指导意义，故对各论各章增加了生物合成内容，作为单独一节放于结构类型之后。为了强调天然药物在创新药物研究中的重要性，增加"药味"，讲好天然药物故事，在多个章节增加了天然药物的研究实例。本着与时俱进的精神，其他各章也做了适当的修订和调整，如第一章增加了质谱成像技术和冷冻电镜技术等结构研究新方法；对数字化内容也进行了更新和补充，如制作了各章的课件、增加了显色反应的视频等。

在编写、修订本版教材的过程中，力求结合天然药物化学在科研和生产中的实际应用情况，适当调整内容，使编写内容做到深入浅出、循序渐进、图文并茂、条理清晰，并具有较好的可读性。本书的使用对象仍以高等院校药学、中药学及其相关专业本科生为主，同时也可作为相关专业的研究生、青年教师和科技人员、成人本科生的自学参考书使用。

本教材由娄红祥（第一章）、高慧媛和王立波（第二章）、穆青（第三章）、邱峰（第四章）、华会明（第五章）、张勇慧和杨官娥（第六章）、姜勇（第七章）、张卫东（第八章）、何祥久和张小坡（第九章）、汤海峰（第十章）、刘涛（第十一章）、都述虎（第十二章）、罗建光（第十三章）、李宁（附录）等17位教授、副教授修订编写。

数字资源由张教真（第一、三、十三章）、李宁（第二、五、十一章）、王丽莉和王莉宁（第四、九、十章）、朱虎成（第六、七章）、田赛赛（第八、十二章）等6位教授、副教授修订制作。

本书编写过程中，始终得到人民卫生出版社和兄弟院校有关同行的热情鼓励和支持，提出了很多宝贵的意见和建议，在此一并表示衷心的感谢！

尽管我们做了种种努力，但因编者学术水平及编写能力有限，不当之处在所难免，敬请广大师生和读者予以指正。

编者

2022年4月

目　录

第一章

总　论

学习目标

1. **掌握** 天然药物常用的提取、分离方法；各类分离材料的特点及其分离化合物的基本原理和影响因素。
2. **熟悉** 天然药物化学的研究范围和课程的学习重点；天然化合物生物合成的构建单元和主要构建反应；各类化合物的生物合成途径。
3. **了解** 天然药物化学的发展简史及其最新研究进展。

第一章
教学课件

第一节　绪　论

一、天然药物化学的研究内容

天然药物是药物的重要组成部分，自古以来，人类在与疾病作斗争的过程中，通过以身试药等途径，对天然药物的应用积累了丰富的经验。天然药物之所以能够防病治病，其物质基础是其中所含的有效成分。天然药物化学（medicinal chemistry of natural products）是运用现代科学理论与方法研究天然药物中化学成分的一门学科。其研究内容非常广泛，包括天然药物中化学成分的结构特征、物理化学性质、提取分离方法、结构鉴定方法以及生物活性，揭示其防病治病的物质基础。同时也研究化学成分的生物合成规律与途径，及化学成分在生物体内生物转化规律，为实现天然产物的主动获取及高产创造奠定基础。此外，还研究活性成分的构效关系，发现先导化合物，并对其进行结构修饰、改造、化学合成等，为获得疗效更高、选择性更好、毒性和副作用更低、安全性更好的新药奠定基础。

天然药物的来源包括植物、动物、矿物和微生物，并以植物为主，种类繁多。在我国，中草药是天然药物的重要组成部分，以研究中草药化学成分为主的学科为中草药成分化学（chemistry of constituents of Chinese traditional and herbal drugs）或中药化学（chemistry of Chinese materia medica）。历史上，对天然有机化合物的研究大大推动了有机化学的发展，天然药物化学与有机化学在许多方面是密不可分的，有机化学中有一个重要的分支称为天然有机化学（chemistry of natural organic compounds）；当今国际上一般将研究天然有机化合物的学科统称为天然产物化学（natural products chemistry），而一般研究植物中初生代谢产物和次生代谢产物的化学总称为植物化学（phytochemistry）。

天然药物化学的研究对象是化学成分。其中，有效成分是指天然药物中具有一定生物活性、能代表天然药物临床疗效的化合物，如奎宁（quinine）是茜草科植物金鸡纳属（*Cinchona*）植物中分得的抗疟有效成分，左旋麻黄碱 [(–)-ephedrine] 是中药麻黄中具有平喘、解痉作用的有效成分。此外，还有生物活性成分，即经过药效试验或生物活性实验，证明对机体有一定生理活性的成分。如楝科植物中的柠檬苦素类（limonoids）成分具有昆虫拒食作用、除虫菊（*Pyrethrum cinerariifolium*）的除虫菊酯（pyrethrin）具有驱杀蚊虫的作用。所谓中药有效部位，则是指当一味中药或中药复方提取物中的一类或几类化学成分被认为是有效成分时，该一类或几类成分的混合体即被认为是有效部位，如人参总皂苷、银杏叶提取物等。

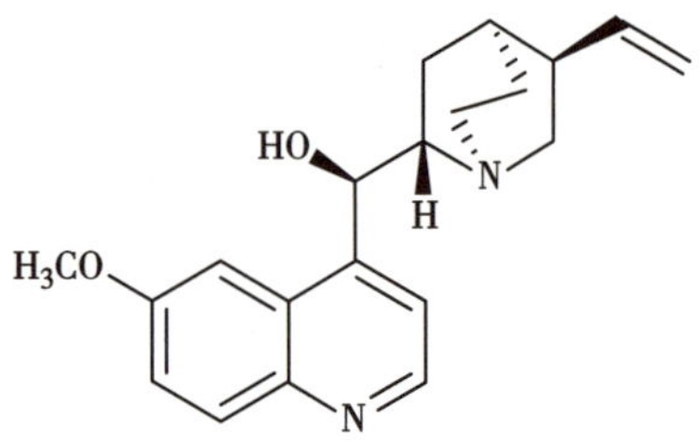

奎宁 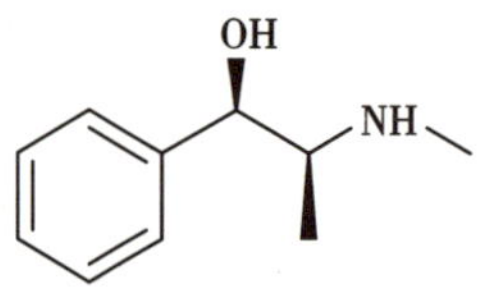　　左旋麻黄碱 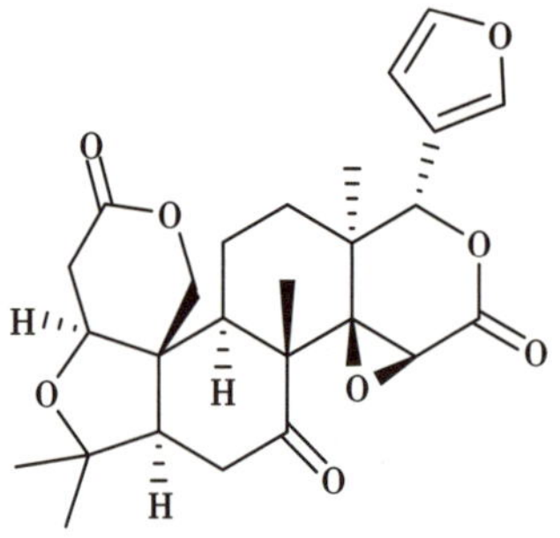　　柠檬苦素

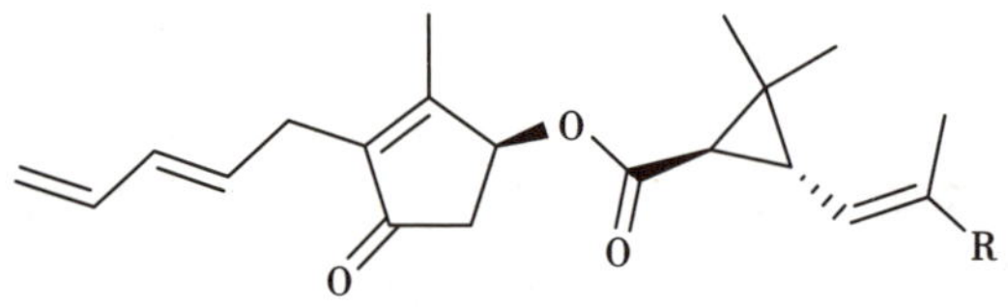

除虫菊素Ⅰ　R=CH_3
除虫菊素Ⅱ　R=$COOCH_3$

天然药物化学成分最常见的是小分子化合物如黄酮、生物碱等，也是本书中涉及的主要内容。大分子聚合物如多糖、蛋白质等，限于分离纯化及结构确定等方法学的局限，过去一般作为无效成分去除。近来，由于其功能越来越多地被发现，对其研究也越来越多。临床上使用的药物具有抗凝血作用的肝素是从动物肠衣中分离得到的聚氨基多糖类化合物；香菇多糖注射液、槐耳颗粒等分别是从香菇（*Lentinula edodes* 的子实体）和槐耳（*Trametes robiniophila*）中分离得到的具有提高机体免疫、抗肿瘤作用的多糖。天花粉蛋白是临床上具有引产作用的蛋白质，是从天花粉中提取的，临床上现已经很少应用。目前，被广泛研究的生物工程药物——抗体药物，从广义上说也属于天然药物。

二、天然药物化学的发展简史

早在人类文明的启蒙期，世界各民族人民就开始认识并利用天然来源的药物，各国的民族民间草药是其中的典型代表，天然药物化学即发源于此。国外文献记载从天然药物中分离其中所含的有机化学成分，始于 1769 年舍勒（K. W. Schelle）将酒石（酒石酸氢钾）转化为钙盐，再用硫酸分解制得酒石酸。后来，舍勒又用类似方法从天然药物中得到了苯甲酸（1775 年）、乳酸（1780 年）、苹果酸（1785 年）、没食子酸（1786 年）等有机酸类物质。我国古代的多部本草著作在此之前即有记载，例如，明代李梴的《医学入门》（1575 年）中记载了用发酵法从五倍子中得到没食子酸的过程。书中谓“五倍子粗粉，并矾、曲和匀，如作酒曲样，入瓷器遮不见风，候生白取出。”《本草纲目》卷三十九中则有“看药上长起长霜，则药已成矣”的记载。这里的“生白”和“长霜”均为没食子酸生成的现象，是世界上最早制得的有机酸，比舍勒的发明早了 200 年。又如，关于樟脑的记载在中国最早见于 1170 年洪遵著的《集验方》一书，后由马可波罗传至西方。《本草纲目》卷三十四下详尽记载了用升华法等制备、纯化樟脑的过程，而欧洲直至 18 世纪下半叶才提出了樟脑纯品。

1806 年，德国学者 Sertürner 从鸦片中分离得到了吗啡（morphine），开创了以生物碱为代表的天然药物化学和有机化学研究，被认为是现代天然药物化学的开端。其后有多个生物碱被相继发现，如士的宁（strychnine，1818 年）、奎宁（quinine，1820 年）、可卡因（cocaine，1860 年）和麻黄碱（ephedrine，1887 年）等。1940 年以前的天然药物化学研究手段非常有限，色谱材料仅有特定规格的氧化铝，结构鉴定仅能估算分子量，再结合元素分析推断分子式，然后推断主要官能团的存在与否，因此这一时期主要集中于分离易得的动植物化学成分及其结构确定。1940 年以后，随着色谱方法的进步及波谱技术和单晶 X 射线衍射技术的发展，天然药物化学进入了一个重要的发展时期，其学科体系于 20 世纪 60—70 年代趋于完善，天然药物化学的三大代表性刊物 *Lloydia*（1938—1978 年）、*Planta Medica*（1953 年至今）和 *Phytochemistry*（1961 年至今）在这一时期相继创刊；到 1980 年，天然药物化学发展到了一个黄金时期，这一时期内，*Lloydia* 于 1979 年更名为 *Journal of Natural Products*，天然产物研究的权威综述期刊 *Natural Product Reports* 也于 1984 年创刊。同时，有多个重要的天然药物被相继发现，如青霉素（penicillin，1928 年发现，1945 年确定结构）、利血平（reserpine，1952 年）、长春碱（vinblastine，1958 年）、长春新碱（vincristine，1960 年）、喜树碱（camptothecin，1966 年）和紫杉醇（taxol，1971 年）等。自 20 世纪 80 年代以来，由于组合化学和高通量筛选技术的发展，天然产物在新药研究中的地位受到了较大挑战，曾一度萧条，许多制药企业对天然产物失去了兴趣。普遍认为从天然产物中发现新药既费时又成本高；而通过组合化学可以在短时间内合成大量结构相对简单且成药性更好的多样性化合物，并利用高通量筛选技术可以发现大量的药物先导结构或候选药物，速度快且节省费用。然而，十几年的实践使人们逐渐认识到事实并非如此，组合化学和高通量筛选并没有预期想象的那样高效和快捷，而天然产物的化学结构多样性、生物相关性和类药性是无可替代的。因此，21 世纪初，随着现代仪器技术、信息技术、生物技术、分子生物学和分子药理学等的发展，天然药物化学研究出现新的高潮。研究内容除传统的活性化合物的发现外，开始注重利用天然化合物揭示物种的自然进化规律，阐明天然产物的产生规律，揭示活性天然分子对生命网络系统的调控规律，以此发现疾病的发生机制，为人类疾病的诊断与治疗提供新方法或新药物。

天然药物化学研究手段也取得了很大的进步。以结构确定为例，过去测定一个化合物的结构时，往往需要用化学方法进行降解或制成适当衍生物进行比较才有可能予以确认，因此一般需要至少几百毫克甚至几克的纯物质；现在，几毫克甚至更少的样品量即可开展结构或更多其他方面的研究。过去，一个天然化合物从天然药物中分离、纯化，到确定结构、人工合成需要很长的时间。以吗啡（morphine）为例，1804—1806 年发现，1925 年提出正确结构，1952 年人工全合成，总共花了约 150 年的时间；而利血平（reserpine）从发现、确定结构，到人工全合成，只用了几年的时间（1952—1956 年）。近年来，由于各种色谱技术及波谱技术的进步及广泛应用，现代生命科学技术在天然药物化学研究中也被广泛应用，天然药物化学成分的研究速度越来越快、发现的化合物越来越多、揭示的功能越来越多样，加之化学合成和生物合成手段的应用，一些结构复杂的天然产物得到大量制备，并不断有新的天然药物进入临床。如从海洋生物 *Ecteinascidia turbinata* 中分离得到的 ecteinascidin 743（Et-743）被批准用于软组织癌和卵巢癌的治疗，该化合物在生物合成和化学全合成方面都取得了非常大的进展[1]。来法莫林（lefamulin）为从蘑菇 *Omphalina mutila* 中分离得到的二萜类衍生物，由截短侧耳素（pleuromutilin）二萜衍生而来，是新近批准治疗获得性细菌性肺炎的新药。泰斯巴汀（teixobactin）是一种新型多肽抗生素，能有效杀灭革兰氏阳性菌，是从土壤微生物 *Eleftheria terrae* 中分离得到天然产物。

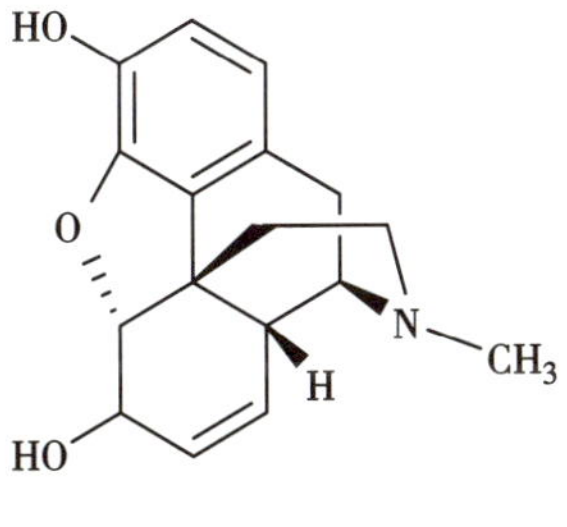

HO O N CH_3 H HO

吗啡

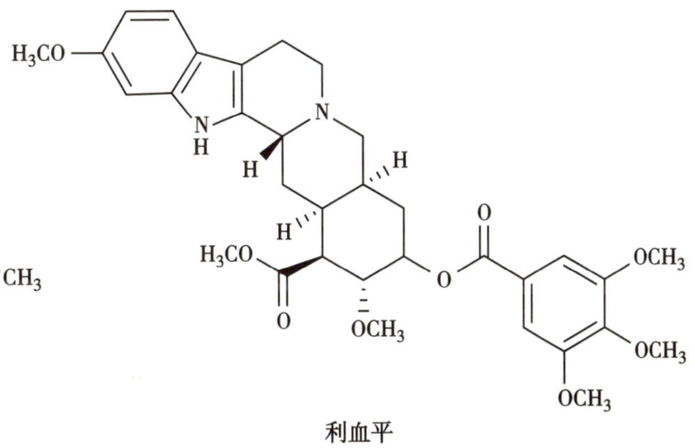

H_3CO N H N H H H H_3CO O O OCH_3 O OCH_3 OCH_3 OCH_3

利血平

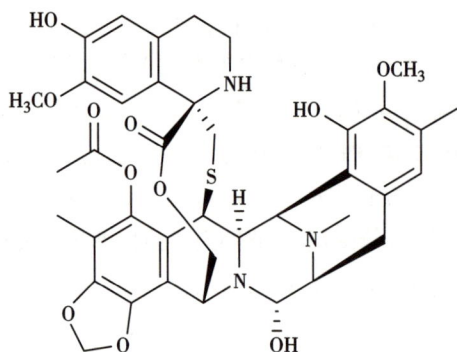

Et-743

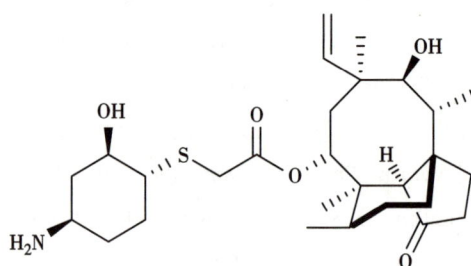

来法莫林

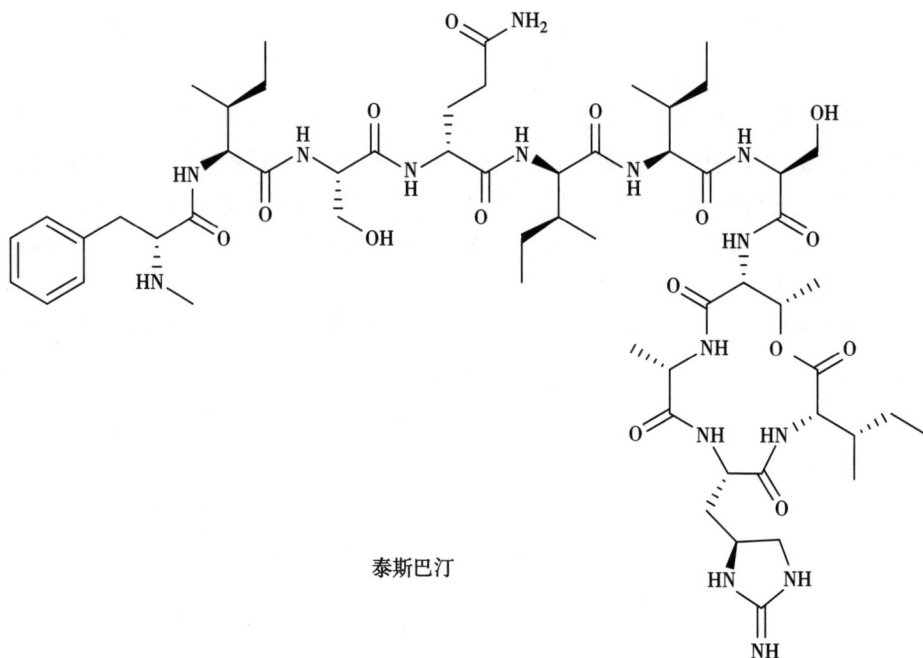

泰斯巴汀

许多过去令人望而生畏、不敢涉足的领域，如机体内源性生理活性物质，微量或超微量、水溶性、不稳定的成分以及大分子物质等现在日益受到重视。如蚕蛾醇（bombykol，10*E*,12*Z*-hexadien-1-ol）的分离及结构鉴定即可作为超微量生理活性成分研究的突出例子。研究者从 50 万只蚕蛾中才得到 12mg 的蚕蛾醇 NABS 衍生物，其为一种雌性信息素（pheromone），10^{-10}μg/ml 的超微量浓度即对蚕的雄性成虫示有明显的诱引活性。从 500kg 蚕蛹中才得到 25mg 结晶的蜕皮激素（ecdysone）（1954 年，Butenandt），是超微量物质分离的另一个突出例子。

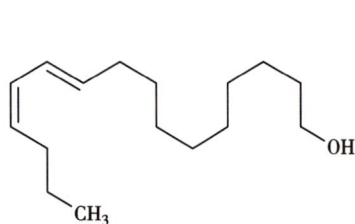

蚕蛾醇

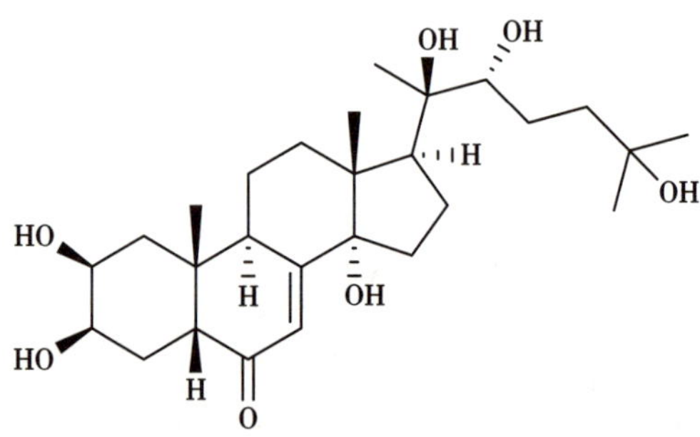

蜕皮激素

科学技术的飞速发展，尤其是核磁共振（NMR）、质谱（MS）及单晶 X 射线衍射（single-crystal X-ray diffraction）在设备、性能及测试技术方面的大幅度改善，结合计算机技术的广泛运用，当今结构测定需要的试样量已大幅度降低，十几毫克甚至几毫克样品就可以完成结构测定工作。而分子量在 1 000 以下的大多数天然化合物可直接单用NMR技术就可以鉴定其结构。一些微量成分，分子量虽然很大，结构也相当复杂，但只要能得到良好的单晶（每边不少于 0.1mm），单独依靠单晶 X 射线衍射就可以在几天之内确定整个分子的立体结构。1981 年，由 Uemura 及 Moore 两个研究组几乎同时发表的岩沙海葵毒素（palytoxin）结构研究则是个突出例子，该化合物的分子式为 $C_{129}H_{223}N_3O_{54}$，平均分子量高达 2 680，共含有 64 个手性碳原子（其结构如下）。如此庞然大的化合物从 1974 年提出纯品（60kg 原料得到几毫克），到 1981 年发表，其平面结构也才用了不到 10 年的时间。

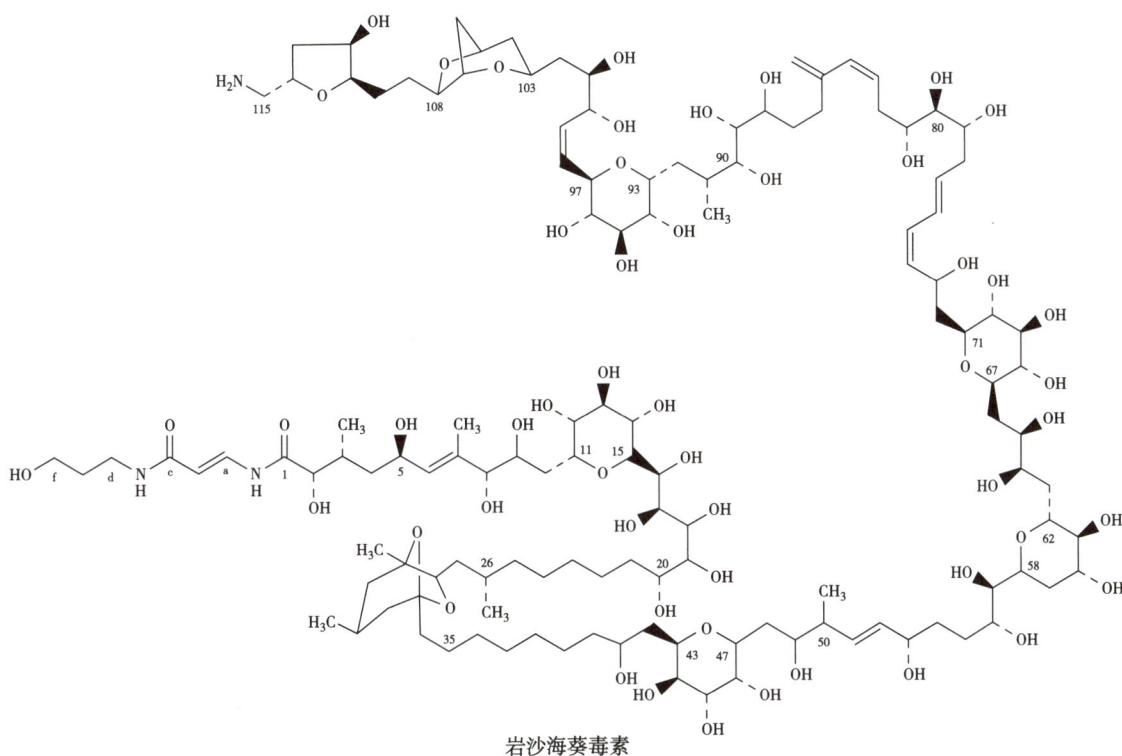

岩沙海葵毒素

除了超微量物质的分离及结构测定技术有明显的进步之外，天然化合物合成研究也迎来了蓬勃发展的时代。20 世纪 80 年代以来，天然有机化学家开展了大量关于天然产物的全合成工作，含多个手性碳原子的复杂天然化合物的合成、立体选择性合成等都已经取得了明显的进步。具有复杂结构的抗肿瘤化合物紫杉醇[2-3]、海洋生物分泌产生的神经毒素 brevetoxin A[4]、抗肿瘤药物 Et-743[1]、银杏内酯 B[5] 以及上面所讲的岩沙海葵毒素的全合成就是其中突出的例子。此外，冷冻电镜（Cryo-EM）作为大分子结构确定方法，是蛋白质结构确定的突破性技术[6]，获得了 2017 年诺贝尔化学奖。近年来，该技术在小分子结构确定方面的应用将彻底改变过去小分子化合物结构确定的模式，结构的确定更加直接、简单、快速，给天然药物化学的发展带来了巨大的动力。

紫杉醇的合成简介（拓展阅读）

三、天然药物化学与新药发现

与合成化合物或组合化学库相比，天然产物在结构骨架和立体化学方面更富有多样性，而且天然产物的分子量和脂水分配系数范围更宽广，这些特点与已上市的药物非常相似。天然产物可以看作是一类经过自然界长期进化而形成的优势结构（privileged structure），能够优先与多种药物靶点蛋白

作用而产生特定的活性。天然小分子在生命过程中所表现出的这些重要作用，赋予了其在新药发现中不朽的生命力。据统计，1981—2019 年的近 40 年间批准的 1 602 个新化学实体药物中，23.5% 为天然产物或其衍生物，24.7% 为人工合成的天然产物及天然产物类似物。除了其中的生物制品和疫苗，在 1 394 个新化学实体小分子药物中，天然产物或其衍生物占 33.6%，人工合成的天然产物及天然产物类似物占 30.5%[7]。由此可见，天然产物在新药研究和开发中具有不可替代的地位。

从天然产物中成功发现的新药例子不胜枚举。从天然产物中发现新药的方法主要有从传统的应用经验中发现新药；系统筛选的方法发现新药；对有效化合物进行结构修饰发现新药等。青蒿素（artemisinin）是我国科学家在 20 世纪 70 年代从中药青蒿的原植物黄花蒿（*Artemisia annua*）中获得的新型带过氧基团的倍半萜内酯，过氧键是其活性必须基团。该药在是挖掘黄花蒿传统应用记载的基础上，利用现代分离手段获得的有效成分。该化合物作用机制独特[8]，在疟疾治疗史上是继氯喹之后又一重大突破。为了提高其药效和改善其溶解性，对青蒿素进行了结构修饰。青蒿素用 $NaBH_4$ 还原得到二氢青蒿素，其过氧键不受影响，以此为起始原料，半合成了一系列青蒿素衍生物，主要包括 3 种类型：醚类、酯类和碳酸酯类等，其中蒿甲醚（artemether）和青蒿琥酯（artesunate）发展成抗疟新药，前者油溶性极好，易制成油溶液注射剂；后者水溶性好，可制成粉针剂，并且两者 28 天复燃率均显著下降。2015 年，中国科学家屠呦呦因对青蒿素研究的贡献而获得诺贝尔生理学或医学奖。

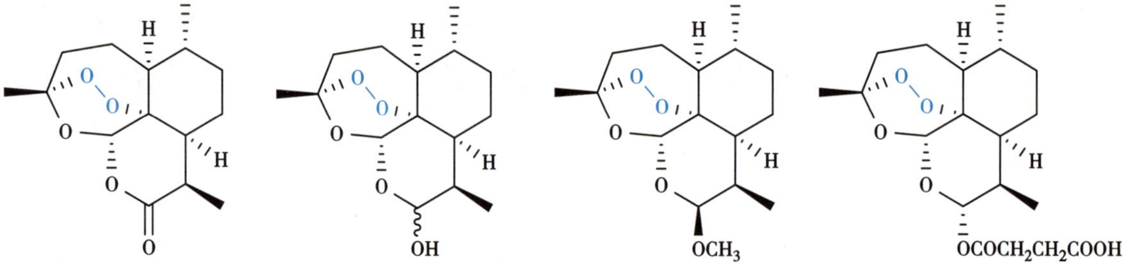

青蒿素　　二氢青蒿素　　蒿甲醚　　青蒿琥酯

在抗肿瘤药物研究领域，最引人注目的是来源于植物的紫杉醇（taxol），该化合物是 Wall 和 Wani 教授的研究小组从产于美国西北部的短叶红豆杉（*Taxus brevifolia*）树皮中分离得到的。后来，Horwitz 研究组发现该化合物在多种新的体内评价试验中均显示很强的抗肿瘤活性，且具新颖的稳定细胞微管蛋白聚合的作用机制。如今，该化合物及其衍生物 docetaxel 是临床上常用的抗肿瘤药物，主要用于治疗卵巢癌和乳腺癌等[9]。

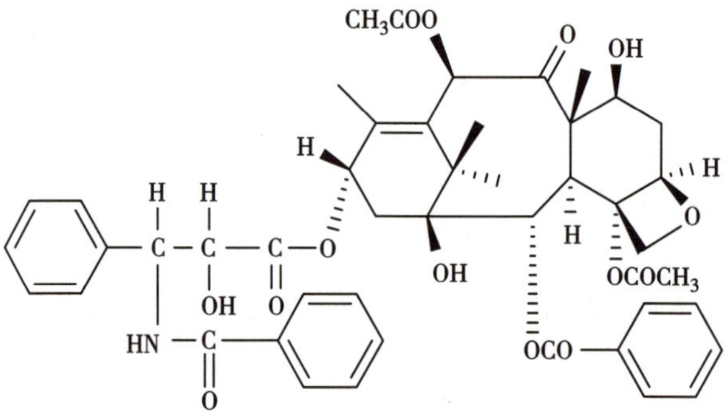

紫杉醇

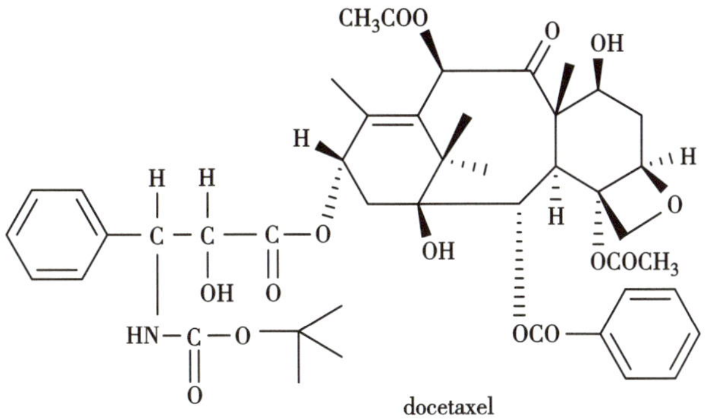

docetaxel

抗心血管病药物中有一类很重要的药物是他汀类降血脂药物。其中，compactin 是从 *Penicillium brevicomactum* 的发酵液中首次得到的羟甲基戊二酸单酰辅酶 A（HMG-CoA）还原酶抑制剂。Endo 等利用 HMG-CoA 还原酶抑制试验追踪从真菌 *Monascus ruber* 中获得了 compactin 的 7- 甲基衍生物 mevinolin，即洛伐他汀（lovastatin）；利用类似的筛选方法，从真菌 *Aspergillus terreus* 的提取物中也得到了该化合物。1987 年，该化合物作为第一个 HMG-CoA 还原酶抑制剂被投向市场。通过对其进行化学修饰或生物转化，将 2- 甲基丁酸酯侧链转化为 2,2- 二甲基丁酸酯，得到了辛伐他汀(simvastatin)；将外向环内酯变成游离羟基酸，得到了普伐他汀（pravastatin）。对其进一步改造，又得到以下 3 个全合成药物：氟伐他汀（fluvastatin）、西立伐他汀（cerivastatin）及阿托伐他汀（atrovastatin），这 3 个化合物的重要结构特征是它们都包含了天然先导结构中的二羟基庚烯酸侧链的药效基团。

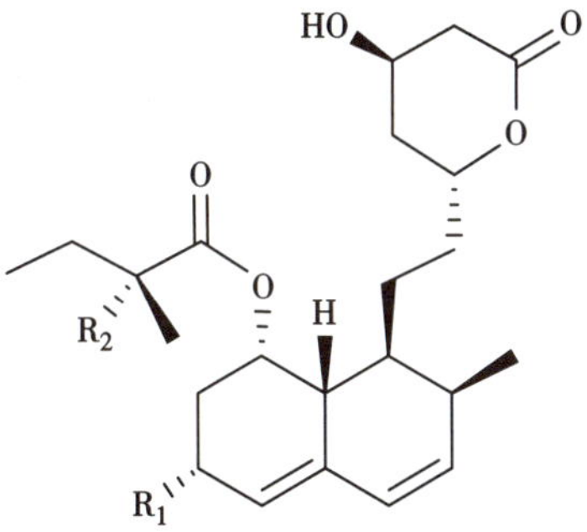

compactin R_1=R_2=H
洛伐他汀 R_1=CH_3, R_2=H
辛伐他汀 R_1=CH_3, R_2=CH_3

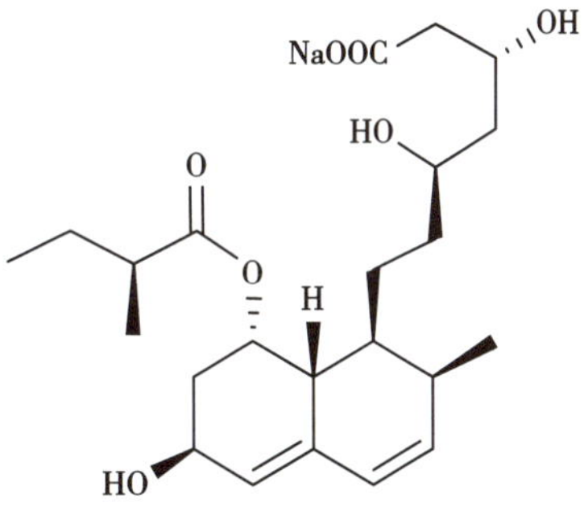

普伐他汀

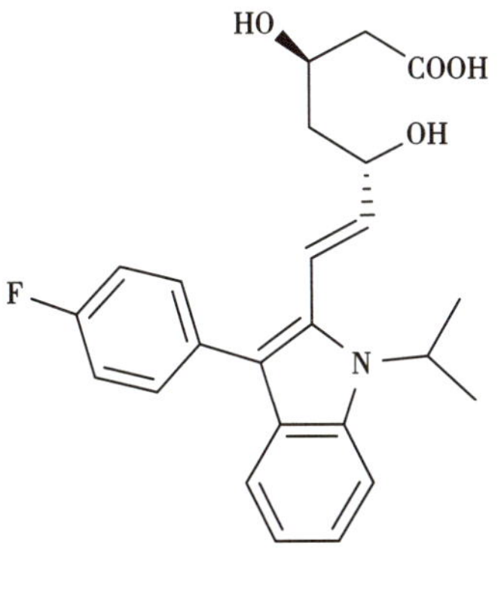

氟伐他汀

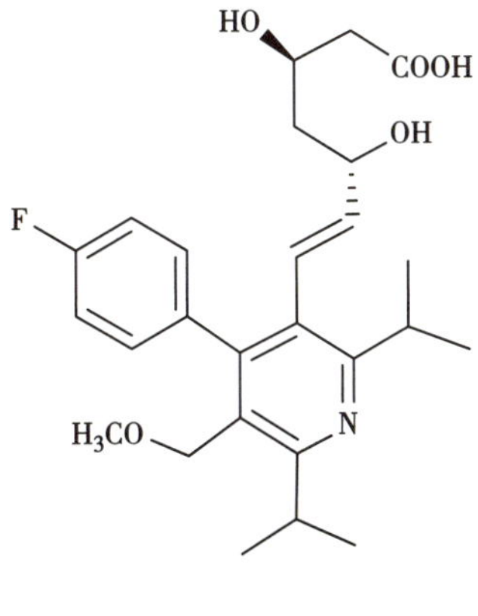

西立伐他汀

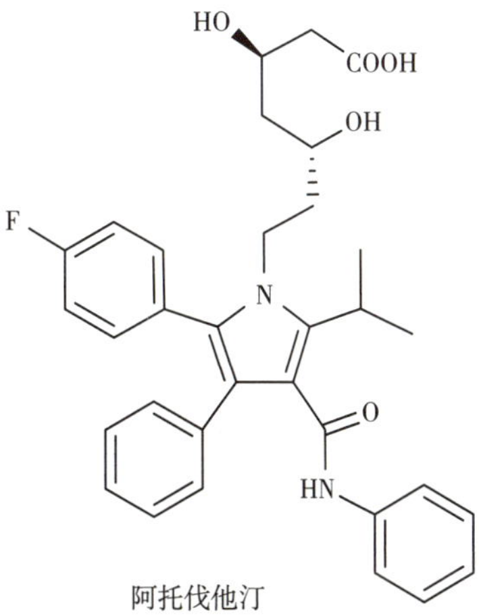

阿托伐他汀

吗啡（morphine）是 Sertürner 于 1806 年从鸦片中分离得到一个生物碱，属于强效镇痛剂，具有成瘾性。以吗啡为模版，合成了许多镇痛药物，如哌替啶（pethidine）、芬太尼（fentanyl）、曲马多（tramadol）

和美沙酮(methadone)等。这些药物有一个共同特征,即一个芳环和一个在手性中心保持特定立体构象的哌啶环相连接,构成了中枢镇痛药物的母核。

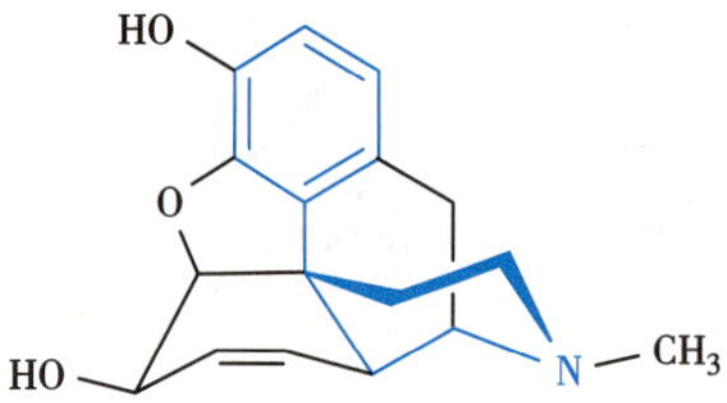

吗啡 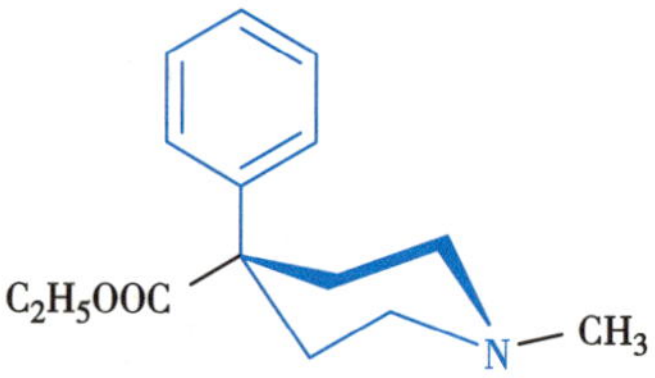　哌替啶

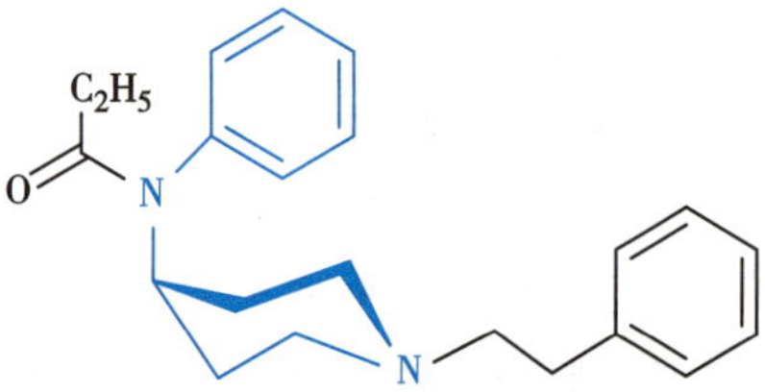

芬太尼 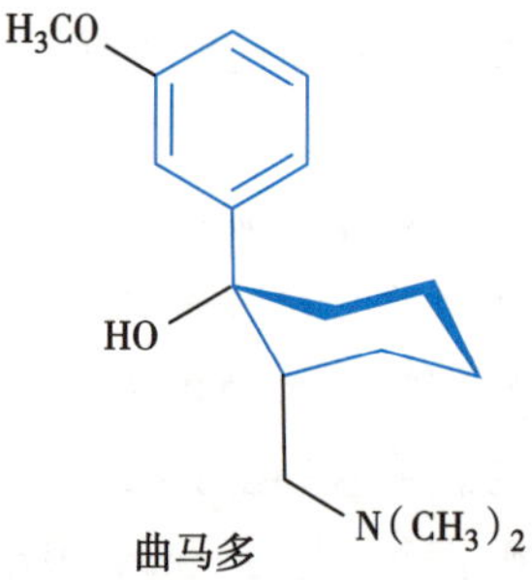　曲马多 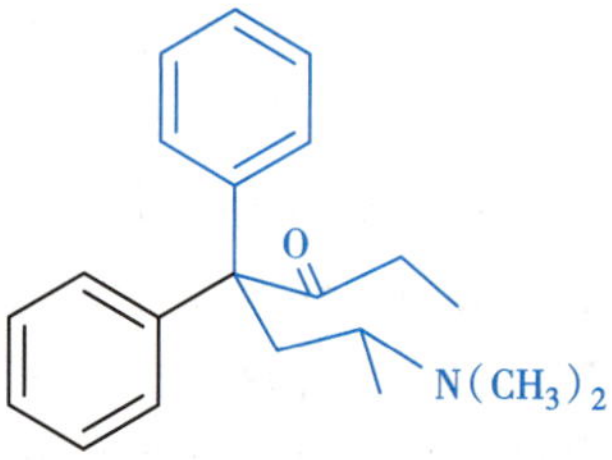　美沙酮

古柯叶中的可卡因(cocaine)具有强效抗疲劳作用,可作为局部麻醉药物和血管收缩剂,但其能引起中枢神经系统的兴奋作用,具有成瘾性。可卡因局麻作用的主要药效团是芳香羧酸酯和碱性氨基,中间通过亲脂性烃链连接,基于可卡因的这些特点,人们对其进行结构改造,获得了许多优良的局部麻醉药物,如普鲁卡因(procaine)、利多卡因(lidocaine)、罗哌卡因(ropivacaine)、阿替卡因(articaine)和美西律(mexiletene)等[10]。

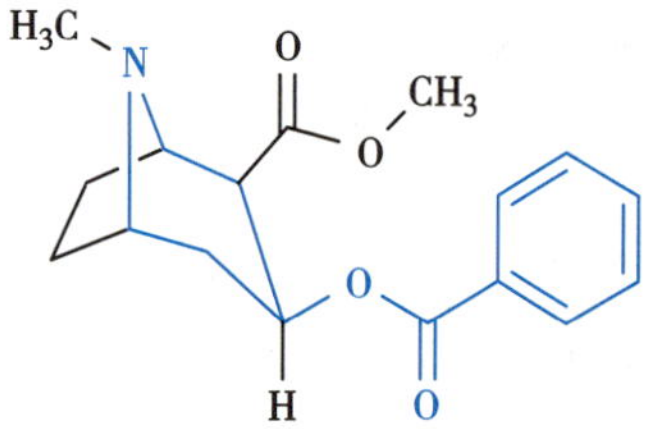

可卡因 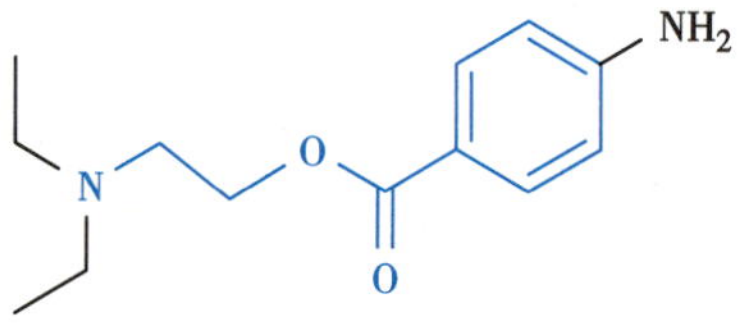　普鲁卡因 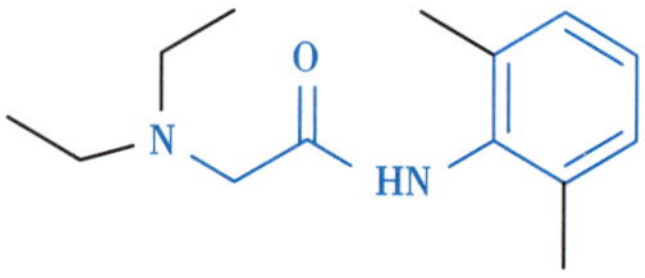　利多卡因

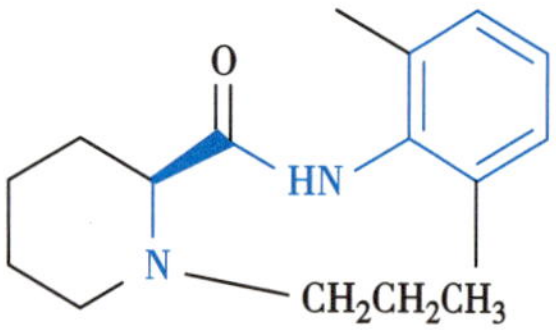

罗哌卡因 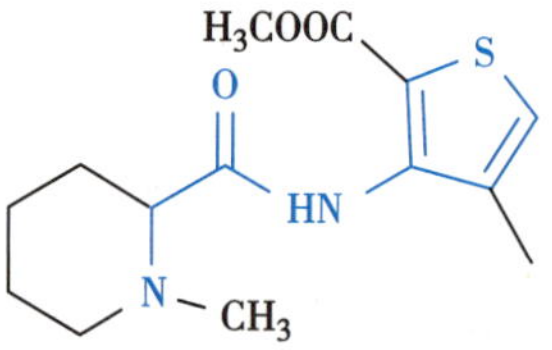　阿替卡因 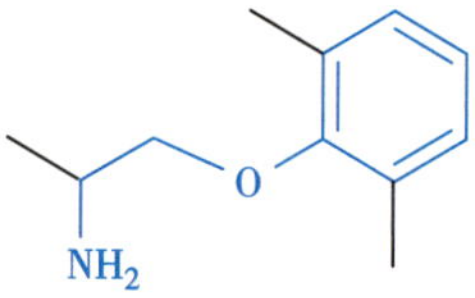　美西律

从以上例子可以看出,天然产物的结构多样性使其可参与生命过程多环节的调节,这些特点和优势赋予了天然产物在药物研究领域的重要地位,是发现药物先导结构的重要源泉。因此,掌握天然药物化学的理论和技术,对进行新药研究是非常重要的。

第二节　天然化合物的生物合成

天然药物所含成分多种多样,这些成分都是生物体通过生物合成反应得到的。后面章节中讨论的天然产物主要类型多数是建立在次生代谢产物的形成途径上，即生物体利用初生代谢形成的有限构造单元，经过生物体酶促或非酶促反应过程，形成了令人赞叹的多样性的天然产物结构，反应机制包括烷基化反应、Wagner-Meerwein 重排、Aldol 和 Claisen 反应、Mannich 反应、Diels-Alder 反应、转氨基反应、脱羧反应、氧化还原反应、氧化偶联反应、糖基化反应等。

一、初生代谢及次生代谢

首先来看一下植物体内存在的物质代谢与生物合成过程（图 1-1）。

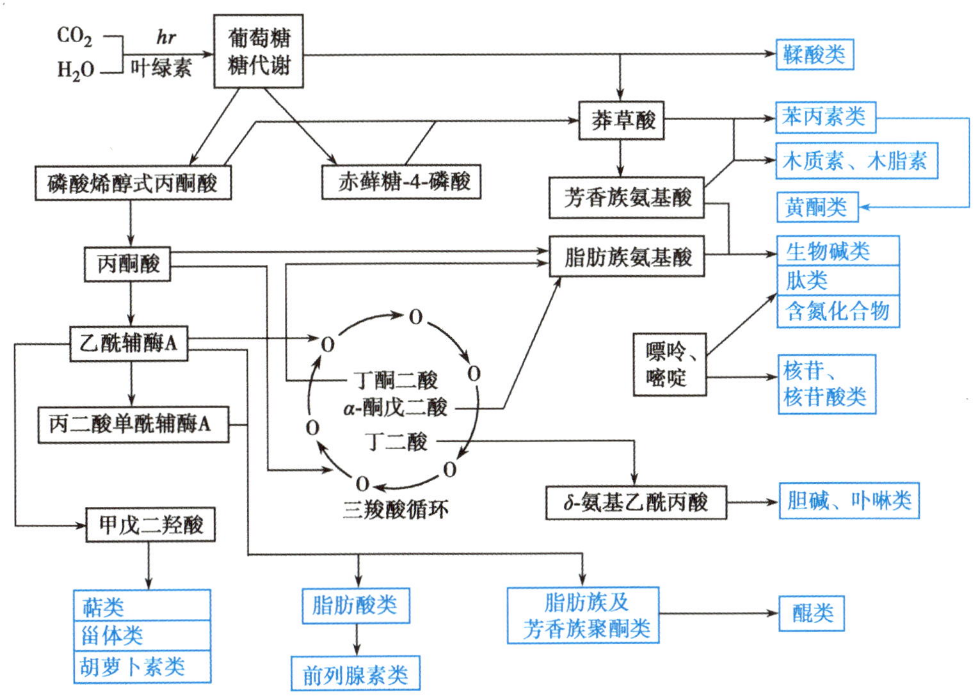

图 1-1　植物体内的物质代谢与生物合成过程

绿色植物及藻类可以通过光合作用将 CO_2 及 H_2O 合成为糖类，并释放氧气。生成的糖则进一步通过不同途径（五碳糖磷酸途径及解糖途径）代谢，产生腺苷三磷酸（ATP）及辅酶 Ⅰ（NADPH）等维持植物机体生命活动不可缺少的物质，以及丙酮酸（pyruvic acid）、磷酸烯醇式丙酮酸（PEP）、赤藓糖 -4-磷酸（erythrose-4-phosphate）、核糖等。核糖为合成核酸的重要原料；磷酸烯醇式丙酮酸与赤藓糖 -4-磷酸可进一步合成莽草酸（shikimic acid）；而丙酮酸经过氧化、脱羧后生成乙酰辅酶 A（acetyl CoA），再进入三羧酸（TCA）循环体系中，生成一系列的有机酸及丙二酸单酰辅酶 A（malonyl CoA）（为合成脂质的重要原料）等，并通过固氮反应得到一系列的氨基酸（为合成肽及蛋白质的重要原料）。上述过程对维持植物生命活动来说是不可缺少的过程，且几乎存在于所有的绿色植物中，故习惯上称之为初生代谢过程（图 1-2）[11]。糖、蛋白质、脂质、核酸等这些对植物机体生命活动来说不可缺少的物质，则称之为初生代谢产物（primary metabolites）。

在特定条件下，一些重要的初生代谢产物，如乙酰辅酶 A、丙二酸单酰辅酶 A、莽草酸及一些氨基酸等，作为原料或前体，又进一步经历不同的代谢过程，生成如生物碱、萜类等化合物。因为这一过程并非在所有的植物中都能发生，对维持植物生命活动来说也不是必需的作用，故称之为次生代谢过程。生物碱、萜类等化合物则称之为次生代谢产物（secondary metabolites）。植物中的次生代谢产物因为结构富于变化，不少又多具有明显的生理活性，因而成为天然药物化学的主要研究对象。

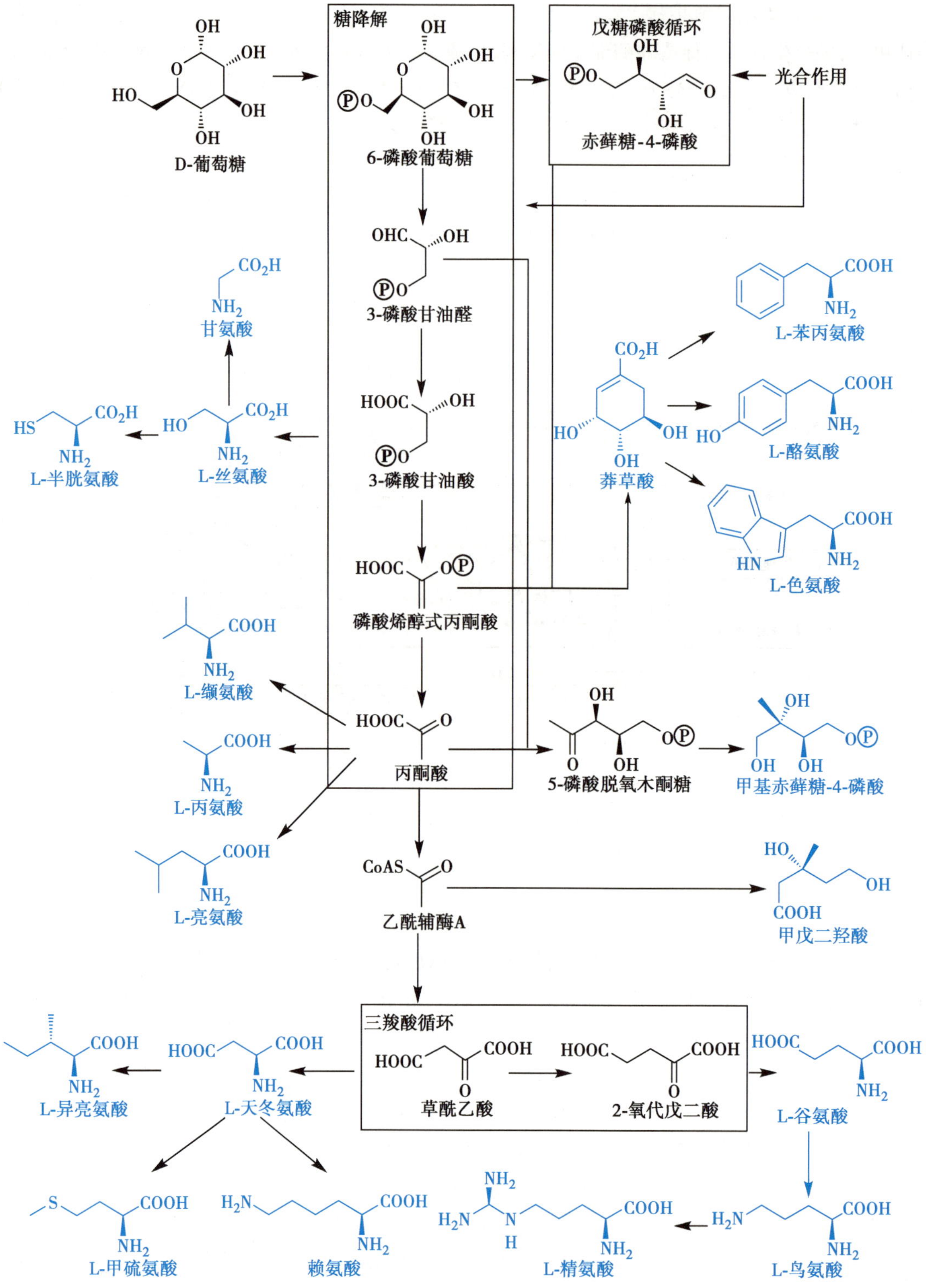

图 1-2　植物体内的初生代谢过程

二、生物合成的基本构建单元

初生代谢为次生代谢提供了基本的构建单元（building block），通过环合反应或酶促反应把这些有限的基本结构单元累加起来，就形成了种类繁多的复杂结构。目前为止常见的基本结构单元有 C_1、C_2、C_5、C_6C_3、C_4N、C_5N、C_6C_2N 和吲哚 C_2N 等 8 种（图 1-3）。它们分别出现在乙酸 - 丙二酸、莽草酸 -

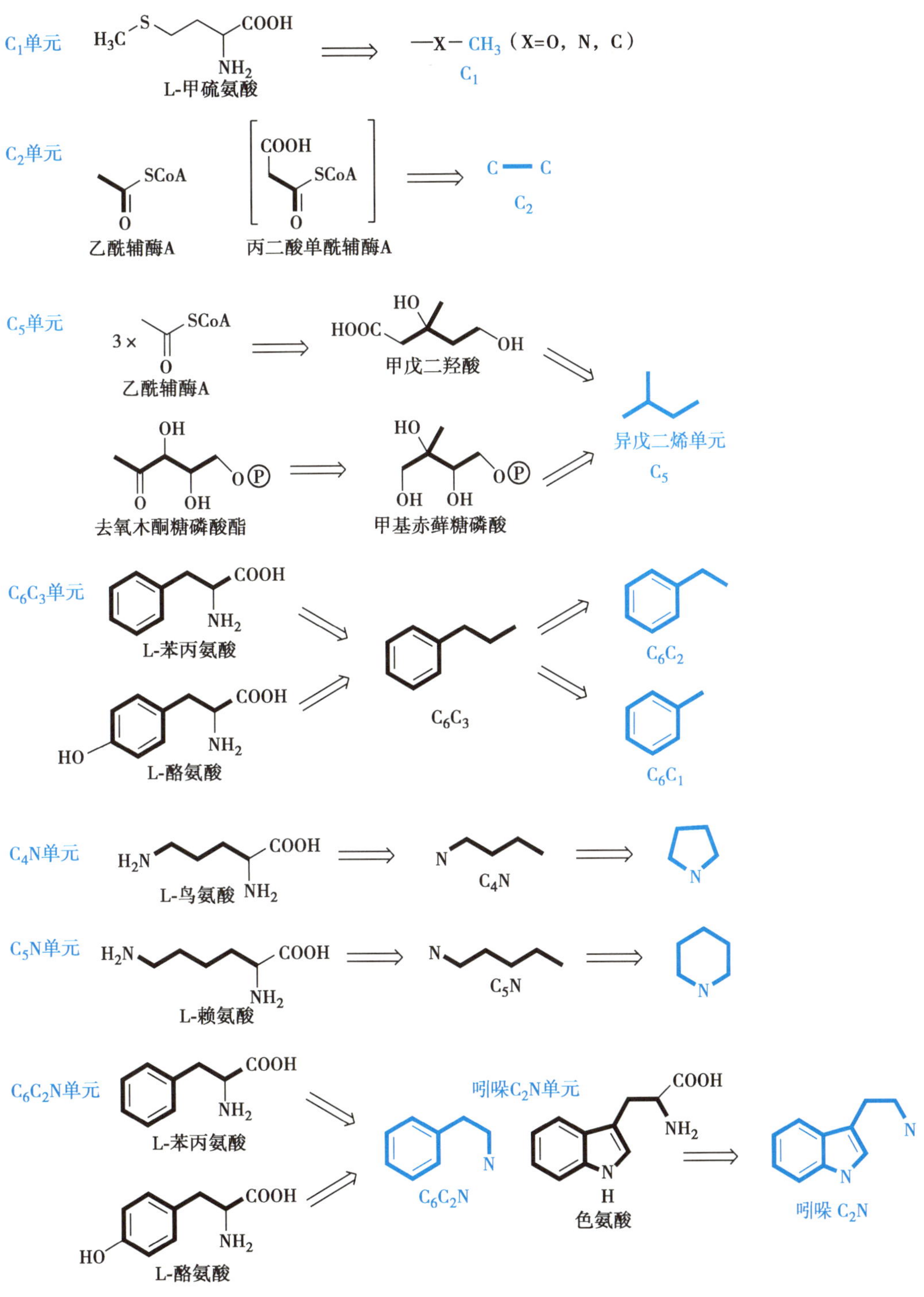

图 1-3 生物合成途径常见的基本构建单元

桂皮酸、甲戊二羟酸、去氧木酮糖磷酸及氨基酸合成途径中，这些途径是后继生物合成反应的基础[11]。

C_1 单元：为最简单的结构单位，由一个碳原子组成，通常以甲基的形式存在，它常连在氧、氮或碳上。多来源于 L- 甲硫氨酸的 *S*- 甲基，也可来自亚甲二氧基中的一个 C_1 单位。

C_2 单元：多为乙酰辅酶 A 提供的两碳单位。如在脂肪酸、酚类、苯醌等聚酮类(polyketide)化合物中，乙酰辅酶 A 在它聚合前要转化为反应活性更高的丙二酸单酰辅酶 A。

C_5 单元：异戊二烯单位来源于甲戊二羟酸或去氧木酮糖磷酸酯代谢后的产物。三个乙酰辅酶 A 分子构成甲戊二羟酸，丢失羧基碳后，只有五个碳被利用；去氧木酮糖磷酸酯是一个直链糖衍生物，它经历骨架重排可形成支链的异戊二烯单位。

C_6C_3 单元：为苯丙素结构单元，多由 L- 苯丙氨酸和 L- 酪氨酸转化而来，这两种氨基酸是莽草酸代谢途径中的芳香族氨基酸，在失去氧原子后可形成 C_3 侧链，C_3 侧链可能是饱和的，也可能是不饱和的。在 C_6C_3 基础上消去一个碳，形成 C_6C_2 单位；消去两个碳原子形成 C_6C_1 单位。

C_6C_2N 单元：前体也是 L- 苯丙氨酸和 L- 酪氨酸，但以 L- 酪氨酸为主要前体，在该单元的形成过程中，氨基酸的一个羧基碳被消去。

C_4N 单元：C_4N 单元通常是杂环吡咯烷结构，它来源于非蛋白氨基酸的 L- 鸟氨酸。与上面所描述的 C_6C_2N 和吲哚 C_2N 的形成不同，鸟氨酸不提供 α- 氨基氮，而提供 δ- 氨基氮。羧酸和 α- 氨基氮都被消去了。

C_5N 单元：它与 C_4N 单元的产生方式类似，但以 L- 赖氨酸作为前体，保留了 ε- 氨基氮，该结构单位是一个哌啶环。

吲哚 C_2N 单元：L- 色氨酸的结构中有吲哚环，可经历与 L- 苯丙氨酸和 L- 酪氨酸相似的脱羧过程，形成吲哚 C_2N 结构单元。

以上 8 个结构单元是各种天然产物生物合成的基础。在下面的示例结构中不难发现这些结构单元的存在。

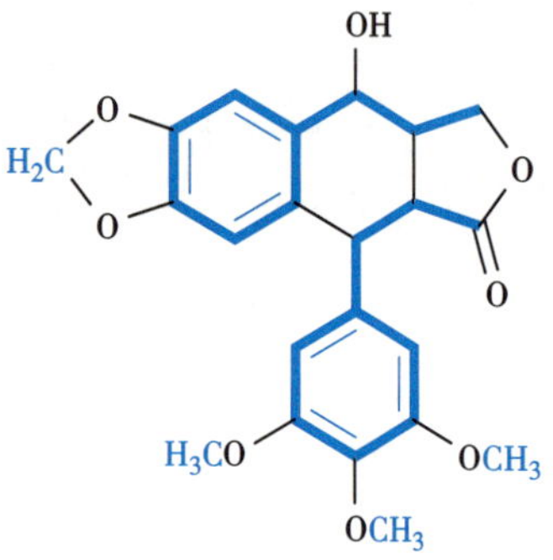

鬼臼毒素
$2\times C_6C_3+4\times C_1$

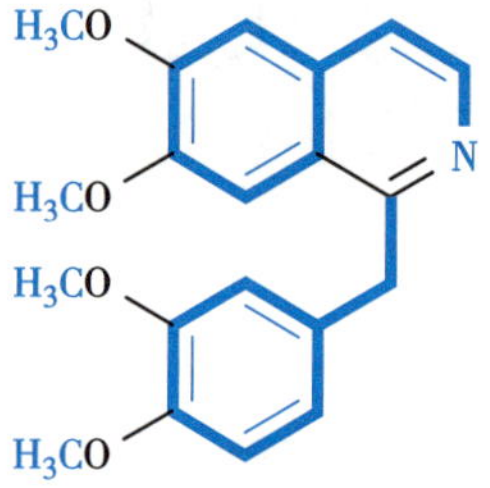

罂粟碱
$C_6C_2N+(C_6C_2)+4\times C_1$
$\Uparrow$
C_6C_3

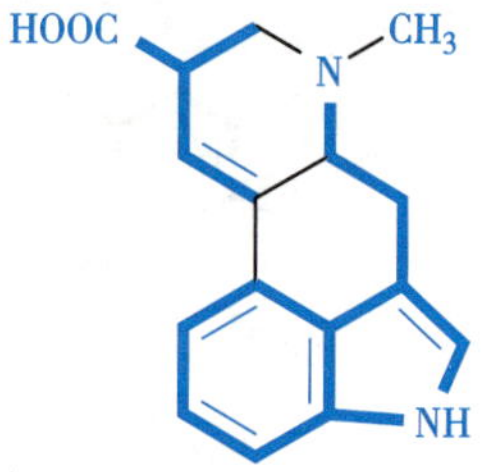

麦角酸
吲哚$C_2N+C_5+C_1$

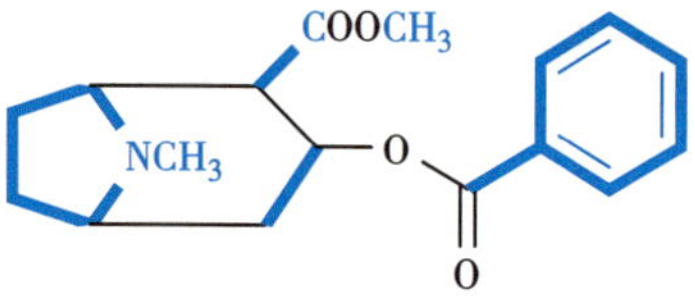

可卡因
$C_4N+2\times C_2+(C_6C_1)+2\times C_1$
$\Uparrow$
C_6C_3

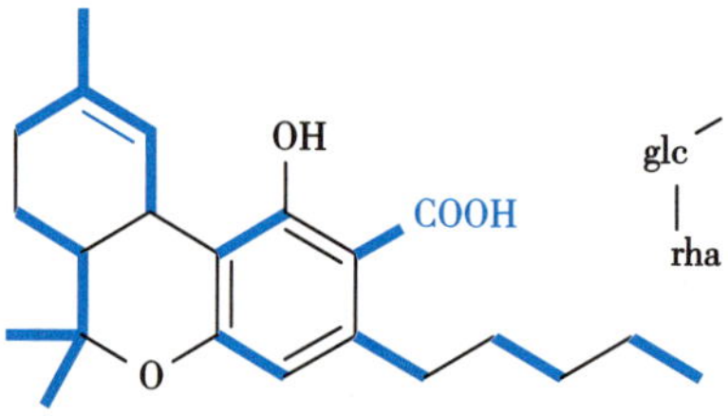

四氢大麻酚酸
$6\times C_2+2\times C_5$

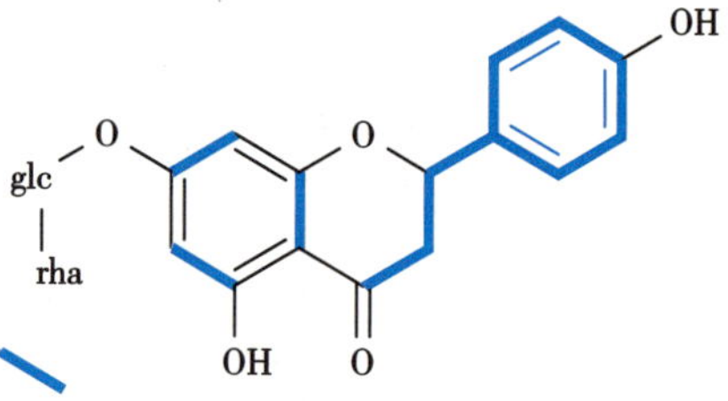

柚皮苷
$C_6C_3+3\times C_2$+糖

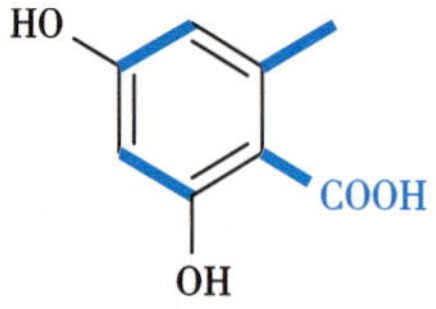

苔色酸
$4\times C_2$

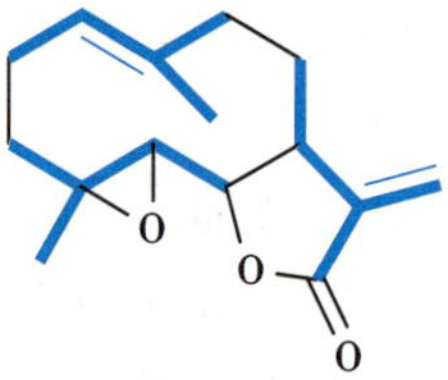

银胶菊内酯
$3\times C_5$

三、生物合成途径[11]

天然化合物的主要生物合成途径如下文所示，且大多数已用同位素示踪试验得到了证明。

（一）乙酸 - 丙二酸途径（acetate-malonate pathway，AA-MA 途径）

饱和、不饱和脂肪酸以及聚酮类化合物均由此途径合成而来。由聚酮合成芳香族化合物时，反应过程涉及羟醛缩合、Claisen 缩合、羟基化反应、酚氧化偶联反应、芳环的氧化开环等多个历程。

1. 脂肪酸类　生物合成脂肪酸的主要原料是乙酰辅酶 A，丙二酸单酰辅酶 A 则起延伸碳链作用。碳链的延伸由缩合及还原两个步骤交替而成，得到的饱和脂肪酸均为偶数碳。碳链为奇数碳的脂肪酸，起始物质不是乙酰辅酶 A，而是丙酰辅酶 A（propionyl CoA），支链脂肪酸的前体则为异丁酰辅酶 A（isobutyryl CoA）、α- 甲基丁酰辅酶 A（α-methylbutyryl CoA）及甲基丙二酸单酰辅酶 A（methylmalonyl CoA）等，其缩合及还原过程均与上类似。

动物体内的不饱和脂肪酸主要有棕榈油酸（16 碳；Δ^{9}）、油酸（18 碳；Δ^{9}）、亚油酸（18 碳；Δ^{9}，Δ^{12}）、亚麻酸（18 碳；Δ^{3}，Δ^{12}，Δ^{15}）和花生四烯酸（20 碳；Δ^{5}，Δ^{8}，Δ^{11}，Δ^{14}）。前两种不饱和脂肪酸可由动物自身合成，而后三种必须从食物中摄取。α- 亚麻酸也是一种必需脂肪酸，属于 ω-3 系列脂肪酸。人体内能合成 ω-3 系列的 20 碳和 22 碳。它进入人体后，在酶（脱氢酶和碳链延长酶）的催化下转化成 EPA（eicosapentaenoic acid，二十碳五烯酸）和 DHA（docosahexaenoic acid，二十二碳六烯酸），这样才会被吸收。α- 亚麻酸、EPA 和 DHA 被统称为 ω-3 系列脂肪酸。

2. 聚酮类　两分子乙酰辅酶 A 通过克莱森（Claisen）缩合形成一分子乙酰乙酰辅酶 A，这种反应反复进行来合成与多聚 -β- 酮酸酯链长度相似的链（图 1-4）。聚酮类（polyketide）化合物可以根据分子结构中醋酸单位的数目，分别命名为聚戊酮类（pentaketide）、聚己酮类（hexaketide）、聚庚酮类（heptaketide）等。

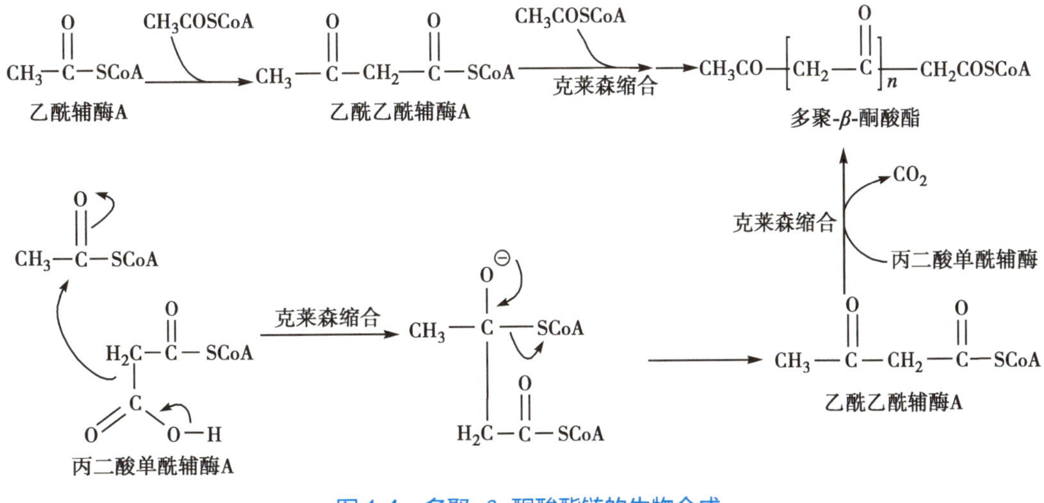

图 1-4　多聚 -β- 酮酸酯链的生物合成

3. 酚及其芳聚酮类　非常活泼的多聚 -β- 酮酸酯可以进行多种分子内的 Claisen 或 Aldol 反应。两个羰基中间的亚甲基是非常活泼的，它能形成碳负离子或烯醇，然后与酮或酯中的羰基反应可以生成没有张力的六元环（图 1-5），所形成芳环上的含氧取代基（—OH、—OCH_3）多互为间位。

多聚 -β- 酮酸酯可以生成芳酮类，如大黄素型蒽醌类化合物（图 1-6），其生物合成均来自 AA-MA 途径。

（二）甲戊二羟酸途径（mevalonic acid pathway，MVA 途径）和脱氧木酮糖磷酸酯途径（deoxyxylulose-5-P pathway，DXP 途径）

甲戊二羟酸途径和最近发现的脱氧木酮糖磷酸酯途径是萜类和甾体（steroid）化合物的生物合成

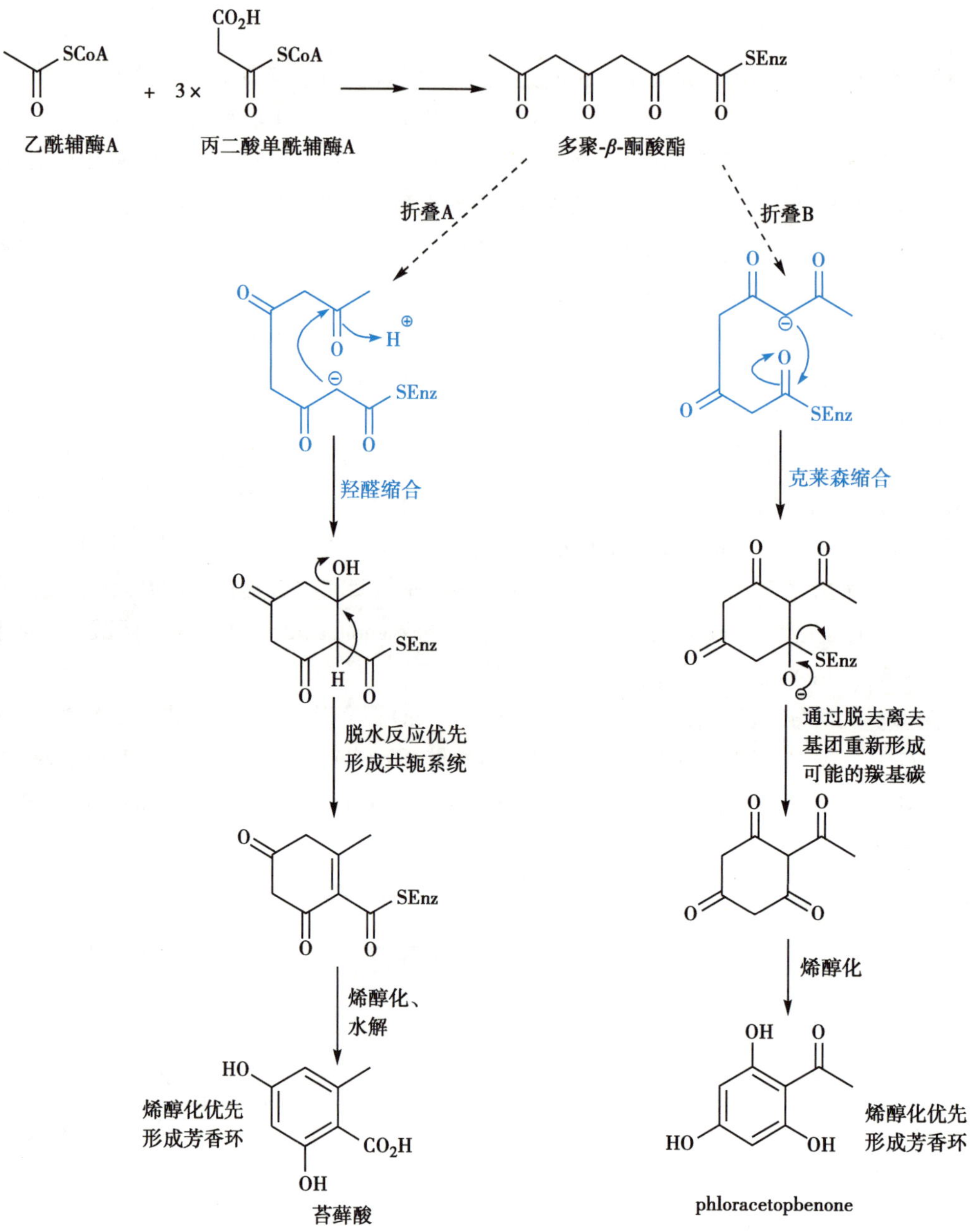

图 1-5 酚类的生物合成途径

途径。萜类化合物是由异戊二烯单位头 - 尾相接生成的天然产物，按其聚合的异戊二烯单位数目可分为半萜、单萜、倍半萜、二萜、二倍半萜、三萜（两个倍半萜尾 - 尾相接而成）、四萜和多聚萜。甾体化合物由三萜类化合物经进一步修饰降解形成。

1. 甲戊二羟酸途径（MVA 途径） 异戊二烯并不参与萜类化合物的形成，真正具有生物活性的异戊二烯单位是焦磷酸二甲基烯丙酯（DMAPP）和焦磷酸异戊烯酯（IPP），它们均由甲戊二羟酸（MVA）变化而来（图 1-7）。

各种萜类分别经由对应的焦磷酸酯得来，三萜及甾体则由反式角鲨烯（*trans*-squalene）转变而成，再经氧化、还原、脱羧、环合或重排，即生成种类繁多的三萜类及甾类化合物。由于 MVA 也是由乙酰辅酶 A 出发生成的，故其生物合成基源也可以说是乙酰辅酶 A。

2. 脱氧木酮糖磷酸酯途径（DXP 途径） 1- 去氧 -D- 木酮糖 -5- 磷酸酯是由丙酮酸和 3- 磷酸甘

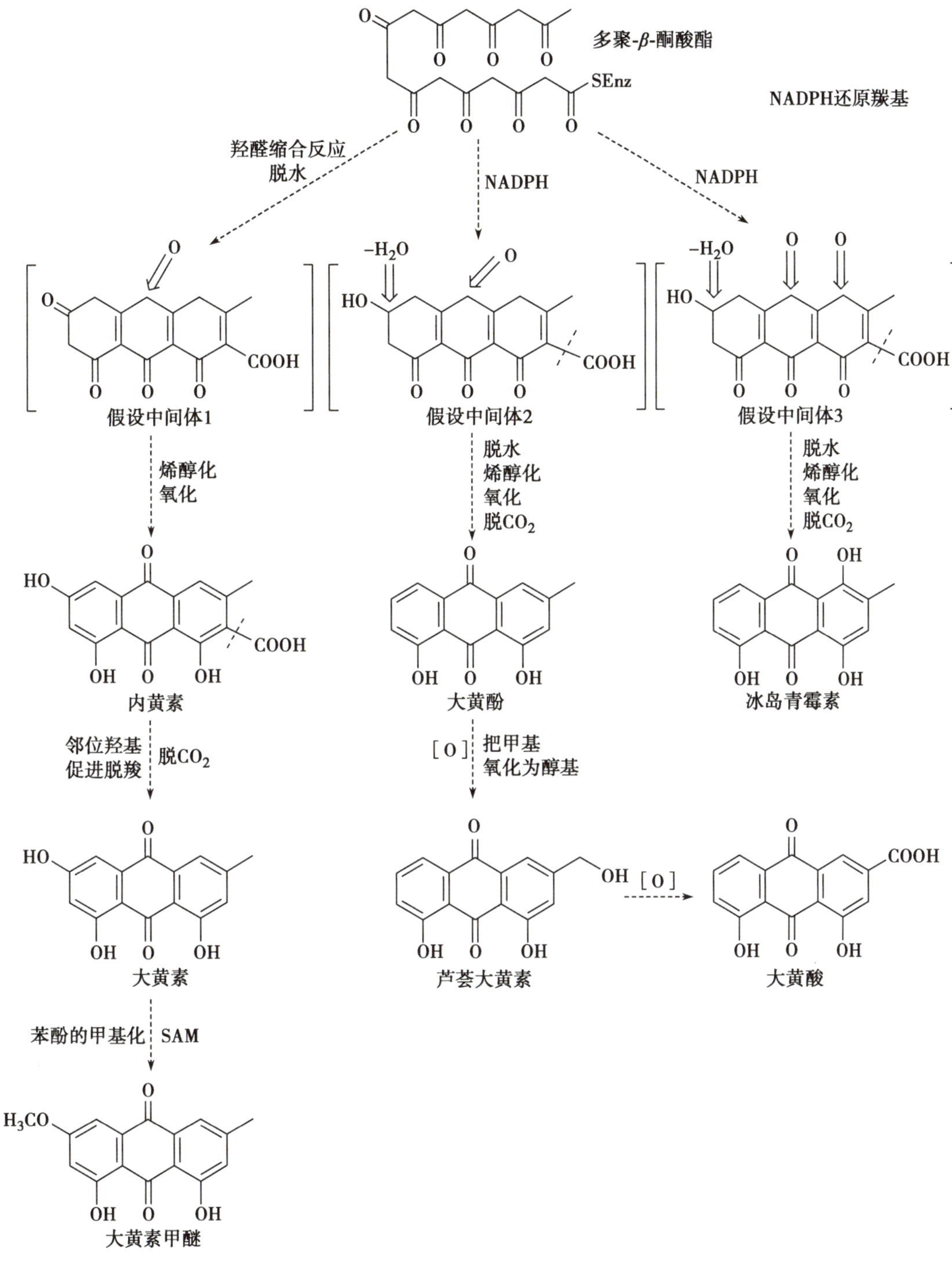

图 1-6 大黄素型蒽醌类化合物的生物合成途径

油醛脱羧形成的。由焦磷酸硫胺素（TPP）介导丙酮酸脱羧产生乙醛，并与相应的 TPP 结合，该分子以烯胺形式存在，此烯胺形式的中间体作为亲核试剂与 3- 磷酸甘油醛发生加成反应，接着释放 TPP 分子生成去氧木酮糖磷酸酯。如图 1-8 所示，去氧木酮糖磷酸酯经过片呐醇重排和 NADPH 还原生成 2- 甲基 -D- 赤藓糖 -4- 磷酸，再经多步骤转化成焦磷酸异戊烯酯（IPP），由此去氧木酮糖途径与甲戊二羟酸途径都通过共同的中间产物 IPP 联系起来。焦磷酸二甲基烯丙酯（DMAPP）可能通过 IPP 异构化生成，但也可能是由独立过程生成的，还有待进一步确证。去氧木酮糖磷酸酯在维生素 B_1 前体和维生素 B_6 前体的合成中起重要作用。动物体内缺乏去氧木酮糖磷酸酯，所以只能利用甲戊二羟酸途径。

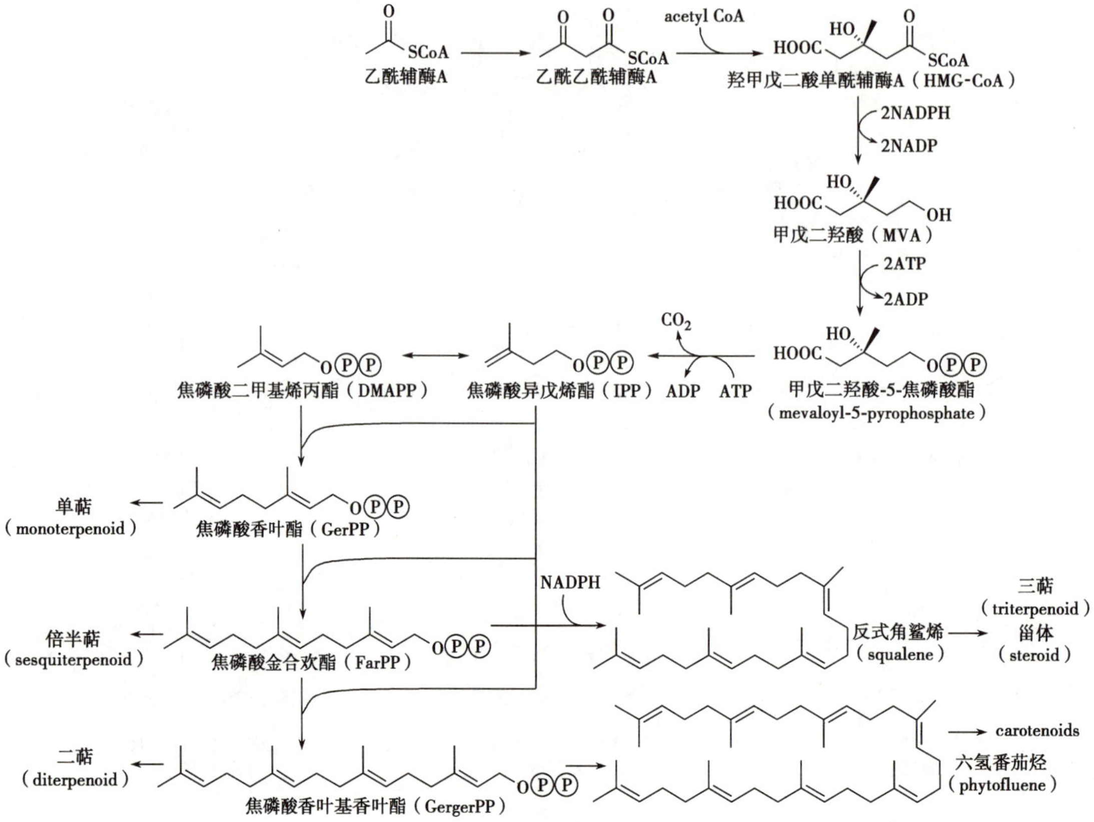

图 1-7 甲戊二羟酸途径

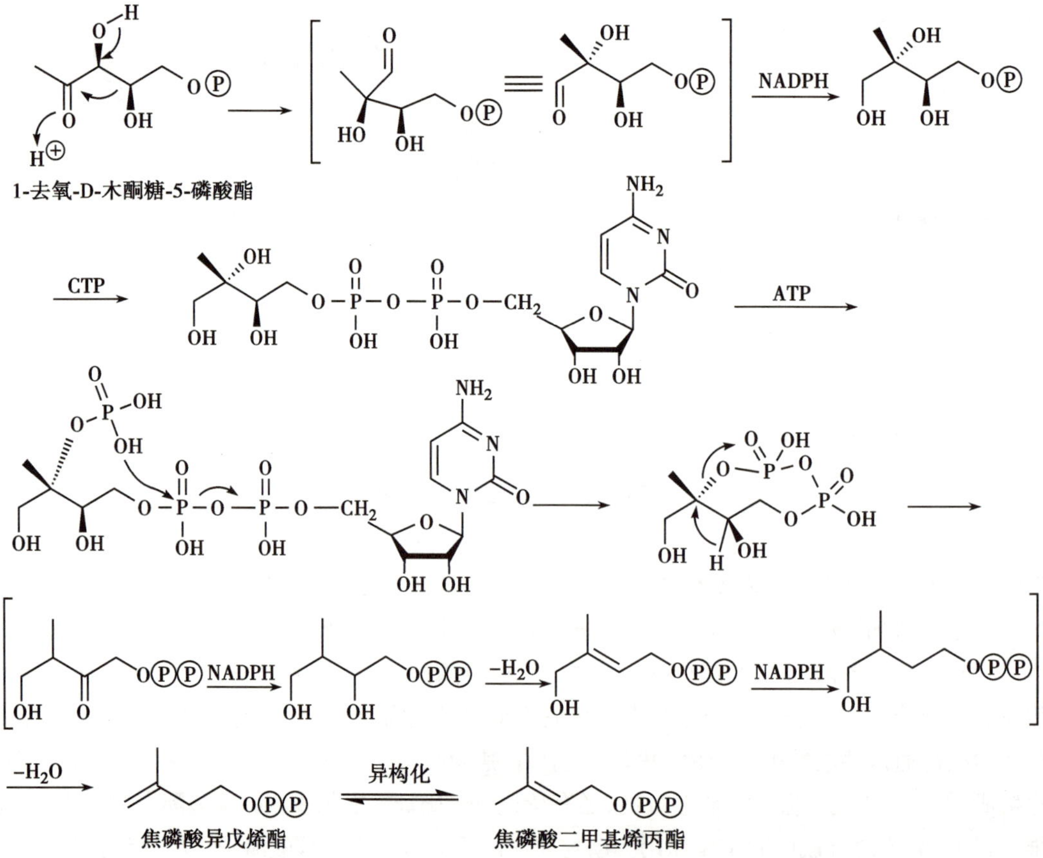

图 1-8 脱氧木酮糖磷酸酯途径中 IPP 和 DMAPP 的生物合成

（三）莽草酸途径（shikimic acid pathway）

芳香氨基酸类、苯甲酸类（C_6-C_1）和桂皮酸类（C_6-C_3）化合物由莽草酸途径合成，并且通过此途径进一步转化可得到木脂素类（lignans）、苯丙素类（phenylpropanoids）和香豆素类（coumarins）等 C_6-C_3 单位的化合物。

此外，莽草酸和乙酸途径两者结合则得到苯乙烯吡喃酮类、1,2- 二苯乙烯类、黄酮类、黄酮醇类和异黄酮类化合物；和萜类的复合途径则生成萜醌类化合物。总之，莽草酸途径提供了一条合成芳香类化合物的重要方法，尤其是芳香氨基酸类化合物。

1. 芳香氨基酸和简单苯甲酸类　莽草酸经一个简单的依赖 ATP 的磷酸化反应得到莽草酸 -3- 磷酸酯，最后转化为分支酸，再经其异构体预苯酸的转化生成 L- 苯丙氨酸（L-phenylalanine）和 L- 酪氨酸，如图 1-9 所示。

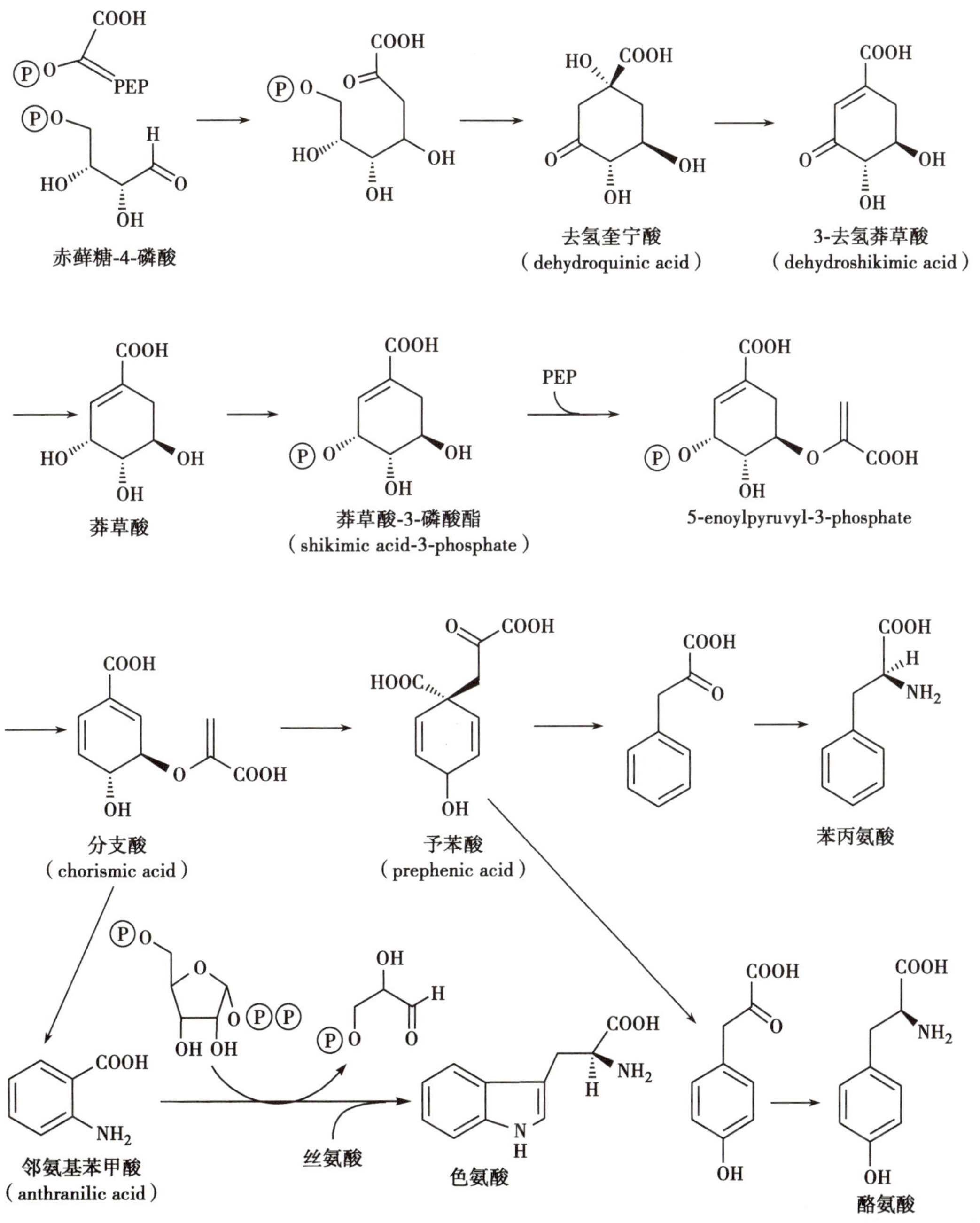

赤藓糖-4-磷酸
去氢奎宁酸（dehydroquinic acid）
3-去氢莽草酸（dehydroshikimic acid）
莽草酸
莽草酸-3-磷酸酯（shikimic acid-3-phosphate）
5-enoylpyruvyl-3-phosphate
分支酸（chorismic acid）
预苯酸（prephenic acid）
苯丙氨酸
邻氨基苯甲酸（anthranilic acid）
丝氨酸
色氨酸
酪氨酸

图 1-9　莽草酸途径

而一些简单的羟基苯甲酸类化合物，如没食子酸和4-羟基苯甲酸，可直接由莽草酸途径的早期中间产物，如3-去氢莽草酸或分支酸合成（图1-10）。

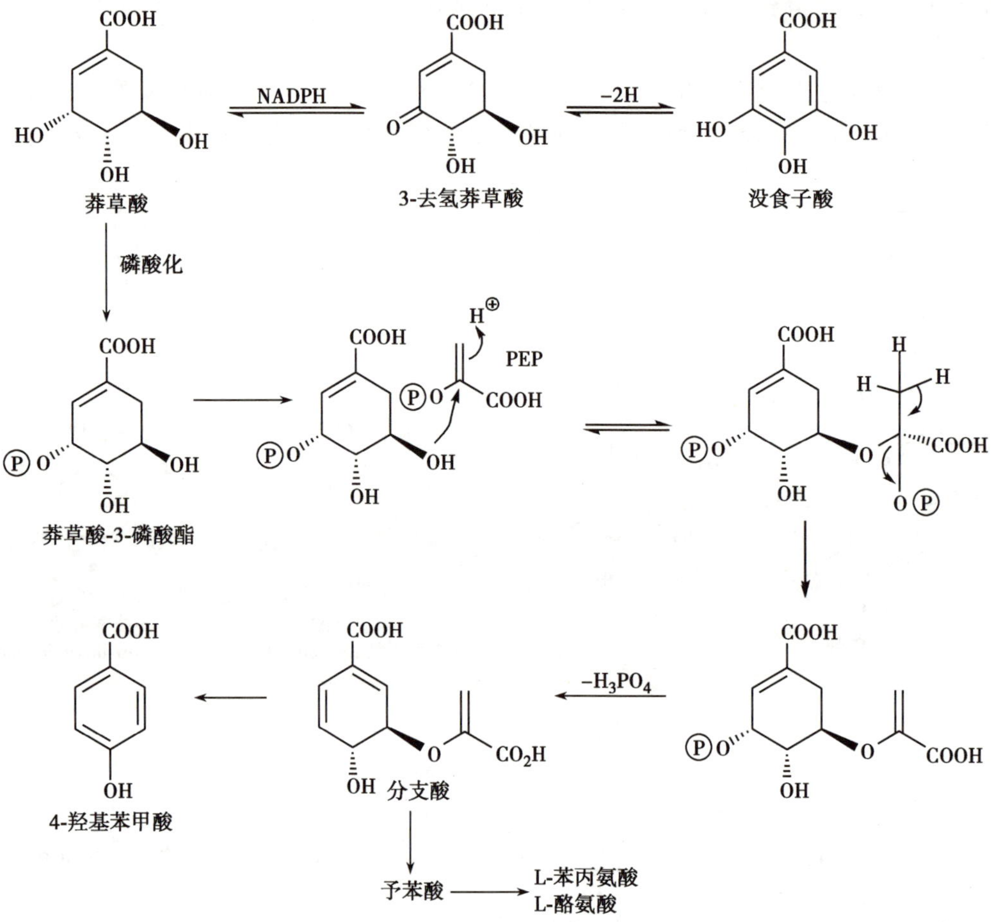

图1-10　莽草酸转化为苯甲酸类化合物

2. 桂皮酸途径　天然化合物中具有 C_6-C_3 骨架的苯丙素类、木脂素类，以及具有 C_6-C_3-C_6 骨架的黄酮类化合物(flavonoids)极为多见。其中的 C_6-C_3 骨架均由苯丙氨酸经苯丙氨酸脱氨酶(phenylalanine ammonialyase，PAL)脱去氨后生成的桂皮酸而来。具体如图1-11所示。

苯丙素类经环化、氧化、还原等反应，还可生成 C_6-C_2、C_6-C_1 及 C_6 等类化合物。此外，与丙二酸单酰辅酶A结合，可生成二氢黄酮类化合物（C_6-C_3-C_6）。两分子的苯丙素类通过 β-位聚合，则可得到木脂素类化合物。

3. 醌类化合物　醌主要通过酚类化合物的氧化生成。邻二酚（1,2-二羟基苯）生成邻苯醌，对二苯酚（1,4-二羟基苯）生成对苯醌。因此，醌类化合物可由乙酸途径或莽草酸途径中产生的酚类形成。

（四）氨基酸途径（amino acid pathway）

天然产物中的生物碱类成分均由此途径生成。有些氨基酸脱羧成为胺类，再经过一系列化学反应（甲基化、氧化、还原、重排等）后转变成生物碱（图1-12）。在生物碱生物合成过程中，涉及如曼尼希（Mannich）反应、酚类氧化偶联反应等一些重要的化学反应。

已知作为生物碱前体的氨基酸，在脂肪族氨基酸中主要有鸟氨酸（ornithine）、赖氨酸（lysine）；芳香族氨基酸中则有苯丙氨酸（phenylalanine）、酪氨酸（tyrosine）及色氨酸（tryptophane）等。其中，芳香族氨基酸来自莽草酸途径，脂肪族氨基酸则基本上来自TCA循环及解糖途径中形成的 α-酮戊二酸经转氨（transamination）反应后生成，具体见以下反应式：

NH_3 + HOOC-CO-CH$_2$CH$_2$-COOH（α-酮戊二酸）$\xrightarrow[\text{谷氨酸脱氢酶}]{NAD(P)H+H^+ \rightarrow NAD(P)^+}$ HOOC-CH(NH_2)-CH$_2$CH$_2$-COOH（谷氨酸）

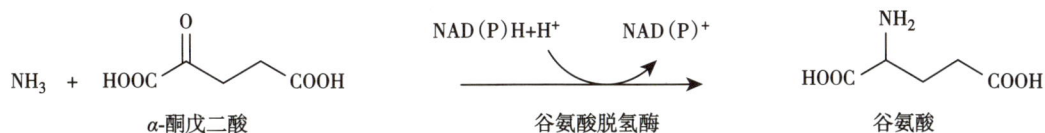

鸟氨酸为生物碱的形成提供了一个 C_4N 单元，主要生成吡咯烷环系统；L- 赖氨酸则提供了一个 C_5N 单元。而其他多数氨基酸作为生物碱的前体，由于结构中不存在 δ- 氨基或 ε- 氨基，只能由 α- 氨基提供氮原子。邻氨基苯甲酸是 L- 色氨酸生物合成中关键的中间体之一，在吲哚生物碱的生物合成中发挥着重要作用。在生物合成过程中，邻氨基苯甲酸脱羧形成 C_6N 骨架。从邻氨基苯甲酸生物合成的生物碱实例很多，此途径可以合成喹唑啉生物碱、喹啉和吖啶生物碱。

应当指出的是，并非所有的氨基酸都能转变为生物碱。大多数的生物碱来源于氨基酸，其过程是将氨基酸中的氮原子和整个碳骨架或大部分碳骨架引入生物碱的结构中。但有些生物碱并非如此，它们是以非氨基酸前体为底物，在生物合成相对较晚的阶段氮原子才插入到结构中。这样的生物碱经常是以萜类和甾体化合物为基本骨架。氮原子是通过氨基酸与萜类和甾体骨架中的醛基或酮基发生转氨反应而引入的。

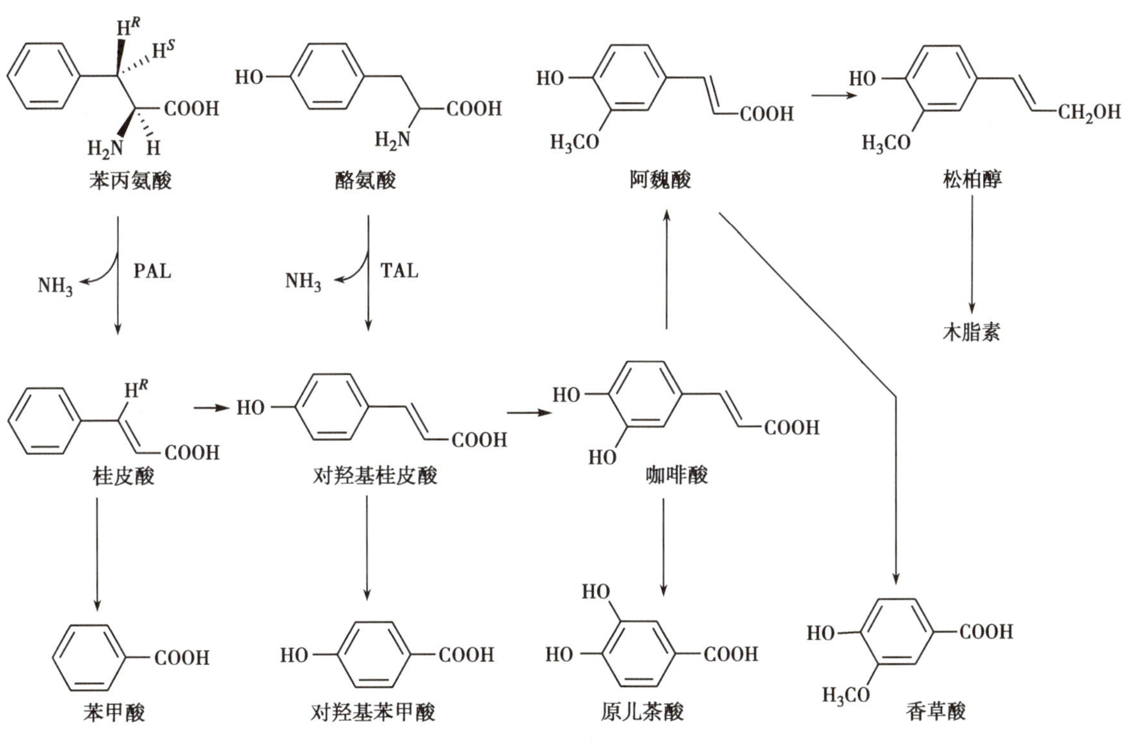

图 1-11　桂皮酸途径

（五）复合途径

由前述内容可看出，结构稍为复杂的天然化合物其分子中各个部位不可能来自同一生物合成途径。如大麻二酚酸（cannabidiolic acid）、查耳酮（chalcone）、二氢黄酮（dihydroflavone）等（图 1-13）。

显然，上述几类天然化合物均来自两个以上不同的生物合成途径，即复合生物合成途径。常见的复合生物合成途径有以下几种：①乙酸 - 丙二酸 - 莽草酸途径；②乙酸 - 丙二酸 - 甲戊二羟酸途径；③氨基酸 - 甲戊二羟酸途径；④氨基酸 - 乙酸 - 丙二酸途径；⑤氨基酸 - 莽草酸途径。

生物合成是天然药物化学学科中的一个重要领域，了解生物合成的有关知识，不仅对天然化合物进行结构分类或推测天然化合物的结构有帮助，而且对植物化学分类学以及仿生物合成等学科的发展有着重要的理论指导意义，对采用组织培养方法进行物质生产有实际指导意义。例如，了解目的物

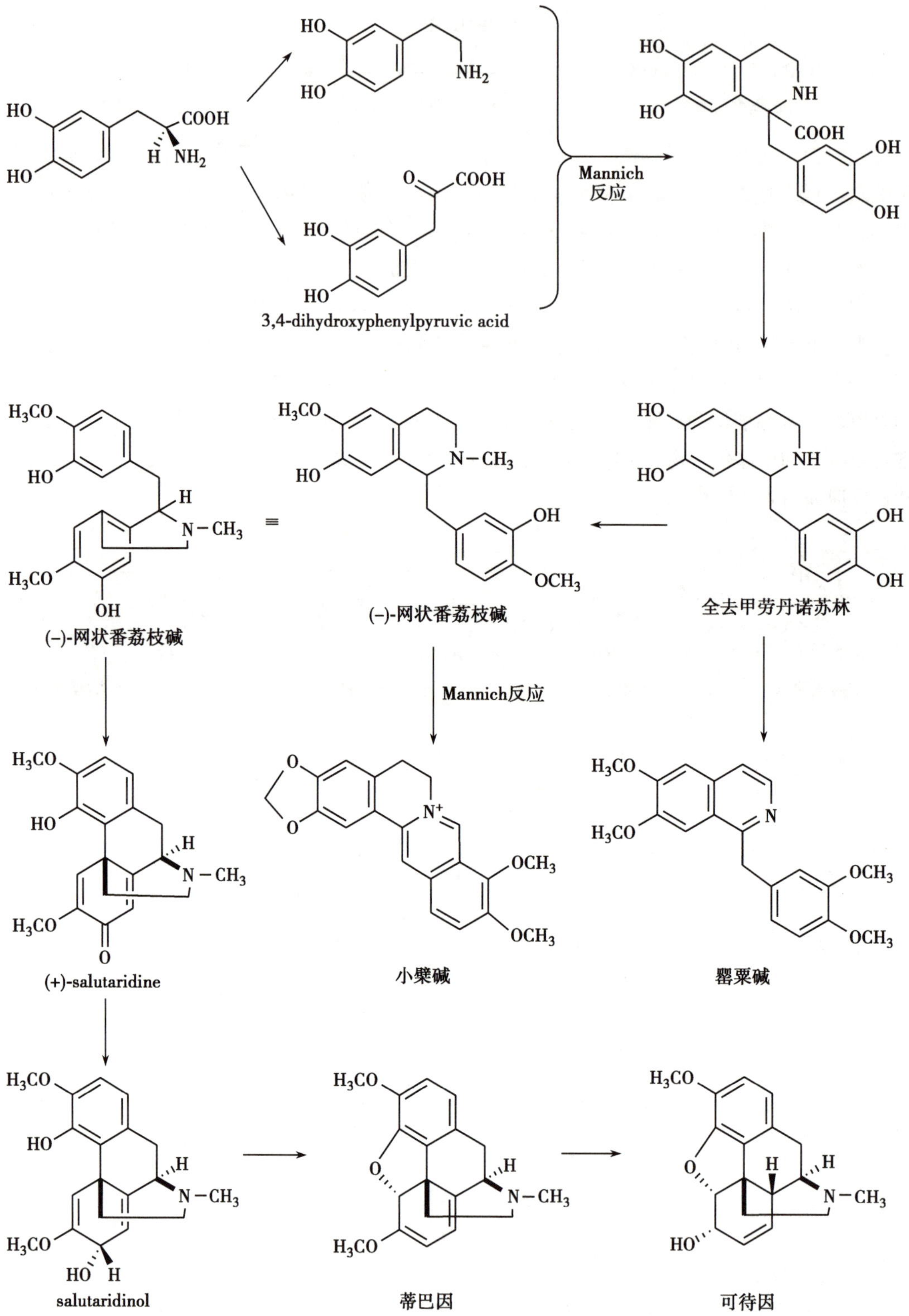

3,4-dihydroxyphenylpyruvic acid

Mannich 反应

全去甲劳丹诺苏林

(–)-网状番荔枝碱

(–)-网状番荔枝碱

Mannich反应

(+)-salutaridine

小檗碱

罂粟碱

salutaridinol

蒂巴因

可待因

图 1-12　氨基酸途径

质的生物合成途径，在组织培养进程中有意添加关键的前体物质，可以大大提高目的物质的收率。如在三叶薯蓣（*Dioscorea arachidna*）的愈伤组织培养过程中加入适量胆固醇，薯蓣皂苷元的含量可以由植物干重的 1.5% 提高到 2.5%。又如，在进行人参组织培养时，为了提高皂苷的含量，曾试验加入不同的生物合成前体物质。结果表明，加入乙酸、香叶醇、反式角鲨烯时，皂苷的含量增加并不明显；但加入甲戊二羟酸及金合欢醇时，皂苷含量可增加约 2 倍。其原因并不是愈伤组织的细胞数目增加，

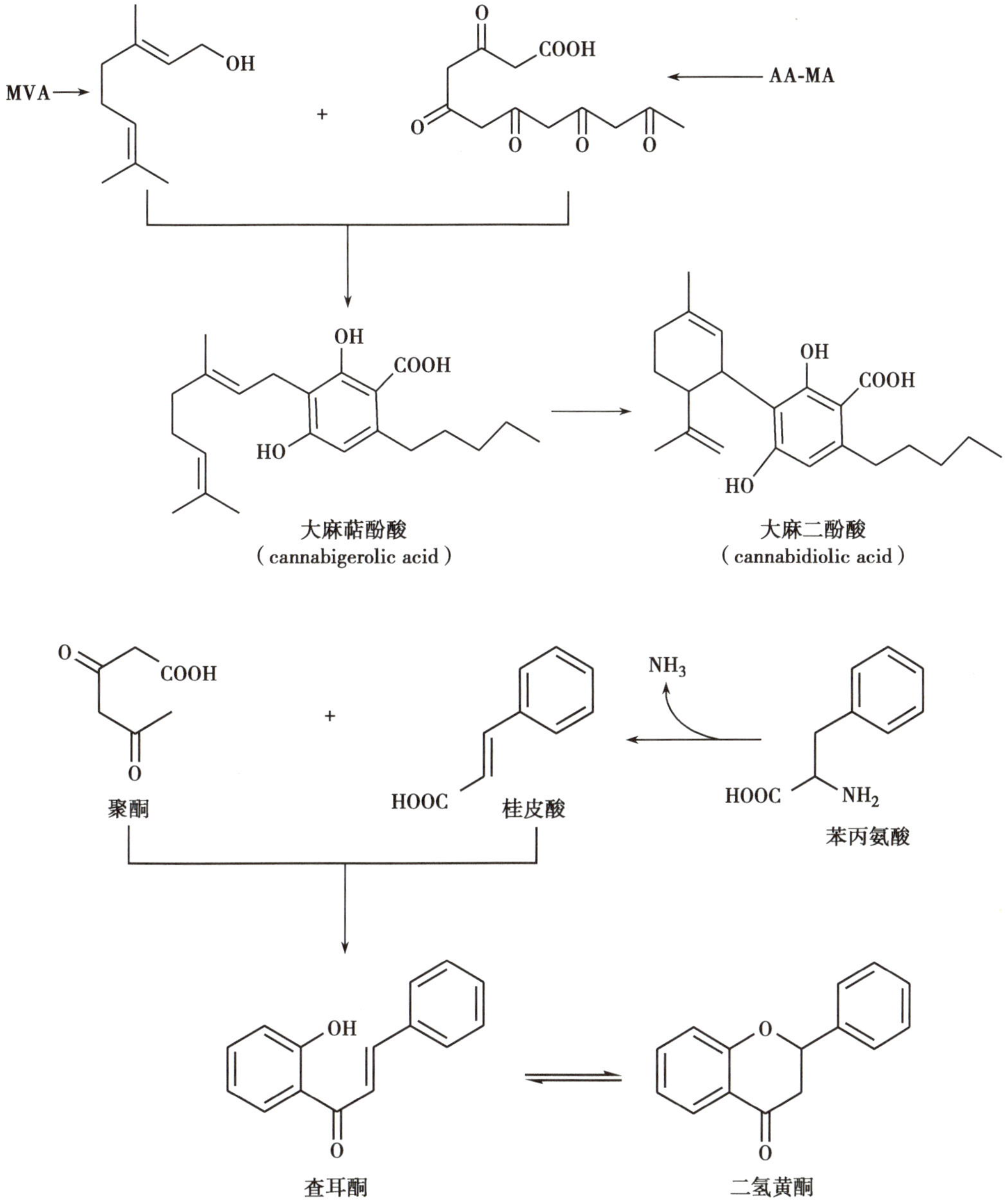

MVA　AA-MA

大麻萜酚酸
(cannabigerolic acid)

大麻二酚酸
(cannabidiolic acid)

聚酮　桂皮酸　苯丙氨酸

查耳酮　二氢黄酮

图 1-13　两个复合生物合成途径的例子

而是提高了单位细胞生产的皂苷量。另外，甲戊二羟酸及金合欢醇的加入时间对皂苷的生成量也有很大影响。

第三节　天然药物有效成分的提取分离方法

天然药物化学的研究工作是从有效成分(或生理活性化合物)的提取、分离工作开始的。在进行提取之前，应对所用材料的基源(如动、植物的学名)、产地、药用部位、采集时间与方法等进行考查，并系统查阅文献，以充分了解、利用前人的经验。

目的物质为已知成分的，如从甘草中提取甘草酸、从麻黄中提取麻黄碱，或从植物中提取某类成分(如总生物碱或总酸性成分)时，工作比较简单。一般宜先查阅有关资料，搜集比较该种或该类成分的各种提取方案，尤其是工业生产方法，再根据具体条件加以选用。从天然药物中寻找未知有效成分或有效部位时，情况比较复杂。只能根据预先确定的目标，在适当的活性测试体系指导下，进行提取、

分离并以相应的活性测试模型筛选、临床验证、反复实践，才能达到目的。这里先简要讨论物质提取分离的一般原理及常用方法。

一、天然药物有效成分的提取

从药材中提取天然活性成分的方法有溶剂提取法、水蒸气蒸馏法及升华法等。后两种方法的应用范围十分有限，大多数情况下是采用溶剂提取法。溶剂提取法是选择适当溶剂将中草药中的化学成分从药材中提取出来。如无特殊规定，药料须经干燥并适当粉碎，以利于增大与溶剂的接触表面积，提高提取效率。一般可将固体药材按提取用溶剂的极性递增方式，用不同溶剂，如石油醚或汽油（可提出油脂、蜡、叶绿素、挥发油、游离甾体及三萜类化合物）、三氯甲烷或乙酸乙酯（可提出游离生物碱、有机酸及黄酮、香豆素的苷元等中等极性化合物）、丙酮或乙醇、甲醇（可提出苷类、生物碱盐以及鞣质等极性化合物）及水（可提出氨基酸、糖类、无机盐等水溶性成分）依次进行提取。得到的各个部分经活性测试确定有效部位后再做进一步分离。另外，也可将药材直接用乙醇、含水乙醇或含水丙酮提取，提取液浓缩成膏，拌以硅藻土等辅料，减压干燥成粉后，再用上述不同溶剂进行分步处理。

（一）溶剂提取法

1. 溶剂提取法原理　溶剂提取法是根据“相似相溶”这一原理进行的，通过选择适当溶剂将化学成分从原料中提取出来。化合物亲水性和亲脂性程度的大小与其分子结构直接相关，一般来说，两种基本母核相同的成分，其分子中官能团的极性越大或极性官能团数目越多，则整个分子的极性越大，亲水性越强；非极性部分越大或碳链越长，则极性越小，亲脂性越强。植物成分中，萜类、甾体等脂环类及芳香类化合物因极性较小，易溶于三氯甲烷、乙醚等亲脂性溶剂中；糖苷、氨基酸等类成分极性较大，易溶于水及含水醇中；酸性、碱性及酸碱两性化合物，因存在状态（分子或离子形式）随溶液而异，故溶解度将随 pH 而改变。常见溶剂的极性由弱至强的顺序可表示如下：

石油醚（低沸点→高沸点）＜二硫化碳＜四氯化碳＜三氯乙烯＜苯＜二氯甲烷＜乙醚＜三氯甲烷＜乙酸乙酯＜丙酮＜乙醇＜甲醇＜乙腈＜水＜吡啶＜乙酸

从药材中提取活性成分时，由于存在多种成分间的相互助溶作用，情况要复杂得多。因此，从药材中提取活性成分很难有一个固定的模式。

2. 溶剂法分类　溶剂提取法按是否加热大致分为冷提和热提两种方法，但按具体操作大致分为：

（1）浸渍法：是在常温或低热（＜80℃）条件下用适当的溶剂浸渍药材以溶出其中成分的方法。本法适用于有效成分遇热不稳定的或含大量淀粉、树胶、果胶、黏液质的药材的提取。但本法出膏率低。需要特别注意的是，当水为溶剂时，其提取液易于发霉变质，须注意加入适当的防腐剂；且在提取过程中注意防止苷类化合物可能发生的水解。

（2）渗漉法：是不断向粉碎的原料中添加新鲜浸出溶剂，使其渗过药材，从渗漉筒下端出口流出浸出液的一种方法。该法消耗溶剂量大，费时长，操作比较麻烦。

（3）煎煮法：是在中药材中加入水后加热煮沸，将有效成分提取出来的方法。此法简便，但含挥发性成分或有效成分遇热易分解以及淀粉含量大的药材不宜用此法。

（4）回流提取法：是用易挥发的有机溶剂加热回流提取药材成分的方法。但对热不稳定的成分不宜用此法，且溶剂消耗量大，操作麻烦。

索式提取器（动画）

（5）连续回流提取法：弥补了回流提取法中溶剂消耗量大、操作太烦琐的不足，实验室常用索氏（沙氏）提取器来完成本法操作。但此法时间较长，对受热易分解的成分不宜采用。

（6）超临界流体萃取技术：物质处于其临界温度（T_c）和临界压力（P_c）以上状态时，成为单一相态，将此单一相态称为超临界流体（supercritical fluid，SF）。在超临界状态下，将超临界流体与待分离的物质接触，通过控制不同的温度、压力以及不同种类及含量的夹带剂，使超临界流体有选择性地把极性大小不同、沸点高低不同和分子量大小不同的成分依次萃取出来，这种萃取方法称为超临界流体萃取法（supercritical fluid extraction，SFE）。

已知可作为超临界流体的物质有很多，如二氧化碳、一氧化二氮、六氟化硫、乙烷、庚烷、氨、二氯二氟甲烷等，其中以二氧化碳最为常用。

超临界流体萃取技术的特点：①不残留有机溶剂、萃取速度快、收率高、工艺流程简单、操作方便；②无传统溶剂法提取的易燃易爆的危险；减少环境污染，无公害；产品是纯天然的；③萃取温度低，适用于对热不稳定物质的提取；④萃取介质的溶解特性容易改变，在一定温度下只需改变其压力；⑤适用于对挥发性物质和脂溶性化合物的萃取；⑥还可加入夹带剂，改变萃取介质的极性来提取极性物质；⑦萃取介质可循环利用，成本低；⑧可与其他色谱技术联用及与 IR、MS 联用，可高效、快速地分析中药及其制剂中的有效成分。

超临界流体萃取技术的局限性：①对脂溶性成分溶解能力强，而对水溶性成分溶解能力弱；②设备造价高而导致产品成本中的设备折旧费比例过大；③更换产品时清洗设备较困难。

超临界流体萃取技术的夹带剂的作用：夹带剂（entrainer）作为亚临界组分，挥发度介于超临界流体与被萃取溶质之间，以液体形式和相对小的量加入超临界流体中。其作用在于：①改善或维持选择性；②提高难挥发溶质的溶解度。一般，具有很好溶解性能的溶剂，也往往是很好的夹带剂，如甲醇、乙醇、丙酮和乙腈等。

超临界流体萃取技术的应用：超临界流体萃取技术在医药、化工、食品、轻工及环保等领域取得了可喜的成果。特别是在天然药物有效成分萃取技术领域，如生物碱、挥发油、苯丙素、黄酮、有机酸、苷类、萜类及天然色素的萃取方面得到了广泛应用。

(7) 超声提取法：超声提取法是采用超声波辅助提取溶剂进行提取的方法。超声波是一种弹性机械振动波，其传播的振动频率在弹性介质中高达 20kHz。超声波作用于液体介质引起介质的振动，当振动处于稀疏状态时，在介质中形成许多小空穴，这些小空穴的瞬间闭合，可引起高达几千个大气压的压力，同时局部温度可上升到几千摄氏度的高温，这一现象称为空化现象，它可造成植物细胞壁及整个生物体瞬间破裂，使溶剂能渗透到药材的细胞中，从而加速药材中的有效成分溶解于溶剂，根据这种作用机制可将超声波应用于提取。因超声波提取不会改变有效成分的结构，同时缩短了提取时间，提高了提取率，从而为重要成分的提取提供了一种快速、高效的提取新方法。

超声提取法在天然药物成分提取中的应用发展较广，如在对皂苷类成分的提取中，因对皂苷类成分采用加水煎煮或有机溶剂浸泡的方法提取，耗时长、提出率低，但采用超声技术则可大大缩短提取时间，提高浸出率，且具有节约药材、杂质少等优点。如从穿龙薯蓣根茎中提取主要有效成分薯蓣皂苷，以 70% 乙醇浸泡 48 小时为对照，用 20kHz 的超声波提取 30 分钟，其提出率是对照组的 1.2 倍，用 1MHz 的超声波提取 30 分钟，其提出率是对照组的 1.34 倍，此工艺可以节约药材 23.4%。

(8) 微波提取法：微波的波长在 0.1~100cm，微波提取法是把微波作为一种与物质相互作用的能源来使用，是在传统有机溶剂萃取基础上发展起来的。用作能源的微波，其频率在几千兆赫兹。与传统方法相比，该方法具有提取成分不易分解、耗时短、耗能低、环境污染小等优点。

微波提取法的原理是：微波具有吸收性、穿透性、反射性，即它可被极性物质如水等选择性吸收，从而被加热，而不被非极性物质吸收，表现出穿透性。分子对微波具有选择性吸收，极性分子可吸收微波能，然后弛豫，以热能形式释放能量，使介质内部温度迅速上升，造成内部压力过大，致成分流出溶解于溶剂中；另一方面，微波所产生的电磁场可使部分成分向萃取溶剂界面扩散，加速其热运动，缩短提取时间，既提高了提取速率，又降低了提取温度，对不耐热物质的实用性较好。

影响微波提取法的因素有：①提取选用的溶剂；②因微波在样品中的传播有反射性，故待提取样品的形状、粒度也会影响对微波的吸收和加热效果；③对于易吸收微波的被提取样品，用量不能太大，

否则因穿透深度小，提取效果不佳；④此外，恰当选择微波功率亦很重要，太大则浪费功率，太小则样品加热不够，内部靠传统方式受热。

微波萃取技术现已广泛应用到香料、调味品、天然色素、中草药、化妆品、土壤和环境分析等诸多领域。微波提取法是利用微波无温度梯度的热效应使被提取物的里外同时加热，增加物质扩散性和溶剂穿透性，从而加速提取过程的一种提取法，其起步较晚于超临界流体萃取技术。

(9) 离子液体提取法：离子液体（ionic liquid，IL）是指以离子对状态存在的盐，在低于100℃条件下为液体。离子对往往由有机阳离子和有机阴离子或无机阴离子形成，因其具有化学稳定性和热力学稳定性，且不易挥发，对多数天然产物具有高的溶解特性，成为一种非常好的绿色提取介质。加之离子液体对生物材料和细胞间质具有好的溶胀和溶解特性，使其更容易接近目标分子，因此离子液体具有更高的提取率。由于离子液体类型多，提取化合物的范围更广，配合超声波或微波辅助，提取效率会更高。例如，利用离子液体 $[C_nC_1im][Ace]$（n=4,1-butyl-3-methylimidazolium acesulfamate），可以从海罂粟（*Glaucium flavum*）提取海罂粟碱（glaucine），含水离子溶液提取率为85%，离子溶液浓度达2mol/L时，提取率达99%。从可可（*Paullinia cupana*）中提取咖啡因，用二氯甲烷索氏提取器提取，得到提取物咖啡因含量为4.3%，而用离子液体提取，含量可以达到9.4%。一般情况下，离子液体提取所得的提取液，加有机溶剂萃取，所得提取物萃取到有机溶剂相，离子溶液可以回收后用于下一步的再提取。

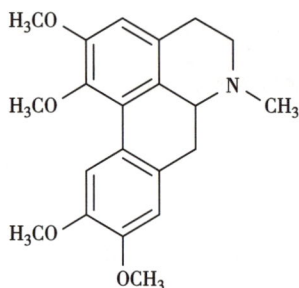

海罂粟碱　　　　咖啡因

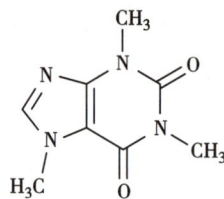

逆流分溶法操作过程（动画）

（二）水蒸气蒸馏法

水蒸气蒸馏法适用于具有挥发性的、能随水蒸气蒸馏而不被破坏、且难溶或不溶于水的成分的提取。此类成分的沸点多在100℃以上，并在100℃左右有一定的蒸气压。水蒸气蒸馏法的原理是：当两种互不相溶的液体共存时，各组分的蒸气压和它们在纯粹状态时的蒸气压相等，而另一种液体的存在并不影响它的蒸气压，混合体系的总蒸气压等于两纯组分蒸气压之和，由于体系的总蒸气压比任何一组分的蒸气压高，混合物的沸点要比任一组分的沸点低。

范式方程及其解释（拓展阅读）

（三）升华法

固体物质在受热时不经过熔融直接转化为蒸气，这个过程为升华过程，蒸气遇冷后又凝结成固体为凝华现象。利用中药中有一些成分具有升华的性质，即可直接从中药中提取某些成分，如樟木中的樟脑、茶叶中的咖啡因等。

吸附、凝胶与离子交换色谱分离原理（动画）

二、天然药物有效成分的分离与精制

用上述提取方法所得的多为混合物，尚须进一步分离与精制。常用的分离与精制方法的原理如下。

（一）根据物质溶解度差别进行分离

物质分离的许多操作往往在溶液中进行。实践中可以采用下列方法。

一是利用温度不同引起溶解度的改变以分离物质，如常见的结晶及重结晶等操作。

二是在溶液中加入另一种溶剂以改变混合溶剂的极性，使一部分物质沉淀析出，从而实现分离。如在药材浓缩水提取液中加入数倍量高浓度乙醇，以沉淀除去多糖、蛋白质等水溶性杂质（水 / 醇法）；或在浓缩乙醇提取液中加入数倍量水稀释，放置以沉淀除去树脂、叶绿素等水不溶性杂质（醇 / 水法）；或在乙醇浓缩液中加入数倍量乙醚（醇 / 醚法）或丙酮（醇 / 丙酮法），可使皂苷沉淀析出，而脂溶性的树脂等类杂质则留存在母液中等。

三是对酸性、碱性或酸碱两性有机化合物来说，常可通过加入酸或碱以调节溶液的 pH，改变分子的存在状态（游离型或离解型），从而改变溶解度而实现分离。例如，一些生物碱类用酸性溶液从药材中提取出后，加碱调至碱性即可从水中沉淀析出(酸/碱法)。提取黄酮、蒽醌类酚酸性成分时采用的碱/酸法，以及调节 pH 至等电点使蛋白质沉淀的方法等也均属于这一类型。这种方法因为简便易行，在工业生产中应用广泛。

四是酸性或碱性化合物还可通过加入某种沉淀试剂使之生成水不溶性的盐类等沉淀析出。例如酸性化合物可制成钙盐、钡盐、铅盐等；碱性化合物如生物碱等，则可制成苦味酸盐、苦酮酸盐等有机酸盐或磷钼酸盐、磷钨酸盐、雷氏铵盐等无机酸盐。得到的有机酸金属盐类沉淀悬浮于水或含水乙醇中，通入硫化氢气体进行复分解反应，使金属硫化物沉淀后，即可回收得到纯化的游离有机酸类化合物。生物碱等碱性有机化合物的有机酸盐类则可悬浮于水中，加入无机酸，使有机酸游离后先用乙醚萃取除去，然后再进行碱化、有机溶剂萃取，回收有机溶剂即可得到纯化了的碱性有机化合物。

（二）根据物质在两相溶剂中的分配比不同进行分离

常见的方法有简单的液 - 液萃取、纸色谱、逆流分溶（CCD）、液滴逆流色谱（DCCC）、高速逆流色谱（HSCCC）、气液分配色谱（GC 或 GLC）及液 - 液分配色谱（LC 或 LLC）等。

1. 液 - 液萃取的分离因子 将两种相互不能任意混溶的溶剂置分液漏斗中充分振摇，放置后即可分成两相。如果其中含有溶质，则溶质在两相溶剂中的分配比（K）在一定的温度及压力下为一常数，可以用下式表示：

$$K=C_U/C_L \qquad 式(1\text{-}1)$$

式中，K 为分配系数；C_U 为溶质在上相溶剂中的浓度；C_L 为溶质在下相溶剂中的浓度。

分离因子 β 可定义为 A、B 两种溶质在同一溶剂系统中分配系数的比值。即：

$$\beta=K_A/K_B（注：K_A>K_B） \qquad 式(1\text{-}2)$$

就一般情况而言，$\beta \geqslant 100$，仅做一次简单萃取就可实现基本分离；但 $100>\beta \geqslant 10$，则须萃取 10~12 次；$\beta \leqslant 2$ 时，要想实现基本分离，须作 100 次以上萃取才能完成；$\beta \backsimeq 1$ 时，则 $K_A \backsimeq K_B$，意味着两者性质极其相近，即使作任意次分配也无法实现分离。实际分离工作中，我们总是希望选择分离因子 β 值大的溶剂系统，以求简化分离过程，提高分离效率。

2. 分配比与 pH 对酸性、碱性及两性有机化合物来说，分配比还受溶剂系统 pH 的影响。因为 pH 变化可以改变它们的存在状态（游离型或离解型），从而影响在溶剂系统中的分配比。以酸性物质（HA）为例，若使其在水中完全离解，即使 HA 均转变成 A^-，则 $pH \backsimeq pK_a+2$；使该酸性物质完全游离，即使 A^- 均转变成 HA，则 $pH \backsimeq pK_a-2$。因为酚类化合物的 pK_a 值一般为 9.2~10.8，羧酸类化合物的 pK_a 值约为 5，故 pH 3 以下大部分酚酸性物质将以非离解形式（HA）存在，易分配于有机溶剂中；而 pH 12 以上时，则将以离解形式（A^-）存在，易分配于水中。

同理，对碱性物质（B），一般 pH<3 时，多呈离子状态（BH^+）存在；但 pH>12 时，则呈非离子状态（B）存在。据此，可采用图 1-14 所示在不同 pH 的缓冲溶液与有机溶剂中进行分配的方法，使酸性、碱性、中性及两性物质得以分离。

3. 液 - 液萃取与纸色谱 前已叙及，分离因子 β 是液 - 液萃取时判断物质分离难易的重要参数。一般 $\beta>50$ 时，简单萃取即可解决问题，但 $\beta \leqslant 50$ 时，则宜采用逆流分溶法。问题是对于未知成分组成

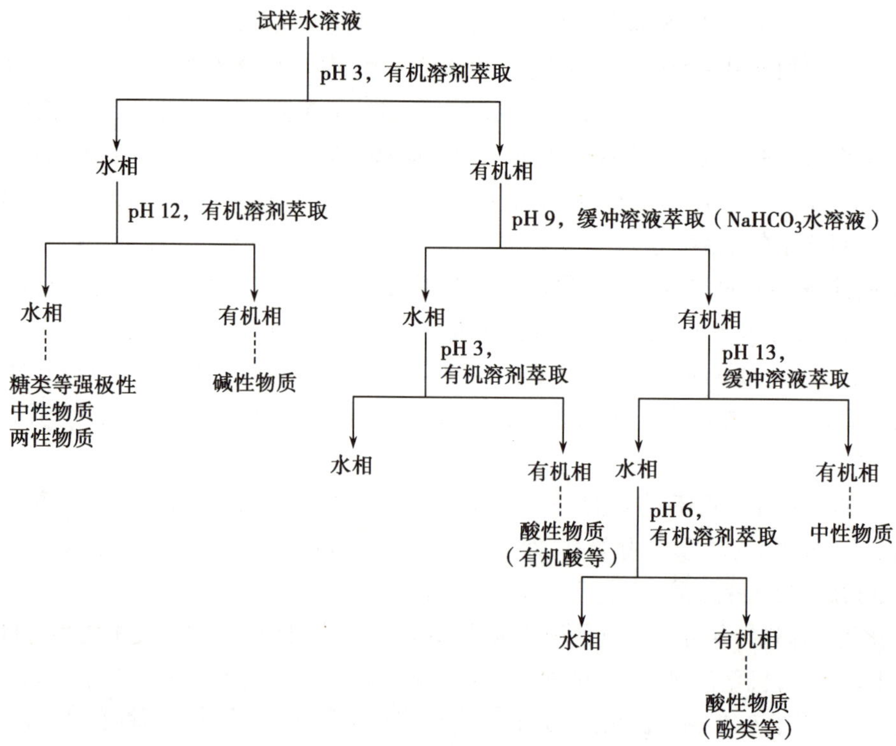

图 1-14　利用 pH 梯度萃取分离物质的模式图

的混合物来说，不知道混合物中各个组分在同一溶剂系统中的分配比又如何求得 β 值呢？这里可以借助纸色谱(paper chromatography，PC)的帮助。已知 PC 的原理与液 - 液萃取基本相同，R_f 值与分配系数 K 之间有下列关系：

$$K_{\text{有机相/水相}}=\frac{1}{r}\left(\frac{R_f}{1-R_f}\right)\qquad \text{式(1-3)}$$

式中，r 为纸色谱定数。当色谱滤纸湿重($W_{\text{湿}}$)为干重($W_{\text{干}}$)的 1.5 倍时，r=2。设 A、B 两种(或两组)物质的 R_f 值分别为 R_{fa} 及 R_{fb}，则：

$$\text{分离因子 }\beta=\frac{R_{fa}(1-R_{fb})}{R_{fb}(1-R_{fa})}\qquad \text{式(1-4)}$$

式中，$R_{fa}>R_{fb}$。

据此，可用 PC 选择设计液 - 液萃取分离物质的最佳方案。

4. 逆流分溶法　液 - 液萃取分离中经常遇到的情况是分离因子 β 值较小，故萃取及转移操作常须进行几十次乃至几百次。此时简单萃取已不能满足需要，而要采用逆流分溶法(counter current distribution，CCD)。

逆流分溶法是一种多次、连续的液 - 液萃取分离过程。如图 1-15 所示，在多个分液漏斗中装入固

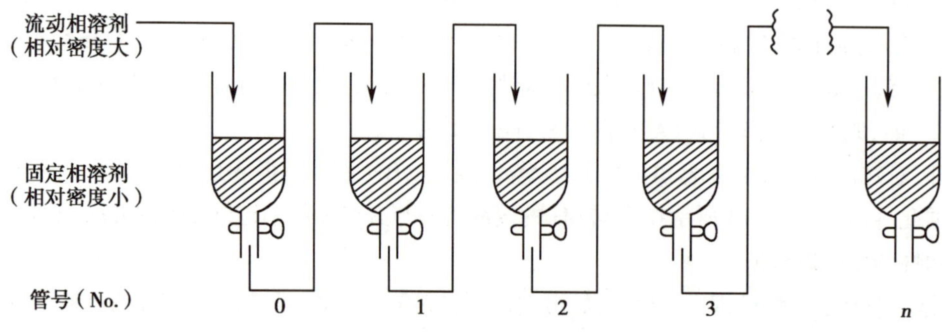

图 1-15　逆流分溶法的分离过程示意图

定相，在 No.0 漏斗中溶入溶质并加入流动相溶剂。振摇使两相溶剂充分混合。静置分层后，分出流动相，令其移入 No.1 管，再在 No.0 管中补加新鲜流动相。再次振摇混合，静置分层并进行转移。如此连续不断地操作下去，溶质即在两相溶剂相对作逆流移动过程中，不断地重新分配并达到分离的目的。逆流分溶法因为实验条件温和、试样容易回收，故特别适于中等极性、不稳定物质的分离。逆流分溶法分离物质因操作带来的不便，现在已很少应用。

5. 液滴逆流色谱（DCCC）及高速逆流色谱（HSCCC） 1970 年，由 Tanimura 在液 - 液分配色谱基础上创建的液滴逆流色谱（droplet countercurrent chromatography，DCCC）装置可使流动相呈液滴形式垂直上升或下降，通过固定相的液柱，实现物质的逆流色谱分离（图 1-16）。

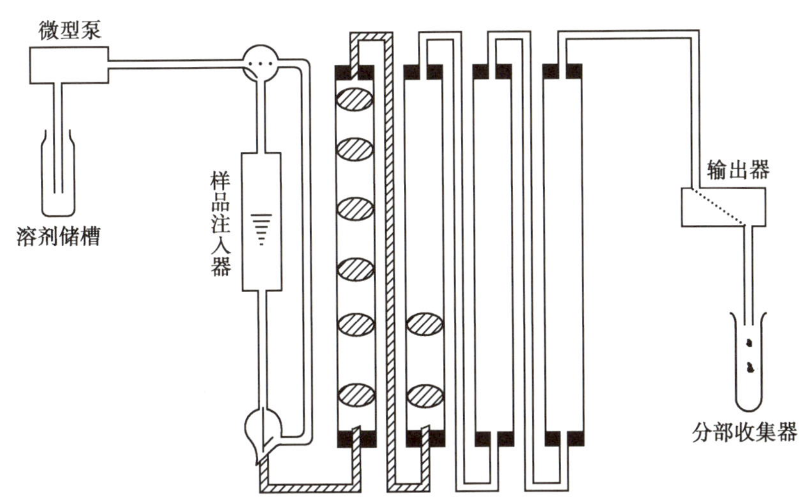

图 1-16 液滴逆流色谱装置示意图

该装置中分离管虽系玻璃材料，但因为整组固定，不易破损且分配用的两相溶剂不必振荡，故不易乳化或产生泡沫，特别适于皂苷类的分离。另外，由 Y. Ito 发明的高速逆流色谱（high speed countercurrent chromatography，HSCCC）也是类似原理。该装置依靠聚四氟乙烯（PTFE）蛇形管的方向性及特定的高速行星式旋转所产生的离心力场作用，使无载体支持的固定相稳定地保留在蛇形管内，并使流动相单向、低速通过固定相，实现连续逆流萃取分离物质的目的（图 1-17）。溶剂系统的选择对于 HSCCC 分离十分关键，但大都根据实际积累的丰富经验来选择。可以分为弱极性、中等极性和强极性三类。经典的溶剂系统有正己烷 - 甲醇 - 水、正己烷 - 乙酸乙酯 - 甲醇 - 水、三氯甲烷 - 甲醇 - 水和正丁醇 - 甲醇 - 水等。在实际应用中，一般从所需分离的物质的类别出发去寻找相似的分离实例，选择极性适合的溶剂系统，调节各种溶剂的相对比例，最终选择分离条件。

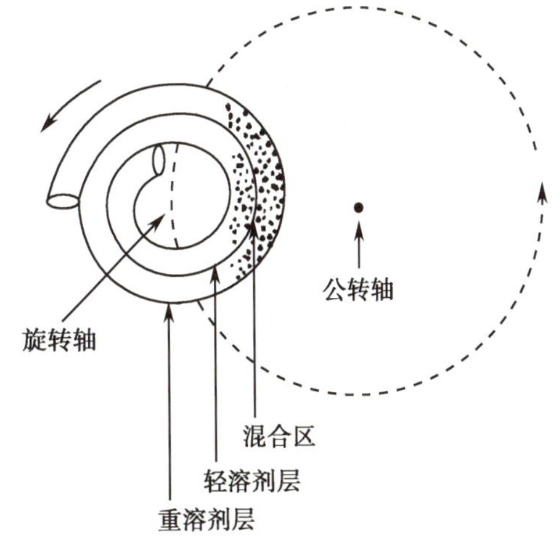

图 1-17 HSCCC 分离物质原理模拟图

DCCC 以及 HSCCC 已广泛用于皂苷、生物碱、酸性化合物、蛋白质、糖类等天然化合物的分离精制工作并取得了良好的效果。而 HSCCC 因可采用不同特性的溶剂体系和多样性的操作条件，具有较强的适应性，因此在 20 世纪 80 年代后期也被大量用于天然产物化学成分的分析和制备分离。

6. 液 - 液分配柱色谱 将两相溶剂中的一相涂覆在硅胶等多孔载体上作为固定相，填充在色谱管中，然后加入与固定相不相混溶的另一相溶剂（流动相）冲洗色谱柱。这样，物质同样可在两相溶剂

中相对作逆流移动，在移动过程中不断进行动态分配而得以分离。这种方法称之为液-液分配柱色谱法。

（1）正相色谱与反相色谱：液-液分配柱色谱用的载体主要有硅胶、硅藻土及纤维素粉等。通常，分离水溶性或极性较大的成分，如生物碱、苷类、糖类、有机酸等化合物时，固定相多采用强极性溶剂，如水、缓冲溶液等，流动相则用三氯甲烷、乙酸乙酯、丁醇等弱极性有机溶剂，称之为正相色谱；但当分离脂溶性化合物，如高级脂肪酸、油脂、游离甾体等时，则两相可以颠倒，固定相可用石蜡油，而流动相则用水或甲醇等强极性溶剂，故称之为反相分配色谱（reverse phase partition chromatography）。

除色谱柱外，液-液分配分离也可在薄层色谱上进行，因此液-液分配柱色谱的最佳分离条件可以根据相应的薄层色谱结果（正相柱用正相板，反相柱用反相板）进行选定。常用反相硅胶填料是将普通硅胶经化学修饰，键合上长度不同的烃基（R）形成亲脂性表面而成的。根据烃基长度为乙基（$—C_2H_5$）、辛基（$—C_8H_{17}$）或十八烷基（$—C_{18}H_{37}$），分别命名为 RP-2、RP-8 及 RP-18，三者亲脂性强弱顺序如下：RP-18>RP-8>RP-2。其中，RP-18（octadecylsilyl，ODS）有较高的碳含量和更好的疏水性，对各类天然产物分子有更强的分离能力，因此在天然药物化学领域中应用最为广泛。

（2）加压液相柱色谱：经典的液-液分配柱色谱用的载体（如硅胶）颗粒直径较大（100~150μm），流动相仅靠重力作用自上而下缓缓流过色谱柱，流出液由人工分段收集后再进行分析，因此柱效较低，费时较长，近来已逐渐被各种加压液相色谱所代替。加压液相色谱用的载体多为颗粒直径较小、机械强度及比表面积均大的球形硅胶微粒，如 Zipax 类薄壳型或表面多孔型硅球以及 Zorbax 类全多孔硅胶微球，其上键合不同极性的有机化合物以适应不同类型分离工作的需要，因而柱效大大提高。依所用压力大小不同，可以分为快速色谱（flash chromatography，约 2.02×10^5Pa）、低压液相色谱（low pressure liquid chromatography，LPLC，<5.05×10^5Pa）、中压液相色谱（middle pressure liquid chromatography，MPLC，5.05×10^5~20.2×10^5Pa）及高效液相色谱（high performance liquid chromatography，HPLC，>20.2×10^5Pa）等。此外，在色谱柱出口处常常配以高灵敏度的检测器，以及自动描记、分段收集的装置，并用计算机进行色谱条件的设定及数据处理，此即我们实验室中常用的制备型 HPLC。无论在分离效能及分离速度方面，该技术均远远超过了经典的液-液分配柱色谱方法，在天然药物分离工作中得到了越来越广泛的应用。

（3）涡流色谱（turbulent flow chromatography，TFC）：生物样品在进行分析测定前必须经过前处理，传统的处理方法包括液-液萃取、固相萃取等，相对而言操作烦琐、耗时长。涡流色谱是一种在线萃取技术，可以实现生物样品的在线处理并直接用于分析检验，可大大缩短处理过程，是当前处理生物样品较为先进的一种技术。

涡流色谱的原理：是利用大粒径的填料使流动相在高流速下产生涡流状态，从而对生物样品进行净化与富集。1997 年 Quinn 和 Takarewsk 解决了"为产生涡流态则需要流动相具有较高的流速所导致的柱压太大"这一技术难题，为此使用了大颗粒的烷基键合硅胶作为填料，则流动相在高流速（7.5cm/s）下也可以保持低柱压。在这样高的流速下，流动相不再是层流式而是涡流式；溶剂前沿也不再是典型的抛物型，而变成了塞型（图 1-18）。

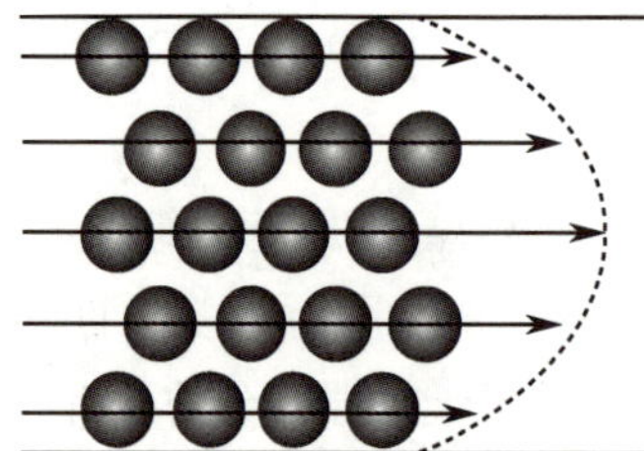
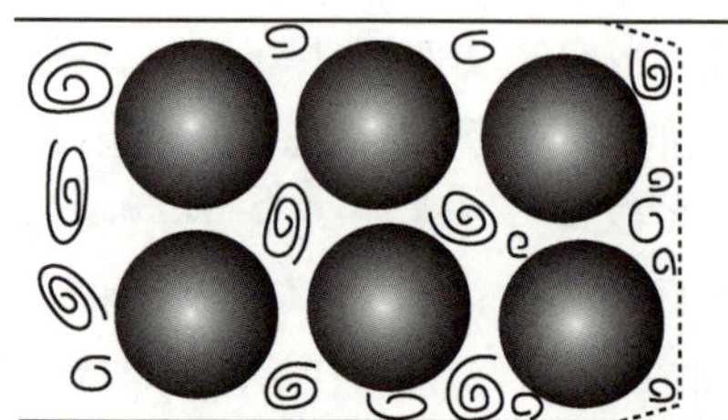

图 1-18　不同流速下流动相的流态

根据经典的范氏方程(Van Deemter equation),当流速很高时,理论塔板高度会随之增大,塔板数减小,分离效率降低。但在涡流状态下,溶质分子传质加快,传质阻抗减小,实际的塔板高度要比范氏方程预测的低得多。虽然其流速很高,但分离效率并没有随之降低。形成这种情况主要有两方面的原因:一方面,在流动相中,溶质分子都存在浓度趋向均一的扩散,涡流状态可以增大溶质在柱内的浓度梯度变化,使分子扩散加快;另一方面,高流速下的流动相会在柱内有回流和旋转运动,从而形成旋涡,也会加快溶质分子从流动相到固定相的传质过程。在这种情况下,大分子的基质成分如蛋白质等,还未能扩散进入填料颗粒内部就已被洗出柱外,而小分子的待测物则可以保留下来,与基质分离。

涡流色谱的优点与不足:与液相色谱、质谱在线联用可对复杂的生物样品直接进样测定、而不受样品中蛋白质等大分子物质的干扰,具有分析速度快、效率较高、灵敏度和选择性较好等特点。但由于是直接进样分析,因此污染物残留就成为一个不可避免的问题,故需要对装置不定期进行清洗和维护。此外,色谱柱寿命较短也是其不足之一,这些都需要在实践中对分析条件加以优化,以获得不错的分离效果。

涡流色谱的应用:目前已有各种商品化的涡流色谱柱,对不同极性的化合物具有不同的萃取能力。主要分为4类:反相柱、正相柱、离子交换柱、混合模式柱等。一般而言,在保留能力、洗脱效率、洗脱体积等方面,聚合物填料柱都要优于硅胶填料柱,更适于对痕量化合物的富集。此外,还可根据化合物的亲脂性来选择富集柱的类型,这样可加快样品分析方法的建立。

主要应用模式有单柱模式、双柱模式和多柱模式。单柱模式中,涡流色谱柱直接与检测器相连,主要用于净化样品;双柱模式中,在涡流色谱柱和检测器之间添加了分析柱,涡流柱主要用于对目标成分的富集;多柱模式中,多个涡流色谱柱通过切换阀与分析柱相连,可实现不同目的的高通量样品的分析,其在天然药物研究应用上还有待于进一步深入发掘。

(4) 反相离子对高效液相色谱:离子对色谱可分为正相与反相离子对色谱,因后者应用较广,故只介绍反相离子对色谱。其分离原理是把离子对试剂加入极性流动相中,被分析的样品离子在流动相中与离子对试剂的反离子生成不带荷电的中性离子对,从而增加了样品离子在非极性固定相中的溶解度,使分配系数增加,改善分离效果,实现分离。

离子对试剂的选择原则:离子对试剂的种类、大小和浓度对分离效果都有重要的影响,表1-1列出的是离子对试剂的一般性选择原则。若被分离溶质是强酸或碱,则选用的离子对试剂可以是强碱、弱碱,或强酸、弱酸;如被分离的溶质是弱酸或弱碱,则选用的离子对试剂必须是强碱或强酸。分析碱类常用烷基磺酸盐,如正己烷磺酸钠;分析酸类物质常选用四丁基季铵盐类,如四丁基铵磷酸盐。对溶质结构性质相差较大的混合样品,离子对试剂种类的选择并没有特殊要求;但如被分离物质的结构性质很相似,则离子对试剂的选择就较为关键。

表1-1 反相离子对色谱中离子对试剂的选择

离子对选择	主要应用对象
季铵类(如四甲铵、四丁铵、十六烷基三甲铵等)	强酸、弱酸、磺酸染料、羧酸、氢化可的松及其盐
叔胺(如三辛胺)	磺酸盐、羧酸等
烷基磺酸盐(如甲烷、戊烷、己烷、庚烷、樟脑磺酸盐)	强碱、弱碱、benzalkonium 盐、儿茶酚胺、肽、生物碱等
高氯酸	可与多种碱性物质生成稳定的离子对(如有机胺、氨基酸、肽等)
烷基磺酸盐(如辛烷、癸烷、十二烷基磺酸盐)	与烷基磺酸盐相似,选择性有不同

分配系数与色谱行为:反相离子对色谱的分配系数与液-液色谱中的 K 的含义类似,除与反相

HPLC有同样的影响规律外，还与离子对试剂的碳链长度和浓度有关。碳链长度增加，K(或 k)相应增大，其出柱顺序与反相色谱一致，通常的色谱条件即可实现该色谱。如用ODS柱，在流动相甲醇-水或乙腈-水中加入0.01~0.03mol/L的离子对试剂即可实现对物质的分离。有机溶剂对溶质在色谱中保留值有重要影响，但对样品选择性无明显影响，其主要是通过改变溶质与流动相间和离子对试剂在固定相表面的吸附力来调整保留行为。

反相离子对色谱的应用：目前在药物分析中应用很广，如生物碱、有机酸、磺胺类药物、某些抗生素与维生素等。在体内药物分析上也有许多应用，如在测定人体内碱性药物的血药浓度时，有利于与其代谢产物和内源性酸性杂质分离。但相对离子对试剂的价格较贵是其缺点。

(三) 根据物质的吸附性差别进行分离

在天然有机化合物分离及精制工作中，吸附现象利用得十分广泛。其中又以固-液吸附用得最多，并有物理吸附、化学吸附及半化学吸附之分。物理吸附(physical adsorption)也叫表面吸附，是因构成溶液的分子(含溶质及溶剂)与吸附剂表面分子的分子间力的相互作用所引起的。特点是无选择性、吸附与解吸过程可逆、可快速进行，故在实际工作中用得最广。如采用硅胶、氧化铝及活性炭为吸附剂进行的吸附色谱即属于这一类型。化学吸附(chemical adsorption)，如黄酮等酚酸性物质被碱性氧化铝吸附，或生物碱被酸性硅胶吸附等，因为具有选择性、吸附十分牢固、有时甚至不可逆，故用得较少。半化学吸附(semi-chemical adsorption)，如聚酰胺对黄酮类、醌类等化合物之间的氢键吸附，力量较弱，介于物理吸附与化学吸附之间，也有一定应用。以下将重点围绕物理吸附进行讨论。

1. 物理吸附的基本规律 固液吸附时，吸附剂、溶质、溶剂三者统称为吸附过程中的三要素。以静态吸附来说，当在某中药提取液中加入吸附剂时，在吸附剂表面即发生溶质分子与溶剂分子之间，以及溶质分子相互间对吸附剂表面的争夺。物理吸附过程一般无选择性，但吸附强弱及先后顺序一般遵循"相似者易于吸附"的经验规律。

硅胶、氧化铝均为极性吸附剂，故有以下特点：①对极性物质具有较强的亲和能力，极性强的溶质将被优先吸附；②溶剂极性越弱，吸附剂对溶质的吸附力越强，溶剂极性越强，吸附剂对溶质的吸附力越弱；③溶质即使被硅胶、氧化铝吸附，但一旦加入极性较强的溶剂时，又可被后者置换洗脱下来。

活性炭因为是非极性吸附剂，故与硅胶、氧化铝相反，对非极性物质具有较强的亲和能力，在水中对溶质表现出较强的吸附能力。溶剂极性降低，则活性炭对溶质的吸附能力也随之降低。故从活性炭上洗脱被吸附物质时，洗脱溶剂的洗脱能力将随溶剂极性的降低而增强。

2. 极性及其强弱判断 综上所述，极性强弱是支配物理吸附过程的主要因素。所谓极性乃是一种抽象概念，用以表示分子中电荷不对称(assymmetry)的程度，并大体上与偶极矩(dipole moment)、极化度(polarizability)及介电常数(dielectric constant)等概念相对应。那么极性又应当如何判断呢？

(1) 官能团的极性：按表1-2顺序判断官能团的极性。

(2) 化合物的极性：由分子中所含官能团的种类、数目及排列方式等综合因素所决定。以氨基酸为例，分子结构中既有正电基团，又有负电基团，故极性很强。高级脂肪酸，如硬脂酸，虽也含有如羧基这样的强极性基团，但因分子的主体由长链烃基所组成，故极性依然很弱。又如葡萄糖，因分子中含有许多—OH，故为极性化合物，但鼠李糖(6-去氧糖)及加拿大麻糖(2,6-二去氧糖)因分子中 $\overset{|}{—}$CHOH及—CH_2OH分别脱去氧变为—CH_3及—CH_2—，故极性即随之降低。再如，从黄花夹竹桃果仁中分出下列7种成分(表1-3)。

其中，与黄夹次苷相比，黄夹苷A、B因为分子中多出2个Glc，故极性要大得多，而且黄夹苷A(R=CHO)极性大于黄夹苷B(R=CH_3)。5种黄夹次苷中，A~D的结构差别仅在R不同，故极性大小取决于R的种类，并排成下列顺序：黄夹次苷D(—COOH)> 黄夹次苷C(—CH_2OH)> 黄夹次苷A

表 1-2　官能团的极性

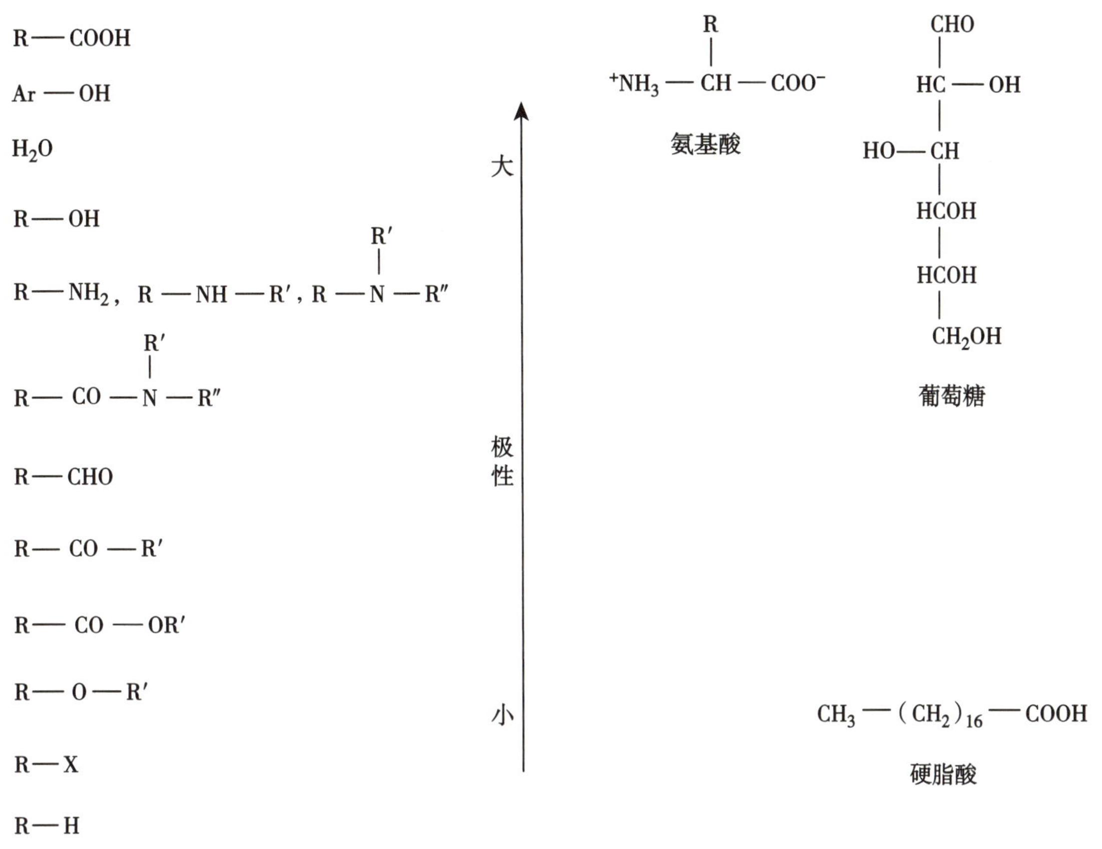

官能团	极性	示例
R—COOH	大 ↑	$^{+}NH_3$—CH(R)—COO^- 氨基酸；CHO—HC(OH)—HO—CH—HCOH—HCOH—CH_2OH 葡萄糖
Ar—OH		
H_2O		
R—OH		
R—NH_2，R—NH—R′，R—N(R′)—R″		
R—CO—N(R′)—R″		
R—CHO	极性	
R—CO—R′		
R—CO—OR′		
R—O—R′		
R—X	小	CH_3—$(CH_2)_{16}$—COOH 硬脂酸
R—H		

表 1-3　黄花夹竹桃果实中的强心苷成分

名称	R	R′	R″
黄夹苷 A	CHO	$(D\text{-}Glc)_2$	H
黄夹苷 B	CH_3	$(D\text{-}Glc)_2$	H
黄夹次苷 A	CHO	H	H
黄夹次苷 B	CH_3	H	H
黄夹次苷 C	CH_2OH	H	H
黄夹次苷 D	COOH	H	H
单乙酰黄夹次苷 B	CH_3	H	$COCH_3$

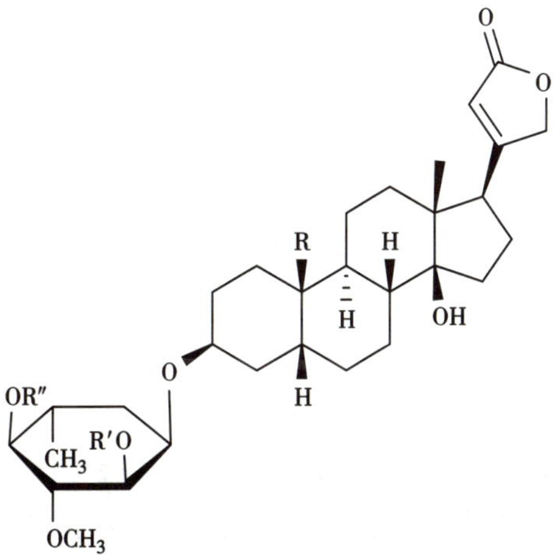

(—CHO)> 黄夹次苷 B(—CH_3);单乙酰黄夹次苷 B 与黄夹次苷 B 比较,—OH 变为—$OCOCH_3$,故极性还要降低。综上分析,黄花夹竹桃中七种强心苷的极性将按下列顺序排列:黄夹苷 A> 黄夹苷 B> 黄夹次苷 D> 黄夹次苷 C> 黄夹次苷 A> 黄夹次苷 B> 单乙酰黄夹次苷 B。

上述极性强弱顺序决定着这些化合物在硅胶上的吸附行为及柱色谱的洗脱规律。

应当指出的是,酸性、碱性及两性有机化合物的极性强弱及吸附行为主要由其存在状态(游离型或离解型)所决定,并受溶剂 pH 的影响。以生物碱而言,游离型为非极性化合物,易被活性炭所吸附;但离解型则不然,为极性化合物,不易被活性炭所吸附。因此,实践中常可通过改变溶剂 pH 以改变酸性、碱性及两性化合物的存在状态,进而影响其吸附或色谱行为达到分离精制的目的。

(3) 溶剂的极性:溶剂极性的大小大体上可根据介电常数(ε)的大小来判断。常用溶剂的介电常数及其极性排列如表 1-4 所示。

表 1-4　常用溶剂的介电常数及其极性排列

溶剂	ε	水溶度 /(g/100g)	极性
己烷	1.88	0.007	弱
苯	2.29	0.06	↓
乙醚(无水)	4.47	1.3	
三氯甲烷	5.20	0.1	
乙酸乙酯	6.11	3.0	
乙醇	26.0		
甲醇	31.2		
水	81.0		强

3. 简单吸附法进行物质的浓缩与精制　简单吸附,如在结晶及重结晶过程中加入活性炭进行的脱色、脱臭等操作,在物质精制过程中应用很广。但要注意,有时拟除去的色素不一定是亲脂性的,故活性炭脱色不一定总能收到良好的效果。一般须根据预试结果先判断色素的类型,再决定选用什么吸附剂处理为宜。

此外,从大量稀水溶液中浓缩微量物质时,有时也采用简单吸附方法。例如,采用活性炭吸附法从一叶萩水浸液中提取一叶萩碱。方法为将水浸液 pH 调至碱性(pH 8.5),分次加入活性炭,搅拌,静置,直到上清液检查无生物碱反应时为止。滤集吸碱炭末,干燥后与苯回流,回收苯液即得一叶萩碱。

4. 吸附柱色谱法用于物质的分离　吸附色谱法中硅胶、氧化铝柱色谱在实际工作中用得最多。有关注意事项如下:

硅胶、氧化铝吸附柱色谱过程中,吸附剂的用量一般为试样量的 30~60 倍。试样极性较小、难以分离者,吸附剂用量可适当提高至试样量的 100~200 倍。据此可选用适当规格的色谱柱,实验室中常用色谱柱的高度与直径比(h/d)约为(15∶1)~(20∶1)。

吸附柱色谱用的硅胶及氧化铝均有市售品,可以过筛选用。通常以 100 目左右为宜,如采用加压柱色谱,还可以采用更细的颗粒,甚至直接采用薄层色谱用规格,其分离效果可以大大提高。

硅胶、氧化铝吸附柱色谱应尽可能选用极性小的溶剂装柱和溶解试样(湿法上样),以利于试样在吸附剂柱上形成狭窄的原始谱带。如试样在所选装柱溶剂中不易溶解,则可将试样用少量极性稍大溶剂溶解后,再用少量吸附剂拌匀,并在 60℃下加热挥尽溶剂,置 P_2O_5 真空干燥器中减压干燥,研粉后再小心铺在吸附剂柱上(干法上样)。

洗脱用溶剂的极性宜逐步增加,但跳跃不能太大。实践中多用混合溶剂,并通过巧妙调节比例以改变极性,达到梯度洗脱分离物质的目的。一般,混合溶剂中强极性溶剂的影响比较突出,故不可随意将极性差别很大的两种溶剂组合在一起使用。实验室中最常应用的混合溶剂组合如表 1-5 所示。

表 1-5 柱色谱常用混合洗脱溶剂

极性递增 ↓
苯 - 乙醚
石油醚 - 乙酸乙酯
环己烷 - 乙酸乙酯
石油醚 - 丙酮
三氯甲烷 - 乙醚
三氯甲烷 - 乙酸乙酯
三氯甲烷 - 甲醇
甲醇 - 水

为避免发生化学吸附，酸性物质宜用硅胶，碱性物质则宜用氧化铝进行分离。当然，硅胶、氧化铝用适当方法处理成中性时，情况会有所缓解。通常在分离酸性（或碱性）物质时，洗脱溶剂中分别加入适量乙酸（或氨、吡啶、二乙胺）常可收到防止拖尾、促进分离的效果。

如液 - 液分配色谱中所述，吸附柱色谱也可用加压方式进行，溶剂系统可通过 TLC 进行筛选。但因 TLC 用吸附剂的表面积一般为柱色谱用的 2 倍左右，故一般 TLC 展开时使组分 R_f 值达到 0.2~0.3 的溶剂系统可选用为柱色谱分离该相应组分的最佳溶剂系统。

5. 聚酰胺吸附色谱法 聚酰胺（polyamide）为高分子聚合物，化合物在其表面的吸附属于氢键吸附，是一种用途十分广泛的分离方法，极性物质与非极性物质均可适用，特别适合分离酚类、醌类、黄酮类化合物。一般认为是通过分子中的酰胺羰基与酚类、黄酮类化合物的酚羟基，或酰胺键上的游离胺基与醌类、脂肪羧酸上的羰基形成氢键缔合而产生吸附。吸附强弱取决于各种化合物与之形成氢键缔合的能力，因而可实现化合物的分离。由于聚酰胺吸附在黄酮类化合物研究中应用广泛，关于其吸附规律及应用实例详见第五章有关部分。

6. 大孔吸附树脂 大孔吸附树脂（macroporous adsorption resin）一般为白色球形颗粒状，通常分为非极性和极性两类。因其性质稳定，不溶于酸、碱及有机溶剂，所以在天然化合物的分离与富集工作中被广泛应用。对有机物选择性好，不受无机盐等离子和低分子化合物的影响。

（1）原理：大孔吸附树脂主要以苯乙烯、α- 甲基苯乙烯、甲基丙烯酸甲酯、丙腈等为原料加入一定量致孔剂甲酰胺聚合而成，多为球状颗粒，直径一般在 0.3~1.25mm，通常分为非极性、弱极性和中极性，在溶剂中可溶胀。大孔吸附树脂是吸附性和分子筛性原理相结合的分离材料。它的吸附性是由于范德瓦耳斯力或产生氢键的结果，大孔树脂包含许多具有微观小球的网状孔穴结构，颗粒的总表面积很大，具有一定的极性基团，使大孔树脂具有较大的吸附能力；分子筛性是由于其本身多孔性结构的性质所决定，这些网状孔穴的孔径有一定的范围，使得它们对通过孔径的化合物根据其分子量的不同具有一定的选择性。有机化合物常根据其被吸附的能力不同及分子量大小的不同，在大孔吸附树脂上经一定的溶剂洗脱而达到分离的目的。

（2）影响吸附的因素：①大孔树脂的吸附性能主要取决于吸附剂的表面性质，如比表面积、表面电性、能否与化合物形成氢键，即树脂的极性（功能基）和空间结构（孔径、比表面积、孔容）等。一般非极性化合物在水中易被非极性树脂吸附，极性物质在水中易被极性树脂吸附。溶剂的性质是另一个影响因素。物质在溶剂中的溶解度大，树脂对此物质的吸附力就小，反之就大。②一般来说，分子量大、极性小的化合物与非极性大孔吸附树脂吸附作用强。此外，能与大孔吸附树脂形成氢键的化合物易被吸附。糖是极性的水溶性化合物，与 D 型非极性树脂的吸附作用很弱。据此经常用大孔吸附树脂将中药的化学成分和糖分离。同时，大孔树脂本身就是一种分子筛，可按分子量的大小将物质分离。③通常情况下，洗脱剂极性越小，其洗脱能力越强，一般先用蒸馏水洗脱，再用浓度逐渐增高的乙醇、甲醇溶液洗脱。多糖、蛋白质、鞣质等水溶性杂质会随着水流出，极性小的物质后洗出。对于有些具

有酸碱性的物质还可以用不同浓度的酸、碱液结合有机溶剂进行洗脱。如用大孔树脂分离麻黄碱时，盐酸的洗脱效果明显优于有机溶剂，而 0.02mol/L 的盐酸与甲醇以不同比例混合时洗脱率明显提高。④应用大孔树脂处理酸性或碱性成分时，pH 的影响至关重要。碱性物质一般在碱性溶液中进行吸附，在酸性溶液中进行解吸；酸性物质一般在酸性溶液中进行吸附，在碱性溶液中进行解吸。例如，麻黄碱在 pH 为 11.0 时吸附量最高，当 pH 为 5.0、7.0 时，由于麻黄碱已质子化，所以吸附量极少。又如用非极性大孔吸附树脂对生物碱的 0.5% 盐酸溶液进行吸附，其吸附作用很弱，极易被水洗脱下来，生物碱的回收率很高。⑤大孔树脂的吸附是一种物理吸附，低温不利于其吸附，而在吸附过程中又会放出一定的热量，所以操作温度对其吸附也有一定的影响。⑥洗脱液的流速、树脂的粒径、树脂柱的高度也会产生一些影响。玻璃柱的粗细也会影响分离效果，当柱子太细，洗脱时树脂易结块，壁上易产生气泡，流速会逐渐降为零，因而影响其吸附。

(3) 大孔吸附树脂的预处理与再生：市售大孔树脂一般含有未聚合的单体、致孔剂（多为长碳链的脂肪醇类）、分散剂和防腐剂等，使用前必须经过处理。一般选用甲醇、乙醇或丙酮连续洗涤数次，至洗出液加水无白色浑浊产生时，再用蒸馏水洗至无醇味即可。必要时还要用酸碱液洗涤，最后用蒸馏水洗至中性。旧树脂的再生通常可以用有机溶剂来实现，乙醇是常用的再生剂。采用 80% 左右的含水醇、丙酮进行洗涤，再生效果很好，树脂上的低极性有机杂质，可采用低极性有机溶剂进行洗脱。

(4) 洗脱液的选择：洗脱液可使用甲醇、乙醇、丙酮、乙酸乙酯等。根据吸附作用强弱选用不同的洗脱液或不同浓度的同一溶剂，如不同浓度的乙醇水溶液。对非极性大孔树脂，洗脱液极性越小，洗脱能力越强。对于中等极性的大孔树脂和极性较大的化合物来说，则选用极性较大的溶剂为宜。

(5) 大孔吸附树脂在天然药物研究中的应用：大孔吸附树脂现在已被广泛应用于天然化合物的分离和富集。如苷与糖类的分离、生物碱的精制等，另在多糖、黄酮、三萜类化合物的分离方面都有很好的应用实例。大孔吸附树脂对糖类吸附能力很差，对色素的吸附能力较强，因此利用大孔吸附树脂的多孔结构和选择性吸附功能可从药材提取液中分离精制有效成分或有效部位，最大限度地去粗取精。目前，这项技术已广泛运用于各类有效成分及中药复方研究中。

(四) 根据物质分子大小差别进行分离

天然有机化合物分子大小各异，分子量从几十到几百万，故也可据此进行分离。常用的有透析法、凝胶过滤法、超滤法、超速离心法等。前两者是利用半透膜的膜孔或凝胶的三维网状结构的分子筛滤过作用；超滤法则利用分子大小不同引起的扩散速度的差别；超速离心法则利用溶质在超速离心作用下具有不同的沉降性或浮游性。以上这些方法主要用于水溶性大分子化合物，如蛋白质、核酸、多糖类的脱盐精制及分离工作，对分离小分子化合物来说不太适用。可是凝胶过滤法不然，它可用于分离分子量 1 000 以下的化合物。

1. 凝胶过滤法　凝胶过滤法（gel filtration）也叫凝胶渗透色谱（gel permeation chromatography）、分子筛过滤（molecular sieve filtration）或排阻色谱（exclusion chromatography），系利用分子筛分离物质的一种方法。其中所用载体有葡聚糖凝胶（Sephadex G）、羟丙基葡聚糖凝胶（Sephadex LH-20）、丙烯酰胺凝胶（Bio-Gel P）、琼脂糖凝胶（Sepharose Bio-Gel A）以及结合了不同离子交换基团的葡聚糖凝胶衍生物，如羧甲基交联葡聚糖凝胶（CM-Sephadex）、二乙氨乙基交联葡聚糖凝胶（DEAE-Sephadex）、磺丙基交联葡聚糖凝胶（SP-Sephadex）及苯胺乙基交联葡聚糖凝胶（QAE-Sephadex）等。当凝胶在水中充分膨胀后，加入试样混合物，用同一溶剂洗脱时，由于凝胶网孔半径的限制，大分子将不能渗入凝胶颗粒内部（即被排阻在凝胶粒子外部），故在颗粒间隙移动，并随溶剂一起从柱底先行流出；小分子因可自由渗入并扩散到凝胶颗粒内部，故通过色谱柱时阻力增大、流速变缓，将较晚流出，因此样品可按分子由大到小的顺序先后流出得到分离。

Sephadex LH-20 除保留有 Sephadex G-25 原有的分子筛特性，可按分子量大小分离物质外，在由极性与非极性溶剂组成的混合溶剂中常常起到反相分配色谱的效果，适用于不同类型有机物的分离，

在天然药物分离中得到了越来越广泛的应用，其具体详见第五章有关部分。

2. 膜分离技术 膜分离技术（membrane separation technique）是以选择性透过膜为分离介质，当膜两侧存在某种推动力（如压力差、浓度差、电位差等）时，原料侧组分选择性地透过膜，以达到分离、提纯的目的。

（1）特点：与传统的分离方法相比，膜分离操作时无相变，特别适用于中药中热敏性物质的分离、浓缩；分离不耗用有机溶剂（尤其是乙醇），可以缩短生产周期，降低有效成分的损失，且减少环境污染；分离选择性高，选择合适的膜材料进行过滤可以截留中药提取液中的鞣质、淀粉、树脂和一些蛋白质，而且不损失有效成分，可提高制剂的质量；适用范围广，从热原、细菌等固体微粒的去除到溶液中有机物和无机物的分离均可使用；可实现连续化和自动化操作，易与其他生产过程匹配，满足中药现代化生产的要求。

（2）分离膜的类型：按分离功能可划分为微滤（≥0.1μm）、超滤（10~100nm）、纳滤（1~10nm）、反渗透（≤1nm）等几类。

1）微滤膜：微滤是最早使用的膜技术，截留的范围约为 0.1~10μm，主要应用于截留颗粒物、液体的澄清以及大部分细菌的去除，并作为超滤、反渗透过程的前处理。

2）超滤膜：超滤膜上微孔具有不对称结构，超滤的分离技术原理近似机械筛，溶液经由水泵进入超滤器，在滤器内的超滤膜表面发生分离，溶剂（水）和其他小分子溶质透过具有不对称微孔结构的滤膜，大分子溶质和微粒（如蛋白质、病毒、细菌、胶体等）被滤膜阻留。在分离过程中，大分子溶质和微粒随溶液切向流经膜表面时，由于液体的快速流动使得这些物质既不能进入致密细孔引起膜的堵塞，又不会停留在膜面上形成表面的堵塞，而小分子物质和溶剂则在压力驱动下穿过致密层上的微孔后，即能顺利穿过下部的疏松支撑层，进入膜的另一侧，从而达到分离、提纯和浓缩产品的目的。

超滤膜在长期连续运行中保持较恒定的产量和分离效果，可长期、反复使用。其能截留分子量在几千至数十万的大分子，除了能完成微滤的除颗粒、除菌和澄清作用之外，还能除去微滤膜不能除去的病菌、热原、胶体、蛋白质等大分子化合物，主要用于物质的分离、提纯和浓缩。在医药行业中，超滤膜是发展最快的膜分离技术。

3）纳滤膜：纳滤膜是国外发展起来的另一滤膜系列——纳米过滤。它介于反渗透与超滤之间，能分离除去分子量为 300~1 000 的小分子物质，填补了由超滤和反渗透所留下的空白部分。纳滤膜集浓缩与透析为一体，可使溶质的损失达到最小。

4）反渗透膜：反渗透膜是从水溶液中除去无机盐及小分子物质的膜分离技术。反渗透膜所用的材料为有机膜，其分离特点是膜仅能透过小分子溶剂，而截留各种无机盐、金属离子和低分子量的分子。反渗透膜在医药行业中的应用主要是制备各种高品质的医用水、注射用水和医用透析水，可代替离子交换树脂，主要用于水的脱盐纯化。

（3）膜分离技术在中药提取分离研究中的应用：由于膜分离技术的发展，其在中药制备中得到了广泛应用，可用于中药有效成分的富集，制备中药注射剂、口服液以及药酒等，与传统技术相比，该技术操作更为简便，且获得的产品质量可得到大幅度提高。

（五）根据物质离解程度不同进行分离

天然有机化合物中，具有酸性、碱性及两性基团的分子，在水中多呈离解状态，据此可用离子交换法或电泳技术进行分离。以下仅简单介绍离子交换法。

1. 离子交换法分离物质的原理 离子交换法系以离子交换树脂（ion exchange resin）作为固定相，用水或含水溶剂装柱。当流动相流过交换柱时，溶液中的中性分子及不与树脂的交换基团发生交换的化合物将从柱底流出，而具有可交换的离子则与树脂上的交换基团进行离子交换并被吸附到柱上，随后改变条件，并用适当溶剂从柱上洗脱下来，即可实现物质的分离。

2. 离子交换树脂的结构及性质 离子交换树脂外观均为球形颗粒，不溶于水，但可在水中膨胀。以强酸型阳离子交换树脂为例，其基本结构如图 1-19 所示。

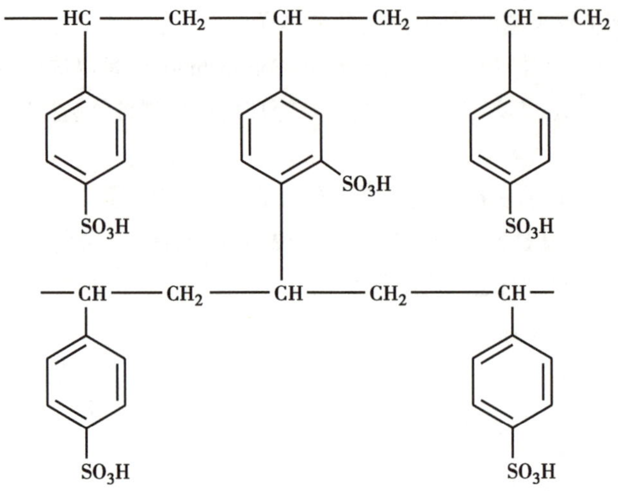

图 1-19 强酸型阳离子交换树脂的结构

离子交换树脂由以下两部分组成。

(1) 母核部分:为由苯乙烯通过二乙烯苯(divinyl benzene,DVB)交联而成的大分子网状结构,网孔大小用交联度(即加入交联剂的百分比)表示。交联度越大,则网孔越小,质地越紧密,在水中越不易膨胀;交联度越小,则网孔越大,质地疏松,在水中易于膨胀,常见交联度等级如表 1-6 所示。不同交联度适于分离不同大小的分子。

表 1-6 离子交换树脂的交联度等级(单位:%)

等级	阳离子交换树脂	阴离子交换树脂
低交联度	3~6	2~3
中等交联度	7~12	4~5
高交联度	13~20	8~10

(2) 离子交换基团:图 1-19 中为磺酸基($—SO_3H$)。此外,还有$—N^+(CH_3)_3Cl^-$、—COOH 及$—NH_2$、＞NH、—N＜ 等基团,根据交换基团的不同,离子交换树脂分为:

1) 阳离子交换树脂:强酸型($—SO_3^- H^+$),弱酸型($—COO^- H^+$)。

2) 阴离子交换树脂:强碱型($—N^+(CH_3)_3Cl^-$),弱碱型($—NH_2$、＞NH、—N＜)。

3. 离子交换法的应用

(1) 用于不同电荷离子的分离:天然药物水提取物中的酸性、碱性及两性化合物可按图 1-20 进行

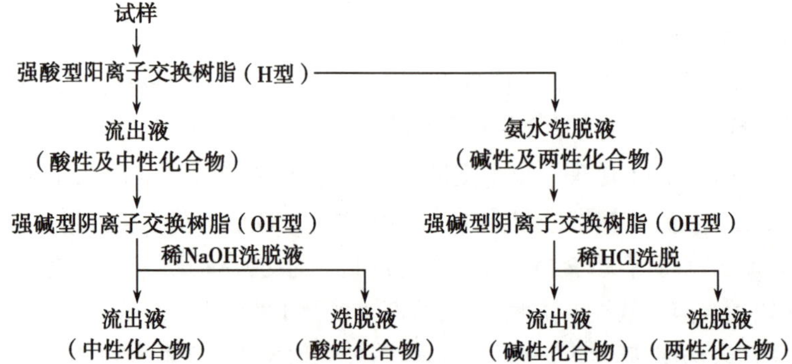

图 1-20 离子交换树脂法分离物质的流程

有效的分离，这在分离、追踪有效部位时很有用处。

(2) 用于相同电荷离子的分离：以下列 3 种化合物为例，虽然均为生物碱，但碱性强弱不同（Ⅲ>Ⅱ>Ⅰ），仍可用离子交换树脂分离。例如将三者混合物的水溶液通过 NH_4^+ 型弱酸型树脂，随后先用水洗下（Ⅰ），继续用 NH_4Cl 水溶液洗下（Ⅱ），最后用 Na_2CO_3 水溶液洗下（Ⅲ）。

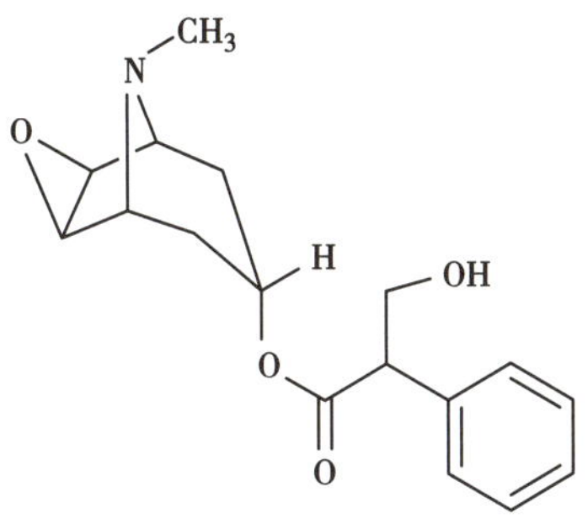

Ⅰ 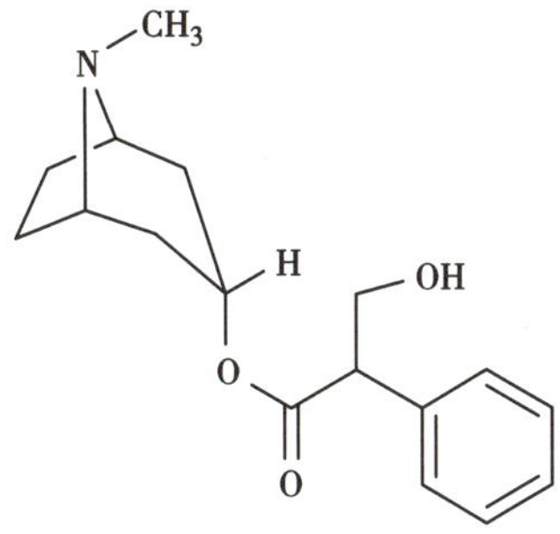　　Ⅱ 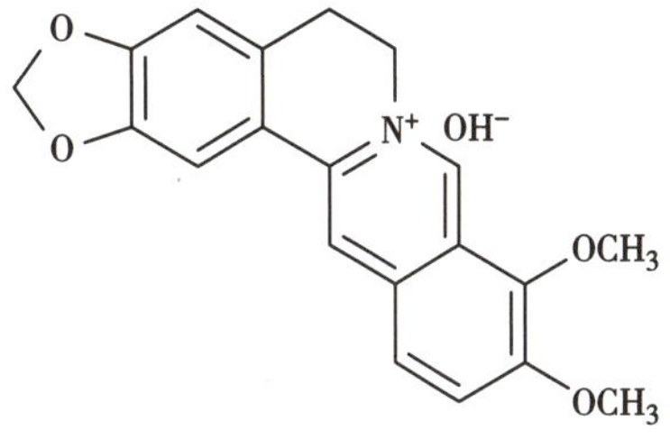　　Ⅲ

但是，对于电荷相同且离解程度非常相近的混合物来说，上述一般的离子交换方法则难以取得良好的分离效果，而必须采用离子交换色谱法。离子交换色谱的原理与上相同，但工作要细致得多。关键在于选好固定相（树脂）及流动相（洗脱用缓冲液）。所用树脂根据待分离物质的稳定性、离解基的类型及强度（pK_a）进行选择，并须进行干燥、粉碎，选择其中 200~400 目的微粒供使用。而流动相除了传统应用的磷酸盐缓冲液外，近来还采用由挥发性有机酸（甲酸、乙酸）、碱（如吡啶、2- 甲基吡啶、3- 甲基吡啶、*N*- 乙基吗啉）做成的缓冲液，以利在以后采用减压浓缩或冷冻干燥法除去。

（六）分子蒸馏

分子蒸馏技术（molecular distillation technology）自 20 世纪 30 年代出现以来，得到了世界各国的重视。至 20 世纪 60 年代，已成功地应用于从鱼肝油中提取维生素 A 的工业化生产。相比较而言我国分子蒸馏技术的研究起步较晚，80 年代末期，国内已有用于硬脂酸单甘油酯的生产线。

1. 分离原理　分子蒸馏的分离作用就是利用液体分子受热会从液面逸出，而不同种类分子逸出后其平均自由程不同这一性质来实现的。为达到分离的目的，液体混合物首先进行加热，能量使足够的分子逸出液面，轻分子的平均自由程大，重分子的平均自由程小，若在离液面小于轻分子的平均自由程而大于重分子平均自由程处设置一个捕集器，使得轻分子不断被捕集，从而破坏了轻分子的动平衡而使混合液中的轻分子不断逸出，而重分子因到达不了捕集器很快趋于动态平衡，不再从混合液中逸出，这样，液体混合物便达到了分离的目的，其分离原理如图 1-21 所示。

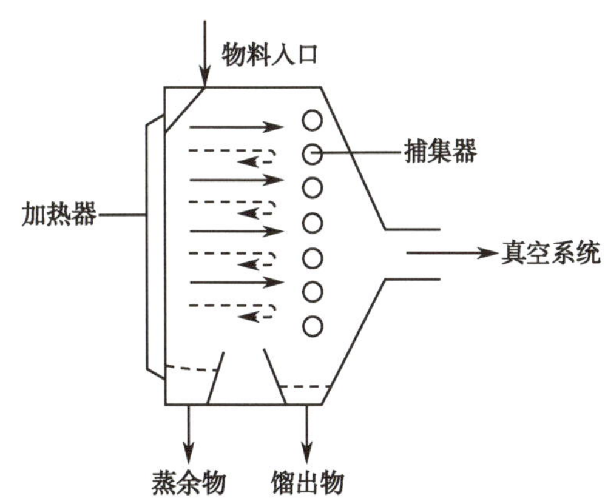

图 1-21　分子蒸馏的分离原理示意图

2. 分子蒸馏技术的特点　分子蒸馏技术不同于一般蒸馏技术。它是运用不同物质分子运动自由程的差别而实现物质的分离，因而能够实现远离沸点下的操作。与常规蒸馏技术相比，其具备以下优点。

(1) 操作温度低：常规蒸馏是靠不同物质的沸点差进行分离，而分子蒸馏是靠不同物质分子运动自由程的差别进行分离，因此可在远离（远低于）沸点下进行操作。

(2) 蒸馏压强低：由于分子蒸馏装置独特的结构形式，其内部压强极小，可以获得很高的真空度。

(3) 受热时间短：鉴于分子蒸馏是基于不同物质分子运动自由程的差别而实行分离的，因而受加热面与冷凝面的间距要小于轻分子的运动自由程(即距离很短)，这样由液面逸出的轻分子几乎未碰撞就到达冷凝面，所以受热时间很短。另外，若采用较先进的分子蒸馏结构，使混合液的液面达到薄膜状，这时液面与加热面的面积几乎相等，那么，此时的蒸馏时间则更短。假定真空蒸馏受热时间为1小时，分子蒸馏仅用十余秒。

(4) 分离程度高：分子蒸馏常用来分离常规蒸馏不易分开的物质，然而对于2种方法均能分离的物质而言，分子蒸馏的分离程度更高。

3. 应用　分子蒸馏技术的优点在于可大幅度降低高沸点物料的分离成本以及对热敏性物质的分离，目前该项技术已广泛应用于高纯物质的提取，特别适用于天然物质的提取与分离。如用以蒸馏天然鱼肝油获得浓缩维生素A，提取天然或合成维生素E及β-胡萝卜素，从动植物中提取天然的鱼油、米糠油、小麦胚芽油等；此外，在食品工业用于混合油脂的分离，可获得纯度达90%甚至95%以上的单脂肪酸酯，如硬脂酸单甘油酯、月桂酸单甘油酯、丙二醇酯等；另外，在农药的精制、石油化工、香精、香料工业、塑料工业等都有重要的应用，详细内容读者可参考相关文献进行深入学习。

第四节　结构研究法

结构研究是天然药物化学的一项重要研究内容。从天然药物中分离得到的单体化合物若结构不清楚，则无法开展药学相关工作，更不可能进行结构修饰、改造或人工合成，其学术及应用价值也会大大降低。

与合成化合物相比，天然化合物的结构研究难度较大。这是因为合成产物的原料已知，反应条件较为一定，故可对产物的结构事先做出某种程度的预测。但对天然化合物，未知因素较多，很难以经典的化学方法(如化学降解、衍生物合成等)进行结构研究。自20世纪60年代起，化合物结构研究主要依赖各种波谱技术进行综合解析，包括紫外-可见吸收光谱(UV-visible absorption spectrum，UV-vis)、红外光谱(infrared spectra，IR)、核磁共振谱(nuclear magnetic resonance，NMR)、质谱(mass spectrometry，MS)、旋光光谱(optical rotatory dispersion，ORD)、圆二色谱(circular dichroism，CD)和单晶X射线衍射(single-crystal X-ray diffraction)，这些方法都具有需要样品量相对较少、对结构不产生破坏等优点。

一、化合物的纯度测定

在进行物质性质或结构研究前必须先确定化合物的纯度，若纯度不合格，将给测定工作带来很大难度。判断化合物纯度的方法有很多，且往往需要综合多种方法进行判定。

(一) 根据化合物结晶形状、色泽和熔点进行判断

每种化合物的结晶都有一定的形状、色泽和熔点，可以通过检查有无均匀一致的晶型，有无明确、敏锐的熔点作为化合物纯度初步判定的依据。通常，同一种溶剂下化合物结晶形状是一致的，颜色纯净，并具有较短的熔程(或熔距，多在1~2℃以内)；若熔程较长，表示化合物不纯。但对于某些具有双熔点特性的化合物，即在某一温度已全部熔化，继续升高温度时又固化，再在某一更高温度时又熔化或分解，这种情况则无法根据熔点来判断纯度。此外，因非结晶物质不具备上述物理性质，也无法据此来鉴定其纯度。

(二) 薄层色谱法

薄层色谱如硅胶、纸色谱等是判断化合物纯度最常应用的方法，通常以组成不同的3种溶剂系统进行展开，样品均为均一斑点时(比移值在0.2~0.8)可认为是单纯的化合物，个别情况下还需采用正相、反相两种色谱方法加以确认。

（三）气相色谱（GC）或高效液相色谱（HPLC）法

气相色谱或高效液相色谱也是判断物质纯度的重要方法。气相色谱主要适用于在加热条件下能汽化而不分解的物质，如植物中的挥发油。高效液相色谱则不然，不但可用于挥发性物质，亦可用于非挥发性物质，具有高速、高效、灵敏、微量、准确的优点，已被广泛用于化合物纯度的检测。

二、结构研究中的主要谱学方法[11,12]

（一）紫外 - 可见吸收光谱（UV-vis）法

分子吸收波长范围在 200~800nm 区间的电磁波产生的吸收光谱为紫外 - 可见吸收光谱，为电子跃迁光谱。含有共轭双键、发色团及具有共轭体系的助色团分子在紫外及可见光区域产生的吸收即由相应的 $\pi \rightarrow \pi^*$ 及 $n \rightarrow \pi^*$ 跃迁所引起。因此，紫外光谱主要用于鉴定结构中共轭体系的有或无。

紫外谱图提供的信息有以下几点：①化合物在 220~800nm 内无紫外吸收，说明该化合物是脂肪烃、脂环烃或其简单衍生物（氯化物、醇、醚、羧酸等）；②220~250nm 内显示强吸收（$\varepsilon \geqslant 10\,000$ 或更大），有共轭二烯或 α,β- 不饱和醛、酮结构；③250~290nm 内为中等强度吸收，且常有精细结构，示有苯环或某些芳杂环；④250~350nm 内显示弱吸收，有羰基或共轭羰基存在；⑤300nm 以上的高强度吸收，示结构有较大的共轭体系。

在天然产物结构中，如黄酮类、蒽醌类、香豆素类等的结构与紫外光谱特征之间的规律已比较清楚。尤其是黄酮类成分，在加入某种诊断试剂后，其紫外光谱因分子结构中取代基的类型、数目及取代位置不同而发生不同改变，故还可用于该类化合物精细结构的测定。除此之外，紫外光谱在解决双键顺反异构、空间位阻等立体化学问题上也有重要应用。

（二）红外光谱（IR）法

分子中价键的伸缩及弯曲振动将在光的红外区域产生吸收，其中 2.5~25μm 的中红外区，即 4 000~400cm^{-1} 波数处为多数官能团基频振动吸收峰区，故用于判断结构中某些官能团的有或无。红外谱图按波数可分为以下几个区域。

（1）4 000~2 500cm^{-1}：是 X—H（X 包括 C、N、O、S 等）伸缩振动区。

（2）2 500~2 000cm^{-1}：是三键和连烯类双键等的伸缩振动区。

（3）2 000~1 500cm^{-1}：是双键的伸缩振动区，这是红外谱图中很重要的区域。这个区域内最重要的是羰基的吸收，大部分羰基化合物集中于 1 900~1 650cm^{-1}，除去羧酸盐等少数情况外，羰基峰吸收强度都较大，常为最强峰或次强峰。天然产物中的蒽醌类化合物，因羰基与双苯环形成共轭，其红外吸收处于较低的波数，同时，结构中 C-1、4、5、8 位的羟基（α-OH）与其形成分子内氢键也影响其峰位吸收，故通过 IR 谱中羰基的峰位变化来判定蒽醌类化合物中 α-OH 的数目和位置。

碳 - 碳双键的吸收出现在 1 670~1 600cm^{-1} 范围内，强度中等或较低。苯环的骨架振动在 1 450、1 500、1 580 和 1 600cm^{-1}。1 450cm^{-1} 的吸收特征不明显，后三处的吸收则表明苯环的存在。虽然这三处的吸收不一定同时存在，但只要在 1 500 或 1 600cm^{-1} 附近有一处有吸收，原则上即可知有苯环（或杂芳环）的存在。

（4）1 500~1 300cm^{-1}：该区域主要提供 C—H 弯曲振动的信息，包括$—CH_2—$，$—CH_3$。

（5）1 300~910cm^{-1}：所有单键的伸缩振动频率、分子骨架振动频率都在这个区域，部分含氢基团的一些弯曲振动和一些含重原子的双键（P═O、P═S）的伸缩振动频率也在这个区域。

（6）910cm^{-1} 之下：苯环因取代而产生的吸收（900~650cm^{-1}）是这个区域很重要的内容，是判断苯环取代位置的主要依据。

红外在立体化学研究中也有重要应用，包括环己酮结构上的取代基取向、苷键构型的确定（有适用范围）、双键顺反异构确定等。

NMR常见化学位移与偶合常数（组图）

DEPT谱的进一步解释与应用（拓展阅读）

（三）核磁共振（NMR）法

随着傅立叶变换波谱仪的诞生，除 ^{1}H 核外，^{13}C 核的研究自20世纪70年代中期也得以迅速开展，大量有磁矩的同位素的"多核"研究也广为进行，包括 ^{15}N、^{19}F、^{31}P 等。伴随着二维、三维核磁技术的发展，NMR现已成为结构测定的主要谱学方法，在结构研究中发挥着巨大作用。

1. 常用氘代溶剂　用于测定核磁共振谱的样品包括固体、液体甚至气体，液体高分辨NMR是目前用于化合物结构测定的主要技术，常用于NMR测定的氘代溶剂种类及其残余质子和碳信号的化学位移值见表1-7。

表1-7　常用NMR氘代溶剂 ^{1}H 和 ^{13}C 化学位移值

溶剂	δ_H	δ_C	溶剂	δ_H	δ_C
丙酮-d_6	2.05	206.7	DMSO-d_6	2.50	39.5
		29.9	甲醇-d_4	4.87	49.2
苯-d_6	7.16	128.4		3.31	
三氯甲烷-d	7.27	77.2	吡啶-d_5	8.74	150.4
环己烷-d_{12}	1.38	26.4		7.58	135.9
D_2O	4.80			7.22	123.9
二氯甲烷-d_2	5.32	54.0			

2. ^{1}H-NMR　氢同位素中，^{1}H 的丰度比最大，信号灵敏度也高，故 ^{1}H-NMR测定比较容易，为结构研究提供了化学位移（δ）、谱线积分面积（氢的数目）以及偶合常数 J（峰裂分情况）等信息。

（1）化学位移（chemical shift，δ）：氢的化学位移在0~20范围内，常用的为0~13，受外围电子云密度、磁的各向异性等化学环境影响，所在的大致化学位移区域见表1-8。据此可推断H所处的化学环境。

表1-8　不同类型氢核化学位移的大致范围

类型		δ
CH	—C—CH_3	0.8~1.2
	—C—CH_2—	1~1.5
	—C—CH—	1.2~1.8
	R—CH(α)—CH(β) (R=—OH、—COCOR、—OR、—NO_2、—X)	在上列数值基础上 α-H：+2~4 β-H：+0.5~1
	R—CH(α)—CH(β) (R=—C=O，—C=C，Ar—)	在上列数值基础上 α-H：+1~2 β-H：+0.5~1
≡CH		2~3
=CH		5~8
芳环及芳杂环		6~9
—CHO		9~10
活泼氢（—OH、—SH、—NH）		不确定，加入 D_2O 后消失

(2) 峰面积：氢信号的积分面积与分子中的总质子数相当，若分子式已知，可据此算出每个信号相当的 ^{1}H 数，但要注意活泼质子如—OH、—NH、—SH，包括酚、羧酸活泼质子在一些测试溶剂中（或含水时）常不出现信号，在推断氢的数目时还要结合质谱、碳谱等。

(3) 偶合常数（J）：磁不等同的两个或两组 ^{1}H 核在一定距离内会有偶合裂分，若为低级偶合，峰的裂分符合 n+1 规律，可对应有 d 峰（doublet，二重峰）、t 峰（triplet，三重峰）、q 峰（quartet，四重峰）、m 峰（multiplet，多重峰）等；高级偶合则有 dd、dt、td、m 峰等多种裂分形式。

信号峰的化学位移差值即为裂距，与测定仪器兆周数的乘积用以表示相互干扰的强度，即为偶合常数（coupling constant，J，Hz），其大小取决于间隔键的距离。间隔的键数越少，则 J 的绝对值越大；反之则越小。通常，超过三根单键以上的偶合可以忽略不计。但在 π 系统中，如烯丙基、芳环、萘环等，因电子流动性较大，即使间隔超过了三根键，仍可发生偶合，则为远程偶合，如烯丙偶合、W 型偶合。这些在判断氢的相互位置时显得十分重要。本教材中的香豆素类化合物还可见 H-4 与 H-8 之间间隔五根键的远程偶合，对两个质子存在的判定非常有帮助。

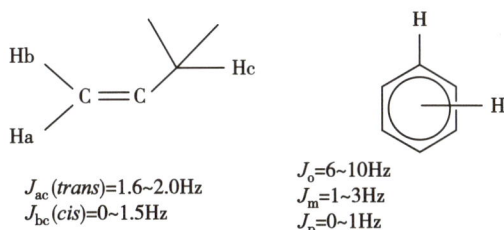

Hb Hc Ha H H

J_{ac}(*trans*)=1.6~2.0Hz
J_{bc}(*cis*)=0~1.5Hz

J_o=6~10Hz
J_m=1~3Hz
J_p=0~1Hz

3. ^{13}C-NMR ^{13}C-NMR 提供的信息在结构鉴定中的作用更大，因 ^{13}C 的磁旋比仅为 ^{1}H 的 1/4，自然界中 ^{13}C 的丰度比又只有 1%，故 ^{13}C-NMR 测定的灵敏度只有 ^{1}H 的 1/6 000。随着高兆周仪器的开发，使得少量甚至微量成分的结构测定成为可能，因此发现新结构的概率也大大增加。与 ^{1}H-NMR 相比，其谱图特点如下：

(1) ^{13}C 的信号裂分：因 ^{13}C 的自然丰度小，两个 ^{13}C 相连的概率只有万分之一，故 ^{13}C-^{13}C 之间的同核偶合一般不予考虑。相反，^{1}H 的偶合影响（异核偶合）却十分突出。因 ^{1}H 核自旋偶合干扰产生的峰裂分数目仍遵循 n+1 规律。以直接相连的 ^{1}H 为例，则 CH_3 为 q 峰，CH_2 为 t 峰，CH 为 d 峰，季 C 为 s 峰。$^1J_{CH}$ 为 120~250Hz，而 2 根键（$^2J_{CH}$）及 3 根键（$^3J_{CH}$）范围内的远程偶合影响也存在，故 ^{13}C 信号裂分十分复杂。为消除这种干扰并使信号指认准确，最常见的碳谱是采用全 H 去偶方法来测定的，即为噪音去偶谱（proton complete decoupling，COM）或质子宽带去偶谱（proton broad band decoupling，BBD），则每一种化学等价的碳原子只有一条谱线（图 1-22）。在去掉 H 的偶合的同时，有核 Overhauser 效应

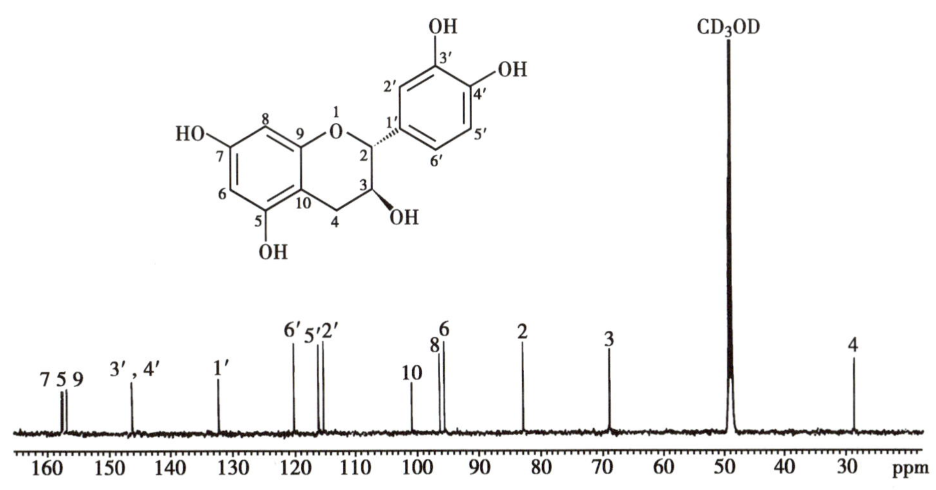

图 1-22 儿茶素的噪音去偶谱

(nuclear Overhauser effect, NOE)，则连有 H 的碳信号更为增强，因季碳原子不连 H，故信号峰相对低矮，为此这种全 H 去偶谱中，峰高不能定量地反映碳原子数目，则化学位移成为碳谱中最重要的信息。

(2) 化学位移：碳谱的化学位移的定义及表示方式与氢谱一致，所用内标也与氢谱完全相同，位移幅度较宽，约为 500 个化学位移单位，常用范围 0~250。因信号之间很少重叠，故识别起来比较容易。与氢化学位移一样，碳原子的化学位移成为推断化合物骨架结构的有力工具。

常见的一些基团的碳信号化学位移值 δ 如表 1-9 所示。

表 1-9　常见基团的碳信号化学位移值

常见基团	化学位移值
脂肪碳	δ<50
连杂原子碳(C—O、C—N、C—S)	δ 50~100
甲氧基碳(—OCH_3)	δ 55 左右
糖端基碳	δ 95~105
芳香碳、烯碳	δ 98~160
连氧芳碳	δ 140~165
C═O	δ 168~220 醛：δ 190~205；酮：δ 195~220；羧酸：δ 170~185；酯及内酯：δ 165~180；酰胺及内酰胺：δ 165~180

(3) 影响碳化学位移的主要因素

1) 碳的杂化方式：δ sp^3<δ sp<δ sp^2，相应的化学位移值范围：δ 10~100、70~130、100~200。

2) 碳核的电子云密度：碳周围的电子云密度增高，向高场位移，化学位移值 δ 减小。取代基的数目越多，相应的诱导效应增加，电子云密度下降，化学位移增加，但诱导效应随相隔键的数目增加而减弱。

3) 共轭效应：在 π 电子系统中，共轭效应对于电子的分布有很大影响。如不饱和的羰基化合物中 β 碳一般要比 α 碳处于低场。

4) 分子内部作用：分子内氢键使 C═O 的化学位移值 δ 增加。

5) 空间位阻的 γ- 效应：较大基团对 γ- 位碳上的氢通过空间有一种挤压作用，使电子云偏向碳原子，使碳化学位移向高场移动，这种效应称为 γ- 效应，又称为 γ- 旁式效应。在这种效应中，γ- 顺式要比 γ- 反式产生的效应大得多。

如顺式 2- 丁烯两个 CH_3 的 δ 值比反式 2- 丁烯的 δ 值要小约 5 个化学位移单位。

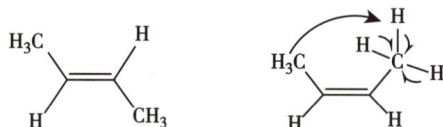

分子内空间效应的影响在环己烷或其类似化合物中，间隔 2 根键的碳因 γ- 效应而使其上电子云密度增加，如下图中 γ- 位的碳因 α- 位的直立甲基的 γ- 效应，而向高场位移，该效应也称 1,3- 效应(1,3-effect)。

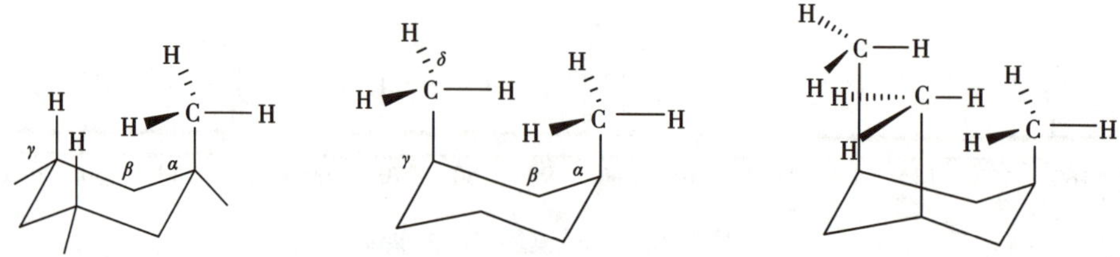

6) 其他效应:还存在电场效应、“重原子”效应、同位素效应等,具体内容可参考相应的文献。

在结构解析中,碳化学位移与结构对应关系已经总结了很多经验规律,常见的有苯的取代基位移规律、羟基苷化位移(glycosidation shift)、酰化位移(acylation shift)规律等(第二章),在结构研究中均具有重要的指导作用。

(4) 其他类型碳谱

1) DEPT(distortionless enhancement by polarization transfer)谱:DEPT 法系通过改变照射 ^1H 核的脉冲宽度(θ)或设定不同的弛豫时间(delay time,$2D_3$),使不同类型的 ^{13}C 信号在谱图上(图 1-23)呈单峰并分别呈现正向峰或倒置峰,故灵敏度高,信号之间很少重叠,目前已成为 ^{13}C-NMR 谱的一种常规测定方法。

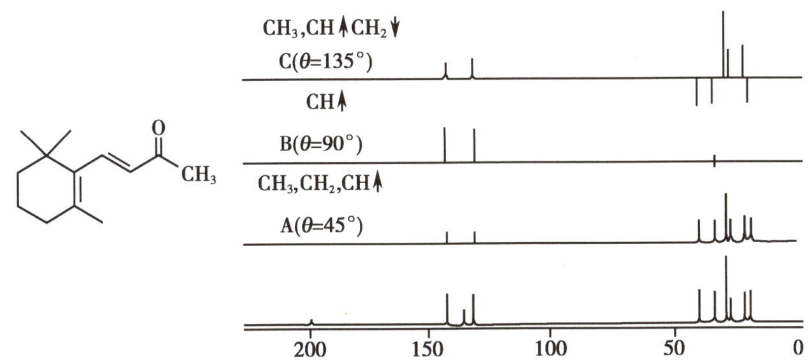

图 1-23 β- 紫罗兰酮的 DEPT 谱(单位:ppm)

脉冲宽度(θ)为 135°的 DEPT 谱应用最广,该技术很直观地将 CH_2 以倒峰的形式展示出来,而季碳信号在 DEPT 中不出现,故可用于区分碳的伯、仲、叔、季类型。

2) 选择氢核去偶谱(selective proton decoupling spectrum,SEL)及远程选择氢核去偶谱(long-range selective proton decoupling spectrum,LSPD):两种方法均是在氢核信号归属已经明确的前提下,用弱或很弱的能量选择性的照射某种(组)(单照射)或某几种(组)(双照射或三重照射)特定的氢核,以分别消除它们对相关碳的偶合影响。此时图谱上峰形发生变化的信号只是与之有偶合相关或远程偶合相关的 ^{13}C 信号。

3) 偏共振去偶谱(off resonance decoupling spectrum,OFR):当照射 ^1H 核用的电磁辐射偏离所有 ^1H 核的共振频率一定距离时,测得的 ^{13}C-NMR(OFR)谱中将不能完全消除直接相连的氢对碳的偶合影响。此时,^{13}C 信号将分别表现为 q(CH_3—)、t(CH_2<)、d(>CH—)或 s(>C<),与 DEPT 谱均可用于判断碳的类型,但 DEPT 技术更为常用。

4. 二维核磁共振(2D-NMR) 一维核磁共振谱中,如果信号过于复杂或者堆积在一起难于分辨时,结合二维核磁共振技术则信号归属会收到良好的效果。常用的二维谱多为化学位移相关谱,包括同核相关谱 ^1H-^1H COSY、NOESY,以及异核间的相关谱 HMQC 谱(或 HSQC 谱)、HMBC 谱等。

(1) 同核化学位移相关谱

1) ^1H-^1H COSY(^1H-^1H correlation spectroscopy,氢 - 氢化学位移相关谱):为同一个偶合体系中质子之间的偶合相关谱,用于确定质子化学位移、质子之间相互偶合关系以及连接顺序。横轴、纵轴均为 ^1H-NMR 谱。同一 ^1H 核信号在对角线上相交,形成对角峰(diagonal peak)。对角线以外的点叫相关峰(cross peak 或 correlation peak)。因 COSY 谱的对称性,故对对角线半侧的峰进行解析即可。以 $CH_3COOCH_2CH_3$ 为例的 ^1H-^1H 相关谱见图 1-24,很容易指认出自峰与相关峰。

碳 - 碳同核化学位移相关谱也就是二维双量子 INADEQUATE 实验,是目前 ^{13}C-NMR 谱归属

的最有效方法。但由于 ^{13}C 天然丰度低，2D INADEQUATE 实验灵敏度很低，实验的累加时间很长，要 2 天以上，所以只有十分必要时才做。

2）NOESY（nuclear Overhauser effect spectroscopy）：结构中两个（组）不同类型质子位于相近的空间距离时，照射其中一个（组）质子会使另一（组）质子的信号强度增强。这种现象称为核 Overhauser 效应（NOE）。NOE 的强弱与相关质子的空间距离有关，当质子间的空间距离小于 0.4nm 时便可以观察到。据此可确定分子中某些基团的空间位置，故在化合物的立体化学研究时具有重要意义，尤其是对蛋白质等生物大分子的研究。

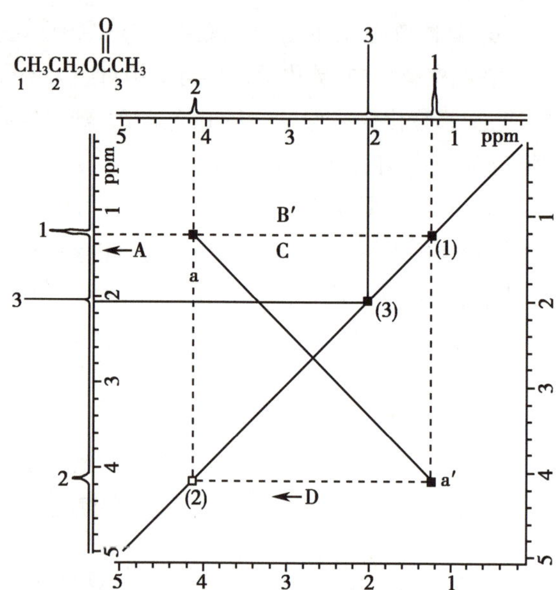

图 1-24　乙酸乙酯的 ^{1}H-^{1}H COSY 图谱（360MHz，$CDCl_3$）

质子 NOE 二维相关谱简称 NOESY 谱，横、纵坐标均为 ^{1}H-NMR 谱。谱的外观与 COSY 谱类似，对角线上的点为自峰，非对角线上的点为 NOE 相关峰。NOESY 谱的最大作用在于一张谱图中同时给出了所有质子间的 NOE 信息，但不是所有的信号都与 NOE 相关，常常混有质子 COSY 残留峰，结构解析时需要加以注意。

（2）异核化学位移相关谱：用得最多的是 ^{13}C-^{1}H COSY 谱，包括 HMQC 谱（或 HSQC 谱）、HMBC 谱等。

1）HMQC 谱和 HSQC 谱：HMQC 谱为 ^{1}H 的异核多量子相关谱（^{1}H detected heteronuclear multiple quantum coherence，HMQC 谱），HSQC 谱是 ^{1}H 的异核单量子相关谱（^{1}H detected heteronuclear single quantum coherence，HSQC 谱）。HMQC 谱和 HSQC 谱都是把 ^{1}H 核与其直接相连的 ^{13}C 关联起来，横纵坐标是 ^{1}H、^{13}C 的化学位移，如图 1-25 所示。谱中的交叉峰表示 ^{13}C-^{1}H 的相关性。如当一个碳与两个

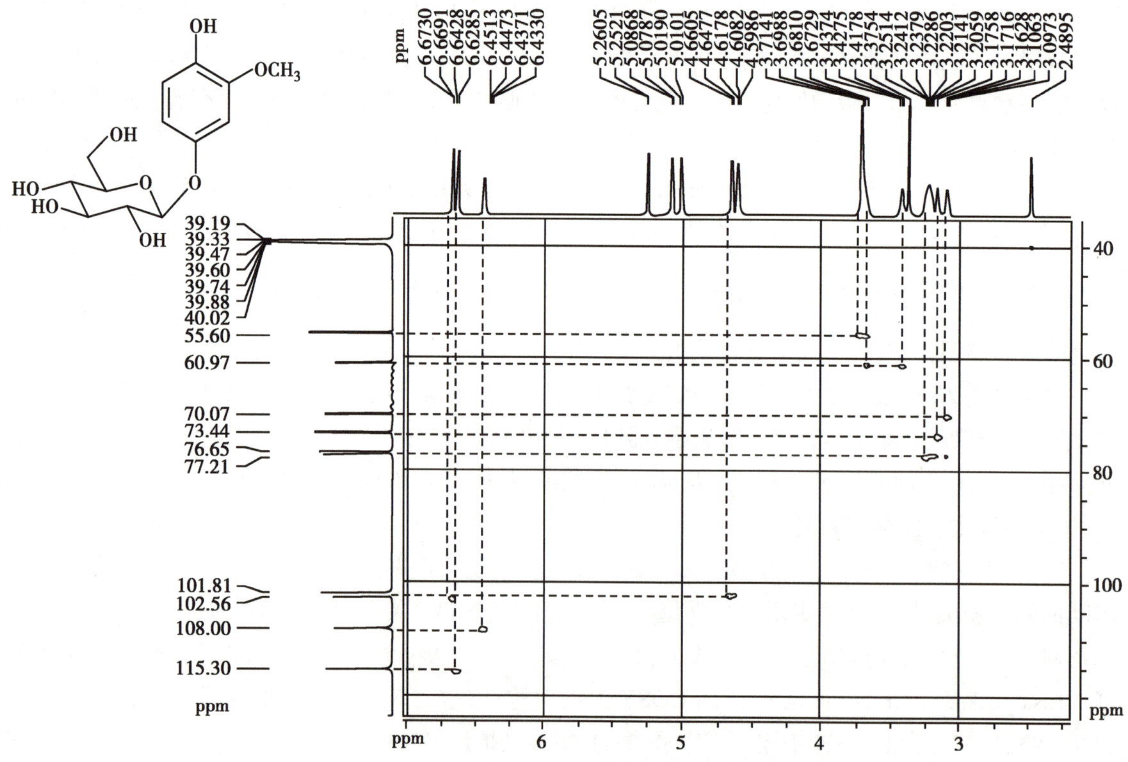

图 1-25　化合物 tachioside 的 HMQC 谱

化学位移不同的氢有相关峰，则示这两个氢均与此碳相连，示为一个与两个氢相连的仲碳原子。

HSQC 谱的外观和 HMQC 完全一样，但其氢谱的分辨率比 HMQC 高。

2) HMBC（^{1}H detected heteronuclear multiple bond correlation）谱：为 ^{1}H 的异核多键相关谱，将 ^{1}H 核和远程偶合的 ^{13}C 核关联起来，通常 2~3 个键的质子与碳的偶合信息较多（图 1-26）。HMBC 谱可以高灵敏地检测 ^{1}H-^{13}C 远程偶合（$^2J_{CH}$、$^3J_{CH}$），尤其是质子与季碳的远程偶合也有相关峰，因此从中得到有关季碳及因杂原子存在而被切断的偶合系统之间的结构信息，将分子片段进行连接。

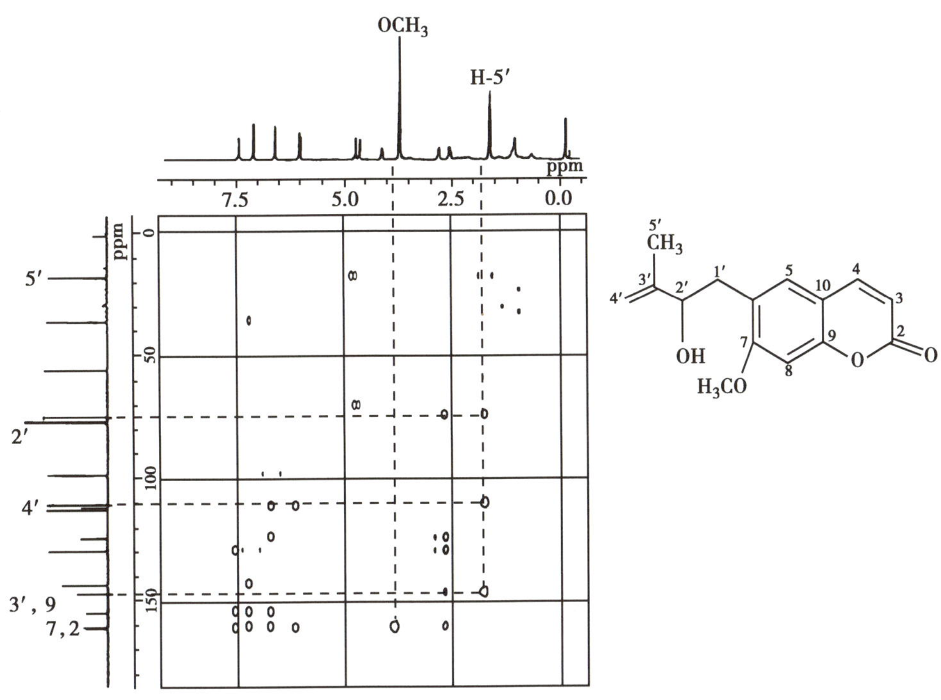

图 1-26 化合物 tamarin 的 HMBC 谱

（四）质谱法

质谱法的灵敏度远远超过其他谱学方法。质谱作用在于确定分子量、分子式以及分子碎片结构。

1. 质谱图 不同质荷比的离子经质量分析器分开，而后被检测、记录成为质谱图，简称质谱。质谱图的横坐标表示质荷比。纵坐标为离子流的强度，最常见的标注方法为相对丰度，此时把最强峰定为 100%，作为基峰，其他离子的峰强度以其百分数表示。

2. 电离技术 多年来，电子轰击电离质谱（electron ionization mass spectrometry，EI-MS）和化学电离质谱（chemical ionization mass spectra，CI-MS）是有机结构分析中所应用的两大主要技术。EI-MS 是一种硬电离技术，该法从质谱诞生以来一直在使用；而 CI-MS 是一种软电离技术，与 EI 所产生的分子离子相比，CI 产生的分子离子不太容易发生裂解，应用该法可提高分子离子峰的强度，因此是 EI 的很好补充。CI 和 EI 的另一个不足是，不挥发物质（如盐）或热不稳定物质（如共轭多烯或有机金属化合物）通常不能给出有用的质谱。为了克服这些不足，在 20 世纪 80 年代产生了能使不稳定物质电离的第二代质谱电离技术。这些新的电离方法可分为两类：快速气化（rapid vaporization）和快速解吸（rapid desorption）。快速气化产生离子的过程有时也称为能量暴发（energy sudden）过程，这种过程包括快速加热产生离子的物理过程和以高能粒子轰击样品使其发射离子的过程。能量暴发电离包括解吸化学电离（desorption chemical ionization，DCI）、快原子轰击（fast atom bombardment，FAB）、激光解吸电离（laser desorption ionization，LDI）、基质辅助激光解吸电离（matrix-assisted laser desorption/ionization，MALDI）和等离子体解吸（plasma desorption，PD）。快速解吸产生离子的必要部分是强静电场，强静电场可以在真空中或在大气压下应用，利用该特征可以将各种方法加以区别，

这些方法包括场解吸(field desorption,FD)、场致电离(field ionization,FI)、热喷雾电离(thermospray ionization,TSI)和电喷雾电离(electrospray ionization,ESI)。另外,以上任一过程(能量暴发和快速解吸)产生的离子可以使用传统的单级扇形 MS 或多级扇形 MS(如串联质谱仪)或 Fourier 变换粒子回旋共振质谱仪(FT-ICR/MS)检测。表 1-10 对各种质谱方法做了比较。

表 1-10 不同电离技术的质谱特点

电离技术	概述	优点	缺点	离子的分离	图谱外观(分子离子)	应用
电子轰击电离(EI)	气化的样品由电子束(10~100eV)轰击产生离子	经济。从裂解方式可获得官能团信息	高能方法产生大量碎片离子。分子离子分解	FT-MS 扇形磁场 离子阱 TOF	M^+ M^+	MS-MS GC-MS
化学电离(CI)	离子源内加入试剂气,样品由电子(500eV)电离	经济。有多种可能的电离过程(质子化、脱氢等)	样品须有足够的蒸气压和热稳定性;在生物分子(肽、核酸)中应用受限	FT-MS 扇形磁场 离子阱 TOF	$[M+H]^+$ $[M+Gas]^+$ 或 $[M-H]^-$	MS-MS LC-MS
快原子轰击(FAB)	样品在低挥发性基质中的溶液被快速重原子(Xe、Ar,7keV)	特别适于 20kD 以上的极性分子。碎片可用于蛋白质中氨基酸序列分析	由于基质反应,在每个质量周围常有背景离子峰	FT-MS 扇形磁场 四极杆 TOF	$[M+H]^+$ $[M+Met]^+$ 或 $[M-H]^-$	MS-MS
电喷雾(ESI)	样品溶液在 2.5kV 电压下以雾状喷出。产生的小液滴带电	无基质背景。产生多电荷离子。可分析分子量达 100~200kD,是最软的电离	易出现碱金属离子或其他污染。缓冲液和盐常造成分析离子抑制。不能检测非极性分子	FT-MS 四极杆 TOF	$[M+H]^+$ $[M+Met]^+$ 或 $[M-H]^-$	MS-MS LC-MS
基质辅助激光解吸电离(MALDI)	离子被加速到 3kV 的能量用于分析。基质吸收激光产生的能量	碎片少。比 EI 和 FAB/SIMS① 的分辨率高(尤其对高质量数)。高质量区无基质峰	质量数在 500~600 范围内分辨率差。质量数 500 以下常有基质离子干扰	TOF	$[M+H]^+$ $[M+Met]^+$ 或 $[M-H]^-$	MS-MS LC-MS
场解吸(FD)	样品直接放于正极,由高电场产生解吸和电离	碎片很少,对合成聚合物尤其适合	直接加入探头上气化。不适合不易气化及热不稳定性物质。分辨率低(不适于 HR)。不适于 kkk 生物分子。重现性差	FT-MS 扇形磁场 四极杆	M^+ $[M+H]^+$	MS-MS
场致电离(FI)	气相样品从电场(10V/m)的正极电离	与 FD 相同	FD 和 FI 可完全由 FAB/SIMS 代替。不产生阴离子。实验技术要求较高	FT-MS 四极杆	M^+ $[M+H]^+$	MS-MS

注:①SIMS 为二次离子质谱(secondary ion mass spectrometry)。

(五) 旋光光谱(ORD)和圆二色谱(CD)

旋光光谱(optical rotatory dispersion,ORD)和圆二色谱(circular dichroism,CD)在测定手性化合物的构型和构象、确定某些官能团(如羰基)在手性分子中的位置方面有独到之处,是其他光谱无法替代的。

平面偏振光通过手性物质时,能使其偏振平面发生旋转,称之为旋光现象。产生旋光的原因是组成平面偏振光的左旋、右旋圆偏光通过手性介质时的传播速度不同(即折射率不同),再合成的偏振光就出现了共振平面的偏转现象。除了旋光，左旋、右旋圆偏光通过手性介质也带来了物质对其吸收的不同，进而导致各自振幅上的变化，合成的矢量则为椭圆形圆偏光，椭圆程度可用椭圆度 [θ] 衡量，构成“圆的二色性”。

用不同波长(200~760nm)的偏振光照射光学活性物质，以波长 λ 对比旋光度 [α] 或摩尔旋光度 [φ] 作图所得的曲线为旋光光谱(ORD)；以波长对左旋圆偏光和右旋圆偏光的吸收系数之差($\Delta\varepsilon=\varepsilon_L-\varepsilon_R$)或摩尔椭圆度 [$\theta$] 作图，所记录的谱线即为圆二色谱(CD)。摩尔椭圆度与 $\Delta\varepsilon$ 之间的关系为 [θ]=3 300$\Delta\varepsilon$。

CD 和 ORD 是一种光学现象的两种表现，因此获得的信息是一致的。利用 ORD 和 CD 可以研究含有酮基、双键、不饱和酮、内酯、硝基以及苯基类化合物的立体结构。多种经验、半经验规则在结构研究中得到广泛应用，如羰基的八区律、双键螺旋规则、内酯扇形规则等。当前，将计算和圆二色谱联合起来的“计算化学方法”也被用来确定手性化合物的立体结构。

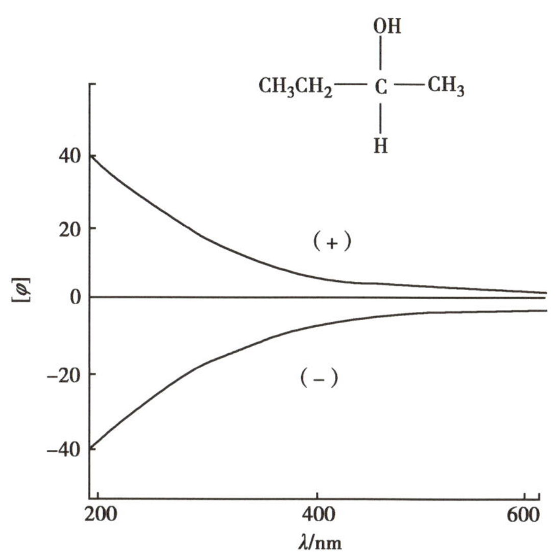

图 1-27 2- 丁醇的 ORD 谱线(平坦谱线)

1. ORD 谱的类型

(1) 平坦谱线：分子中虽有不对称碳原子，但在 200~700nm 无紫外吸收的化合物多给出平坦曲线，曲线无峰、谷之分。如 2- 丁醇(**1**)的 ORD 谱线(图 1-27)。

(2) 单纯 Cotton 效应谱线：分子中既有不对称中心又有紫外发色团时，则产生异常的旋光光谱，出现峰和谷现象，得为 Cotton 效应谱线。图 1-28 所示 5α- 胆甾烷 -3- 酮及 5β- 胆甾烷 -3- 酮的 ORD 谱线中，这种只见一个峰与谷的 ORD 曲线，称之为单纯 Cotton 效应谱线。其正、负判断的依据为：由长波长到短波长，先峰后谷的曲线为“正性”Cotton 效应曲线；反之先谷后峰的曲线则为“负性”Cotton 效应曲线。

(3) 复合 Cotton 效应谱线：有些化合物同时含有两个以上不同的发色团，其 ORD 谱可有多个峰和谷，呈复杂 Cotton 效应曲线(图 1-29)。应当指出的是，每一个实际的 ORD 曲线都是分子中各个发色团的综合效应，包括 200nm 以下的吸收、分子的每种取向及每种构象产生的旋光贡献。因此 ORD 谱线常呈复杂情况。

2. CD 谱 由于 ORD 曲线的复杂性，简单的 CD 曲线为结构解析带来了诸多便利。就像旋光光谱那样，CD 谱也有正性 Cotton 效应曲线和负性 Cotton 效应曲线，即呈现正峰的为正性曲线，呈现负峰的为负性曲线，如图 1-30 所示。

3. 常用的经验规则——环己酮的八区律 应用 ORD 和 CD 谱，研究若干发色团周围各种手性中心的立体化学情况，获得了一些经验规律，其中最为典型的是环己酮的八区律(octant rule)。链酮不适合的原因在于其构象不固定。

酮基(>C=O)发色团在 290nm±20nm 的波长范围内有 n→π^* 跃迁。这种跃迁使本来对称的 >C=O 基团变成了对光敏感的不对称基团。分子中的手性中心更能增强这类不对称基团对光的敏感性，因此化合物分子中手性中心离 π^* 轨道越近(离羰基越近)对跃迁的影响就越大。在 ORD 和 CD 谱上出现明显的 Cotton 效应，因此 ORD 曲线和 CD 曲线与手性中心的构型及取代基的种类、位

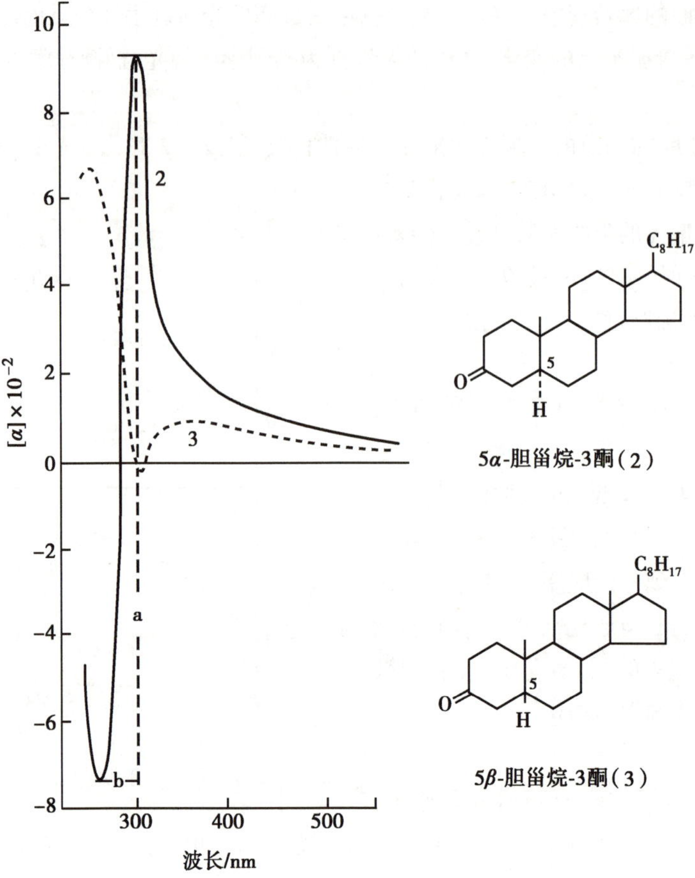

图 1-28 单纯 Cotton 效应曲线

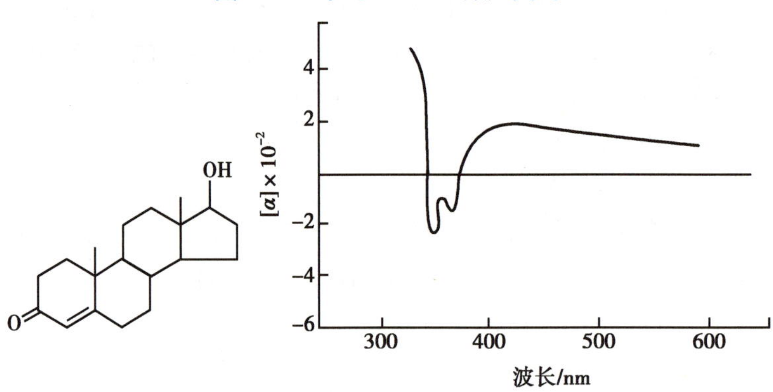

图 1-29 复合 Cotton 效应曲线（睾酮的旋光光谱）

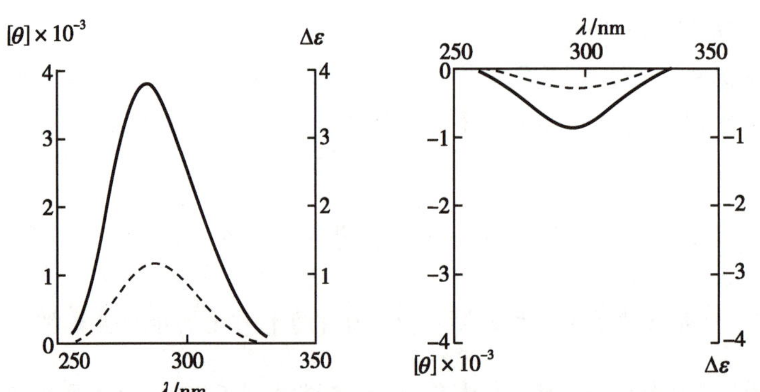

图 1-30 正性和负性 CD 谱线

置建立了联系。因此可用 ORD、CD 曲线中的 Cotton 效应来解决环已酮手性化合物的绝对构型或构象。

(1) 八区律规则:用三个相互垂直的平面 A、B、C 将羰基分割成 8 个区域;A 平面是沿着 C═O 的键轴的平面、C═O 在 B 平面上、C 平面将 C═O 分割。以 C 平面为界,平面前为“前四区”,后面为“后四区”。各区旋光分担如图 1-31 所示。

环已酮各原子主要落在 C 平面“后区”,为便于判断旋光分担,采用投影法(图 1-32)。

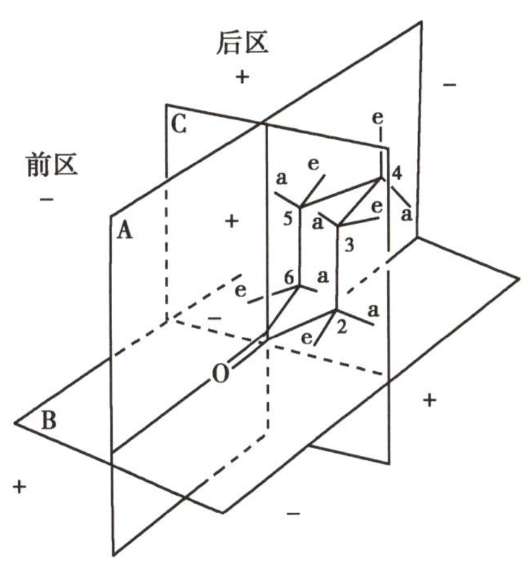

图 1-31 羰基化合物在八区的位置

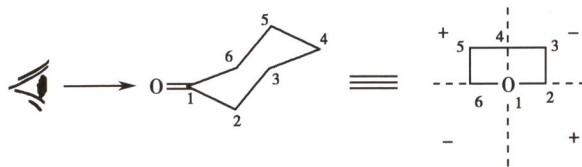

图 1-32 环已酮在后四区中的投影

(2) 旋光分担规则:C-4 的 a 键和 e 键,C-2 和 C-6 的 e 键取代基均无贡献;C-5 的 a 键和 e 键,C-2 的 a 键取代基均为正贡献;C-3 的 a 键和 e 键,C-6 的 a 键取代基均为负贡献。

旋光贡献具有加和性;距离羰基越远,贡献越小,基团越大,贡献越大。

根据八区律,根据 Cotton 效应符号,可实现对下面 2 个化合物的绝对构型判定(表 1-11)。

表 1-11 两个化合物的结构及 Cotton 效应

名称	结构	Cotton 效应
(9*S*,10*S*)-*trans*-2-decalone		+1.4
5*α*-cholestan-2-one		+2.2

(六) 单晶 X 射线衍射技术

单晶 X 射线衍射技术是一种独立的结构分析方法,该技术不需要借助任何其他波谱学方法即可独立地完成被测样品的晶体结构分析工作。用于测定天然有机或合成有机样品单晶结构的 X 射线一般选择使用特征谱性 X 射线。有机化合物元素组成中,通常主要含有碳、氢、氮、氧等成分,成键原子间的键长值分布值范围一般在 0.08~0.16nm,所以正常选用金属钼(Mo)靶和铜(Cu)靶产生特征谱的 X 射线波长,Mo 靶波长($K\alpha$)为 0.071 073nm,而 Cu 靶波长($K\alpha$)为 0.154 178nm,正好符合

或接近研究对象分子的键长值分布范围，因此被广泛用于化合物的结构研究中，Cu 靶可用于绝对构型的测定。

单晶 X 射线衍射技术不仅可以定量给出分子立体结构参数，还能够完成化合物分子相对构型与绝对构型的测定，特别是在有机化合物分子立体结构中的构型确定、构象分析，以及固体化合物样品的晶型与分子排列规律、有机分子的异构体（如手性化合物）及其含量测定、溶剂与结晶水含量等显示了该技术特有的优势。此外，对于分子量上万甚至上百万的生物大分子样品也能完成其晶体结构测定。单晶 X 射线衍射技术也是目前能够测定分子量在十万以上化合物单晶样品的唯一分析技术。

三、结构解析程序 [12,13]

对化合物的结构研究是平面结构的确定，再到立体结构的确定这一过程，主要程序大体如图 1-33 所示。

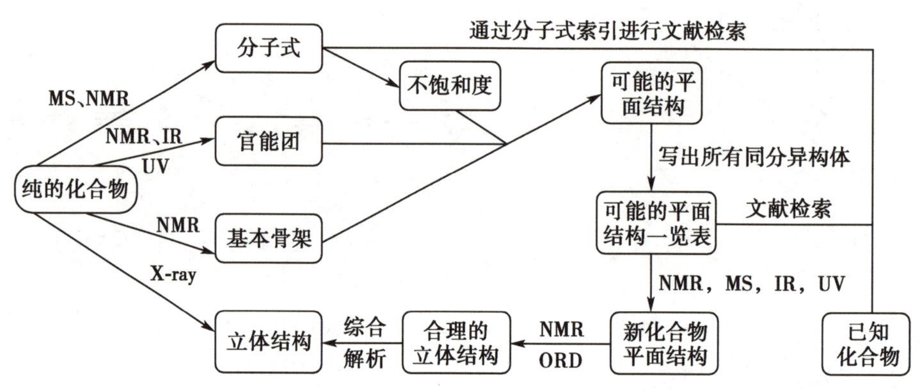

图 1-33　天然化合物结构研究的主要程序

图 1-33 中的每个环节的应用均各有侧重，对已知化合物的结构鉴定更可大大简化，但文献检索、调研工作几乎贯穿结构研究的全过程。事实证明，分类学上亲缘关系相近的植物，如同属、同种或相近属种的植物，往往含有相同结构类型及结构骨架类似甚至结构相同的化合物，故在进行提取分离工作之前，一般应当先利用中、外文主题索引按药材名称或拉丁学名查阅同种、同属乃至相近属种的化学研究文献，以利于充分了解前人的工作。不仅要了解从该种或相近属种植物的不同药用部位中分到过的成分，还要了解提取该种或该类成分的所用溶剂、提取方法、理化性质、各种谱学数据和它们的生物合成途径等，以利于分析比较。

（一）确定平面结构

1. 确定分子式，计算不饱和度　分子式的测定有多种方法，其中较为传统的方法有元素定量分析配合分子量测定、同位素丰度比法等。当前现代方法中应用最为直接的一种方法为高分辨质谱（HR-MS）法。高分辨质谱仪可将物质的质量精确测定到小数点后第 3 位。以 ^{12}C=12.000 00 质量单位（amu）为基准，则 ^{1}H=1.007 825、^{14}N=14.003 07、^{16}O=15.994 91。因此，对于 $C_8H_{12}N_4$、$C_9H_{12}N_2O$、$C_{10}H_{12}O_2$、$C_{10}H_{16}N_2$ 四个有机化合物，分子量虽都为 164，但精确质量则并不相同，故在 HR-MS 仪上可以很容易地进行区别。

确定分子式还可结合化合物的核磁谱进行，如根据 ^{13}C-NMR 图谱的吸收峰数推测碳原子的个数，但应注意结构中是否存在对称或部分对称现象，以免对结构推断产生误导。根据 DEPT 谱可以获得与各个碳原子相连的质子的个数，其质子总和可简单地计算出来。此结果与根据 ^{1}H-NMR 的积分强度比算出的质子数应当一致。但应注意活泼质子的存在与否（与氮、氧原子连接的质子）。对结构中氮原子（═NR、—NO_2、—NO）个数的推断，可根据质谱中的“氮律”推

断结构含有奇数或偶数个氮原子;氧原子个数的推断常结合 IR、^{13}C-NMR、^{1}H-NMR、MS 等多种谱学信息;卤素存在与否常根据 MS 谱中同位素峰强度比,对 Br 和 Cl 原子的存在与否判断还是比较直接的。

化合物的分子式确定后,进行不饱和度的计算。不饱和度(Ω)一般用式(1-5)计算:

$$\Omega = 碳原子数^{*} + 1 - \frac{氢原子数^{**}}{2} - \frac{卤素个数}{2} + \frac{3价的氮原子数^{***}}{2} \qquad 式(1\text{-}5)$$

(注:* 硅等四价原子计算方法与之相同;** 氘原子计算方法与之相同;*** 氮以外的 3 价磷原子的计算方法与之相同。)

通过计算,根据不饱和度可判定化合物是属于芳香族还是脂肪族,这在确定化合物结构的过程中可提供非常有价值的信息。

2. 官能团、基本骨架的确定 结构推导过程没有固定的程序,应当最大限度地利用各种谱学方法的特长,以获取最可靠的信息。通常是根据 1D-NMR 中氢谱、碳谱推断出基本骨架或结构片段,反复结合 2D-NMR 中的 HMBC 谱进行分子片段连接,在结构拼接最好以某些熟知的官能团或结构片段为出发点,进而扩大未知的结构片段,最后把这些结构片段组合在一起,就可以推断整个化合物的结构。而对个别官能团的指认还要结合化学鉴别反应、IR 的信息等。表 1-12 列出了常见的结构片段及其在各种图谱中的特征。

(二)立体结构研究

化合物平面结构确定后,如化合物存在手性中心还要进行立体化学研究,包括相对构型和绝对构型的测定。

相对构型的确定方法包括前面提到的 UV、IR 以及核磁共振技术中的质子偶合常数、NOE 差光谱、二维 NOE 技术等,碳谱中的 γ- 旁氏效应带来的化学位移影响等都可用于相对构型的判定。

事实上,化合物绝对构型的确定才使得结构研究变得完全,具体绝对构型确定技术有如下几个方法:

1. 单晶 X 射线衍射技术 独立结构分析方法,参见前述。

2. 旋光光谱(ORD)或圆二色谱(CD)法 可用于非结晶型化合物立体构型的确定,需要样品用量少。但要求样品本身具有或通过反应引入发色团,然后用经验规律来分析手性中心的绝对构型。

3. CD 激子手性法 与 ORD 和 CD 两种方法比较,CD 激子手性法为非经验性方法。其原理在于:连接在手性环境中,空间比较接近的两个或多个发色团,其强烈的电子跃迁矩通过空间相互作用,使得激发态的能级裂分,此裂分可由 UV-vis 以及 CD 谱观测得到,在 CD 谱中对应出现 Cotton 效应曲线,这种相互作用的两个发色团结构可以相同也可以不同,但要求有较高的对称性。该方法为天然有机化合物在构型确定方面提供了一个快捷、可靠的途径,如图 1-34 所示的环己邻二醇连接两个相同的对取代苯甲酰基所给出 CD 的激子偶合谱图为 α 态到 β 态先峰后谷的正手征性,在小角度旋转条件下,C-3 相连的发色团的跃迁矩与 C-2 发色团跃迁矩重叠时是顺时针的旋转方向。邻二醇类结构体系广泛存在于天然产物中,包括糖类(如糖脂、糖蛋白)、萜类、维生素、核苷酸、类固醇、神经鞘脂、大环内酯等,在结构中通过衍生化反应,将二醇衍生为含有激子发色团的产物,通过发色团 CD 效应,可实现化合物绝对构型的测定。用于衍生化的发色团包括苯甲酰类似物、萘类、蒽类等。

4. 反应质谱法 反应质谱的原理是样品与试剂构型相同时,有利于反应发生;两者构型相反时,则不利于反应发生。所以,将一对试剂(R 和 S)分别与待测样品反应,观察相应的反应质谱

表 1-12 常见的结构单元及其在各种图谱中的特征

结构片段	^{13}C-NMR/δ	^{1}H-NMR/δ	IR/cm^{-1}	MS/(*m*/*z*)
CH_3	0~82，从其化学位移可判断相邻结构单元，计算 CH_3 数目	0~5，从质子数目可确定 CH_3、CH_2 和 CH，根据其化学位移和裂分形式	1 460，1 380。可推断异丙基、*t*- 丁基的有无，因相邻官能团的不同而异	支链有甲基时 M−15
CH_2CH	0~82，从其化学位移可判断相邻结构单元，计算其数目	可推断相邻基团的结构	CH_2：1 470，根据相邻官能团的不同而异 CH：难以获得直接的相关信息	CH_2：14
季碳	0~82	无直接相关信息	难以获得直接的相关信息	*t*-C_4H_9：57，41
C═C	82~160，DEPT 谱：CH_2=(t)、CH=(d)、C=(s)。根据其化学位移可推断出相邻基团的结构	烯氢质子 4~8 根据质子数目和相互偶合关系可推断部分结构	根据 1 650（对称结构无此峰）和 1 000~800 吸收峰可推断其类型（顺式除外）	R—CH═CH—CH_2^+ 峰强（41，55，69⋯）
芳香环	82~160（联苯 ~175），根据碳信号峰的裂分情况及峰型可推断取代基的位置，根据化学位移可确定部分取代基的结构	芳环质子 6~8 根据质子数目和裂分形式、偶合常数可推断自旋偶合系统和取代模式	1 600，1 500 900~700（可推断取代模式）	苯环：77，63，51，(39) 分子量越大，这些峰的相对强度越小
C≡C	65~100	2~3	2 260~2 100，炔氢在 3 310~3 300	26
C═O 羧酸 酯 酰胺 醛 酮	155~225 (s)} 160~186 (s)} 可进一步确定相邻碳 (s)155~177 (d)} 174~225 (s)}	无直接相关信息 10~13 与—COOR 相邻的烷基质子 3.6~5 5~8.5（N—H） 9~10 相邻的烷基质子 2.1~2.65	1 850~1 650 依次研究含羰基的各个官能团，通过特征吸收峰可确认其类型	酸 60，74⋯ 酯 } 酮 } R—C≡O^+ {如 R 为烷基则 43，57，71⋯峰强 酰胺 44 醛 M−1

续表

结构片段	^{13}C-NMR/δ	^{1}H-NMR/δ	IR/cm^{-1}	MS/(m/z)
OH	无直接的相关信息 相连烷基碳信号比普通烷基碳信号低场	信号峰范围较宽，加入重水质子信号峰会消失	3 550~3 100 宽强峰，根据 1 300~1 000 和 1 000~900 吸收峰可能推断出醇的类型	$(M-H_2O)^+$， (R—CH_2OH：31，45…)
NH			3 500~3 100 中等强度，锐峰	(R—CH_2NH_2：30，44…)
C—O —C	无直接的相关信息 相连烷基碳信号比普通烷基碳信号低场	无直接的相关信息 邻位碳上的氢信号比烷基氢信号低场	脂肪醚：1 150~1 070 芳香醚：1 275~1 200，1 075~1 020	31，45…等
C≡N	117~126	无直接的相关信息	2 275~2 215	$(M-HCN)^+$：41，54 等
NO_2	无直接的相关信息	同上	C—NO_2：1 580~1 500，1 380~1 300 O—NO_2：1 650~1 620，1 285~1 270 N—NO_2：1 630~1 550，1 300~1 250	46
含硫基团	同上	SH 以外同上	S—H：2 590~2 550 S═O：1 420~1 010	32+R，34+R
含磷基团	同上	PH 以外同上	P—H：2 240~2 250 P═O、P—O：1 350~940	
C—卤素	20~80	无直接的相关信息，从 CH_3、CH_2、CH 的化学位移可能推断出连有卤素	虽有特征性吸收峰，但非有力的佐证	Cl：^{35}Cl：^{37}Cl=3：1 Br：^{79}Br：^{81}Br=1：1 $(a+b)^n$ 的系数

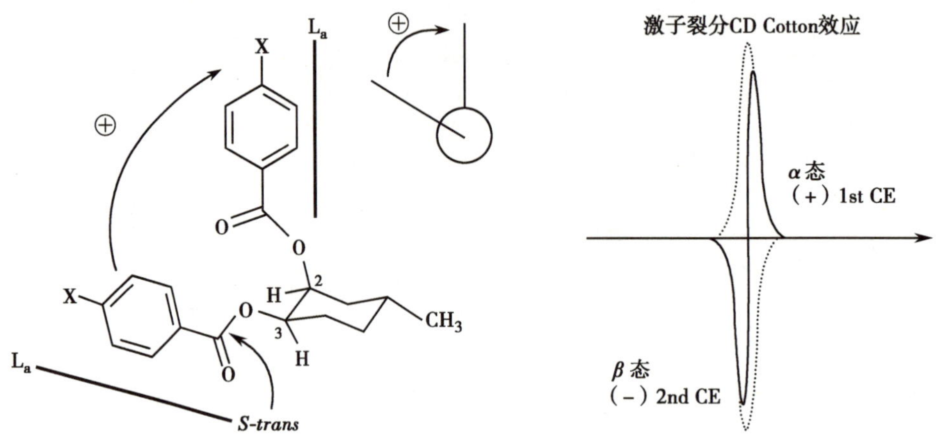

图 1-34 环己邻二醇酯的螺旋方向及 CD 谱

(RMS 谱)。若样品与 *R* 试剂反应所生成的特征离子丰度高于与 *S* 试剂所生成者，则样品的绝对构型为 *R* 型。

5. 核磁共振法 NMR 也成为天然有机化合物绝对构型确定中的一种较为常用的方法。通常情况下，根据原理不同此方法主要分为两类：一类是利用芳环抗磁屏蔽效应采用 ^{1}H-NMR 法确定仲醇类化合物绝对构型的 Mosher 法或改良 Mosher 方法等；另一类是应用 NMR 苷化位移效应确定化合物绝对构型的方法（详见第二章）。

四、结构研究方法进展

（一）质谱成像技术 [14]

质谱成像（mass spectral imaging，MSI）是利用质谱中化合物的分子量（分子离子），实现样本表面物质的原位定性、定量分析，并可视化表征待测化合物空间分布的一种技术。常用于生物组织、细胞或亚细胞水平研究代谢产物、脂质、蛋白质、多糖等不同类型的分子或离子的分布，一次实验可以实现成百上千的分子测定，并根据质谱特征可以推测其结构。

质谱成像测定主要包括待测样品处理、样品离子化、质谱测定、质谱数据可视化呈现等过程。根据离子化方式的不同，可将 MSI 分为多种类型，其中解吸电喷雾离子化（desorption electrospray ionization，DESI）以及基质辅助激光解吸电离（matrix-assisted laser desorption/ionization，MALDI）是目前在天然产物研究领域最为常用的质谱成像离子化方式 [15]。

（二）冷冻电镜技术 [16]

冷冻电子显微镜技术（Cryo-EM），也叫冷冻电镜技术，是低温下使用透射电子显微镜观察样品的显微技术，该技术作为一种重要的结构生物学技术研究方法，它与单晶 X 射线衍射、核磁共振一起，构成高分辨率结构生物学研究的手段，目前已经达到原子级分辨率 [17]。过去主要用于测定生物大分子及生物样本精细结构测定，在小分子化合物测定中也显示了巨大威力。最近，科学家基于冷冻电镜的微电子衍射技术，可以快速可靠的测定小分子有机化合物的结构（如图 1-35）。该技术所用样品少，不需要特殊结晶，甚至在混合状态就可以迅速确定小分子化合物的绝对构型 [6]。

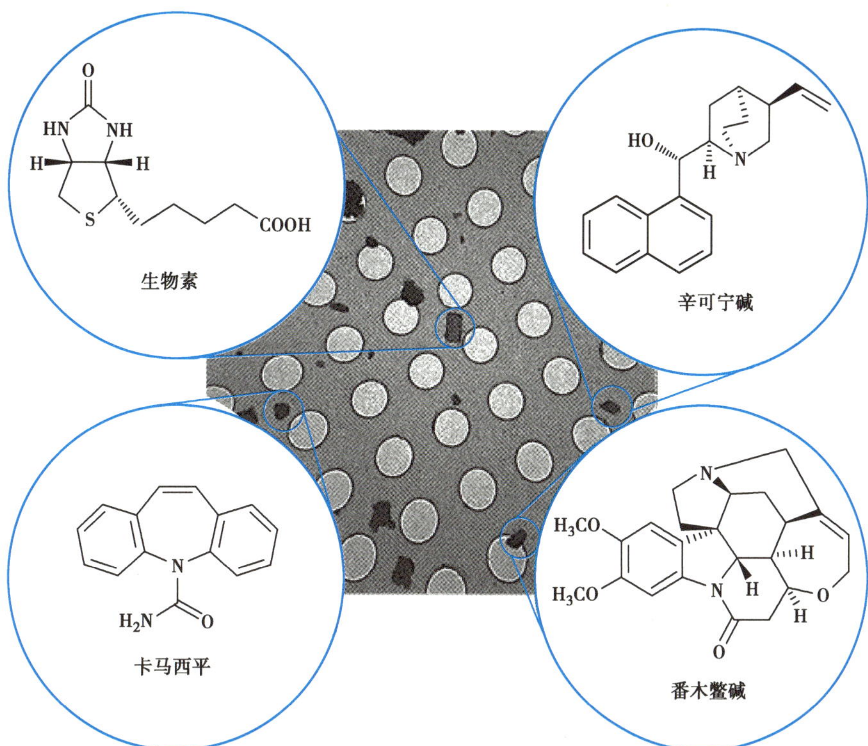

图 1-35　冷冻电镜测定混合样品的绝对结构（所有样品分辨率至 0.1nm）

（娄红祥）

参考文献

[1] HE W M，ZHANG Z G，MA D W. A scalable total synthesis of the antitumor agents Et-743 and lurbinectedin. Angew Chem Int Ed，2019，58（12）：3972-3975.

[2] NICOLAOU K C，YANG Z，LIU J J，et al. Total synthesis of taxol. Nature，1994，367（6464）：630-634.

[3] HU Y J，GU C C，WANG X F，et al. Asymmetric total synthesis of taxol. J Am Chem Soc，2021，143（42）：17862-17870.

[4] NICOLAOU K C，YANG Z，SHI G Q，et al. Total synthesis of brevetoxin A. Nature，1998，392：264-269.

[5] BUSCH T，KIRSCHNING A. Recent advances in the total synthesis of pharmaceutically relevant diterpenes. Nat Prod Rep，2008，25（2）：318-341.

[6] JONES C G，MARTYNOWYCZ M W，HATTNE J，et al. The CryoEM method MicroED as a powerful tool for small molecule structure determination. ACS Central Science，2018，4（11）：1587-1592.

[7] NEWMAN D J，CRAGG G M. Natural products as sources of new drugs over the nearly four decades from 01/1981 to 09/2019. J Nat Prod，2020，83（3）：770-803.

[8] ECKSTEIN-LUDWIG U，WEBB R J，VAN GOETHEM I D A，et al. Artemisinins target the SERCA of

Plasmodium falciparum. Nature, 2003, 424 (6951): 957-961.

[9] KINGSTON D G. The shape of things to come: Structural and synthetic studies of taxol and related compounds. Phytochemistry, 2007, 68 (14): 1844-1854.

[10] HERBERT R B, VENTER H, POS S. Do mammals make their own morphine? Nat Prod Rep, 2000, 17: 317-322.

[11] DEWICK P M. Medicinal Natural Products: A Biosynthetic Approach. 2nd ed. Chichester: Wiley-VCH, 2004: 301-304.

[12] 吴立军 . 有机化合物波谱解析 . 3 版 . 北京:中国医药科技出版社,2009.

[13] 吴立军,王晓波 . 实用有机化合物波谱解析 . 北京:人民卫生出版社,2013.

[14] BUCHBERGER A R, DELANEY K, JOHSON J, et al. Mass spectrometry imaging: a review of emerging advancements and future insights. Anal Chem, 2018, 90 (1): 240-265.

[15] SPRAKER J E, LUU G T, SANCHEZ L M. Imaging mass spectrometry for natural products discovery: a review of ionization methods. Nat Prod Rep, 2020, 37 (2): 150-162.

[16] SCAPIN G, POTTER G S, CARRAGHER B. Cryo-EM for small molecules discovery, design, understanding, and application. Cell Chem Biol, 2018, 25 (11): 1318-1325.

[17] JR H M A. Cryo-electron microscopy reaches atomic resolution. Nature, 2020, 587 (7832): 39-40.

第二章

糖 和 苷

学习目标

1. **掌握** 单糖结构的三种表示方法及相互间的转换联系；单糖的绝对构型及端基碳差向异构相对构型的判定原则；苷键的分类方法；影响苷键裂解的因素；糖的核磁共振谱学特征与苷化位移一般规律。
2. **熟悉** 糖的分类；糖与苷的化学性质。
3. **了解** 多糖的提取分离、纯化及糖链的结构测定方法。

第二章
教学课件

糖类(saccharides)多由碳、氢、氧元素组成，类似"碳"与"水"的聚合体，故又称碳水化合物(carbohydrates)，是植物光合作用的初生代谢产物。糖类在天然产物中分布十分广泛，常占植物干重的80%~90%，除了作为植物的贮藏养料和骨架成分之外，有些还具有独特的生物、药理作用，如免疫调节、抗肿瘤、抗肝炎、治疗心血管疾病、延缓衰老等。市售的天然药物中，茯苓多糖、灵芝多糖、黄芪多糖等在免疫调节方面具有显著的功效，常用于肿瘤患者手术后的接续治疗；肝素有抗凝血作用；果胶有收敛、止泻作用；在制剂生产过程中，由多糖形成的凝胶具有反相分子筛的截留作用，可作为成分分离的载体；玻尿酸具有胶体性质，可截留、存储 H_2O 等小分子，在药用化妆品中作为常用添加剂得到广泛应用。

糖是维持植物体生命活动不可缺少的初生代谢产物，其降解产物也是合成次生代谢产物所需的初始原料，为此对糖类的研究具有重要意义。

第一节 单糖的立体化学[1]

单糖(monosaccharide)是构成糖类及其衍生物的基本单元，化学结构为多羟基醛或多羟基酮。按照主链结构中所含碳原子的数目，自然界中从三碳糖至八碳糖都有存在，最简单的三碳醛糖为甘油醛(glyceraldehyde)，最简单的三碳酮糖为二羟基丙酮(1,3-dihydroxyacetone)。

单糖结构的表示方法有三种[1,2]，即 Fischer 投影式、Haworth 透视式和优势构象式，三者之间存在着对应的转换关系。

糖的 Fischer 投影式、Haworth 投影式相互转化(视频)

1. 糖的 Fischer 投影式 是最早用于描述糖结构的式子。主碳链由上至下线性排列，氧化程度较高的醛基碳(或羰基碳)在上端，水平方向的键及相连基团指向纸面前方，上下两端的键指向纸面后方。据此不难发现，碳链实为离开纸平面的类环状，结构中的—OH 与自身的—CHO 或酮基靠近，极易发生羟醛缩合反应形成环状。需要注意的是，Fischer 投影式只能在纸面上转动 $n180°$(n=1，2，3…)，不能离开平面使之翻转。

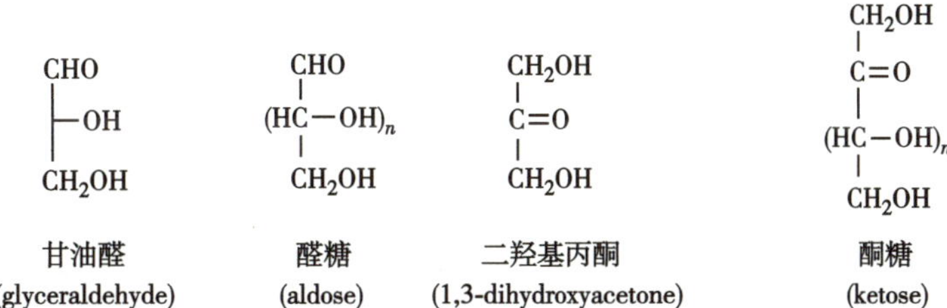

糖结构中含有多个手性碳原子，故具有旋光性。对单糖绝对构型描述，习惯以旋光方向用大写的D、L来表示，这是参照D、L-甘油醛（*α*-OH-glyceraldehyde）而来，甘油醛的Fischer式中2-OH处于链右侧的具有右旋（*d*）特征，对应着绝对构型"*R*"，为D-甘油醛，2-OH处于链左侧的具有左旋（*l*）特征，对应着绝对构型"*S*"，即为L-甘油醛。参比甘油醛Fischer投影式，单糖结构以距离羰基最远的手性碳原子上的—OH取向确定糖的绝对构型，羟基在链的右侧为D型糖，该碳原子绝对构型为"*R*"；羟基在链的左侧的为L型糖，该碳原子绝对构型为"*S*"[1]。

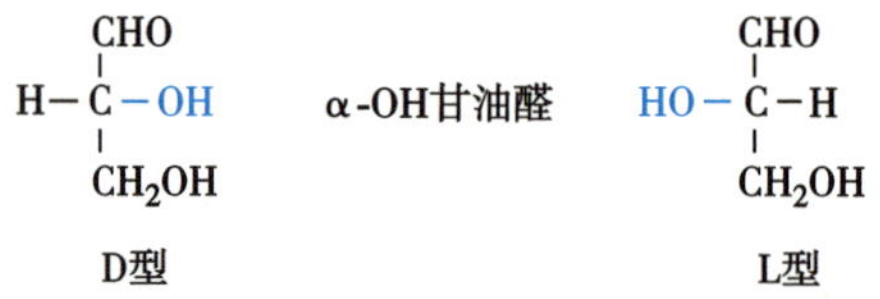

CHO
H—C—OH
CH_2OH
D型

α-OH甘油醛

CHO
HO—C—H
CH_2OH
L型

研究发现，糖结构中的醛基或酮羰基在IR谱中没有羰基吸收峰，且晶体溶解后的溶液旋光度可以发生改变。进而得知，糖无论是在固体还是溶液状态下，都是以环状形式存在的。Fischer投影式已不能描述出糖的真实存在形式，故又有了糖的Haworth透视式。糖之所以还保留醛、酮官能团的化学性质则是因链状结构与环状结构存在转换平衡。

2. 糖的Haworth透视式 糖结构中多个位置的羟基都可以与醛基（或酮羰基）发生缩合反应，形成半缩醛或半缩酮，但由于五元环、六元环的张力最小，所以自然界中糖大都以六元氧环或五元氧环形式存在，五元氧环的糖称为呋喃型糖（furanose），六元氧环的糖则称为吡喃型糖（pyranose）。

由Fischer投影式转换为Haworth透视式时，习惯向右倾倒90°，右侧的基团一律写在环的下端，左侧的基团写在环的上端，参与环合的—OH要与羰基靠近，带动相连的碳原子（C-4或C-5）旋转120°，并使环张力为最小，环合就得Haworth透视式（或简略式，略去—OH，用竖线表示），现以D-葡萄糖（D-glucose）、L-鼠李糖（L-rhamnose）为例，说明单糖由Fischer投影式转换Haworth透视式形成吡喃环、呋喃环的过程（图2-1、图2-2）。

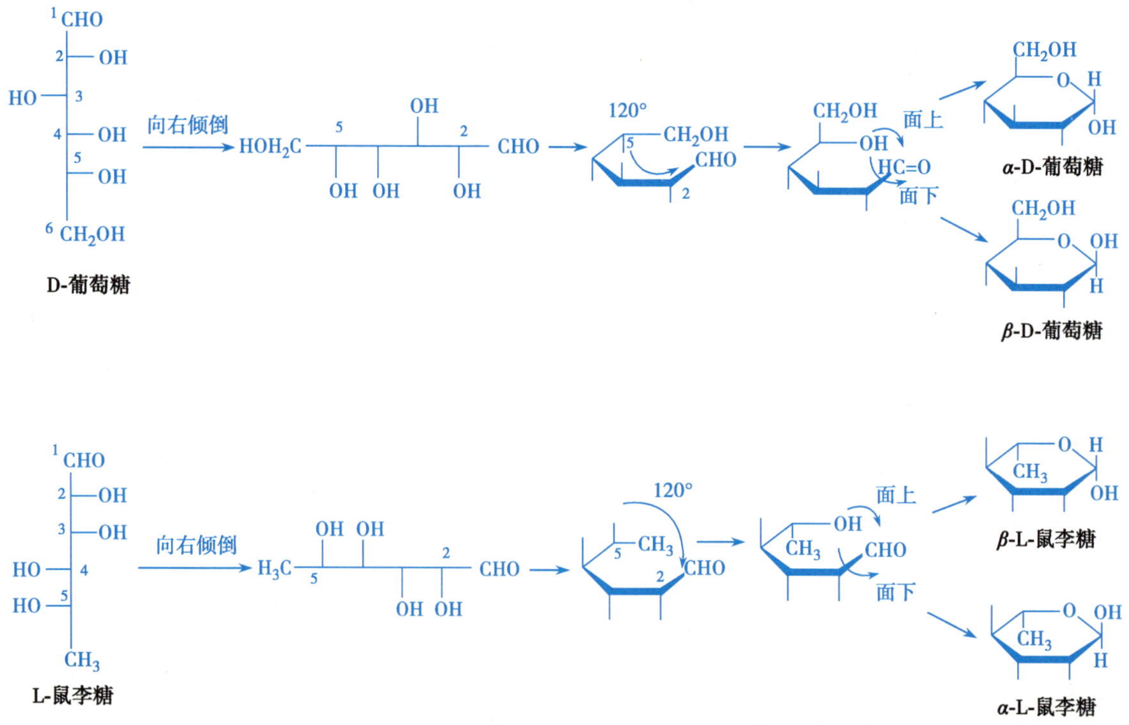

D-葡萄糖 向右倾倒 120° 面上 面下 *α*-D-葡萄糖 *β*-D-葡萄糖

L-鼠李糖 向右倾倒 120° 面上 面下 *β*-L-鼠李糖 *α*-L-鼠李糖

图2-1 D-葡萄糖与L-鼠李糖的Fischer投影式转换为Haworth透视式的示意图

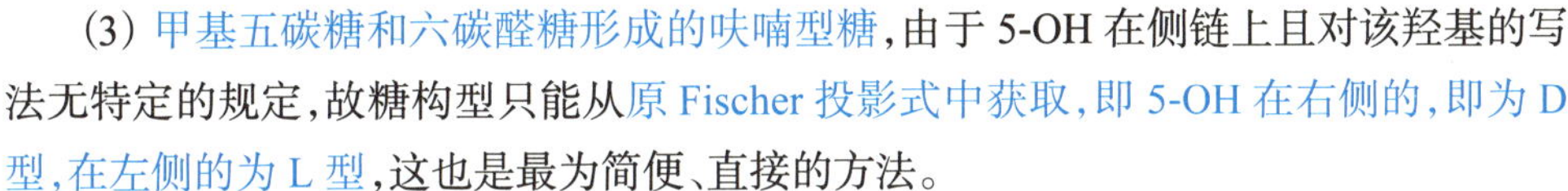

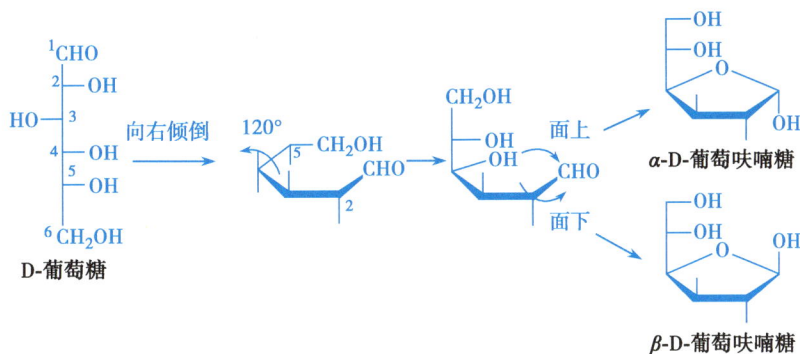

图 2-2　D-葡萄糖形成呋喃型糖的 Fischer 投影式转换为 Haworth 式的示意图

由图 2-2 可知，Fischer 投影式中决定糖绝对构型的—OH 大都参与环合，如何判断 Haworth 透视式中糖的绝对构型呢？具体分以下几种情况。

（1）五碳吡喃型糖，末端 5-OH 参与环合，决定糖构型的 4-OH 保留，则 4-OH 在面下的为 D 型糖，在面上的则为 L 型糖。

ER 2-3 α-L-阿拉伯吡喃糖和 β-L-阿拉伯吡喃糖（单图）

（2）对于甲基五碳糖（如图 2-1 中的鼠李糖）、六碳吡喃型糖和五碳呋喃型糖，用于判断糖构型的 C-5 或 C-4 的—OH 参与环合，只能根据 C-5（甲基五碳、六碳吡喃型糖）或 C-4（五碳呋喃糖）相连取代基—R 的方向来判断，当其处于面下时为 L 型糖，在面上时则为 D 型糖。

（3）甲基五碳糖和六碳醛糖形成的呋喃型糖，由于 5-OH 在侧链上且对该羟基的写法无特定的规定，故糖构型只能从原 Fischer 投影式中获取，即 5-OH 在右侧的，即为 D 型，在左侧的为 L 型，这也是最为简便、直接的方法。

ER 2-4 β-D-半乳糖和 α-D-半乳糖（单图）

对一些去氧糖，如 C-3 或 C-4 形成的去氧糖，为防止出现相反的判断结果，应用时还应遵照糖基的 Fischer 投影式判定原则。

端基碳差向异构体：单糖成环后羰基碳形成了一个新的不对称碳原子，称为端基碳（anomeric carbon），形成的一对异构体称为端基差向异构体（anomer），有 α、β 两种相对构型。D 型糖中，端基碳上半缩醛（缩酮）羟基在环面下的为 α 构型、在面上的为 β 构型；L 型糖中，端基碳上的羟基在环面上的为 α 构型、在环面下的为 β 构型。

对于单糖结构的描述，不仅要标出其绝对构型、成环后的环大小，还要对端基碳的相对构型进行描述，如 β-D-吡喃葡萄糖、α-L-吡喃鼠李糖。

仅就端基碳而言，β-D 和 α-L 型的绝对构型都为“*R*”；α-D 和 β-L 型端基碳的绝对构型则为“*S*”。就同种糖来说，β-D 型（*R*,*R*）与 β-L 型（*S*,*S*）互为对映异构体、α-L 型（*R*,*S*）与 α-D 型（*S*,*R*）互为对映异构体。

3. 糖的优势构象式　虽然 Haworth 式的表示方法较 Fischer 式有所改进，但它仍是一种简化了的表示方法，尚不能完全表示糖的真实存在状况。根据环的无张力学说，呋喃型糖的五元氧环是以信封式为稳定构象，只有醛糖的 C-3 位也是酮糖的 C-4 位超出环平面 0.05nm，并无明显的构象变化；吡喃型糖有船式和椅式两类较为稳定的构象，实验证明，吡喃型糖在溶液或固体状态时其优势构象都为椅式构象，或是 C1 式，或是 1C 式。这里的 C 表示椅式（chair form），以 C-2、C-3、C-5、O 四个原子构成的平面为准，当 C-4 在面上，C-1 在面下时，称为 $^4C_1$ 式，并简称为 C1 式或 N 式（normal form）；当 C-4 在面下，C-1 在面上时，称为 $^1C_4$ 式，简称为 1C 式或 A 式（alternative form）。C1 式或 1C 式可以在纸面上做 180°旋转，但 O 原子的位置不能随意改变，其糖上碳原子的编号必须按顺时针方向排序，以免对糖的绝对构型发生误判。常见的单糖中，D 型糖绝大多数的优势构象是 C1 式，这是因为多数取代基处于椅式构象的平伏键上，L 型糖的优势构象多是 1C 式，但少数糖，如 L-吡喃阿拉伯糖其优势构象是 C1 式,是因取代基处于平伏键相对能量最低。

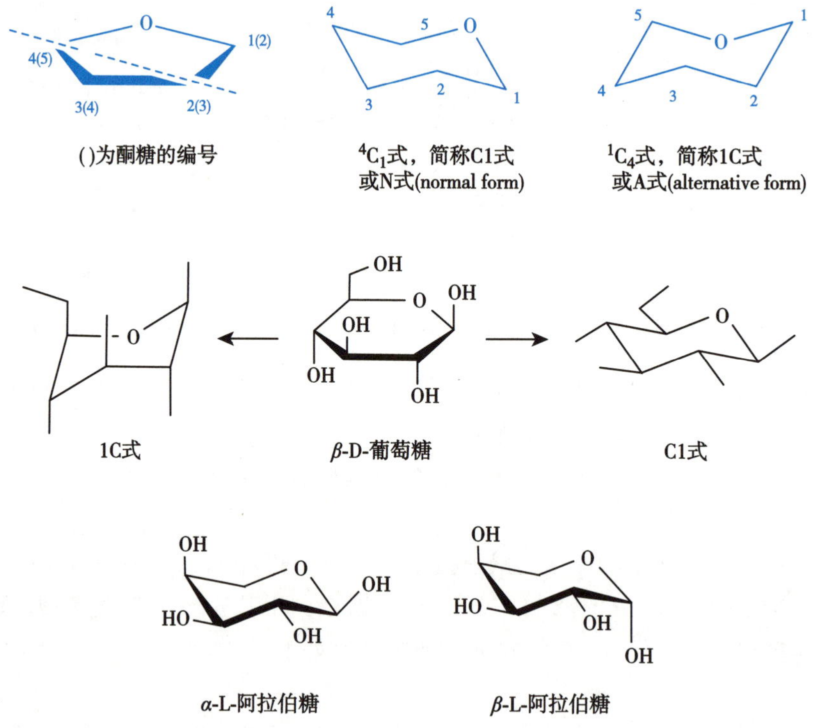

值得注意的是,不能把 C1 式和 1C 式看作是唯一的两种固定构象。实际上,无张力的这类歪斜构象(skew conformation)有无数个,写成这种固定形式只是为了便于与 Haworth 透视式联系起来。

第二节 糖和苷的分类

一、单糖类

已经发现的天然单糖有 200 余种,以五碳、六碳糖最多。单糖命名词尾用 -ose;酮糖则在表示碳数词干的后面加 ul,如六碳酮糖 hexulose;糖醛酸的词尾用 uronic acid;糖与非糖单元脱水形成的苷则是将词尾 ose 改为 oside。多数单糖在生物体内呈结合状态,只有少数单糖,如葡萄糖、果糖等以游离状态存在。下面列举一些常见的单糖及其衍生物。

1. 四碳醛糖(aldotetrose)

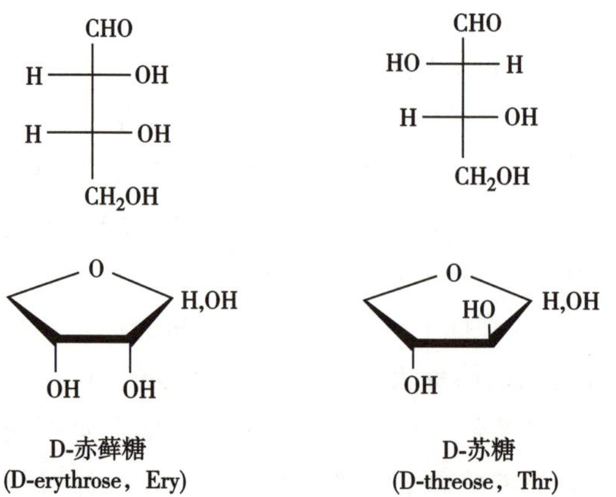

D-赤藓糖
(D-erythrose，Ery)

D-苏糖
(D-threose，Thr)

2. 五碳醛糖(aldopentose)

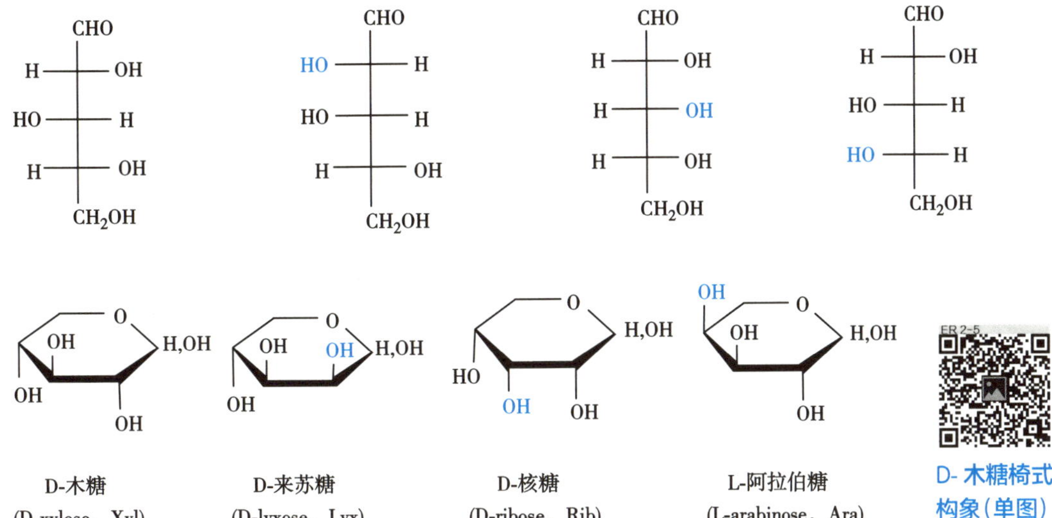

D-木糖 (D-xylose，Xyl)　D-来苏糖 (D-lyxose，Lyx)　D-核糖 (D-ribose，Rib)　L-阿拉伯糖 (L-arabinose，Ara)

D-木糖椅式构象(单图)

3. 六碳醛糖(aldohexose) 除常见的葡萄糖外，还有甘露糖、半乳糖、阿洛糖等。

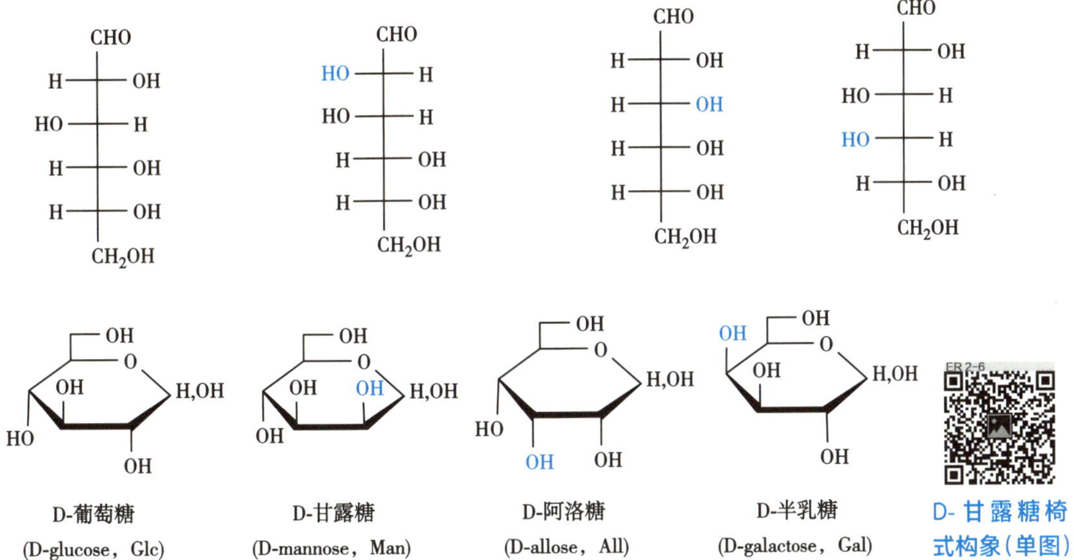

D-葡萄糖 (D-glucose，Glc)　D-甘露糖 (D-mannose，Man)　D-阿洛糖 (D-allose，All)　D-半乳糖 (D-galactose，Gal)

D-甘露糖椅式构象(单图)

4. 六碳酮糖(ketohexose，hexulose) 代表性的如D-果糖及L-山梨糖，其中D-果糖的吡喃及呋喃型结构Haworth透视式如下：

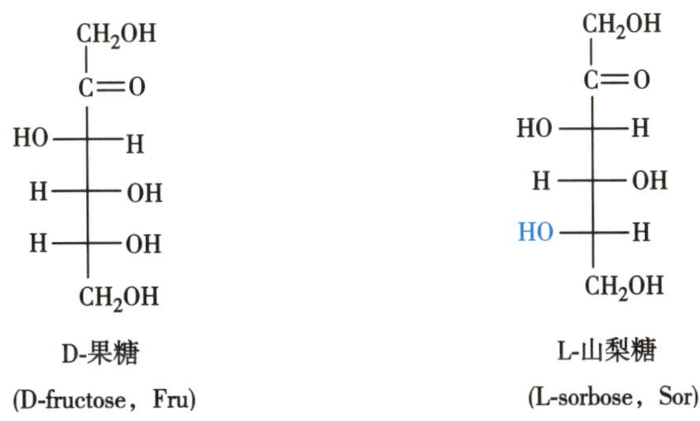

D-果糖 (D-fructose，Fru)　L-山梨糖 (L-sorbose，Sor)

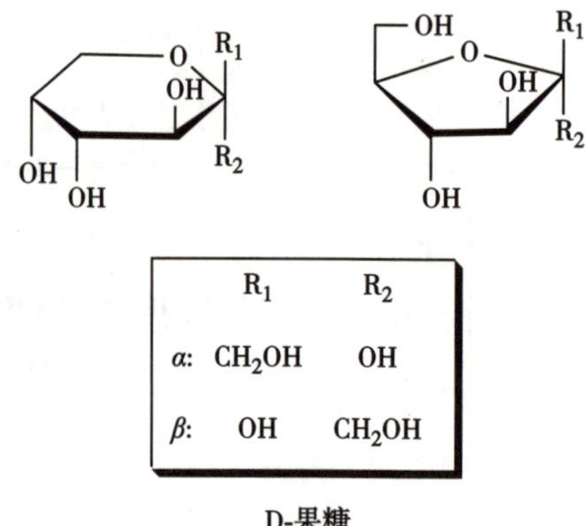

D-果糖

5. 甲基五碳醛糖(methyl aldopentose) 也是 6- 去氧糖的一种,代表性单糖如下:

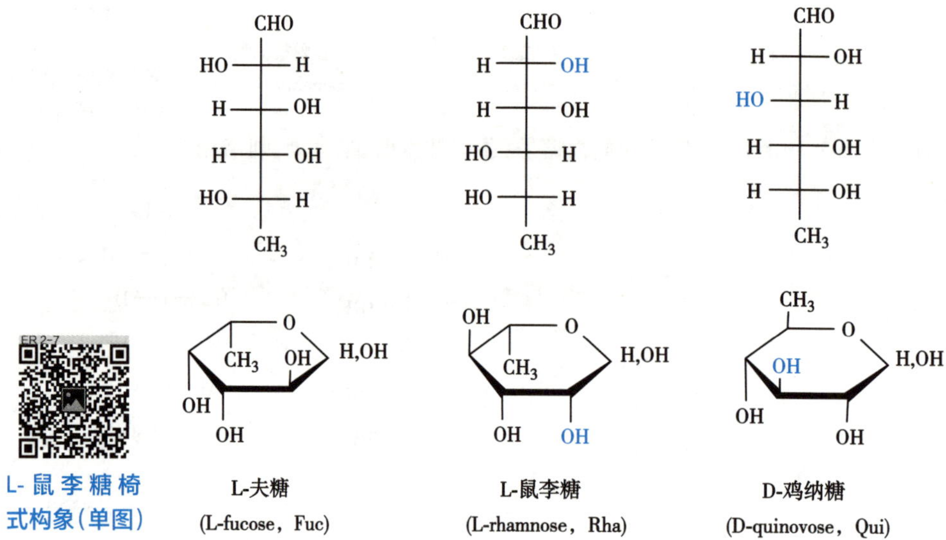

L-鼠李糖椅式构象(单图)

L-夫糖 (L-fucose, Fuc)　L-鼠李糖 (L-rhamnose, Rha)　D-鸡纳糖 (D-quinovose, Qui)

6. 支碳链

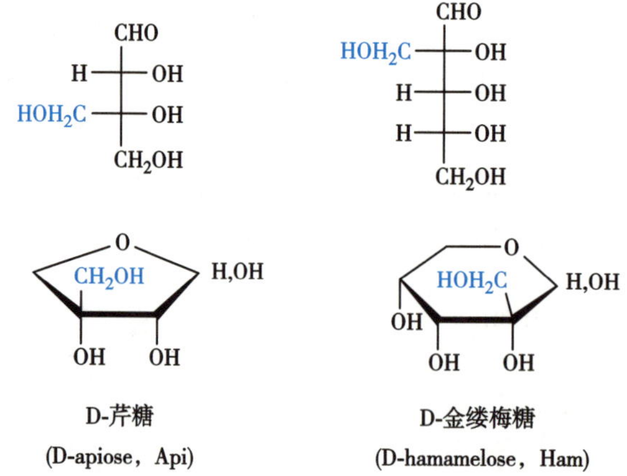

D-芹糖 (D-apiose, Api)　D-金缕梅糖 (D-hamamelose, Ham)

7. 氨基糖(amino sugar) 单糖上的一个或几个醇羟基被氨基取代后则变成氨基糖,天然氨基糖大多为 2- 氨基 -2- 去氧醛糖,且主要存在于动物和微生物中,如从龙虾甲壳中分离得到的葡萄糖胺即为 2- 氨基 -2- 去氧 -D- 葡萄糖。现已发现的氨基糖有 60 余种,某些抗生素如庆大霉素、卡那霉素、链霉素、新霉素等结构中含有氨基糖,糖部分对其药理作用具有明显的影响,从而促进了氨基糖合成化学的研究,成为了制备新抗生素的一条有效途径。有些存在于微生物的细胞壁及动物组织中的氨基糖在细胞间的相互作用方面具有十分重要的功能。

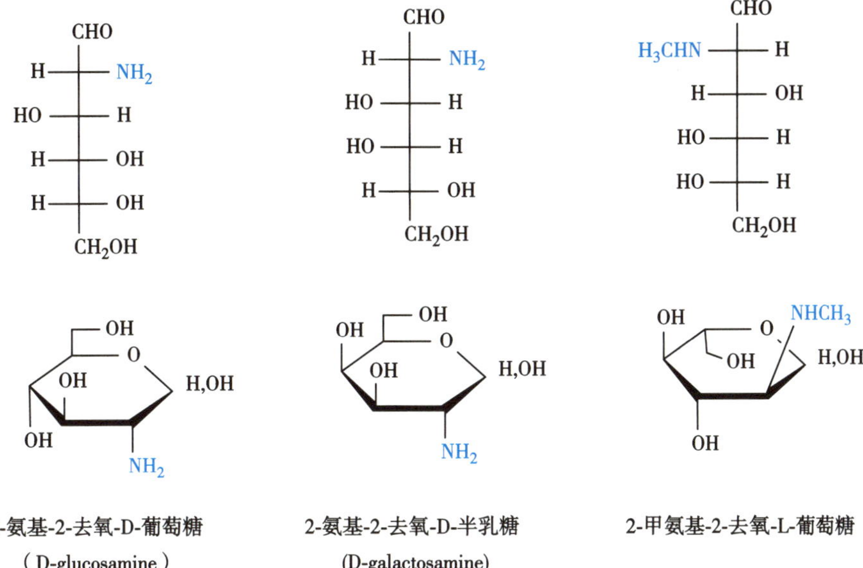

8. 去氧糖(deoxysugar)　单糖分子中的一个或两个羟基被氢原子取代的糖称为去氧糖，常见的有 6- 去氧糖、2,6- 二去氧糖及其 3-*O*- 甲醚等，去氧糖在强心苷、C_{21} 甾类和微生物代谢产物中多见，并具有一些特殊的性质。

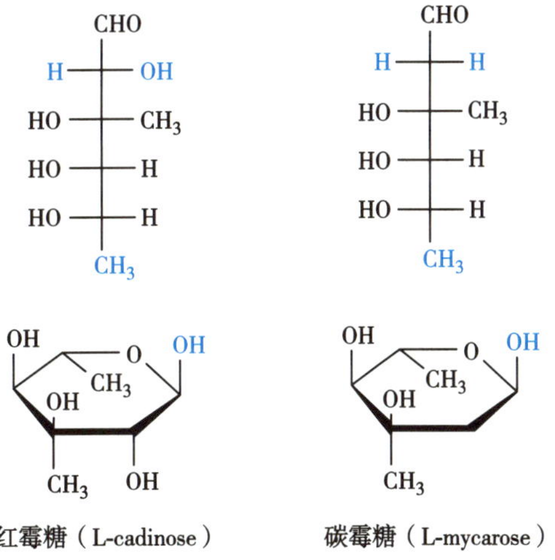

9. 糖醛酸(uronic acid)　单糖中的伯羟基被氧化成羧基的化合物称为糖醛酸。常见的糖醛酸有葡糖醛酸(D-glucuronic acid，GluA)、半乳糖醛酸(D-galactocuronic acid，GalA)等。常见于苷及多糖结构中。糖醛酸易环合成内酯，如 D- 葡糖醛酸 γ- 内酯(3-deoxy-2-keto-octulosonic acid)。

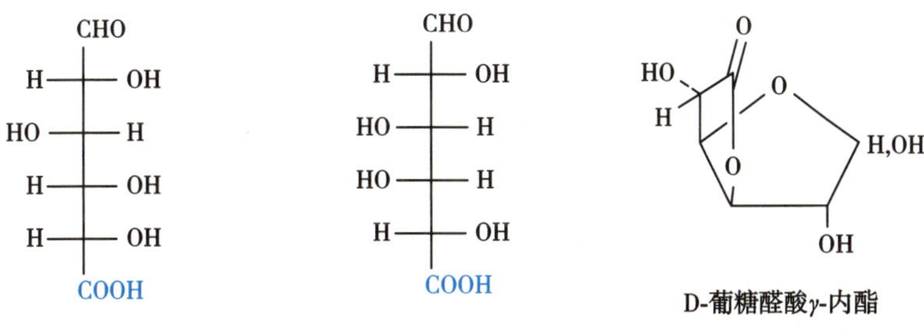

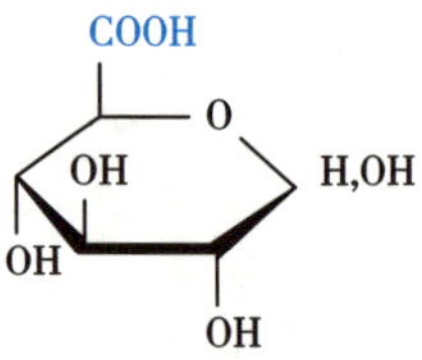

D-葡糖醛酸 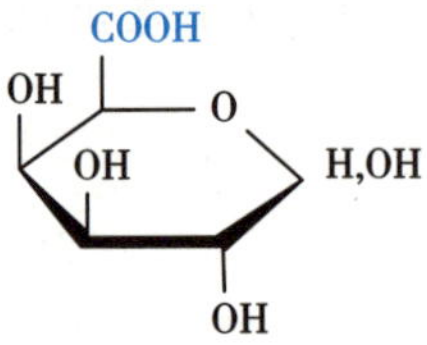　　D-半乳糖醛酸

10. 糖醇 单糖中的羰基被还原成羟基的化合物称为糖醇，是自然界分布很广的一类成分，有的具有甜味。结构为开链的多元醇或成环的环醇。有些多糖的末端常连有糖醇。

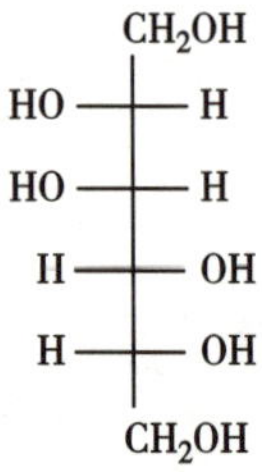

D-甘露醇 (D-mannitol)　　D-山梨醇 (D-sorbitol)　　L-卫矛醇 (L-evonymitol)

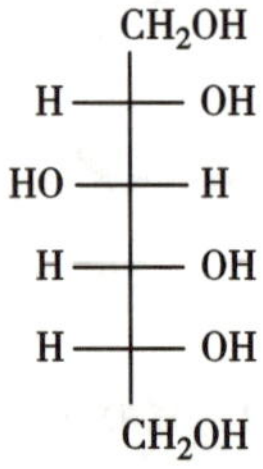

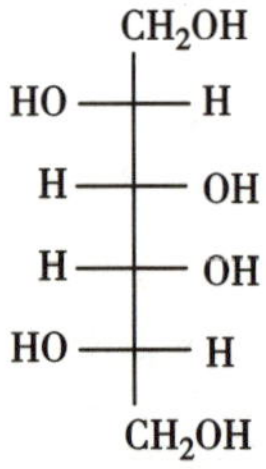

山梨醇是一种用途广泛的化工原料，在食品、日化、医药等行业都有极为广泛的作用，可作为甜味剂、保湿剂、赋形剂、防腐剂等，同时具有多元醇的营养优势，即低热值、低糖、防龋齿等功效。直链的 D- 山梨醇为利尿脱水药，在临床用于治疗脑水肿及青光眼，也可用于心肾功能正常的水肿少尿。

环状的多羟基化合物称为环醇，从生源看属于单糖衍生物。环醇常以游离体或成苷的形式存在于动植物中，具有很大的水溶性。其中环己六醇即肌醇（inositol）最为多见，共有 9 个异构体，不同的异构体在名称前加前缀标明。

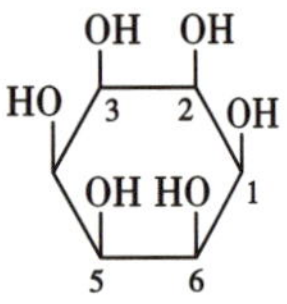

cis-inositol 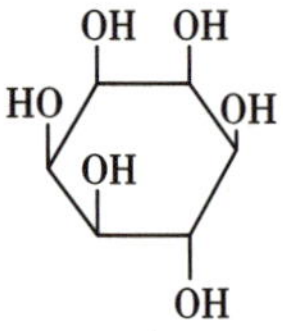　*epi*- 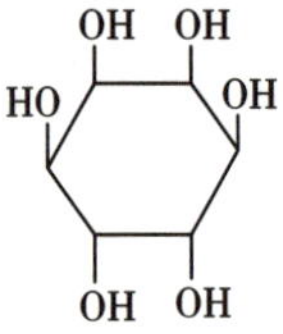　*allo*- 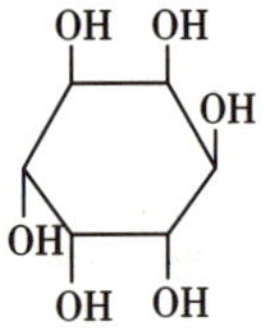　*neo*- 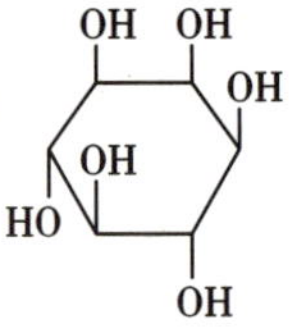　*myo*-

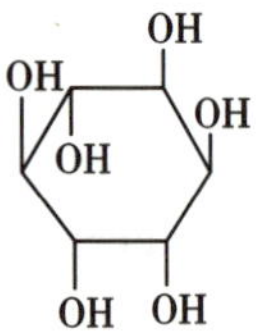

D- 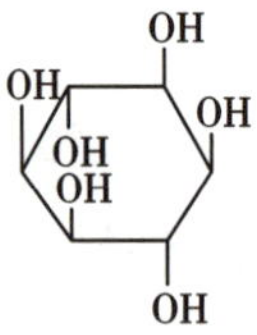　*muco*- 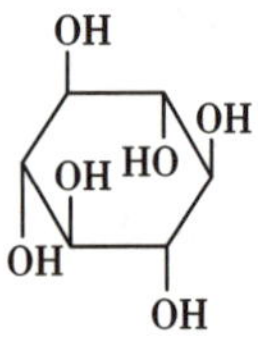　*scyllo*- 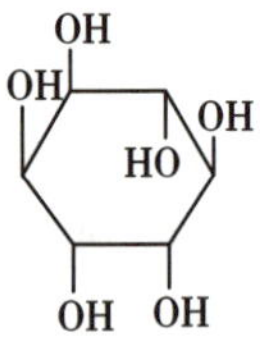　L-

二、低聚糖类

单糖通过半缩醛羟基与另一分子单糖的羟基脱水，由此组成低聚糖或多糖，形成的键为苷键。由 2~9 个单糖结合而成的直链或支链糖称为低聚糖（oligosaccharides）。常见有二糖、三糖、四糖等。根据低聚糖结构中含有游离的醛基或酮基又可分为还原糖和非还原糖。如二糖中的槐糖（sophorose，D- 葡萄糖 1β→2-D- 葡萄糖）、樱草糖（primverose，D- 木糖 1β→6-D- 葡萄糖）具有游离醛基，为还原糖。如果两个单糖以半缩醛或半缩酮上的羟基通过脱水缩合而成，则没有还原性，如海藻糖（trehalose，

D- 葡萄糖 1$\alpha \rightarrow 1\alpha$-D- 葡萄糖)、蔗糖(sucrose，D- 葡萄糖 1$\alpha \rightarrow 2\beta$-D- 果糖)。低聚糖的化学命名是以末端糖作为母体，末端以外的糖作为糖基，并标明糖与糖的连接位置、糖的成环形式以及苷键的构型等，如槐糖命名为 2-*O*-β-D-glucopyranosyl-D-glucopyranose 或 β-D-glucopyranosyl-(1→2)-D-glucopyranose。

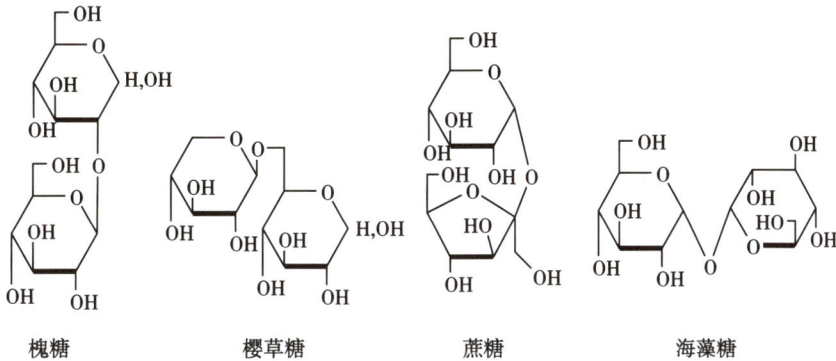

槐糖　　樱草糖　　蔗糖　　海藻糖

植物中的三糖(trisaccharide)多是以蔗糖为基本结构再接上其他单糖而成，为非还原性糖。四糖、五糖是在三糖(如棉子糖)结构上的再延长，故也为非还原糖。

目前获得的许多低聚糖并非是生物体内的游离物质，而是多聚糖或苷经酶或酸水解产物。在低聚糖结构中除了常见的单糖外，还常插入糖的衍生物如糖醇、氨基糖、糖醛酸等。

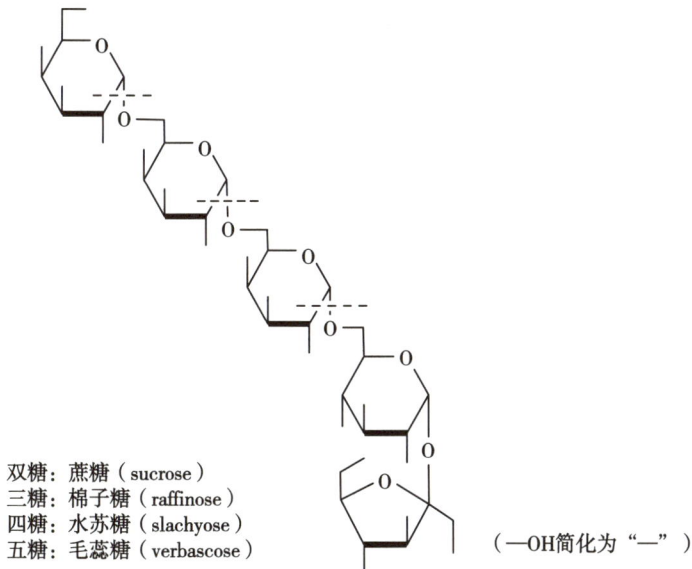

双糖：蔗糖（sucrose）
三糖：棉子糖（raffinose）
四糖：水苏糖（slachyose）
五糖：毛蕊糖（verbascose）

（—OH简化为"—"）

由 *Bacillus macerans* 等菌产生的一种淀粉酶，可将淀粉水解成由 6~8 个葡萄糖以 1,4- 环状结合的结晶性低聚糖，称为 schardinger 糊精。其中六、七、八聚体分别称为 α、β、γ- 环糊精(α、β、γ-cyclodextrin)。环糊精具有良好的水溶性，环状分子内侧具有疏水性，有包结脂溶性药物的性能，可增加难溶性药物的溶解度，并对药物的氧化分解具有一定的保护作用。此外，由于环糊精具有多个手性中心，还可用于某些光学活性化合物的拆分。

目前，低聚糖作为一种食物配料被广泛应用于乳制品、乳酸菌饮料、双歧杆菌酸奶、谷物食品和保健食品中，也有单独以低聚糖为原料而制成的口服液，直接用来调节肠道菌群、润肠通便、调节血脂、调节免疫等。

α-环糊精

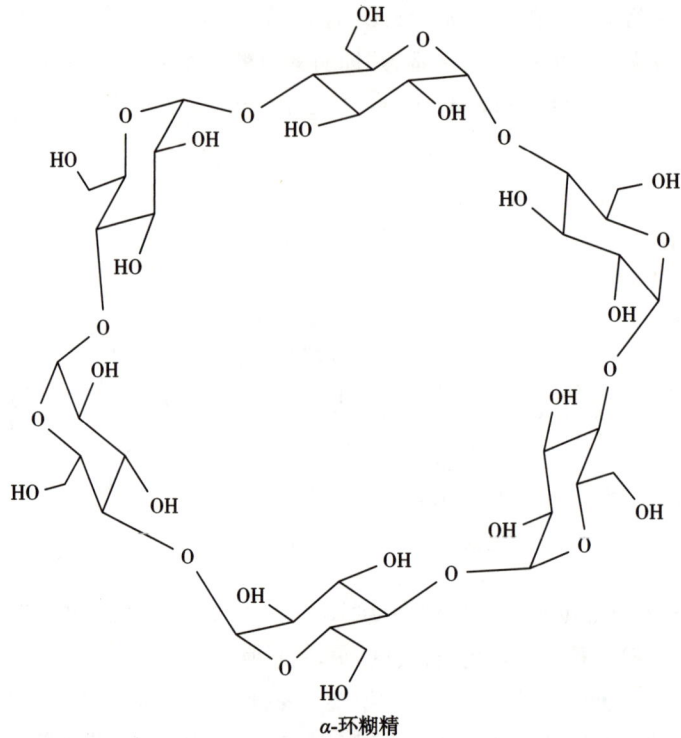

为了比较简明地表示低聚糖的结构，常用单糖的缩写符号表示低聚糖的组成。如下面的四糖结构可用 *α*-D-Galp-(1→4)-*β*-D-Glcp-(1→4)-D-Glcp 来表示。

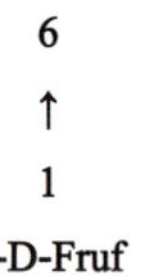

其中，“p”表示吡喃型，“f”表示呋喃型，数字表示糖与糖之间的连接位置。

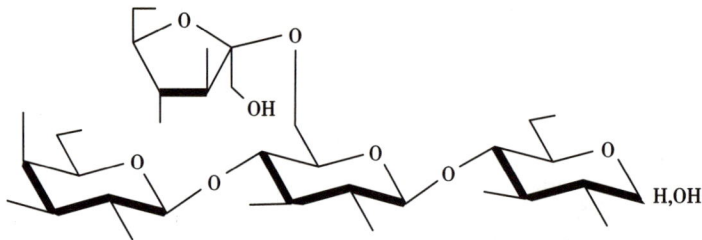

三、多聚糖类

由 10 个以上糖单元组成的糖称为多聚糖（polysaccharides）或多糖。通常多糖中的单糖都在 100 个以上，多的可高达数千个，其性质已发生了很大的变化，如甜味和还原性消失等。根据多糖在生物体内的功能又可将其分为两类，一类是动植物的支持组织，该类成分不溶于水，分子呈直链型，如植物中的纤维素、甲壳类动物的甲壳素等；另一类是动植物的贮存养料，该类成分可溶于热水成胶体溶液，能经酶催化水解释放出单糖而提供能量，多数分子呈支链型，如淀粉、肝糖原等。

按照单糖的组成又可将多糖分为均多糖（homosaccharide）和杂多糖（heterosaccharide）。由同种单糖组成的多糖称为均多糖，其系统命名是在糖名后加词尾 -an，如葡聚糖为 glucan、果聚糖为 fructan 等。为了方便起见，常忽略末端糖基，用通式表示均多糖的组成，如葡聚糖的通式为 $(C_6H_{10}O_5)_n$。由两种以上的单糖组成的多糖称为杂多糖，其系统命名是将几种糖名按字母顺序先后排列，然后再加词

尾 -an，如葡萄甘露聚糖为 glucomannan、半乳甘露聚糖为 galactomannan 等。

多糖中除含有单糖基外还含有糖醛酸、去氧糖、氨基糖、糖醇、*O*- 乙酰基、*N*- 乙酰基、磺酸酯等。复杂多糖的结构常用它的重复单元（repeating unit）的结构来表示，单糖及其衍生物用英文缩写体表示。如具有抗肿瘤活性的香菇多糖（lentinan）的结构通式。

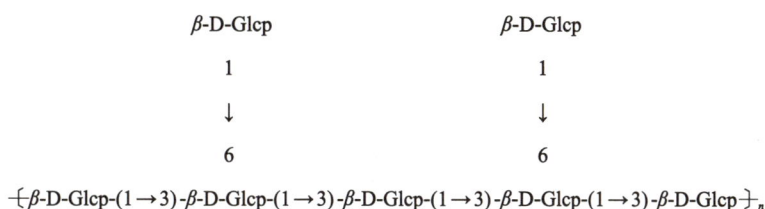

$$
\begin{array}{ccccc}
 & \beta\text{-D-Glcp} & & \beta\text{-D-Glcp} & \\
 & 1 & & 1 & \\
 & \downarrow & & \downarrow & \\
 & 6 & & 6 & \\
\end{array}
$$

$$\left[\beta\text{-D-Glcp-}(1\rightarrow3)\text{-}\beta\text{-D-Glcp-}(1\rightarrow3)\text{-}\beta\text{-D-Glcp-}(1\rightarrow3)\text{-}\beta\text{-D-Glcp-}(1\rightarrow3)\text{-}\beta\text{-D-Glcp}\right]_n$$

天然药物中的多糖具有较强的生物活性，也是有效成分。如人参多糖具有抗肿瘤、抗突变作用，茶叶多糖具有抗凝血、抗血栓和降血脂作用，女贞子多糖具有免疫调节作用等。多糖与蛋白质等生物大分子一样也具有明确的三维空间结构 [3]，可以用一、二、三、四级结构来描述。但因单糖的种类比氨基酸多，连接的位点多，分支结构多，因此杂多糖结构的确定比蛋白质更为困难。

（一）植物多糖 [4]

1. 淀粉（starch） 主要存在于植物的叶、根和种子中，呈颗粒状，不溶于水，经加热后能与水混合成胶态悬浮液。淀粉由直链的糖淀粉（amylose）和支链的胶淀粉（amylopectin）组成。糖淀粉为 $\alpha1\rightarrow4$ 连接的 D- 吡喃葡聚糖，聚合度一般为 300~350，高的可达 1 000，能溶于热水得澄明溶液，通常占淀粉总量的 17%~34%。胶淀粉也是 $\alpha1\rightarrow4$ 葡聚糖，但有 $\alpha1\rightarrow6$ 分支，平均支链长为 25 个葡萄糖单位，聚合度为 3 000 左右，不溶于冷水，在热水中呈黏胶状。淀粉分子呈螺旋状结构，每一个螺环由 6 个葡萄糖组成。因碘分子或离子可以进入螺环通道，形成有色的包结化合物，故遇碘可显色。其呈现的颜色与聚合度有关，随着聚合度的增高，其颜色逐渐加深（红色→紫色→紫蓝色→蓝色）。通常聚合度为 4~6 不呈色，12~18 呈红色，50 以上呈蓝色。因胶淀粉螺旋结构的通道在分支处被中断，其支链的平均聚合度只有 20~25，故遇碘仅呈紫红色，而糖淀粉遇碘呈蓝色。

2. 纤维素（cellulose） 是一类聚合度为 3 000~5 000 的 $\beta1\rightarrow4$ 结合的直链葡聚糖，分子结构呈直线状，具有一定的强度和刚性，不易被稀酸或碱水解，是植物细胞壁的主要组成成分。人类以及食肉类动物体内能够水解 *β*- 苷键的酶很少，故无法消化利用纤维素。而某些微生物、原生动物、蛇类和反刍动物则可消化利用纤维素，同时纤维素也是反刍动物的主要饲料。

3. 果聚糖（fructan） 在高等植物及微生物中均有存在。菊糖（inulin）是一类广泛存在于菊科植物的果聚糖。通过 D- 果糖 $\beta2\rightarrow4$ 连接在 D- 葡萄糖上，其聚合度为 35 左右，可用于肾清除率的测定。Levans 是另一类果聚糖，通过 $\beta2\rightarrow6$ 连接而成，其末端也是 D- 葡萄糖，并有 $\beta2\rightarrow1$ 分支，聚合度为 20~50 的存在于草的茎叶中。

4. 半纤维素（hemicellulose） 是一类不溶于水但能被稀碱（2%~20% NaOH）溶出的酸性多糖，与纤维素、木质素共同组成了细胞壁，是植物的支持组织。半纤维素主要包括木聚糖、甘露聚糖、半乳聚糖以及由两种以上糖组成的杂多糖，如葡萄甘露聚糖、阿拉伯半乳聚糖等。在糖的支链上多连有糖醛酸，故为酸性多糖。

5. 树脂（gum） 是植物受伤后或被毒菌类侵袭后的分泌物，干后成半透明块状物，如阿拉伯胶（acacia）、西黄蓍胶（tragacanth）。前者是一种有分支结构的杂多糖，来自豆科金合欢属（*Acacia*）植物，后者则来自豆科黄芪属（*Astragalus*）植物。

6. 黏液质（mucilage）和黏胶质（pectic substance） 黏液质是植物种子、果实、根、茎和海藻中存在的一类黏多糖，其在植物中的主要作用是保持水分。黏胶质可溶于热水，冷后呈冻状，有些具有较好的生物活性，如人参果胶对 S180 瘤株具有一定的抑制作用。从化学结构上看黏液质和黏胶质

都属于杂多糖类。

人参、黄芪、枸杞、刺五加、当归、猕猴桃、灵芝、银耳、茯苓、猪苓、猴头菌、裂褶菌、褐藻等中含有的多糖具有抗肿瘤、增强免疫、降血脂、降血糖、抗肝炎、抗衰老等广泛的生物活性。它们中既有均多糖，也有杂多糖，结构各异。有关它们的具体结构和生物活性限于篇幅不在此详述，可参看有关参考书。

（二）动物多糖

1. 糖原（glycogan） 结构与胶淀粉类似，但聚合度更大、分支程度也高，平均支链长12~18个葡萄糖，遇碘呈红褐色。糖原主要存在于肌肉和肝中，约占肝重量的5%，肌肉重量的0.5%，其主要作用是为动物及许多细菌和真菌贮存养料。

2. 甲壳素（chitin） 结构和稳定性与纤维素类似，由*N*-乙酰基葡萄糖胺通过$\beta1\rightarrow4$连接而成，在水中多不溶，对稀酸、稀碱稳定，经酶解后得到的低聚糖在医药、食品、农药上有广泛的应用。甲壳素主要存在于昆虫、甲壳类动物的外壳中，许多真菌和酵母菌的细胞壁中亦有。

3. 肝素（heparin） 由两种二糖单元A和B聚合而成，其分子量均为5 000~15 000，属于一种高度硫酸酯化的右旋多糖。其中单元A为L-艾杜糖醛酸和D-葡萄糖胺通过$\alpha1\rightarrow4$连接而成，单元B为D-葡糖醛酸和D-葡萄糖胺通过$\beta1\rightarrow4$连接而成。其糖链上还常接有丝氨酸（serine）或小分子肽。肝素具有很强的抗凝血作用，其钠盐主要用于预防和治疗血栓。

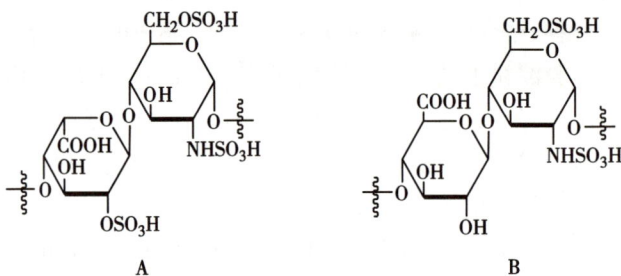

4. 硫酸软骨素（chondroitin sulfate） 具有降低血脂、改善动脉粥样硬化的作用，是动物组织的基础物质，在动物体内用以保持组织的水分和弹性。硫酸软骨素有A、B、C等数种，其中A是软骨的主要成分，由D-葡糖醛酸$\beta1\rightarrow3$和4-硫酸酯基乙酰D-半乳糖胺$\beta1\rightarrow4$相间连接而成。当C-6羟基被硫酸酯化后则称为软骨素C。由半乳糖胺和L-艾杜糖醛酸组成双糖重复单位的聚合物则称软骨素B，亦称硫酸皮肤素（dermatan sulfate）。

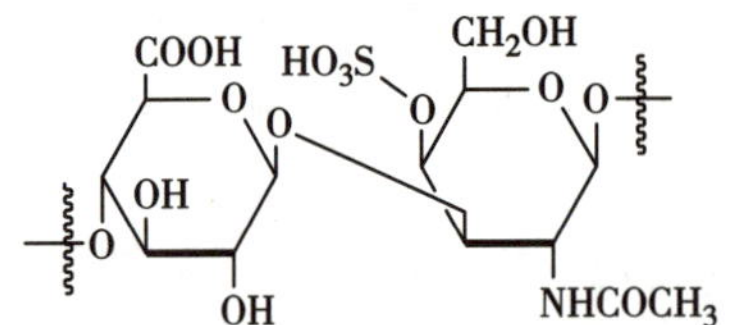

硫酸软骨素A（chondroitin-4-sulfate）

5. 透明质酸（hyaluronic acid） 是一种存在于眼球玻璃体、关节液、皮肤等组织中的酸性黏多糖，其主要功能是润滑和撞击缓冲以及阻滞入侵的微生物及毒性物质的扩散。由于它是皮肤中的天然成分，近年来可用作护肤霜的基质。透明质酸是由D-葡糖醛酸和*N*-乙酰氨基-D-葡萄糖通过$\beta1\rightarrow3$连接组成的二糖单位为重复单位，每个重复单位通过$\beta1\rightarrow4$相互连接而成，其分子量可达几百万。

上述的肝素、硫酸软骨素、透明质酸等均属于糖胺聚糖(glycosaminoglycan),为酸性黏多糖(acid mucopolysaccharide),在生物体内,糖胺聚糖常以蛋白质结合状态存在,这种结合物质统称为蛋白聚糖(proteoglycan)[5]。

近年来,大量实验研究结果表明,糖作为媒介在许多细胞 - 细胞相互作用中起着关键的作用。如细菌对人体的感染,首先细菌要与人体细胞依附(adherence),而这种依附作用与细菌表面糖链结构的调节有关。如果了解细菌表面多糖的结构以及细菌对人体细胞依附的机制就可以根据其原理设计出防止细菌感染的高效药物。

四、苷类

苷类(glycosides)又称配糖体,为糖或糖的衍生物(如氨基酸、糖醛酸等)与另一非糖物质通过糖的半缩醛或半缩酮羟基脱水形成的一类化合物,非糖部分称为苷元或配基(aglycone 或 genin)。糖与非糖部分连接的键称为苷键,由于糖有 α 和 β 两种差向异构体,苷类有 α- 苷和 β- 苷之分。苷类的英文命名常以 -in 或 -oside 作后缀。

苷类数目十分庞大,其生物活性及药物效用涉及医药的各个领域,是极为重要的一类化学成分。苷的共性是糖部分,而苷元部分几乎包罗了各种类型的天然成分,性质各异,如本教材后面涉及的各分类结构都有苷的存在,也是重点研究的目标组分。苷元与糖成苷后,挥发性降低,水溶性增大,生物活性或毒性降低或消失。苷常常作为天然药物中有效成分的前体。

(一) 苷的分类方法

苷的分类有很多种方法:①根据其是生物体内原生的还是次生的,可分为原生苷和次生苷;②根据连接单糖基的个数,可分为单糖苷、二糖苷等;③根据苷元连接糖链的位置有一处、两处或多处,可分为单糖链苷、双糖链苷等;④根据苷键原子不同,可分为氧苷、硫苷、氮苷和碳苷。以苷键原子作为分类依据,具有性质、结构上的共性,故常作为苷的主要分类依据。

(二) 依据苷键原子的苷分类

1. 氧苷(O- 苷) 根据苷元提供的—OH 类型,可分为醇苷、酚苷、酯苷、氰苷、吲哚苷等。

(1) 醇苷:苷元的醇羟基与糖或糖衍生物的半缩醛或半缩酮羟基脱水缩合而成,苷元以萜类和甾体化合物最多。如红景天苷(rhodioloside)具有强壮和增强适应能力功能;毛茛苷(ranunculin)具有杀虫、抗菌作用;京尼平苷(geniposide)具有泻下和利胆作用;甘草酸具有抗肿瘤作用。来自海星 *Echinaster sepositus* 中的一种环苷,是由 3 个单糖与甾体 C-3、C-6 位结合而成,也属于醇苷。此外低聚糖及多糖,也属于醇苷。

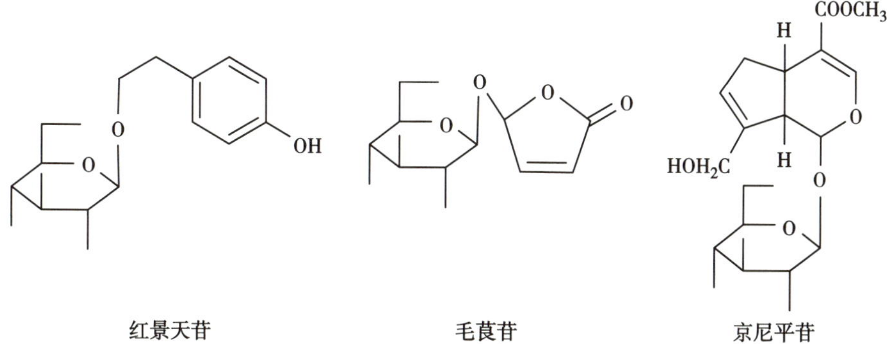

红景天苷　　毛茛苷　　京尼平苷

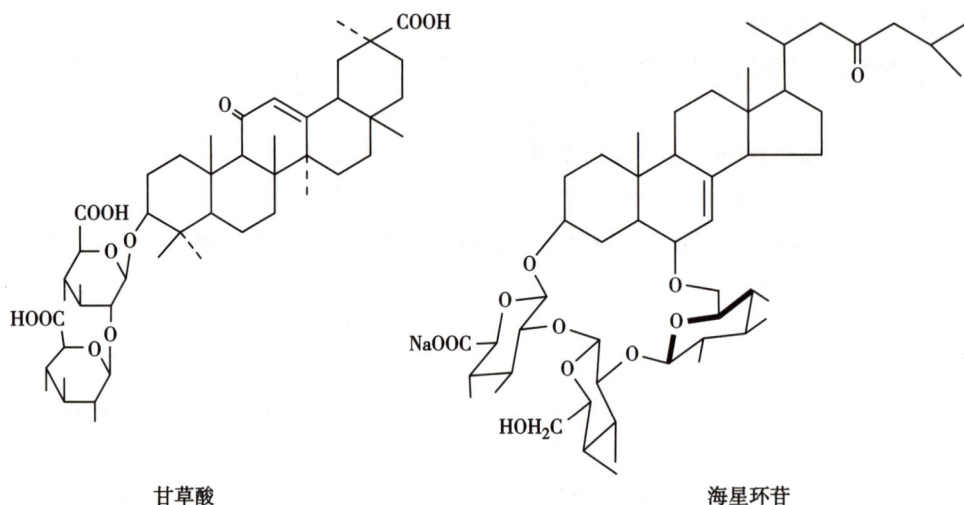

甘草酸　　海星环苷

(2) 酚苷：苷元上的酚羟基与糖或糖的衍生物半缩醛或半缩酮羟基脱一分子水而成的苷。苯酚苷、萘酚苷、蒽醌苷、香豆素苷、黄酮苷、木脂素苷、二苯乙烯苷等多属于酚苷。代表性的结构如天麻中的镇静成分天麻苷（gastrodin）、生大黄中的泻下成分番泻苷 A（sennoside A）、具有软化血管作用的芦丁（rutin）、具有抗菌作用的秦皮素、存在于何首乌中的 2,3,5,4′- 四羟基二苯乙烯 -2-*O*-*β*-D- 葡萄糖苷等。

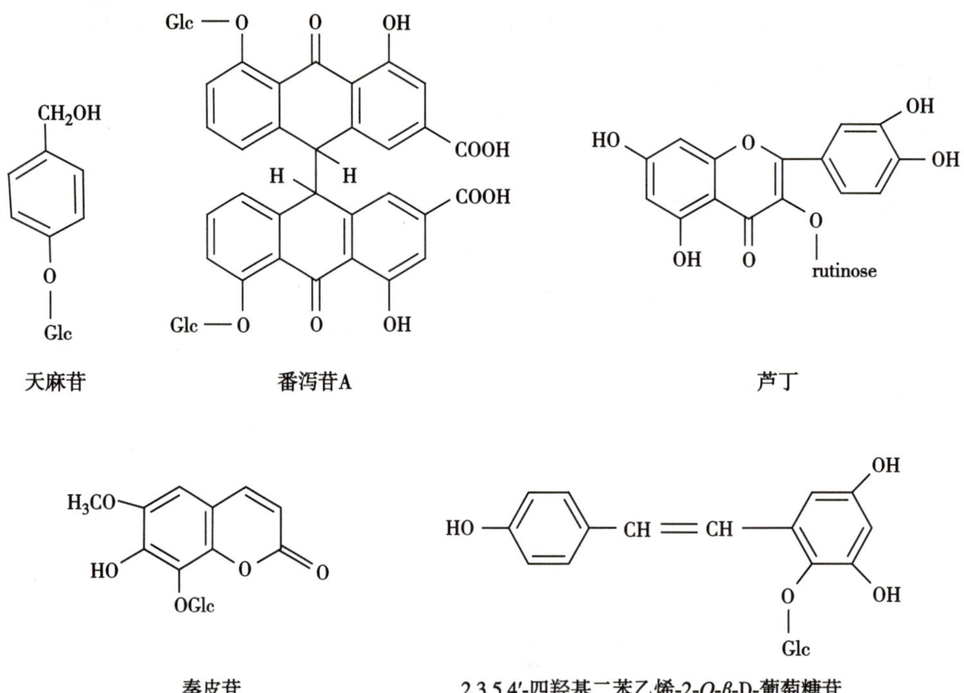

天麻苷　　番泻苷A　　芦丁

秦皮苷　　2,3,5,4′-四羟基二苯乙烯-2-*O*-*β*-D-葡萄糖苷

(3) 氰苷（cyanogenic glycoside）：主要是指一类 *α*- 羟基腈形成的苷。该类苷多数易溶于水，不易结晶，易水解，尤其在酸或酶的催化下更易水解。生成的 *α*- 羟腈苷元很不稳定，很快分解成醛或酮和氢氰酸；氢氰酸既是该类化合物具有止咳作用的成分，也是引起人和动物中毒的成分。在碱性条件下虽不易水解，但可异构化成羧酸类化合物。

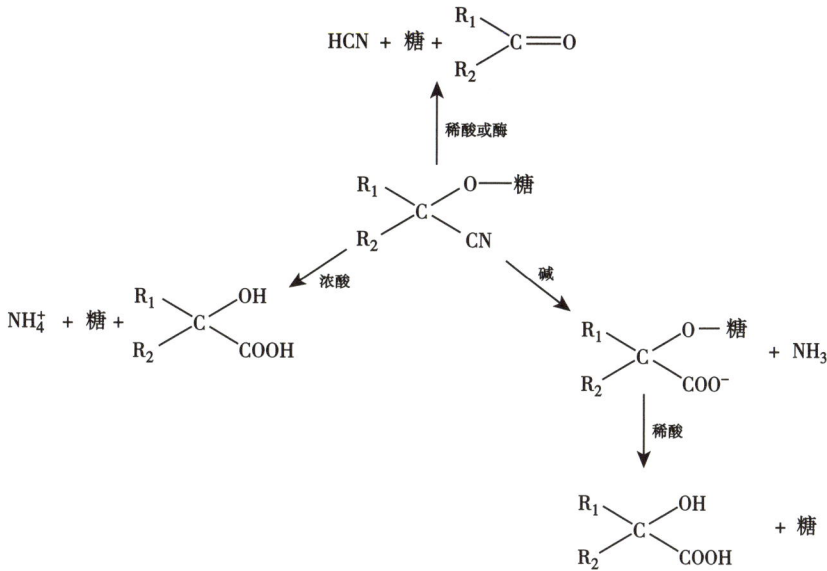

如苦杏仁苷(amygdalin)、野樱苷(prunasin)、亚麻氰苷(linamanin)和百脉根苷(lotaustralin)等都属于 α- 羟腈苷。苦杏仁中的苦杏仁苷小剂量口服时,可释放少量氢氰酸而用于镇咳,但大剂量口服时有中毒危险。而亚麻(*Linum usitatisimum*)种子含有的亚麻氰苷和百脉根(*Lotus arabicus*)茎含有的百脉根苷毒性更大。因此,含有此类成分的中药在应用时,常常需要炮制处理,以达到减毒的作用。

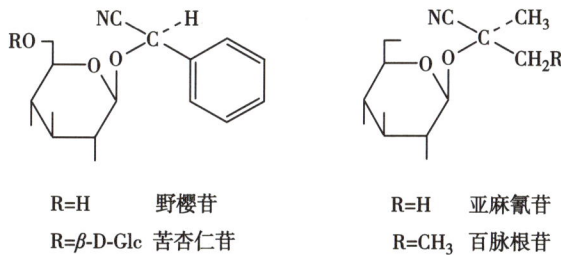

R=H 野樱苷
R=β-D-Glc 苦杏仁苷

R=H 亚麻氰苷
$R=CH_3$ 百脉根苷

除 α- 羟氰苷外还有 γ- 羟氰苷和氧化偶氮类等,这类化合物经酸或酶水解后不产生氢氰酸。如垂盆草(*Sedum sarmentosum*)中具有降低血清谷丙转氨酶的活性成分垂盆草苷(sarmentosin)就属于 γ- 羟氰苷类[6],该化合物遇稀碱可定量转变为无生物活性的异垂盆草苷。苏铁(*Cycas revoluta*)种子中的苏铁苷(cycasin)和新苏铁苷(neocycasin)属于氧偶氮苷类。苏铁苷和新苏铁苷在肝脏内可代谢成重氮甲烷,故家畜食后易中毒,并可导致肝癌。

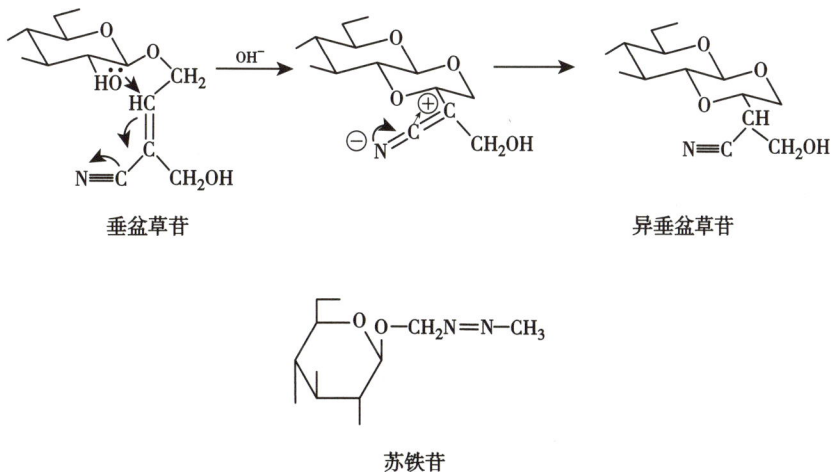

垂盆草苷　　异垂盆草苷

苏铁苷

(4) 酯苷(酰苷):苷元上的羧基与糖或糖的衍生物的半缩醛(半缩酮)羟基脱一分子水缩合而成的化合物称为酯苷或酰苷。如山慈菇苷A(tuliposide A),瓜子金皂苷乙、丁等均属于此类化合物。山慈菇苷A不稳定,放置日久,酰基易从1-OH重排至6-OH,同时失去抗真菌活性,水解后苷元即环合成山慈菇内酯(tulipalin)。酯苷的苷键既有缩醛的性质又有酯的性质,易被稀酸或稀碱水解。

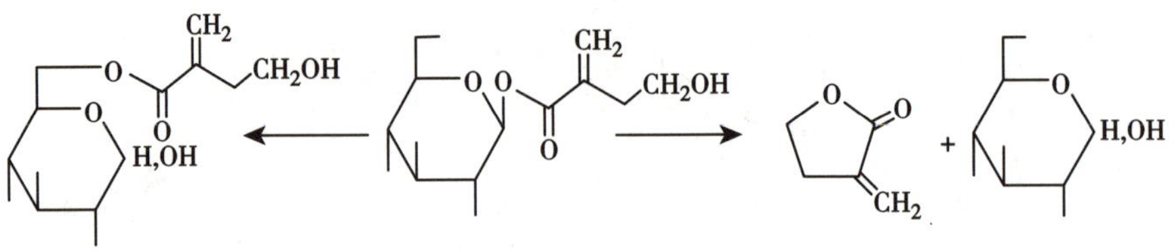

山慈菇苷A

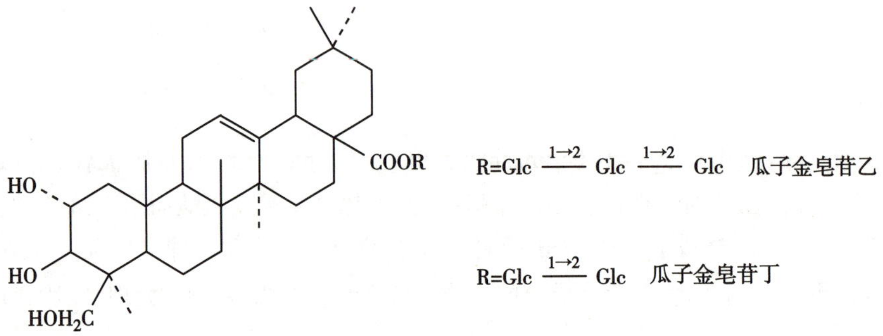

R=Glc $\xrightarrow{1\to2}$ Glc $\xrightarrow{1\to2}$ Glc 瓜子金皂苷乙

R=Glc $\xrightarrow{1\to2}$ Glc 瓜子金皂苷丁

(5) 吲哚苷:数目较少,常见的是靛苷(indican)和菘蓝苷(isatan B)。实际上菘蓝苷不属于苷类,它是由羟基吲哚和果糖酮酸C-6位上的羧基形成的酯。

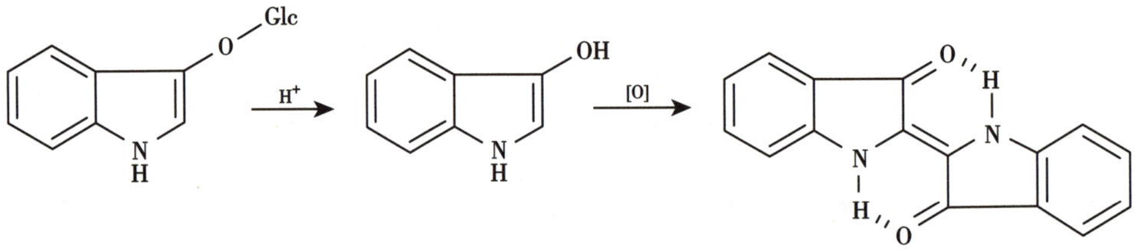

靛苷 靛蓝

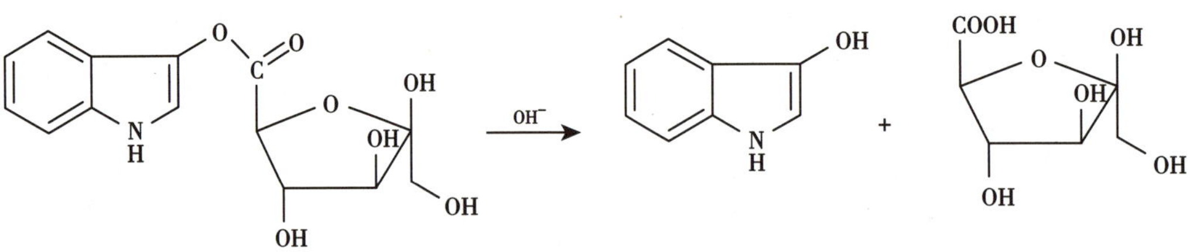

菘蓝苷 果糖酮酸

2. 硫苷(S-苷) 苷元上的巯基与糖或糖的衍生物的半缩醛(半缩酮)羟基脱一分子水缩合而成苷,如萝卜中的萝卜苷(glucoraphenin)、黑芥子(*Brassia nigra*)中的黑芥子苷(sinigrin)以及白芥子(*B. alba*)中的白芥子苷(sinalbin)等均为硫苷。该类苷的苷元均不稳定,水解后易进一步分解。如煮萝卜时的特殊气味即与含硫苷元的分解有关,芥子苷经酶解后形成的芥子油(mustard oils)实际上是异硫氰酸酯类、葡萄糖和硫酸盐的混合物,它们具有止痛和消炎的作用。

萝卜苷

$R—C(=N—O—SO_3^-K^+)—S—Glc$

$R = H_2CHC═CH_2$ 黑芥子苷

$R = H_2C—C_6H_4—OH$ 白芥子苷

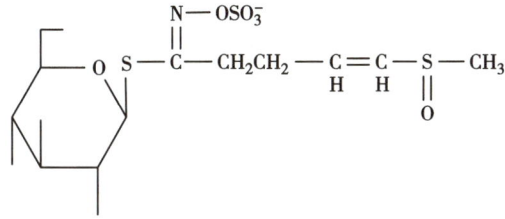

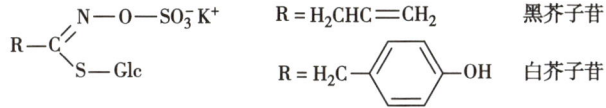

3. 氮苷(N-苷) 苷元上的氨基与糖或糖的衍生物的半缩醛(半缩酮)羟基脱一分子水而成的苷为氮苷。如腺苷(adenosine)、鸟苷(guanosine)、胞苷(cytidine)、尿苷(uridine)、巴豆苷(crotonoside)等均属于氮苷。

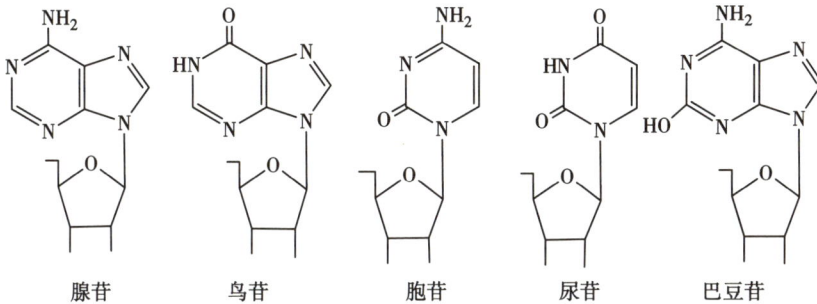

腺苷 鸟苷 胞苷 尿苷 巴豆苷

4. 碳苷(C-苷) 苷元碳上的氢原子与糖或糖衍生物的半缩醛(半缩酮)羟基脱水形成的苷为碳苷。间苯二酚或间苯三酚的—OH 或—OR 为芳香环的邻、对位定位基,邻、对位碳原子的电子云密度较高,故易形成碳苷。为此黄酮类、蒽醌类、酚酸类化合物多易形成碳苷类化合物,尤以黄酮碳苷最多,黄酮 A 环多为间苯三酚结构,故 C-6 或 C-8 位易于成苷,如牡荆素(vitexin)、异牡荆素(isovitexin)、三色堇素(vioxanthin)、芒果苷(mangiferin)、异芒果苷(isomangiferin)、芦荟苷(barbaloin,aloin)、胭脂酸(carminic acid)等,矮地茶素(亦称岩白菜内酯,bergenin)也属于碳苷。芦荟苷 A、B 实际上是一对差向异构体,由于苷键原子处于苄基位上,易发生消旋化反应,故可在一定条件下互相转换。矮地茶素属于二氢异香豆素类化合物,从生合成上看它是甲基没食子酸葡萄糖碳苷所生成的内酯,该化合物在紫金牛属(*Ardisia*)植物中含量较高。碳苷具有在各类溶剂中溶解度均小、难于水解获得原苷元等特点。但在消化道等某些微生物产生的酶的作用下,可水解生成原苷元。

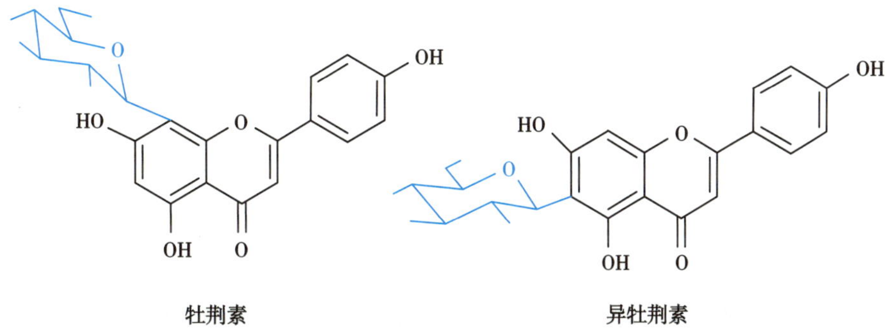

牡荆素 异牡荆素

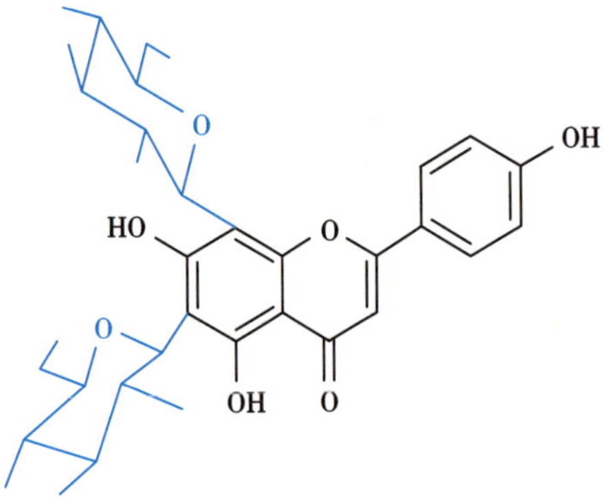

三色堇素

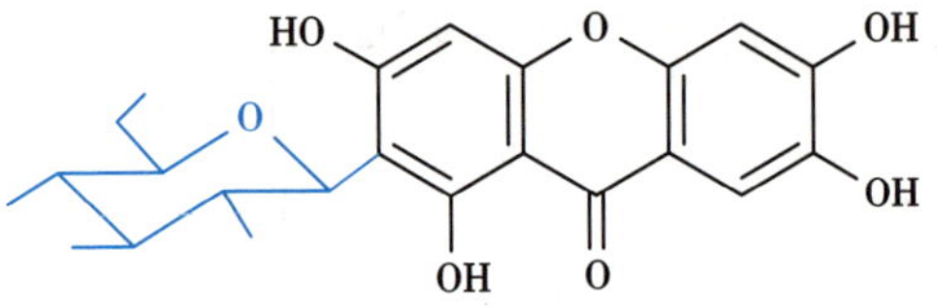

芒果苷

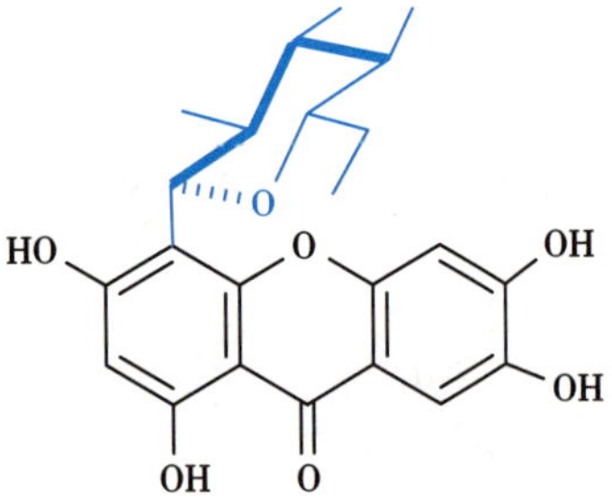

异芒果苷

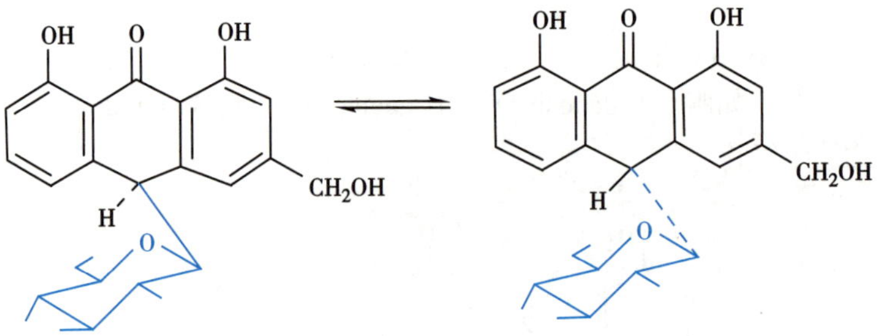

芦荟苷

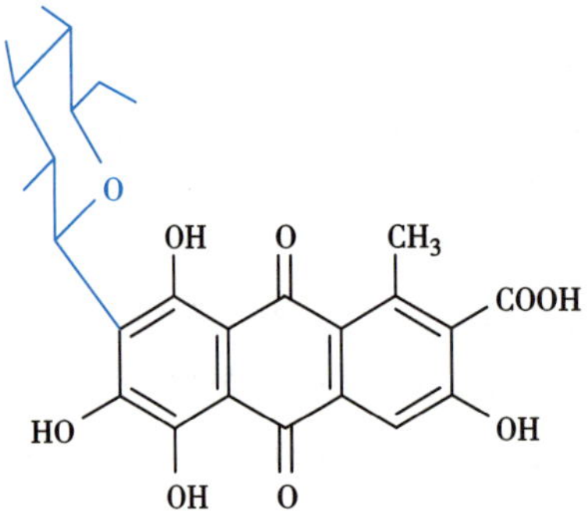

胭脂酸

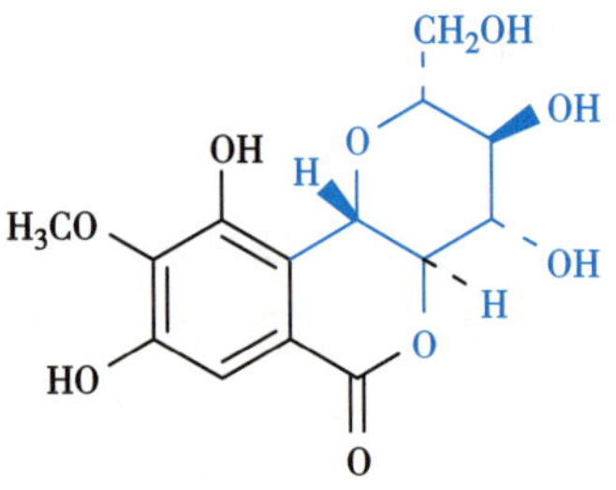

矮地茶素

第三节　糖的化学性质

糖的化学性质在普通有机化学中已有详细的论述。下面仅就一些与糖及苷的分离和结构测定密切相关的化学性质来进行介绍。

一、氧化反应

单糖分子有醛(酮)基、伯醇基、仲醇基和邻二醇基结构单元，通常醛(酮)基最易被氧化，伯醇次之。在控制反应条件的情况下，不同的氧化剂可选择性的氧化某些特定的基团。如 Ag^+(银镜反应，Tollen reaction，生成金属 Ag)、Cu^{2+}(费林反应，Fehling reaction，生成砖红色 Cu_2O)以及溴水可将醛基氧化成羧基、硝酸可使醛糖氧化成糖二酸、过碘酸和四乙酸铅可氧化邻二羟基。

在糖苷类和多元醇的结构研究中，过碘酸氧化反应是一个常用的反应，本部分重点介绍此反应的特点。

1. 可氧化的官能团及产物 主要作用于邻二醇羟基、α- 氨基醇、α- 羟基醛（酮）、α- 羟基酸、邻二酮和某些活性次甲基结构。

$$\text{H—C—OH / H—C—OH} \xrightarrow{IO_4^-} \text{—CHO} + \text{—CHO}$$

$$\text{H—C—OH / C=O} \xrightarrow{IO_4^-} \text{—CHO} + \text{—COOH}$$

$$\text{H—C—OH / H—C—OH / H—C—OH} \xrightarrow{2IO_4^-} \text{—CHO} + \text{—CHO} + HCOOH$$

$$\text{H—C—}NH_2 \text{ / H—C—OH} \xrightarrow{IO_4^-} \text{—CHO} + \text{—CHO} + NH_3\uparrow$$

$$\text{H—C—OH / COOH} \xrightarrow{IO_4^-} \text{—CHO} + CO_2\uparrow + H_2O$$

$$\text{—C=O / —C=O} \xrightarrow{IO_4^-} \text{—COOH} + \text{—COOH}$$

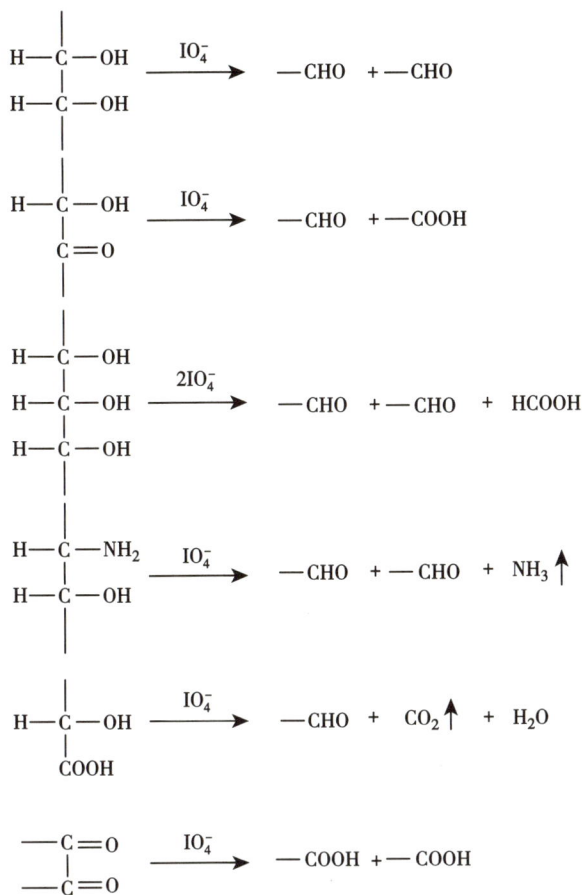

2. 影响反应速率的因素 反应通常在水溶液中进行。在中性或弱酸性条件下，对顺式邻二醇羟基的氧化速度比反式快得多，如对 α-D- 甘露吡喃糖甲苷的反应速度快于 β-D- 葡萄吡喃糖甲苷；但在弱碱性条件下顺式和反式邻二醇羟基的反应速度相差不大，对固定在环的异边并无扭曲余地的邻二醇羟基不反应，如过碘酸不与 1,6-β-D- 葡萄呋喃糖酐反应。

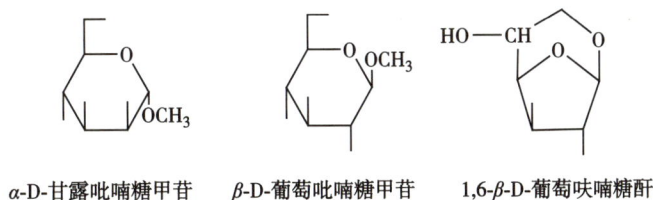

α-D-甘露吡喃糖甲苷　　β-D-葡萄吡喃糖甲苷　　1,6-β-D-葡萄呋喃糖酐

过碘酸氧化的作用机制是过碘酸与邻二醇羟基形成五元环状酯的中间体再将醇羟基氧化成羰基。在酸性或中性介质中，过碘酸以一价的 $H_2IO_5^-$ 离子作用，其中碘离子呈六面体结构，这就是酸性或中性条件下顺式邻二醇羟基的氧化反应速率比反式快的原因。

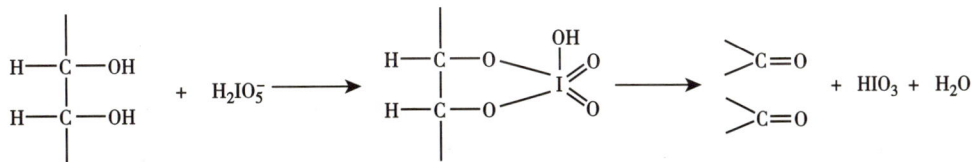

$$\text{H—C—OH / H—C—OH} + H_2IO_5^- \longrightarrow \text{(五元环状碘酸酯中间体)} \longrightarrow \text{>C=O} + \text{>C=O} + HIO_3 + H_2O$$

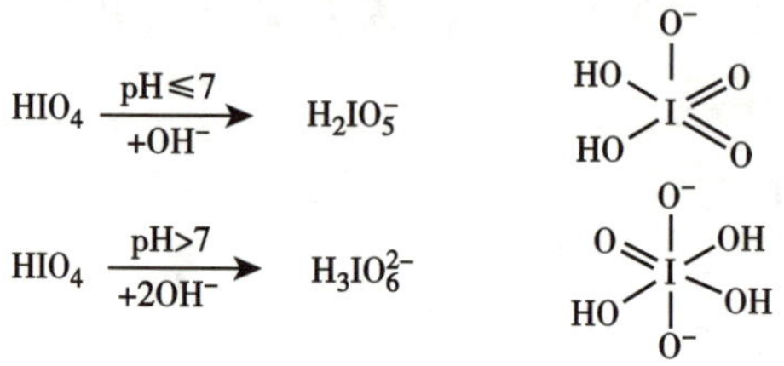

$$HIO_4 \xrightarrow[+OH^-]{pH\leq 7} H_2IO_5^-$$

$$HIO_4 \xrightarrow[+2OH^-]{pH>7} H_3IO_6^{2-}$$

3. 反应消耗的试剂量　对开裂邻二醇羟基的反应几乎是定量进行的，生成的 HIO_3 可以滴定，最终的降解产物（如甲醛、甲酸等）也比较稳定；通过测定 HIO_4 的消耗量以及最终的降解产物，可以推测糖的种类、糖的氧环的大小（吡喃糖或呋喃糖）、糖与糖的连接位置、分子中邻二醇羟基的数目以及碳的构型等。

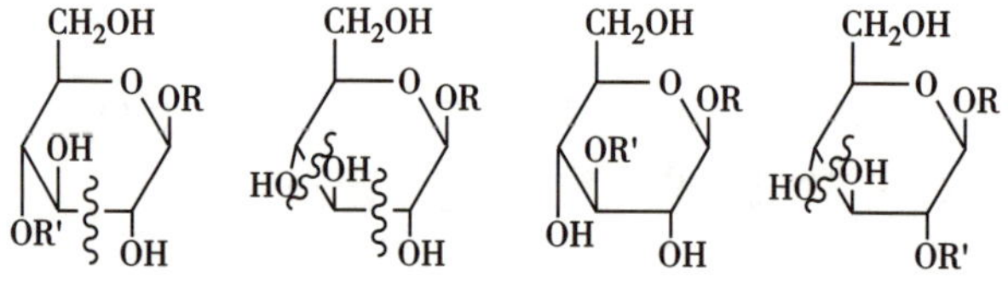

消耗过碘酸量：　1mol/L　2mol/L　0　1mol/L

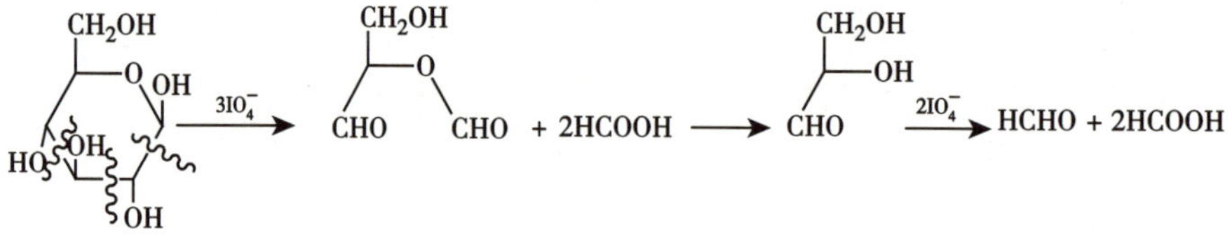

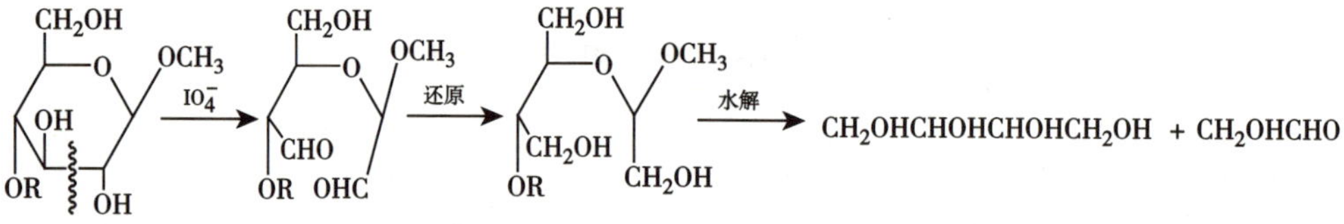

$\xrightarrow{3IO_4^-}$ CHO　CHO + 2HCOOH ⟶ CHO $\xrightarrow{2IO_4^-}$ HCHO + 2HCOOH

$\xrightarrow{IO_4^-}$ $\xrightarrow{还原}$ $\xrightarrow{水解}$ $CH_2OHCHOHCHOHCH_2OH + CH_2OHCHO$

四乙酸铅反应机制与过碘酸相似，只是作用能力比过碘酸强，如过碘酸在室温下不能氧化草酸，而四醋酸铅可以；立体选择性更高，如对呋喃糖反式二醇羟基不能氧化；需要在有机溶剂中进行（如乙酸、二氧六环等），故在多糖类化合物研究中其应用受到一定限制。

二、糖醛形成反应

单糖在浓酸（4~10mol/L）加热作用下，脱去三分子水，生成具有呋喃环结构的糠醛衍生物。多糖和苷类化合物在浓酸的作用下首先水解成单糖，然后再脱水形成相应的产物。五碳醛糖生成的是糠醛，甲基五碳醛糖生成的是 5- 甲基糠醛，六碳醛糖生成的是 5- 羟甲基糠醛，六碳糖醛酸生成的是 5- 羧基糠醛（往往会进一步脱羧最终形成糠醛）。通常五碳醛糖和甲基五碳醛糖较六碳醛糖更易发生反应，六碳酮糖也较六碳醛糖容易，生成的 5- 羟甲基糠醛的产率也较高。

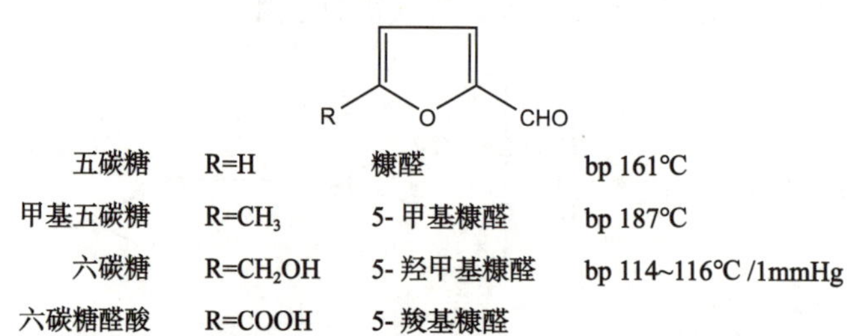

五碳糖	R=H	糠醛	bp 161℃
甲基五碳糖	$R=CH_3$	5- 甲基糠醛	bp 187℃
六碳糖	$R=CH_2OH$	5- 羟甲基糠醛	bp 114~116℃ /1mmHg
六碳糖醛酸	R=COOH	5- 羧基糠醛	

糠醛衍生物可以和许多芳胺、酚类以及具有活性次甲基基团的化合物缩合生成有色的化合物(酚和胺的缩合位置在邻对位)。许多糖的显色剂就是根据这一原理配制而成的。如 Molisch 反应常用于作为糖、苷的检测反应,试剂为浓硫酸和 α- 萘酚;糖的纸色谱显色剂常用邻苯二甲酸和苯胺。在显色反应中,常用的酸性试剂有无机酸(如硫酸、磷酸等)、有机酸(如三氯乙酸、邻苯二甲酸、草酸等),常具有水解苷键的作用。常用的酚有苯酚、间苯二酚、α- 萘酚、β- 萘酚等;常用的胺有苯胺、二苯胺、氨基酚、联苯胺等;常用的具有活性次甲基的化合物是蒽酮等。由于不同糖形成糠醛衍生物的难易程度不同,反应产物不同,产物的挥发度、反应呈色也不同,因此可利用糠醛生成反应来区别五碳糖、六碳酮糖、六碳醛糖以及糖醛酸等。

Molisch 反应(视频)

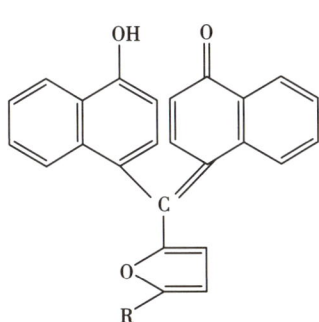

糖的纸色谱及显色(视频)

糠醛及衍生物与α-萘酚缩合物
(R=H或CH_3)(紫色)

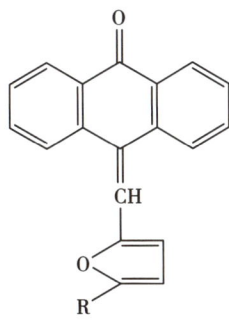

糠醛及衍生物与蒽酮缩合物
(R=H或CH_3)

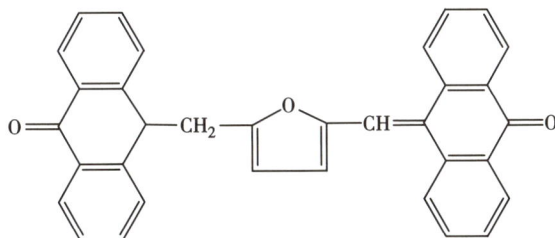

5-羟甲基糠醛与蒽酮的缩合物(蓝色)

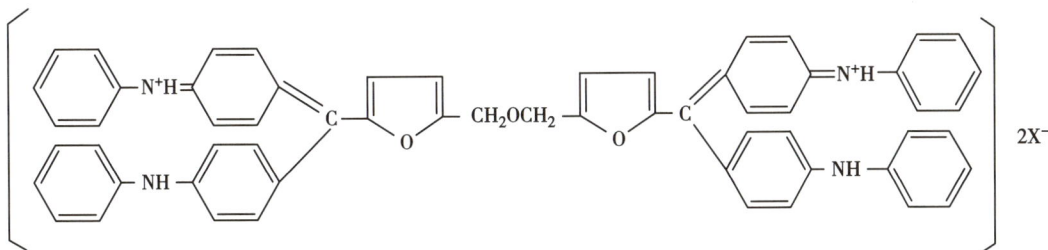

5-羟甲基糠醛与二苯胺的缩合物(蓝色)

三、羟基反应

糖与苷的共性部分在糖上,糖与苷的羟基反应主要有醚化、酯化、缩醛(缩酮)化以及与硼酸的络合反应等。羟基中活泼先后顺序为:半缩醛羟基、伯醇羟基、仲醇羟基。这是因为半缩醛羟基、伯醇羟基处于末端,空间有利;2-OH 则受羰基诱导效应的影响,酸性有所增强。对于羟基醚化、酰化反应可参考有关参考书,本教材仅就缩醛(缩酮)化和与硼酸的络合反应做简单介绍。

（一）缩酮和缩醛化反应

酮或醛在脱水剂（如矿酸、无水 $ZnCl_2$、无水 $CuSO_4$ 等）的存在下可与多元醇的二个有适当空间位置的羟基形成环状缩酮（ketal）和缩醛（acetal）。通常醛易与 1,3- 二醇羟基生成六元环状物，酮易与顺邻二醇羟基生成五元环状物。丙酮与邻二醇羟基生成的五元环状缩酮称为异丙叉衍生物，亦称丙酮加成物。缩醛和缩酮衍生物与苷一样对碱稳定，对酸不稳定，可以利用缩醛、缩酮反应作为某些羟基的保护剂，也可以利用它来推测结构中有无顺邻二醇羟基或 1,3- 二醇羟基。游离糖生成异丙叉物过程中，若空间允许，其氧环的大小还可随之改变。

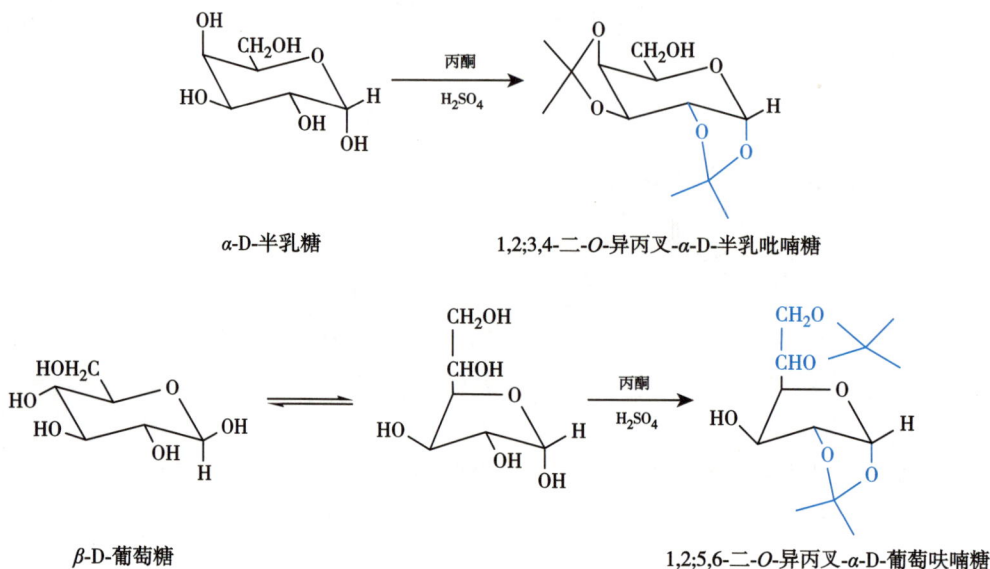

α-D-半乳糖 →（丙酮，H_2SO_4）→ 1,2;3,4-二-*O*-异丙叉-α-D-半乳吡喃糖

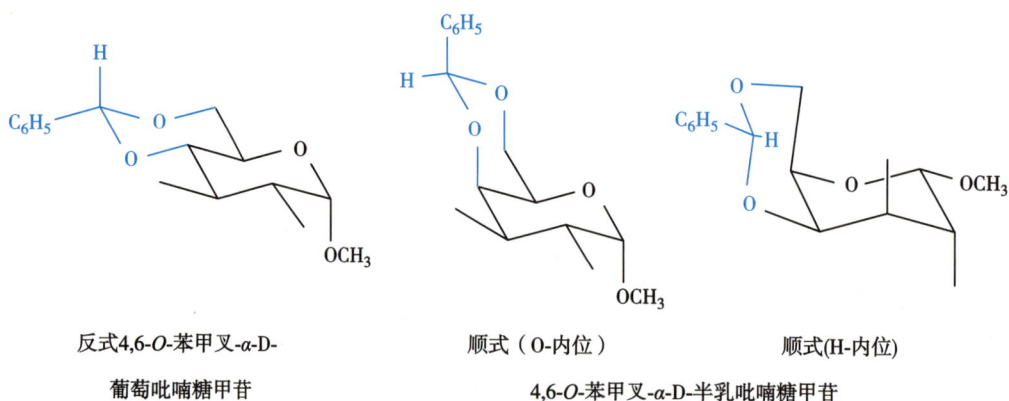

β-D-葡萄糖 ⇌ → （丙酮，H_2SO_4）→ 1,2;5,6-二-*O*-异丙叉-α-D-葡萄呋喃糖

苯甲醛与糖生成的六元环状缩醛称为苯甲叉衍生物，吡喃糖生成的苯甲叉衍生物有顺式和反式两种，其中顺式又有 O- 内位和 H- 内位两种。前者为 C1 式构象，以 O- 内位构象较稳定。在反式苯甲叉衍生物中，虽然导入了一个手性碳原子，由于较大的取代基必定处于横键上，而且糖的氧环构象也不能发生改变（如 e、e 键变为 a、a 键，两环无法骈合），故没有异构体产生。

反式4,6-*O*-苯甲叉-α-D-葡萄吡喃糖甲苷

顺式（O-内位）　顺式(H-内位)

4,6-*O*-苯甲叉-α-D-半乳吡喃糖甲苷

（二）与硼酸的络合反应

糖的邻二羟基可与许多试剂生成络合物，根据生成络合物的某些物理常数的改变，可用于糖的分离、鉴定和构型推定。重要的如硼酸络合物、钼酸络合物、铜氨离子络合物等。

硼酸是一种 Lewis 酸，能与具有适当空间位置的二羟基（1,2 或 1,3）结合形成五元或六元环状络合物，由于络合物的形成，使硼原子变成四面体结构，使其酸性和导电度均增加。该络合反应分两步进行，首先硼酸与邻二羟基或 1,3- 二羟基化物络合形成 1∶1 的络合物（Ⅰ），络合物（Ⅰ）不稳定，易脱

水形成平面三叉体的中性酯(Ⅱ);然后络合物(Ⅰ)再与另一分子络合形成 2∶1 的螺环状络合物(Ⅲ),该络合物四面体结构稳定,酸性和导电性都有很大的增加,在溶液中完全解离,呈强酸性。实际上,该三种络合物在硼酸溶液中均存在,彼此间处于平衡状态。其平衡的移动与溶液的 pH、羟基化合物和硼酸的比例以及化合物的结构有关,通常当硼酸量大时以Ⅰ式占优势。

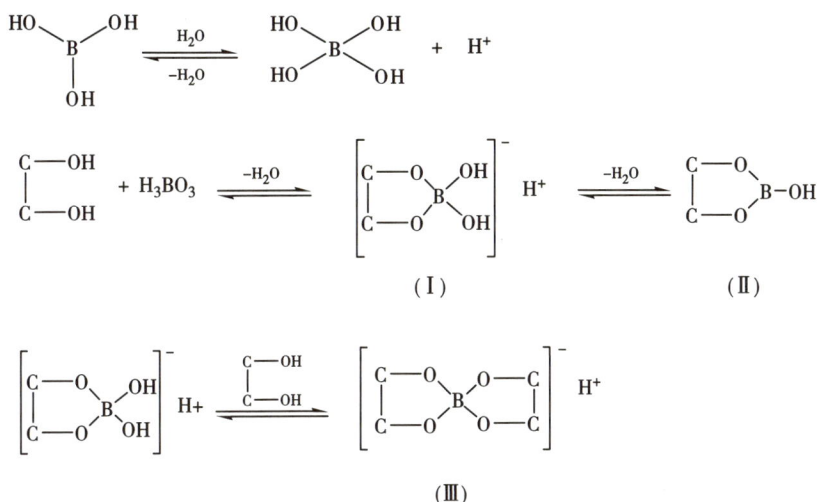

$$B(OH)_3 \underset{-H_2O}{\overset{H_2O}{\rightleftharpoons}} [B(OH)_4]^- + H^+$$

$$\text{(C—OH)}_2 + H_3BO_3 \underset{}{\overset{-H_2O}{\rightleftharpoons}} \text{(Ⅰ)}\ H^+ \underset{}{\overset{-H_2O}{\rightleftharpoons}} \text{(Ⅱ)}$$

(Ⅰ)　　(Ⅱ)

$$\text{(Ⅰ)}\ H^+ + \text{(C—OH)}_2 \rightleftharpoons \text{(Ⅲ)}\ H^+$$

(Ⅲ)

与硼酸的络合反应对羟基位置的要求比较严格,只有处在同一平面上的羟基才能形成稳定的络合物。在开链结构中,邻二醇羟基相互排斥多呈对位交叉式构象,不利于硼酸络合反应;增加醇羟基,即碳链上醇羟基愈多,愈有利于与硼酸络合。*α*- 羟酸与硼酸络合可使其导电度大大增加,这可能是—COOH 水化成—$C(OH)_3$ 的缘故。但 *β*- 羟酸无此作用。芳环上的邻羟酸、五元脂环上的顺邻二羟酸都可与硼酸形成络合物,但反式则不能,所以可用与硼酸形成络合物的方法区别顺反异构体。对于芳环上的二酚羟基,邻位的较间位和对位的易形成络合物。五元脂环顺邻二羟基形成的络合物稳定,反式的络合物不能形成。六元 1,3 二竖键羟基络合物的稳定性大于顺邻二羟基,反式的顺邻二羟基不能形成络合物,这是因为 a、e 型二羟基可通过扭曲形成半椅式,从而达到适当的空间位置,而 e、e 型则无法达到硼酸络合时对空间的要求。对于糖及其苷类化合物,呋喃糖苷络合能力最强,单糖次之,吡喃糖苷最弱;由于六碳醛糖形成呋喃环的位阻较大,故五碳醛糖比六碳醛糖更易形成络合物。

多羟基类化合物与硼酸络合后,使原来的中性变为酸性,因此可采用中和滴定的方法进行含量测定。由于羟基所处的位置及空间结构不同,与硼酸形成络合物的能力就不同,故可以通过离子交换、硅胶(在硅胶中掺加硼砂)、电泳等色谱方法进行分离和鉴定。糖自动分析仪(sugar analyzer)对糖的检测,其原理就是制成硼酸络合物后进行离子交换色谱分离。

第四节　苷键的裂解

苷键具有一般缩醛(酮)的性质,易被化学或生物学方法裂解。苷键的裂解反应是研究苷类和多糖的重要反应。通过苷键裂解反应可以了解苷元的结构、糖的组成、苷元与糖以及糖与糖之间的连接方式等。苷键裂解常用的化学方法有酸催化水解、碱催化水解、乙酰解、过碘酸裂解等,生物学方法则有酶催化水解和微生物法等。

一、酸催化水解

苷键对酸不稳定,对碱较稳定,易被酸催化水解。酸催化水解常用的试剂是水或稀醇,常用的催化剂有稀盐酸、稀硫酸、乙酸、甲酸等。反应机制为苷键原子先被质子化,进而苷键断裂形成糖基正离

子或半椅式中间体，该中间体获得水中的羟基负离子，结合形成糖，并释放催化剂质子。下面以葡萄糖氧苷为例：

芦丁酸水解（视频）

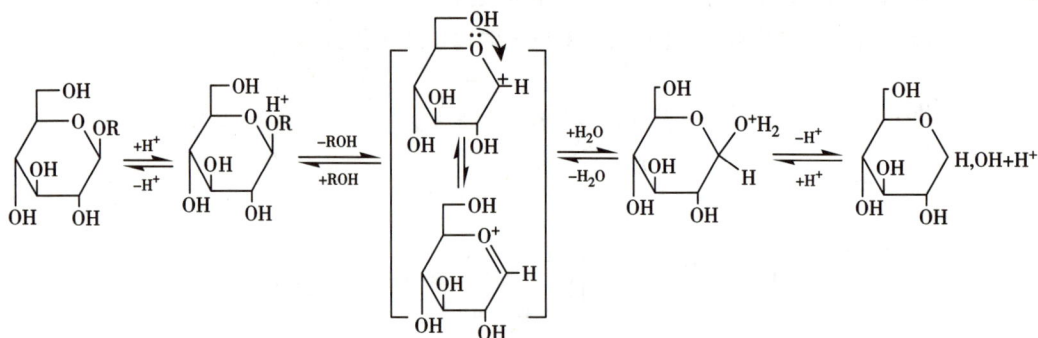

苷类酸催化水解发生的难易与苷键原子的碱度，即苷键原子上的电子云密度以及它的空间环境有密切的关系。只要有利于苷键原子质子化或有利于中间体稳定的因素就有利于水解的进行。从苷键原子、糖和苷元三方面归纳，苷的酸催化水解难易有以下规律：

1. 在形成苷键的 N、O、S、C 四个原子中，N 的碱性最强，最易质子化。碳上无共用电子时，几乎无碱性，最难质子化。故它们水解的难易程度是 C- 苷 >S- 苷 >O- 苷 >N- 苷。

2. 氮原子虽然碱性较强，易于质子化，但当氮原子在酰胺或嘧啶环上时，由于受到强烈的 p-π 共轭效应和诱导效应的影响，此时的氮已几乎没有碱性，甚至在酰亚胺中还有一定的酸性，所以这类苷很难水解。如朱砂莲（*Aristolochia tuberosa*）块根中的朱砂莲苷（tuberosinone-*N*-*β*-D-glucoside）不能被 10% HCl 水解，经氢化锂铝还原后才能被 1mol/L HCl 水解[7]。

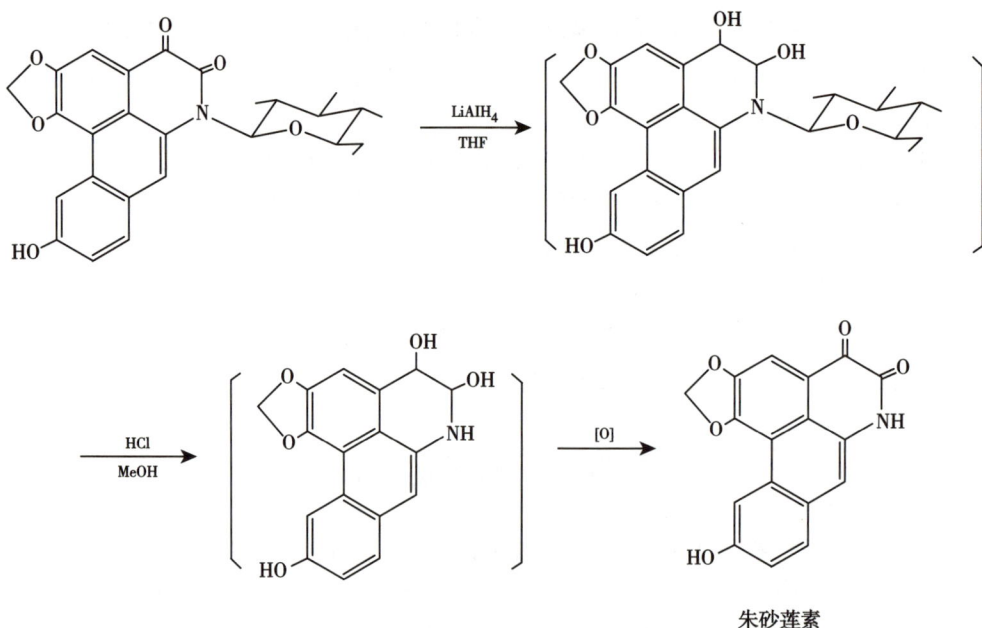

朱砂莲素

3. 因 p-π 共轭作用，酚苷及烯醇苷的苷元在苷键原子质子化时芳环或双键对苷键原子正电荷具有一定的分散作用，故酚苷及烯醇苷比醇苷易于水解。某些酚苷如蒽醌苷、香豆素苷等不用酸，只加热就有可能将其水解。

4. 由于氨基和羟基均可与苷键原子争夺质子，特别是 2-NH_2 不利于苷键原子的质子化，故 2- 氨基糖苷最难水解，其次是 2-OH 糖苷，然后依次是 6- 去氧糖苷、2- 去氧糖苷和 2,6- 二去氧糖苷。如 6-

去氧糖苷比同样的羟基糖苷快 5 倍;2,6- 二去氧糖苷用 0.02~0.05mol/L HCl 即可将其水解。当羟基、氨基被乙酰化后,由于这种作用消失,水解又变得较容易了。

5. 呋喃糖苷较吡喃糖苷的水解速率大 50~100 倍。由于五元呋喃环是平面结构,各取代基处于重叠位置比较拥挤,酸水解时形成的中间体使拥挤状态有所改善,环的张力减少,故在多糖水解时最易水解的是果糖。

6. 酮糖多数为呋喃糖,而且在端基上又增加了一个—CH_2OH 大基团,更增加了呋喃环的拥挤状况,故酮糖较醛糖易水解。

7. 在吡喃糖苷中由于 C-5 上 R 会对质子进攻苷键造成一定的位阻,故 R 越大,则越难水解。其水解的难易程度是糖醛酸 > 七碳糖 > 六碳糖 > 甲基五碳糖 > 五碳糖。

8. 当苷元为小基团时,由于横键上的原子易于质子化,故横键的苷键较竖键易水解;当苷元为大基团时,其空间因素占主导地位,苷元的脱去有利于中间体的稳定,故竖键的苷键较横键易水解。

在天然糖苷中,通常果糖和核糖为呋喃型,阿拉伯糖两者都有,葡萄糖、半乳糖、甘露糖为吡喃型。由于酸催化水解后生成的是游离糖,故无法确定糖在苷中氧环的大小。对此可采用甲醇水解的方法来确定(HCl/MeOH),因为生成的是糖的甲苷而不是游离糖,而呋喃型糖甲苷和吡喃型糖甲苷的色谱行为不同。

对于那些苷元对酸不稳定的苷,为了获得原苷元可采用双相水解的方法,即在水解液中加入与水不互溶的有机溶剂,如苯等,使水解后的苷元立即进入有机相,避免苷元长时间与酸接触。如仙客来皂苷(cyclamin)用 10% H_2SO_4 加热水解 12 小时,生成的苷元是裂环产物,当采用双相水解时则可获得原苷元——仙客来皂苷元 A(cyclamiretin A)。

仙客来皂苷 —(10% H_2SO_4, △)→ 仙客来皂苷元D

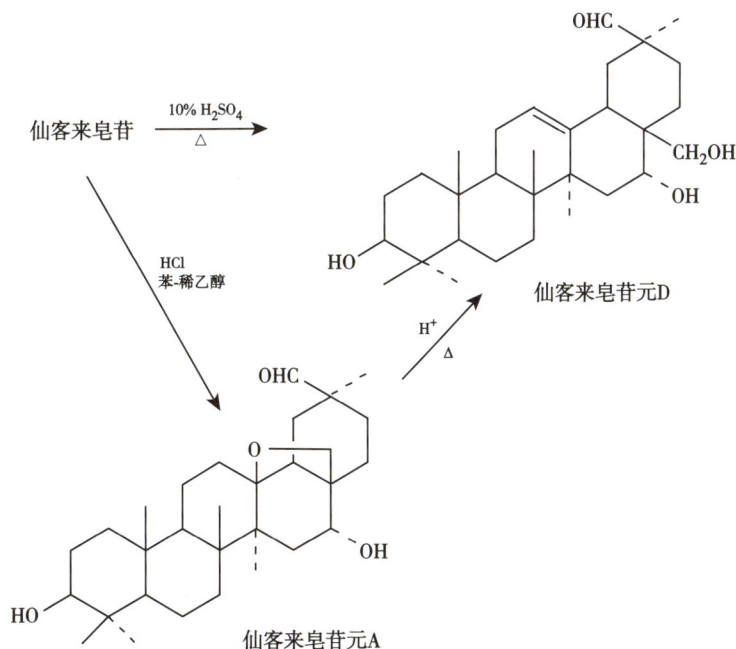

仙客来皂苷 —(HCl, 苯-稀乙醇)→ 仙客来皂苷元A —(H^+, △)→ 仙客来皂苷元D

二、乙酰解反应

乙酰解(acetolysis)所用的试剂是醋酐和酸,常用的酸有 H_2SO_4、$HClO_4$、CF_3COOH 和 $ZnCl_2$、BF_3(Lewis 酸)等。其反应机制与酸催化水解相似,但进攻的基团是 CH_3CO^+,而不是质子。虽然反应机制相似,但在苷键裂解的难易程度上有时却相反。当苷键邻位羟基能乙酰化或苷键邻位有环氧基时,由于强的诱导效应致使苷键裂解反应变慢。根据对双糖苷键乙酰解反应速度研究可知,*β*- 苷键葡萄糖双糖乙酰解的难易程度是:(1→2)>(1→3)>(1→4)>>(1→6)。

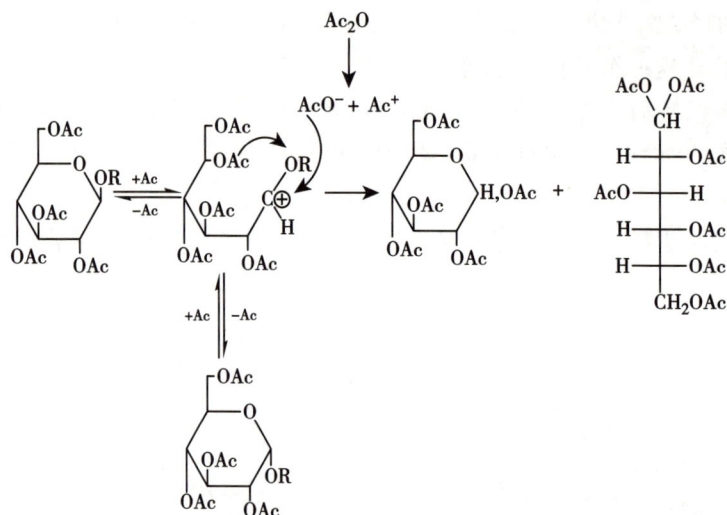

乙酰解具有反应条件温和，操作简便（通常室温放置数天即可），可开裂部分苷键，所得产物为单糖、低聚糖及苷元的酰化物，增加了反应产物的脂溶性，有利于提纯、精制和鉴定等优点。但应该引起注意的是，乙酰解反应有时会使糖的端基发生异构化。此外，对于在 C-2、C-3 位有顺邻二羟基的呋喃型糖，其 C-2、C-3 位有时也会发生差向异构化，如由甘露呋喃型糖变为葡萄糖。

Holotoxin A 是刺参（*Stichopus japonica*）中的一个具有抗真菌活性的六糖皂苷，其糖的组成为 D-木糖、D- 鸡纳糖、D- 葡萄糖和 D- 葡萄糖三甲醚。该化合物糖与糖的连接关系就是通过用醋酐 -$ZnCl_2$ 乙酰解而确定的。

三、碱催化水解和 β- 消除反应

通常苷键对碱稳定，对酸不稳定，不易被碱水解。由于酚苷的芳环具有一定的吸电子作用，使糖端基碳上的氢酸性增强，有利于 OH^- 进攻。而苷元为酸、有羰基共轭的烯醇类、成苷羟基的 β 位有吸电子基取代的苷，这些苷键因具有一定酯的性质，遇碱可以发生水解。例如 4- 羟基香豆素苷、藏红花苦苷、蜀黍苷（dhurrin）等均可用碱水解，其中藏红花苦苷的苷键邻位碳原子上有受吸电子基团活化的氢原子，当用碱水解时还能发生消除反应而生成双烯结构。

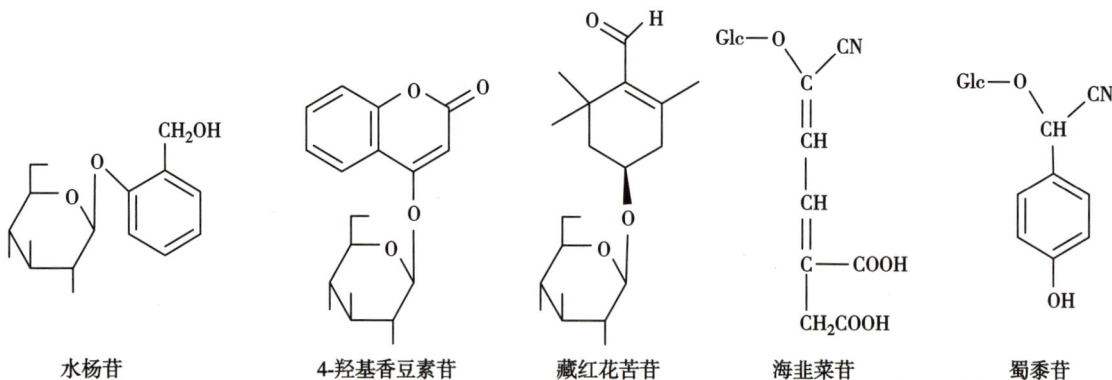

水杨苷　　4-羟基香豆素苷　　藏红花苦苷　　海韭菜苷　　蜀黍苷

对于酚苷和酯苷，当糖的 2-OH 与苷键成反式时则较顺式易于水解。前者获得的是 1,6- 糖酐，后者则为正常的糖。1,6- 糖酐的生成可能是发生了二次 Walden 转换所致，据此可以判断苷键的构型。如存在于甜叶菊中的 dulcoside A 用碱水解获得 1,6- 葡萄糖酐，由此推定其连接在羟基上的葡萄糖苷键的构型为 β 型。

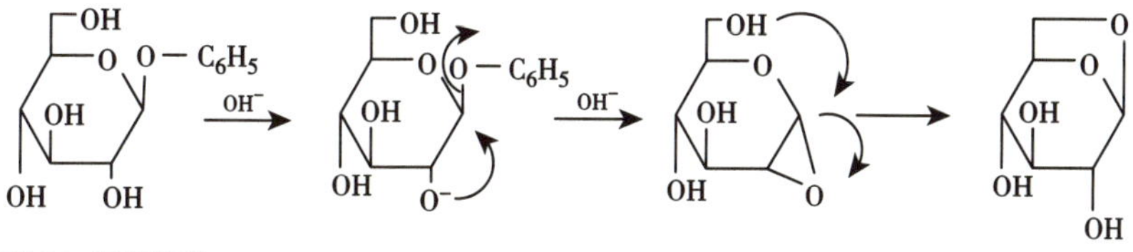

苯酚β-D-葡萄糖苷

1,6-葡萄糖酐

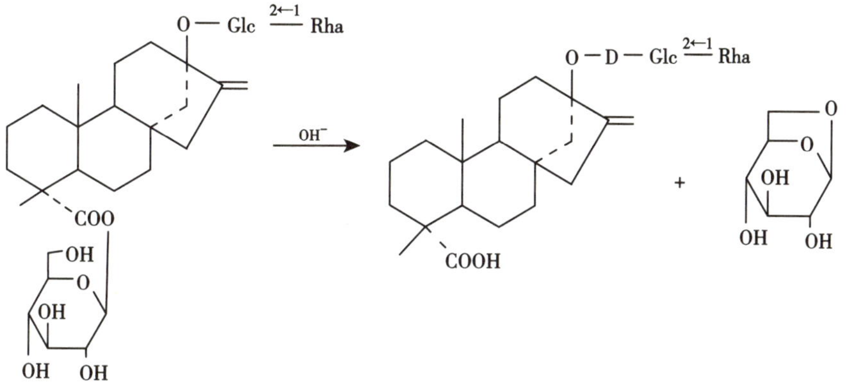

dulcosideA

由于苷键β位吸电子基团能使苷元α-位氢活化，有利于OH^-的进攻，故苷键的β位有吸电子取代的苷如蜀黍苷等在碱液中可与苷键发生消除反应而开裂苷键，此反应称为β-消除反应。由于游离的醛（酮）基能活化邻位的氢，故在1→3或1→4连接的聚糖中，碱能使聚糖还原端的单糖逐个剥落（peeling reaction），对非还原端则无影响。1→3连接聚糖还原末端剥落所形成的产物是3-脱氧糖酸，1→4连接聚糖的产物则是3-脱氧-2-羟甲基糖酸，两个以上取代的还原糖则很难形成糖酸，因此可根据所形成的产物推断还原糖的取代方式，这在聚糖的结构研究中是非常有用的。1→4连接聚糖还原末端剥落糖的反应机制虽然与1→3连接的相似，但由于存在3位竞争性的脱羟基反应，故其降解速度比1→3连接慢得多。

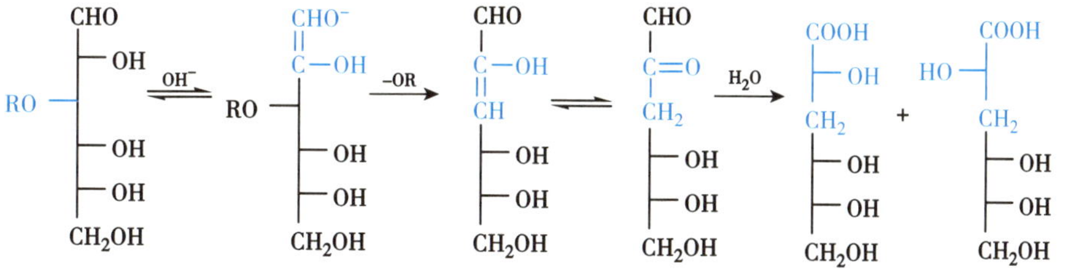

1→3连接聚糖

3-脱氧-D-核己糖酸

3-脱氧-D-阿拉伯己糖酸

4,6-去氧六碳糖酮-2或4-去氧五碳糖酮-2的双连苷也可用碱催化水解。如存在于卫矛科粉绿福木（*Elaeodendron glaucum*）中的福木苷B（elaeodendroside B）用酸、过碘酸、酶水解均未获得苷元，而在甲苯中加入少量三乙胺、吡啶或Al_2O_3后回流就可获得苷元。该苷能被碱水解，可能与C-4位上双键既可以活化C-3位上的氢，有利于OH^-的进攻，又可以增加C-3位脱掉质子后形成的碳负离子的稳定性有关[8]。

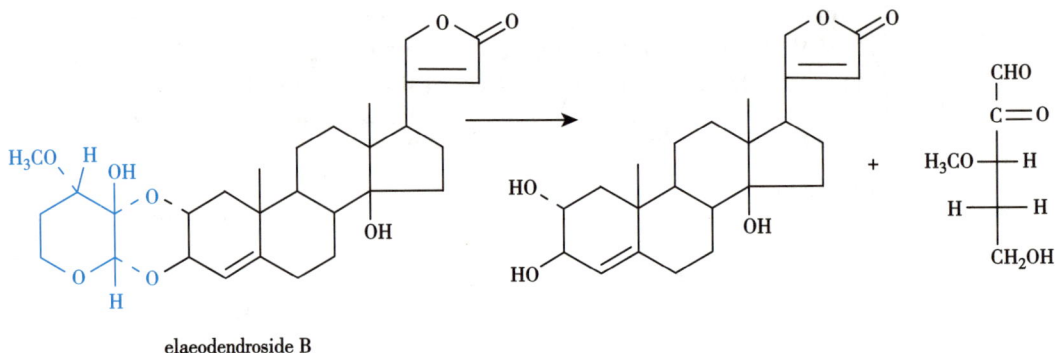

elaeodendroside B

四、酶催化水解反应

酶是专属性很强的生物催化剂，利用酶催化水解苷键可避免酸、碱催化水解等剧烈条件，保护糖和苷元结构不再进一步的变化。酶催化水解条件温和，可保留部分苷键得到次级苷，因而可以获知苷元与糖、糖与糖的连接方式。酶的专属性主要表现在特定的酶只能水解糖的特定构型的苷键。如 α- 苷酶只能裂解 α- 糖苷键，而 β- 苷酶只能裂解 β- 糖苷键，故酶水解也常用来推断苷键的构型。

如苦杏仁酶（emulsin）水解 β- 葡萄糖苷键（专属性较低，能水解一般的 β- 葡萄糖苷和有关六碳醛糖苷）；纤维素酶（cellulase）水解 β- 葡萄糖苷键；麦芽糖酶（maltase）水解 α- 葡萄糖苷键；转化糖酶（invertase）水解 β- 果糖苷键。

pH 是影响酶解的一个重要因素，某些酶的酶解产物会随 pH 的改变而改变。如存在于十字花科植物中的芥子苷酶（myrosinase），在 pH=7 时对芥子苷的酶解产物是异硫氰酸酯，在 pH 3~4 时则是腈和硫黄。

芥子苷

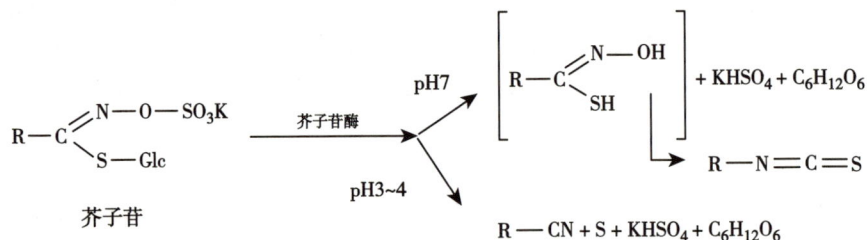

由于酶的分离纯化比较困难和麻烦，市售的酶的品种有限。近年来有人采用微生物发酵的方法来水解苷类。在微生物培养液中加入苷，利用微生物产生的酶将苷水解。某些微生物会把苷中的糖当作碳源消耗掉而只留下苷元。

五、过碘酸裂解反应

对某些采用酸催化水解时苷元结构易于发生改变的苷类或者难于水解的 C- 苷类，使用氧化反应开裂苷键，可以避免采用剧烈的酸水解条件，而获得完整的苷元，常用的氧化开裂法是过碘酸裂解法，亦称 Smith 降解法。该反应条件温和，易得到原苷元，通过反应产物可以推测糖的种类、糖与糖的连接方式以及氧环大小等。

Smith 降解法可分为 3 步：第 1 步，在水或稀醇溶液中，用 $NaIO_4$ 在室温条件下将苷分子中糖上的邻二羟基氧化开裂为二元醛；第 2 步，将二元醛用 $NaBH_4$ 还原成相应的二元醇；第 3 步，调节 pH 至 2 左右，室温放置让其水解。此时由于这种二元醇中间体具有简单的缩醛（酮）结构，它比糖的环状缩醛（酮）更容易被稀酸催化水解而生成苷元、多元醇和羟基乙醛的产物。该法特别适合于那些苷元不稳定的苷和碳苷的裂解，但对于那些苷元上有邻二醇羟基或易被氧化的基团的苷则不能应用，因为过碘酸在氧化糖的同时它们也将随之被氧化。

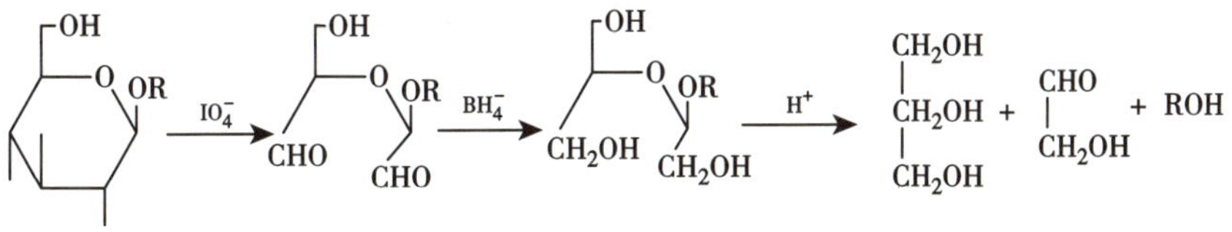

人参皂苷 Rb_1(ginsenoside Rb_1)用各种方法水解均未获得原苷元,只是采用 Smith 降解法后才获得原苷元即 20(*S*)- 原人参二醇 [20(*S*)-protopanaxadiol],这也是为什么原人参二醇上有 3 个羟基但却称原人参二醇的原因。因为最早用其他裂解方法所获得的苷元上只有 2 个醇羟基,故将其称为人参二醇,只是用 Smith 降解法后才知道原来获得的苷元实际上是一个人工产物,为了与原产物区别才在名称前加了一个"原"字。

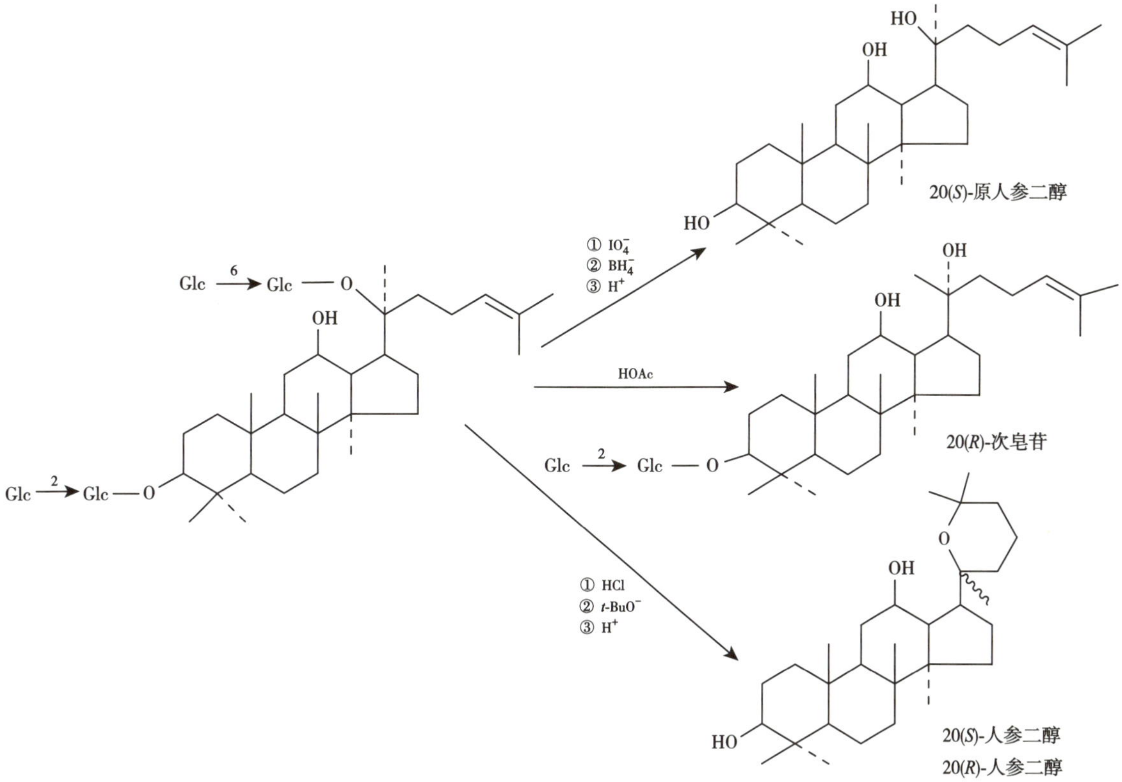

碳苷类很难被酸催化水解,但用 Smith 降解法可获得接有一个醛基的苷元。

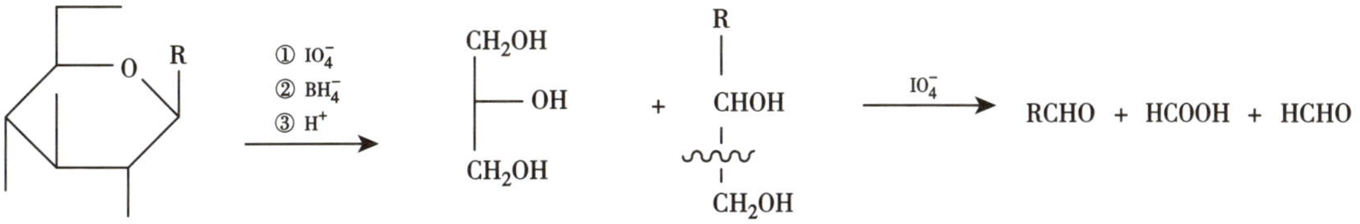

六、糖醛酸苷的选择性水解反应

许多苷和聚糖中都含有糖醛酸,特别是在皂苷和生物体内肝脏的代谢产物中,糖醛酸苷更为常见。糖醛酸苷键用普通的裂解方法很难开裂,常需要加剧反应条件,但其结果是造成糖醛酸和苷元的破坏,故糖醛酸苷键的裂解常需要一些特殊的方法,如光解法、四乙酸铅分解法、乙酸酐-吡啶分解法、微生物培养法等(可自行参阅相关参考书)。

个别苷除了苷元以苷键与糖相连外，还由醚键与同一糖相连。如存在于芍药(*Paeonia lactiflora*)根中的芍药新苷(lactiflorin)，这种苷即使用前述方法将苷键开裂也无法获得苷元和糖[9]。

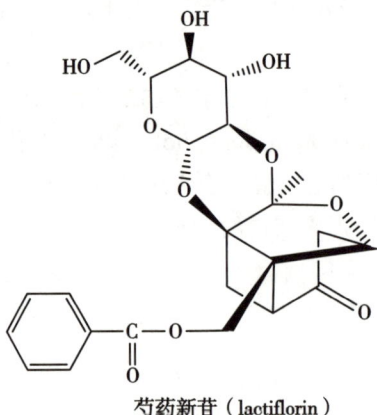

芍药新苷（lactiflorin）

第五节 糖的核磁共振性质[10-15]

核磁共振波谱在解决糖的种类、苷键构型、氧环的大小、优势构象、糖与糖的连接位置及连接顺序等方面具有重要的作用，下面仅就糖的一些基本核磁共振性质加以介绍。

一、糖的 ^{1}H-NMR 性质

糖的结构决定其在 ^{1}H-NMR 中的信号分布于一个很狭窄的范围内，自旋系统的归属相对困难。

(一) 糖上氢信号化学位移

大致可分为以下几类：

1. 甲基五碳糖的甲基信号(CH_3) δ 1.28；与邻位 C—H 存在偶合裂分。
2. CH_2OH/CHOH δ 3.20~4.20。
3. CH(O—)(O—) δ 4.3~6.0(糖端基 H 信号)。
4. —OH δ 0.5~5.5。

糖的端基质子信号和甲基质子信号与其他信号相隔较远，易于辨认，在 2D-NMR 谱中糖的碳氢信号的归属和每个糖上自旋系统的归属常从端基质子信号或甲基质子信号开始。根据糖上端基质子信号的个数和化学位移值可推测连有糖的个数、糖的种类。根据甲基质子信号的个数和化学位移值可推测甲基五碳糖的个数、糖的种类，表 2-1 中列出了常见糖及其甲苷的氢核磁谱数据供参考。

表 2-1 单糖及单糖甲苷的氢谱数据(δ)

糖(苷)	H-1	H-2	H-3	H-4	H-5	H-6
β-D-吡喃葡萄糖	4.64	3.25	3.50	3.42	3.46	3.72，3.90
α-D-吡喃葡萄糖	5.23	3.54	3.72	3.42	3.84	3.76，3.84
β-D-吡喃半乳糖	4.53	3.45	3.59	3.89	3.65	3.64，3.72
α-D-吡喃半乳糖	5.22	3.78	3.81	3.95	4.03	3.69，3.69
β-D-吡喃甘露糖	4.89	3.95	3.66	3.60	3.38	3.75，3.91
α-D-吡喃甘露糖	5.18	3.94	3.86	3.68	3.82	3.74，3.84

续表

糖(苷)	H-1	H-2	H-3	H-4	H-5	H-6
β-L- 吡喃鼠李糖	4.85	3.93	3.59	3.38	3.39	1.30
α-L- 吡喃鼠李糖	5.12	3.92	3.89	3.45	3.86	1.28
β-L- 呋喃夫糖	4.55	3.46	3.63	3.74	3.79	1.26
α-L- 呋喃夫糖	5.20	3.77	3.86	3.81	4.20	1.21
甲基 -*O*-*β*-D- 吡喃葡萄糖苷	4.27	3.15	3.38	3.27	3.36	3.82,3.62
甲基 -*O*-*α*-D- 吡喃葡萄糖苷	4.70	3.46	3.56	3.29	3.54	3.77,3.66
甲基 -*O*-*β*-D- 吡喃半乳糖苷	4.20	3.39	3.53	3.81	3.57	3.69,3.74
甲基 -*O*-*α*-D- 吡喃半乳糖苷	4.73	3.72	3.68	3.86	3.78	3.67,3.61
甲基 -*O*-*β*-D- 吡喃甘露糖苷	4.47	3.88	3.53	3.46	3.27	3.83,3.63
甲基 -*O*-*α*-D- 吡喃甘露糖苷	4.66	3.82	3.65	3.53	3.51	3.79,3.65
甲基 -*O*-*β*-L- 吡喃木糖苷	4.21	3.14	3.33	3.51	3.88,3.21	—
甲基 -*O*-*α*-L- 吡喃木糖苷	4.67	3.44	3.53	3.47	3.59,3.39	—

(二)糖端基氢偶合常数($^1J_{H1\text{-}H2}$)与苷键构型

吡喃型糖的椅式稳定构象中,端基碳上的 H 与邻位 H-2 上的质子互为偶合,偶合常数大小与两个质子间的二面角有关,若两个质子都处于竖直键上,二面角为 180°,则偶合常数为 6~8Hz;若二面角为 60°,则偶合常数 3~4Hz。据此可用于苷键构型的判定。其前提条件为 H-2 处于椅式构象的竖键上(直立键,以下图葡萄糖为例),具体有以下对应联系。

$^1J_{H1\text{-}H2}$/Hz	端基碳构型	
6~8	*β*-D(C1 式)	*β*-L(1C 式)
3~4	*α*-D(C1 式)	*α*-L(1C 式)

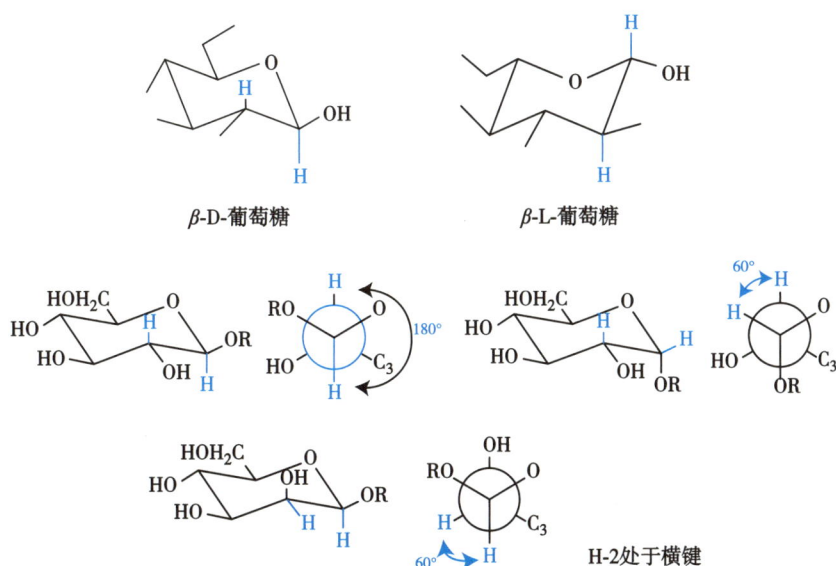

β-D-葡萄糖　　*β*-L-葡萄糖

H-2处于横键

对于 H-2 处于椅式构象横键上(平伏键)的糖,包括甘露糖、阿卓糖、塔罗糖、来苏糖、鼠李糖,都无法用此方法确定它们的苷键构型。呋喃型糖无论其端基质子和 H-2 是处于反式还是顺式,其偶合常数变化均不大(都在 0~5Hz),故无法用端基质子的偶合常数来判断苷键构型。

二、糖的 ^{13}C-NMR 性质

(一) 化学位移

糖上的碳信号大致可分为以下几类，其对应的化学位移(δ)归纳为：

1. CH_3 δ 18。
2. CH_2—OH δ 62(C-5 或 C-6)。
3. CHOH δ 68~85(糖氧环上的 C-2~C-4)。
4. CH(—O—)(—O—) δ 90~105(端基碳 C-1 或 C-2)。

因糖端基碳与两个氧原子相连，化学位移值通常在 100 左右，因此可根据此区域碳信号的数目来推测低聚糖及苷中所含糖的个数。五元环呋喃型，如酮糖的 C-3 位和 / 或 C-5 位、六碳醛糖的 C-2 位和 / 或 C-4 位的化学位移值多大于 80。因此可根据其化学位移值区别氧环的大小。

在表 2-2 中列出了常见糖及其甲苷的碳谱数据供参考。

表 2-2 常见单糖及其衍生物的碳谱数据(δ)

化合物	C-1	C-2	C-3	C-4	C-5	C-6	OCH_3
α-D- 吡喃葡萄糖	92.9	72.5	73.8	70.6	72.3	61.6	
β-D- 吡喃葡萄糖	96.7	75.1	76.7	70.6	76.8	61.7	
甲基 -*O*-α-D- 吡喃葡萄糖苷	100.0	72.2	74.1	70.6	72.5	61.6	55.9
甲基 -*O*-β-D- 吡喃葡萄糖苷	104.0	74.1	76.8	70.6	76.8	61.8	58.1
α-D- 五乙酰基吡喃葡萄糖	89.2	69.3	69.9	68.0	69.9	61.6	
β-D- 五乙酰基吡喃葡萄糖	91.8	70.5	72.8	68.1	72.8	61.7	
α-D- 吡喃半乳糖	93.2	69.4	70.2	70.3	71.4	62.2	
β-D- 吡喃半乳糖	97.3	72.9	73.8	69.7	76.0	62.0	
甲基 -*O*-α-D- 吡喃半乳糖苷	100.1	69.2	70.5	70.2	71.6	62.2	56.0
甲基 -*O*-β-D- 吡喃半乳糖苷	104.5	71.7	73.8	69.7	76.0	62.0	58.1
α-D- 五乙酰基吡喃半乳糖	89.5	67.2	67.2	66.2	68.5	61.0	
β-D- 五乙酰基吡喃半乳糖	91.8	67.8	70.6	66.8	71.5	61.0	
α-D- 吡喃果糖	65.9	99.1	70.9	71.3	70.0	61.9	
β-D- 吡喃果糖	64.7	99.1	68.4	70.5	70.0	64.1	
α-D- 呋喃果糖	63.8	105.5	82.9	77.0	82.2	61.9	
β-D- 呋喃果糖	63.6	102.6	76.4	75.4	81.6	63.2	
α-D- 吡喃甘露糖	95.0	71.7	71.3	68.0	73.4	62.1	
β-D- 吡喃甘露糖	94.6	72.3	74.1	67.8	77.2	62.1	
甲基 -*O*-α-D- 吡喃甘露糖苷	101.9	71.2	71.8	68.0	73.7	62.1	55.9
甲基 -*O*-β-D- 吡喃甘露糖苷	101.3	70.6	73.3	67.1	76.6	61.4	56.9
α-L- 吡喃鼠李糖	95.1	71.9	71.1	73.3	69.4	17.9	
β-L- 吡喃鼠李糖	94.6	72.5	73.9	72.9	73.2	17.9	
甲基 -*O*-α-L- 鼠李糖苷	102.6	72.1	72.7	73.8	69.5	18.6	
甲基 -*O*-β-L- 鼠李糖苷	102.6	72.1	75.3	73.7	73.4	18.5	

续表

化合物	C-1	C-2	C-3	C-4	C-5	C-6	OCH_3
α-D- 吡喃阿拉伯糖	97.6	72.9	73.5	69.6	67.2		
β-D- 吡喃阿拉伯糖	93.4	69.5	69.5	69.5	63.4		
甲基 -O-α-D- 吡喃阿拉伯糖苷	105.1	71.8	73.4	69.4	67.3		58.1
甲基 -O-β-D- 吡喃阿拉伯糖苷	101.0	69.4	69.9	70.0	63.8		56.3
α-D- 呋喃阿拉伯糖	101.9	82.3	76.5	83.8	62.0		
β-D- 呋喃阿拉伯糖	96.0	77.1	75.1	82.2	62.0		
甲基 -O-α-D- 呋喃阿拉伯糖苷	109.2	81.8	77.5	84.9	62.4		
甲基 -O-β-D- 呋喃阿拉伯糖苷 *	103.1	77.4	75.7	82.9	62.4		
α-D- 吡喃核糖	94.3	70.8	71.1	68.1	63.8		
β-D- 吡喃核糖	94.7	71.8	69.7	68.2	63.8		
α-D- 呋喃核糖	97.1	71.7	70.8	83.8	62.1		
β-D- 呋喃核糖	101.7	76.0	71.2	83.3	63.3		
α-D- 吡喃木糖	93.1	72.5	73.9	70.4	61.9		
β-D- 吡喃木糖	97.5	75.1	76.8	70.2	66.1		
甲基 -O-α-D- 吡喃木糖苷	100.6	72.3	74.3	70.4	62.0		56.0
甲基 -O-β-D- 吡喃木糖苷	105.1	74.0	76.9	70.4	66.3		58.3

注：*D_2O 中测定。

糖的一对差向异构体成苷后端基碳的化学位移值相差较大，可以通过端基碳的化学位移值初步确定苷键的相对构型（α 或 β），参见下面苷化位移部分。

（二）端基碳 - 氢偶合常数（$^1J_{C1\text{-}H1}$）与苷键构型

吡喃糖中端基碳的碳 - 氢偶合常数（$^1J_{C1\text{-}H1}$）也可用于确定苷键构型。根据 D、L- 型吡喃糖的稳定构象，端基质子处于横键（平伏键）时，$^1J_{C1\text{-}H1}$ 为 160~170Hz，处于竖键（直立键）时，$^1J_{C1\text{-}H1}$ 为 150~160Hz。如 D- 甘露糖的稳定构象为 C1 式，其甲苷的糖端基质子 $^1J_{C1\text{-}H1}$ 为 166Hz，则 H-1 处于平伏键，此时对应苷键为 α-D 型，若 $^1J_{C1\text{-}H1}$ 为 160Hz，则 H-1 处于竖直键，则为 β-D- 甲苷（表 2-3）；L- 鼠李糖稳定构象为 1C 式，α-L- 鼠李糖甲苷的端基质子处于平伏键，$^1J_{C1\text{-}H1}$ 为 168Hz，β-L 型端基质子处于竖直键，$^1J_{C1\text{-}H1}$ 为 158Hz。呋喃型糖苷则无法用端基碳的碳氢偶合常数判断其苷键构型。

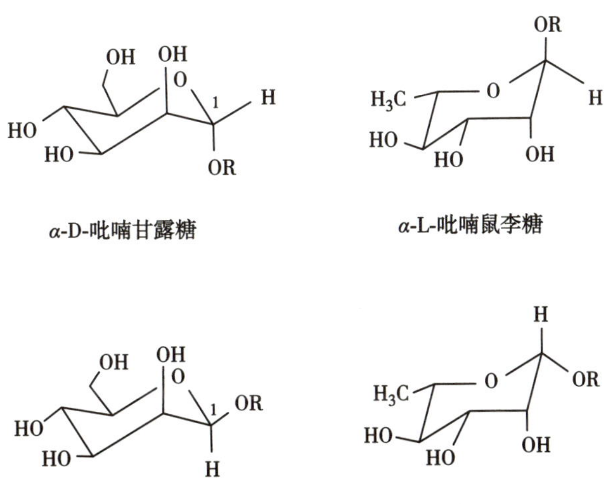

α-D-吡喃甘露糖　　α-L-吡喃鼠李糖

β-D-吡喃甘露糖　　β-L-吡喃鼠李糖

表 2-3　甘露糖苷和鼠李糖苷的 $^{1}J_{C1\text{-}H1}$ 值

苷元	糖	$^{1}J_{C1\text{-}H1}$/Hz	$\delta_{H\text{-}1}$	糖	$^{1}J_{C1\text{-}H1}$/Hz	$\delta_{H\text{-}1}$
甲醇	α-D- 甘露糖	166	5.10	β-D- 甘露糖	156	4.62
	α-L- 鼠李糖	168	5.04	β-L- 鼠李糖	158	4.55
正丁醇	α-D- 甘露糖	166	5.26	β-D- 甘露糖	155	4.72
	α-L- 鼠李糖	166	5.02	β-L- 鼠李糖	152	4.60
仲醇	α-D- 甘露糖	165	5.37	β-D- 甘露糖	155	4.93
	α-L- 鼠李糖	167	5.27	β-L- 鼠李糖	154	4.72
d- 薄荷醇	α-D- 甘露糖	164	5.52	β-D- 甘露糖	154	4.88
	α-L- 鼠李糖	166	5.23	β-L- 鼠李糖	152	4.83
l- 薄荷醇	α-D- 甘露糖	166	5.36	β-D- 甘露糖	154	4.92
	α-L- 鼠李糖	168	5.30	β-L- 鼠李糖	152	4.90
叔丁醇	α-D- 甘露糖	165	5.56	β-D- 甘露糖	153	5.00
	α-L- 鼠李糖	164	5.92	β-L- 鼠李糖	153	4.87

（三）苷化位移及规律

糖与苷元成苷后，苷元的 α-C、β-C 以及糖的端基碳的化学位移值均会发生改变，这种改变称为苷化位移（glycosylation shift，GS），苷化位移值与苷元的结构有关，与糖的种类无关。苷化位移在推测糖与苷元、糖与糖的连接位置、某些苷元被苷化后碳的绝对构型及碳氢信号归属上具有重要的作用。

糖与糖通过苷键相连虽然并不称为苷，但在解决它们相互之间的连接位置时，苷化位移仍然适用。

苷元与糖形成苷的类型，包括醇苷、酯苷（羧酸酯）、酚苷（烯醇苷）等，经大量的实例分析，已总结并形成了各自的位移规律，这也是解析糖苷化合物结构要掌握的重点内容，现结合苷元特征，对苷化位移规律阐述如下。

1. 醇苷的位移规律　成苷后，糖端基碳和苷元 α-C（成苷位置）化学位移均向低场位移，而 β-C 稍向高场位移（偶尔也有向低场移动的），对其余碳的影响不大。

（1）糖端基碳的化学位移向低场移动的幅度与糖的种类及端基构型无关，与苷元有关：苷元为甲醇时，糖端基碳向低场位移幅度最大，约为 7 个化学位移单位，其他则随着苷元为伯醇（δ：~ +6）、仲醇（δ：~+4）、叔醇（δ：~0）依次递减。

（2）苷元的 α- 碳向低场移动的幅度与糖端基碳、苷元 α-C 及 β-C 的构型有关。总体趋势是：α-C 向低场位移 5~7 个化学位移单位，β-C 向高场位移约 3~5 个化学位移单位（葡萄糖的苷化位移变化如下）。

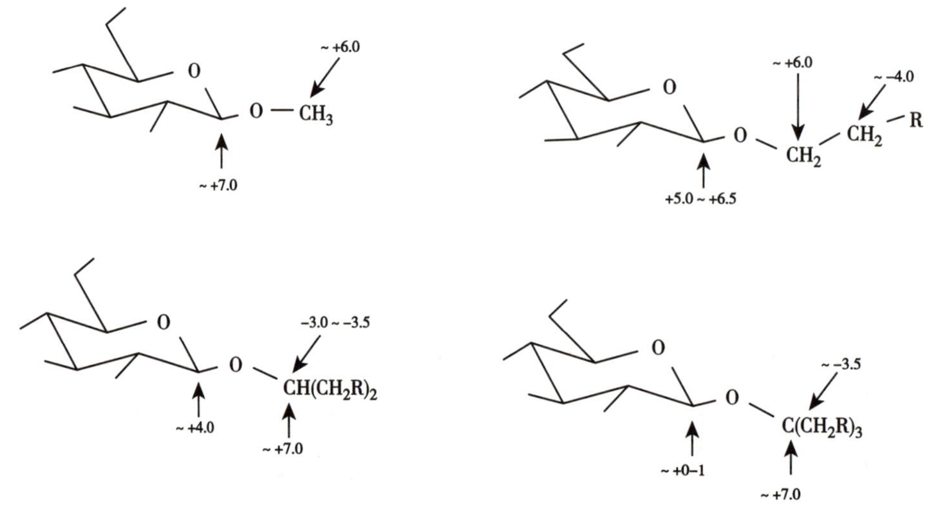

(3) 苷元为环仲醇，若 β 位碳上无烷基取代，则苷元 α-C 与糖端基碳的苷化位移值与开链的仲醇相当。若 β 位有烷基取代，则 α-C 与糖端基碳的位移值与两者的手性都有关系，出现“同 5 异 10”的变化规律。具体为：

1) 若苷元的 α-C 和糖端基碳构型相同，即同为“*R*”或同为“*S*”，则苷化位移值与开链的仲醇相似，即苷元 α-C 与糖端基碳均向低场位移约 5 个化学位移单位。

2) 若苷元的 α-C 和糖端基碳构型不同，苷化位移幅度增大，两者均向低场位移约10个化学位移单位。

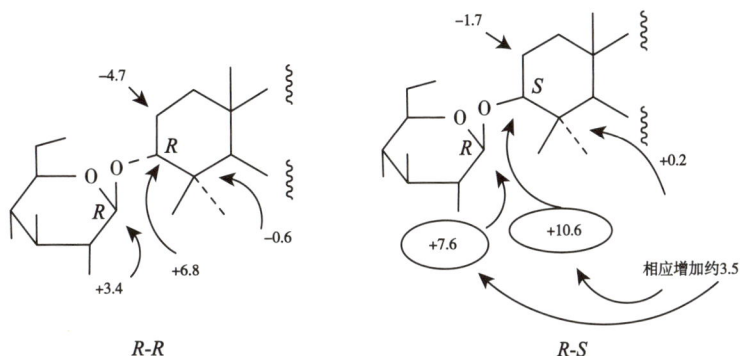

R-R　　*R-S*

3) 若环醇苷的两个 β-C 都为前手性碳时，苷化位移还有“同小异大”的表述。即 β-C 碳上的一个氢被其他取代基取代，则成为手性碳（非对称碳），这样的碳称为前手性碳（prochiral carbon）或潜非对称碳。前手性碳又有 pro-*S* 和 pro-*R* 之分，即在该碳位置的 e 键上增加一个基团，并将该基团的优先序列定为第三，按 *R*、*S* 命名规则进行命名，当为 *R* 构型时则称该碳为 pro-*R* 碳，反之则称 pro-*S* 碳。当苷元 β-C 前手性和端基碳的绝对构型相同时，β-C 向高场位移约 2 个化学位移单位，不同时则约为 4 个化学位移单位，即“同小异大”（指位移的绝对值）。

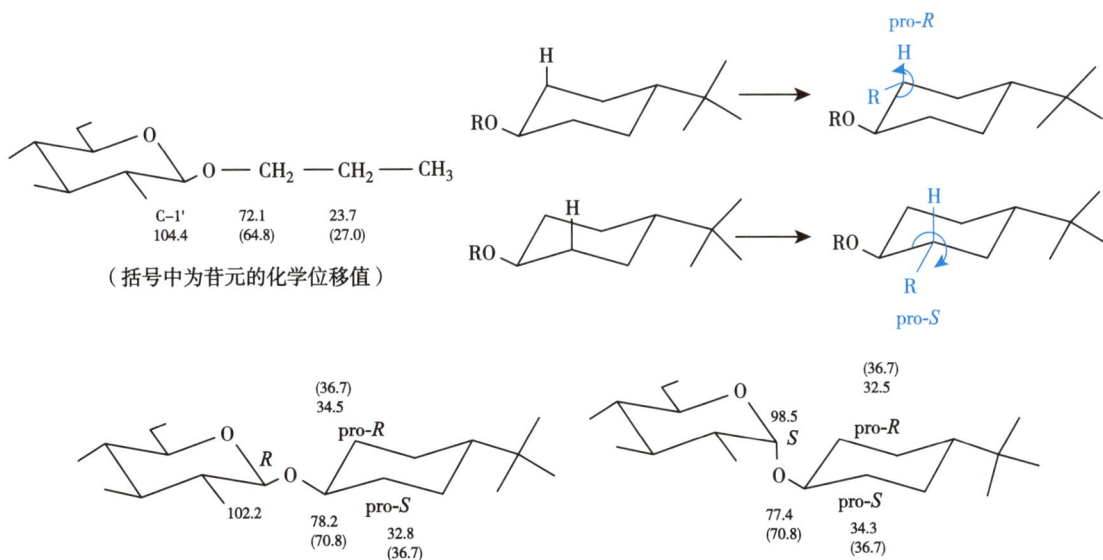

（括号中为苷元的化学位移值）

4) 若环醇有两个 β-C，一个为仲碳、另一个为叔碳或季碳的苷，β-C 的苷化位移见表 2-4。

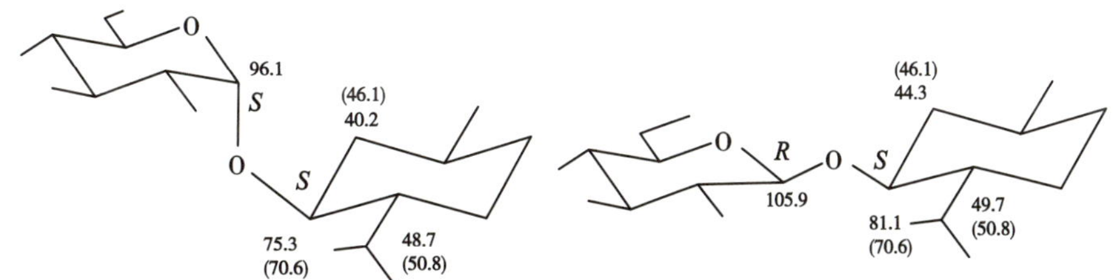

表 2-4 苷化位移规律总结表

<table>
<tr><th colspan="3">苷元</th><th>C-1′</th><th>α-C</th><th>β-C</th></tr>
<tr><td colspan="3">伯醇</td><td>~7</td><td>5~7</td><td>-4</td></tr>
<tr><td rowspan="8">环仲醇</td><td rowspan="2">β-C 均为仲碳</td><td>C-1′（R）</td><td>~7</td><td>5~7</td><td>pro-S -4； pro-R -2</td></tr>
<tr><td>C-1′（S）</td><td>~7</td><td>5~7</td><td>pro-S -2； pro-R -4</td></tr>
<tr><td rowspan="6">一个 β-C 为仲碳，另一个为叔碳或季碳</td><td rowspan="3">C-1′和 α-C 构型相同</td><td rowspan="3">5</td><td rowspan="3">5</td><td>仲碳 -5</td></tr>
<tr><td>叔碳 -2</td></tr>
<tr><td>季碳 -0.5</td></tr>
<tr><td rowspan="3">C-1′和 α-C 构型不同</td><td rowspan="3">10</td><td rowspan="3">10</td><td>仲碳 -2</td></tr>
<tr><td>叔碳 -1</td></tr>
<tr><td>季碳 ±0.5</td></tr>
<tr><td colspan="3">叔醇</td><td>0~1</td><td>7</td><td>-3</td></tr>
</table>

(4) 若苷元为叔醇时，糖与叔醇成苷后其 α-C 向低场位移约 7 个化学位移单位，β-C 向高场位移约 3 个化学位移单位，糖端基碳的化学位移无明显变化。

用苷化位移确定糖与糖之间的连接位置，关键是首先要将糖中碳的信号正确归属。苷化的糖，通常 α-C 的位移较大，β-C 稍有影响，其他碳则影响不大。对于双糖苷，在确定了苷中糖的种类基础上，可参考该糖甲苷的化学位移值归属末端糖中碳的信号，然后再根据内侧糖甲苷的化学位移值归属内侧糖的碳信号，最后根据苷化位移规律确定糖与糖的连接位置。对于三糖以上的苷，糖中碳信号的归属往往较困难，需要借助 2D-NMR 才能正确归属。

2. 酚苷（烯醇苷）、酯苷的苷化位移规律 当糖与羧基、酚羟基或烯醇羟基形成苷时，苷化位移值比较特殊，其中苷元的 α-C 向高场位移约 0~4 个化学位移单位，而糖的端基碳在酚苷、烯醇苷中向低场位移 5~7 个化学位移（详见黄酮类一章），在酯苷中向高场位移，但位移幅度不大，约 0~2 个化学位移单位。

例如，齐墩果酸其 3-OH 及 28-COOH 与糖分别形成醇苷（环仲醇）、酯苷（吡啶 -d_5 中测定），二氢查耳酮形成酚苷（甲醇 -d_4 中测定），则成苷前后的化学位移变化如下：

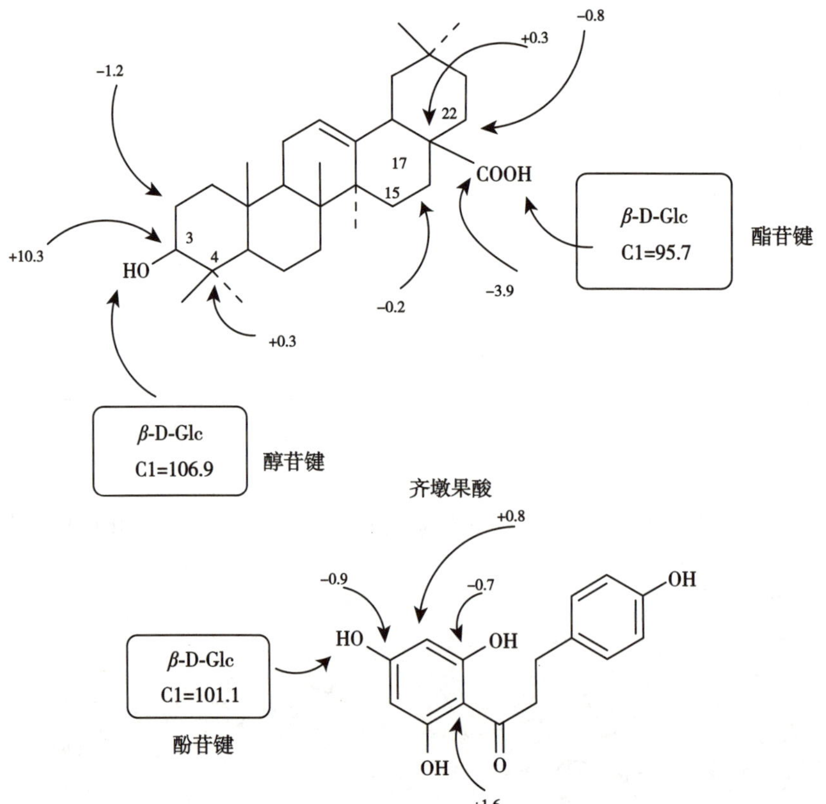

（四）酰化位移

糖的部分—OH 被乙酰化所得的乙酰化糖苷在天然产物中广泛存在。通常，羟基的乙酰化会使其 α-C 信号向低场位移（+2~+4 化学位移单位），而邻位碳（β-C）向高场位移（−2~−6 化学位移单位），这是由于空间位阻 γ- 旁式作用，利用这个规律可以确定大多数天然乙酰化糖苷的结构。

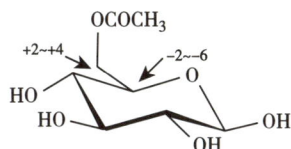

（五）糖及其苷的核磁共振实例

以化合物 **1** 苯甲基 -*O*- 芸香糖苷 [phenyl-*O*-α-L-rhamnopyranosyl-(1→6)-β-D-glucopyranoside] 在氘代甲醇（CD_3OD）中测定的氢谱（600MHz）（图 2-3）及碳谱（150MHz）（图 2-4）为例分析糖及其成苷的核磁共振特点。

化合物 **1** 为白色无定型粉末（甲醇），紫外 254nm 下呈现暗斑，浓硫酸 / 香草醛显色不明显，其分子式为 $C_{19}H_{28}O_{10}$。^{1}H-NMR（600MHz，CD_3OD）中给出特征鼠李糖—CH_3 质子信号 δ_H 1.31（3H，d，J=6.2Hz）；两个糖端基质子信号分别为 δ_H 4.37（1H，d，J=7.8Hz）、4.83（1H，brs），结合偶合常数以及碳谱数据分别归属为 β- 葡萄糖和鼠李糖；1 组单取代苯的芳香质子信号 δ_H 7.31、7.33（2H）、7.46（2H）；1 组连氧亚甲基氢质子信号 δ_H 4.91（1H，m，overlapped），4.69（1H，d，J=11.7Hz），由此推断该化合物为苯甲醇糖苷类。

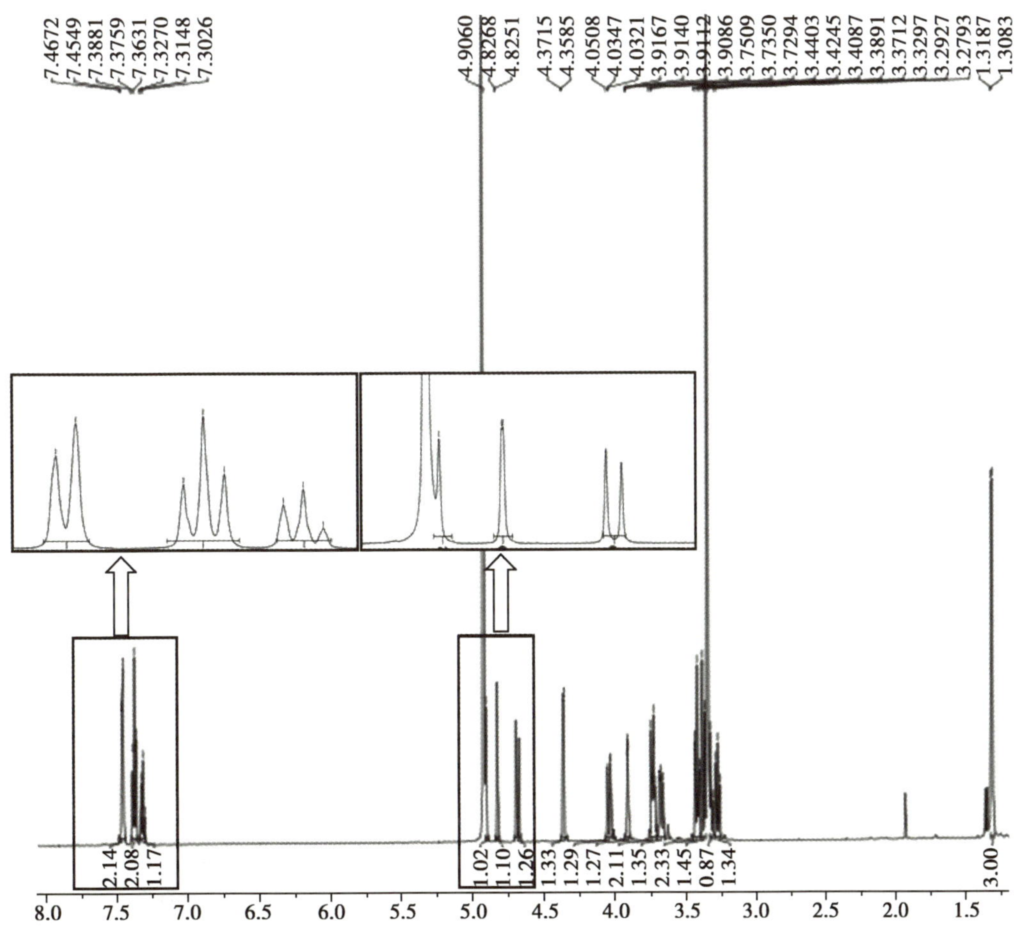

图 2-3 化合物 1 的 ^{1}H-NMR 全谱及部分放大谱图（CD_3OD，600MHz）

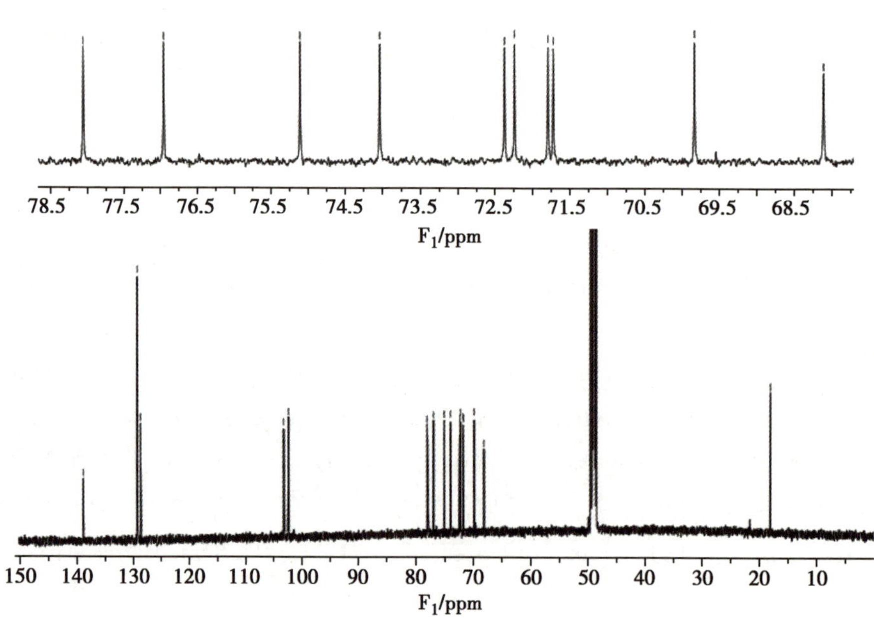

图 2-4　化合物 1 的 ^{13}C-NMR 全谱及部分放大谱图（CD_3OD，150MHz）

^{13}C-NMR（150MHz，CD_3OD）中给出 19 个碳信号（见表 2-5），两组糖基碳信号 δ_C 103.2、74.0、72.4、71.8、69.8、18.1；102.3、78.1、77.0、75.1、71.7、68.1，其中 δ_C 18.1 为鼠李糖 C-6 特征甲基碳信号，δ_C 68.1 为葡萄糖 C-6 位碳信号，对比葡萄糖常规 C-6 化学位移范围（表 2-2），向低场区移动，由此推断出鼠李糖 C-1 与葡萄糖 C-6 位相连而成苷；1 组单取代苯碳信号和 1 个连氧亚甲基碳信号 δ_C 72.4，根据碳、氢谱数据并参照文献报道，鉴定该化合物为苯甲基 -*O*- 芸香糖苷 [phenyl-*O*-*α*-L-rhamnopyranosyl-(1→6)-*β*-D-glucopyranoside]。

该化合物的苷化位移，符合一般醇苷的苷化位移规律。

表 2-5　化合物 1 的 NMR 数据（CD_3OD；^{1}H-NMR/600MHz、^{13}C-NMR/150MHz）

位置	δ_H	δ_C	位置	δ_H	δ_C
1		138.9	5′	3.42（1H，m）	77.0
2,6	7.33（2H，m）	129.3	6′	4.04（1H，dd，*J*=11.2、1.6Hz）	68.1
3,5	7.46（2H，m）	129.4		3.68（1H，dd，*J*=11.2、6.2Hz）	
4	7.31（1H，t，*J*=7.3Hz）	128.8	Rha-1″	4.83（1H，brs）	103.2
7	4.69（1H，d，*J*=11.7Hz）	72.4	2″	3.91（1H，dd，*J*=3.3、1.6Hz）	71.8
	4.91（1H，overlapped）		3″	3.76~3.74（1H，m）	72.4
Glc-1′	4.37（1H，d，*J*=7.8Hz）	102.3	4″	3.38（1H，m）	74.0
2′	3.28（1H，t，*J*=8.0Hz）	75.1	5″	3.74~3.72（1H，m）	69.8
3′	3.32（1H，m）	78.1	6″	1.31（1H，d，*J*=6.2Hz）	18.1
4′	3.40（1H，m）	71.7			

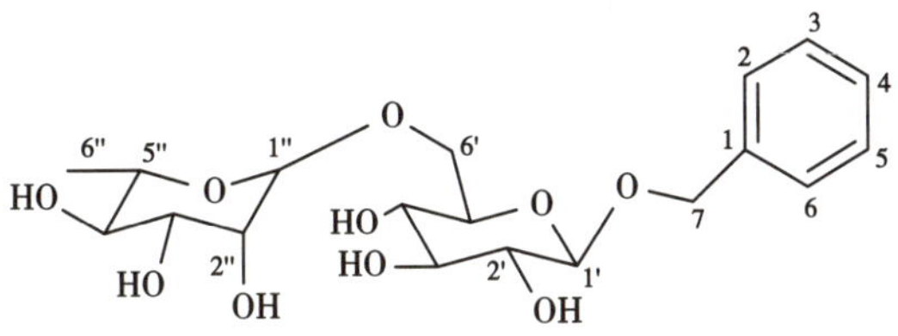

第六节 糖链的结构测定

多糖是生物高分子化合物，像蛋白质一样也具有一、二、三、四级结构，多糖的生物活性不仅与其分子量（通常中等的较好）、溶解度、黏度以及糖链一级结构等有关，而且与其二、三级结构也有很大的关系。由于单糖的种类比氨基酸多，连接的位置也多，而且还有端基碳构型等问题，故多糖的糖链比蛋白质要复杂得多，如三个相同的氨基酸只能构成一种形式的三肽，而三个相同的单糖则能构成176个异构体。对多糖的结构测定包括了糖单元的种类鉴别、单糖的绝对构型测定、糖的氧环、糖与糖的连接位置和顺序、苷键的构型等。

一、糖的结构测定

（一）纯度测定

多糖是高分子化合物，其纯度不能用小分子化合物的标准判断，即使是一种多糖纯品，其微观也并不均一。通常所说的多糖纯品实质上是一定分子量范围的均一组分。它的纯度只代表相似链长的平均分布。目前多糖纯度常用的测定方法有：

1. 超离心法　由于微粒在离心力场中移动的速度与微粒的密度、大小和形状有关，故当将多糖溶液进行密度梯度超离心时，如果是组分均一的多糖，则应呈现单峰。具体的做法是将多糖样品用0.1mol/L NaCl或0.1mol/L Tris盐缓冲溶液配制成1%~5%的溶液，然后进行密度超离心，待转速达到恒定后（通常是60 000r/min），采用间隔照明的方法检测其是否为单峰。

2. 高压电泳法　由于中性多糖导电性差、分子量大、在电场中的移动速度慢，故常将其制成硼酸络合物进行高压电泳。多糖的组成不同、分子量不同，其与硼酸形成的络合物就不同，在电场作用下的相对迁移率也会不同，故可用高压电泳的方法测定多糖的纯度。通常高压电泳所用的支持体是玻璃纤维纸、纯丝绸布、聚丙酰胺凝胶、纤维素醋酸酯薄膜等。缓冲液是pH 9.3~12的0.03~0.1mol/L的硼砂溶液，电压强度约为30~50V/cm，时间是30~120分钟。由于电泳时会产生大量的热，所以要有冷却系统将温度维持在0℃左右，否则会烧掉支持体。一般单糖、低聚糖因醛基而发生的颜色反应在多糖上不明显，电泳后常用的显色剂是*p*-茴香胺（*p*-anisidine）硫酸溶液和过碘酸希夫试剂等。

3. 凝胶柱色谱法　常用的凝胶为Sephadex、Sepharose和Sephacryl，展开剂为0.02~0.2mol/L NaCl溶液或0.04mol/L吡啶与0.02mol/L乙酸1∶1的缓冲溶液，柱高与柱直径之比大于40。

4. 旋光测定法　在多糖水溶液中加入乙醇使其浓度为10%左右，离心得沉淀。上清液再加入乙醇使其浓度为20%~25%，离心所得二次沉淀，比较两次沉淀的比旋度。如果比旋度相同则为纯品，否则为混合物。

5. 其他方法　官能团摩尔比恒定法，即如为纯品。两次分离所得产物的官能团如—COOH、—NH_2、—SO_3H、—CHO等摩尔比应该恒定。类似的方法还有示差折射法、HPLC法等。

通常要确定一种多糖的均一性，至少要有两种以上的方法才能确定。

（二）分子量的测定

单糖、低聚糖及其苷的分子量测定目前大都采用质谱法。由于电子轰击质谱（EI-MS）对于那些对热不稳定、易分解、不易汽化、极性较大的化合物不能得到分子离子峰，故早期使用电子轰击质谱时常

将单糖、低聚糖及其苷制成乙酰化、甲基化或三甲基硅醚化衍生物。现在对于这一类化合物分子量的测定已不用制成衍生物了，常用的质谱有场解吸质谱（field desorption ionization，FD-MS）、场致电离质谱（field ionization，FI-MS）、快原子轰击质谱（fast atom bombardment，FAB-MS）、液体二次离子质谱（liquid secondary ion，LSI-MS）、电喷雾质谱（electrospray ionization，ESI-MS）等。电喷雾质谱不仅能测定小分子化合物的分子量，而且也可测定多糖、蛋白质等高分子化合物的分子量，近年来发展起来的基质辅助激光解吸电离质谱或基质辅助激光解吸电离飞行时间质谱（matrix assisted laser desorption ionization/time of flight，MALDI-MS 或 MALDI-TOF-MS）更是主要用于蛋白质、多糖等高分子化合物的分子量测定，为这些高分子化合物分子量的测定带来了极大的方便。多糖的分子量可以从几万到几百万，而且虽经提纯，实际上仍为大小分子不同的混合物，所测得的分子量只是一种统计平均值。测定高分子化合物分子量的许多物理方法如沉降法、光散射法、黏度法、渗透压法、超滤法、超离心法等也适用于多糖，而且过去多糖的分子量大多是用这些方法测定的。在不同型号的 Sephadex 或 Sepharose 柱色谱上测定多糖分子量是一个用量小、操作较简便的方法（当然无法与质谱法相比）。测定时需要一系列结构相似的已知分子量的多糖作标准曲线，而且每次缓冲液及流速均须一致，否则会产生较大的误差。

用化学方法测定多糖末端，再推算出数均分子量也是常用的。末端分析较好的方法是甲基化法和过碘酸氧化法。如纤维素为直链分子，全甲基化后再水解，水解产物中只有非还原端，可得四甲基化的葡萄糖，测定该产物在水解产物中的比例就可求得平均链长。

（三）单糖的鉴定

无论是多糖、低聚糖还是苷，在糖链测定之前都要首先了解它含有哪些单糖、各单糖之间的比例是多少。一般是将其苷键全部水解，然后再用纸色谱或薄层色谱的方法检出糖的种类，经显色后用薄层扫描的方法确定出各糖之间的分子比。当然也可采用气相色谱或 HPLC 的方法对各单糖进行定性、定量分析。多糖用甲醇解方法把半缩醛甲基化，形成甲基糖苷后再三甲基硅醚化，可使 α、β 异构体减少，有利于分辨。气相色谱常以甘露醇或肌醇为内标，以已知的各种单糖作对照品。

（四）单糖绝对构型的测定

过去认为在自然界存在的单糖的绝对构型只有一种，其相应的对映体在自然界是不存在的。如葡萄糖均为 D 构型，阿拉伯糖均为 L 构型等。近年来发现有些单糖的对映体实际上在自然界是存在的，故在确定糖和苷的化学结构时，不仅要确定是何种糖，还要确定糖的绝对构型。确定单糖绝对构型的方法有 GC 法、HPLC 法、手性柱色谱法、手性检测器法、旋光比较法等[1]。

1. GC 法　同一种单糖的 D 型和 L 型，如 D- 葡萄糖和 L- 葡萄糖是一对对映体的关系，采用常规的分离手段是不能将其分开的，但如果在其分子中引入一个同种构型的新的手性中心，这一对对映体就变成了非对映体，采用常规的分离手段就可将其分开。首先使单糖与手性试剂反应，制备成相应的衍生物（相当于在糖中引入了一个新的手性中心），然后通过 GC 比较被测单糖衍生物与标准单糖 D 和 L 型单糖衍生物的保留时间为非对映异构体，在 GC 上可以分开，就可以确定被测单糖的绝对构型。GC 法常用的手性试剂为 L- 半胱氨酸甲酯盐酸盐，如果只有一种已知构型的标准单糖，则可以通过该糖与 D- 和 L- 半胱氨酸甲酯盐酸盐反应，或与 D- 半胱氨酸甲酯盐酸盐和 D、L- 半胱氨酸甲酯盐酸盐反应，或与 L- 半胱氨酸甲酯盐酸盐和 D、L- 半胱氨酸甲酯盐酸盐反应，从而得到另一个异构体（主要是考察在该条件下两种非对映异构体是否可分开），比移值相同的即为构型相同，反之亦然。该法具有操作简单、样品用量少、灵敏度高等优点。

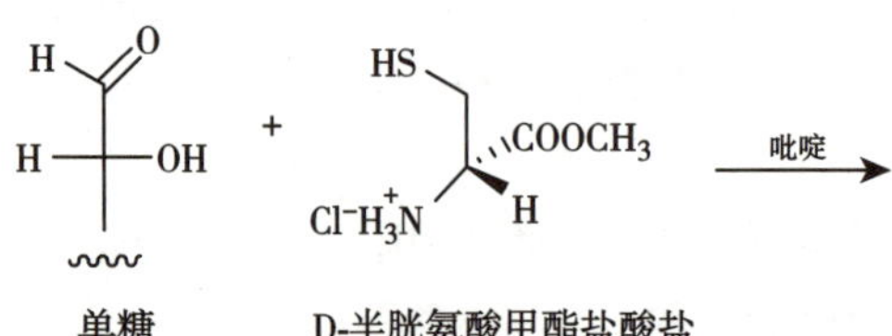

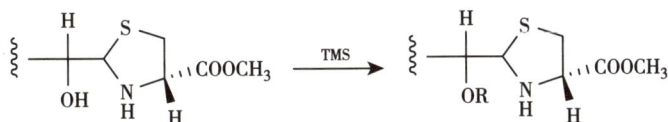

2. HPLC 法 HPLC 法测定单糖的绝对构型的原理与 GC 法相同，也是在单糖中引入新的手性中心，使原来的一对对映异构体转变成非对映异构体，其不同之处在于所采用的手性试剂不同。HPLC 法常用的手性试剂是 (*S*)-(–)-1- 苯基乙基胺 [(*S*)-(–)-1-phenylethylamine]。该法的优点是样品用量少、不需要特殊仪器、大部分实验室都适用，但缺点是灵敏度没有 GC 法高。

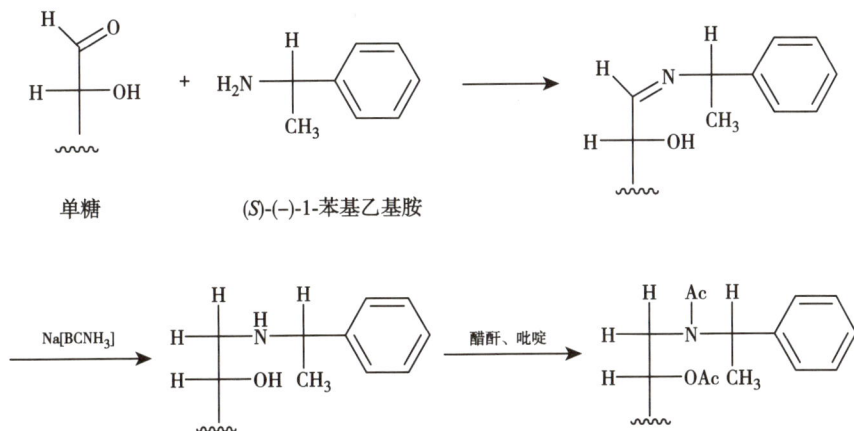

单糖　(*S*)-(–)-1-苯基乙基胺

3. 手性柱色谱法[9] 手性柱可以将一对对映体分开，如果使用 GC 法分离，则需要柱前衍生化，而且还需要特殊的手性柱，故在一般实验室中不太适用。

4. 手性检测器法[10] 对于同一种糖来讲，如果 D 型糖是右旋的，则 L 型糖就一定是左旋的，用旋光检测器通过测定样品的旋光方向确定单糖的绝对构型，无疑是一种比较好的方法，但需要昂贵的旋光检测器和适合于单糖分离的色谱柱。

5. 旋光比较法[11-13] 旋光比较法是将苷或糖类化合物全水解后，采用各种分离手段得到单体的单糖，然后测定其旋光，通过旋光方向或比旋度确定单糖的绝对构型，该法的缺点是样品用量大。当同一种单糖的 D 和 L 构型都存在于同一个化合物中时，该方法就不能使用。需要指出的是，当同一种单糖的 D 和 L 构型都存在于同一个化合物中时，即便是采用上面的方法可以测定出单糖的绝对构型，但也需要采用分步水解的方法才能确定其不同构型糖的确切位置。

（五）糖连接位置的测定

糖连接位置的测定多是采用甲基化法完成的（简单的低聚糖及其苷可通过谱学方法直接完成糖的连接位置和连接顺序的测定），即将被测物全甲基化，然后水解所有的苷键，用气相色谱的方法对水解产物进行定性、定量分析，获知被测物中含有的糖的类型、甲基化的位置及相互之间的分子比等。通常具有游离羟基的部位即是糖的连接位点，全甲基化的单糖即是末端糖（含分支末端糖）。通过各甲基化物相互之间的比例，还可推测出糖链重复单位中各种单糖的数目。该法虽然可以获知哪些糖是末端糖、糖的连接位点是哪里、重复单位有哪些糖，但仍然无法获知糖的连接顺序，且在进行气相色谱分析时需要各种单糖的对照品。

对于全甲基化的多糖，通常是先用 90% 甲酸全水解，然后用 0.05mol/L H_2SO_4 或三氟乙酸水解。水解条件要尽可能温和，否则会发生去甲基化反应和降解反应，导致得出错误的结论。采用甲醇解的方法虽然可获知糖的氧环大小、苷键构型及减少 α、β 异构体，有利于气相色谱的分析，但因甲醇解有可能会造成糖连接位点的甲基化，故通常不用。Smith 降解法也是分析糖连接位点的一个方法，只是分析碎片的工作比较繁杂，故较少应用。

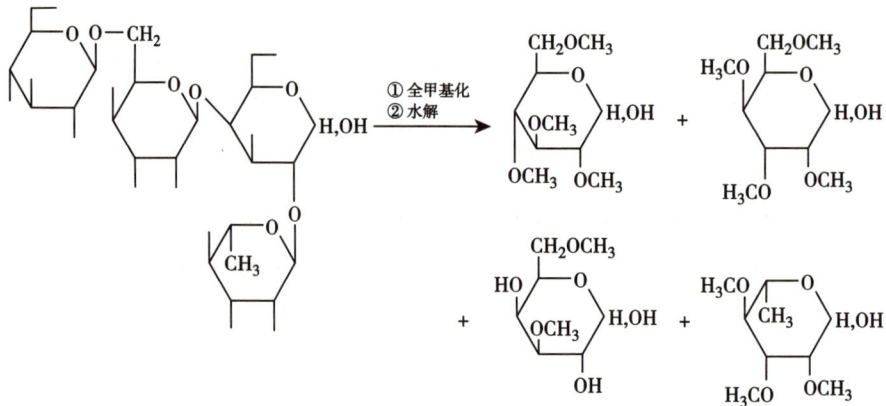

①全甲基化
②水解

NMR 在解决糖的连接位点中具有重要的作用，将低聚糖及其苷乙酰化后，其 CHOAc 中 CH 质子的化学位移位于 δ 4.75~5.4，CH_2OAc、CH_2OR 或 CHOR 中的 CH_2 或 CH 质子的化学位移位于 δ 3.0~4.3，端基质子的化学位移位于两个区域之间，通过 2D-NMR 不难确定哪些是 CH_2OAc 中 CH_2 的质子、哪些是 CHOR 和 CH_2OR 中的 CH 或 CH_2 中的质子。根据 CHOR 和 CH_2OR 的种类就不难判断出糖连接位点的情况。

通过苷化位移，不仅能推断出糖的连接位点，而且还能推断出糖的连接顺序，进而确定糖链的结构，但该法只适用于那些双糖及特殊的低聚糖或多糖（如均为 1,3、1,2、1,4 等连接的同种低聚糖或多糖），对于三糖以上的糖则需要通过其他方法如分步分解等才能确定糖链的结构（详见苷化位移部分）。

（六）糖链连接顺序的确定

早期解决糖链连接顺序的方法主要是部分水解法，即稀酸水解、甲醇解、乙酰解、碱水解等方法，将糖链水解成较小的片段（各种低聚糖），然后根据水解所得的低聚糖推断整个糖链的结构（包括糖的连接位点、连接顺序、苷键构型、氧环的大小等）。如在 -16℃用浓盐酸溶解木聚糖，在 0℃条件下水解，不同时间取水解液，分析不同时间水解液中糖的组成及结构，最后根据这些实验结果推测木聚糖的结构。为了防止在水解条件下可能发生的聚合，多糖的浓度要小于 5%。

弛豫时间是 ^{13}C-NMR 中的一个重要参数，碳的化学环境不同则弛豫时间不同。通常外侧糖的自旋晶格弛豫时间 T_1 比内侧糖大，同一糖上各碳的 T_1 时间则基本相同，可以根据这种性质推测哪些糖是外侧糖、哪些糖是内侧糖，也可以为各糖碳信号的归属提供有力的依据。

质谱分析是解决低聚糖及其苷中糖连接顺序的一个有力工具，在了解了糖的组成后，可根据质谱中的裂解规律和该化合物的裂解碎片推测低聚糖及其苷中糖链的连接顺序。如皂苷Ⅰ经酸水解，测得其糖为 D- 核糖、L- 鼠李糖和 D- 葡萄糖，且分子比为 1∶1∶1。在 FAB-MS 谱中主要碎片有 *m/z* 877$[M+Na]^+$、855$[M+1]^+$、721、575、413、397，其 *m/z* 885 碎片经 FAB-MS-MS 分析，在碰撞活化解离谱（collision-activated dissociation，CAD）亦称碰撞诱导解离谱（collision-induced dissociation，CID）中主要碎片有 *m/z* 721、575、413、397。根据这些碎片即可推断该化合物的末端糖为核糖，中间连接的糖为鼠李糖，与苷元直接相连的是葡萄糖。再如皂苷Ⅱ经酸水解测知含有葡萄糖和鼠李糖，且分子比为 2∶1。在 FAB-MS 谱中主要碎片有 *m/z* 917$[M+1]^+$、899$[M+1-H_2O]^+$、753、557、445、429、411$[429-H_2O]$。在 *m/z* 917 碎片的 FAB-MS-MS 碰撞活化解离谱中主要碎片有 *m/z* 917、899、769、753、735(M^+-H_2O- 葡萄糖基)、606、445、429。根据这些碎片即可推断鼠李糖和其中一个葡萄糖为末端糖，而且这两个末端糖是连在同一个葡萄糖上的[12]。值得注意的是，在用质谱解决糖的连接顺序时，低聚糖及其苷中的糖不能是同一类糖如六碳醛糖、五碳醛糖、甲基五碳糖等。如果所连的糖是同一类糖，如葡萄糖、甘露糖、半乳糖等，因其所丢失的质量相等，故无法推断糖的连接顺序。

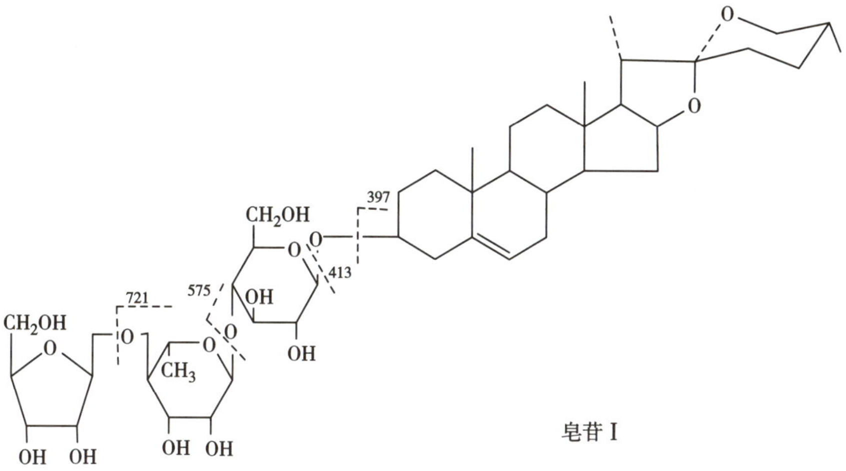

皂苷Ⅰ

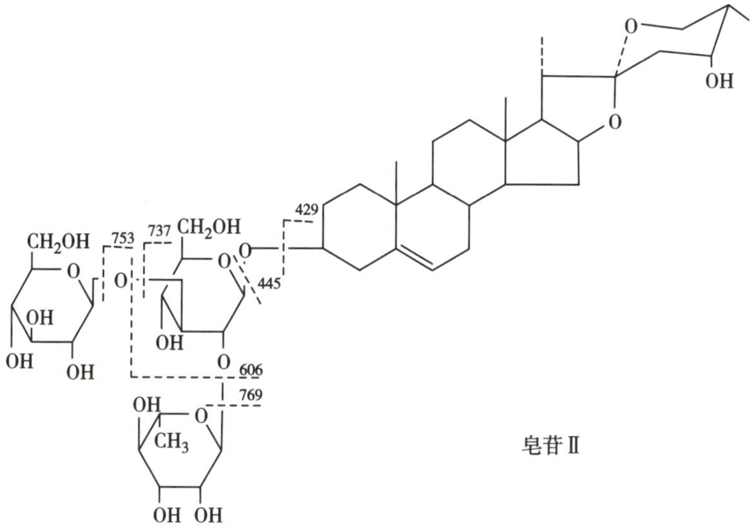

皂苷Ⅱ

现在测定糖链结构最常用的方法是 1D-NMR 和 2D-NMR 法。首先通过碳氢相关谱(^{13}C-^{1}H COSY)或 HSQC 谱确定出糖中各质子的化学位移值(活泼氢除外)和在谱中的准确位置,以及区分出 CH_2 和 CH 质子,然后根据氢 - 氢相关谱(^{1}H-^{1}H COSY)、NOESY 或相敏 NOE(PSNOE)、HOHAHA(在同一自旋系统中即同一糖中的质子具有相关峰)等谱准确地归属出糖中各个位置上的质子,再根据 HMBC 谱确定糖的连接位点和相互的连接关系。在运用 NMR 确定糖链结构时,往往是各种谱(含一维谱和二维谱)综合运用、相互印证、优势互补、综合分析才能得出正确的结论,其中最关键的是糖中各个碳和氢信号的正确归属(活泼氢除外)。一旦碳、氢信号归属出现问题,则极可能导致整个糖链结构出现错误。

(七) 苷键构型及氧环的确定

苷键构型的确定方法有核磁共振法、酶解法、红外法、分子旋光差法(Klyne 法)等,其中目前最常用的是核磁共振法。酶解法和核磁共振法在前面已做了介绍,其他方法目前都不太常用,故不再介绍。

糖的氧环测定有 ^{13}C-NMR 法、红外法、甲醇解法、Smith 降解法等,其中多数方法在前文已作了介绍,故不再重复。

二、糖链结构的研究实例 [13-15]

合掌消苷 B 的结构解析过程(拓展阅读)

(一) 合掌消苷 B 的结构研究

合掌消苷 B(amplexicoside B)是从合掌消(*Cynanchum amplexicaule*)根的 95% 乙醇提取物中分离获得的一个 C_{21}- 甾三糖苷,为白色无定型粉末(甲醇),HR-ESI-MS 测得其准分子离子峰为 *m/z* 817.398 6[M+Na]$^+$,确定其分子式为 $C_{41}H_{62}O_{15}$($C_{41}H_{62}O_{15}$Na 计算值

为 817.398 7)。IR(KBr)光谱显示有羟基(3 449cm^{-1})、酯羰基(1 734cm^{-1})和双键(1 652cm^{-1})等吸收峰。合掌消苷 B 苷元部分的 ^{13}C-NMR 数据与白前苷 A 苷元部分的数据基本一致,表明合掌消苷 B 的苷元是白前苷 A 苷元,且糖链的连接位置在 C-3 位(见表 2-6)。

根据 2D-NMR 提供的相关信息(图 2-5),合掌消苷 B 中 3 个糖基的氢、碳信号归属如下:糖基Ⅰδ_H:4.75(1H,brd,J=9.6Hz),2.43、1.75(各 1H,m),3.54(1H,m),3.50(1H,m),3.54(1H,m),1.41(3H,d,J=6.0Hz),3.52(3H,s);δ_C:98.1、36.9、78.1、81.8、71.0、17.8、56.7。糖基Ⅱδ_H:5.48(1H,brd,J=9.6Hz),2.41、1.94(各 1H,m),4.36(1H,m),3.50(1H,m),4.57(1H,m),1.48(3H,d,J=6.0Hz);δ_C:97.7、39.1、68.1、81.5、66.9、17.6。糖基Ⅲδ_H:5.21(1H,brd,J=3.0Hz),2.43、1.70(各 1H,m),3.77(1H,m),3.49(1H,m),4.38(1H,m),1.35(3H,d,J=6.0Hz),3.29(3H,s);δ_C:99.4、34.9、77.9、76.0、68.6、17.6、56.2。在 HMBC 谱中 δ 4.75 氢信号与 δ 84.1 碳信号相关,说明糖基Ⅰ与苷元 C-3 相连;δ 5.48 氢信号与 δ 81.8 碳信号相关,说明糖基Ⅱ与糖基Ⅰ C-4 相连;δ 5.21 氢信号与 δ 81.5 碳信号相关,说明糖基Ⅲ与糖基Ⅱ C-4 相连。氢谱中糖基Ⅰ的端基信号 δ 4.75(1H,brd,J=9.6Hz)说明糖基Ⅰ为 β 苷键,糖基Ⅱ的端基信号 δ 5.48(1H,brd,J=9.6Hz)说明糖基Ⅱ也为 β 苷键,糖基Ⅲ的端基信号 δ 5.21(1H,brd,J=3.0 Hz)说明糖基Ⅲ为 α 苷键。氢谱和碳谱数据经与 tylophoside A 比较将糖基Ⅰ和糖基Ⅲ鉴定为夹竹桃糖,糖基Ⅱ鉴定为毛地黄毒糖,这与合掌消苷 B 经酸水解后,在其水解产物中只检测到夹竹桃糖和毛地黄毒糖一致。

文献中报道的毛地黄毒糖均为 D 型糖,但夹竹桃糖既有 D 型糖也有 L 型糖。对白前苷 A 已有研究报道,其夹竹桃糖为 D 型糖,合掌消苷 B 中苷元部分的碳谱数据与白前苷 A 中的苷元部分的数

R= R_1=OH 合掌消苷B

R= R_1=H tylophoside A

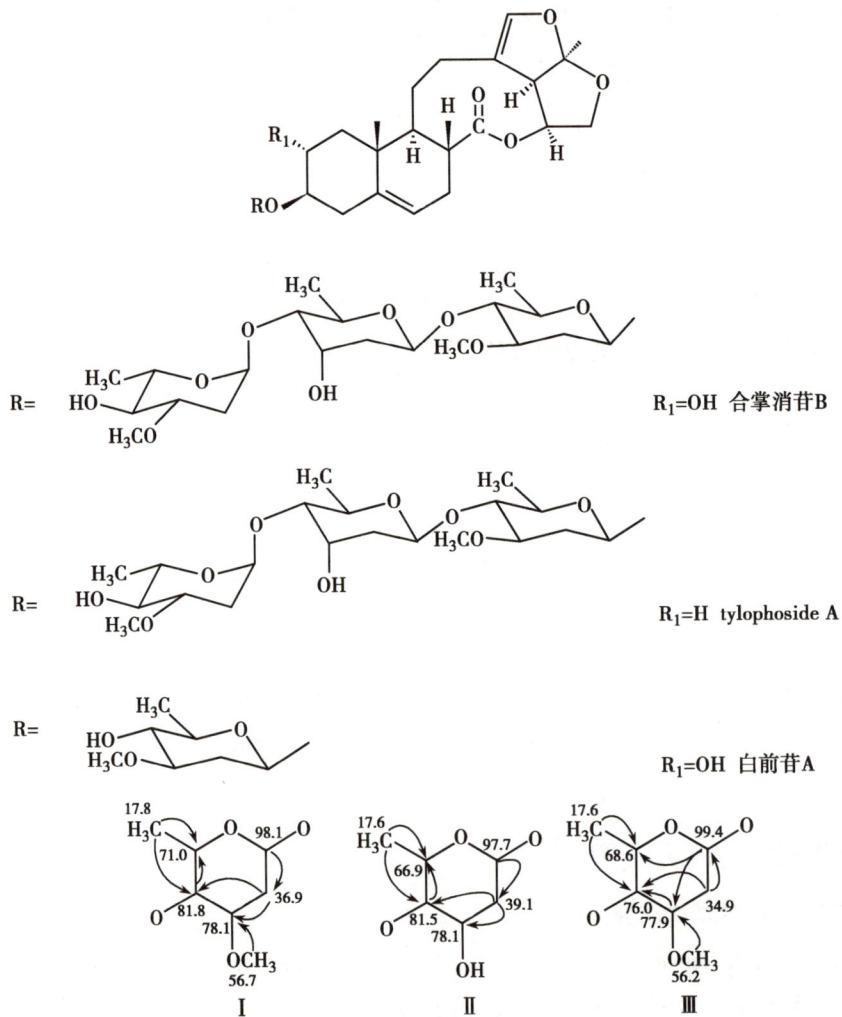

R= R_1=OH 白前苷A

Ⅰ Ⅱ Ⅲ

图 2-5 合掌消苷 B 中 3 个糖基 HMBC 相关图

据基本一致，说明合掌消苷 B 中糖基 Ⅰ 也为 D 型糖（根据苷化位移规律，如果是 L 型糖，因其端基构型与 D 型糖相反，其苷元部分 C-2、3、4 的数据不会基本一致）。

已有文献报道，tylophoside A 中糖基 Ⅰ 是 D- 夹竹桃糖，糖基 Ⅲ 是 L- 夹竹桃糖。取白前苷 A 100mg，用 0.05mol/L H_2SO_4 水解，经分离后获得 18mg D- 夹竹桃糖对照品，$[\alpha]_D^{25}$-11.5°（c=0.12，水溶液中放置 24 小时后测试）。取 tylophoside A，用同样的方法进行全水解和分离，获得 D、L- 夹竹桃糖对照品，其比旋度为 0。取合掌消苷 B 2mg，用同样的方法进行全水解和分离，获得糖部分的待测样品。分别取待测样品，D- 夹竹桃糖对照品，D、L- 夹竹桃糖对照品溶于吡啶中，加入等体积 L- 半胱氨酸甲酯盐酸盐的吡啶溶液（10mg/ml），60℃反应 1 小时，向反应液中加入等体积醋酐，继续反应 1 小时。挥干溶剂，用 GC 分析，在合掌消苷 B 的水解产物中分别检测出 D- 和 L- 夹竹桃糖衍生物，由此说明合掌消苷 B 的糖基 Ⅲ 为 L- 夹竹桃糖。综上所述，合掌消苷 B 的化学结构确定为：芫花叶白前苷 A 苷元 3-*O*-*α*-L- 夹竹桃吡喃糖基 -(1→4)-*β*-D- 吡喃毛地黄毒糖基 -(1→4)-*β*-D- 夹竹桃吡喃糖苷。

表 2-6 合掌消苷 B 等 4 个化合物的 ^{13}C-NMR 数据（溶剂：C_5D_5N）

No.	合掌消苷 B	tylophoside A	白前苷 A	白前苷 A 苷元
1	43.9	36.5	44.8	45.6
2	69.0	30.1	70.0	72.4
3	84.1	77.5	85.2	76.7
4	36.5	39.1	37.5	40.1
5	138.9	140.6	139.8	140.9
6	120.0	120.5	120.9	120.1
7	29.2	30.0	28.5	28.5
8	39.4	53.3	40.2	40.6
9	52.2	40.9	53.0	53.2
10	38.6	38.7	39.5	40.3
11	23.0	24.0	23.9	23.9
12	27.6	28.5	30.1	30.1
13	117.7	118.6	118.6	118.6
14	174.5	175.5	175.4	175.5
15	66.9	67.8	67.8	67.8
16	74.7	75.6	75.6	75.6
17	55.3	56.2	56.2	56.2
18	143.0	143.9	143.9	143.9
19	18.1	17.9	19.0	19.2
20	113.5	114.4	114.3	114.4
21	23.9	24.8	24.8	24.8
	β-D-Ole	*β*-D-Ole	*β*-D-Ole	
1′	98.1	98.2	99.3	
2′	36.9	38.1	37.2	
3′	78.1	79.2	81.5	
4′	81.8	83.2	76.0	
5′	71.0	71.7	73.1	
6′	17.8	18.8	18.5	
3′-OMe	56.7	57.5	57.0	

续表

	β-D-Dig	β-D-Dig
1″	97.7	98.7
2″	39.1	40.0
3″	68.1	69.6
4″	81.5	82.4
5″	66.9	67.8
6″	17.6	18.5
	α-L-Ole	α-L-Ole
1‴	99.4	100.3
2‴	34.9	35.8
3‴	77.9	78.8
4‴	76.0	76.9
5‴	68.6	69.0
6‴	17.6	18.7
3‴-OMe	56.2	57.1

注：Ole，oleandropyranosyl；Dig，digitoxopyranosyl。

（二）人参果胶的结构研究

人参（*Panax ginseng*）为五加科植物人参的根，可大补元气、固脱生津、安神、治劳伤虚损及一切气血津液不足之证，其中的多糖具有增强免疫、抗肿瘤、抗辐射等多方面的生物活性。人参多糖由人参淀粉和人参果胶两部分组成，脱去淀粉后的人参果胶经分离纯化获得 SA 和 SB 两种酸性杂多糖。现以人参多糖 SA-1 结构研究为例，说明各类实验方法在多糖结构研究中的综合应用情况。

SA-1 用盐酸 - 甲醇进行甲醇解，甲醇解产物用六甲基二硅胺烷和三甲基氯硅烷混合液进行三甲基硅烷衍生化，经气相色谱分析，SA-1 含有半乳糖醛酸、半乳糖、阿拉伯糖、鼠李糖，其摩尔比为 1.7∶3.7∶1.8∶1。

SA-1 用 0.1mol/L 过碘酸钠进行氧化，用紫外分光光度法监测过碘酸的消耗量，120 小时后过碘酸消耗量达到一个稳定值，平均每摩尔糖基（以半乳糖基计）消耗 0.73mol 过碘酸，说明 SA-1 为一个多分支结构的多糖。

SA-1 经 Smith 降解，降解产物经 KBH_4 还原、甲醇解和三甲基硅烷衍生化后，经气相色谱分析，检出甘油、赤藓糖(似为苏力糖)、阿拉伯糖、鼠李糖、半乳糖及微量半乳糖醛酸，其中甘油为 34%，半乳糖、阿拉伯糖、鼠李糖的摩尔比为 6.2∶1∶1。说明阿拉伯糖、鼠李糖和半乳糖醛酸的相对降解比例较大。

苏力糖　阿拉伯糖　鼠李糖　半乳糖　半乳糖醛酸

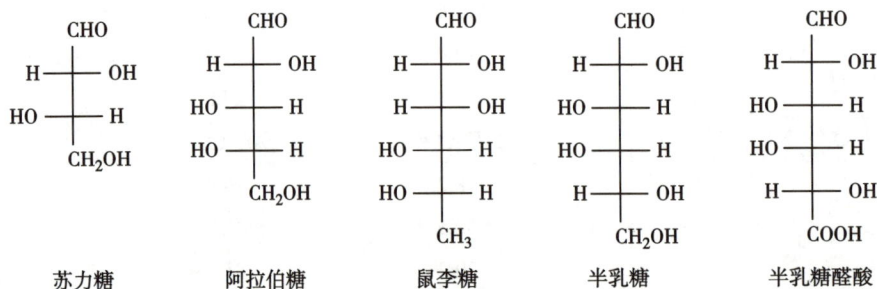

用碳化亚胺将 SA-1 的羧基酯化，再用 KBH_4 还原，还原产物经 Hakomori 法和 Purdie 法全甲基化得羧基被还原的全甲基化物，然后经甲酸水解、KBH_4 还原、醋酐 - 吡啶乙酰化，乙酰化物经气相色谱分析，结果见表 2-7。

表 2-7 甲基化单糖衍生物的 GC 分析

甲基化的糖	摩尔比	相对保留值						
		Ⅰ	Ⅱ	Ⅲ	Ⅳ	Ⅴ	均值	文献值
2,3,5-Ara	0.2	0.47	0.46	0.44	0.45	0.44	0.45	0.43
2,4-Rha	0.2	0.93	0.92	0.91	0.93	0.92	0.91	0.94
2,3-Ara	1.0	1.09	1.07	1.07	1.07	1.07	1.07	1.07
2,3,4,6-Gal	1.0	1.18	1.18	1.16	1.17	1.17	1.17	1.19
3-Rha	3.0	1.67	1.69	1.64	1.67	1.67	1.67	1.67
2-Ara	3.1	1.82	1.85	1.79	1.82	1.82	1.82	—
2,4,6-Gal	6.0	2.02	2.07	2.10	2.02	2.03	2.03	2.03
2,3,6-Gal	8.0	2.16	2.23	2.23	2.17	2.19	2.21	2.22
2,3,4-Gal	6.0	2.83	2.91	2.79	2.84	2.85	2.84	2.88
2,6-Gal	2.1	3.17	3.18	3.14	3.11	3.10	3.14	3.14
2,3-Gal	12.9	4.95	5.13	4.95	5.02	5.07	5.03	5.10

注：2,3,5-Ara 为 2,3,5- 三 -*O*- 甲基阿拉伯糖醇，其余同。

羧基被还原的各种甲基化单糖衍生物再经质谱进一步确证，其结果与气相色谱一致（见表 2-8）。各种单糖甲基化衍生物的基峰均为 43（CH_3CO^+），依据衍生物受到电子轰击时分子裂解的规律（被甲基化、乙酰化的单糖分子中，带有甲氧基的碳原子容易与相邻碳原子间发生开裂形成正离子），其 1,5-二乙酰基 -2,3,4,6- 四 -*O*- 甲基半乳糖醇的主要离子碎片裂解机制（*m/z* 45、117、161、205）如下：

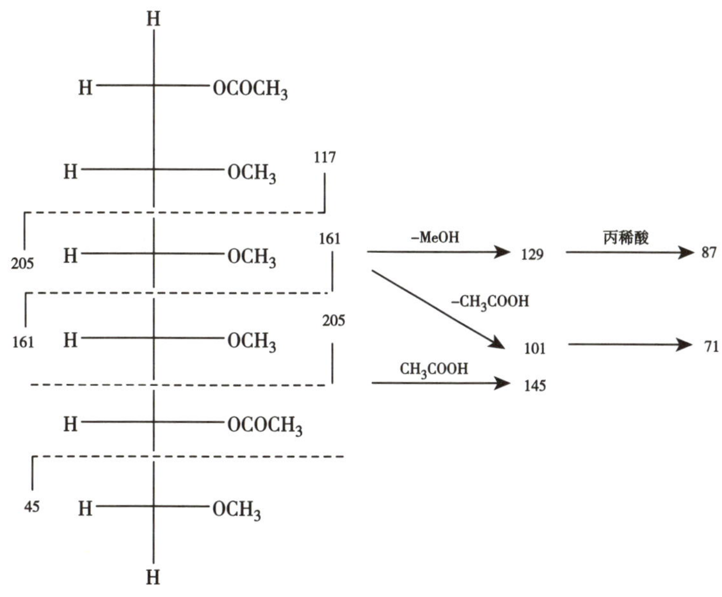

表 2-8 甲基化单糖衍生物的质谱分析

甲基化的糖	主要碎片	连接点
2,3,5-Ara	43、45、71、87、101、117、129、161	1-
2,4-Rha	43、117、131、189	1,3-

续表

甲基化的糖	主要碎片	连接点
2,3,4,6-Gal	43、45、71、87、101、117、129、145、161、205	1-
2,3-Ara	43、87、101、117、129、189	1,5-
3-Rha	43、87、101、129、143、189、203	1,2,4-
2-Ara	43、117、159、201、261	1,3,5-
2,4,6-Gal	43、45、87、101、117、129、161	1,3-
2,3,6-Gal	43、45、87、99、101、113、117、233	1,4-
2,3,4-Gal	43、87、99、101、117、129、161、189	1,6-
2,6-Gal	43、45、87、117、129	1,3,4-
2,4-Gal	43、87、117、129、189	1,3,6-

SA-1 用 Hakomori 法和 Purdie 法全甲基化，然后经 $LiAlH_4$ 还原、酸水解、乙酰化处理等，获得的各种单糖甲基化衍生物进行气相色谱分析和质谱分析，其结果与前述的羧基被还原和各种单糖甲基化衍生物比较发现，2,3,4,6- 四甲基半乳糖基消失，代之的是 2,3,4- 三甲基半乳糖含量增加；2,3,6- 三甲基半乳糖基消失，代之以 2,3- 二甲基半乳糖出现；说明半乳糖醛酸基以 1,4- 苷键连接，一部分半乳糖醛酸位于分子非还原末端（先甲基化，然后再还原、水解，故糖醛酸上的羧基变为醇羟基）。

2,4,6- 三甲基半乳糖和 2,4- 二甲基半乳糖的存在，说明半乳糖以 1→3 相连，并有部分糖基 C-6 位有分支结构。SA-1 经部分酸水解及 Smith 降解获得了不被降解的 β-D- 半乳聚糖片段，说明 β 1→3 连接的 β-D- 半乳聚糖构成了 SA-1 的主体结构。平均每 3 个半乳糖基带有两条侧链，说明该多糖为多分支结构。2,3,4- 三甲基半乳糖的存在，说明半乳糖基尚存在 1→6 连接键。

控制的部分酸水解可使 SA-1 分子中阿拉伯糖基与鼠李糖基大部分脱落，获得以半乳糖和半乳糖醛酸为主的多糖，说明阿拉伯糖与鼠李糖基可能位于分子的边缘和末端部位。2,3,5- 三甲基阿拉伯糖的存在，说明末端存在阿拉伯糖基。2,3- 二甲基阿拉伯糖和 2- 甲基阿拉伯糖的存在说明阿拉伯糖基以 1→5 苷键相连，而且部分阿拉伯糖基还带有侧链，分支点在 C-3 位。因为 1→3,5 苷键连接的阿拉伯糖基不被过碘酸氧化，故在 Smith 降解实验中作为产物被检出。

2,4- 二甲基鼠李糖及 3- 甲基鼠李糖的检出说明鼠李糖基以 1→3 苷键相连，另有部分鼠李糖基则以 1→4 苷键相连，而且 C-2 位还带有侧链结构。以 1→2,4 苷键连接的鼠李糖基亦不被过碘酸破坏，作为 Smith 降解产物被检出。

在 SA-1 各种单糖甲基化衍生物中没有末端鼠李糖基衍生物——2,3,4- 三甲基鼠李糖被检出，而且阿拉伯糖、鼠李糖基的甲基化衍生物在 SA-1 各种单糖甲基化衍生物中所占比例明显偏低（分别为 8.2% 和 6.2%），而在 SA-1 的组分分析中这两种糖基的含量分别为 22% 和 12%，这可能由于阿拉伯糖和鼠李糖末端基的甲基化衍生物沸点低，在制备各种单糖甲基化衍生物时（主要是在蒸发过程）这两种糖基的甲基化物被损失。

综上所述，SA-1 分子的主体结构由 β(1→3)-D- 半乳糖基构成，平均每 3 个半乳糖基就带有两条侧链，其分支点在 C-6 位。另有部分半乳糖基以 1→6 苷键相连。分子侧链由半乳糖醛酸基、阿拉伯糖基、鼠李糖基组成。半乳糖醛酸基以 1→4 苷键连接，尚有部分半乳糖醛酸构成分子的末端糖基。阿拉伯糖基以 1→5 苷键相连，部分糖基 C-3 位有侧链。鼠李糖基或以 1→3 苷键相连，或以 1→4 苷键相连，同时 C-2 位上尚可能带有侧链。人参果胶 SA-1 是一种具有多分支、结构复杂的酸性多糖。

第七节 糖及苷的提取分离

一、概述

单糖结构因含有多个羟基，极性大易溶于水，难溶于低极性有机溶剂。低聚糖与单糖的性质类似。多糖随着聚合度的增加，其性质与单糖相差越来越大，一般为非晶形、无甜味、难溶于冷水，或溶于热水成胶体溶液。提取植物中多糖的常用方法为溶剂提取法，利用多糖不易溶于乙醇的性质，在提取水溶液中加乙醇、甲醇或丙酮使多糖从提取液中沉淀出来，达到初步分离纯化的目的。此外，还可先用低极性溶剂提取除去亲脂性成分，再用水或稀醇提取，进而减少杂质。对水溶醇不溶的糖类，亦可先用醇除去杂质，再用水提取。获得粗的糖提取液后，除去共同杂质，再进行混合糖的相互分离，常需要综合运用多种方法进行纯化。此外，各种不同结构类型苷类化合物的提取分离方法在本书后面各章节中均有介绍，此处不进行赘述。

1. 多糖的提取 常用的溶剂是冷水、热水、热或冷的 0.1~1mol/L NaOH 或 KOH、热或冷的 1% HAc 或苯酚等。通常是先用甲醇或 1∶1 的乙醇、乙醚混合液脱脂，然后用水加热提取 2~3 次，每次 4~6 小时，最后再用 0.5mol/L NaOH 水溶液提取 2 次，将多糖分为水溶和碱溶两部分。提取液经浓缩后以等量或数倍量的甲醇或乙醇、丙酮等沉淀，所获的粗多糖经反复溶解与醇沉。

为防止糖的水解，用稀酸提取时间宜短，温度最好不超过 5℃；用碱提取时，最好通入氮气或加入硼氢化钾，提取结束后要迅速中和或膜透析除去碱。

2. 多糖的分离纯化

(1) 除蛋白：通过上述方法制得的多糖一般为粗多糖，含有较多的蛋白质，需要除蛋白，除蛋白的方法通常有 Sevage 法、三氯乙酸法、酶解法、三氟三氯乙烷法等。

1) Sevage 法：是除蛋白的经典方法，主要是利用蛋白质在三氯甲烷中变性的特点，将三氯甲烷 - 正丁醇（5∶1 或 4∶1）的二元溶剂体系按 1∶5 加至多糖提取液中，混合物经剧烈振摇后离心，蛋白质与三氯甲烷 - 正丁醇生成凝胶物而分离，分去水层和溶剂层交界处的变性蛋白质。

2) 三氯乙酸法：将三氯乙酸在低温下搅拌加至多糖提取液中，直到溶液不再继续浑浊为止，离心弃沉淀，即可达到脱蛋白的目的。存在于溶液中的三氯乙酸经中和后，通过透析或超滤等方法除去。

3) 酶解法：在样品溶液中加入蛋白质水解酶，如胃蛋白酶、胰蛋白酶、木瓜蛋白酶、链霉蛋白酶等，使样品中的蛋白质降解。通常 Sevage 法和酶解法综合使用除蛋白质效果较好。

4) 三氟三氯乙烷法：将 1 份三氟三氯乙烷加至 1 份多糖溶液中搅拌 10 分钟，离心得水层，水层再用上述溶剂处理 2 次可得无蛋白多糖。

在多糖提取过程中，由于氧化作用会有色素生成，色素的存在会影响多糖的色谱分析和性质测定。

(2) 分离纯化

1) 分级沉淀法：糖类随着聚合度的增大，在不同浓度的甲醇、乙醇或丙酮中具有不同的溶解度。据此在糖的浓水溶液中逐次按比例由小到大加入甲醇或乙醇或丙酮，收集不同浓度下析出的沉淀，经反复溶解与沉淀，直到测得的物理常数（比旋光度或电泳）恒定。该方法适合于分离各种溶解度相差较大的糖类。沉淀一般在中性时进行，但应用于酸性多糖分离时宜控制 pH，以避免苷键水解。

2) 季铵盐沉淀法：季铵盐及其氢氧化物是一类乳化剂，可与酸性糖形成不溶性沉淀，常用于酸性多糖的分离，通常不与中性多糖产生沉淀，但当溶液的 pH 增高或加入硼砂缓冲液使糖的酸度增高时，也会与中性多糖形成沉淀。常用的季铵盐有溴代十六烷基三甲胺（cetyl trimethyl ammonium

bromide，CTAB）及其氢氧化物（cetyl trimethyl ammonium hydroxide，CTA-OH）和十六烷基吡啶氢氧化物（cetyl pyridium hydroxide，CP-OH）。CTAB 或 CP-OH 的浓度一般为 1%~10%（*W*/*V*），在搅拌下滴至 0.1%~1%（*W*/*V*）的多糖溶液中，酸性多糖可从中性多糖中沉淀出来，所以控制季铵盐的浓度也能分离各种不同的酸性多糖。值得注意的是，酸性多糖混合物溶液的 pH 要小于 9，而且不能有硼砂存在，否则中性多糖将会被沉淀出来。

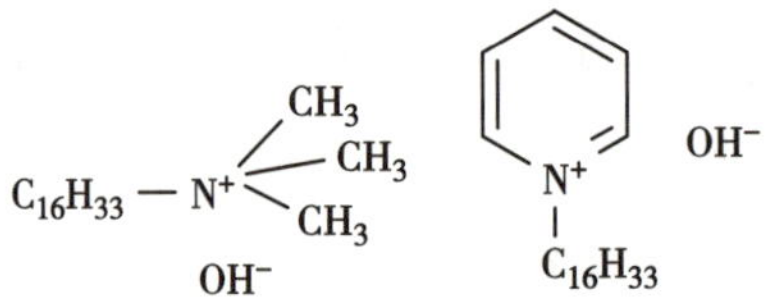

$C_{16}H_{33}-N^+(CH_3)_3\ OH^-$　　CTA-OH

$C_{16}H_{33}$-吡啶N^+ OH^-　　CP-OH

3）盐析法：当溶液中有一定的离子浓度，不同的多糖在不同浓度盐溶液中溶解度不同，常用的盐析剂有 NaCl、KCl 和 $(NH_4)_2SO_4$ 等，其中以 $(NH_4)_2SO_4$ 效果最佳。

4）凝胶柱色谱：以各种浓度的盐溶液及缓冲液为洗脱剂，以常用的葡聚糖凝胶（Sephadex G）、琼脂糖凝胶（Sepharose）、聚丙烯酰胺凝胶（Bio-gel P）等用来分离多糖或低聚糖。在分离多糖时，通常用小孔隙的凝胶如 Sephadex G-25、Sephadex G-50 等先脱去多糖中的无机盐及小分子化合物，然后再用大孔隙的凝胶 Sephadex G-200 等进行分离。凝胶柱色谱对于不同聚合度的糖类分离特别有效，方法快速、简单，条件温和。

5）纤维素柱色谱：纤维素柱色谱对多糖的分离既有吸附又具有分配原理，通常以水和不同浓度乙醇作为洗脱剂，洗脱的先后顺序是水溶性大的先出柱，水溶性差的最后出柱。将离子交换和纤维素色谱结合制成一系列离子交换纤维素，可以分离酸性多糖、分离中性多糖和黏多糖。其中最常用的是阴离子交换纤维素 DEAE 纤维素（即二甲氨基乙基纤维素）和 ECTEOLA 纤维素（即 3- 氯 -1,2- 环氧丙烷三乙醇胺纤维素）。离子交换纤维素对多糖的吸附力与多糖的结构有关，通常多糖分子中酸性基团越多，亲和力越强；对于直线型多糖在同系物中，高分子的较低分子的吸附力强；直链多糖较支链多糖吸附力强。

6）超滤法：超滤法是利用一定大小孔径的膜，将无机盐或小分子糖透过而达到分离目的的方法。孔径较大时，较大分子的糖也能透过，因此选择适当的透析膜十分重要。常用的有乙酸纤维素膜、聚砜酰胺膜等。孔径小于 2~3nm 的纤维膜适用于单糖通过；孔径 3~5nm 的膜可使小分子透过加速，多糖被截留。该方法操作条件温和，不需要添加化学试剂，适用于热敏物质。

二、多糖的提取分离实例[16]

商陆是商陆科植物商陆（*Phytolacca acinosa*）的干燥根，具有通便、泻水、散结的作用，可治水肿、胀满、脚气、喉痹、痈肿、恶疤等。其中的多糖对小鼠脾淋巴细胞有明显的直接促进增殖作用，在有丝分裂源 Con A 存在下，可对抗 Con A 促进脾淋巴细胞的增殖、抑制脾淋巴细胞的转化等。经过脱脂、水提、醇沉、柱色谱等方法从中分得二种酸性杂多糖 PEP-Ⅰ和 PEP-Ⅱ，其分子量分别为 9 921 和 39 749，其中 PEP-Ⅰ能显著增强巨噬细胞产生肿瘤坏死因子（TNF）和白细胞介素Ⅰ（IL-Ⅰ）。其具体分离过程如下：

取商陆，粉碎后用乙醇脱脂，脱脂后的商陆粉用水渗漉、浓缩。在浓缩液中加入 2 倍量乙醇，静置，滤取沉淀。将沉淀溶于水中，用 Sevage 法除去蛋白。水溶液用水透析除去无机盐及小分子化合物，加入 2 倍量乙醇沉淀，滤取沉淀物，依次用 95% 乙醇、无水乙醇、丙酮、乙醚洗涤，除去脂溶性成分和水分，干燥即得商陆粗多糖。取商陆粗多糖 3g，溶于 40ml 水中，用 DEAE- 纤维素（醋酸型）柱色谱分离（4cm×19cm），依次用水，0.05mol/L、0.1mol/L 和 0.5mol/L 醋酸钠水溶液洗脱，按每份 20ml 收集。

以苯酚 - 硫酸法比色检测，合并相同组分。0.1mol/L 醋酸钠水溶液洗脱物进行超滤、浓缩，在浓缩液中加入 2 倍量乙醇，滤取沉淀物，依次用无水乙醇、丙酮洗涤，P_2O_5 干燥，得 PEP-Ⅰ 320mg。0.5mol/L 乙酸钠水溶液洗脱物用上法处理得 PEP-Ⅱ 470mg。PEP-Ⅰ和 PEP-Ⅱ经醋酸纤维素薄膜电泳和凝胶柱色谱检测均为单一组分。全水解后经薄层色谱和气相色谱检测，PEP-Ⅰ和 PEP-Ⅱ由半乳糖醛酸、半乳糖、阿拉伯糖和鼠李糖组成，其摩尔比分别为 1∶0.18∶0.32∶0.16 和 1∶0.07∶0.12∶0.15。

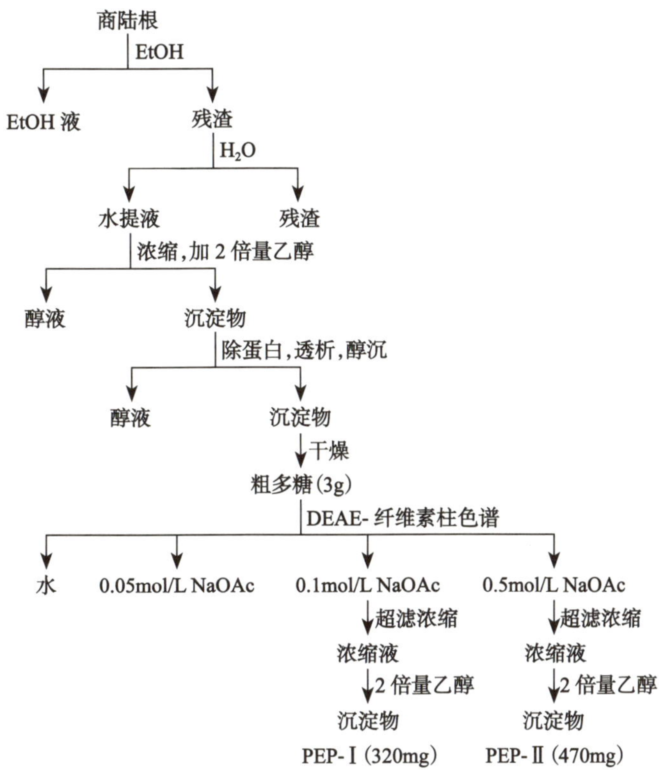

（高慧媛　王立波）

参考文献

[1] 裴月湖，娄红祥 . 天然药物化学 .7 版 . 北京：人民卫生出版社，2016：72-123.

[2] 叶秀林 . 立体化学 . 北京：北京大学出版社，1999：12.

[3] 吴寿金，赵泰，秦永琪 . 现代中草药成分化学 . 北京：中国医药科技出版社，2002：32-36.

[4] 陈惠黎 . 生物大分子的结构和功能 . 上海：上海医科大学出版社，1999：368.

[5] MONTREUIL J，VLIEGENTHART J，SCHACHTER H. Glycoproteins and Disease，New comprehensive biochemistry. Amsterdam：Elsevier，1996：486.

[6] 方圣鼎，严修瑔，李静芳，等 . 垂盆草化学成分的研究Ⅳ. 垂盆草甙及异垂盆草甙的结构 . 化学学报，1982（3）：273-280.

[7] 朱大元,王保德,黄宝山,等.朱砂莲化学成分的研究Ⅰ.朱砂莲素和朱砂莲苷的结构.化学学报,1983(1):74-78.

[8] SHIMADA K,KYUNO T,RO J S,et al. New cleavage methods for cardiac glycosides having a doubly linked sugar1. Planta Med,1984,50(1):9-11.

[9] LANG H Y,LI S Z,WANG H B,et al. The structure of lactiflorin,an artefact during isolation? Tetrahedron,1990,46(9):3123-3128.

[10] 裴月湖,华会明,李占林,等.核磁共振法在苷键构型确定中的应用.药学学报,2011,46(2):127-131.

[11] 叶秀林.立体化学.北京:北京大学出版社,1999:24.

[12] 陈耀祖,涂亚平.有机质谱原理及应用.北京:科学出版社,2001:7-18.

[13] LI W,ASADA Y,KOIKE K,et al. Bellisosides A-F,six novel acylated triterpenoid saponins from *Bellis perennis*(Compositae). Tetrahedron,2005,61(11):2921-2929.

[14] REÁTEGUI R F,WICHLOW D T,GLOER J B. Phaeofurans and sorbicillin analogues from a fungicolous *Phaeoacremonium* species(NRRL 32148). J Nat Prod,2005,69(1):113-117.

[15] 李润秋,张翼伸.人参果胶的结构研究.药学学报,1986(12):912-916.

[16] 王著禄,陈海生,郑钦岳,等.商陆多糖的分离和纯化.第二军医大学学报,1990(1):56-57.

第三章

苯丙素类化合物

学习目标

1. **掌握** 简单苯丙素、香豆素和木脂素的结构类型，及其骨架形成方式。
2. **熟悉** 简单苯丙素、香豆素和木脂素类型中的典型化合物；香豆素的波谱特征和化学性质。
3. **了解** 木脂素类的波谱特征；香豆素和木脂素的生物活性。

第三章
教学课件

天然成分中有一类苯环与三个直链碳连在一起为结构单元(C_6-C_3)的化合物，统称为苯丙素类(phenylpropanoids)[1]。这类成分有的单独存在，也有的以 2 个、3 个、4 个至多个单元聚合存在，包括苯丙烯及其氧化程度不同的衍生物、香豆素和木脂素等。苯丙素类分为苯丙酸类(简单苯丙素类)、香豆素和木脂素 3 类成分。

第一节 苯丙素类化合物的生物合成

从生源途径上，它们多数由莽草酸(shikimic acid)通过苯丙氨酸和酪氨酸等芳香氨基酸，经脱氨、羟基化、偶合等反应步骤形成最终产物，如图 3-1 所示。

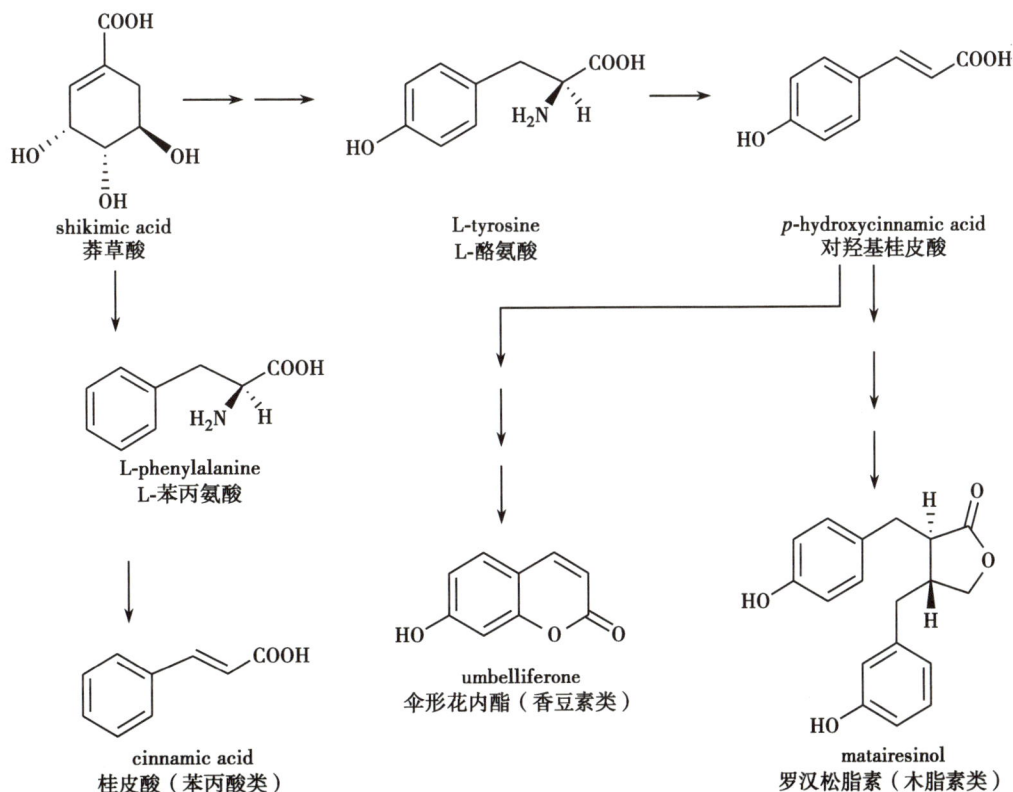

shikimic acid
莽草酸

L-tyrosine
L-酪氨酸

p-hydroxycinnamic acid
对羟基桂皮酸

L-phenylalanine
L-苯丙氨酸

umbelliferone
伞形花内酯（香豆素类）

cinnamic acid
桂皮酸（苯丙酸类）

matairesinol
罗汉松脂素（木脂素类）

图 3-1 苯丙素类化合物的生物合成途径

第二节　苯丙酸类化合物

一、概述

植物中广泛分布的酚酸类成分，它们的基本结构是由酚羟基取代的芳香环与丙烯酸构成的，称为苯丙酸类化合物，具有这类骨架的成分属于简单苯丙素。分子中取代基多为羟基、糖基，也有的取代基为植物中的脂类、萜类、氨基酸等成分；有许多苯丙酸类化合物以 2 个或多个分子通过酯键聚合的形式存在，也属于苯丙酸类。常见的苯丙酸类成分有桂皮酸（cinnamic acid）、对羟基桂皮酸（*p*-hydroxycinnamic acid）、咖啡酸（caffeic acid）、阿魏酸（ferulic acid）和异阿魏酸（isoferulic acid）等结构单元及其衍生物。

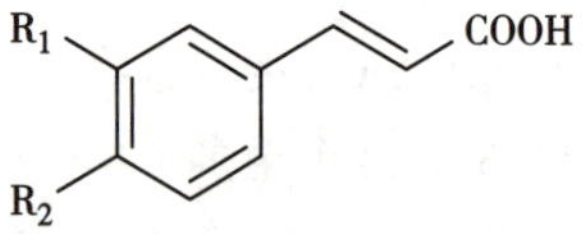

桂皮酸	cinnamic acid	$R_1=R_2=H$
咖啡酸	caffeic acid	$R_1=R_2=OH$
阿魏酸	ferulic acid	$R_1=OCH_3, R_2=OH$
异阿魏酸	isoferulic acid	$R_1=OH, R_2=OCH_3$

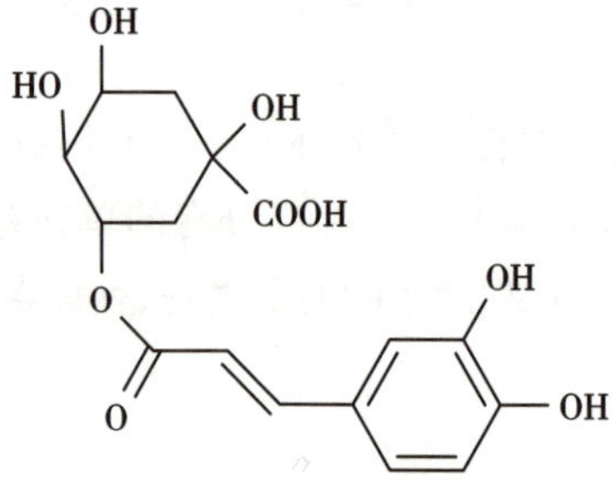

chlorogenic acid
绿原酸

许多苯丙酸类化合物是中草药中的有效成分。如绿原酸（chlorogenic acid）是咖啡酸与奎宁酸（quinic acid）形成的酯，它存在于茵陈、苎麻、金银花等常用中药中，具有抗菌利胆的作用。

百合科葱属（*Allium*）植物的鳞茎中存在多种苯丙素类成分，除了常见的咖啡酸、阿魏酸、对羟基桂皮酸外，还有邻羟基桂皮酸、*N*-（对 - 顺桂皮酰基）酪胺、*N*- 羟基桂皮酰酪胺、*N*- 反式阿魏酰酪胺等。这些成分大多具有抗血小板凝聚作用。

日本蛇菰（*Balanophora japonica*）中的松柏苷（coniferin）和咖啡酸葡萄糖苷具有抗组胺释放作用。苯丙酸二聚体迷迭香酸（rosmarinic acid）首先从唇形科植物迷迭香（*Rosmarinus officinalis*）中分离，后来在许多药用植物中发现，它具有抗氧化、抗菌、抗炎等功效。

肉桂醛是樟科（Lauraceae）肉桂（*Cinnamomum zeylanicum*）树皮挥发油的主要成分，它广泛用作香精香料。丁香酚大量存在于肉桂叶和桃金娘科（Myrtaceae）植物丁香（*Syzygium aromaticum*）的挥发油中，长期用作牙科麻醉剂和香料。

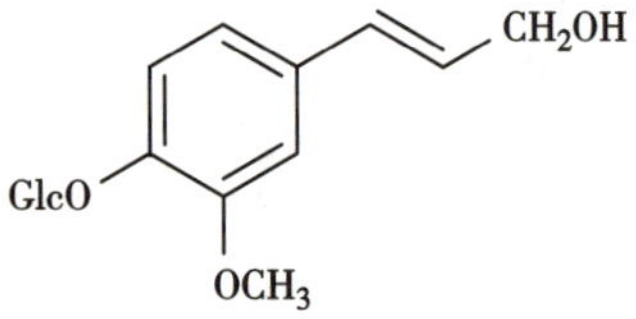

coniferin　松柏苷
cinnamaldehyde　肉桂醛 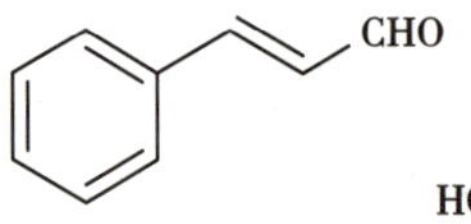
eugenol　丁香酚 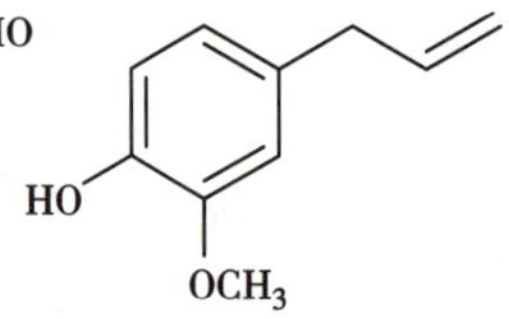
rosmarinic acid　迷迭香酸 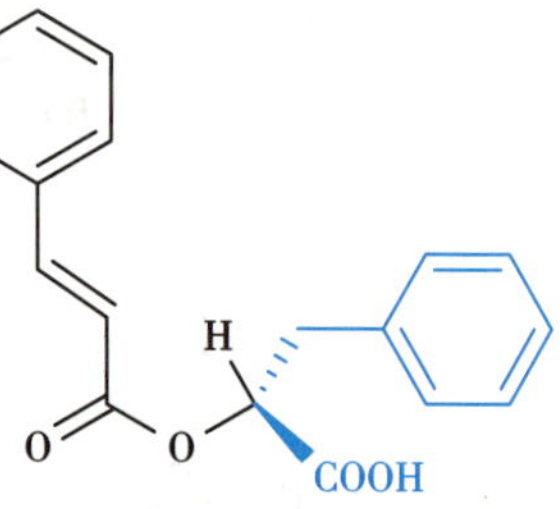

阿美里坎宁（americanin）系列化合物和樟科植物 *Eusideroxylon zwageri* 中获得的优西得灵

(eusiderin)系列化合物构成了两分子苯丙素通过氧键连接形成二氧六环结构类苯丙素。

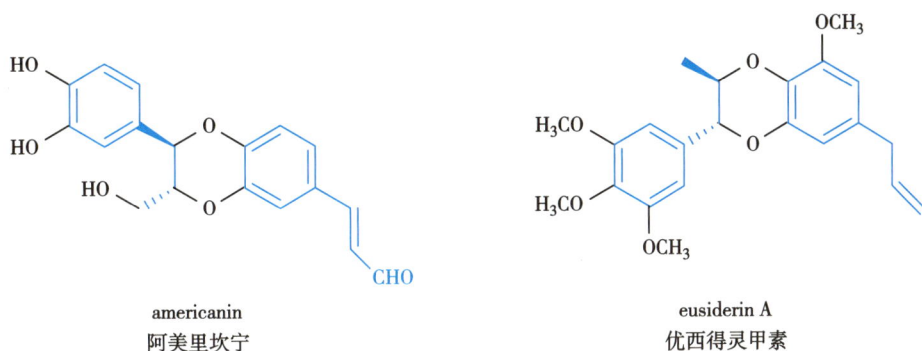

americanin
阿美里坎宁

eusiderin A
优西得灵甲素

二、苯丙酸类化合物的提取

植物中的苯丙酸类化合物及其衍生物大多具有一定的水溶性，而常常与其他一些酚酸、鞣质、黄酮苷等混在一起，分离有一定困难，一般要经大孔树脂、聚酰胺、硅胶、葡聚糖凝胶以及反相色谱多次分离才能纯化。利用苯丙素结构中酚羟基性质，有多种试剂可用在薄层色谱方法中通过显色反应进行鉴别。常用的有 1%~2% $FeCl_3$ 甲醇溶液、Gepfner 试剂（1% 亚硝酸钠溶液与相同体积 10% 的乙酸混合，喷雾后，在空气中干燥，再用 0.5mol/L 的氢氧化钠溶液处理）。

三、苯丙酸类化合物的研究实例

丹参为唇形科鼠尾草属植物丹参（*Salvia miltiorrhiza*）的根，为常用中药。丹参的水溶性化学成分中包含 3,4- 二羟基苯甲醛、丹参素、丹酚酸等化合物。药理试验证明，这些成分具有耐缺氧、扩张冠状动脉、增加冠脉流量、抑制凝血和促进纤溶作用，是丹参治疗冠心病的主要成分。

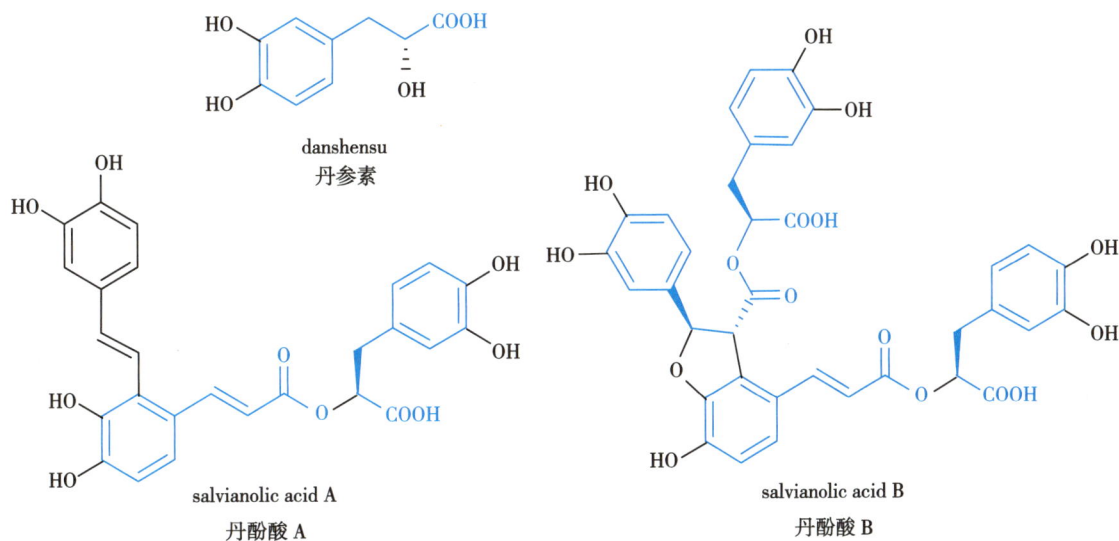

danshensu
丹参素

salvianolic acid A
丹酚酸 A

salvianolic acid B
丹酚酸 B

丹参素（danshensu）为 D-(+)-*β*-(3,4- 二羟基苯基）乳酸，属简单苯丙素类化合物。为白色针状结晶，熔点 84~86℃，对三氯化铁试剂呈黄绿色。丹参素的结构由合成品的 ^{1}H-NMR 波谱数据以及 R_f 值一致得到证实。可将丹参素成盐进一步纯化和增加水溶性。丹参素钠盐为白色细针状结晶，$[\alpha]_D^{20}$+35 (H_2O)。UV λ_{max}^{MeOH}：279、301nm；IR (ν_{KBr})cm^{-1}：3 500（羟基）、1 530、1 465（苯环）、1 560、1 395（—COO—）。丹参中还存在一系列由多个简单苯丙素分子通过酯键缩合而成的苯丙素聚合体，如丹酚酸 A 和 B（salvianolic acids A, B）[1]，也具有很强的药理活性。

第三节　香豆素类化合物

香豆素（coumarin）类化合物是指邻羟基桂皮酸内酯类成分的总称，它们都具有苯骈 α- 吡喃酮母核的基本骨架。除少数香豆素类化合物外，其他香豆素类化合物都具有在 7 位连接含氧官能团的特点。因此，7- 羟基香豆素（伞形花内酯，umbelliferone）被认为是香豆素类化合物的母体。

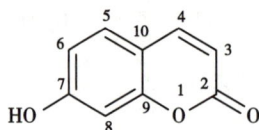

coumarin

香豆素类 (伞形花内酯)

香豆素广泛分布于高等植物的根、茎、叶、花、果实、皮和种子等各部位。特别是在伞形科、芸香科、瑞香科、木犀科、藤黄科、虎耳草科、五加科、菊科、豆科、茄科和兰科等科中存在。只有少数发现存在于微生物和动物中，如来自假密环菌中的亮菌甲素（armillarisin A）等。部分香豆素在生物体内是以邻羟基桂皮酸苷的形式存在，酶解后其苷元——邻羟基桂皮酸内酯化，形成香豆素。如香草木樨苷（melitoside）在生物体内酶解后，再内酯化，最后形成了伞形花内酯。

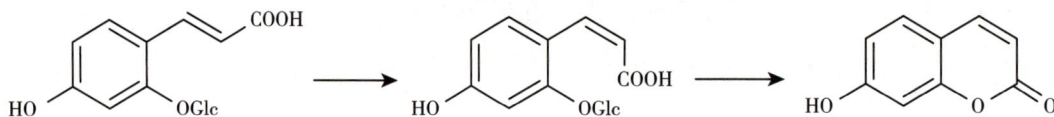

一、香豆素类化合物的结构类型

香豆素的母核为苯骈 α- 吡喃酮。环上常常有羟基、烷氧基、苯基和异戊烯基等取代基，其中异戊烯基的活泼双键与苯环上的邻位羟基可以形成呋喃环或者吡喃环的结构，根据香豆素结构中取代基的类型和位置，把它们分成如下四类。

（一）简单香豆素类

这类化合物是指仅仅在它的苯环上有取代的香豆素类化合物，取代基包括羟基、甲氧基、亚甲二氧基和异戊烯基等。异戊烯基除连接在氧上外，也可以直接连接在苯环的 5- 位碳、6- 位碳或者 8- 位碳上。然而，从生合成的途径来看，苯环上的 6- 位碳或者 8- 位碳的电负性较高，比较容易烷基化，因此异戊烯基在苯环的 6- 位或者 8- 位上出现的取代情况较多。在结构中，侧链异戊烯基有 1 个、2 个或者 3 个相连接的情况出现。秦皮中的七叶内酯（esculetin）、独活中的当归内酯（angelicone）和柚皮中的葡萄内酯（aurapten）等都属于简单香豆素类。

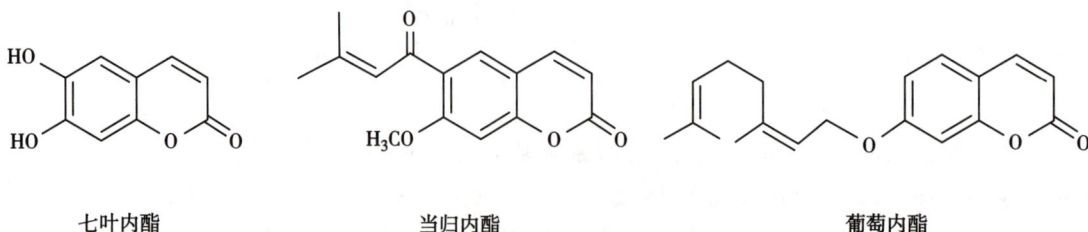

七叶内酯　　当归内酯　　葡萄内酯

（二）呋喃香豆素类

呋喃香豆素类（furanocoumarin）通常指其母核的 7- 羟基（或 5- 位羟基）与 6 位或者 8 位取代异戊烯基缩合形成呋喃环的一系列化合物。成环后，它常常伴随着失去异戊烯基上的 3 个碳原子。如果

7位羟基与6位上的异戊烯基形成呋喃环时，结构中的呋喃环、苯环和α-吡喃酮环同处于一条直线上，称作线型呋喃香豆素（linear furanocoumarin）；若7-羟基与8位碳上的异戊烯基形成呋喃环时，结构中的呋喃环、苯环和α-吡喃酮环则在一条折线上，称作角型呋喃香豆素（angular furanocoumarin）。紫花前胡中的紫花前胡内酯（nodakenetin）[2]和补骨脂中的补骨脂素（psoralen）属于线型呋喃香豆素类。牛尾独活中的异佛手柑内酯（isobergapten）则归为角型呋喃香豆素类。

紫花前胡内酯　　补骨脂素　　异佛手柑内酯

（三）吡喃香豆素类

吡喃香豆素类（pyranocoumarin）是指香豆素母核的7位羟基（或5位羟基）与6位碳或者8位碳上取代的异戊烯基缩合形成吡喃环的一系列化合物。如果7位羟基与6位异戊烯基形成吡喃环时，结构中的吡喃环、苯环和α-吡喃酮环同处于一条直线上，称作线型吡喃香豆素。若7位羟基与8位异戊烯基形成吡喃环时，结构中的吡喃环、苯环和α-吡喃酮环在一条折线上，称作角型吡喃香豆素。如美花椒内酯（xanthoxyletin）属于线型吡喃香豆素类，而白花前胡苷Ⅱ（praeroside Ⅱ）和北美芹素（pteryxin）归为角型吡喃香豆素类。

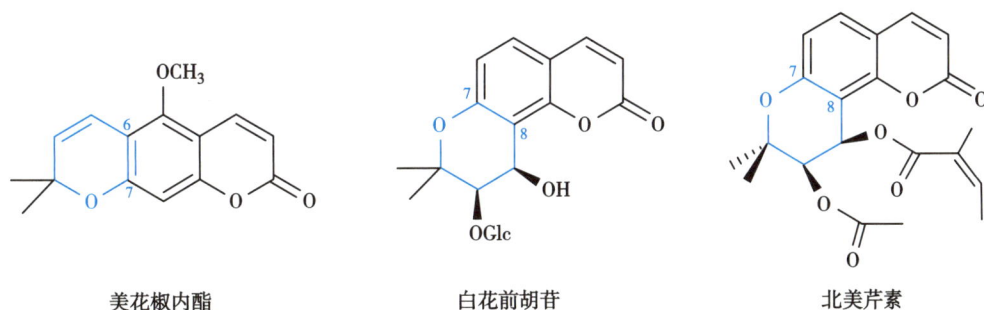

美花椒内酯　　白花前胡苷　　北美芹素

（四）其他香豆素类

凡是无法归属于以上3个类型的香豆素类化合物都属于其他香豆素类。主要的结构类型是指在α-吡喃酮环上有取代的香豆素类化合物或者香豆素的二聚体及三聚体等。比如亮菌甲素（armillarisin A）、蟛蜞菊内酯（wedelolactone）和红厚壳内酯（inophyllolide）的α-吡喃酮环上有取代基，阿魏甲素（ferulin A）由香豆素骨架与倍半萜结合而形成的香豆素衍生物，双七叶内酯（bisaesculetin）是香豆素的二聚体等[3-5]。

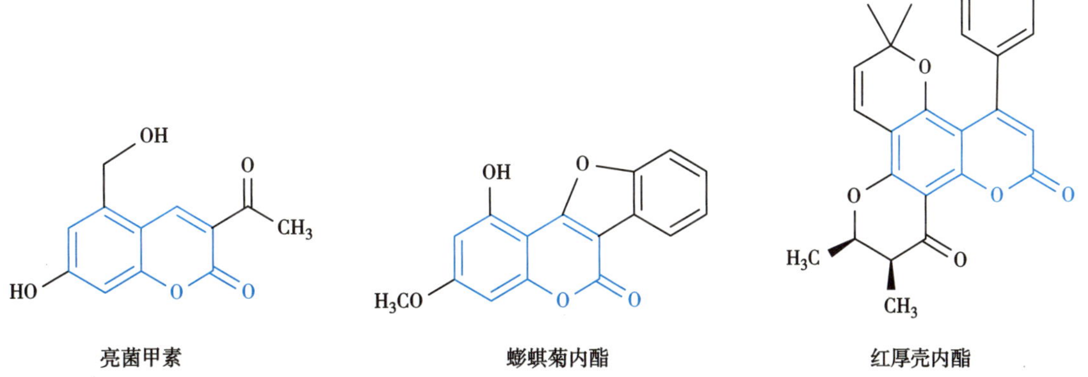

亮菌甲素　　蟛蜞菊内酯　　红厚壳内酯

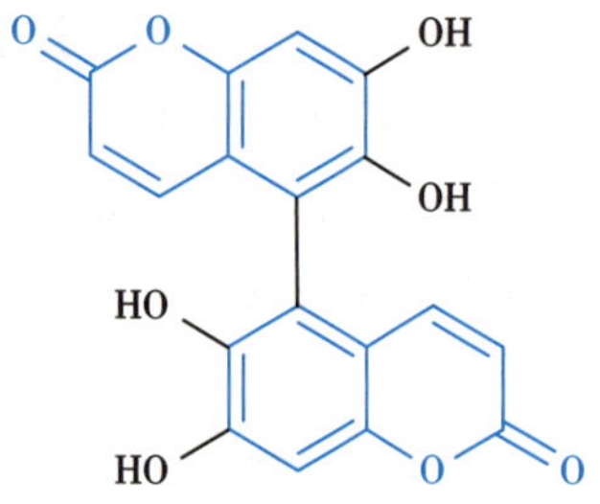

双七叶内酯 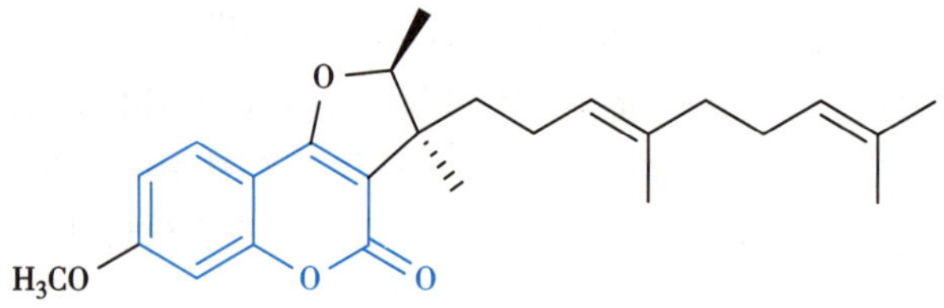　　阿魏甲素

二、香豆素类化合物的理化性质

(一) 性状

多数香豆素能够形成淡黄色或者无色结晶，有些具有香味。小分子的游离香豆素有挥发性，可以随水蒸气蒸馏，还能升华。而一旦形成苷以后，一般呈粉末状，多数无香味，也不具有挥发性和升华性等。香豆素衍生物在紫外光照射下呈现蓝色或者紫色荧光，在碱性溶液中荧光增强。

香豆素类化合物的蓝色荧光（单图）

(二) 溶解性

游离香豆素难溶或者不溶于冷水；易溶于苯、乙醚、三氯甲烷、丙酮、乙醇和甲醇等有机溶剂。香豆素苷类则可溶于甲醇、乙醇及水；难溶于苯、乙醚和三氯甲烷等低极性有机溶剂。

(三) 内酯的性质

香豆素类化合物的分子中具有内酯结构，因此它具有内酯环的性质。遇到稀碱溶液可以开环，形成溶于水的顺式邻羟基桂皮酸盐；酸化后，又立即合环，形成不溶于水的香豆素类成分。但是，如果长时间把香豆素类化合物放置在碱液中或者紫外光照射，顺式邻羟基桂皮酸盐就会转化成为稳定的反式邻羟基桂皮酸盐，再酸化时就不会合环。此外，表现内酯环的另外一个性质是在碱性条件下，香豆素类化合物的内酯环打开，与盐酸羟胺缩合生成异羟肟酸，在酸性条件下再与 Fe^{3+} 络合呈现红色（简称异羟肟酸铁反应）。

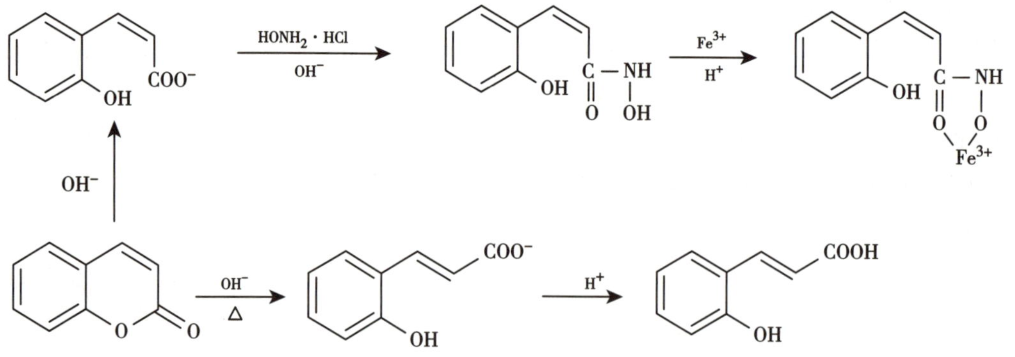

(四) 显色反应

具有酚羟基取代的香豆素类化合物可以与诸如三氯化铁等多种酚类试剂产生显色反应。如果酚羟基的对位无取代或者 6 位碳上无取代的香豆素衍生物，可以和 Gibbs 试剂及 Emerson 试剂呈现显色反应，Gibbs 试剂是 2,6- 二氯（溴）苯醌氯亚胺，它在弱碱性条件下可与酚羟基对位的活泼氢缩合成蓝色或蓝绿色化合物。

三、香豆素类化合物的提取分离

通常根据香豆素类化合物的溶解性、挥发性和升华性及其内酯结构的性质来设计其提取分离方案，有溶剂提取法、水蒸气蒸馏法和碱溶酸沉法等。水蒸气蒸馏法适应面窄，温度高，受热时间长，可能会引起化合物结构的破坏，现在少用。碱溶酸沉法的条件难以控制，如果条件剧烈，会造成酸化后不能闭环的不可逆现象，要慎重使用。在此，重点介绍最常用的溶剂提取法。

香豆素类化合物一般采用甲醇、乙醇或者水作为溶剂从植物中加以提取，合并提取液后回收溶剂得到提取物；将提取物溶解和悬浮在水中，再用石油醚、乙醚、乙酸乙酯和正丁醇等极性由低到高的有机溶剂依次萃取，将提取物分为极性不同的5个萃取部分。每个部分所含的化合物极性类似，需要进一步色谱分离，才能得到单体化合物。常用的分离方法包括经典柱色谱、制备薄层色谱和高效液相色谱等。

经典柱色谱一般采用硅胶或者酸性及中性氧化铝作为固定相，常用石油醚 - 乙酸乙酯、石油醚 - 丙酮、三氯甲烷 - 丙酮和三氯甲烷 - 甲醇等为流动相。同时，可以结合葡聚糖凝胶 Sephadex LH-20 的柱色谱，用三氯甲烷 - 甲醇或者甲醇 - 水等混合溶剂为洗脱剂对香豆素类化合物进行分离和纯化。

制备薄层色谱是分离纯化香豆素类化合物的方法之一。其固定相和流动相的选择可以参考柱色谱，化合物斑点的确定依靠它自身荧光现象。

目前，利用高效液相色谱来分离香豆素类化合物已经非常普遍，如果是分离极性小的香豆素类，一般用正相高效液相色谱，固定相是硅胶，流动相用石油醚 - 乙酸乙酯、石油醚 - 丙酮、三氯甲烷 - 丙酮和三氯甲烷 - 甲醇等有机溶剂；而对于极性较大的香豆素苷类的分离纯化，则用反相高效液相色谱，固定相是 RP-18 或者 RP-8，流动相选择用甲醇 - 水等。

四、香豆素类化合物的波谱特征

香豆素类化合物的结构研究常用紫外光谱、红外光谱、质谱和核磁共振等谱学方法，同时，结合理化检查加以确定。

（一）紫外光谱

香豆素类的紫外光谱是由苯环、α- 吡喃酮和含氧取代基等官能团的吸收所产生。无氧取代的香豆素类成分，将在 274nm（$\lg\varepsilon$ 4.03）和 311nm（$\lg\varepsilon$ 3.72）出现两个分别代表苯环和 α- 吡喃酮环的吸收峰。如果结构中引入烷基取代，其最大吸收值变化不大；但母核上有含氧基取代时，最大吸收波长将向红位移。7- 羟基、7- 甲氧基、7-β-D- 葡萄糖基、5,7- 及 7,8- 二氧取代的香豆素其紫外光谱相似，即在 217nm 和 315~330nm 有强吸收峰，而在 240nm 和 255nm 处出现弱峰。与其他酚类化合物一样，在碱性溶液中，含有酚羟基的香豆素其紫外光谱将发生显著的红移。

（二）红外光谱

香豆素类的红外光谱同样主要是由内酯环和芳环的结构所引起。苯环在 1 660~1 600cm^{-1} 区间产生三个较强的吸收峰；内酯环在 1 750~1 700cm^{-1} 出现一个强的吸收峰，如果内酯环羰基附近有羟基等基团与其形成分子内氢键时，内酯环羰基的吸收带移到 1 680~1 660cm^{-1}；此外，内酯环在 1 270~1 220cm^{-1}、1 100~1 000cm^{-1} 也产生强的吸收峰。利用以上特征吸收峰可以确定被测定的化合物是否为香豆素类化合物。

（三）核磁共振谱

核磁共振技术是进行香豆素类化合物结构研究时最重要的方法之一，它包括氢谱（^{1}H-NMR）、碳谱（^{13}C-NMR）和二维谱（2D-NMR）等。

在氢谱中，简单香豆素、呋喃香豆素和吡喃香豆素的 H-3 和 H-4 分别出现在 δ 6.10~6.50 和 δ 7.50~8.20 区域，均为 d 峰，偶合常数大约是 9.5Hz。这是该类化合物在氢谱最为标志性的信号。此外，苯

环上的氢信号与普通芳核上的氢信号特点类似，它们的化学位移出现在 δ 6.0~8.0 范围。由于受到内酯上的羰基影响，H-6 和 H-8 与 H-3 的信号出现在高场；H-5 和 H-7 与 H-4 的信号出现在低场。如果是 7 位取代香豆素，H-5 出现 d 峰（J 约为 8.0Hz），H-6 形成 dd 峰（J 约为 8.0、2.0Hz），H-8 是 d 峰（J 约为 2.0Hz）。常见简单香豆素的化学位移和偶合常数见表 3-1。

表 3-1 常见简单香豆素 ^{1}H-NMR 化学位移及偶合常数

取代类型	7- 羟基	7,8- 二氧代	6,7- 二氧代	6,7,8- 三氧代
H-3	6.2, d, J=9.0Hz	6.1~6.2, d, J=9.0Hz	6.14~6.26, d, J=9.0Hz	6.19, d, J=9.0Hz
H-4	8.2, d, J=9.0Hz	7.8, d, J=9.0Hz	7.60~7.82, d, J=9.0Hz	7.8, d, J=9.0Hz
H-5	7.7, d, J=9.0Hz	7.25~7.38, d, J=8.0Hz	6.77~6.90, s	6.78, s
H-6	6.9, dd, J=9.0、2.5Hz	6.95, d, J=8.0Hz		
H-8	7.0, d, J=2.5Hz		6.38~7.04, s	

在碳谱中，香豆素母核上的 9 个碳原子出现在 δ 100~160。其中 C-2 是羰基碳，C-7 位上常有含氧官能团的取代等因素的影响，一般它们都均出现在 δ 160 左右；在香豆素类化合物中 C-3 和 C-4 多数没有取代，其化学位移值也较为固定，C-3 出现在 δ 110~113，C-4 在 δ 143~145 范围内产生信号；母核上的 C-9 信号出现在 δ 149~154，C-10 在 δ 110~118 范围产生信号。香豆素母核碳化学位移见表 3-2。

表 3-2 香豆素母核 ^{13}C-NMR 化学位移表

	C_2	C_3	C_4	C_5	C_6	C_7	C_8	C_9	C_{10}
δ	160.4	116.4	143.6	128.1	124.4	131.8	116.4	153.9	118.8

几个香豆素的 ^{1}H-NMR 谱与 ^{13}C-NMR 谱数据（组图）

香豆素母核碳的化学位移受取代基的影响较大，如果母核上的碳原子连有含氧取代基时，直接连接的碳化学位移向低场移动约 30 个化学位移单位，它的邻位和对位碳则向高场分别移动约 13 个和 8 个化学位移单位。此外，根据碳谱数据可以确定香豆素苷中糖的种类、连接位置和苷键的构型等。

（四）质谱

在 EI-MS 中，香豆素类衍生物一般具有较强的分子离子峰，在质谱中最常出现的是失去一系列 CO 的碎片离子峰。

母体香豆素有强的分子离子峰，基峰是失去 CO 的苯骈呋喃离子。

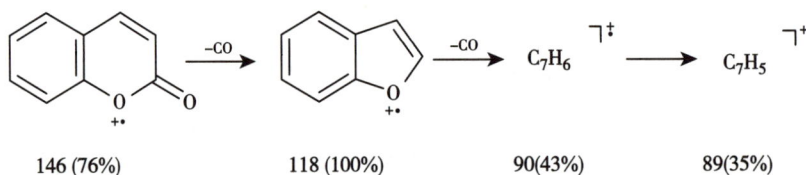

–CO → –CO → C_7H_6 $]^{+\cdot}$ → C_7H_5 $]^{+}$

146 (76%)　118 (100%)　90(43%)　89(35%)

取代香豆素出现一系列失去 CO 的峰。

H_3CO –CO → H_3CO $-CH_3^{\cdot}$ →

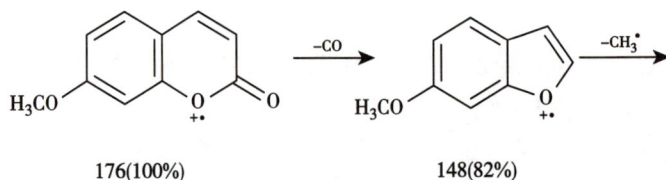

176(100%)　148(82%)

$\xrightarrow{-CO}$ $[C_7H_5O]^+$ $\xrightarrow{-CO}$ $[C_6H_5]^+$

133(83%)　105(12%)　77(27%)

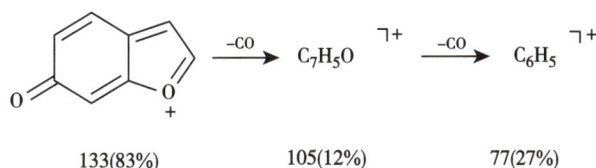

呋喃香豆素出现失去 CO 的苯骈呋喃离子，见图 3-2。

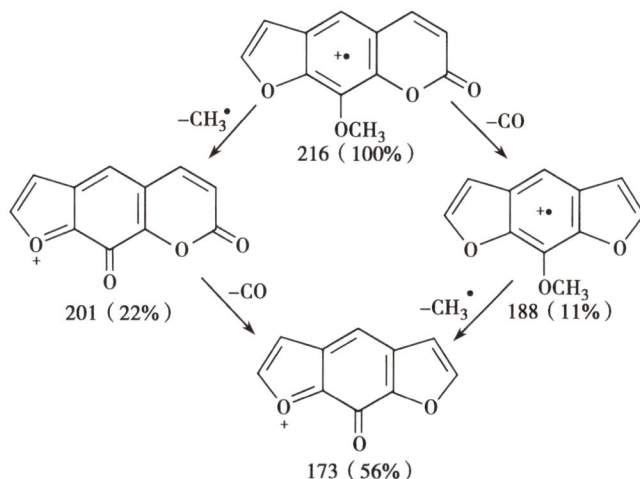

216（100%）

$-CH_3^{\bullet}$　$-CO$

201（22%）　188（11%）

$-CO$　$-CH_3^{\bullet}$

173（56%）

图 3-2　呋喃香豆素的质谱裂解途径

五、香豆素类化合物的生物活性

香豆素类化合物在自然界中广泛存在，具有结构简单、易化学合成的特点。这类化合物抗病毒、抗肿瘤、抗骨质疏松和抗凝血等生物活性较强，因此成为新药研究开发的热点之一[1,5-6]。

（一）毒性

黄曲霉毒素简介（拓展阅读）

长期以来因为香豆素的芳甜气味，其被广泛用作食品和药品的香料。但它对肝的毒性作用，应当引起我们的高度重视。如黄曲霉毒素（aflatoxin）在极低的浓度就可以使动物的肝损害而引起癌变。其中 aflatoxin B_1 的毒性最强，其结构中的不饱和内酯环和呋喃环上的双键是其毒性产生的必需活性基团，一旦内酯开环和双键饱和则其毒性显著降低。

（二）抗病毒作用

20 世纪 90 年代初首次在马来西亚的热带雨林植物藤黄科胡桐属的棉毛胡桐（*Calophyllum lanigerum*）中分离得到对 HIV-1 病毒株具有强烈抑制作用的化合物 calanolide A（EC_{50}=0.1μmol/L，IC_{50}=20μmol/L），它是美国国家癌症研究所（National Cancer Institute，NCI）筛查的进入临床试验的来自植物的具有抗人体免疫缺陷病毒作用的化合物[5]。另外，从蛇床子等植物中得到的蛇床子素（osthole）可抑制乙型肝炎表面抗原（HBsAg）。

（三）抗肿瘤作用

7- 羟基香豆素通过降低细胞 cyclin D1 的表达抑制癌细胞的增殖，从而对恶性黑色素瘤、肾癌和前列腺癌起效。研究表明，香豆素类衍生物还可以通过增强机体免疫力产生抗癌作用。如增强巨噬细胞的作用、增强并活化单核细胞的数量、调节单核细胞和巨噬细胞对淋巴细胞活化以及增强白细胞介素发挥抗癌作用。

（四）抗骨质疏松作用

体外研究表明，蛇床子总香豆素和蛇床子素对于新生大鼠成骨细胞的增殖、细胞内骨碱性磷酸酶

活性和骨胶原合成具有显著的促进作用。同时，整体实验说明，蛇床子总香豆素能够提高去势大鼠股骨的骨密度[7]。

（五）抗凝血作用

两分子 4- 羟基香豆素和一分子的甲醛缩合而成的双香豆素（dicoumarol），存在于腐败的牧草中，牛羊食用后可出血致死。在临床上，双香豆素的有些类似物作为抗凝血药物使用，防止血栓的形成或者起到溶栓功效，香豆素类药物华法林用于临床抗凝血，适用于下肢静脉栓塞、肺动脉栓塞、心胸外科手术和骨科关节手术的抗凝血。但香豆素在体内吸收快，不经过尿排出，长期使用要防止其蓄积性毒性的现象发生。

（六）对心血管系统的作用

香豆素类衍生物具有抗高血压、抗心律失常和抗心肌缺血再灌注性损伤等作用。如前胡丙素（praeruptorin C）的降压、钙拮抗和防止血管肥厚的作用；花椒毒素（xanthatoxin）对于乌头碱诱发的大鼠心律失常有明显的治疗作用；白花前胡甲素（praeruptorin A）可明显抑制大鼠缺血再灌注性损伤。

（七）光敏作用

诸多香豆素类衍生物具有光敏活性。临床上，以补骨脂素与长波紫外线联合使用治疗银屑病和白癜风等皮肤病已经有很长的历史。

六、香豆素类化合物的研究实例

紫花前胡（*Peucedanum decursivum*）具有散风清热、降气化痰的功效，主要用于治疗风热咳嗽和痰热喘满等证，其富含二氢线型呋喃和吡喃香豆素，用硅胶柱色谱和制备型高效液相色谱进行分离纯化，从其根中得到紫花前胡 D，通过谱学分析和化学方法鉴定其结构为 3′(*S*)- 羟基 -4′(*R*)- 当归酰氧基线型二氢吡喃香豆素 [3′(*S*)-hydroxy-4′(*R*)-angeloyloxy-3′,4′-dihydroxanthyletin]，结构鉴定过程如下[2]。

紫花前胡 D：白色粉状，熔点为 98~99℃，$[\alpha]_D^{23}$ −14.6° (c=0.5，$CHCl_3$)，可溶于乙醇、丙酮、三氯甲烷等有机溶剂，不溶于水。紫外灯下观察呈现蓝色荧光，异羟肟酸铁反应呈阳性，三氯化铁反应阴性，以上现象说明该化合物是没有酚羟基取代的香豆素。HR-EI-MS：$[M]^+$ 为 m/z 344.121 5（计算值：344.117 2），由此确定分子式为 $C_{19}H_{20}O_6$。

UV λ_{max}^{MeOH}(nm)：219、257、324。IR ν_{max}(KBr) cm^{-1}：3 400、1 730~1 710、1 620、1 570、1 460、1 240、1 080、1 045。EI-MS m/z(%)：344 (8)、326 (8)、260 (26)、229 (12)、83 (100)、55 (38)。

^{1}H-NMR 谱（$CDCl_3$）中，δ 7.60、6.24（各 1H，d，J=9.3Hz）处的 AB 信号是香豆素 H-4 和 H-3 的典型吸收，δ 7.35、6.78（各 1H，br.s）处的信号归属于香豆素母核上的 H-5 和 H-8，说明紫花前胡 D 是 6,7-二取代的香豆素类衍生物。

由 δ 6.00、3.91（各 1H，d，J=7.0Hz）和 δ 1.53、1.35（各 3H，s）的信号，可确定其是线型二氢吡喃香豆素，在二氢吡喃环的 3′位和 4′位上存在含氧取代。H-3′和 H-4′的偶合常数为 7.0Hz，表明 H-3′和 H-4′是反式。3′位和 4′位上取代基在氢谱上出现的信号分 δ 3.91(1H，br.s，重水交换后消失)，而 δ 6.00（1H，br.q，J=7.0Hz）、2.01（3H，br.d，J=7.0Hz）、1.94（3H，br.s），结合 ^{13}C-NMR 中 δ 168.9、126.8、141.0、16.1、20.6，说明其结构中有羟基和当归酰氧基。同时，依据 H-3′和 H-4′的化学位移值，判断为 3′- 羟基、4′-当归酰氧基。

通过温和碱水解，确定 3′和 4′位的绝对构型。首先将其溶解在二氧六环溶剂中，加入 0.5mol/L 氢氧化钾，60℃保持 1 小时，冷却 30 分钟，酸碱中和后用三氯甲烷萃取，再用硅胶柱进行色谱分离，得到的主产物是 (+) 反式紫花前胡醇 [(+)-*trans*-decursidinol]（图 3-3），由此证明紫花前胡 D 的 3′位和 4′位绝对构型是 3′*S*,4′*R*。

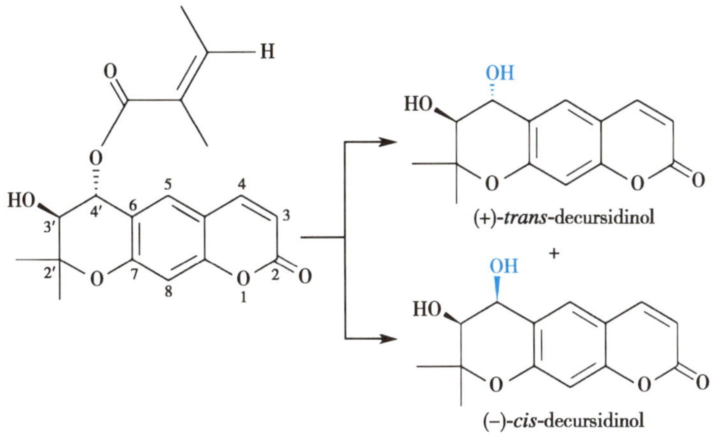

图 3-3　紫花前胡 D 水解所得产物

第四节　木脂素类化合物

木脂素类(lignans)化合物是具有苯丙烷骨架的两个结构通过其中 β,β'-碳或 8,8′-碳相连而形成的一类天然产物。这类化合物在 19 世纪就已经分离得到，20 世纪 30 年代哈沃斯(Haworth)首先将木脂素作为单独一类天然产物进行描述。早期以植物树脂或木质部中存在较广泛或含量较大，所以称为木脂素[8]。例如橄榄脂素(olivil)在橄榄树脂中含量高达 50%。

最早得到平面结构的一个木脂素类化合物是愈创木脂酸(guaiaretic acid)。它的类似物去甲二氢愈创木脂酸(nordihydroguaiaretic acid，NDGA)，从 1940 年起在商业上就广泛用作食品抗氧化剂，用于防止油脂变质。天然 NDGA 以高达约 10% 的含量存在于北美洲用来防腐的灌木 *Larrea divaricata* 的叶中。20 世纪 30—40 年代有大量的愈创木脂酸衍生物被合成出来。

结构多样的木脂素类化合物具有多种多样的生物活性，其中最引人注目的是抗肿瘤化合物鬼臼毒素(podophyllotoxin)。除此之外，该类化合物抗病毒逆转录酶作用和抗血小板凝聚作用(anti-PAF)、抗真菌、免疫抑制活性也都有报道。

木脂素是一类由苯丙素氧化聚合而成的天然产物，通常所指是其二聚物，少数是三聚物和四聚物。二聚物碳架多数是由侧链 β 碳原子 C-8—C-8′ 连接而成的。木脂素(lignan)最初是指两分子苯丙素以侧链中碳原子连接而成的化合物；其他的称为新木脂素(neolignan)、寡聚木脂素(oligomeric lignan)、杂木脂素(hybrid lignan)、降木脂素(norlignan)。多种多样的连接方式形成了结构式样形形色色的木脂素分子。组成木脂素的单体主要有四种：肉桂醇(cinnamyl alcohol)、桂皮酸(cinnamic acid)、丙烯基酚(propenylphenol)和烯丙基酚(allylphenol)。

与天然产物类似，大多数天然木脂素类化合物采用俗名，根据其来源植物的属名或种名命名。例如从鬼臼属(*Podophyllum*)植物中分离到的鬼臼毒素(podophyllotoxin)，从厚朴(*Magnolia officinalis*)中得到的厚朴酚(magnolol)。这类木脂素的碳原子编号通常将左边的苯丙素单元编号为 1~9，右边的编号为 1′~9′。但对于芳基萘和四氢呋喃类木脂素，有时选择化合物中所包含的萘或四氢呋喃等化合物母核进行命名，对于这类化合物，其系统名称中的碳原子编号可能会与俗名中有所不同。

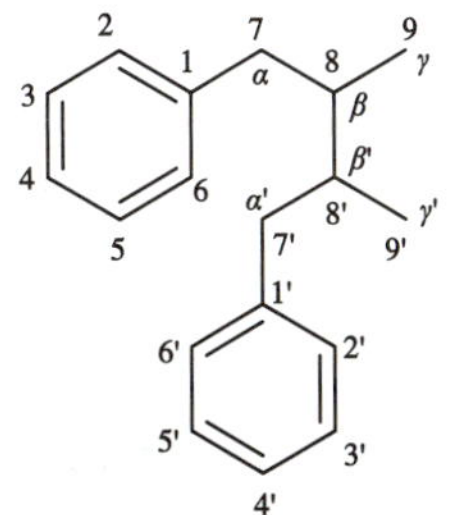

C-8—C-8′相连的木脂素结构骨架

在生源上，两分子苯丙素分子偶联，进一步羟基化、合环和消除反应，形成了各种系列的木脂素类化学成分，如图 3-4 所示。

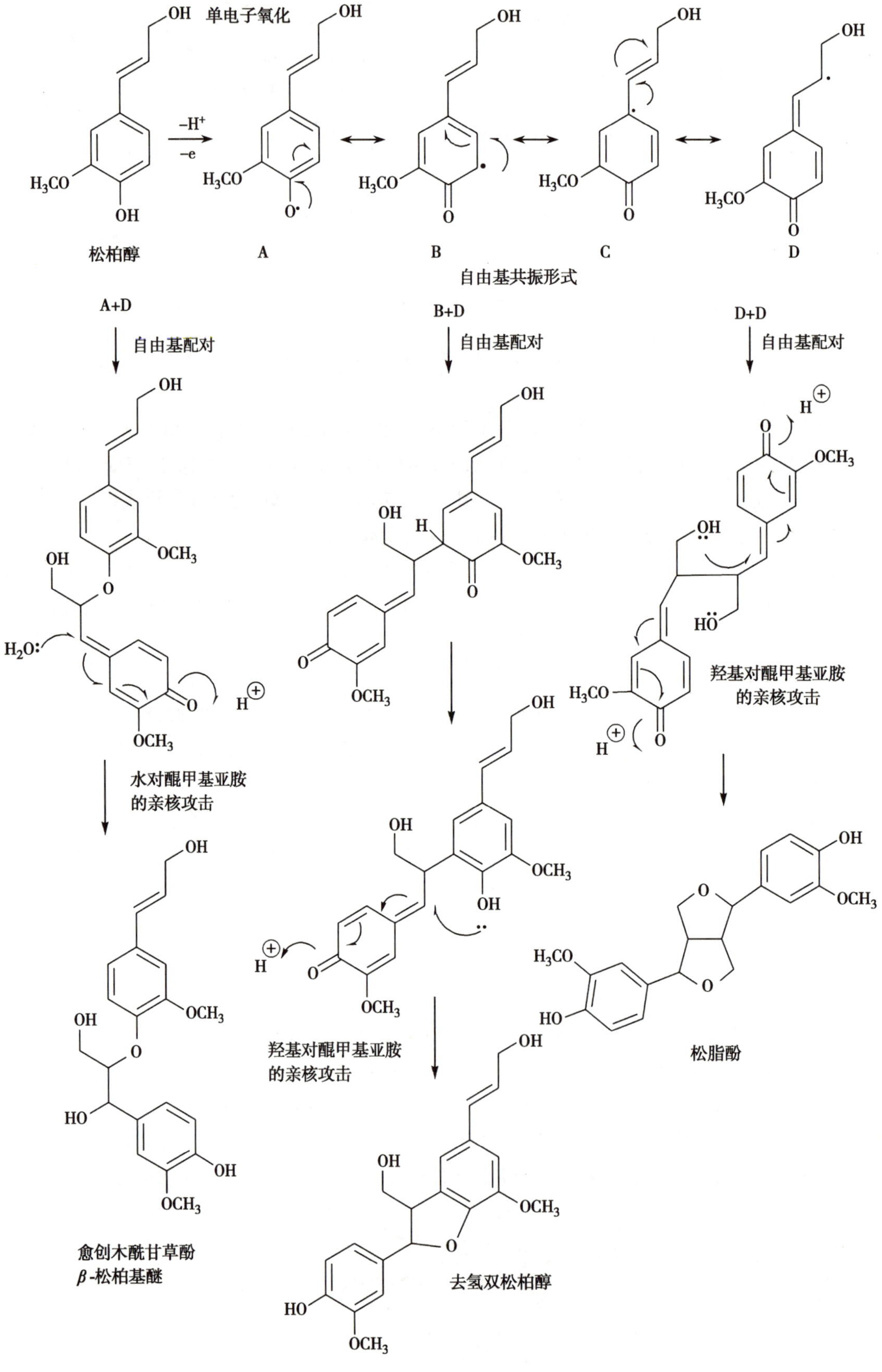

单电子氧化

$-H^+$

$-e$

松柏醇　A　B　C　D

自由基共振形式

A+D　自由基配对

B+D　自由基配对

D+D　自由基配对

水对醌甲基亚胺的亲核攻击

羟基对醌甲基亚胺的亲核攻击

羟基对醌甲基亚胺的亲核攻击

愈创木酰甘草酚β-松柏基醚

去氢双松柏醇

松脂酚

图 3-4　木脂素类化合物的生物合成途径

一、木脂素类化合物的结构类型

（一）木脂素类（lignans）

木脂素类化合物中最大一个类型的结构是称为 lignan 的木脂素[9]。这类结构两个桂皮酸或桂皮醇分别通过侧链 β 碳原子 C-8—C-8′ 连接而成。分子中连氧活性基团往往形成一个或两个四氢呋喃环或内酯环构成不同的亚类型结构。其中相当一部分结构通过侧链与苯环相连，或两个结构单元的苯环相连形成多环结构。

1. 二苄基丁烷类（dibenzylbutanes）　这类木脂素由两分子苯丙素通过 C-8—C-8′ 连接形成，它是其他类型木脂素的生源前体。二苄基丁烷木脂素的两个苯环可以是单取代、二取代或三取代，取代基一般为羟基、甲氧基、亚甲二氧基或氧糖基。这类结构中部分甲基被氧化为亚甲二氧基，如 saururinone。少数化合物为双键亚甲基。有些化合物的 7- 位或 7′- 位以仲醇形式存在，个别化合物的 C-7 或 C-7′ 位被氧化为羰基。

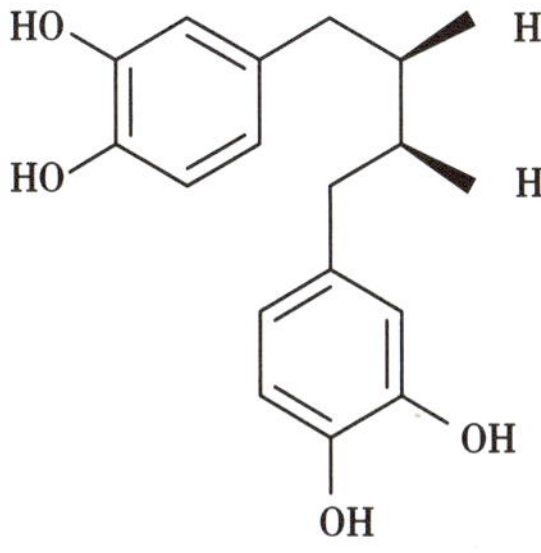

nordihydroguaiaretic acid (NDGA)
去甲二氢愈创木脂酸

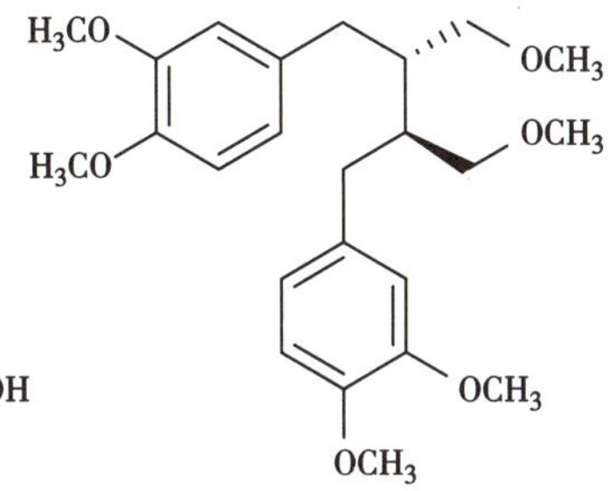

(+)-phyllanthin
(+)-叶下珠脂素

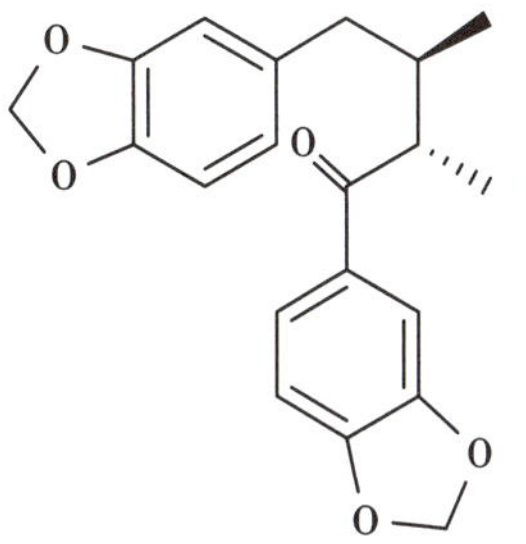

saururinone

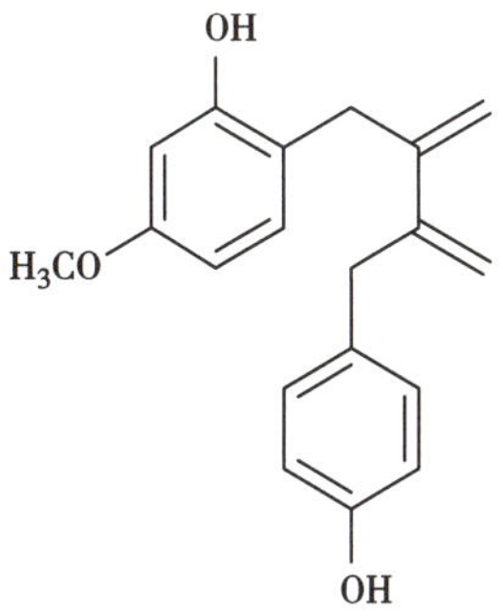

termilignan

Termilignan 是从植物 *Terminalia bellerica* 的果壳中分离到的苄基丁烷类型的木脂素，它具有抗艾滋病病毒 HIV-1 的体外活性[10]。

2. 二苄基丁内酯类（dibenzyltyrolactones）　作为生物体内苄基丁内酯类木脂素的合成前体，二苄基丁烷的脂肪链在 C-9—C-9′ 位通过氧形成了五元内酯环。多数天然二苄基丁内酯木脂素 C-8 和 C-8′ 位的两个苄基为反式构型，如 (–)- 扁柏脂素 [(–)-hinokinin]。也有少数二苄基丁内酯类木脂素 C-8 和 C-8′ 位的两个苄基为顺式构型，如 7-methoxy-*epi*-matairesinol。

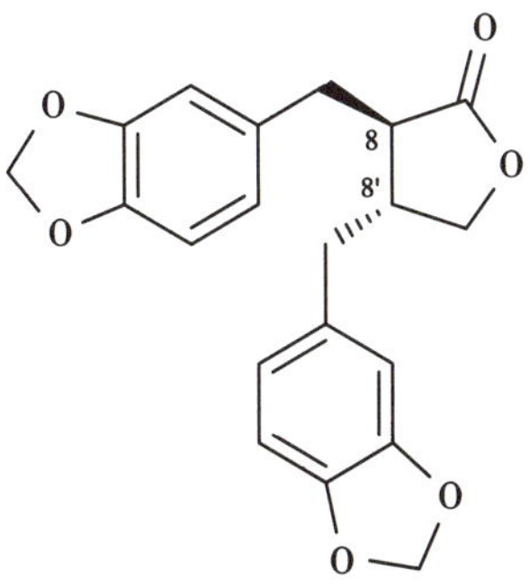

(–)-hinokinin
(–)-扁柏脂素

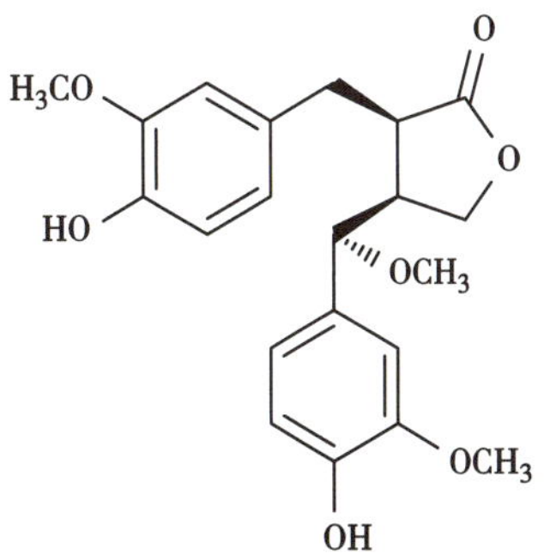

7-methoxy-*epi*-matairesinol

从桧柏（*Sabina chinensis*，又称桧树、圆柏）和台湾杉（*Taiwania cryptomerioides*）心材中获得的 (–)- 桧脂素 [(–)-savinin] 和台湾脂素 A（taiwanin A），分别是 7,8- 位双键和 7,8- 位、7′,8′- 位双键的二苄基

丁内酯类木脂素。

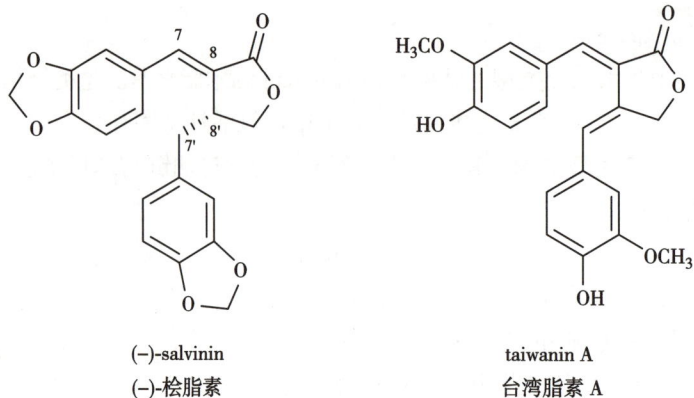

(−)-salvinin
(−)-桧脂素

taiwanin A
台湾脂素 A

3. 芳基萘类(arylnaphthalenes)　芳基萘类木脂素有芳基萘、芳基二氢萘、芳基四氢萘等基本结构骨架(图 3-5)。

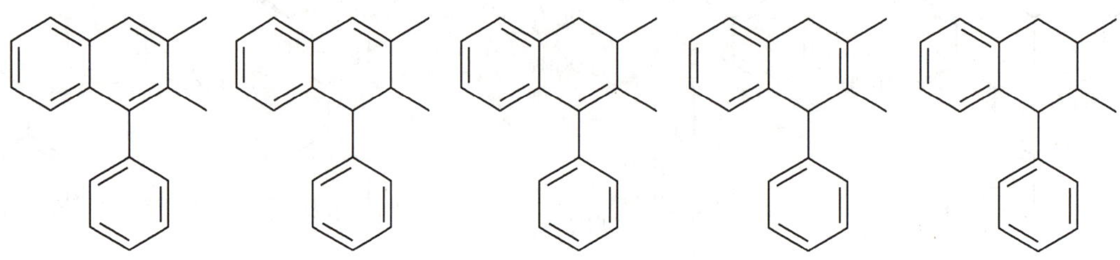

图 3-5　芳香萘类木脂素化学结构骨架

与上述两类木脂素情况相似,芳基萘类木脂素的侧链 γ 碳原子有的被氧化成醇、醛或酸,以开链形式存在,也有的缩合为五元环内酯,以内酯环为母核的命名编号系统中有 1- 苯代 -2,3- 萘内酯(1-arylnaphthalide)和 4- 苯代 -2,3- 萘内酯等基本结构骨架。

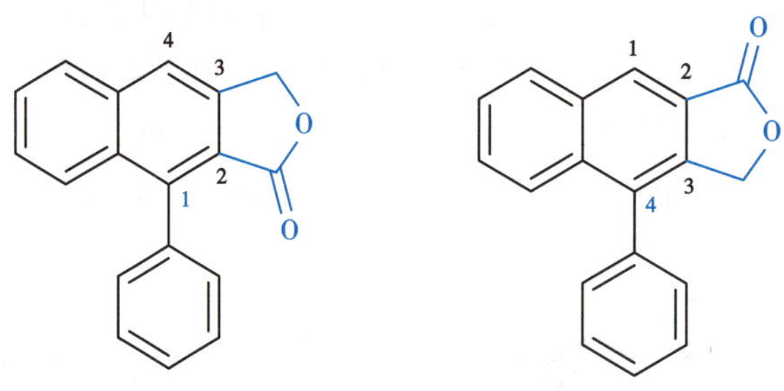

skeleton of 1-arylnaphthalide
1-苯代萘内酯结构骨架

skeleton of 4-arylnaphthalide
4-苯代萘内酯结构骨架

以鬼臼毒素(podophyllotoxin)为代表的芳基四氢萘内酯类木脂素是很重要的一类天然产物,主要存在于鬼臼属(*Podophyllum*)及其近缘植物中,其内酯环为反式,遇碱易异构化为顺式。鬼臼毒素最早从盾叶鬼臼(*P. peltatum*)中得到,从八角莲(*P. pleianthum*)、桃儿七(*P. hexandrum* 或 *P. emodi*)和山荷叶(*Diphylleia grayi*)等近缘植物中也得到过,(−)- 鬼臼毒素 -β-D- 葡萄糖苷曾在植物桃儿七中分离得到。α- 盾叶鬼臼脂素(α-peltatin)、β- 盾叶鬼臼脂素(β-peltatin)及其葡萄糖苷均得自盾叶鬼臼。

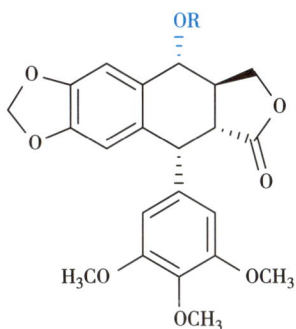

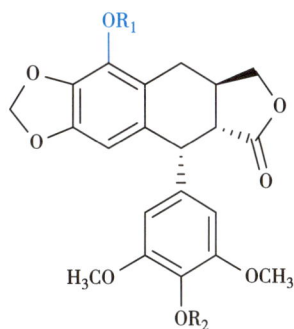

(−)-podophyllotoxin R=H
(−)-鬼臼毒素
(−)-podophyllotoxin-*β*-D-glucoside R=Glc
(−)-鬼臼毒素-*β*-D-葡萄糖苷

α-peltatin $R_1=R_2=H$
α-盾叶鬼臼脂素
α-peltatin-5-*O*-*β*-D-glucoside $R_1=Glc, R_2=H$
α-盾叶鬼臼毒素-5-*O*-*β*-D-葡萄糖苷
β-peltatin $R_1=H, R_2=CH_3$
β-盾叶鬼臼脂素
β-peltatin-5-*O*-*β*-D-glucoside $R_1=Glc, R_2=CH_3$
β-盾叶鬼臼毒素-5-*O*-*β*-D-葡萄糖苷

4. 四氢呋喃类(tetrahydrofurans) 木脂素烃基上不同位置氧取代基的缩合形成了四氢呋喃类木脂素。根据连氧位置不同,其结构骨架有 7-*O*-7′型、7-*O*-9′型和 9-*O*-9′型;这些结构中苯环上各种连氧取代基种类和位置的变化、脂肪烃链上连氧取代基种类和位置的不同,及其立体构型的差异,构成了一系列数量众多的四氢呋喃类木脂素。从化学结构上看,这类化合物常被称为二芳基四氢呋喃衍生物。

7-*O*-7′型 7-*O*-9′型 9-*O*-9′型

四氢呋喃类木脂素结构骨架

得自 *Himantondra baccata* 树皮的 (−)-galbacin 为 7-*O*-7′型四氢呋喃类木脂素。自 *Olea europaea* 树脂中分离得到的橄榄脂素(olivil)和木兰科植物辛夷(*Magnolia fargesii*)的赫耳酮(hernone)为 7-*O*-9′型四氢呋喃木脂素。从荜澄茄(*Piper cubeba*)果实中得到的荜澄茄素(cubebin)则为 9-*O*-9′型四氢呋喃木脂素。

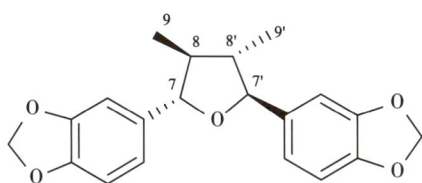

(−)-galbacin
(−)-加尔巴星

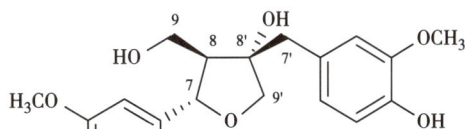

(−)-olivil
(−)-橄榄脂素

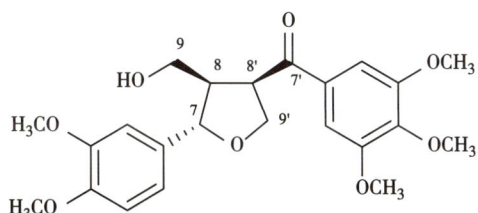

hernone
赫耳酮

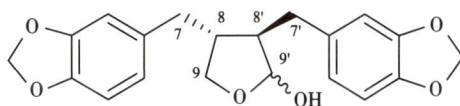

(−)-cubebin
(−)-荜澄茄脂素

5. 骈双四氢呋喃类(furofurans) 四氢呋喃类木脂素中脂肪烃链上羟基的缩合形成了骈双四氢呋喃类木脂素的结构。到目前为止,这类结构中两个四氢呋喃环均以顺式立体构型相骈合;双四氢呋喃环结构骨架也只有一种结构类型,即 7-*O*-9′/7′-*O*-9 型,四氢呋喃环通过 C-8/C-8′位骈合。这类木脂素结构骨架在化学系统命名中为 2,6- 二芳基 -3,7- 二氧杂双环 [3.3.0] 辛烷(2,6-diaryl-3,7-dioxabicyclo[3.3.0]octane)。

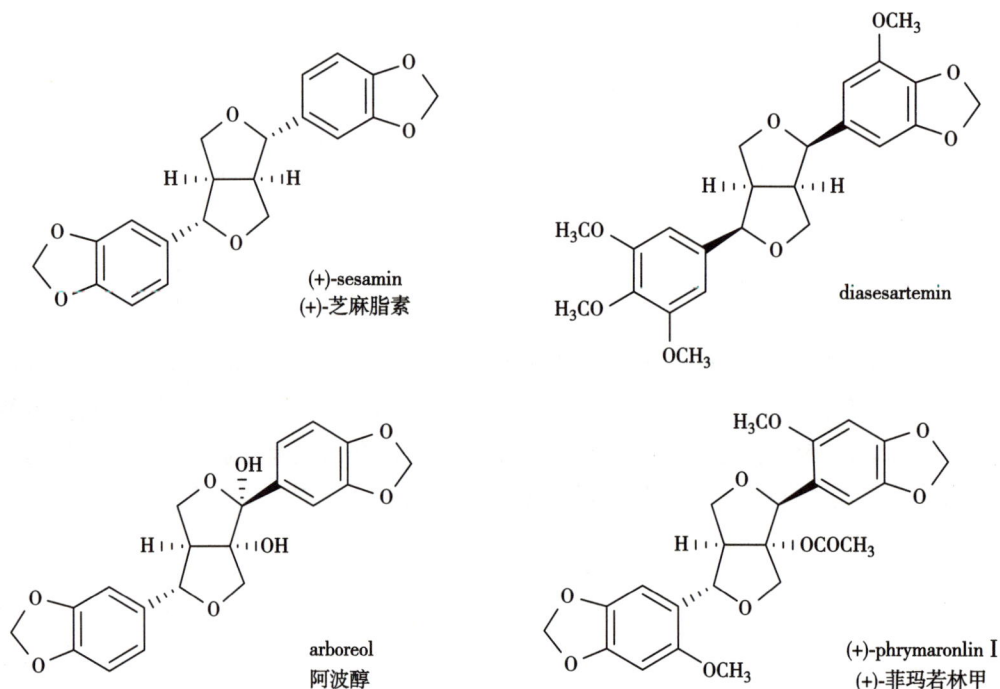

(+)-sesamin
(+)-芝麻脂素

diasesartemin

arboreol
阿波醇

(+)-phrymaronlin Ⅰ
(+)-菲玛若林甲

6. 联苯环辛烯类(dibenzocyclooctenes) 除了经典木脂素中 C-8—C-8′相连之外,两个苯丙素单元中的苯基的 C-2—C-2′同时相连,构成一类与两个苯环相骈合的连氧取代环辛烯结构骨架,形成联苯环辛烯类木脂素。这类木脂素结构中除了环辛烯脂肪链上手性碳原子造成的立体异构以外,还有因两个近距离而不共平面的苯环产生的位阻立体异构体。这类木脂素集中存在于五味子科五味子属(*Schisandra*)和南五味子属(*Kadsura*)植物。如从五味子(*Schisandra chinensis*)果实中获得的五味子甲素 [(+)-deoxyshizandrin]、五味子乙素(γ-schizandrin)和五味子丙素(wuweizisu C)。华中五味子(*S. spehnanthera*)果实中分得的五味子酯(schisantherin)系列木脂素是环辛烷结构中接有酯基的类型,如五味子酯甲和五味子酯乙。

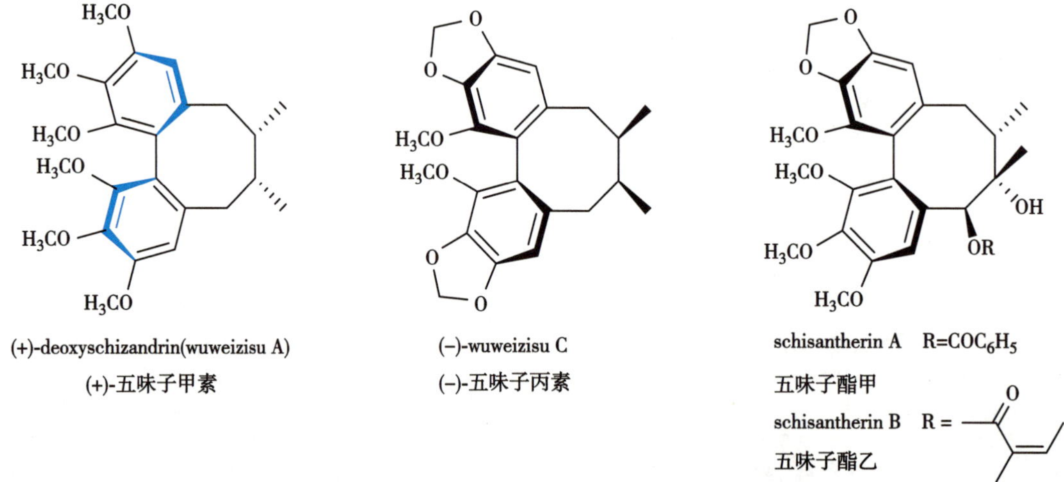

(+)-deoxyschizandrin(wuweizisu A)
(+)-五味子甲素

(−)-wuweizisu C
(−)-五味子丙素

schisantherin A R=COC_6H_5
五味子酯甲
schisantherin B R =
五味子酯乙

从内南五味子(*Kadsura interior*)藤茎中获得的内南五味子素(interiorin)是具有螺苯骈呋喃(spirobenzofuranoid)结构骨架的联苯环辛烯类木酯素,在构成这种亚类型的一系列木脂素中,形成螺环的氧取代位置以及苯环中羰基位置有所不同,如从黑老虎(*K. coccinea*)分到的南五脂素甲(kadsulignan A)和长梗南五味子(*K. longipedunculata*)得到的南五脂素丙(kadsulignan C)。

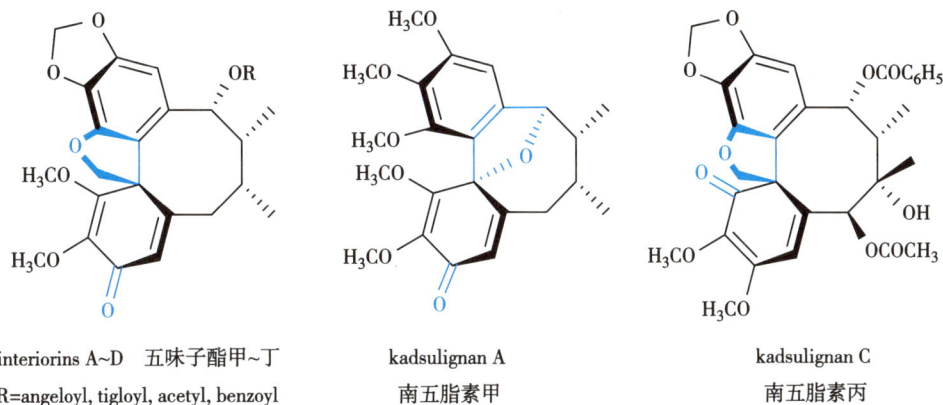

interiorins A~D　五味子酯甲~丁
R=angeloyl, tigloyl, acetyl, benzoyl

kadsulignan A
南五脂素甲

kadsulignan C
南五脂素丙

从伞形科植物 *Steganotaenia araliacea* 中获得的化合物 steganacin、steganangin、stegananol 和 steganalone 是一组 C-8 和 C-8′位呈氧化型并形成内酯结构的联苯环辛烯木脂素,具有显著的抗白血病 P-388 活性。

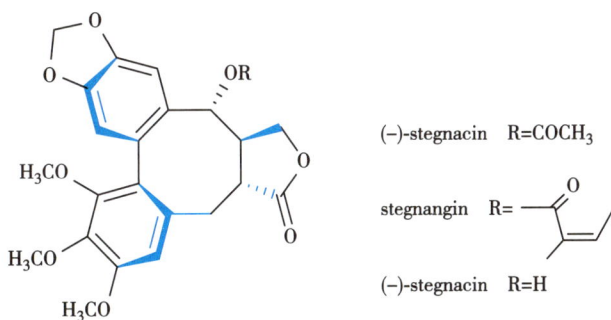

(–)-stegnacin　R=$COCH_3$

stegnangin　R=

(–)-stegnacin　R=H

(二)新木脂素(neolignans)

通常将一个苯丙素的脂肪烃基碳与另一苯丙素的苯环相连接,或苯丙素的苯基相连接构成的各种木脂素归类为新木脂素,可以人为地分为以下几种亚类型[11]。这些类型化合物骨架编号以构成木脂素的苯丙素单元的骨架碳顺序安排,并不是按化学系统命名中的编号顺序安排,目的是使得所示结构单元看上去更为清晰,同时也与所引用的研究文献资料一致。

尤普麦特素(eupomatenoids)中 C-8 与另一苯丙素的 C-3′相连,C-7 同时与 C-4′通过氧相连形成一个与苯环相骈合的苯骈呋喃或四氢呋喃环结构骨架(C-8—C-3′/C-7—*O*—C-4′)。其代表性化合物尤普麦特烯(eupomatene)是从植物帽花木(*Eupomatia laurina*)树皮中分离到的新木脂素结构。这类结构还有从茄科植物蒜芥茄(*Solanum sisymbriifolium*)中得到的 sisymbrifolin。

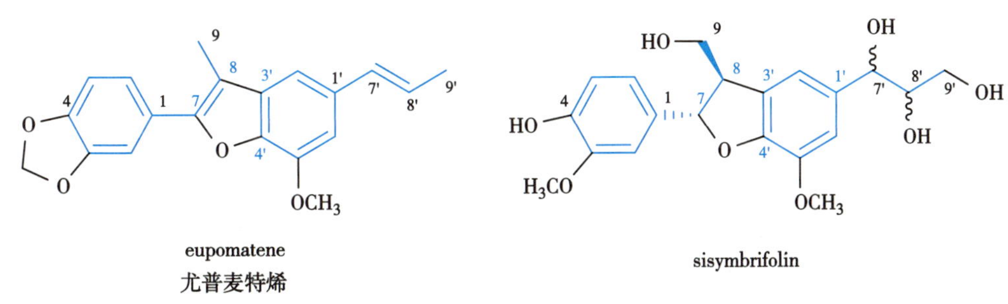

eupomatene
尤普麦特烯

sisymbrifolin

伯彻林（burchellin）从结构上看，是一个苯丙素单元的 C-8 与另一苯丙素的 C-1′相连，同时 C-7 与 C-2′通过氧相连形成一个与苯环相骈合的 C-1′位有烯丙基的苯骈四氢呋喃环结构骨架（C-8—C-1′/C-7—*O*—C-2′）。这类代表化合物伯彻林得自樟科植物 *Aniba burchellii*。同类型新木脂素还有从巴西植物 *Ocotea catharinensis* 的叶中分到的凯瑟林甲素。

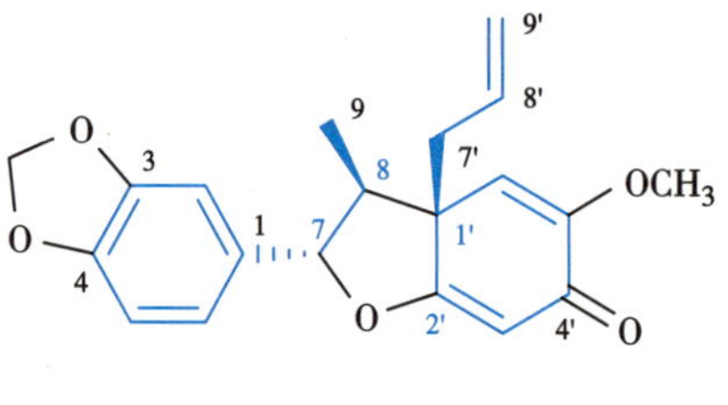

burchellin

伯彻林

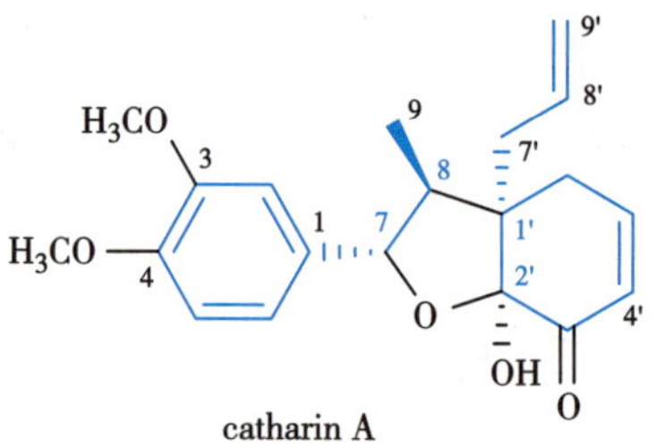

catharin A

凯瑟林甲素

双环辛烷（bicyclooctane）新木脂素是一个苯丙素单元的 C-8 与另一苯丙素的 C-3′相连，同时 C-7 与 C-1′直接相连，形成一个与环己烃相并的苯取代五元环结构骨架（C-8—C-3′/C-7—C-1′）：双环 [3.2.1] 辛烷（bicyclo[3.2.1]octane）。得自植物 *Ocotea bullata* 的异奥克布烯酮（*iso*-ocobullenone）属于这种类型的新木脂素，其立体异构体奥克布烯酮 C-8 位甲基为 *β*- 构型。

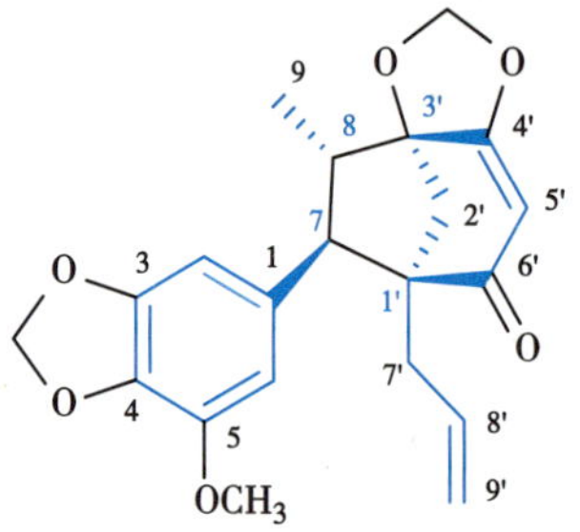

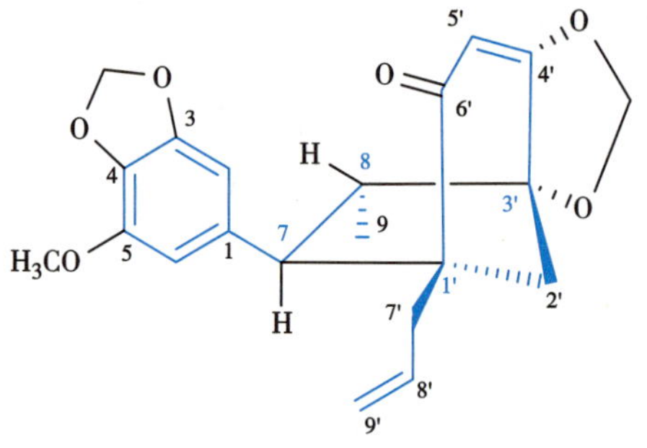

iso-ocobullenone

异奥克布烯酮

风藤酮（futoenone）是由一个苯丙素单元的 C-8 与另一苯丙素的 C-1′相连，同时 C-7 与另一苯丙素单元的烃基碳 C-9′直接相连，形成有螺环的苯取代环己烷结构骨架（C-8—C-1′/C-7—C-9′）。从胡椒属植物风藤葛（*Piper futokadzura*）的叶和茎得到的风藤酮（futoenone）是这种结构的代表性化合物。

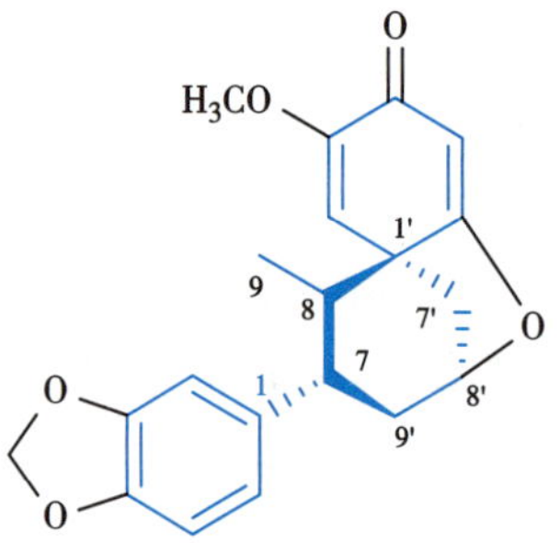

futoenone

风藤酮

两个苯丙素单元的芳基碳直接相连构成的新木脂素分子为联苯型（biphenyl）新木脂素，又称作厚朴酚型。厚朴酚（magnolol）是从中药厚朴（*Magnolia officinalis*）树皮中获得的，从日本厚朴（*M. obovata*）树皮中得到的和厚朴酚（honokiol）是其异构体。从植物中分离得到的苯环和烃基上有羟基、甲氧基取代衍生物构成了一系列天然厚朴酚型新木脂素。

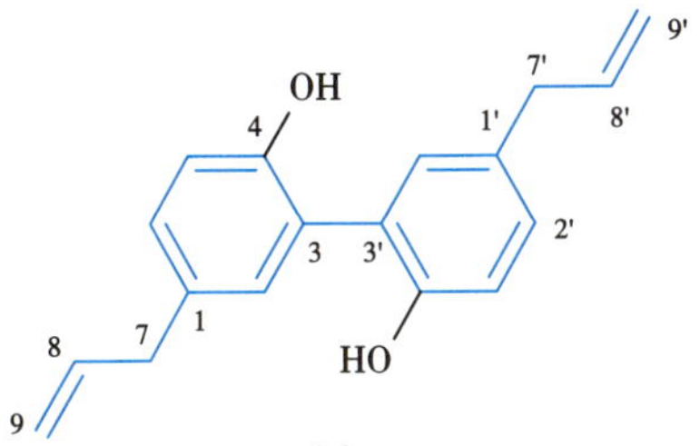

magnolol
厚朴酚

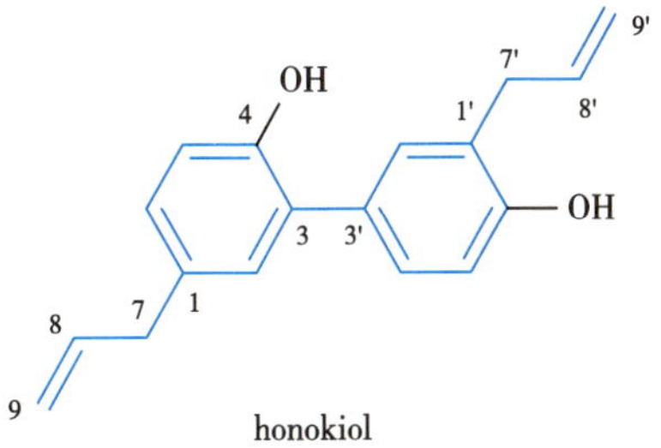

honokiol
和厚朴酚

（三）降木脂素（norlignans）

构成上述类型木脂素或新木脂素的其中一个苯丙素单元的烃基失去一个或两个碳而形成的一类木脂素结构骨架称为降木脂素（norlignan）。它们的骨架往往与上面各类来源木脂素相同或相似。

这种类型的木脂素有从金丝桃属植物金丝桃（*Hypericum chinense*）中分离到的四氢呋喃型降木脂素金丝桃酮甲和乙（hyperiones A，B）[12]；从胡椒属植物 *Piper decurrens* 和 *P. betle* 中分到的苯骈呋喃型降新木脂素迪卡闰醛（decurrenal）、蒌叶新木脂素甲和乙（pibeneolignans A，B）[13]；从植物蒙蒿子（*Anaxagorea clavata*）中得到的蒙蒿素。含炔键的降木脂素尼亚斯柯苷（nyasicoside）首先从仙茅科（Hypoxidaceae）小金梅草属（*Hypoxis*）非洲药用植物 *Hypoxis nyasica* 中分离得到，后来从仙茅科仙茅属植物大叶仙茅（*Curculigo capitulata*）中分离到尼亚斯柯苷和 1-*O*- 甲基尼亚斯柯苷（1-*O*-methylnyasicoside）一系列这种类型的降木脂素类化合物。

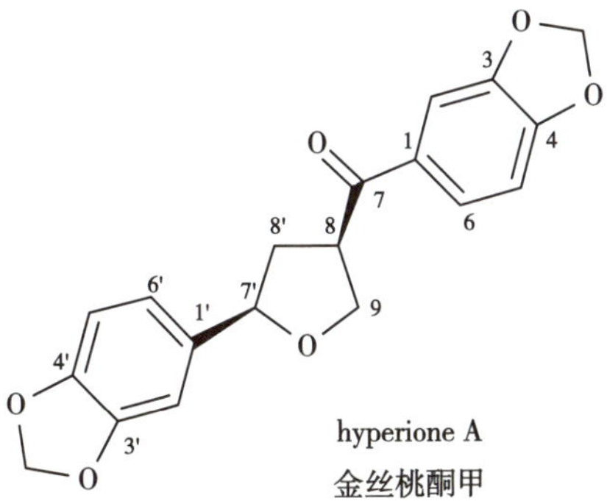

hyperione A
金丝桃酮甲

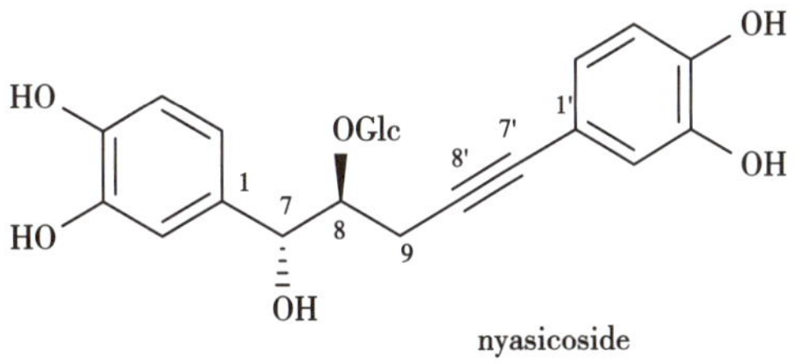

nyasicoside
尼亚斯柯苷

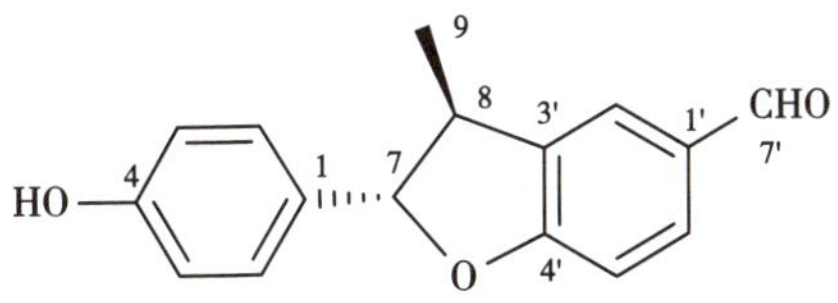

迪卡伦醛　decurrenal

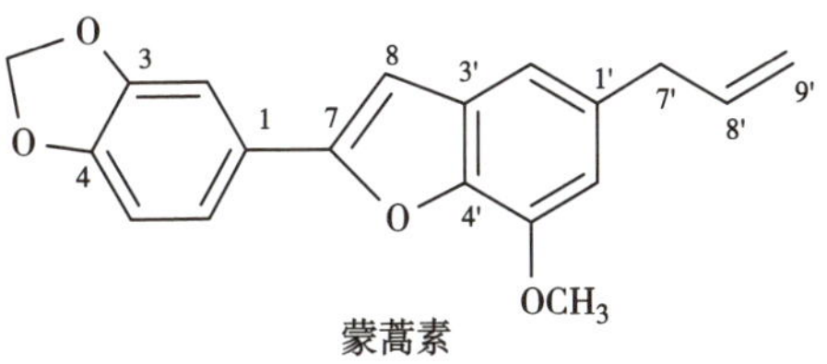

蒙蒿素

（四）寡聚木脂素和杂类木脂素

多个苯丙素单元通过碳 - 碳键相互连接可形成寡聚木脂素（oligomeric lignans）[14]。

木脂素与萜类、黄酮等其他类型的化合物形成复合体构成杂木脂素 [15]。随着植物药有效成分分离研究的深入，将会有更多数量的杂类木脂素和寡聚木脂素化合物被分离得到。

二、木脂素类化合物的理化性质

木脂素类化合物为无色结晶或白色粉末。木脂素多数为脂溶性分子，能溶于三氯甲烷、乙醚、乙酸乙酯、丙酮、甲醇和乙醇等有机溶剂，难溶于水；少数与糖结合的木脂素极性增大，有一定的水溶性。

木脂素类化合物大都具有光学活性，这是由于分子中具有手性碳，或者空间位阻造成了取代的苯

环不能自由旋转形成的阻转光学活性异构体。因此，木脂素类化合物的比旋光度往往是分子的一个重要物理常数。

木脂素在提取分离过程中遇到酸碱条件容易产生分子结构的立体异化，表现在物理性质上就是分子光学活性的改变。例如芝麻脂素为双四氢呋喃类木脂素，它的一个立体异构体 *d*- 芝麻脂素（*d*-sesamin）是从麻油的非皂化物中获得的，为右旋体，在盐酸乙醇溶液中加热，部分转化为 *d*- 表芝麻脂素（*d*-episesamin），即细辛脂素（asarinin）；*l*- 表芝麻脂素是从细辛根中得到的，是左旋体，在盐酸乙醇溶液中加热，部分转化为 *l*- 芝麻脂素。这是由于呋喃环上的氧原子与苯甲基相连，容易开环，重复闭环时发生构型变化。

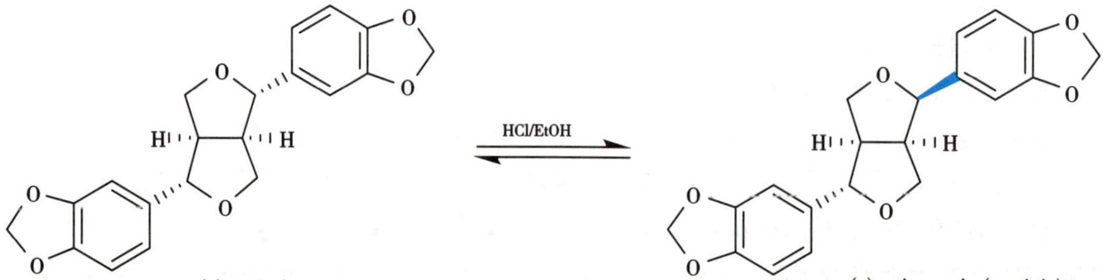

HCl/EtOH

(+)-sesamin
(+)-芝麻脂素

(+)-episesamin (asarinin)
(+)-表芝麻脂素

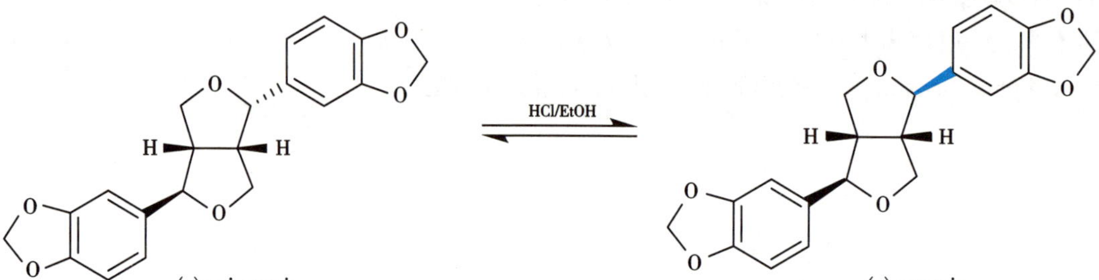

HCl/EtOH

(–)-episesamin
(–)-表芝麻脂素

(–)-sesamin
(–)-芝麻脂素

鬼臼毒素类属于四氢萘内酯木脂素，具有四氢萘和反式内酯环结构，7′/8′- 顺式和 7/8- 反式构型是具有抗癌活性的必要结构要求，但此类成分遇碱易异构化，反式内酯变为顺式内酯。如天然鬼臼毒素为 8*β*,8′*α* 构型，内酯羰基碳邻位上有 *α*-H，遇碱易异构化为苦鬼臼毒素。C-7 的苄醇遇酸也易异构化，生成系列衍生物（图 3-6）。

不同结构类型的木脂素根据其结构特征表现出不同的化学性质。因此，研究木脂素的化学性质和药理活性应根据它们的结构类型分门别类进行考虑。但进行化合物的分离时一些非特征性化学试剂如 10%~20% 的硫酸溶液和 5% 磷钼酸乙醇溶液可用于薄层色谱的显色。

木脂素结构中的烃基能够与多种氧化剂作用形成酸，氧化反应可用于确定某些类型木脂素的骨架结构。如联苯环辛烯类木脂素五味子醇甲，在高锰酸钾和稀碱的作用下被氧化成六甲氧基联苯二酸。

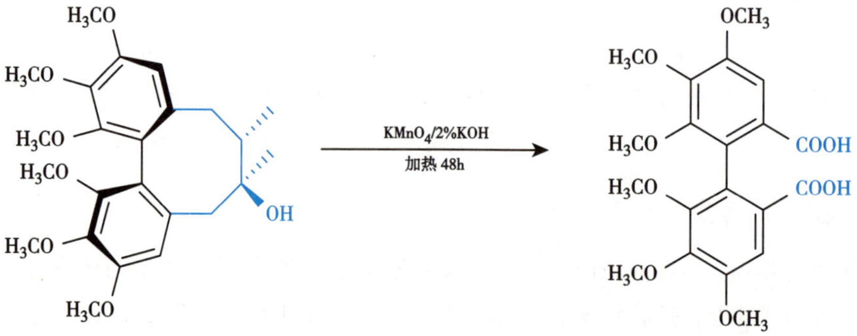

$KMnO_4$/2%KOH
加热 48h

schizandrin
五味子醇甲

六甲氧基联苯二酸

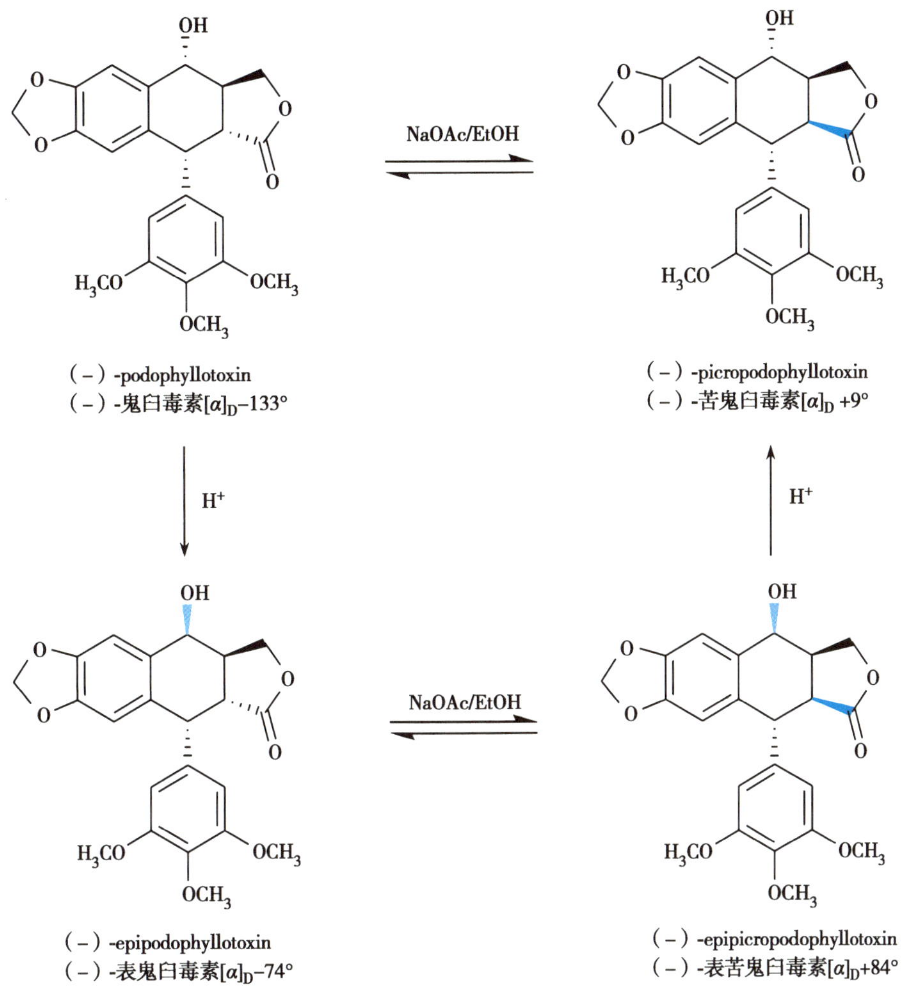

图 3-6　鬼臼毒素类木脂素在酸碱作用下的结构转化

三、木脂素类化合物的提取分离

木脂素多数呈游离型，为亲脂性成分，少数与糖结合形成苷，因此木脂素易溶于三氯甲烷、乙醚和乙酸乙酯等极性不大的有机溶剂。但是低极性有机溶剂难于透入植物细胞，宜先用乙醇、丙酮等亲水性溶剂提取，得浸膏后再以三氯甲烷、乙醚等分次提取。二氧化碳超临界流体萃取技术也用于木脂素的提取。吸附色谱是分离木脂素的主要手段，常用吸附分离材料为硅胶，以石油醚-乙酸乙酯、石油醚-丙酮、三氯甲烷-丙酮、三氯甲烷-甲醇等溶剂系统进行洗脱。对于在甲醇中溶解性较好的木脂素成分也可以用葡聚糖凝胶 LH-20 分离和纯化。对于木脂素类结构相近的难以分离的类似物，反相填料 RP-18 等也可以用于木脂素的分离。木脂素类化合物极性较小，往往与植物叶绿素和脂质成分混合难以分离纯化，而一些新型高分子分离材料如 MCI 的合理使用，可以有效解决这一分离难点。

四、木脂素类化合物的波谱特征

（一）紫外光谱

多数木脂素的两个取代芳环是两个孤立的发色团，两者紫外吸收峰位置相近，吸收强度是两者之和，立体构型对紫外光谱没有影响。如去氧鬼臼毒素（deoxypodophyllotoxin）的紫外吸收 λ_{max} 290~294nm（ε 4 400~4 800）是两个发色团：亚甲二氧基苯 λ_{max} 283nm（ε 3 300）和三甲氧基苯 λ_{max} 270nm（ε 650）的加和。吸收峰略有红移是由于鬼臼毒素衍生物 B 环的存在，相当于苯环烷基取代。

紫外光谱可用于区别芳基四氢萘、芳基二氢萘、芳基萘型木脂素，还可以确定芳基二氢萘 B 环上的双键位置。

(二) 红外光谱

多数木脂素，如芳基四氢萘、芳基二氢萘、芳基萘和联苯环辛烯木脂素结构中都可能含有内酯环结构。红外光谱可以确定木脂素结构中是否有内酯环的存在，以及内酯环的类型。饱和的 γ- 内酯羰基在 1 770cm^{-1} 左右有一强吸收带；当化合物的羰基与一个双键共轭时，羰基吸收带移至 1 750cm^{-1} 的位置。

(三) 核磁共振氢谱(^{1}H-NMR)

核磁共振氢谱是确定木脂素类化合物结构的主要技术手段。

1. 不同类型木脂素的核磁共振氢谱有其一定的信号特征。如未取代的二苄基丁烷类型的木脂素(图 3-7)，愈创木酚衍生物在 δ 2.0~2.9 范围内有六个烃基质子信号，其中与苯基相邻的烃基质子具有清晰的偶合裂分。C-7′与苯基成环后失去一个质子，H-7′信号也相应位移至低场 δ 3.61。烃基链上氧取代基的增加，使邻近的质子向低场移动。通过质子偶合常数的观察分析，可确定烃基质子的位置。苯环的氧取代位置可通过芳香质子化学位移值和偶合常数进行初步推断。对于环状结构的四氢萘结构，可通过质子偶合常数，并结合二维氢谱(NOESY 或 ROESY)等判断质子空间位置关系的核磁共振技术确定化合物的相对构型。

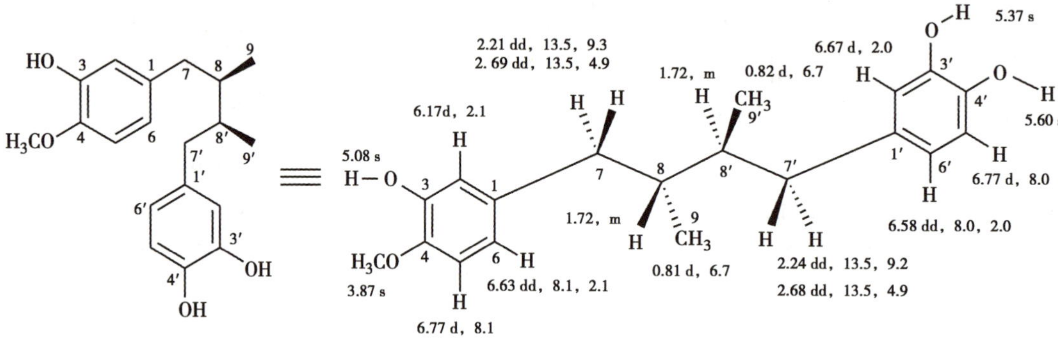

图 3-7　二苄基丁烷类木脂素愈创木酚衍生物的核磁共振氢谱数据

当二芳基丁烷类木脂素的 7,8- 位、8,9- 位、8,8′- 位、8′,9′- 位、7′,8′- 位中部分位置为烯键时，氢谱中出现烯烃质子信号 [16]。

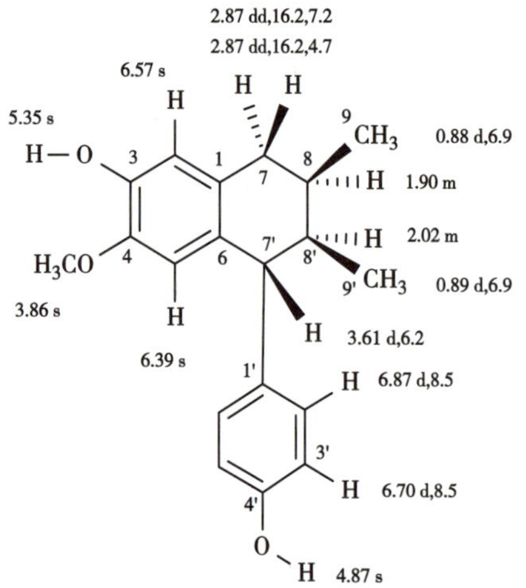

3-demethoxyisoguaiacin（3-去甲氧基愈创木素） 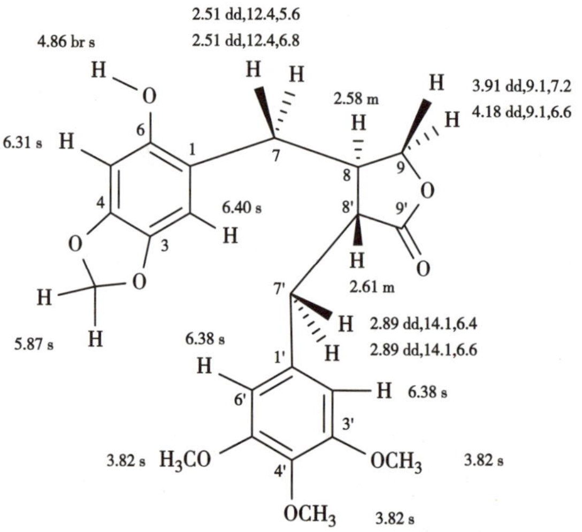　　6-hydroxyyatein（6-羟基雅亭）

与二苄基丁烷类木脂素相比，二苄基丁内酯类木脂素氢谱中少了 δ 0.8 左右的两个甲基质子的信号，取而代之的是 δ 4.0 左右的两个质子信号的 dd 峰，它们属于五元环内酯中的连氧烷基质子，如羟基雅亭(6′-hydroxyyatein)。这些类型的化合物 C-7 位和 C-7′位常被羟基、甲氧基或羰基取代。

2. 四氢呋喃环类木脂素的氢谱与氧化的二苄基丁烷类木脂素比较相似。美丽紫杉脂素(taxumairin)氢谱数据[17]如图 3-8 所示。

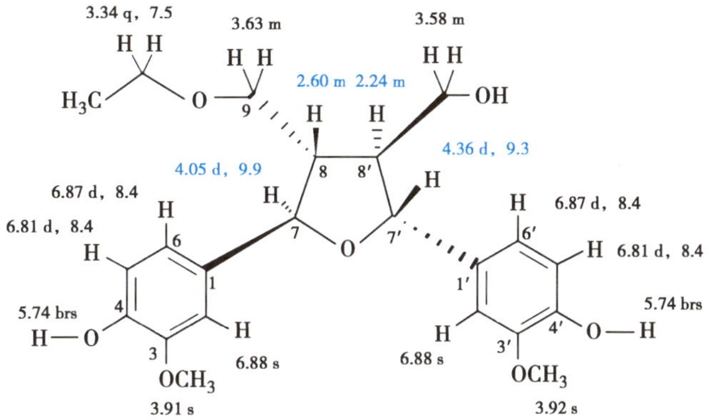

图 3-8　美丽紫杉脂素(taxumairin)氢谱数据

3. 骈双四氢呋喃类木脂素中四氢呋喃双环的立体结构的不同是构成一系列这类木脂素的重要因素之一。骈双四氢呋喃环木脂素由刚性结构骨架形成。现有的一系列天然双四氢呋喃类木脂素类化合物的结构仅仅是它们的烃基链和苯环上含氧取代基种类和立体构型不同(图 3-9)。这些结构上微小的差别造成了同一类型化合物分离和结构鉴定的困难。^{1}H-NMR 中苄基质子的化学位移和偶合常数对于测定骈双四氢呋喃环的立体结构具有重要作用[18]。

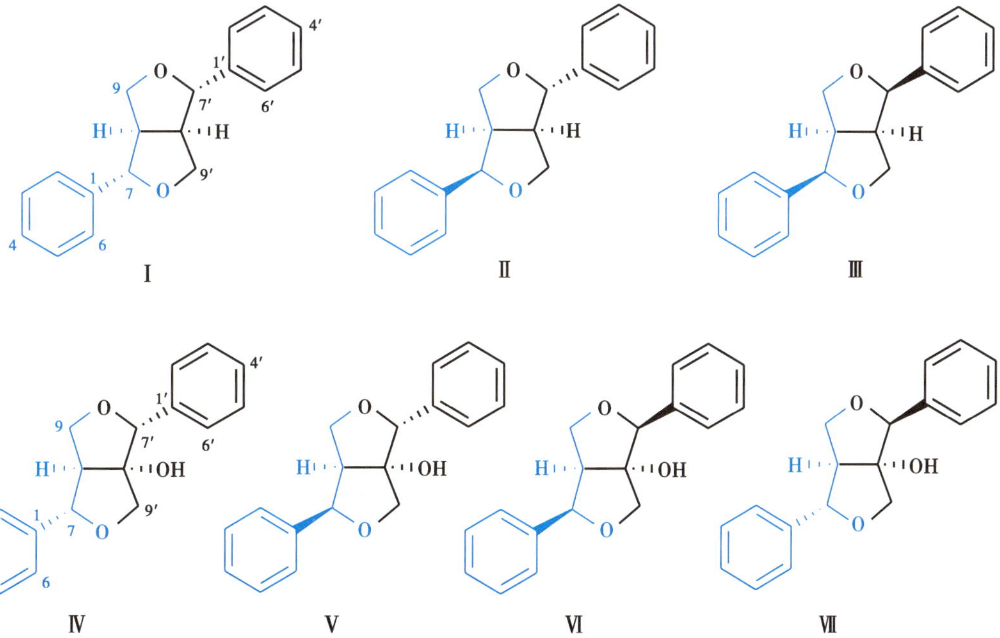

图 3-9　骈双四氢呋喃类(furofurans)木脂素的立体构型

多重峰信号，对于结构的确定，特别是立体结构的确证具有非常关键的作用，它们的偶合关系难以通过氢谱中的偶合常数判断，但可以通过 ^{1}H-^{1}H COSY 较容易地推断它们与其他位置氢的相关关系，并利用二维氢谱(NOESY 或 ROESY)等核磁共振技术确定化合物的立体构型。

在一些情况下，化合物的圆二色谱（CD）也被用来确定木脂素类化合物的立体构型[13,19]。

（四）核磁共振碳谱

核磁共振碳谱不仅用于确定木脂素的碳架和平面结构，对于构型及构象的阐明也很有用。在联苯环辛烯类木脂素中，芳香质子邻位的甲氧基比其他甲氧基偏高场约 5 个化学位移单位，3-OCH_3 和 12-OCH_3 在 δ 55.0，临位均有取代的 OCH_3 在 δ 60.5 左右。HMQC 有利于确证烃基碳，对于一些区别不明显的芳香碳的准确指认 HMBC 有重要作用，并可确定苯丙素单元的连接方式。例如从菊科大翅蓟属植物 *Onopordum illyricum* 分离得到的大翅蓟脂素[20]为 3 个苯丙素相接而成的寡聚木脂素，其中 3 个苯丙素单元中的苯基碳的指认以及连接方式通过远程偶合谱可以确定（图 3-10）。

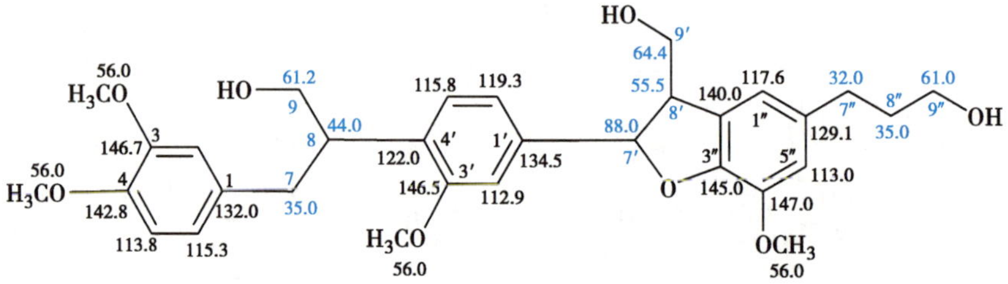

图 3-10　大翅蓟脂素的 ^{13}C-NMR 数据

（五）质谱（MS）

木脂素分子大都具有环状结构，因此质谱通常能给出丰度较高的分子离子峰，可以得到化合物的分子量。木脂素分子中的苯环和环烃基结构有利于在质谱中得到一系列分子碎片峰信息。例如芳基四氢萘丁内酯类型木脂素具有四环系统，大多数这类化合物的分子离子峰很强，一般为基峰，其他离子较弱或很弱，这类化合物有共同的裂解方式，许多离子对于结构鉴定有一定意义。α- 足叶草脂素（盾叶鬼臼脂素，α-peltatin）的质谱数据为 *m/z*（%）：400（100）、355（8）、341（10）、315（7）、285（6）、246（25）、201（20）、189（18）、167（15）、154（14）。分子离子（*m/z* 400）是基峰，弱离子 *m/z* 355 是分子离子失去二氧化碳和一个氢原子的产物，*m/z* 341 离子来自分子离子失去甲氧羰基的裂解。两个离子都起源于丁内酯环的重排裂解，并要转移氢原子。两个更弱一些的离子 *m/z* 315（M–85）和 285（M–115），其来源可能与苯基四氢萘的有关离子的来源相似（图 3-11）。

五、木脂素类化合物的生物活性

木脂素结构类型多样，生物活性广泛而且显著，主要的生物活性有以下几方面。

（一）抗肿瘤作用

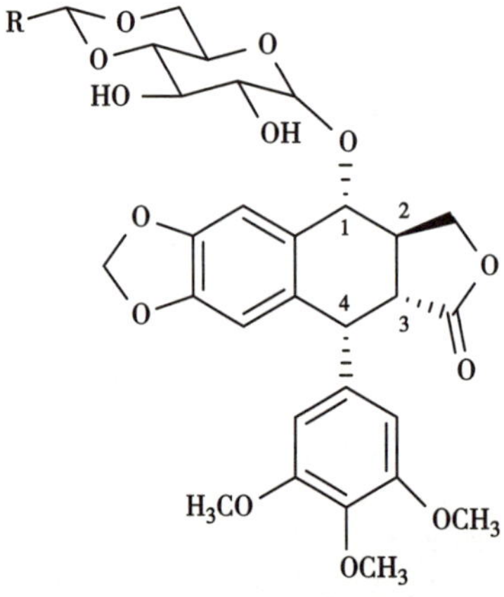

etoposide (VP-16)　R = CH_3

teniposide (VM-26)　R = 2-thienyl

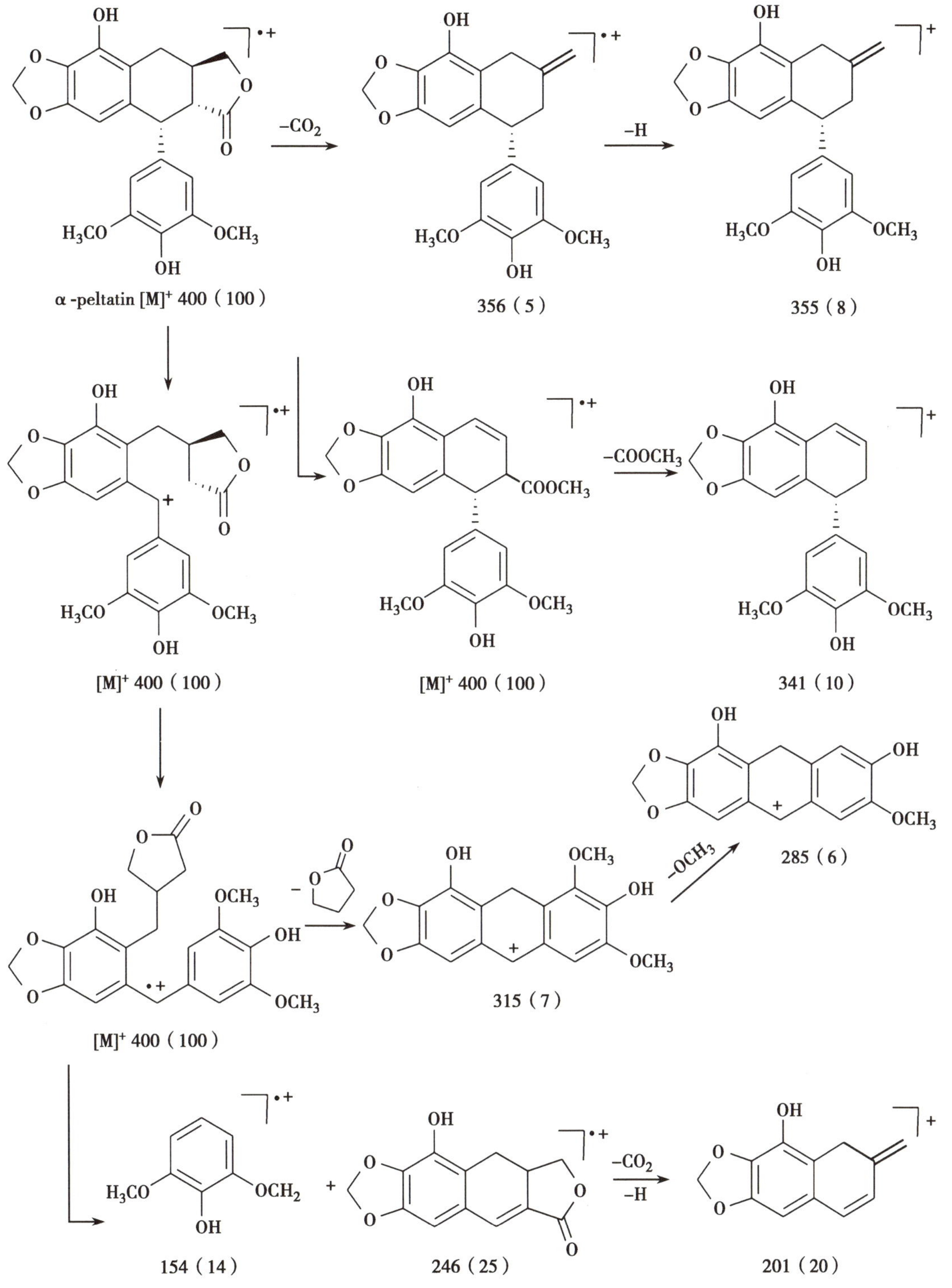

$-CO_2$　$-H$

α-peltatin $[M]^+$ 400（100）　356（5）　355（8）

$-COOCH_3$

$[M]^+$ 400（100）　$[M]^+$ 400（100）　341（10）

$-OCH_3$

$[M]^+$ 400（100）　315（7）　285（6）

$-CO_2$　$-H$

154（14）　246（25）　201（20）

图 3-11　*α*- 足叶草脂素（盾叶鬼臼脂素，*α*-peltatin）的质谱裂解方式

小檗科鬼臼属植物桃儿七（*Podophyllum hexandrum*）和盾叶鬼臼（*P. peltatum*）的根茎中，存在含量较高的细胞毒性的木脂素及其糖苷，上述两种植物中的含量分别为 5% 和 1%。这些植物均为多年生阔叶野生草本，尽管它们的其他部位有毒，但其果实可食。酒精提取物倒入水中，沉淀晾干即成为鬼臼树脂(podophyllum resin)。鬼臼树脂长期以来用作泻药，可有效治疗疣，鬼臼毒素(podophyllotoxin)用作涂抹剂治疗性病疣。

鬼臼毒素及其他同类木脂素通过结合有丝分裂纺锤体中的微管蛋白，阻止聚合和装配进入微管，

起到抗有丝分裂的作用。但是由于鬼臼毒素及其他同类木脂素的毒副作用，这些天然化合物不适合作为临床抗肿瘤制剂。随后开发的化学半合成类似物依托泊苷（etoposide，VP-16）被证明是一个有效的抗癌制剂，它可用于治疗小细胞肺癌、睾丸癌、淋巴癌。它通常与其他抗肿瘤制剂联合用药，它可以口服或静脉注射。etoposide 的水溶性前药 etopophos（etoposide 4′-phosphate）在体内被磷酸酶有效水解为 etoposide，有利于临床常规用药。另一个半合成类似物药物 teniposide（VM-26）有着相似的抗肿瘤性质，尽管它不如 etoposide 应用广泛，但它可以用于治疗小儿神经母细胞瘤。

伞形科植物 *Steganotaenia araliacea* 中得到的 steganacin 等联苯环辛烯内酯也具有很好的抗白血病 P388 活性。

（二）肝保护和抗氧化作用

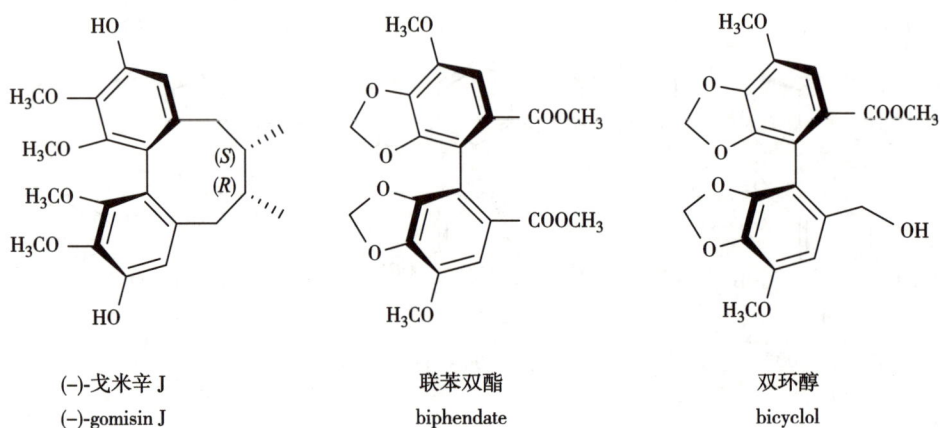

(–)-戈米辛 J
(–)-gomisin J

联苯双酯
biphendate

双环醇
bicyclol

五味子（*Schisandra chinensis*）和华中五味子（*S. sphenanthera*）果实中的各种联苯环辛烯类木脂素均有肝保护和降低血清谷丙转氨酶作用，如五味子酯甲（schisantherin A）及其类似物已在我国成为治疗肝炎的药物，化学结构中的亚甲二氧基可能是主要活性基团。研究发现，此类木脂素具有显著的抗脂质过氧化和清除氧自由基作用，酚羟基的存在可使其抗氧化活性大大增强，如含有两个酚羟基的戈米辛 J（gomisin J）。联苯双酯（diphenyldimethylbicarboxylate）和双环醇是我国研究五味子素类木脂素过程中合成开发的肝病治疗新药。

（三）抗 HIV 病毒作用

鬼臼毒素类木脂素对麻疹和 I 型单纯疱疹有对抗作用。二苄基丁内酯类、芳基萘类、鬼臼毒素以及五味子素类型的多种木脂素对艾滋病病毒 HIV-1 的增殖具有明显抑制作用。如戈米辛 J 对 HIV 的半数有效浓度 ED_{50} 为 17.5μmol/L，选择性治疗指数均为 5.2[21]。

（四）血小板活化因子（PAF）拮抗活性

海风藤中获得的新木脂素类成分对 PAF 受体结合有明显抑制作用，其中海风藤酮活性最强，浓度为 3μmol/L 时抑制率达 95%。异型南五味子中得到的 *R*-(+)-gomisin M_1 等多种联苯环辛烯类也具有 PAF 的拮抗活性，*R*-(+)-gomisin M_1 的 IC_{50} 为 3μmol/L。

六、木脂素类化合物的研究实例 [22]

中药五味子为木兰科植物五味子（*Schisandra chinensis*）的干燥成熟果实，习称“北五味子”。唐代《新修本草》就有五味子的描述：五味，皮肉甘、酸，核中辛、苦，都有咸味。1950 年代开始有五味子的成分药理与应用的研究报道。1972 年起，全国各地相继报道了上千例五味子制剂用于治疗慢性肝炎、病毒性肝炎的成功病例。1974 年，上海药物研究所等单位从华中五味子中分离得到五味子酯甲，发现其显著地降低小鼠氨基转移酶（简称转氨酶）及对抗四氯化碳造成的病理损害。之后，刘耕陶（1932—2010 年）基于肝脏生化药理结合中医“扶正培本”理论，开始了五味子抗肝炎药物的研究。由

陈延镛和黎莲娘完成寻找活性化学成分的工作，并发现保肝作用的活性物质存在于五味子果仁中，为脂溶性成分，这一结果也合理地解释了临床上应用五味子蜜丸降转氨酶有效而五味子水煎剂无效的原因。

1976 年，先后发现了五味子甲素等一系列联苯环辛烯型木脂素，都能不同程度的降低四氯化碳引起的高血清转氨酶，是五味子抗肝损伤的活性成分。1977 年，包天桐等发现化合物抑制小鼠转氨酶升高作用的强度次序：五味子酯乙 > 五味子醇乙 > 五味子丙素 > 五味子乙素 > 五味子甲素 > 五味子酯甲 > 五味子醇甲，并锁定活性最强的五味子酯乙进行作用机制及人工合成研究。由于五味子丙素是我国首先发现的新化合物，且降酶作用也较强，但在植物中含量仅为 8/10 000，谢晶曦等在 1978 年完成了五味子丙素的全合成，并对合成的中间体和类似物进行药理筛选，发现 4,4′- 二甲氧基 -2,2′- 二羧酸二甲酯（即联苯双酯，bifendate，DDB）不仅能降低四氯化碳引起的小鼠血清谷丙转氨酶水平升高，对肝脏病理损害也有明显的保护作用。联苯双酯在 380 余例慢性、迁延性病毒性肝炎的临床试验中，降酶有效率在 85% 左右，优于同时期的复方肝炎片、葡醛内酯及进口药水飞蓟，且具有降酶幅度大、速度快、效果肯定、不良反应小等优点。至此，联苯双酯正式成为中国首创的抗肝炎合成药，被载入《中华人民共和国药典》，并相继出口韩国、越南、印度尼西亚和埃及。

1985 年，刘耕陶和张纯贞等又研究开发了一个侧链被羟甲基取代、活性优于联苯双酯的新化合物——双环醇（bicyclol）。1996 年，双环醇片进入Ⅰ、Ⅱ、Ⅲ期临床试验。2001 年，卫生部颁发双环醇原料和片剂的一类新药证书，成为我国第一个上市的具有国际自主知识产权的一类新药。双环醇片也是我国首个在欧美获物质专利保护的化学药物，是我国首个成功产业化并打入海外市场的专利药物。联苯双酯和双环醇是从天然药物出发研发新药的成功案例，充分体现了我国科学家勇于担负为国家、为人民寻医找药的使命和责任的敬业精神和奉献精神。

含苯丙素类化合物的代表性药用植物（拓展阅读）

（穆　青）

第三章
目标测试

参 考 文 献

[1] LI L N. Biological active components from traditional Chinese medicines. Pure Appl Chem，1998，70(3)：547-554.

[2] 姚念环，孔令义．紫花前胡化学成分的研究．药学学报，2001(5)：351-355.

[3] 冯宝民，裴月湖．柚皮中的香豆素类化学成分的研究．沈阳药科大学学报，2000(4)：253-255.

[4] KASHMAN Y，GUSTAFSON K R，FULLER R W，et al. The calanolide，a novel HIV-inhibitory class of coumarin derivatives from the tropical rainforest tree，*Calophyllum lanigerum*. J Med Chem，1992，35(15)：2735-2743.

[5] 罗焕亮，郭勇，代建国，等．胡桐属植物中抗 HIV 香豆素化合物的研究进展．天然产物研究与开发，2004(3)：249-253.

[6] 李颖仪，蔡先东．香豆素的药理研究进展．中药材，2004(3)：218-222.

[7] 鲍君杰，谢梅林，周佳，等．蛇床子总香豆素对去卵巢大鼠骨质疏松的影响．苏州大学学报(医学版)，2005(3)：387-390.

[8] WHITING D A. Natural phenolic compounds 1900-2000: A bird's eye view of a century's chemistry. Nat Prod Rep, 2001, 18: 583-606.

[9] WARD R S. Lignans, neolignans and related compounds. Nat Prod Rep, 1995, 12 (2): 183-205.

[10] VALSARAJ R, PUSHPANGADAN P, SMITT U W, et al. New anti-HIV-1, antimalarial, and antifungal compounds from *Terminalia bellerica*. J Nat Prod, 1997, 60 (7): 739-742.

[11] WINK M. Biochemistry of plant secondary metabolism. Sheffield: Sheffield Academic Press Ltd., 1999.

[12] WANG W, ZENG Y H, OSMAN K, et al. Norlignans, acylphloroglucinols and a dimeric xanthone from *Hypericum chinense*. J Nat Prod, 2010, 73 (11): 1815-1820.

[13] XIAO C Y, SUN Z L, HUANG J, et al. Neolignans from *Piper betle* have synergistic activity against antibiotic-resistant *Staphylococcus aureus*. J Org Chem, 2021, 86 (16): 11072-11085.

[14] YOSHIKAWA K, KINOSHITA H, ARIHARA S. Woorenol, a novel sesquineolignan with a unique spiro skeleton, from the rhizomes of *Coptis japonica* var. *dissecta*. J Nat Prod, 1997, 60 (5): 511-513.

[15] CULLMANN F, ADAM K P, ZAPP J, et al. Pelliatin, a macrocyclic lignan derivative from *Pellia epiphylla*. Phytochemistry, 1996, 41 (2): 611-615.

[16] GNABRE J, HUANG R C C, BATES R B, et al. Characterization of anti-HIV lignans. Tetrahedron, 1995, 51 (45): 12203-12210.

[17] PÉREZ C, ALMONACID L N, TRUJILLO J M, et al. Lignans from *Apollonias barbujana*. Phytochemistry, 1995, 40 (5): 1511-1513.

[18] SHAO S Y, YANG Y N, FENG Z M, et al. An efficient method for determining the relative configuration of furofuran lignans by ^{1}H NMR spectroscopy. J Nat Prod, 2018, 81 (4): 1023-1028.

[19] 吴红华,李志峰,张起辉,等 .CD 在木脂素类化合物绝对构型测定中的应用 . 沈阳药科大学学报,2010,27 (7):587-594.

[20] BRACA A, DE TOMMASI N, MORELLI I, et al. New metabolites from *Onopordum illyricum*. J Nat Prod, 1999, 62 (10): 1371-1375.

[21] FUJIHASHI T, HARA H, SAKATA T, et al. Anti-human-immunodeficiency-virus (HIV) activities of halogenated gomisin-J derivatives, new nonnucleoside inhibitors of HIV type-1 reverse-transcriptase. Antimicrob Agents Chemother, 1995, 39 (9): 2000-2007.

[22] 史清文,顾玉诚 . 天然药物化学史话 . 北京:科学出版社,2019:240-243.

第四章

醌类化合物

学习目标

1. **掌握** 醌类化合物的结构类型、理化性质和提取分离方法。
2. **熟悉** 苯醌、萘醌、菲醌、蒽醌的典型化合物；蒽醌的波谱特征。
3. **了解** 醌类化合物的生物活性。

第四章
教学课件

第一节 醌类化合物的结构类型 [1-2]

醌类化合物是天然药物中一类重要的化学成分，是指分子内具有不饱和环二酮结构（醌式结构）或容易转变成这样结构的天然有机化合物。天然醌类化合物主要分为苯醌、萘醌、菲醌和蒽醌 4 种类型，其中蒽醌及其衍生物种类最多。

醌类化合物在高等植物中分布比较广泛，如蓼科植物大黄、何首乌、虎杖，茜草科植物茜草，豆科植物决明子、番泻叶，鼠李科植物鼠李，百合科植物芦荟，唇形科植物丹参，紫草科植物紫草等均含有醌类化合物。醌类化合物在低等植物藻类、菌类及地衣类中也有存在。

醌类化合物的生源合成通过乙酰 - 丙二酸（acetate-malonate）、莽草酸 - 琥珀酰苯甲酸（shikimic acid-succinoylbenzoic acid）、芳香氨基酸等多种途径实现。

醌类化合物具有泻下、抗菌、抗肿瘤、利尿和止血等多方面生物活性。

一、苯醌类 [3]

苯醌类（benzoquinones）化合物从结构上分为邻苯醌和对苯醌两大类。邻苯醌类由于邻位两个羰基之间的排斥作用而不稳定，故天然存在的苯醌化合物多数为对苯醌衍生物。常见的取代基有—OH、—OCH_3、—CH_3 或其他烃基侧链。

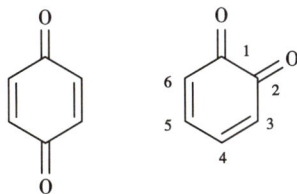

对苯醌　　邻苯醌

苯醌类化合物在高等植物和低等植物中均有分布。天然苯醌类化合物多为黄色或橙色晶体，如中药凤眼草（*Ailanthus altissima*）果实中的抗菌成分 2,6- 二甲氧基对苯醌为黄色结晶；白花酸藤果（*Embelia ribes*）或矩叶酸藤果（*E. oblongifolia*）果实中的驱绦虫有效成分信筒子醌（embelin）为橙红色板状结晶，是带有高级烃基侧链的对苯醌衍生物。

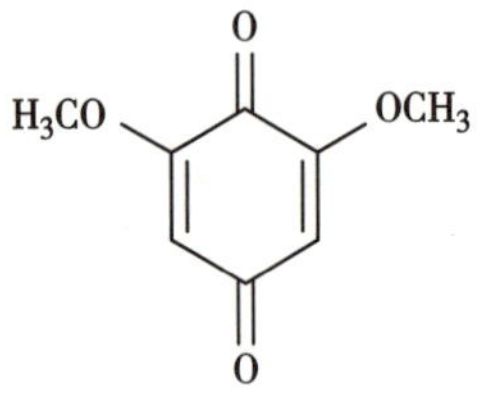

2,6-二甲氧基对苯醌 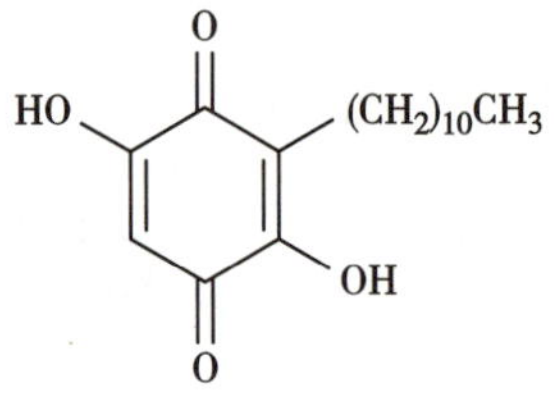　　信筒子醌

广泛存在于自然界包括微生物、高等植物和动物中的泛醌类(ubiquinones)，能参与细胞的基本生化反应，主要作用在于氧化磷酰化反应中的电子传导过程，是生物氧化反应中的一类辅酶，又称辅酶Q类(coenzymes Q)。自然界存在的是辅酶Q_6~Q_{10}，其中辅酶Q_{10}(n=10)已用于治疗心脏病、高血压及癌症[4]。

辅酶Q电子转移(单图)

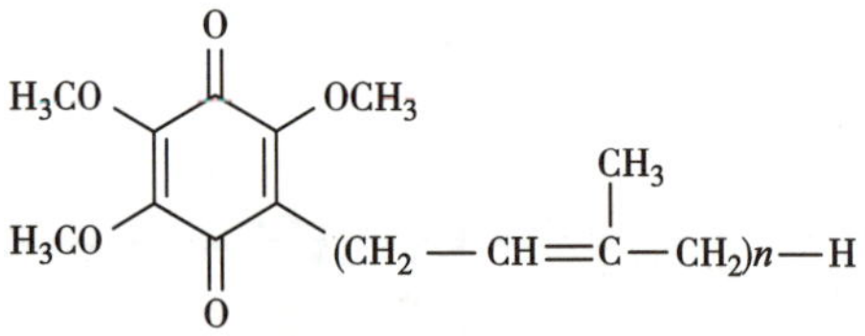

辅酶Q_{10}(n=10)

更多结构复杂的苯醌类化合物被分离得到，如arnebinone和arnebifuranone两个化合物是从中药软紫草(*Arnebia euchroma*)根中分得的对前列腺素PGE_2生物合成具有抑制作用的微量活性物质。

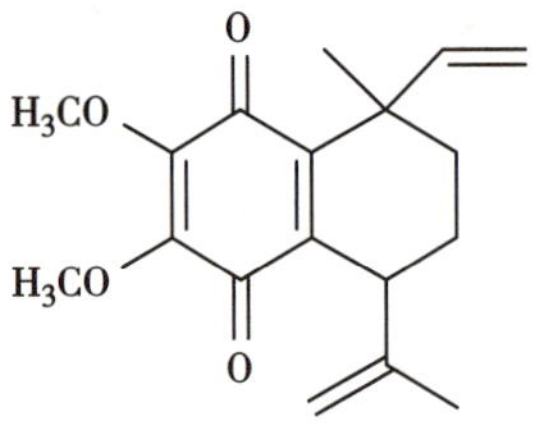

arnebinone 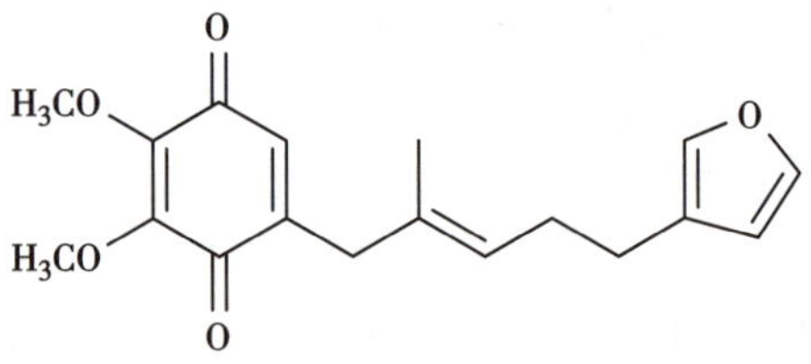　　arnebifuranone

二、萘醌类[5-7]

萘醌类(naphthoquinones)化合物根据酮羰基取代位置有α-(1,4)、β-(1,2)及amphi-(2,6)三种类型。天然存在的多为α-萘醌类衍生物。

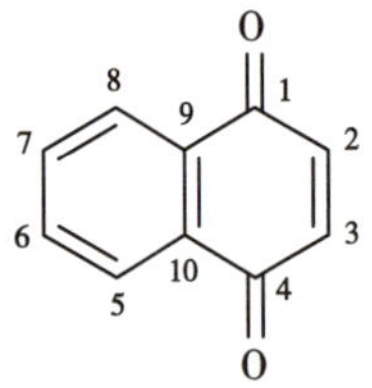

α-(1,4)萘醌 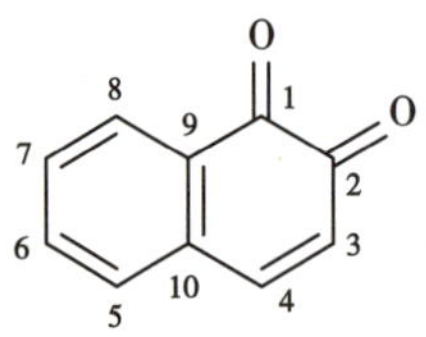　　β-(1,2)萘醌 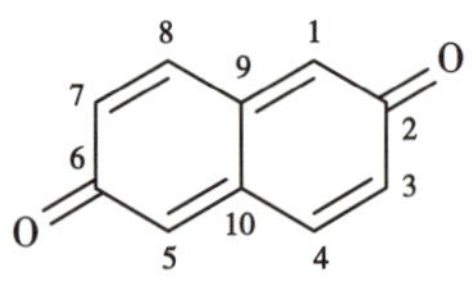　　amphi-(2,6)萘醌

萘醌类化合物主要分布于紫草科、柿科、白花丹科、紫葳科等高等植物中，往往具有显著的生物活性。如胡桃叶及其未成熟果实中的胡桃醌(juglone)具有抗菌、抗癌及中枢神经镇静作用；中药紫草及软紫草中的主要有效成分紫草素(shikonin)及异紫草素(alkanin)类衍生物具有止血、抗炎、抗菌、抗病毒及抗癌作用；维生素K类化合物具有促进血液凝固作用，可用于新生儿出血、肝硬化及闭塞性黄疸出血等症，如天然广泛存在的维生素K_1和维生素K_2类。

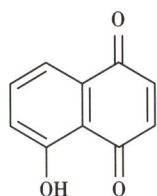

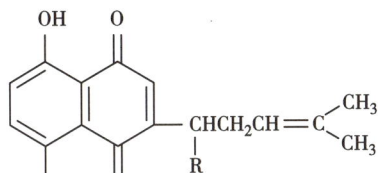

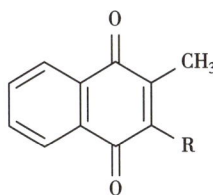

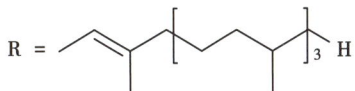

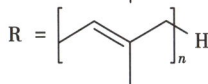

胡桃醌

紫草素　R = ·····OH

异紫草素　R = ◀OH

维生素K_1　R =

维生素K_2类　R =

三、菲醌类[8]

天然菲醌类（phenanthraquinones）化合物分为邻菲醌、对菲醌两种类型。邻菲醌有Ⅰ和Ⅱ两种形式。

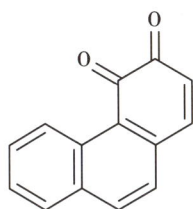

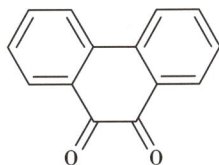

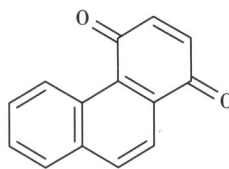

邻菲醌(Ⅰ)　　邻菲醌(Ⅱ)　　对菲醌

菲醌类化合物主要分布在唇形科、兰科、豆科、番荔枝科、使君子科、蓼科、杉科等高等植物中，在地衣中也有分离得到。尤其在唇形科的鼠尾草属、香茶菜属较普遍。常用中药丹参（*Salvia miltiorrhiza*）是鼠尾草属植物，从其根中已分离得到数十种具有抗菌及扩张冠状动脉作用的邻菲醌类和对菲醌类化合物。其中，由丹参醌$Ⅱ_A$制得的丹参醌$Ⅱ_A$磺酸钠注射液可增加冠脉流量，临床上用于治疗冠心病和心肌梗死。

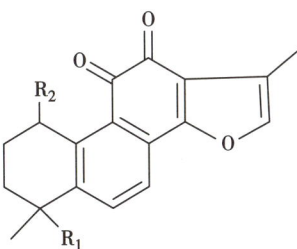

丹参醌$Ⅱ_A$	R_1=CH_3	R_2=H
丹参醌$Ⅱ_B$	R_1=CH_2OH	R_2=H
羟基丹参醌$Ⅱ_A$	R_1=CH_3	R_2=OH
丹参酸甲酯	R_1=$COOCH_3$	R_2=H

丹参新醌甲	R=$CH(CH_3)CH_2OH$
丹参新醌乙	R=$CH(CH_3)_2$
丹参新醌丙	R=CH_3

四、蒽醌类[9-11]

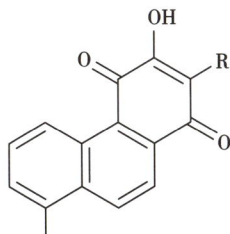

蒽醌类（anthraquinones）化合物包括蒽醌衍生物及其不同程度的还原产物，如氧化蒽酚、蒽酚、蒽酮及蒽酮二聚体等。蒽醌（9,10-二蒽酮）的1,4,5,8位称*α*-位；2,3,6,7位称*β*-位；9,10位称*meso*-位。

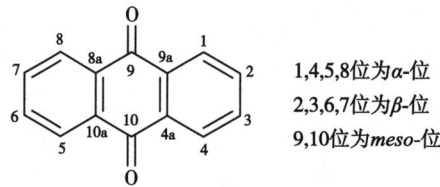

1,4,5,8位为α-位
2,3,6,7位为β-位
9,10位为*meso*-位

蒽醌　　氧化蒽酚

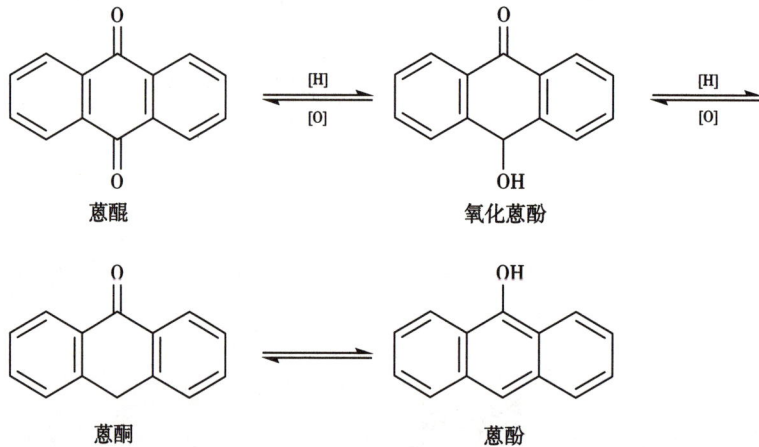

蒽酮　　蒽酚

蒽醌类化合物主要存在于蓼科、鼠李科、茜草科、豆科、百合科、玄参科等高等植物中，在地衣、真菌和动物中也有分布。

（一）蒽醌衍生物

天然蒽醌类化合物以9,10-蒽醌最为常见，且以游离苷元及糖苷两种形式存在于植物体内。在蒽醌母核上常有羟基、甲氧基、甲基、羟甲基和羧基取代。

根据羟基在蒽醌母核上的分布情况，可将羟基蒽醌衍生物分为两类。

1. **大黄素型**　羟基分布在两侧的苯环上，多数化合物呈黄色。

中药大黄（*Rheum palmatum*）中的主要蒽醌衍生物多属大黄素型。

大黄酚	R_1=CH_3	R_2=H
大黄素	R_1=CH_3	R_2=OH
大黄素甲醚	R_1=CH_3	R_2=OCH_3
芦荟大黄素	R_1=H	R_2=CH_2OH
大黄酸	R_1=H	R_2=COOH

大黄中的羟基蒽醌衍生物多与葡萄糖结合成苷类，多为单糖苷和双糖苷。

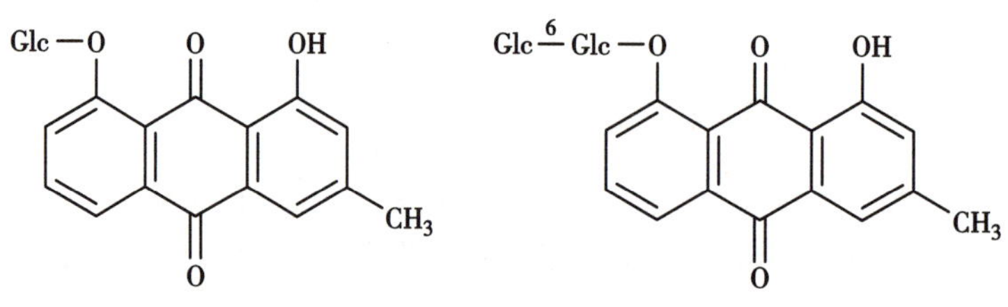

大黄酚-8-*O*-β-D-葡萄糖苷　　大黄酚-8-*O*-β-D-龙胆双糖苷

2. **茜草素型**　羟基分布在一侧的苯环上，化合物颜色较深，多为橙黄色至橙红色。

中药茜草（*Rubia cordifolia*）中的主要蒽醌衍生物多属此型。

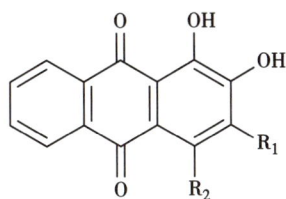

	R_1	R_2
茜草素	R_1=H	R_2=H
羟基茜草素	R_1=H	R_2=OH
伪羟基茜草素	R_1=COOH	R_2=OH

茜草中蒽醌化合物包括游离蒽醌和蒽醌苷，已分得的蒽醌苷有单糖苷和双糖苷。

（二）蒽酚（或蒽酮）衍生物

蒽酚（或蒽酮）一般存在于新鲜植物中，该类成分可以慢慢被氧化成蒽醌类成分。如加工贮存两年以上的大黄基本检识不到蒽酚、蒽酮类化合物。

当蒽酚类衍生物的 *meso*- 位羟基与糖缩合成苷时，其性质比较稳定，只有经过水解除去糖才能被氧化转变成蒽醌类衍生物。

羟基蒽酚类对霉菌有较强的杀灭作用，是治疗皮肤病的有效外用药，如柯桠素（chrysarobin）治疗疥癣等症效果较好。

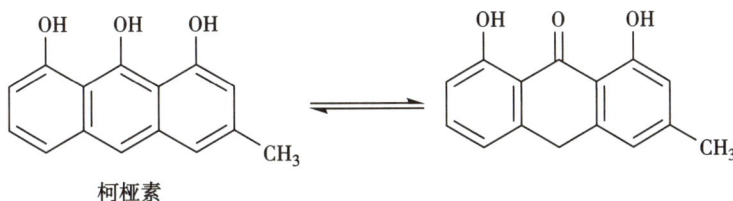

柯桠素

（三）二蒽酮类衍生物

二蒽酮类成分可以看成是两分子的蒽酮通过碳 - 碳键结合而成的化合物，如大黄及番泻叶中致泻的主要有效成分番泻苷 A、B、C、D 等皆为二蒽酮衍生物。

番泻苷 A（sennoside A）是黄色片状结晶，用酸水解可生成两分子葡萄糖和一分子番泻苷元 A（sennidin A）。番泻苷元 A 是两分子的大黄酸蒽酮通过 C_{10}-$C_{10'}$ 相互结合而成的二蒽酮类衍生物，其 C_{10}-$C_{10'}$ 为反式连接。

番泻苷 B（sennoside B）是番泻苷 A 的异构体，其 C_{10}-$C_{10'}$ 为顺式连接。

番泻苷 C（sennoside C）是一分子大黄酸蒽酮与一分子芦荟大黄素蒽酮通过 C_{10}-$C_{10'}$ 反式连接而形成的二蒽酮二葡萄糖苷。

番泻苷 D（sennoside D）为番泻苷 C 的异构体，其 C_{10}-$C_{10'}$ 为顺式连接。

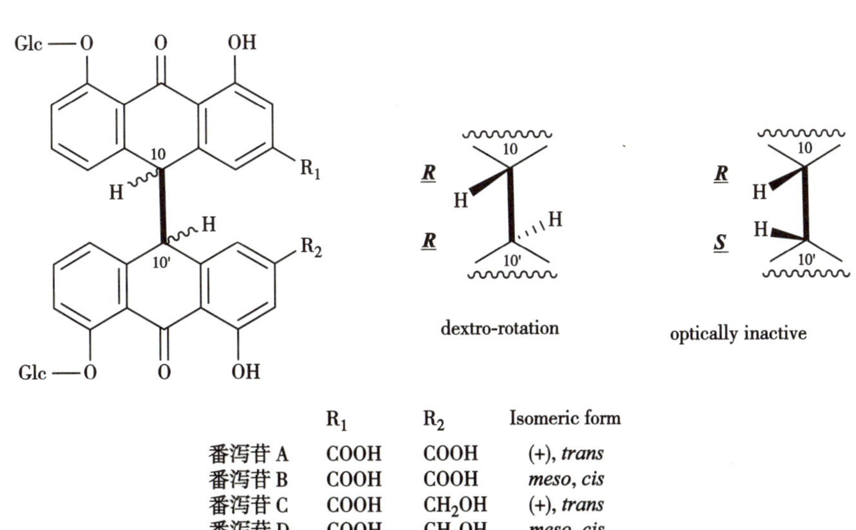

	R_1	R_2	Isomeric form
番泻苷 A	COOH	COOH	(+), *trans*
番泻苷 B	COOH	COOH	*meso*, *cis*
番泻苷 C	COOH	CH_2OH	(+), *trans*
番泻苷 D	COOH	CH_2OH	*meso*, *cis*

二蒽酮类化合物的 C_{10}-$C_{10'}$ 键与通常 C-C 键不同，易于断裂，生成稳定的蒽酮类化合物。如大黄及番泻叶中番泻苷 A 的致泻作用是因其在肠内变为大黄酸蒽酮所致[12-13]。

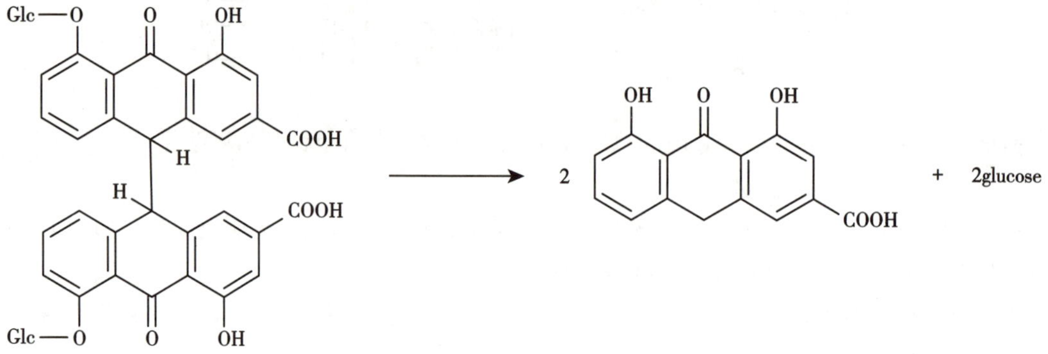

番泻苷A　　　　大黄酸蒽酮

二蒽酮衍生物除 C_{10}-$C_{10'}$ 的结合方式外，尚有其他形式。如金丝桃属植物中的萘骈二蒽酮衍生物金丝桃素（hypericin）具有抑制中枢神经及抗病毒作用。

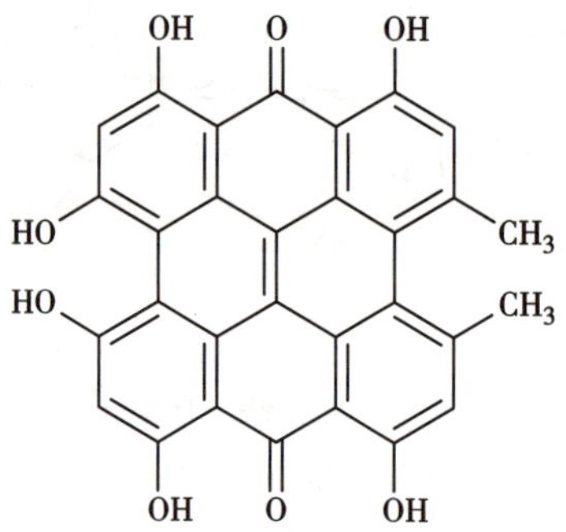

金丝桃素

（四）其他类

除上述主要醌类化合物结构外，还有一些特殊结构类型。如从 *Newbouldia laevis* 根中分离得到的 newbouldiaquinone A 是萘醌与蒽醌的二聚体，具有抗恶性疟原虫作用，对念珠菌属 *Candida gabrata* 和肠杆菌属 *Enterobacter aerogenes* 亦有抑制作用。蒽醌苷类衍生物除了与糖结合成氧苷形式存在外，还存在以碳苷形式结合的成分，即糖的端基碳与蒽环上的碳直接通过 C-C 键相连。如芦荟致泻的主要有效成分芦荟苷（barbaloin）就属碳苷类化合物。

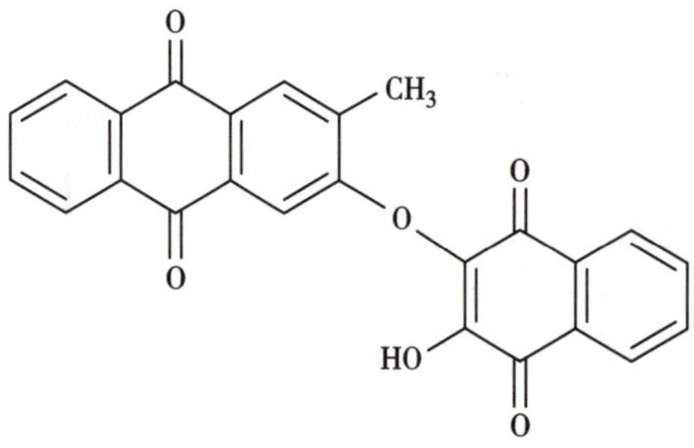

newbouldiaquinone A 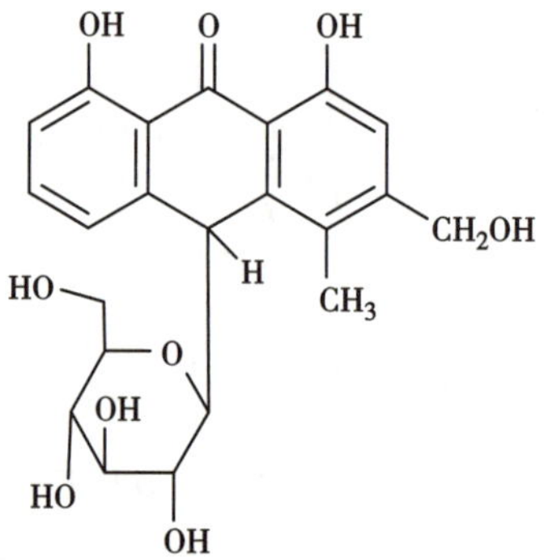　　　　芦荟苷

第二节 醌类化合物的生物合成[14-16]

醌是由相应的酚类化合物经氧化产生的。邻苯二酚生成邻苯醌，对苯二酚生成对苯醌，由此过程可知，醌可以由醋酸 - 丙二酸和莽草酸两种途径生成。4- 羟基苯甲酸可通过莽草酸途径中的中间体分支酸或 4- 羟基 - 香豆酸生成，并经进一步的脱羧、氧化形成苯醌类化合物。萘醌则由异分支酸与 2- 酮戊二酸在辅酶二磷酸硫胺（TPP）催化加成后，经消除、脱氢、类狄克曼缩合等形成。蒽醌类化合物由八个 C_2 单元（乙酰辅酶 A 和丙二酸单酰辅酶 A）缩合形成聚酮结构，而后经折叠环合形成，再经进一步氧化偶联反应生成二蒽酮类衍生物（见图 4-1）。

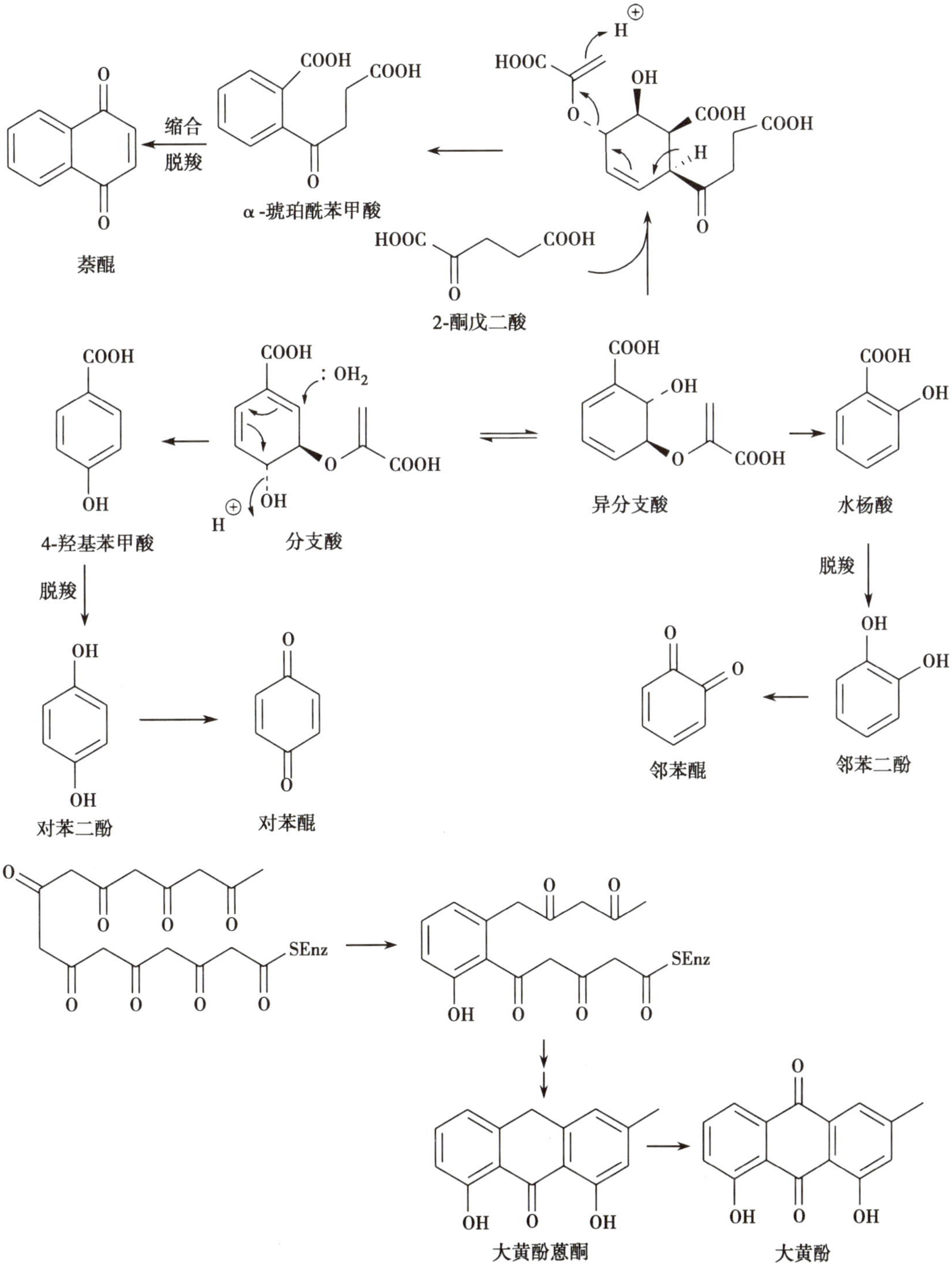

图 4-1 苯醌、萘醌和蒽醌的生物合成途径

菲醌类化合物的生物合成途径在微生物与植物中有所区别(见图 4-2)。在细菌、放线菌等微生物中通常在聚酮合成酶的作用下通过醋酸 - 丙二酸途径，经过羟醛缩合、氧化还原、重排等一系列生物合成反应而形成邻菲醌类化合物。从植物中得到的菲醌类化合物则大都由甲戊二羟酸途径形成，通过二萜类生源合成前体焦磷酸香叶基香叶酯(GGPP)形成松香二烯，而后经过多次氧化得到邻菲醌类化合物(如丹参醌、丹参新醌等)。

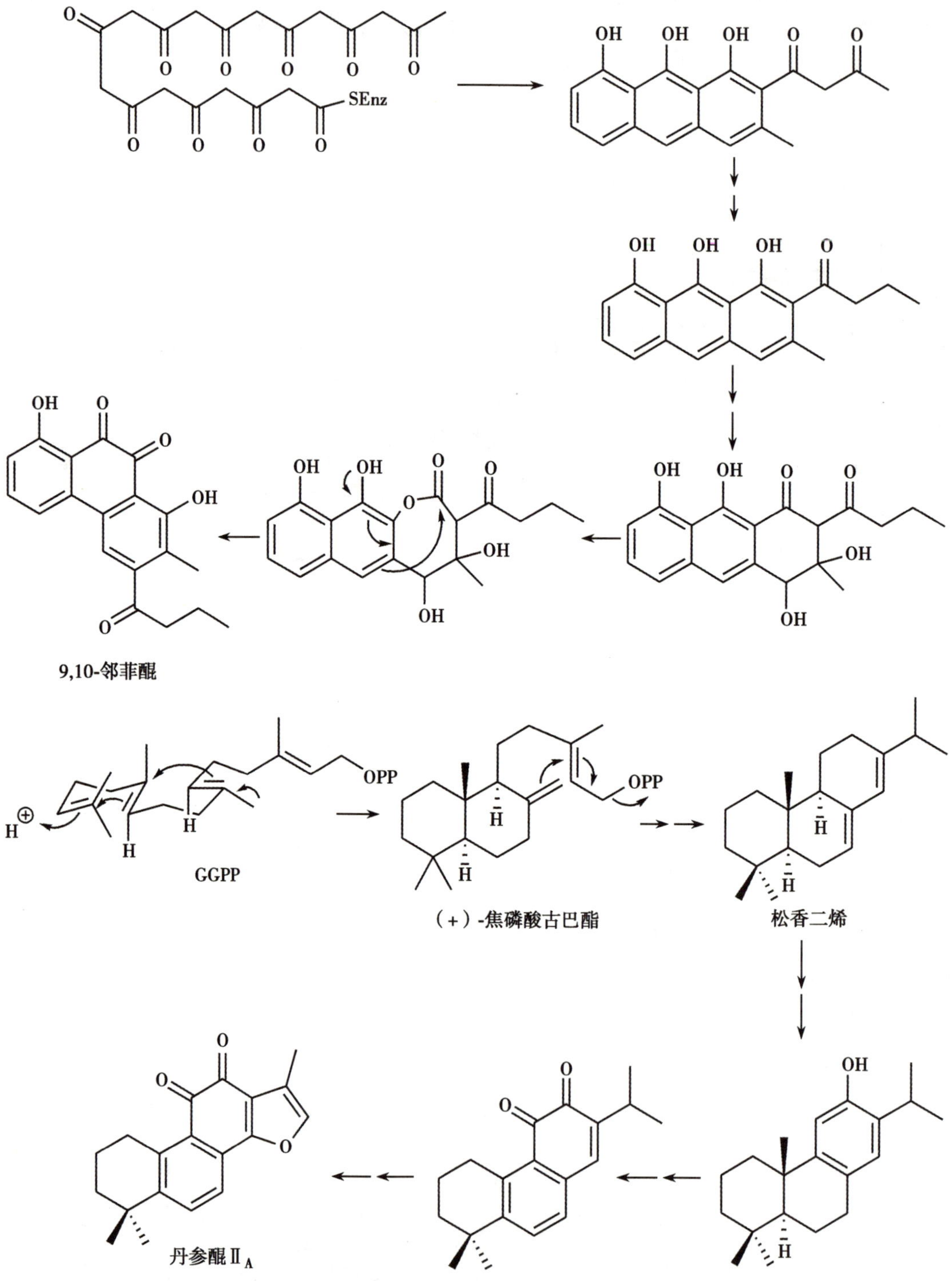

图 4-2　菲醌的生物合成途径

第三节 醌类化合物的理化性质

一、性状

天然醌类化合物往往呈一定颜色，其颜色与母核上酚羟基的数目有关。取代的助色团越多，颜色也就越深，有黄、橙、棕红至紫红色等。苯醌和萘醌多以游离态存在，较易结晶，而蒽醌化合物往往以糖苷形式存在，因极性较大难以得到结晶。蒽醌类化合物多具有荧光，并随 pH 变化而显色不同颜色。

二、升华性及挥发性

游离的醌类化合物一般具有升华性。小分子的苯醌类及萘醌类还具有挥发性，能随水蒸气蒸馏，可据此进行分离和纯化。

三、溶解性

游离醌类苷元极性较小，易溶于甲醇、乙醇、乙醚、苯和三氯甲烷等有机溶剂，难溶于水。和糖结合成苷后极性增大，易溶于甲醇、乙醇中，可溶于热水，但在冷水中溶解度降低，不溶或难溶于苯、乙醚和三氯甲烷等极性较小的有机溶剂。

四、光稳定性

有些醌类成分含有易氧化基团，对光不稳定，提取、分离以及贮存时应注意避光。如丹参酮Ⅱ$_A$在光照条件下不稳定，容易发生降解反应。

五、酸性

醌类化合物由于多具有酚羟基，少数具有羧基，而呈一定的酸性，可在碱性水溶液中成盐溶解，加酸酸化后转为游离态而从水中沉淀析出，此即为“碱溶酸沉法”。

醌类酸性强弱与分子中酚羟基的数目及位置有关。

（一）具有羧基的醌类化合物酸性较强

插烯酸（拓展阅读）

具有羧基的醌类酸性较强；2- 羟基苯醌或在萘醌的醌核上有羟基时，实际上为插烯酸结构，由于受到邻近醌式羰基的影响表现出与羧基相似的酸性。可溶于 $NaHCO_3$ 水溶液中。

（二）萘醌及蒽醌苯环上的 β- 羟基的酸性强于 α- 羟基的酸性

由于 β- 羟基受羰基的电负性影响，使羟基上氧原子的电子云密度降低，故质子的解离度增高，酸性较强，可溶于碱性稍强的 Na_2CO_3 水溶液中，而 α- 羟基与相邻的 C═O 基形成分子内氢键，降低了质子的解离度，故酸性较弱，仅溶于 NaOH 强碱水溶液。

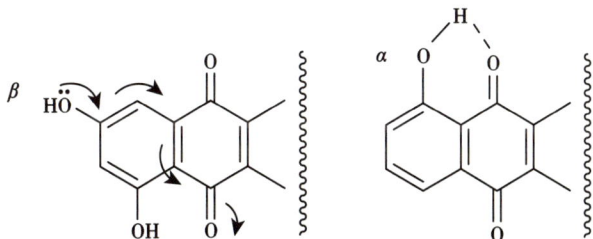

(三) 酚羟基数目越多则酸性越强

羟基醌类的酸性一般随羟基数目的增多而增强。如酚羟基有氢键形成，则酸性减弱，如 β-OH 与邻位 α-OH 形成氢键，则 β-OH 的酸性减弱。

根据醌类酸性强弱的差别，可用碱梯度萃取法进行分离。即根据醌酸性强弱不同，依次采用不同碱度的碱水萃取。以游离蒽醌类化合物为例，其酸性强弱排序如下：含—COOH> 含 2 个以上 β-OH> 含 1 个 β-OH> 含 2 个 α-OH> 含 1 个 α-OH。故可从有机溶剂中依次用 5% $NaHCO_3$、5% Na_2CO_3、1% NaOH 及 5% NaOH 水溶液进行梯度萃取，从而达到分离的目的。

六、显色反应

醌类的显色反应主要取决于其氧化还原性质以及分子中的酚羟基性质。

(一) Feigl 反应

醌类衍生物在碱性条件下经加热能迅速与醛类及邻二硝基苯反应，生成紫色化合物，其反应机制如下：

$$+ 2HCHO + 2OH^- \longrightarrow \quad + 2HCOO^-$$

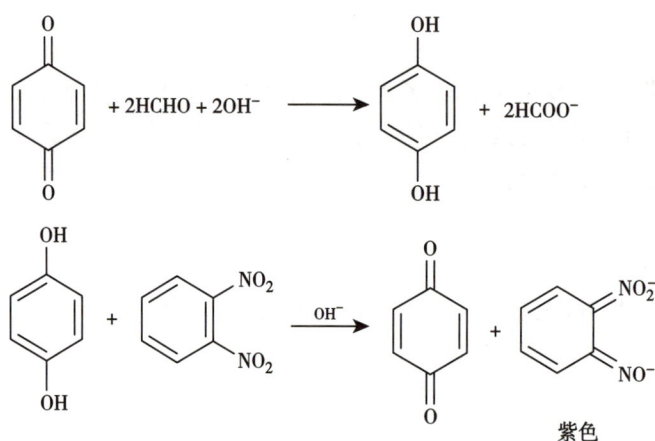

紫色

实际上，醌类在反应前后无变化，只是起到传递电子的媒介作用，醌类成分含量越高，反应速度也就越快。实验时可取醌类化合物的水或苯溶液 1 滴，加入 25% Na_2CO_3 水溶液、4% HCHO 水溶液及 5% 邻二硝基苯的苯溶液各 1 滴，混合后置水浴上加热，在 1~4 分钟内会产生显著的紫色。

(二) 无色亚甲蓝显色试验

无色亚甲蓝(leucomethylene blue)溶液是检测苯醌类及萘醌类的专用显色剂，用作 PC 法和 TLC 法的喷雾剂。含有苯醌或萘醌的样品显色后在白色背景上呈现出蓝色斑点，可与蒽醌类化合物相区别。

无色亚甲蓝溶液可按下法配制：取 100mg 亚甲蓝溶于 100ml 乙醇中，加入 1ml 冰醋酸及 1g 锌粉，缓缓振摇直至蓝色消失，即可备用。试样最低检出限约为 1μg/cm^2。

(三) 碱性条件下的呈色反应

羟基蒽醌类在碱性溶液中发生颜色改变，会使颜色加深，多呈橙、红、紫红色及蓝色。例如羟基蒽醌类化合物遇碱显红 ~ 紫红色的反应称为 Bornträger's 反应，其机制如下：

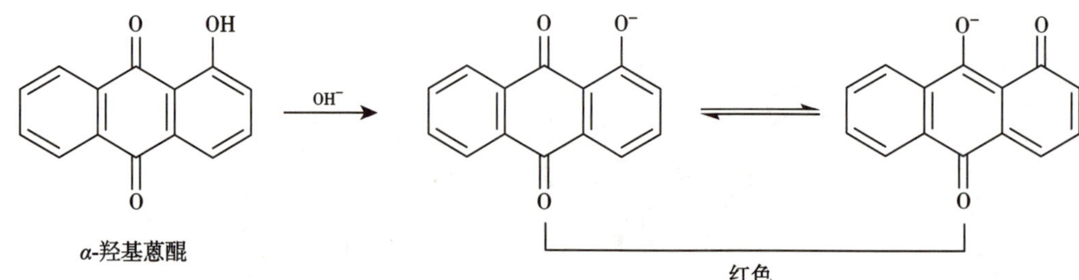

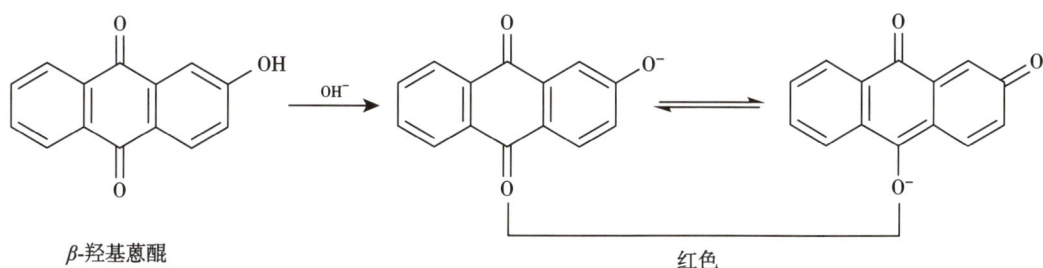

β-羟基蒽醌 红色

显然，该显色反应与形成共轭体系的酚羟基和羰基有关。因此，羟基蒽醌以及具有游离酚羟基的蒽醌苷均可呈色，但蒽酚、蒽酮、二蒽酮类化合物则需氧化形成羟基蒽醌类化合物后才能呈色。

用本反应检查天然药物中是否含有蒽醌类成分时，可取药材粉末约 0.1g，加 10% 硫酸水溶液 5ml，置水浴上加热 2~10 分钟，冷却后加 2ml 乙醚振摇，静置后分取醚层溶液，加入 1ml 5% 氢氧化钠水溶液，振摇。如有羟基蒽醌存在，醚层则由黄色褪为无色，而水层显红色。

（四）与活性次甲基试剂的反应（Kesting-Craven 法）

苯醌及萘醌类化合物当其醌环上有未被取代的位置时，可在氨碱性条件下与一些含有活性次甲基试剂（如乙酰醋酸酯、丙二酸酯、丙二腈等）的醇溶液反应，生成蓝绿色或蓝紫色产物。以萘醌与丙二酸酯的反应为例，反应时先生成产物（**1**），再进一步电子转移生成产物（**2**）等而显色。

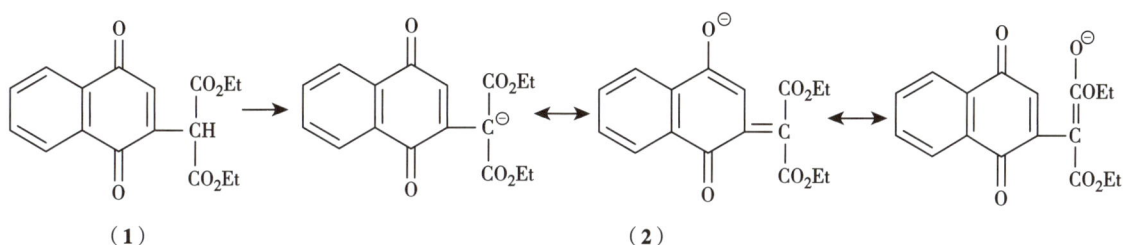

（**1**） （**2**）

萘醌的苯环上如有羟基取代，此反应将受到抑制。蒽醌类化合物因醌环两侧有苯环，不能发生该反应，故可加以区别。

（五）与金属离子的反应

蒽醌类化合物中如果有 *α*- 酚羟基或邻二酚羟基结构时，可与 Pb^{2+}、Mg^{2+} 等金属离子形成配合物。以醋酸镁为例，生成产物可能具有下列结构：

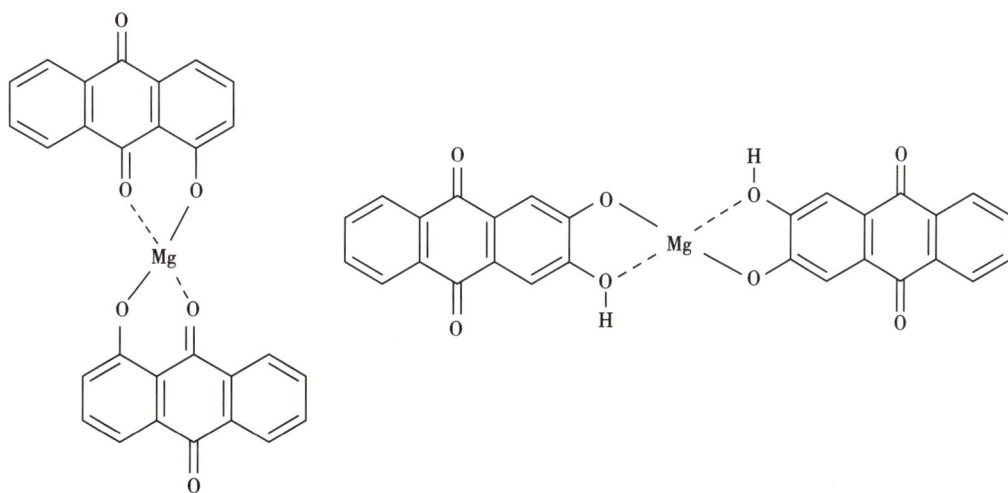

当蒽醌化合物具有不同的结构时，与醋酸镁形成的配合物也具有不同的颜色。试验时可将羟基蒽醌衍生物的醇溶液滴在滤纸上，干燥后喷以 0.5% 的醋酸镁甲醇溶液，于 90℃加热 5 分钟即可显色。

（六）对亚硝基二甲苯胺反应

C-9、C-10 位未取代的羟基蒽酮类化合物，尤其是 1,8- 二羟基衍生物，其羰基对位的亚甲基氢较活泼，可与 0.1% 对亚硝基二甲苯胺吡啶溶液反应产生各种颜色。产物颜色取决于分子结构，可以是紫色、绿色、蓝色或灰色等，而 1,8- 二羟基衍生物均呈绿色。此反应可用作蒽酮化合物的定性检查，通常用作 PC 法的喷雾显色。

OH O OH

CH_3

H H

+ NO

$N(CH_3)_2$

→

OH O OH

CH_3

N

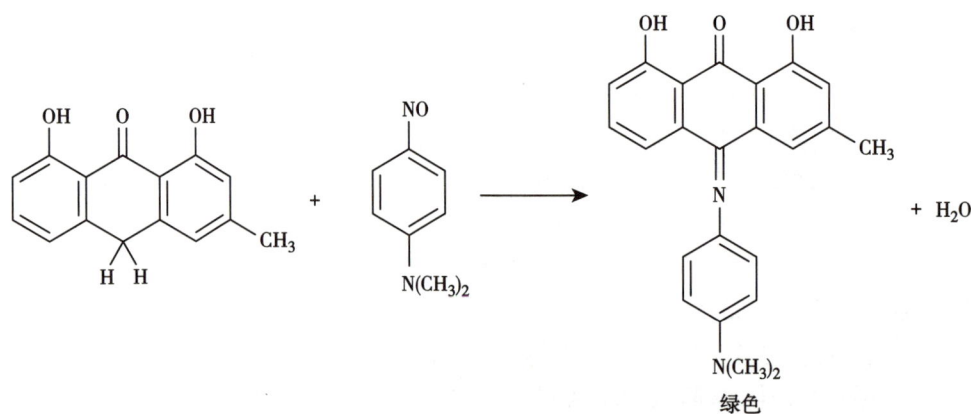

$N(CH_3)_2$

绿色

$+ H_2O$

第四节 醌类化合物的提取与分离

醌类化合物结构不同，其物理性质和化学性质相差较大，而且以游离苷元以及与糖结合成苷两种形式存在于植物中，在极性及溶解度方面差别很大，所以没有通用的提取分离方法，以下规律仅供参考。

一、醌类化合物的提取

（一）醇提取法

以乙醇或甲醇为溶剂提取时，醌苷和苷元均可被提取出来。对含脂质较多的药材应先脱脂再提取，对含糖量较高的药材应避免升温过高。对于苷的提取应尽量避免酶、酸和碱的作用，防止其被水解；对于游离的多羟基醌类或含羧基的醌类化合物应先考察它们的存在形式，如果以盐的形式存在于药材中，应先酸化为游离状态，再用醇提取。

（二）有机溶剂提取法

游离的醌类苷元一般极性较小，可用极性较小的有机溶剂提取。如将药材用二氯甲烷等有机溶剂进行提取，再将提取液浓缩。

（三）碱提酸沉法

此方法主要用于提取含酸性基团（酚羟基、羧基）的醌类化合物。酚羟基或羧基与碱成盐而溶于碱水中，再酸化使其游离而沉淀析出。

（四）水蒸气蒸馏法

适用于具有挥发性的小分子苯醌及萘醌类化合物的提取。

（五）其他方法

超临界流体萃取法和超声波提取法在醌类成分提取中也有应用，此两种方法既提高了提出率，又可避免醌类成分的分解。

二、醌类化合物的分离

（一）游离蒽醌的分离

分离游离蒽醌的方法主要包括 pH 梯度萃取法和色谱法。

1. pH 梯度萃取法　此方法是分离含游离羧基、酚羟基蒽醌类化合物的经典方法，是根据化合物酸性强弱差别进行分离。此法适用于酸性差别较大的游离羟基蒽醌类化合物的分离。以下流程图可作为这类化合物较通用的初步分离方法（见图 4-3）。

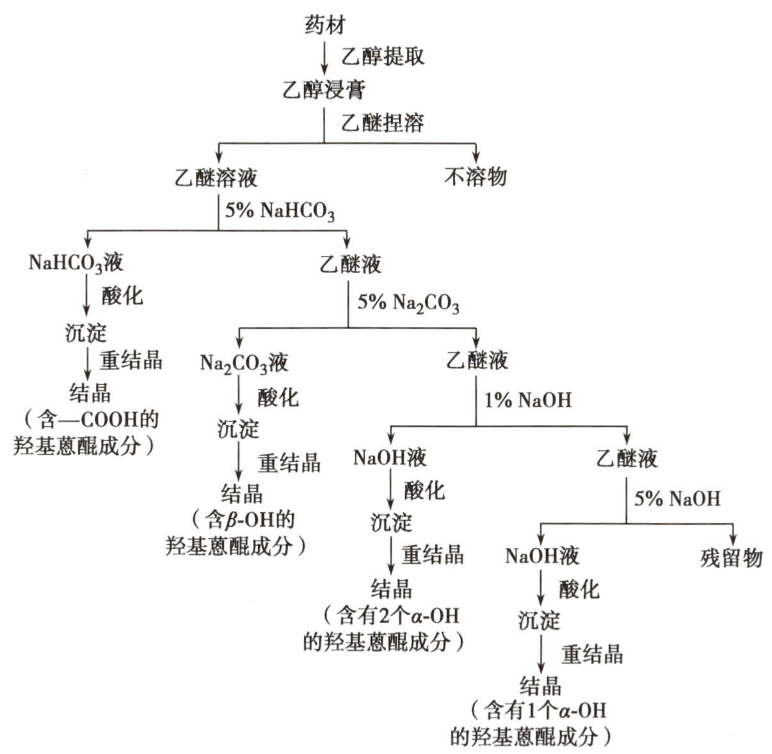

图 4-3　pH 梯度萃取法分离蒽醌类化合物的流程图

2. 色谱法　该方法是系统分离羟基蒽醌类化合物最有效的方法。当药材中含有一系列结构相近的蒽醌衍生物时，必须经过色谱方法才能得到彻底分离。而且也不可能通过一次色谱分离就获得完全成功，往往需要反复多次色谱才能收到较好的效果。

分离羟基蒽醌常用的色谱吸附剂主要有硅胶和聚酰胺等。氧化铝因易与蒽醌类化合物的酚羟基作用生成络合物而难以洗脱，故一般不用氧化铝。

（二）蒽醌苷类与蒽醌苷元的分离

蒽醌苷类与蒽醌苷元的极性差别较大，故在有机溶剂中的溶解度不同。可用三氯甲烷将总提取物中的蒽醌苷类与蒽醌苷元进行初步分离，因为蒽醌苷类不溶于三氯甲烷，而苷元溶于三氯甲烷。值得注意的是，为充分提取出蒽醌类化合物，必须预先加酸酸化使之全部游离后再进行提取，因为羟基蒽醌类衍生物及其苷类在植物体内多通过酚羟基或羧基结合成镁、钾、钠、钙盐形式存在；同理，用三氯甲烷等极性较小的有机溶剂从水溶液中萃取蒽醌苷元时也必须使其游离，才能达到分离苷和苷元的目的。

（三）蒽醌苷类的分离

蒽醌苷类因其分子中含有糖，故极性较大，水溶性较强，分离和纯化较困难，常用色谱法进行分离。在进行色谱分离前，往往采用溶剂法预处理粗提物，富集得到总蒽醌苷后再进行色谱分离。

溶剂法用正丁醇等极性较大的溶剂，将蒽醌苷类从水提取液中萃取出来，再用色谱法做进一步分离。

色谱法是分离蒽醌苷类化合物最有效的方法。主要应用硅胶柱色谱、反相硅胶柱色谱和葡聚糖凝胶柱色谱分离植物中存在的蒽醌苷类衍生物。有效结合使用以上所述的色谱方法，一般都能获得满意的分离效果。随着高效液相色谱和制备型中、低压液相色谱的应用，使蒽醌苷类化合物得到更有

效的分离。近年来高速逆流色谱、毛细管电泳也已广泛地应用于蒽醌苷类的分离。

应用葡聚糖凝胶柱色谱可以将分子量相差较大的蒽醌苷类成分分成不同部位，而对各部位中分子量相差较小的成分无明显分离效果。例如大黄蒽醌苷类的分离：将大黄的 70% 甲醇提取液加到凝胶柱上，并用 70% 甲醇洗脱，分段收集，依次先后得到二蒽酮苷部位（包含番泻苷 B、A、D、C 等化合物）、蒽醌二葡萄糖苷部位（包含大黄酸、芦荟大黄素、大黄酚的二葡萄糖苷等化合物）、蒽醌单糖苷部位（包含芦荟大黄素、大黄素、大黄素甲醚及大黄酚的葡萄糖苷等化合物）、游离苷元部位（包含大黄酸、大黄酚、大黄素甲醚、芦荟大黄素及大黄素等化合物）。

从茜草（*Rubia cordifolia*）中分离蒽醌苷类成分结合应用了正相硅胶柱色谱和反相硅胶柱色谱。将茜草根醇提物的正丁醇萃取物进行硅胶柱色谱，三氯甲烷 - 甲醇梯度洗脱，不纯的流分再进一步经反相硅胶 RP-8 柱分离，最后经重结晶和制备硅胶薄层色谱纯化，得到三种蒽醌衍生物的双糖苷单体化合物。

在使用高速逆流色谱对芦荟有效成分的制备性分离研究中，利用三氯甲烷 - 甲醇 - 水（4∶3.8∶2）的溶剂分离系统，对芦荟 95% 乙醇提取物进行制备性分离，共收集到 8 个单一组分、3 个二组分和 1 个三组分的分离峰，后经简单的硅胶色谱进一步分离，得到多种蒽醌苷类和蒽醌苷元类单体化合物。

第五节 醌类化合物的结构鉴定

随着现代质谱和核磁技术的发展，紫外光谱、红外光谱在化合物结构解析中渐渐走向次要地位，但是醌类化合物因其特殊的结构而产生许多有规律的紫外、红外光谱学特征，在该类化合物的结构鉴定中，尤其是在判断醌类化合物类型时仍起到很重要的作用。

一、醌类化合物的紫外光谱

（一）苯醌和萘醌类的紫外光谱特征

醌类化合物由于存在较长的共轭体系，在紫外区域均出现较强的紫外吸收。苯醌类的主要吸收峰有三个：①~240nm，强峰；②~285nm，中强峰；③~400nm，弱峰。萘醌主要有四个吸收峰，其峰位与结构的关系大致如下所示。

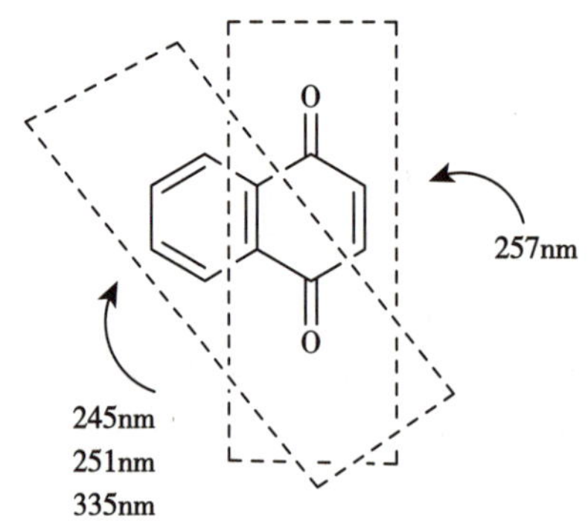

当分子中引入—OH、—OCH_3 等助色团时，可引起分子中相应的吸收峰向红位移。例如 1,4- 萘醌，当醌环上引入 +I（斥电子诱导效应）或 +M（将共轭体系中给出 π 电子的原子或原子团所显示的共轭效应称为 +M 效应）取代基时，只影响 257nm 峰红移，而不影响苯环引起的三个吸收带。但当苯环上引入上述取代基时，如 *α*-OH 时将使 335nm 的吸收峰红移至 427nm。

（二）蒽醌类的紫外光谱特征

蒽醌母核有四个吸收峰，分别由苯样结构（a）及醌样结构（b）引起，如下所示。

{ 252nm
325nm
（a）

{ 272nm
405nm
（b）

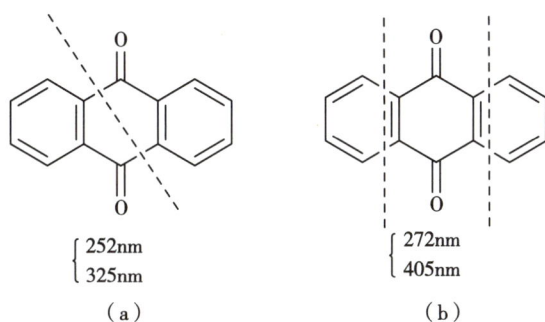

羟基蒽醌衍生物的紫外吸收基本与上述蒽醌母核相似。此外，多数在 230nm 附近还有一个强峰，故羟基蒽醌类化合物有五个主要吸收带。第Ⅰ峰：230nm 左右；第Ⅱ峰：240~260nm（由苯样结构引起）；第Ⅲ峰：262~295nm（由醌样结构引起）；第Ⅳ峰：305~389nm（由苯样结构引起）；第Ⅴ峰：>400nm（由醌样结构中的 C═O 引起）。

以上各吸收带的具体峰位与吸收强度均与蒽醌母核上取代基的性质、数目及取代位置有关。其中第Ⅰ峰的最大吸收波长（λ_{max}）与羟基数目及取代位置大致有如下关系（表 4-1）。

表 4-1　羟基蒽醌类紫外吸收光谱（第Ⅰ峰）

OH 数	OH 位置	λ_{max}/nm
1	1-；2-	222.5
2	1,2-；1,4-；1,5-	225
3	1,2,8-；1,4,8-；1,2,6-；1,2,7-	230±2.5
4	1,4,5,8-；1,2,5,8-	236

第Ⅲ峰（262~295nm）受 β- 酚羟基的影响，β- 酚羟基的存在可使该带红移，且吸收强度增加。

第Ⅴ峰主要受 α- 羟基影响，α- 羟基数目越多，峰带红移值也越大，如表 4-2 所示。

表 4-2　羟基蒽醌类第Ⅴ峰的吸收

α-OH 数	λ_{max}/nm（logε）
无	356~362.5（3.30~3.88）
1	400~420
1,5- 二羟基	418~440
2　1,8- 二羟基	430~450
1,4- 二羟基	470~500（靠近 500nm 处有一个肩峰）
3	485~530（两个至多个吸收峰）
4	540~560（多个重峰）

醌类化合物的紫外光谱提供的信息对其结构推测有一定用途，但由于例外较多，紫外光谱数据通常仅作为结构分析的旁证。

二、醌类化合物的红外光谱

醌类化合物红外光谱的主要特征是羰基吸收峰以及双键和苯环的吸收峰。羟基蒽醌类化合物在红外区域有 $\nu_{c=o}$（1 675~1 653cm^{-1}）及 $\nu_{芳环}$（1 600~1 480cm^{-1}）的吸收。其中 $\nu_{c=o}$ 吸收峰位与分子中 α- 酚羟基的数目及位置有较强的规律性，对推测结构具有重要的参考价值。

未取代的 9,10- 蒽醌因两个 C═O 的化学环境相同，只出现一个 C═O 吸收峰（1 675cm^{-1}，石蜡糊）。

含有一个 α- 羟基的蒽醌衍生物，因一个 C=O 可与 α- 羟基发生氢键缔合，使其电子云密度平均化，致使 $\nu_{c=o}$ 向低频发生位移；另一个未缔合 C=O 的吸收则变化较小。当芳环引入的 α- 羟基数目增多及位置不同时，两个 C=O 的缔合情况发生变化，其吸收峰位也会随之改变。α- 羟基的数目及位置对 $\nu_{c=o}$ 吸收的影响如表 4-3 所示。

蒽醌—C=O 与—OH 数目及位置的关系（组图）

表 4-3　蒽醌类 $\nu_{C=O}$ 与 α-OH 数目及位置的关系

α-OH 数	$\nu_{C=O}$(Nujol)/cm^{-1}	α-OH 数	$\nu_{C=O}$(Nujol)/cm^{-1}
无	1 678~1 653	2(1,8-)	1 678~1 661 和 1 626~1 616
1	1 675~1 647 和 1 637~1 621	3	1 616~1 592
2(1,4- 和 1,5-)	1 645~1 608	4	1 592~1 572

三、醌类化合物的核磁共振氢谱

（一）醌环上的质子

苯醌及萘醌在醌环上有质子，在无取代时化学位移值 δ 分别为 6.72（s，p- 苯醌）及 6.95（s，1,4- 萘醌）。

醌环质子因取代基而引起的位移基本与顺式乙烯中的情况相似。无论 p- 苯醌或 1,4- 萘醌，当醌环上有供电取代基时，将使醌环上其他质子化学位移值 δ 移向高场。在 1,4- 萘醌中位移顺序为：$—OCH_3>—OH>—OCOCH_3>—CH_3$，如表 4-4 所示。

表 4-4　某些 1,4- 萘醌的 ^{1}H-NMR 谱（60MHz）的 δ 值

1,4- 萘醌	H-2	H-3	H-5	H-6	H-7	H-8	其他
母体	6.95	6.95	8.06（m）	7.73（m）	7.76（m）	8.07（m）	
2- 甲基 -	—	6.79	—	—	—	—	Me，2.13（d）
2- 羟基 -	—	6.37	—	—	—	—	
2- 甲氧基 -	—	6.17	—	—	—	—	MeO，3.89
2- 乙酰氧基 -	—	6.76	—	—	—	—	
2- 乙酰基 -	—	7.06	—	—	—	—	
5- 羟基 -	6.97	6.97	—	7.25（m）	7.60（m）	7.70（m）	HO，11.07
5- 羟基 -7- 甲基 -	6.91	6.91	—	7.08（d）	—	7.41（d）	HO，11.17；Me，2.42
5- 羟基 -3,7- 二甲氧基 -	6.98	—	—	6.60（d）	—	7.18（d）	HO，11.03
5,8- 二羟基 -	7.13	7.13		7.13	7.13		HO，12.57
5,8- 二羟基 -2- 甲氧基 -	—	6.17	—	7.23	7.23		HO，12.37，12.83
5,8- 二羟基 -2- 乙基 -	—	6.84	—	7.20	7.20		HO，12.55，12.40
5,8- 二羟基 -2,7- 二甲氧基 -	—	6.40	—	6.40	—		HO，13.88，12.30

（二）芳环质子

在醌类化合物中，具有芳氢的只有萘醌（最多 4 个）及蒽醌（最多 8 个），可分为 α-H 及 β-H 两类。其中 α-H 因处于 C=O 的负屏蔽区，受影响较大，共振信号出现在较低场，化学位移值较大；β-H 受 C=O 的影响较小，共振信号出现在较高场，化学位移值较小。1,4- 萘醌的共振信号分别在 δ 8.06（α-H）及 7.73（β-H）；9,10- 蒽醌的芳氢信号出现在 δ 8.07（α-H）及 7.67（β-H）。当有取代基时，峰的数目及峰位都会改变。

（三）取代基质子

在醌类化合物中，特别是蒽醌类化合物中常见的各类取代基质子的化学位移值 δ 有如下规律：

1. 甲氧基　一般在 δ 3.8~4.2，呈现单峰。

2. 芳香甲基　一般在 δ 2.1~2.5，α- 甲基可出现在 δ 2.7~2.8，均为单峰。若甲基邻位有芳香质子，则因远程偶合而出现宽单峰。

3. 羟甲基（$—CH_2OH$）　CH_2 的化学位移一般在 δ 4.4~4.7，呈单峰，但有时因为与羟基质子偶合而出现双峰。羟基吸收一般在 δ 4.0~6.0。

4. 乙氧甲基（$—CH_2—O—CH_2—CH_3$）　与芳环相连的 CH_2 的化学位移一般在 δ 4.4~5.0，为单峰。乙基中 CH_2 在 δ 3.6~3.8，为四重峰，CH_3 在 δ 1.3~1.4，为三重峰。

5. 酚羟基　α- 羟基与羰基能形成分子内氢键，其质子信号出现在最低场。当分子中只有一个 α- 羟基时，其化学位移值 δ >12.25；当两个羟基位于同一羰基的 α- 位时，分子内氢键减弱，其信号在 δ 11.6~12.1。β- 羟基的化学位移在较高场，邻位无取代的 β- 羟基在 δ 11.1~11.4，而邻位有取代的 β- 羟基，化学位移值 δ<10.9。

萘醌及蒽醌类化合物中常见取代基不仅可呈现出自身的质子信号，因其性质还会对芳氢的化学位移和峰的细微结构产生一定的影响。

四、醌类化合物的核磁共振碳谱

^{13}C-NMR 作为结构测试的常规技术已被广泛用于醌类化合物的结构研究。常见的 ^{13}C-NMR 谱以碳信号的化学位移为主要参数，通过测定大量数据，已经积累了一些较成熟的经验规律。这里主要介绍 1,4- 萘醌及 9,10- 蒽醌类的 ^{13}C-NMR 特征。

（一）1,4- 萘醌类化合物的 ^{13}C-NMR 谱

1,4- 萘醌母核的 ^{13}C-NMR 化学位移值（δ）如下所示：

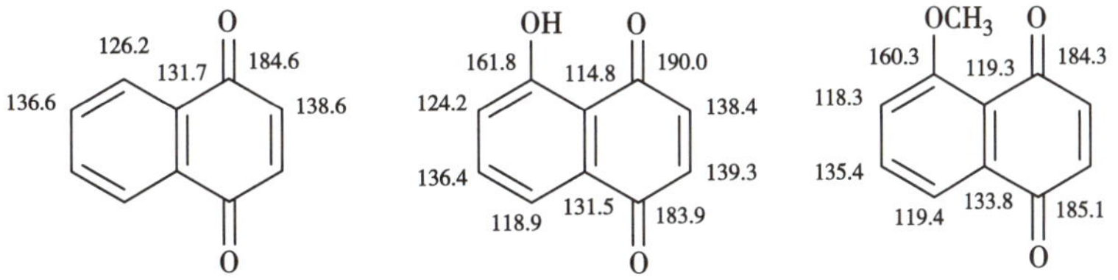

当醌环及苯环上有取代基时，则发生取代位移。

1. 醌环上取代基的影响　取代基对醌环碳信号化学位移的影响与简单烯烃的情况相似。例如，C-3 位有—OH 或—OR 取代时，引起 C-3 向低场位移约 20 个化学位移单位，并使相邻的 C-2 向高场位移约 30 个化学位移单位。

如果 C-2 位有烃基（R）取代时，可使 C-2 向低场位移约 10 个化学位移单位，C-3 向高场位移约 8 个化学位移单位，且 C-2 向低场位移的幅度随烃基 R 的增大而增加，但 C-3 不受影响。

此外，C-2 及 C-3 的取代对 C-1 及 C-4 的化学位移没有明显影响。

2. 苯环上取代基的影响　在 1,4- 萘醌中，当 C-8 位有—OH、—OCH_3 或—OAc 时，因取代基引起的化学位移变化如表 4-5 所示。但当取代基增多时，对 ^{13}C-NMR 信号的归属比较困难，一般要借助 DEPT 技术以及 2D-NMR 技术，特别是 ^{13}C-^{1}H 远程相关谱才能得出可靠结论。

表 4-5　1,4- 萘醌的取代基位移（Δδ）

取代基	C-1	C-2	C-3	C-4	C-5	C-6	C-7	C-8	C-9	C-10
8-OH	+5.4	−0.1	+0.8	−0.7	−7.3	+2.8	−9.4	+35.0	−16.9	−0.2
8-OCH_3	−0.6	−2.3	+2.4	+0.4	−7.9	+1.2	−14.3	+33.7	−11.4	+2.7
8-OAc	−0.6	−1.3	+1.2	−1.1	−1.3	+1.1	−4.0	+23.0	−8.4	+1.7

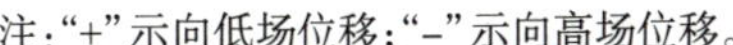
注："+"示向低场位移；"−"示向高场位移。

(二) 9,10- 蒽醌类化合物的 ^{13}C-NMR 谱

蒽醌母核引入羟基,可使其邻对位电子云密度升高,化学位移值向高场移动。如 α- 位有一个—OH 或—OCH_3 时,其 ^{13}C-NMR 化学位移如下所示:

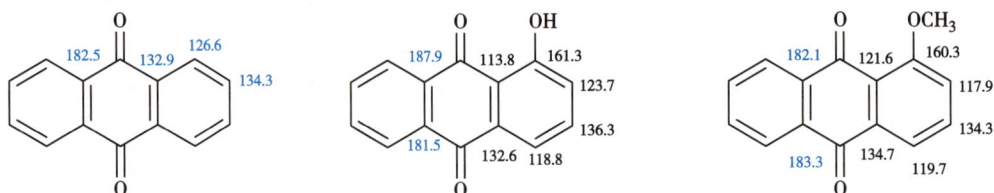

当蒽醌母核每一个苯环上只有一个取代基时,母核各碳信号化学位移值呈现规律性的位移,如表 4-6 所示。

表 4-6　蒽醌 ^{13}C-NMR 的取代基位移值($\Delta\delta$)

C	1-OH	2-OH	1-OMe	2-OMe	1-Me	2-Me	1-OCOMe	2-OCOMe
C-1	+34.73	−14.37	+33.15	−17.13	+14.0	−0.1	+23.59	−6.53
C-2	−10.63	+28.76	−16.12	+30.34	+4.1	+10.1	−4.84	+20.55
C-3	+2.53	−12.84	+0.84	−12.94	−1.0	−1.5	+0.26	−6.92
C-4	−7.80	+3.18	−7.44	+2.47	−0.6	−0.1	−1.11	+1.82
C-5	−0.01	−0.07	−0.71	−0.13	+0.5	−0.3	+0.26	+0.46
C-6	+0.46	+0.02	−0.91	−0.59	−0.3	−1.2	+0.68	−0.32
C-7	−0.06	−0.49	+0.10	−1.10	+0.2	−0.3	−0.25	−0.48
C-8	−0.26	−0.07	0.00	−0.13	0.0	−0.1	+0.42	+0.61
C-9	+5.36	+0.00	−0.68	+0.04	+2.0	−0.7	−0.86	−0.77
C-10	−1.04	−1.50	+0.26	−1.30	0.0	−0.3	−0.37	−1.13
C-10a	−0.03	+0.02	−1.07	+0.30	0.0	−0.1	−0.27	−0.25
C-8a	+0.99	+0.16	+2.21	+0.19	0.0	−0.1	+2.03	+0.50
C-9a	−17.09	+2.17	−11.96	+2.14	+2.0	−0.2	−7.89	+5.37
C-4a	−0.33	−7.84	+1.36	−6.24	−2.0	−2.3	+1.63	−1.58

按照表 4-6 取代基位移值进行推算所得的计算值与实验值很接近,误差一般在 0.5 以内。而当两个取代基在同环时则产生较大偏差,须在上述位移基础上做进一步修正。

当蒽醌母核上仅有一个苯环有取代基,另一苯环无取代基时,无取代基苯环上各碳原子的信号化学位移变化很小,即取代基的跨环影响不大。

^{13}C-NMR 的取代基化学位移规律可用于解析多种取代蒽醌的结构。但对某些蒽醌应用该方法误差较大,所推定的结构可信度较低,此时运用 2D-NMR 谱可有效地解析其结构。

五、醌类化合物的质谱

对所有游离醌类化合物,其 MS 的共同特征是分子离子峰通常为基峰,且出现丢失 1~2 个分子 CO 的碎片离子峰。

苯醌及萘醌还从醌环上脱去 1 个 CH≡CH 碎片,如果在醌环上有羟基,则断裂同时还伴随有特征的氢重排。

(一) p- 苯醌的 MS 特征

1. 苯醌母核的主要开裂过程。无取代的苯醌因 A、B、C 三种开裂方式,分别得到 m/z 82、m/z 80

及 m/z 54 三种碎片离子。

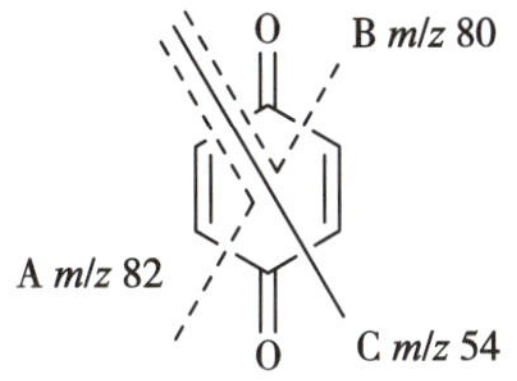

2. 连续脱去两分子的 CO，无取代的苯醌将得到重要的 m/z 52 碎片离子(环丁烯离子)。

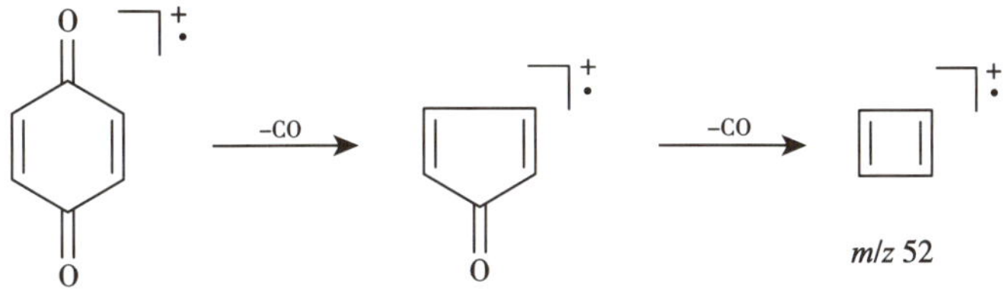

(二) 1,4-萘醌类的 MS 特征

苯环上无取代时，将出现 m/z 104 的特征碎片离子及其分解产物 m/z 76 及 m/z 50 的离子。但苯环上有取代时，上述各峰将相应移至较高 m/z 处。例如 2,3-二甲基萘醌的开裂方式如下：

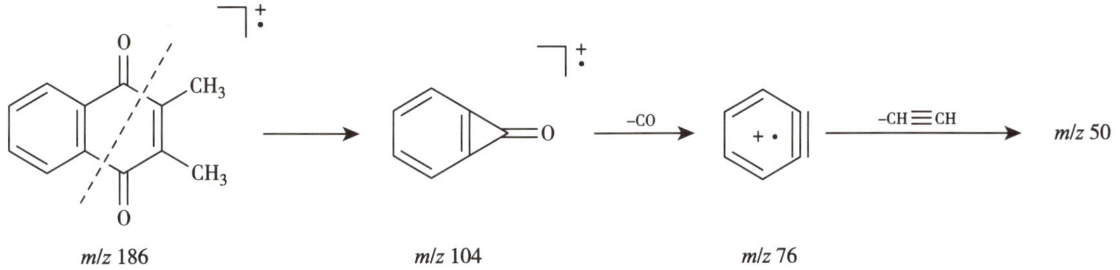

此外，羟基萘醌类化合物还经历一个特殊的氢重排过程，有关内容可参考文献。

(三) 9,10-蒽醌类化合物的 MS 特征

游离蒽醌依次脱去 2 分子 CO，得到 m/z 180(M−CO)及 152(M−2CO)以及它们的双电荷离子峰 m/z 90 及 m/z 76。

蒽醌衍生物也经过同样的开裂方式，得到与之相应的碎片离子峰。

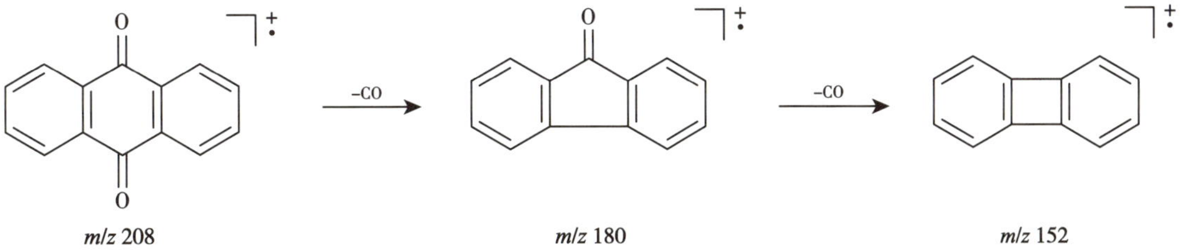

但要注意，蒽醌苷类化合物用常规电子轰击质谱得不到分子离子峰，其基峰一般为苷元离子，需要用电喷雾质谱(ESI-MS)、场解吸质谱(FD-MS)或快原子轰击质谱(FAB-MS)等才能出现准分子离子峰，以获得分子量的信息。

六、醌类化合物衍生物的制备

醌类化合物结构研究，现在主要是通过对上述各种波谱数据的分析，但有时也须结合必要的衍生

物制备等化学方法。在实际工作中主要制备醌类化合物的甲基化或乙酰化衍生物，对于推测分子中羟基的数目和位置很有意义。

（一）甲基化反应

甲基化反应的目的是保护—OH、测定—OH 数目及成苷的位置。其难易及作用位置主要取决于醌类化合物苯环上羟基的类型与化学环境，以及甲基化试剂的种类及反应条件。

结构类型及化学环境不同的羟基，一般讲酸性越强，质子越易解离，甲基化反应越容易：—COOH > β-OH > Ar—OH > α-OH > R—OH。

常用甲基化试剂的反应能力强弱及其与反应官能团的大致关系如表 4-7 所示。

表 4-7　甲基化试剂与反应官能团的关系

甲基化试剂的组成	反应官能团
CH_2N_2/Et_2O	—COOH、β- 酚羟基、—CHO
CH_2N_2/Et_2O+MeOH	—COOH、β- 酚羟基、两个 α- 酚羟基之一、—CHO
$(CH_3)_2SO_4$+K_2CO_3+ 丙酮	β- 酚羟基、α- 酚羟基
CH_3I+Ag_2O+$CHCl_3$	—COOH、所有的酚羟基、醇羟基、—CHO

表 4-7 说明，CH_3I+Ag_2O+$CHCl_3$ 的甲基化能力最强，CH_2N_2/Et_2O 的甲基化能力最弱。据此，采用不同甲基化试剂，严格控制反应条件进行选择性甲基化，可得到甲基化程度不同的衍生物，再通过波谱学分析，很容易确定各个衍生物中甲氧基的数目，从而可进一步推断原来分子中羟基的数目和位置。

曲菌素甲基化反应（单图）

（二）乙酰化反应

常用的乙酰化试剂按乙酰化能力强弱顺序排列为：

$$CH_3COCl > (CH_3CO)_2O > CH_3COOR > CH_3COOH$$

试剂和反应条件不同，影响乙酰化的作用位置，如表 4-8 所示。

表 4-8　乙酰化试剂和反应条件及作用位置

试剂组成	反应条件	作用位置
冰醋酸（加少量乙酰氯）	冷置	醇羟基
醋酐	加热　短时间 长时间	醇羟基、β- 酚羟基 醇羟基、β- 酚羟基、两个 α- 酚羟基之一
醋酐 + 硼酸	冷置	醇羟基、β- 酚羟基
醋酐 + 浓硫酸	室温放置过夜	醇羟基、β- 酚羟基、α- 酚羟基
醋酐 + 吡啶	室温放置过夜	醇羟基、β- 酚羟基、烯醇式羟基

曲菌素乙酰化反应（单图）

由表 4-8 可知，羟基的乙酰化，醇羟基亲核性较强最易乙酰化，α- 酚羟基易与羰基形成氢键则相对较难。乙酰化试剂中醋酐 - 吡啶的乙酰化能力最强，而冰醋酸最弱。醋酐 - 吡啶可使环上所有酚羟基乙酰化。如果控制反应时间不同，作用位置也会有些差别，但一般很难掌握。

有时为了保护 α- 酚羟基不被乙酰化，可采用醋酐 - 硼酸作为酰化剂。因为硼酸能和羟基蒽醌中的 α- 羟基形成硼酸酯，使 α- 羟基不参与乙酰化反应，仅使 β- 酚羟基乙酰化。反应产物再用冷水处理，使缔合的 α- 硼酸酯水解恢复 α- 酚羟基，这样就可以得到 β- 羟基的乙酰化产物。

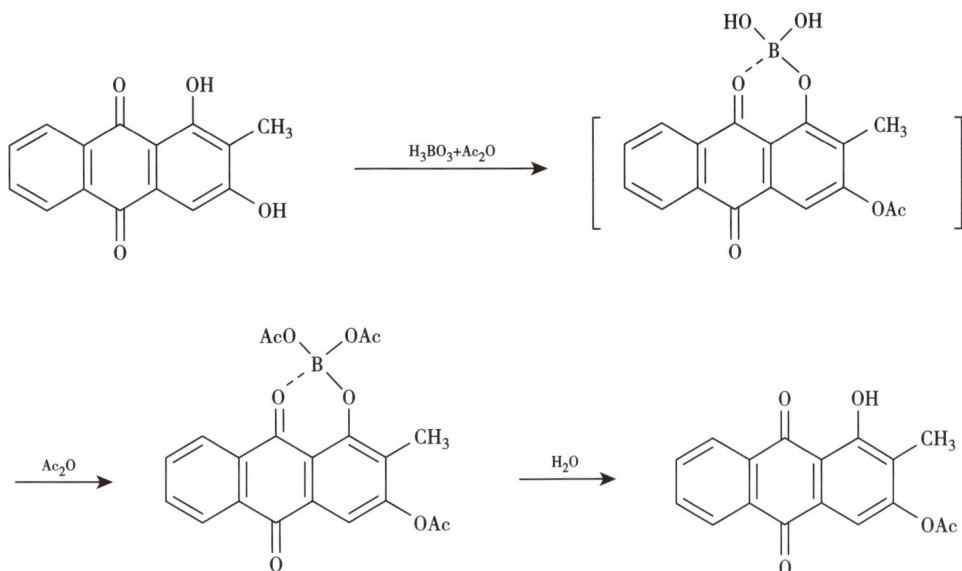

七、醌类化合物结构鉴定的实例

实例1 3-甲氧基-7-甲基-胡桃醌的鉴定

从柿子(*Diospyros kaki*)中分得一种橙红色针晶,通过波谱分析确定结构,其推导过程如下:

该化合物的高分辨质谱(HR-MS)给出分子离子峰 *m/z* 218.057[M]$^+$,表明分子式为 $C_{12}H_{10}O_4$。其UV光谱吸收带 λ_{max}:249、290、420nm,IR光谱中有2个羰基吸收峰1 655、1 638cm^{-1}及苯环特征吸收峰,具有萘醌类化合物的特征相符,表明为萘醌衍生物。

UV的 λ_{max} 为420nm吸收带,IR中出现 ν_{max} 为1 655cm^{-1} 和1 638cm^{-1} 的两个羰基吸收峰,以及 ^{1}H-NMR中 δ 11.80(1H,s)均说明为苯环上带有酚羟基且处于 α 位,UV中的 λ_{max} 为290nm吸收带显示醌环上还存在强给电子作用取代基。^{1}H-NMR中 δ 7.10(1H,d,*J*=1.5Hz)和 δ 7.50(1H,d,*J*=1.5Hz)为芳环上处于间位的两个质子信号,δ 2.46(3H,s)为甲基受到苯环去屏蔽作用信号,以上三种氢信号说明苯环上 α-酚羟基的间位有甲基取代。δ 6.16(1H,s)为醌环上质子信号,δ 3.93(3H,s)为甲氧基信号。醌环上的起强给电子作用的取代基为甲氧基,通过制备其甲基化衍生物的方法,与已知化合物标准图谱比较,确定甲氧基连接在3位上。综上所述,该化合物结构定为3-甲氧基-7-甲基-胡桃醌。

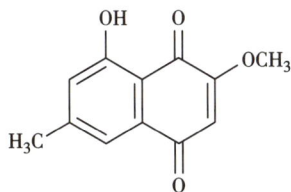

实例2 1,8-二羟基-3-甲基-9,10-蒽醌的鉴定[17]

从中药支柱蓼(*Polygonum suffultum*)中分得一种黄色粉末,Bornträger's反应呈红色,通过波谱分析确定结构,其推导过程如下:

该化合物分子式为 $C_{15}H_{10}O_4$。EI-MS *m/z*:254[M]$^+$、226[M$^+$−CO]、239[M$^+$−CH$_3$]、237[M$^+$−OH]、198[M$^+$−2CO]。UV光谱吸收带 λ_{max}:223、254、275、285、438nm,IR光谱中有2个羰基吸收峰1 676、1 627cm^{-1} 及苯环特征吸收峰1 600cm^{-1},均与蒽醌类化合物的特征相符,表明为蒽醌衍生物。

UV中第Ⅴ峰的 λ_{max}(logε)为438nm,IR中出现 ν_{max} 为1 676cm^{-1}(非缔合)和1 627cm^{-1}(缔合)的两个羰基吸收峰,以及 ^{1}H-NMR中 δ 12.13(1H,s,α-OH)、12.03(1H,s,α-OH)说明该化合物为1,8-二

羟基蒽醌衍生物。^{1}H-NMR 中由 δ 7.82（1H，dd，J=8.0、1.2Hz）、7.67（1H，t，J=8.0Hz）和 7.31（1H，dd，J=8.0、1.2Hz）三个芳香质子组成的 ABX 系统则表明蒽醌母核的一侧苯环除 α- 酚羟基外没有其他取代基；^{1}H-NMR 中 δ 2.47（3H，s）为芳环上甲基信号，δ 7.62（1H，d，J=1.2Hz）和 7.11（1H，d，J=1.2Hz）互为间位偶合的两个芳环质子，以上 3 种氢信号说明在醌母核的另一侧苯环 α- 酚羟基的间位有甲基取代。^{1}H-NMR 和 ^{13}C-NMR 波谱数据与文献对照一致，综上所述，该化合物结构定为 1,8- 二羟基 -3- 甲基 -9,10- 蒽醌，即为大黄酚。

1,8- 二羟基 -3- 甲基 -9,10- 蒽醌的波谱结构解析（视频）

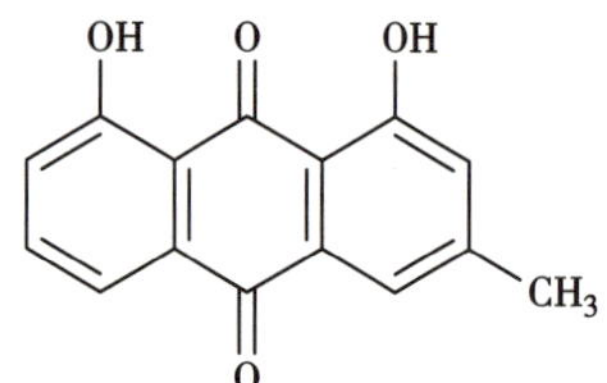

实例 3　1,3,6- 三羟基 -2- 甲基蒽醌 -3-O-β-D- 吡喃木糖基 (1→2)-β-D-(6′-O- 乙酰基) 吡喃葡萄糖苷的鉴定 [18]

从中药茜草（*Rubia cordifolia*）根中提取分离得到的该化合物为黄色针晶，mp 284~286℃。Molish 反应阳性。FD-MS 出现 m/z 629 $[M+Na]^+$ 的准分子离子峰，说明分子量为 606，结合元素分析确定分子式为 $C_{28}H_{30}O_{15}$。UV λ_{max}（EtOH）：215.6、274.0、413.2nm。IR（KBr）：3 400（—OH）、1 670（非缔合 C═O）、1 625（缔合 C═O）、1 590、1 575（苯环）cm^{-1}。以上数据说明为羟基蒽醌苷类化合物。

^{1}H-NMR 中 δ 8.08（1H，d，J=8.5Hz）、7.18（1H，dd，J=8.5、2.5Hz）、7.46（1H，d，J=2.5Hz）三个芳氢质子组成 ABX 系统，提示一侧苯环上只有 β- 位取代，且为酚羟基。δ 7.37（1H，s）说明另一侧苯环上有三取代；δ 2.04（3H，s）说明其中一个取代基为甲基，而另两个取代基为酚羟基。该化合物酸水解后苷元部分经与标准品对照证明为 1,3,6- 三羟基 -2- 甲基蒽醌。

将该化合物的 ^{13}C-NMR 数据与苷元的数据相比较，可知 C-3 位的化学位移向高场位移 3.0 个化学位移单位，C-2 和 C-4 的化学位移也有改变，表明该化合物为 3 位羟基与糖结合的 1,3,6- 三羟基 -2- 甲基蒽醌苷，将其进行酸水解后检出葡萄糖和木糖，且 ^{1}H-NMR 中 δ 4.45(1H，d，J=7.0Hz)和 δ 5.26(1H，d，J=7.0Hz）进一步说明葡萄糖和木糖的存在，且证明两个苷键均为 β 构型。另外，IR 中 1 735cm^{-1}，^{13}C-NMR 中 δ 170.3 和 δ 20.4 及 ^{1}H-NMR 中 δ 2.13（3H，s）的信号均表明分子中有乙酰基。将其碳谱中糖部分信号与 β- 葡萄糖甲苷相比较，发现其葡萄糖的 C-2 位化学位移值向低场位移约 8 个化学位移单位，说明木糖连接在葡萄糖的 C-2 位上。葡萄糖 C-6 位化学位移值向低场位移约 3 个化学位移单位，说明葡萄糖 C-6 位连有乙酰基。综上所述，该化合物结构确定为 1,3,6- 三羟基 -2- 甲基蒽醌 -3-O-β-D- 吡喃木糖基 (1→2)-β-D-(6′-O- 乙酰基) 吡喃葡萄糖苷。

第六节　醌类化合物的生物活性[2-13,19]

天然醌类化合物有多方面的生物活性，如泻下、抗菌和抗病毒、抗炎、抗氧化、抗肿瘤等。

一、泻下作用

天然蒽醌类化合物多具致泻作用，其可能作用机制为刺激肠壁，使肠壁活动性增强，增加大肠的张力，促进大肠的蠕动，减少水分吸收，从而产生泻下作用。其泻下作用差别较大，作用强度与结构有下列关系：①蒽醌苷的致泻作用强于苷元，苷元蒽酚的作用强于相应蒽醌类；若蒽醌类的酚羟基被酯化，则泻下作用消失。②分子中含羧基的蒽苷，其致泻作用强于相应的不含羧基的蒽苷；含羧基的蒽苷中，二蒽酮苷的活性强于蒽醌苷；蒽醌类化合物必须到达大肠才能显效，游离蒽醌衍生物在到达大肠前，绝大多数已被吸收或者破坏，所以起到的致泻作用很弱。

研究认为具有二蒽酮类结构的番泻苷类成分在大肠内可以被细菌水解生成大黄酸蒽酮。大黄酸蒽酮具有胆碱样作用，可兴奋肠道平滑肌上的 M 受体，使肠蠕动增加；抑制肠细胞膜上 Na^+，K^+-ATP 酶，阻碍 Na^+ 转运吸收，使肠内渗透压增高，保留大量水分，促进肠蠕动而排便。而其他蒽醌类成分如芦荟大黄素、大黄酸及其 8- 葡萄糖苷活性较低，而大黄酚、大黄素甲醚及大黄素无效。

长期服用含有蒽醌化合物的刺激性泻剂可能导致结肠黑变病的发生。目前已有蒽醌类致实验动物为结肠黑变病模型。

二、抗菌和抗病毒作用

蒽醌类化合物大多具有一定的抗菌活性，苷元的活性一般比苷类强。如大黄酸、大黄素、芦荟大黄素等对多种细菌具有抗菌作用。

大黄素能够抑制单纯性疱疹病毒的复制，对单纯疱疹病毒有明显的灭活作用。另外，对流感病毒和假狂犬病毒也有明显的灭活作用。研究发现，大黄对人类免疫缺陷病毒、霍乱毒素也有明显的抑制作用。

三、抗炎作用

中药大黄对多种动物实验性炎症有明显抑制作用，且受不同炮制方法的影响。研究表明，中药大黄中的大黄素对角叉莱胶引起的足趾肿胀及醋酸引起的腹腔毛细血管通透性增高有显著抑制作用，且与大黄剂量呈正相关。对炎症早期渗出、毛细血管透性增高、白细胞游走等有较好的对抗作用，对急性炎症有明显的对抗作用。

四、抗氧化作用

某些蒽醌类化合物（大黄素、芦荟大黄素等）具有明显的抗氧化能力，这种能力是通过清除羟自由基实现的。蒽醌类化合物的抗氧化能力与羟基在蒽醌上的取代位置有关。大黄素、芦荟大黄素、大黄酸能够增强小鼠血中的超氧化物歧化酶作用，提高谷胱甘肽过氧化物酶活性，有明显的抗衰老作用。大黄抗衰老的机制可能是升高胆碱 *O*- 乙酰转移酶，降低乙酰胆碱酯酶，使乙酰胆碱水平恒定或者提高，使胆碱能神经功能提高或者不变。大黄素能提高小鼠的学习记忆能力，能可逆性的抑制胆碱酯酶活力。

五、抗肿瘤作用

蒽环酮类抗生素（如柔红霉素、多柔比星等）是 20 世纪 70 年代发展起来的抗肿瘤抗生素。目

前,在抗肿瘤研发领域成为研究的热点。如大黄中大黄酸对小鼠黑色素瘤、艾氏腹水癌有明显的抑制作用,大黄素对大鼠乳腺癌有明显的抑制作用;大黄素对多种癌细胞具有抑制增殖作用,它可以通过Bu25TK细胞凝聚、膜联蛋白黏合及DNA断裂抑制宫颈癌细胞的DNA合成并诱导凋亡,其途径是caspase介导的线粒体途径,表现在caspase 3、caspase 9的激活和多糖酶的断裂。

六、其他作用

此外,蒽醌类化合物还具有较广泛的其他方面的生物活性。如对异常高的免疫反应有强烈的抑制作用。某些蒽醌类成分还具有抗真菌、抗骨质疏松、利尿等作用。

(邱 峰)

参考文献

[1] 裴月湖,娄红祥.天然药物化学.7版.北京:人民卫生出版社,2016:128.

[2] MONKS T J,HANZLIK R P,COHEN G M,et al. Quinone chemistry and toxicity. Toxicol Appl Pharmacol,1992,112(1):2-16.

[3] DANDAWATE P R,VYAS A C,PADHYE S B,et al. Perspectives on medicinal properties of benzoquinone compounds. Mini Rev Med Chem,2010,10(5):436-454.

[4] GUEVEN N,WOOLLEY K,SMITH J. Border between natural product and drug:Comparison of the related benzoquinones idebenone and coenzyme Q_{10}. Redox Biology,2015,4:289-295.

[5] NEMATOLLAHI A,AMINIMOGHADAMFAROUJ N,WIART C. Reviews on 1,4-naphthoquinones from *Diospyros* L. J Asian Nat Prod Res,2012,14(1):80-88.

[6] XU K,WANG P,WANG L,et al. Quinone derivatives from the genus *Rubia* and their bioactivities. Chem Biodivers,2014,11(3):341-363.

[7] 王增涛,金光洙.天然来源萘醌类化合物抗肿瘤活性研究进展.中草药,2008,39(9):1438-1442.

[8] 魏其艳,罗应刚,张国林.菲醌的生物活性.天然产物研究与开发,2005(5):136-139.

[9] HUANG Q,LU G,SHEN H M,et al. Anticancer properties of anthraquinones from rhubarb. Med Res Rev,2007,27(5):609-630.

[10] 陈秋东,徐蓉,徐志南,等.决明子中蒽醌类化学成分及其生物活性研究进展.中国现代应用药学,2003(2):120-124.

[11] CHIEN S C,WU Y C,CHEN Z W,et al. Naturally occurring anthraquinones:Chemistry and therapeutic potential in autoimmune diabetes. Evid Based Complement Alternat Med,2015,2015:357357.

[12] HATTORI M,AKAO T,KOBASHI K,et al. Cleavages of the *O*-and *C*-glucosyl bonds of anthrone and 10,10′-bianthrone derivatives by human intestinal bacteria. Pharmacology,1993,47(Suppl 1):125-133.

[13] 李翠丽,马江,李会军.蒽醌类化合物的吸收和代谢研究进展.药物生物技术,2012,19(6):557-560.

[14] 保罗·M·戴维克.药用天然产物的生物合成.娄红祥,主译.北京:化学工业出版社,2008.

[15] GAO G X,LIU X Y,XU M,et al. Formation of an angular aromatic polyketide from a linear anthrene precursor via oxidative rearrangement. Cell Chem Biol,2017,24(7):881-891.

[16] NOWICKA B, KRUK J. Occurrence, biosynthesis and function of isoprenoid quinones. BBA-Bioenergetics, 2010, 1797(9): 1587-1605.

[17] 李元圆. 支柱蓼蒽醌类成分的研究. 武汉:湖北中医学院, 2006.

[18] 王素贤,华会明,吴立军,等. 茜草中蒽醌类成分的研究. 药学学报, 1992(10): 743-747.

[19] ZHOU Y X, XIA W, YUE W, et al. Rhein: A review of pharmacological activities. Evid Based Complement Alternat Med, 2015, 2015: 578107.

第五章

黄酮类化合物

第五章

教学课件

学习目标

1. **掌握** 黄酮类化合物的定义及结构类型；黄酮类化合物的理化性质、显色反应，提取和分离方法；黄酮类化合物的紫外光谱、核磁共振氢谱、核磁共振碳谱和质谱的谱学特征。
2. **熟悉** 黄酮类化合物的结构鉴定和生物合成途径。
3. **了解** 黄酮类化合物的立体结构测定方法和生物活性。

黄酮类化合物是一类重要的天然有机化合物，其不同的颜色为天然色素家族添加了更多的色彩。这类含有氧杂环的化合物广泛存在于高等植物及蕨类植物中。苔藓类中黄酮类化合物报道较少，而藻类、微生物（如细菌）及其他海洋生物中没有发现黄酮类化合物的存在。

黄酮类化合物具有多种多样的生物活性，常作为天然药物的有效成分应用于临床，如黄芩苷（baicalin）、灯盏乙素（scutellarin）、芦丁（rutin）、水飞蓟素（silymarin）等；有的黄酮类化合物作为先导化合物被开发成药物，如基于芦丁开发的曲克芦丁，基于根皮苷（phlorizin）开发的一系列格列净类糖尿病治疗药物等。

第一节 黄酮类化合物的结构类型

以前，黄酮类化合物（flavonoids）主要是指基本母核为 2- 苯基色原酮（2-phenyl-chromone）的化合物，现在则是泛指两个苯环（A 与 B 环）通过中央三碳原子相互连接而成的一系列化合物，即由 C_6-C_3-C_6 单位组成的化合物。黄酮母核的编号是以色原酮的氧原子编号为 1，顺时针依次编号为 2~10，B 环编号为 1′~6′，如下图所示。

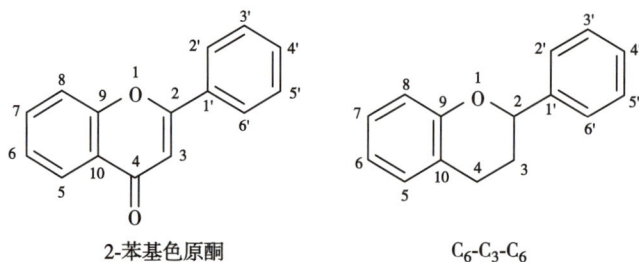

2-苯基色原酮　　　　C_6-C_3-C_6

根据中央三碳的氧化程度（2,3- 位是否为双键、4- 位是否为羰基等）、B 环连接位置（2- 位或 3- 位）以及三碳链是否构成环状等特点，可将主要的天然黄酮类化合物进行分类，如 2,3- 位为双键、4- 位为羰基者为黄酮类，2,3- 位氢化则为二氢黄酮类，4- 位羰基还原则为黄烷（醇）类，B 环位于 3- 位者为异黄酮类，C 环开环者为查耳酮类等。传统上，黄酮类化合物（flavonoids）主要分为二氢黄酮（醇）类、黄酮（醇）类、异黄酮类、查耳酮类、黄烷（醇）类、花青素类等。此外，自然界中还存在许多结构特殊的黄酮类母核，包括鱼藤酮类（C_6-C_4-C_6）、紫檀素类、橙酮类、𠮿酮类（C_6-C_1-C_6）、高异黄酮类（C_6-C_4-C_6）等[1]。

具体如表 5-1 所示。

表 5-1　黄酮类化合物的主要结构类型

名称	结构	名称	结构
黄酮类（flavones）	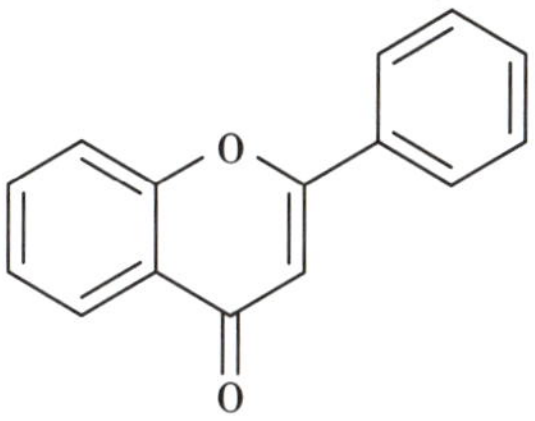	黄酮醇类（flavonols）	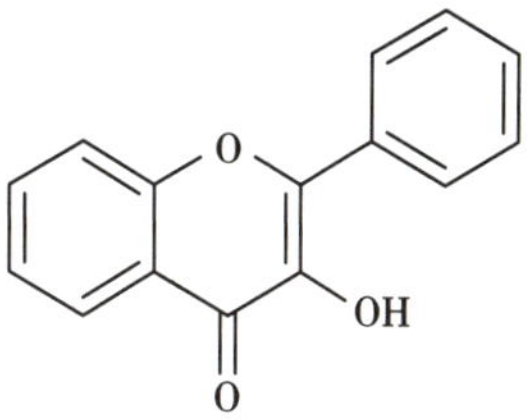
二氢黄酮类（flavanones）	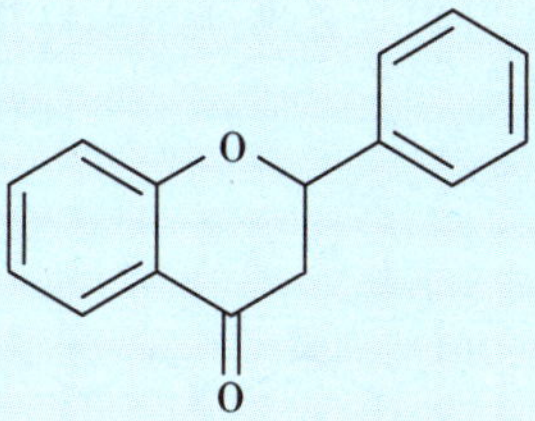	二氢黄酮醇类（flavanonols）	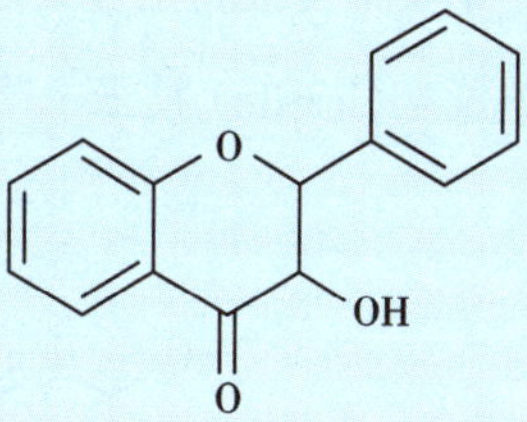
黄烷-3-醇类（flavan-3-ols）	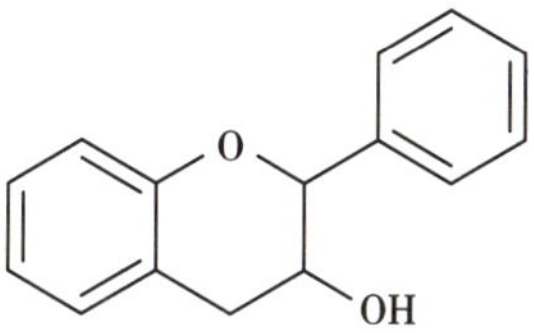	黄烷-3,4-二醇类（flavan-3,4-diols）	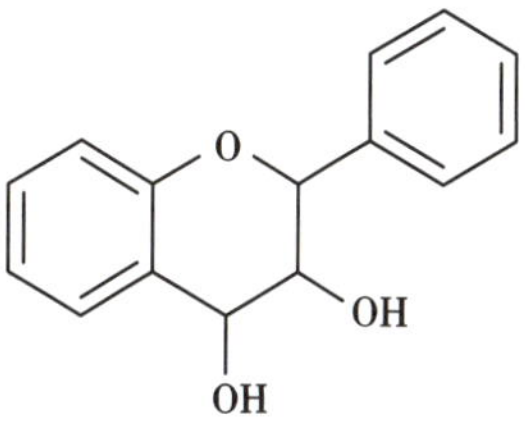
花青素类（anthocyanidins）	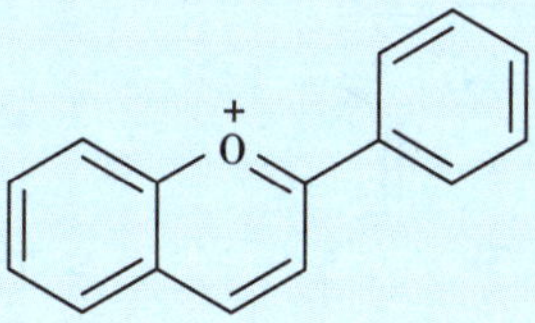	呫酮类（双苯吡酮类）（xanthones）	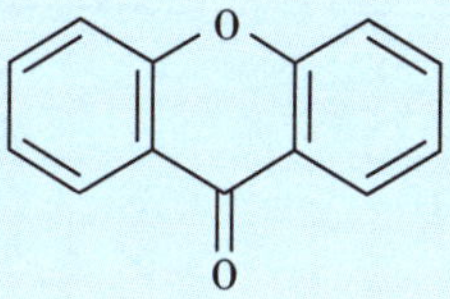
异黄酮类（isoflavones）	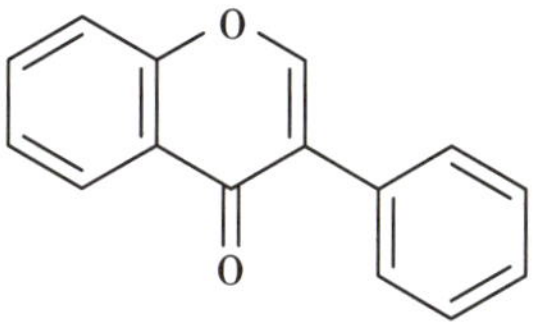	紫檀素类（pterocarpins）	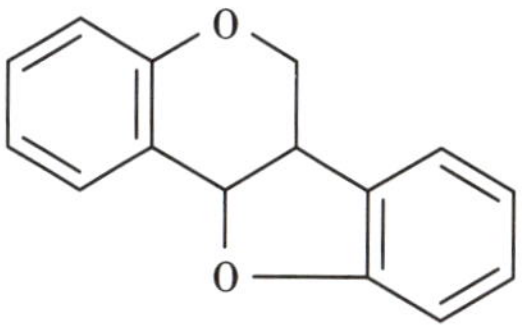
鱼藤酮类（rotenoids）	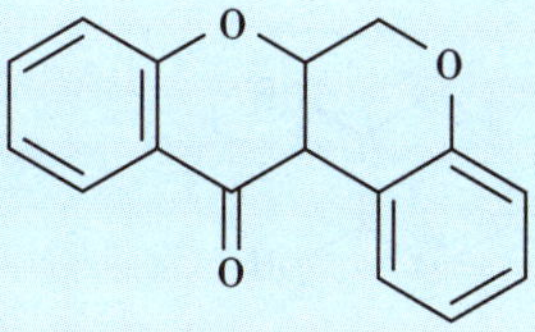	高异黄酮类（homoisoflavones）	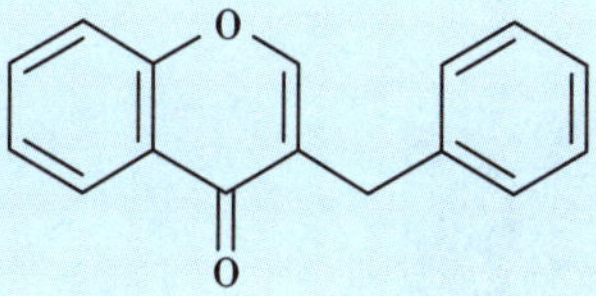
橙酮类（aurones）	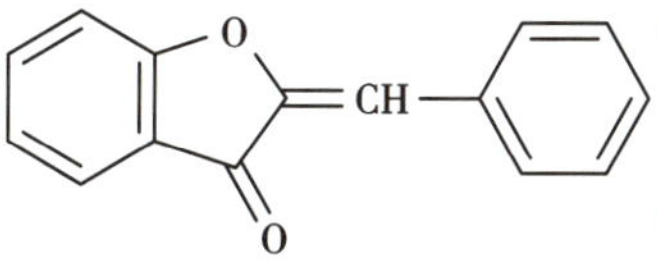	异橙酮类（isoaurones）	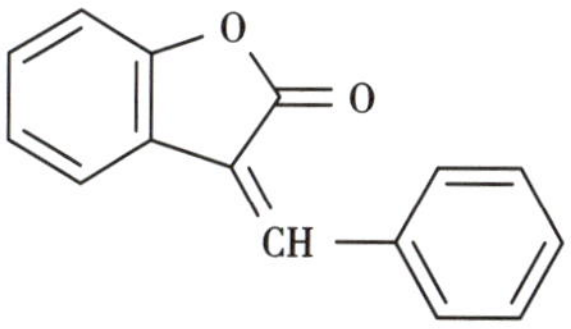
查耳酮类（chalcones）	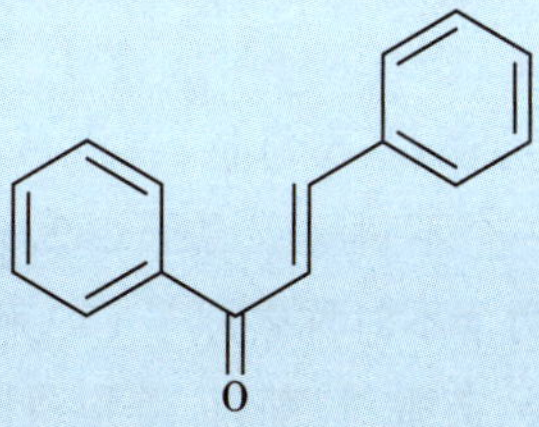	二氢查耳酮类（dihydrochalcones）	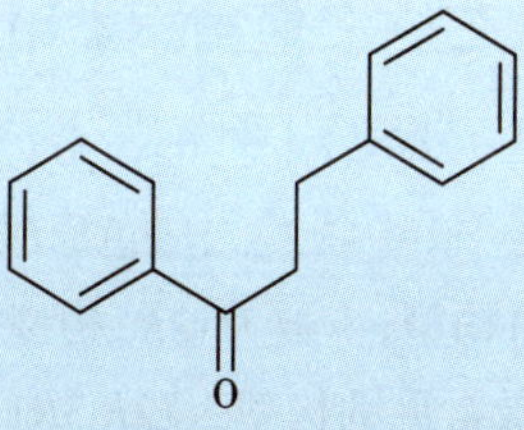

黄酮类化合物结构中常连接有酚羟基、甲氧基、甲基、异戊烯基等官能团。此外，它还常与糖结合成苷，也可以双黄酮形式存在。

一、黄酮类和黄酮醇类

黄酮类（flavones）特指具有 2- 苯基色原酮母核的化合物，黄酮醇类（flavonols）为 2- 苯基色原酮 -3- 醇的衍生物。常见的黄酮类如芹菜素（apigenin）、木犀草素（luteolin）等，常见的黄酮醇类如山柰酚（kaempferol）、槲皮素（quercetin）等。黄酮类分布于芸香科、菊科、玄参科、唇形科、爵床科、苦苣苔科、豆科、桑科、小檗科等植物，存在于植物的叶、花、枝、果实、茎皮、心材、根和根皮、根茎等组织中。如黄芩（*Scutellaria baicalensis*）中黄芩素（baicalein）、甘草（*Glycyrrhiza uralensis*）中甘草黄酮 A（licoflavone A）。黄酮醇类主要分布于蔷薇科、豆科、桑科、桦木科等双子叶植物。如淫羊藿（*Epimedium brevicornu*）中淫羊藿苷（icariin）、槐米中芦丁（rutin）等。

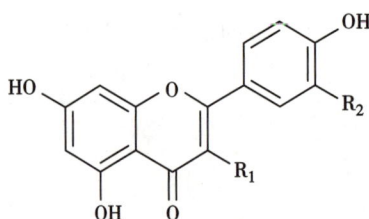

芹菜素　$R_1=R_2=H$
木犀草素　$R_1=H$ $R_2=OH$
山柰酚　$R_1=OH$ $R_2=H$
槲皮素　$R_1=R_2=OH$

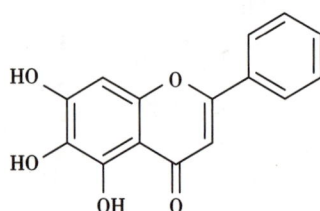

黄芩素

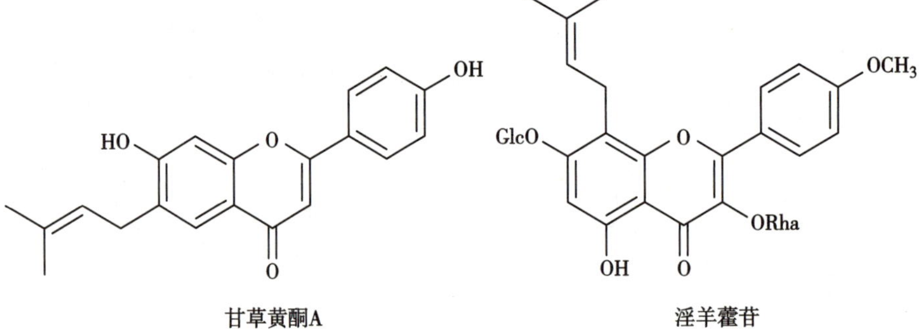

甘草黄酮A　　淫羊藿苷

黄芩中黄酮类成分（拓展阅读）

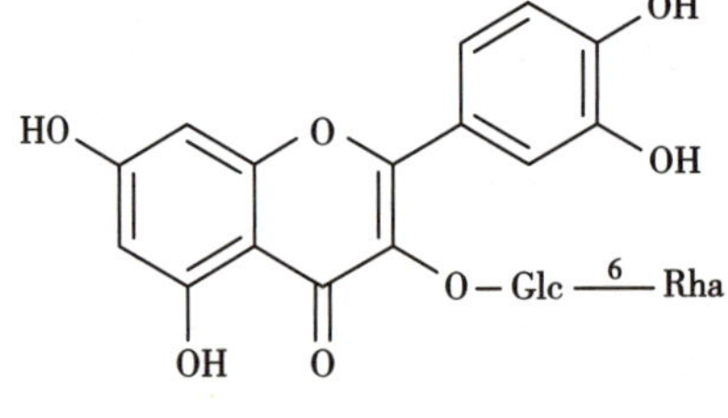

芦丁

二、二氢黄酮类和二氢黄酮醇类

二氢黄酮类（flavanones）具有 2- 苯基 -2,3- 二氢色原酮基本母核，二氢黄酮醇类（flavanonols）具有 2- 苯基 -2,3- 二氢色原酮 -3- 醇母核。二氢黄酮有一个不对称碳原子 C-2，多数天然二氢黄酮具有（2*S*）构型，少数为（2*R*）构型。二氢黄酮醇类结构中有两个不对称碳原子 C-2 和 C-3，天然二氢黄酮醇类最常见的构型为（2*R*,3*R*）。二氢黄酮类分布于蔷薇科、芸香科、菊科、姜科、杜鹃花科、豆科、桑科等，如苦参(*Sophora flavescens*)中苦参醇 A(kushenol A)、甘草(*Glycyrrhiza uralensis*)中甘草苷(liquiritin)、陈皮中橙皮苷(hesperidin)等。二氢黄酮醇类分布于豆科、桑科、蔷薇科等,如兴安杜鹃(*Rhododendron dauricum*)叶中的二氢槲皮素等。

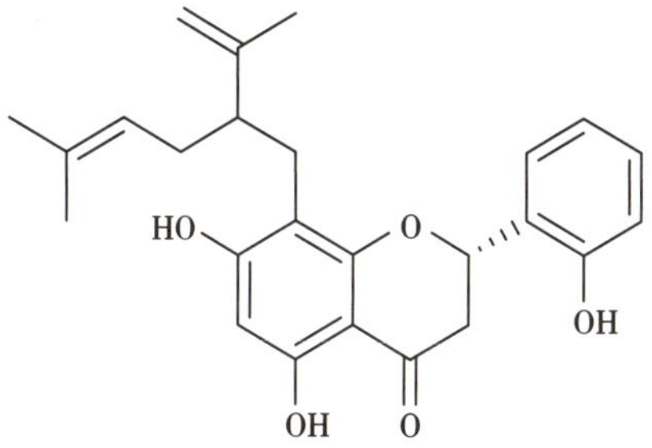

苦参醇A 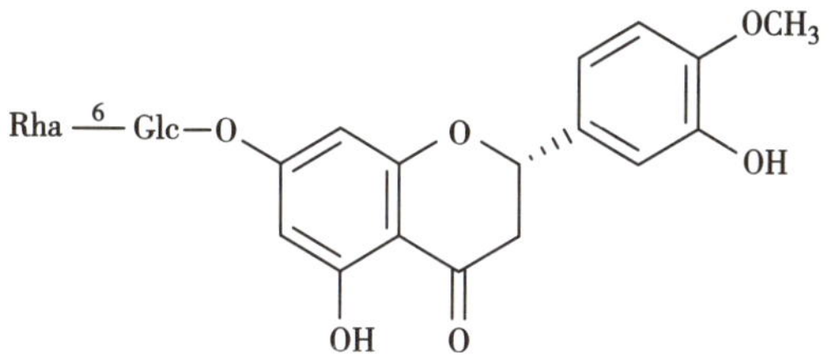　　橙皮苷

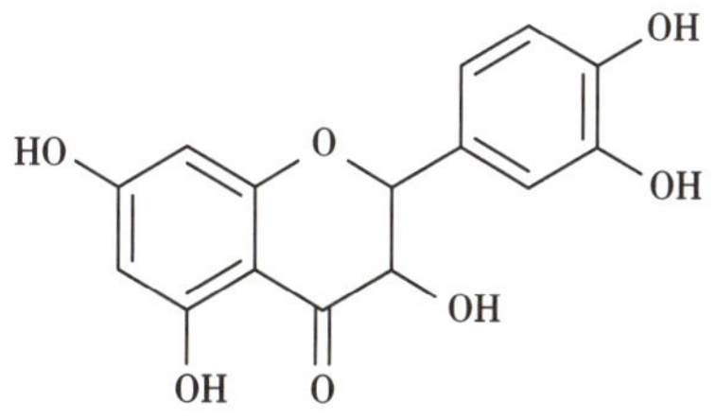

二氢槲皮素

三、异黄酮类

异黄酮类(isoflavonoids)是 3- 苯基色原酮的衍生物。异黄酮类在黄酮类化合物家族中是十分重要的、非常独特的亚类,主要分布于豆科的蝶形花亚科,此外在云实亚科和含羞草亚科也有分布,在其他双子叶植物中,如苋科、菊科、防己科、藜科、藤黄科、桑科等也有分布。在单子叶植物中主要分布于鸢尾科和姜科。另外,在裸子植物柏科和罗汉松科,以及藓类的真藓科也有分布。异黄酮类主要包括异黄酮类(isoflavones)、二氢异黄酮类(isoflavanones)、异黄烷醇类(isoflavanols)、鱼藤酮类(retenoids)、紫檀素类(pterocarpins)等亚类。来源于豆科植物的葛根、射干、车轴草、大豆等都富含异黄酮。常见的异黄酮如大豆(*Glycine max*)中大豆素(daidzein)、射干(*Belamcanda chinensis*)中鸢尾苷(tectoridin)、葛根中葛根素(puerarin)等。

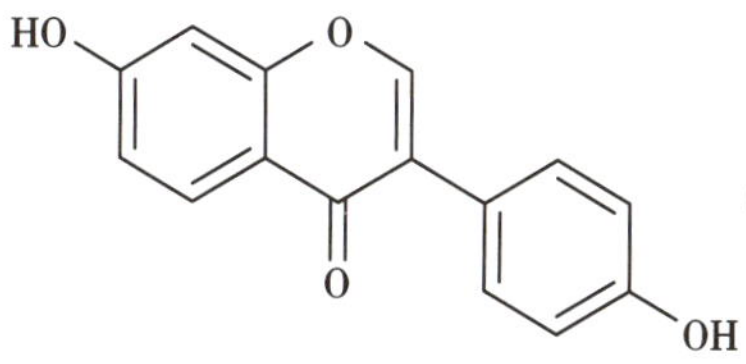

大豆素 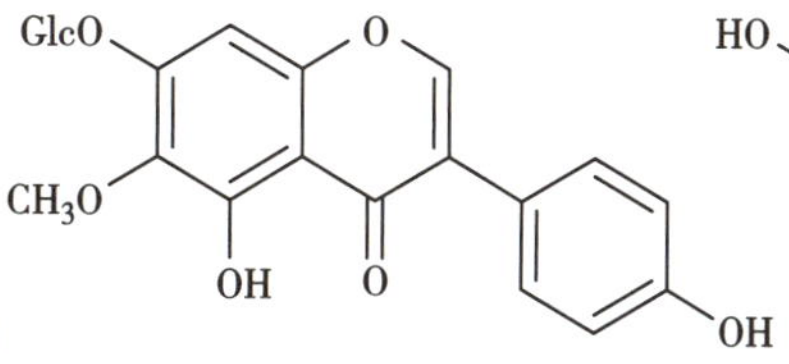　　鸢尾苷 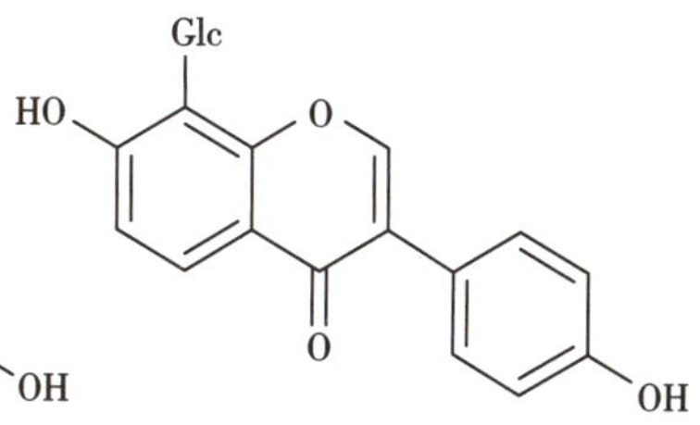　　葛根素

紫檀素类(pterocarpoids)在异黄酮家族中,其数量仅次于异黄酮类。其基本骨架是由异黄酮的 4- 位和 2′- 位通过醚键环合而成的四环系统。紫檀素类有两个不对称碳原子 C-6a 和 C-11a。

异黄酮的主要结构类型(拓展阅读)

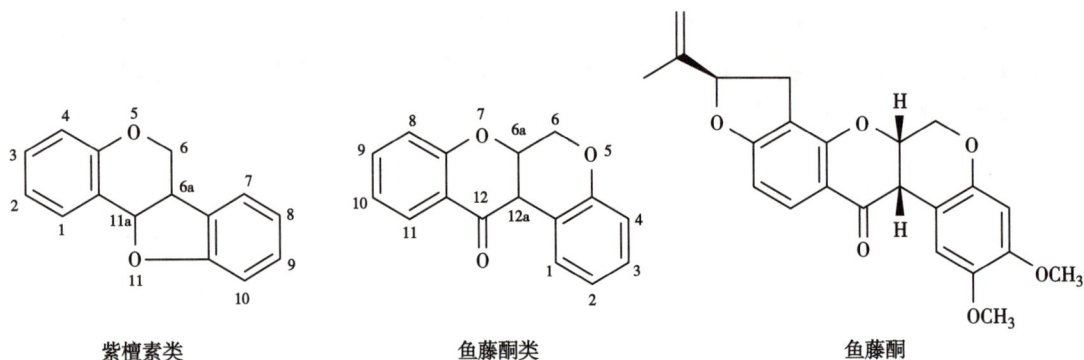

紫檀素类　　鱼藤酮类　　鱼藤酮

鱼藤酮类(rotenoids)是一类特殊的异黄酮类化合物,在C环上多一个碳原子取代,与B环形成含氧杂环。这个环系统是由2′-甲氧基异黄酮经氧化、环合形成。由于形成新的环系,其碳骨架编号与传统的异黄酮类化合物不同。多数有异戊烯基衍生的取代基,如鱼藤酮(rotenone)。

四、查耳酮类和二氢查耳酮类

查耳酮类(chalcones)的骨架是二氢黄酮的C环开环形成的,其母核碳原子的编号与其他类型黄酮不同,A环碳编号为1′~6′,而B环碳编号为1~6。查耳酮类主要分布于菊科、豆科、苦苣苔科等植物中。如红花(*Carthamus tinctorius*)中具有抗血栓形成作用的红花苷(carthamin)。二氢查耳酮类在植物界分布很少,如蔷薇科植物中具有降糖作用的根皮苷(phlorizin)。

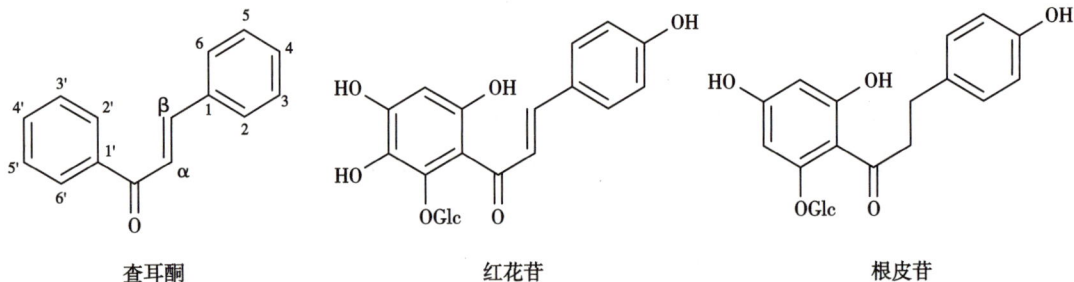

查耳酮　　红花苷　　根皮苷

五、黄烷醇类

天然的黄烷醇类(flavanols)包括黄烷-3-醇(flavan-3-ols)、黄烷-3,4-二醇(flavan-3,4-diols)和黄烷-4-醇(flavan-4-ols)。黄烷-3-醇衍生物又称为儿茶素类,其中儿茶素[(+)-catechin]和表儿茶素[(−)-epicatechin]在双子叶植物中分布最广。具有3′,4′,5′-三羟基取代的棓儿茶素[(+)-gallocatechin]和表棓儿茶素[(−)epigallocatechin]分布也特别广泛。由黄烷醇单体聚合而成的低聚体称原花青素类(proanthocyanidins),如表儿茶素-(4$\beta\rightarrow$8)-儿茶素。原花青素类以二聚体、三聚体为多见,此外还有四、五、六聚体。

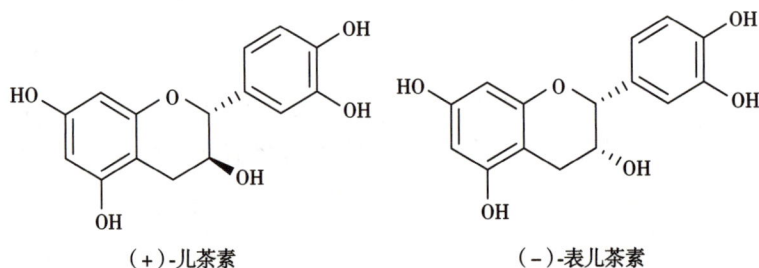

(+)-儿茶素　　(−)-表儿茶素

六、花青素类

花青素类(anthocyanidins)结构母核为 2- 苯基苯骈吡喃𬭩盐(2-phenylbenzopyrylium salts)或黄𬭩盐(flavylium salts)。常见的花青素有矢车菊素(cyanidin)、飞燕草素(delphinidin)、天竺葵素(pelargonidin)、锦葵花素(malvidin)等。在植物中花青素类多与糖结合形成花色苷类(anthocyanins)。成苷的位置一般在 3-、5-、7-、3′- 位。花色苷类广泛分布于被子植物，具有抗氧化等多种活性，如蓝莓花色苷具有视力保护作用。

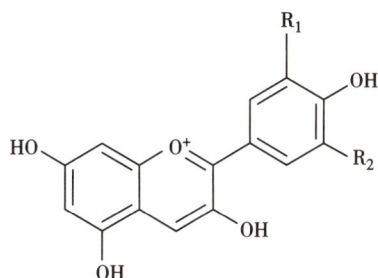

天竺葵素　$R_1=R_2=H$
矢车菊素　$R_1=OH$，$R_2=H$
飞燕草素　$R_1=R_2=OH$
锦葵花素　$R_1=R_2=OCH_3$

七、𠮿酮类

𠮿酮类(xanthones)即苯并色原酮类，也称呫吨酮类。主要结构类型有简单含氧取代𠮿酮类(simple oxygenated xanthones)、异戊烯基𠮿酮类(prenylated xanthones)、𠮿酮苷(xanthone glycosides)、𠮿酮木脂素类(xanthonolignoids)、双𠮿酮类等。简单含氧取代𠮿酮类根据氧化程度的不同分为单含氧取代至六含氧取代等。异戊烯基侧链可以与芳香环发生环合形成呋喃𠮿酮(furanoxanthones)、吡喃𠮿酮(pyranoxanthones)以及笼状异戊烯基𠮿酮类(caged prenylated xanthones)。笼状异戊烯基𠮿酮类主要存在于藤黄科藤黄属(*Garcinia*)植物中，如藤黄(*Garcinia hanburyi*)中的具有显著抗肿瘤活性的藤黄酸(gambogic acid)。

𠮿酮苷分为𠮿酮 -*O*- 苷和𠮿酮 -C- 苷。其中芒果苷(mangiferin)广泛分布于被子植物中，蕨类植物中也有报道。

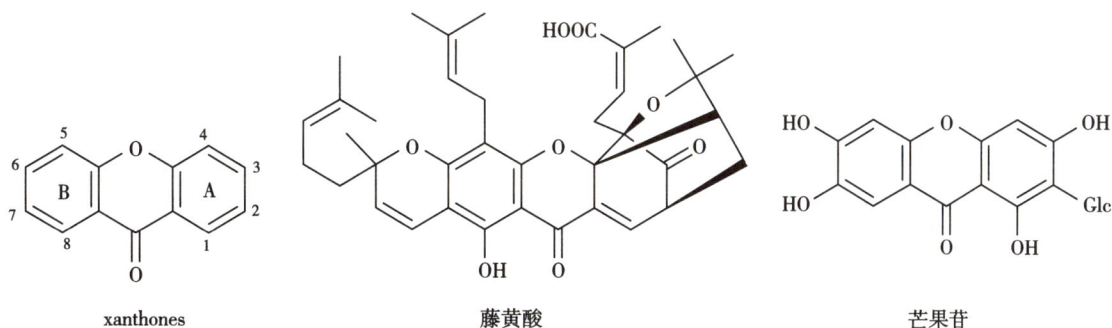

xanthones　　藤黄酸　　芒果苷

八、高异黄酮类

高异黄酮类(homoisoflavonoids)是一类由 3- 苄基色原酮(3-benzyl chromone)衍生的化合物。如麦冬中的麦冬酮 A(ophiopogonone A)。高异黄酮类生源上与异黄酮无关，可能由中间体 2′- 甲氧基查耳酮形成。

藤黄酸的简介(拓展阅读)

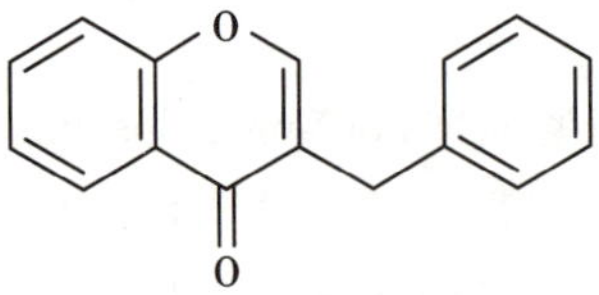

高异黄酮

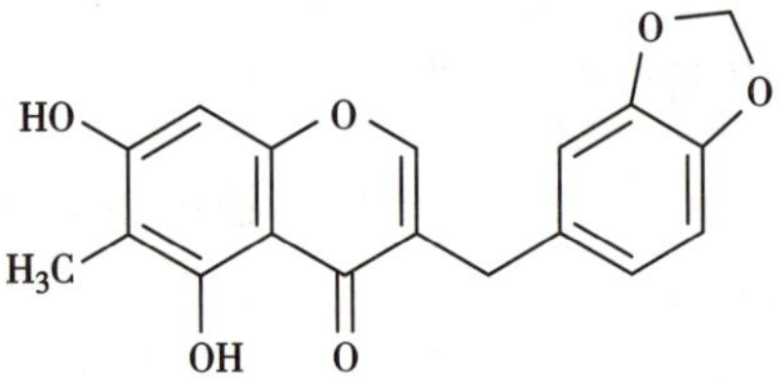

麦冬酮 A

九、双黄酮类

双黄酮类(biflavonoids)为双分子黄酮类化合物骨架间通过 C-C 或 C-O-C 键直接相连形成的黄酮二聚体。双黄酮类多局限分布于裸子植物中,如柏科、松科、银杏科、杉科、南洋杉科、罗汉松科等。在蕨类植物松叶蕨目和卷柏目中也普遍存在,如卷柏属(*Selaginella*)植物。此外,在苔藓植物和被子植物中也有分布。如卷柏(*Selaginella tamariscina*)中的穗花杉双黄酮(amentoflavone)和侧柏叶中的扁柏双黄酮(hinokiflavone)等。

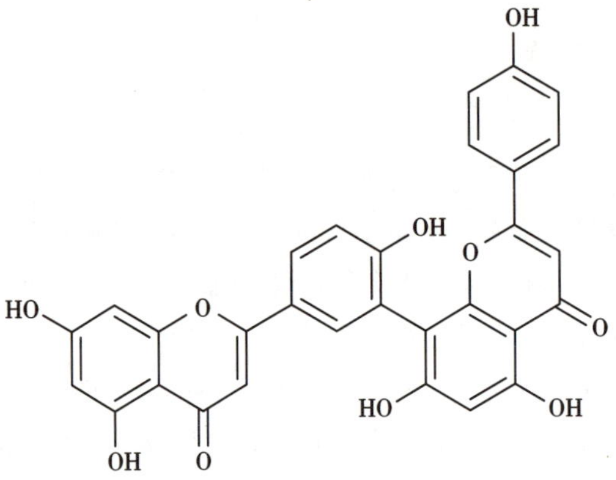

穗花杉双黄酮

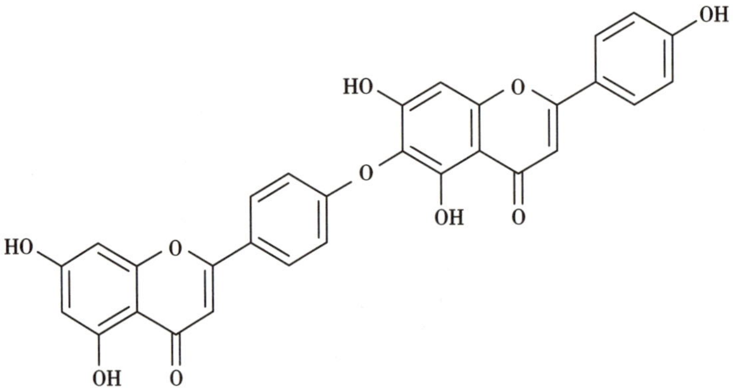

扁柏双黄酮

此外,尚有少数黄酮类化合物结构很复杂,如具有保肝作用的水飞蓟宾(silybin)为黄酮木脂素类(flavonolignans)化合物,而榕碱(ficine)及异榕碱(isoficine)则为黄酮生物碱(flavonoid alkaloids)。另有少数在生源上与黄酮相关的化合物,如二苯基丙烷类(diarylpropanes)、肉桂基苯酚类(cinnamylphenols)、苯乙基色酮类 [2-(2-phenylethyl)-chromones] 及新黄酮类(neoflavonoids)。

水飞蓟宾

榕碱　R_1=R　R_2=H

异榕碱　R_1=H　R_2=R

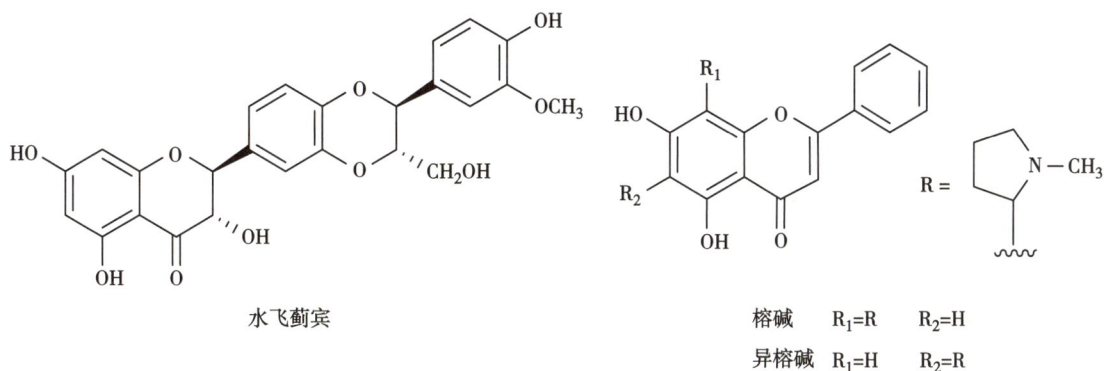

新黄酮类（neoflavonoids）是指结构上和生源上与黄酮类和异黄酮类相关的一类天然产物。结构类型主要有 4- 芳基香豆素（4-arylcoumarins）、3,4- 二氢 -4- 芳基香豆素（3,4-dihydro-4-arylcoumarins）、4- 芳基黄烷 -3- 醇类（4-arylflavan-3-ols）、1,1- 二芳基丙烷类（1,1-diarylpropanoids）、dalbergiquinols、dalbergiones、3- 芳基苯并 [b] 呋喃（3-arylbenzo[b]furans）和菲 -1,4- 醌类（phenanthra-1,4-quinones）。

ER 5-5 新黄酮类的主要结构类型(拓展阅读)

天然黄酮类化合物多以苷类形式存在，包括单糖苷、双糖苷、三糖苷等。由于糖的种类、数量、连接位置及连接方式不同，可以组成各种各样的黄酮苷类。黄酮苷中糖连接位置与苷元的结构类型有关。如黄酮醇类常形成 3-、7-、3′-、4′- 单糖苷，或 3,7-、3,4′- 及 7,4′- 双糖链苷等。黄酮苷中除了常见的 D- 葡萄糖、D- 半乳糖、D- 木糖、L- 鼠李糖等外，还常见有芹糖（D-apiose，D-Api），芹糖为一种具有支链的五碳醛糖，以呋喃型存在，如甘草中甘草素 -7-*O*-*β*-D- 呋喃芹糖基 4′-*O*-*β*-D- 吡喃葡萄糖苷。除氧苷外，天然黄酮类化合物中还发现有碳苷（*C*-glycosides），如中药葛根中的扩张冠状动脉血管的有效成分葛根素（puerarin）和葛根素木糖苷（puerarin xyloside）。碳苷的位置一般在 C-6、C-8 位，有时黄酮碳苷会出现阻转异构（atropisomerization）的现象，在核磁共振氢谱或碳谱中出现两套信号。

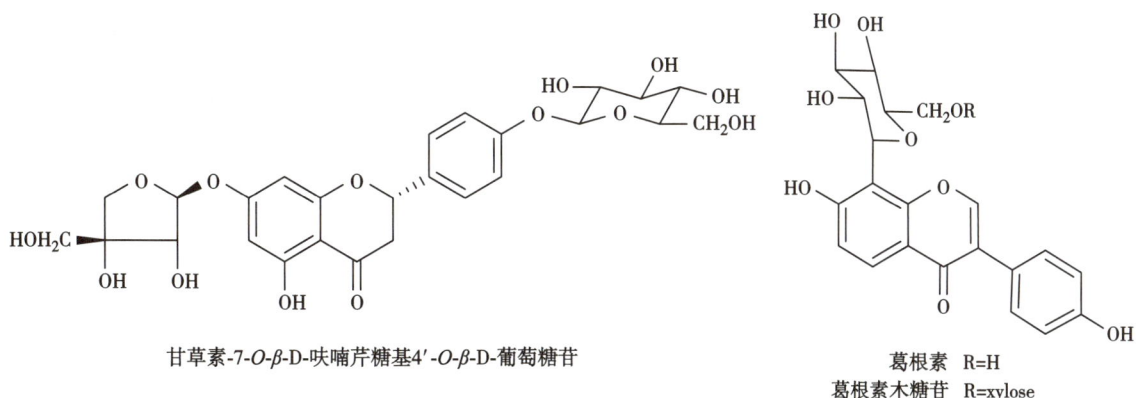

甘草素-7-*O*-*β*-D-呋喃芹糖基4′-*O*-*β*-D-葡萄糖苷

葛根素　R=H

葛根素木糖苷　R=xylose

第二节　黄酮类化合物的生物合成

黄酮类化合物是以桂皮酰辅酶 A 为起始单元，引入 3 分子的丙二酸单酰辅酶 A 生成，即经莽草酸途径和醋酸 - 丙二酸途径合成的 [2]。黄酮的基本骨架的 A 环来自 3 个丙二酰辅酶 A，B 环和 C 环来自桂皮酰辅酶 A。如图 5-1 所示，3 个丙二酸单酰辅酶 A 和 1 个桂皮酰辅酶 A 单元生成的聚酮 A，在查耳酮合酶催化下发生克莱森（Claisen）缩合反应，生成查耳酮类化合物，如柚皮素 - 查耳酮（naringenin-chalcone）。查耳酮（chalcones）是植物中各类黄酮类的前体。查耳酮的 A 环上的酚羟基亲

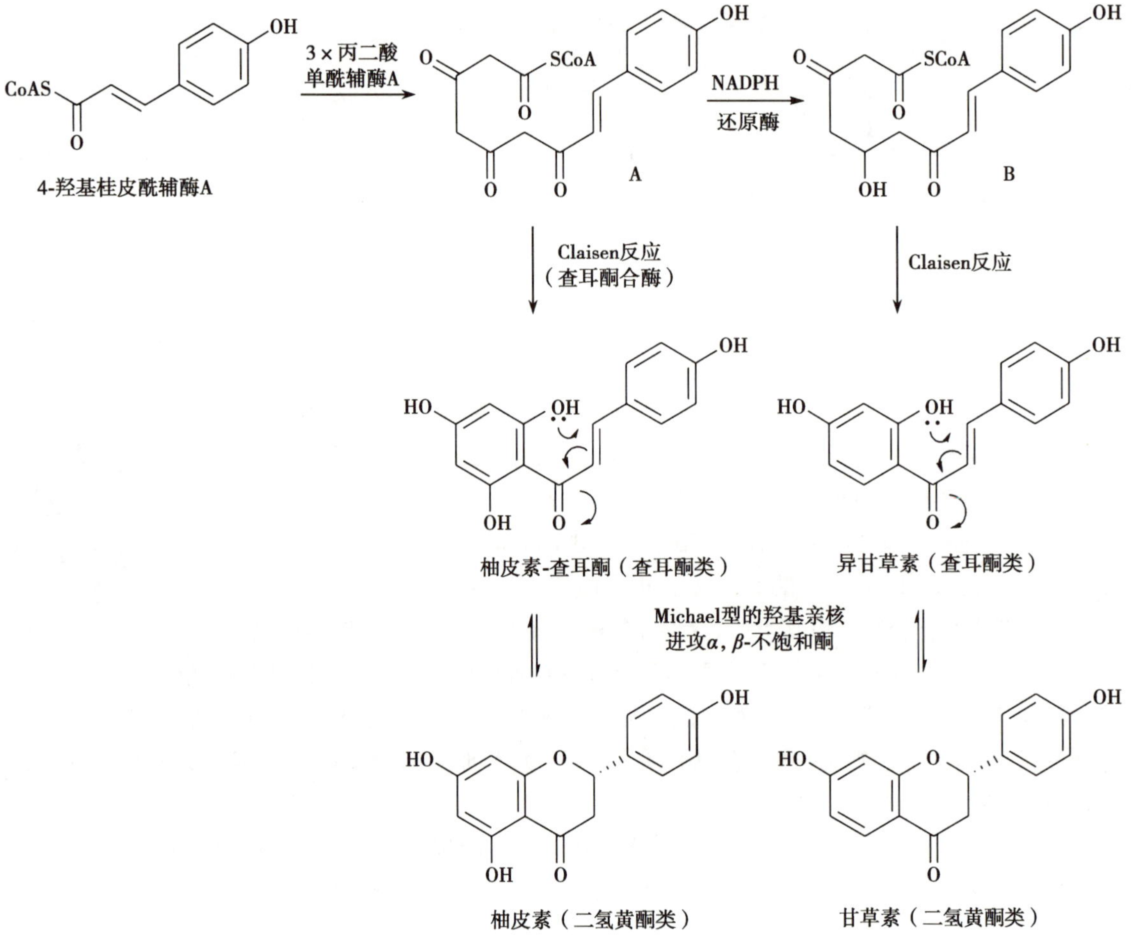

图 5-1 查耳酮和二氢黄酮的生物合成途径

核进攻不饱和酮发生 Michael 加成反应，产生二氢黄酮（flavanones），如柚皮素（naringenin）。在自然界中，该反应由酶催化，并立体专一地生成一个二氢黄酮对映体异构体。同时，聚酮 A 在一种还原酶的作用下还原成聚酮 B，进一步发生 Claisen 反应合成异甘草素（isoliquiritigenin），以及 Michael 加成反应生成甘草素（liquiritigenin）。

黄酮（flavones）、黄酮醇（flavonols）、黄烷醇（flavanols）和花色素类（anthocyanidins）等是由二氢黄酮的基本骨架发生变化生成的[2]。如图 5-2 所示，二氢黄酮（如柚皮素）经氧化脱氢生成黄酮（如芹菜素）；二氢黄酮（如柚皮素）的 3- 位也可发生羟基化生成二氢黄酮醇（如二氢山柰酚），进一步氧化生成黄酮醇（如山柰酚）；二氢黄酮醇发生还原反应，依次生成黄烷醇 -3,4- 二醇和儿茶素类；而黄烷醇 -3,4- 二醇（如白天竺葵苷元）经氧化脱水生成花青素类（如天竺葵苷元）。

异黄酮（isoflavonoids）是由二氢黄酮经细胞色素 P450 依赖性酶催化，并需要 NADPH 和 O_2 辅助因子的参与下，发生 1,2- 芳基迁移而形成的[2]。如甘草素和柚皮素等二氢黄酮经羟基异黄酮中间体转变成大豆素和染料木素等异黄酮（图 5-3）。

灯盏乙素（scutellarin）是中药灯盏细辛的有效成分，其越来越多地被用于治疗心脑血管疾病。而灯盏细辛（*Erigeron breviscapus*）的药材资源已不能满足日益增长的市场需求，合成生物学已成为解决药材资源短缺问题的有效途径。通过从灯盏细辛基因组中鉴定的灯盏乙素生物合成途径中的两个关键酶，即黄酮苷 7-*O*- 葡糖醛酸基转移酶和黄酮 -6- 羟化酶，将两者整合到酿酒酵母细胞中，通过饲喂葡萄糖，实现了由酵母工程菌株合成灯盏乙素和芹菜素 -7-*O*- 葡糖醛酸，这两个黄酮苷的产量分别达到 108mg/L 和 185mg/L[3]，如图 5-4 所示。

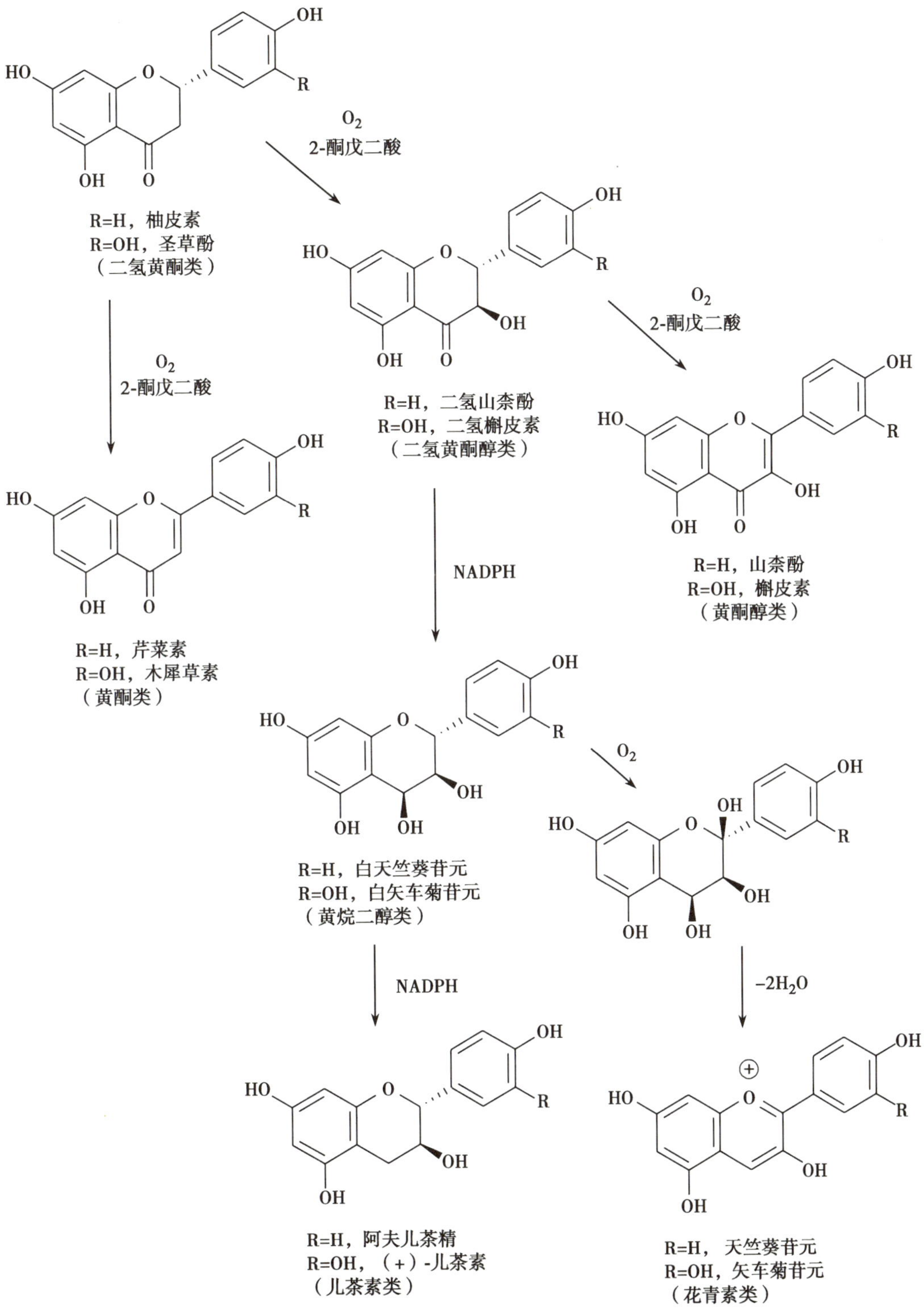

R=H，柚皮素
R=OH，圣草酚
（二氢黄酮类）

O_2
2-酮戊二酸

R=H，二氢山柰酚
R=OH，二氢槲皮素
（二氢黄酮醇类）

O_2
2-酮戊二酸

R=H，山柰酚
R=OH，槲皮素
（黄酮醇类）

O_2
2-酮戊二酸

R=H，芹菜素
R=OH，木犀草素
（黄酮类）

NADPH

R=H，白天竺葵苷元
R=OH，白矢车菊苷元
（黄烷二醇类）

O_2

NADPH

$-2H_2O$

R=H，阿夫儿茶精
R=OH，（+）-儿茶素
（儿茶素类）

R=H，天竺葵苷元
R=OH，矢车菊苷元
（花青素类）

图 5-2　黄酮、黄酮醇、黄烷醇和花色素类的生物合成途径

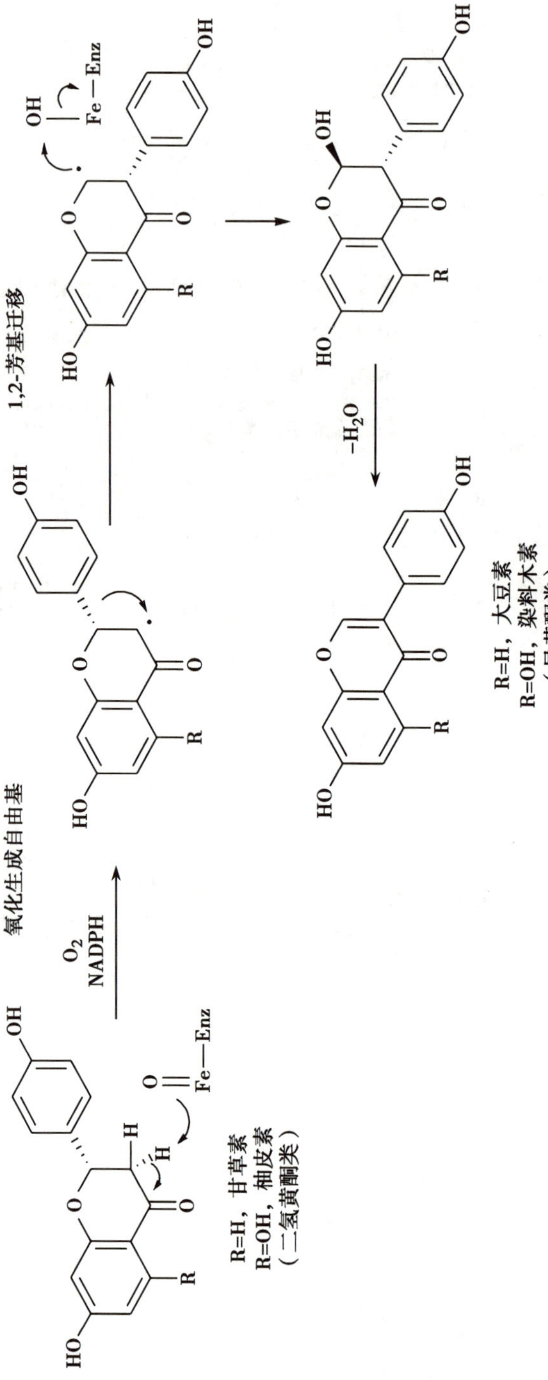

R=H，甘草素
R=OH，柚皮素
（二氢黄酮类）

O_2
NADPH
氧化生成自由基

1,2-芳基迁移

$-H_2O$

R=H，大豆素
R=OH，染料木素
（异黄酮类）

图 5-3　异黄酮的生物合成途径

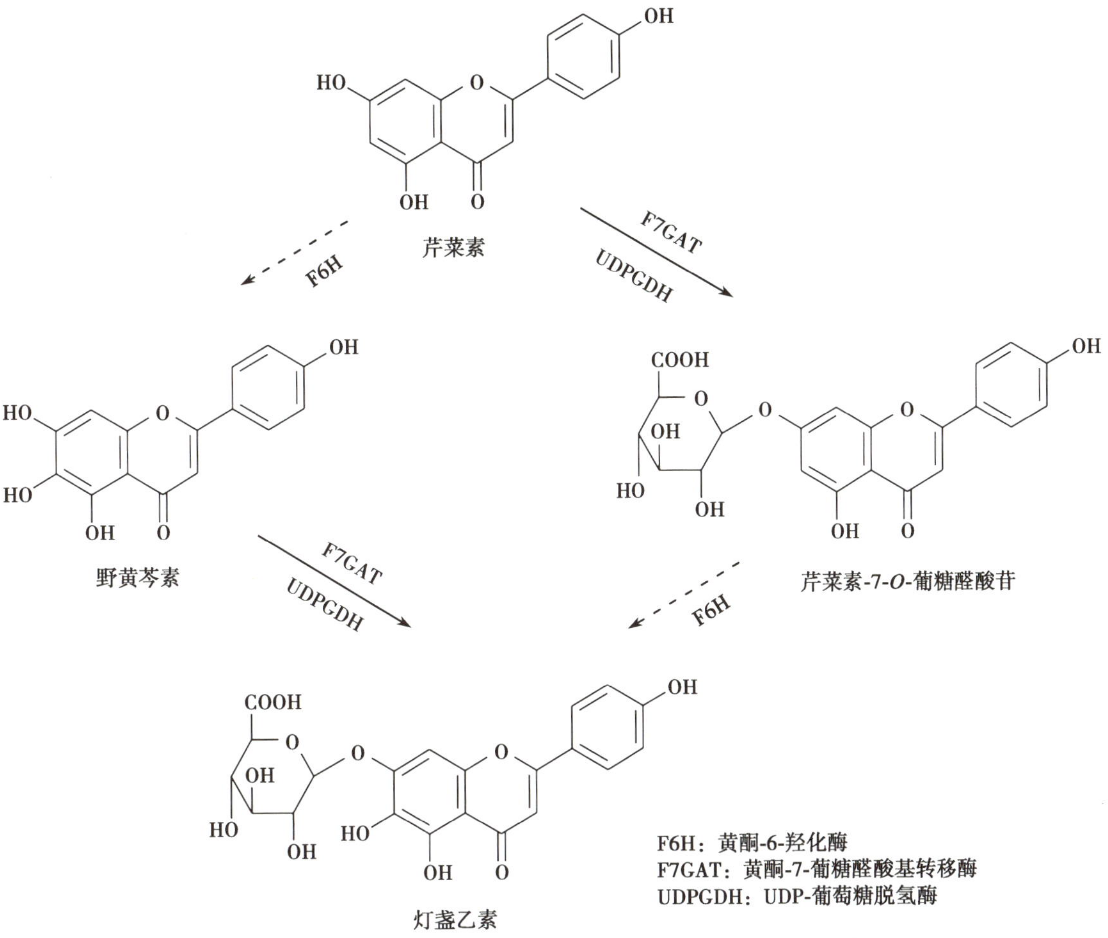

芹菜素

F6H

F7GAT

UDPGDH

野黄芩素

芹菜素-7-*O*-葡糖醛酸苷

F7GAT

UDPGDH

F6H

灯盏乙素

F6H：黄酮-6-羟化酶
F7GAT：黄酮-7-葡糖醛酸基转移酶
UDPGDH：UDP-葡萄糖脱氢酶

图 5-4　灯盏乙素的生物合成

第三节　黄酮类化合物的理化性质

不论在黄酮类化合物的提取分离方面还是在其结构测定方面，黄酮类化合物的理化性质及其显色反应都具有重要的作用。黄酮类化合物的溶解性、酸性有助于选择合适的提取分离方法；化合物的颜色以及显色反应可以帮助判断化合物的结构类型以及羟基的取代情况。

一、性状

黄酮类化合物多为结晶性固体，少数（如黄酮苷类）为无定形粉末。游离的黄酮苷元母核中，除二氢黄酮类、二氢黄酮醇类、黄烷及黄烷醇类、鱼藤酮类、紫檀素类等有旋光性外，其余无光学活性。黄酮类化合物是否有颜色与分子中是否存在交叉共轭体系及助色团（—OH、—OCH_3 等）的种类、数目以及取代位置有关。以黄酮为例，其色原酮部分原本无色，但在 2- 位上引入苯环后，即形成交叉共轭体系，并通过电子转移、重排，使共轭体系延长，因而显现出颜色。一般情况下，黄酮、黄酮醇及其苷类多呈灰黄至黄色，查耳酮为黄色至橙黄色，而二氢黄酮、二氢黄酮醇、异黄酮类，因不具有交叉共轭体系或共轭链短，故几乎无色（二氢黄酮及二氢黄酮醇）或仅呈微黄色（异黄酮）。

显然，在上述黄酮、黄酮醇分子中，尤其在 7- 位及 4′- 位引入—OH 或—OCH_3 等助色团后，因其促进电子移位、重排，而使化合物的颜色加深。但—OH、—OCH_3，引入其他位置则影响较小。

花青素类和花色苷类由于其离子形式和高度共轭的母核结构而呈现鲜艳颜色，使植物的花、果

实、叶等呈蓝、紫、红等颜色。花色苷及其苷元的颜色随 pH 不同而改变，一般呈红（pH<7）、紫（pH=8.5）、蓝（pH>8.5）等颜色。

二、溶解性

黄酮类化合物的溶解度因结构类型、取代基及存在状态（游离态或结合态）不同而有很大差异。

一般游离苷元难溶或不溶于水，易溶于甲醇、乙醇、乙酸乙酯、乙醚、丙酮等有机溶剂及稀碱水溶液中。其中黄酮、黄酮醇、查耳酮等平面性强的分子，因分子与分子间排列紧密，分子间引力较大，故更难溶于水（这也是在大多数溶剂中都难溶的原因）；而二氢黄酮及二氢黄酮醇等，因系非平面性分子（如下），故分子与分子间排列不紧密，分子间引力降低，有利于水分子进入，溶解度稍大。至于花青素类虽也为平面性结构，但因以离子形式存在，具有盐的通性，故亲水性较强，水溶性较大。

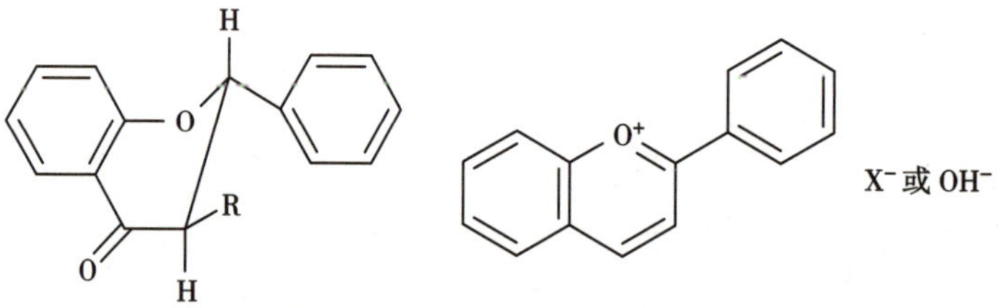

R=H　二氢黄酮
R=OH　二氢黄酮醇

X^- 或 OH^-

花青素

在黄酮类苷元分子中引入羟基，将增加在水中的溶解度；而羟基经甲基化后，则增加在有机溶剂中的溶解度。例如，一般黄酮类化合物不溶于石油醚中，故可与脂溶性杂质分开，但川陈皮素（5,6,7,8,3′,4′- 六甲氧基黄酮）却可溶于石油醚。

黄酮类化合物的羟基糖苷化后，在水中的溶解度相应加大，而在有机溶剂中的溶解度则减小。黄酮苷一般易溶于水、甲醇、乙醇等强极性溶剂中，但难溶或不溶于苯、三氯甲烷等有机溶剂中。糖链越长，水溶度越大。另外，糖的结合位置不同，对苷的水溶度也有一定影响。以棉黄素（3,5,7,8,3′,4′- 六羟基黄酮）为例，其 3-*O*- 葡萄糖苷的水溶度大于 7-*O*- 葡萄糖苷。

三、酸性与碱性

（一）酸性

黄酮类化合物因分子中多具有酚羟基，故显酸性，可溶于碱性水溶液、吡啶、甲酰胺及二甲基甲酰胺中。

酚羟基数目及位置不同，酸性强弱也不同。例如 7-OH 因为处于 C═O 的对位，在 p-π 共轭效应的影响下，形成插烯酸的结构，酸性较强略弱于羧基，可溶于碳酸钠水溶液中。对于黄酮、黄酮醇、查耳酮类化合物，2′-OH 和 4′-OH 也与 4- 位的 C═O 形成插烯酸结构，酸性也较强；而 5-OH 与 4- 位的 C═O 形成分子内氢键，酸性较弱。此性质可用于提取、分离及结构测定。以黄酮醇为例，其母核上羟基酸性强弱顺序依次为：

7,4′- 二羟基 >7- 或 2′- 或 4′-OH> 一般酚羟基 >5-OH>3-OH

（二）碱性

γ- 吡喃酮环上的 1- 位氧原子因有未共用的电子对，故表现微弱的碱性，可与强无机酸，如浓硫酸、盐酸等生成盐，但生成的 锌盐极不稳定，加水后即可分解。

黄酮类化合物溶于浓硫酸中生成的 锌盐，常常表现出特殊的颜色，可用于鉴别。某些甲氧基黄酮溶于浓盐酸中显深黄色，且可与生物碱沉淀试剂生成沉淀。

四、显色反应

黄酮类化合物的显色反应多与分子中的酚羟基及 γ- 吡喃酮环有关(表 5-2)。主要包括还原试验和络合反应。根据盐酸 - 镁粉(或锌粉)反应、四氢硼钠(钾)反应等还原试验可以大致推测化合物的类型;根据金属盐络合反应或硼酸络合反应,可以判断黄酮类化合物的母核上—OH 的取代模式。

表 5-2　各类黄酮类化合物的显色反应

类别	黄酮	黄酮醇	二氢黄酮	查耳酮	异黄酮	橙酮
盐酸 + 镁粉	黄→红	红→紫红	红、紫、蓝	—	—	—
盐酸 + 锌粉	红	紫红	紫红	—	—	—
四氢硼钠	—	—	蓝→紫红	—	—	—
硼酸 - 枸橼酸	绿黄	绿黄 *	—	黄	—	—
醋酸镁	黄 *	黄 *	蓝 *	黄 *	黄 *	—
三氯化铝	黄 *	黄绿 *	蓝绿 *	黄 *	黄 *	淡黄 *
氢氧化钠水溶液	黄	深黄	黄→橙(冷) 深红→紫(热)	橙→红	黄	红→紫红
浓硫酸	黄→橙 *	黄→橙 *	橙→紫	橙、紫	黄	红、洋红

注:"*" 表示有荧光。

(一)还原试验

1. 盐酸 - 镁粉(或锌粉)反应　此为鉴定黄酮类化合物最常用的颜色反应。方法是将试样溶于 1.0ml 甲醇或乙醇中,加入少许镁粉(或锌粉)振摇,滴加几滴浓盐酸,1~2 分钟内(必要时微热)即可显色。多数黄酮、黄酮醇、二氢黄酮及二氢黄酮醇类化合物及其苷类显橙红至紫红色,少数显紫色至蓝色;当 B 环上有—OH 或—OCH_3 取代时,呈现的颜色亦即随之加深。但查耳酮、橙酮、儿茶素类则无该显色反应。异黄酮类除少数例外,也不显色。

盐酸 - 镁粉反应鉴别黄酮类化合物(视频)

由于花青素及部分橙酮、查耳酮等在单纯浓盐酸酸性下也会发生颜色变化,故须预先作空白对照实验(即在供试液中仅加入浓盐酸进行观察)。

另外,在用植物提取液进行预试时,为了避免提取液本身颜色的干扰,可注意观察加入浓盐酸后升起的泡沫颜色。如泡沫为红色,即示阳性。

2. 四氢硼钠(钾)反应　$NaBH_4$ 是对二氢黄酮类化合物专属性较高的一种还原剂。与二氢黄酮类化合物产生红色至紫色,其他黄酮类化合物均不显色,可与之区别。方法是在试管中加入 0.1ml 含有试样的乙醇液,再加等量 2% $NaBH_4$ 甲醇液,1 分钟后加浓盐酸或浓硫酸数滴,生成紫色至紫红色。

另外,二氢黄酮可与磷钼酸试剂反应呈现棕褐色,也可作为二氢黄酮类化合物的特征鉴别反应。

(二)金属盐类试剂的络合反应

黄酮类化合物分子中常含有下列结构单元,故常可与铝盐、铅盐、锆盐、镁盐等试剂反应,生成有色络合物。

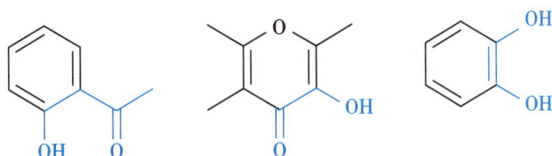

OH　O　　O　OH　O　　OH　OH

1. 铝盐　常用试剂为1%三氯化铝或亚硝酸铝溶液。生成的络合物多为黄色（λ_{max}=415nm），并有荧光，可用于定性及定量分析。《中华人民共和国药典》（2020年版）中山楂叶、沙棘、槐花总黄酮的含量测定就是采用5%亚硝酸铝络合，紫外-可见分光光度法测定的。

2. 铅盐　常用1%醋酸铅及碱式醋酸铅水溶液，可生成黄色至红色沉淀。黄酮类化合物与铅盐生成沉淀的色泽，因羟基数目及位置不同而异。其中，醋酸铅只能与分子中具有邻二酚羟基或兼有3-OH，4-酮基或5-OH，4-酮基结构的化合物反应生成沉淀。但碱式醋酸铅的沉淀能力要大得多，一般酚类化合物均可为之沉淀。

枸橼酸-锆盐反应鉴别黄酮类化合物（视频）

3. 锆盐　多用2%二氯氧化锆甲醇溶液。黄酮类化合物分子中有游离的3-OH或5-OH存在时，均可与该试剂反应生成黄色的锆络合物。但两种锆络合物对酸的稳定性不同。3-OH，4-酮基络合物的稳定性比5-OH，4-酮基络合物的稳定性强（仅二氢黄酮醇除外）。故当反应液中接着加入枸橼酸后，5-羟基黄酮的黄色溶液显著褪色，而3-羟基黄酮溶液仍呈鲜黄色。锆-枸橼酸反应的具体方法是取试样0.5~1.0mg，用10.0ml甲醇加热溶解，加1.0ml 2%二氯氧化锆（$ZrOCl_2$）甲醇液，呈黄色后再加入2%枸橼酸甲醇溶液，观察颜色变化。如黄色褪色，则表明有5-OH存在；如黄色不褪色，则表明有3-OH存在。所以，可以利用这个反应判断3-OH或5-OH是否存在。

上述反应也可在滤纸上进行，得到的锆盐络合物多呈黄绿色，并带荧光，其结构如下。

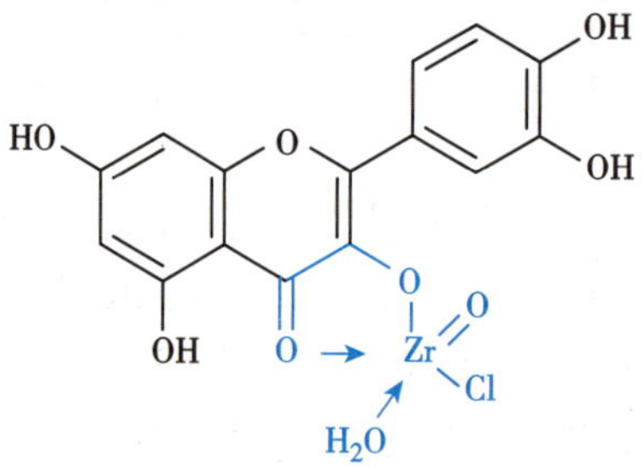

4. 镁盐　常用醋酸镁甲醇溶液为显色剂，本反应可在滤纸上进行。试验时在滤纸上滴加一滴供试液，喷以醋酸镁的甲醇溶液，加热干燥，在紫外光灯下观察。二氢黄酮、二氢黄酮醇类可显天蓝色荧光，若具有5-OH，色泽更为明显；而黄酮、黄酮醇及异黄酮类等则显黄色至橙黄色，乃至褐色。

5. 氯化锶（$SrCl_2$）　氨性甲醇溶液中可与分子中具有邻二酚羟基结构的黄酮类化合物生成绿色至棕色乃至黑色沉淀。实验时取约1.0mg试样置小试管中，加入1.0ml甲醇使溶解（必要时可在水浴上加热），加入3滴0.01mol/L氯化锶的甲醇溶液，再加3滴已用氨气饱和的甲醇溶液，注意观察有无沉淀生成。

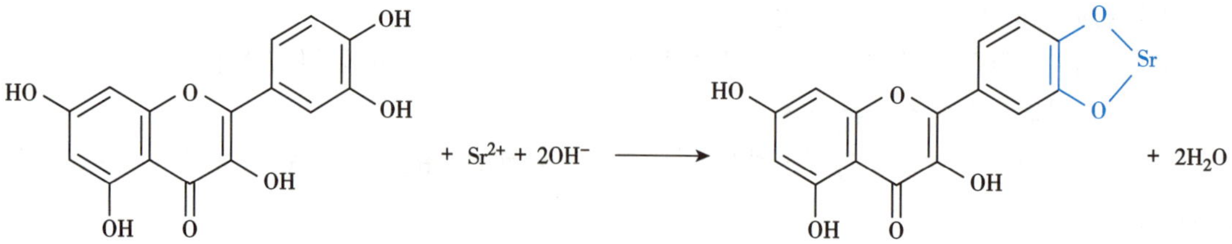

$$+ Sr^{2+} + 2OH^- \longrightarrow \quad + 2H_2O$$

6. 三氯化铁反应　三氯化铁水溶液或醇溶液为常用的酚类显色剂。多数黄酮类化合物因分子中含有酚羟基，故可产生阳性反应，但一般仅在含有氢键缔合的酚羟基时，才呈现明显的颜色。当反应不明显时，可用三氯化铁-铁氰化钾试剂显色。

（三）硼酸显色反应

当黄酮类化合物分子中有以下结构时，如5-羟基黄酮及2′-羟基查耳酮类，在无机酸或有机酸存在条件下，可与硼酸反应，生成亮黄色。一般在草酸存在下显黄色并具有绿色荧光，但在枸橼酸丙酮存在的条件下，只显黄色而无荧光。

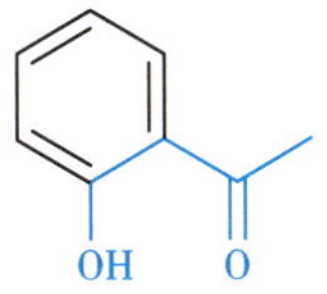

（四）碱性试剂显色反应

在日光及紫外光下，通过纸斑反应，观察试样用碱性试剂处理后的颜色变化情况，对于鉴别黄酮类化合物有一定意义。其中，用氨气处理后呈现的颜色变化置空气中随即褪去，但经碳酸钠水溶液处理而呈现的颜色置空气中却不褪色。

此外，利用碱性试剂的反应还可帮助鉴别分子中某些结构特征。例如：

1. 二氢黄酮类易在碱液中开环，转变成相应的异构体——查耳酮类化合物，显橙色至黄色。

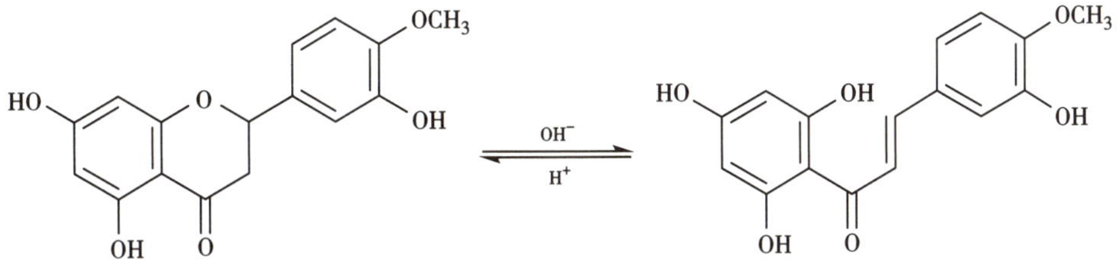

2. 黄酮醇类在碱液中先呈黄色，通入空气后变为棕色，据此可与其他黄酮类区别。

3. 黄酮类化合物当分子中有邻二酚羟基取代或3,4′-二羟基取代时，在碱液中不稳定，易被氧化，生成黄色→深红色→绿棕色沉淀。

五、Wessely-Moser 重排

黄酮类6-及8-C-糖苷在常规酸水解条件下不能被水解，但可发生互变（Wessely-Moser 重排），成为6-和8-C-糖苷的混合物。例如下列schaftoside（apigenin-6-C-β-D-glucopyranosyl-8-C-α-L-arabinopyranoside）在用6% HCl在100℃条件下处理7小时后，并不能水解，却可发生Wessely-Moser重排，转变成其异构体isoschaftoside（apigenin-6-C-α-L-arabinopyranosyl-8-C-β-D-glucopyranoside）。反之，isoschaftoside在同样条件下进行处理，又可以经过重排转变成schaftoside，这样互变的结果，最后得到的是两者的混合物（图5-5）。

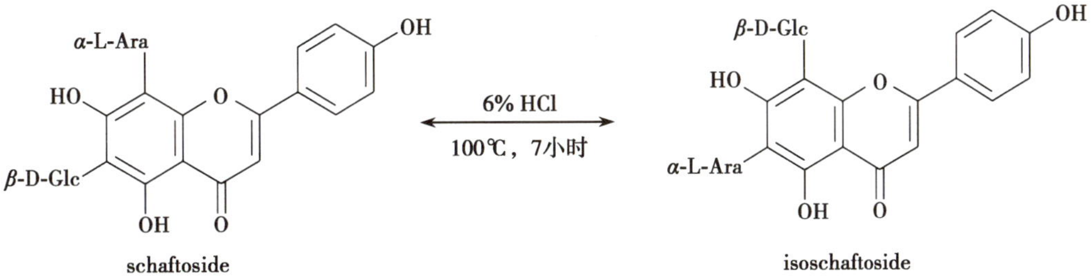

图5-5 Schaftoside的Wessely-Moser重排反应

第四节 黄酮类化合物的提取与分离

一、黄酮类化合物的提取

黄酮类化合物在植物的花、叶、果实等组织中一般多以苷的形式存在，而在木部坚硬组织中，多以游离苷元的形式存在。

黄酮苷类以及极性稍大的苷元（如羟基黄酮、双黄酮、橙酮、查耳酮等）一般可用丙酮、乙酸乙酯、乙醇、水或某些极性较大的混合溶剂进行提取。其中用得最多的是乙醇 - 水、甲醇 - 水（1∶1）或甲醇。一些寡糖苷类则可以用沸水提取。在提取花青素类化合物时，可加入少量酸（如 0.1% 盐酸）。但提取一般黄酮苷类成分时，则应当慎用，以免发生水解反应。为了避免在提取过程中黄酮苷类发生水解，也常按一般提取苷的方法事先破坏酶的活性。大多数黄酮苷元宜用极性较小的溶剂，如用三氯甲烷、乙醚、乙酸乙酯等提取，而对多甲氧基黄酮的游离苷元，甚至可用石油醚进行提取。

对得到的粗提取物可进行精制处理，常用的方法有溶剂萃取法和碱提取酸沉淀法。

（一）溶剂萃取法

利用黄酮类化合物与杂质极性不同，选用不同溶剂进行萃取可达到精制纯化的目的。例如植物叶子的醇提取液可用石油醚处理，以便除去叶绿素、胡萝卜素等脂溶性色素。而某些提取物的水溶液经浓缩后则可加入多倍量浓醇，以沉淀除去蛋白质、多糖类等水溶性杂质。

有时溶剂萃取过程也可以用逆流分配法连续进行。常用的溶剂系统有水 - 乙酸乙酯、正丁醇 - 石油醚等。

提取物经石油醚萃取除去脂溶性杂质后，进一步用乙酸乙酯萃取可富集总黄酮。也可用三氯甲烷、乙酸乙酯依次萃取，往往可以收到分离苷和苷元或极性苷元与非极性苷元的效果。如用三氯甲烷萃取可富集极性小的黄酮苷元，而用乙酸乙酯萃取可富集极性较大的黄酮苷元和黄酮苷。

（二）碱提取酸沉淀法

槐米中芦丁的提取（视频）

具有酚羟基的黄酮苷类虽有一定极性，可溶于水，但却难溶于酸性水，易溶于碱性水，故可用碱性水提取，再将碱水提取液调成酸性，黄酮苷类即可沉淀析出。此法简便易行，如芦丁、橙皮苷、黄芩苷提取都应用这个方法。现以从槐米中提取芦丁为例说明该法的操作过程。槐米（槐树 *Sophora japonica* 的花蕾）加约 6 倍量水，煮沸，在搅拌下缓缓加入石灰乳至 pH 8~9，在此 pH 条件下微沸 20~30 分钟，趁热抽滤，残渣再加 4 倍量的水煎一次，趁热抽滤。合并滤液，在 60~70℃的条件下，用浓盐酸将合并滤液调至 pH 为 5，搅匀后静置 24 小时，抽滤。用水将沉淀物洗至中性，60℃干燥得芦丁粗品，用沸水重结晶，70~80℃干燥后得芦丁纯品。

在用碱酸法进行提取纯化时，应当注意所用碱液浓度不宜过高，以免在强碱性下，尤其加热时破坏黄酮母核。在加酸酸化时，酸性也不宜过强，以免生成钅羊盐，致使析出的黄酮类化合物又重新溶解，降低产品收率。当药材中含有大量果胶、黏液等水溶性杂质时，如花类、果实类药材，宜用石灰乳或石灰水代替其他碱性水溶液进行提取，以使上述含羧基的杂质生成钙盐沉淀，不被溶出。这将有利于黄酮类化合物的纯化处理。

二、黄酮类化合物的分离

（一）柱色谱法

分离黄酮类化合物常用的吸附剂或载体有聚酰胺、硅胶、葡聚糖凝胶、反相硅胶（ODS）及纤维素粉等。此外，也可用氧化铝、氧化镁及硅藻土等。

聚酰胺吸附色谱的原理（拓展阅读）

1. 聚酰胺柱色谱　对分离黄酮类化合物来说，聚酰胺是较为理想的吸附剂。其吸附强度主要取决于黄酮类化合物分子中羟基的数目与位置，以及溶剂与黄酮类化合物或与聚酰胺之间形成氢键缔合能力的大小。聚酰胺柱色谱可用于分离各种类型的黄酮类化合物，包括苷及苷元、查耳酮与二氢黄酮等。

聚酰胺在水溶剂中的吸附规律如下。

(1) 形成氢键的基团数目越多，吸附能力越强。当分子中酚羟基数目相同时，酚羟基的位置对吸附也有影响，如 5- 羟基与 4 位羰基或邻羟基形成分子内氢键者，则吸附能力减弱。如 5,7,2′,4′- 四羟基黄酮比 5,7,3′,4′- 四羟基黄酮吸附作用强。

(2) 苷元相同，连糖基越多，吸附越弱，故洗脱先后顺序一般是三糖苷、双糖苷、单糖苷、苷元。

(3) 分子中芳香核、共轭双键多者易被吸附，故查耳酮往往比相应的二氢黄酮难于洗脱。

(4) 不同类型黄酮化合物，吸附由弱到强的顺序一般是异黄酮、二氢黄酮醇、黄酮、黄酮醇。

以上是仅就化合物本身对聚酰胺的亲和力而言。但吸附由于是在溶液中进行的，溶剂也会参加吸附剂表面的争夺，或通过改变聚酰胺对溶质的氢键结合能力而影响吸附过程。显然，聚酰胺与酚类或醌类等化合物形成氢键缔合的能力在水中最强，在含水的醇中则随着醇浓度的增高而相应减弱，在高浓度醇或其他有机溶剂中，则几乎不缔合。故在聚酰胺柱色谱分离时，通常用水装柱，试样也尽可能做成水溶液上柱，以利聚酰胺对溶质的充分吸附，随后用不同浓度的含水醇洗脱，并不断提高醇的浓度，逐步增强从柱上洗脱物质的能力。甲酰胺、二甲基甲酰胺及尿素水溶液因分子中均有酰胺基，可以同时与聚酰胺及酚类等化合物形成氢键缔合，故有很强的洗脱能力。此外，水溶液中加入碱或酸均可破坏聚酰胺与溶质之间的氢键缔合，也有很强的洗脱能力，可用于聚酰胺的精制及再生处理。常用的聚酰胺再生剂有 10% 醋酸、3% 氨水及 5% 氢氧化钠水溶液等。

综上分析，各种溶剂在聚酰胺柱上的洗脱能力由弱至强，可大致排列成下列顺序：水→甲醇→丙酮→氢氧化钠水溶液→甲酰胺→二甲基甲酰胺→尿素水溶液。

2. 葡聚糖凝胶（Sephadex gel）柱色谱　对于黄酮类化合物的分离，主要用 Sephadex LH-20 型的凝胶。

Sephadex LH-20 型葡聚糖凝胶分离黄酮类化合物的机制：分离游离黄酮时，主要靠吸附作用，凝胶对黄酮类化合物的吸附程度取决于游离酚羟基的数目；但分离黄酮苷时，则分子筛的性质起主导作用，在洗脱时，黄酮苷类大体上是按分子量由大到小的顺序流出柱体，见表 5-3。

表 5-3　黄酮类化合物在 Sephadex LH-20（甲醇）上的 V_e/V_0

黄酮类化合物	取代模式	V_e/V_0
芹菜素	5,7,4′- 三羟基	5.3
木犀草素	5,7,3′,4′- 四羟基	6.3
槲皮素	3,5,7,3′,4′- 五羟基	8.3
杨梅素	3,5,7,3′,4′,5′- 六羟基	9.2
山柰酚 -3-*O*- 半乳糖鼠李糖 -7-*O*- 鼠李糖苷	三糖苷	3.3
槲皮素 -3-*O*- 芸香糖苷	双糖苷	4.0
槲皮素 -3-*O*- 鼠李糖苷	单糖苷	4.9

表 5-3 中 V_e 为洗脱试样时需要的溶剂总量或洗脱体积；V_0 为柱子的空体积。V_e/V_0 数值越小说明化合物越容易被洗脱下来。表 5-3 所列数据清楚地表明，苷元的羟基数越多，V_e/V_0 越大，越难以洗脱；而苷的分子量越大，其上连接糖的数目越多，则 V_e/V_0 越小，越容易洗脱。

Sephadex LH-20 型葡聚糖凝胶柱色谱中常用的洗脱剂：①碱性水溶液（如 0.1mol/L NH_4OH）、含

盐水溶液（0.5mol/L NaCl 等）。②醇及含水醇，如甲醇、甲醇 - 水（不同比例）、*t*- 丁醇 - 甲醇（3∶1）、乙醇等。③其他溶剂，如含水丙酮、甲醇 - 三氯甲烷等。

3. 硅胶柱色谱 此法应用范围最广，主要适于分离异黄酮、二氢黄酮、二氢黄酮醇及高度甲基化（或乙酰化）的黄酮及黄酮醇类。少数情况下，在加水去活化后也可用于分离极性较大的化合物，如多羟基黄酮醇及其苷类等。

（二）pH 梯度萃取法

pH 梯度萃取法适合于酸性强弱不同的黄酮苷元的分离。根据黄酮类苷元酚羟基数目及位置不同其酸性强弱也不同的性质，可以将混合物溶于有机溶剂（如乙醚）后，依次用 5% $NaHCO_3$、5% Na_2CO_3、0.2% NaOH 及 4% NaOH 溶液萃取，来达到分离的目的。一般规律大致如下：

酸性：

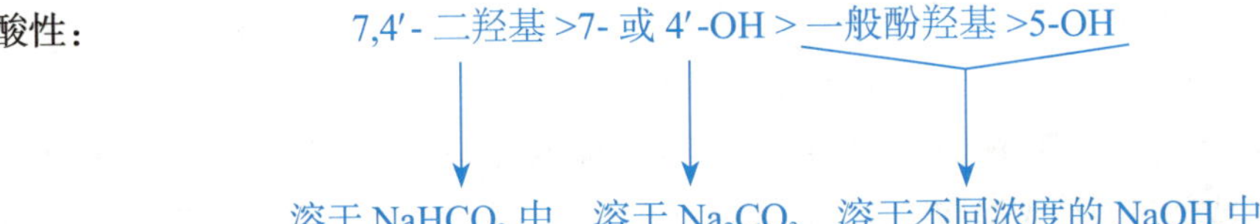

在实际工作中，常将上述色谱法与各种经典方法相互配合应用，以达到较好的分离效果。如通过萃取法或大孔树脂柱色谱法富集总黄酮，再通过聚酰胺、硅胶、葡聚糖凝胶、ODS 等色谱法分离黄酮类化合物。

实例：白花败酱中黄酮类化合物的分离 [4]

白花败酱（*Patrinia villosa*）全草的醇提取物显示对 H_2O_2 诱导的氧化损伤有细胞保护作用。为探讨其有效成分，对其进行了分离。用乙醇提取，乙醇提取物经过 ODS 柱色谱分离富集含有黄酮的部位 Fr.2 和 Fr.3。分别对流分 Fr.2 和 Fr.3 采用硅胶、LH-20 凝胶柱色谱分离和纯化，最后采用制备高效液相色谱分离得到黄酮化合物 **1~11**（图 5-6、图 5-7）。

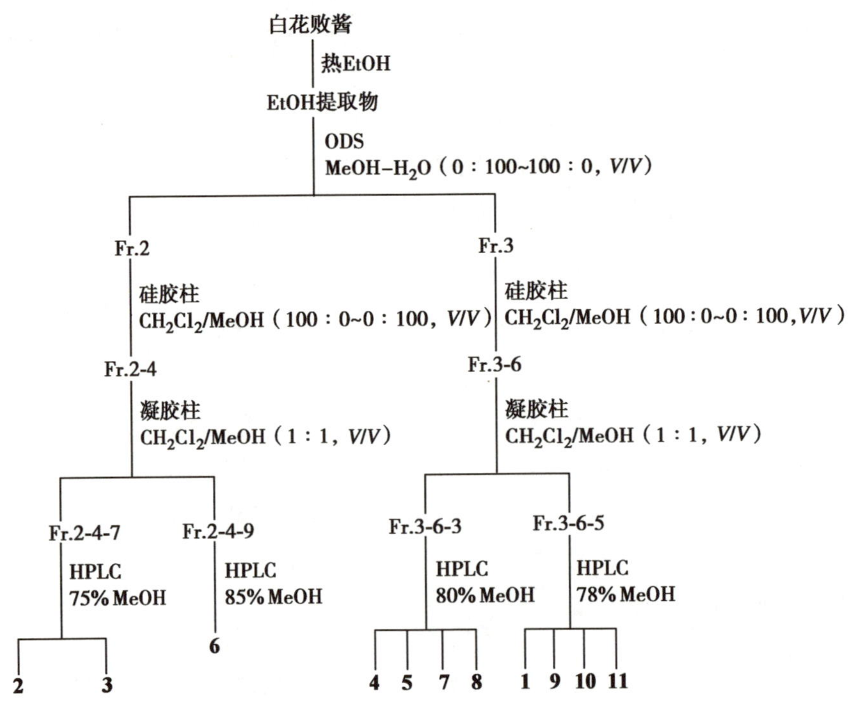

图 5-6 白花败酱提取分离流程图

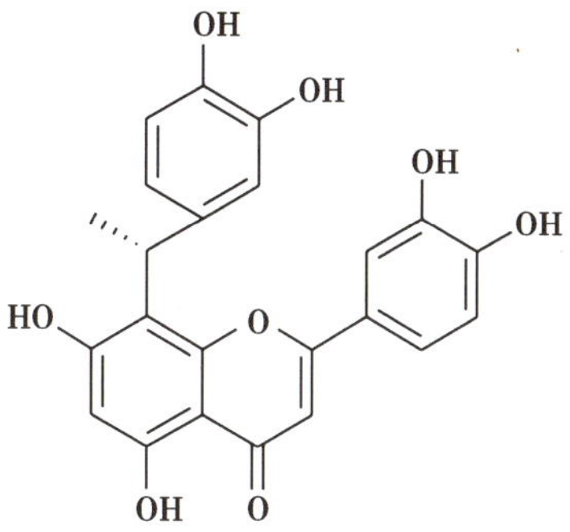

1

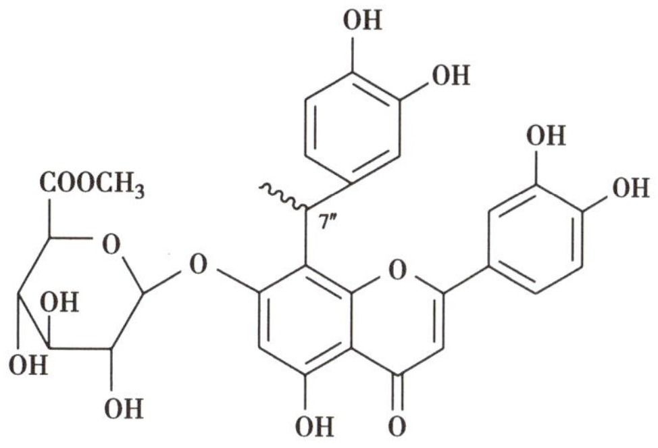

2= 7″ (*R*)
3= 7″ (*S*)

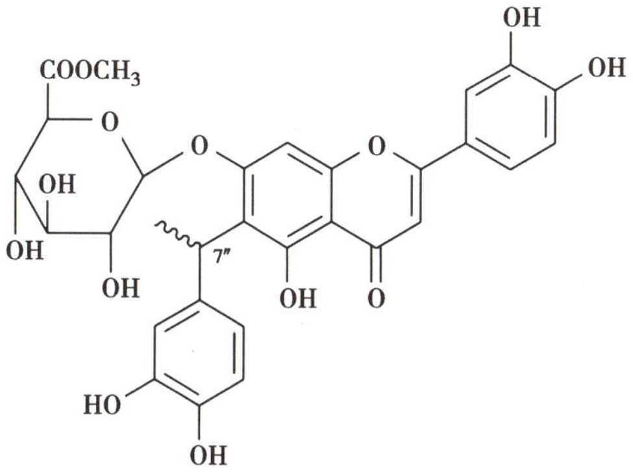

4=7″ (*S*)
5=7″ (*R*)

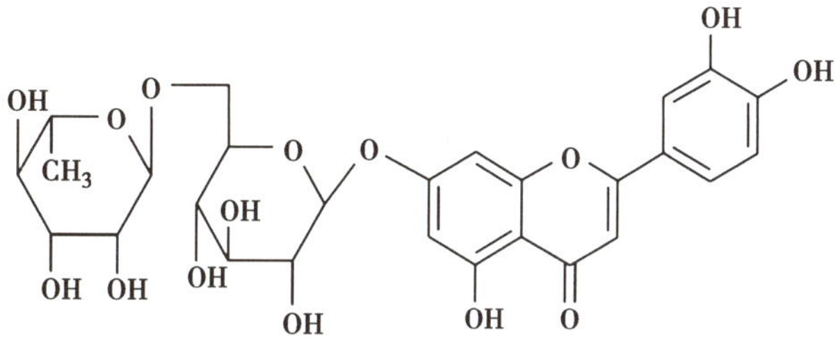

6

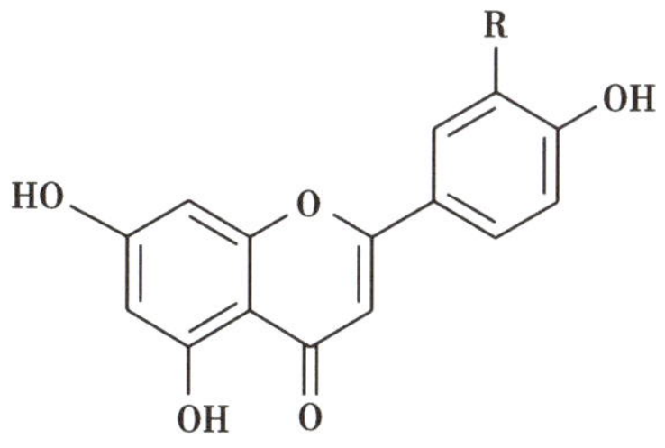

7 R=H
8 R=OH

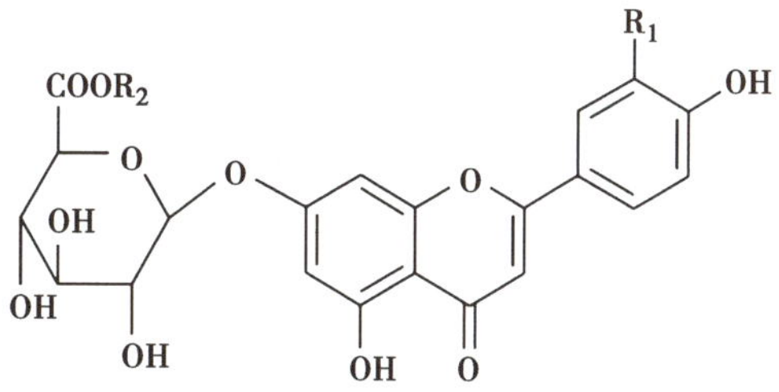

9 R_1=OH; R_2=CH_3
10 R_1=OH; R_2= CH_2CH_3
11 R_1=H; R_2=CH_3

图 5-7　白花败酱中的黄酮类化合物结构

第五节　黄酮类化合物的检识与结构鉴定

黄酮类化合物的检识与结构测定现在多依赖于波谱方法的综合解析，而化学方法和色谱方法已降至辅助地位。未知黄酮类化合物的鉴定，多在测定分子式的基础上，利用薄层色谱或纸色谱得到的 R_f 或 hR_f 值与文献比较，或分析对比试样在甲醇溶液中及加入各种诊断试剂后得到的紫外光谱进行剖析。同时，对于化合物的显色反应，以及在提取分离过程中所表现的行为（如溶解性、酸或碱中的溶解情况等）也应注意分析。但这些方法均有一定局限性，并曾导致得出过一些错误结论。核磁共振氢谱（^{1}H-NMR）因为可定量测定 H 的个数，以及根据质子的化学位移和芳香氢核之间的自旋偶合所

提供的信息（裂分峰形及偶合常数），可确定黄酮母核类型及取代模式。^{1}H-NMR 谱的测定对解析天然黄酮类化合物的结构已经成为一种非常重要的手段。但是正如以后谈到的那样，在黄酮类化合物的 ^{1}H-NMR 谱上，有时要想确切指认每个信号并不是一件容易的事情。例如当黄酮母核的 A 环上只有一个芳香氢核时，要想与 H-3 信号区别，就是十分困难的。解决这种问题，核磁共振碳谱（^{13}C-NMR）技术有很大的优势，加上各种取代基位移及苷化位移效应的发现，使得图谱的解析工作大大简化。因此，^{13}C-NMR 技术在黄酮类化合物的结构鉴定中发挥着越来越重要的作用。质谱（MS）技术，尤其电喷雾电离质谱（ESI-MS）、基质辅助激光解吸电离质谱（MALDI-MS）及串联质谱（MS-MS）的应用，使其成为黄酮类化合物结构鉴定的重要手段之一（质谱技术的优势是只需要微量的试样就可获得有关分子式及其主要碎片结构的重要信息）。

一、色谱法

纸色谱（PC）适用于鉴别各种天然黄酮类化合物及其苷类的混合物。混合物的鉴定常采用双向色谱法。以黄酮苷类来说，一般第一向展开采用某种醇性溶剂，如 *n*-BuOH-HOAc-H_2O（4∶1∶5 上层，BAW）、*t*-BuOH-HOAc-H_2O（3∶1∶1，TBA）或水饱和的 *n*-BuOH 等，主要是根据分配作用原理进行分离。第二向展开溶剂则用水或下列水溶液，如 2%~6% HOAc、3% NaCl 及 HOAc- 浓 HCl-H_2O（30∶3∶10）等，主要是根据吸附作用原理进行分离。

黄酮类化合物苷元一般宜用醇性溶剂或用 C_6H_6-HOAc-H_2O（125∶72∶3）、$CHCl_3$-HOAc-H_2O（13∶6∶1）、PhOH-H_2O（4∶1）或 HOAc- 浓 HCl-H_2O（30∶3∶3）进行分离。而花色苷及花色苷苷元，则可用含 HCl 或 HOAc 的溶液作为展开剂。

多数黄酮类化合物在纸色谱上用紫外光检查时可以看到有色斑点，以氨蒸气处理后常产生明显的颜色变化。此外，还可喷以 2% $AlCl_3$（甲醇）溶液（在紫外光灯下检查）或 1% $FeCl_3$-1% $K_3Fe(CN)_6$（1∶1）水溶液等显色剂。

黄酮类化合物苷元中，平面性分子如黄酮、黄酮醇、查耳酮等，用含水类溶剂如 3%~5% HOAc 展开时，几乎停留在原点不动（R_f<0.02）；而非平面性分子如二氢黄酮、二氢黄酮醇、二氢查耳酮等，因亲水性较强，故 R_f 值较大（0.10~0.30）。黄酮类化合物分子中羟基苷化后，极性即随之增大，故在醇性展开剂中 R_f 值相应降低，同一类型苷元 R_f 值依次为苷元 > 单糖苷 > 双糖苷。以在 BAW 中展开为例，多数类型苷元（花色苷元例外）R_f 值在 0.70 以上，而苷则小于 0.70。但在用水或 2%~8% HOAc、3% NaCl 或 1% HCl 展开时，则上列顺序将会颠倒，苷元几乎停留在原点不动，苷类的 R_f 值可在 0.5 以上，糖链越长，R_f 值越大。另外，糖的结合位置对 R_f 值也有重要的影响。不同类型黄酮类化合物在双向 PC 展开时常常出现在特定的区域，据此可推测它们的结构类型以及判定是否成苷以及含糖数量。

除 PC 外，TLC 用于黄酮类化合物的鉴定也日趋广泛。一般采用吸附薄层色谱，常用的吸附剂有硅胶与聚酰胺，其次是纤维素。

硅胶薄层色谱用于分离与鉴定弱极性黄酮类化合物较好。分离黄酮苷元常用的展开剂是甲苯 - 甲酸甲酯 - 甲酸（5∶4∶1），并可以根据待分离成分极性的大小适当地调整甲苯与甲酸的比例。另外尚有苯 - 甲醇（95∶5）、苯 - 甲醇 - 醋酸（35∶5∶5）、三氯甲烷 - 甲醇（8.5∶1.5、7∶0.5）、甲苯 - 三氯甲烷 - 丙酮（40∶25∶35）、丁醇 - 吡啶 - 甲酸（40∶10∶2）等。分离黄酮苷元的衍生物如甲醚或乙酸乙酯等中性成分，可用苯 - 丙酮（9∶1）、苯 - 乙酸乙酯（7.5∶2.5）等为展开剂。

聚酰胺薄层色谱检识黄酮类化合物（视频）

聚酰胺薄层色谱适用范围较广，特别适合于分离含游离酚羟基的黄酮及其苷类。聚酰胺分离黄酮类化合物的大多数展开剂中含有醇、酸或水。常用的展开剂有乙醇 - 水（3∶2）、水 - 乙醇 - 乙酰丙酮（4∶2∶1）、水 - 乙醇 - 甲酸 - 乙酰丙酮（5∶1.5∶1∶0.5）、

水饱和的正丁醇 - 醋酸（100 : 1、100 : 2）、丙酮 - 水（1 : 1）、丙酮 -95% 乙醇 - 水（2 : 1 : 2）、95% 乙醇 - 醋酸（100 : 2）、苯 - 甲醇 - 丁酮（60 : 20 : 20）等。

二、黄酮类化合物的紫外光谱

紫外分光光度法是鉴定黄酮类化合物结构的一种重要手段，一般程序如下：①测定试样在甲醇溶液中的紫外光谱；②测定试样在甲醇溶液中加入各种诊断试剂后得到的紫外及可见光谱。常用的诊断试剂有甲醇钠（NaOMe）、醋酸钠（NaOAc）、醋酸钠 / 硼酸（$NaOAc/H_3BO_3$）、三氯化铝（$AlCl_3$）及三氯化铝 / 盐酸（$AlCl_3/HCl$）等。

（一）黄酮类化合物在甲醇溶液中的紫外光谱特征

黄酮、黄酮醇等多数黄酮类化合物，因分子中存在如图 5-8 所示的桂皮酰基（cinnamoyl）及苯甲酰基（benzoyl）组成的交叉共轭体系，故其甲醇溶液在 200~400nm 的区域内存在两个主要的紫外吸收带，称为峰带 Ⅰ（300~400nm）及峰带 Ⅱ（220~280nm）。根据带 Ⅰ、带 Ⅱ 的峰位及形状（或强度），推测黄酮类化合物结构类型（见表 5-4）。

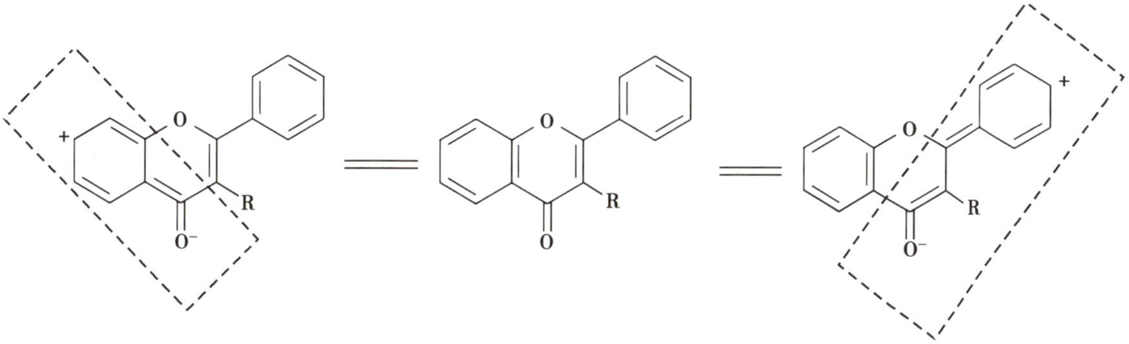

benzoyl
（峰带 Ⅱ，220~280nm）

flavone（R=H）
flavonol（R=OH）

cinnamoyl
（峰带 Ⅰ，300~400nm）

图 5-8　黄酮类化合物结构中的交叉共轭体系

表 5-4　黄酮类化合物在甲醇溶液中的紫外光谱特征

黄酮类型	UV/nm 峰带 Ⅱ	UV/nm 峰带 Ⅰ	谱带峰形
黄酮	240~280	304~350	带 Ⅰ、带 Ⅱ 等强
黄酮醇	240~280	352~385	
黄酮醇（3-OH 被取代）	240~280	328~357	
查耳酮	220~270	340~390	带 Ⅰ 强峰，带 Ⅱ 次强峰
橙酮	220~270	340~390	
异黄酮	245~270		带 Ⅱ 主峰，带 Ⅰ 弱（肩峰）
二氢黄酮、二氢黄酮醇	270~295		

（二）诊断试剂在黄酮类化合物的结构测定中的意义

以下仅以黄酮及黄酮醇为例说明几种主要的诊断试剂引起的紫外光谱位移及其结构特征归属（表 5-5）。

将上述各种光谱图进行对比分析，根据主要吸收带（峰带 Ⅰ 和 Ⅱ）的变化，推断羟基的取代模式。但是由于核磁共振技术在黄酮类化合物结构鉴定中的广泛应用，诊断试剂已经很少应用于黄酮类化合物结构推断了。

表 5-5　诊断试剂引起的黄酮类化合物紫外图谱变化及结构特征的归属

诊断试剂	峰带Ⅱ	峰带Ⅰ	归属
NaOMe		红移，强度不降	示有 4′-OH
NaOAc（未熔融）	红移		示有 7-OH
NaOAc（熔融）		红移，强度下降	示有 4′-OH
$NaOAc/H_3BO_3$		红移	示 B 环有邻二酚羟基结构
	红移		示 A 环有邻二酚羟基结构（但不包括 5,6- 位）
$AlCl_3$ 及 $AlCl_3$/HCl	$AlCl_3$/HCl 谱图 =$AlCl_3$ 谱图 $AlCl_3$/HCl 谱图≠ $AlCl_3$ 谱图 峰带Ⅰ（或Ⅰa）紫移		示结构中无邻二酚羟基结构 示结构中可能有邻二酚羟基 示 B 环上有邻二酚羟基（如同时 A 环上有邻二酚羟基，则位移增加）
	$AlCl_3$/HCl 谱图 =MeOH 谱图 $AlCl_3$/HCl 谱图≠ MeOH 谱图 峰带Ⅰ红移		示无 3-OH 及 5-OH 示可能有 3-OH 及 / 或 5-OH

三、黄酮类化合物的核磁共振氢谱

核磁共振氢谱（^{1}H-NMR）现在已经成为黄酮类化合物结构分析的一种重要方法，所用溶剂有氘代三氯甲烷、氘代二甲基亚砜（DMSO-d_6）、氘代吡啶等，具体情况因溶解度而异。常用溶剂为无水 DMSO-d_6，它不仅溶解范围广，而且各质子信号的分辨率高，这对鉴别黄酮类母核上的酚羟基是一个十分理想的溶剂。例如在 3,5,7- 三羟基黄酮的 ^{1}H-NMR 谱上，羟基质子信号将分别出现在 δ 12.40（5-OH）、10.93（7-OH）及 9.70（3-OH）左右，这些信号将因在试样中加入重水（D_2O）而消失。

按黄酮类 A、B、C 环的取代特征，归纳黄酮类化合物的核磁共振氢谱规律。

（一）A 环质子

1. 5,7- 二羟基黄酮类化合物

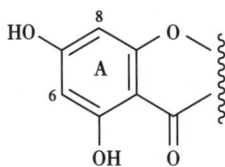

其中，H-6 及 H-8 将分别作为二重峰（d，J=ca. 2.5Hz）出现在 δ 5.70~6.90 区域内，且 H-8 化学位移比 H-6 大（二氢黄酮类可能例外）。当 7-OH 成苷或甲醚化时，则 H-6 及 H-8 信号均向低磁场位移 0.2~0.4 个化学位移单位（表 5-6 及图 5-9）。

表 5-6　5,7- 二羟基黄酮类化合物中 H-6 及 H-8 的化学位移

化合物	δ_H（H-6）	δ_H（H-8）
黄酮、黄酮醇、异黄酮	6.00~6.20 d	6.30~6.50 d
黄酮、黄酮醇、异黄酮 7-O- 糖苷	6.20~6.40 d	6.50~6.90 d
二氢黄酮、二氢黄酮醇	5.75~5.95 d	5.90~6.10 d
二氢黄酮、二氢黄酮醇 7-O- 糖苷	5.90~6.10 d	6.10~6.40 d

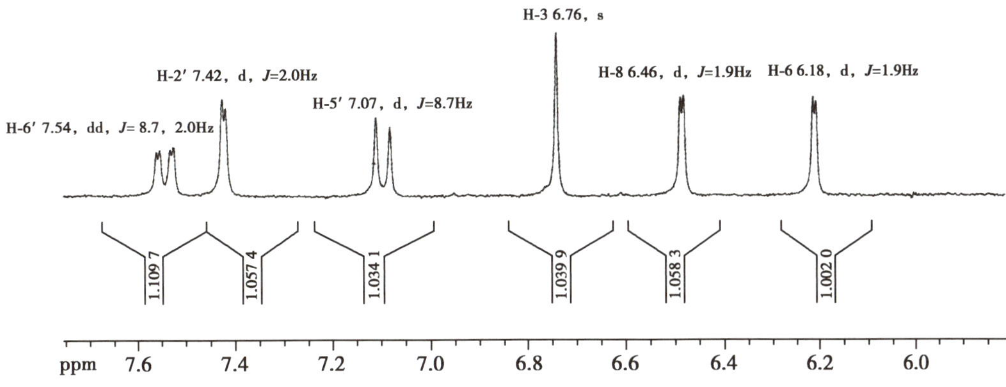

图 5-9　香叶木素(diosmetin)的 ¹H-NMR 谱芳氢区放大谱(DMSO-d_6)

2. 7- 羟基黄酮类化合物

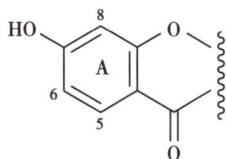

A 环上有 H-5、H-6、H-8 三个芳香质子。H-5 因受 4- 位羰基强烈的负屏蔽效应的影响，以及 H-6 的邻偶作用，将作为一个二重峰出现在 δ 8.0(d,*J*=ca. 9.0Hz)左右，位于比其他芳香质子较低的磁场。H-6 因有 H-5 的邻偶及 H-8 的间偶作用，将表现为一个双二重峰(dd,*J* =ca. 9.0、2.5Hz)。H-8 因有 H-6 的间位偶合作用，故显现为一个裂距较小的二重峰(*J*=2.5Hz)。

与 5,7- 二羟基黄酮类化合物比较，在 7- 羟基黄酮类化合物中 H-6 及 H-8 均将出现在较低的磁场内，并且相互位置可能颠倒(表 5-7)。

表 5-7　在 7- 羟基黄酮类化合物中 H-5、H-6 及 H-8 的化学位移

化合物	δ_H(H-5)	δ_H(H-6)	δ_H(H-8)
黄酮、黄酮醇、异黄酮	7.90~8.20 d	6.70~7.10 dd	6.70~7.00 d
二氢黄酮、二氢黄酮醇	7.70~7.90 d	6.40~6.50 dd	6.30~6.40 d

(二) B 环质子

1. 4′- 氧取代黄酮类化合物　该取代模式的 B 环质子可以分为 H-2′,6′ 及 H-3′,5′ 两组，构成 AA′BB′ 系统，其谱形可粗略地看成一个 AB 偶合系统(2H,d,*J*=ca. 8.5Hz)，出现在 δ 6.50~7.90 处，大体上位于比 A 环质子稍低的磁场区。

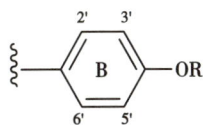

H-3′,5′的化学位移总是比 H-2′,6′的化学位移值小，原因是有 4′-OR 取代基的屏蔽作用，以及 C 环对 H-2′,6′的负屏蔽效应。至于 H-2′,6′二重峰的具体峰位则取决于 C 环的氧化水平，参见表 5-8。

表 5-8 在 4′-氧取代黄酮类化合物中 H-2′,6′及 H-3′,5′的化学位移

化合物	δ_H(H-2′,6′)	δ_H(H-3′,5′)
二氢黄酮类	7.10~7.30 d	6.50~7.10 d
二氢黄酮醇类	7.20~7.40 d	
异黄酮类	7.20~7.50 d	
查耳酮类(H-2,6 及 H-3,5)	7.40~7.60 d	
橙酮类	7.60~7.80 d	
黄酮类	7.70~7.90 d	
黄酮醇类	7.90~8.10 d	

2. 3′,4′-二氧取代黄酮及黄酮醇 H-5′作为一个二重峰(d,*J*=8.5Hz)出现在 δ 6.70~7.10 处。H-2′(d,*J*=2.5Hz)及 H-6′(dd,*J*=8.5 及 2.5Hz)的信号出现在 δ 7.20~7.90 范围内，两信号有时相互重叠不好分辨(见表 5-9)。

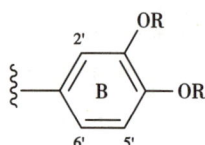

表 5-9 在 3′,4′-二氧取代黄酮类化合物中 H-2′及 H-6′的化学位移

化合物	δ_H(H-2′)	δ_H(H-6′)
黄酮(3′,4′-OH 及 3′-OH,4′-OCH_3)	7.20~7.30 d	7.30~7.50 dd
黄酮醇(3′,4′-OH 及 3′-OH,4′-OCH_3)	7.50~7.70 d	7.60~7.90 dd
黄酮醇(3′-OCH_3,4′-OH)	7.60~7.80 d	7.40~7.60 dd
黄酮醇(3′,4′-OH,3-O-糖)	7.20~7.50 d	7.30~7.70 dd

显然，依据 H-2′及 H-6′的化学位移，可以区别黄酮及黄酮醇的 3′,4′-位上是 3′-OH,4′-OCH_3 还是 3′-OCH_3,4′-OH。

3. 3′,4′-二氧取代异黄酮、二氢黄酮及二氢黄酮醇 H-2′、H-5′及 H-6′将作为一个复杂的多重峰(常常组成两组峰)出现在 δ 6.70~7.10 区域内，此时 C 环对其影响很小，各质子的化学位移将主要取决于它们相对于含氧取代基的位置。三者的峰形与偶合常数与 3′,4′-二氧取代黄酮及黄酮醇的情形相同，但有时由于峰相互重叠难以分辨。特殊情况下，有的二氢黄酮醇类化合物的 H-2′、H-5′及 H-6′均呈单峰，易于将 B 环误判为 3′,5′-二取代模式。这种异常情况是由于两组氢信号的化学位移差值与其偶合常数十分相近导致的，此时由氢谱难以确定 B 环的取代模式，但可通过碳谱来确定[5]。

4. 3′,4′,5′-三氧取代黄酮类化合物 当 B 环有 3′,4′,5′-三羟基时，则 H-2′及 H-6′将作为相当于两个质子的一个单峰出现在 δ 6.50~7.50 范围内。但如 3′-OH 或 5′-OH 甲基化或苷化时，则 H-2′及 H-6′将分别以不同的化学位移作为一个二重峰(*J*=ca. 2.0Hz)出现。

(三) C 环质子

C 环质子的特征是区别各类型黄酮类化合物的主要根据。

1. 黄酮类

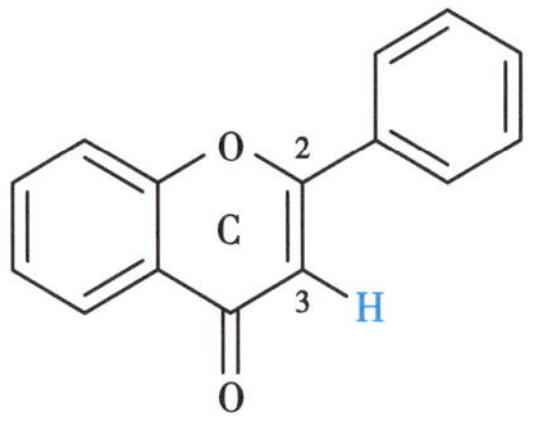

H-3 常常作为一个尖锐的单峰信号出现在 δ 6.30~6.80 处，因此在 5,6,7- 或 5,7,8- 三含氧取代黄酮中，它将与 A 环的孤立芳氢（H-8 或 H-6）的单峰信号相混，应当注意区别。在 8- 甲氧基黄酮中，H-6 因与 8-OCH_3 有远程偶合，致使信号变宽，峰强变弱，据此可与 H-3 相区别。至于三个信号之间的更大区别还可以通过其他核磁共振技术来得以实现。

2. 异黄酮类

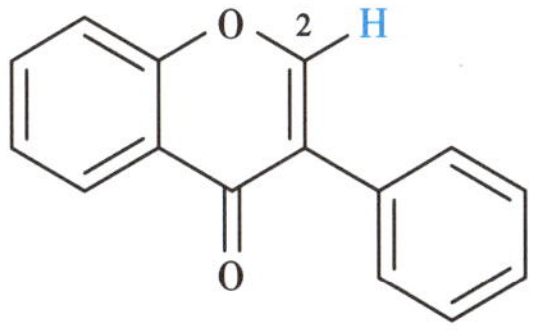

异黄酮上的 H-2，因正好位于羰基的 β- 位，且通过碳与氧相接，故将作为一个单峰出现在比一般芳香质子较低的磁场区（δ 7.60~7.80），当用 DMSO-d_6 作溶剂时还将进一步移到更低场 δ 8.50~8.70 处。

3. 二氢黄酮及二氢黄酮醇

（1）二氢黄酮

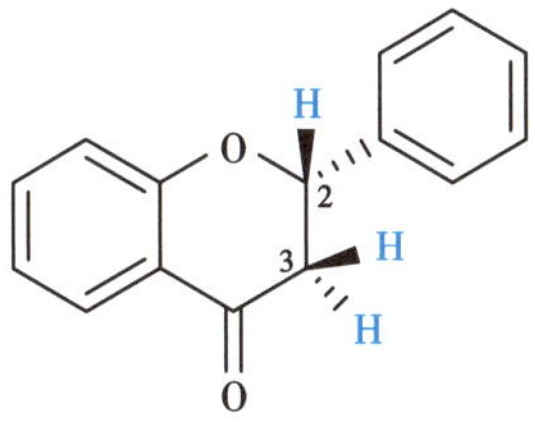

H-2 与两个磁不等价的 H-3 偶合（J_{trans}=ca. 11.0Hz；J_{cis}=ca. 5.0Hz），故作为一个双二重峰（dd）出现，中心位于 δ 5.20 处。两个 H-3，因有相互偕偶（J=17.0Hz）及 H-2 的邻偶，将分别作为一个双二重峰（dd）出现，中心位于 δ 2.80 处，但往往相互重叠。

（2）二氢黄酮醇：H-2 位于 δ 4.90 左右，H-3 则位于 δ 4.30 左右，H-2 和 H-3 分别作为二重峰出现。在天然存在的二氢黄酮醇中，H-2 及 H-3 多为反式双直立键（如下式），两者的偶合常数为 J=ca. 11.0Hz；当 H-2 和 H-3 为顺式时，J=ca. 5.0Hz。据此可确定 C-2 及 C-3 的相对构型，其绝对构型可用圆二色谱（CD 谱）加以确定。

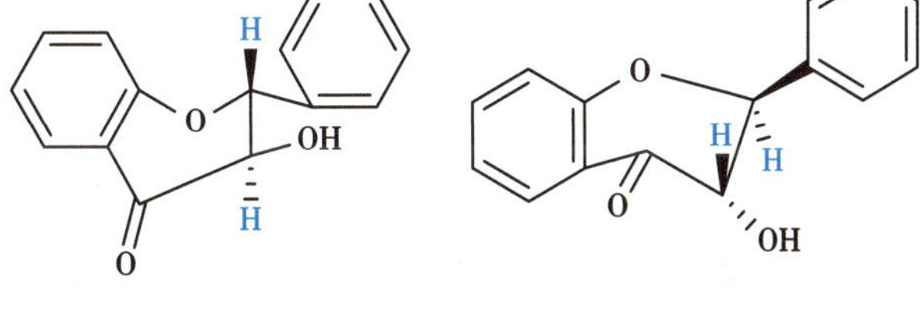

（2*R*,3*R*）-二氢黄酮醇　　（2*S*,3*S*）-二氢黄酮醇

当3-OH成苷时，则使H-2及H-3信号均向低磁场方向位移（表5-10）。据此可以帮助判断二氢黄酮醇苷中糖的结合位置。

表5-10 在二氢黄酮及二氢黄酮醇上H-2及H-3的化学位移

化合物	δ_H(H-2)	δ_H(H-3)
二氢黄酮	5.00~5.50 dd	靠近2.80 dd
二氢黄酮醇	4.80~5.00 d	4.10~4.30 d
二氢黄酮醇-3-*O*-糖苷	5.00~5.60 d	4.30~4.60 d

4. 查耳酮及橙酮类

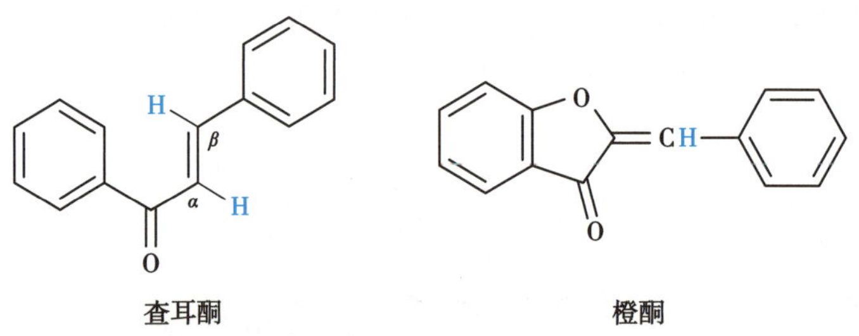

黄酮类化合物的氢谱图（拓展阅读）

在查耳酮中，H-α以及H-β分别作为二重峰（J=ca. 17.0Hz）出现在δ 6.70~7.40（H-α）及7.30~7.70（H-β）处。在橙酮中，苄基质子则作为一个单峰出现在δ 6.50~6.70处。如以DMSO-d_6作溶剂，则该信号将移至δ 6.37~6.94。

（四）糖上的质子

1. 单糖苷类 糖与苷元相连时，糖上端基质子H-1″与其他质子比较，一般位于较低场区。其具体峰位可提供有关成苷位置、糖的种类等重要信息，详见表5-11。

表5-11 黄酮苷类化合物上糖的端基质子信号

化合物	δ_H(糖上H-1″)	化合物	δ_H(糖上H-1″)
黄酮醇-3-*O*-葡萄糖苷	5.70~6.00	黄酮醇-3-*O*-鼠李糖苷	5.00~5.10
黄酮类-7-*O*-葡萄糖苷	4.80~5.20	二氢黄酮醇-3-*O*-葡萄糖苷	4.10~4.30
黄酮类-4′-*O*-葡萄糖苷		二氢黄酮醇-3-*O*-鼠李糖苷	4.00~4.20
黄酮类-5-*O*-葡萄糖苷			
黄酮类-6-及8-C-糖苷			

显然，对于黄酮类化合物的葡萄糖苷来说，3-OH上连接的糖可以很容易地与C-4′、C-5及C-7羟基上连接的糖相区别，而且黄酮醇3-*O*-葡萄糖苷与3-*O*-鼠李糖苷也可以清晰地区分。但在二氢黄酮醇3-*O*-糖苷的^{1}H-NMR谱上，无法区别3-*O*-葡萄糖苷及3-*O*-鼠李糖苷的H-1″信号。

对鼠李糖苷来说，鼠李糖上的6-CH_3是很易识别的，它将作为一个二重峰（J=6.5Hz）出现在δ 0.80~1.20处。

2. 双糖苷类 黄酮类化合物双糖苷中，末端糖上的端基质子H-1‴因离黄酮母核较远，受到其负屏蔽影响相对较小，共振峰将移至比H-1″较高磁场区，但位移程度则因末端糖的连接位置不同而异。

例如由葡萄糖、鼠李糖构成的黄酮类3-或7-*O*-双糖苷中，常见有下列两种类型：①苷元-芸香糖基[即苷元-*O*-β-D-葡萄糖(6→1)-α-L-鼠李糖]；②苷元-新橙皮糖基[即苷元-*O*-β-D-葡萄糖(2→1)-α-L-鼠李糖]。

两种连接方式除通过二维核磁共振技术等方法进行确认以外，还可以通过比较鼠李糖上的H-1‴及H-6‴（CH_3）而予以鉴定，见表5-12。

表 5-12 黄酮类化合物双糖苷中鼠李糖 H-1‴及 H-6‴的化学位移

化合物	H-1‴	H-6‴
芸香糖基	4.20~4.40(d,J=2.0Hz)	0.70~1.00(d)
新橙皮糖基	4.90~5.00(d,J=2.0Hz)	1.10~1.30(d)

(五) 甲基质子

黄酮类化合物的 6- 位和 8- 位可以发生甲基化,其中,6-CH_3 质子信号恒定地出现在比 8-CH_3 质子小约 0.20 个化学位移的磁场处。以异黄酮来说,化学位移分别为 δ 2.04~2.27 及 δ 2.14~2.45。

(六) 乙酰氧基的质子

有时将黄酮类化合物制备成乙酰化物后进行结构测定。通常,脂肪族乙酰氧基上的质子信号出现在 δ 1.65~2.10 处,而芳香族乙酰氧基上的质子信号则出现在 δ 2.30~2.50 处,两者很容易区分。根据脂肪族乙酰氧基上的质子数目往往可以帮助判断黄酮苷中结合糖的数目;而根据芳香族乙酰氧基上的质子数目,又可以帮助确定苷元上的酚羟基的数目。

根据芳香族乙酰氧基上质子的具体峰位(见表 5-13),还可以帮助判断黄酮母核上酚羟基的位置。

表 5-13 黄酮类化合物乙酰氧基上质子的化学位移

乙酰基位置	$\delta_H(CH_3)$	乙酰基位置	$\delta_H(CH_3)$
4′-*O*-$COCH_3$	2.30~2.35	5-*O*-$COCH_3$	2.45
7-*O*-$COCH_3$	2.30~2.35		

(七) 甲氧基上的质子

除若干例外,甲氧基质子信号一般在 δ 3.50~4.10 处出现。NOE 核磁共振技术及二维核磁共振技术可确定其存在的位置。

四、黄酮类化合物的核磁共振碳谱

黄酮类化合物 ^{13}C-NMR 信号的归属一般可以通过:①与简单的模型化合物如苯乙酮(acetophenone)、桂皮酸(cinnamic acid)以及它们的衍生物的光谱进行比较;②用经验性的简单芳香化合物的取代基位移加和规律进行计算等方法加以解析。

但在比较复杂的结构中,碳信号化学位移的实测值与计算值有时差异较大。这时,对信号的指认尚须借助于各种一维及二维 NMR 技术。

(一) 黄酮类化合物骨架类型的判断

在 ^{13}C-NMR 谱上,可从表 5-14 所示的中央三个碳核信号的位置以及根据 DEPT 谱确定的碳的类型(季碳和次甲基碳),推断黄酮类化合物的骨架类型。

表 5-14 黄酮类化合物结构中的中央三碳核的 ^{13}C-NMR 信号特征

C=O	C-2(或 C-β)	C-3(或 C-α)	归属
168.6~169.8(s)	137.8~140.7(d)	122.1~122.3(s)	异橙酮类
174.5~184.0(s)	160.5~163.2(s)	104.7~111.8(d)	黄酮类
	149.8~155.4(d)	122.3~125.9(s)	异黄酮类
	147.9(s)	136.0(s)	黄酮醇类
182.5~182.7(s)	146.1~147.7(s)	111.6~111.9(d)(=CH—)	橙酮类
188.0~197.0(s)	136.9~145.4(d)	116.6~128.1(d)	查耳酮类
	75.0~80.3(d)	42.8~44.6(t)	二氢黄酮类
	82.7(d)	71.2(d)	二氢黄酮醇类

另外，双黄酮类化合物中，如果分子的两部分氧化水平不一致时，则会出现两组碳信号，在不同磁场处出现两个 C═O 基吸收，如 volkensiflavone 因由黄酮及二氢黄酮两部分组成，故出现两个 C═O 基信号，分别在 δ 181.6 及 196.0 处。

（二）黄酮类化合物取代模式的确定方法

黄酮类化合物中芳香碳原子的信号特征可以用来确定取代基的取代模式，但不能据此确定骨架的类型。以黄酮为例，其 ^{13}C-NMR 信号如下所示：

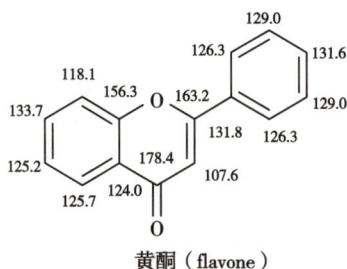

黄酮（flavone）

1. 取代基位移的影响　黄酮类母核，尤其 B 环上引入取代基（X）时，引起的位移大致符合简单苯衍生物的取代基位移效应（表 5-15）。

表 5-15　黄酮类化合物的 B 环上引入取代基 X 时的取代基位移效应

X	Zi	Zo	Zm	Zp
—OH	26.6	−12.8	1.6	−7.1
—OCH_3	31.4	−14.4	1.0	−7.8

显然，—OH 及—OCH_3 的引入将使 *ipso*- 碳原子（α- 碳）信号大幅度地向低场位移，邻位碳原子（β- 碳）及对位碳则向高场位移。间位碳虽也向低场位移，但幅度很小。通常，A 环上引入取代基时，位移效应只影响到 A 环；与此相应，B 环上引入取代基时，位移效应只影响到 B 环。若是一个环上同时引入几个取代基时，其位移效应将具有某种程度的加和性。须强调指出，黄酮母核上引入 5-OH 时，不仅影响 A 环碳原子的化学位移，还因 5-OH 与 4- 位 C═O 形成分子内氢键缔合，故可使 C-4、C-2 信号向低场位移（分别为 +4.5 及 +0.9），而 C-3 信号向高场位移（−2.0）。显然，5-OH 如果被甲基化或苷化（氢键缔合遭到破坏），则上述信号将分别向高场位移。

2. 5,7- 二羟基黄酮类中 C-6 及 C-8 信号的特征　对大多数 5,7- 二羟基黄酮类化合物来说，C-6（d）及 C-8（d）信号在 δ 90.0~100.0 的范围内出现，且 C-6 信号总是比 C-8 信号出现在较低场。在二氢黄酮中两者差别较小，约差 0.9 个化学位移单位；但在黄酮及黄酮醇中差别较大，约为 4.8 个化学位移单位。

C-6 或 C-8 有无烷基或者有无芳香基取代可以很容易地通过观察 ^{13}C-NMR 上 C-6、C-8 信号是否发生位移而加以认定。例如比较生松素（pinocembrin）及其 6-C- 甲基及 8-C- 甲基衍生物的 C-6、C-8 信号，可以看到被甲基取代的碳原子将向低场位移 6.0~9.6 至 δ 102 左右，但未被取代的碳原子信号则无大的改变。

同理，6-C- 糖苷或 8-C- 糖苷或 6,8- 二碳糖苷也可据此进行鉴定。因为 C-6 或 C-8 位结合成碳糖苷时将使相应的 C-6 或 C-8 信号向低场位移约 10 个化学位移单位，但未被取代的碳原子信号则无多大改变。如肥皂黄素（saponarin，apigenin-6-C-β-D-glucosyl-7-*O*-β-D-glucoside）的 C-6 和 C-8 信号分别为 δ 110.6 和 93.8，而 apigenin-6,8-di-C-glucoside 的 C-6 和 C-8 信号分别为 δ 108.0 和 104.0。

再有，上述规律对确定 C-C 连接的双黄酮类化合物中两个单黄酮片段间的结合位置是十分有用的。例如单纯检查 δ 90.0~100.0 区域内信号的数目及其位移值就可以帮助判断两个 A 环是否参与了

结合。

3. 6-位取代基和 8-位取代基的确定　根据生物合成原理，黄酮类的 C-6 位及 C-8 位常有烷基取代（如异戊烯基、甲基、香叶烷基、薰衣草烷基等）或形成碳苷。如前所述，对黄酮化合物来说，不论是 C-6 或 C-8，连有一个烷基取代基时，通过 C-6 及 C-8 的化学位移即可确定取代基的连接位置，但对二氢黄酮和二氢黄酮醇来说，很难用上述方法来确定烷基是结合在C-6上还是结合在C-8上。另外，即使是黄酮类化合物，当 C-6、C-8 同时连接不同烷基取代基时，也难于确定哪一个取代基结合在 C-6 上、哪一个取代基结合在 C-8 上。此时常采用 HMBC 等二维核磁共振技术进行取代基位置的确定。

4. B 环的取代模式的确定　在二氢黄酮、二氢黄酮醇、黄烷类化合物的 B 环上常有 3′,4′- 二氧取代或 2′,4′- 二氧取代，此时，两种取代模式的 B 环上的质子构成的 ABX 系统差异很小，特别是在黄烷类化合物中更是如此。有时仅根据氢谱数据会把 B 环 3′,4′- 二氧取代模式错误地定为 3′,5′- 二取代模式。如若确定是 2′,4′- 二氧取代还是 3′,4′- 二氧取代或 3′,5′- 二取代模式，须用 ^{13}C- 核磁共振数据，具体数据如下[5]。

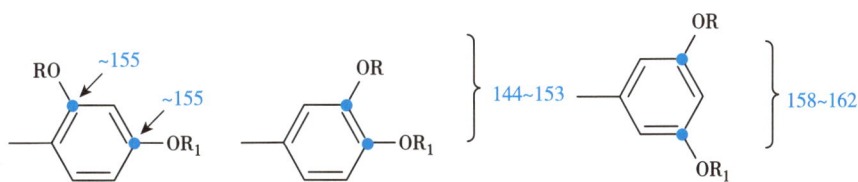

B环的取代基模式

（三）黄酮类化合物 *O*- 糖苷中糖的连接位置

黄酮类等酚性化合物在形成 *O*- 糖苷后，无论苷元及糖均将产生相应的苷化位移。但因苷元上成苷的酚羟基位置以及糖的种类不同，苷化位移幅度也不相同。据此，可以判定糖在苷元上的结合位置。

1. 糖的苷化位移及端基碳的信号　酚性苷中，糖上端基碳的苷化位移约为 +4.0~+6.0。黄酮苷类化合物当苷化位置在苷元的 7 或 2′、3′、4′- 位时，糖的 C-1 信号将位于 δ 100.0~102.5 范围内。但 5-*O*- 葡萄糖苷及 7-*O*- 鼠李糖苷例外，相应的糖的 C-1 信号分别出现在 δ 104.3 及 99.0 处。因此可通过糖端基碳的化学位移确定糖的连接位置。

黄酮类双糖苷或低聚糖苷的 ^{13}C-NMR 中，糖的端基碳信号出现在 δ 98.0~109.0 区域内，常与 C-6、C-8、C-3 及 C-10 混在一起而不易区别。这种情况下可采用 HMBC 等二维核磁共振技术会收到较好的效果。

2. 苷元的苷化位移　对判断黄酮类化合物 *O*- 糖苷中糖的连接位置来说，苷元的苷化位移具有非常重要的意义。通常，苷元糖苷化后 *α*- 碳原子向高场位移，其邻位及对位碳原子则向低场位移，且对位碳原子的位移幅度大而且恒定。在 7-OH、3-OH、3′-OH 及 4′-OH 糖苷化后均可看到这个现象（表 5-16）。因此，对于判断糖在苷元母核上的连接位置来说，苷元 *α*- 碳原子的对位及邻位碳原子的苷化位移比 *α*- 碳原子本身的苷化位移具有更确切的指导意义。

应当强调指出，黄酮醇的 3-OH 糖苷化后，对 C-2 引起的苷化位移比一般邻位效应要大得多。这说明 2,3- 双键与一般芳香系统不同，更具有烯烃的特征。还有，7-OH 及 3-OH 与鼠李糖成苷时，C-7 或 C-3 信号的苷化位移比一般糖苷要大一些，据此也可与一般糖苷相区别。5-OH 糖苷化后，除可看到与上述相同的苷化位移效应外，还因 5-OH 与 4- 位 C═O 的氢键缔合受到破坏，故对 C 环碳原子也将发生巨大的影响。C-2、C-4 信号明显地向高场位移，而 C-3 信号则移向低场，其结果正好与氢键缔合时看到的情况相反。另外，同一糖在 B 环上成苷比在 A 环上成苷时，苷化位移明显。综上所述，比较苷及苷元中相应碳原子的化学位移可判断糖在苷元上的连接位置。

黄酮类化合物的碳谱图（拓展阅读）

表 5-16　黄酮类化合物 ^{13}C-NMR 谱上的苷化位移

种类	苷化位移														
	2	3	4	5	6	7	8	9	10	1′	2′	3′	4′	5′	6′
7-*O*- 糖					+0.8	−1.4	+1.1		+1.7						
7-*O*- 鼠李糖					+0.8	−2.4	+1.0		+1.7						
3-*O*- 糖	+9.2	−2.1	+1.5	+0.4					+1.0	−0.8	+1.1	−0.3	+0.7	−0.4	+1.5
3-*O*- 鼠李糖	+10.3	−1.1	+2.0	+0.6					+1.1						
5-*O*- 葡萄糖	−2.8	+2.2	−6.0	−2.7	+4.4	−3.0	+3.2	+1.4	+4.3	−1.3	−1.2	−0.4	−0.8	−1.0	−1.2
3′-*O*- 葡萄糖	−0.5	+0.4									+1.6	0	+1.4	+0.4	+3.2
4′-*O*- 葡萄糖	+0.1	+1.0								+3.7	+0.4	+2.0	−1.2	+1.4	0

注:表中数据为苷元的苷化位移平均值。

(四) 双糖苷及低聚糖苷中分子内苷键及糖的连接顺序

双糖苷及三糖苷的光谱可以分解成相应的单糖苷或双糖苷的光谱进行比较而予以鉴定。当糖上的羟基被苷化时将使该羟基所在碳原子产生一个相当大的低场位移。例如在芦丁[槲皮素 -3-*O*-*α*-L- 鼠李糖基 -(1→6)-*β*-D- 葡萄糖苷]中,内侧的葡萄糖的 C-6 信号将向低场位移 5.8 个化学位移单位,但 C-5 则向高场位移约 1.4 个化学位移单位。另外,在新橙皮糖苷[即苷元 -*O*-*α*-L- 鼠李糖基 -(1→2)-*β*-D- 葡萄糖苷]中,内侧的葡萄糖的 C-2 信号将向低场位移 3.9 个化学位移单位,但 C-1 却向高场位移约 2.1 个化学位移单位。

对于槲皮素 -3-*O*-*β*-D- 葡萄糖基 -(1→2)-*β*-D- 葡萄糖苷,内侧的葡萄糖上的 C-2 信号由原来的 δ 74.2 向低场位移到 δ 82.4(+8.2)。苷化位移在双糖及低聚糖中是典型的 *β*-D- 糖苷化的数值(+8~+10)。

黄酮类双糖苷及低聚糖苷中糖的连接顺序常采用 HMBC 二维核磁共振技术进行确定。

五、黄酮类化合物的质谱

多数黄酮类化合物苷元在电子轰击质谱(EI-MS)中因分子离子峰较强,往往成为基峰,故一般无需做成衍生物即可进行测定。但是当测定极性强、难汽化以及对热不稳定的黄酮苷类化合物时,如不预先甲基化或三甲基硅烷化,则在 EI-MS 谱中将看不到分子离子峰。

1977 年 Schels H. 等曾首次报道将黄酮的单糖苷、双糖苷及三糖苷等做成三甲基硅烷化衍生物后测定 EI-MS,可以获得比甲基化衍生物更为清晰的分子离子峰,相对丰度至少可达 1%。此外,还将获得有关苷元及糖部分的结构、糖的连接位置、连接顺序以及分子内苷键等重要信息。

黄酮类 -*O*- 糖苷类化合物可以用 ESI-MS、FAB-MS、APCI、MALDI 和 FD-MS 等软电离质谱技术获得非常强的分子离子峰 $[M]^{+\cdot}$ 及具有偶数电子的准分子离子峰(quasi-molecular ion peak)$[M+H]^{+}$。另外,还可以因改变发射丝电流强度或通过多级质谱 MS^n 以获得有关苷元及糖基部分的重要信息;LC-MS 连用技术为黄酮苷类化合物的结构的快速鉴定提供了一种重要手段。

(一) 黄酮类化合物苷元的电子轰击质谱(EI-MS)

黄酮类化合物苷元的 EI-MS 中,除分子离子峰 $[M]^{+\cdot}$ 外,也常常生成 $[M-1]^{+}$ 即(M−H)基峰及 $[M-28]^{+\cdot}$(M−CO)。如为甲基化衍生物,则可以得到 $[M-15]^{+}$ 即($M-CH_3$)离子。

对黄酮类化合物来说,由下列两种基本裂解途径得到的碎片离子,如 $A_1^{+\cdot}$、$B_1^{+\cdot}$、B_2^{+} 等,因为保留着 A 及 B 环的基本骨架,且碎片 $A_1^{+\cdot}$ 与相应的 $B_1^{+\cdot}$ 碎片的质荷比之和等于分子离子 $[M]^{+\cdot}$ 的质荷比,故在鉴定工作上很有意义。

途径 - Ⅰ（RDA 裂解）：

途径 - Ⅱ：

通常，上述两种基本裂解途径是相互竞争、相互制约的。并且，B_2^{+} 及 $[B_2-CO]^{+}$ 离子丰度大致与 $A_1^{+\cdot}$ 及 $B_1^{+\cdot}$ 离子以及它们进一步裂解得到的子离子（如 $[A_1-CO]^{+\cdot}$ 等）的丰度互成反比。此外，还有由碎片离子 $A_1^{+\cdot}$ 生成 $[A_1-28]^{+\cdot}$（A_1-CO）及 B_2^{+} 生成 $[B_2-28]^{+\cdot}$（B_2-CO）等碎片离子。

下面重点介绍黄酮类及黄酮醇类的质谱裂解规律：

1. 黄酮类　黄酮类化合物的基本裂解途径如图 5-10 所示。其中，多数黄酮苷元分子离子峰 $[M]^{+\cdot}$

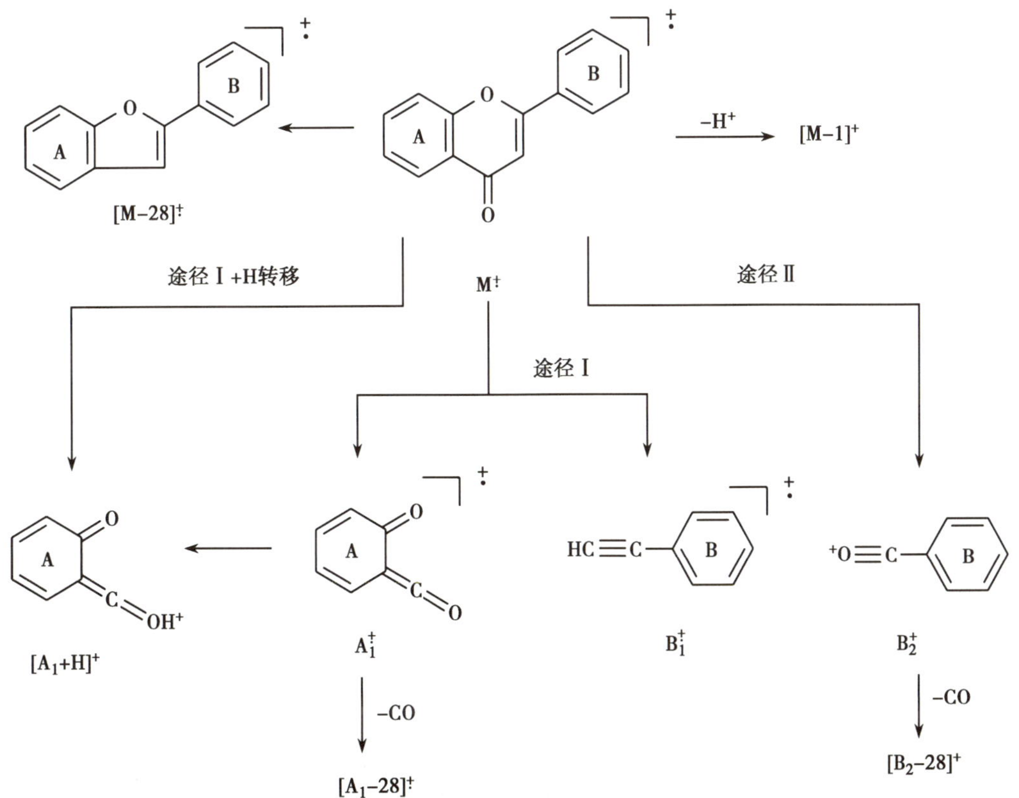

图 5-10　黄酮类化合物的 EI-MS 基本裂解途径

很强，往往成为基峰，但是 $[M-28]^{+\cdot}$ 及由途径 - Ⅰ 得到的 $A_1^{+\cdot}$ 及 $B_1^{+\cdot}$ 峰也很突出。

显然，A 环的取代模式可通过测定 $A_1^{+\cdot}$ 的 *m/z* 的值进行确定。例如由无取代的黄酮得到的 $A_1^{+\cdot}$ 为 *m/z* 120，$B_1^{+\cdot}$ 为 *m/z* 102；而由 5,7- 二羟基黄酮裂解得到的 $B_1^{+\cdot}$ 仍为 *m/z* 102，但 $A_1^{+\cdot}$ 碎片离子为 *m/z* 152，与无取代的黄酮比较增加了 32 个质量单位（m·u）（表 5-17），这就说明在化合物的 A 环上多了两个氧原子，即示 A 环可能有二羟基取代。

表 5-17　一些黄酮类化合物的质谱数据

化合物	$A_1^{+\cdot}$	$B_1^{+\cdot}$
黄酮	120	102
5,7- 二羟基黄酮	152	102
5,7,4′- 三羟基黄酮（芹菜素）	152	118
5,7- 二羟基 -4′- 甲氧基黄酮（刺槐素）	152	132

黄酮的 EI-MS 图谱举例（拓展阅读）

同理，根据 B 环碎片离子的 *m/z* 值，也可精确测定 B 环的取代情况。例如，芹菜素及刺槐素在质谱上可以给出同样的 $A_1^{+\cdot}$ 碎片离子（*m/z* 152），但 $B_1^{+\cdot}$ 碎片离子却相差 14 个质量单位（芹菜素为 *m/z* 118，刺槐素为 *m/z* 132），这说明刺槐素在 B 环上具有一个甲氧基（表 5-17）。

应当注意，黄酮在有四个以上氧取代基时，常常给出中等强度的 $A_1^{+\cdot}$ 及 $B_1^{+\cdot}$ 碎片，它具有重要的鉴定意义；但是黄酮醇则不然，当氧取代基超过 4 个以上时，只能产生微弱的 $A_1^{+\cdot}$ 及 $B_1^{+\cdot}$ 碎片离子。

在 3- 位、6- 位及 8- 位含有 C- 异戊烯基的黄酮类，除一般黄酮裂解途径外，还将产生一些新的碎片离子。例如在下列化合物（Ⅰ）中，A 环上的 *γ,γ*- 二甲烯丙基可因 A 环在裂解过程中脱去 $C_4H_7^{\cdot}$ 碎片，并重排成稳定的䓬鎓离子（Ⅱ）而得以证明。

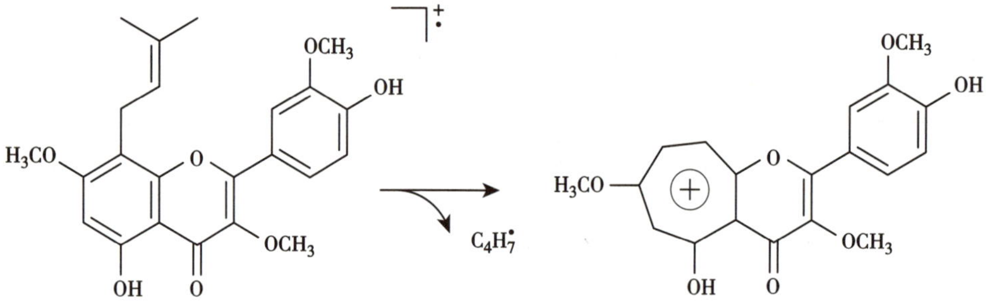

至于在 6- 位及 8- 位含有甲氧基的黄酮，在裂解过程中尚可失去 $CH_3^{\cdot}$，得到 $[M-15]^+$ 强峰（常为基峰），随后又失去 CO，生成 $[M-43]^+$ 离子，如图 5-11 所示。

2. 黄酮醇类　黄酮醇类化合物的质谱裂解途径如图 5-12 所示。

多数黄酮醇苷元的分子离子峰是基峰，在裂解时主要按途径 Ⅱ 进行，得到的 B_2^+ 离子，以及由它继续失去 CO 形成的 $[B_2-28]^+$ 离子，在鉴定工作中有重要意义。与途径 Ⅱ 相比，途径 Ⅰ 通常不太主要。其中，$[A+H]^+$ 是来自 A 环的主要离子，其上转移的 H 来自 3-OR 基团。

前已述及，在黄酮类化合物质谱上，通常由途径 Ⅰ 中得到的碎片离子（包括子离子）的丰度与途径 Ⅱ 中得到的碎片离子（包括子离子）的丰度大致成反比。因此，如果在质谱图上看不到由途径 Ⅰ（RDA 裂解）得到的中等强度的碎片离子时，则应当检查出 B_2^+ 离子。例如在黄酮醇分子中，如羟基数不超过 3 个时，则在其全甲基化衍生物的质谱图上，B_2^+ 离子应当出现在 *m/z* 105（B 环无羟基取代）或 135

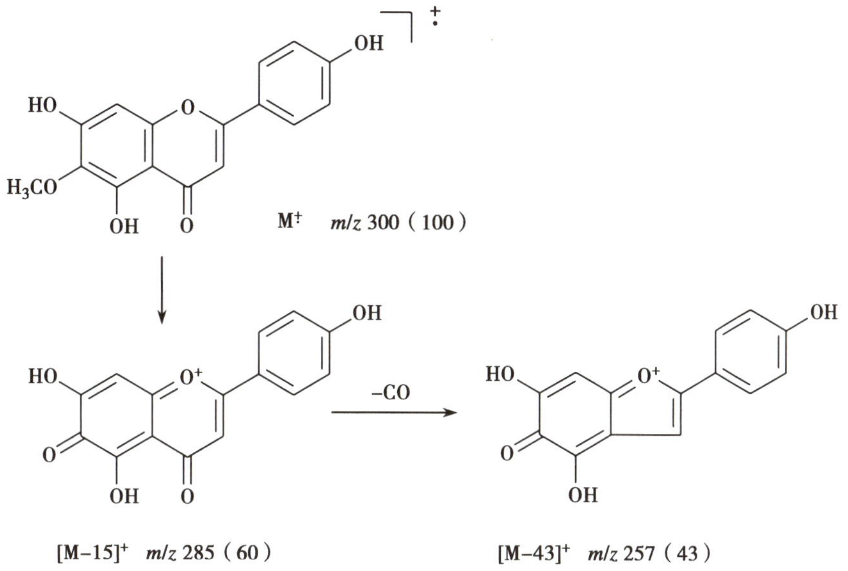

图 5-11　6- 甲氧基的黄酮类化合物的 EI-MS 裂解途径

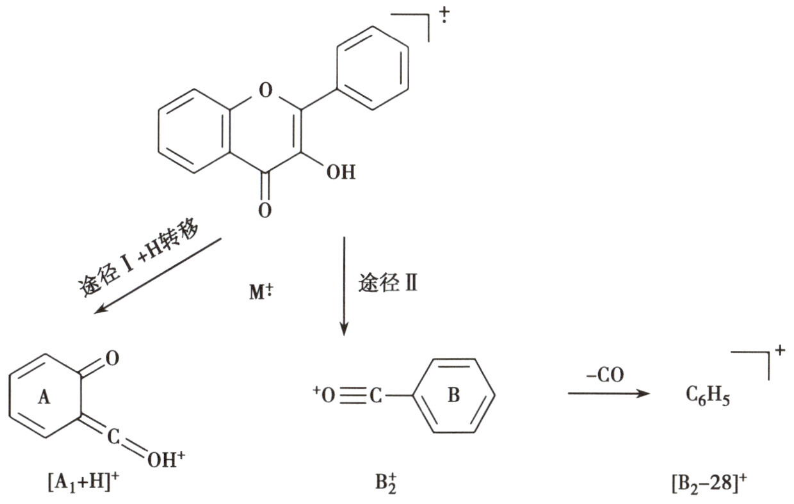

图 5-12　黄酮醇类化合物的 EI-MS 裂解途径

(—OCH_3，示 B 环有 1 个羟基）或 165（有 2 个—OCH_3，示 B 环有 2 个羟基）或 195（有 3 个—OCH_3，示 B 环有 3 个羟基）等处，其中最强的峰即为 $B_2^{+\cdot}$ 离子。通过考察 $B_2^{+\cdot}$ 离子与分子离子 $[M]^{+\cdot}$ 间的 m/z 差别，可以帮助判断 A 环及 C 环的取代模式。

在黄酮醇苷元的质谱上，除了上述 $M^{+\cdot}$、$B_2^{+\cdot}$ 及 $[A_1+H]^+$ 离子外，也还可以看到如 $[M-1]^+$（M−H）、$[M-15]^+$（$M-CH_3$）、$[M-43]^+$（$M-CH_3-CO$）等碎片离子，这些也都为结构鉴定提供了具有一定价值的信息。

具有 2′-OH 或 2′-OCH_3 的黄酮醇类在裂解时有一重要特点，即可以通过失去 $OH^{\cdot}$ 或 $OCH_3^{\cdot}$，形成一个新的稳定的五元杂环（如图 5-13 所示）。

（二）黄酮苷类化合物的 ESI-MS/MS

黄酮苷类化合物在 EI-MS 上既不显示分子离子峰，也不显示糖基的碎片，故不宜用 EI-MS 测定。与 EI-MS 相比，ESI-MS 谱在测定黄酮苷类化合物时显示出优势，在正离子检测模式下给出准分子离子峰 $[M+H]^+$、$[M+Na]^+$ 或 $[M+K]^+$ 等，在负离子检测模式下给出 $[M-H]^-$。此外，通过多级质谱还可获得依次失去糖基的碎片离子、苷元离子 [苷元 +H]$^+$（正离子模式）或 [苷元 −H]$^-$（负离子模式），以及苷

−OR·

M⁺· (R=H，或CH_3)

$[M-17]^+$ (R=H)
$[M-31]^+$ (R=CH_3)

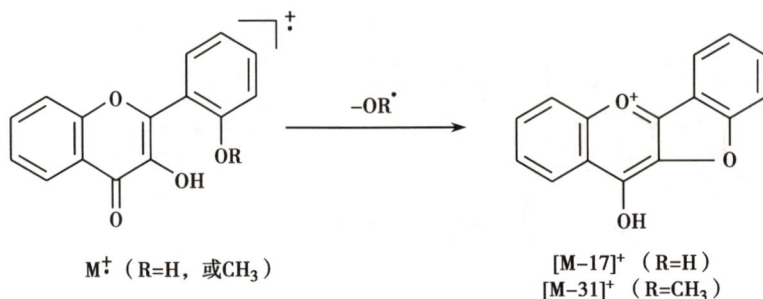

图 5-13 具有 2′-OH 或 2′-OCH_3 的黄酮醇类化合物的 EI-MS 裂解特点

元进一步发生 RDA 裂解产生的碎片。例如芦丁的 (+) HR-ESI-MS 一级质谱(图 5-14)除了给出 $[M+H]^+$ (*m/z* 611) 峰外，还给出依次失去鼠李糖基、葡萄糖基的碎片离子 $[M-Rha(146)+H]^+$(*m/z* 465)、$[M-(Rha\text{-}Glc)(308)+H]^+$(*m/z* 303)(即苷元离子)，其裂解途径如图 5-15。这种类型的开裂对鉴别黄酮类 -*O*-低聚糖苷的末端糖具有一定意义。

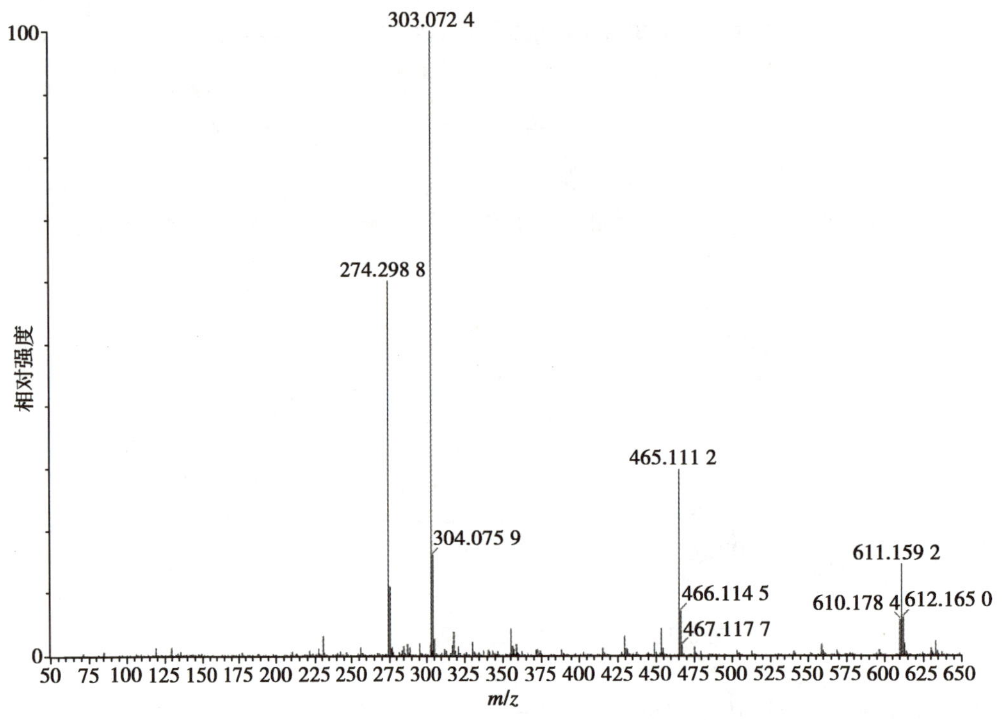

图 5-14 芦丁的(+)HR-ESI-MS 一级质谱图(二级质谱碰撞能量为 20V)

六、黄酮类化合物的立体化学

有立体化学问题的游离黄酮类化合物除取代基侧链外，主要就是二氢黄酮、二氢黄酮醇及其衍生物、异二氢黄酮(醇)类的 C-2 和 C-3 的立体化学问题。测定绝对构型的方法主要包括：①化学法；②单晶 X 射线衍射法；③核磁共振法，如采用改良的 Mosher 法测定二氢黄酮醇类化合物 C-3 的绝对构型，具体方法见相关文献[6]；④圆二色谱。

圆二色谱(CD)及 CD 激子手性法(CD exciton chirality method)是目前有机化合物绝对构型测定时普遍采用的方法，特别是对于具有手性的二氢黄酮、二氢黄酮醇、二氢异黄酮等尤为适用，故在此做重点介绍。Desmond Slade 等[7]对圆二色谱法在黄酮类化合物绝对构型研究中的应用进行了详细的总结，可供参考。

1. 二氢黄酮类　二氢黄酮类化合物的 C-2 为手性碳原子，其绝对构型有 *S*、*R* 两种。在自然界中，

$C_{27}H_{31}O_{16}^+$ *m/z* 611

$C_{21}H_{21}O_{12}^+$ *m/z* 465

$C_{15}H_{11}O_7^+$ *m/z* 303

CHO

$C_{14}H_{10}O_6^+$ *m/z* 274

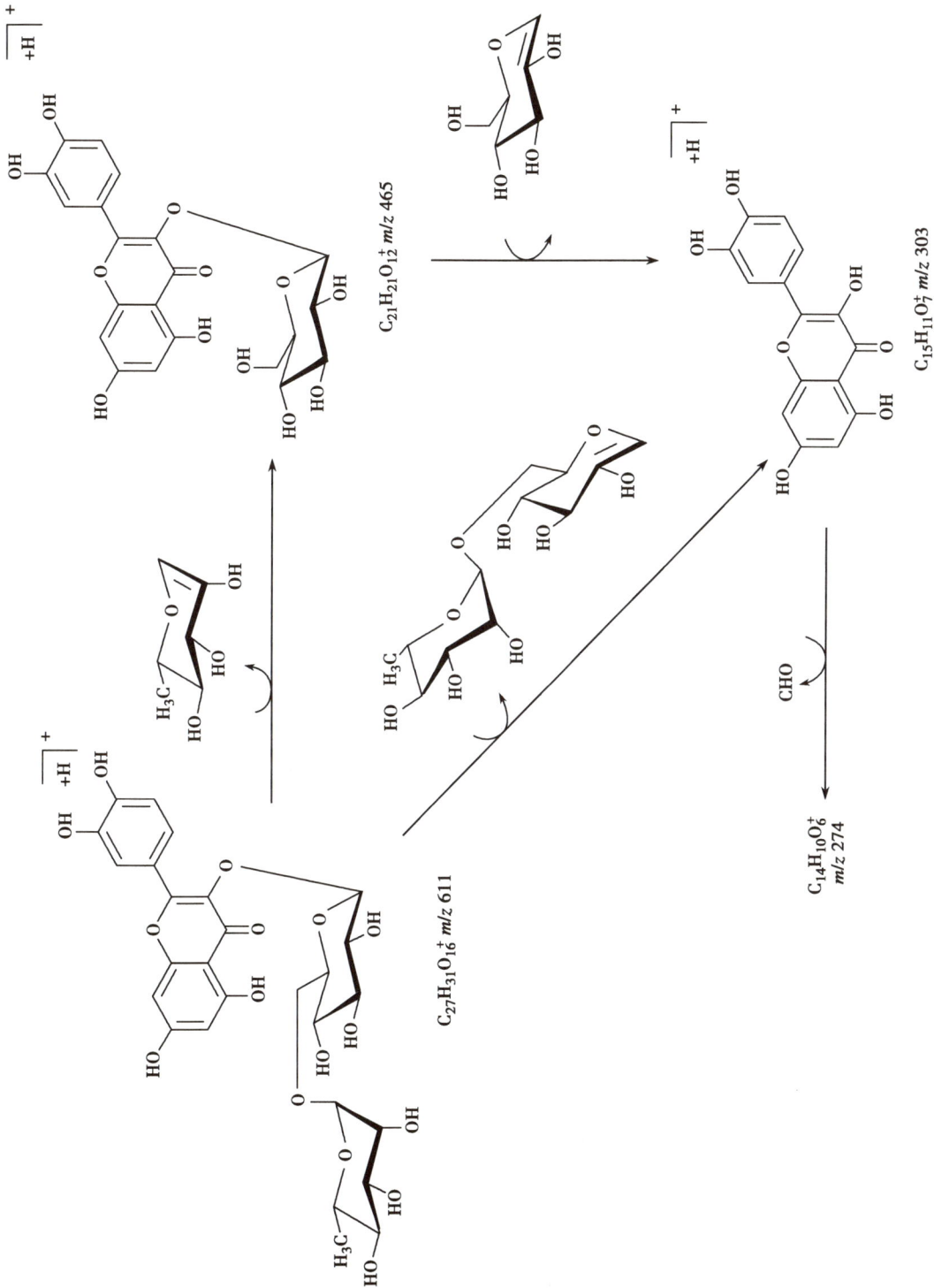

图 5-15　芦丁的(+)ESI-MS 裂解途径

主要存在的二氢黄酮为 2*S* 构型，也有以对映异构体混合物存在。二氢黄酮类化合物在 300~340nm 处有紫外吸收，是 C 环上羰基的 n→π* 跃迁所引起的，当 CD 显示正 Cotton 效应时，可推定 C-2 的绝对构型为 *S*；当显示负 Cotton 效应时，可推定 C-2 的绝对构型为 *R*（见表 5-18）。

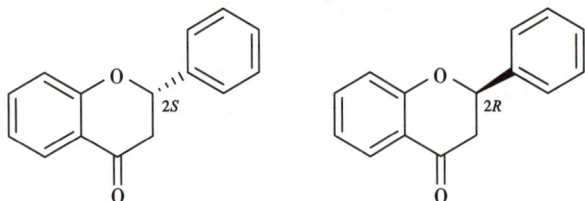

表 5-18　二氢黄酮 C-2 的立体构型和 CD 谱

绝对构型	CD n→π*（300~340nm）
2*S*	+
2*R*	-

例如，oboflavanone A 和 oboflavanone B 在 290nm 和 334nm 处有紫外吸收。Oboflavanone A 的 CD 谱在 334nm 处显示正的 Cotton 效应，可以推定 C-2 的绝对构型为 *S*；而 oboflavanone B 的 CD 谱在 334nm 处显示负的 Cotton 效应，可以推定其 C-2 的绝对构型为 *R*，故可以此鉴别两个化合物。

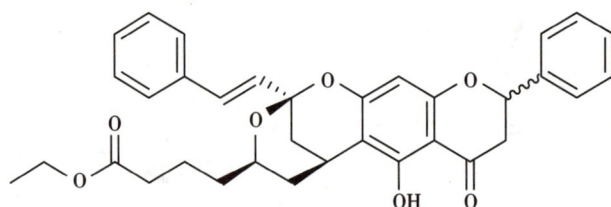

oboflavanone A（2*S*）
oboflavanone B（2*R*）

又如柚皮素 -5-*O*-*β*-D- 龙胆二糖苷（naringenin-5-*O*-*β*-D-gentiobioside）可利用 CD 谱确定结构中 C-2 的绝对构型[8]。CD 谱中，在 289nm 处显示正的 Cotton 效应，330nm 处显示负的 Cotton 效应时，C-2 的绝对构型为 *R*，反之为 *S*。化合物 **1** 的 CD 谱（nm，Δ*ε*，MeOH）为 302（-7.25）、333（+4.95），可知 C-2 的绝对构型为 *S*；而化合物 **2** 的 CD 谱（nm，Δ*ε*，MeOH）为 286（+2.74）、333（-1.23），可知 C-2 的绝对构型为 *R*。这两个化合物的 CD 曲线的相位相反（见图 5-16）。

2. 二氢黄酮醇类　二氢黄酮醇具有 C-2、C-3 两个手性中心，存在四种立体构型：(2*R*,3*R*)、(2*S*,3*S*)、(2*R*,3*S*) 和 (2*S*,3*R*)。在自然界中以 (2*R*,3*R*) 构型最为常见。

确定二氢黄酮醇 C-2、C-3 的绝对构型主要分为两步：①根据 ^{1}H-NMR 偶合常数 $J_{2,3}$ 判断 C-2 和 C-3

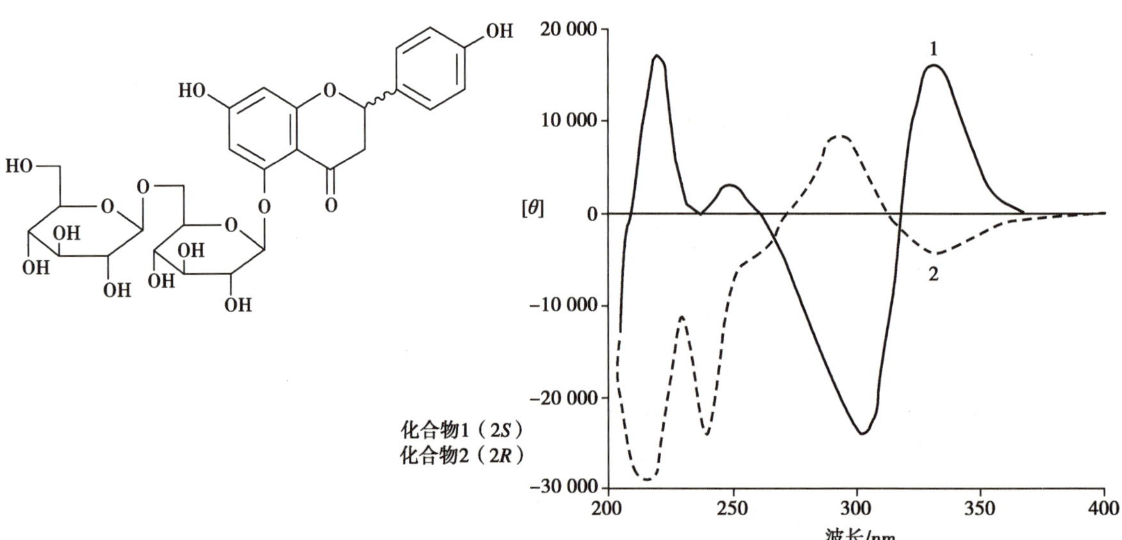

图 5-16　柚皮素 -5-*O*-*β*-D- 龙胆二糖苷的结构及 CD 谱

的相对构型。一般反式构型 $J_{H\text{-}2,3}$ 约为 11Hz，顺式构型 $J_{H\text{-}2,3}$ 约为 3Hz。对于反式构型，当 H-2 和 H-3 处于反式双直立键时，构型比较稳定，其绝对构型可能为（2*R*,3*R*）或（2*S*,3*S*）；对于顺式构型，当 H-2 处于直立键，而 H-3 处于平伏键时，构型比较稳定，其绝对构型可能为（2*R*,3*S*）或（2*S*,3*R*）。②根据 CD 谱线的符号判断 C-2 的绝对构型，从而推定 C-3 的绝对构型。二氢黄酮醇在 300~340nm 处有紫外吸收，是 C 环上羰基的 n→π* 跃迁所引起的。一般情况下，不受芳香环上取代基影响，但与六元环的构象有关。当显示正 Cotton 效应时，判断 C-2 的绝对构型为 *R* 构型；当显示负 Cotton 效应时，C-2 的绝对构型为 *S* 构型（见表 5-19）。

表 5-19 二氢黄酮醇 C-2 和 C-3 的立体构型及波谱特征

NMR $J_{2,3}$	结果	相对构型	CD n→π* (300~340nm)	结果	绝对构型
11Hz	*trans*	(2*R*,3*R*) 或 (2*S*,3*S*)	+	2*R*	(2*R*,3*R*)
			−	2*S*	(2*S*,3*S*)
3Hz	*cis*	(2*R*,3*S*) 或 (2*S*,3*R*)	+	2*R*	(2*R*,3*S*)
			−	2*S*	(2*S*,3*R*)

例如 (−)-(2*R*,3*R*)- 落新妇苷（astilbin，dihydroquercetin 3-*O*-*α*-L-rhamnopyranoside）[9] 由 ^{1}H-NMR 可知落新妇苷 H-2 和 H-3 的偶合常数 $J_{2,3}$=10.7Hz，推定结构中 H-2 和 H-3 处于反式双直立键。CD 谱（见图 5-17）中，在 295nm 处显示负的 Cotton 效应，330nm 处显示正的 Cotton 效应，表明其 C-2 和 C-3 的绝对构型为（2*R*,3*R*）。

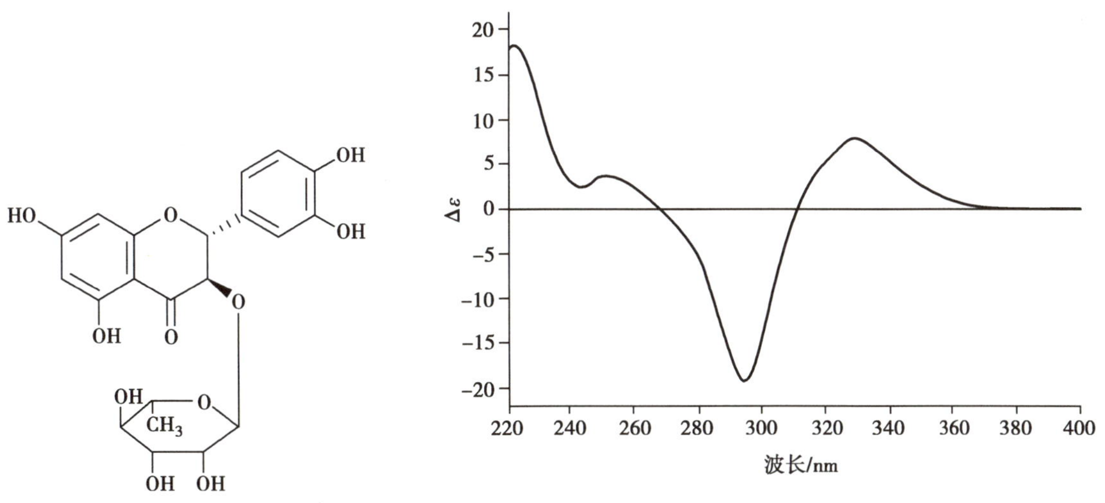

图 5-17 (−)-(2*R*,3*R*)- 落新妇苷的结构和 CD 谱

3. 二氢异黄酮类　二氢异黄酮在 320~352nm 处有紫外吸收，是 C 环上羰基的 n→π* 跃迁所引起的，当显示正的 Cotton 效应时，可以推定 C-3 的绝对构型为 *R*；当显示负的 Cotton 效应时，C-3 的绝对构型为 *S*。

计算光谱的不断发展为应用圆二色谱确定黄酮类化合物的立体化学提供了有力支撑。对于缺少文献数据对比分析的化合物、结构变化后不符合经验规则的化合物、同时存在多种异构体的化合物等，均可借助计算 CD 谱辅助判定。

七、结构鉴定的实例

千斤拔苷 A（flemingoside A）的结构测定 [10]

千斤拔苷 A 为黄色粉末（甲醇），10% 硫酸 - 乙醇显色为黄色，三氯化铁 - 铁氰化钾反应阳性；UV

λ_{max}(MeOH):205、256、367nm 给出最大吸收;IR 光谱给出羟基(3 419cm^{-1})、缔合羰基(1 626cm^{-1})、苯环(1 610、1 517 cm^{-1})特征吸收峰,提示其可能为羟基黄酮类化合物。高分辨质谱 HR-ESI-MS 显示 $[M+Na]^+$ m/z 501.100 7($C_{22}H_{22}NaO_{12}$,计算值 501.100 9),结合核磁共振数据,确定该化合物的分子式为 $C_{22}H_{22}O_{12}$。

^{1}H-NMR(600MHz,DMSO-d_6)谱给出黄酮醇 5 位缔合酚羟基特征信号 δ 13.05(1H,s,5-OH);芳香区观察到 1 个单峰质子信号 δ 6.50(1H,s,H-8),推测为 6 或 8 位质子;1 组相互偶合的质子信号 δ 7.76(1H,d,J=2.0Hz,H-2′)、6.94(1H,d,J=8.5Hz,H-5′)、7.68(1H,dd,J=8.5、2.0Hz,H-6′),提示黄酮 B 环存在 ABX 偶合系统;此外还给出 1 个甲氧基质子信号 δ 3.84(3H,s),在 NOE 谱中可以看到,单独照射甲氧基质子,δ 7.76 处质子信号有增益,说明甲氧基取代在 B 环 3′位,则 4′位为羟基取代。以上数据,结合 ^{13}C-NMR(150MHz,DMSO-d_6)谱中观察到的 15 个芳香碳信号,以及 δ 55.8 处的甲氧基碳信号,确定该化合物的母核为 3,5,7,4′- 四羟基 -3′- 甲氧基黄酮,即异鼠李素。

^{1}H-NMR 中还可以观察到 1 个糖端基质子信号 δ 4.60(1H,d,J=9.8Hz),结合 ^{13}C-NMR 中剩余的 6 个碳信号 δ 81.7、79.0、73.1、70.7、70.3 和 61.5,经与文献对照 [11],确定结构中存在 1 个通过 C-C 键与黄酮母核相连的 D- 葡萄糖基片段,并且根据其端基质子偶合常数判断苷键为 β- 构型。糖的连接位置通过碳谱数据与 HMBC 分析来确定。化合物 6、8 位的碳谱数据为 δ 108.2 与 93.3,通过与文献报道的黄酮 -6- 碳苷和 8- 碳苷的 6、8 位碳数据 [11] 比较不难看出,δ 93.3 处的信号应该为 C-8 碳信号,而 δ 108.2 处信号为由于形成碳苷而由 δ 98 附近向低场位移约 10 个化学位移单位的黄酮 C-6 碳信号。同时,在 HMBC 谱中可以观察到糖端基质子信号 δ 4.60 分别与 δ 159.9(C-5)、108.2(C-6)和 163.2(C-7)存在远程相关,从而确定糖基连接在异鼠李素母核的 6 位,见表 5-20。综上分析,确定该化合物的结构为 3,5,7,4′- 四羟基 -3′- 甲氧基黄酮 -6-C-β-D- 吡喃葡萄糖苷,即异鼠李素 -6-C-β-D- 吡喃葡萄糖苷(isorhamnetin-6-C-β-D-glucopyranoside)。

千斤拔苷 A 的结构解析(拓展阅读)

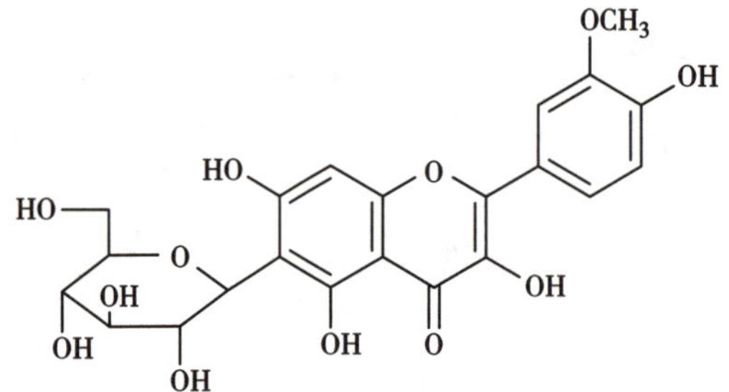

表 5-20 千斤拔苷 A 的 NMR 数据(in DMSO-d_6)

No.	^{1}H-NMR(mult,J in Hz)	^{13}C-NMR	HMBC(^{1}H→^{13}C)
2		146.5	
3		135.8	
4		176.1	
5		159.9	
6		108.2	
7		163.2	
8	6.50(1H,s)	93.3	C-6,C-7,C-9,C-10
9		155.1	
10		102.8	
1′		122.0	

续表

No.	^{1}H-NMR(mult, *J* in Hz)	^{13}C-NMR	HMBC(^{1}H→^{13}C)
2′	7.76(1H, d, *J*=2.0Hz)	111.8	C-2, C-4′, C-6′
3′		147.4	
4′		148.9	
5′	6.94(1H, d, *J*=8.5Hz)	115.6	C-3′, C-6′
6′	7.68(1H, dd, *J*=8.5、2.0Hz)	121.7	C-2′
1″	4.60(1H, d, *J*=9.8Hz)	73.1	C-5, C-6, C-7
2″		70.7	
3″		79.0	
4″		70.3	
5″		81.7	
6″		61.5	
3-OH	9.45(1H, br s)		
5-OH	13.05(1H, br s)		
7-OH	9.77(1H, br s)		
3′-OCH_3	3.83(3H, s)	55.8	C-3′

第六节　黄酮类化合物的生物活性

一、对心血管系统的作用

不少治疗冠心病有效的中草药或活血化瘀类中药中均含有黄酮类化合物。如银杏叶总黄酮、葛根总黄酮等具有扩张冠状动脉血管作用，临床用于治疗冠心病。芦丁、槲皮素、葛根素、人工合成的立可定(recordil)等均有明显的扩冠作用，并已用于临床。灯盏花素具有扩张毛细血管、疏通微循环、抗血栓形成、保护脑神经、减少脑组织缺血及再灌注损害等功效，临床用于治疗脑血栓所致瘫痪；灯盏乙素通过上调内皮型一氧化氮合酶(eNOS)表达和下调内皮细胞生长因子(VEGF)等血管因子的表达，发挥脑缺血保护作用。芦丁、橙皮苷、(+)-儿茶素、香叶木苷(diosmin)等有维生素P样作用，能降低血管脆性及异常的通透性，可用作防治高血压及动脉硬化的辅助治疗剂。有些黄酮类成分有降低血脂及胆固醇的作用。槲皮素等黄酮类化合物对由ADP、胶原或凝血酶引起的血小板聚集及血栓形成也有抑制作用。

灯盏花素药理活性及功效(拓展阅读)

rutinose—O … OCH$_3$, OH, OH, O

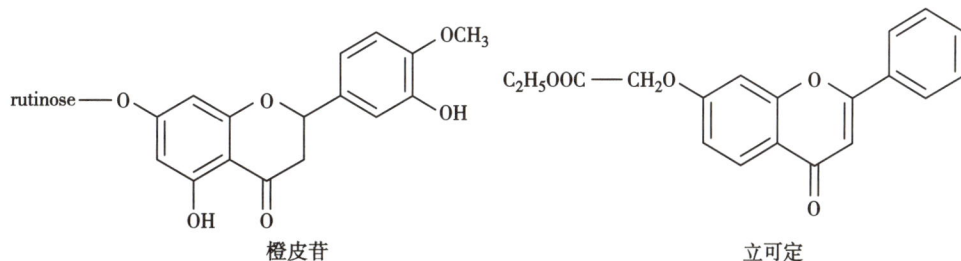

橙皮苷

C_2H_5OOC—CH_2O … O, O

立可定

二、保肝作用

从水飞蓟(*Silybum marianum*)种子中得到的水飞蓟宾(silybin)、异水飞蓟素(silydianin)及次水飞

水飞蓟的主要黄酮木脂体成分（拓展阅读）

黄芩苷（拓展阅读）

蓟素（silychristin）等黄酮类物质经动物实验及临床实践均证明有很强的肝脏保护作用，其作用机制主要是抗氧化、抗脂质过氧化、清除自由基、抑制肝纤维化和稳定肝细胞膜。临床上用以治疗急、慢性肝炎，肝硬化及多种中毒性肝损伤等疾病均取得了较好的效果。另外(+)-儿茶素在欧洲也用作抗肝脏毒药物，对脂肪肝及因半乳糖胺或 CCl_4 等引起的中毒性肝损伤均示有一定效果。黄芩苷降低转氨酶疗效较好，临床上主要用于治疗急性、慢性迁延性和慢性活动性肝炎等。

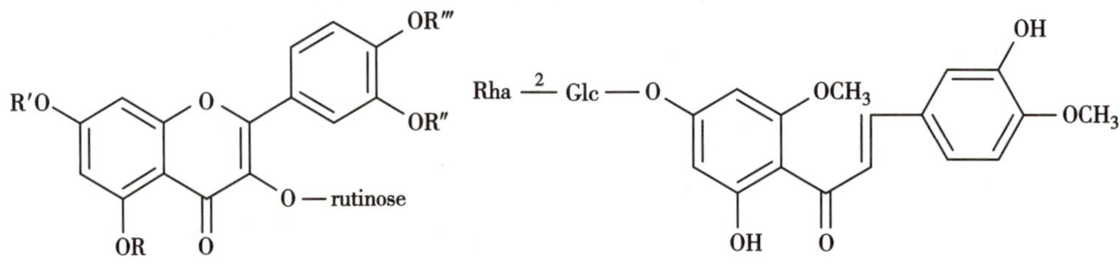

羟乙基芦丁（R，R′，R″，R‴=CH_2CH_2OH或H）　　橙皮苷-甲基查耳酮

三、抗炎作用

黄酮类化合物，如芦丁及其衍生物羟乙基芦丁（hydroxyethylrutin，又名曲克芦丁）、二氢槲皮素（taxifolin）以及橙皮苷-甲基查耳酮(HMC)等据报道对角叉菜胶、5-HT 及 PEG 诱发的大鼠足爪水肿、甲醛引发的关节炎及棉球肉芽肿等均有明显抑制作用。金荞麦（*Polygonum cymosum*）中的双聚原矢车菊苷元有抗炎、祛痰、解热、抑制血小板聚集与提高机体免疫功能的作用，临床用于肺脓肿及其他感染性疾病。

黄酮类化合物的抗炎作用机制有：①花生四烯酸代谢途径，包括白三烯途径、环氧化酶途径、脂氧合酶途径、磷脂酶 A_2 途径、血栓素 A_2 途径、前列腺素途径；②抑制炎性细胞因子及其受体；③清除氧自由基等途径。

四、雌性激素样作用

染料木素（genistein）、鹰嘴豆芽素 A（biochanin A）、大豆素（daidzein）等异黄酮类均有雌性激素样作用，这可能是由于它们与己烯雌酚结构相似的缘故。大豆异黄酮可用于防治一些和雌激素水平不平衡有关的疾病，如更年期综合征、骨质疏松等。

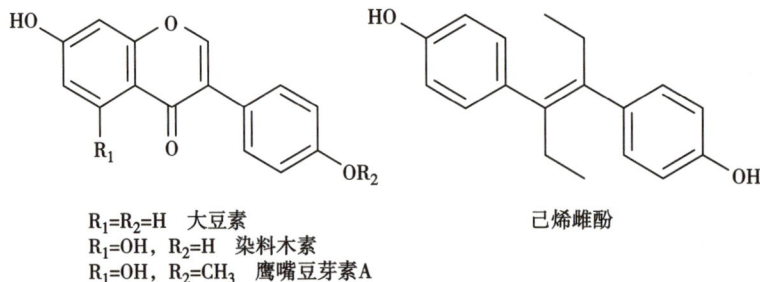

R_1=R_2=H　大豆素
R_1=OH，R_2=H　染料木素
R_1=OH，R_2=CH_3　鹰嘴豆芽素A

己烯雌酚

五、抗氧化作用

含有多酚羟基的黄酮类化合物通过抗脂质过氧化、清除活性自由基、对体内酶的作用等发挥抗氧化活性，如山柰酚、槲皮素、木犀草素、芹菜素、儿茶素等。一般情况下，具有邻苯二酚结构、酚羟基多的黄酮类化合物呈现出较强的抗氧化能力，并且 C-5、C-7 为酚羟基是保持活性所必需的。

六、抗菌及抗病毒作用

木犀草素、黄芩苷、黄芩素等均有一定程度的抗菌作用。大豆素、染料木苷、甘草素等异黄酮类对 HIV 病毒有一定的抑制作用。槲皮素、桑色素（morin）、二氢槲皮素及山柰酚等具有抗病毒作用。儿茶素类具有治疗尖锐湿疣的作用，以绿茶茶多酚部位（主要为儿茶素类）研制的植物药 Veregen 用于局部治疗由人类乳头瘤病毒引起的生殖器疣，是美国 FDA（2006 年）批准的第一例植物提取物的药物（混合物）。

植物药 Veregen 的简介（拓展阅读）

此外，黄酮类化合物还具有抗肿瘤、抗辐射、降糖、免疫调节、止咳、祛痰、平喘、泻下、解痉等作用。

黄酮类化合物在植物界中分布很广，在人们日常生活中用到的粮食、蔬菜以及水果中也有相当大的含量。因此有的学者认为，黄酮类化合物与生物碱类不同，不大可能期望它们具有显著的生理活性，但某些黄酮类化合物确有着显著的生理活性。

第七节　黄酮类化合物的研究实例

根皮苷（phlorizin）是根皮素的葡萄糖苷，属于二氢查耳酮类化合物。主要存在于苹果树的根皮、茎、嫩叶及果实中，在蔷薇科和杜鹃花科等其他植物中也被检测到，但含量较低。根皮苷，为微黄色或白色针状结晶，味先甜后苦。分子式为 $C_{21}H_{24}O_{10}$。熔点为 168~169℃，密度为 1.429 8g/cm^3，比旋光度为 $[\alpha]_D^{25}$–52（MeOH）。溶解性：含量低时水溶性好，含量高时难溶于水；但能溶于热水，易溶于甲醇、乙醇、戊醇、丙酮、乙酸乙酯、吡啶、冰醋酸等，不溶于醚、三氯甲烷和苯。

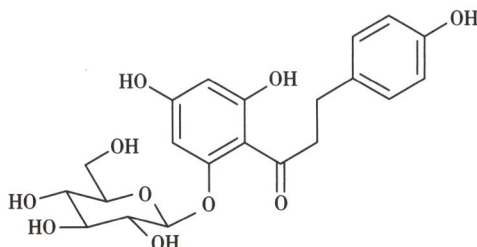

根皮苷通常采用乙醇水或甲醇水提取，提取方法包括回流法、超声波法、微波法等。分离方法包括大孔树脂吸附法、高效离心分配色谱法（HPCPC）、聚酰胺柱色谱、壳聚糖絮凝法、萃取法等。

UV λ_{max}(MeOH)：281.1、224.5nm；IR：3 383（羟基）、2 934、2 913、1 626（缔合羰基）、1 609、1 516、1 466（苯环）、1 198、1 086、1 036、836cm^{-1}。^{1}H-NMR[500MHz，pyridine-d_5/D_2O（34∶1，V/V）] 和 ^{13}C-NMR [125MHz，pyridine-d_5/D_2O（34∶1，V/V）]。数据[12]见表 5-21。

表 5-21　根皮苷的 NMR 数据（pyridine-d_5/D_2O）

No.	^{1}H-NMR δ_H（mult，J in Hz）	^{13}C-NMR δ_C
1		133.0
2	7.35（1H，d，J=8.0Hz）	129.8
3	7.16（1H，d，J=8.0Hz）	115.9
4		157.0
5	7.16（1H，d，J=8.0Hz）	115.9
6	7.35（1H，d，J=8.0Hz）	129.8

续表

No.	^{1}H-NMR δ_H(mult, J in Hz)	^{13}C-NMR δ_C
C=O		206.1
α	3.95（1H, dt, J=17.1、7.2Hz） 3.84（1H, dt, J=17.1、7.2Hz）	45.7
β	3.12（2H, m）	29.4
1′		106.6
2′		162.3
3′	6.98（1H, d, J=2.2Hz）	95.3
4′		166.4
5′	6.64（1H, d, J=2.2Hz）	97.8
6′		167.2
1″	5.69（1H, d, J=7.6Hz）	102.2
2″	4.37（1H, m）	74.5
3″	4.37（1H, m）	78.3
4″	4.27（1H, t, J=9.6Hz）	70.9
5″	4.11（1H, ddd, J=9.5、5.7、2.0Hz）	78.3
6″	4.50（1H, dd, J=12.0、2.0Hz） 4.32（1H, dd, J=12.0、5.7Hz）	62.0

根皮苷具有多种生物活性，如调节血压、血糖，保护心脏及清除体内自由基等，具有低毒的特点，能在多个领域得到广泛应用。根皮苷具有抑制 1 型和 2 型钠 - 葡萄糖共转运蛋白（SGLT2 和 SGLT1）的双重活性，显示较强的降糖作用。因选择性不高和在肠道迅速水解成根皮素（phloretin）和葡萄糖而失效，根皮苷本身不能药用，常作为药理工具药，也是个良好的先导化合物[13]。

结构改造的目标是：①对 SGLT2 有高选择性抑制作用；②口服有效；③消除糖苷容易水解失活的代谢不稳定性；④化学结构具有新颖性。构效关系研究表明：①糖基为识别 SGLT2 的药效团，保持适宜的亲水 - 亲脂的分配系数。将 O- 苷改造成 C- 苷，仍保持活性和选择性，将提高代谢和化学稳定性。②A 环引入甲基、卤素提高选择性和活性。③B 环引入杂环，如苯基噻吩、苯并噻吩等，提高对 SGLT2 的选择性和活性。④两个苯环间 3 个原子的连接基减少为 1 个，仍可保持选择性。

以根皮苷为先导化合物开发了一系列格列净类降血糖药物，主要包括达格列净（dapagliflozin）、坎格列净（canagliflozin）、恩格列净（empagliflozin）、伊格列净（ipragliflozin）、托格列净（tofogliflozin）、鲁格列净（luseogliflozin）、埃格列净（ertugliflozin）、依碳酸瑞格列净（remoglifozin etabonate）、sotaglifozin，是具有明确心肾保护的降糖药物。格列净类药物临床上用于治疗 2 型糖尿病，是以天然活性产物为先导化合物研制成功的范例。

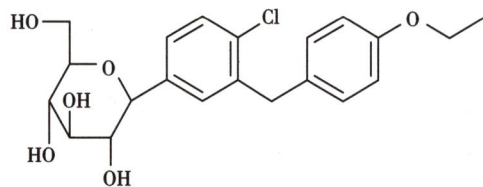

达格列净　　坎格列净

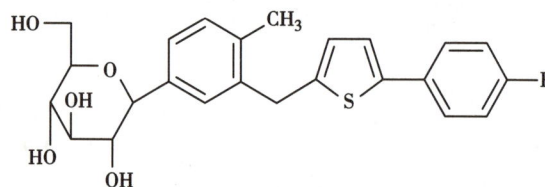

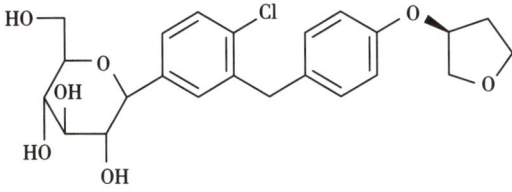

恩格列净

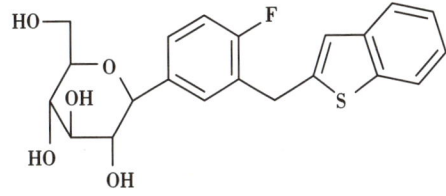

伊格列净

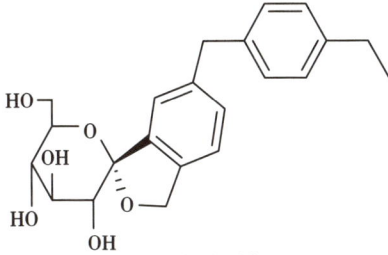

托格列净

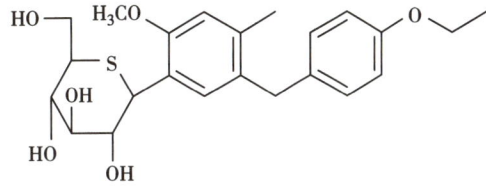

鲁格列净

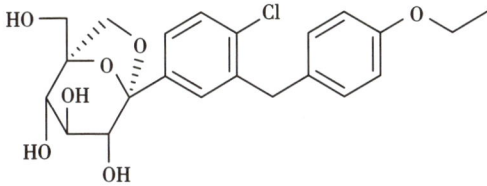

埃格列净

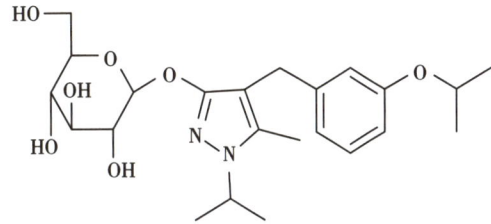

依碳酸瑞格列净

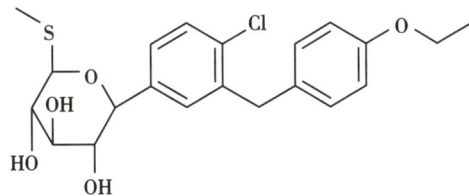

sotagliflozin

第五章
目标测试

（华会明）

参考文献

[1] 吴立军．实用天然有机产物化学．北京：人民卫生出版社，2007.

[2] 保罗·M·戴维克．药用天然产物的生物合成．娄红祥，主译．北京：化学工业出版社，2008.

[3] LIU X N，CHENG J，ZHANG G H，et al. Engineering yeast for the production of breviscapine by genomic analysis and synthetic biology approaches. Nature Comm，2018，9(1)：448-457.

[4] FENG Y，LI N，MA H，et al. Undescribed phenylethyl flavones isolated from *Patrinia villosa* show cytoprotective properties via the modulation of the mir-144-3p/Nrf2 pathway. Phytochemistry，2018，153：28-35.

[5] YANG Y N，ZHU H，CHEN Z，et al. NMR spectroscopic method for the assignment of 3，5-dioxygenated aromatic rings in natural products. J Nat Prod，2015，78(4)：705-711.

[6] SECO J M，QUIÑOÁ E，RIGUERA R. The assignment of absolute configuration by NMR. Chem Rev，2004，104(1)：17-118.

[7] SLADE D，FERREIRA D，MARAIS J P J. Circular dichroism，a powerful tool for the assessment of absolute configuration of flavonoids. Phytochemistry，2005，66(18)：2177-2215.

[8] 王立波，森川敏生，高慧媛，等．沙生蜡菊花中的二氢黄酮类成分(英文). 中国天然药物，2009，7(5)：357-360.

[9] LUCAS-FILHO M D，SILVA G C，CORTES S F，et al. ACE inhibition by astilbin isolated from *Erythroxylum gonocladum* (Mart.) O. E. Schulz. Phytomedicine，2010，17(5)：383-387.

[10] 李丹毅，富艳彬，华会明，等．蔓性千斤拔根的化学成分研究．中草药，2012，43(7)：1259-1262.

[11] LI Z L，LI D Y，HUA H M，et al. Three new acylated flavone *C*-glycosides from the flowers of *Trollius chinensis*. J Asian Nat Prod Res，2009，11(5)：426-432.

[12] HILT P，SCHIEBER A，YILDIRIM C，et al. Detection of phloridzin in strawberries (*Fragaria*×*ananassa* Duch.) by HPLC-PDA-MS/MS and NMR spectroscopy. J Agric Food Chem，2003，51(10)：2896-2899.

[13] 郭宗儒．由根皮苷到坎格列净的上市．药学学报，2015，50(5)：633-634.

第六章

萜类化合物和挥发油

学习目标

1. **掌握** 萜类的定义、结构类型及其代表性化合物；萜类化合物的提取和分离方法；挥发油的定义、分类、理化性质及提取分离方法。
2. **熟悉** 萜类的分布和生物活性；挥发油的分布、生物活性及挥发油成分的鉴定。
3. **了解** 萜类化合物的结构鉴定。

第六章
教学课件

第一节 萜类化合物的结构类型

一、萜的含义和分类

萜类化合物（terpenoids）是天然产物中数量最多的一类化合物，其分布广泛、骨架庞杂，具有多样的生物活性。萜类成分一直是较为活跃的研究领域，亦是天然药物活性成分的重要来源[1-2]。

从化学结构来看，萜类化合物是分子骨架以异戊二烯单元（C_5 单元）为基本结构单元的化合物。从生源来看，甲戊二羟酸（mevalonic acid，MVA）是其生物合成的关键前体物，萜类化合物是由甲戊二羟酸衍生，且分子式符合 $(C_5H_8)_n$ 通式的化合物及其衍生物。

萜类化合物常根据分子骨架中异戊二烯单元的数目进行分类，如单萜、倍半萜、二萜等。再根据分子结构中碳环的数目，进一步分为链萜（无环萜）、单环萜、双环萜、三环萜和四环萜等，例如链状二萜、单环二萜、双环二萜、三环二萜、四环二萜等（表 6-1）。萜类化合物多数是其含氧衍生物，所以萜类化合物又可分为萜醇、萜醛、萜酮、萜羧酸及萜酯等。

表 6-1 萜类化合物的分类及分布

分类	碳原子数	异戊二烯单元数目（n）	存在于
半萜（hemiterpenoids）	5	n=1	植物叶
单萜（monoterpenoids）	10	n=2	挥发油
倍半萜（sesquiterpenoids）	15	n=3	挥发油
二萜（diterpenoids）	20	n=4	树脂、苦味质、植物醇
二倍半萜（sesterterpenoids）	25	n=5	海绵、植物病菌、昆虫代谢物
三萜（triterpenoids）	30	n=6	皂苷、树脂、植物乳汁
四萜（tetraterpenoids）	40	n=8	植物胡萝卜素
多聚萜（polyterpenoids）	7.5×10^3~3×10^5	n>8	橡胶、硬橡胶

萜类化合物在植物界分布极为广泛，藻类、菌类、地衣类、苔藓类、蕨类、裸子植物及被子植物中均有萜类的存在，其中种子植物尤其是被子植物中最为丰富，在被子植物中的 30 多个目、数百个科属中

均有发现。萜类化合物经常与树脂、树胶等并生，富含生物碱的植物一般不含或少含萜类化合物，水生植物中目前未见单萜及倍半萜类的报道。

单萜和倍半萜是构成植物中挥发油的主要成分，是香料和医药工业的重要原料。单萜在唇形科、伞形科、樟科及松科等植物腺体、油室及树脂道内有大量存在。倍半萜集中分布于木兰目、芸香目、山茱萸目及菊目等植物中。二萜主要分布于五加科、马兜铃科、菊科、橄榄科、杜鹃花科、大戟科、豆科、唇形科和茜草科等植物中，是形成树脂的主要物质。二倍半萜数量较少，主要分布于蕨类植物、菌类、地衣类、海洋生物及昆虫的分泌物等中。三萜是构成植物皂苷、树脂等的重要物质。四萜主要是一些脂溶性色素，广泛分布于植物中，一般为红色、橙色或黄色结晶。

本章内容主要介绍单萜、倍半萜、二萜、二倍半萜等萜类以及挥发油类化合物。三萜已另立专章叙述。四萜类化合物主要为胡萝卜烃（carotenoid）色素，多聚萜类化合物主要为橡胶（caoutchouc）及硬橡胶，四萜及多聚萜类化合物在有机化学中已简要介绍，本书不再赘述。

二、萜的结构类型

（一）单萜

1. 概述　单萜（monoterpenoids）是指分子骨架由 2 个异戊二烯单位构成，含 10 个碳原子的化合物。单萜广泛分布于高等植物的腺体、油室和树脂道等分泌组织中，是植物挥发油的主要组成成分，在昆虫和微生物的代谢产物及海洋生物中也有存在。它们的含氧衍生物多具有香气和较强的生物活性，是医药、化妆品和食品工业的重要原料。有些单萜在植物体内以苷的形式存在，则不具有挥发性。

单萜的基本骨架如图 6-1 所示，可分为链状和环状单萜，其中环状单萜又可分为单环、双环、三环

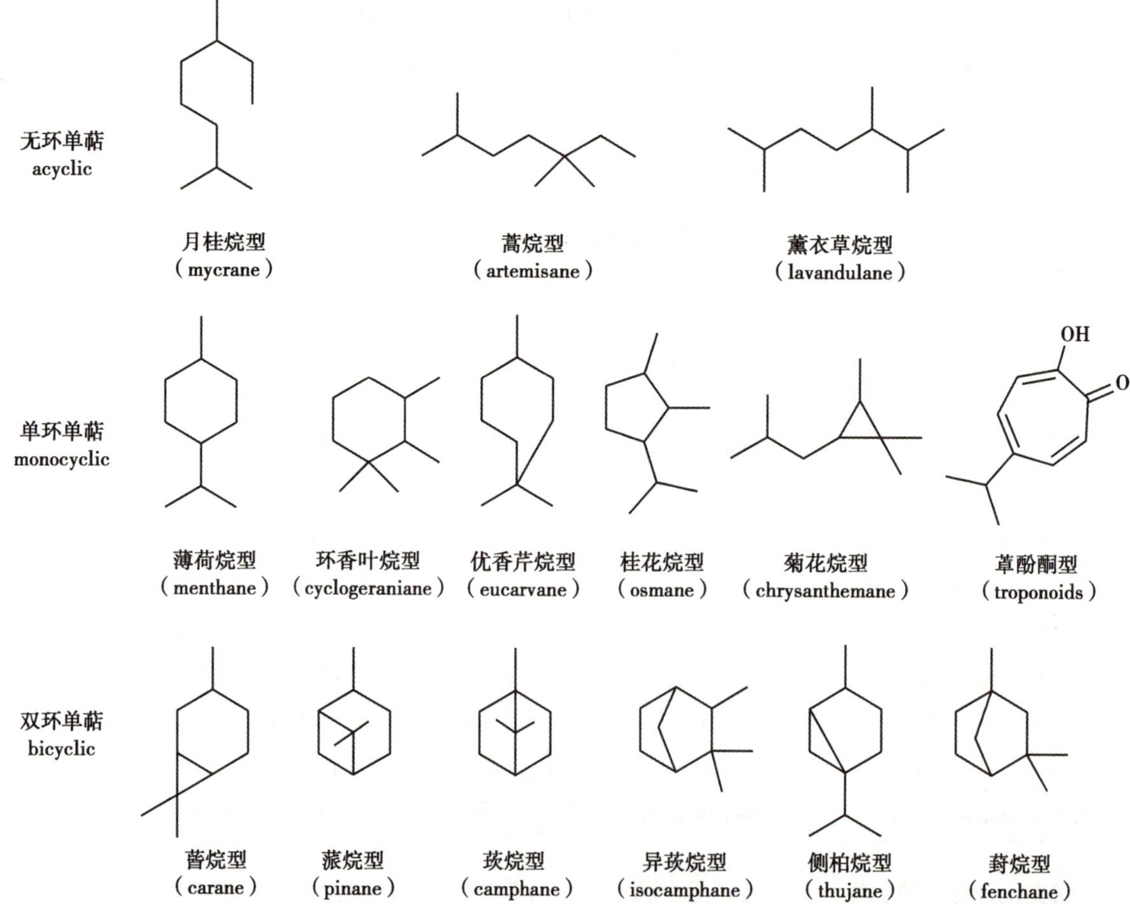

图 6-1　单萜的基本骨架

等类型，以单环和双环型单萜数量最多。构成的碳环多为六元环，也有五元环、四元环、三元环和七元环。

2. 链状单萜 柠檬醛（citral）具有顺反异构体，反式为 *α*- 柠檬醛，又称香叶醛（geranial）；顺式为 *β*- 柠檬醛，又称橙花醛(neral)。柠檬醛通常是混合物，以反式为主。柠檬醛存在于多种植物挥发油中，以柠檬草油和香茅油的含量较高。从挥发油中分离柠檬醛的方法是：加入亚硫酸氢钠使形成结晶性加成物，经分离后用稀酸或稀碱分解，再用真空蒸馏进行提纯。柠檬醛具有柠檬香气，作为原料应用于食品工业。含大量柠檬醛的挥发油，如香茅油具有止腹痛和驱蚊作用，在医药领域中用途广泛。

CHO CHO CHO

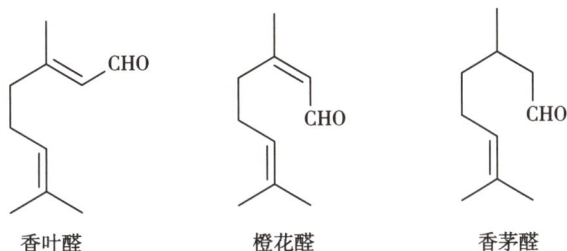

香叶醛 橙花醛 香茅醛

香茅醛（citronellal）是香茅醇的氧化产物，大量存在于香茅油中，也存在于桉叶油、柠檬油等挥发油中。它同样可通过形成亚硫酸氢钠加成物，经分离后再用蒸馏法提纯，香茅醛也是重要的柠檬香气香料。

以上几种链状单萜含氧衍生物可相互转化，所以常常共存于同一挥发油中。

蒿酮（artemisia ketone）及异蒿酮（isoartemisia ketone）存在于黄花蒿（*Artemisia annua*）的挥发油中。

3. 单环单萜 薄荷醇（menthol）是薄荷（*Mentha arvensis* var. *piperasceus*）和欧薄荷（*M. piperita*）等挥发油中的主要成分。其左旋体（*l*-menthol）习称“薄荷脑”，为白色块状或针状结晶。薄荷醇可用作牙膏、香水、饮料和糖果等的赋香剂。在医药领域用作刺激药，作用于皮肤或黏膜，有清凉止痒作用；内服可作为驱风药，用于头痛及鼻、咽、喉炎症等。

薄荷醇有 3 个手性碳原子，应有 8 个立体异构体，即 *l*- 薄荷醇（*l*-menthol）、*l*- 异薄荷醇（*l*-isomenthol）、*d*- 新薄荷醇（*d*-neomenthol）及 *l*- 新异薄荷醇（*l*-neoisomenthol）及其各自的对映体，但在薄荷油中只存在 *l*- 薄荷醇（*l*-menthol）及 *d*- 新薄荷醇（*d*-neomenthol）。

薄荷酮常与薄荷醇共存于薄荷油中，也有浓郁的薄荷香气。

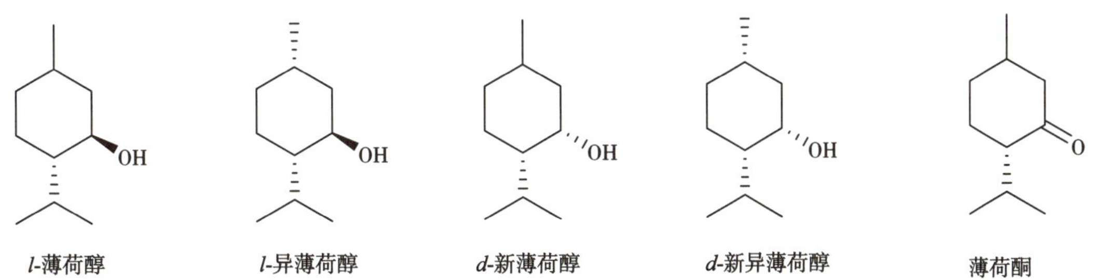

桉油精（cineole，eucalyptol）是桉叶挥发油中的主要成分，在桉油低沸点馏分中可达 30%。桉油精遇盐酸、氢溴酸、磷酸及甲苯酚等可形成结晶性加成物，加碱处理又分解出桉油精。桉油精有似樟脑的香气，用作防腐杀菌剂。

胡椒酮（piperitone）习称辣薄荷酮。存在于多种中药的挥发油中，有松弛平滑肌作用，是治疗支气管哮喘的有效成分。

斑蝥素（cantharidin）存在于斑蝥、芫青的干燥虫体中，可作为皮肤发赤、发泡或生毛剂。斑蝥素衍生物去甲斑蝥素（demethylcantharidin）为抗肿瘤药，适用于肝癌、食管癌、胃和贲门癌等，及白细胞减少症、肝炎、肝硬化、乙型肝炎病毒携带者。衍生物 *N*- 羟基斑蝥胺（*N*-hydroxycantharidimide）亦为抗

肿瘤药，主要用于肝癌、乳腺癌、肺癌、食管癌、结肠癌等的治疗。

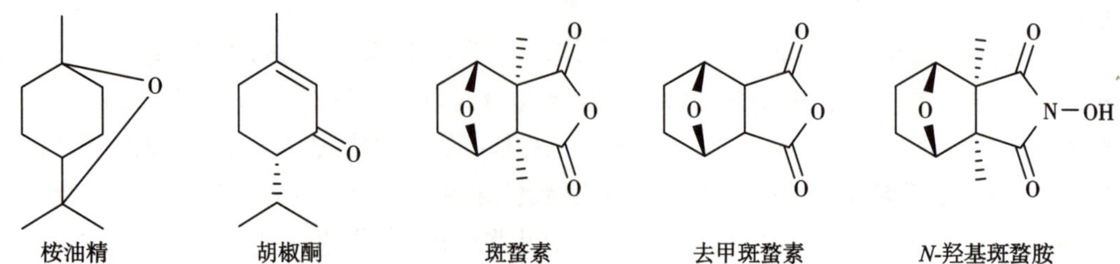

桉油精　　胡椒酮　　斑蝥素　　去甲斑蝥素　　*N*-羟基斑蝥胺

4. 双环单萜　双环单萜的结构类型有 15 种以上，常见的有 6 种（图 6-1），其中以蒎烷型和莰烷型较稳定，形成的衍生物也较多。

樟脑（camphor）为白色结晶状固体或无色透明的硬块，易升华。樟脑主要存在于樟树的挥发油中，是重要的医药和工业原料，我国的天然樟脑产量占世界第一位。樟脑有局部刺激和防腐作用，可用于神经痛、炎症和跌打损伤的搽剂。

龙脑（borneol）俗称"冰片"，又称樟醇，是樟脑的还原产物，为白色片状结晶，具香气，有升华性。其右旋体得自于龙脑香（*Dryobalanops aromatica*）等的挥发油中，一般以游离状态或结合成酯的形式存在；左旋体存在于艾纳香（*Blumea balsamifera*）的叶子和野菊花（*Chrysanthemum indicum*）的花蕾挥发油中，合成品为消旋体。冰片有发汗、兴奋、解痉和防虫蛀等作用，还具有显著的抗缺氧功能，它和苏合香脂配合制成苏冰滴丸可代替冠心苏合丸用于治疗冠心病、心绞痛等。

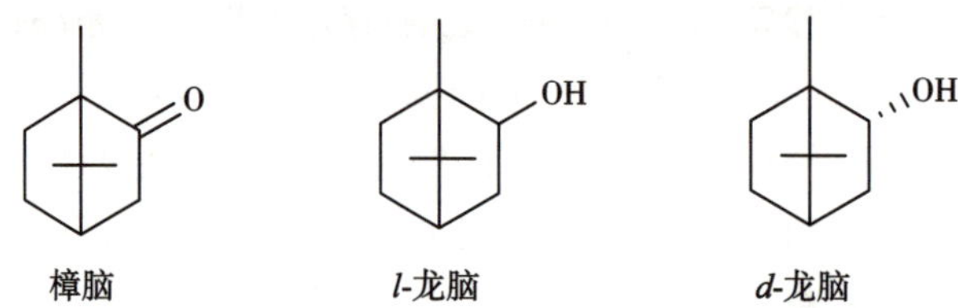

樟脑　　*l*-龙脑　　*d*-龙脑

芍药苷（paeoniflorin）是从芍药（*Paeonia lactiflora*）根中得到的蒎烷型单萜苷，具有镇静、镇痛、抗炎及防治老年性痴呆等生物活性。

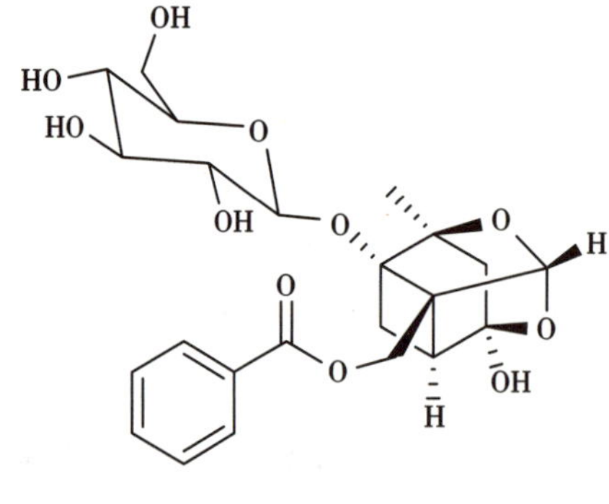

芍药苷

5. 草酚酮　草酚酮类化合物是一类变形的单萜，其碳架不符合异戊二烯法则，具有下列特性。

(1) 草酚酮具有芳香化合物性质和酚的通性，显酸性，其酸性介于酚类和羧酸之间。

(2) 分子中的酚羟基易于甲基化，但不易酰化。

(3) 分子中的羰基类似于羧酸中羰基的性质，但不能和一般羰基试剂反应。红外光谱中其羟基吸收峰在 3 200~3 100cm^{-1}，羰基吸收峰在 1 650~1 600cm^{-1}，较一般羰基略有区别。

(4) 能与多种金属离子形成络合物结晶体，并显示不同颜色，可用于鉴别。如铜络合物为绿色结晶，铁络合物为赤红色结晶。

较简单的草酚酮类化合物是一些霉菌的代谢产物，在许多柏科植物的心材中也含有此类化合物。α- 崖柏素（α-thujaplicin）和 γ- 崖柏素（γ-thujaplicin）在欧洲产北美乔柏（*Thuja plicata*）、北美香柏（*T. occidentalis*）以及罗汉柏（*Thujosis dolabrata*）的心材中含有；β- 崖柏素，也称扁柏酚（hinokitol），存在于台湾扁柏（*Chamaecyparis obtusa* var. *formosana*）及罗汉柏心材中。

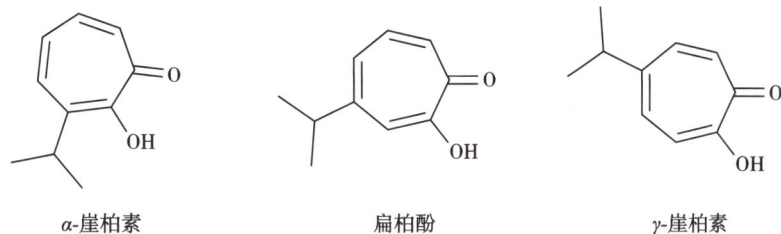

α-崖柏素　　扁柏酚　　γ-崖柏素

6. 环烯醚萜　从化学结构看，环烯醚萜是单萜衍生物，包括取代环戊烷环烯醚萜（iridoid）和环戊烷开裂的裂环环烯醚萜（secoiridoid）两种基本碳架。

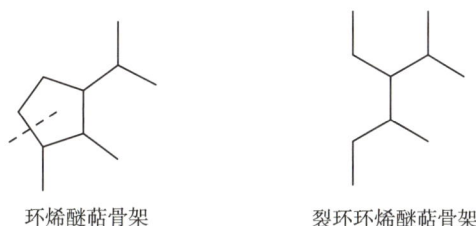

环烯醚萜骨架　　裂环环烯醚萜骨架

环烯醚萜及其苷在植物界分布较广，以双子叶植物，尤其是玄参科、鹿蹄草科、木犀科、唇形科、茜草科和龙胆科等植物中较为常见。由于环烯醚萜类的 C-1 位半缩醛羟基不稳定，故主要以糖苷形式存在。

(1) 环烯醚萜的理化性质

1) 环烯醚萜苷和裂环环烯醚萜苷多具有旋光性，味苦。

2) 环烯醚萜苷类易溶于水和甲醇，可溶于乙醇、丙酮和正丁醇，难溶于三氯甲烷、乙醚等亲脂性有机溶剂。

3) 环烯醚萜苷对酸敏感，易被水解，生成的苷元为半缩醛结构，化学性质活泼，容易进一步聚合或分解。苷元遇酸、碱、羰基化合物和氨基酸等都能变色。玄参（*Scrophularia ningpoensis*）中含有玄参苷（harpagoside）、地黄中含有梓醇（catalpol）等，在共存的酶的作用下，水解成苷元，苷元发生聚合而成黑色。苷元溶于冰醋酸溶液中，加少量铜离子，加热显蓝色。这些呈色反应，可用于环烯醚萜苷的检识及鉴别。

4) 环烯醚萜多能产生吡喃衍生物的特征颜色反应，如 Shear 试剂（浓盐酸与苯胺 1 : 15 的混合溶液）与车叶草苷反应，产生黄色然后变为棕色，最后转为深绿色。

5) 环烯醚萜苷分子中的双键性质活泼，在冷甲醇溶液中易与溴反应生成溴及甲氧基的加成物。例如车叶草苷四乙酰化物与溴和甲醇的反应。

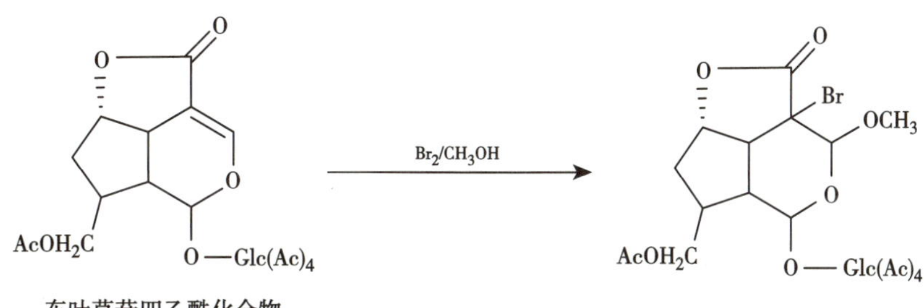

车叶草苷四乙酰化合物

(2) 结构分类及重要代表物

1) 环烯醚萜(苷):环烯醚萜(iridoid)成分多以苷的形式存在,多为C-1羟基与葡萄糖结合形成单糖苷。常有双键存在,一般为$\Delta^{3(4)}$,也有$\Delta^{6(7)}$、$\Delta^{7(8)}$或$\Delta^{5(6)}$,C-5、C-6、C-7、C-8或C-10有时连羟基,C-6或C-7可形成环酮结构,C-7和C-8之间有时具环氧醚结构,C-1、C-5、C-8、C-9多为手性碳原子。环烯醚萜苷C-4位多连甲基、羧基、羧酸甲酯或羟甲基,故又称为C-4位有取代基的环烯醚萜(苷)。

栀子苷(gardenoside)、京尼平苷(geniposide)和京尼平苷酸(geniposidic acid)是栀子(*Gardenia jasminoides*)的主成分。其中京尼平苷有泻下和利胆作用,京尼平(genipin,京尼平苷的苷元)具有显著的促进胆汁分泌和泻下作用。

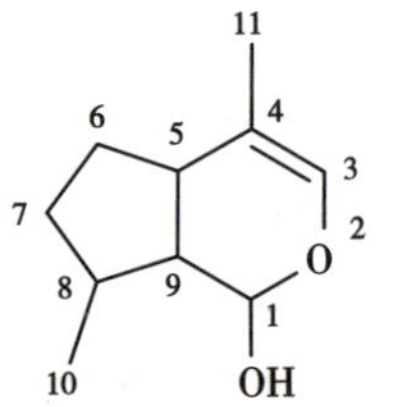

环烯醚萜基本骨架 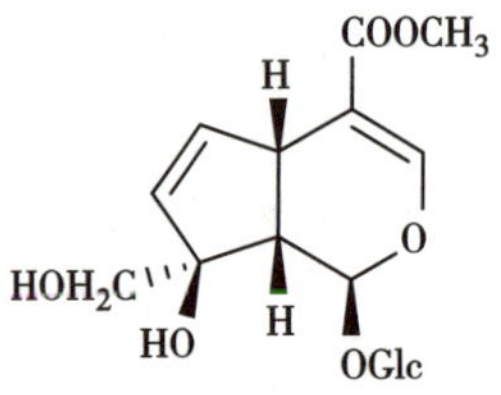　　栀子苷 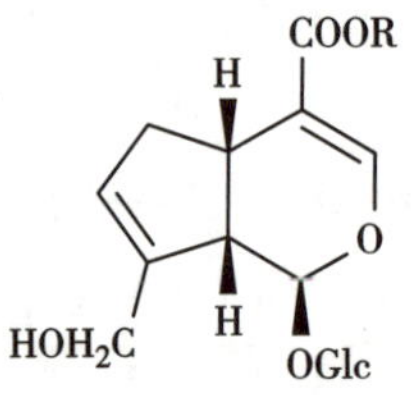　　京尼平苷 R=CH_3 京尼平苷酸 R=H　　鸡屎藤苷

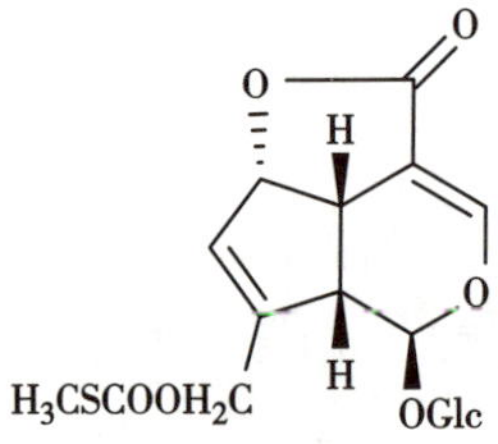

鸡屎藤苷(paederoside)是鸡屎藤(*Paederia foetida*)的主成分,C-10位的甲硫酸酯在组织损伤时,将酶解生成甲硫醇而产生鸡屎样恶臭。

2) 4-去甲环烯醚萜(苷):4-去甲环烯醚萜苷是C-4位去甲基的降解苷,又称作C-4位无取代基环烯醚萜苷,环上其他取代情况与环烯醚萜苷类似。

梓醇(catalpol)是地黄(*Rehmannia glutinosa*)中降血糖主要有效成分,并有较好的利尿及迟缓性泻下作用。梓苷(catalposide)存在于梓实(*Catalpa ovata*)中,具有与梓醇相似的药理作用。桃叶珊瑚苷(aucubin)是平车前(*Plantago depressa*)清湿热、利小便的有效成分。

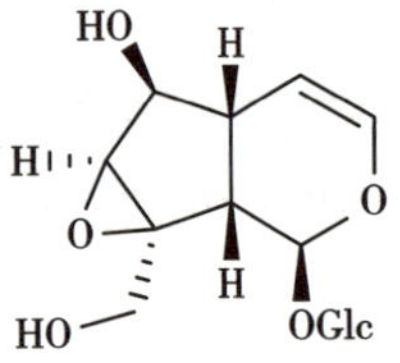

梓醇 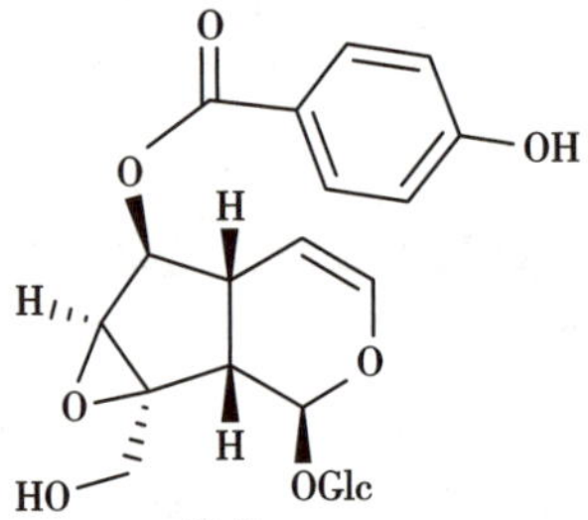　　梓苷 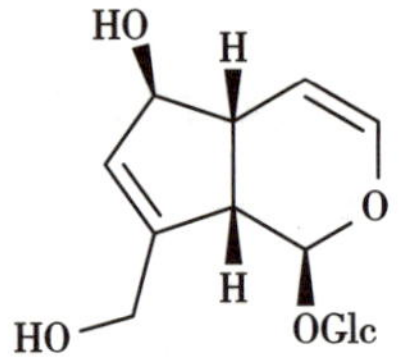　　桃叶珊瑚苷

3) 裂环环烯醚萜苷:裂环环烯醚萜苷(secoiridoid)的苷元部分在C-7,8处断键,裂环后C-7有时还可与C-11形成六元内酯环。此类成分多具有苦味,在龙胆科、茜草科、木犀科、忍冬科和睡菜科等植物中分布广泛。

龙胆苦苷(gentiopicroside,gentiopicrin)是龙胆科植物龙胆(*Gentiana scabra*)、瘤毛獐牙菜(*Swertia pseudochinensis*,中药当药的原植物)和獐牙菜(*S. bimaculata*)等植物中的主要有效成分,味极苦,龙胆苦苷在氨的作用下可转化成龙胆碱(gentianine)。

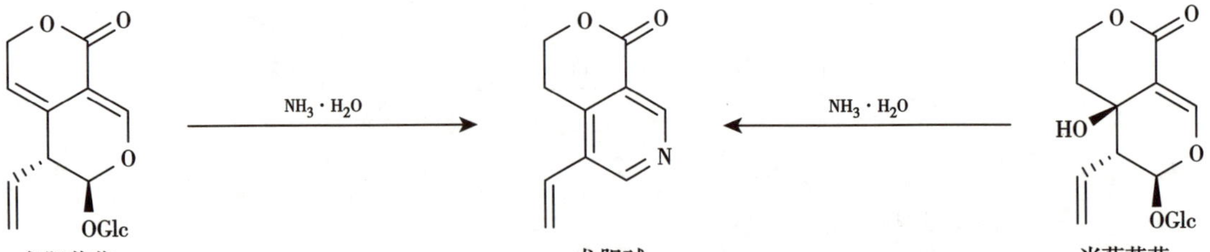

$NH_3 \cdot H_2O$　　$NH_3 \cdot H_2O$

龙胆苦苷　　龙胆碱　　当药苦苷

当药苷(sweroside)、当药苦苷(swertiamarin)均为当药和獐牙菜中的苦味成分。当药苦酯苷(amarogentin)和羟基当药苦酯苷(amarowerin)在当药中含量较少,但其苦味比当药苦苷强100倍以上。橄榄苦苷(oleuropein)和10-羟基女贞苷(10-hydroxyligustroside)只存在于木犀科植物中,具有$\Delta^{8,9}$双键,C-7被氧化成羧基后成酯。

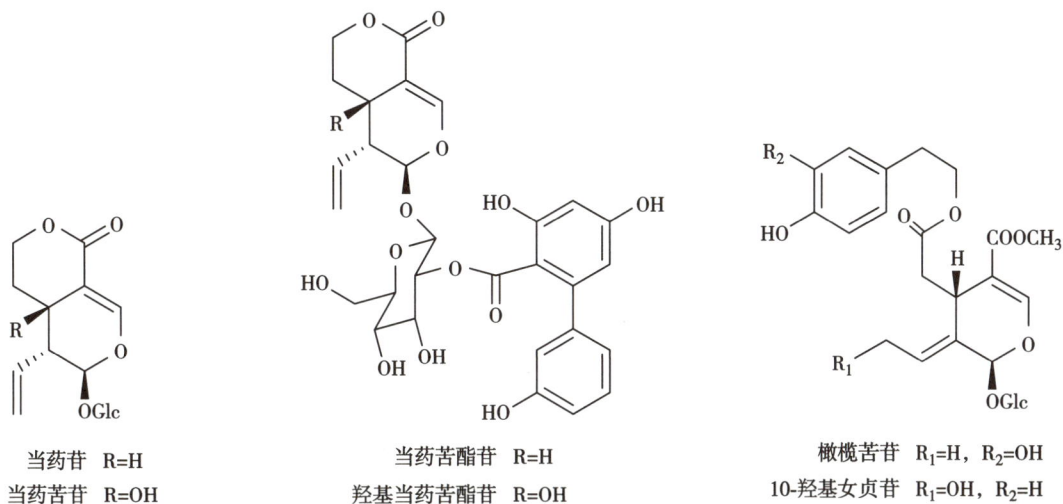

当药苷 R=H
当药苦苷 R=OH

当药苦酯苷 R=H
羟基当药苦酯苷 R=OH

橄榄苦苷 R_1=H, R_2=OH
10-羟基女贞苷 R_1=OH, R_2=H

(二)倍半萜

1. 概述 倍半萜(sesquiterpenoids)是指分子骨架由3个异戊二烯单位构成,含15个碳原子的化合物类群。倍半萜多以挥发油的形式存在,是挥发油高沸程(250~280℃)部分的主要成分。在植物中多以醇、酮、内酯或苷的形式存在,亦有以生物碱形式存在的(此时将其分类为倍半萜类生物碱)。近年来,在海洋生物中的海藻、腔肠动物、海绵和软体动物中发现的倍半萜越来越多。倍半萜类化合物的数目及骨架类型都是萜类化合物中较多的一类。倍半萜的许多含氧衍生物是医药、食品和化妆品工业的重要原料。

2011—2021年发现的新骨架倍半萜(拓展阅读)

倍半萜类化合物按其结构中碳环的数目可分为无环、单环、双环、三环、四环型等;按环的大小可分为五元环、六元环、七元环,直至十二元环等;按含氧功能团的不同分为倍半萜醇、醛、酮、内酯等。

2. 无环倍半萜 金合欢烯(farnesene)存在于枇杷叶、生姜及洋甘菊的挥发油中。金合欢烯有α、β两种构型,其中β体存在于藿香、啤酒花和生姜挥发油中。

金合欢醇(farnesol)在金合欢(*Acacia farnesiana*)花油、橙花油、香茅油中含量较多,为重要的高级香料。

橙花叔醇(nerolidol)具有鲜苹果香,是橙花油中的主要成分之一。

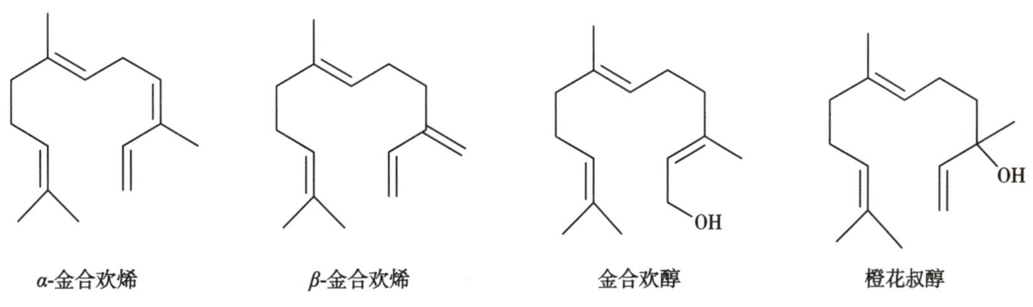

α-金合欢烯　β-金合欢烯　金合欢醇　橙花叔醇

3. 单环倍半萜 青蒿素(arteannuin, artemisinin)属于过氧化物倍半萜,是从黄花蒿(*Artemisia annua*,中药青蒿的原植物)中分离到的抗恶性疟疾的有效成分[3]。青蒿素在水及油中均难溶解,为改善其溶解性,

抗疟药物青蒿素(拓展阅读)

对其结构进行了化学修饰,合成了大量衍生物,从中筛选出具有抗疟效价高、原虫转阴快、速效、低毒等特点的双氢青蒿素(dihydroqinghaosu),再进行进一步衍生化,制成了油溶性的蒿甲醚(artemether)及水溶性的青蒿琥珀酸单酯(artesunate)用于临床。20 世纪 60 年代,由于抗氯喹疟原虫株的出现,全球每年因疟疾死亡的人数为 300 万~400 万,近年有了大幅降低,虽然这与预防医学和环境卫生方面的发展相关,但也显示了新药开发的重大价值。青蒿素作为先导化合物的发现及其类似物的开发,是中国科学家在药物研究领域最伟大的及标志性的成就,也是中国医药学在抗疟疾治疗药物领域内的重大国际贡献。

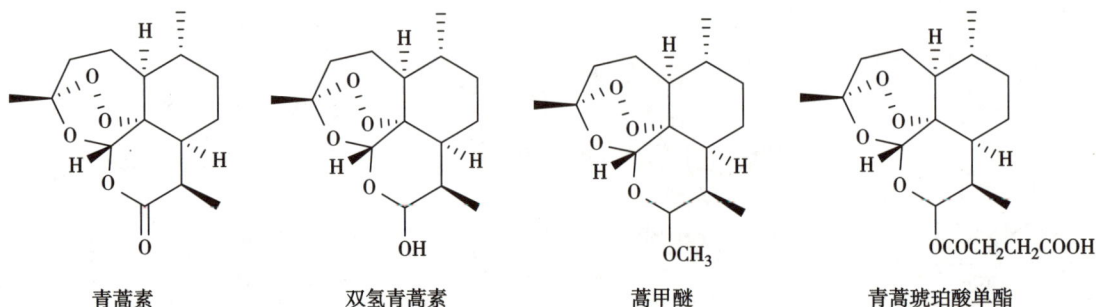

青蒿素　　双氢青蒿素　　蒿甲醚　　青蒿琥珀酸单酯（$OCOCH_2CH_2COOH$）

鹰爪甲素是从民间治疗疟疾的有效草药鹰爪(*Artabotrys uncinatus*)根中分离出的具有过氧基的倍半萜化合物,对鼠疟原虫的生长有强抑制作用。

吉马酮(germacrone)存在于牻牛儿苗科植物大根老鹳草(*Geranium macrorrhizum*)及杜鹃花科植物兴安杜鹃(*Rhododendron dauricum*)叶的挥发油中,有平喘和镇咳作用。

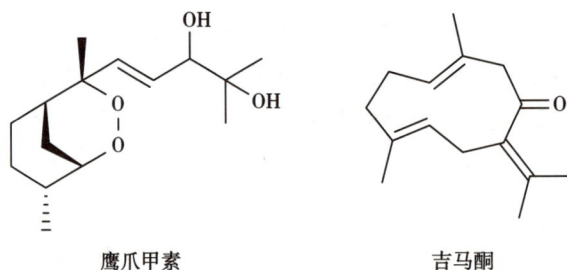

鹰爪甲素　　吉马酮

紫罗兰酮(ionone)存在于千屈菜科植物凤仙花(*Impatiens balsamina*)的挥发油中,是 α- 紫罗兰酮(α-ionone)及 β- 紫罗兰酮(β-ionone)的混合物。紫罗兰酮与传统意义上的 15 个碳的倍半萜相比,从生源上通过脱羧反应降解了两个碳,故称为降倍半萜。工业上由柠檬醛与丙酮缩合、环合制备。两种异构体的分离是将其亚硫酸氢钠的加成物溶于水中,加入食盐使其成为饱和状态,则 α- 紫罗兰酮首先以小叶状结晶析出,从而与 β- 紫罗兰酮分离。α- 紫罗兰酮具有馥郁香气,用于配制高级香料,β- 紫罗兰酮可作为合成维生素 A 的原料。

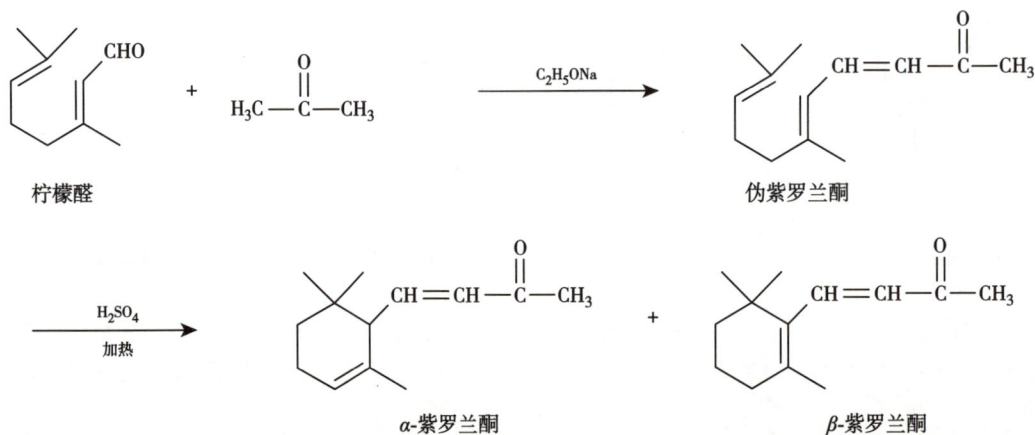

柠檬醛 + $H_3C-CO-CH_3$ $\xrightarrow{C_2H_5ONa}$ 伪紫罗兰酮（$CH=CH-CO-CH_3$）

$\xrightarrow[\text{加热}]{H_2SO_4}$ α-紫罗兰酮 + β-紫罗兰酮

4. 双环倍半萜　棉酚（gossypol）为双杜松烷型倍半萜，主要存在于棉籽中，为有毒的黄色液体。棉酚具有杀精子的作用，曾试用作男性计划生育药，但副作用大而未应用于临床。棉酚不含手性碳原子，但由于棉酚的联萘双醛结构中连接在双萘环上的分子功能基团之间的化学键旋转具有空间位阻，所以存在两种异构体，天然棉酚一般以外消旋体形式存在。

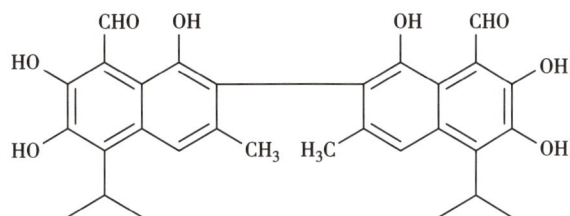

棉酚

α- 山道年（*α*-santonin）是蛔蒿（*Seriphidium cinum*）未开放的头状花序或全草中的主成分。山道年是强力驱蛔剂，但服用过量可中毒，已被临床淘汰。由于山道年结构中具有 1,4- 二烯酮的交叉共轭（1,4- 二烯 -3- 酮）体系，若用酸处理，可发生重排，二烯酮变成酚；碱处理则转变成山道年酸（santonic acid）。

α-山道年

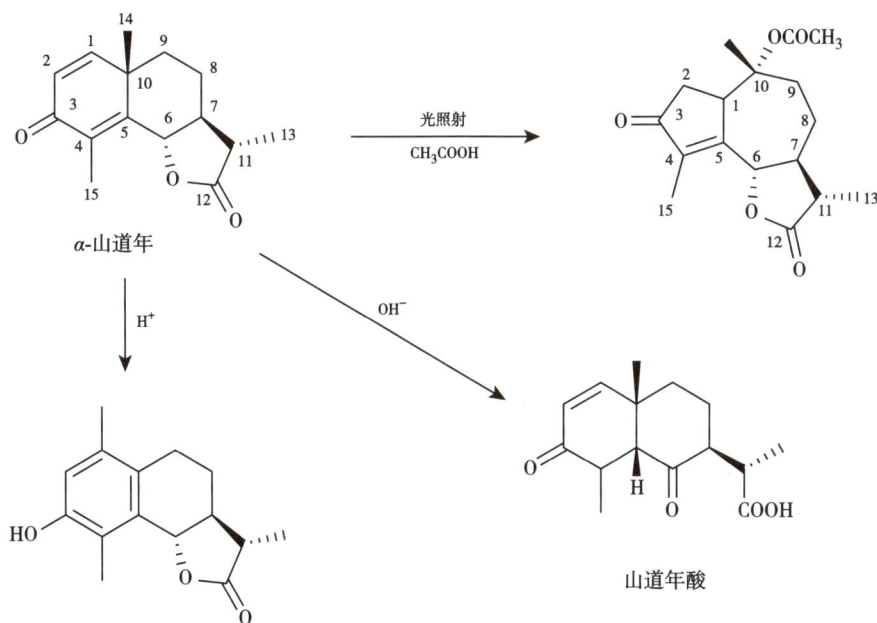

光照射

CH_3COOH

H^+

OH^-

山道年酸

马桑毒素（coriamyrtin）和羟基马桑毒素（tutin）最早从日本产的桑科植物毒空木（*Coriaria japonica*）叶中分得。我国药学工作者从国产马桑（*Coriaria nepalensis*）及马桑寄生物中分离得到，用于治疗精神分裂症，但有较大的副作用。

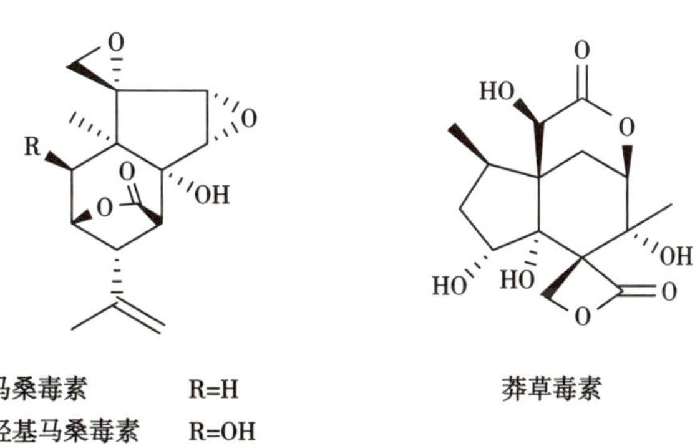

马桑毒素　R=H

羟基马桑毒素　R=OH

莽草毒素

莽草毒素（anisatin）为日本莽草（*Illicium anisatum*）和大八角（*I. majus*）果实、叶、树皮中所含双内酯倍半萜化合物，对人体有毒。

5. 三环倍半萜　环桉醇（cycloeudesmol）存在于对枝软骨藻（*Chondria oppsiticlada*）中，有很强的抗金黄色葡萄球菌和抗白念珠菌活性。

α- 白檀醇（*α*-santalol，檀香醇）存在于白檀（*Symplocos paniculata*）的挥发油中，有很强的抗菌作用，曾用作尿道消毒药。

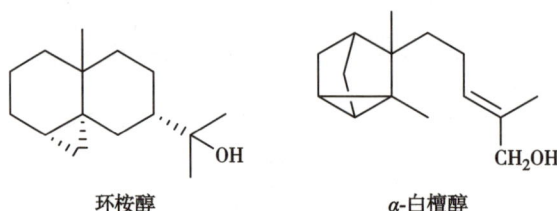

环桉醇　　*α*-白檀醇

6. 薁衍生物　薁类化合物（azulenoids）是一种特殊的倍半萜，具有五元环与七元环骈合的芳环骨架。薁类化合物溶于石油醚、乙醚、乙醇及甲醇等有机溶剂，不溶于水，溶于强酸，故可用 60%~65% 硫酸或磷酸提取薁，酸提取液加水稀释后即沉淀析出。薁的沸点较高，一般在 250~300℃，在挥发油分馏时，高沸点馏分如出现美丽的蓝色、紫色或绿色的现象时，表示可能有薁类化合物的存在。薁类化合物可与苦味酸或三硝基苯试剂作用，形成有敏锐熔点的 π- 络合物，可供鉴别使用。薁类在紫外 - 可见光谱 360~700nm 可有强吸收峰。

检测挥发油中有无薁类时，多用 Sabety 反应，即取挥发油 1 滴溶于 1ml 三氯甲烷中，加入 5% 溴的三氯甲烷溶液，若产生蓝紫色或绿色时，表明有薁的存在。或与 Ehrlich 试剂（对 - 二甲氨基苯甲醛浓硫酸）反应产生紫色或红色时，亦可证实挥发油中含有薁类化合物。

愈创木醇（guaiol）存在于愈创木（*Guaiacum officinale*）木材的挥发油中，属于薁的还原产物。

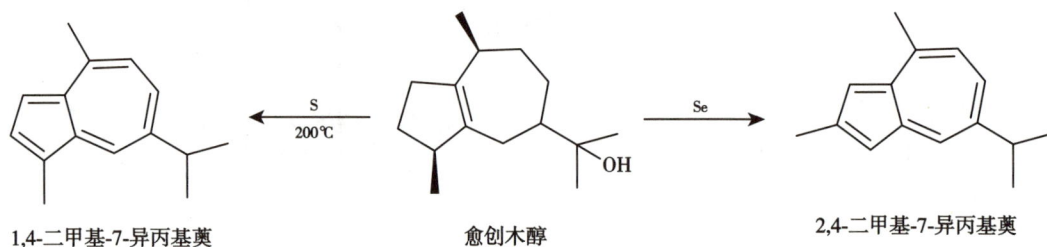

1,4-二甲基-7-异丙基薁　　愈创木醇　　2,4-二甲基-7-异丙基薁

植物中的薁衍生物大多是其氢化衍生物，以愈创木烷骨架类型居多，如马鞭草泽兰（*Eupatorium rotundifolium*）中的抗癌活性成分泽兰苦内酯（euparotin）、泽兰氯内酯（eupachlorin）及雪莲花（*Saussurea involucrata*）中的大苞雪莲内酯（involucratolactone）[4] 等。

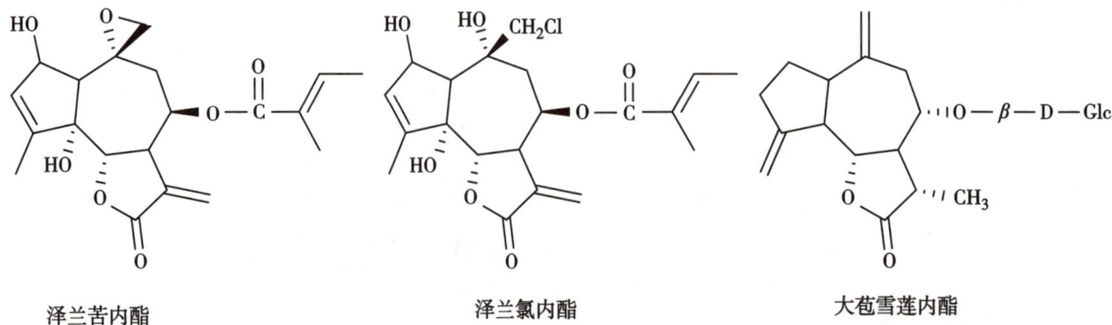

泽兰苦内酯　　泽兰氯内酯　　大苞雪莲内酯

（三）二萜

1. 概述 二萜（diterpenoids）是指分子骨架由 4 个异戊二烯单位构成，含 20 个碳原子的化合物类群。二萜广泛分布于植物界，许多植物分泌的乳汁、树脂等均以二萜类化合物为主。此外，菌类及海洋生物中也分离到较多的二萜类化合物。许多二萜的含氧衍生物具有多方面的生物活性，如紫杉醇、穿心莲内酯、丹参酮、银杏内酯、雷公藤内酯、芫花酯及甜菊苷等，有的已是重要的药物。二萜类化合物的结构按其分子中碳环的多少分为无环（链状）、单环、双环、三环、四环及五环等类型，天然无环及单环二萜较少，双环及三环二萜数量较多。

2011—2021 年发现的新骨架二萜（拓展阅读）

2. 链状二萜 链状二萜化合物在自然界存在较少，常见的只有广泛存在于叶绿素中的植物醇（phytol），一般与叶绿素中的卟啉（porphyrin）结合成酯，曾作为合成维生素 E、维生素 K_1 的原料。

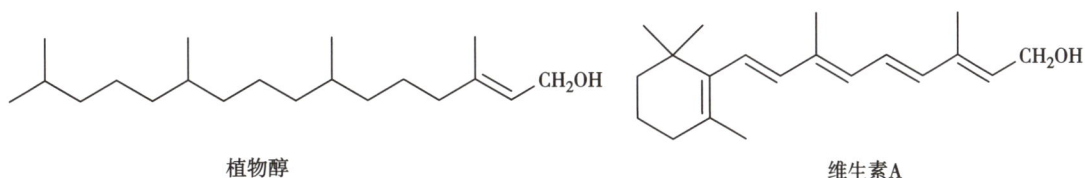

CH_2OH CH_2OH

植物醇 维生素A

3. 单环二萜 维生素 A（vitamin A）是一种重要的脂溶性维生素，主要存在于动物肝脏中，特别是鱼肝中含量较丰富，如鲨鱼和鳕鱼的肝油中富含维生素 A。维生素 A 与眼睛视网膜内的蛋白质结合，可形成光敏感色素，是保持正常夜间视力的必需物质，维生素 A 也是哺乳动物生长不可缺少的物质。

4. 双环二萜 穿心莲（*Andrographis paniculata*）叶中含有较多二萜内酯及其苷类成分，其中穿心莲内酯（andrographolide）为其主要抗炎活性成分，临床用于治疗急性菌痢、胃肠炎、咽喉炎、感冒发热等，疗效确切，但水溶性不好。为增强穿心莲内酯的水溶性，通常将穿心莲内酯制备成丁二酸半酯的钾盐或穿心莲内酯磺酸钠，用于制备浓度较高的注射剂。

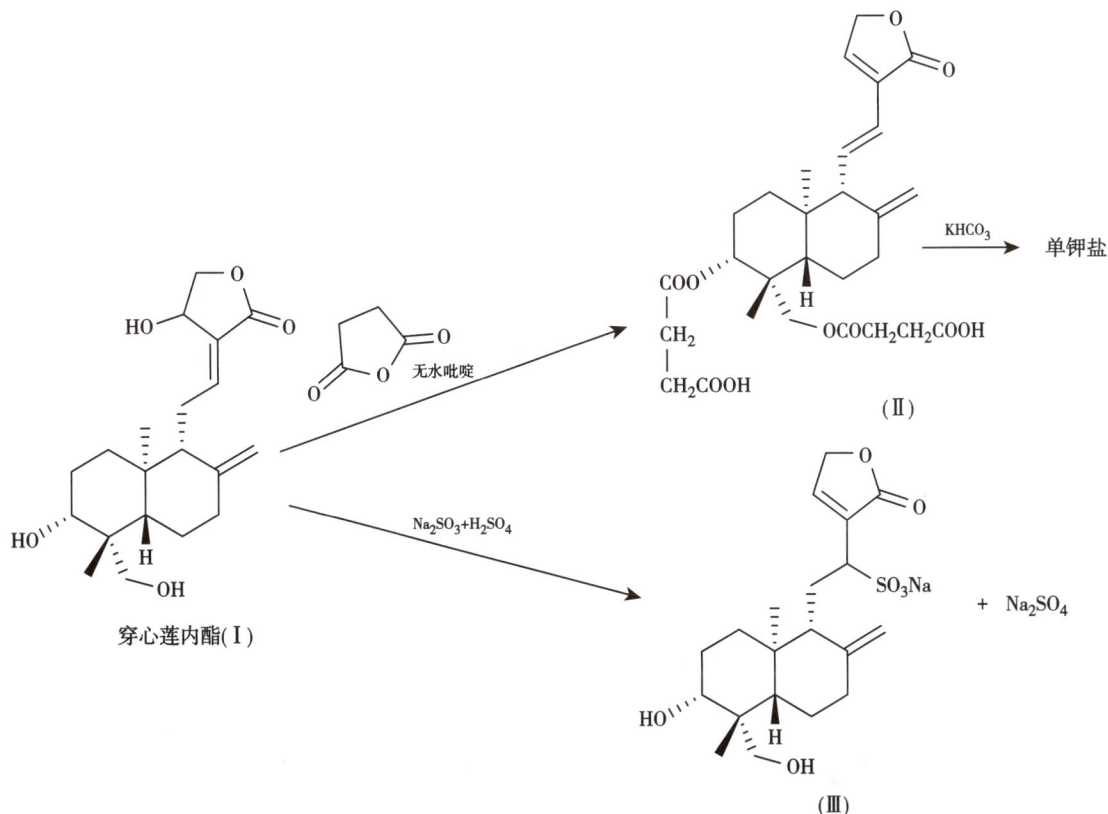

O HO O HO H OH 无水吡啶 O O O

穿心莲内酯（Ⅰ）

O O COO H CH_2 CH_2COOH $OCOCH_2CH_2COOH$ $KHCO_3$ 单钾盐

（Ⅱ）

$Na_2SO_3+H_2SO_4$

O O SO_3Na HO H OH + Na_2SO_4

（Ⅲ）

银杏内酯（ginkgolides）是银杏（*Ginkgo biloba*）根皮及叶中的活性成分，已分离出银杏内酯 A、B、C、M、J（ginkgolides A、B、C、M、J）等多种内酯。银杏内酯类化合物能拮抗血小板活化因子，可用来治疗因血小板活化因子引起的休克，为银杏制剂治疗心脑血管疾病的主要有效成分 [5]。

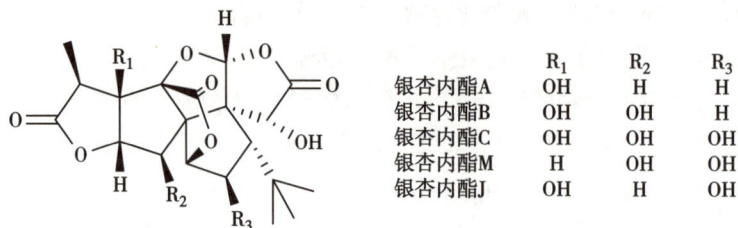

	R_1	R_2	R_3
银杏内酯A	OH	H	H
银杏内酯B	OH	OH	H
银杏内酯C	OH	OH	OH
银杏内酯M	H	OH	OH
银杏内酯J	OH	H	OH

防己内酯（columbin）是非洲掌叶防己（*Jatrorrhiza palmata*）根及青牛胆（*Tinospora sagittata*）块根中具有免疫抑制作用的活性成分。

土荆皮甲酸、乙酸、丙酸、丙酸 2（pseudolaric acids A、B、C、C_2）是金钱松树皮中的活性成分，其中土荆皮乙酸具有抗生育活性，可使早孕大鼠子宫内膜及肌层血管血流量减少，是造成胚胎死亡的重要原因。

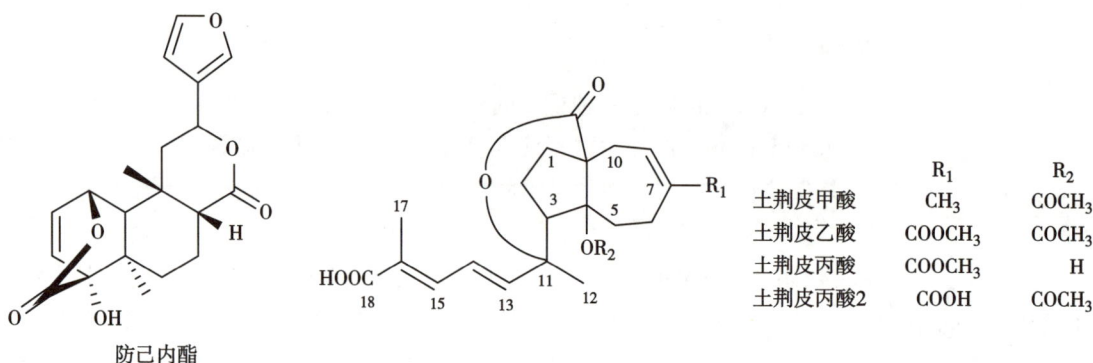

防己内酯

	R_1	R_2
土荆皮甲酸	CH_3	$COCH_3$
土荆皮乙酸	$COOCH_3$	$COCH_3$
土荆皮丙酸	$COOCH_3$	H
土荆皮丙酸2	COOH	$COCH_3$

5. 三环二萜　雷公藤甲素（triptolide）、雷公藤乙素（tripdiolide）、雷公藤内酯（triptolidenol）及 16-羟基雷公藤内酯醇（16-hydroxytriptolide）是雷公藤（*Tripterygium wilfordii*）根中的活性成分。雷公藤甲素对乳腺癌和胃癌细胞系集落形成有抑制作用 [6]，16-羟基雷公藤内酯醇具有较强的抗炎、免疫抑制和雄性抗生育作用 [7]。

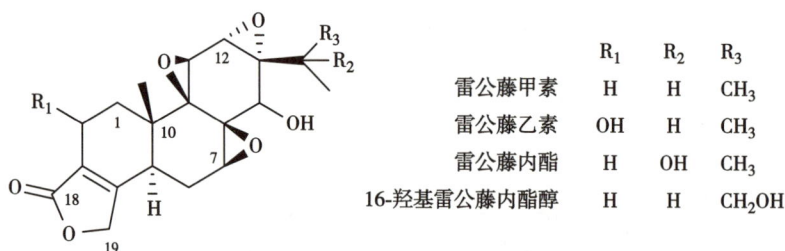

	R_1	R_2	R_3
雷公藤甲素	H	H	CH_3
雷公藤乙素	OH	H	CH_3
雷公藤内酯	H	OH	CH_3
16-羟基雷公藤内酯醇	H	H	CH_2OH

瑞香科植物芫花（*Daphne genkwa*）的花蕾和根中均含有芫花酯甲（yuanhuacine）及芫花酯乙（yuanhuadine），两种成分均具有致流产作用，为中期妊娠引产药。

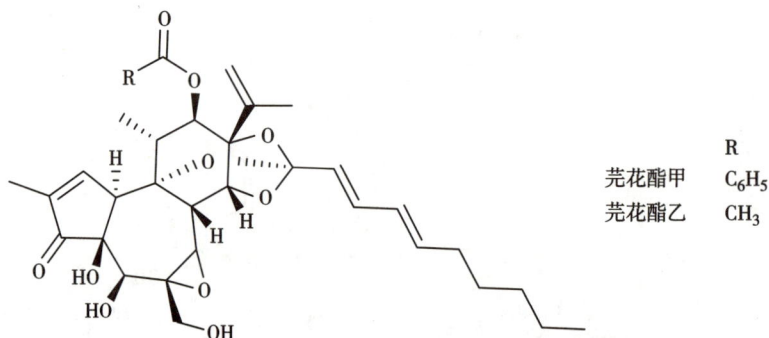

	R
芫花酯甲	C_6H_5
芫花酯乙	CH_3

紫杉醇(taxol)最早是从短叶红豆杉(*Taxus brevifolia*)的树皮中分离得到的,1992 年底在美国 FDA 批准上市,紫杉醇具有多种抗癌活性,临床上用于治疗晚期卵巢癌、乳腺癌及非小细胞肺癌等,其销售额高居世界抗癌药物之首,为 20 世纪 90 年代国际抗肿瘤药三大成就之一。紫杉醇主要从红豆杉属植物的茎皮等中分离得到,含量仅有约百万分之二,为解决紫杉醇的来源问题,我国和欧美学者在细胞培养、寄生真菌培养、红豆杉栽培、紫杉醇全合成及紫杉醇半合成等方面做了大量的研究。紫杉醇原料药长期处于供不应求状态,我国经过深入研究终于攻克了红豆杉发育缓慢的难题,掌握了红豆杉快繁技术,使红豆杉只经过 4~5 年的生长就可以用于大量提取紫杉醇,并使以紫杉醇为原料大规模生产抗癌药物成为可能。有报告指出,2010 年我国共计生产半合成紫杉醇原料药约 114kg;2013 年产量已猛增至 660kg,并占全球紫杉醇需求量的 16.67%。如今随着提取技术日新月异,紫杉醇类原料药总产量也将突飞猛进。中国势必成为世界主要紫杉醇原料药和制剂的生产大国。

抗癌药物紫杉醇(拓展阅读)

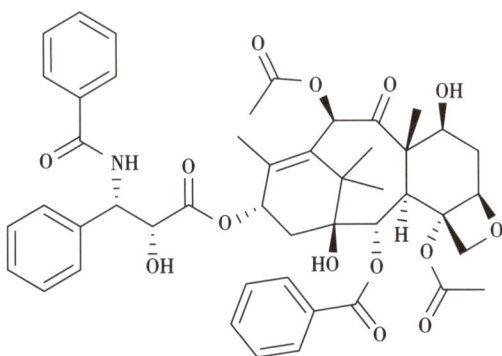

紫杉醇

FC-A 和 CN-A 为从真菌中分离得到的植物毒素壳梭孢菌素类成分,具有靶向 14-3-3 蛋白的良好药理作用,在抗癌药物研发中具有广泛的研究前景。另外,从真菌 *Alternaria brassicicola* 中分离鉴定的新化合物 alterbrassicene A 为具有研究前景的抗炎分子,作用机制为抑制 IKKβ 蛋白而导致 NF-κB 信号通路失活从而表现出显著的抗炎活性。

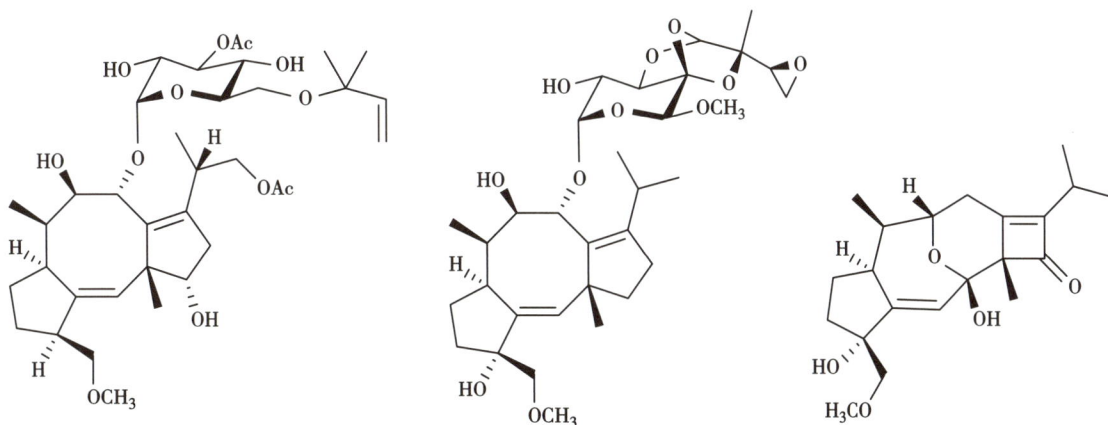

fusicoccin A (FC-A)　　cotylenin A (CN-A)　　alterbrassicene A

菊科植物豨莶(*Sigesbeckia orientalis*)具有祛风湿、利筋骨的作用,其中含有多种对映 - 海松烯型和对映 - 贝壳杉烷型二萜。豨莶甲素(orientalin A)和豨莶乙素(orientalin B)是从中得到的两种对映 - 海松烯型二萜 [8]。

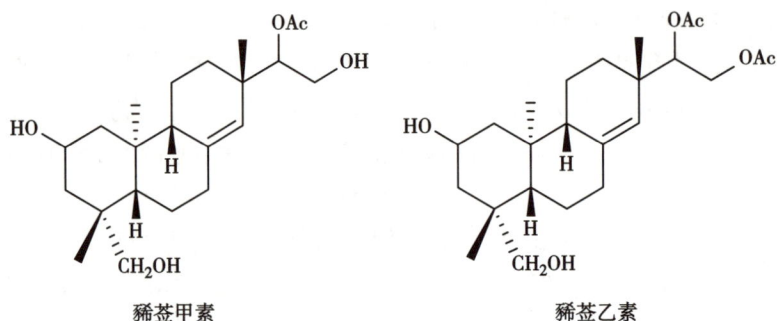

豨莶甲素　　　　豨莶乙素

6. 四环二萜　甜菊(*Stevia rebaudianumi*)叶中含有对映 - 贝壳杉烷(*ent*-kaurane)型甜味苷,包括甜菊苷(stevioside)及甜菊苷 A、D、E(rebaudiosides A、D、E)等。甜菊中总甜菊苷含量约 6%,其甜度约为蔗糖的 300 倍。甜菊苷因其高甜度、低热量等优良特性,在医药、食品等工业中应用广泛。我国已大面积栽种并生产甜菊。

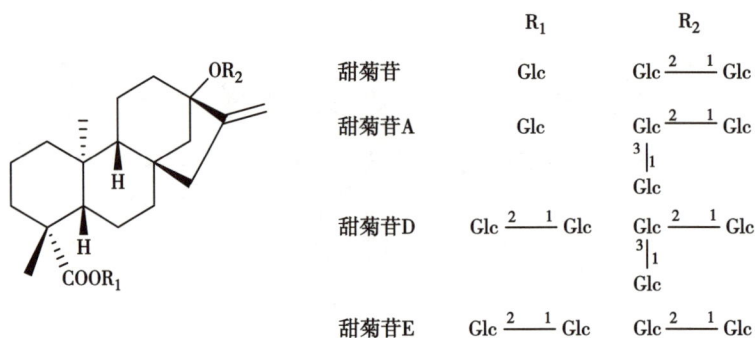

	R_1	R_2
甜菊苷	Glc	Glc $\frac{2\quad 1}{}$ Glc
甜菊苷A	Glc	Glc $\frac{2\quad 1}{}$ Glc (3→1 Glc)
甜菊苷D	Glc $\frac{2\quad 1}{}$ Glc	Glc $\frac{2\quad 1}{}$ Glc (3→1 Glc)
甜菊苷E	Glc $\frac{2\quad 1}{}$ Glc	Glc $\frac{2\quad 1}{}$ Glc

唇形科香茶菜属植物中含有多种二萜类成分,至 2016 年,从该属植物中分离得到的新二萜类化合物已超过 1 200 个[9]。其中,香茶菜甲素(amethystoidin A)是该属植物叶中普遍存在的成分,有抗肿瘤及抑制金黄色葡萄球菌活性。

碎米桠(*Rabdosia rubescens*),又称冬凌草,民间用于治疗食管癌、贲门癌。2003 年以前,孙汉董院士对河南省不同地区和贵州省施秉县的冬凌草进行了仔细的化学成分研究,先后共分离鉴定了 120 余个二萜类化合物[10],在此之后该植物中新二萜类化合物鲜有报道。其中的冬凌草甲素(rubescensin A,oridonin)和冬凌草乙素(rubescensin B,ponicidin)具有显著的抗肿瘤活性。

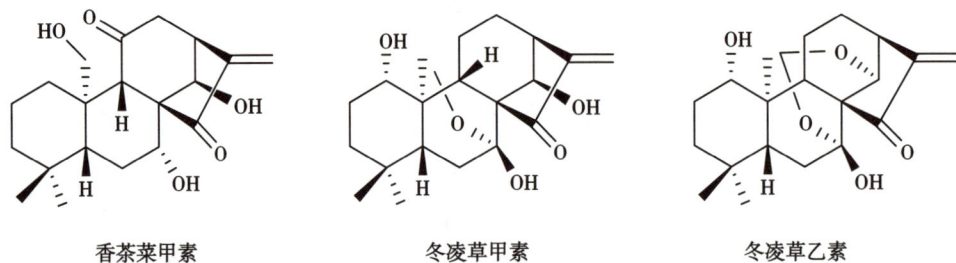

香茶菜甲素　　　　冬凌草甲素　　　　冬凌草乙素

(四) 二倍半萜

2011—2021 年发现的新骨架二倍半萜(拓展阅读)

二倍半萜(sesterterpenoids)是指分子骨架由 5 个异戊二烯单位构成,含 25 个碳原子的化合物类群。这类化合物多为结构复杂的多环化合物,与其他类型萜类化合物相比,数量少,主要分布在羊齿植物、植物病原菌、海洋生物如海绵、地衣及昆虫分泌物中。

呋喃海绵素 -3(furanospongin-3)是海绵中含呋喃环的链状二倍半萜。蛇孢假壳素 A(ophiobolin A)是从寄生于稻植物病原菌芝麻枯(*Ophiobulus miyabeanus*)中分离出的第一个二倍半萜成分，具有抑制白藓菌、毛滴虫菌等生长发育的作用。Bipolarolides A~D 是来源于离孺孢属真菌的两类四环二倍半萜，其生源前体可能为蛇孢子假壳素类三环二倍半萜。网肺衣酸（retigeranic acid）是网肺衣（*Lobaria retigera*）及其近缘种中的具有五环骨架的二倍半萜。Niduterpenoids A 和 B 是来源于构巢曲霉的六环二倍半萜，这也是首次发现的具有六环骨架结构的二倍半萜。

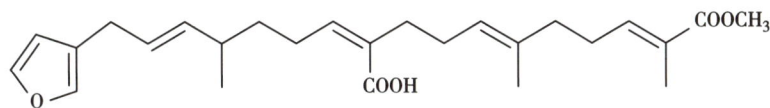

呋喃海绵素-3

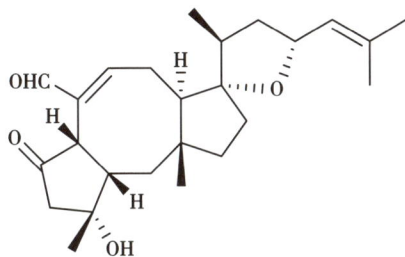

蛇孢假壳素A

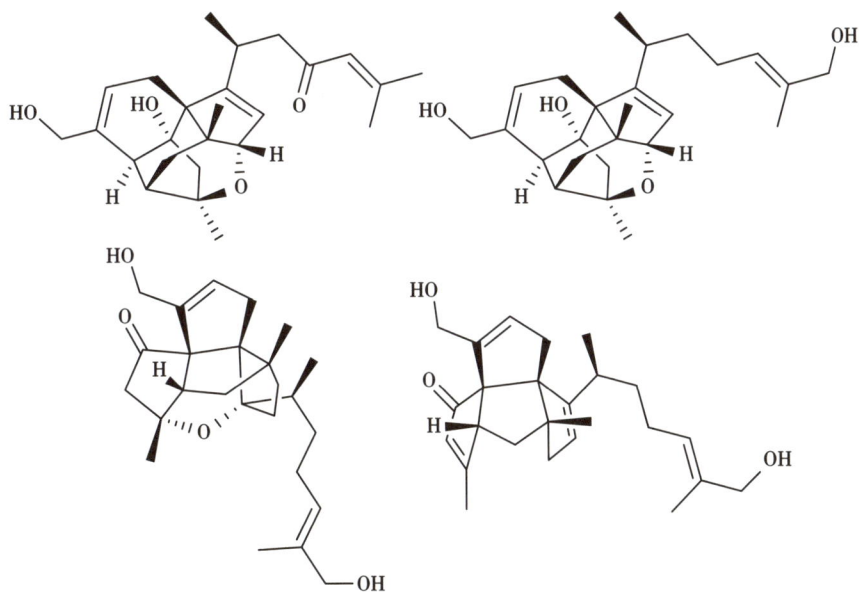

bipolarolides A~D

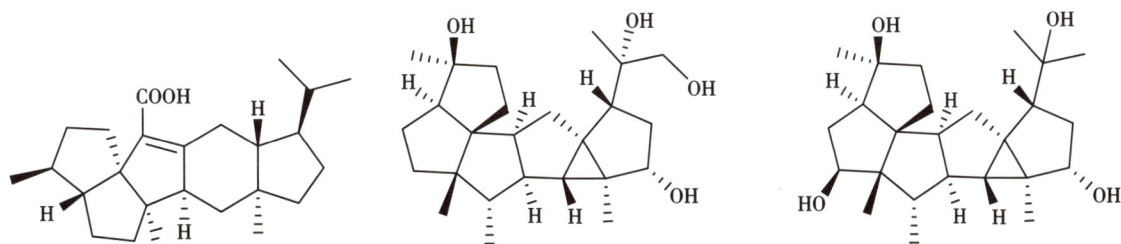

网肺衣酸

niduterpenoids A 和 B

华北粉背蕨（*Aleuritopteris kuhnii*）是中国蕨科粉背蕨属植物，具有润肺止咳、清热凉血等功效。从其叶中分离得到粉背蕨二醇（cheilanthenediol）和粉背蕨三醇（cheilanthenetriol）[11]，属于三环二倍半萜类成分。

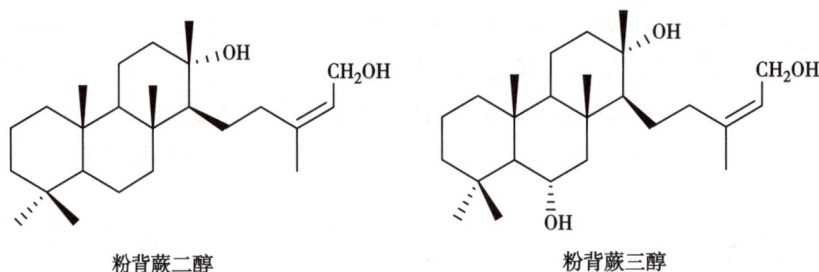

粉背蕨二醇　　粉背蕨三醇

第二节　萜类化合物的生物合成

多数萜类化合物分子骨架是由个数不等的异戊二烯单元（C_5 单元）构成的，表明萜类化合物有着共同的生源途径。萜类化合物的生源经历了从经验的异戊二烯法则到生源的异戊二烯法则。

一、经验的异戊二烯法则

早期在萜类化学的研究过程中，曾一度认为异戊二烯是萜类化合物在植物体内形成的前体物质，其理由如下：

1. 大多数萜类化合物的基本碳架是由异戊二烯单位（isoprene unit）以头 - 尾顺序相连而成。

2. 将橡胶进行焦化反应，或将松节油蒸气经氮气稀释后，在低压下通过红热的铂丝网时，均能获得产率很高的异戊二烯。

3. 1875 年 Boochardat 曾将异戊二烯加热至 280℃，发现两分子异戊二烯由 Diels-Alder 反应聚合而成二戊烯。二戊烯是柠檬烯的外消旋体，是典型的萜类化合物，存在于多种植物的挥发油中。

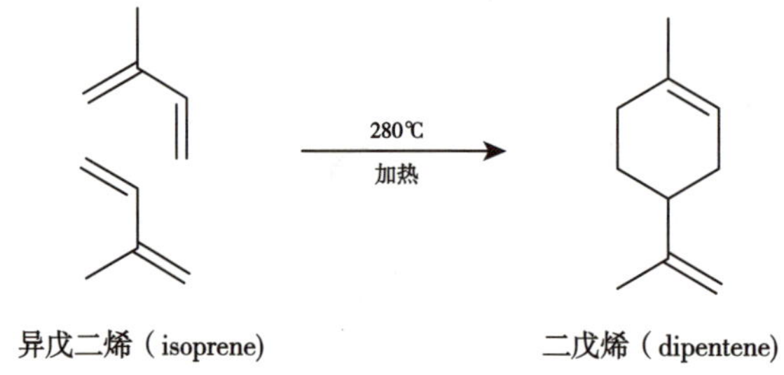

异戊二烯（isoprene）　　二戊烯（dipentene）

基于以上事实，Wallach 于 1887 年提出“异戊二烯法则”，认为自然界存在的萜类化合物均是由异戊二烯衍生而来的，是异戊二烯的聚合体或其衍生物，并以分子骨架是否符合异戊二烯法则作为判断是否为萜类化合物的一个重要原则。

但后来研究发现，有许多萜类化合物的分子骨架无法用异戊二烯的基本单元来划分，如艾里莫酚酮（eremophilone）、土青木香酮（aristolone）和扁柏酚（hinokitol）等，而且以当时的条件在植物的代谢过程中也没有找到异戊二烯的存在。所以 Ruzicka 称上述法则为“经验的异戊二烯法则”，并提出所有萜类化合物的前体物是“活性的异戊二烯”的假设，由此提出生源的异戊二烯法则。

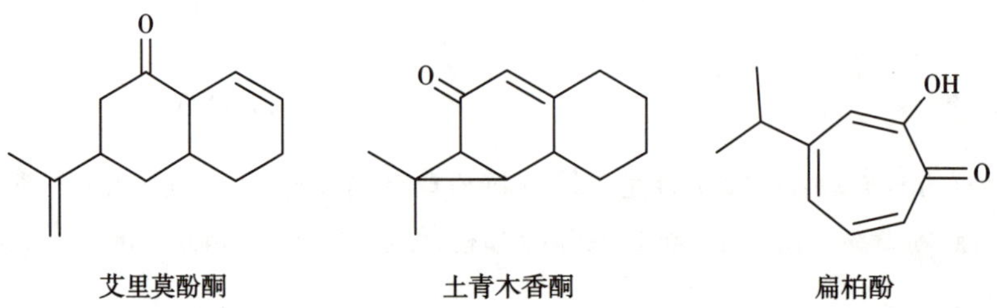
艾里莫酚酮　　土青木香酮　　扁柏酚

二、生源的异戊二烯法则

Ruzicka 提出的假设首先由 Lynen 证明焦磷酸异戊烯酯（Δ^3-isopentenyl pyrophosphate，IPP）的存在而得到初步验证，其后 Folkers 又于 1956 年证明 3*R*- 甲戊二羟酸（3*R*-mevalonic acid，MVA）是 IPP 的关键前体物，由此证实了萜类化合物由甲戊二羟酸衍生，这就是"生源的异戊二烯法则"。

在萜类化合物的生物合成中，首先由两分子乙酰辅酶 A（acetyl-CoA）缩合形成乙酰乙酰辅酶 A（acetoacetyl-CoA），随后一分子的乙酰辅酶 A 与一分子乙酰乙酰辅酶 A 缩合生成 3- 羟基 -3- 甲基戊二酸单酰辅酶 A（3-hydroxy-3-methylglutaryl CoA，HMG-CoA），HMG-CoA 还原生成甲戊二羟酸（MVA）。MVA 经三步反应成异戊烯基焦磷酸酯（isopentenyl pyrophosphate，IPP），IPP 经异戊烯基焦磷酸异构酶（isopentenyl pyroisomerase）催化为二甲基烯丙基焦磷酸酯（dimethylallyl pyrophosphate，DMAPP）。IPP 和 DMAPP 在异戊烯基转移酶的作用下，头 - 尾相接缩合形成香叶基焦磷酸酯（geranyl pyrophosphate，GPP）、法尼基焦磷酸酯（farnesyl pyrophosphate，FPP）、香叶基香叶基焦磷酸酯（geranylgeranyl pyrophosphate，GGPP）以及香叶基法尼基焦磷酸酯（geranylfarnesyl pyrophosphate，GFPP）等一系列萜类前体物质。随后这类前体物质在萜类合成酶的作用下分别合成单萜、倍半萜、二萜以及二倍半萜等萜类骨架化合物。最后，在一系列后修饰酶，如细胞色素 P450 酶、甲基转移酶等的催化作用下合成结构多样且活性显著的萜类化合物，其生物合成途径如图 6-2、图 6-3 所示。

天然的异戊二烯属半萜类（hemiterpenoids）可在植物的叶绿体中形成，在植物体内很少积累，是生物合成萜类的中间代谢物，半萜的异戊烯基焦磷酸酯（IPP）和二甲基烯丙基焦磷酸酯（DMAPP）是萜类化合物的关键前体，往往进一步合成为各类萜类，或以支链形式结合在非萜类化合物结构的母核上，形成异戊烯基支链，多见于香豆素、黄酮、苯丙素和嘌呤类化合物中，如蛇床子（*Cindium monnieri*）中的甲氧基欧芹酚（osthol），黄皮树（*Phellodendron chinense*）叶中的川黄柏次苷（rmurensin），桑白皮（*Morus alba*）中的桑黄酮（mulberrin）等。有些萜类化合物的分子骨架不符合异戊二烯法则或其分子骨架的碳原子数不是 5 的倍数，则是因为其在生物合成过程中发生重排或产生脱羧等降解反应所致。

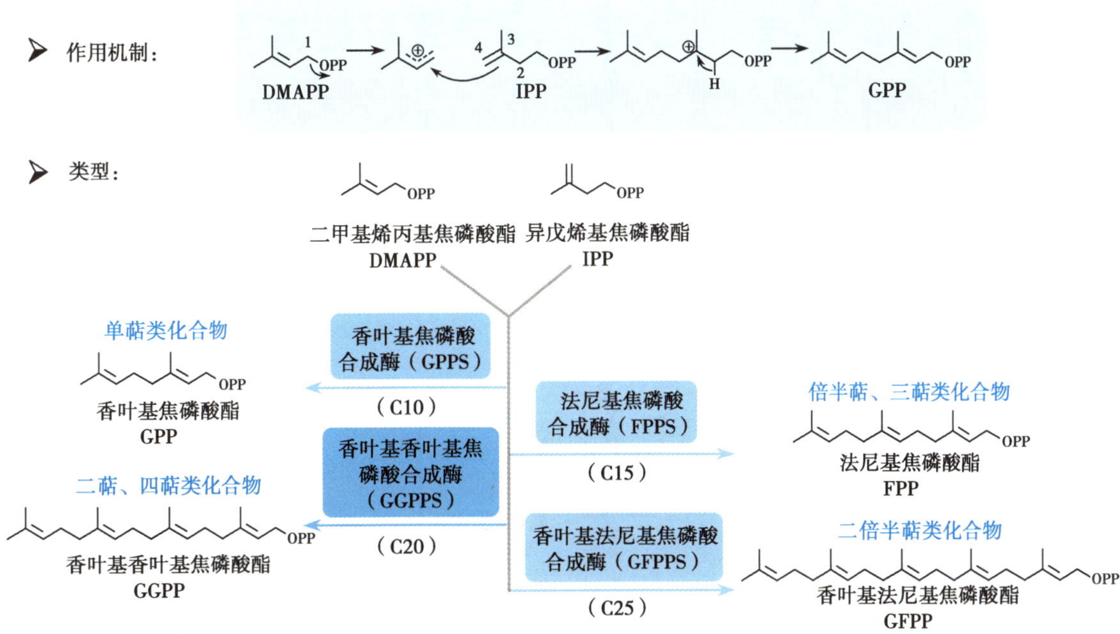

图 6-2　萜类化合物的生物合成作用机制和途径

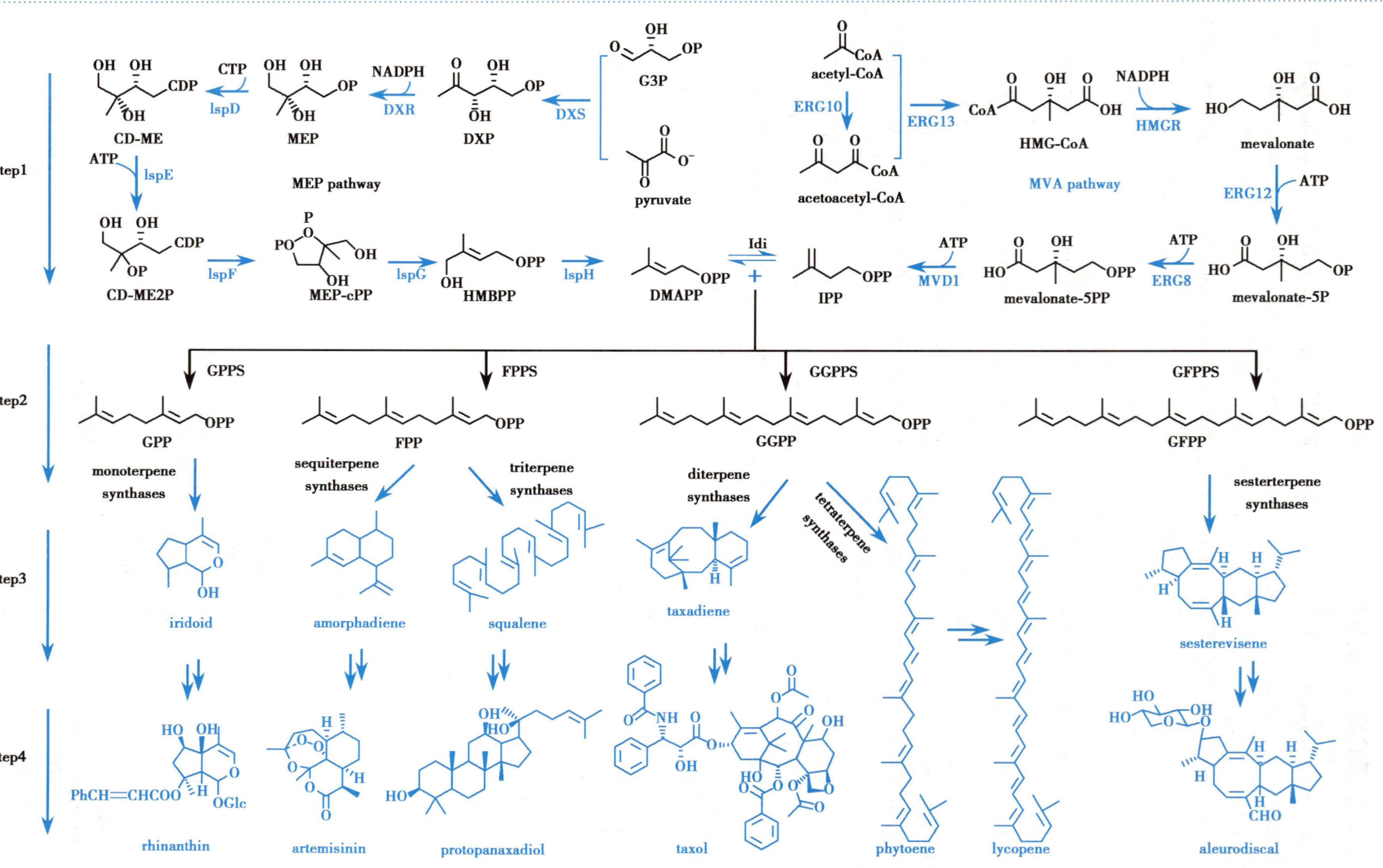

图 6-3 异戊烯链的萜类生物合成途径

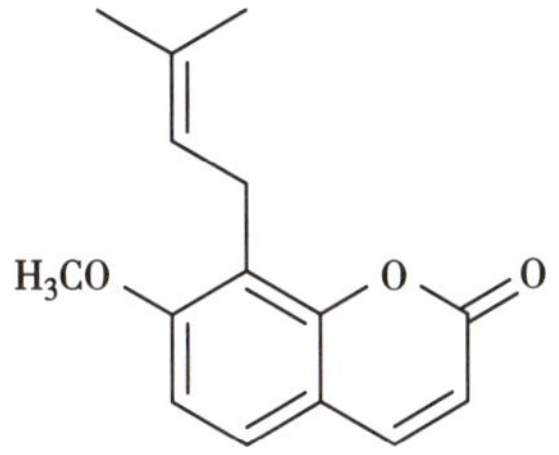

甲氧基欧芹酚 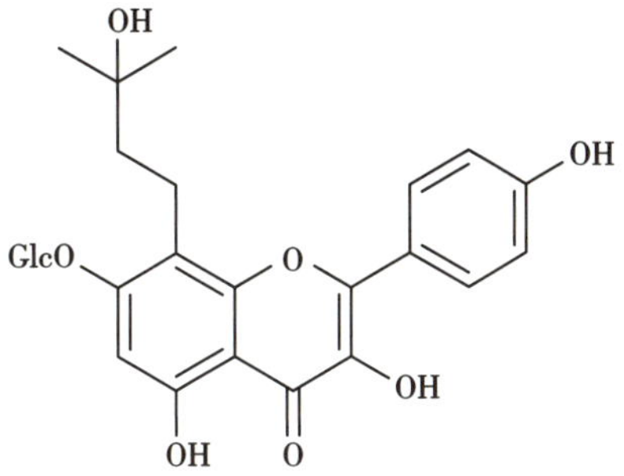　　川黄柏次苷 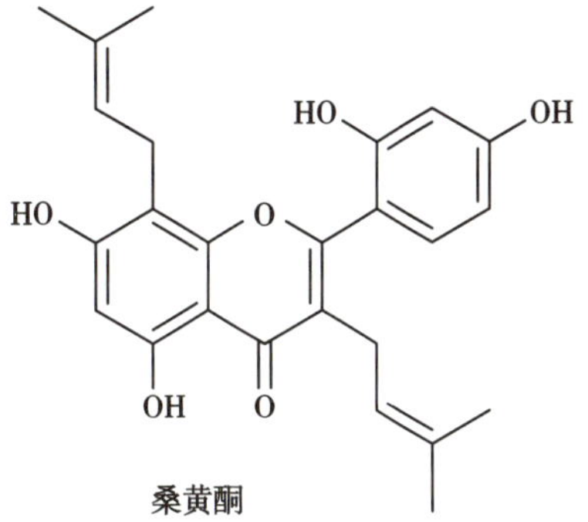　　桑黄酮

1. 单萜及环烯醚萜的生物合成　环状单萜是由香叶基焦磷酸酯（GPP）的双键异构化生成焦磷酸橙花酯（neryl pyrophosphate，NPP），NPP 再经双键转位脱去焦磷酸基，生成具薄荷烷（menthane）骨架的正碳离子后，进一步生成薄荷烷衍生物。薄荷烷正碳离子进一步环化，衍生出蒎烷（pinane）、蒈烷（carane）、侧柏烷（thujane）等双环骨架。蒎烷型离子经 Wagner-Meerwein 重排，又衍生出菠烷（bornane）、葑烷（fenchane）、莰烷（camphane）等骨架[12]，如图 6-4 所示。

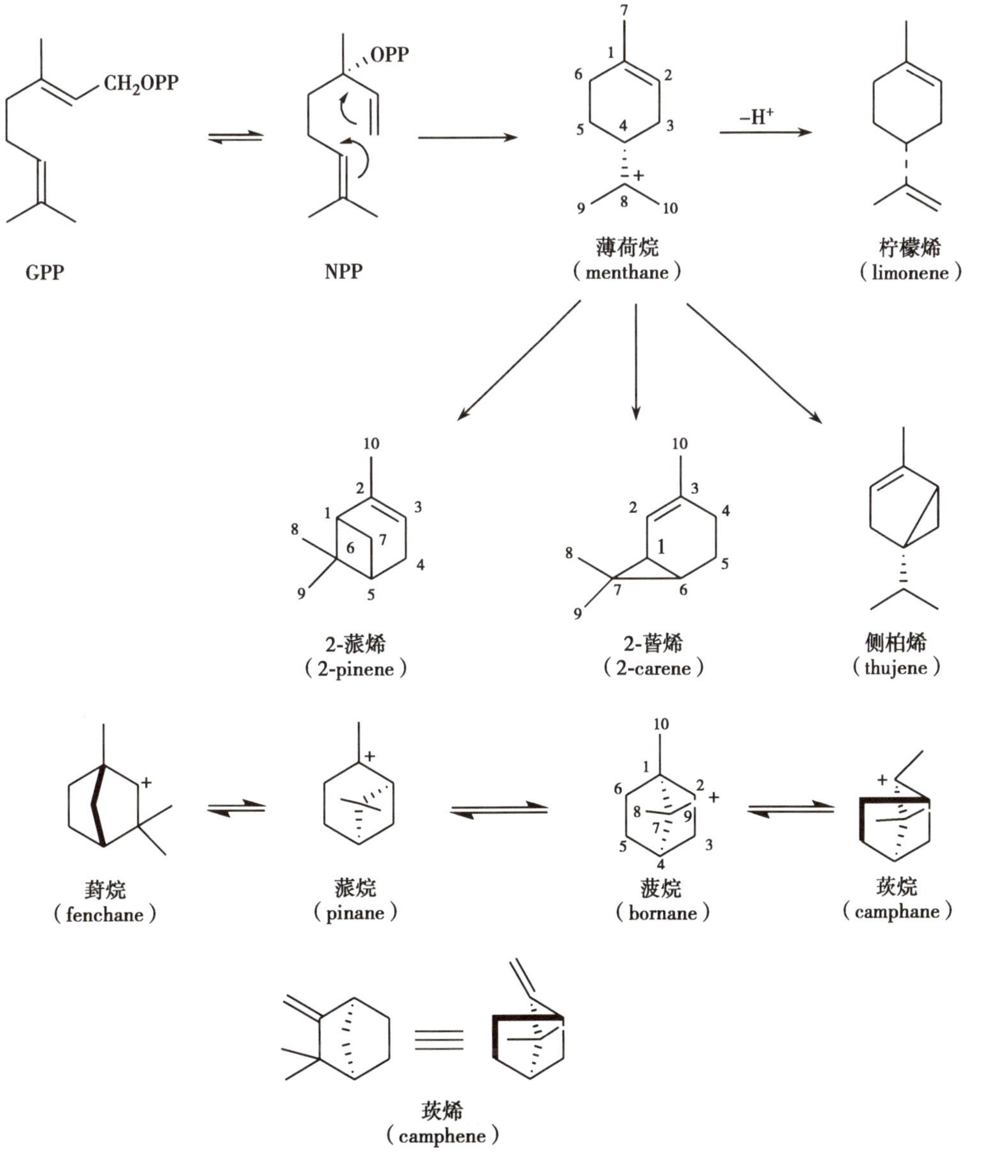

GPP　　NPP　　薄荷烷（menthane）　　柠檬烯（limonene）

2-蒎烯（2-pinene）　　2-蒈烯（2-carene）　　侧柏烯（thujene）

葑烷（fenchane）　　蒎烷（pinane）　　菠烷（bornane）　　莰烷（camphane）

莰烯（camphene）

图 6-4　环状单萜的闭环和骨架转位示意图

臭蚁二醛是从臭蚁（*Iridomyrmex detectus*）的防卫性分泌物中分离得到，它是衍生环烯醚萜的关键性中间体，它在植物体内也是由活性香叶基焦磷酸酯（GPP）衍生而成，但其生物合成途径有别于单萜：它不是经脱去 GPP 分子中焦磷酸基而直接闭环这一生源途径，而是 GPP 经水解脱去焦磷酸后，经氧化形成香茅醛，香茅醛在环合过程中发生双键转位，双键经水合成伯醇基，伯醇基经氧化得臭蚁二醛。臭蚁二醛烯醇化后，经分子内羟醛缩合，即产生环烯醚萜，其生物合成途径如图 6-5 所示。

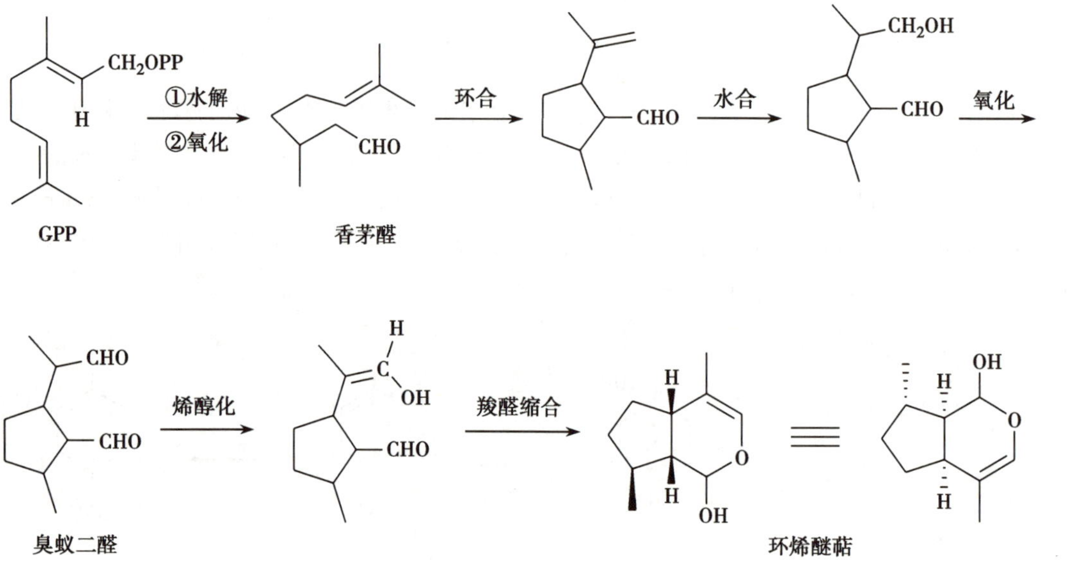

图 6-5　环烯醚萜类化合物的生物合成途径

环烯醚萜 4-CH_3 经氧化、脱羧形成 4- 去甲基环烯醚萜（4-demethyl-iridoid）。环烯醚萜中环戊烷部分的 C_7-C_8 处断裂，则形成裂环环烯醚萜（*seco*-iridoid），后者经氧化、闭环则形成裂环环烯醚萜内酯。

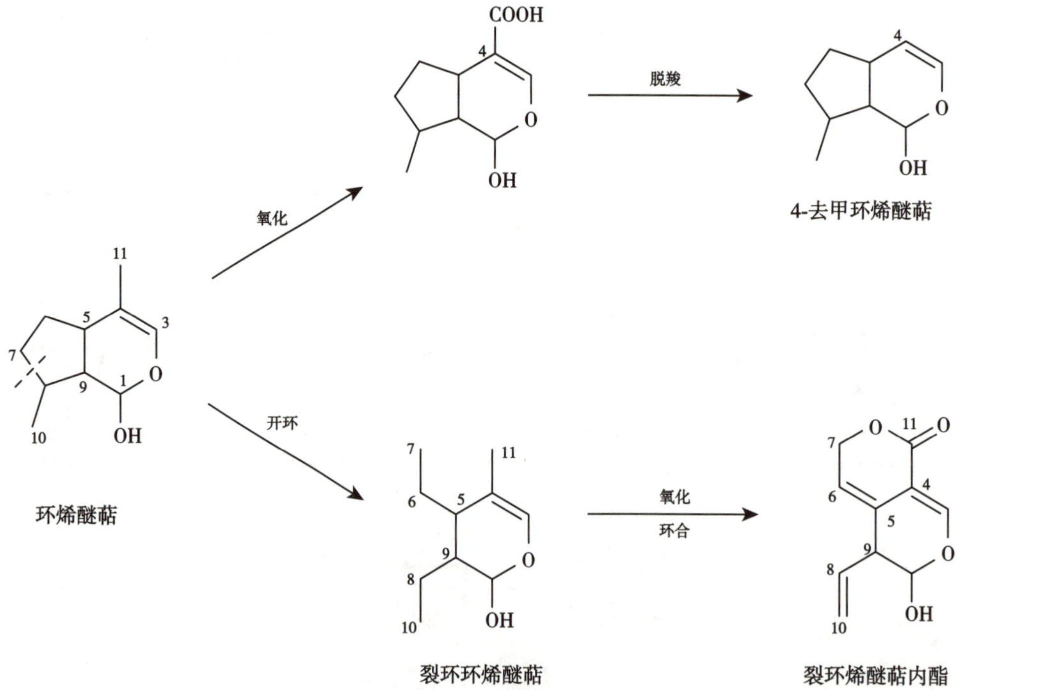

2. 倍半萜的生物合成　骨架类型多样的倍半萜类，生源上来自法尼基焦磷酸酯（FPP），具体步骤

如下：

(1) *trans,trans*-FPP 或 *trans,cis*-FPP 中的焦磷酸基与分子中的相关双键结合而脱去，形成正碳离子。

(2) 正碳离子进攻分子内的其他双键，形成新的环，并伴随着邻位氢原子的转移，发生 Wagner-Meerwein 重排，产生具有最终生成物骨架的正碳离子。

(3) 形成的正碳离子由于脱氢或者水分子的进攻，最后形成各种烯烃。

(4) 形成的母核经进一步的修饰、重排，构成各种不同的倍半萜化合物。

其主要的基本骨架和生物合成途径如图 6-6、图 6-7 所示[12]。

3. 二萜的生物合成　二萜类化合物是由香叶基香叶基焦磷酸酯（GGPP）衍生而成，几乎都呈环状结构。基于二萜的基本骨架，美国学者 J. W. Rowe 于 1968 年提出“环状二萜一般命名法”的提案，

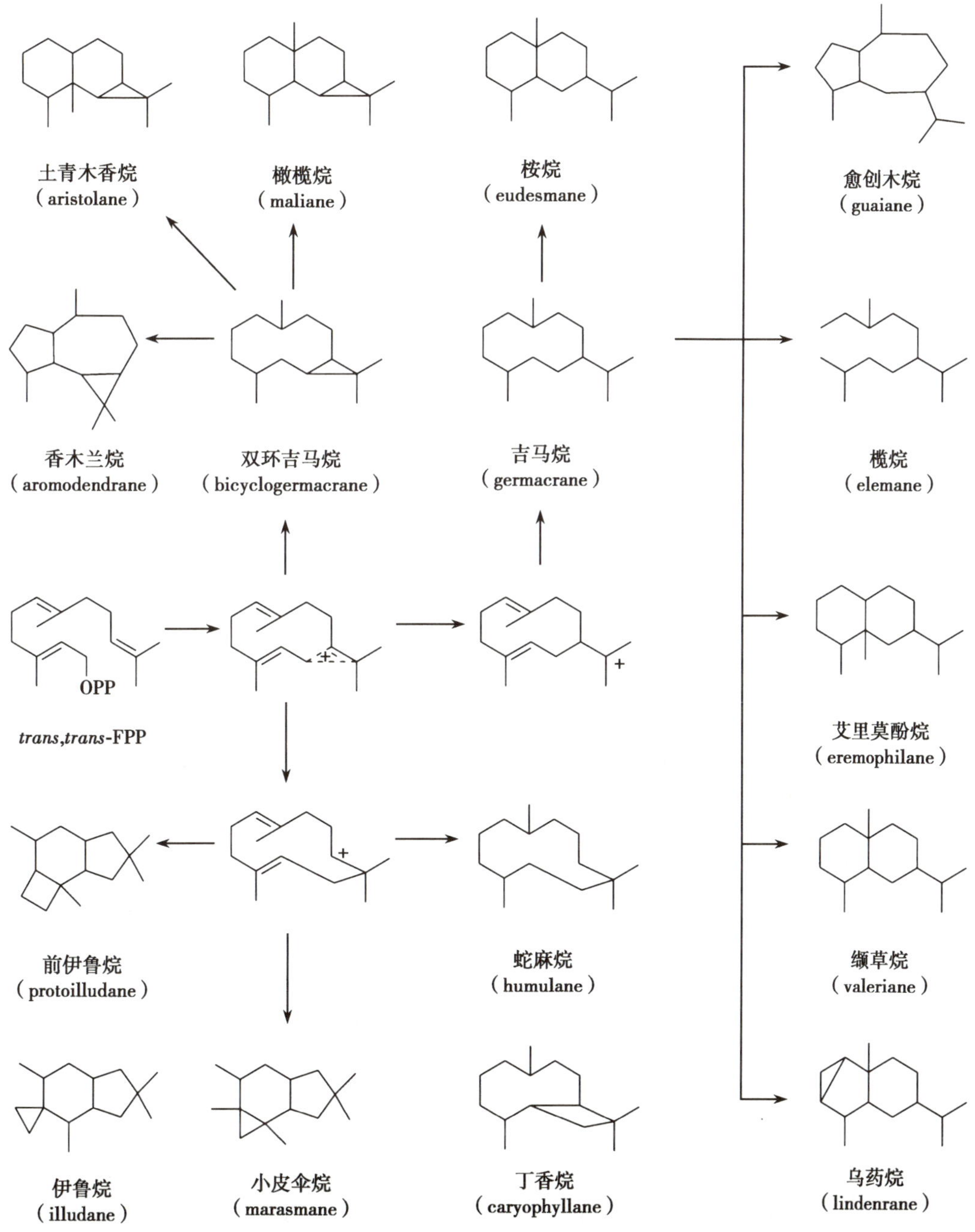

土青木香烷（aristolane）
橄榄烷（maliane）
桉烷（eudesmane）
愈创木烷（guaiane）
香木兰烷（aromodendrane）
双环吉马烷（bicyclogermacrane）
吉马烷（germacrane）
榄烷（elemane）
OPP
trans,trans-FPP
艾里莫酚烷（eremophilane）
前伊鲁烷（protoilludane）
蛇麻烷（humulane）
缬草烷（valeriane）
伊鲁烷（illudane）
小皮伞烷（marasmane）
丁香烷（caryophyllane）
乌药烷（lindenrane）

图 6-6　常见倍半萜的基本骨架与生物合成途径（一）

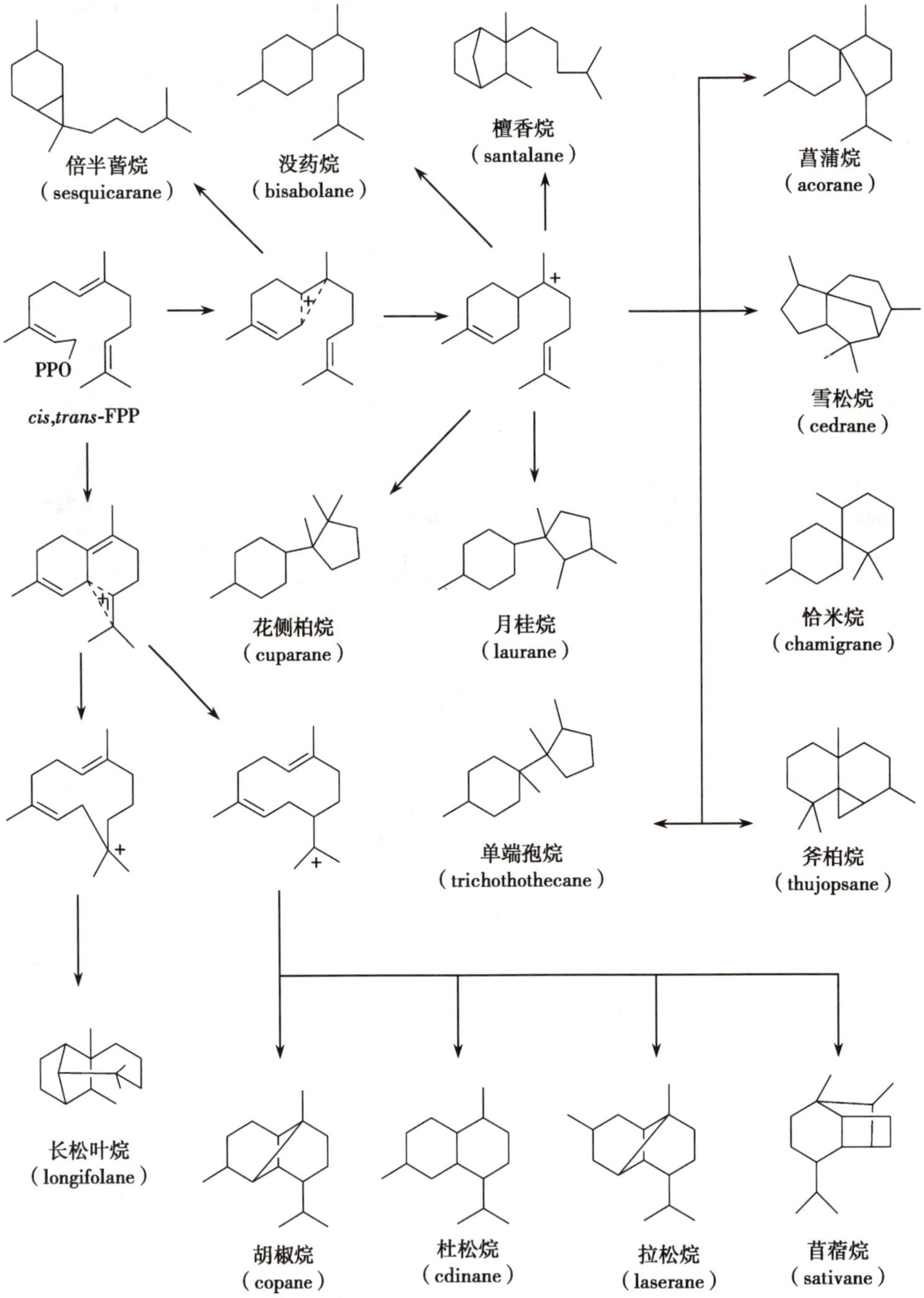

倍半蒈烷 (sesquicarane)
没药烷 (bisabolane)
檀香烷 (santalane)
菖蒲烷 (acorane)
PPO
cis,trans-FPP
雪松烷 (cedrane)
花侧柏烷 (cuparane)
月桂烷 (laurane)
恰米烷 (chamigrane)
单端孢烷 (trichothothecane)
斧柏烷 (thujopsane)
长松叶烷 (longifolane)
胡椒烷 (copane)
杜松烷 (cdinane)
拉松烷 (laserane)
苜蓿烷 (sativane)

图 6-7 常见倍半萜的基本骨架与生物合成途径(二)

该提案虽然没有被 IUPAC 正式采用，但较原来习用的骨架命名法合理，且十分方便，现正广为应用。其主要骨架、立体结构[12]及相互之间的转化如图 6-8 所示。其中贝壳杉烷、赤霉烷、阿替烷及乌头烷等骨架的对映体，即对映 - 贝壳杉烷(*ent*-kaurane)、对映 - 赤霉烷(*ent*-gibberellane)、对映 - 阿替烷(*ent*-atisane)及对映 - 乌头烷(*ent*-aconane)骨架的化合物在天然产物中有较多发现。

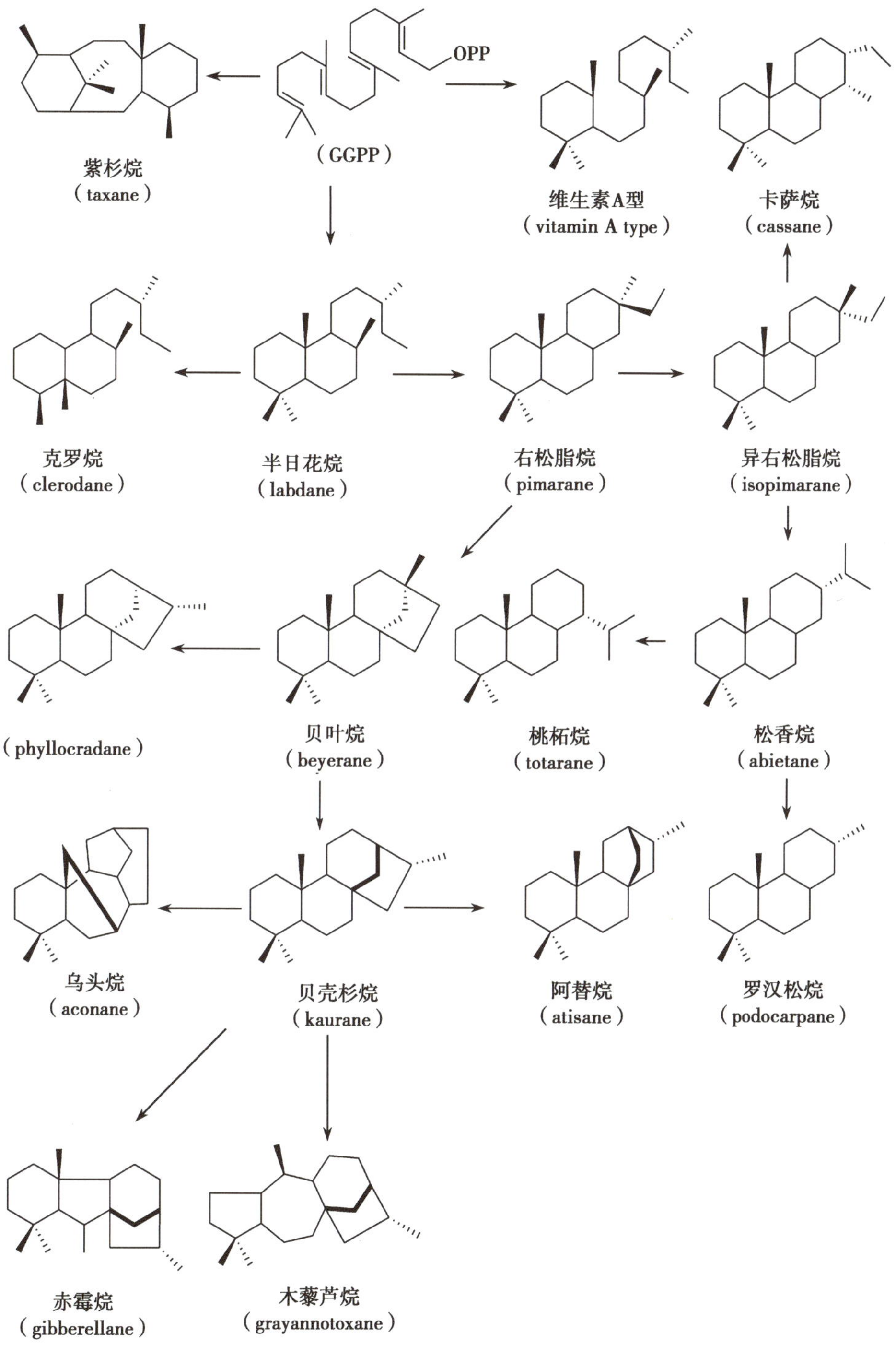

紫杉烷
(taxane)
(GGPP)
OPP
维生素A型
(vitamin A type)
卡萨烷
(cassane)
克罗烷
(clerodane)
半日花烷
(labdane)
右松脂烷
(pimarane)
异右松脂烷
(isopimarane)
(phyllocradane)
贝叶烷
(beyerane)
桃柘烷
(totarane)
松香烷
(abietane)
乌头烷
(aconane)
贝壳杉烷
(kaurane)
阿替烷
(atisane)
罗汉松烷
(podocarpane)
赤霉烷
(gibberellane)
木藜芦烷
(grayannotoxane)

图 6-8　常见二萜的基本骨架、立体结构及生物合成

4. 二倍半萜的生物合成　二倍半萜是一类由香叶基法尼基焦磷酸酯(GFPP)衍生而来的骨架多样的萜类化合物(图 6-9),主要分布在蕨类植物、植物病原菌、地衣和海洋海绵生物中,相对于其他萜类化合物结构较为稀少。其主要骨架及相互之间的转化如图 6-10 所示。其中蛇孢菌素(ophiobolins)作为一类具有 5/8/5 碳环系骨架的植物毒素性二倍半萜在天然产物中有较多发现。

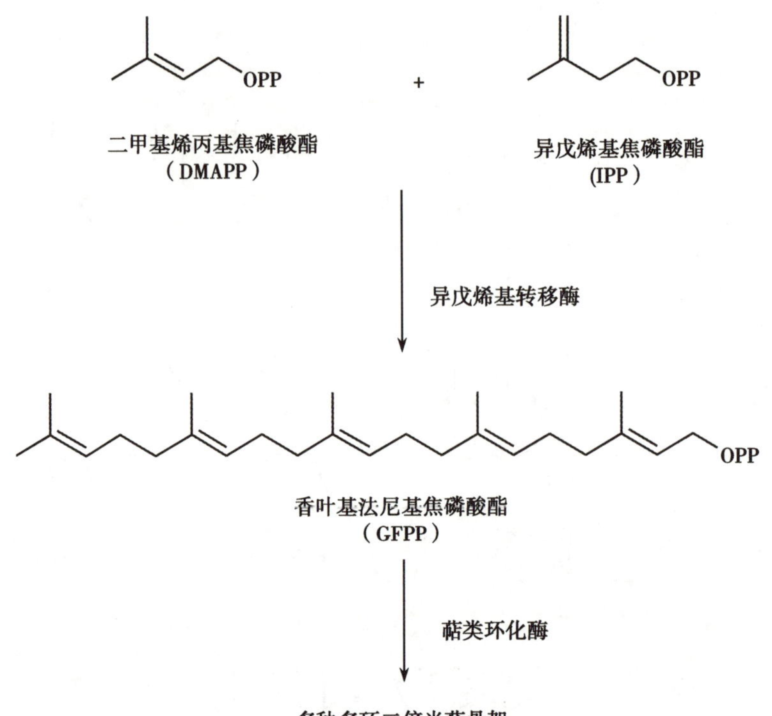

图 6-9 通过 GFPP 环化得到骨架多样的二倍半萜

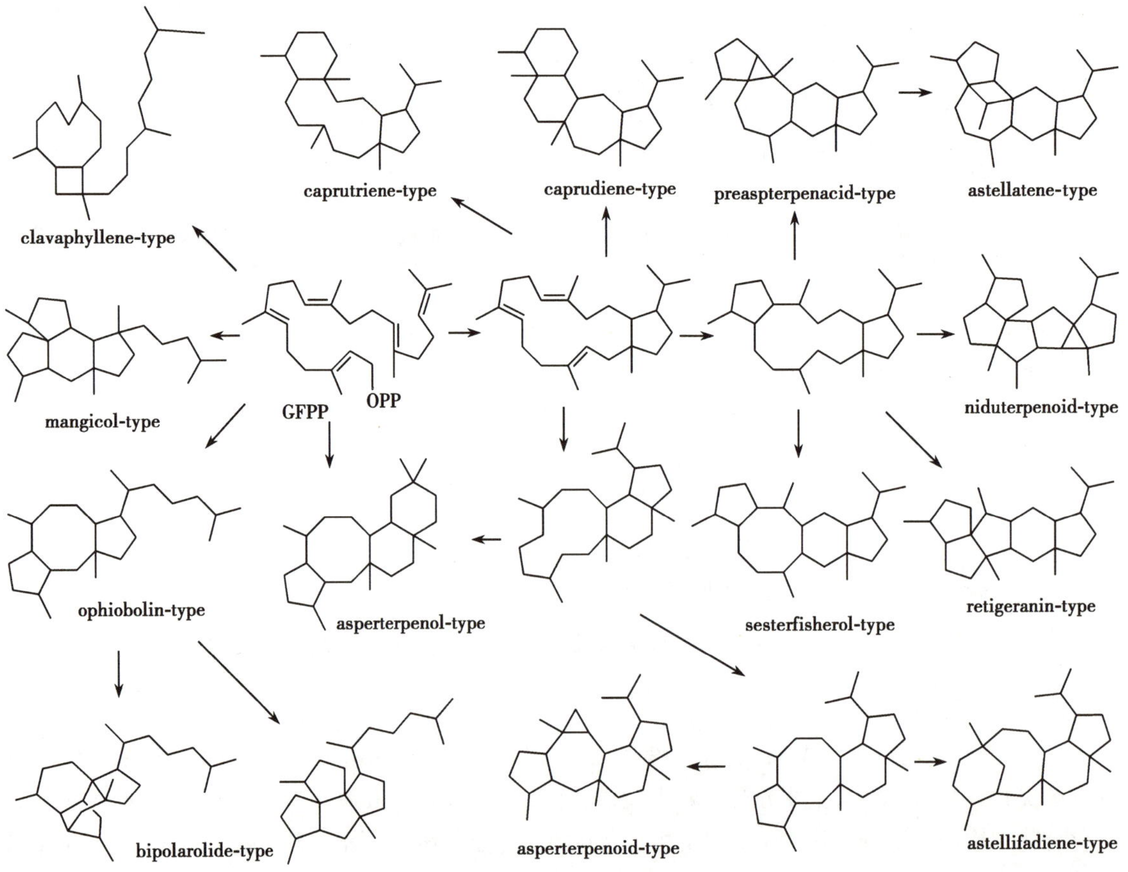

图 6-10 常见的二倍半萜骨架及其生物合成途径

第三节　萜类化合物的理化性质

萜类化合物的结构类型差异较大,但分子结构中绝大多数具有双键、内酯等结构,因而具有一些相同的理化性质及化学反应。

一、性状

1. 形态　单萜和倍半萜多为具香气的油状液体,在常温下可以挥发,或为低熔点的固体。单萜的沸点比倍半萜低,并且单萜和倍半萜随分子量和双键的增加、功能基的增多,化合物的挥发性降低,熔点和沸点相应增高,可利用该规律性,采用分馏的方法将它们分离开来。二萜和二倍半萜多为结晶性固体。

2. 味　萜类化合物多具有苦味,有的味极苦,所以萜类化合物又称苦味素。但有的萜类化合物具有强的甜味,如甜菊苷的甜味是蔗糖的 300 倍[13]。

3. 旋光性　大多数萜类具有不对称碳原子,具有光学活性。

二、溶解性

萜类化合物亲脂性强,易溶于醇及脂溶性有机溶剂,难溶于水,但单萜和倍半萜类能随水蒸气蒸馏。具有内酯结构的萜类化合物能在热碱液中开环成盐而溶于水中,酸化后,又自水中析出。

除三萜外,萜类的苷化合物含糖的数量均不多,但具有一定的亲水性,能溶于热水,易溶于甲醇、乙醇溶液,不溶于亲脂性的有机溶剂。

值得注意的是,萜类化合物对高温、光、酸、碱较为敏感,易被氧化,或发生重排反应,引起结构的变化。

第四节　萜类化合物的提取与分离

一、萜类化合物的提取

环烯醚萜以苷的形式较多见,多以单糖苷的形式存在,苷元的分子较小,且多具有羟基,所以亲水性较强,一般易溶于水、甲醇、乙醇和正丁醇等溶剂,而难溶于一些亲脂性强的有机溶剂,故多用甲醇或乙醇为溶剂进行提取。

非苷形式的萜类化合物具有较强的亲脂性,溶于甲醇、乙醇中,易溶于三氯甲烷、乙酸乙酯、苯、乙醚等亲脂性有机溶剂中。一般用有机溶剂提取,或先用甲醇或乙醇提取后,再用石油醚、三氯甲烷或乙酸乙酯等亲脂性有机溶剂萃取;也可用不同极性的有机溶剂按极性递增的方法依次萃取,得到不同极性的萜类提取物。

倍半萜类化合物容易发生结构的重排,二萜类易聚合而树脂化,所以宜选用新鲜药材或迅速晾干的药材,并尽可能避免酸、碱的处理。含苷类成分时,则要避免接触酸,以防发生水解,并按常法事先破坏酶的活性。

二、萜类化合物的分离

(一) 结晶法分离

有些萜类的萃取液回收到小体积时,可能有结晶析出,再以适量的溶媒重结晶,可得纯的萜类化合物。

（二）柱色谱分离

1. 硅胶或氧化铝吸附色谱法 分离萜类化合物多用吸附柱色谱法，常用的吸附剂有硅胶、氧化铝等。其中应用较多的是硅胶，几乎所有的萜类化合物都可用硅胶作吸附剂。氧化铝在色谱分离过程中可能引起萜类化合物的结构变化，故选用氧化铝作吸附剂时要慎重，一般多选用中性氧化铝。

因萜类化合物结构中多具有双键，硅胶硝酸银色谱法也较常用，不同萜类的双键数目和位置不同，与硝酸银形成 π 络合物难易程度和稳定性有差别，可借此达到分离的目的。

萜类化合物的柱色谱分离一般选用非极性有机溶剂，如正己烷、石油醚、环己烷、乙醚或乙酸乙酯作洗脱剂，多选用混合溶剂梯度洗脱，如石油醚 - 乙酸乙酯、三氯甲烷 - 丙酮等，多羟基萜类可选用三氯甲烷 - 甲醇或三氯甲烷 - 甲醇 - 水等。

2. 反相柱色谱 通常以反相键合相硅胶 RP-18、RP-8 或 RP-2 为填充剂，常用甲醇 - 水或乙腈 - 水等为洗脱剂。反相色谱柱需用相对应的反相薄层色谱进行检识，如预制的 RP-18、RP-8 或 RP-2 等反相高效薄层板。

3. 凝胶色谱法 凝胶色谱法是利用分子筛的原理来分离分子量不同的化合物，在用不同浓度的甲醇、乙醇等溶剂洗脱时，各成分按分子量递减顺序依次被洗脱下来，即分子量大的苷类成分先被洗脱下来，分子量小的苷和苷元后被洗脱下来。应用较多的是能在有机相使用的 Sephadex LH-20，它除了具有分子筛特性之外，在由极性与非极性溶剂组成的混合溶剂中常常起到反相分配色谱的效果。

用色谱法分离萜类化合物通常采用多种色谱相组合的方法，即一般先通过硅胶柱色谱进行分离后，再结合低压或中压柱色谱、反相柱色谱、薄层制备色谱、高效液相色谱或凝胶色谱等方法进行进一步的分离。

（三）利用结构中特殊官能团进行分离

可利用萜类化合物中的含氧官能团来进行分离，如含内酯基团的萜类可在碱性条件下开环，加酸后又环合，借此可与非内酯类化合物分离；不饱和双键、羰基等可用加成的方法制备衍生物加以分离。

第五节 萜类化合物的检识与结构鉴定

一、萜类化合物的紫外光谱

具有共轭双键的萜类化合物，在紫外光区产生吸收，在结构鉴定中有一定的意义。一般共轭双烯在 λ_{max} 215~270nm（ε 2 500~30 000）有最大吸收，而含有 α,β 不饱和羰基的萜类则在 λ_{max} 220~250nm（ε 10 000~17 500）有最大吸收。

二、萜类化合物的红外光谱

红外光谱主要用来检测化学结构中的官能团。萜类化合物中多存在双键、共轭双键、甲基、偕二甲基、环外亚甲基或含氧官能团等，一般都能很容易地分辨出来。如偕二甲基在 υ_{max} 1 370cm^{-1} 吸收峰处裂分，出现 2 条吸收带；而贝壳杉烷型二萜的环外亚甲基则通常在 υ_{max} 900cm^{-1} 左右有最大吸收峰。

红外光谱在解决萜类内酯的存在及内酯环的大小上有实际意义。在 υ_{max} 1 850~1 735cm^{-1} 间出现强的羰基吸收峰，可考虑有内酯化合物存在，其羰基吸收峰位置与内酯环大小及共轭程度有关。如在饱和内酯环中，随着内酯环碳原子数的减少，环的张力增大，吸收波长向高波数移动，六元环、五元环及四元环内酯羰基的吸收波长分别在 υ_{max} 1 735cm^{-1}、1 770cm^{-1} 和 1 840cm^{-1}。

三、萜类化合物的质谱

虽然质谱测定报道的数据很多，但由于萜类化合物基本母核多，无稳定的芳香环、芳杂环及脂杂环结构系统，大多缺乏“定向”裂解基团，因而萜类在电子轰击下能够裂解的化学键较多，重排屡屡发生，裂解方式复杂。有些化合物的结构确定之后，容易解释其裂解方式，但对大多数化合物来说，如果缺乏高分辨质谱、氘标记实验和亚稳离子等数据，常常很难判断离子的来源和结构。但是，萜类化合物裂解有下列一般规律：①萜类化合物的分子离子峰除以基峰形式出现外，一般较弱；②环状萜类化合物中常发生 RDA 裂解；③在裂解过程中常伴随着分子重排裂解，尤以麦氏重排多见；④裂解方式受功能基的影响较大，得到的裂解峰主要是失去功能基的离子碎片，例如有羟基或羟甲基存在时，多有失水或失羟甲基、甲醛等离子碎片。

四、萜类化合物的核磁共振谱

对于萜类化合物的结构测定来说，核磁共振谱是波谱分析中最为有力的工具，特别是近年来高磁场核磁技术和各种 2D-NMR 技术的开发和应用，不但提高了谱图的质量，而且提供了更多的结构信息。鉴于萜类化合物类型多、骨架复杂、结构庞杂，难于在有限的篇幅中作全面总结和归纳，文献[14]收集整理了大量的氢谱、碳谱数据，对萜类化合物的结构测定有重要的参考价值。值得注意的是，对于结构复杂的萜类化合物，必须依赖于 2D-NMR 技术。

第六节　萜类化合物的研究实例

壳梭菌素（fusicoccanes）是一类具有 5/8/5 环系或 5/9/5 环系结构的二萜，主要存在于真菌、链霉菌、蕨类和部分高等植物中，其中真菌是壳梭菌素最重要的来源。本节以经典的 brassicicenes 系列壳梭菌素和新型的 talaronoids 二萜为例进行结构解析。

一、Brassicicenes 系列壳梭菌素二萜类化合物的结构鉴定[15]

Brassicicenes 系列壳梭菌素是指一系列具有经典的 5/8/5 环系碳核心骨架的二萜类化合物。在早期，因其 Me-18 的取代位置不同而划分成两种类型（类型Ⅰ和类型Ⅱ），自然界中绝大多数已报道的 brassicicenes 系列二萜骨架属于类型Ⅰ（C-11 位具有 Me-18 取代），而从真菌芸薹生链格孢（*Alternaria brassicicola*）的发酵物中分离得到的 brassicicenes C~H，J 和 K 的二萜骨架属于类型Ⅱ（C-12 位具有独特的 Me-18 取代）。我国学者从芸薹生链格孢的发酵物中分离纯化得到 brassicicene D，其结构的重新鉴定导致了 brassicicenes C~H，J 和 K 等化合物的骨架结构的纠正，从 5/8/5 环纠正为具有 5/9/5 环系的二萜骨架类型。

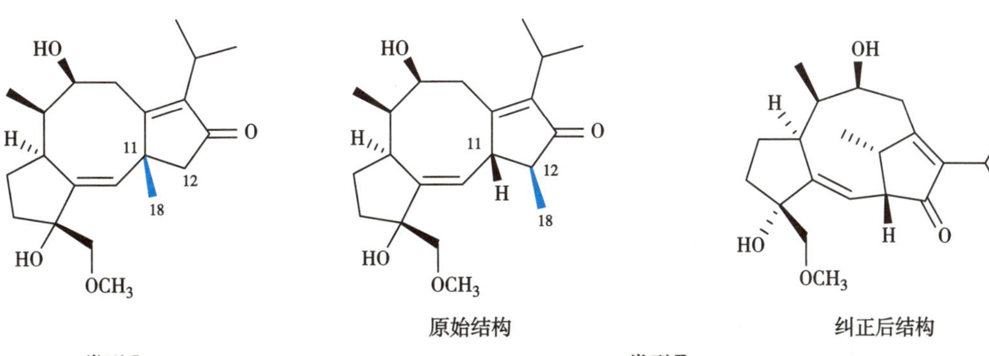

1. Brassicicene D 理化常数的测定　Brassicicene D(1)为白色块状晶体(甲醇 - 水),$[\alpha]_D^{20}$: −139.6(*c*=0.08,MeOH)。

2. 分子式的确定　(+)-HR-ESI-MS 显示其准分子离子峰为 385.198 6 $[M+Na]^+$(计算值为 385.198 5)。^{13}C-NMR 显示存在 21 个碳信号,与 HR-ESI-MS 结果一致,故确定化合物 **1** 的分子式为 $C_{21}H_{30}O_5$。化合物 **1** 的红外光谱在 3 421cm^{-1} 和 1 707cm^{-1} 处有吸收峰,说明该化合物中含有羟基和酮羰基。

3. 基本骨架的确定　从 ^{1}H-NMR 谱可知,化合物 **1** 含 3 个双峰甲基和 1 个单峰甲基、3 个烯氢,结合 ^{13}C-NMR 谱和 DEPT 谱,化合物 **1** 含 4 个甲基(包括 1 个甲氧基)、5 个亚甲基(包括 1 个烯碳和 1 个连氧亚甲基)、5 个次甲基(包括 1 个连氧次甲基和 1 个烯碳)、7 个季碳(包括 2 个连氧季碳,4 个烯碳和 1 个酮羰基)。化合物 **1** 的不饱和度为 7,3 个双键和 1 个酮羰基占用 4 个不饱和度,分子应含有 3 个环,属于三环二萜类骨架,与文献对比,以上谱图特别是碳谱数据与 brassicicene D 核磁数据几乎一致,提示化合物 **1** 与 brassicicene D 具有相同的化学结构与骨架类型。

但是在仔细分析化合物 **1**(brassicicene D)的 HMBC 核磁数据时,发现 brassicicene D 原始结构 **1a** 中应该会存在很强的 H_2-18 与 C-13 的三键 HMBC 相关信号,但是在实际 HMBC 谱图中没有发现此信号,相反与结构 **1b** 比较吻合(图 6-11)。对其进行深入的 NOESY 谱图信号分析,可以发现 **1a** 的 H_2-18 与 H_3-17 和 H-9*β* 的空间距离较远,不应该存在 NOESY 相关信号,同时 H_2-18 与 H-1 空间距离较近,理应存在 NOESY 相关信号,但是化合物 **1** 的实际谱图的 NOESY 分析结果却恰恰相反。这说明,在结构 **1b** 中,H_2-18 与 H_3-17 和 H-9*β* 的空间距离较近,理应存在 NOESY 相关信号,而 H_2-18 与 H-1 空间距离较远,理论上不应存在 NOESY 相关信号,这也与化合物 **1** 的实际 NOESY 谱图中显示的相关信号十分吻合(图 6-12)。以上分析结果提示化合物 brassicicene D 的骨架类型应该由 C-12 位甲基取代的 5/8/5 环系二萜骨架纠正为具有 5/9/5 环系的二萜骨架;对上述化合物 **1a** 和 **1b** 进行进一步的碳谱数据计算分析(图 6-13),发现 **1a** 的计算数据差异较大,而化合物 **1b** 的拟合度较好,提示 **1b** 可能为化合物 **1** 的正确结构。获得的化合物 **1** 的单晶结构(图 6-12),进一步证实了上述的推论。

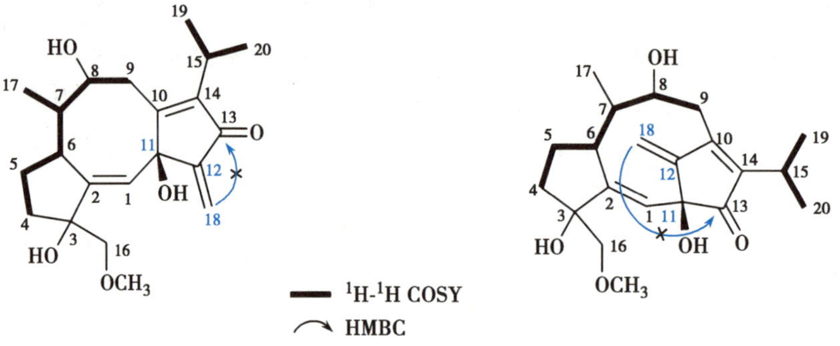

图 6-11　Brassicicene D(1)的 2D-NMR 相关分析

Brassicicene D(**1**)的结构纠正也引起对其他壳梭菌素Ⅱ系列类似物(brassicicenes C、E~H、J 和 K)结构的质疑。在芸薹生链格孢的发酵物并未分离获得 brassicicenes C、E~H、J 和 K 等化合物,故借助生源途径考虑与量子化学碳谱计算相结合的方法,成功地对其余化合物进行结构纠正,结果如图 6-14 所示。

根据布雷德(Bredt)规则,含有桥头双键的化合物通常是不稳定的。但是在天然产物中大量的桥头烯键化合物都能稳定存在,证明了该规则并不适用所有的化合物。在 80 年代早期,Schleyer 等基于 force-field 方法预测这些含有桥头烯键化合物的稳定性。根据 olefin strain(OS)能量计算桥头

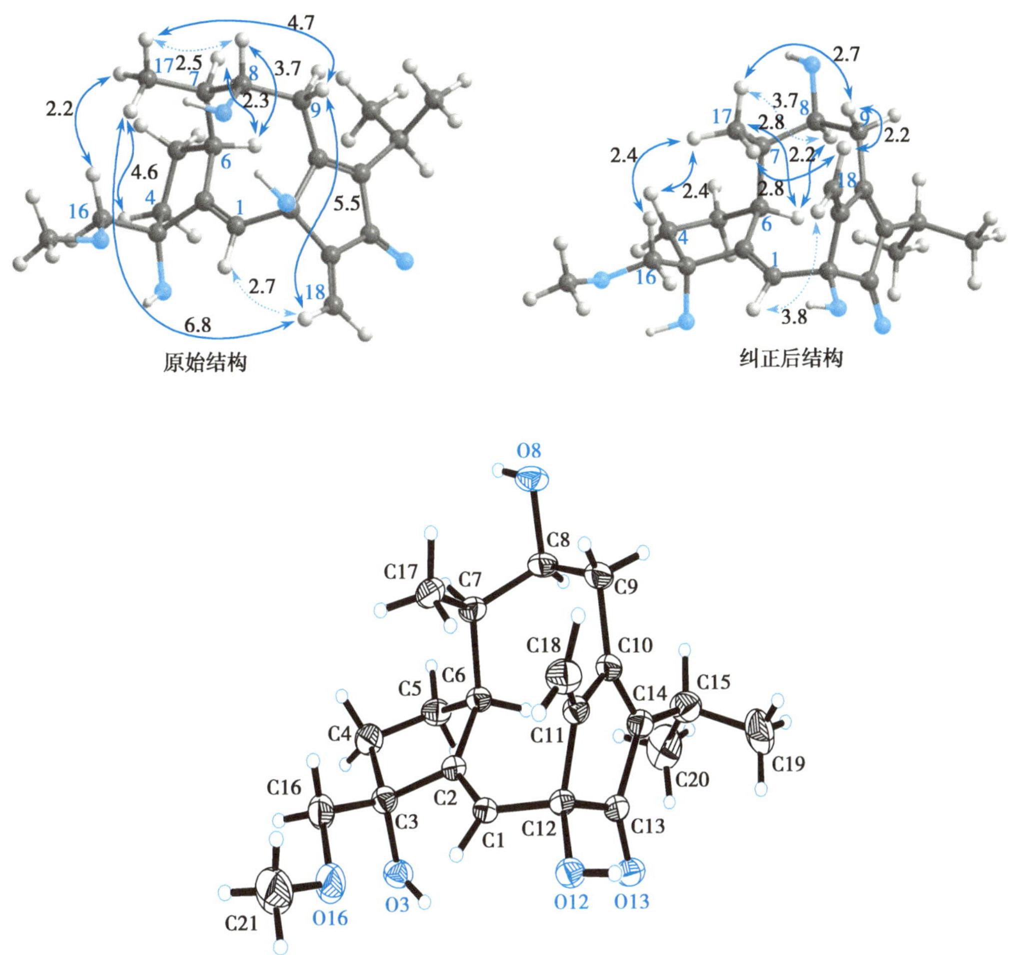

图 6-12　Brassicicene D(1)的 NOESY 相关分析与单晶衍射结构

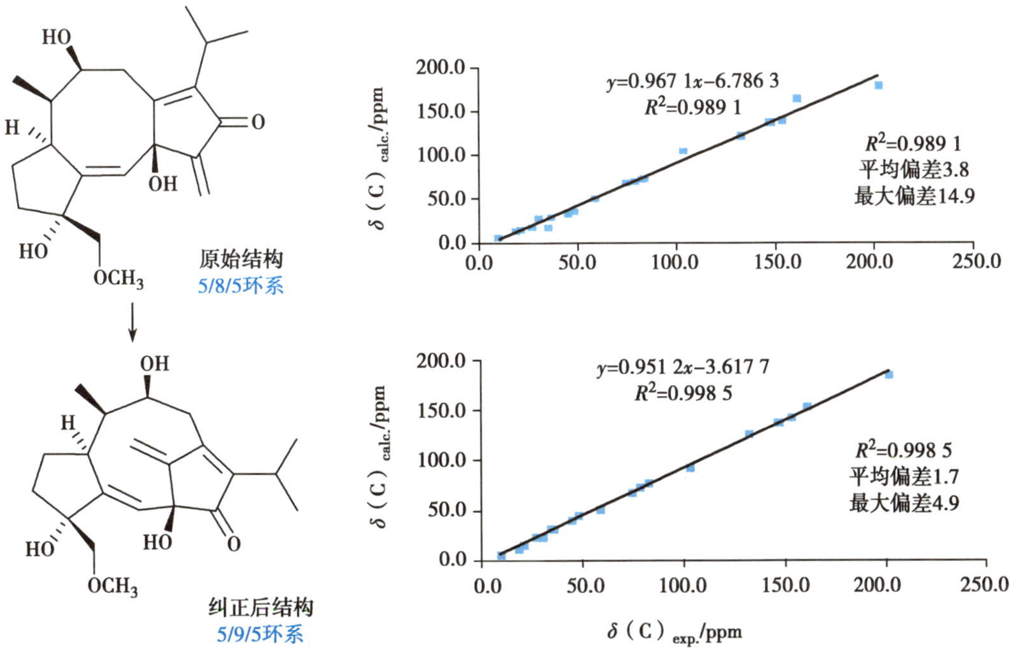

图 6-13　Brassicicene D(1)的可能结构 1a 和 1b 的碳谱计算分析结果

	R_1	R_2
3a	H	H
4a	OH	OAc
5a	H	OH
6a	OH	H
8a	H	OOH

1a R=OH
2a R=H

7a

原始结构
5/8/5

碳谱计算

	R_1	R_2
3b	H	H
4b	OH	OAc
5b	H	OH
6b	OH	H
8b	H	OOH

1b R=OH
2b R=H

7b

纠正后结构
5/9/5

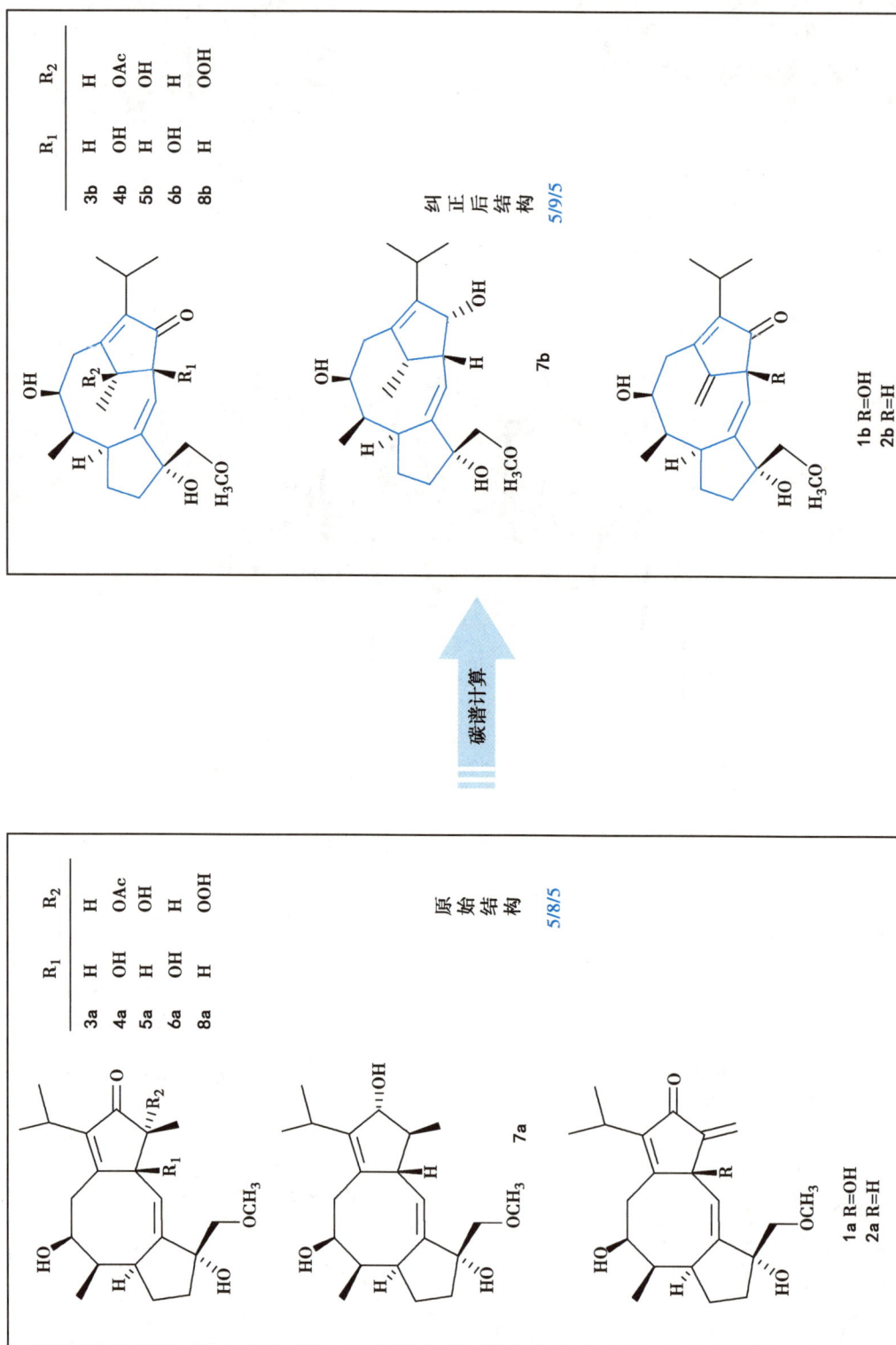

图 6-14　壳梭菌素类型Ⅱ的结构纠正

1. brassicicene D; **2**. brassicicene K; **3**. brassicicene C; **4**. brassicicene E; **5**. brassicicene F; **6**. brassicicene G; **7**. brassicicene H; **8**. brassicicene J。

烯烃化合物与其具有相同母核的碳氢化合物的能量差值，可将含桥头烯键化合物划分为三类："isolable"（OS≤17kcal/mol）、"observable"（17 < OS < 21kcal/mol）、"unstable"（OS≥21kcal/mol）。通过计算 **1b~8b** 等化合物的 OS 值，均落在"isolable"的范围内，证明这些化合物都是可以天然存在和分离的。

Talaronoids 系列壳梭菌素二萜的结构鉴定(视频)

二、Talaronoids 系列壳梭菌素二萜类化合物的结构鉴定[16]

Talaronoids A~D 是来自柄篮状菌的新型壳梭菌素二萜，其环系从常规的 5/8/5 环经扩环形成了 5/8/6 环系，其结构解析过程详见右侧二维码。

第七节　挥　发　油

一、概述

挥发油（volatile oils）又称精油（essential oils），是一类具有芳香气味的油状液体的总称。在常温下能挥发，可随水蒸气蒸馏。挥发油是具有广泛生物活性的一类常见的重要成分，是古代医疗实践中较早注意到的药物，《本草纲目》中记载着世界上最早提炼、精制樟油和樟脑的详细方法。

（一）分布与存在

挥发油类成分在植物界分布很广，主要存在于种子植物，尤其是芳香植物中。在我国野生与栽培的芳香植物有 70 余科，200 属，600~800 种[4]。特别是菊科植物中的菊、蒿、艾、苍术、白术、泽兰、佩兰、木香等，芸香科植物中的芸香、降香、花椒、橙、桔、枳、柠檬、佛手、吴茱萸等，伞形科植物中的小茴香、芫荽、川芎、白芷、前胡、防风、柴胡、当归、羌活、独活、蛇床等，唇形科植物中的薄荷、藿香、香薷、荆芥、紫苏、罗勒等，姜科植物中的郁金、姜黄、莪术、山柰、姜、高良姜、砂仁、豆蔻等和樟科植物中的山鸡椒、乌药、肉桂、阴香、樟等最多；其次是木兰科植物中的五味子、八角茴香、厚朴、辛夷等，桃金娘科植物中的丁香、桉、白千层等，马兜铃科植物中的细辛、杜衡、马兜铃等，马鞭草科植物中的马鞭草、牡荆、蔓荆等，禾本科植物中的香茅、芸香草等，败酱科植物中的败酱、缬草、甘松等也富含挥发油；此外，如胡椒科、杜鹃花科、三白草科、松科、柏科、木犀科、蔷薇科、瑞香科、檀香科、藜科、天南星科、莎草科、毛茛科及萝藦科的某些植物中，也含有丰富的挥发油类成分。

挥发油存在于植物的腺毛、油室、油管、分泌细胞或树脂道中，如薄荷油在薄荷叶腺鳞中、桉叶油在桉叶油腔中、茴香油在小茴香果实油管中、玫瑰油在玫瑰花瓣表皮分泌细胞中、姜油在生姜根茎油细胞中、松节油在松树树脂道中。大多数成油滴状存在，也有些与树脂、黏液质共同存在。还有少数由苷水解获得，如冬绿苷。冬绿苷水解后产生葡萄糖、木糖及水杨酸甲酯，后者为冬绿油的主要成分。

挥发油在植物体中的存在部位常各不相同，有的全株植物中都含有，有的则在花、果实、叶、根或根茎部分的某一器官中含量较多。有的同一植物的药用部位不同，其所含挥发油的组成成分也有差异，如樟科桂属植物的树皮挥发油多含桂皮醛，叶中则主要含丁香酚，而根和木部含樟脑多。有的植物由于采集时间不同，同一药用部位所含的挥发油成分也不完全一样，如胡荽子当果实未熟时，其挥发油主要含桂皮醛和异桂皮醛，成熟时则主要含芳樟醇、杨梅叶烯。挥发油的含量一般在 1% 以下，也有少数含量在 10% 以上，如丁香。

（二）生物活性与应用

挥发油多具有祛痰、止咳、平喘、驱风、健胃、解热、镇痛和抗菌消炎作用。例如香柠檬油对淋球菌、葡萄球菌、大肠埃希菌和白喉菌有抑制作用；柴胡挥发油制备的注射液，有较好的退热效果；丁香油有局部麻醉和止痛作用；土荆芥油有驱虫作用；薄荷油有清凉、驱风、消炎和局麻作用；茉莉花油具有兴奋作用；等等。临床上早已应用的有樟脑、冰片、薄荷脑、丁香酚、百里香草酚等。随着"回归大自然"

热潮的掀起，利用精油的芳香疗法得到广泛应用。

挥发油不仅在医药上具有重要的作用，在香料工业中应用也极为广泛。在香料工业生产上，有芳香“浸膏”“净油”“香膏”“头香”等制品，多用低沸点的溶剂浸提而得。芳香浸膏是以鲜花为原料，经浸提、浓缩的制品；净油是将浸膏再经乙醇提取，回收乙醇的浓缩物，故净油有完全溶于乙醇的含义；有些芳香植物原料，以乙醇提取、浓缩的产品称为香膏，鲜花的浸提一般不直接用乙醇作溶剂，如桂花、茉莉花等浸膏多采用石油醚冷浸制备，如用脂肪吸收法制备则称“香脂”；头香是用冷冻法或多孔聚合树脂吸附法所得到的鲜花芳香成分，多为鲜花中低沸点的组分，往往是能真实地反映鲜花天然香气的成分。

冬绿苷的结构（单图）

挥发油在日用食品工业及化学工业上也是重要的原料。

（三）组成和分类

挥发油所含成分比较复杂，一种挥发油中常常由数十种到数百种成分组成，如保加利亚玫瑰油中已检出 275 种化合物。构成挥发油的成分类型大体上可分为如下四类，其中以萜类化合物为多见。

1. 萜类化合物 挥发油中的萜类成分，主要是单萜、倍半萜和它们的含氧衍生物，其中含氧衍生物多是生物活性较强或具有芳香气味的主要组成成分。如松节油含蒎烯（pinene）80% 左右，薄荷油含薄荷醇（menthol）8% 左右，山苍子油含柠檬醛（citral）8%，樟脑油含樟脑（camphor）约 50% 等。前面所论及的单萜及倍半萜类化合物除了它们的苷类化合物、内酯衍生物以及与其他成分混杂结合的化合物之外，几乎均在挥发油中存在。

2. 芳香族化合物 在挥发油中，芳香族化合物的含量仅次于萜类。

挥发油中的芳香族化合物，有的是萜源衍生物，如百里香草酚（thymol）、孜然芹烯（*p*-cymene）、*α*-姜黄烯（*α*-curcumene）等。有些是苯丙烷类衍生物，结构多具有 C_6-C_3 骨架，多为酚类化合物或其酯类。例如桂皮醛（cinnamaldehyde）存在于桂皮油中，丁香酚（eugenol）为丁香油中的主成分，茴香醚（anethole）为八角茴香油及茴香油中的主成分，*α*- 细辛醚及 *β*- 细辛醚（*α*-asarone，*β*-asarone）为菖蒲及石菖蒲挥发油中的主成分。

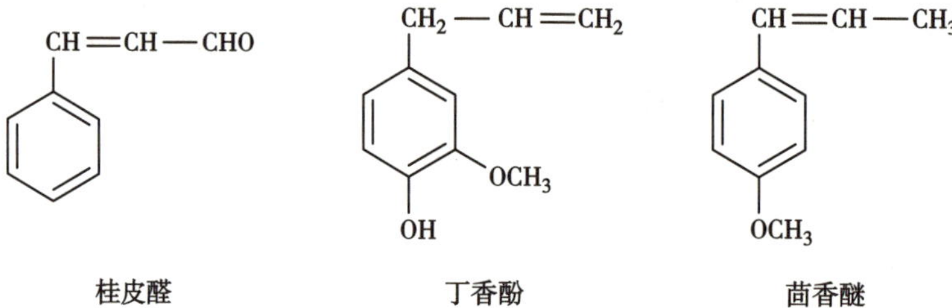

桂皮醛　　丁香酚　　茴香醚

3. 脂肪族化合物 一些小分子脂肪族化合物在挥发油中常有存在。例如甲基正壬酮（methyl nonyl ketone）在鱼腥草、黄柏果实及芸香挥发油中存在，正庚烷（*n*-heptane）存在于松节油中，正癸烷（*n*-decane）存在于桂花的头香成分中。

$H_3C-C(=O)-(CH_2)_8CH_3$　甲基正壬酮

$CH_3(CH_2)_5CH_3$　正庚烷

$CH_3(CH_2)_8CH_3$　正癸烷

$CH_3(CH_2)_7CH_2OH$　正壬醇

$CH_3-(CH_2)_8-C(=O)-CH_2CHO$　癸酰乙醛

在一些挥发油中还常含有小分子脂肪族醇、醛及酸类化合物。如正壬醇（*n*-nonyl alcohol）存在于陈皮的挥发油中，癸酰乙醛（decanoylacetaldehyde）、异戊酸（isovaleric acid）存在于啤酒花、缬草、桉叶、香茅、迷迭香等的挥发油中，异戊醛（isovaleraldehyde）存在于橘子、柠檬、薄荷、桉叶、香茅等的挥发油中。

CHO

苯甲醛

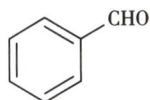

$H_2C=CH-CH_2-N=C=S$

异硫氰酸烯丙酯

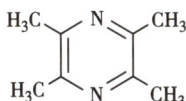

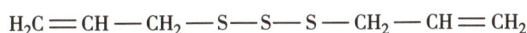

$H_2C=CH-CH_2-\overset{O}{\overset{\|}{S}}-S-CH_2-CH=CH_2$

大蒜辣素

原白头翁素

$H_2C=CH-CH_2-S-S-S-CH_2-CH=CH_2$

大蒜新素

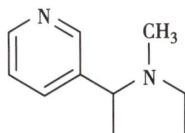

川芎嗪

烟碱

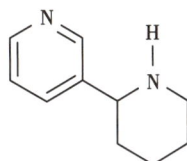

毒藜碱

4. 其他类化合物　除上述 3 类化合物外，还有一些中药经水蒸气蒸馏能分解出挥发性物质，亦称为挥发油，如芥子油（mustard oil）、挥发杏仁油（volatile bitter almond oil）、原白头翁素（protoanemonin）和大蒜油（garlic oil）等。黑芥子油是芥子苷经芥子酶水解后产生的异硫氰酸烯丙酯，挥发杏仁油是苦杏仁中苦杏仁苷水解后产生的苯甲醛，原白头翁素是毛茛苷水解后产生的物质，大蒜油则是大蒜中大蒜氨酸经酶水解后产生的物质，如大蒜辣素（allicin）等。

此外，如川芎挥发油中的川芎嗪（tetramethylpyrazine）、烟叶中的烟碱（nicotine）及无叶毒藜中的毒藜碱（anabasine）等生物碱也是可以随水蒸气蒸馏的液体。但这些化合物往往不作挥发油类成分对待，而将其归为生物碱类成分。

二、挥发油的性质

（一）性状

1. 颜色　挥发油在常温下大多为无色或微带淡黄色，也有少数具有其他颜色。如洋甘菊油因含有薁类化合物而显蓝色，苦艾油显蓝绿色，麝香草油显红色。

2. 气味　挥发油大多数具有特殊而浓烈的香气或其他气味，有辛辣烧灼感，呈中性或酸性。挥发油的气味，往往是其品质优劣的重要标志。

3. 形态　挥发油在常温下为透明液体，有的在冷却时其主要成分可以结晶析出。这种析出物习称为“脑”，如薄荷脑、樟脑等。

4. 挥发性　挥发油在常温下可自行挥发而不留任何痕迹，这是挥发油与脂肪油的本质区别。

（二）溶解性

挥发油不溶于水，而易溶于各种有机溶剂中，如石油醚、乙醚、二硫化碳、油脂等。在高浓度的乙醇中能全部溶解，而在低浓度乙醇中只能溶解一定数量。

（三）物理常数

挥发油的沸点一般在70~300℃之间，具有随水蒸气蒸馏的特性；挥发油多数比水轻，也有比水重的（如丁香油、桂皮油），比重在0.85~1.065之间；挥发油几乎均有光学活性，比旋度在+97°~+117°范围内；且具有强的折光性，折光率在1.43~1.61。

（四）稳定性

挥发油与空气及光线接触，常会逐渐氧化变质，使之比重增加，颜色变深，失去原有香味，并能形成树脂样物质，也不能再随水蒸气蒸馏。因此，挥发油制备方法的选择是很重要的，其产品应贮于棕色瓶内，装满、密塞并在阴凉处低温保存。

三、挥发油的提取

（一）水蒸气蒸馏法

挥发油与水不相混合，受热后，当两者蒸气压的总和与大气压相等时，溶液即开始沸腾，继续加热则挥发油可随水蒸气蒸馏出来。提取时，可将原料粗粉在蒸馏器中加水浸泡后，直接加热蒸馏，或者将原料置有孔隔层板网上，当底部的水受热产生的蒸汽通过原料时，则挥发油受热随水蒸气同时蒸馏出来，收集蒸馏液，经冷却后分取油层。有的挥发油（如玫瑰油）含水溶性化合物较多，可将初次蒸馏液重新蒸馏后盐析，再用低沸点有机溶剂萃取。

此方法具有设备简单、操作容易、成本低、产量大、挥发油回收率较高等优点。但原料易受强热而焦化，可能使成分发生变化，挥发油发生变味，降低作为香料的品质。

（二）浸取法

对不宜用水蒸气蒸馏法提取的挥发油原料，可以直接利用有机溶剂进行浸取。常用的方法有油脂吸收法、溶剂萃取法、超临界流体萃取法。

1. 油脂吸收法 油脂类一般具有吸收挥发油的性质，往往利用此性质提取贵重的挥发油，如玫瑰油、茉莉花油常采用吸收法进行。通常用无臭味的猪油3份与牛油2份的混合物，均匀地涂在面积50cm×100cm的玻璃板两面，然后将此玻璃板嵌入高5~10cm的木制框架中，在玻璃板上面铺放金属网，网上放一层新鲜花瓣，这样一个个的木框玻璃板重叠起来，花瓣被包围在两层脂肪的中间，挥发油逐渐被油脂所吸收，待脂肪充分吸收芳香成分后，刮下脂肪，即为“香脂”，谓之冷吸收法。或者将花等原料浸泡于油脂中，于50~60℃条件下低温加热，让芳香成分溶于油脂中，此为温浸吸收法。吸收挥发油后的油脂可直接供香料工业用，也可加入无水乙醇共搅，醇溶液减压蒸去乙醇即得精油。

2. 溶剂提取法 用石油醚（30~60℃）、二硫化碳、四氯化碳等有机溶剂浸提。提取的方法可采用回流提取法或冷浸法，减压蒸去有机溶剂后即得浸膏。得到的浸膏往往含有植物蜡类等物质，可利用乙醇对植物蜡等脂溶性杂质的溶解度随温度的下降而降低的特性，先用热乙醇溶解浸膏，放置冷却，滤除杂质，回收乙醇后即得净油；也可将浸膏再蒸馏，以获得较纯的精油。

3. 超临界流体萃取法 一般使用二氧化碳超临界流体萃取法（CO_2 supercritical fluid extraction，CO_2-SFE）。此法提取挥发油，具有防止氧化、防止热解、无溶剂残留及品质提高的优点。所得芳香挥发油气味与原料相同，明显优于其他方法，如在徐长卿、橘皮、肉桂、茵陈、木香等挥发油提取中的应用[17-19]。注意此法除可以提取出中药、天然药物中的挥发油成分外，还可以提取出其他脂溶性成分。

（三）压榨法

此法适用于含挥发油较多和新鲜原料的提取，如鲜橘、柑、柠檬果皮。可经撕裂、捣碎、冷压后静置分层，或用离心机分出油层，即得粗品。此法所得挥发油可保持原有的新鲜香味，但可能溶出原料中的不挥发性物质。例如柠檬油常溶出原料中的叶绿素，而使柠檬油呈绿色。

四、挥发油成分的分离

从植物中提取出来的挥发油为混合物，根据要求和需要，可进行进一步分离与纯化，以获得单体成分，常用方法如下：

（一）冷冻法

将挥发油置于 0℃以下使结晶析出，如无结晶析出可将温度降至 -20℃，继续放置。所得结晶再经重结晶可得纯品。如薄荷油冷至 -10℃，12 小时可析出第一批粗脑，薄荷油再在 -20℃冷冻 24 小时可析出第二批粗脑，粗脑加热熔融，在 0℃冷冻即可得较纯薄荷脑。本法操作简单，但对某些挥发性单体分离不够完全，而且大部分挥发油冷冻后仍不能析出结晶。

（二）分馏法

由于挥发油的成分多对热及空气中的氧气较敏感，因此分馏时宜在减压下进行。通常在 35~70℃ /1 333.2Pa 被蒸馏出来的为单萜烯类化合物，在 70~100℃ /1 333.2Pa 被蒸馏出来的是单萜的含氧化合物，在更高的温度被蒸馏出来的是倍半萜烯及其含氧化合物，有的倍半萜含氧化合物的沸点很高，所得各馏分中的成分呈交叉情况。蒸馏时，在相同压力下，收集同一温度蒸馏出来的部分为一馏分。将各馏分分别进行薄层色谱或气相色谱，必要时结合物理常数如比重、折光率、比旋度等的测定，以了解其是否已初步纯化。还需要经过适当的处理分离，才能获得纯品。如薄荷油在 200~220℃的馏分，主要是薄荷脑，在 0℃下低温放置，即可得到薄荷脑的结晶，再进一步重结晶可得纯品。

一般在单萜中，沸点随着双键的增多而升高，即三烯 > 二烯 > 一烯；在含氧单萜中，沸点随其官能团的极性增大而升高，即醚 < 酮 < 醛 < 醇 < 酸；酯比相应的醇沸点高。

（三）化学方法

1. 利用酸、碱性不同进行分离

（1）碱性成分的分离：挥发油经过预试若含有碱性成分，可将挥发油溶于乙醚，加稀盐酸或硫酸萃取，分取酸水层，碱化，用乙醚萃取，蒸去乙醚可得碱性成分。

（2）酚、酸性成分的分离：将挥发油溶于等量乙醚中，先以 5% 的碳酸氢钠溶液直接进行萃取，分出碱水液，加稀酸酸化，用乙醚萃取，蒸去乙醚，可得酸性成分。提取酸性成分后的挥发油继用 2% 氢氧化钠溶液萃取，分取碱水层，酸化后，用乙醚萃取，蒸去乙醚可得酚性成分。工业上从丁香罗勒油中提取丁香酚就是应用此法。

2. 利用官能团特性进行分离　对于一些中性挥发油，多利用功能团特性，制备成相应衍生物进行分离，如：

（1）醇类化合物的分离：将挥发油与丙二酸单酰氯或邻苯二甲酸酐或丁二酸酐反应生成酯，再将生成物溶于碳酸钠溶液，用乙醚洗去未作用的挥发油，碱溶液皂化，再以乙醚萃取出所生成的酯，蒸去乙醚，残留物经皂化而得到原有的醇类成分。

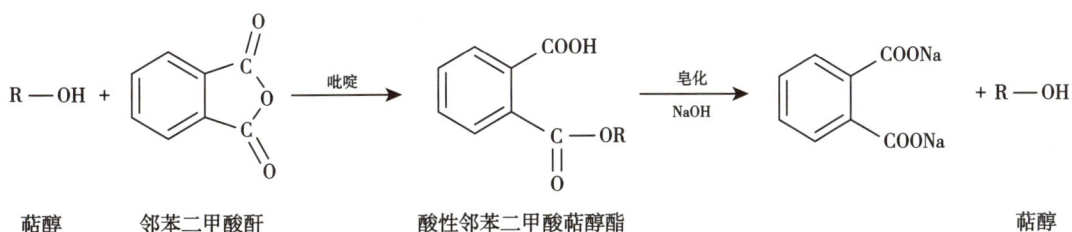

R—OH（萜醇） + 邻苯二甲酸酐 —吡啶→ 酸性邻苯二甲酸萜醇酯（COOH，COOR） —皂化 NaOH→ 邻苯二甲酸二钠（COONa，COONa） + R—OH（萜醇）

（2）醛、酮化合物的分离：①将除去酚、酸类成分的挥发油母液，经水洗至中性，以无水硫酸钠干燥后，加亚硫酸氢钠饱和液振摇，分出水层或加成物结晶，加酸或碱液处理，使加成物水解，以乙醚萃取，

羰基与亚硫酸氢钠加成(拓展阅读)

羰基与吉拉德试剂加成(拓展阅读)

可得醛或酮类化合物;②也可将挥发油与吉拉德试剂 T(Girard T)或吉拉德试剂 P 回流 1 小时,使生成水溶性的缩合物,用乙醚除去不具羰基的组分,再以酸处理,亦可获得羰基化合物;③有些酮类化合物和硫化氢生成结晶状的衍生物,此物质经碱处理亦可得到酮化合物。

(3) 其他成分的分离:挥发油中的酯类成分,多使用精馏或色谱分离;醚萜成分在挥发油中不多见,可利用醚类与浓酸形成𬭩盐易于结晶的性质从挥发油中分离出来。如桉叶油中的桉油精(eucalyptol)属于醚成分,它与浓磷酸可形成白色的磷酸盐结晶。或利用 Br_2、HCl、HBr、$NOCl_2$ 等试剂与双键加成,这种加成产物常为结晶状态,可借以分离和纯化。

用化学法系统分离挥发油中各种成分,可用图 6-15 的流程图表示。

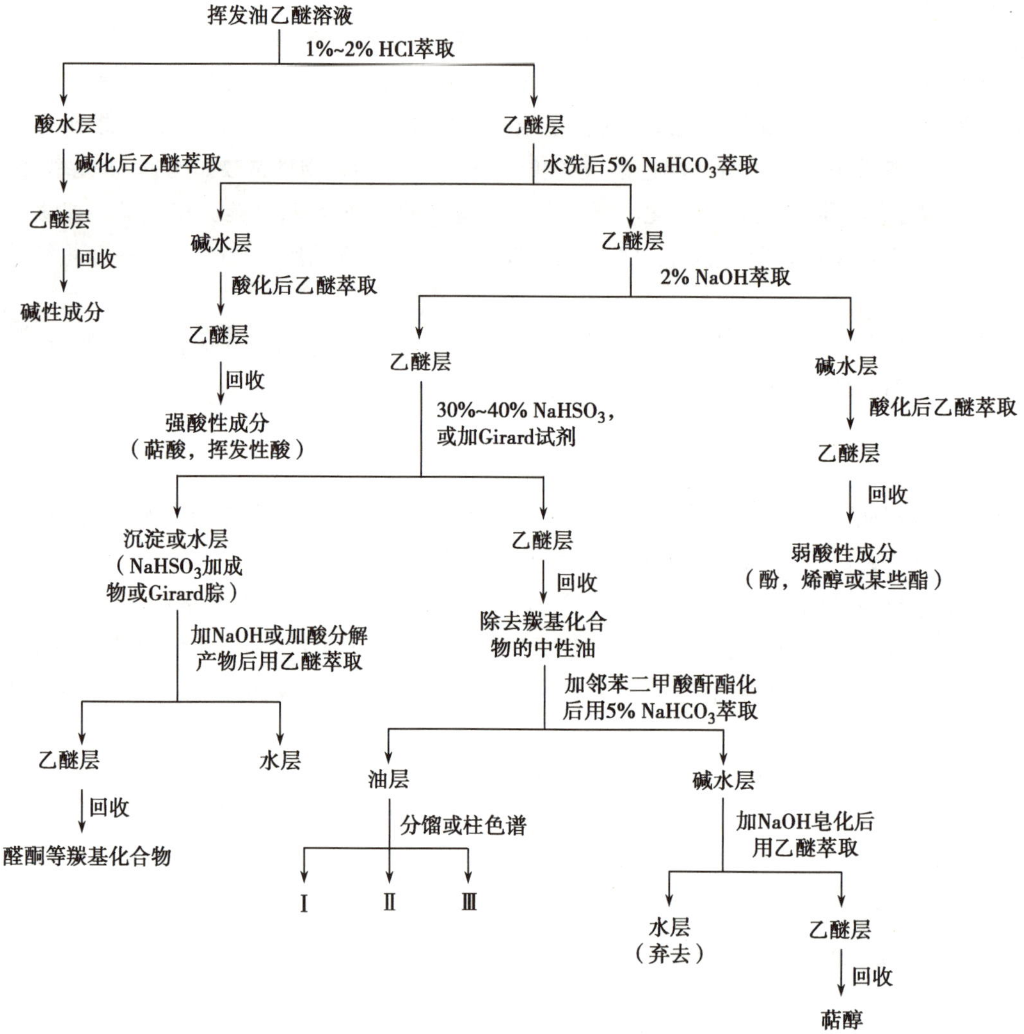

- 挥发油乙醚溶液 —1%~2% HCl萃取→
  - 酸水层 —碱化后乙醚萃取→ 乙醚层 —回收→ 碱性成分
  - 乙醚层 —水洗后5% $NaHCO_3$萃取→
    - 碱水层 —酸化后乙醚萃取→ 乙醚层 —回收→ 强酸性成分(萜酸,挥发性酸)
    - 乙醚层 —2% NaOH萃取→
      - 乙醚层 —30%~40% $NaHSO_3$,或加Girard试剂→
        - 沉淀或水层($NaHSO_3$加成物或Girard腙) —加NaOH或加酸分解产物后用乙醚萃取→
          - 乙醚层 —回收→ 醛酮等羰基化合物
          - 水层
        - 乙醚层 —回收→ 除去羰基化合物的中性油 —加邻苯二甲酸酐酯化后用5% $NaHCO_3$萃取→
          - 油层 —分馏或柱色谱→ Ⅰ、Ⅱ、Ⅲ
          - 碱水层 —加NaOH皂化后用乙醚萃取→
            - 水层(弃去)
            - 乙醚层 —回收→ 萜醇
      - 碱水层 —酸化后乙醚萃取→ 乙醚层 —回收→ 弱酸性成分(酚,烯醇或某些酯)

图 6-15　挥发油化学法系统分离流程图

(四) 色谱分离法

1. 吸附柱色谱法　色谱法中以硅胶和氧化铝吸附柱色谱应用最广泛。由于挥发油的成分复杂,分离多采用分馏法与吸附柱色谱法相结合。一般将分馏的馏分溶于石油醚或己烷等极性小的溶剂,上硅胶或氧化铝吸附柱,洗脱剂多用石油醚或己烷,混以不同比例的乙酸乙酯构成。洗脱液分别以 TLC 进行检查,这样使每一份流分中的各成分又得到分离。如香叶醇和柠檬烯常常共存于许多植物

的挥发油中，如将其混合物溶于石油醚，上氧化铝吸附柱，用石油醚洗脱，极性较小的柠檬烯首先被洗脱，然后改用石油醚中加入适量甲醇的混合溶剂冲洗，则极性较大的香叶醇被洗脱下来，使两者得到分离。

2. 硝酸银络合色谱法　除采用一般色谱法之外，还可采用硝酸银 - 硅胶或硝酸银 - 氧化铝柱色谱及其 TLC 进行分离。这是根据挥发油成分中双键的多少和位置不同，与硝酸银形成 π- 络合物难易程度和稳定性的差别得到色谱分离。一般规律是双键数目越多，吸附越牢，越难洗脱；末端双键较难洗脱；顺式较反式难洗脱。一般硝酸银浓度 2%~2.5% 较为适宜。例如 *α*- 细辛醚（*α*-asarone）、*β*- 细辛醚（*β*-asarone）和欧细辛醚（euasarone）的混合物，用 2% $AgNO_3$ 处理的硅胶柱进行分离，苯 - 乙醚（5 : 1）洗脱，TLC 检查。洗脱顺序为反式的 *α*- 细辛醚先被洗脱下来，然后是顺式的 *β*- 细辛醚，最后是具有末端双键的欧细辛醚。

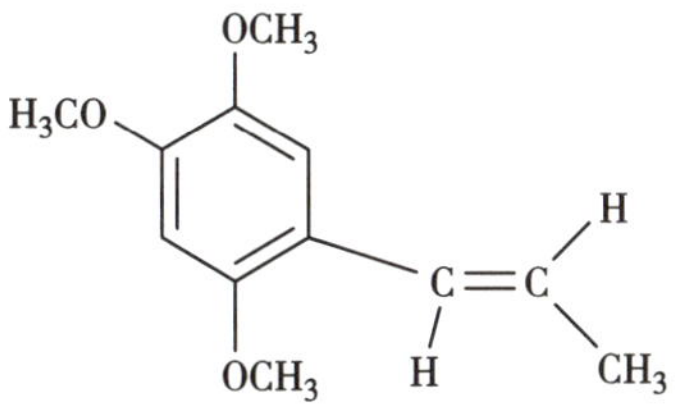

α-细辛醚　　*β*-细辛醚 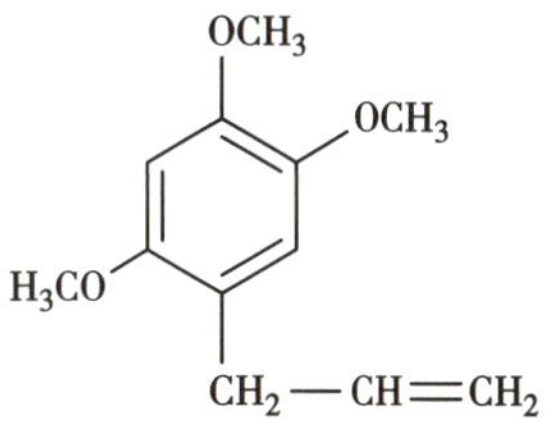　　欧细辛醚

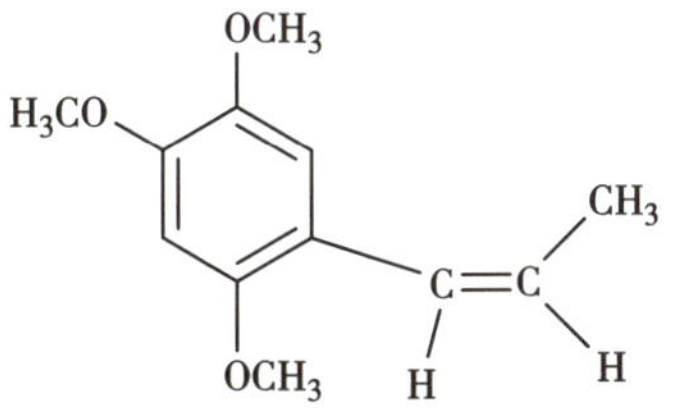

3. 其他色谱法　气相色谱是研究挥发油组成成分的重要手段，可使用制备性气 - 液色谱将挥发油成分分开。

五、挥发油成分的鉴定

（一）物理常数的测定

相对密度、比旋度、折光率和凝固点等是鉴定挥发油常测的物理常数。

（二）化学常数的测定

酸值、皂化值、酯值是重要的化学常数，也是表示质量的重要指标。

1. 酸值　酸值是代表挥发油中游离羧酸和酚类成分的含量。以中和 1g 挥发油中含有游离的羧酸和酚类所需要氢氧化钾的毫克数来表示。

2. 酯值　代表挥发油中酯类成分含量，以水解 1g 挥发油所需氢氧化钾的毫克数来表示。

3. 皂化值　以皂化 1g 挥发油所需氢氧化钾的毫克数来表示，皂化值等于酸值和酯值之和。

测定挥发油的 pH，如呈酸性反应，表示挥发油中含有游离酸或酚类化合物；如呈碱性反应，则表示挥发油中含有碱性化合物，如挥发性生物碱类等。

（三）官能团的鉴定

1. 酚类　将挥发油少许溶于乙醇中，加入三氯化铁的乙醇溶液，如产生蓝色、蓝紫或绿色反应，表示挥发油中有酚类物质存在。

2. 羰基化合物　用硝酸银的氨溶液检查挥发油，如发生银镜反应，表示有醛类等还原性物质存在；挥发油的乙醇溶液加 2,4- 二硝基苯肼、氨基脲、羟胺等试剂，如产生结晶形衍生物沉淀，表明有醛或酮类化合物存在。

3. 不饱和化合物和薁类衍生物　在挥发油的三氯甲烷溶液中滴加溴的三氯甲烷溶液，如红色褪去表示油中含有不饱和化合物，继续滴加溴的三氯甲烷溶液，如产生蓝色、紫色或绿色反应，则表明油中含有薁类化合物。此外，在挥发油的无水甲醇溶液中加入浓硫酸时，如有薁类衍生物应产生蓝色或紫色反应。

4. 内酯类化合物 在挥发油的吡啶溶液中，加入亚硝酰氰化钠试剂及氢氧化钠溶液，如出现红色并逐渐消失，表示油中含有 α、β- 不饱和内酯类化合物。

（四）色谱法的应用

1. 薄层色谱法 在挥发油的分离鉴定中 TLC 应用较为普遍，色谱条件如下：

吸附剂：多采用硅胶 G 或Ⅱ~Ⅲ级中性氧化铝 G。

展开剂：①石油醚（或正己烷）；②石油醚（或正己烷）- 乙酸乙酯（95∶5；75∶25）。

显色剂：香草醛 - 浓硫酸、茴香醛 - 浓硫酸。

2. 气相色谱法 气相色谱法现已广泛应用于挥发油的定性和定量分析。用于定性分析主要解决挥发油中已知成分的鉴定，即利用同一条件下已知成分对照品与挥发油色谱峰相对保留时间确定挥发油中某一成分。对于挥发油中许多未知成分，则应选用气相色谱 - 质谱（GC-MS）联用技术进行分析鉴定。

3. 气相色谱 - 质谱联用法 该法已成为对化学组成极其复杂的挥发油进行定性分析的一种有力手段。现多采用气相色谱 - 质谱 - 数据系统联用（GC-MS-DS）技术，大大提高了挥发油分析鉴定的速度和研究水平。分析时，首先将样品注入气相色谱仪内，经分离后的各个组分又依次进入质谱仪。质谱仪对每个组分进行检测和结构分析，得到每个组分的质谱，通过计算机与数据库的标准谱对照，根据质谱碎片规律进行解析，并参考有关文献数据加以确认。

（五）挥发油研究实例

1. 水泽兰净油的研究 菊科植物水泽兰（*Eupatorium stoechadosmum*），又名佩兰。全草有行血散瘀作用，其挥发油对流感病毒有抑制作用，花和叶有淡雅的香气，在民间水泽兰用作中药和香料。

水泽兰净油是用新鲜叶片 2.2kg 加乙醇浸提，制取浸膏 30g，浸膏中加入无水乙醇 50ml，于 –30℃冷浴中放置过夜脱蜡，蒸出溶剂后，减压精馏，在沸程 122~192℃ /2 399.8Pa 下收集挥发性成分 5.2g，为有清香气息的黄色透明液体。用气相色谱 - 质谱 - 数据系统联用（GC-MS-DS）技术鉴定，结果得到有 61 个峰的总离子流图（图 6-16）。

根据萜烯类化合物及其衍生物的裂解规律解析图谱，与标准图谱对照，并结合薄层色谱与光谱联

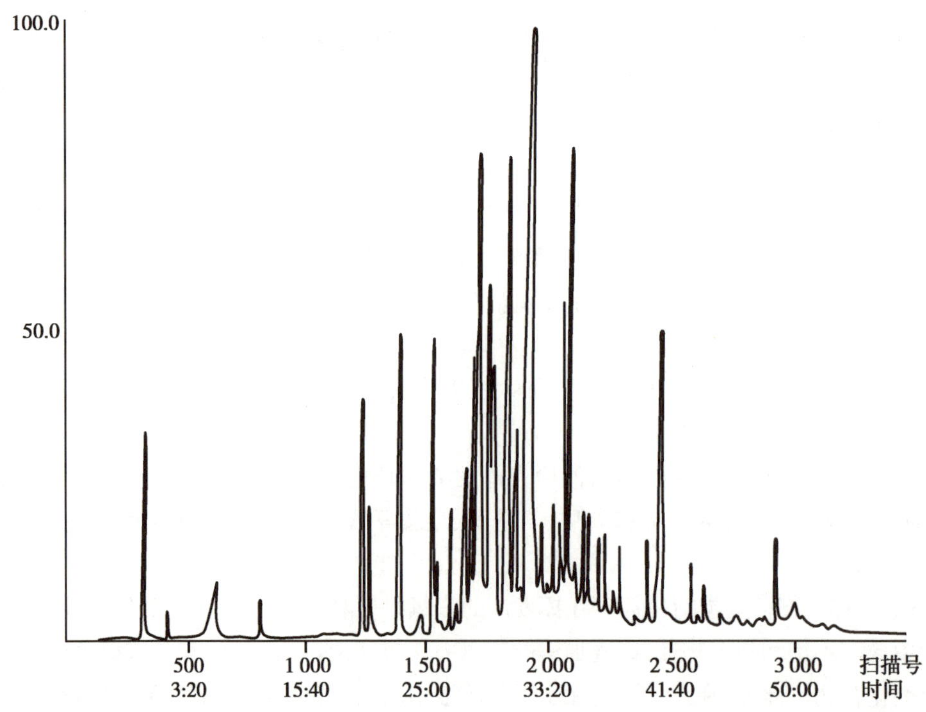

图 6-16 水泽兰净油总离子流图

用(TLC/SP)分析结果，确定了42个化学成分(表6-2)。其中，β-反金合欢烯、α-金合欢烯、β-石竹烯(β-丁香烯)、香豆素、3-(4′,8′-二甲基-3′,7′-二烯-6′-壬酮)呋喃、对甲氧基苯乙酮、对甲氧基苯丙酮等是水泽兰净油的主要成分。

一般薄层色谱很难分离立体异构体(如β-反金合欢烯和β-顺金合欢烯)，或其双键数目不同(如金合欢醇和6,7-二氢金合欢醇)的萜烯化合物，但在硝酸银浸渍薄层色谱上能够进行分离。通过离心、吸附和硝酸银浸渍薄层色谱分离出17、23、24、27、30、33、38、39、51、61等组分，分别测定其红外光谱，利用标准图谱和红外指纹区的对照，3个金合欢烯的异构体能很快确定下来。

表6-2　水泽兰净油化学成分鉴定结果

峰号	扫描号	分子量	分子式	中文名称	鉴定方法
1	428	88	$C_4H_8O_2$	2-甲基丙酸	MS
2	578	102	$C_5H_{10}O_2$	2-甲基丁酸	MS
3	637	100	$C_5H_8O_2$	*E*-2-甲基巴豆酸	MS
4	659	100	$C_5H_8O_2$	*Z*-2-甲基巴豆酸	MS
5	774	136	$C_{10}H_{16}$	非兰烯	MS
6	814	134	$C_{10}H_{14}$	对伞花烃	MS
7	822	136	$C_{10}H_{16}$	莰烯	MS
8	952	156	$C_{11}H_{24}$	正十一烷	MS
9	1 214	152	$C_{10}H_{16}O$	桧醇	MS
10	1 244	146	$C_{10}H_{10}O$	4,7-二甲基苯并呋喃	MS
11	1 270	164	$C_{10}H_{12}O_2$	1-异丙基-2-甲氧基-4-甲苯	MS
12	1 291	164	$C_{10}H_{12}O_2$	2-异丙基-1-甲氧基-4-甲苯	MS
13	1 311	134	$C_9H_{10}O$	2-烯丙基苯酚	MS
14	1 397	150	$C_9H_{10}O_2$	对甲氧基苯乙酮	MS
15	1 477	126	$C_8H_{14}O$	3-甲基-5-庚烯-2-酮	MS
16	1 495	104	$C_{15}H_{24}$	1,3,4,5,6,7-六氢-2,5,5-三甲基乙撑萘	MS
17	1 541	204	$C_{15}H_{24}$	香树烯	MS，IR
18	1 557	204	$C_{15}H_{24}$	长叶松烯	MS
21	1 607	204	$C_{15}H_{24}$	α-木罗烯	MS
22	1 670	164	$C_{10}H_{12}O_2$	对甲氧基苯丙酮	MS
23	1 698	194	$C_{12}H_{18}O_2$	1,4-二甲氧基-2,3,5,6-四甲苯	MS，IR
24	1 723	204	$C_{15}H_{24}$	β-石竹烯	MS，IR
25	1 733	204	$C_{15}H_{24}$	香柠檬烯	MS
26	1 765	204	$C_{15}H_{24}$	β-顺金合欢烯	MS
27	1 784	146	$C_9H_6O_2$	香豆素	IR，NMR，MS，UV
28	1 792	204	$C_{15}H_{24}$	β-瑟林烯	MS
30	1 848	204	$C_{15}H_{24}$	α-金合欢烯	MS，IR
31	1 873	222	$C_{15}H_{26}O$	金合欢醇	MS
32	1 882	204	$C_{15}H_{24}$	β-红没药烯	MS
33	1 941	204	$C_{15}H_{24}$	β-反金合欢烯	MS，IR

续表

峰号	扫描号	分子量	分子式	中文名称	鉴定方法
34	1 956	222	$C_{15}H_{26}O$	τ- 杜松醇	MS
35	1 977	220	$C_{15}H_{24}O$	檀香醇	MS
38	2 072	206	$C_{15}H_{26}$	氢化香附烯	MS
39	2 094	232	$C_{15}H_{20}O_2$	*E*-3-(4′,8′- 二甲基 -3′,7′- 二烯 -6′- 壬酮) 呋喃	MS, IR
45	2 264	224	$C_{15}H_{28}O$	6,7- 二氢顺式金合欢烯	MS
46	2 273	220	$C_{15}H_{24}O$	4a,5,6,7,8,8a 六氢 -7- 异丙基 -4a,8a- 二甲萘酮 -2	MS
47	2 294	218	$C_{15}H_{22}O$	β- 甜橙醛	MS
49	2 403	232	$C_{15}H_{20}O_2$	*Z*-3-(4′,8′- 二甲基 -3′,7′- 二烯 -6′- 壬酮) 呋喃	MS
54	2 608	268	$C_{18}H_{36}O$	6,10,14- 三甲基 -2- 十五酮	MS
56	2 654	240	$C_{16}H_{32}O$	正十六酮	MS
57	2 711	268	$C_{18}H_{36}O$	正十八醛	MS
59	2 867	206	$C_{11}H_{10}O_4$	梨莓素	MS

注：GC/MS/DS 条件，Finnigan 4021 色质联用仪，毛细管柱。固定相 DB-5 60M 50.24mm，程序升温 70~200℃，4℃ /min，进样 0.6μl，分流比 1∶30。气化温度 200℃；载气 He；离子源：电子轰击，电压 70eV，离子源温度 250℃；扫描范围 :*m/z* 35~400。

第 30 组分在 800cm^{-1} 处有吸收峰，在 890cm^{-1} 没有峰，说明没有—C═CH$_2$ 结构，应属 α- 型。第 33 组分在 890cm^{-1}、920cm^{-1}、985cm^{-1} 有吸收峰，而且 890cm^{-1} 吸收峰较强，无疑是 β- 型。这在质谱图上是难以区别的。再依照质谱峰相对强弱，确定了第 26 组分为顺式，第 33 组分为反式。从这 3 种金合欢烯的结构看，$\nu_{C\text{-}H}$ 振动吸收峰应为：

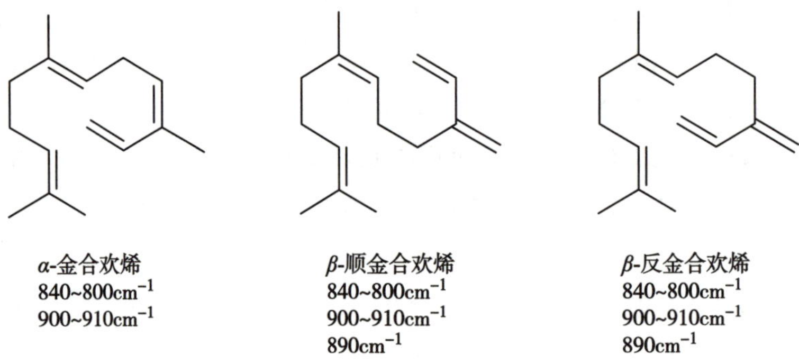

第 27 组分是净油中含量较高的成分，但依据 GC-MS-DS 给出的结果难以确定，经过离心薄层色谱分离得到纯品，用红外光谱、核磁共振及紫外光谱数据确定为香豆素，将香豆素纯品再与标准品在三种不同溶剂系统进行 TLC 对比，均获得一致的 R_f 值。利用薄层色谱原位反应，把香豆素进行水解并与香豆酸标准品进行薄层色谱对比，其 R_f 值也一致。

第 15 组分由 GC-MS-DS 给的数据也不好解释，根据质谱碎裂特点，参照非共轭脂肪酮裂解规律进行解析，126[M]$^+$、111、43 给出 $CH_3—\overset{O}{\overset{\|}{C}}—C_6H_{11}$ 结构，参考大量该结构类似化合物标准图谱，只有 $CH_3—\overset{O}{\overset{\|}{C}}—\underset{CH_3}{\underset{|}{CH}}—CH_2—CH═CH—CH_3$ 的结构才能给出较强的 *m/z* 71 峰。因此确定为 3- 甲基 -5- 庚烯 -2- 酮。

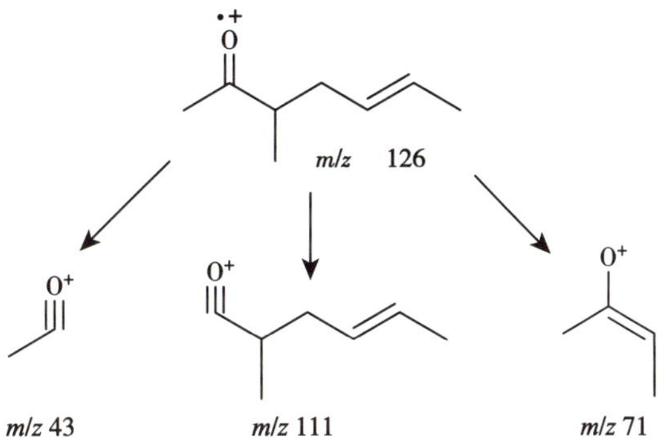

m/z　126

m/z 43　*m/z* 111　*m/z* 71

2. 石菖蒲挥发油的研究[20]　石菖蒲为天南星科多年生草本植物石菖蒲（*Acorus tatarinowii*）的干燥根茎。味辛性温，既能芳香化湿、醒脾健胃，又可化浊祛痰、开窍宁神，是芳香宁神、涤痰开窍之要药。本例采用水蒸气蒸馏法和二氧化碳超临界流体萃取法（CO_2-SFE）提取石菖蒲的挥发性成分，用 GC-MS 联用技术进行分离鉴定。

（1）样品提取

1）水蒸气蒸馏法：采用《中华人民共和国药典》（2020 年版）挥发油提取甲法进行石菖蒲样品挥发油提取。

2）超临界萃取法：取干燥的石菖蒲药材，粉碎后过 16 目筛。称取药材粗粉 100g 投入萃取釜（5L）中，加入 95% 的乙醇 1L，对萃取釜、分离釜 Ⅰ 和分离釜 Ⅱ 分别加热，并启动冷机制冷。当温度分别达到萃取釜 45℃、分离釜 Ⅰ 40℃和分离釜 Ⅱ 36℃时，CO_2 经制冷机储罐冷凝后，通过高压泵打入萃取釜和 2 个分离釜，流速 50L/h。当萃取釜和分离釜（Ⅰ 和 Ⅱ）的压力分别达到 30.5MPa 和 5MPa 时，开始循环萃取。保持恒温恒压，萃取 3 小时后，从分离釜 Ⅰ 出料口放出黑色石菖蒲萃取液 500ml。

（2）GC-MS 条件：色谱柱为石英毛细管柱：Rtx-5MS（30mm×0.32mm，0.25μm），高纯氦气为载气；进样口温度 280℃，进样方式为分流进样，分流比为 50 ∶ 1，进样量为 1μl，流速 82.4ml/min；程序升温：起始温度 140℃，以 5℃/min 速率升温至 220℃，再以 20℃/min 速率升温至 280℃，停留 1 分钟。质谱接口温度 250℃，EI 源温度 200℃，电子轰击能量为 70eV，扫描范围 *m/z* 40~500，全离子扫描，采集延时 3 分钟。用归一化法计算含量。经气相色谱 - 质谱联用仪计算机的 NIST 谱图库自动检索，并查阅相关文献与标准图谱对照分析，得出相应的化学成分。

（3）结果：从石菖蒲水蒸气蒸馏提取物挥发性组分中鉴定出 28 种化合物，所鉴定成分占提取物总流出峰面积的 97.1%。在鉴定组分中相对含量在 1% 以上的有 9 种，含量占总化合物的 88.32%。其中脂肪酸类 1 种，占检出化合物总量的 4.50%；烯类 3 种，占 5.44%；醇类 1 种，占 2.36%；酮类 1 种，占 3.40%；醚类 4 种，占 72.62%。含量由高到低的化合物依次为 (*Z*)-1,2,4- 三甲氧基 -5-(1- 丙烯基)- 苯 [(*Z*)-1,2,4-trimethoxy-5-(1-propenyl)-benzene]（56.76%）、顺式 - 细辛醚（*cis*-asarone）（8.65%）、1,2- 二甲氧基 -4-(1- 丙烯基)- 苯 [1,2-dimethoxy-4-(1-propenyl)-benzene]（7.21%）、二甲基二羟基肉桂酸（dimethyl caffeic acid）（4.50%）等。从石菖蒲超临界提取物挥发性组分中鉴定出 41 种化合物，所鉴定成分占提取物总流出峰面积的 86.6%。在鉴定组分中相对含量在 1% 以上的有 16 种，含量占总化合物的 75.5%。其中酯类 2 种，占检出化合物总量的 3.35%；烯类 4 种，占 9.4%；酮类 5 种，占 9.3%；烷类 1 种，占 1.64%；醚类 4 种，占 51.78%。含量由高到低的化合物依次为 (*Z*)-1,2,4- 三甲氧基 -5-(1- 丙烯基)- 苯（34.49%）、甲基异丁香油酚（methyl isoeugenol）（7.38%）、1,2,3- 三甲氧基 -5-(2- 丙烯基)- 苯（5.16%）、细辛醚（asarone）（4.75%）等。

由结果可以看出，在石菖蒲水蒸气蒸馏提取物和超临界萃取物中，含量最多的均为醚类化合物，含量最多的物质均是 (*Z*)-1,2,4- 三甲氧基 -5-(1- 丙烯基)- 苯。但是对比 2 种方法提取物质种类的多少可以看出，超临界萃取提取物质的种类明显多于水蒸气蒸馏提取，说明 2 种方法对石菖蒲的提取效果不同。

（张勇慧　杨官娥）

参考文献

[1] CONNOLLY J D, HILL R A. Dictionary of Terpenoids: Vol. 1, 2, 3. London: Chaoman & Hall, 1991.

[2] 匡海学. 中药化学. 北京：中国中医药出版社，2003：181.

[3] 赵凯存，宋振玉. 双氢青蒿素在人的药代动力学及与青蒿素的比较. 药学学报，1993（5）：342-346.

[4] 刘金. 中国的芳香植物资源. 中国花卉园艺，2004（10）：4-5.

[5] STICHER O. Quality of ginkgo preparations. Planta Med, 1993, 59（1）：2-11.

[6] 魏一生，安选勇. 雷藤甲素对乳癌和胃癌细胞系集落形成的抑制作用. 中国药理学报，1991（5）：A406-410.

[7] 马鹏程，吕燮余，杨晶晶，等. 雷公藤中 16- 羟基雷公藤内酯醇的分离与鉴定. 药学学报，1991（10）：759-763.

[8] XIONG J, MA Y, XU Y. The constituents of *Siegesbeckia orientalis*. Nat Prod Sci, 1997, 3（1）：14-18.

[9] LIU M, WANG W G, SUN H D, et al. Diterpenoids from *Isodon* species: an update. Nat Prod Rep, 2017, 34（9）：1090-1140.

[10] 刘净，梁敬钰，谢韬. 冬凌草研究进展. 海峡药学，2004（2）：1-7.

[11] KAMAYA R, AGETA H. Fern constituents cheilanthenetriol and cheilanthenediol, sesterterpenoids isolated from the leaves of *Aleuritopteris khunii*. Chem Pharm Bull, 1990, 38（2）：342-346.

[12] 裴月湖，娄红祥. 天然药物化学.7 版. 北京：人民卫生出版社，2016：189-204.

[13] HANSON J R, DE OLIVEIRA B H. Stevioside and related sweet diterpenoid glycosides. Nat Prod Rep, 1993, 10（3）：301-309.

[14] ZHANG M K, YAO G M, ZHANG Y H, et al. Grayanane and leucothane diterpenoids from the leaves of *Rhododendron micranthum*. Phytochemistry, 2015（117）：107-115.

[15] TANG Y, XUE Y B, DU G, et al. Structural revisions of a class of natural products: Scaffolds of aglycon analogues of fusicoccins and cotylenins isolated from fungi. Angew Chem Int Ed, 2016, 128（12）：4137-4141.

[16] ZHANG M, YAN S, LIANG Y, et al. Talaronoids A-D: Four fusicoccane diterpenoids with an unprecedented tricyclic 5/8/6 ring system from the fungus *Talaromyces stipitatus*. Org Chem Front, 2020, 7（21）：3486-3492.

[17] SUN Y S, LIU Z B, WANG J H, et al. Supercritical fluid extraction of paeonol from *Cynanchum paniculatum*（Bge.）Kitag. and subsequent isolation by high-speed counter-current chromatography coupled with high-performance liquid chromatography- photodiode array detector. Sep Purif Technol, 2008, 64（2）：221-226.

[18] BENELLI P, RIEHL C A S, SMÂNIA J R A, et al. Bioactive extracts of orange（*Citrus sinensis* L. Osbeck）pomace obtained by SFE and low pressure techniques: Mathematical modeling and extract composition. J Supercrit Fluid, 2010, 55（1）：132-141.

[19] 付强，杜晓曦，张苹，等. 超临界 CO_2 萃取法与水蒸气蒸馏法提取肉桂挥发油的比较研究. 中国中药杂志，2007（1）：69-71.

[20] 周明哲，王嗣岑，陈湘，等. 石菖蒲水蒸气蒸馏提取物和超临界提取物的 GC-MS 分析. 药物分析杂志，2010, 30（2）：185-189.

第七章

三萜类化合物及其苷类

学习目标

1. **掌握** 三萜及其苷的定义；三萜类化合物的分类方法；四环三萜、五环三萜类化合物的分类及其结构特点；三萜类化合物的理化性质。
2. **熟悉** 各类型代表性三萜类化合物及其生物活性；三萜及其苷类的提取分离方法、结构鉴定的一般步骤及主要波谱特征。
3. **了解** 三萜及其苷的化学命名法；三萜类化合物的生物合成途径。

第七章
教学课件

第一节 三萜类化合物的结构类型

一、概述

多数三萜(triterpenoids)是由30个碳原子组成的萜类化合物，根据“异戊二烯法则”，多数三萜被认为是由6个异戊二烯(30个碳)缩合而成的。该类化合物有的以游离形式存在，有的则与糖结合成苷的形式存在。三萜苷类化合物多数可溶于水，水溶液振摇后产生似肥皂水溶液样泡沫，故又被称为三萜皂苷(triterpenoid saponins)。该类皂苷结构中多具有羧基，所以有时又称之为酸性皂苷。

三萜及其苷类广泛存在于自然界，菌类、蕨类、单子叶、双子叶植物、动物及海洋生物中均有分布，尤以双子叶植物中分布最多。文献报道游离三萜主要来源于菊科、豆科、大戟科、楝科、卫矛科、茜草科、橄榄科、唇形科等植物，三萜皂苷在豆科、五加科、葫芦科、毛茛科、石竹科、伞形科、鼠李科、报春花科等植物中分布较多。

随着色谱等分离手段、波谱等结构测定技术、分子和细胞水平的活性测试方法的迅速发展，结构相似的三萜及其苷类化合物的研究得到很大发展。越来越多新的三萜及其苷类化合物被分离和鉴定，具有生物活性的该类化合物也不断被发现。*Nat Prod Rep* 每隔两三年就要对分离鉴定的三萜类化合物进行报道，如1963—1970年8年间报道的游离三萜为232个，1990—1994年5年间发现的三萜类化合物约为330个；而2010—2015年6年间发现的三萜类化合物达到了4 074个[1]。由于三萜及其苷具有多种生物活性，显示出广泛的应用前景，所以该类化合物为天然药物研究中的一个重要领域。

三萜皂苷是由三萜皂苷元(triterpene sapogenins)和糖组成的，常见的苷元为四环三萜和五环三萜，也有少数为链状、单环、双环和三环三萜。常见的糖有葡萄糖、半乳糖、木糖、阿拉伯糖、鼠李糖、葡萄糖醛酸、半乳糖醛酸，另外还有呋糖、鸡纳糖、芹糖和乙酰氨基糖等，多数糖为吡喃型糖，但也有呋喃型糖，有些苷元或糖上还有酰基等。这些糖多以低聚糖形式与苷元成苷，成苷位置多为3位或(和)28位，28位羧基常形成酯皂苷(ester saponins)，另外也有与16、21、23、29位等羟基成苷的。根据糖链的多少，三萜皂苷可分单糖链苷(monodemosides)、双糖链苷(bisdemosides)、三糖链苷(tridesmosides)。当原生苷由于水解或酶解部分糖被降解时，所生成的苷为次皂苷(prosapogenins)。

二、四环三萜的结构类型

存在于自然界较多的四环三萜(tetracyclic triterpenoids)有达玛烷(dammarane)、羊毛脂烷

（lanostane）、环阿屯烷（cycloartane）、甘遂烷（tirucallane）、葫芦烷（cucurbitane）和楝烷（meliacane）型三萜类。几种主要四环三萜的结构相关性如图 7-1 所示。

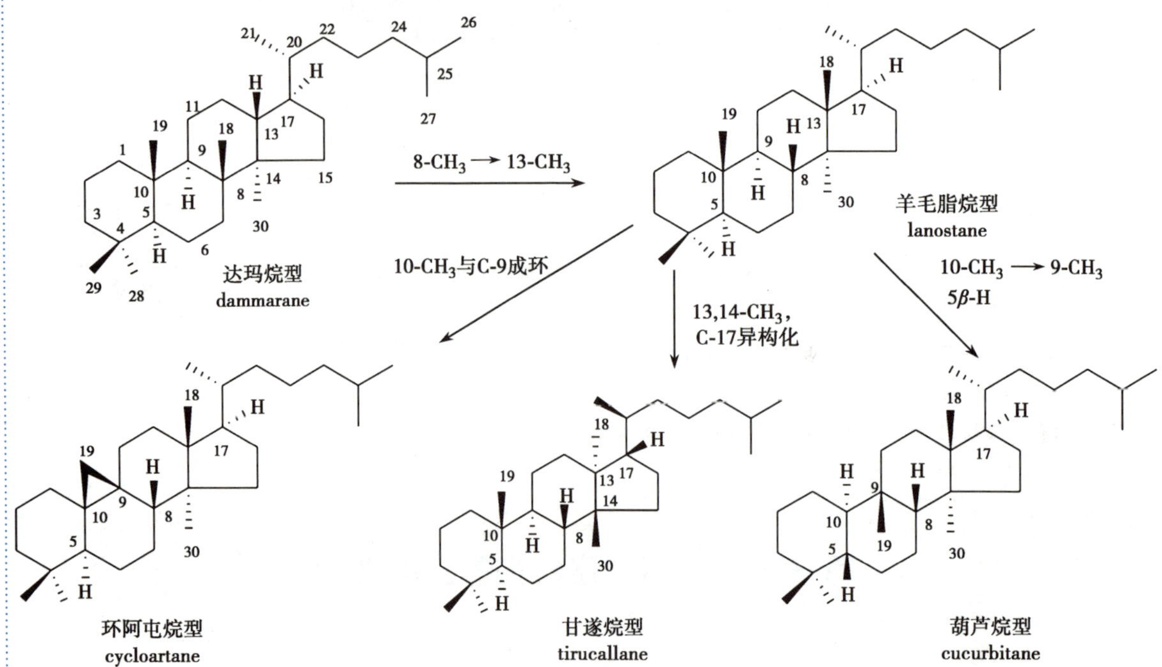

图 7-1　不同类型四环三萜的结构相关性

人参（拓展阅读）

（一）达玛烷型

达玛烷（dammarane）型四环三萜从环氧角鲨烯的全椅式构象形成，其结构特点是 8 位有角甲基，且为 *β*- 构型。此外 13 位连有 *β*-H，10 位有 *β*-CH_3，17 位有 *β*- 侧链，20 位构型为 *R* 或 *S*。

五加科植物人参（*Panax ginseng*）的干燥根为名贵的补气药，国内外对人参属植物研究十分活跃，现已从人参属植物中分离鉴定了近 200 个皂苷 [2]。人参的主根和侧根及茎叶均含有多种人参皂苷（ginsenosides），其绝大多数属于达玛烷型四环三萜，在达玛烷骨架的 3 位和 12 位均有羟基取代，20 位为 *S* 构型。达玛烷型人参皂苷根据其 6 位碳上是否有羟基又分为 2 类：原人参二醇型和原人参三醇型。由 20(*S*)- 原人参二醇 [20(*S*)-protopanaxadiol] 衍生的皂苷为第一类，如人参皂苷 Rb_1、Rd 等属于此类。由 20(*S*)- 原人参三醇 [20(*S*)-protopanaxatriol] 衍生的皂苷为第二类，如人参皂苷 Re、Rf、Rg_1 等属于此类。

达玛烷
dammarane

Glc $\frac{2}{}$ Glc—O　　OH　　OR

20(*S*)-原人参二醇
20(*S*)-protopanaxadiol

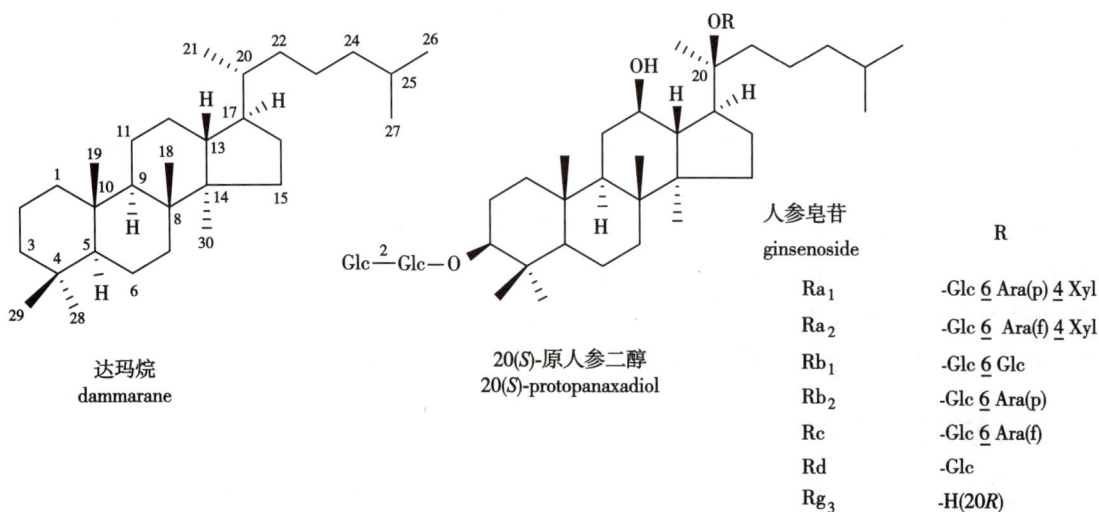

人参皂苷 ginsenoside	R
Ra_1	-Glc 6 Ara(p) 4 Xyl
Ra_2	-Glc 6 Ara(f) 4 Xyl
Rb_1	-Glc 6 Glc
Rb_2	-Glc 6 Ara(p)
Rc	-Glc 6 Ara(f)
Rd	-Glc
Rg_3	-H(20*R*)

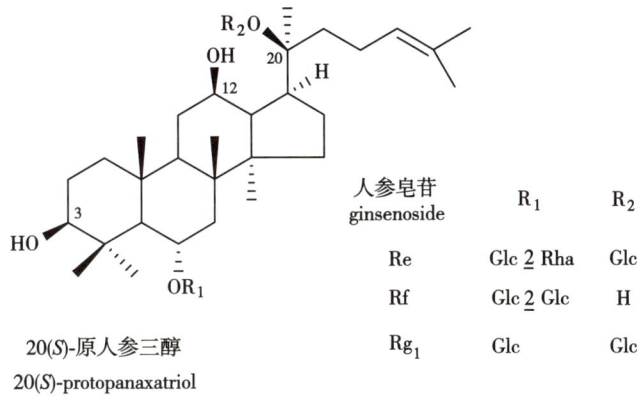

人参皂苷 ginsenoside	R_1	R_2
Re	Glc $\underline{2}$ Rha	Glc
Rf	Glc $\underline{2}$ Glc	H
Rg_1	Glc	Glc

20(*S*)-原人参三醇
20(*S*)-protopanaxatriol

由达玛烷衍生的人参皂苷，用缓和条件水解，例如 50% 乙酸于 70℃加热 4 小时，20 位苷键能断裂，生成较难溶于水的次级苷，进一步再水解，可使 3 位苷键裂解。若用稀盐酸溶液加热煮沸水解，从水解产物中得不到原生的皂苷元，这是由于在稀盐酸溶液中，20(*S*)- 原人参二醇或 20(*S*)- 原人参三醇的 20 位上甲基和羟基发生差向异构化，转变为 20(*R*)- 原人参二醇或 20(*R*)- 原人参三醇，然后环合生成具有三甲基四氢吡喃环侧链的人参二醇(panaxadiol)或人参三醇(panaxatriol)。因此，欲得到原生皂苷元，须采用缓和的方法进行水解，例如 Smith 降解法，先用过碘酸钠氧化，水解后再用四氢硼钠还原，后在室温下用 2mol/L 稀硫酸水解；或者在室温下用稀盐酸水解，然后加入消除试剂叔丁醇钠。

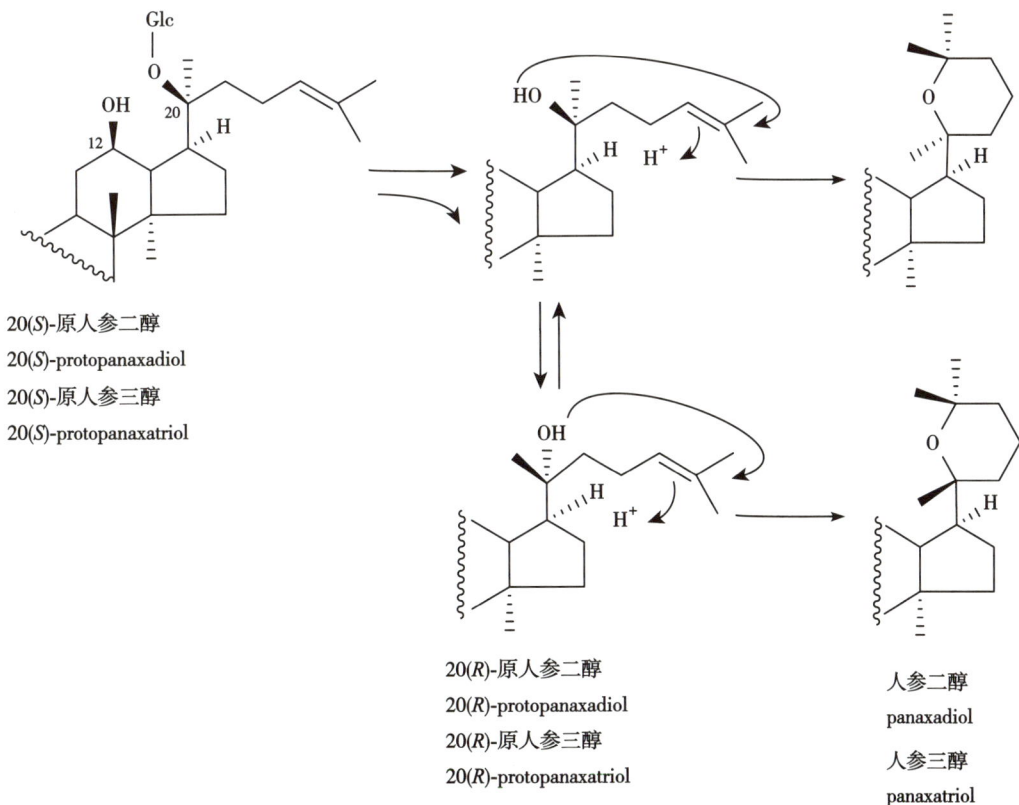

20(*S*)-原人参二醇
20(*S*)-protopanaxadiol
20(*S*)-原人参三醇
20(*S*)-protopanaxatriol

20(*R*)-原人参二醇
20(*R*)-protopanaxadiol
20(*R*)-原人参三醇
20(*R*)-protopanaxatriol

人参二醇
panaxadiol
人参三醇
panaxatriol

由达玛烷衍生的人参皂苷，在生物活性上有显著的差异。例如由 20(*S*)- 原人参三醇衍生的皂苷具有溶血性质，而由 20(*S*)- 原人参二醇衍生的皂苷则具对抗溶血的作用，因此人参总皂苷不表现出溶血的现象。人参皂苷 Rg_1 有轻度中枢神经兴奋和抗疲劳作用，人参皂苷 Rb_1 则有中枢神经抑制和安定作用。人参皂苷 Rb_1 还能增强核糖核酸聚合酶的活性，而人参皂苷 Rc 则会抑制核糖核酸聚合酶的活性，人参皂苷 Rg_3 和人参皂苷 Rh_2 具有较强的抗肿瘤活性。

鼠李科植物酸枣(*Zizyphus jujuba* var. *spinosa*)的成熟种子为常用中药酸枣仁,具有养肝、宁心、安神之功效,目前已从其中分离、鉴定出多种皂苷。酸枣仁皂苷 A 和 B(jujubosides A、B),酸枣仁皂苷 A 经柚皮苷酶(naringinase)或橙皮苷酶(hesperidinase)酶解很易失去一分子葡萄糖而转变为酸枣仁皂苷 B。由大枣(*Z. jujuba*)的果实中分离得到了枣皂苷Ⅰ、Ⅱ、Ⅲ(zizyphus saponins Ⅰ、Ⅱ、Ⅲ)。由同属植物 *Z. vulgaris* 的茎叶分离得到了皂苷 vulgariside。这些皂苷均属于达玛烷型,都是由酸枣仁皂苷元(jujubogenin)衍生的皂苷。

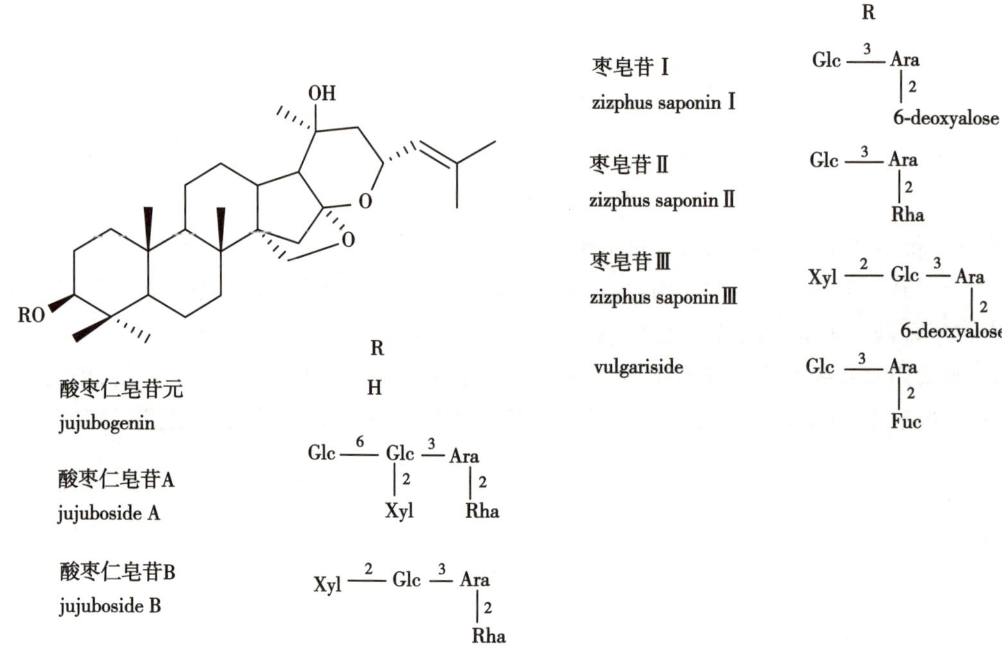

(二)羊毛脂烷型

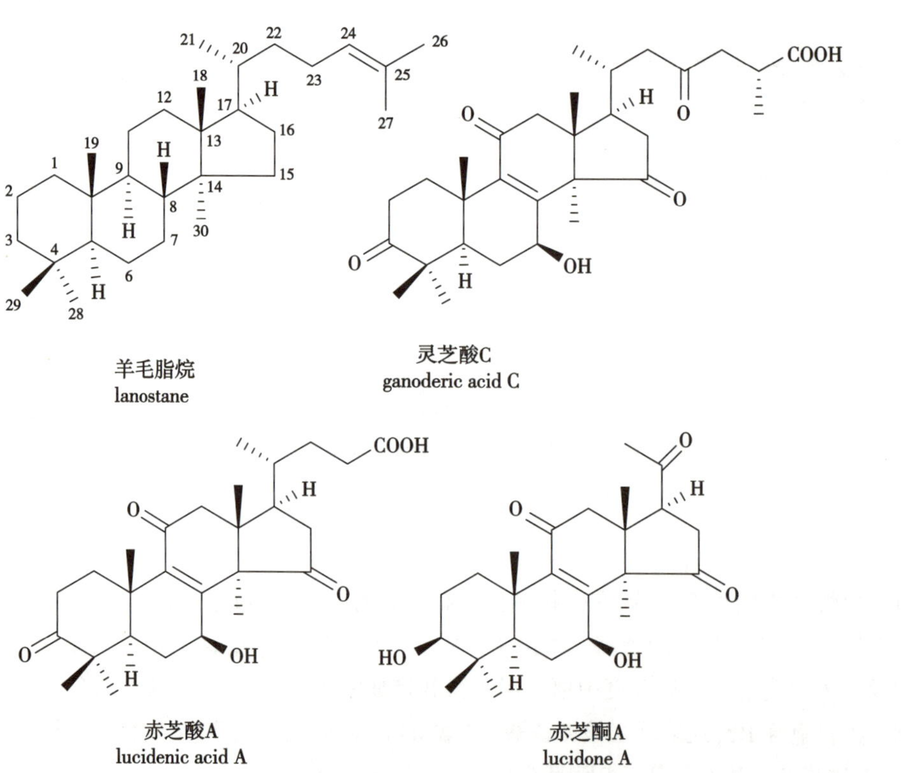

羊毛脂烷（lanostane）型四环三萜是环氧角鲨烯经椅 - 船 - 椅构象式环合而成的，其 10、13、14 位分别连有 β、β、α-CH_3，20 位为 *R* 构型，A/B、B/C、C/D 环均为反式。该类型三萜皂苷广泛分布于植物界及海洋生物如海参、海星等。

灵芝为多孔菌科真菌灵芝（*Ganoderma lucidum*）和紫芝（*G. sinense*）的干燥子实体，是补中益气、滋补强壮、扶正固本、延年益寿的名贵中药。截至 2014 年，已有超过 300 余个灵芝三萜从灵芝属真菌中分离得到 [3]，为羊毛脂烷高度氧化的衍生物。根据这些三萜分子中所含碳原子的数目，可分为 C_{30}、C_{27} 和 C_{24} 三种基本骨架，后两种为第一种三萜的降解产物，灵芝酸 C（ganoderic acid C）、赤芝酸 A（lucidenic acid A）、赤芝酮 A（lucidone A）为三类基本骨架的代表化合物。

（三）环阿屯烷型

环阿屯烷（cycloartane，又称环阿尔廷）的基本骨架与羊毛脂烷很相似，差别仅在于环阿屯烷 10 位甲基（C-19）与 9 位脱氢形成三元环。

中药黄芪为豆科植物蒙古黄芪（*Astragalus membranaceus* var. *mongholicus*）或膜荚黄芪（*A. membranaceus*）的根，具有补气、强壮之功效。从黄芪及其同属近缘植物中分离鉴定的皂苷有 170 多个 [4]，多数为环阿屯烷型三萜皂苷，苷元为环黄芪醇（cycloastragenol），与糖结合成单糖链、双糖链或三糖链皂苷，如黄芪苷Ⅰ、Ⅳ、Ⅴ、Ⅶ（astragalosides Ⅰ、Ⅳ、Ⅴ、Ⅶ）。其中黄芪皂苷Ⅳ又名黄芪甲苷，是黄芪中最重要的皂苷，也是控制黄芪药材质量的指标性成分之一。当这些皂苷在酸性条件下进行水解时，除获得皂苷元环黄芪醇外，同时亦获得黄芪醇（astragenol），这是由于环黄芪醇结构中环丙烷环极易在酸水解时开裂，生成黄芪醇，具 $\Delta^{9(11)}$，10-CH_3 次生结构。可见，后者不是真正的皂苷元，故一般采用两相酸水解或酶水解以避免环的开裂。

黄芪简介
（拓展阅读）

环阿尔廷
cycloartane

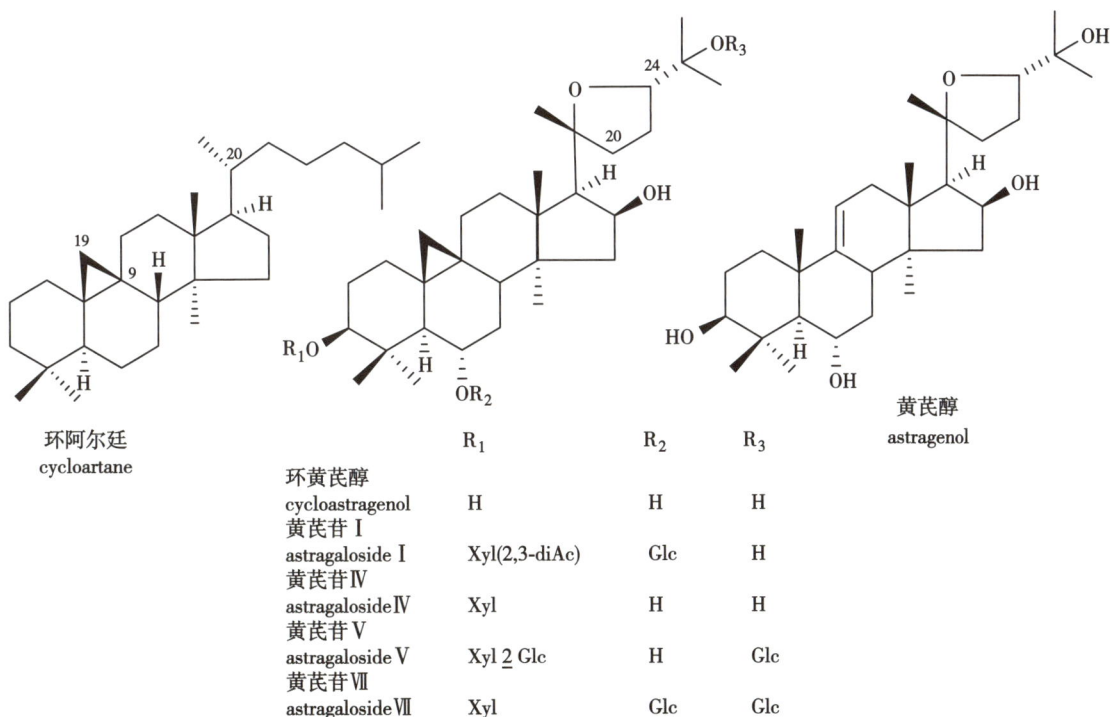

黄芪醇
astragenol

	R_1	R_2	R_3
环黄芪醇 cycloastragenol	H	H	H
黄芪苷Ⅰ astragaloside Ⅰ	Xyl(2,3-diAc)	Glc	H
黄芪苷Ⅳ astragaloside Ⅳ	Xyl	H	H
黄芪苷Ⅴ astragaloside Ⅴ	Xyl 2 Glc	H	Glc
黄芪苷Ⅶ astragaloside Ⅶ	Xyl	Glc	Glc

（四）甘遂烷型

甘遂烷（tirucallane）型四环三萜同羊毛脂烷一样，A/B、B/C、C/D 环也均为反式，但 13、14 位连的 CH_3 与羊毛脂烷相反，分别为 α、β-CH_3，17 位连有 α- 侧链。甘遂烷型四环三萜主要分布在楝科，芸香科、无患子科、苦木科等植物中也有分布。甘遂烷型四环三萜主要结构类型有 *apo-* 型、17α- 侧链直

链型和成环型及降碳类型[5]，代表性化合物见下面化合物 **1~4**。其中 *apo*- 型甘遂烷是母核 D 环通过 Wagner-Meerwein 重排，14，15 位形成双键，而 17 位连接的 *α*- 侧链可呈直链、成环、羟基化、环氧化等结构变化；降碳类则是侧链失去几个碳原子，多数失去 4 个，并且被不同程度的氧化。

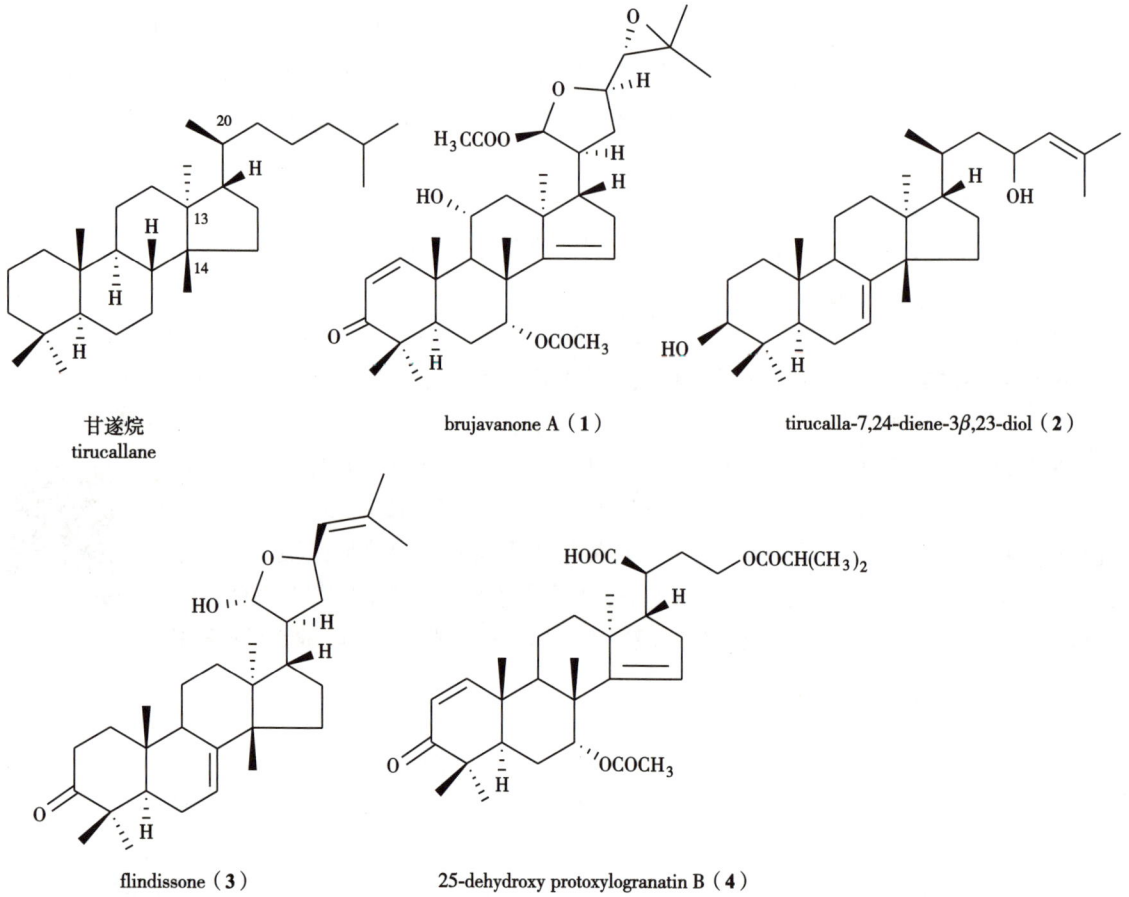

甘遂烷
tirucallane

brujavanone A（**1**）

tirucalla-7,24-diene-3*β*,23-diol（**2**）

flindissone（**3**）

25-dehydroxy protoxylogranatin B（**4**）

（五）葫芦烷型

葫芦烷（cucurbitane）型基本骨架，可认为是由羊毛甾烯（lanostene）Δ^8 进行质子化，在 8 位产生碳正离子，然后 10 位 CH_3 转移到 9 位，H-9 转移到 8 位而形成的。因此，A/B 环上的取代和羊毛脂烷类型化合物不同，有 5*β*-H、8*β*-H、10*α*-H，9 位连有 *β*-CH_3，其余与羊毛脂烷一样。

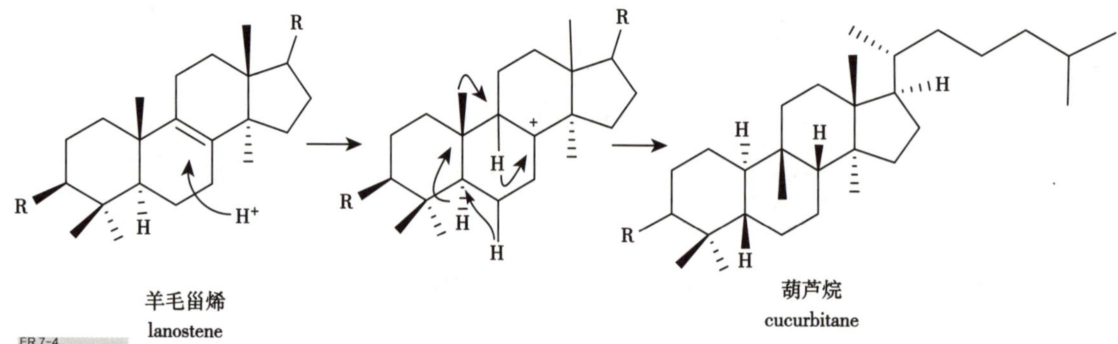

羊毛甾烯
lanostene

葫芦烷
cucurbitane

葫芦素 B 简介
（拓展阅读）

葫芦科许多属植物中含有此类成分，总称为葫芦苦素类（cucurbitacins），例如由雪胆属植物雪胆（*Hemsleya chinensis*）的根中分出的雪胆甲素和乙素（cucurbitacins Ⅰa、Ⅱb），临床上用于急性痢疾、肺结核、慢性气管炎的治疗。甜瓜的果柄中含有的葫芦素 B（cucurbitacin B）具有较好的保肝作用，临床上用于治疗肝炎及原发性肝癌。

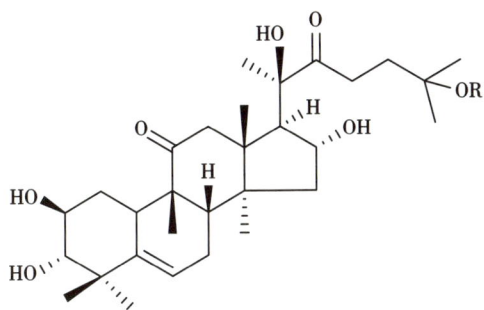

雪胆甲素
cucurbitacin Ⅰa　R=Ac
雪胆乙素
cucurbitacin Ⅱb　R=H

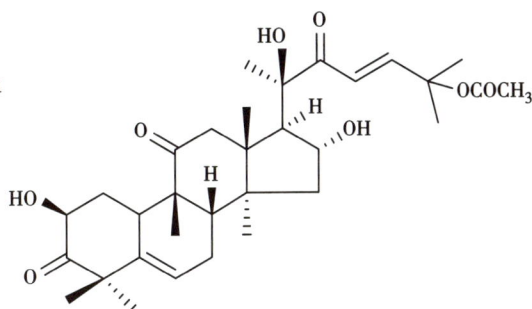

葫芦素B
cucurbitacin B

（六）楝烷型

楝科楝属植物苦楝果实及树皮中含多种三萜类成分，具苦味，总称为楝苦素类（meliacins）成分，由 26 个碳构成，属于楝烷型（meliacane）。

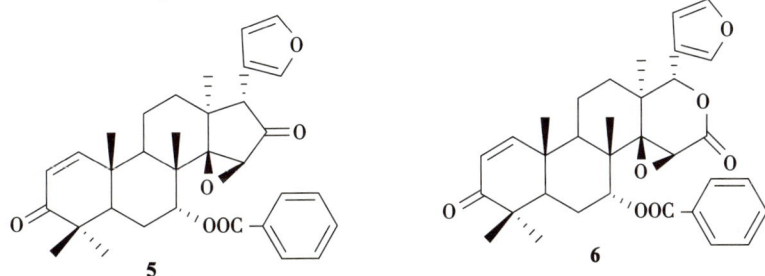

楝科植物印楝（*Azadirachta indica*）分离得到 6 个化合物：1α-methoxy-1,2-dihydroepoxyazadiradione（**1**）、1β,2β-diepoxyazadiradione（**2**）、7-acetylneotrichilenone（**3**）、7-desacety1-7-benzoylazadiradione（**4**）、7-desacetyl-7-benzoyl-epoxyazadiradione（**5**）、7-desacetyl-7-benzoylgedunin（**6**）。这些化合物均为高度氧化的四环三萜类化合物，17 位有四氢呋喃环，3 位和 16 位多有酮基，14~15 位多有三元氧环，7 位有乙酰基或苯甲酰基。化合物 **1~5** 为楝烷型，**6** 为其 D 环裂解产物，裂环后又形成内酯。

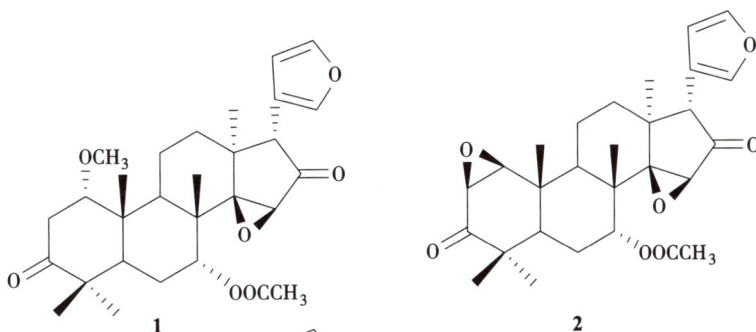

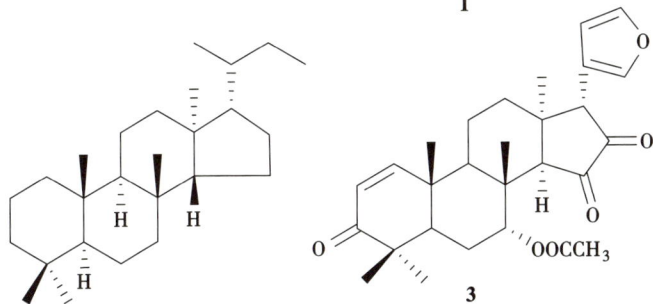

楝烷
meliacane

1　**2**　**3**　**4**　**5**　**6**

三、五环三萜的结构类型

五环三萜(pentacyclic triterpenoids)类型较多,主要的五环三萜为齐墩果烷型(oleanane)、乌苏烷型(ursane)、羽扇豆烷型(lupane)和木栓烷型(friedelane)型。几种主要五环三萜的结构相关性见图 7-2。

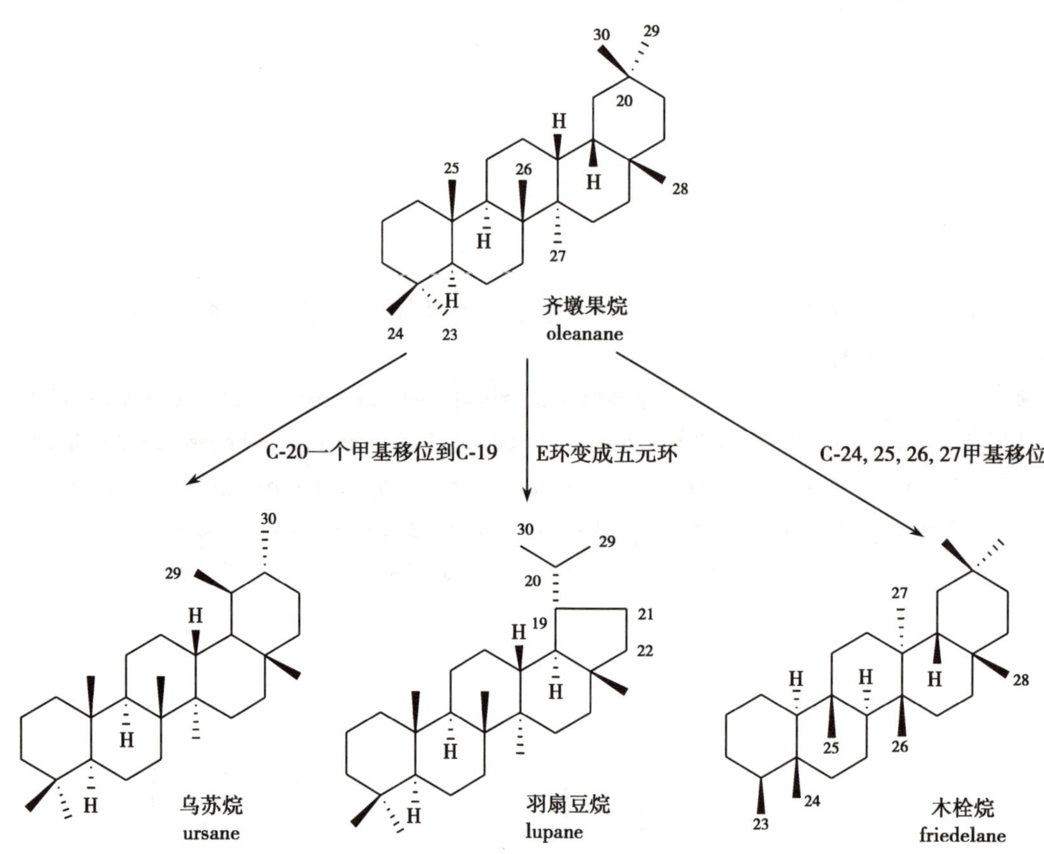

图 7-2　不同类型五环三萜的结构相关性

(一) 齐墩果烷型

齐墩果烷(oleanane)型,又称 β- 香树脂烷(β-amyrane)型,此类三萜在植物界分布极为广泛,有的呈游离状态,有的成酯或以苷的形式存在。本类型三萜结构中大多含有 3β-OH,其五个六元环中 A/B、B/C、C/D 环均为反式稠合,D/E 环多数是顺式稠合(即 18β-H),少数为反式稠合。根据结构中双键的数目、位置及是否成环,齐墩果烷分为Δ^{12}- 齐墩果烯型、Δ^{18}- 齐墩果烯型、$\Delta^{13(18)}$- 齐墩果烯型、$\Delta^{9(11),12}$- 齐墩果二烯型(同环双烯)、$\Delta^{11,13(18)}$- 齐墩果二烯型、$\Delta^{5,12}$- 齐墩果二烯型、$\Delta^{12,15}$- 齐墩果二烯型(异环双烯)及 13,28- 环氧 - 齐墩果烷型等类型[6]。齐墩果酸(oleanolic acid)首先从木犀科植物木樨榄(*Olea europaea*,习称齐墩果)的叶子中分得,广泛分布于植物界,如在青叶胆全草、女贞果实等植物中以游离形式存在,但大多数与糖结合成苷存在。齐墩果酸动物实验证实有降转氨酶作用,对四氯化碳引起的大鼠急性肝损伤有明显的保护作用,用于治疗急性黄疸型肝炎,对慢性肝炎也有一定疗效。

齐墩果烷(动画)

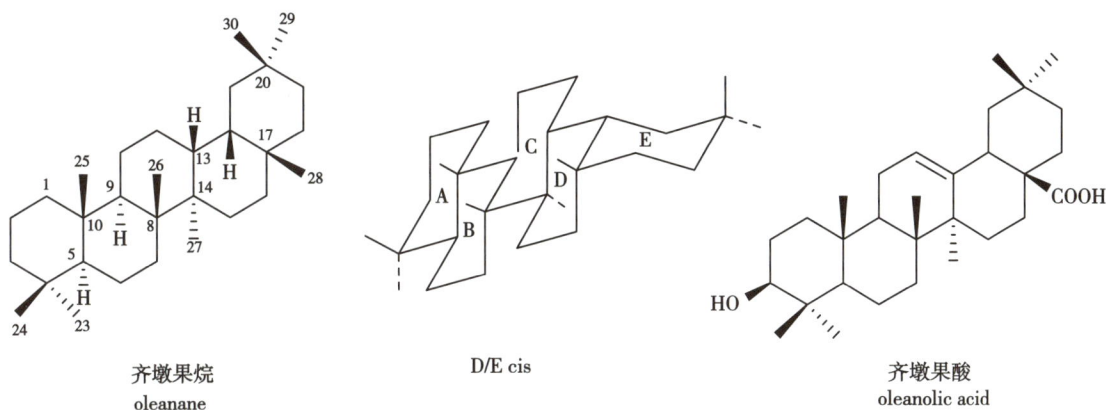

齐墩果烷
oleanane

D/E cis

齐墩果酸
oleanolic acid

甘草为豆科甘草属植物，作为药用的甘草有甘草（*Glycyrrhiza uralensis*）、光果甘草（*G. glabra*）及胀果甘草（*G. inflata*）的根和根茎。具有缓急、润肺、解毒、调和诸药的作用。甘草为常用中药，从古至今广为药用，甘草酸及其苷元甘草次酸为其主要药效成分。甘草次酸（glycyrrhetinic acid），D/E 环为顺式（即 18β-H）稠合，其异构体 D/E 环为反式稠合，即 18-α 甘草次酸，又称乌拉尔甘草次酸（uralenic acid），也存在于甘草中，甘草次酸在甘草中除以游离形式存在外，主要是以与两分子葡萄糖醛酸结合生成的苷——甘草酸（glycyrrhizic acid）或称甘草皂苷（glycyrrhizin）而存在，由于有甜味，又称甘草甜素。后又从甘草及胀果甘草（*G. inflata*）中分离出的乌拉尔甘草皂苷 B（uralsaponin B）和黄甘草皂苷（glyeurysaponin）都是以甘草次酸为苷元，只是两分子葡萄糖醛酸的连接位置或构型不同。迄今，已经从不同甘草中分离齐墩果烷类型皂苷 100 余种 [7]。

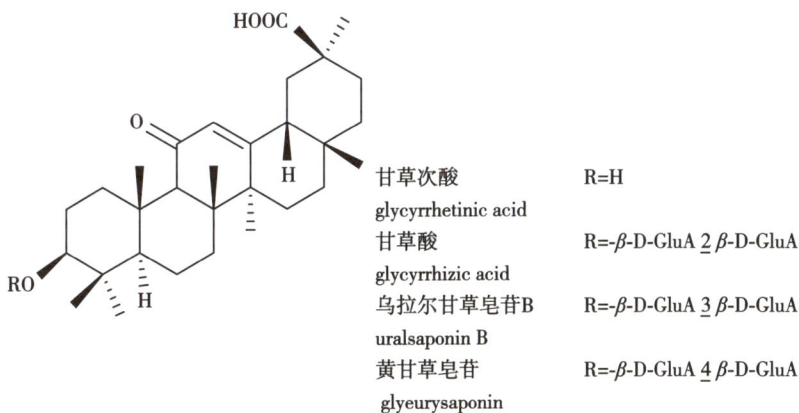

甘草次酸 glycyrrhetinic acid	R=H
甘草酸 glycyrrhizic acid	R=-β-D-GluA $\underline{2}$ β-D-GluA
乌拉尔甘草皂苷B uralsaponin B	R=-β-D-GluA $\underline{3}$ β-D-GluA
黄甘草皂苷 glyeurysaponin	R=-β-D-GluA $\underline{4}$ β-D-GluA

甘草酸和甘草次酸都有促肾上腺皮质激素（adrenocorticotropic hormone，ACTH）样的生物活性，临床作为抗炎药，并用于胃溃疡的治疗。但只有 18β-H 型的甘草次酸才具有 ACTH 样作用，18α-H 型没有此种生物活性。通过药理研究还发现，甘草酸除有抗变态反应外，并有非特异性的免疫增强作用，同时能对抗 CCl_4 对肝脏的急性中毒作用。

甘草次酸（动画）

常用中药柴胡来源于柴胡属植物柴胡（*Bupleurum chinensis*）和狭叶柴胡（*B. scorzonerifolium*），具有疏散退热、舒肝升阳的功效。从柴胡属植物中已分离出近 120 多种三萜皂苷 [8]，均为齐墩果烷型，根据双键的位置可分为 4 种，Δ^{12}- 齐墩果烯型、$\Delta^{9(11),12}$- 齐墩果二烯型（同环双烯）、$\Delta^{11,13(18)}$- 齐墩果二烯型（异环双烯）、Δ^{11}-13,28- 环氧 - 齐墩果烯型，柴胡皂苷 a 和 d 等是柴胡的主要成分。柴胡皂苷 a、c 和 d（saikosaponins a、c、d）最早是从日本京都栽培柴胡 *Bupleurum falcatum* 的根中分离出的三种皂苷。柴胡皂苷 a 和 d 具有明显抗炎作用和降低血清胆固醇和甘油三酯作用，柴胡皂苷 c 则无此种活性。后期又从中分离出柴胡皂苷 e（saikosaponin e），柴胡皂苷 a、d 的单乙酰衍生物等。柴胡皂苷 a、d、c 的苷元分别为柴胡皂苷元 F、G、E（saikogenins F、G、E），柴胡皂苷 e 的苷元和柴胡皂苷 c 苷元相同。

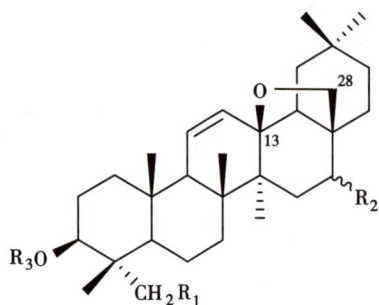

	R_1	R_2	R_3
柴胡皂苷a saikosaponin a	OH	β-OH	-Fuc $\underline{3}$ Glc
柴胡皂苷元F saikogenin F	OH	β-OH	H
柴胡皂苷d saikosaponin d	OH	α-OH	-Fuc $\underline{3}$ Glc
柴胡皂苷元G saikogenin G	OH	α-OH	H
柴胡皂苷c saikosaponin c	H	β-OH	-Fuc $\underline{3}$ Glc (|4 Rha)
柴胡皂苷e saikosaponin e	H	β-OH	-Fuc $\underline{3}$ Glc
柴胡皂苷元E saikogenin E	H	β-OH	H

以上具有13,28-氧环的化合物，氧环不稳定，在酸的作用下醚键可能会断裂生成人工产物异环或同环双烯结构，如柴胡皂苷元F、G在酸的作用下产生柴胡皂苷元A和D，柴胡皂苷元E产生柴胡皂苷元C和B。

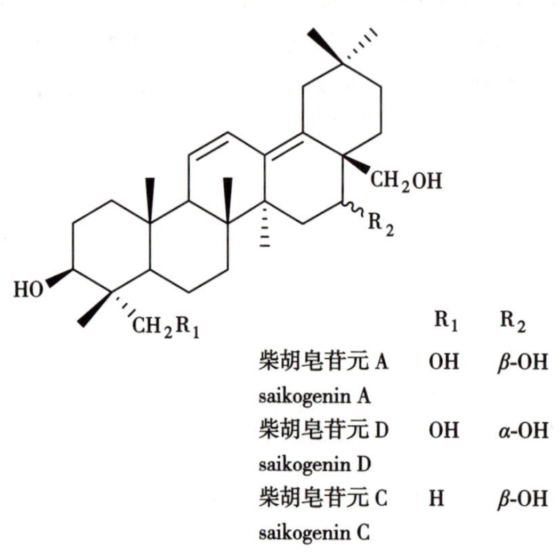

	R_1	R_2
柴胡皂苷元A saikogenin A	OH	β-OH
柴胡皂苷元D saikogenin D	OH	α-OH
柴胡皂苷元C saikogenin C	H	β-OH

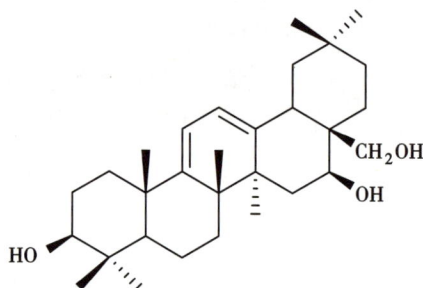

柴胡皂苷元B
saikogenin B

(二) 乌苏烷型

乌苏烷(ursane)型，又称α-香树脂烷(α-amyrane)型，此类三萜大多是乌苏酸的衍生物。其A/B、B/C、C/D环均为反式，D/E环多为顺式稠合，也有反式稠合。乌苏酸(ursolic acid)，又称熊果酸，在植物界分布较广，如在熊果叶、栀子果实、女贞叶、车前草、白花蛇舌草、石榴的叶和果实等植物中均有存在。该成分在体外对革兰氏阳性菌、革兰氏阴性菌、酵母菌有抑制活性，能明显降低大鼠的正常体温，

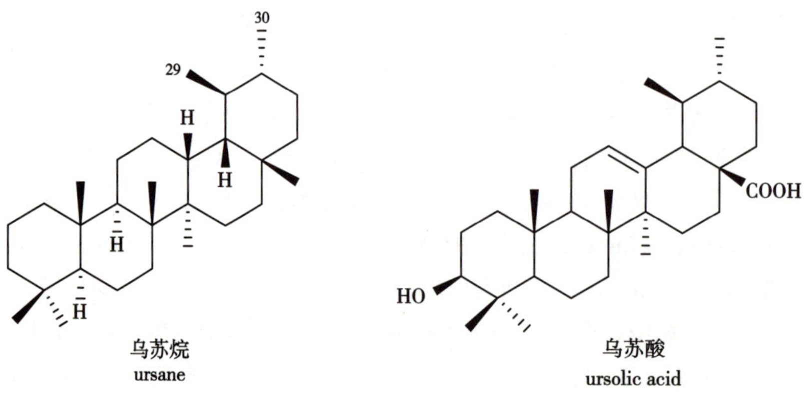

乌苏烷 ursane　　乌苏酸 ursolic acid

并有安定作用。

中药地榆（*Sanguisorba officinalis*）的根和根茎，能凉血、止血，除含有大量鞣质，还含有皂苷。从中分离得到的地榆皂苷 B 和 E（sanguisorbins B、E）均是乌苏酸的苷，地榆皂苷Ⅰ和Ⅱ（ziyuglycosides Ⅰ、Ⅱ）是 19α- 羟基乌苏酸的苷。

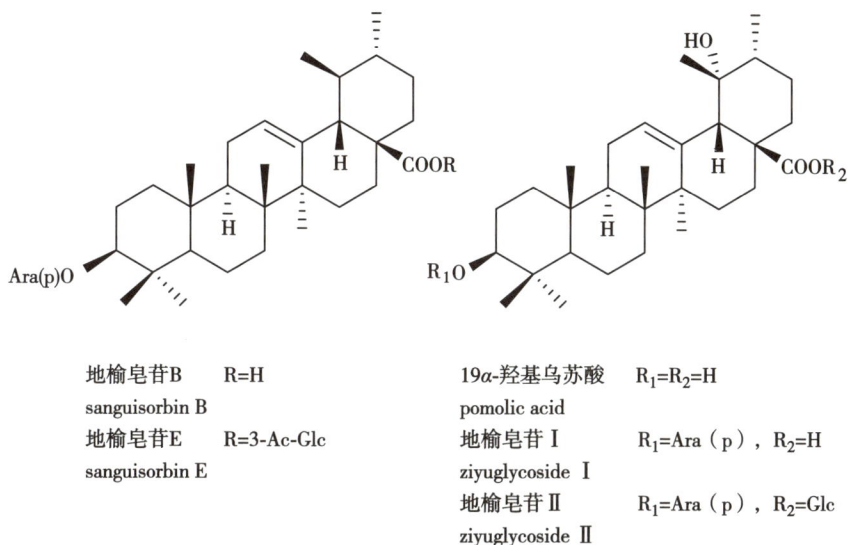

地榆皂苷B sanguisorbin B	R=H
地榆皂苷E sanguisorbin E	R=3-Ac-Glc

19α-羟基乌苏酸 pomolic acid	$R_1=R_2=H$
地榆皂苷Ⅰ ziyuglycoside Ⅰ	R_1=Ara（p），R_2=H
地榆皂苷Ⅱ ziyuglycoside Ⅱ	R_1=Ara（p），R_2=Glc

积雪草是伞形科植物 *Centella asiatica* 的全草，其粗皂苷是一种创伤愈合促进剂。从中分离得到的主要成分为积雪草苷，或称亚细亚皂苷（asiaticoside），是由两分子葡萄糖、一分子鼠李糖和积雪草酸（或称亚细亚酸，asiatic acid）分子中羧基结合形成的酯苷。与积雪草苷伴存的还有羟基积雪草苷（madecassoside），亦是一种酯苷，水解后得到苷元为羟基积雪草酸（madecassic acid），其糖部分的结构与积雪草苷相同，亦是由两分子葡萄糖和一分子鼠李糖组成。其他共存的皂苷，也大多为乌苏酸衍生的酯苷。

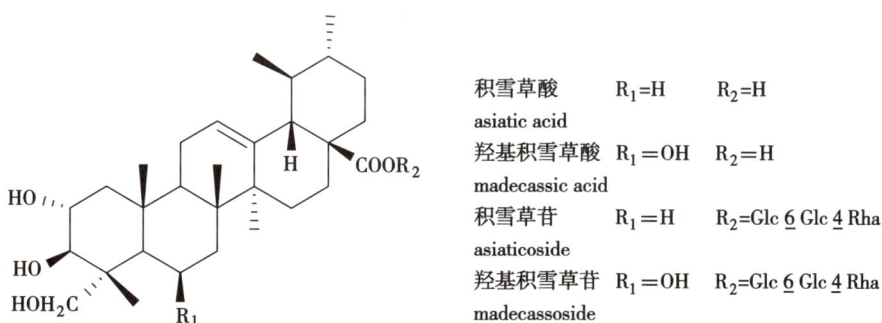

积雪草酸 asiatic acid	R_1=H	R_2=H
羟基积雪草酸 madecassic acid	R_1=OH	R_2=H
积雪草苷 asiaticoside	R_1=H	R_2=Glc $\underline{6}$ Glc $\underline{4}$ Rha
羟基积雪草苷 madecassoside	R_1=OH	R_2=Glc $\underline{6}$ Glc $\underline{4}$ Rha

（三）羽扇豆烷型

羽扇豆烷（lupane）型三萜类化合物的 E 环为五元碳环，且在 E 环 19 位有异丙基以 α- 构型取代，A/B、B/C、C/D 及 D/E 环均为反式。此类成分主要有黄羽扇豆（*Lupinus luteus*）种子中存在的羽扇豆醇（lupeol），酸枣仁中的白桦醇（betulin）、白桦酸（betulinic acid）等。

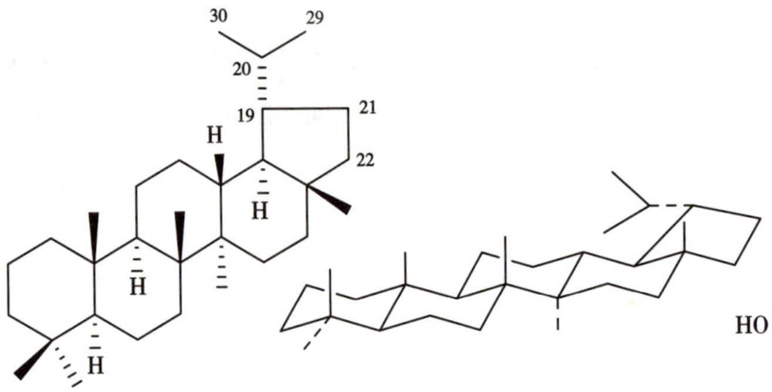

羽扇豆烷
lupane

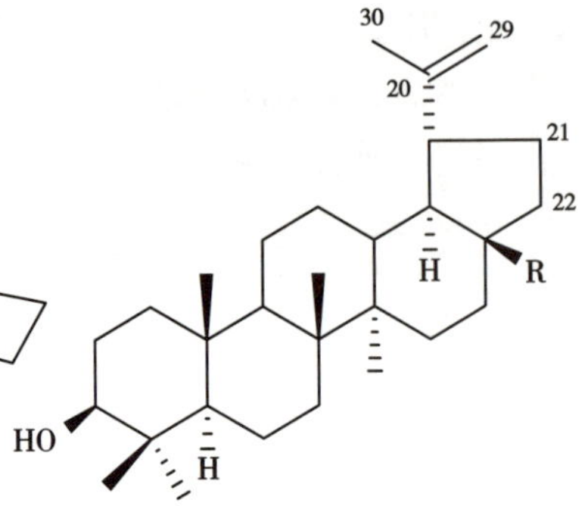

羽扇豆醇　R=CH_3
lupeol
白桦醇　R=CH_2OH
betulin
白桦酸　R=COOH
betulinic acid

毛茛科白头翁属植物白头翁（*Pulsatilla chinensis*）含有多种羽扇豆烷型三萜皂苷，皂苷元为 23-羟基白桦酸（23-hydroxybetulinic acid），白头翁皂苷 A_3（pulchinenoside A_3）为单糖链皂苷，白头翁皂苷 B_4（pulchinenoside B_4）为双糖链皂苷。

爵床科老鼠簕属植物老鼠簕（*Acanthus illicifolius*）是构成我国南部海岸红树林的重要植物之一，印度民间用其治疗中风和气喘。从其中分得一个由羽扇豆醇和阿拉伯糖、葡萄糖醛酸组成的双糖苷（**A**）。

紫草科破布木属植物 *Cordia obliqua* 中的皂苷由羽扇豆醇和麦芽糖组成，结构为 lupa-20(29)-en-3-*O*-*β*-maltoside（**B**）。

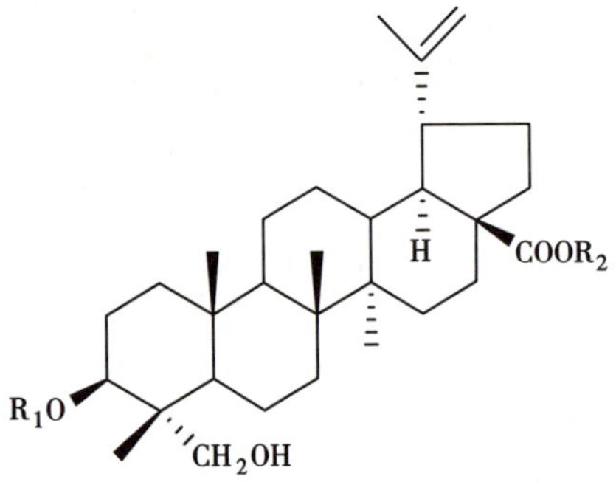

23-羟基白桦酸　R_1=R_2=H
23-hydroxybetulinic acid
白头翁皂苷A_3　R_1=-Ara $\xrightarrow{2}$ Rha，R_2=H
pulchinenoside A_3
白头翁皂苷B_4　R_1=-Ara $\xrightarrow{2}$ Rha，R_2=-Glc $\xrightarrow{6}$ Glc $\xrightarrow{4}$ Rha
pulchinenoside B_4

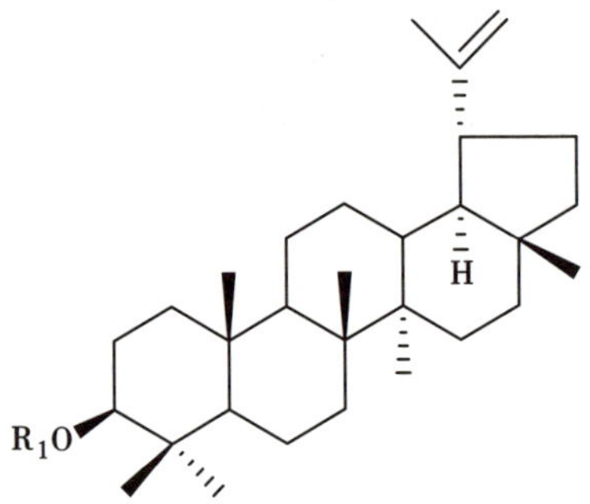

A　R_1=-*β*-D-Glu A $\xrightarrow{4}$ *α*-L-Ara
B　R_1=-*β*-D-Glc $\xrightarrow{4}$ *α*-D-Glc

（四）木栓烷型

木栓烷（friedelane）在生源上是由齐墩果烯甲基移位演变而来的。雷公藤（*Tripterygium wilfordii*）为卫矛科植物，在我国作为民间用药有很长历史，近几年在临床应用日趋广泛，特别是对类风湿疾病有独特疗效，引起国内外广泛重视，从中已分离得到多种三萜，其中一类为木栓烷类三萜，如雷公藤酮（tripterygone）、雷公藤红素（celastrol）等。近些年研究发现，雷公藤红素具有良好的抗炎、抗氧化、免疫抑制、抗肿瘤、抗肥胖、神经保护等药理活性，并且围绕该化合物开展了系列的结构优化工作[9]。

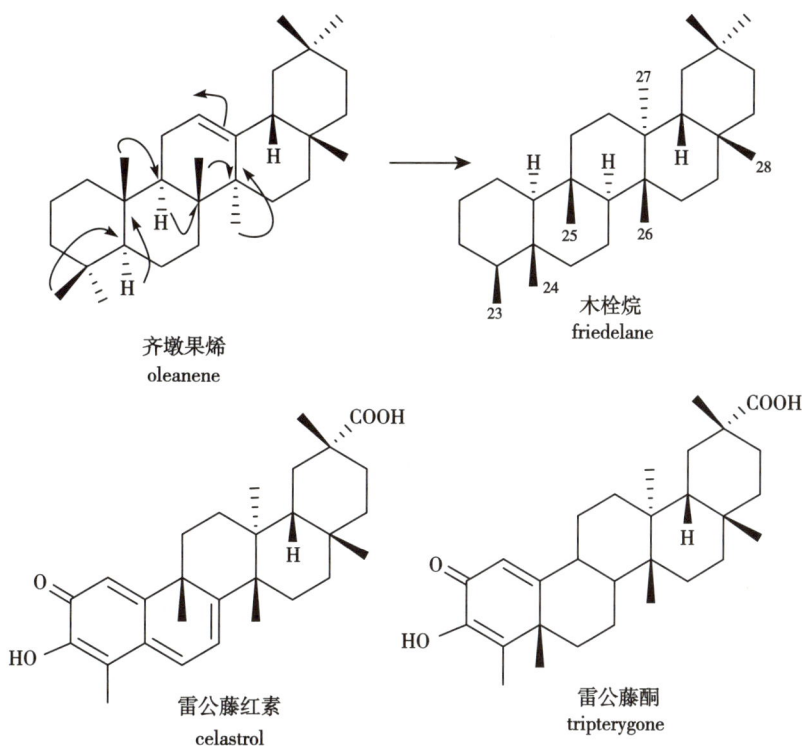

齐墩果烯
oleanene

木栓烷
friedelane

雷公藤红素
celastrol

雷公藤酮
tripterygone

从卫矛科植物 *Kokoona zeylanica* 已分离鉴定的木栓烷类化合物或其降解产物有 20 余个。Leslie 等从该植物茎皮得到 11 个化合物：fredelin（**1**）、D:A-friedo-oleanane-3,21-dione（**2**）、21*α*-hydroxy-D:A-friedo-oleanane-3-one（**3**）、kokoonol（**4**）、kokoononol（**5**）、kokoondiol（**6**）、zeylanol（**7**）、zeylanonol（**8**）、zeylandiol（**9**）、kokzeylanol（**10**）和 kokzeylanonol（**11**），化合物 **11** 具有抗癌活性[10]。这些化合物均为木栓烷-3-酮类化合物，21 位有羟基或酮基取代，有的 6 位有羟基，而且可能有 27-CH_2OH。

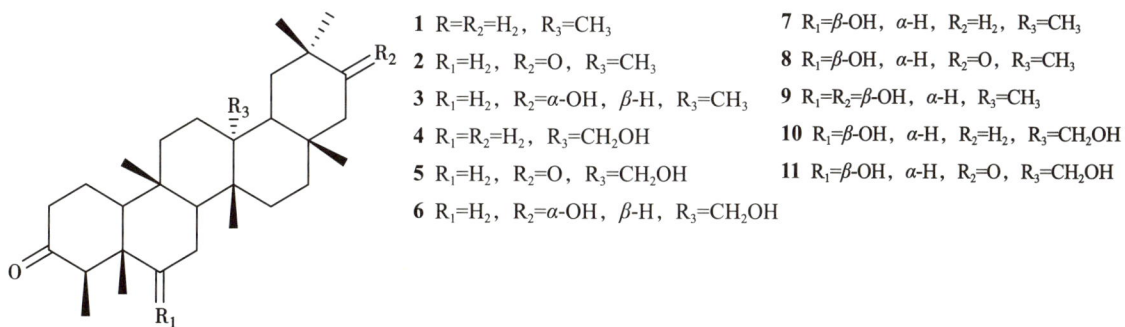

1 $R=R_2=H_2$，$R_3=CH_3$
2 $R_1=H_2$，$R_2=O$，$R_3=CH_3$
3 $R_1=H_2$，$R_2=\alpha$-OH，β-H，$R_3=CH_3$
4 $R_1=R_2=H_2$，$R_3=CH_2OH$
5 $R_1=H_2$，$R_2=O$，$R_3=CH_2OH$
6 $R_1=H_2$，$R_2=\alpha$-OH，β-H，$R_3=CH_2OH$
7 $R_1=\beta$-OH，α-H，$R_2=H_2$，$R_3=CH_3$
8 $R_1=\beta$-OH，α-H，$R_2=O$，$R_3=CH_3$
9 $R_1=R_2=\beta$-OH，α-H，$R_3=CH_3$
10 $R_1=\beta$-OH，α-H，$R_2=H_2$，$R_3=CH_2OH$
11 $R_1=\beta$-OH，α-H，$R_2=O$，$R_3=CH_2OH$

第二节　三萜类化合物的生物合成

三萜类化合物由异戊二烯途径合成，绝大多数来源于同一底物 2,3- 环氧角鲨烯，在不同的环氧角鲨烯环化酶（oxido squalene cyclases，OSCs）作用下，环化形成不同的碳骨架，然后在氧化酶、糖苷酶、糖基转移酶等后修饰酶的作用下生成结构多样的三萜及其苷类化合物[11]。

三萜类化合物的生物合成途径可分为三个阶段[12-13]：

1. 起始阶段　通过两条独立的代谢途径——胞质中的甲戊二羟酸（mevalonic acid，MVA）途径和质体中的甲基赤藓糖醇磷酸（2-C-methyl-D-erythritol-4-phosphate，MEP）途径，分别合成前体化合物焦磷酸异戊烯酯（isopentenyl pyrophosphate，IPP）和焦磷酸二甲基烯丙酯（dimethylallyl pyrophosphate，DMAPP），这二者可在 IPP 异构酶（isopentenyl diphosphate isomerase，IDI）的作用下相互转化。并且，这两条途径产生的 IPP 可以穿过质体膜相互交换。

2. 骨架构建阶段　IPP 和 DMAPP 经焦磷酸香叶酯合酶（geranyl diphosphate synthase，GPS）形成焦磷酸香叶酯（geranyl diphosphate，GPP），焦磷酸金合欢酯合酶（farnesyl diphosphate synthase，FPS）催化 IPP 与 GPP 缩合形成焦磷酸金合欢酯（farnesyl diphosphate，FPP），然后在角鲨烯合酶（squalene synthase，SQS）的作用下头尾结合成角鲨烯（squalene），经角鲨烯环氧化酶（squalene epoxidase，SQE）进一步催化形成 2,3- 环氧角鲨烯，再在不同的 OSCs 作用下，通过椅式 - 船式 - 椅式或者椅式 - 椅式 - 椅式两种环合方式，被环化形成不同的碳骨架。

OSCs 催化 2,3- 氧化鲨烯的环化反应，是三萜与甾醇生物合成的关键步骤。2,3- 氧化鲨烯在各种 OSCs 的催化下，经过质子化环化重排和去质子化反应，得到三萜和植物甾醇的前体。由于 OSCs 的多样性，造成了三萜结构的多样性。OSCs 属于超家族酶，主要包括甾醇和三萜骨架的各种环化酶，可产生 100 多种不同骨架的三萜化合物，不同三萜化合物具有不同立体构型的选择。代表性的三萜骨架包括四环的环阿屯烷型、羊毛甾烷型、葫芦烷型、达玛烷型和五环的羽扇豆烷型、乌苏烷型、齐墩果烷型等，如图 7-3 所示。

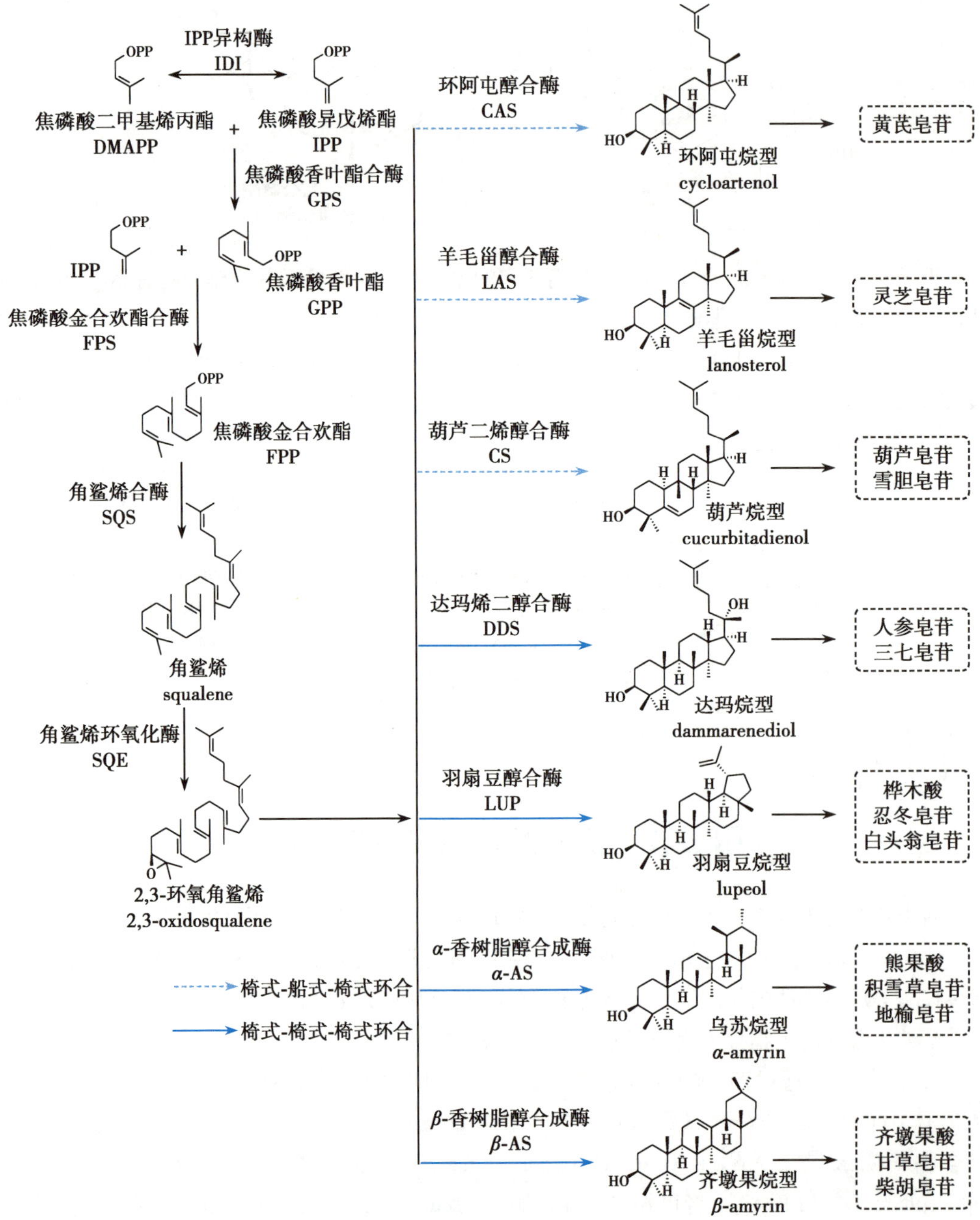

图 7-3　三萜类化合物生物合成途径示意图

3. 修饰阶段　通过细胞色素 P450 单加氧酶（cytochrome P450s，CYPs）、依赖尿苷二磷酸糖苷（uridine diphosphate glycoside，UDP）的糖基转移酶（UDP-glycosyltransferases，UGTs）和糖苷酶对三萜骨架进行氧化、置换及糖基化等化学修饰，最终生成不同类型的三萜及三萜皂苷类化合物。

第三节　三萜类化合物的理化性质

一、性状及溶解性

三萜类化合物多有较好结晶，能溶于石油醚、苯、乙醚、三氯甲烷等有机溶剂，而不溶于水。三萜化合物若与糖结合成苷，尤其是寡糖苷，由于糖分子的引入，使羟基数目增多，极性加大，不易结晶，因而皂苷大多为白色无定形粉末，可溶于水，易溶于热水、稀醇、热甲醇和热乙醇中，几乎不溶或难溶于乙醚、苯等极性小的有机溶剂，含水丁醇或戊醇对皂苷的溶解度较好，因此是提取和纯化皂苷时常采用的溶剂。

皂苷多数具有苦而辛辣味，其粉末对人体黏膜有强烈刺激性，尤其鼻内黏膜的敏感性最大，吸入鼻内能引起喷嚏。因此某些皂苷内服，能刺激消化道黏膜，产生反射性黏液腺分泌，而用于祛痰止咳。但有的皂苷无这种性质，例如甘草皂苷有显著而强的甜味，对黏膜刺激性弱。皂苷还具有吸湿性。

二、显色反应

三萜化合物在无水条件下，与强酸（硫酸、磷酸、高氯酸）、中等强酸（三氯乙酸）或 Lewis 酸（氯化锌、三氯化铝、三氯化锑）作用，会产生颜色变化或荧光。具体作用原理还不清楚，主要是使羟基脱水，增加双键结构，再经双键移位、双分子缩合等反应生成共轭双烯系统，又在酸作用下形成碳正离子而呈色。因此，全饱和的、3 位又无羟基或羰基的化合物呈阴性反应。本来就有共轭双键的化合物显色很快，孤立双键的显色较慢，常见显色反应如下：

1. 醋酐 - 浓硫酸反应（Liebermann-Burchard reaction）　将样品溶于醋酐中，加浓硫酸 - 醋酐（1 ∶ 20），可产生黄→红→紫→蓝等颜色变化，最后褪色。

2. 五氯化锑反应（Kahlenberg reaction）　将样品三氯甲烷或醇溶液点于滤纸上，喷以 20% 五氯化锑的三氯甲烷溶液，该反应试剂也可选用三氯化锑饱和的三氯甲烷溶液代替（不应含乙醇和水），干燥后 60~70℃加热，显蓝色、灰蓝色、灰紫色等多种颜色斑点。

3. 三氯乙酸反应（Rosen-Heimer reaction）　将样品溶液滴在滤纸上，喷 25% 三氯乙酸乙醇溶液，加热至 100℃，生成红色渐变为紫色。

三氯甲烷 - 浓硫酸反应（视频）

4. 三氯甲烷 - 浓硫酸反应（Salkowski reaction）　样品溶于三氯甲烷，加入浓硫酸后，在三氯甲烷层呈现红色或蓝色，并有绿色荧光出现。

5. 冰醋酸 - 乙酰氯反应（Tschugaeff reaction）　样品溶于冰醋酸中，加乙酰氯数滴及氯化锌结晶数粒，稍加热，则呈现淡红色或紫红色。

三萜皂苷作为三萜衍生物，也具有上述三萜化合物的显色反应。

三、表面活性

皂苷水溶液经强烈振摇能产生持久性的泡沫，且不因加热而消失，这是由于皂苷具有降低水溶液表面张力的缘故。因此，皂苷可作为清洁剂、乳化剂应用。皂苷的表面活性与其分子内部亲水性和亲脂性结构的比例相关，只有当二者比例适当时，才能较好地发挥出这种表面活性。某些皂苷由于亲水性强于亲脂性或亲脂性强于亲水性，就不呈现这种活性。

四、溶血作用

皂苷的水溶液大多能破坏红细胞而有溶血作用，若将其水溶液注射到静脉中，毒性极大，低浓度水溶液就能产生溶血作用。皂苷又称皂毒类（sapotoxins），就是针对其有溶血作用而言的。皂苷水溶液肌内注射易引起组织坏死，口服则无溶血作用，可能与其在胃肠道吸收很差或被肠道微生物代谢发生水解等有关。各类皂苷的溶血作用强弱不同，可用溶血指数（hemolytic index）表示。溶血指数是指在一定条件下能使血液中红细胞完全溶解的最低浓度，例如甘草皂苷的溶血指数为 1：4 000。

皂苷能溶血，是因为多数皂苷能与胆固醇（cholesterol）结合生成不溶性的分子复合物。当皂苷水溶液与红细胞接触时，红细胞壁上的胆固醇与皂苷结合，生成不溶于水的复合物沉淀，破坏了血红细胞的正常渗透，使细胞内渗透压增加而发生崩解，从而导致溶血现象。但并不是所有皂苷都能破坏细胞产生溶血现象，例如人参总皂苷就没有溶血的现象，但经过分离后，其中以原人参三醇及齐墩果酸为苷元的人参皂苷具有显著的溶血作用，而以原人参二醇为苷元的人参皂苷，则有抗溶血作用。皂苷溶血活性还和糖部分有关，以单糖链皂苷作用明显，某些双糖链皂苷无溶血作用，可是经过酶解转为单糖链皂苷后，就具有溶血作用了。还有一些三萜酯皂苷具有溶血作用，但当 E 环上酯键被水解，生成物仍是皂苷，却失去了溶血作用。如果在 A 环上有极性基团而在 D 环或 E 环上有一个中等极性基团的三萜皂苷，一般有溶血作用。苷元 3 位有 β-OH，16 位有 α-OH 或羰基时，溶血指数最高，如果 D 环或 E 环有极性基团，如 28 位连有糖链，或具有一定数量的羟基取代，则可导致溶血作用消失。

另外植物粗提液中有一些其他成分也有溶血作用，如某些植物的树脂、脂肪酸、挥发油等亦能产生溶血作用，鞣质则能凝集血细胞而抑制溶血。要判断是否是由皂苷引起的溶血，除进一步提纯再检查外，还可以结合胆固醇沉淀法。如沉淀后的滤液无溶血现象，而沉淀分解后有溶血活性，表示确系皂苷引起的溶血现象。

五、沉淀反应

皂苷的水溶液可以和一些金属盐类如铅盐、钡盐、铜盐等产生沉淀。酸性皂苷（通常指三萜皂苷）的水溶液加入硫酸铵、醋酸铅或其他中性盐类即生成沉淀。中性皂苷（通常指甾体皂苷）的水溶液则需加入碱式醋酸铅或氢氧化钡等碱性盐类才能生成沉淀。利用这一性质可进行皂苷的提取和初步分离。

第四节　三萜类化合物的提取与分离

一、三萜化合物的提取与分离

三萜化合物的提取与分离方法大致分三类：一是用乙醇、甲醇或稀乙醇提取，提取物直接进行分离；二是用醇类溶剂提取后，提取物依次用石油醚、三氯甲烷、乙酸乙酯等溶剂进行分步提取，然后进一步分离，三萜成分主要从三氯甲烷部位中获得；三是有许多三萜化合物在植物体中是以皂苷形式存在，可由三萜皂苷水解后获得，即将三萜皂苷进行水解，水解产物用三氯甲烷等溶剂萃取，然后进行分离。但有些三萜在酸水解时，由于水解反应比较强烈，发生结构变异而生成次生结构，得不到原生皂苷元，如果欲获得原生皂苷元，则应采用温和的水解条件，如两相酸水解、酶水解或 Smith 降解等方法。

三萜化合物的分离通常是采用反复硅胶吸附柱色谱。先经常压或低压硅胶柱色谱做初步分离，待样品纯度有所提高，再经中压柱色谱、制备薄层色谱、高效液相色谱等方法进一步分离纯化。硅胶柱色谱常用溶剂系统为石油醚 - 三氯甲烷、甲苯 - 乙酸乙酯、三氯甲烷 - 乙酸乙酯、三氯甲烷 - 丙酮、三氯甲烷 - 甲醇、乙酸乙酯 - 丙酮等。

二、三萜皂苷的提取与分离

三萜皂苷常用醇类溶剂提取，若皂苷含有羟基、羧基等极性基团较多，亲水性强，用稀醇提取效果较好。提取液减压浓缩后，加适量水，必要时先用石油醚等亲脂性溶剂萃取，除去亲脂性杂质，然后用正丁醇萃取，减压蒸干，得粗制总皂苷，此法被认为是皂苷提取的通法。此外，亦可将醇提取液减压回收醇后，通过大孔吸附树脂，先用少量水洗去糖和其他水溶性成分，后改用30%~80%甲醇或乙醇梯度洗脱，洗脱液减压蒸干，得粗制总皂苷。由于皂苷难溶于乙醚、丙酮等溶剂，可将粗制总皂苷溶于少量甲醇，然后滴加乙醚、乙酸乙酯、丙酮或乙醚 - 丙酮（1：1）等混合溶剂，混合均匀，皂苷即析出。如此处理数次，可提高皂苷纯度，再进行分离。

三萜皂苷的分离，采用分配柱色谱法要比吸附柱色谱法好，常用硅胶为支持剂，以 $CHCl_3$-MeOH-H_2O 或 CH_2Cl_2-MeOH-H_2O 或 EtOAc-EtOH-H_2O 等溶剂系统进行梯度洗脱，也可用水饱和的 *n*-BuOH 等作为洗脱剂。制备薄层色谱用于皂苷分离，可取得较好效果。同时，反相色谱方法，也得到了广泛应用。通常以反相键合硅胶 RP-18、RP-8 或 RP-2 为填充剂，常用甲醇 - 水或乙腈 - 水等溶剂为洗脱剂。反相色谱柱需用相对应的反相薄层色谱进行检识，有预制的 RP-18、RP-8 等反相高效薄层板。在总皂苷中常因含有亲水性色素等杂质，在用薄层寻找分离条件时在薄层板上得不到分离度较好的斑点，而是一条线。使用硅胶等色谱法分离得到较纯的皂苷中所掺杂的一些其他杂质，可采用 Sephadex LH-20，以 MeOH 等为洗脱剂进行纯化可得到令人满意的结果。此外，高速逆流色谱（HSCCC）也可以用来分离皂苷类成分。如被分离的皂苷结构相似，难以分离，亦可将皂苷进行乙酰化制成乙酰酯，如果皂苷结构中有羧基，可用 CH_2N_2 甲酯化制成甲酯，然后用硅胶柱色谱分离，常以己烷、乙酸乙酯等为溶剂，纯化后在碱性条件下脱乙酰基或甲基。分离皂苷常常需将多种方法结合使用才能得到满意的结果。

第五节 三萜类化合物的结构鉴定

三萜及其皂苷的结构测定主要依照生源关系，并采用化学和波谱等方法。由于生源关系，同属植物常含有结构类似的化学成分，所以查阅同属植物的化学成分研究报道，对确定所研究植物中的三萜及皂苷的结构会有很大帮助。在化学方法中可用一般的显色反应，如用 Liebermann-Burchard 反应和 Molish 反应可初步推测化合物是否为三萜及其皂苷。经苷键裂解得到较小分子的苷元和糖，会使结构测定简单化。苷键裂解除常规方法外，对难水解的糖醛酸苷需采用一些特殊的方法，如光解法、四乙酸铅 - 醋酐法、醋酐 - 吡啶法、微生物转化法等。也可采用半合成或全合成方法制备相应的合成产物以确证天然产物的结构。另外一些母核较复杂的三萜类化合物的结构可采用 2D-NMR 和单晶 X 射线衍射分析等方法进行确定。由于波谱技术特别是核磁共振技术的发展，目前皂苷结构的确定主要采用波谱法，本章以自然界存在最多的齐墩果烷型三萜及其皂苷为例介绍三萜类化合物的主要波谱特征。

一、三萜类化合物的紫外光谱

紫外光谱可用于判断齐墩果烷型三萜化合物结构中的双键类型，如结构中只有一个孤立双键，仅在205~250nm 处有微弱吸收，若有 α,β- 不饱和羰基，最大吸收在242~250nm。如有异环共轭双烯，最大吸收在240nm、250nm、260nm。同环共轭双烯最大吸收则在285nm。此外，11-oxo, Δ^{12}- 齐墩果烯型化合物，可用紫外光谱判断18-H的构型，当18-H为 β 构型，最大吸收为248~249nm，18-H为 α 构型，最大吸收为242~243nm。

二、三萜类化合物的核磁共振谱

(一) 核磁共振氢谱

在氢谱中可获得三萜及其皂苷中甲基质子、连氧的碳上质子、烯氢质子及糖的端基质子信号等重要信息。一般甲基质子信号在 δ 0.60~1.50。在 ^{1}H-NMR 谱的高场出现多个甲基单峰是三萜类化合物的最大特征。羽扇豆烷型三萜的 30-CH_3，因与双键相连，δ 值在 1.63~1.80，具有烯丙偶合，呈宽单峰。乙酰基中甲基信号为 δ 1.82~2.07，甲酯部分的甲基信号在 δ 3.6 左右。与角甲基、羽扇豆烷型 30-CH_3、乙酰基及甲酯中甲基信号为单峰不同，乌苏烷型三萜 29-CH_3 和 30-CH_3 均为二重峰，δ 值为 0.8~1.0，J 值约为 6Hz。6- 去氧糖 5 位连接的 CH_3 虽然也为二重峰（J=5.5~7.0Hz），但 δ 值为 1.4~1.7。烯氢信号的化学位移值一般为 δ 4.3~6.0。环内双键质子的 δ 值一般大于 5.0，环外烯氢的 δ 值一般小于 5.0。如在Δ^{12}- 三萜中 12 位烯氢在 δ 4.93~5.50 处出现一宽峰或分辨度不好的多重峰；若 11 位引入羰基，和Δ^{12} 双键共轭，则烯氢可因去屏蔽而向低场位移，在 δ 5.55 处出现一单峰。具$\Delta^{9(11),12}$- 同环双烯化合物，在 δ 5.50~5.60 处出现 2 个烯氢信号，均为二重峰。若为$\Delta^{11,13(18)}$- 异环双烯三萜，一个烯氢为双峰，在 δ 5.40~5.60，另一个烯氢为 2 个二重峰，出现在 δ 6.40~6.80 处。

三萜化合物常有—OH 取代，连—OH 的碳上质子信号一般出现在 δ 3.2~4.0。连—OAc 的碳上的质子信号一般为 δ 4.0~5.5。三萜皂苷糖部分 ^{1}H-NMR 特征如同在第二章“糖和苷”中介绍的一样，可识别的主要是端基质子，其偶合常数可用于确定苷键构型。

(二) 核磁共振碳谱

^{13}C-NMR 是确定三萜及其皂苷结构最有用的技术，由于分辨率高，一个三萜或其皂苷的 ^{13}C-NMR 谱几乎可给出其每一个碳的信号。在 ^{13}C-NMR 谱中，角甲基一般出现在 δ 8.9~33.7，其中 23-CH_3 和 29-CH_3 为 e 键甲基，由于 γ- 效应，出现在低场，化学位移值依次为 δ 28 和 33 左右。苷元中除与氧连接的碳和烯碳等外，其他碳一般在 δ 60 以下，苷元和糖上与氧相连的碳的 δ 值为 60~90，烯碳在 δ 109~160，羰基碳为 δ 170~220。根据文献报道已有的 ^{13}C-NMR 数据总结分析结果可以解决许多结构问题。

1. 双键位置及结构母核的确定 根据碳谱中苷元的烯碳个数和化学位移值不同，可推测一些三萜的双键位置（见表 7-1）。

表 7-1 多数齐墩果烷、乌苏烷、羽扇豆烷类三萜主要烯碳化学位移

三萜及双键位置	烯碳 δ 值	其他特征碳 δ 值
Δ^{12}- 齐墩果烯	C-12：122~124，C-13：143~144	
11-oxo, Δ^{12}- 齐墩果烯	C-12：128~129，C-13：155~167	11-C=O：199~200
Δ^{11}-13,28-epoxy- 齐墩果烯	C-11：132~133，C-12：131~132	C-13：84~85.5
$\Delta^{11,13(18)}$- 齐墩果烯	C-11：126~127，C-12：126	
（异环双烯）	C-13：136~137，C-18：133	
$\Delta^{9(11),12}$- 齐墩果烯	C-9：154~155，C-11：116~117	
（同环双烯）	C-12：121~122，C-13：143~147	
Δ^{12}- 乌苏烯	C-12：124~125，C-13：139~140	
$\Delta^{20(29)}$- 羽扇豆烯	C-29：109，C-20：150	

2. 苷化位置的确定 糖与苷元羟基成苷和糖与糖连接位置产生的苷化位移如在第二章所述是向低场位移，如三萜 3-OH 苷化，一般 C-3 向低场位移 δ 8~10，而且会影响 C-4 的 δ 值。糖之间连接

位置的苷化位移约为 +3~+8。但糖与 28-COOH 成酯苷，苷化位移是向高场位移，羰基碳苷化位移约为 −2，糖的端基碳一般位移至 δ 95~96。

3. 羟基取代位置及取向的确定　对各种齐墩果烷型的单羟基或多羟基取代三萜的 ^{13}C-NMR 数据进行研究发现，羟基取代可引起 α- 碳向低场移 34~50，β- 碳向低场移 2~10，而 γ- 碳则向高场移 0~9。

(1) 29,30-COOH 和 CH_2OH 位置的确定：与 29、30 位甲基比较，C-29、30 为羧基或羟甲基时，C-19、21 化学位移值向高场位移 4~6；C-20 向低场位移，如为羧基取代，位移 13 左右，如为羟甲基取代则位移 5 左右，这时 C-20 连接的甲基碳的化学位移值向高场位移 4~5。C-29 和 C-30 氧取代的主要区别是，当 29-COOH（或 CH_2OH，e 键）取代时，C-29 化学位移值为 δ 181.4（δ 73.9），C-30（CH_3）化学位移值为 δ 19~20；当 30-COOH（或 CH_2OH，a 键）取代时，C-30 化学位移值为 δ 176.9（δ 65.8），C-29（CH_3）化学位移值为 δ 28~29。

(2) 23,24-OH 位置的确定：23-CH_2OH（e 键）化学位移值约为 δ 68，比 24-CH_2OH（约为 δ 64）总处于低场；和 23,24-CH_3 比较，具 23-CH_2OH 取代时，使 C-4 向低场位移约 4，C-3、C-5 和 C-24（CH_3）分别向高场位移约 4.3，6.5 和 2.4。具 24-CH_2OH 取代时，也使 C-4 的化学位移值向低场位移约 4，C-23（CH_3）向高场位移约 4.5，但对 C-3 和 C-5 影响较小。

(3) 2,3-OH 构型的确定：3α-OH 取代与相应的 3β-OH 取代的化合物比较，C-5 的化学位移向高场位移 4.2~7.2，C-24 向低场位移 1.2~6.6。当 2 位有羟基取代时，C-2 的化学位移值（δ 66.5~71.0）总是比 C-3（δ 78.2~83.8）处于高场，而且使 C-1 的化学位移值向低场位移 5~10。

(4) 16-OH 构型的确定：三萜化合物分别具有 16α-OH 和 16β-OH 构型，两者的不同很容易从 C-16 的化学位移得到区别。具有 16β-OH 的 C-16 化学位移（δ 67.5 左右）比其具有 16α-OH 构型的异构体的 C-16 化学位移（δ 74.0 左右）向高场位移 6.5。但在异环双烯三萜中相反，如为 α-OH，C-16 为 δ 68 左右，β-OH 时，C-16 为 δ 77 左右。

4. 糖上乙酰基的确定　糖上乙酰化可能发生在任一羟基上，有的还出现双羟基乙酰化，一般乙酰化后，连接乙酰化位置的碳 δ 值向低场位移（+0.2~+1.6），其邻位碳向高场位移（−2.2~−3.5），但邻位双乙酰化时，乙酰化及其邻位碳一般均向高场位移。

（三）其他核磁共振技术

DEPT、^{1}H-^{1}H COSY 和一些 2D-NMR 技术广泛用于三萜及其皂苷的结构确定中。^{1}H-^{1}H COSY 主要通过分析相邻质子的偶合关系，用于苷元及糖上质子的归属，DEPT 用于确定碳的类型（CH_3、CH_2、CH、C）。^{13}C-^{1}H COSY 和通过氢检测的异核多量子相关谱 HMQC 主要用于进行碳连接质子的归属，测试 HMQC 谱所用化合物样品量较少。苷中糖的连接位置可由苷化位移确定，已在第二章"糖和苷"讲述，糖的连接位置确定还可采用 NOE 实验，照射糖的端基质子可观察到与糖连接位置的碳上质子增益。近些年，由氢检测的异核多键相关（HMBC）实验已被广泛用于苷中糖的位置的确定，在 HMBC 谱中糖的端基氢与连接位置的碳有明显的相关点。另外，全相关谱 TOCSY（HOHAHA）对于糖环的连续相互偶合氢的归属特别有用，特别是在糖上氢信号互相重叠时，往往可以通过任何一个分离较好的信号（如端基氢）得到所有该信号偶合体系中的其他质子信号，进行归属。

三、三萜类化合物的质谱

（一）Δ^{12} 齐墩果烯类三萜

EI-MS 等主要用于游离三萜类化合物的分子离子峰及裂解碎片峰的研究，其可提供该类化合物的分子量、可能结构骨架或取代基位置的信息。三萜类化合物最丰富的是Δ^{12}- 齐墩果烯类化合物，其 EI-MS 显示分子离子峰 [M^+] 及失去 CH_3、OH 或 COOH 等碎片峰，主要特征是由于双键的存在，化合物在电子撞击下，C 环易产生 RDA 裂解，产生含 A、B 环和 C、D 环的离子。

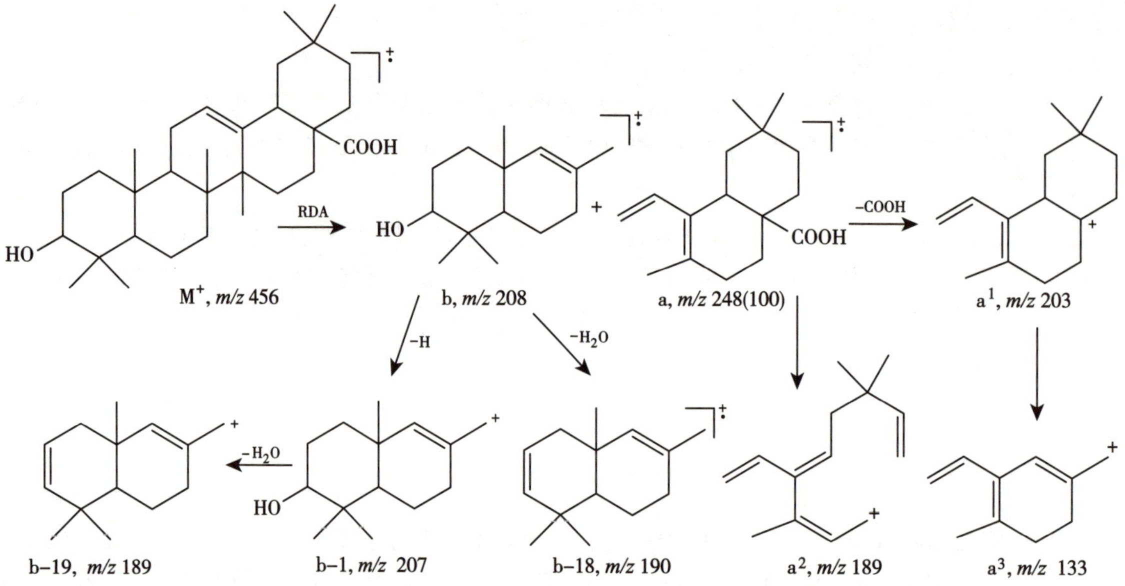

M^+, *m/z* 456　　b, *m/z* 208　　a, *m/z* 248(100)　　a^1, *m/z* 203

b-19, *m/z* 189　　b-1, *m/z* 207　　b-18, *m/z* 190　　a^2, *m/z* 189　　a^3, *m/z* 133

（二）11-oxo, Δ^{12}-齐墩果烯类三萜

具有 11-oxo, Δ^{12} 结构的三萜，除发生 RDA 裂解外，同时还有麦氏重排发生。

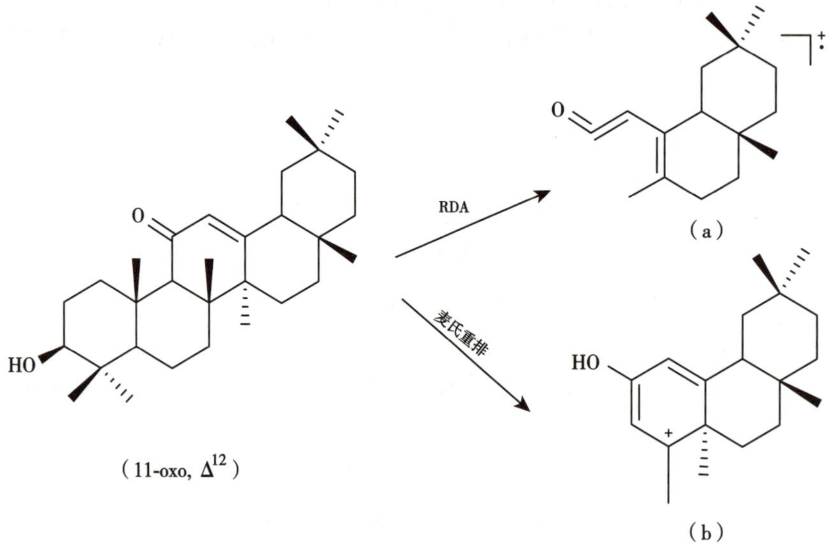

（11-oxo, Δ^{12}）　　（a）　　（b）

其他三萜如同环双烯、异环双烯及双键不在 12 和 13 位的三萜的裂解规律又不同，具体裂解方式可参见相关文献。

（三）三萜皂苷

由于皂苷的难挥发性，所以，电子轰击质谱（EI-MS）和化学电离质谱（CI-MS）技术在三萜皂苷的应用受到限制，只有制备成全乙酰化和全甲基化等衍生物才有可能。但不依赖样品挥发的质谱技术如场解吸质谱（FD-MS）、正或负离子快原子轰击质谱（FAB-MS）和电喷雾质谱（ESI-MS）在皂苷的结构检测中得到了广泛应用。这些质谱的应用可以得到皂苷的准分子离子峰（quasi-molecular ion peaks），如正离子模式下的 $[M+H]^+$、$[M+Na]^+$ 和 $[M+K]^+$ 等，负离子模式下的 $[M-H]^-$ 峰。分析准分子离子峰与碎片峰还可以给出分子中一些糖单元连接顺序的信息。如从植物 *Cussonia barteri* 中分离得到的皂苷 cussonoside A 的负离子模式 FAB-MS 呈现了 *m/z* 941$[M-H]^-$ 准分子离子峰及 795$[M-H-146]^-$、633$[M-H-146-162]^-$ 和 471$[M-H-146-162-162]^-$ 碎片峰。以上数据给出苷元与糖的连接顺序

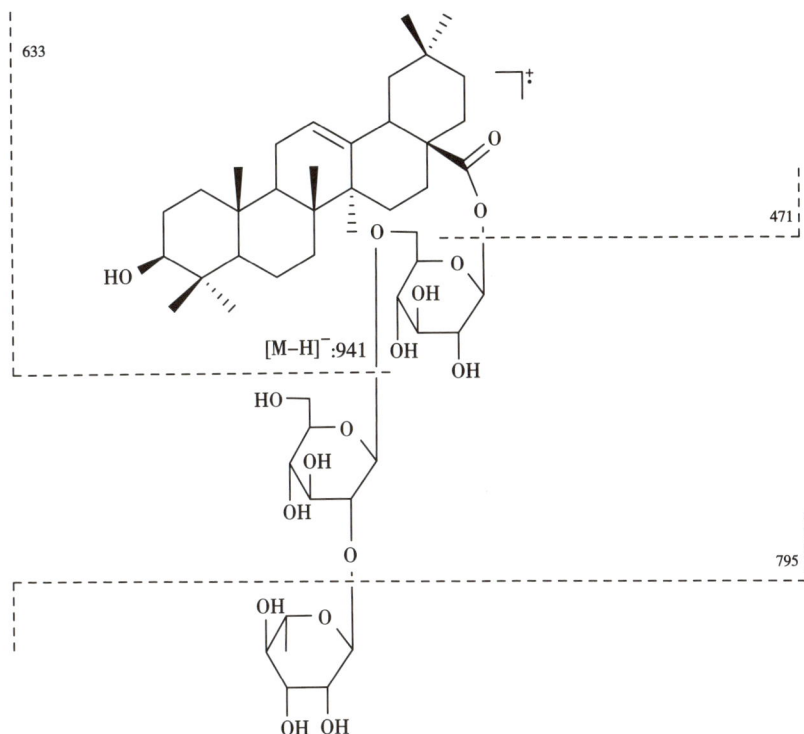

如图所示，末端糖为鼠李糖。

另外，二级离子质谱（secondary ion-MS，SI-MS）、飞行时间质谱（TOF-MS）和激光解吸质谱（LD-MS）等也被成功地应用于皂苷的研究。

四、结构鉴定的实例

（一）齐墩果酸（oleanolic acid）

三萜结构解析实例视频（齐墩果酸＋赤豆皂苷 A）（视频）

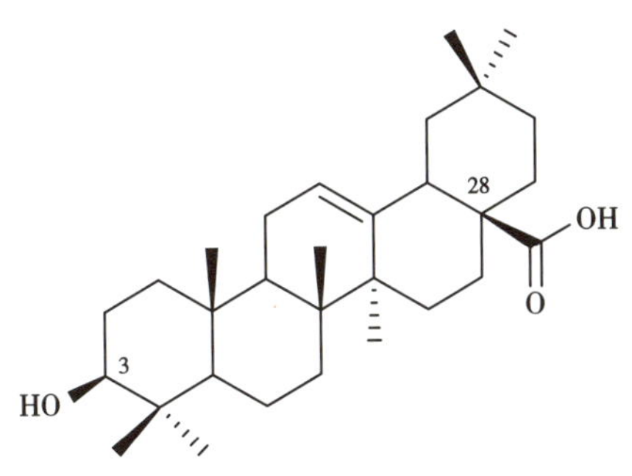

齐墩果酸为白色无定型粉末，$[\alpha]_D^{20}$+73.3°（c=0.15，三氯甲烷）。HR-ESI-MS *m/z* 455.352 4$[M-H]^-$（$C_{30}H_{47}O_3$，计算值 455.352 5），不饱和度为 7。^{1}H-NMR 谱中有 7 个角甲基单峰质子信号分别为 δ 1.28、1.24、1.02、1.02、1.00、0.94、0.88，提示该化合物可能为三萜类化合物；δ 5.50（1H，br. s）烯氢信号，表明结构中含有双键，δ 3.44（1H，dd，*J*=10.6、5.5Hz）次甲基信号，提示结构母核中有连氧取代。^{13}C-NMR 谱中共有 30 个碳信号，包含 δ 122.5、144.8 烯碳的特征信号，δ 180.2 羧基碳信号和一个连氧碳信号（δ 78.0）。其中，双键和羰基占用了两个不饱和度。因此，可以推断该化合物为五环三萜。进一步分析其数据特征，发现其与最常见的齐墩果烷型五环三萜一致，故推测为齐墩果烷型三萜。^{1}H-NMR 谱中有七个角甲基单峰信号，说明一个角甲基被—COOH 取代。通过 HSQC 及 HMBC 谱推断—COOH 位于 28 位，羟基位于 3 位，双键位于 12，13 位。通过 ^{1}H-NMR 谱中 H-3 信号 δ 3.44（1H，dd，*J*=10.6、

5.5Hz）的 J 值，确定 3 位—OH 的构型为 β。NOESY 谱中 H-3/H-5，H-5/H-9 的相关，说明 A、B 环为反式骈合，H-9/CH_3-27 的相关说明 B、C 环为反式骈合。根据 ^{1}H-^{1}H COSY、HSQC 及 HMBC 谱，对碳信号、重要的氢信号及其相互连接位置进行了确认和归属，并与文献数据 [14] 对照，确定该化合物为齐墩果酸（oleanolic acid），其碳、氢谱数据见表 7-2。

表 7-2 齐墩果酸的特征 ^{1}H-NMR（500MHz）和 ^{13}C-NMR（125MHz）数据（C_5D_5N）

序号	δ_H（J in Hz）	δ_C	序号	δ_H（J in Hz）	δ_C
1		38.9，CH_2	16		23.8，CH_2
2		28.1，CH_2	17		46.6，C
3	3.44（dd，10.6，5.5）	78.0，CH	18	3.31（dd，13.8，4.5）	42.0，CH
4		39.4，C	19		46.4，CH_2
5		55.8，CH	20		30.9，C
6		18.8，CH_2	21		34.2，CH_2
7		33.1，CH_2	22		33.2，CH_2
8		39.7，C	23	1.24（s）	28.7，CH_3
9	1.68（t，8.9）	48.1，CH	24	1.02（s）	16.5，CH_3
10		37.3，C	25	0.88（s）	15.5，CH_3
11		23.6，CH_2	26	1.02（s）	17.4，CH_3
12	5.50（br. s）	122.5，CH	27	1.28（s）	26.2，CH_3
13		144.8，C	28		180.2，C
14		42.1，C	29	0.94（s）	33.2，CH_3
15		28.3，CH_2	30	1.00（s）	23.7，CH_3

（二）赤豆皂苷 A（angulasaponin A）

赤豆皂苷 A 是从中药赤豆（*Vigna angularis*）分离得到的一个五环三萜皂苷 [15]，其结构解析过程详见 269 页二维码。

第六节 三萜类化合物的生物活性

三萜及其苷具有广泛的生物活性，对许多已得到的三萜及其苷的生物活性及毒性研究结果显示，其具有溶血、抗癌、抗炎、抗菌、杀软体动物、抗生育等活性。

一、抗炎作用

关于三萜及其苷类具有抗炎活性的报道较多，有些三萜已作为药物在临床应用，例如齐墩果酸应用于临床治疗肝炎；甘草次酸琥珀酸半酯的钠盐，即甘珀酸钠（biogastrone，carbenoxolone），为临床常用抗溃疡药，收载于《中国药典》（1985~1995 年版）；雷公藤（*Tripterygium wilfordii*）提取物临床用于治疗类风湿关节炎、系统性红斑狼疮和肾炎等疾病。

二、抗肿瘤作用

文献报道一些三萜和三萜皂苷特别是具有羧基的该类化合物具有抗肿瘤活性。18α- 齐墩果 -12 烯 -3β,28- 二醇对 7,12- 二甲基苯 [a] 并芘（DMBA）和佛波酯（TPA）刺激小鼠皮肤肿瘤有显著的抑制

活性，是被认为体内外均有抗肿瘤活性的甘草酸（glycyrrhetic acid）活性的 100 倍以上。乌苏酸对淋巴细胞型白血病 P388 和 L1210 及人肺癌细胞 A-549 有显著抑制活性。

人参皂苷 Rh_2 有较强的抑制肿瘤细胞生长作用，其能够促进癌细胞再分化并逆转为非癌细胞，作用机制是使细胞在 G_1/S 期停止生长，影响肿瘤细胞 DNA 的合成。人参皂苷 Rg_3 的肿瘤抑制作用，主要是通过作用于细胞增殖周期的 G_2/M 期、诱导肿瘤细胞凋亡、选择性抑制肿瘤细胞黏附和浸润、抗肿瘤转移、抑制肿瘤新生血管形成、调节机体免疫功能等作用实现。该化合物已被开发成一类中药新药用于临床。

三、抗菌和抗病毒作用

一些皂苷有抗菌活性，如用菌种 *Saccharomyces carlsbergenesis* 在体外进行实验，研究了 49 种五环三萜类化合物的抗真菌活性，结果表明 C-27 或 28 位有游离羧基的齐墩果酸和含有常春藤皂苷元（hederagenin）的皂苷具有较强的抗真菌活性。对某些来源于植物的三萜皂苷进行抗致病霉菌、酵母和皮肤真菌活性进行研究，以两性霉素 B 和酮康唑为对照，研究结果也显示常春藤皂苷活性最强。

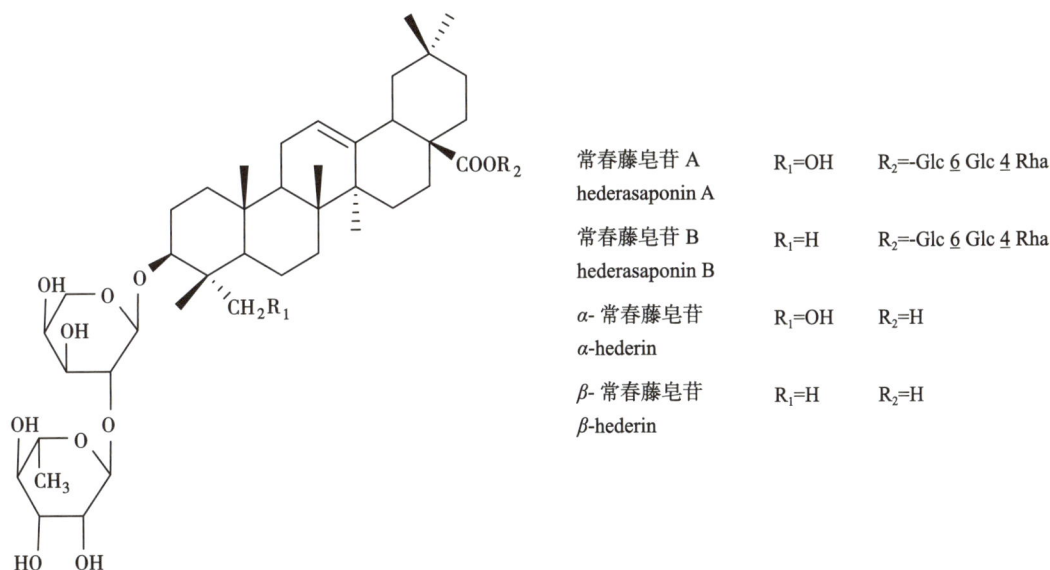

常春藤皂苷 A hederasaponin A	R_1=OH	R_2=-Glc 6 Glc 4 Rha
常春藤皂苷 B hederasaponin B	R_1=H	R_2=-Glc 6 Glc 4 Rha
α- 常春藤皂苷 *α*-hederin	R_1=OH	R_2=H
β- 常春藤皂苷 *β*-hederin	R_1=H	R_2=H

甘草酸对多种病毒具有抑制作用，最新研究发现甘草酸对 SARS 相关冠状病毒（SARS-CoV）与新型冠状病毒（SARS-CoV-2）等也有效[16]。

四、降低血脂作用

实验研究发现皂苷有降低血脂的作用，其作用机制是由于皂苷与胆固醇形成复合体，使胆固醇很难再被吸收。柴胡皂苷可降低由于饲喂胆固醇而引起的血浆胆固醇、三油酸甘油酯和磷脂的升高，其中柴胡皂苷 a 和 d 有该活性，柴胡皂苷 c 则无此作用。绞股蓝皂苷也具有明显的降低胆固醇和甘油三酯的效果，其机制可能和激活肝脏上的胆汁酸受体 FXR，上调胆汁酸合成的关键酶 CYP8B1 和 CYP7A1，促进胆汁酸的合成与分泌，进而促进脂质代谢，最终起到降血脂的作用[17]。

五、对中枢神经系统的作用

远志皂苷能够提高痴呆大鼠的学习记忆能力，显著升高脑内 M 受体密度和增强胆碱乙酰转移酶

活性，能有效抑制脑胆碱酯酶的活性。另外，远志总皂苷对 SH-SY5Y APP695 细胞中 Aβ 的分泌具有抑制作用，其机制可能是通过影响 APPβ- 分泌酶酶切位点的 APP 构象而抑制 APP 的 β- 分泌酶水解过程。人参皂苷，特别是人参皂苷 Rb_1 和 Rg_1 具有明显的提高记忆、抗衰老作用；人参皂苷 Rb_1 和 Rg_1 还能增加海马趾突触的密度，促进神经细胞的生长，促进乙酰胆碱转移酶和神经生长因子 mRNA 的表达[18]。

六、对心脑血管系统的作用

人参皂苷、三七皂苷、西洋参总皂苷在局部及体外均能防止动物心肌局部缺血和心肌缺血再灌注引起的心肌损伤，其主要机制是降低血清肌酸磷酸激酶（CPK）的释放，减少心肌 Ca^{2+} 的累积，防止超氧化歧化酶（SOD）的活性降低，缩小心肌梗死面积，降低乳酸脱氢酶（LDH）活性，降低血清游离脂肪酸（FFA）及过氧化脂质（LPO）的含量，纠正心肌缺血时 FFA 代谢紊乱和防止脂质过氧化。五加科植物刺五加的茎叶总皂苷作用于急性梗死的犬时能明显增加心肌血流量，降低冠脉阻力，亦可明显减慢心率降低血压；同时减少心肌耗氧量及心肌耗氧指数，从而发挥抗心肌缺血作用。绞股蓝皂苷、麦冬皂苷、短毛五加总皂苷等对心肌梗死、心律失常等均有良好的作用。β- 七叶皂苷钠对大鼠局灶性脑缺血 - 再灌注损伤具有明显保护作用，能显著减小脑缺血 - 再灌注后脑梗死面积，减轻脑水肿，改善神经功能症状，其保护作用可能与抑制局部炎性渗出有关。

七、其他作用

三萜及其苷除具有以上活性外，还有其他许多生物活性被研究。皂苷有溶血活性（hemolytic activity，见皂苷的理化性质部分）。三萜及其苷对代谢、免疫系统也有作用，如人参皂苷对肾上腺皮质激素的分泌和血浆中皮质酮的升高有促进作用，人参和黄芪皂苷可增强机体的免疫功能，大豆（黄豆）中的大豆皂苷（soyasaponins）可抑制血清中脂类氧化及过氧化脂质生成，并有减肥作用。有些皂苷还有杀软体动物、抗生育等活性。另外，由于皂苷具有降低表面张力的活性，可被用作乳化稳定剂、洗涤剂和起泡剂等。

第七节　三萜类化合物的研究实例

人参为五加科人参属植物人参 *Panax ginseng* 的干燥根和根茎，根据生长环境以及栽培方式可分为林下参、野山参、园参和移山参等。人参根据炮制方法的不同可分为生晒参、糖参、红参和冻干参。人参具有大补元气、复脉固脱、补脾益肺、生津安神的功效。现代药理学研究表明，人参具有调节中枢神经系统及内分泌的作用，可改善心血管及造血系统功能，提高机体免疫力，还有抗疲劳、抗癌的作用。

1. 人参中的化学成分类型　化学成分研究表明，人参中含有人参皂苷、多糖、蛋白质、多肽、氨基酸、有机酸、维生素、挥发油等成分。三萜皂苷为人参的主要活性成分。人参主根中总皂苷含量约占干重的 2.0%~7.0%，根须中人参皂苷的含量比主根高，其含量约为 8.5%~11.5%。

根据苷元的结构将人参皂苷分为：原人参二醇型、原人参三醇型和齐墩果酸型。

2. 人参皂苷的提取分离实例[19]　人参药材粉碎后用醇或含水醇提取，提取液浓缩后分散在水中，以正丁醇萃取，回收溶剂后，浸膏采取大孔吸附树脂、硅胶柱色谱及半制备型高效液相色谱进行分离。从人参根茎中提取分离人参皂苷的流程详见图 7-4。

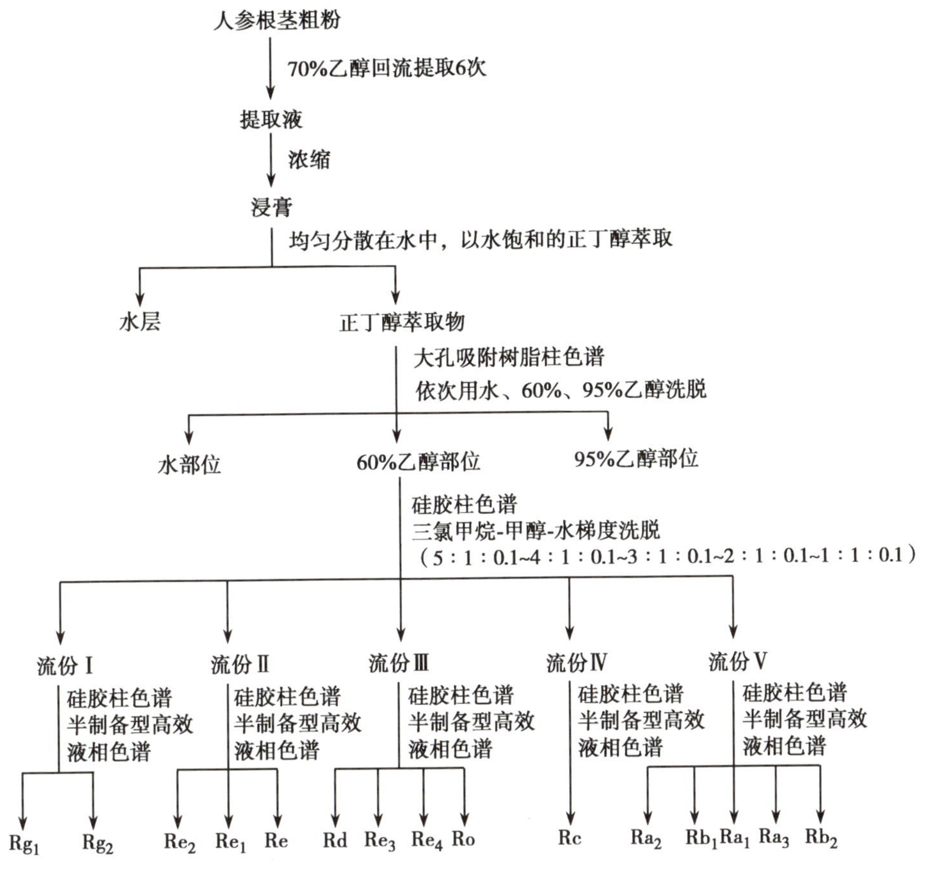

图 7-4　人参根茎中人参皂苷的提取分离流程图

3. 人参皂苷结构鉴定实例——5,6- 二脱氢 -20(*S*)- 人参皂苷 Rg_3 的结构鉴定[20]

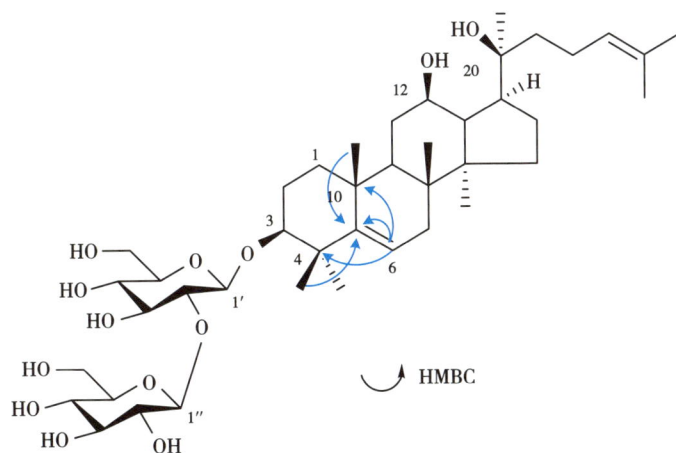

该化合物为白色无定形粉末，在 TLC 板上展开后喷雾 10% 硫酸乙醇试液显紫色斑点；Liebermann-Burchard 和 Molish 反应均为阳性，提示该化合物为三萜皂苷类化合物。ESI-MS 负离子模式给出准分子离子峰 *m/z* 781.473 2$[M-H]^-$（$C_{42}H_{69}O_{13}$，计算值为 781.473 8），比 20(*S*)- 人参皂苷 Rg_3 的分子量小 2。^{1}H-NMR 中有 8 个甲基质子信号［δ_H 0.92（3H，s）、1.00（3H，s）、1.08（3H，s）、1.43（6H，s，2×CH_3）、1.50（3H，s）、1.62（3H，s）和 1.64（3H，s）］；2 个烯氢信号［δ_H 5.60（1H，m）和 5.32（1H，t，*J*=7.0Hz）］。该化合物的 ^{1}H- 和 ^{13}C-NMR 谱（表 7-3）中显示有 2 个 *β*- 吡喃葡萄糖基信号：δ_H 4.90（1H，d，*J*=7.2Hz，H-1′）和 5.38（1H，d，*J*=7.6Hz，H-1″）。通过对上述数据的综合分析并结合文献中人参皂苷类化合物 NMR 信号，判断该化合物为原人参二醇型皂苷衍生物。该化合物 ^{1}H-NMR 和 ^{13}C-NMR

数据除了 C-4、C-8、C-9、C-18、C-19、C-29 及增加的一组烯碳氢信号(δ_H 5.60 及 δ_C 119.9 和 147.2)以外，与 20(*S*)- 人参皂苷 Rg_3 非常相似，表明该化合物为一个母核上脱氢的原人参二醇型皂苷。通过 HSQC 和 HMBC 图谱分析，观察到 H-6(δ_H 5.60)与 C-5(δ_C 147.2)，C-4(δ_C 43.1)和 C-10(δ_C 37.4)有远程相关，19-H_3(δ_H 1.08)，28-H_3(δ_H 1.50)和 29-H_3(δ_H 1.62)与 C-5(δ_C 147.2)存在远程相关，推断增加的双键位于 C-5 和 C-6。综上，该化合物的结构鉴定为 3*β*,12*β*,20(*S*)- 三羟基达玛 -5,24- 二烯 -3-*O*-*β*-D-吡喃葡萄糖基 -(1 → 2)-*β*-D- 吡喃葡萄糖苷，即 5,6- 二脱氢 -20(*S*)- 人参皂苷 Rg_3。

表 7-3　5,6- 二脱氢 -20(*S*)- 人参皂苷 Rg_3 的 ^{1}H-NMR(500MHz)及 ^{13}C-NMR(125MHz)数据(C_5D_5N)

碳位	δ_H	δ_C	碳位	δ_H	δ_C
1	0.87(m)，1.70(m)	39.8	22	1.73(m)，2.00(m)	36.2
2	1.26(m)，1.88(m)	27.3	23	2.00(m)，2.18(m)	23.1
3	3.35(dd，12.0、3.5)	88.0	24	5.32(t，7.0)	126.4
4	—	43.1	25	—	130.8
5	—	147.2	26	1.43(s)	25.8
6	5.60(m)	119.9	27	1.43(s)	17.7
7	1.88(m)，1.94(m)	34.9	28	1.50(s)	28.2
8	—	37.4	29	1.62(s)	24.2
9	1.67(m)	47.5	30	1.00(s)	16.8
10	—	37.4	1′	4.90(d，7.2)	105.0
11	1.36(m)，2.00(m)	32.1	2′	4.25(m)	83.7
12	3.92(m)	70.7	3′	4.28(m)	78.0
13	2.05(t，10.5)	48.7	4′	4.16(t，10.5)	71.8
14	—	51.3	5′	3.94(m)	78.3
15	1.03(m)，1.55(m)	31.3	6′	4.50(m)，4.38(brd，11.5)	62.8
16	1.74(m)，2.20(m)	27.0	1″	5.38(d，7.6)	106.2
17	2.48(q，10.0)	54.8	2″	4.15(m)	77.2
18	0.92(s)	17.7	3″	4.32(m)	78.0
19	1.08(s)	20.4	4″	4.36(m)	71.7
20	—	73.0	5″	3.92(m)	78.1
21	1.64(s)	27.0	6″	4.52(m)，4.38(brd，11.5)	62.8

4. 人参皂苷的新药研究　人参皂苷的药理活性十分广泛，具有抗氧化、抗肿瘤、抗心肌缺血、抗衰老、改善记忆力等广谱的药理作用。人参茎叶总皂苷和人参总皂苷从 2010 年开始，收录于《中国药典》提取物项下，常用作一些医药产品和保健品的原料。另外，还有一系列人参皂苷单体化合物作为创新药物研发。其中人参皂苷 Rg_3 于 2003 年被批准上市，与广谱抗肿瘤药物联合使用，提高抗肿瘤疗效；伪人参皂苷 GQ 注射液作为治疗心绞痛新药正在进行Ⅱ期临床，人参皂苷 C-K 片作为治疗类风湿关节炎的新药正在进行Ⅰ期临床试验；伪人参皂苷元 DQ 和人参皂苷 PF_{11} 作为抗心律不齐、抗心

肌缺血的新药正在进行临床前研究。

此外，据国家市场监督管理总局保健食品注册数据显示，截至 2020 年已获得批号的含人参的保

健食品达977种[21]，涵盖了改善体力疲劳、增强免疫力、延缓衰老、辅助降血糖、肝损伤辅助保护作用、改善睡眠以及抗氧化等13种保健功能。

第七章
目标测试

（姜　勇）

参考文献

[1] CONNOLLY J D，HILL R A. Triterpenoids. Nat Prod Rep，2012，29，780-818；2013，30，1028-1065；2015，32，273-327；2017，34，90-122；2018，35，1294-1329；2020，37，962-998.

[2] CHEN W，BALAN P，POPOVICH D G. Comparison of the ginsenoside composition of Asian ginseng（*Panax ginseng*）and American ginseng（*Panax quinquefolius* L.）and their transformation pathways. Studies in Natural Products Chemistry，2019，63：161-195.

[3] XIA Q，ZHANG H Z，SUN X F，et al. A comprehensive review of the structure elucidation and biological activity of titerpenoids from *Ganoderma* spp. Molecules，2014，19（11），17478-17535.

[4] SALEHI B，PEREIRA CARNEIRO J N，ROCHA J E，et al. *Astragalus* species：Insights on its chemical composition toward pharmacological applications. Phytother Res，2020，35（5）：2445-2476.

[5] 谢军，李常康，付佳，等．天然来源的甘遂烷型三萜的结构及其药理活性研究进展．中国中药杂志，2020，45（15）：3617-3630.

[6] MAHATO S B，KUNDU A P. ^{13}C NMR spectra of pentacyclic triterpenoids：a compilation and some salient features. Phytochemistry，1994，37（6）：1517-1575.

[7] 邓桃妹，彭灿，彭代银，等．甘草化学成分和药理作用研究进展及质量标志物的探讨．中国中药杂志，2021，46（11）：2660-2676.

[8] ASHOURA M L，WINK M. Genus *Bupleurum*：a review of its phytochemistry，pharmacology and modes of action. J Pharm Pharmacol，2011，63（3）：305-321.

[9] 梁柳春，杨亚玺，郭夫江．雷公藤红素药理作用及结构修饰研究进展．中国药物化学杂志，2020，30（10）：622-635.

[10] GUNATILAKA A A L，NANAYAKKARA N P D. Studies on terpenoids and steroids.2：Structures of two new tri- and tetra-oxygenated D：A-friedo-oleanan triterpenes from *Kokoona zeylanica*. Tetrahedron，1984，40（4）：805-809.

[11] THIMMAPPA R，GEISLER K，LOUVEAU T，et al. Triterpene biosynthesis in plants. Annu Rev Plant Biol，2014，65：225-257.

[12] 罗祖良，张凯伦，马小军，等．三萜皂苷的合成生物学研究进展．中草药，2016，47（10）：1806-1814.

[13] 李传旺，张贺，饶攀，等．植物五环三萜类化合物生物合成途径研究进展．中草药，2021，52（11）：3436-3452.

[14] MAILLARD M，ADEWUNMI C O，HOSTETTMAN K. A triterpenoid glycoside from the fruit of *Tetrapleura tetraptera*. Phytochemistry，1992，31（4）：1321-1323.

[15] JIANG Y，ZENG K W，DAVID B，et al. Constituents of *Vigna angularis* and their in vitro anti-inflammatory activity. Phytochemistry，2014，107：111-118.

[16] BAILLY C，VERGOTEN G. Glycyrrhizin：An alternative drug for the treatment of COVID-19 infection and the associated respiratory syndrome. Pharmacol Therapeut，2020，214：107618.

[17] 张欣怡，夏明明．绞股蓝化学成分的降血脂机制研究进展．光明中医，2020，35（8）：1271-1274.

[18] 张春枝，安利佳，金凤燮．人参皂苷生理活性的研究进展．食品与发酵工业，2002（4）：70-74.

[19] 王洪平，杨鑫宝，杨秀伟，等．吉林人参根和根茎的化学成分研究．中国中药杂志，2013，38(17):2807-2817.
[20] 李珂珂，弓晓杰．人参花蕾中的1个新皂苷5,6-二脱氢-20(*S*)-人参皂苷Rg_3.中草药，2019，50(16):3747-3752.
[21] 蒋常鹏，李昕曈，曹文正，等．基于人参功能活性的保健食品开发现状与展望．保鲜与加工，2021，21(11):113-120.

第八章

甾体及其苷类

学习目标

1. **掌握** 强心苷及甾体皂苷的化学结构和类型；强心苷及甾体皂苷的理化性质及鉴别反应；强心苷及甾体皂苷的提取分离方法。
2. **熟悉** 强心苷及甾体皂苷的波谱特征；甾体化合物的概念、结构特点与分类。
3. **了解** 强心苷及甾体皂苷的生物活性；C_{21} 甾、植物甾醇、胆酸类化合物的结构特点及理化性质。

第八章
教学课件

第一节 甾体的分类

甾体化合物是天然广泛存在的一类化学成分，种类很多，但结构中都具有环戊烷骈多氢菲（cyclopentano-perhydrophenanthrene）的甾核。甾核四个环可以有不同的稠合方式。甾核 C-3 位有羟基取代，可与糖结合成苷。甾核的 C-10 和 C-13 位有角甲基取代，C-17 位有侧链。根据侧链结构的不同，天然甾体成分又分为许多类型，如表 8-1 所示。

环戊烷骈多氢菲（单图）

表 8-1 天然甾体化合物分类及甾核的稠合方式

	C_{17} 侧链	A/B	B/C	C/D
C_{21} 甾类	甲羰基衍生物	反	反	顺
强心苷类	不饱和内酯环	顺、反	反	顺
甾体皂苷类	含氧螺杂环	顺、反	反	反
植物甾醇	脂肪烃	顺、反	反	反
昆虫变态激素	脂肪烃	顺	反	反
胆酸类	戊酸	顺、反	反	反

天然甾体成分的 C-10、C-13、C-17 侧链大都是 *β*- 构型。C-3 位有羟基取代，由于此羟基的空间排列，具有二种异构体：3-OH 和 10-CH_3 为顺式，称为 *β*- 型(以实线表示)；3-OH 和 10-CH_3 为反式，称为 *α*- 型或 *epi*-(表 -) 型（以虚线表示)。甾体母核的其他位置还可以有羟基、羰基、双键、环氧醚键等功能基的取代。本章主要介绍强心苷、甾体皂苷、C_{21} 甾、植物甾醇和胆酸类成分。

甾体成分在无水条件下，遇强酸亦能产生各种颜色反应，与三萜化合物类似。

1. Liebermann-Burchard 反应　将样品溶于乙酸酐，加浓硫酸 - 乙酸酐（1 ∶ 20），产生红→紫→蓝→绿→污绿等颜色变化，最后褪色。

2. Salkowski 反应　样品溶于三氯甲烷，沿管壁滴加浓硫酸，在三氯甲烷层呈现红色或蓝色，并有绿色荧光出现。

3. Rosen-Heimer 反应　样品和 25% 三氯乙酸的乙醇溶液反应可显红色至紫

Liebermann-Burchard 反应（视频）

Salkowski 反应（视频）

色。将 25% 三氯乙酸乙醇液和 3% 氯胺 T（chloramine T）水溶液以 4：1 混合，喷在滤纸上与强心苷反应，干后于 90℃加热数分钟，于紫外光灯下观察，可显黄绿色、蓝色、灰蓝色荧光，反应较为稳定，且可用于毛地黄强心苷类的区别，也可用氧化苯甲酰、次氯酸盐、过氧化氢等代替氯胺 T[1]。

4. 三氯化锑或五氯化锑反应　将样品醇溶液点于滤纸上，喷以 20% 三氯化锑（或五氯化锑）三氯甲烷溶液（不应含乙醇和水），干燥后，60~70℃加热，显黄色、灰蓝色、灰紫色斑点。

第二节　强　心　苷

强心苷（cardiac glycosides）是存在于植物中具有强心作用的甾体苷类化合物。目前临床上应用的达二十余种，主要用以治疗充血性心力衰竭及节律障碍等心脏疾患，如毛花苷 C、地高辛、毛地黄毒苷等。强心苷存在于许多有毒的植物中，3 000 年前，古埃及人就已知多种含强心苷的药用植物。目前已知主要有十几个科的几百种植物中含有强心苷，特别是以玄参科、夹竹桃科植物最普遍，其他如百合科、萝藦科、十字花科、卫矛科、豆科、桑科、毛茛科、梧桐科、大戟科等亦较普遍。主要存在于植物的果实、叶或根中。

动物中至今尚未发现有强心苷类存在，而蟾蜍皮下腺分泌物中所含强心成分为蟾毒配基（bufogenins）及其酯类（称蟾酥毒类，bufotoxins），而非苷类成分。哥伦比亚箭毒蛙中所含的强心成分 batrachotoxin A 则是一种生物碱[1]。

一、强心苷的结构类型

7A、7B 强心苷构型（组图）

强心苷的结构比较复杂，是由强心苷元（cardiac aglycone）与糖两部分构成的。强心苷元中甾体母核四个环的稠合方式与甾醇不同。天然存在的强心苷元的 B/C 环都是反式，C/D 环都是顺式，A/B 环两种稠合方式都有，以顺式稠合的较多，如毛地黄毒苷元（digitoxigenin）。反式稠合的较少，如乌沙苷元（uzarigenin）。

在强心苷元分子的甾核上，C-3 和 C-14 位都有羟基取代，3-OH 大多是 β- 构型，少数是 α- 构型，命名时冠以表（*epi*）字，如毛地黄毒苷元的 C-3 异构体称为 3- 表毛地黄毒苷元（3-epidigitoxigenin）。14-OH 由于 C/D 环是顺式，所以都是 β- 构型。甾核其他位置上还可能有更多的羟基，一般位于 1β、2α、5β、11α、11β、12α、12β、15β、16β。甾核上 16β-OH 还可能与不同脂肪酸如乙酸、甲酸、异戊酸（isovaleric acid）等结合成酯。结构中还可能含有环氧基，一般位于 7、8β，8、14β 或 11、12β 位。甾核上也可能有羰基或双键存在，羰基一般在甾核 C-11 或 C-12 位，双键一般在 C-4、C-5 或 C-5、C-6 位。也可能在 C-9、C-11 或 C-16、C-17 位。

强心苷元甾核的 C-10 上大多是甲基，也可能是醛基、羟甲基、羧基，都是 β- 构型。C-13 上都是甲基。C-17 位侧链为不饱和内酯，有为五元环的 $\Delta^{\alpha\beta}$-γ- 内酯，称为甲型强心苷元；也有为六元环的

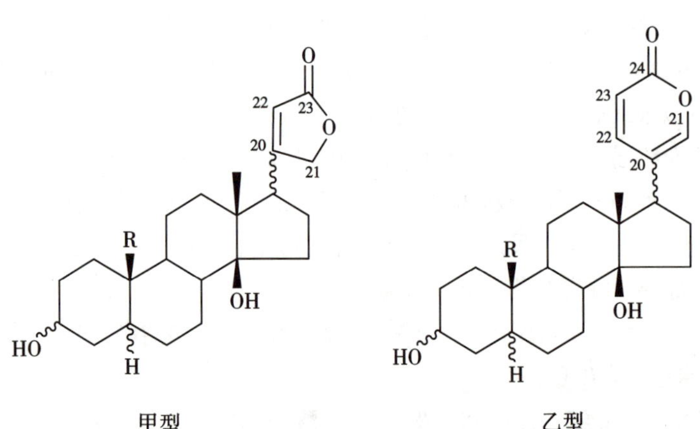

$\Delta^{\alpha\beta,\gamma\delta}$-δ- 内酯，称为乙型强心苷元，都属于 β- 构型（个别为 α- 构型，命名时标以 17β-H）。

按甾体化合物的命名，甲型强心苷以强心甾（cardenolide）为母核命名，例如毛地黄毒苷元为 3β,14β- 二羟基 -5β- 强心甾 -20(22)- 烯 [3β,14β-dihydroxy-5β-card-20 (22)-enolide]。乙型强心苷元则以海葱甾（scillanolide）或蟾酥甾（bufanolide）为母核，例如海葱苷元（scillaridin）化学名为 3β,14β- 二羟基海葱甾 -4,20,22- 三烯（3β,14β-dihydroxy-scilla-4,20,22-trienolide）。从中亚绿色蟾蜍中分离到一种新的强心苷，通过多种波谱方法及单晶 X 衍射确定了它的化学结构，命名为 gamabufotalin，化学名为 3β,11α,14β- 三羟基 -5β- 蟾酥甾 -20,22- 二烯。

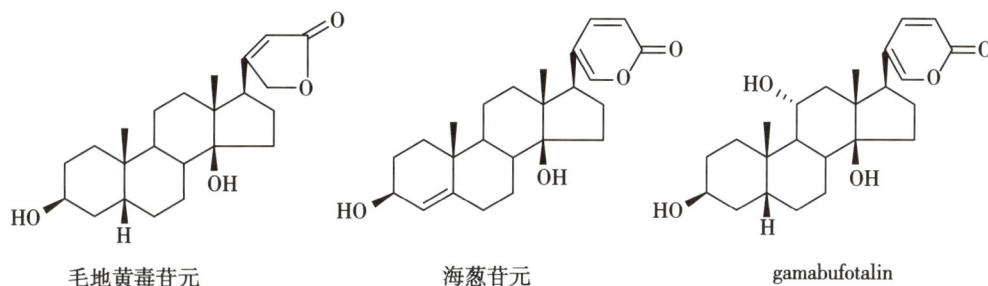

毛地黄毒苷元　　海葱苷元　　gamabufotalin

强心苷中糖均与苷元 3-OH 结合形成苷，可多至 5 个糖单元，以直链连接。大多数强心苷可用下列通式表示：

1）R-*O*-(D-*O*-)$_{1\sim3}$(末端葡萄糖 -*O*-)$_{1\sim2}$-H

2）R-*O*-(D-*O*-)$_{1\sim3}$-H

3）R-*O*-(末端葡萄糖 -*O*-)-H

R= 苷元；D= 去氧糖。

由此通式可见，强心苷元如同时接有去氧糖与葡萄糖，则去氧糖总是直接与苷元相连，而后再接葡萄糖，也有的仅接去氧糖或葡萄糖。与其他植物成分的苷不同，强心苷中的糖除有六碳醛糖、6- 去氧糖、6- 去氧糖甲醚和五碳醛糖外，还有存在于强心苷中特殊的 2,6- 二去氧糖、2,6- 二去氧糖甲醚。如图 8-1 所示。

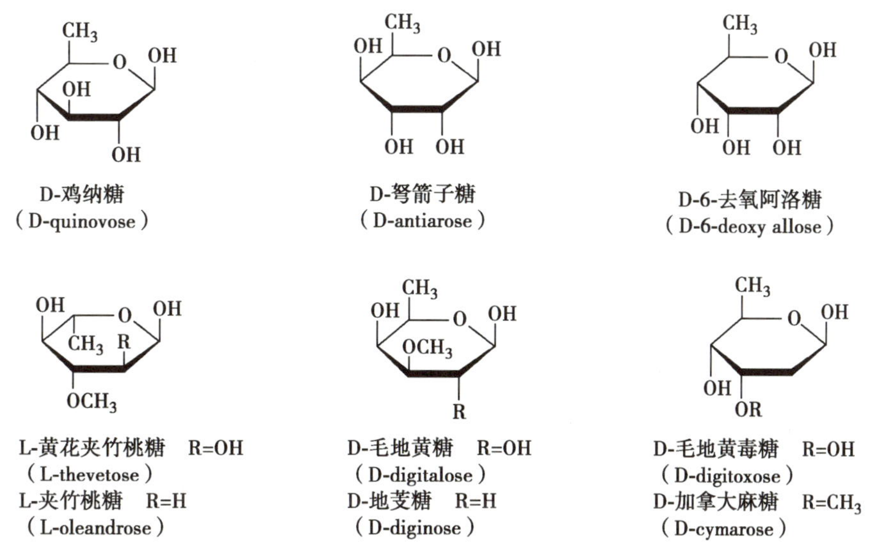

图 8-1　强心苷中常见的去氧糖

强心苷糖上还可能有乙酰基，如毛花毛地黄强心苷和4′-乙酰基加拿大麻苷(4′-acetyl cymaroside)。个别强心苷元还和氨基糖相结合，如米替非林(mitiphyllin)和*N*-去甲米替非林(*N*-demethyl mitiphyllin)[1]。

4′-乙酰基加拿大麻苷

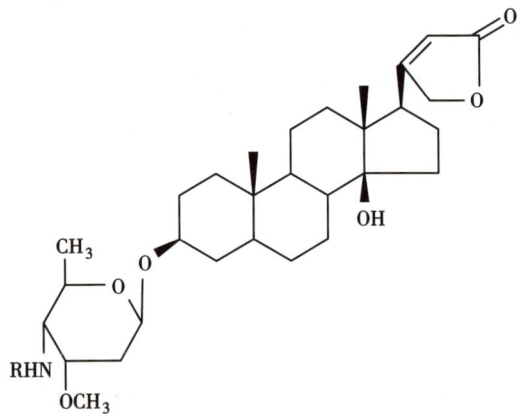

米替非林 R=CH_3

N-去甲米替非林 R=H

(一) 五元内酯环强心苷类

毛地黄强心苷 毛地黄品种很多，主要有毛花洋地黄(*Digitalis lanata*)和紫花毛地黄(*D. purpurea*)。由毛花洋地黄叶中分离出的强心苷已达30多种，是由五种强心苷元[毛地黄毒苷元(digitoxigenin)、羟基毛地黄毒苷元(gitoxigenin)、异羟基毛地黄毒苷元(digoxigenin)、双羟基毛地黄毒苷元(diginatigenin)和吉他洛苷元(gitaloxigenin)]与不同糖缩合所形成的，大多数是次级苷。属于一级苷存在的如毛花洋地黄苷A、B、C、D和E(lanatosides A、B、C、D、E)，分子中还连有乙酰酯基。紫花毛地黄叶中分离出的强心苷已达20多种，是由毛地黄毒苷元、羟基毛地黄毒苷元和吉他洛苷元三种强心苷元衍生的，大多数亦为次级苷，属于一级苷的有紫花毛地黄苷A、B(purpurea glycosides A、B)和葡萄糖吉他洛苷(glucogitaloxin)等。这些成分中供临床应用的除毛地黄苷C为一级苷，亲水性强，适于注射外，其余均为次级苷。如毛地黄毒苷(digitoxin)亲脂性较强，口服吸收完全，作用持久而缓慢，可注射或口服，但多口服用于慢性病例。羟基毛地黄毒苷(gitoxin)由于在C-16位引入羟基，亲脂性低，难以吸收，长期被视为废物不被利用，但乙酰化后，脂溶性提高，易吸收，在吸收过程中脱去乙酰基，脂溶性降低，易经肾排泄，故蓄积性小，治疗宽度较大，易于控制。异羟基毛地黄毒苷(地高辛，digoxin)，在C-12位引入羟基，亲脂性降低，口服不易吸收，但可制成注射液用于急性病例，作用迅速，蓄积性小。去乙酰毛花洋地黄苷C(deslanoside，毛花苷丙)，比一级苷毛花洋地黄苷C少一个乙酰基，亲水性更强，口服吸收不好，适于注射，作用基本与地高辛相似，毒性小，安全性大，为一个速效强心苷。

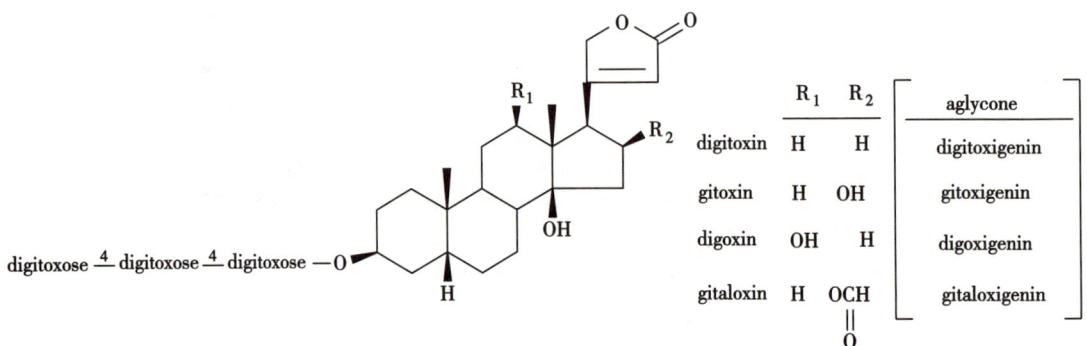

digitoxose —4— digitoxose —4— digitoxose —O

	R_1	R_2	aglycone
digitoxin	H	H	digitoxigenin
gitoxin	H	OH	gitoxigenin
digoxin	OH	H	digoxigenin
gitaloxin	H	OCHO	gitaloxigenin

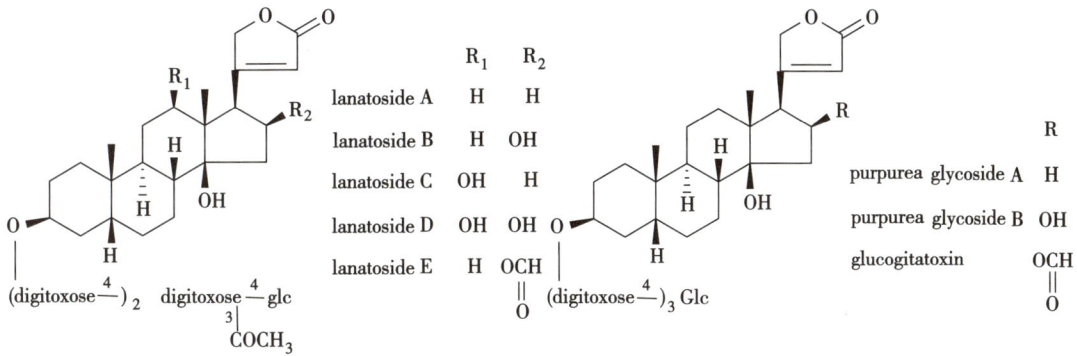

	R_1	R_2
lanatoside A	H	H
lanatoside B	H	OH
lanatoside C	OH	H
lanatoside D	OH	OH
lanatoside E	H	OCHO

(digitoxose $\overset{4}{-}$)$_2$ digitoxose $\overset{4}{-}$ glc, 3-$COCH_3$

(digitoxose $\overset{4}{-}$)$_3$ Glc

	R
purpurea glycoside A	H
purpurea glycoside B	OH
glucogitatoxin	OCHO

G- 毒毛旋花子苷（G-strophanthin），又称乌本苷（ouabain），是由 *Strophanthus gratus* 成熟种子中分得，为乌本苷元（ouabagenin）的 L- 鼠李糖苷，为速效强心苷，并作为测定强心苷生物效价的标准品。

（二）六元内酯环强心苷

目前此类强心苷成分仅发现存在于百合科、景天科、鸢尾科、毛茛科、檀香科、楝科 6 个科中，尤以百合科分布最多，已发现有 100 多种，如 *Scilla maritima* 中含有的原海葱苷 A（proscillaridin A）、海葱苷 A（scillaren A）与葡萄糖海葱苷 A（glucoscillaren A）等，都是海葱苷元（scillaridin）的衍生物。绿海葱苷（scilliglaucoside）是绿海葱苷元（scilliglaucogenin）的 5-*O*- 葡萄糖苷，也存在于海葱中，红海葱（海葱的变种）中主要成分红海葱苷（scilliroside）是红海葱苷元（scillirosidin，海葱罗西定）的 D- 葡萄糖苷，毒性为海葱苷 A 的 300~500 倍，作为杀鼠剂应用。

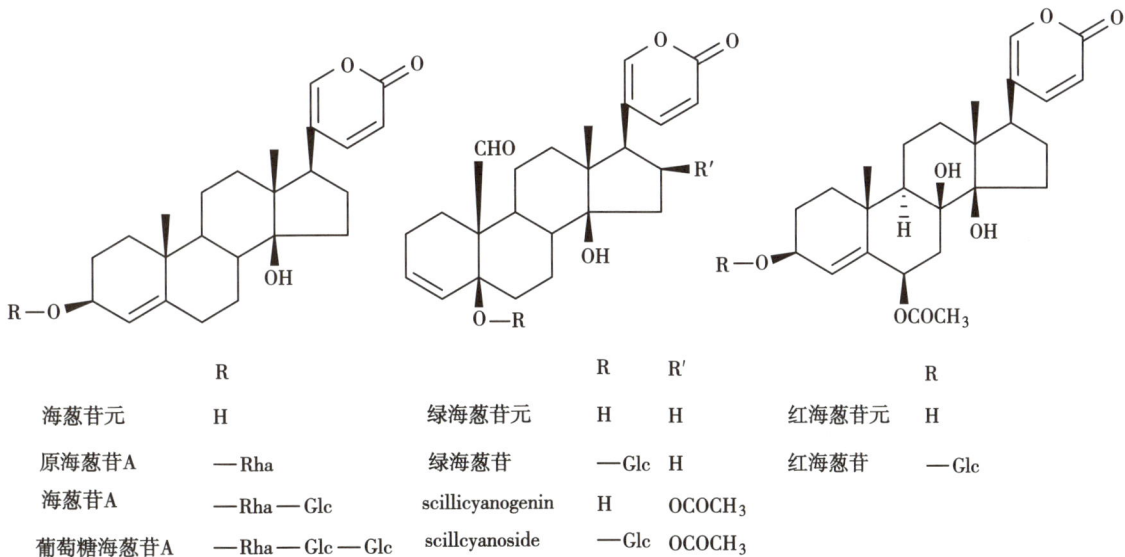

	R
海葱苷元	H
原海葱苷A	—Rha
海葱苷A	—Rha—Glc
葡萄糖海葱苷A	—Rha—Glc—Glc

	R	R′
绿海葱苷元	H	H
绿海葱苷	—Glc	H
scillicyanogenin	H	$OCOCH_3$
scillcyanoside	—Glc	$OCOCH_3$

	R
红海葱苷元	H
红海葱苷	—Glc

蟾酥（Bufonis Venenum）由中华大蟾蜍（*Bufo bufo gargarizans*）耳后腺、皮下腺分泌的白色浆液经加工而制成，有攻毒散肿、通窍止痛功效。经药理试验和临床证明，它有强心利尿、升压抗炎、镇咳祛痰、抗癌、升白细胞等多方面活性。蟾酥所含成分较复杂，它的毒性成分是蟾毒配基类（bufogenins）及其酯类即蟾酥毒类（bufotoxins），它们都属于六元内酯环型强心苷元的衍生物。目前，由蟾酥中分离出的蟾毒配基已有 140 多种。蟾毒配基在蟾酥中不是以苷的形式存在，而是其 3-OH 与辛二酰精氨酸（suberoylarginine）等结合成酯的形式存在于蟾蜍体内。例如，由日蟾酥它灵与辛二酰、庚二酰、己二酰和丁二酰精氨酸形成的酯类，称为日蟾蜍它灵毒类（gamabufotalitoxins）。

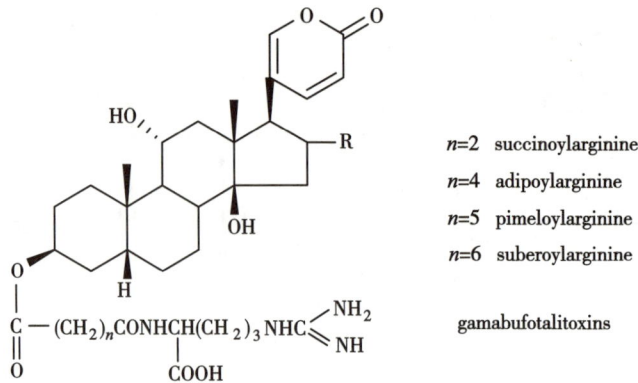

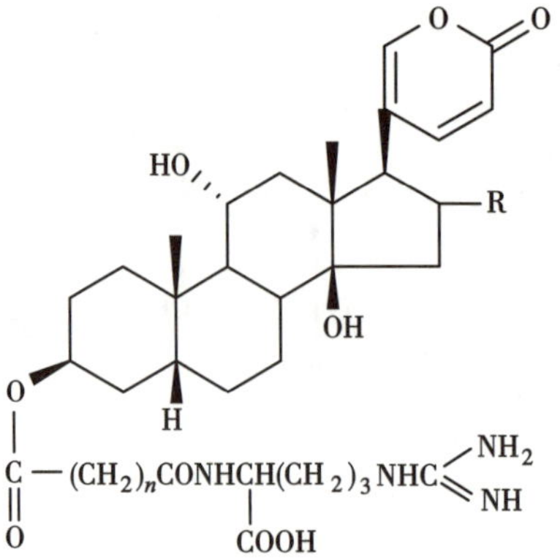

n=2　succinoylarginine
n=4　adipoylarginine
n=5　pimeloylarginine
n=6　suberoylarginine

gamabufotalitoxins

这类成分有较强强心作用，但毒性也大，其中以来西蟾酥毒配基（resibufogenin）的毒性最小，具强心、升压、呼吸兴奋作用，临床用作心力衰竭、呼吸抑制的急救药。

二、强心苷的生物合成

从生源的观点来看，甾体化合物都来自于甲戊二羟酸（mevalonate，MVA）的生源合成途径。和三萜类化合物类似，在甾体的生物合成中，合成前体角鲨烯或其衍生物环氧角鲨烯在酶的作用下环合形成羊毛甾醇（lanosterol）。在细胞色素 P450 单氧化酶等的催化下，羊毛甾醇的 14 位甲基及 28,29- 甲基通过氧化脱羧机制脱去，形成甾体化合物生物合成共同的前体——甾醇母体结构。

强心苷的生物合成是以甾醇为母体经过多次转化逐渐生成，其中涉及大约 20 种酶的作用，如还原酶、氧化还原酶、苷化酶、糖基转移酶、乙酰化酶等[1]。如图 8-2 所示，胆甾醇通过羟基化及氧化裂解脱去 6 个碳的侧链，伴随着 NADPH 的参与形成孕酮。孕酮在 3 位还原成羟基，并依次发生 14 位和 21 位的羟基化。21 位羟基通过和丙二酸单酰辅酶 A（malonyl-CoA）反应形成丙二酸酯，再经过羟醛缩合、脱羧、脱水形成具有五元不饱和内酯环的甲型强心苷元[2-3]，如洋地黄毒苷元；若与草酸乙酰辅酶 A（oxaloacetyl-CoA）反应，通过相似的步骤可以形成具有六元不饱和内酯环侧链的乙型强心苷元，如蟾蜍灵（bufalin）及其衍生物等。

三、强心苷的理化性质

（一）理化性质

1. 强心苷多为无色结晶或无定形粉末，有旋光性，C-17 侧链为 β- 构型的味苦，α- 构型的味不苦，但无效。强心苷的溶解度也因糖分子数目和性质以及苷元分子中有无亲水性基团而有差异，一般可溶于水、丙酮及醇类等极性溶剂，略溶于乙酸乙酯、含醇三氯甲烷，几乎不溶于乙醚、苯、石油醚等非极性溶剂。

2. 强心苷分子中有内酯环结构，当用 KOH 或 NaOH 的水溶液处理时，内酯环开裂，但酸化后又环合。如用醇性苛性碱溶液处理，内酯环异构化，这种变化是不可逆的，遇酸亦不能复原。甲型强心苷元是通过内酯环的质子转移，双键转位，然后 14-OH 质子与 C-20 亲电加成，形成内酯型异构化物（Ⅰ），再因碱的作用，内酯环开裂，形成开链型异构化物（Ⅱ），如有 16-OH，则可形成 16,22- 环氧衍生物（图 8-3）。

乙型强心苷在醇性苛性碱溶液中，内酯环开裂生成酯，再脱水生成异构化物（图 8-4）。

3. 强心苷内酯环上双键经臭氧氧化可得到酮醛化合物，再经 $KHCO_3$ 水解，得酮醇化合物，最后用过碘酸氧化，可得 17- 羧基化合物（图 8-5）。内酯环也可直接用 $KMnO_4$-CH_3COCH_3 氧化得 17- 羧基化合物。

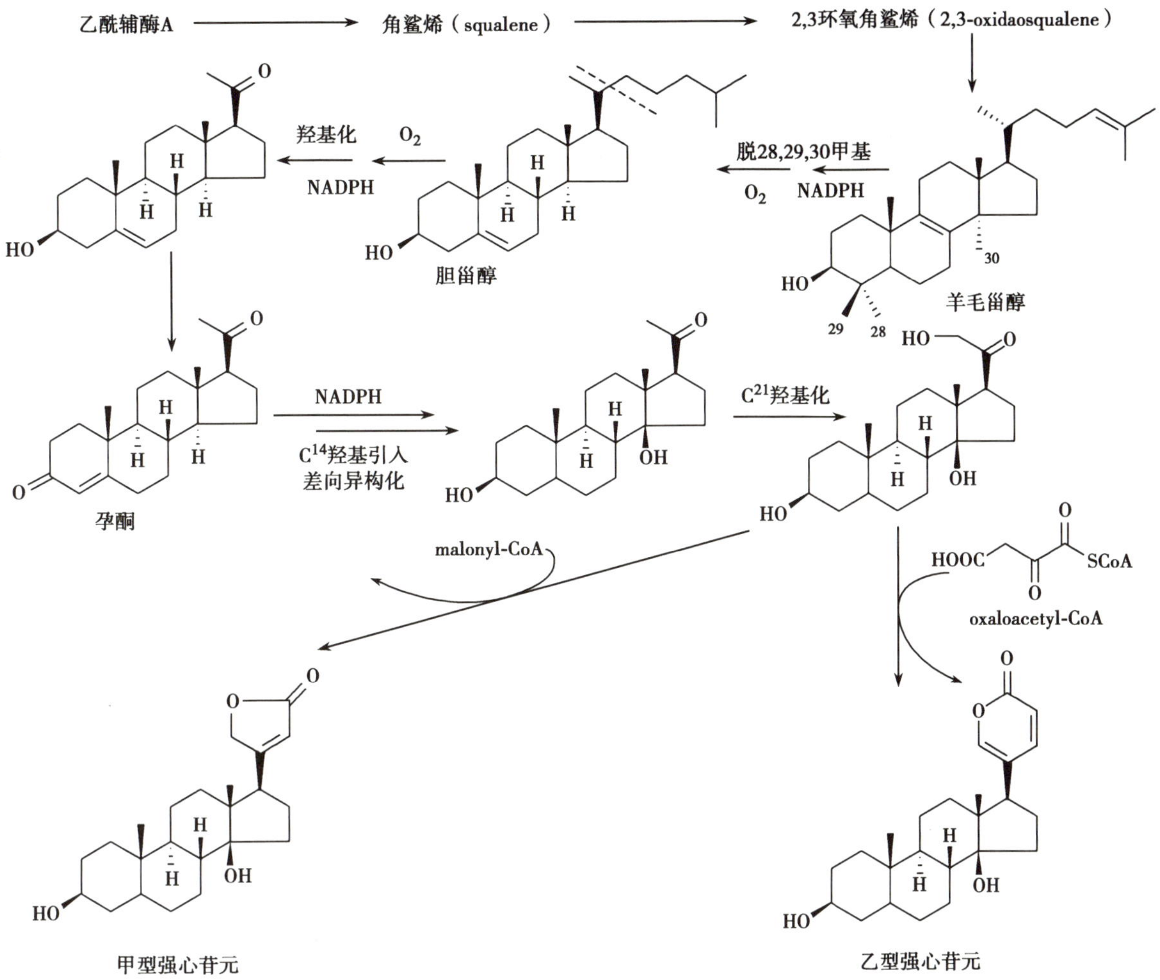

乙酰辅酶A → 角鲨烯（squalene）→ 2,3环氧角鲨烯（2,3-oxidaosqualene）

羊毛甾醇　脱28,29,30甲基　O_2　NADPH

胆甾醇　羟基化　O_2　NADPH

孕酮　NADPH　C^{14}羟基引入　差向异构化

C^{21}羟基化

malonyl-CoA　oxaloacetyl-CoA

甲型强心苷元　乙型强心苷元

图 8-2　强心苷的生物合成途径

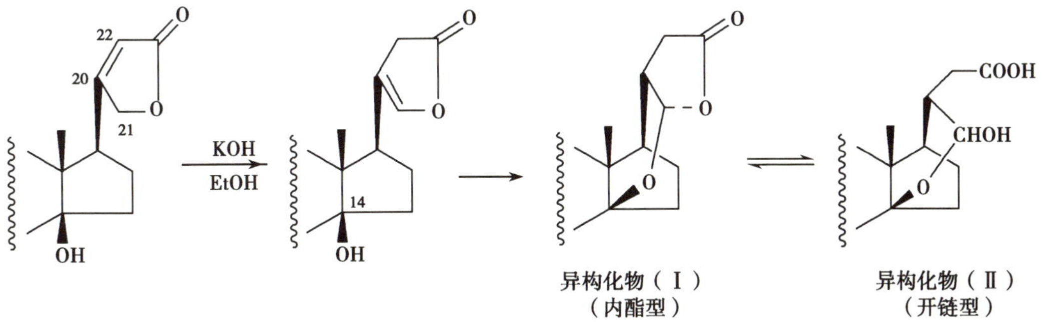

KOH　EtOH

异构化物（Ⅰ）（内酯型）　异构化物（Ⅱ）（开链型）

图 8-3　甲型强心苷内酯环开裂过程

KOH　CH_3OH　$-H_2O$

异构化物

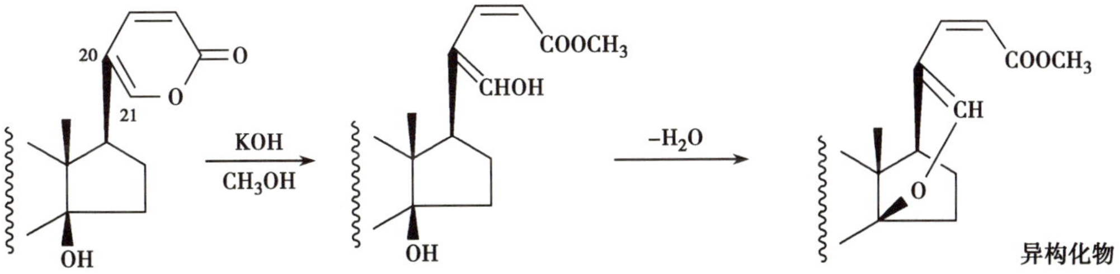

图 8-4　乙型强心苷内酯环开裂过程

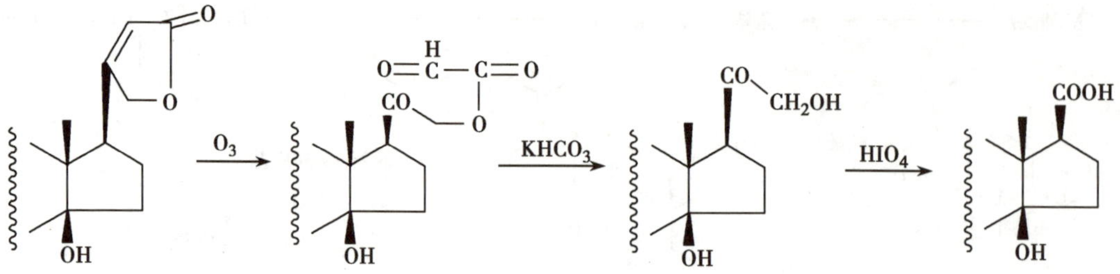

图 8-5　甲型强心苷内酯环氧化开裂过程

4. 强心苷元中 5*β*- 羟基和 14*β*- 羟基均系叔羟基，极易脱水，故含此取代基的苷类在酸水解时，常得次生的脱水苷元。如将 3-OH 氧化为酮基，则更使 C-5 叔羟基活化，在温热条件下即可脱水而形成烯酮。同样 16-OH 被氧化为酮基，也能促使 C-14 叔羟基脱水而形成烯酮。

5. 强心苷如果 C-10 位有醛基取代，在冷甲醇中用盐酸处理，3-OH 能与 C-10 醛基形成半缩醛的结构。

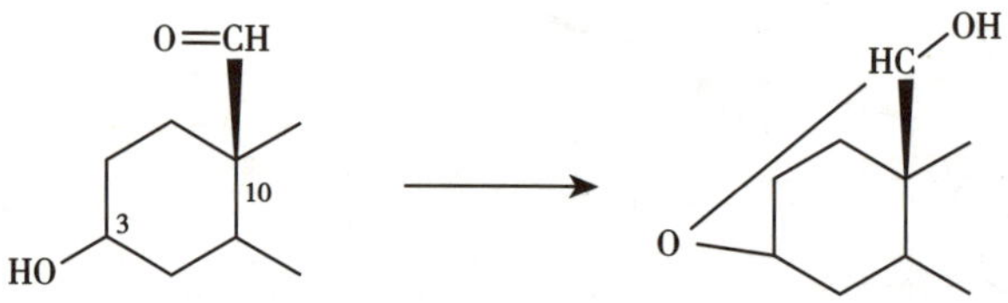

6. 强心苷 17*β*- 内酯，在二甲基甲酰胺 (DMF) 中，与甲苯磺酸钠（NaOTs）和乙酸钠加热至 110℃反应 24 小时，即可异构化为 17*α*- 内酯构型。

7. 强心苷分子中如有邻二羟基取代，可被 $NaIO_4$ 氧化，生成双甲酰化合物，继续被 $NaBH_4$ 还原，可得二醇衍生物。如果邻二羟基在 A 环的 C-2、C-3 位，同时 C-11 又有羰基取代，反应如图 8-6 进行，形成半缩醛结构。常法乙酰化，则可恢复羰基结构，而得二乙酰衍生物。

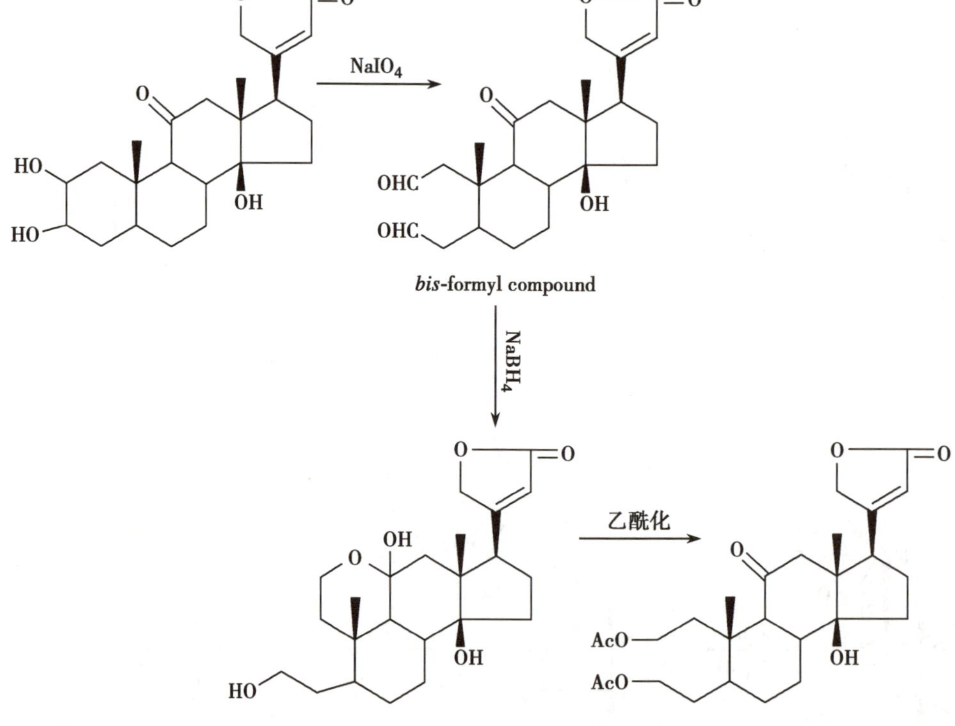

图 8-6　强心苷元上邻二羟基氧化开裂过程

8. 在强心苷的苷元或糖基上常有酰基存在，一般可用碱试剂处理使酯键水解脱去酰基。碱性试剂的碱性不同作用的酯基类型也不同，通常 $NaHCO_3$ 和 $KHCO_3$ 可使 α- 去氧糖上的酰基水解，而 α- 羟基糖及苷元上的酰基多不被水解；$Ca(OH)_2$ 和 $Ba(OH)_2$ 可使 α- 去氧糖、α- 羟基糖及苷元上的酰基水解；NaOH 碱性太强，不但使所有酰基水解，还使内酯环开裂，故很少使用。

（二）苷键的水解

强心苷和其他苷类成分相似，其苷键亦能被酸、酶所水解，分子中如有酯键结构，还可被碱水解，唯强心苷中苷键由于糖的结构不同，水解难易有区别，水解产物也有差异。

1. 酸催化水解

（1）温和酸水解：用稀酸（0.02~0.05mol/L 的 HCl 或 H_2SO_4）在含水醇中经短时间（半小时至数小时）加热回流，可水解去氧糖的苷键。2- 羟基糖的苷，在此条件下，不易断裂。

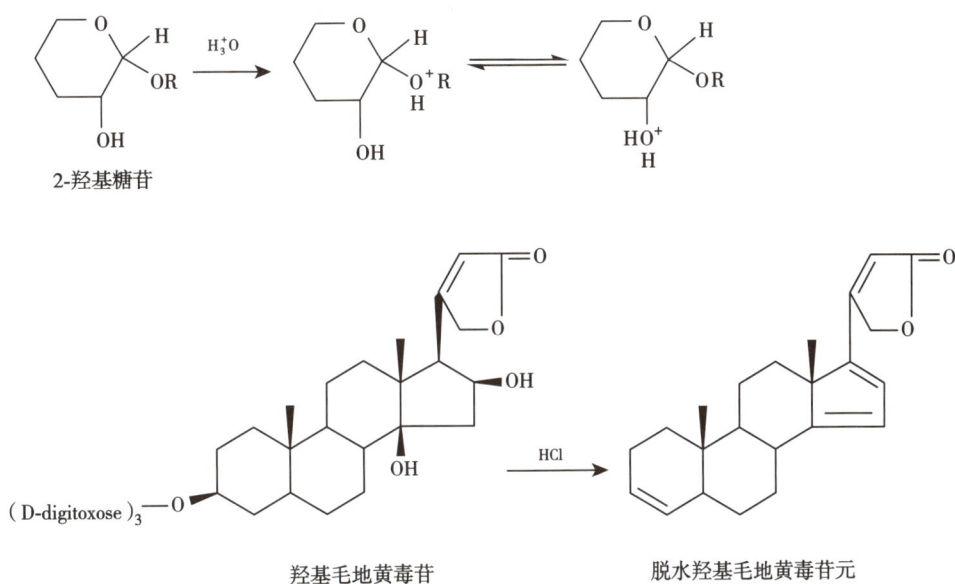

2-羟基糖苷

羟基毛地黄毒苷　　脱水羟基毛地黄毒苷元

（2）剧烈酸水解：2- 羟基糖的苷，由于 2- 位羟基的存在，产生上式互变，阻扰了水解反应的进行，水解较为困难，必须增高酸的浓度（1~1.3mol/L），延长水解时间，或同时加压。但由于反应比较强烈常引起苷元的脱水，产生脱水苷元。如羟基毛地黄毒苷，用盐酸水解，不能得到羟基毛地黄毒苷元，而得到它的三脱水产物。

（3）盐酸丙酮法（Mannich 水解）：强心苷于丙酮溶液中，室温条件下与氯化氢长时间反应（约 2 周，反应液中含 HCl 量 0.4%~1%），糖分子中 2-OH 和 3-OH 与丙酮反应，生成丙酮化物，进而水解，可得到原来的苷元和糖的衍生物。以铃兰毒苷为例（图 8-7）。

如果苷元分子中亦有 2 个相邻羟基，也能被丙酮化而生成苷元丙酮化物，如乌本苷的水解，需再用稀酸加热水解而得到乌本苷元（图 8-8）。

2. 酶催化水解　酶的水解有一定选择性（专属性），不同性质的酶作用于不同性质的苷键。紫花毛地黄叶中存在的酶，称紫花苷酶（digipurpidase），只能使紫花毛地黄苷 A 和 B 脱去一分子葡萄糖，依次生成毛地黄毒苷和羟基毛地黄毒苷。又如毒毛旋花子中含有的 β-D- 葡萄糖苷酶（β-D-glucosidase）和毒毛旋花子双糖酶（strophanthobiase）。用前者酶解，可使 K- 毒毛旋花子苷生成 K- 毒毛旋花子次苷 β，用后者酶解则得到加拿大麻苷。

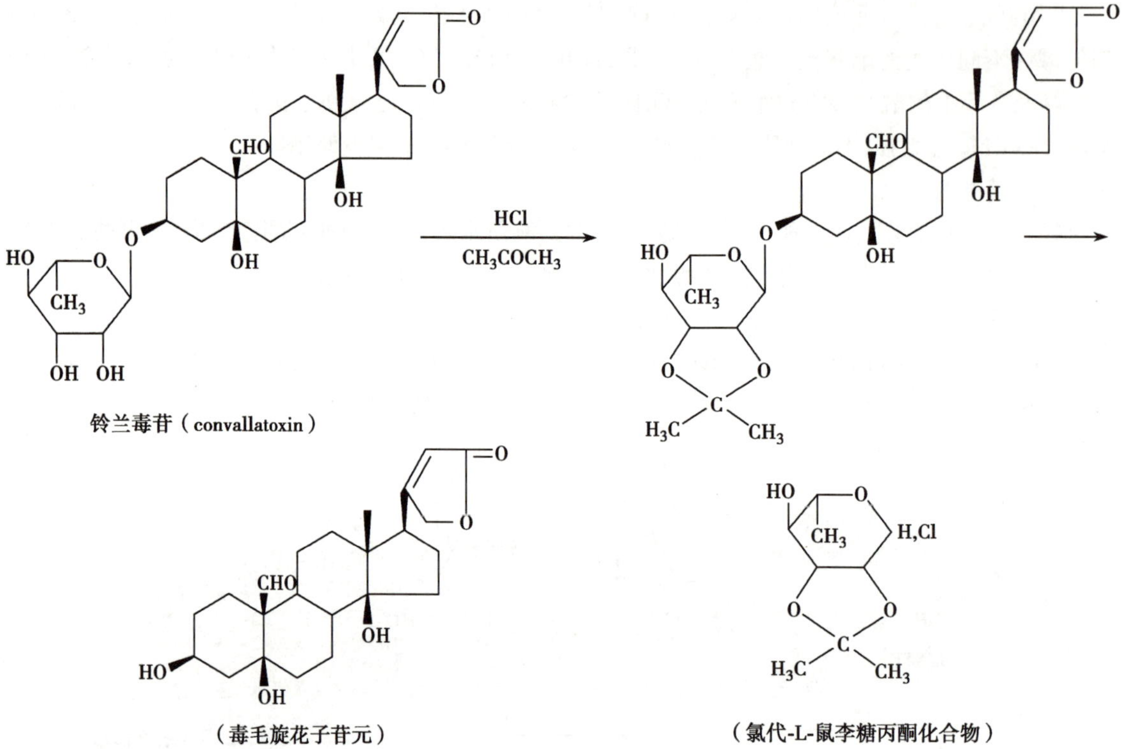

铃兰毒苷（convallatoxin）

HCl

CH_3COCH_3

（毒毛旋花子苷元）

（氯代-L-鼠李糖丙酮化合物）

图 8-7　铃兰毒苷的盐酸丙酮法水解过程

乌本苷　R=鼠李糖

乌本苷元单丙酮化合物

H^+ △ 乌本苷元

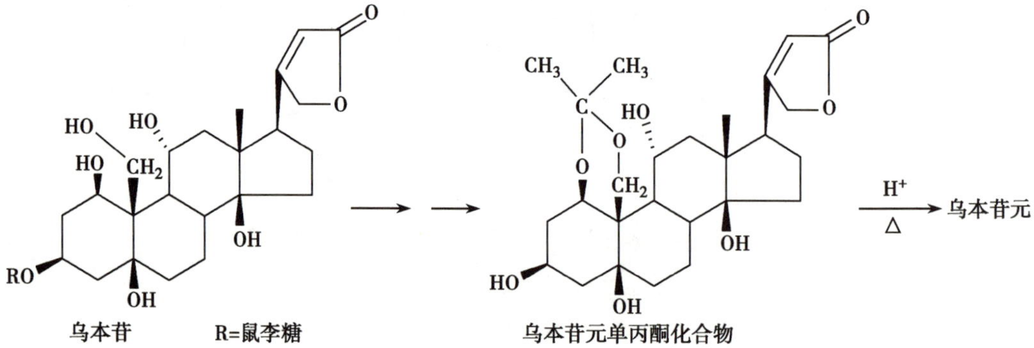

图 8-8　乌本苷的盐酸丙酮法水解过程

毒毛旋花子苷元

加拿大麻苷

K-毒毛旋花子次苷

K-毒毛旋花子苷

海葱罗西定

红海葱苷

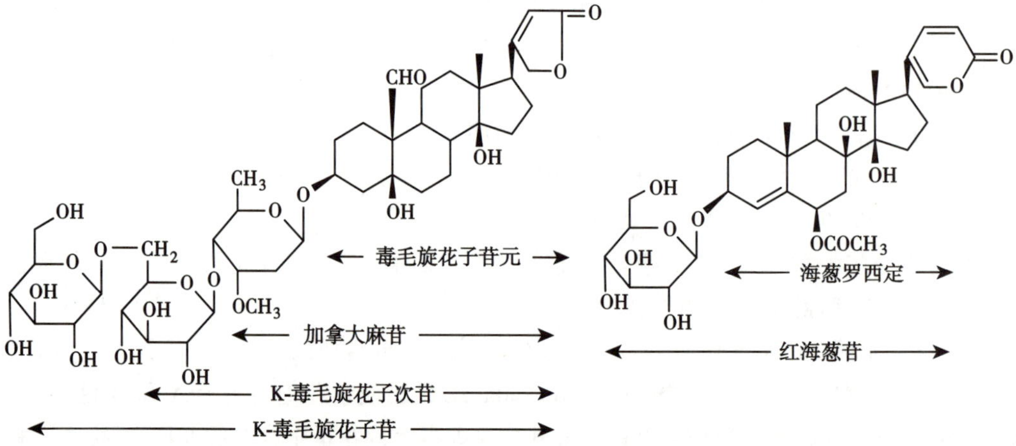

除了植物中与强心苷共存的酶外，其他生物中的水解酶亦能使某些强心苷水解。尤其是蜗牛消化酶（snail enzyme，蜗牛肠管消化液经处理而得），是一种混合酶，几乎能水解所有苷键。能将强心苷分子中糖链逐步水解，直至获得苷元，常用来研究强心苷的结构。

从粉绿小冠花（*Coronilla valentina* subsp. *glauca*）中所得到的酶，能将红海葱苷（scilliroside）水解，得到用化学方法不能得到的苷元海葱罗西定（scillirosidin）。

毛花毛地黄苷和紫花毛地黄苷，用紫花苷酶酶解，酶解速率不同，前者糖基上有乙酰基，对酶作用阻力大，故水解慢，后者水解快。紫花苷酶和毛花苷酶对紫花毛地黄苷的水解速率相同。苷元类型不同，被酶解难易也有区别。一般来说，乙型强心苷较甲型强心苷易为酶水解。

（三）显色反应

强心苷除甾体母核所产生的显色反应外，还可因结构中含有不饱和内酯环和2-去氧糖而产生显色反应。

1. 不饱和内酯环产生的反应 甲型强心苷类由于C-17侧链上有一个不饱和五元内酯环，在碱性溶液中，双键转位能形成活性次甲基，从而能够与某些试剂反应而显色（表8-2）。反应产物在可见光区往往具有特殊最大吸收，故亦用于定量。乙型强心苷在碱性溶液中不能产生活性次甲基，故无此类反应产生。

表8-2 活性次甲基显色反应

反应名称	试剂	颜色	λ_{max}/nm
Legal反应	$Na_2Fe(NO)(CN)_5 \cdot 2H_2O$ 亚硝酰铁氰化钠	深红或蓝	470
Kedde反应	3,5-二硝基苯甲酸	深红或红	590
Raymond反应	间二硝苯基	紫红或蓝	620
Baljet反应	苦味酸	橙或橙红	490

此类反应可以在试管内进行，也可以作为薄层色谱和纸色谱的显色剂。先喷以硝基苯类试剂，再喷醇性氢氧化钠溶液，即可呈现有色斑点，放置渐渐消退。

Kedde反应（视频）

Legal反应的机制可能是由于亚硝酰铁氰化钠试剂中的亚硝基和活性次甲基反应生成肟基衍生物而留在络合阴离子内，Fe^{3+}被还原为Fe^{2+}。

2. 2-去氧糖产生的反应

（1）Keller-Kiliani反应：强心苷溶于含少量Fe^{3+}[$FeCl_3$或$Fe_2(SO_4)_3$]的冰醋酸，沿管壁滴加浓硫酸，观察界面和冰醋酸层的颜色变化。如有2-去氧糖存在，冰醋酸层渐呈蓝色或蓝绿色。界面的呈色，是由于浓硫酸对苷元所起的作用渐渐扩散向下层，其色随苷元不同而异。如毛地黄毒苷呈草绿色，羟基毛地黄毒苷呈洋红色，异羟基毛地黄毒苷呈黄棕色。放置久后因碳化而转化为暗色。

此反应只对游离的2-去氧糖或在反应的条件下能水解出2-去氧糖的强心苷显色。例如紫花毛地黄苷A和毛地黄毒苷，它们虽都有三分子毛地黄毒糖，但前者的呈色深度为后者的2/3。这可能是由于前者在此条件下只能水解出二分子的毛地黄毒糖。另一分子毛地黄毒糖与葡萄糖相连，较难水解而不能呈色。又如K-毒毛旋花子苷和K-毒毛旋花子次苷β，它们虽有一分子加拿大麻糖，但因与葡萄糖相连，均呈阴性反应，对乙酰化的2-去氧糖也不呈色。因此对此反应不显色的，并非绝对没有2-去氧糖的组成。

Keller-Kiliani反应（视频）

（2）对二甲氨基苯甲醛反应：将强心苷醇溶液滴在滤纸上，干后，喷对二甲氨基苯甲醛试剂［1% 对二甲氨基苯甲醛乙醇溶液 - 浓盐酸（4∶1）］，并于 90℃加热 30 秒，如有 2- 去氧糖，可显灰红色斑点。

（3）呫吨氢醇（xanthydrol）反应：取强心苷固体样品少许，加呫吨氢醇试剂（10mg 呫吨氢醇溶于 100ml 冰醋酸，加入 1ml 浓硫酸），置水浴上加热 3 分钟，只要分子中有 2- 去氧糖都能显红色。

（4）过碘酸 - 对硝基苯胺反应：过碘酸能与强心苷分子中的 2- 去氧糖氧化生成丙二醛，再与对硝基苯胺缩合而呈黄色。

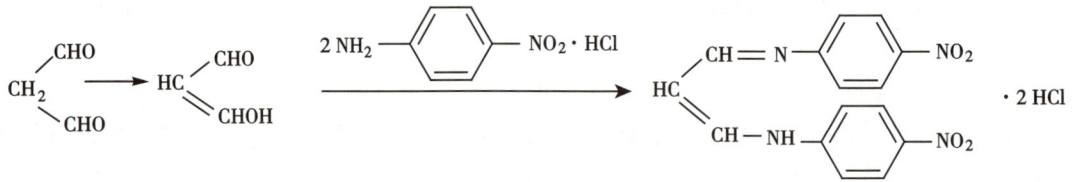

$$CH_2(CHO)_2 \longrightarrow HC(CHO){=}CHOH \xrightarrow{2\,NH_2-C_6H_4-NO_2\cdot HCl} HC(CH{=}N-C_6H_4-NO_2){=}CH-NH-C_6H_4-NO_2\cdot 2\,HCl$$

这个显色反应可作为薄层色谱和纸色谱的显色。在薄层上先喷过碘酸钠溶液（1 份过碘酸钠饱和水溶液，加 2 份蒸馏水），室温放置 10 分钟，再喷对硝基苯胺试液［1% 对硝基苯胺乙醇溶液 - 浓盐酸（4∶1）］，立即在灰黄色背底上出现深黄色斑点，在紫外光灯下，在棕色背底上现黄色荧光斑点。如再喷以 5% NaOH-MeOH 溶液，斑点变为绿色。

四、强心苷的提取与分离

植物体中所含强心苷比较复杂，大多含量又较低。多数强心苷是多糖苷，常常与糖类、皂苷、色素、鞣质等共存，这些成分的存在往往能影响或改变强心苷在许多溶剂中的溶解度。同时植物中还含有能酶解强心苷类的酶，植物原料在保存或提取过程中均可促使强心苷的酶解，产生次级苷，增加了成分的复杂性。因此提取过程中，要注意酶的问题。

（一）提取

一般原生苷易溶于水而难溶于亲脂性溶剂，次级苷则相反，易溶于亲脂性溶剂而难溶于水。如果要提取原生苷，必须抑制酶的活性，原料要新鲜，采集后要低温快速干燥。如果提取次级苷，可利用酶的活性，进行酶解（25~40℃）获得次级苷。也可以先提取原生苷再进行酶解。此外，还要注意酸、碱对强心苷结构的影响。提取时可根据强心苷的性质选择不同溶剂，如乙醚、三氯甲烷、三氯甲烷 - 甲醇混合溶剂、甲醇、乙醇等。但常用的为甲醇或 70% 乙醇，提取效率高，且能使酶破坏失去活性。

（二）纯化

1. 溶剂法　原料如为种子或含油脂类杂质较多时，一般宜先采用压榨法或溶剂法进行脱脂，然后用醇或稀醇提取。另外，也可先用醇或稀醇提取，浓缩提取液除去醇，残留水提液用石油醚、正己烷等萃取，除去亲脂性杂质。水液再用三氯甲烷 - 甲醇混合液萃取，提出强心苷，亲水性杂质则留在水层而弃去。若原料为地上部分，叶绿素含量较高，可将醇提液浓缩，保留适量浓度的醇，放置使叶绿素等脂溶性杂质成胶状沉淀析出，过滤除去。

2. 吸附法　强心苷稀醇提取液通过活性炭，提取液中的叶绿素等脂溶性杂质可被吸附而除去。当提取液通过 Al_2O_3，溶液中糖类、水溶性色素、皂苷等可被吸附，从而达到纯化的目的。但强心苷亦有可能被吸附而损失，而且吸附量与溶液中乙醇的浓度有关，应该注意。

（三）分离

1. 两相溶剂萃取法　利用强心苷在两种互不相溶的溶剂中分配系数的不同而达到分离。例如毛花洋地黄总苷中苷 A、B、C 的分离，由于在三氯甲烷中苷 C 溶解度（1∶2 000）比苷 A（1∶225）和苷 B（1∶550）小，而三者在甲醇（1∶20）和水（几乎不溶）中溶解度均相似。用三氯甲烷 - 甲醇 - 水（5∶1∶5）为溶剂系统进行两相溶剂萃取，溶剂用量为总苷的 1 000 倍，苷 A 和苷 B 容易分配到三氯甲烷层，苷 C 集中留在水层，分出水层，浓缩到原体积的 1/50，放置结晶析出，收集结晶，用相同溶剂再进行第二

次两相溶剂萃取，可得到纯的苷 C。

2. 逆流分配法　亦是依据分配系数的不同，使混合苷分离。例如黄花夹竹桃苷 A 和 B（thevetins A、B）的分离，以三氯甲烷 - 乙醇（2 ∶ 1）750ml/ 水 150ml 为两相溶剂，三氯甲烷层为移动相，水层为固定相，经 9 次逆流分配（0~8 管），最后由三氯甲烷层 6~7 管中获得苷 B，水层 2~5 管中获得苷 A。

3. 色谱分离　分离亲脂性单糖苷、次级苷和苷元，一般选用吸附色谱，常以硅胶为吸附剂，用正己烷 - 乙酸乙酯、苯 - 丙酮、三氯甲烷 - 甲醇、乙酸乙酯 - 甲醇为溶剂，进行梯度洗脱。对弱亲脂性成分宜选用分配色谱，可用硅胶、硅藻土、纤维素为支持剂，常以乙酸乙酯 - 甲醇 - 水或三氯甲烷 - 甲醇 - 水进行梯度洗脱。液滴逆流色谱法亦是分离强心苷的一种有效方法。F. Abe 等曾采用三氯甲烷 - 甲醇 - 水（5 ∶ 6 ∶ 4）为溶剂成功地自夹竹桃科植物鳝藤（*Anodendron affine*）中分离出多种强心苷。

当组分复杂时，往往须几种方法配合应用反复分离，才能达到满意的分离效果。

（四）提取实例

1. 毛地黄毒苷（digitoxin）的提取

（1）发酵、提取、析胶：紫花毛地黄叶粉，加等量水充分混匀，通过 8~10 号筛制成颗粒，平铺恒温（28~31℃）放置 8~10 小时（防止水分挥散）。发酵的温度和时间要视原料新鲜程度而定，新鲜原料酶活性大，时间可缩短。发酵好的毛地黄叶加 2.7 倍量 70% 乙醇，于 50℃左右浸渍 2 小时，随时搅拌，再继续保温 5 小时，放冷，离心甩滤，滤渣先后用 0.6 倍乙醇和 0.3 倍水洗涤，合并滤液和洗液，浓缩至半量，浓缩液中含醇量应为 20%，降温至 28~31℃，放置 4~6 小时，使胶质（叶绿素等脂溶性杂质）充分沉淀，倾出上清液，过滤。

（2）脱色、析晶：合并上清液和滤液，用 $CHCl_3$ 萃取 3 次（30℃左右），合并 $CHCl_3$ 液，加 5% NaOH 水溶液洗涤，洗去有色杂质，然后用水洗至中性，再用蒸馏水洗 2 次，$CHCl_3$ 液用无水硫酸钠脱水后，回收 $CHCl_3$，至无 $CHCl_3$ 味，加入等量无水丙酮，于 0~5℃放置 24 小时，滤取结晶，用少量丙酮冲洗，至结晶呈淡绿色。于 50℃干燥，即得粗制毛地黄毒苷。

（3）精制：粗品磨成粉，加 40 倍量 $CHCl_3$，放置 8 小时，溶解后过滤，滤液加活性炭（为粗品的 5%~8%），脱色 4 小时，过滤，回收 $CHCl_3$ 至浓稠状，并有细微结晶析出，趁热加入等量丙酮，于 0~5℃放置 24 小时，滤集结晶，用少量丙酮洗涤，50~60℃烘干，即得毛地黄毒苷（digitoxin）成品。

2. 去乙酰毛花苷（deslanoside）的提取

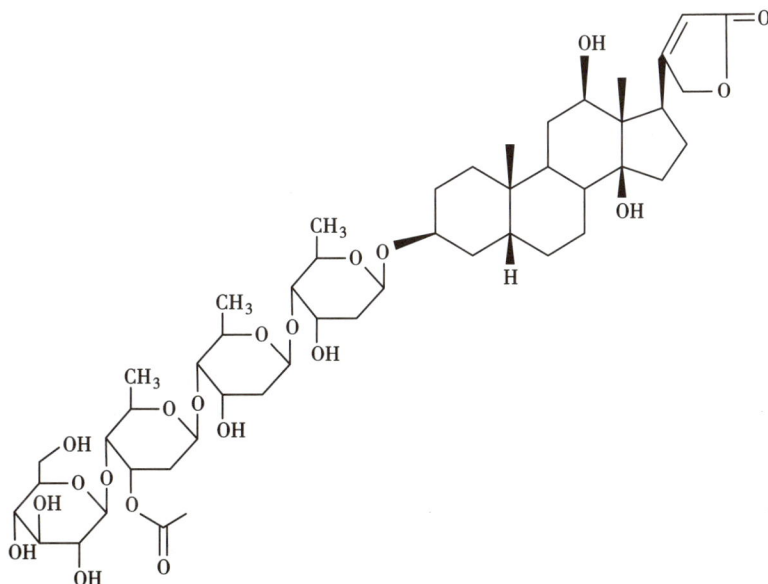

毛花洋地黄苷C

毛花洋地黄总苷中，苷A、苷B和苷C含量较大。毛花洋地黄苷A、苷B与苷C（lanatosides A、B、C）的糖链部分相同，区别在于苷元部分。苷A的C-12无羟基，苷B的C-16位有羟基，苷A、苷B的强心作用较苷C弱。苷C的第三个洋地黄毒糖上乙酰基不稳定，很容易被稀碱水解，产物是去乙酰毛花苷。它比较稳定，常制成针剂供急救用。其末端葡萄糖用植物本身的酶或其他酶水解掉，就得到地高辛（digoxin），另一种强心药。其作用比去乙酰毛花苷缓慢。

(1) 提取、析胶：毛花洋地黄叶粉加70%乙醇温浸（50~60℃）2小时，共温浸2次，合并浸出液，减压浓缩至1/4容量，15℃放置过夜，胶质沉淀完全，分出上清液，继续减压浓缩至无醇味，放冷，加1/3容量$CHCl_3$萃取，除去亲脂性杂质和部分毛地黄苷A和B。分出水层，加入浓乙醇使含醇量达22%，再加入$CHCl_3$作两相萃取，先后3次（$CHCl_3$用量分别为混液量的1/2、1/3、1/4），合并$CHCl_3$萃取液，减压蒸干为粗制总苷，甲醇重结晶，得精制总苷。

(2) 分离：毛花洋地黄总苷中，一般含苷C量约为37%，苷A约为47%。但经过以上操作，苷C量有所提高，苷A量有所减少。再利用苷C在$CHCl_3$中溶解度比苷A小，在甲醇和水中的溶解度和苷A相似的性质，将精制总苷于$CHCl_3$-MeOH-H_2O（5∶1∶5）中作两相溶剂萃取，分出水层浓缩到原体积的1/50，放置，苷C可沉淀或结晶析出，收集沉淀或结晶，再如上做一次两相溶剂萃取。

(3) 脱乙酰基：将苷C溶于25倍量的热甲醇中，加入0.15% $Ca(OH)_2$溶液［苷C 1g约需$Ca(OH)_2$ 40mg］混合均匀，放置过夜，混液应呈中性［如果pH大于7或小于7，应用HCl或$Ca(OH)_2$调至pH=7］，减压浓缩至约1/5容量，放置过夜，滤集析出沉淀或结晶，自甲醇中重结晶一次即得去乙酰毛花苷纯品。

五、强心苷的波谱特征

（一）紫外光谱

具有$\Delta^{\alpha\beta}$-γ内酯的强心苷，在紫外光谱中于约220nm（lg ε约4.34）处呈现最大吸收。具有$\Delta^{\alpha\beta,\gamma\delta}$-$\delta$内酯的强心苷在295~300nm（lg ε约3.93）处有吸收，借此可区别二类强心苷。分子中如引入非共轭双键，在紫外区无吸收。若引入$\Delta^{16(17)}$与$\Delta^{\alpha\beta}$-γ内酯共轭，则另外在约270nm处产生强的共轭吸收。若引入$\Delta^{8(9),14(15)}$-双烯和内酯环不共轭，一般在244nm左右有吸收(lg ε约1.8)。强心苷元在C-11或C-12位有酮基，因受空间阻碍较大，不易为化学反应检出，但在紫外光谱中可示290nm（lg ε约1.90）的弱峰。C-11、C-12均为酮基的双酮，吸收峰更向长波移动。

（二）红外光谱[1]

强心苷所有功能基在红外光谱中都有相应吸收，其中最特征吸收来自$\Delta^{\alpha\beta}$-γ内酯，一般在1 800~1 700cm^{-1}有两个羰基吸收。较低波数的是α,β-不饱和羰基产生的正常吸收，较高波数的是不正常吸收，随溶剂性质改变，在极性大的溶剂中，吸收强度减弱甚至消失，而正常吸收在极性溶剂中，吸收强度基本不变或略加强。如3-乙酰毛地黄毒苷元在二硫化碳溶液中，红外光谱有三个羰基峰（1 738、1 756、1 783cm^{-1}）。其中1 738cm^{-1}是乙酰基上羰基吸收，1 756和1 783cm^{-1}都来自$\Delta^{\alpha\beta}$-γ内酯的羰基。1 756cm^{-1}是正常吸收，因有$\Delta^{\alpha\beta}$共轭而向低波数位移（二氢毛地黄毒苷元羰基在1 786cm^{-1}有吸收）。1 783cm^{-1}是非正常吸收，溶剂极性增大，吸收强度显著减弱，但峰位不变（图8-9A、B）。毒毛旋花子苷元（strophanthidin）在$CHCl_3$溶液中亦有三个羰基峰，其中1 719cm^{-1}是C-10位醛羰基吸收，1 756cm^{-1}是来自$\Delta^{\alpha\beta}$-γ内酯的羰基，是正常吸收，1 783cm^{-1}为非正常吸收，因溶剂极性影响而显著减弱（图8-9C）。14-去水羟基毛地黄毒苷元（二乙酰酯）、16-去水羟基毛地黄毒苷（单乙酰酯）和14,16-双脱水羟基毛地黄毒苷元的红外光谱，无论在CS_2或$CHCl_3$中的吸收情况，均与毛地黄毒苷元相似。从而说明D环引入双键，不论是否与不饱和内酯环共轭，对红外光谱的影响不大。具六元不饱和内酯环的强心苷，在1 800~1 700cm^{-1}也有两个吸收峰，只是由于环内共轭程度增高，峰位向低波数移动40cm^{-1}。如蟾毒灵（bufalin）和嚏根草苷元（hellebrigenin），在三氯甲烷溶液中均出现1 718cm^{-1}和

1 740cm^{-1} 两个峰。前者为正常峰，后者为非正常峰，亦因溶剂极性增大而吸收强度减弱。嚏根草苷元 C-10 位醛基的羰基峰也在 1 718cm^{-1}，故不再另外出现峰位。D 环引入双键，对吸收亦无影响。

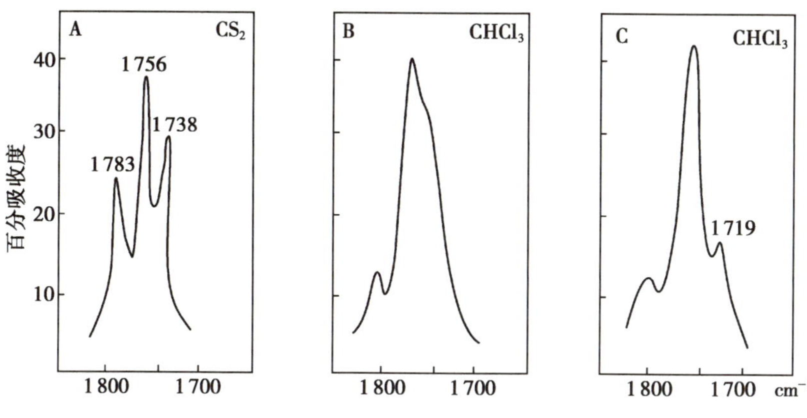

图 8-9　强心苷的特征红外光谱

A. 3- 乙酰毛地黄毒苷元（CS_2）；B. 3- 乙酰毛地黄毒苷元（$CHCl_3$）；C. 毒毛旋花子苷元（$CHCl_3$）。

根据红外光谱不但可区别甲型和乙型强心苷，而且可依据其中非正常峰因溶剂的极性增强而吸收强度削弱或甚至消失的现象，用来指示不饱和内酯环的存在与否。

（三）质谱[1]

强心苷元质谱裂解方式较多也较复杂，苷元的分子离子峰较弱，特征峰较少。除羟基的脱水，醛基脱 CO、脱甲基、脱 C-17 内酯侧链和双键的逆 Diels-Alder 裂解外，还可出现一些由较复杂的裂解方式产生的特征碎片。甲型强心苷元 C-17 侧链为$\Delta^{\alpha\beta}$-γ 内酯，质谱裂解产生 m/z 111、124、163 和 164 等含有 γ- 内酯环或内酯环加 D 环的碎片离子。

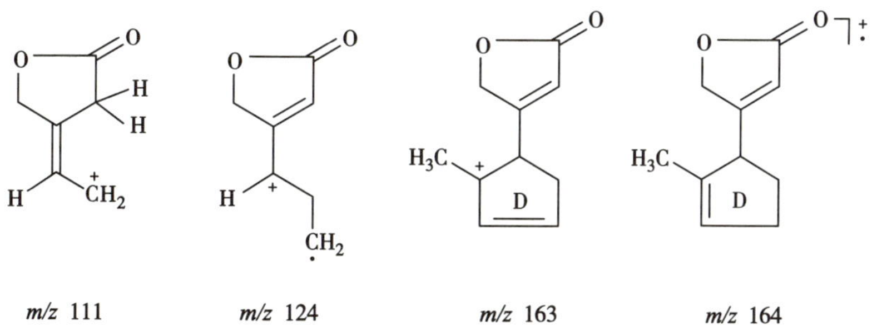

乙型强心苷元 C-17 侧链为$\Delta^{\alpha\beta,\gamma\delta}$-$\delta$ 内酯，质谱裂解产生 m/z 109、123、135、136 等含有 δ- 内酯环的碎片。由于取代基性质不同，还可能产生更为复杂的裂解碎片[1]。

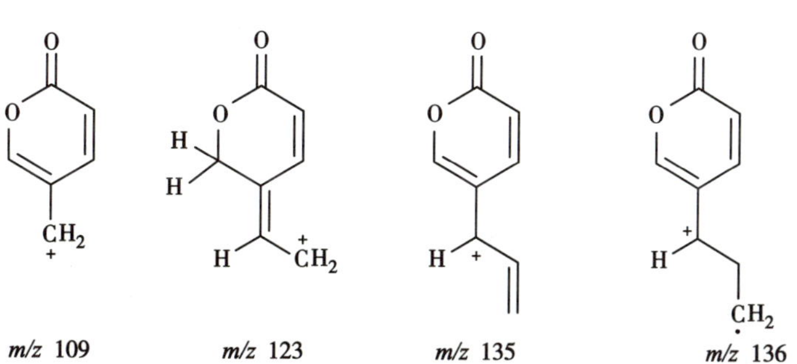

来自甾核的离子，如由 D 环 C-13—C-17 键和 C-15—C-16 键断裂的 *m/z* 264，由 C-13—C-17 键和 C-14—C-15 键断裂的 *m/z* 249，D 环 C-13—C-17 键断裂后还可和 14-OH 引起复杂的重排，产生 C 环缩为五元环的 *m/z* 221 和 *m/z* 203 离子。如果甾核上有羟基或羰基取代，这些离子的质荷比会产生相应的质量位移 [1]。

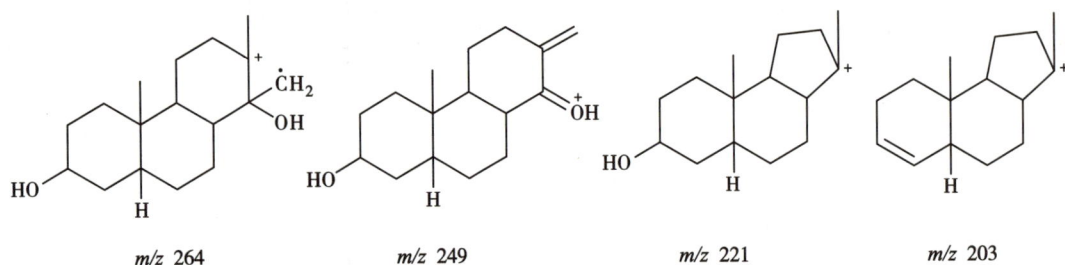

m/z 264　*m/z* 249　*m/z* 221　*m/z* 203

强心苷中常见有 2,6- 二去氧糖的甲醚，其质谱裂解，可用加拿大麻糖为例（图 8-10）。

强心苷的质谱（EI-MS）也比较复杂，分子离子峰非常弱，谱图中可见失 H_2O、失糖、再失 H_2O 产生的碎片。如洋地黄毒苷可见弱分子离子峰 *m/z* 764（0.05%）$[M]^+$，以及 *m/z* 634、504、374 等失水、失糖碎片离子。糖分子只有 *m/z* 131 信号，没有看到二糖 *m/z* 261，三糖 *m/z* 391 的信号。

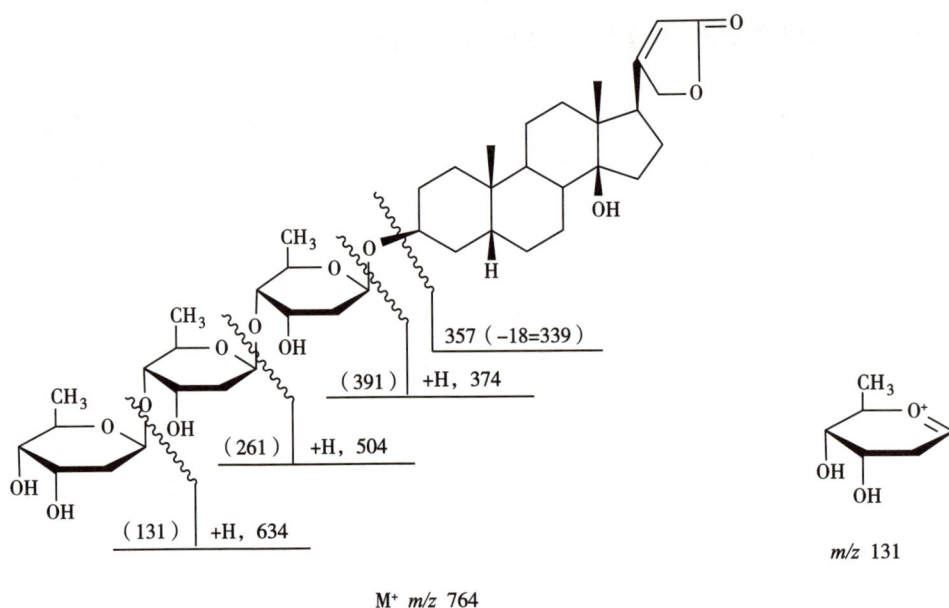

357（-18=339）
（391）+H，374
（261）+H，504
（131）+H，634

M^+ *m/z* 764　*m/z* 131

（四）核磁共振氢谱

核磁共振氢谱是测定强心苷类化合物结构的一种重要方法。在氢谱中强心苷元于 δ 1.00 左右，可出现 2 个叔甲基单峰，示 C-10、C-13 位各有 1 个甲基取代。这 2 个甲基的化学位移值与甾核 C-5、C-14 位的构型有关 [1]。

由于强心苷 C/D 环都是顺式稠合（14*β*-H），因而强心苷中 18-CH_3 的化学位移要比 19-CH_3 处于较低场。若 C-10 位为醛基取代，则 C-10 位甲基峰消失，而在 δ 9.50~10.00 内出现 1 个醛基质子的单峰。若 C-10 位为羟甲基取代，可出现 2 个与氧同碳质子的信号，处于较低场，酰化后则更向低场位移，一般在 δ 4.00~4.50 内呈 2 个磁不等价二重峰，*J*=12Hz。当 C-16 无含氧基团取代时，C-16 位上的 2 个质子应在 δ 2.00~2.50 间呈多重峰，而 C-17 位上 1 个质子在 δ 2.80 左右，呈多重峰或 dd 峰，*J*=9.5Hz。甲型强心苷$\Delta^{\alpha\beta}$-*γ* 内酯环中 C-22 位烯氢质子在 δ 5.60~6.00 范围呈宽的单峰，C-21 位的 2 个质子在

$-CH_3-CHOH$　$-CH_3CO$

m/z 117（M−45）　m/z 74（M−88）

m/z 162（M^+）

D-cymarose

$-H_2O$　$-\dot{O}H$

m/z 86（M−76）

m/z 145（M−17）　m/z 144（M−18）

图 8-10　2,6- 二去氧糖甲醚质谱裂解过程

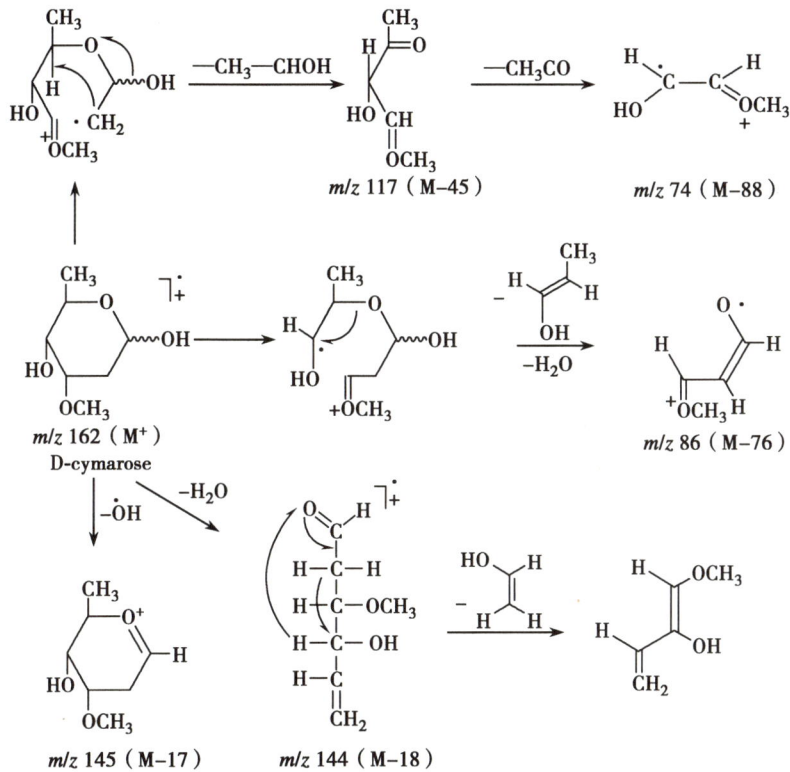

δ 4.50~5.00 内呈宽单峰或三重峰或 2 个磁不等价二重峰，J=18Hz。乙型强心苷$\Delta^{\alpha\beta,\gamma\delta}$-δ 内酯中 C-21 位烯氢质子在 δ 7.2 左右，为 1 个单峰，C-22 和 C-23 位质子分别在 δ 7.8 和 δ 6.3 左右，各出现 1 个烯氢双峰。C-3 位质子一般为多重峰在 δ 3.90 左右，成苷后向低场位移 0.2 以上。

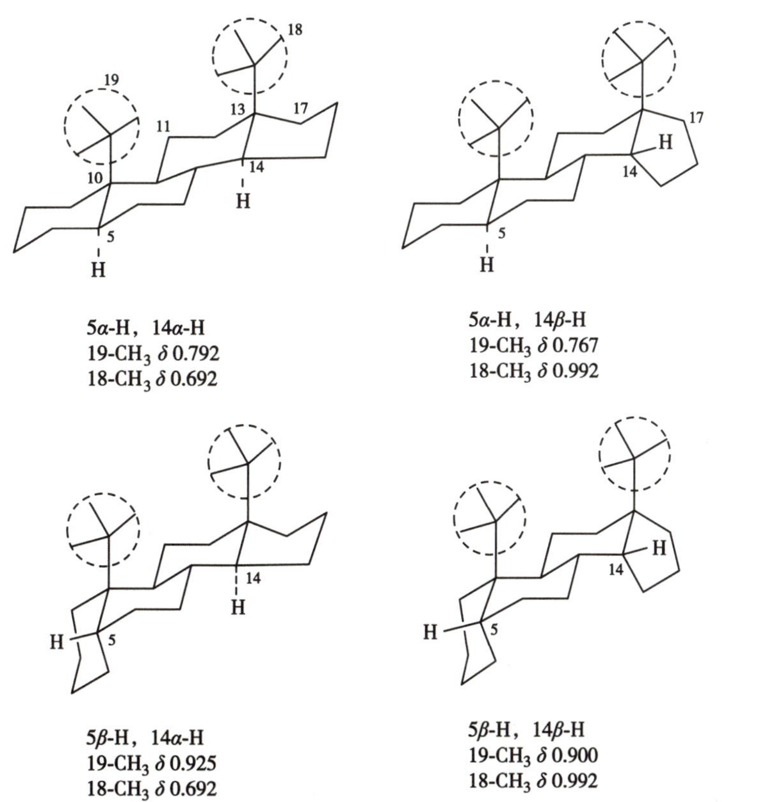

强心苷的糖部分，除常见的糖外，还有一些特殊的糖，均有一些特征的信号可以识别。例如葡萄糖有 C-5 位羟甲基信号，当乙酰化后常为三重峰或 2 个磁不等价二重峰出现在 δ 4.00~4.50，6- 去氧糖 C-5 位甲基，呈 1 个二重峰（J=6.5Hz）或多重峰，出现在 δ 1.0~1.5。2- 去氧糖中 C-2 位上 2 个质子，处于高场区，并与端基质子有 2 种不同程度的偶合，可用去偶实验关联。甲醚化糖分子中应出现甲氧基的单峰，δ 3.50 左右。糖分子中与氧同碳的质子信号，一般在 δ 3.5~4.5，而端基质子处于最低场(δ 5.0)，其 δ 值与 J 值因糖的种类和构型而异。如 β-D- 葡萄糖苷中端基质子 H-1 和 H-2 呈二直立键偶合系统，J=6~8Hz。α-L- 鼠李糖苷中 H-1 和 H-2 呈二平伏键偶合系统，J=2Hz 或为单峰。在 β-D-2- 去氧糖苷中 H-1 呈 dd 峰，与 H_2-2 有二重偶合系统（Jaa 和 Jae 偶合）。

强心苷在某些极性溶剂中测定时，往往部分信号为未氘代完全的溶剂信号所掩盖。另外糖上质子和苷元部分与氧同碳的质子信号常会重叠，但除去糖或全乙酰化后测定时，能获得较易解析的图谱。一般极性较大的强心苷或苷元可在氘代吡啶、氘代丙酮、氘代甲醇或氘代三氯甲烷与氘代甲醇的混合溶媒中测定，而极性较小的强心苷或苷元可在氘代三氯甲烷中测定。

（五）核磁共振碳谱

在研究甾体化合物的基础上，K. Tori 等首先报道[4]了 10 种毛地黄毒苷元及其衍生物的碳谱，并用化学位移理论、偏共振去偶和宽带去偶以及与结构相关化合物进行了比较，归属了所有碳的信号，其化学位移值列于表 8-3，可供参考。

表 8-3 毛地黄毒苷元及其衍生物的 ^{13}C-NMR 谱化学位移值（TMS）（$CDCl_3$-CD_3OD，1.5：1）

	Ⅰ	Ⅱ	Ⅲ	Ⅳ	Ⅴ	Ⅵ	Ⅶ	Ⅷ	Ⅸ	Ⅹ
C-1	30.0	30.0	30.0	30.7	30.8	30.8	30.8	30.7	30.0	24.8
C-2	28.0	28.0	27.9	25.2	25.4	25.3	25.4	27.9	27.9	27.4[a]
C-3	66.8	66.8	66.8	71.1	71.4	71.3	71.3	66.7	66.6	67.2
C-4	33.5	33.5	33.4	30.7	30.8	30.8	30.8	33.5	33.3	38.1
C-5	35.9[a]	36.4	36.4	37.2	37.4	37.4	37.3	36.8[a]	36.4	75.3
C-6	27.1	27.0	26.9	26.6	26.8	26.8	26.6	26.6	26.9	27.0
C-7	21.6[b]	21.4[a]	21.2[a]	20.9[a]	21.6	20.6[a]	20.2[a]	24.0	21.9	18.1[b]
C-8	41.9	41.8	41.8	41.6	41.8	41.5	41.2	36.7[a]	41.3	42.2[c]
C-9	35.8[a]	35.8	35.9	35.8	36.1	36.2	36.8	45.1	32.6	40.2[c]
C-10	35.8	35.8	35.6	35.4	35.8	35.5	35.4	36.2	35.5	55.8
C-11	21.7[b]	21.9[a]	21.3[a]	21.4[a]	21.6	21.2[a]	21.3[a]	21.4	30.0	22.8[b]
C-12	40.4	41.2	41.0	40.9	40.3	31.3	40.6	37.7	74.8	40.2
C-13	50.3	50.4	50.7	50.5	50.3	49.5	52.6	54.2	56.4	50.1
C-14	85.6	85.2	84.1	83.8	85.6	86.1	85.7	146.3[e]	85.8	85.3
C-15	33.0	42.6	39.5	39.9	33.0	31.3	38.8	108.3[d]	33.0	32.2
C-16	27.3	72.8	75.0	74.7	27.3	24.8	133.8	135.8[d]	27.9	27.5[a]
C-17	51.5	58.8	56.8	56.6	51.5	8.9	161.2	158.0[d]	46.1	51.4
C-18	16.1	16.9	16.1	16.1	16.0	18.5	16.6	20.1	9.4	16.2
C-19	23.9	23.9	23.9	23.8	23.9	24.0	24.1	24.0	23.8	195.7
C-20	177.1[c]	171.8[b]	171.5[b]	171.5[b]	177.1[a]	173.6[b]	172.8[b]	173.5[b]	177.1[a]	177.2[d]
C-21	74.5	76.7	76.8	76.8	74.7	74.8	72.6	72.1	74.6	74.8
C-22	117.4	119.6	121.3	121.3	117.4	116.6	111.7	119.5	117.0	117.8
C-23	176.3[c]	175.3[b]	175.8[b]	175.8[b]	176.3[a]	175.8[b]	176.3[b]	176.8[b]	176.3[a]	176.6[d]

注：在化合物Ⅱ~Ⅶ中，—$OCOCH_3$，21.3±0.3；—$OCOCH_3$，171.4±0.4。

a、b、c、d 值在同列中可互换。

Ⅰ. 毛地黄毒苷元；Ⅱ. 羟基洋地黄毒苷元；Ⅲ. 16- 乙酰基羟基洋地黄毒苷元；Ⅳ. 3,16- 二乙酰基羟基洋地黄毒苷元；Ⅴ. 3- 乙酰毛地黄毒苷元；Ⅵ. 17β-H- 毛地黄毒苷元乙酸酯；Ⅶ. Δ^{16}- 毛地黄毒苷元乙酸酯；Ⅷ. $\Delta^{14,16}$- 毛地黄毒苷元；Ⅸ. 异羟基洋地黄毒苷元；Ⅹ. 毒毛旋花子苷元。

蟾酥(Bufonis Venenum)中含有的蟾蜍甾二烯类成分均为乙型强心苷元。国内外学者[5-7]从蟾酥中分离鉴定了20多种蟾蜍甾二烯类化合物,通过光谱分析,归属了所有碳的信号,其化学位移值列于表8-4,可供参考。蟾蜍甾二烯类化合物中C-14、C-15位上常有环氧键,C-19位甲基也有被氧化成羟甲基或醛基。碳化学位移值对于推断取代基的种类及位置非常有帮助。

表8-4 蟾蜍甾二烯类化合物的 ^{13}C-NMR谱化学位移值($CDCl_3$)

	Ⅰ	Ⅱ	Ⅲ	Ⅳ	Ⅴ	Ⅵ	Ⅶ	Ⅷ	Ⅸ	Ⅹ
C-1	24.9	29.7	29.7	31.9	31.6	29.6	29.5	29.5	23.0	20.0
C-2	27.3	27.8	27.9	28.5	28.3	27.7	27.5	27.9	25.4	25.8
C-3	66.5	66.8	66.5	64.8	64.6	66.7	64.5	64.3	64.4	63.5
C-4	36.6	33.2	33.2	33.7	33.5	33.4	33.0	33.6	38.0	31.8
C-5	73.5	35.5	35.4	37.3	37.4	35.6	35.4	36.0	28.3	28.4
C-6	34.9	25.7	25.7	26.9	26.5	26.5	26.0	26.8	31.0	27.0
C-7	23.3	20.7	20.6	21.2	21.3	21.2	20.5	20.7	19.9	19.9
C-8	40.2	32.4	38.8	41.0	38.9	42.0	41.3	39.2	33.6	32.9
C-9	38.1	39.3	37.4	40.3	39.4	35.0	34.6	45.3	38.3	36.5
C-10	40.3	35.9	35.5	36.2	36.7	35.2	34.8	37.0	44.7	50.6
C-11	21.5	21.1	20.9	66.9	73.3	21.3	20.8	213.9	20.7	20.6
C-12	40.0	39.4	40.4	50.3	213.4	40.7	40.2	82.0	27.3	38.7
C-13	47.9	45.2	45.2	48.3	62.1	47.8	48.7	53.9	44.4	44.5
C-14	83.4	74.4	76.9	82.8	84.1	85.2	82.6	82.1	74.2	71.6
C-15	31.9	59.8	59.8	32.1	31.8	32.4	39.1	33.3	59.3	59.4
C-16	28.4	29.5	74.6	28.2	27.6	28.5	73.5	27.2	26.8	74.4
C-17	49.9	47.7	49.8	49.8	40.0	50.9	55.8	45.0	46.2	48.9
C-18	16.8	16.8	17.2	17.7	17.3	16.7	16.8	18.2	16.5	16.7
C-19	16.6	23.7	23.6	23.9	23.4	23.7	23.7	24.1	64.2	207.1
C-20	122.7	122.2	116.1	122.3	120.8	122.7	117.3	119.8	122	116.0
C-21	149.2	149.5	151.2	149.3	150.2	148.4	151.4	150.8	150.5	152.2
C-22	147.3	146.9	148.3	147.2	147.1	146.9	150.1	148.1	147.4	148.5
C-23	114.2	115.3	113.2	114.1	114.6	115.1	111.6	113.2	114.0	112.9
C-24	161.3	162.0	161.4	161.3	161.1	162.4	161.2	161.2	160.9	160.8
3- $OCOCH_3$							169.4			
3- $OCOCH_3$							20.8			
16-$OCOCH_3$			170.1							169.3
16-$OCOCH_3$			20.5							20.2

注:Ⅰ脂蟾毒配基;Ⅱ.来西蟾酥毒配基;Ⅲ.华蟾毒精;Ⅳ.日蟾蜍它灵;Ⅴ.沙蟾毒精;Ⅵ.蟾毒灵;Ⅶ.蟾毒它灵;Ⅷ.伪异沙蟾毒精;Ⅸ.resibufogenol;Ⅹ.19-氧代华蟾毒精。

在5α-H系列的强心甾烯(如乌沙苷元)的A/B环中大多数碳的δ值比5β-H系列强心甾烯(如毛地黄毒苷元等)处于低场2~8。但前者(5α-H系列)C-10甲基δ值一般在12.0左右,而后者(5β-H系列)一般为24.0左右。

尽管上述经验性总结尚不完善，但对于强心苷元的结构分析，能提供有益的参考。若配合 ^{1}H-NMR 进行分析，则可提供更多的信息。

强心苷分子中，常常含有 2,6- 二去氧糖和 6- 去氧糖以及它们的甲醚化糖。这些糖也与普通糖一样，在 ^{13}C-NMR 谱中各碳原子也都有特定的化学位移值（表 8-5）。因此可根据这些信号，采用分析对比的方法，解决强心苷中有关糖的种类、数目以及连接的位置。

表 8-5 2,6- 二去氧糖和 6- 去氧糖的 ^{13}C-NMR 谱化学位移值

化合物	碳编号						
	1′	2′	3′	4′	5′	6′	OCH_3
L- 夹竹桃糖	95.9	35.8	79.3	77.1	69.1	18.6	56.9
D- 加拿大麻糖	97.6	36.4	78.8	74.0	71.1	18.9	58.1
D- 地芰糖	98.2	33.1	79.1	67.0	71.2	17.6	55.1
D- 沙门糖	97.3	33.6	80.3	67.9	69.9	17.5	56.7
L- 黄花夹竹桃糖	98.9	73.8	84.8	76.6	68.9	18.5	60.6
D- 毛地黄糖	103.6	70.9	85.1	68.7	71.0	17.4	57.2
D-6- 去氧 -3-*O*- 甲基阿洛糖	104.3	71.6	85.2	74.6	68.5	18.4	60.7

六、强心苷的生物活性

强心苷是治疗心力衰竭不可缺少的重要药物，但在临床应用中发现其有治疗指数狭窄和不易控制等缺点，故目前仍有必要继续寻找和研究新的强心苷。

强心苷的化学结构与其强心作用之间有着密切的关系。其苷元甾核要有一定立体结构，A/B 环顺式或反式，C/D 环必须是顺式稠合，才能显现强心作用。如果 C/D 环为反式或 14-OH 脱水生成脱水苷元，强心作用消失。在甾核的 C-17 位，必须有一个不饱和内酯环，且为 β- 构型，如异构化为 α- 构型或开环，强心作用将变得很弱甚至消失。内酯环中双键被饱和后，强心作用虽减弱，但毒性亦减弱，较为安全，有一定的实用价值。C-10 位的甲基氧化成羟甲基或醛基后，作用稍有增强，毒性亦加大。在甲型强心苷元中，A/B 顺式稠合，3-OH 为 β- 构型时强心作用大于其 α- 构型的异构体。在 A/B 反式异构体中，3-OH 构型对强心作用无明显的影响。其他位置引入取代基，对强心作用的影响是不完全相同的。例如以毛地黄毒苷元（digitoxigenin）的强心作用为 1，当其 C-2 位引入 α-OH，同时在 C-4、C-5 间引入双键，强心作用降为 0.06~0.09。

糖部分没有强心作用，但在强心苷中，糖的性质及数目对强心作用有影响。例如在表 8-6 中[1]，毛地黄毒苷元和葡萄糖结合成苷（如化合物Ⅱ、Ⅲ、Ⅳ），它们的强心活性和毒性均随分子中糖的数目增加而减弱。但与毛地黄毒糖结合成苷（如化合物Ⅴ、Ⅵ、Ⅶ），糖分子数目增加，对活性无明显的影响，而毒性却随之增大。比较双糖苷（Ⅲ和Ⅵ）或三糖苷（Ⅳ和Ⅶ），毛地黄毒糖的苷均比相应的葡萄糖苷的分配系数（水 / 油）小，显示有较强的作用和毒性。比较化合物Ⅱ和Ⅴ两个单糖苷，前者为葡萄糖的苷，后者为 2,6- 二去氧糖的苷，它们分配系数近似，所显示强心作用的有效浓度和毒性亦比较接近。这些结果可以说明，强心苷中的糖的性质和数目很可能是影响到强心苷在水 / 油中的分配系数，从而影响到强心苷的活性和毒性。

一般来说，2,6- 二去氧糖衍生的苷，对心肌和中枢神经系统比葡萄糖苷有较强的亲和力，这类苷的强心活性、毒性和亲脂性成平行关系。而葡萄糖苷虽然强心活性不及 2,6- 二去氧糖的苷类强，但毒性较弱，认为有可能发展为一类更为安全的药物。

表 8-6　毛地黄毒苷元及其苷类强心活性及毒性与分配系数之间关系

	化合物	强心活性 *，浓度 /(mol/L)				LD_{50}/(nmol/10g 体重)	分配系数，37℃（H_2O/n-BuOH）
		2×10^{-8}	2×10^{-7}	2×10^{-6}	2×10^{-5}		
Ⅰ	毛地黄毒苷元（ROH）	−	+	+	+	36	0
Ⅱ	R—*O*—Glc	−	+	+	+	>310	4.65×10^{-2}
Ⅲ	R—*O*—Glc$\xrightarrow{6\text{-}1}$Glc	−	−	±	+	>780	25.2×10^{-2}
Ⅳ	R—*O*—Glc$\xrightarrow{6\text{-}1}$Glc$\xrightarrow{6\text{-}1}$Glc	−	−	−	+	>730	128×10^{-2}
Ⅴ	R—*O*—Dig	−	+	+	+	203	2.61×10^{-2}
Ⅵ	R—*O*—Dig$\xrightarrow{4\text{-}1}$Dig	−	+	+	+	126	1.82×10^{-2}
Ⅶ	R—*O*—Dig$\xrightarrow{4\text{-}1}$Dig$\xrightarrow{4\text{-}1}$Dig	−	+	+	+	85	1.37×10^{-2}

注：Glc=glucose Ⅲ；Dig=digitoxose；* 心肌收缩效应。

为了寻找安全范围大、治疗指数大的强心药，科学家们已经进行了不少的研究。例如化合物Ⅰ是一种半合成的 4- 氨基糖强心苷，与天然的 *β*-D- 半乳糖类似物（Ⅱ）和毛地黄毒苷元（Ⅲ）相比，Ⅰ的强心活性（对犬心肺增加左心室心搏作用）要比Ⅱ大 3 倍多，比Ⅲ大 2 倍多，并且延长作用时间。

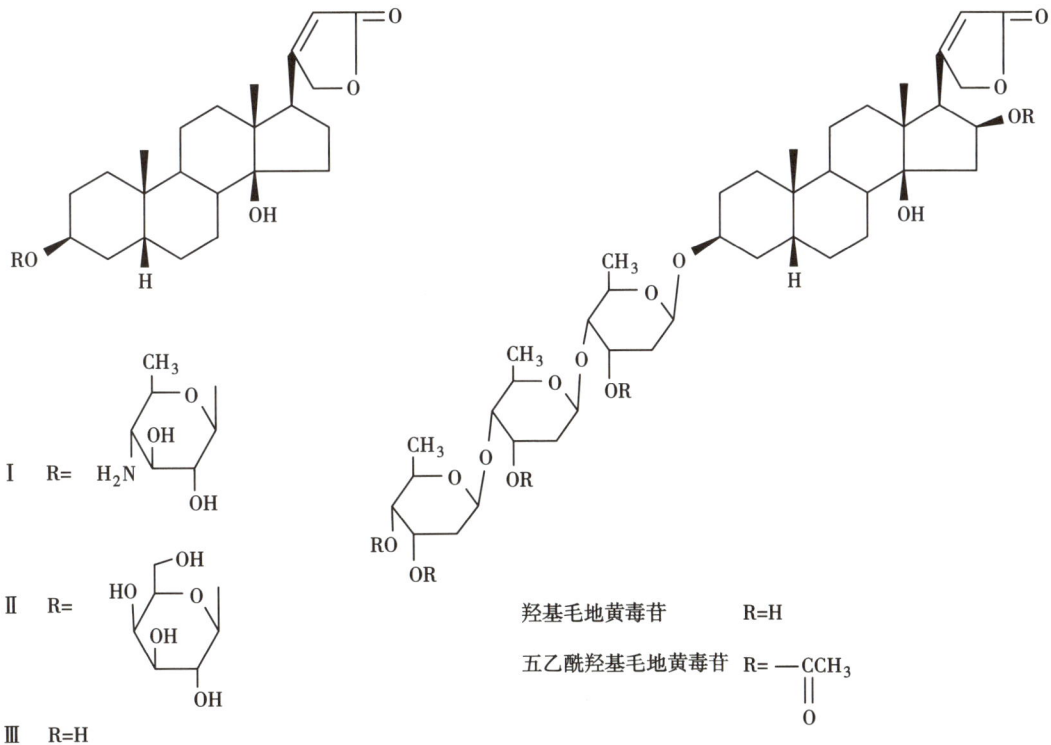

Ⅰ　R=
Ⅱ　R=
Ⅲ　R=H

羟基毛地黄毒苷　R=H
五乙酰羟基毛地黄毒苷　R= $-\overset{\overset{\displaystyle O}{\|}}{C}CH_3$

羟基毛地黄毒苷对离体心脏的强心作用虽与毛地黄毒苷基本相同，然而由于前者分子中 C-16 位多一个羟基，对溶解产生不利影响，使它几乎不溶于水和注射用溶剂，不适于作静脉注射，也不易被肠道所吸收。另外，由于 16-OH 的存在使它的中枢神经系统的毒性要比毛地黄毒苷小得多（这正是这类强心苷治疗心力衰竭的一种主要副作用），可利用药物潜伏化（drug latentiation）原理，制成五乙酰基衍生物（仲羟基都酯化）作为前体药物供临床上应用。通过临床（2 700 例以上）对心力衰竭患者的治疗，证实五乙酰羟基毛地黄毒苷具有适应性好、副作用小、生物活性迅速而安全等优点。

某些强心苷对动物肿瘤有效（主要是细胞毒作用）。例如 hyrcanoside 及其次级苷 deglucohyrcanoside

[得自绣球小冠花(*Coronilla varia*)种子]对人鼻咽表皮癌(KB)细胞均有明显抑制作用,其半数有效量前者为 0.1~1.0μg/ml,后者为 0.02~0.52μg/ml。前者在 1.25mg/kg 剂量时,对 P388 淋巴肉瘤也有抑制作用。马利筋属植物民间用于治疗许多癌症,近年自 *Asclepias albicans* 中分得 3 个细胞毒活性的强心苷元乌沙苷元(uzarigenin)及其单葡萄糖苷和双葡萄糖苷,它们的活性剂量在 1~3.5μg/ml(KB 细胞抑制作用)。

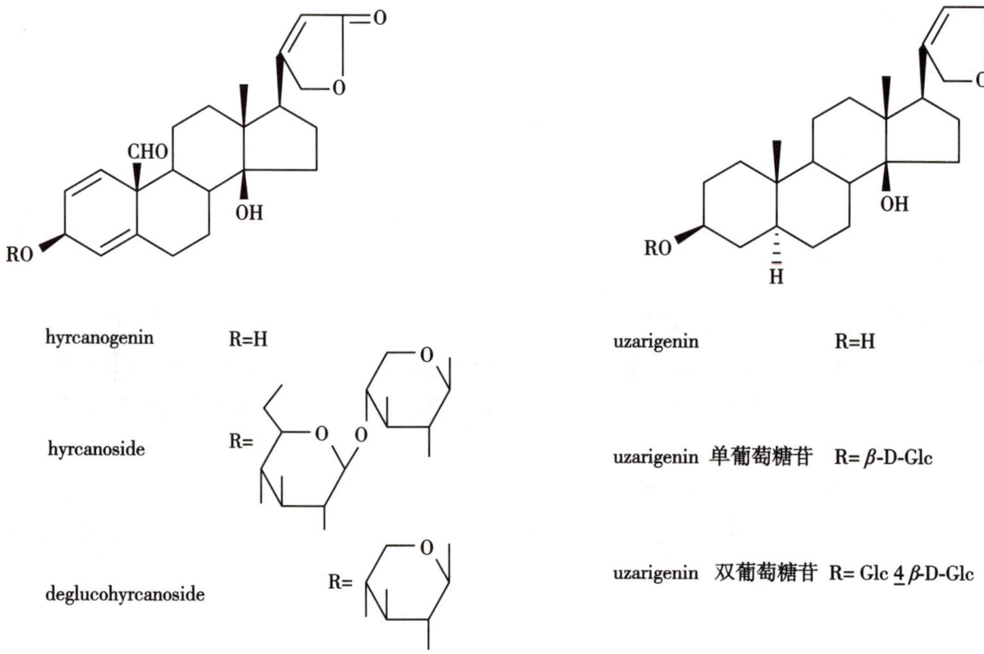

hyrcanogenin R=H

hyrcanoside R=

deglucohyrcanoside R=

uzarigenin R=H

uzarigenin 单葡萄糖苷 R= β-D-Glc

uzarigenin 双葡萄糖苷 R= Glc 4 β-D-Glc

第三节 甾 体 皂 苷

甾体皂苷(steroidal saponins)是一类由螺甾烷(spirostane)类化合物与糖结合的寡糖苷,在植物中有着广泛的分布,迄今发现的甾体皂苷类化合物已达一万种以上,主要分布在薯蓣科、百合科、玄参科、菝葜科、龙舌兰科等植物中。由于甾体皂苷元是合成甾体避孕药及激素类药物的原料,20 世纪 50—60 年代,国内外学者在寻找资源、改进工艺等方面做了大量工作。目前,我国已是能大量生产薯蓣皂苷元(diosgenin)、替告皂苷元(tigogenin)和海柯皂苷元(hecogenin)的国家之一。进入 20 世纪 90 年代,随着甾体皂苷化学的发展,许多新的生物活性逐渐被发现,特别是防治心脑血管疾病、抗肿瘤、降血糖和免疫调节等作用引起了国际上的广泛关注,一些新的甾体皂苷类药物开始进入临床使用,并取得满意的结果。如由黄山药(*Dioscorea panthaica*)植物中提取的甾体皂苷制成的地奥心血康胶囊,内含有 8 种甾体皂苷[8],含量在 90% 以上,对冠心病、心绞痛发作疗效显著,总有效率为 91%[9]。心脑舒通片为蒺藜(*Tribulus terrestris*)果实中提取的总皂苷制剂,临床用于心脑血管病的防治,具有扩冠、改善冠脉循环作用,对缓解心绞痛、改善心肌缺血有较好疗效[10]。自云南白药中的七叶一枝花(*Paris polyphylla*)中分离到的甾体皂苷Ⅰ和Ⅵ,对 P388、L1210 和 KB 等癌细胞均有显著的抑制作用[1]。从中药薤白(*Allium macrostemon*)中分离到的薤白皂苷经体外试验显示具有较强的抑制 ADP 诱导的家兔血小板聚集作用[11]。

糖链对甾体皂苷的生物活性也起着一定影响。从百合属和百子莲属植物中分离的螺甾烷醇类皂苷对磷酸二酯酶的抑制活性随糖链数目变化,其中以三糖苷最强。地奥心血康中的甾体皂苷具有显著的扩张血管作用,而水解产生的薯蓣皂苷元却不具上述作用,反而具有明显的细胞毒作用[12]。

一、甾体皂苷的结构类型

甾体皂苷的皂苷元基本骨架属于螺甾烷（spirostane）的衍生物，依照螺甾烷结构中 C-25 的构型和环 F 的环合状态，可将其分为四种类型：

1. 螺甾烷醇类（spirostanols）　C-25 为 *S* 构型。
2. 异螺甾烷醇类（isospirostanols）　C-25 为 *R* 构型。
3. 呋甾烷醇类（furostanols）　F 环为开链型衍生物。
4. 变形螺甾烷醇类（pseudo-spirostanols）　F 环为五元四氢呋喃环。

螺甾烷醇类（单图）

异螺甾烷醇类（单图）

呋甾烷醇类（单图）

变形螺甾烷醇类（单图）

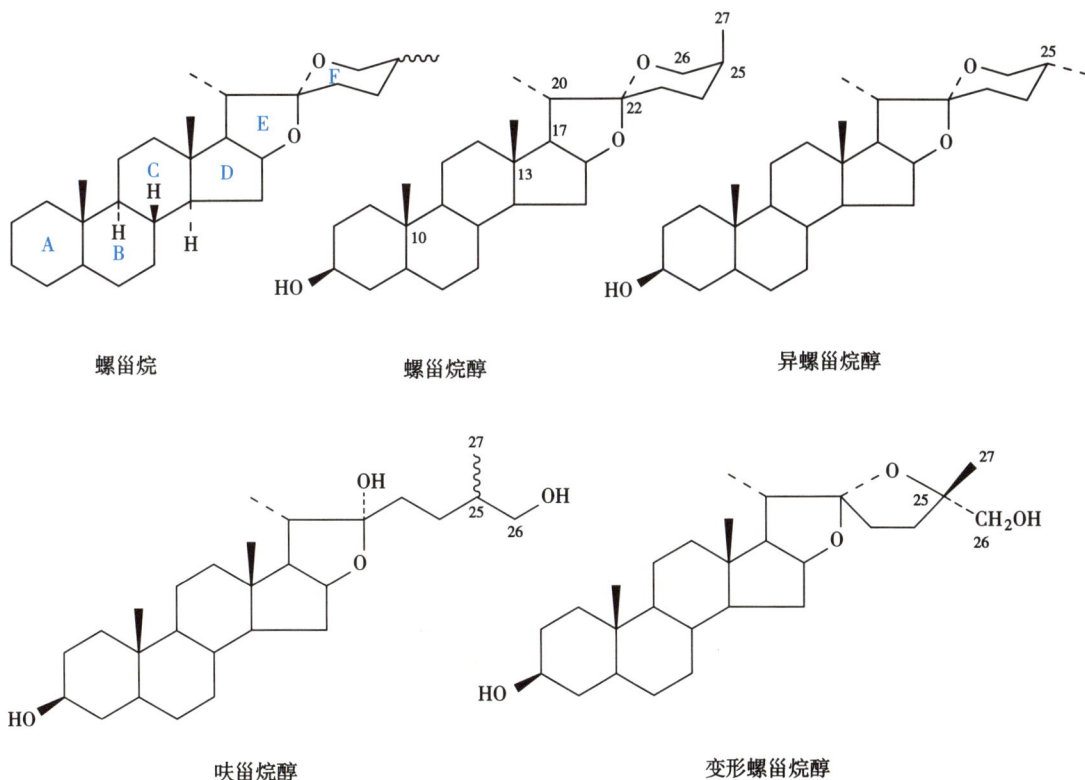

螺甾烷　　螺甾烷醇　　异螺甾烷醇

呋甾烷醇　　变形螺甾烷醇

植物界存在的甾体皂苷元具有和自然界甾醇类相似的甾核构型，即 A/B 环有顺式和反式（5*β* 或 5*α*），B/C 环和 C/D 环均为反式（即 8*β*、9*α*、13*β*、14*α*）。C-17 位侧链为 *β*- 构型，侧链中的 C-22 和 C-16 形成了一个骈合五元含氧杂环。C-22 和 C-26 亦通过氧原子形成一个六元含氧杂环。因此，C-22 是 E 环与 F 环共享的碳原子，以螺缩酮（spiroketal）的形式相连，从而构成了螺甾烷的基本骨架。在 C-17 侧链上有 3 个不对称碳原子（C-20、C-22 和 C-25）。依照 Fischer 投影式，即将氧原子和相应碳原子间的键打开（O—C-26 键和 O—C-16 键），碳链直立地向背面投影，C-26 位—$CH_2O[H]$ 基指定向上，取代基在碳链左侧为 *β* 取向，在右侧为 *α* 取向。如：

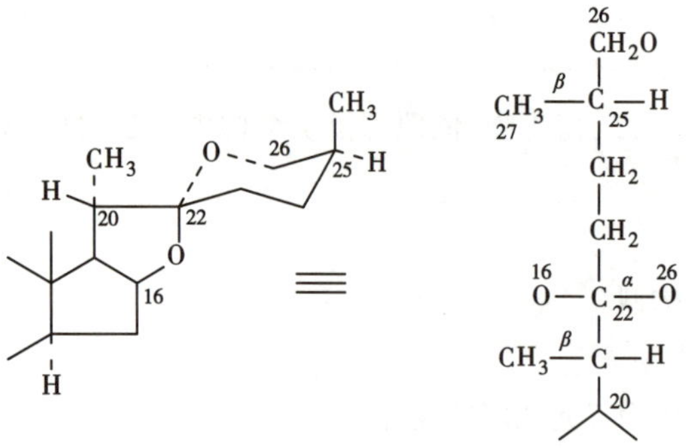

菝葜皂苷元

(5β, $20\beta_F$, $22\alpha_F$, $25\beta_F$-spirostan-3β-ol)

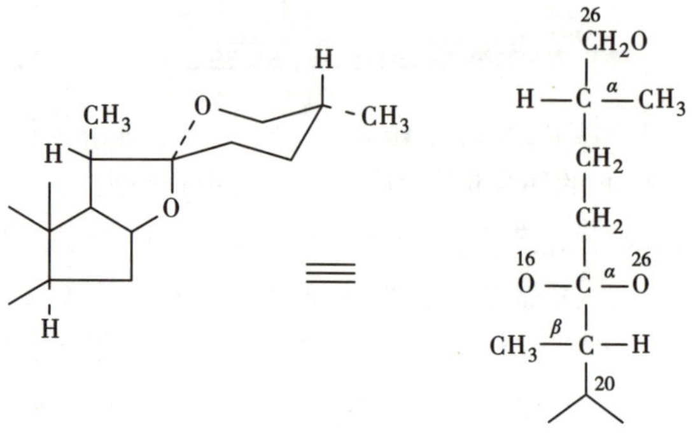

异菝葜皂苷元

(5β, $20\beta_F$, $22\alpha_F$, $25\alpha_F$-spirostan-3β-ol)

由上式可见，C-20 位甲基均为 β- 构型（$20\beta_F$），C-22 位含氧侧链为 α- 构型（$22\alpha_F$）。但也有例外[1]，如由 *Solanum hispidum* 叶子中曾分出一个皂苷，经 Smith 降解反应，由反应产物中分出皂苷元，称 hispigenin，系 22β-*O*- 螺甾烷醇衍生物，当用 6mol/L 醇性盐酸室温反应，即可异构化为 22α-*O*- 螺甾烷醇衍生物 paniculogenin。C-25 位甲基则有两种差向异构体，当 C-25 位上甲基位于 F 环平面上的竖键时，为 β- 取向，其绝对构型为 *S* 型，又称 L 型或 *neo* 型（即 25*S*、25L、$25\beta_F$、*neo*），即为螺甾烷。由螺甾烷衍生的皂苷，属于螺甾烷醇皂苷类（spirostanol saponins）。当 C-25 位甲基位于 F 环平面下的横键时，为 α- 取向，其绝对构型为 *R* 型，又称 D 型或 *iso* 型（即 25*R*、25D、$25\alpha_F$、*iso*），即为异螺甾烷。由异螺甾烷衍生的皂苷，属于异螺甾烷醇皂苷类（isospirostanol saponins）。

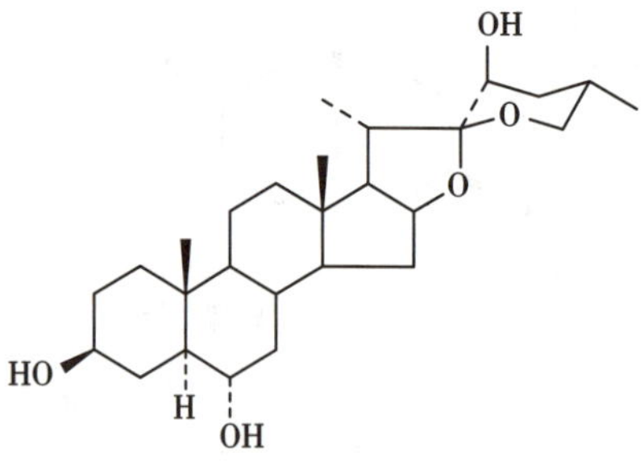

hispigenin 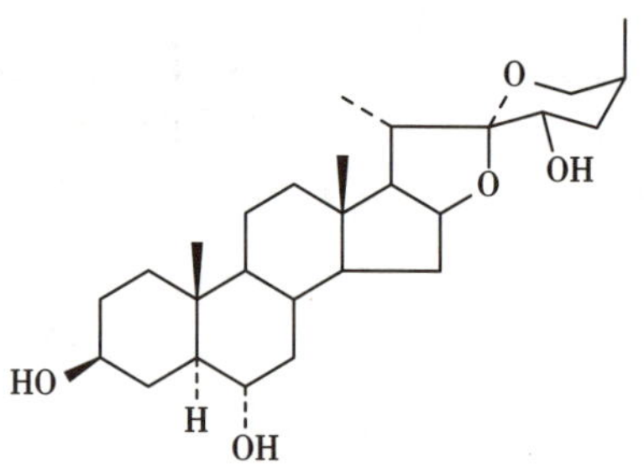　　paniculogenin

螺甾烷醇和异螺甾烷醇两者互为异构体，常常是共存在于植物体中，由于 25*R* 型较稳定，25*S* 型极易转化为 25*R* 型。它们整个分子具有复杂的空间构型。

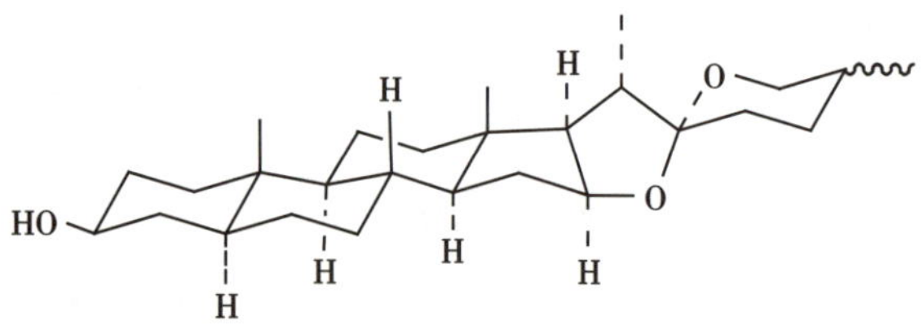

A/B环反式 (5α-H) 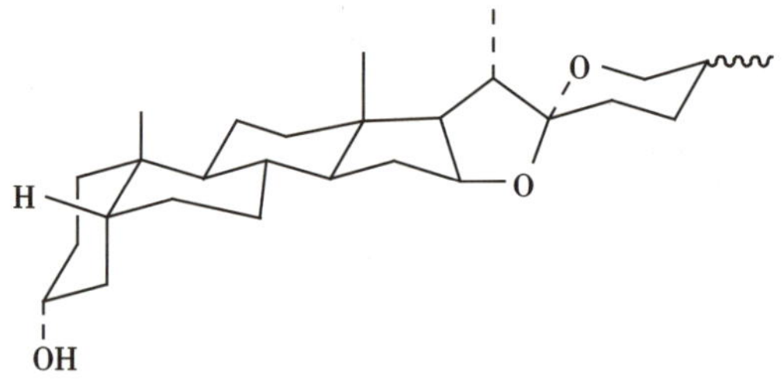　　A/B环顺式 (5β-H)

ER 8-12 A/B 反式构型和顺式构型（组图）

甾体皂苷元分子中含有多个羟基，大多数 C-3 位有羟基，且多为 β- 取向，少数为 α- 取向，若 A/B 为顺式，3-OH 为 α- 取向（e 键）较为稳定。其他位置上（如 C-1、C-2、C-4、C-5、C-6、C-11、C-12……）也均可能有羟基取代，各羟基可以是 β- 取向，也有 α- 取向，而且分子中可以同时有多个羟基的取代。某些甾体皂苷元分子中还含有羰基和双键，羰基常在 C-3、C-6、C-7、C-11、C-12、C-15 位，但大多数位于 C-12 位，是合成肾上皮质激素所需要的条件。双键一般在 C-5、C-6 之间，亦可能在 C-9、C-11 间，与 C-12 羰基成为 α,β- 不饱和酮基。少数双键为$\Delta^{25(27)}$。

例如，薯蓣皂苷元(diosgenin)是异螺甾烷的衍生物，化学名为Δ^5-$20\beta_F,22\alpha_F,25\alpha_F$-螺甾烯-3$\beta$-醇，或简称$\Delta^5$-异螺甾烯-3$\beta$-醇，为薯蓣科薯蓣属植物根茎中薯蓣皂苷(dioscin)的水解产物，是制药工业中重要原料。剑麻皂苷元(sisalagenin)是螺甾烷醇的衍生物，C-12位有羰基，化学名为3β-羟基-5α,$20\beta_F,22\alpha_F,25\beta_F$-螺甾-12-酮，或简称3$\beta$-羟基-5$\alpha$-螺甾-12-酮，得自剑麻，是有价值的合成激素的原料。

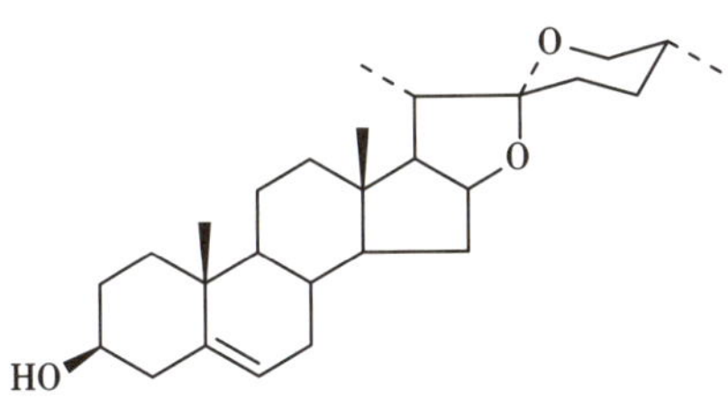

薯蓣皂苷元

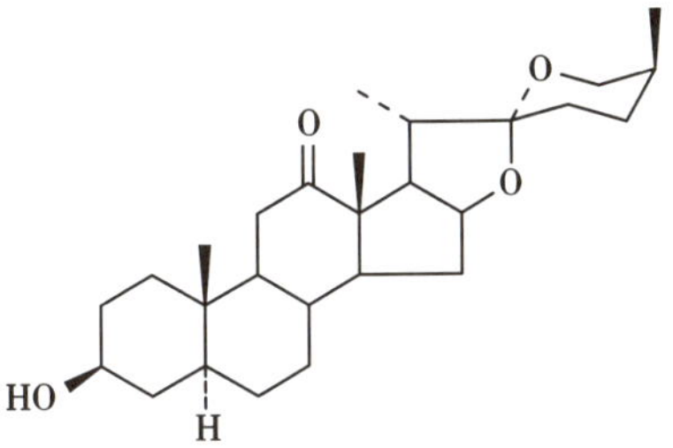

剑麻皂苷元

新潘托洛皂苷元(*neo*-pentologenin或$\Delta^{25(27)}$-pentologenin)的A环上有五个羟基取代，并有一个双键为$\Delta^{25(27)}$。鲁维皂苷元(luvigenin)为带芳香环的异螺甾烷醇衍生的皂苷元。此种皂苷元从植物生源学观点，认为不是植物中原生的，而可能是由于皂苷水解过程中引起化学变化所产生的。

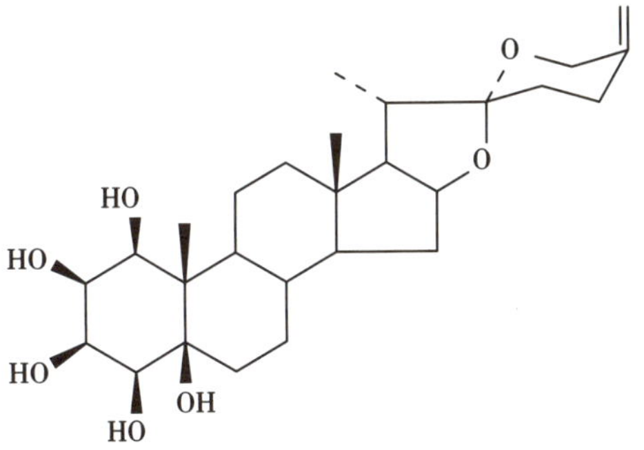

新潘托洛皂苷元

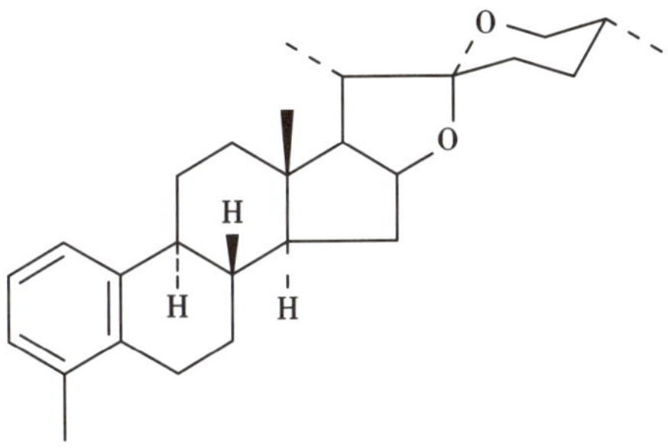

鲁维皂苷元

糖基大多数是和皂苷元中3-OH相连，但少数情况下，3-OH游离，而糖基和其他位置羟基相连，如沿阶草皂苷D(ophiopogonin D)中，糖和皂苷元1-OH相连。

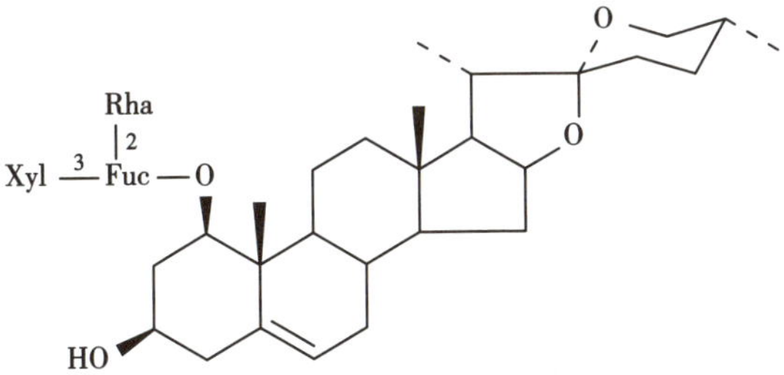

沿阶草皂苷D

呋甾烷醇衍生物和变形螺甾烷醇衍生物中β-D-葡萄糖则与26-OH相连，为双糖链苷。这种由F环裂环而衍生的皂苷称为呋甾烷醇皂苷(furostanol saponins)。由F环裂环后形成的苷键易被酶解，除去C-26位上的葡萄糖，成为单糖链皂苷，F环随之环合转为具有正常螺甾烷或异螺甾烷侧链的皂苷，分子中C-3位或其他位置上羟基所形成的苷键仍保留苷键结合的状态。

例如菝葜皂苷(parillin)是菝葜(*Smilax china*)根中的单糖链皂苷，其皂苷元称菝葜皂苷元(sarsasapogenin)，属于螺甾烷醇类。与菝葜皂苷伴存的双糖链皂苷，称为原菝葜皂苷(sarsaparilloside)，

是F环开裂衍生的苷，易被β-葡糖苷酶酶解，失去C-26位的葡萄糖，同时F环重新环合，转为具有正常螺甾烷侧链的菝葜皂苷。

β-葡糖苷酶

原菝葜皂苷　　　　菝葜皂苷

F环裂解的双糖链皂苷对盐酸二甲氨基苯甲醛试剂（Ehrlich试剂，简称E试剂）能显红色反应，对茴香醛试剂（Anisaldehyde试剂，简称A试剂）则显黄色，而F环闭环的单糖链皂苷和螺旋甾烷衍生皂苷元，只对A试剂显黄色，对E试剂不显色。

F环裂解的双糖链皂苷不具有某些皂苷的通性，如没有溶血作用，不能和胆甾醇形成复合物，也没有抗菌活性等。但属于螺甾烷衍生的单糖链皂苷，却有明显的抗霉菌作用，或兼有抗细菌作用。例如原菝葜皂苷既没有皂苷的溶血作用，也不能与胆甾醇结合生成不溶性的复合物，更没有抗菌活性。而菝葜皂苷则具有强抗霉菌活性，也有一定程度的抗细菌作用。欧铃兰次皂苷不但有溶血作用和起泡性质，并有显著的抗霉菌作用，对细菌也有抑制作用，唯活性较弱。

变形螺甾烷醇类皂苷，天然产物中尚不多见，如aculeatiside A和B可作为此类皂苷的例子，两者是由民间用于治疗支气管炎和风湿病的茄科植物喀西茄（*Solanum aculeatissimum*）根中提得的。都是纽替皂苷元(nuatigenin)的衍生物，F环是一个五元四氢呋喃环，C-26位羟基和β-D-葡萄糖结合成苷键。而C-3位糖是有区别的，前者3-OH连有马铃薯三糖（β-chacotriose），后者3-OH连有茄三糖（β-solatriose）。

aculeatiside A

R=Rha $\overset{4}{-}$ Glc-(β-chacotriose)—（Glc 2位连Rha）

aculeatiside B

R=Glc $\overset{3}{-}$ Gal-(β-solatriose)—（Gal 2位连Rha）

当上述两种变形螺甾烷醇皂苷经酸性水解，在水解产物中可分离得到纽替皂苷元和异纽替皂苷元（isonuatigenin）。这是由于纽替皂苷元中四氢呋喃环（F环）上羟甲基与葡萄糖形成苷，当水解除去葡萄糖后，F环能迅速重排为六元环的异纽替皂苷元，而具有正常的螺甾烷侧链，唯C-25位有羟基取代。纽替皂苷元不是正常的螺甾烷醇衍生物，可认为是变形的螺甾烷醇衍生物。

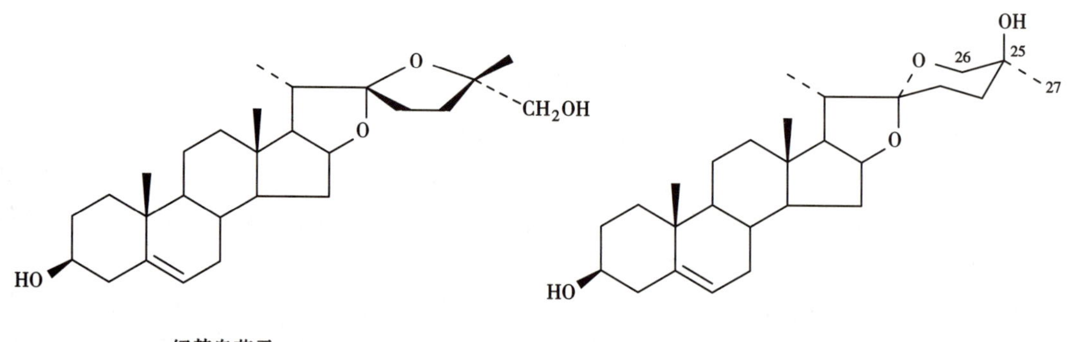

纽替皂苷元　　　　异纽替皂苷元

甾体皂苷所含糖类，主要以 D- 葡萄糖、D- 半乳糖、D- 木糖、L- 鼠李糖、L- 阿拉伯糖为主。也有关于甾体皂苷含芹糖的报道。当糖单元在 3 个以上时，糖链多以分支形式存在。

二、甾体皂苷的生物合成

国内外对甾体皂苷生物合成途径的早期研究主要集中在薯蓣科，并于 1965 年证明胆甾醇（cholesterol）是薯蓣皂苷元（diosgenin）合成的前体[13]。在甾体皂苷的生物合成中，胆甾醇侧链经过包括 C-16、C-22、C-26（C-27）的羟基化，C-22 氧化成羰基等一系列反应后，生成的中间体环化为半缩酮，形成呋甾烷醇，继而生成甾体皂苷元的螺缩酮结构[2-3]。在此过程中，半缩酮在葡萄糖基转移酶（UDPGlc）的作用下，C-20 位羟基可能形成糖苷键，生成呋甾烷型甾体皂苷，但该 C-26 位糖苷键易水解，水解后侧链自动环合生成螺缩酮，转换为螺甾烷醇苷元（图 8-11）。

甾体皂苷生物合成途径涉及的酶主要包括与萜类共同途径的酶、生成甾体母核的各种环化酶、甾体皂苷元生成过程中负责结构修饰的各种催化酶，如各种氧化酶，甲基转移酶，以细胞色素 P450 酶为主的 C-26（C-27）、C-16、C-22 羟化酶，负责催化甾体皂苷糖苷键形成的甾体皂苷糖基转移酶（steroidal glycosyltransferase, SGTase）[14]。目前对甾体皂苷生物合成的研究仍然较少，对其具体的催化过程、结构修饰和转录水平的调控机制的了解尚不清晰。

甾体皂苷由于其多样化的生物活性及药用价值，具有良好的药物开发潜力和应用前景。然而其在植物中极低的含量，无法满足商业需求。对甾体皂苷生物合成途径中的关键酶和基因及其生物合成调控机制进行研究，利用基因工程、发酵工程等手段进行甾体皂苷的生产，有利于实现生物活性甾体皂苷的大量生产，解决药用植物资源匮乏的问题。

三、甾体皂苷的理化性质

1. 甾体皂苷元多有较好结晶态，能溶于石油醚、三氯甲烷等亲脂性溶剂中，而不溶于水，它的熔点常随着羟基数目增加而升高，单羟基物都在 208℃以下，三羟基物都在 242℃以上，多数双羟基或单羟基酮类介于两者之间。

甾体皂苷元若与糖结合成为苷类，尤其是与寡糖结合成皂苷后，则一般可溶于水，易溶于热水、稀醇，几乎不溶于或难溶于石油醚、苯、乙醚等亲脂性溶剂。

2. 甾体皂苷所具有的表面活性和溶血作用等与三萜皂苷相似，但 F 环开裂的皂苷往往不具溶血作用，而且表面活性降低。此外，甾体皂苷水溶液可与碱式醋酸铅或氢氧化钡等碱性盐类生成沉淀。

3. 甾体皂苷与甾醇形成分子复合物 甾体皂苷的乙醇溶液可被甾醇（常用胆甾醇）沉淀。生成的分子复合物用乙醚回流提取时，胆甾醇可溶于醚，而皂苷不溶，从而可以纯化皂苷和检查是否有皂苷类成分存在。除胆甾醇外，其他凡是含有 C-3 位 β-OH 的甾醇（如 β- 谷甾醇、豆甾醇、麦角甾醇等）均可与皂苷结合生成难溶性分子复合物。若 3-OH 为 α 取向，或者当 3-OH 被酰化或者生成苷键，就不能与皂苷生成难溶性的分子复合物。而且当甾醇 A/B 环为反式，或具有Δ^5 的结构，形成的分子复合物溶度积最小。三萜皂苷与甾醇形成的分子复合物不及甾体皂苷稳定。

4. 甾体皂苷在无水条件下，遇某些酸类亦可产生与三萜皂苷相类似的显色反应。只是甾体皂苷与乙酸酐 - 硫酸反应在颜色变化中最后出现绿色，三萜皂苷最后出现红色。与三氯乙酸反应时，三萜皂苷须加热到 100℃才能显色，而甾体皂苷加热至 60℃，即发生颜色变化。

四、甾体皂苷的提取与分离

甾体皂苷的提取与分离方法，基本与三萜皂苷相似。不过，甾体皂苷一般不含羧基，呈中性（因此

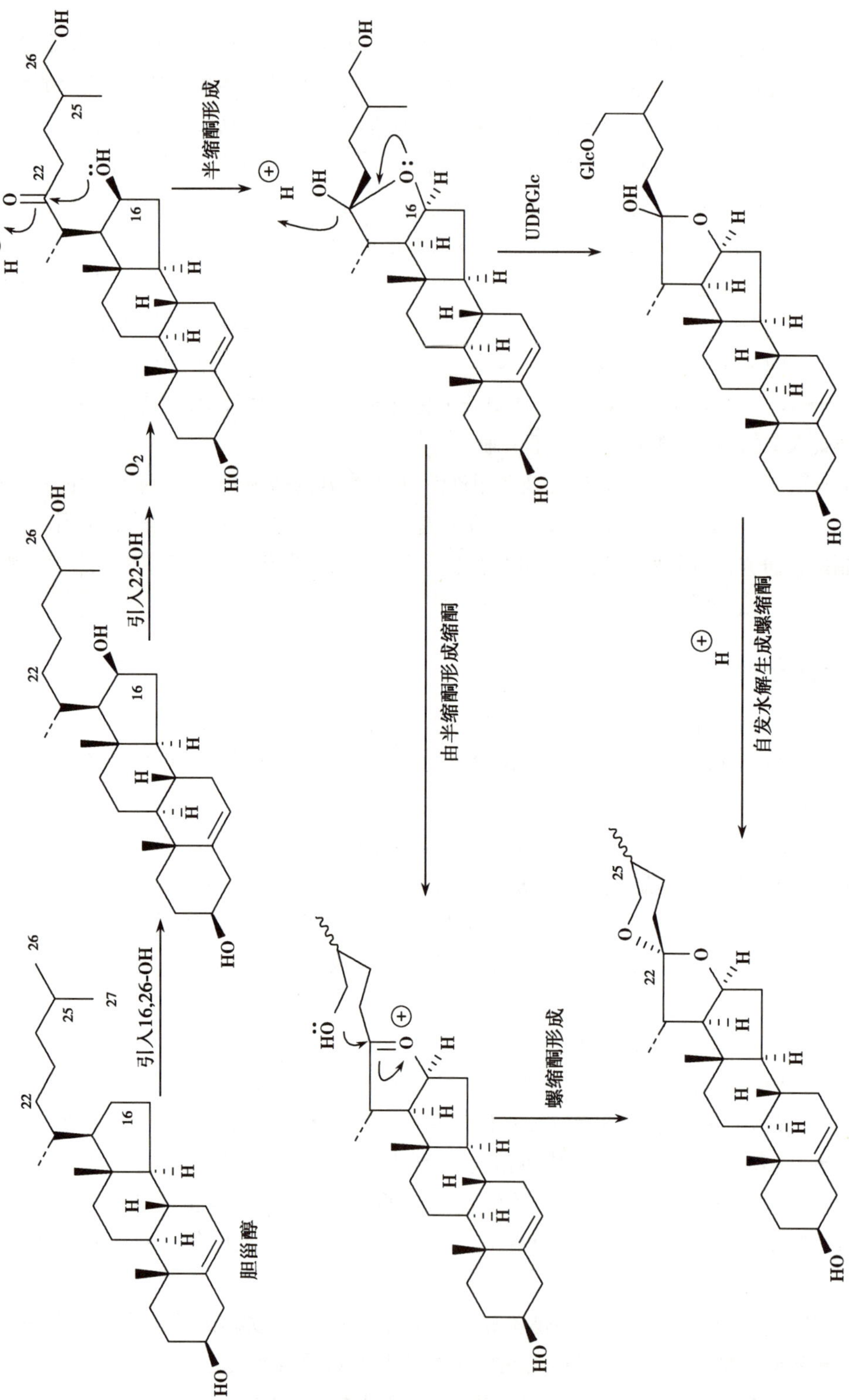

图 8-11　甾体皂苷的生物合成途径

甾体皂苷俗称中性皂苷)，亲水性较弱。甾体皂苷元如薯蓣皂苷元、剑麻皂苷元、海柯皂苷元为合成甾体激素和甾体避孕药物的重要原料。因此，将甾体皂苷进行水解，提取其皂苷元较为有实用价值。现介绍薯蓣皂苷元的提取方法。

我国薯蓣科薯蓣属植物资源丰富，种类多，分布南北各地。其根茎中含有大量的薯蓣皂苷。作为薯蓣皂苷元生产原料的主要有盾叶薯蓣(俗称黄姜)(*Dioscorea zingiberensis*)和穿龙薯蓣(*D. nipponica*，又称穿地龙)的根茎。生产上多采用所谓酸水解法，是先将植物原料加水浸透后，再加水 3.5 倍，并加入浓硫酸，使成 3% 浓度。然后通蒸汽加压进行水解反应(8 小时)。水解物用水洗去酸性，干燥后粉碎(含水量不超过 6%)，置回流提取器中，加 6 倍量汽油(或甲苯)提取 20 小时。提取液回收溶剂，浓缩至约 1∶40，室温放置，使结晶完全析出，离心甩干，用乙醇或丙酮重结晶，活性炭脱色，即得薯蓣皂苷元，此法收率比较低，只有 2% 左右。如果将植物原料在酸水解前经过预发酵或自然发酵，既能缩短水解时间，又能提高薯蓣皂苷元的收率。文献有报道带水提取薯蓣皂苷元的工艺，即水解物含水 50% 即用汽油进行提取。

此外，也可根据甾体皂苷元难溶于或不溶于水，而易溶于多数常见的有机溶剂的性质。自原料中先提取粗皂苷，将粗皂苷加热加酸水解，然后用三氯甲烷等有机溶剂自水解液中提取皂苷元。

甾体皂苷目前研究很多，实验室和工业生产中多采用溶剂法提取，主要使用甲醇或稀乙醇作溶剂，提取液回收溶剂后，用水稀释，经正丁醇萃取或大孔吸附树脂纯化，得粗皂苷，最后用硅胶柱色谱进行分离或高效液相制备，得到单体，常用的洗脱剂有不同比例的三氯甲烷∶甲醇∶水混合溶剂和水饱和的正丁醇。

五、甾体皂苷元的波谱特征

(一) 紫外光谱

饱和的甾体化合物，在 200~400nm 间没有吸收，如果结构中引入孤立双键、羰基、*α*,*β*- 不饱和酮基或共轭双键，则可产生吸收。一般来说，含孤立双键苷元在 205~225nm 有吸收(ε 900 左右)，含羰基苷元在 285nm 有一个弱吸收(ε 500)。具 *α*,*β*- 不饱和酮基在 240nm 有特征吸收(ε 11 000)，共轭二烯系统在 235nm 有吸收。但不含共轭体系的甾体皂苷元，如先用化学方法，制备成具有共轭体系的反应产物，然后测定产物的紫外光谱，可以为结构鉴定提供线索。例如当甾体皂苷元经降解、氧化、脱水，若得到的产物含有 *α*,*β*- 不饱和酮的部分结构(Ⅰ式)，在 239nm 处应有吸收。若皂苷元 C-14 位有羟基取代，反应后则应得到具有$\Delta^{14,16}$- 二烯 -20- 酮的部分结构的产物(Ⅱ式)，在 307~309nm 处应有典型吸收，借此可用来判断 C-14 位是否有羟基的存在[1]。

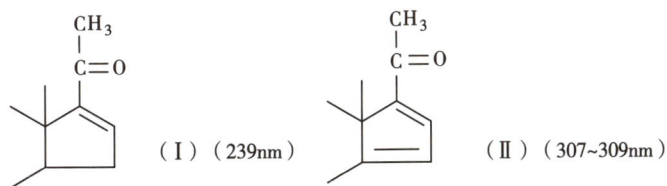

(Ⅰ)(239nm)　　(Ⅱ)(307~309nm)

如将甾体皂苷元溶于浓硫酸，40℃加热 1 小时，于 220~600nm 测定吸收峰和 lgε 值，并和标准品光谱进行对照，可借以鉴别不同的甾体皂苷元[1]。

(二) 红外光谱

甾体皂苷元含有螺缩酮结构的侧链，在红外光谱中几乎都能显示出 980cm^{-1}(A)、920cm^{-1}(B)、900cm^{-1}(C)和 860cm^{-1}(D)附近的 4 个特征吸收谱带，且 A 带最强。在 25*S* 型皂苷或皂苷元中，B 带 >C 带；在 25*R* 皂苷或皂苷元中则是 B 带 <C 带。因此，能借以区别 C-25 位的两种立体异构

体。例如以菝葜皂苷元代表 25*S* 型化合物，以丝兰皂苷元代表 25*R* 型化合物，比较它们的光谱，如图 8-12 所示 [1]。

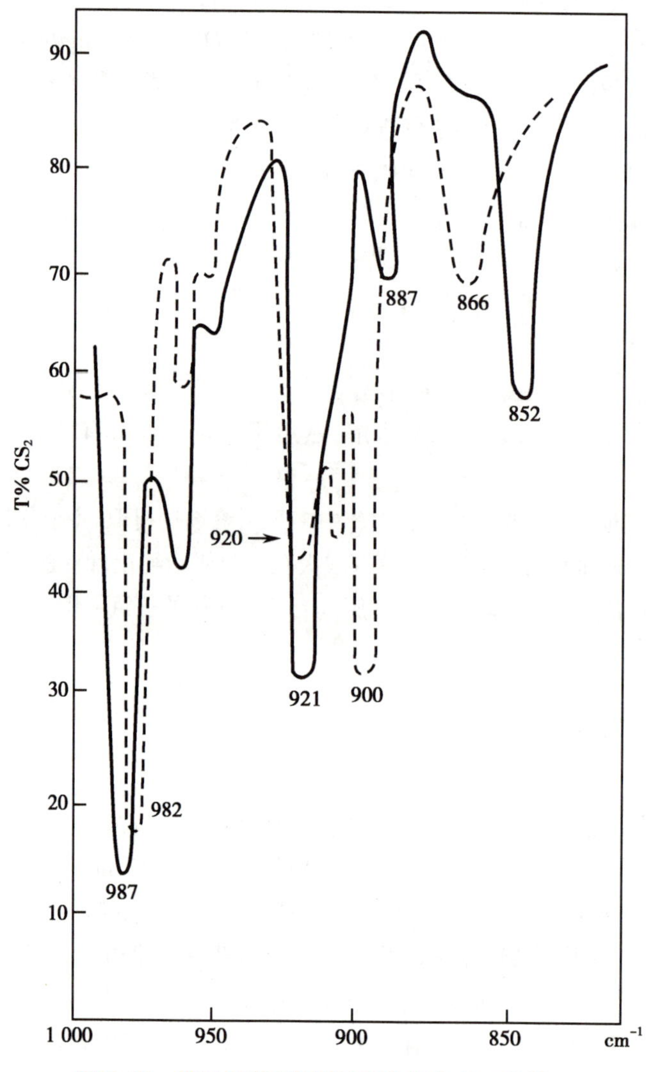

图 8-12 甾体皂苷元螺缩酮结构的红外吸收特征

菝葜皂苷元（25*S*）——；丝兰皂苷元（25*R*）------。

在 25*S* 型化合物中，921cm^{-1}（B）吸收强度大于 887cm^{-1}（C）的吸收强度。而 25*R* 型化合物中正好相反，920cm^{-1}（B）强度小于 900cm^{-1}（C）。如果是两种差向异构体的混合物，则 B 带、C 带的强度应相近。甾体皂苷元若是$\Delta^{25(27)}$衍生物，在 920cm^{-1} 附近有强吸收，更应有因双键引起的 1 658 和 878cm^{-1} 的吸收峰。C-25 上有羟基取代的皂苷元，除保留 25*S* 苷元中 B 带强吸收和 25*R* 苷元中 C 带强吸收外，A 带都很弱。如果 C-25 上有羟甲基取代，红外光谱变化较大，无法用上述四条谱带来讨论 C-25 的立体化学，其特点是 25*S* 在 995cm^{-1} 处显示强吸收，25*R* 在 1 010cm^{-1} 附近显示强吸收。F 环开裂后亦无这种螺缩酮（spiroketal）结构的特征吸收。

甾体皂苷元的羟基红外伸展频率约为 3 625cm^{-1}，弯曲频率在 1 080~1 030cm^{-1}，3-OH 的红外与 A/B 环的构型有一定关系。故当 3-OH 构型为已知时，可利用 3-OH 于红外光谱中表现的特征峰来推测 A/B 环的构型（表 8-7）。这是因为所有甾体衍生物（包括甾体皂苷元），3-OH 在 1 050~1 000cm^{-1} 均有吸收。

表 8-7　3-OH 甾体衍生物的红外光谱特征

A/B	3-OH	υ_{OH}/cm^{-1}	3-OH	υ_{OH}/cm^{-1}
顺(5β-H)	α(e)	1 044~1 037	β(a)	1 036~1 032
反(5α-H)	β(e)	1 040~1 037	α(a)	1 002~996
Δ^5	β(e)	1 052~1 050	α(a)	1 034*

注：* 石蜡糊，其余为 CS_2 溶液；e 为横键，a 为竖键。

甾体皂苷元中 C-11 或 C-12 为羰基时(非共轭体系)，有一个吸收峰在 1 715~1 705cm^{-1}，C-11 位羰基的频率稍偏高于 C-12 位羰基。如果 C-12 位羰基成为 α,β- 不饱和酮的体系，则有 1 605~1 600cm^{-1} ($\upsilon_{C=C}$) 及 1 679~1 673cm^{-1} ($\upsilon_{C=O}$)；两个吸收峰。

(三) 质谱

甾体皂苷元由于分子中有螺甾烷侧链，在质谱中均出现很强的 *m/z* 139 的基峰，中等强度的 *m/z* 115 的碎片离子峰及一个弱的 *m/z* 126 辅助离子峰[1]。这些峰的裂解途径可解释如下：

m/z 139

m/z 126

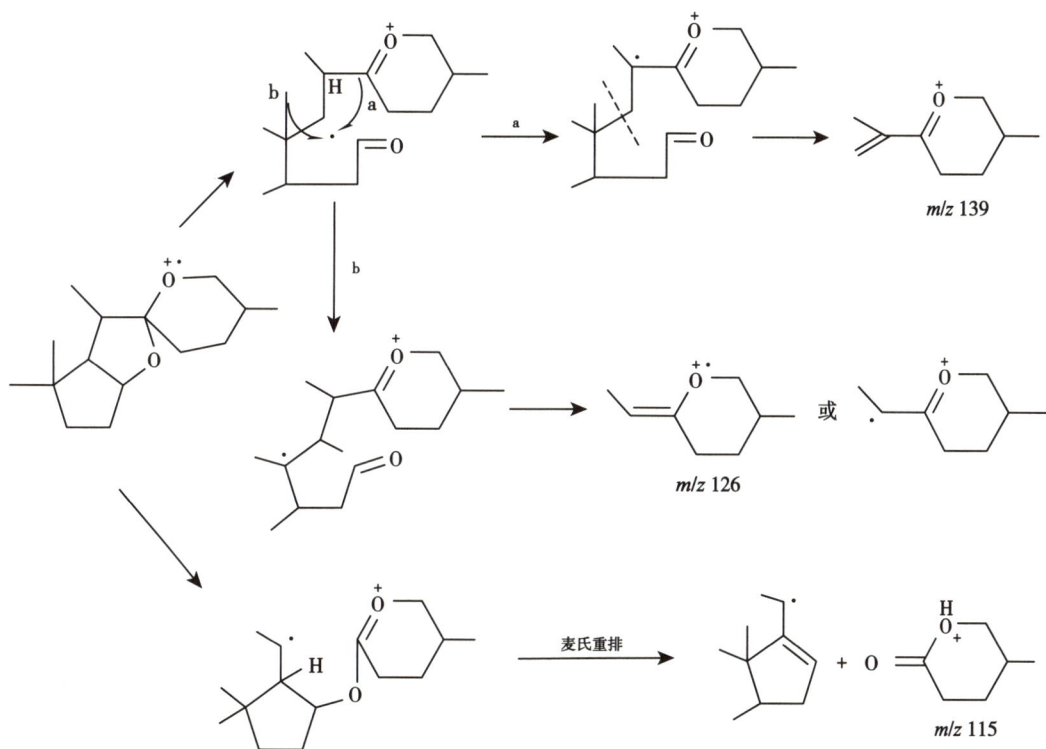

麦氏重排

m/z 115

若 C-25 或 C-27 位有羟基取代，这三个峰均发生质量位移，上移 16u，为 *m/z* 155、131 及 142。C-25、C-27 位有双键取代时，这三个峰均下移 2u，为 *m/z* 137、113 及 124。但 C-23 位有羟基取代的皂苷元，其 *m/z* 139 基峰消失。也没有质量位移的相应峰。C-17 位有 α-OH 取代，*m/z* 139 峰强减弱，而 *m/z* 126 成为基峰，并出现 *m/z* 155(72%)、153(33%)的 2 个峰[15]。

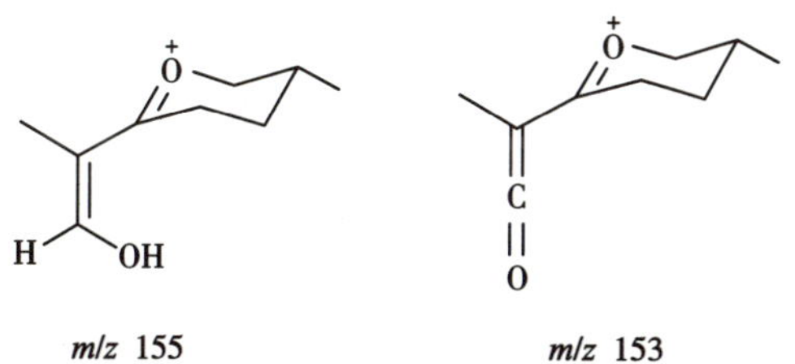

m/z 155　　*m/z* 153

（四）液质联用（LC-MS^n）

近几年来，随着新颖电离技术、质量分析技术的发展，LC-MS^n 在皂苷的结构鉴定中起着越来越重要的作用。通常，MS^n 可以提供丰富的结构信息。对皂苷的质谱裂解过程进行研究，不仅可以找出苷元分子的立体结构、取代基位置及种类和多环稠合方式对质谱裂解的影响，得出规律，还可以获得糖链中糖的种类、数目及连接顺序等信息。这些规律对于测定同种皂苷类型的新化合物结构有重要的参考意义。

明继阳等 [16] 通过对知母中所含甾体皂苷的质谱裂解规律进行总结，采用 LC-MS^n 方法从知母甲醇提取物中鉴定了 15 个甾体皂苷化合物。ZHU J B 等 [17] 采用 LC-MS^n 方法从盾叶薯蓣（*Dioscorea zingiberensis*）70% 乙醇提取物中共鉴定了 31 个甾体皂苷，包括 14 个微量新皂苷。研究结果表明，LC-MS^n 方法在甾体皂苷结构鉴定研究中不仅克服了紫外吸收弱的特点，而且是一种灵敏度高、选择性好的快速鉴定方法。

（五）核磁共振氢谱

甾体皂苷元的核磁共振氢谱中，在高场区有 4 个甲基（即 18、19、21、27 位甲基）的特征峰。18-CH_3 和 19-CH_3 为角甲基，均为单峰，前者处于较高场，21-CH_3 和 27-CH_3 因被邻位氢偶合，均为双峰，后者处于较高场，容易辨认。如果 C-25 位有羟基取代，则 27-CH_3 成为单峰，并向低场位移。C-16 位和 C-26 位上的氢是与氧同碳的质子，处于较低场，亦比较容易辨认。而其他各碳原子上氢的化学位移相近，彼此重叠，难于识别。

27-CH_3 的化学位移值，还因其构型不同而有区别。甲基为 α- 取向（横键，25*R* 构型）的化学位移值要比 β- 取向（竖键，25*S* 构型）处于较高场，因此可利用 27-CH_3 的 δ 值来区别 25*R* 和 25*S* 两种异构体。27-CH_3 的取向也可用溶剂效应进行测定，在 $CDCl_3$ 和 C_6D_6 中分别测定$\Delta\delta CDCl_3$-C_6D_6 值，如 27-CH_3 为 α 键（25*R*）时，$\Delta\delta CDCl_3$-C_6D_6 值为 0.08~0.13；为 β 键（25*S*）时，为 –0.02。这两种异构体在核磁共振氢谱中的区别，还表现在 C-26 两个氢的谱带 [1]。在 25*R* 异构体中，C-26 两个氢的化学位移相似，25*S* 异构体中，两个氢的化学位移差别较大。例如 bahamgenin（25*R* 型），在 $CDCl_3$ 中测定，C-26 位两个氢的化学位移值都是 δ 3.36。而菝葜皂苷元（25*S* 型）的 C-26 位两个氢的化学位移值分别为 δ 3.30 和 δ 3.95。

除化学位移外，偶合常数也是确定结构的重要参数。例如化合物Ⅰ，已知 H-5 为 β- 取向，在氢谱中 H-4 的化学位移为 δ 5.63（d，$J_{H-4,5}$=12Hz），根据 *J* 值示 H-4 与 H-5 是反式双直立关系，因此推断 4-OAc 是横键，β- 取向，即 H-4 为竖键，α- 取向。H-2 化学位移为 δ 5.35（dd，*J*=14、6Hz）与 C-1 位两个氢的偶合常数分别是 14Hz 与 6Hz，为 *J*ae、*J*aa 偶合，说明 H-2 是竖键，α- 取向，因此 2-OAc 应为横键，β- 取向。在化合物Ⅱ的氢谱中，H-3 为 δ 3.52（dd，*J*=9.0、9.5Hz），说明 H-3 和 H-2、H-4 均为反式双直立关系。从而推断化合物Ⅱ中三个羟基是 2β、3α、4β 构型 [1]。

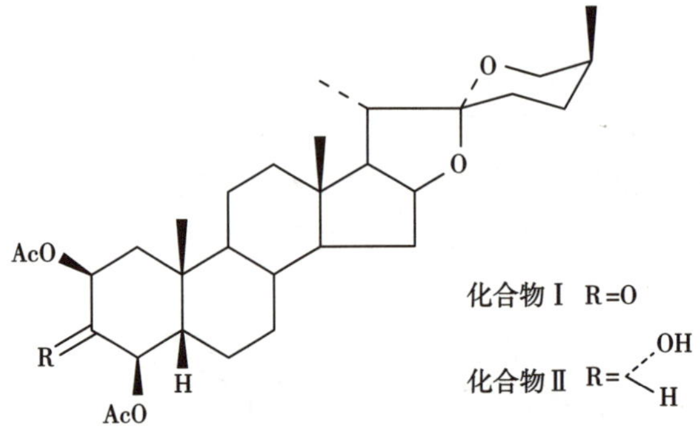

AcO　R　H　AcO　O　O

化合物Ⅰ　R=O

化合物Ⅱ　R=<(OH)(H)

（六）核磁共振碳谱

由于碳谱宽度比氢谱约大 30 倍，分子微小差异就能引起碳谱化学位移的区别，并可利用全氢去偶、偏共振去偶和高分辨碳谱及弛豫时间测量，得到的参数几乎可以将皂苷元分子中 27 个碳（包括季碳和羰基碳）的特征峰都能辨认出来。如碳原子上有羟基取代，化学位移将向低场位移 40~45 个化学位移单位，如羟基与糖结合成苷，则发生苷化位移，再向低场位移 6~10 个化学位移单位；碳原子形成双键后，将向低场位移至 δ 115~150 范围内；碳原子形成羰基后，将移至 δ 200 左右；18、19、27 位的 3 个甲基的化学位移均低于 δ 20。在 A/B 环为反式连接时（即 5α-H），19-CH_3 的化学位移在 δ 12 左右，但当 A/B 环为顺式连接时（即 5β-H），19-CH_3 将向低场位移至 δ 23，同时 1~9 位碳都不同程度地向高场位移。C-16 因连接氧，其化学位移一般在 δ 80 左右，C-22 位连氧碳则在 δ 109 左右，这两个碳在图谱中都较易被找到。

根据已知皂苷的 ^{13}C-NMR 谱化学位移数据，并参考取代基对化学位移的影响，采用分析比较的方法，有可能确定各种甾体皂苷元各个碳的化学位移，推定皂苷元可能的结构。表 8-8 提供了常见的甾体皂苷元及皂苷的 ^{13}C-NMR 数据 [18]，有关糖链的结构测定，请参照第二章“糖和苷”的内容。

表 8-8　常见的甾体皂苷元和皂苷的 ^{13}C-NMR 数据（100MHz，C_5D_5N）

碳	化合物						
	1	2	3	4	5	6	7
1	37.0	38.6	29.9	29.9	36.5	40.4	40.1
2	31.5	22.2	27.8	27.8	31.2	67.3	67.3
3	71.2	26.8	67.0	67.0	70.7	82.1	82.1
4	38.2	29.0	33.6	33.6	37.8	32.0	31.9
5	44.9	47.0	36.3	36.5	44.6	36.7	36.6
6	28.6	29.0	26.5	26.6	28.3	26.3	26.3
7	32.3	32.4	26.5	26.6	31.4	26.8	26.9
8	35.2	35.2	35.3	35.3	34.4	35.6	35.3
9	54.4	54.8	40.3	40.3	55.5	40.7	41.4
10	35.6	36.4	35.3	35.3	36.0	37.2	37.1
11	21.1	20.6	20.9	20.9	37.8	21.4	21.5
12	40.1	40.1	39.9	39.9	213.0	40.7	40.6
13	40.6	40.6	40.7	40.6	55.0	41.2	43.9
14	56.3	56.5	56.5	56.4	55.8	56.3	54.7
15	31.8	31.7	31.8	31.7	31.5	32.4	31.5
16	80.7	81.3	80.9	80.9	79.1	81.2	84.6
17	62.2	62.0	62.4	62.1	53.5	64.1	64.7
18	16.5	16.5	16.4	16.5	16.0	16.7	14.5
19	**12.4**	**12.3**	**23.8**	**23.9**	**12.0**	**23.9**	**23.9**
20	41.6	41.5	41.6	42.1	42.2	41.5	103.7
21	14.5	14.4	14.4	14.3	13.2	16.3	11.9
22	109.0	108.8	109.1	109.5	109.0	112.7	152.4
23	31.4	24.7	31.4	27.1	31.2	30.9	34.4
24	28.8	32.7	28.8	25.8	28.8	28.3	23.7
25	30.3	66.6	30.0	26.0	30.2	34.3	33.5
26	66.7	68.9	66.8	65.0	66.8	75.2	75.0
27	17.1	27.0	17.1	16.1	17.1	17.2	17.4

续表

碳	化合物						
	1	2	3	4	5	6	7
Gal-1						103.4	103.5
2						81.9	81.7
3						75.2	75.2
4						69.8	69.7
5						77.0	77.0
6						62.0	62.0
Glc-1						106.3	106.3
2						77.0	77.0
3						78.1	78.0
4						71.8	71.8
5						78.5	78.5
6						62.9	62.9
C-26 sugar							
Glc-1						105.0	104.9
2						75.2	75.2
3						78.7	78.6
4						71.8	71.8
5						78.5	78.5
6						62.9	62.9

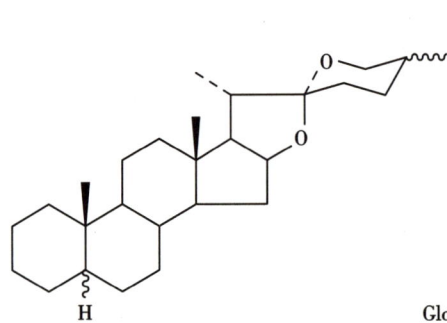

1. (25*R*)-5*α*-螺甾-3-醇
2. (25*S*)-5*α*-螺甾-25-醇
3. (25*R*)-5*β*-螺甾-3*β*-醇
4. (25*S*)-5*β*-螺甾-3*β*-醇
5. 3*β*-羟基-(25*R*)-5*α*-螺甾-12-酮

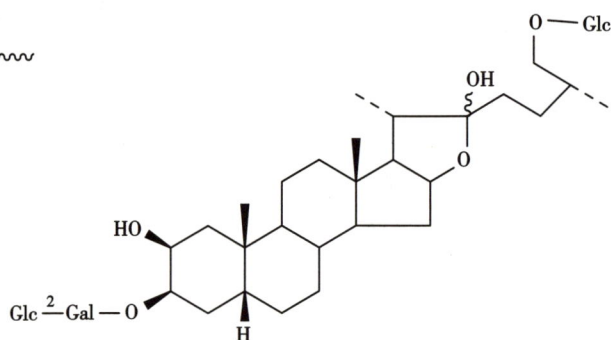

6. 薤白苷J

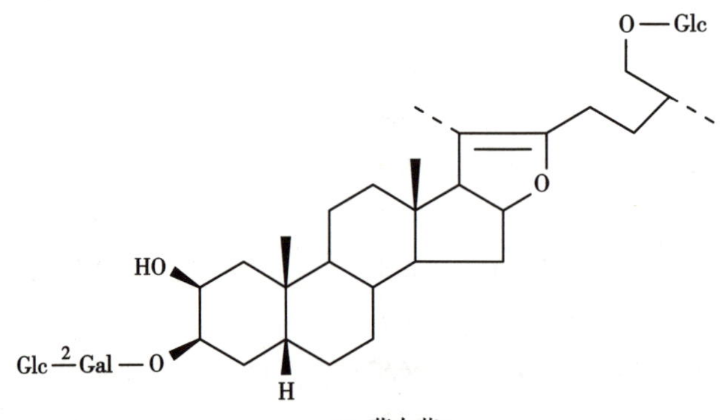

7. 薤白苷L

六、甾体皂苷的生物活性

甾体皂苷具有广泛的生物活性，随着甾体皂苷化学的发展，一些新的甾体皂苷类药物开始进入临床使用，并取得满意的结果。如前文所述的临床治疗心脑血管疾病的有效药物，地奥心血康胶囊和心脑舒通片的主要成分就是甾体皂苷。对许多甾体皂苷的生物活性研究结果显示，其还具有抗肿瘤、抗炎、抗真菌、降血糖、免疫调节、驱虫等活性。

1. 抗肿瘤作用　甾体皂苷通过诱导肿瘤细胞凋亡和自噬、调节肿瘤微环境、细胞毒活性以及抑制血管生成等多条途径发挥抗肿瘤作用[19]。

三角叶薯蓣皂苷（deltonin）已经被证明具有高效的抗肿瘤细胞活性，它的体外抗肿瘤机制是通过诱导细胞凋亡以及作用于蛋白激酶通路来抑制血管生成，从而造成肿瘤组织细胞明显凋亡[20]。

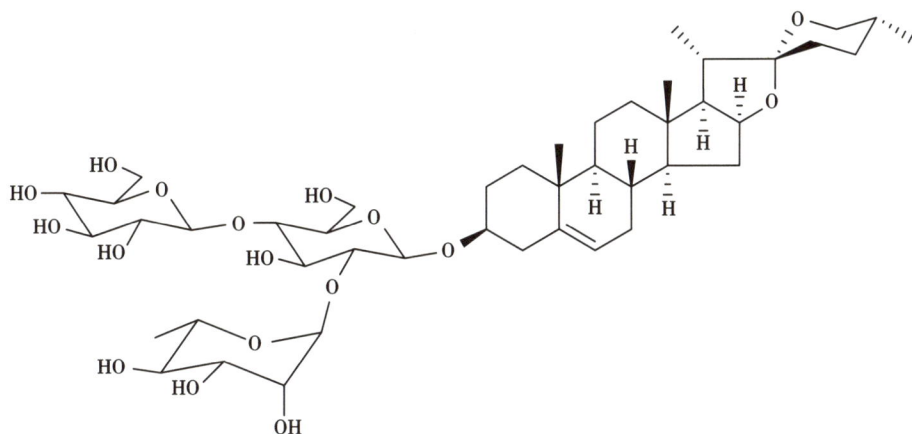

三角叶薯蓣皂苷

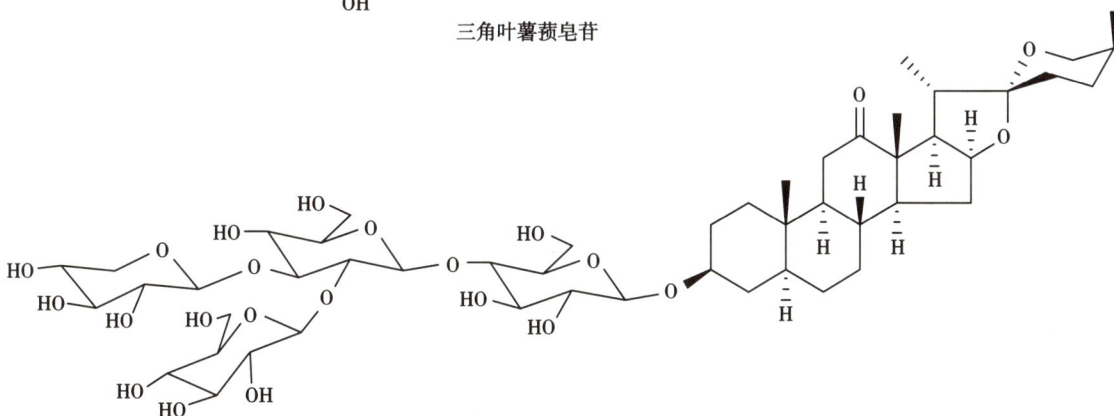

蒺藜皂苷D

血管生成是肿瘤侵袭和转移的关键，它依赖于血管生成因子（如 VEGF 和整合素）的直接作用。从蒺藜（*Tribulus terrestris*）中分离的蒺藜皂苷 D（terrestrosin D）可抑制 PC-3 细胞系和异种移植癌细胞的 VEGF 分泌和血管生成；在 PC-3 异种移植小鼠模型中，蒺藜皂苷 D 通过半胱天冬酶非依赖性途径诱导 PC-3 细胞系凋亡并抑制肿瘤生长[21]。

2. 抗炎作用　近年来，甾体皂苷的抗炎作用引起了研究者的关注，发现其在多种疾病及动物疾病模型中具有抗炎作用。知母皂苷是中药知母的药效物质，具有多种生物活性。研究表明，知母皂苷可明显抑制 LPS 诱导的 RAW264.7 细胞中 NO、TNF-α、IL-6、iNOS 的释放，并且能下调 RAW264.7 细胞 NF-κB p65 蛋白表达，通过下调 NF-κB-iNOS-NO 信号通路，抑制炎症因子的过度表达，从而抑制炎症反应[22]。

七叶一枝花（*Paris polyphylla* var. *chinensis*）与云南重楼（*P. polyphylla* var. *yunnanensis*）作为中药

重楼的基源植物收载于 2020 年版《中国药典》。中药重楼具有清热解毒、消肿止痛、凉肝定惊的功效，常用于疔疮痈肿、咽喉肿痛、蛇虫咬伤、跌扑损伤等症，是多种中成药（如云南白药、宫血宁、季德胜蛇药片）的重要原料之一。采用镇痛、抗炎实验对七叶一枝花根茎和地上部分提取物进行活性部位追踪，研究发现，七叶一枝花中的甾体皂苷类成分是其抗炎主要活性部位，其中呋甾皂苷、偏诺皂苷和薯蓣皂苷三类组分均有显著的抗炎作用，尤其以偏诺皂苷组的作用最强[23]。

3. 抗真菌作用　甾体皂苷具有显著的抗真菌作用，抑菌活性与苷元结构相关，而不同寡糖链可以改变其抑制作用的大小，螺甾烷皂苷的抑制作用随着寡糖链中单糖数目增加而增强。YANG C R 等[24]对从单子叶植物中提取的 22 种甾体皂苷及 6 种甾体皂苷元进行了抗真菌活性构效关系研究。替告皂苷显示有显著的抗真菌活性，而与替告皂苷元相比，6 位、22 位上有羟基及 12 位有羰基的红光皂苷、绿莲皂苷及海柯皂苷类成分的抗真菌活性非常弱，即便是与替告皂苷具有相同的寡糖链结构；具有 5,6 位双键的薯蓣皂苷则显示与替告皂苷不同的抗真菌谱。糖链中糖的数量对甾体皂苷的抗真菌活性亦有影响，4 个糖以下的甾体皂苷几乎不具有抗真菌活性。此外，糖的种类也影响甾体皂苷的抗真菌活性。

从葱属植物 *Allium minutiflorum* 中分离出的 3 种具有抗菌活性的甾体皂苷，抗菌活性大小为：minutoside B>minutoside C>>minutoside A，比较呋甾烷和螺甾烷的抗真菌活性发现螺甾烷苷元的抗菌活性更具优势，这也进一步证实了 F 环是这类化合物具有抗真菌活性的结构基础[25]。

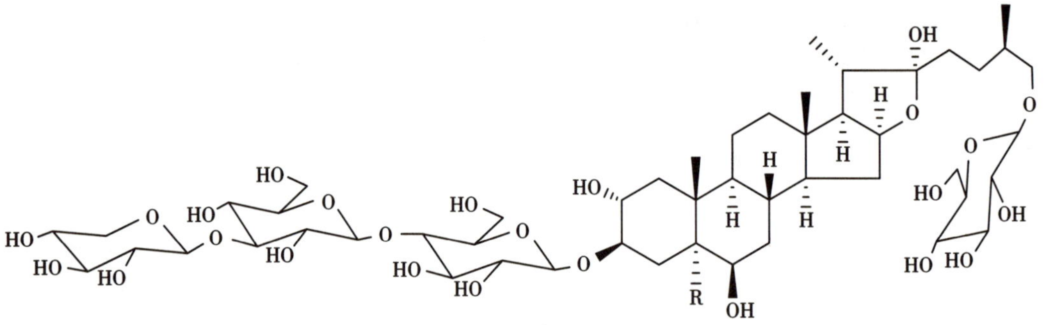

minutoside A　R=H

minutoside C　R=OH

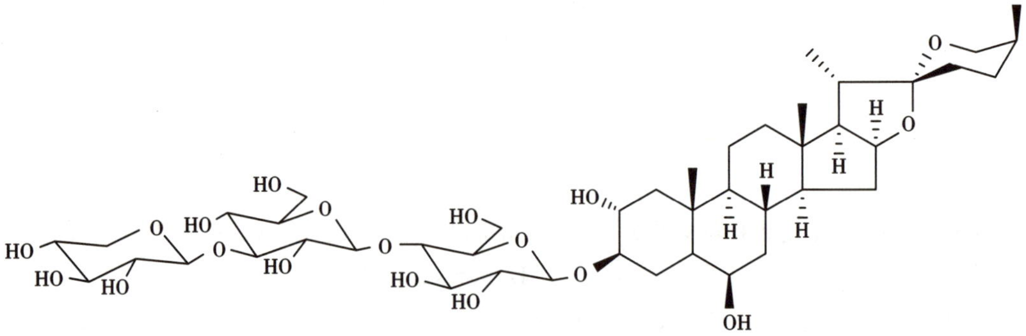

minutoside B

4. 抗病毒作用　文献[26]报道薯蓣皂苷对腺病毒、乙型肝炎病毒和水疱性口炎病毒具有体外抗病毒活性，尽管其疗效在感染的不同阶段有所不同。薯蓣皂苷不仅能在初期阻断腺病毒感染情况，还能影响宿主细胞对病毒感染的反应。293 个经薯蓣皂苷处理的细胞腺病毒受体（CAR）mRNA 水平下降，并且薯蓣皂苷对 HBV 阳性细胞株 $HepG_2$-2.2.15 中 HBeAg 和 HBsAg 分泌有一定的抑制作用。

5. 降糖作用　薯蓣皂苷对链脲佐菌素诱导的大鼠 2 型糖尿病治疗作用的研究结果表明，薯蓣皂

苷可降低空腹血糖、改善口服糖耐量、显著提高胰岛素耐受水平、提升血清中胰岛素含量；并且可增加肝糖原的储备、降低脂质空泡生成、减轻肝脏损伤。进一步的研究表明，薯蓣皂苷可以下调 TNF-α、IL-6、COX-2、PEPCK、G6Pase、GSK-3β、PPARγ、CPT1、ACO、FAS 蛋白和基因的表达，降低 MAPK 磷酸化水平，上调 IRS-1、GLU-4、p-AKT、p-AMPK1、PFK、PK、SREBP-1c、ACC、SCD1 等基因和蛋白表达，其对糖尿病的治疗作用可能是通过改善高脂血症和胰岛素抵抗、减少内质网应激和氧化应激、清除过量炎症因子来共同实现的。

6. 神经保护作用　知母皂苷 BⅡ是中药知母中最主要的甾体皂苷，具有良好的改善学习记忆功能的作用，口服可显著改善双侧颈总动脉结扎模型大鼠、东莨菪碱模型小鼠和 D- 半乳糖致衰老模型小鼠的学习记忆功能，并可显著提高模型动物血清中 BDNF、ICAM-1、VCAM-1、SOD 活性及 MDA 含量。知母皂苷 BⅡ改善学习记忆功能的机制，一方面是通过上调胆碱能 N 受体及 M 受体，另一方面是通过扩张血管、抑制血栓形成、改善脑缺血及其损伤来实现的 [27]。

7. 其他作用　除了上述活性外，甾体皂苷还具有免疫调节、保护肝脏、抗尿酸血症、肾脏保护、治疗骨质疏松、减少紫外线造成的损伤及驱虫等作用。

七、甾体皂苷的研究实例

蒺藜（*Tribulus terrestris*）为蒺藜科蒺藜属一年生草本植物，其别名有刺蒺藜、硬蒺藜、白蒺藜、山羊头等。该植物原产于地中海地区，现在广泛分布于欧洲、亚洲、美洲、非洲和大洋洲的热带地区。一般生于荒丘、田边、路旁，分布于全国各地，长江以北最普遍。其果实始载于《神农本草经》，列为上品。《中国药典》2020 年版收载了蒺藜科植物蒺藜的干燥成熟果实作为蒺藜入药，其花、苗、根也有药用记载。蒺藜具有平肝解郁、活血祛风、祛痰止咳、明目、利尿、止痒之功效，临床用于治疗头痛、头晕、气管炎、目赤多泪、高血压、皮肤瘙痒和风疹等症。已从蒺藜中分离得到黄酮、生物碱、有机酸、多糖及甾体皂苷等化学成分。其中，尤以甾体皂苷类成分研究较多，以蒺藜总皂苷为主要成分的制剂心脑舒通片在临床用于防治缺血性心脑血管疾病取得了满意效果。陈海生等对蒺藜进行了系统的化学成分研究，从中分离鉴定了 18 种甾体皂苷，现将其中的 (25*R*)-3*β*- 羟基 -5*α*- 螺甾 -12- 酮 -3-*O*-*β*-D- 吡喃葡萄糖 (1-2)-*β*-D- 吡喃葡萄糖 (1-4)-*β*-D- 吡喃半乳糖苷（化合物 **1**）的提取分离和结构测定介绍如下 [28]。

化合物 1 结构解析（拓展阅读）

提取分离：蒺藜干燥全草（10.7kg）以 75% 乙醇回流提取 3 次，回收乙醇得浸膏，用水稀释后依次用石油醚、三氯甲烷和水饱和的正丁醇萃取。正丁醇层回收溶剂后得粗总皂苷 124g，进行大孔树脂柱色谱分离，分别以水及不同浓度乙醇进行洗脱，90% 乙醇洗脱部分经反相硅胶柱色谱，以不同浓度的甲醇进行洗脱，80% 甲醇洗脱部分再经正相硅胶柱色谱，以三氯甲烷 - 甲醇 - 水（70：10：1）洗脱，经重结晶得化合物 **1**（15mg）。

结构测定：化合物 **1** 为白色针状结晶（$CH_3OH+CHCl_3$），mp. 268~270°C。Anisaldehyde 反应、Liebermann-Burchard 反应和 Molish 反应均呈阳性，说明该化合物为 F 环闭环的螺甾烷醇型皂苷。元素分析结合 FAB-MS 确定分子式为 $C_{45}H_{78}O_{19}$。根据 ^{13}C-NMR 谱中 C-5（δ 44.7）、C-9（δ 55.7）和 19-CH_3（δ 11.9）的化学位移，推测该化合物为 5*α*- 螺甾皂苷。FAB-MS 显示 *m/z*：955$[M+K]^+$、939$[M+Na]^+$、915$[M-H]^-$、594$[M+2H-2Glc]^+$、431[苷元 +H]$^+$，结合氢谱 [δ 4.90（1H，d，*J*=7.7Hz，D-Gal）、5.15（1H，d，*J*=7.7Hz，D-Glc）、5.21（1H，d，*J*=7.7Hz，D-Glc）] 及碳谱（δ 102.6、105.3、107.1）数据，说明分子中含有两分子葡萄糖和一分子半乳糖，且葡萄糖为末端糖。酸水解得海柯皂苷元，结合的半乳糖和葡萄糖的比例为 1：2。红外光谱 902cm^{-1} 峰强度 >924cm^{-1}，显示 C-25 为 *R* 构型。^{1}H-NMR（C_5D_5N，400MHz）δ：1.10（3H，s，18-CH_3）、0.69（3H，s，19-CH_3）、0.71（3H，d，*J*=5.7Hz，27-CH_3）、1.37（3H，d，*J*=7.0Hz，21-CH_3）；δ 2.78（1H，dd，*J*=8.4、6.9Hz，H-17）、2.47（1H，t，*J*=14.0Hz，H-11eq）、2.32（1H，dd，*J*=14.0、4.6Hz，H-11ax）；δ 1.10（s，18-CH_3）比较偏低场，且 HMBC 显示 δ 212.7 的羰基碳与 δ 1.10（18-CH_3）、2.40、2.25（H-11）及 δ 2.78（H-17）有远程相关信号，提示苷元 C-12 位有羰基；δ 4.90

(1H，d，J=7.7Hz，半乳糖端基 H)，5.15(1H，d，J=7.7Hz，葡萄糖端基 H)，5.21(1H，d，J=7.7Hz，葡萄糖端基 H)，3.8~4.8(m，糖上 H)。从糖端基氢的偶合常数，推测糖均为 β- 构型。^{13}C-NMR(见表 8-9)中观察到 C-3 的苷化位移，说明糖链连接在 3-OH 上；同时观察到半乳糖 C-4 向低场位移 11.4 个化学位移单位，说明 C-4 位连有一个葡萄糖；该葡萄糖的 C-2 亦观察到向低场位移 12.1 个化学位移单位，说明 C-2 位连有另一个葡萄糖，HMBC 谱中的相关信号亦证明了糖与糖、糖与苷元的链接位置。这样，该皂苷确定为海柯皂苷元单糖链皂苷，化学结构为 (25R)-3β- 羟基 -5α- 螺甾 -12- 酮 -3-O-β-D- 吡喃葡萄糖 (1-2)-β-D- 吡喃葡萄糖 (1-4)-β-D- 吡喃半乳糖苷，为一个新化合物。

表 8-9 化合物Ⅰ的 ^{13}C-NMR 数据(100MHz，C_5D_5N)

碳	δ	碳	δ	碳	δ
1	36.8	18	16.3	Glc	
2	30.0	19	11.9	1	105.3
3	77.4	20	42.8	2	86.2
4	34.8	21	14.1	3	78.6
5	44.7	22	109.6	4	72.0
6	28.8	23	31.9	5	78.3
7	32.0	24	29.4	6	63.4
8	34.5	25	30.7	Glc	
9	55.7	26	67.1	1	107.1
10	36.5	27	17.5	2	75.3
11	38.2	3-O-Gal		3	77.8
12	213.2	1	102.6	4	70.6
13	55.6	2	73.4	5	79.1
14	56.1	3	75.8	6	61.9
15	31.6	4	81.1		
16	79.9	5	76.9		
17	54.5	6	60.8		

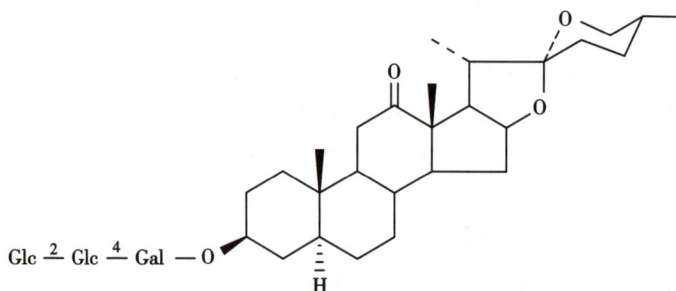

Glc $\frac{2}{}$ Glc $\frac{4}{}$ Gal —O

(25R)-3β- 羟基 -5α- 螺甾 -12- 酮 -3-O-β-D- 吡喃葡萄糖 (1-2)-β-D- 吡喃葡萄糖 (1-4)-β-D- 吡喃半乳糖苷

第四节　其他甾体化合物

一、C_{21} 甾类化合物

C_{21} 甾（C_{21}-steroids）是一类母核含有 21 个碳原子的甾体衍生物，是目前广泛应用于临床的一类重要药物，具有抗炎、抗肿瘤、抗生育等方面生物活性，尤其是从天然产物中寻找高效低毒的 C_{21} 甾体直接应用于临床或作为新药合成的研究，更是得到世界卫生组织和各国学者的重视。目前由植物中分离出的 C_{21} 甾类成分的种类已经很多，它们都是以孕甾烷（pregnane）或其异构体为基本骨架。在 C-5、C-6 位大多有双键，C-20 位可能有羰基，C-17 位上的侧链多为 α- 构型，但也有 β- 构型。C-3、C-8、C-12、C-14、C-17、C-20 等位置上都可能有 β-OH，C-11 位上则可能有 α-OH，其中 C-11、C-12 羟基还可能和乙酸、苯甲酸、桂皮酸等结合成酯存在。主要结构类型有以下两种。

1　　2

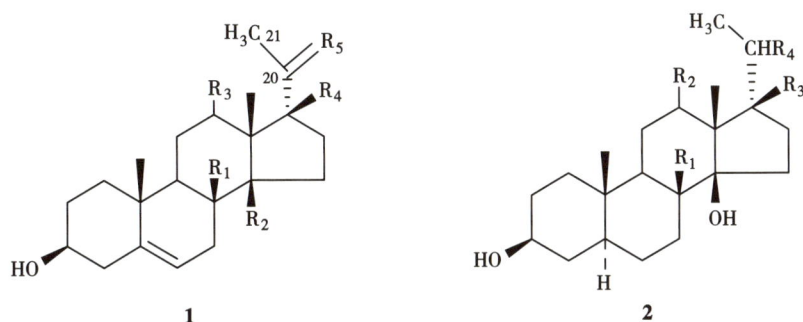

C_{21} 甾类成分在植物中除以游离方式存在外，也可和糖缩合成苷类存在。糖链多和 3-OH 相连，但也发现有连在 C-20 位的—OH 上。C_{21} 甾苷中常见的糖有加拿大麻糖（cymarose）、地芰糖（diginose）、夹竹桃糖（oleandrose）、毛地黄毒糖（digitoxose）、阿洛糖（allose）、黄花夹竹桃糖（thevetose）及葡萄糖等，糖链最多的可含有 7 个糖。常见的苷元有加加明（gagamin）、告达亭（caudatin）、萝藦苷元（metaplexigenin）、开德苷元（kidjoranin）等。近来还发现 C 环和 D 环可发生变形，形成特殊的 14、15 裂环或 13、14，14、15 双裂环孕甾烷的苷元骨架结构。苷元按骨架可分为典型的孕甾烷衍生物（骨架Ⅰ和Ⅱ）和变型的孕甾烷衍生物（骨架Ⅲ~ Ⅶ）。

Ⅰ　　Ⅱ　　Ⅲ

Ⅳ　　Ⅴ　　Ⅵ

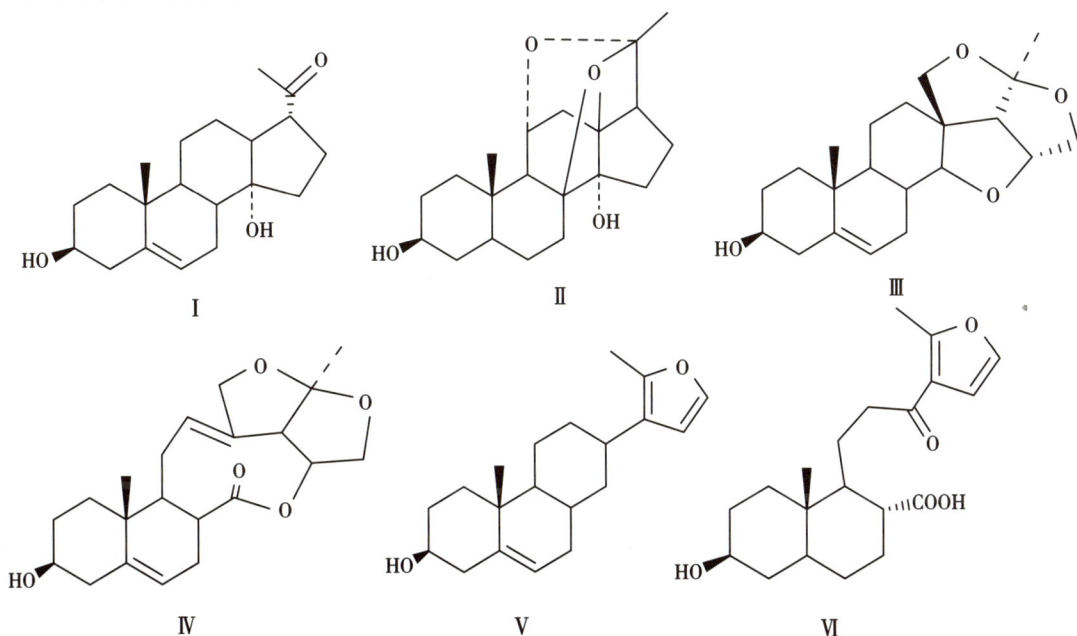

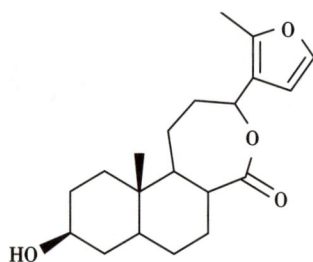

Ⅶ

除玄参科、夹竹桃科、毛茛科等植物中有 C_{21} 甾苷类成分发现外，在萝藦科植物中发现有 C_{21} 甾苷类成分更为普遍，如鹅绒藤属、牛奶菜属、黑鳗藤属、杠柳属、马利筋属、尖槐藤属、须药藤属、夜来香属、南山藤属等植物中均有分布。例如萝藦科鹅绒藤属植物青阳参（*Cynanchum otophyllum*）根茎中分离得到青阳参苷Ⅰ（otophylloside A）和青阳参苷Ⅱ（otophylloside B）。前者为青阳参苷元的三糖苷，后者为告达亭的三糖苷，糖的组成完全一样，两者均具有抗惊厥的作用，是青阳参治疗癫痫的有效成分。

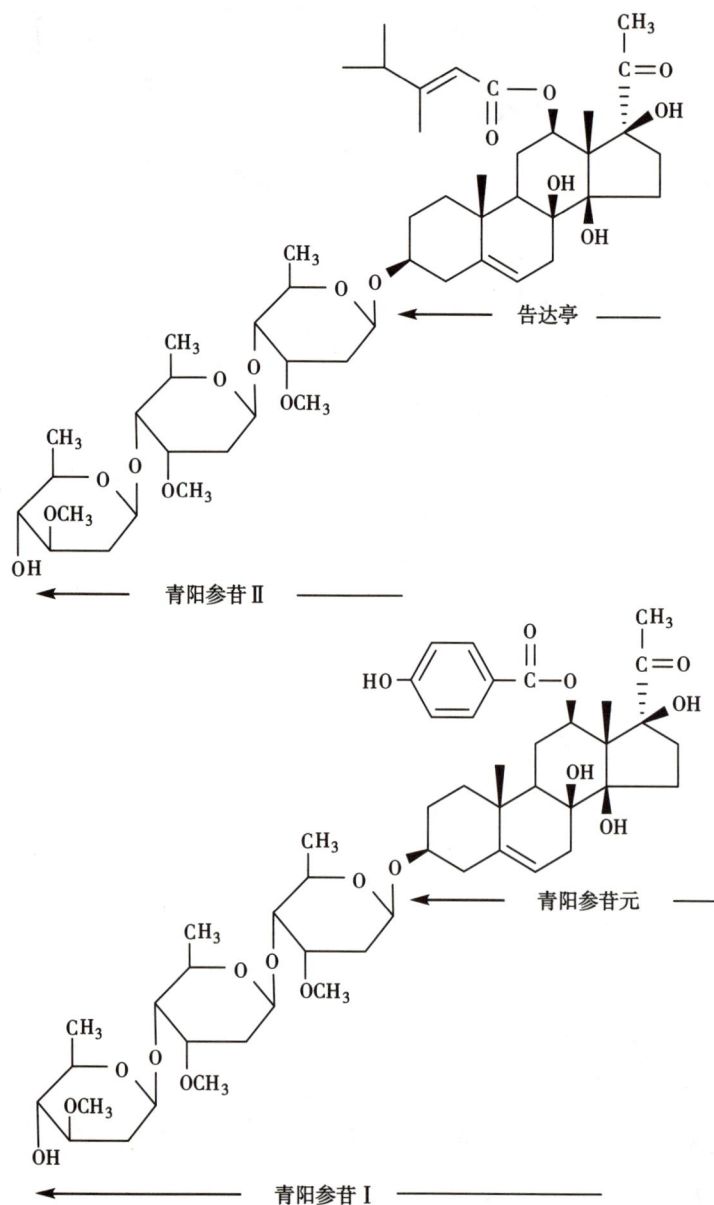

告达亭

青阳参苷Ⅱ

青阳参苷元

青阳参苷Ⅰ

从鹅绒藤属植物蔓生白薇（*Cynanchum versicolor*）、大理白前（*C. forrestii*）、徐长卿（*C. paniculatum*）、竹灵消（*C. inamoenum*）中分离得到的 C_{21} 甾苷的苷元多具有特殊的 14、15 裂环或 13、14，14、15 双裂环变型孕甾烷骨架（骨架Ⅲ~ Ⅶ）。例如，从蔓生白薇（*C. versicolor*）中分离得到的蔓生白薇苷 G（cynanversicoside G）的苷元具有骨架Ⅲ的结构[29]。

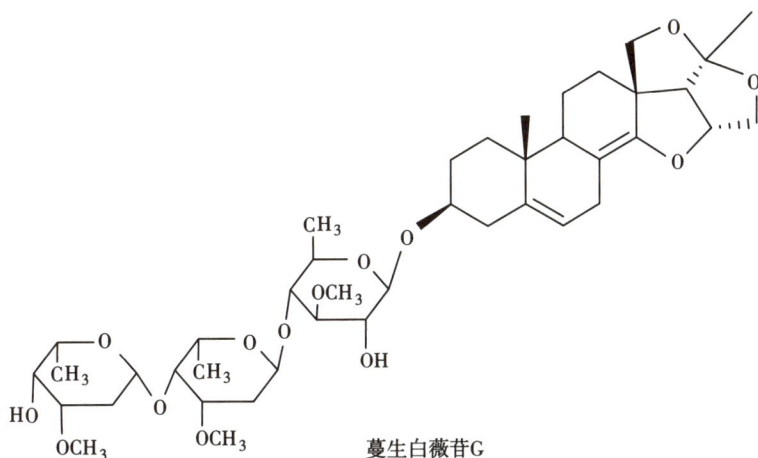

蔓生白薇苷G

C_{21} 甾苷类化合物具有甾体皂苷的性质，分子中除含有 2- 羟基糖外，有时还有 2- 去氧糖的存在，此时能呈 Keller-Kiliani 颜色反应。C_{21} 甾苷由于所含的糖多为甲基化的去氧糖，羟基又多被酯化，极性较低，可溶于三氯甲烷中。由于结构的相似性给分离纯化带来一定困难。目前，该类化合物常用的分离方法是甲醇提取物脱脂后溶于三氯甲烷，三氯甲烷可溶部分倒入正己烷中析出沉淀得总皂苷，然后用常规硅胶柱色谱进行分离，再用反相硅胶 C_8、C_{18} 低压柱或 HPLC 精制纯化。

二、植物甾醇

植物甾醇（phytosterols）的 17- 位侧链为含有 9~10 个碳原子的脂肪烃，是广泛分布于植物中的天然活性物质，主要存在于植物的根、茎、叶、果实和种子中，是植物体内构成细胞膜的成分之一，也是多种激素、维生素 D 及甾族化合物合成的前体[30]。植物甾醇具有营养价值高、生物活性强等特点，广泛应用在医药、化妆品、动物生长剂及纸张加工、印刷、纺织、食品等领域。目前，已经鉴定出 100 多种植物甾醇，其天然来源主要有植物油及其加工副产品、谷物及谷物加工副产品和坚果，少量来自于水果和蔬菜。天然植物甾醇种类繁多，一般有 4 种结构：谷甾醇（sitosterol）、豆甾醇（stigmasterol）、菜油甾醇（campesterol）和菜籽甾醇（brassicasterol）。

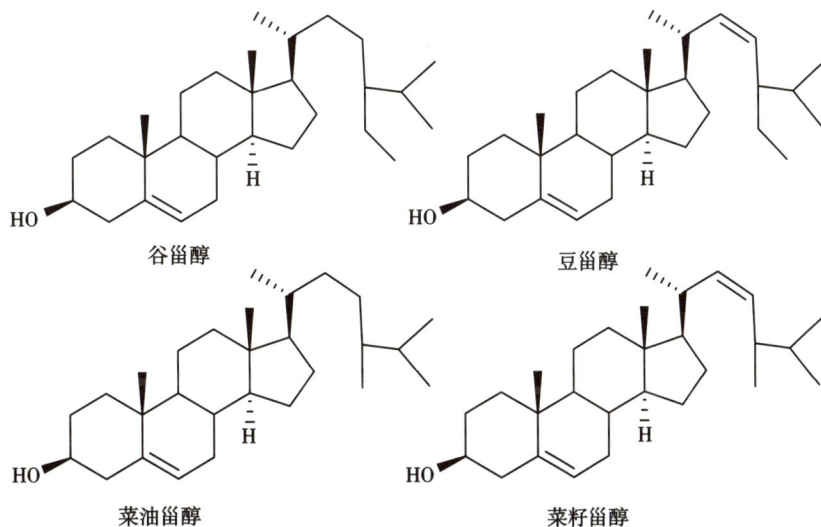

谷甾醇　　豆甾醇

菜油甾醇　　菜籽甾醇

天然存在的植物甾醇有游离型和酯化型两种。酯化型的植物甾醇更易溶于有机溶剂，吸收利用率与游离型相比约高5倍，功能作用也更加广泛。游离型植物甾醇在坚果、豆类中含量较多，谷类食物中以酯化型植物甾醇为主，常见的有 β-谷甾醇阿魏酸酯、豆甾醇阿魏酸酯等。植物甾醇的提取通常采用传统的有机溶剂提取法，常用的有机溶剂有甲醇、乙醇、丙酮、正己烷等。有较多报道采用超临界 CO_2 流体萃取技术提取植物甾醇，这种技术具有较好的萃取效能，同时具有无溶剂残留、无污染等优点。

三、昆虫变态激素

昆虫变态激素（insect metamorphosis hormone）是甾醇的衍生物或甾醇类的代谢产物。该类化合物最初在昆虫体内发现，如蜕皮甾酮（ecdysterone）是一类具有强蜕皮活性的物质，有促进细胞生长的作用，能刺激真皮细胞分裂，产生新的表皮使昆虫蜕皮，故称其为蜕皮激素（ecdysone），它对人体也有促进蛋白质合成的作用。

1966年首次报告植物界也有昆虫变态激素存在，发现许多蕨类植物和不少高等植物的根和叶的提取物中含有这类化合物，如台湾牛膝（*Achyranthes aspera*）中含有的羟基蜕皮甾酮（hydroxyecdysterone），川牛膝（*Cyathula officinalis*）中的川牛膝甾酮，金疮小草（*Ajuga decumbens*）中的筋骨草甾酮C（ajugasterone C）等。其结构特点是甾核上带有7,8位双键和6-酮基，此外还有多个羟基，因而在水中溶解度比甾醇大。该类成分具有活血化瘀、通利关节、泻火解毒、补肝肾、壮筋骨等作用。值得注意的是，百万分之一浓度的昆虫变态激素即对昆虫的发育和生长起作用，植物中的蜕皮激素含量占到干重的0.1%，显然，昆虫对其食用的植物的蜕皮激素产生了解毒机制。

昆虫变态激素的提取分离一般采用有机溶剂提取，然后采用逆流分配法进行纯化。通常采用甲醇为溶剂进行提取，然后用乙醚萃取除去脂溶性成分，再经乙酸乙酯反复萃取，合并乙酸乙酯萃取液，回收溶剂即得粗品。单体化合物通常采用柱色谱方法分离获得。

四、胆酸类

天然胆汁酸（bile acid）是胆烷酸的衍生物，在动物胆汁中通常与甘氨酸或牛磺酸的氨基以酰胺键结合成甘氨胆汁酸或牛磺胆汁酸，并以钠盐形式存在。胆烷酸的结构特点是其甾核B/C环稠合皆为反式，C/D稠合也多为反式，而A/B环稠合有顺、反两种异构体形式。甾体母核A/B环为顺式稠合时称为正系，若为反式稠合则为别系，如胆酸为正系，而别胆酸则为别系。中药牛黄为牛的胆结石，约含8%胆汁酸，主要成分为胆酸（cholic acid）、去氧胆酸（deoxycholic acid）和石胆酸（lithocholic acid）。牛黄具有解痉作用，其对平滑肌的松弛作用主要由去氧胆酸引起。

胆汁酸的结构中有羧基，可与碱反应生成盐，与醇反应生成酯。游离胆汁酸在水中溶解度很小，但与碱成盐后则易溶于水，故常用碱水溶液提取胆汁酸。在胆汁酸的分离和纯化时，常将胆汁酸制备成酯的衍生物，使其容易析出结晶。

第八章
目标测试

（张卫东）

参考文献

[1] 裴月湖，娄红祥．天然药物化学．7 版．北京：人民卫生出版社，2016.

[2] 保罗 .M. 戴维克．药用天然产物的生物合成．娄红祥，主译．北京：化学工业出版社，2008.

[3] 王锋鹏．现代天然产物化学．北京：科学出版社，2009.

[4] TORI K，ISHII H，WOLKWSKI Z W，et al. Carbon-13 nuclear magnetic resonance spectra of cardenolides. Tetrahedron Lett，1973，14（13）：1077-1080.

[5] 乔莉，段文娟，姚遥，等．蟾酥中强心甾类化学成分的分离与鉴定．沈阳药科大学学报，2007（10）：611-614.

[6] 马骁驰，张宝壕，邓卅，等．中药蟾酥中蟾蜍甾烯类成分研究．现代生物医学进展，2009，9（18）：3519-3522.

[7] LINDE H H A，LOHRER F. Structural explanation of resibufaginol. Pharmaceutica Acta Helvetiae，1992，67（1）：2-4.

[8] 李伯刚，周正质．治疗心血管疾病新药地奥心血康的化学．新药与临床，1994（2）：75-76.

[9] 冯子玉．地奥心血康胶囊治疗冠心病心绞痛Ⅱ期临床试验．新药与临床，1994（3）：152-155.

[10] 杨学义，韩宝富，崔世贞，等．心脑舒通的药理和临床应用．新药与临床，1992（6）：342-345.

[11] 彭军鹏，吴雁，姚新生，等．薤白中两种新甾体皂苷成分．药学学报，1992（12）：918-922.

[12] 刘美正，郭忠武，惠永正．皂苷研究：糖链的作用．有机化学，1997，17（4）：307-318.

[13] YOKOSUKA A，MIMAKI Y，SASHIDA Y. Steroidal saponins from *Dracaena surculosa*. J Nat Prod，2000，63（9）：1239-1243.

[14] 尹艳，关红雨，张夏楠．甾体皂苷生物合成相关酶及基因研究进展．天然产物研究与开发，2016，28（8）：1332-1336.

[15] MAHATO S B，SAHU N P，GANGULY A N. Steroidal saponins from *Dioscorea floribunda*：Structures of floribundasaponins A and B. Phytochemistry，1981，20（8）：1943-1946.

[16] 明继阳，陆园园，罗建光，等 .HPLC-MS^n 法分析知母中的皂苷类成分．中国药科大学学报，2009，40（5）：400-405.

[17] ZHU J B，GUO X J，FU S P，et al. Characterization of steroidal saponins in crude extracts from *Dioscorea zingiberensis* C. H. Wright by ultra-performance liquid chromatography/electrospray ionization quadrupole time-of-flight tandem mass spectrometry. J Pharmaceut Biomed Analysis，2010，53（3）：462-474.

[18] 彭军鹏，姚新生，冈田嘉仁，等．薤白甙 J，K 和 L 的结构．药学学报，1994（7）：526-531.

[19] ZHAO Y Z，ZHANG Y Y，HAN H，et al. Advances in the antitumor activities and mechanisms of action of steroidal saponins. Chin J Nat Med，2018，16（10）：732-748.

[20] TONG Q Y，QING Y，SHU D，et al. Deltonin，a steroidal saponin，inhibits colon cancer cell growth *in vitro* and tumor growth *in vivo* via induction of apoptosis and antiangiogenesis. Cell Physiol Biochem，2011，27（3/4）：233-242.

[21] WEI S，FUKUHARA H，CHEN G，et al. Terrestrosin D，a steroidal saponin from *Tribulus terrestris* L. inhibits growth and angiogenesis of human prostate cancer *in vitro* and *in vivo*. Pathobiology，2014，81（3）：123-132.

[22] 钟艳梅，陈坚平，陈淑玲，等．知母皂苷通过调节 NF-κB-iNOS-NO 信号通路抑制 LPS 诱导的 RAW264.7 细胞功能．中国药理学通报，2019，35（2）：198-202.

[23] 丁立帅，赵猛，李燕敏，等．七叶一枝花根茎和地上部分提取物镇痛抗炎作用研究．天然产物研究与开发，2018，30（5）：832-839.

[24] YANG C R，ZHANG Y，JACOB M R，et al. Antifungal activity of C-27 steroidal saponins. Antimicrob Agents Chemother，2006，50（5）：1710-1714.

[25] BARILE E，BONANOMI G，ANTIGNANI V，et al. Saponins from *Allium minutiflorum* with antifungal activity. Phytochemistry，2007，68（5）：596-603.

[26] LIU C，WANG Y，WU C，et al. Dioscin's antiviral effect *in vitro*. Virus Research，2013，172（1/2）：9-14.

[27] YU H，ZHENG L L，XU L N，et al. Potent effects of the total saponins from *Dioscorea nipponica* Makino against streptozotocin-induced type 2 diabetes mellitus in rats. Phytother Res，2015，29（2）：228-240.

[28] XU Y X，CHEN H S，LIANG H Q，et al. Three new saponins from *Tribulus terrestris*. Planta Med，2000，66（6）：545-550.

[29] 郑兆广，柳润辉，张川，等．蔓生白薇中的 C_{21} 甾体皂苷类成分研究．中国天然药物，2006，4（5）：338-343.

[30] 谢兵，傅相锴，隋岩，等．大豆天然甾醇的提取．西南师范大学学报（自然科学版），2005（5）：139-142.

第九章

生物碱类化合物

第九章
教学课件

学习目标

1. **掌握** 生物碱的结构分类；碱性强弱影响因素、鉴别方法；生物碱的提取分离原理与方法。
2. **熟悉** 生物碱的生物合成途径、理化性质；常见药用生物碱的结构和生物活性。
3. **了解** 生物碱的结构鉴定方法。

第一节 概 述

一、生物碱的研究简史

生物碱类（alkaloids）化合物是一类重要的天然有机化合物。人类应用生物碱的历史几乎与人类文明史一样久远，如应用罂粟煎剂缓解疼痛的历史可追溯到史前的古希腊时期。但直到法国药剂师（Derosne J. F.）于1803年分离得到第一个生物碱那可丁（narcotine）以及德国药剂师（Sertürner F. W.）于1806年从鸦片（opium）中分出吗啡（morphine），并首次报道其具有碱性特性，人们才真正开始了对生物碱的研究 [1]。

1819年，德国药剂师迈斯纳（Meissner W.）将这类从植物中得到的具有碱性的化合物命名为alkaloids（生物碱），意为"类碱性物质"。许多重要的生物碱类在这一时期被发现，如尼古丁（nicotine，1809）、马钱子碱（brucine，1817）、士的宁（strychnine，1819）、胡椒碱（piperine，1819）、辛可宁（cinchonine，1820）、奎宁（quinine，1820）、秋水仙碱（colchicine，1820）、咖啡因（caffeine，1820）、毒芹碱（coniine，1827）等。这些发现奠定了生物碱研究的基础，而且其中大多数生物碱还应用至今。

伍德沃德简介（拓展阅读）

尽管19世纪初已分离得到不少生物碱，但由于结构复杂性，这些生物碱的化学结构并未确定。毒芹碱的结构相对简单，但直到1870年才首次确定其结构，1886年才合成成功。而其他许多复杂生物碱的结构几乎都经历了漫长的化学降解研究后才得以确定，如1819年法国药剂师Caventou J. B.和Pelletier P. J.发现士的宁，1946年英国化学家Robinson R.确定其结构，1954年美国化学家伍德沃德（Woodward R. B.）才完成其全合成。

随着分离与结构研究新方法、新技术的不断出现，特别是色谱技术及波谱技术快速发展（1D-NMR、2D-NMR及HR-MS等平面结构鉴定技术，CD、ORD等立体结构鉴定技术等），生物碱的发现与鉴定速度迅速加快。到2001年，从自然界（植物、动物、微生物、海洋生物等）中共分离得到26 900多种生物碱。另有报道，每年发现新生物碱的数量以超过1 500种的速度不断递增，至21世纪初发现的生物碱总数已多达约130 000种 [2]。

生物碱多具有显著的生物活性，常为许多药用植物的有效成分。如鸦片中的吗啡具有强烈的镇痛作用，可待因（codeine）具有止咳作用；麻黄（*Ephedra sinica*）中的麻黄碱（ephedrine）具有平喘作用；

黄连(*Coptis chinensis*)、黄柏(*Phellodendron chinense*)中的小檗碱(berberine)具抗菌消炎和降血脂作用;长春花(*Catharanthus roseus*)中的长春新碱(vincristine)、三尖杉(*Cephalotaxus fortunei*)中的高三尖杉酯碱(homoharringtonine)、喜树(*Camptotheca acuminata*)中的喜树碱(camptothecin)等均具有显著的抗肿瘤作用。目前,临床应用的生物碱类药物已有上百种。生物碱不断吸引着科学家的研究兴趣,经久不衰,成为天然药物化学的重要和热点研究领域[3]。

二、生物碱的定义

生物碱的定义比较复杂,许多学者都曾研究过生物碱的定义,如何表述生物碱定义,至今尚没有令人满意的结论。最初人们将生物碱定义为存在于生物体内含氮的有机化合物。但由于该表述过于宽泛,失去了实际意义。目前,多数学者认可的是派勒蒂埃(Pelletier S. W.)在对生物碱结构和分布特点充分研究的基础上,于 1983 年提出的定义:生物碱是指含负氧化态氮原子、存在于生物有机体中的环状化合物。其中负氧化态氮的表述,包括胺(−3)、氮氧化物(−1)、酰胺(−3)和季铵(−3)化合物,而排除了含硝基(+3)和亚硝基(+1)的化合物;存在于生物有机体的表述是从实用考虑将其范围限于植物、动物和其他生物有机体;环状化合物的表述则排除了小分子的胺类、非环的多胺和酰胺。

此外,有科学家将天然吡唑类(pyrazoles)、咪唑类(imdazoles)、异噁唑类(isoxazoles)、噻唑类(thiazoles)、吡嗪类(pyrazines)、蝶啶类(pteridines)、氰苷类(cyanogenic glycosides)等排除在生物碱范畴内。

目前,在派勒蒂埃给出的生物碱定义基础上,人们公认的生物碱至少应具备以下几个特点:①结构中至少含有 1 个氮原子;②一般不包括分子量大于 1 500 的肽类化合物;③具有碱性或中性;④氮原子源于氨基酸或嘌呤母核或甾体与萜类的氨基化;⑤排除上述简单定义中所有例外的化合物。

三、生物碱的分布

天然生物碱主要来源于植物界,在动物界发现的生物碱很少。在 83 目植物中,有 16 个目植物不含生物碱。根据 *NAPRALERT*(*Natural Products Alert*)SM 可知,已发现的生物碱分布于 186 科 1 730 属 7 231 种植物中。生物碱在植物界分布一般具有如下规律:

1. 生物碱在系统发育较低级的类群中的分布较少或无。菌类植物仅少数植物(如麦角菌类)中含有生物碱;地衣、苔藓类植物中仅发现少数简单的吲哚碱类生物碱;藻类中尚未发现生物碱;结构复杂的生物碱多集中地分布于如木贼科、卷柏科、石松科等植物中。

2. 生物碱集中分布在系统发育较高级的植物类群中。生物碱在裸子植物中有一定分布,如三尖杉科(Cephalotaxaceae)三尖杉属(*Cephalotaxus*),麻黄科(Ephedraceae)麻黄属(*Ephedra*),松科(Pinaceae)松属(*Pinus*)、云杉属(*Picea*)、油杉属(*Keteleeria*),红豆杉科(Taxaceae)红豆杉属(*Taxus*)等植物中。在被子植物的单子叶植物中也有一定分布,但主要相对集中分布于石蒜科(Amaryllidaceae)、禾本科(Gramineae)、百合科(Liliaceae)和百部科(Stemonaceae)等植物中;在被子植物的双子叶植物中的分布最广,其中最重要的 18 个科为:番荔枝科(Annonaceae)、夹竹桃科(Apocynaceae)、菊科(Compositae)、小檗科(Berberidaceae)、紫草科(Boraginaceae)、黄杨科(Buxaceae)、石竹科(Caryophyllaceae)、卫矛科(Celastraceae)、樟科(Lauraceae)、豆科(Leguminosae)、防己科(Menispermaceae)、罂粟科(Papaveraceae)、蝶形花科(Papilionaceae)、胡椒科(Piperaceae)、毛茛科(Ranunculaceae)、茜草科(Rubiaceae)、芸香科(Rutaceae)和茄科(Solanaceae)。

3. 生物碱极少与萜类和挥发油成分共存于同一植物类群中。

4. 生物碱的结构类型越特殊,分布的植物类群就越狭窄。如托品类生物碱主要分布在茄科颠茄属(*Atropa*)和欧莨菪属(*Scopolia*)等植物中;二萜生物碱主要分布于毛茛科乌头属(*Aconitum*)和

翠雀属(*Delphinium*)植物中;而三萜类生物碱主要分布在虎皮楠科(Daphniphyllaceae)虎皮楠属(*Daphniphyllum*)植物中。

5. 生物碱在同一植物中分布,多数以数种或数十种生物碱共存,很少仅有一种生物碱的情况。同一植物中的生物碱一般多来源于同一个前体,化学结构多具有相似性,同科同属植物中的生物碱也多属于同一种结构类型。这种分布规律对利用植物化学分类学寻找新的药用资源及化合物的结构解析具有重要意义。

四、生物碱的存在形式

根据分子中氮原子所处的状态,生物碱的存在形式主要分为 6 类:

1. 游离碱 在植物体内,仅少数碱性极弱的生物碱,如那碎因(narceine)、那可丁(noscapine)等以游离形式存在。

2. 盐类 绝大多数生物碱是以盐的形式存在于植物体内。形成盐的酸主要有草酸(oxalic acid)、柠檬酸(citric acid)、酒石酸(tartaric acid)、硫酸、盐酸和硝酸等。

3. 酰胺类 以酰胺形式存在的生物碱较常见,如秋水仙碱、喜树碱等。

4. *N*- 氧化物 以 *N*- 氧化物形式存在的生物碱也较常见,目前从植物中发现的 *N*- 氧化物约有 120 种,如氧化苦参碱(oxymatrine)、野百合碱 *N*- 氧化物(monocrotaline *N*-oxide)。

5. 氮杂缩醛类 氮杂缩醛,又称 *O,N*- 混合缩醛(*O,N*-mixed acetals),如阿马林(ajmaline)等。

6. 其他 极少数生物碱是以亚胺、烯胺、季铵碱、苷、酯形式存在。如新士的宁(neostrychnine)等以烯胺形式存在;小檗碱以季铵碱形式存在;甾体、吲哚类、异喹啉类等生物碱常和糖缩合成苷存在于植物中,如茄属植物中的茄碱(solanine)、钩藤属植物中的钩藤芬碱(rhynchophine);托品类生物碱则多以酯的形式存在,如可卡因(cocaine)等。

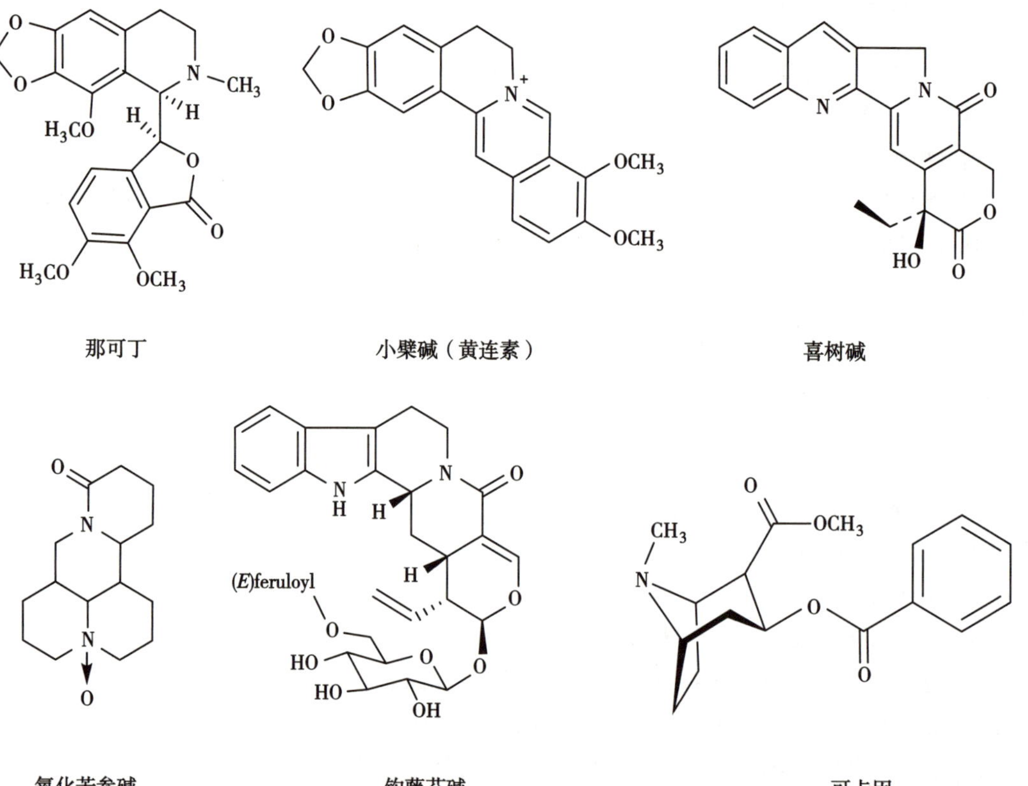

第二节　生物碱类化合物的结构类型

生物碱类化合物的数量众多，结构复杂，在生物碱研究史的各个时期有着不同的分类方法。在生物碱研究的早期阶段，采用按生物碱的天然来源进行归类，并在名称中冠以植物名，如鸦片生物碱、乌头生物碱、三尖杉生物碱等。严格意义上讲，这不是一种分类方法，也反映不出结构之间的内在联系。在此之后，采用的是化学分类法，即根据生物碱的结构特征进行分类，如异喹啉类生物碱、吲哚类生物碱、萜类生物碱等。该分类方法优点是便于掌握生物碱的结构特征，利于了解其理化性质，缺点是不能了解生物碱的生源途径。目前，被越来越多学者接受和认同的分类方法是生源结合化学分类法，该方法既能反映生物碱的生源，同时又兼顾了化学结构特点。

本章所介绍的生物碱分类方法，即采用的是生源结合化学分类法。目前，已知的生物碱主要生源途径有两个：氨基酸途径和甲戊二羟酸途径。以生源结合化学分类法对生物碱进行的分类如图9-1所示。为了更好地了解各类生物碱的结构特征及其在植物界的分布，各类生物碱分别简要介绍如下。

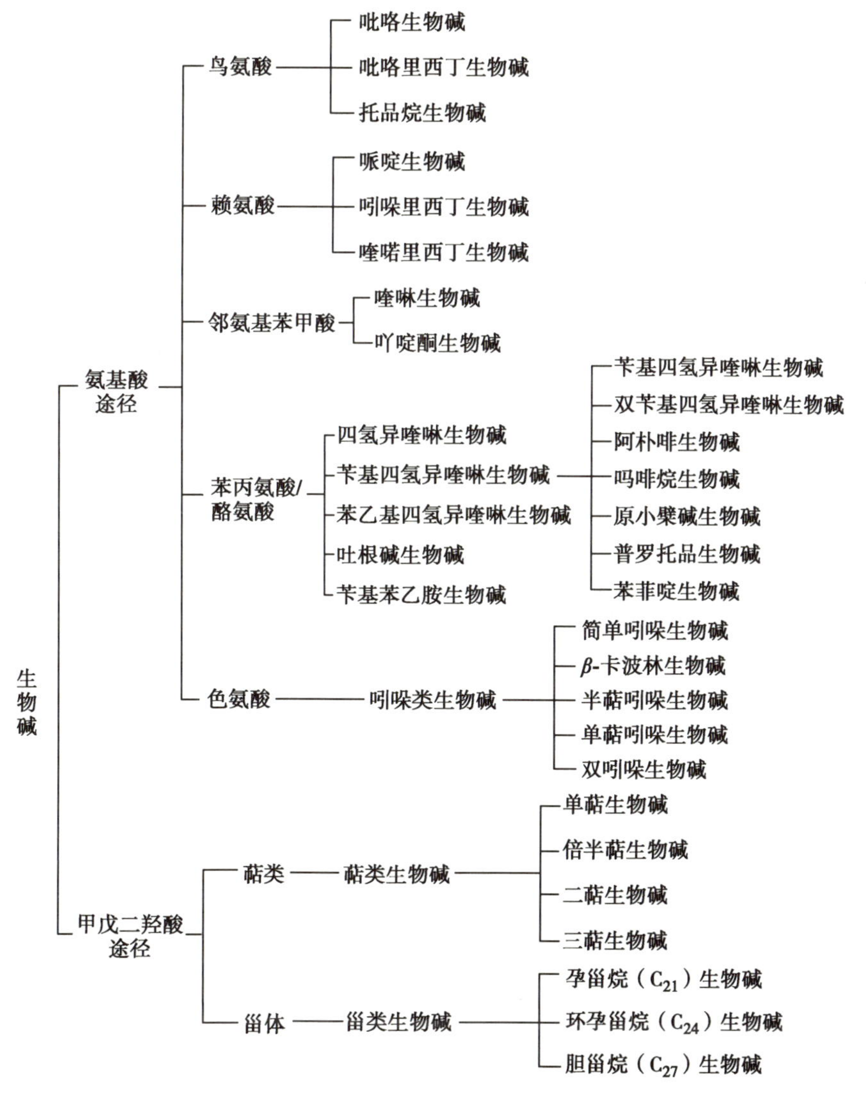

图9-1　生物碱的分类

一、有机胺类生物碱

有机胺类生物碱(amine alkaloids)是指氮原子不在环内的一类生物碱。该类生物碱的生物活性显著,主要来源于麻黄科麻黄属、卫矛科巧茶属(*Catha*)、豆科金合欢属(*Acacia*)以及罂粟科罂粟属(*Papaver*)的植物。代表性化合物有麻黄的活性成分麻黄碱、伪麻黄碱(pseudoephedrine)。

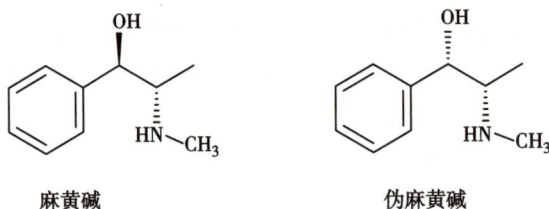

麻黄碱　　伪麻黄碱

二、吡咯类生物碱

吡咯类生物碱(pyrrolidine alkaloids)是指以吡咯环为基本骨架的一类生物碱,来源于鸟氨酸(ornithine)代谢途径。该类生物碱结构较简单,数量较少。如从细叶益母草(*Leonurus sibiricus*)中分离到的具祛痰、镇咳作用的水苏碱(stachydrine),从古柯(*Erythroxylon novogranatense*)叶中分得的液态生物碱红古豆碱(cuscohygrine)及从新疆党参(*Codonopsis clematidea*)中得到的具降压作用的党参碱(codonopsine)等。

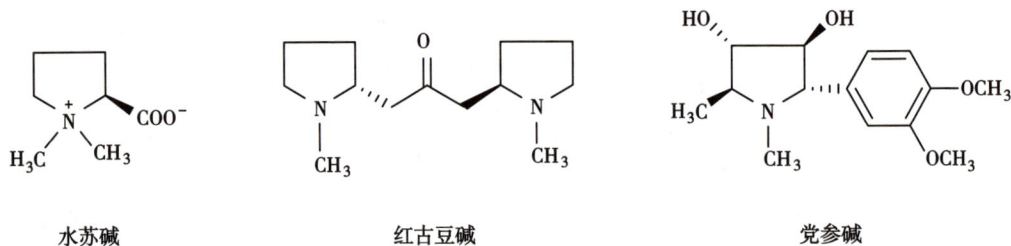

水苏碱　　红古豆碱　　党参碱

三、吡咯里西啶类生物碱

吡咯里西啶类生物碱(pyrrolizidine alkaloids)是指以一个四氢吡咯环和一个羟甲基取代四氢吡咯环通过氮原子和邻位碳原子稠合而成的吡咯里西啶为基本骨架的一类生物碱,来源于鸟氨酸代谢途径。该类生物碱多具有很强的肝毒性,主要分布在菊科千里光属(*Senecio*)、泽兰属(*Eupatorium*)和橐吾属(*Ligularia*),紫草科天芥菜属(*Heliotropium*)、紫草属(*Lithospermum*)、鹤虱属(*Lappula*)和豆科猪屎豆属(*Crotalaria*)等植物中。如具抗癌活性的野百合碱(monocrotaline),具降血压活性的阔叶千里光碱(platyphylline)及迷迭香裂碱(rosmarinecine)等。

野百合碱　　阔叶千里光碱　　迷迭香裂碱

四、托品烷类生物碱

托品烷类生物碱(tropane alkaloids)是指以吡咯烷和哌啶骈合而成的托品烷为基本骨架的一类生物碱,来源于鸟氨酸代谢途径。该类生物碱在植物体内常以有机酸酯的形式存在,主要分布于茄科、古柯科(Erythroxylaceae)、大戟科(Euphorbiaceae)、十字花科(Cruciferae)、旋花科(Convolvulaceae)、山龙眼科(Proteaceae)、红树科(Rhizophoraceae)等双子叶植物中,尤其以茄科曼陀罗属(*Datura*)和木曼陀罗属(*Brugmansia*)植物中含量最为丰富。如从颠茄(*Atropa belladonna*)中分离到的阿托品(atropine)、东莨菪碱(scopolamine)以及从山莨菪(*Anisodus tanguticus*)中分离到的山莨菪碱(anisodamine)和樟柳碱(anisodine)等,均为 M 胆碱受体拮抗剂,临床上用于胃肠道解痉、抑制唾液分泌、镇静和扩瞳等。以从南美古柯树叶中获得的可卡因为先导化合物,通过构效关系研究,设计合成了一系列优良的局部麻醉药物,如利多卡因(lidocaine)、普鲁卡因(procaine)等。

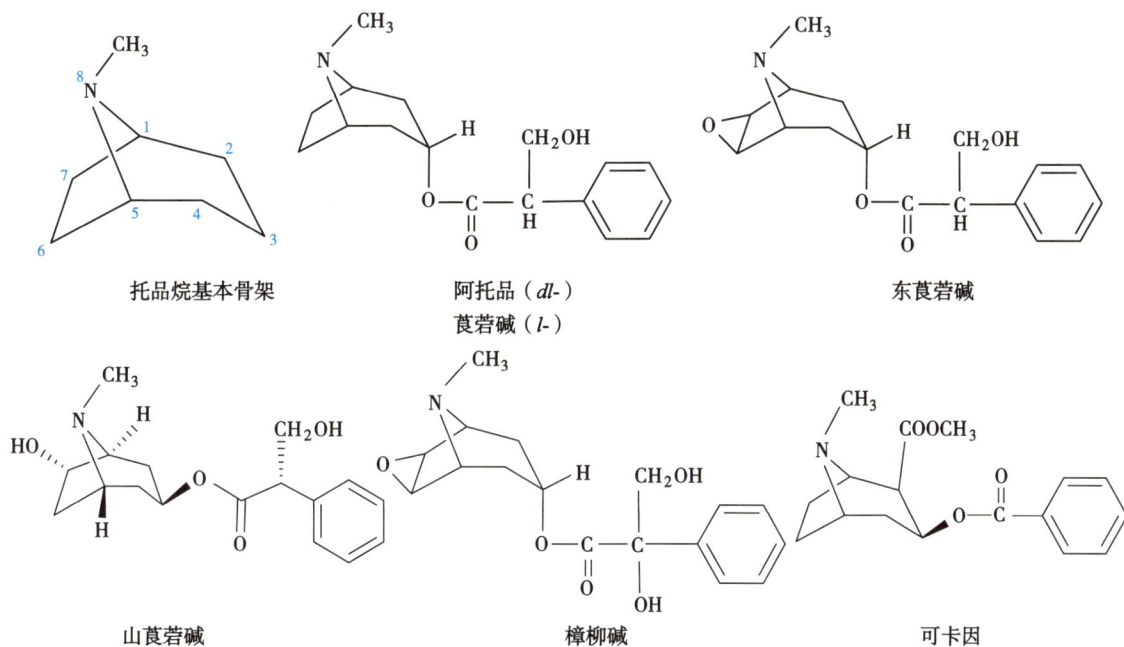

托品烷基本骨架　　阿托品(*dl*-) 莨菪碱(*l*-)　　东莨菪碱

山莨菪碱　　樟柳碱　　可卡因

五、哌啶类生物碱

哌啶类生物碱(piperidine alkaloids)是以哌啶环为基本骨架的一类生物碱,来源于赖氨酸代谢途径。该类生物碱结构相对简单,主要分布在胡椒科、菊科、藜科、伞形科、荨麻科、桔梗科、松科、天南星科、含羞草科、紫薇科、豆科、茜草科、茄科、百合科、大戟科等植物中。如具抗惊厥和镇静作用的胡椒碱,具有剧毒的毒芹碱(coniine),具加快呼吸作用的山梗菜碱(lobeline)等。

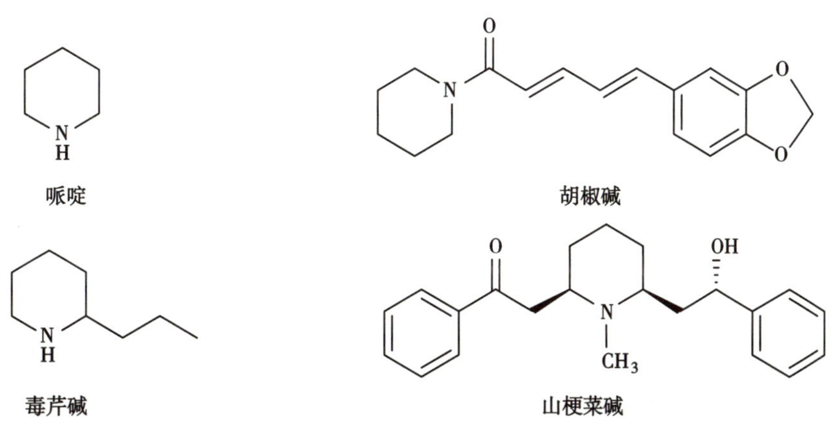

哌啶　　胡椒碱

毒芹碱　　山梗菜碱

六、吲哚里西啶类生物碱

吲哚里西啶类生物碱（indolizidine alkaloids）是指以一个哌啶环和一个吡咯环通过一个氮原子和邻位碳原子稠合而成的吲哚里西啶为基本骨架的一类生物碱，来源于赖氨酸代谢途径。该类生物碱结构复杂，在高等植物、动物、微生物及海洋生物等中广泛存在，很多具有较强的生物活性，如抑制糖苷酶、抗病毒复制、抗肿瘤细胞迁移以及诱导肿瘤细胞凋亡等。如从大戟科白饭树属（*Flueggea*）植物中得到的具有中枢兴奋作用的一叶萩碱（securinine），从萝藦科（Asclepiadaceae）娃儿藤属（*Tylophora*）和鹅绒藤属（*Cynanchum*）植物中分离到的具抗肿瘤活性的娃儿藤碱（tylophoridicine）及 vincetene 等。

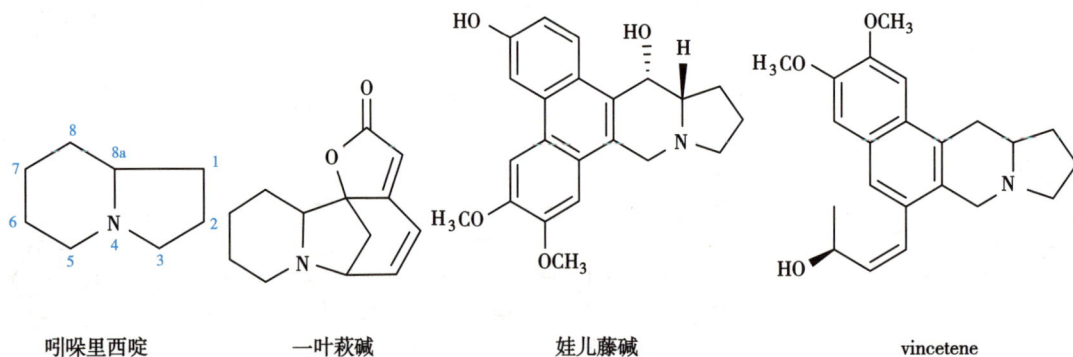

吲哚里西啶　　一叶萩碱　　娃儿藤碱　　vincetene

七、喹诺里西啶类生物碱

喹诺里西啶类生物碱（quinolizidine alkaloids）是指以两个哌啶环共用一个氮原子构成的喹诺里西啶为基本骨架的一类生物碱，来源于赖氨酸代谢途径。该类生物碱在高等植物中分布广泛，如豆科、小檗科、蔷薇科（Rosaceae）、茄科、罂粟科、千屈菜科（Lythraceae）和石松科（Lycopodiaceae）等植物。已发现的该类生物碱数目众多，代表性的有具抗肿瘤活性的苦参碱（matrine）、氧化苦参碱（oxymatrine），可引起子宫收缩的金雀花碱（sparteine），具有显著细胞毒性的羽扇豆碱（lupinine）等。其中，苦参碱类生物碱已被开发成苦参碱注射液、氧化苦参碱注射液、苦参素注射液等应用于临床，具有抑制中枢神经、抗心律失常、抗肝炎和抗肝纤维化以及抑制肿瘤细胞增殖和转移的作用，并可促进肿瘤细胞凋亡。苦参碱类还具有广谱的杀菌作用，作为生物农药在农业病虫害防治方面也发挥着重要作用。

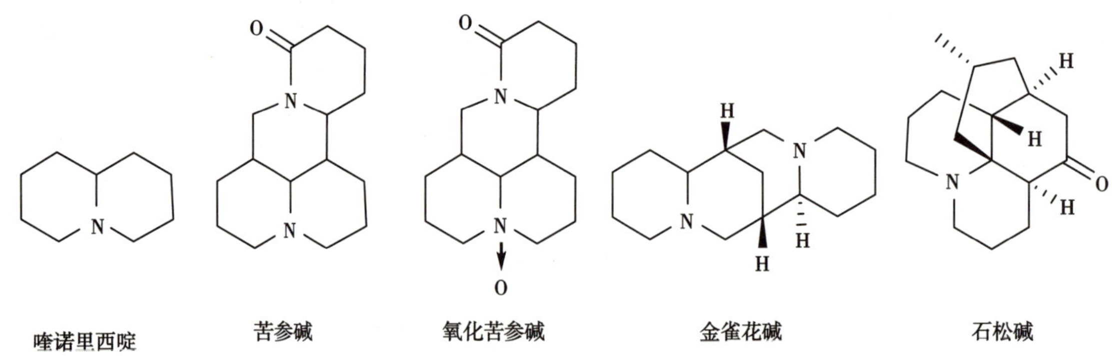

喹诺里西啶　　苦参碱　　氧化苦参碱　　金雀花碱　　石松碱

八、喹啉类生物碱

喹啉类生物碱（quinoline alkaloids）是指以喹啉环为基本母核的一类生物碱，来源于邻氨基苯甲酸途径。主要分布在芸香科、蓝果树科（Nyssaceae）、茜草科等植物中。如从茜草科金鸡纳属（*Cinchona*）

植物中分离得到的总生物碱，又称为金鸡纳生物碱（cinchona alkaloids），之后分离得到的奎宁，具有良好的抗疟疾的作用；从喜树（*Camptotheca acuminata*）中分离到的具有抗肿瘤作用的喜树碱，能特异性抑制 DNA 拓扑异构酶Ⅰ（topoisomerase Ⅰ）的活性，其结构改造产物有许多已经成药，如 10- 羟基喜树碱（10-hydroxy camptothecin）已在我国上市，用于治疗结肠癌、胃癌、肝癌等消化系统肿瘤。

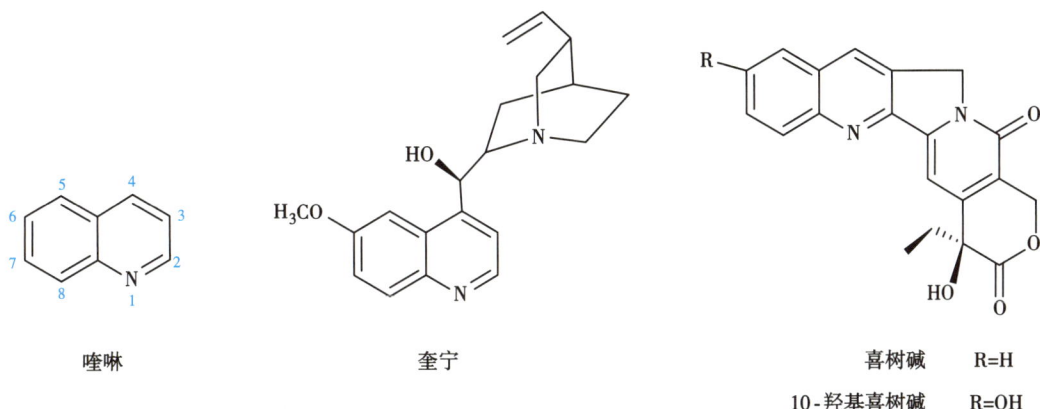

喹啉　　　　奎宁　　　　喜树碱 R=H
10-羟基喜树碱 R=OH

九、吖啶酮类生物碱

吖啶酮类生物碱（acridone alkaloids）是指含有 9(10*H*)- 吖啶酮基本母核的一类生物碱，来源于邻氨基苯甲酸途径。主要来源于芸香科、苦木科（Simaroubaceae）和胡椒科植物，具有一定的抗肿瘤、抗病毒、抗疟疾和抗菌活性。如从芸香科植物山油柑（*Acronychia pedunculata*）树皮中分离得到的具抗肿瘤活性的山油柑碱（acronycine）和从吴茱萸（*Euodia rutaecarpa*）中分离得到的吴茱萸宁（evoprenine）等。

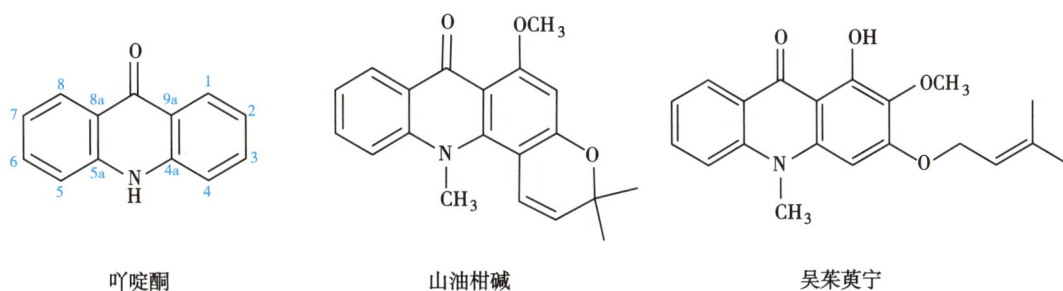

吖啶酮　　　　山油柑碱　　　　吴茱萸宁

十、四氢异喹啉类生物碱

四氢异喹啉类生物碱（tetrahydroisoquinoline alkaloids）是指以四氢异喹啉为基本骨架的一类生物碱，来源于苯丙氨酸和酪氨酸途径。该类生物碱种类较少，结构简单，主要分布在罂粟科罂粟属、紫堇属（*Corydalis*），毛茛科唐松草属（*Thalictrum*）等植物中。如鹿尾草中降压成分萨苏林（salsoline）和萨苏里丁（salsolidine）等。

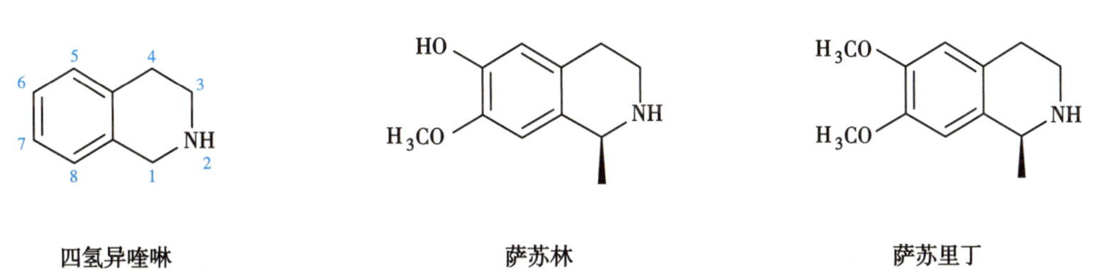

四氢异喹啉　　　　萨苏林　　　　萨苏里丁

十一、苄基四氢异喹啉类生物碱

苄基四氢异喹啉类生物碱(benzyl tetrahydroisoquinoline alkaloids)是指以含有四氢异喹啉和苄基为基本骨架的一类生物碱,来源于苯丙氨酸和酪氨酸途径。主要来源于木兰科(Magnoliaceae)、毛茛科、防己科、马兜铃科(Aristolochiaceae)、番荔枝科、罂粟科、芸香科、大戟科、樟科、马钱科(Loganiaceae)、小檗科等植物。由于数量多、结构复杂,又对其进一步分类。

(一) 苄基四氢异喹啉生物碱

苄基四氢异喹啉生物碱是指以异喹啉 1 位取代有苄基为基本骨架的一类生物碱。如乌头中具强心作用的去甲乌药碱(*dl*-demethylcoclaurine)、鸦片中具解痉作用的罂粟碱(papaverine)及厚朴(*Magnolia officinalis*)中的厚朴碱(magnocurarine)等。

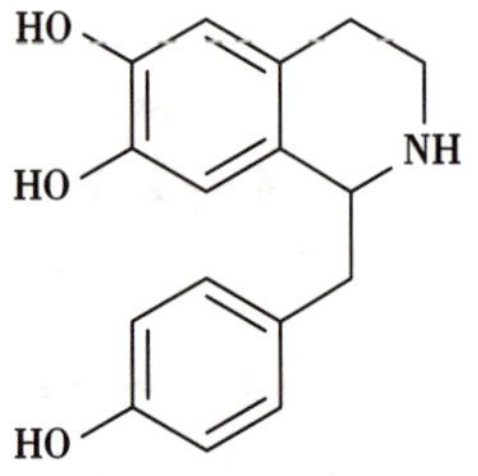

去甲乌药碱 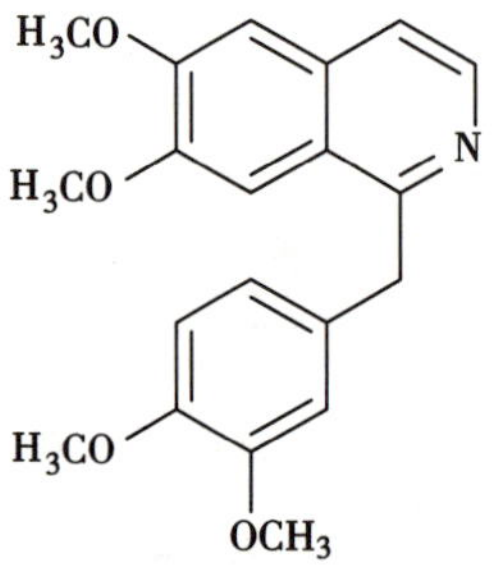　　罂粟碱 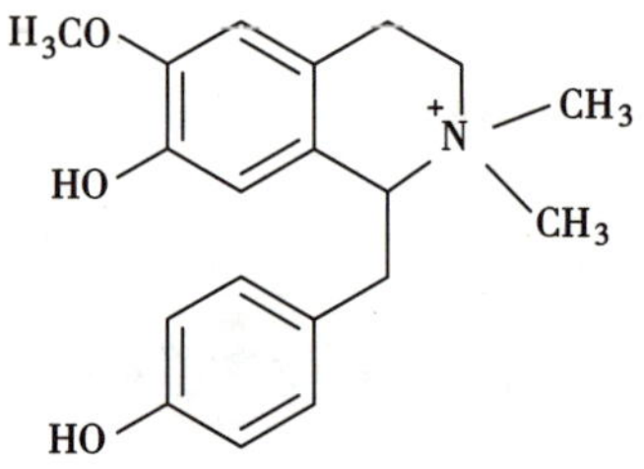　　厚朴碱

(二) 双苄基四氢异喹啉类生物碱

双苄基四氢异喹啉类生物碱(*bis*-benzyl tetrahydroisoquinoline alkaloids)是指由两分子的苄基四氢异喹啉通过 1~3 个醚氧键相连而成的二聚体或多聚体型的一类生物碱。如以异喹啉母核为头,苄基为尾,按连接方式可分为头-头相连、尾-尾相连及头-尾相连等多种连接方式。如粉防己碱(tetrandrine)为头-头/尾-尾连接,蝙蝠葛碱(dauricine)为尾-尾相连,筒箭毒碱(tubocurarine)为头-尾/尾-头连接等。

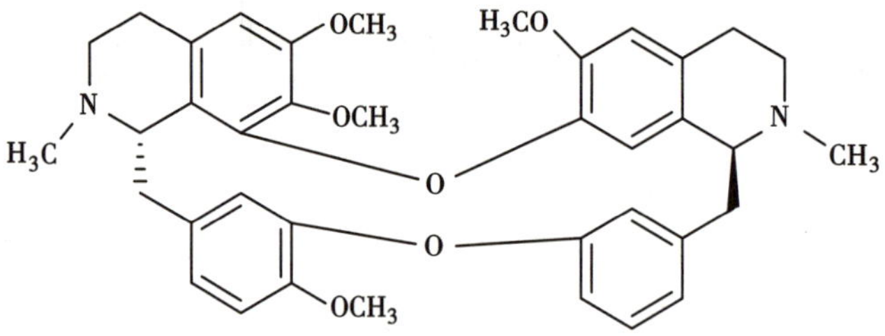

粉防己碱

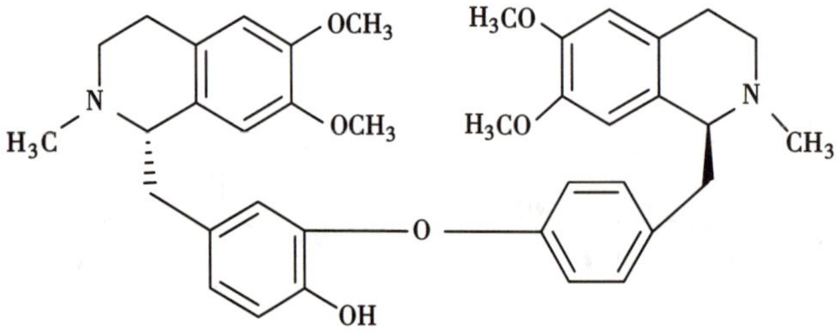

蝙蝠葛碱 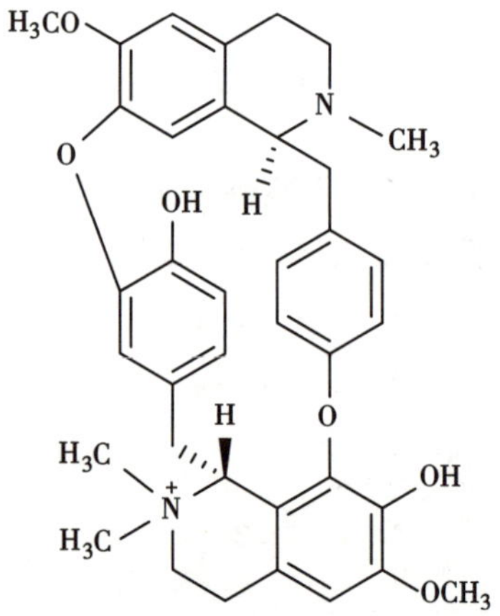　　筒箭毒碱

（三）阿朴啡类生物碱

阿朴啡类生物碱（aporphine alkaloids）是由苄基四氢异喹啉的苄基部分苯环和四氢异喹啉部分的8位脱去一分子氢形成的四环化合物。如马兜铃（*Aristolochia debilis*）中具降压作用的木兰碱（magnoflorine），番荔枝（*Annona squamosa*）中具抗癌活性的紫堇定（corydine）以及千金藤碱（stephanine）、土藤碱（tuduranine）等均属该类生物碱。

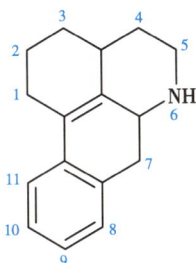

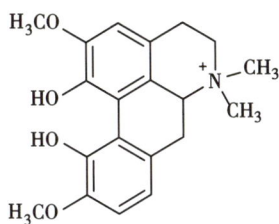

阿朴啡　　木兰碱　　紫堇定

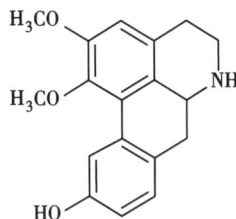

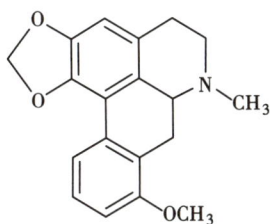

千金藤碱　　土藤碱

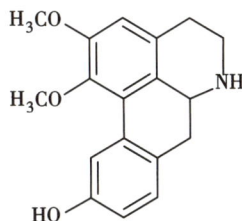

（四）吗啡烷类生物碱

吗啡烷类生物碱（morphinan alkaloids）是由苄基四氢异喹啉经酚羟基氧化、碳-碳偶联等过程而产生的多氢菲核的具四环基本骨架结构的一类生物碱。主要分布在罂粟科和防己科植物中，如吗啡、可待因、青藤碱（sinomenine）、莲花碱（hasubanonine）等。

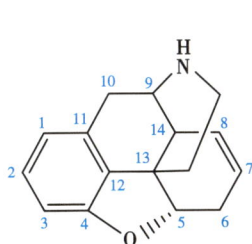

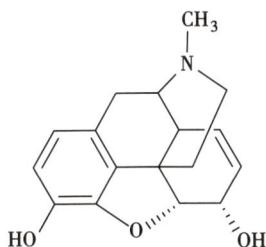

吗啡烷　　吗啡　　可待因

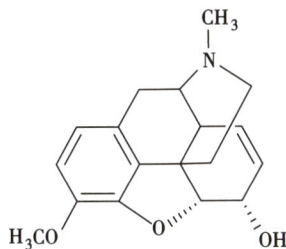

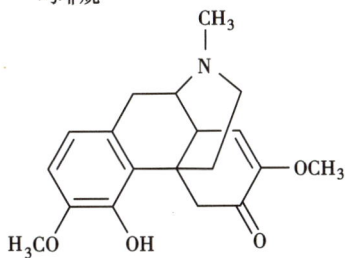

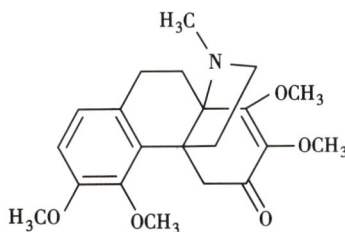

青藤碱　　莲花碱

（五）小檗碱类生物碱

小檗碱类生物碱（berberine alkaloids）可视为两个异喹啉环稠合而成。原小檗碱常为四氢或二氢小檗碱衍生物，如小檗碱、巴马亭（palmatine）、延胡索乙素（corydalis B）以及药根碱（jatrorrhizine）等。

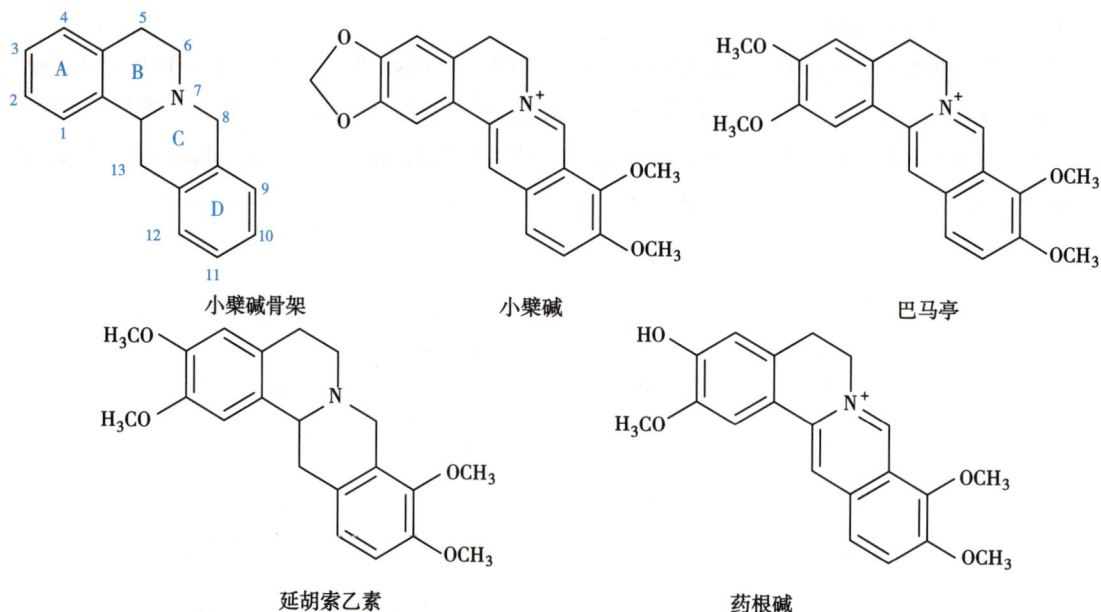

小檗碱骨架　小檗碱　巴马亭

延胡索乙素　药根碱

(六) 菲啶类生物碱

菲啶类生物碱(phenanthridine alkaloids)依据菲啶稠合基团不同分为苯骈菲啶类和吡咯骈菲啶类。如白屈菜碱(chelidonine)和白屈菜红碱(chelerythrine)属于苯骈菲啶类;而石蒜碱(lycorine)则属于吡咯骈菲啶类。

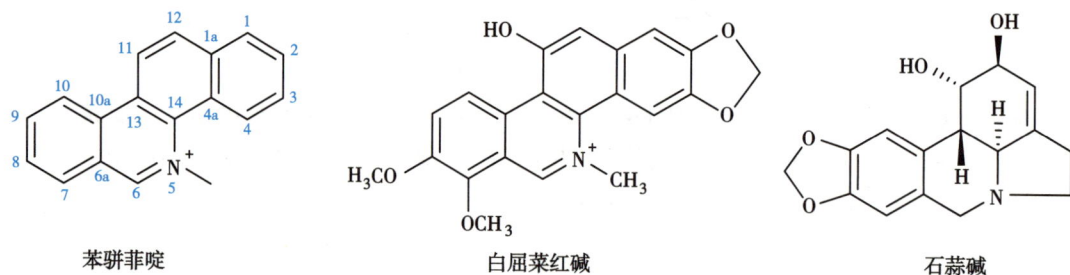

苯骈菲啶　白屈菜红碱　石蒜碱

十二、苯乙基四氢异喹啉类生物碱

苯乙基四氢异喹啉类生物碱(phenethyl tetrahydroisoquinoline alkaloids)主要分布在三尖杉科、百合科和罂粟科中,其中既有结构和生物合成途径简单的苯乙基四氢异喹啉类生物碱;又有生物合成途径复杂、结构独特,仅从分子结构上看很难判断其归属的生物碱,如秋水仙碱类、三尖杉碱类生物碱。同位素示踪法显示该类生物碱的生物合成途径均源于苯丙氨酸与酪氨酸,而且经历了一个简单苯乙基四氢异喹啉前体后,再转化成为最终生物碱。如对白血病有较好疗效的三尖杉碱(cephalotaxine)、三尖杉酯碱(harringtonine)等。

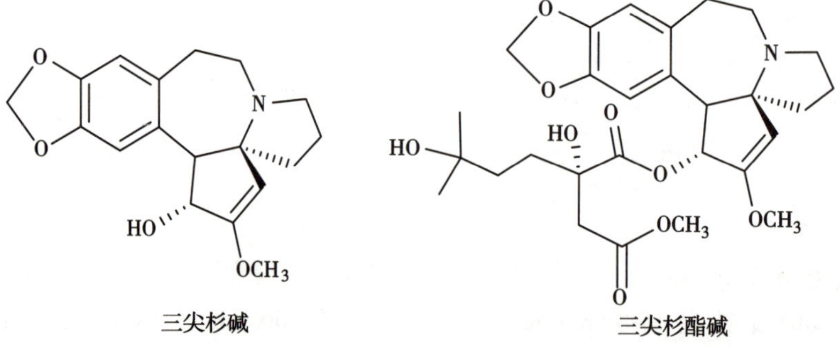

三尖杉碱　三尖杉酯碱

十三、吐根碱类生物碱

吐根碱类生物碱（emetine alkaloids）分子结构中常含有一个四氢异喹啉环和一个裂环烯醚萜开环的片段，两部分拼合形成基本骨架。其在自然界分布较少，主要分布在茜草科、八角枫科（Alangiaceae）等植物中。如具催吐作用的吐根碱(emetine)、吐根酚碱(cephaeline)，具有抗肿瘤作用的 tubulosine 等。

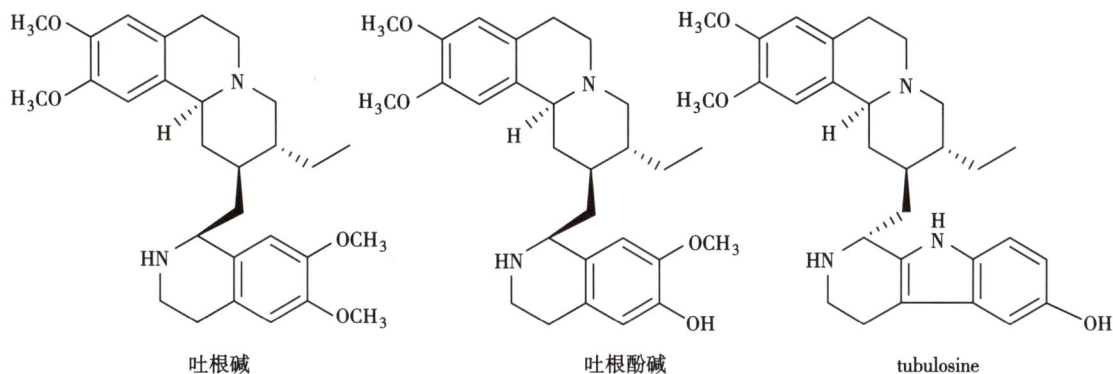

吐根碱　　吐根酚碱　　tubulosine

十四、吲哚类生物碱

吲哚类生物碱（indole alkaloids）是生物碱中种类较多、结构较为复杂的一大类生物碱，来源于色氨酸途径。主要分布在夹竹桃科、茜草科、马钱科、苦木科、十字花科、芸香科等植物中。依据其结构特点可分为：简单吲哚类、β- 卡波啉类、半萜吲哚类、单萜吲哚类和双吲哚类等。

（一）简单吲哚类生物碱

简单吲哚类生物碱（simple indole alkaloids）结构中只有吲哚母核，没有其他杂环结构。主要分布在豆科和禾本科植物中。如存在于欧洲菘蓝（*Isatis tinctoria*）中的大青素 B（isatan B）、蓼蓝（*Polygonum tinctorium*）中的靛苷（indican）。

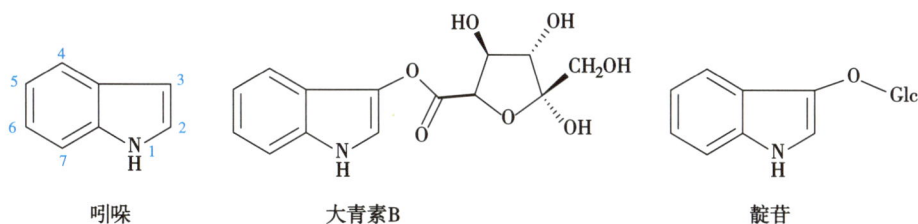

吲哚　　大青素B　　靛苷

（二）β- 卡波啉类生物碱

卡波啉类生物碱（carboline alkaloids）可认为是吡啶并吲哚（pyridoindoles）类生物碱，按照环合方式不同，分为 α、β、γ、δ- 卡波啉。其中 β- 卡波啉类生物碱在自然界分布最广，数量最多，研究最为深

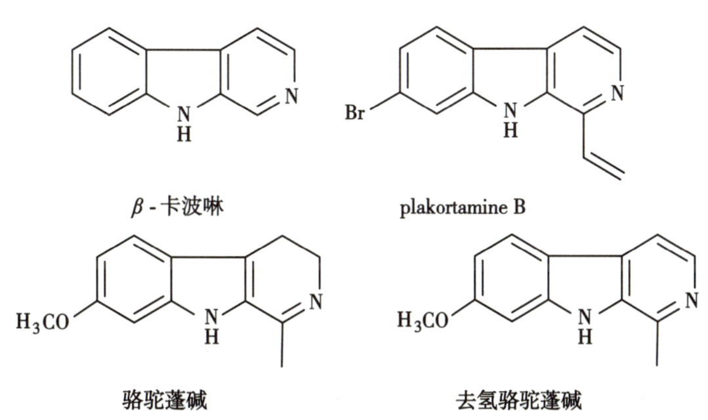

β- 卡波啉　　plakortamine B

骆驼蓬碱　　去氢骆驼蓬碱

入。其主要分布在植物界和海洋生物中。如从深水海绵（*Plakortis nigra*）中得到的具有抗肿瘤活性的 plakortamine B、从骆驼蓬（*Peganum harmala*）中得到的有抗肿瘤活性的骆驼蓬碱（harmaline）和去氢骆驼蓬碱（harmine）。

（三）半萜吲哚类生物碱

半萜吲哚类生物碱（semiterpenoid indole alkaloids）主要分布在麦角菌（*Ciavieps purpurea*）中，又称为麦角生物碱（ergot alkaloids）。分子中含有一个以吲哚环并合喹啉环构成的四环麦角碱母核体系，如具有兴奋子宫作用的麦角新碱（ergometrine）、麦角胺（ergotamine）等。

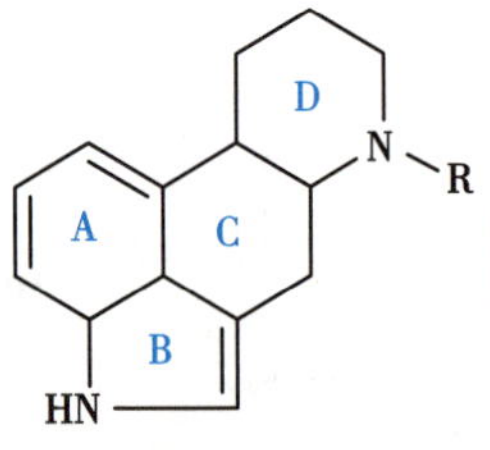

四环麦角碱母核 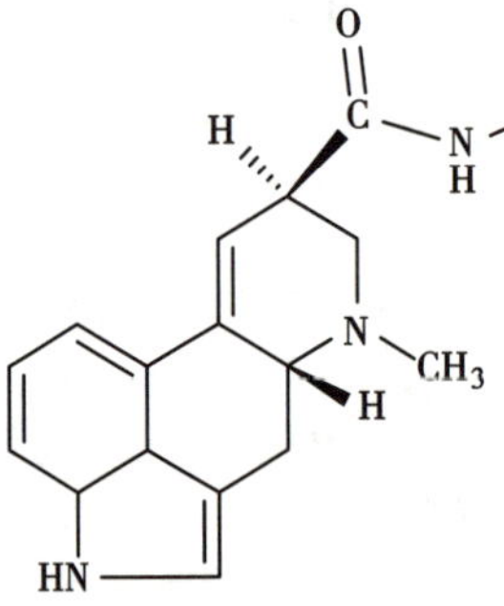　　麦角新碱 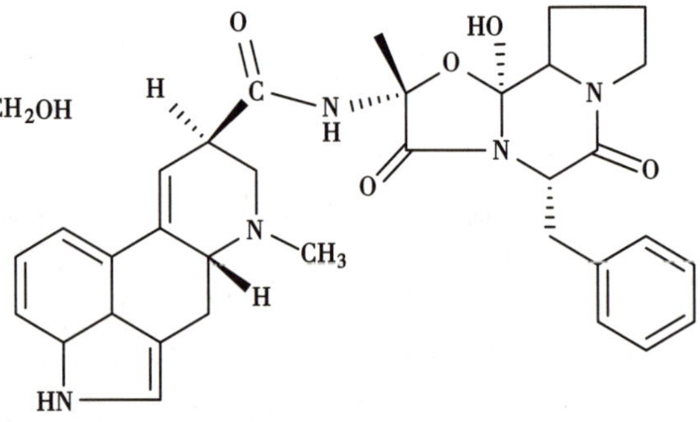　　麦角胺

（四）单萜吲哚类生物碱

单萜吲哚类生物碱（momoterpenoid indole alkaloids）是天然产物中一类重要的活性物质，数目较多，结构复杂，特点是分子中具有吲哚核和 C_9 或 C_{10} 的裂环番木鳖萜及其衍生物的结构单元。如番木鳖中具中枢兴奋作用的士的宁（strychnine），具有降压作用的利血平（reserpine）及钩藤碱（rhynchophylline）。此外尚有柯南因（corynantheine）、长春胺（vincamine）及依波加明（ibogaminge）等亦属单萜吲哚类生物碱。

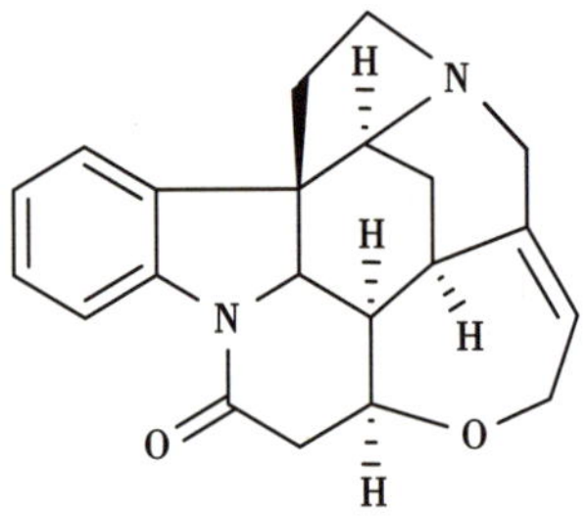

士的宁 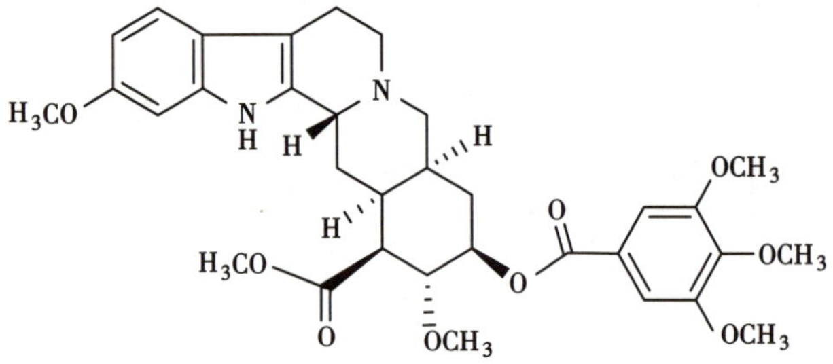　　利血平

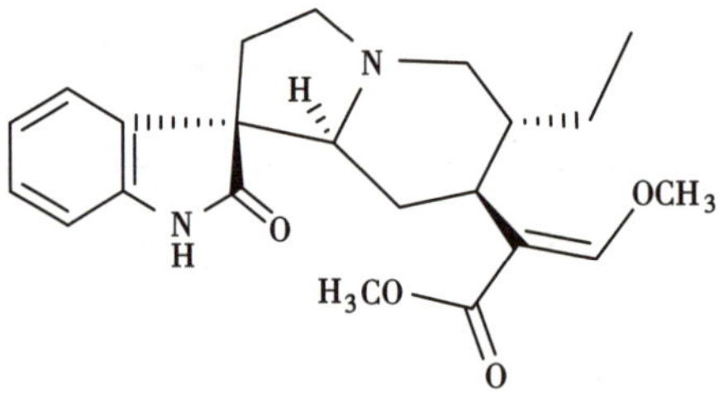

钩藤碱

（五）双吲哚类生物碱

双吲哚类生物碱（bisindole alkaloids）由两分子单萜吲哚类生物碱经分子间缩合而成。如从长春花中分离到的抗肿瘤药物长春碱（vinblastine）和长春新碱（vincristine）。

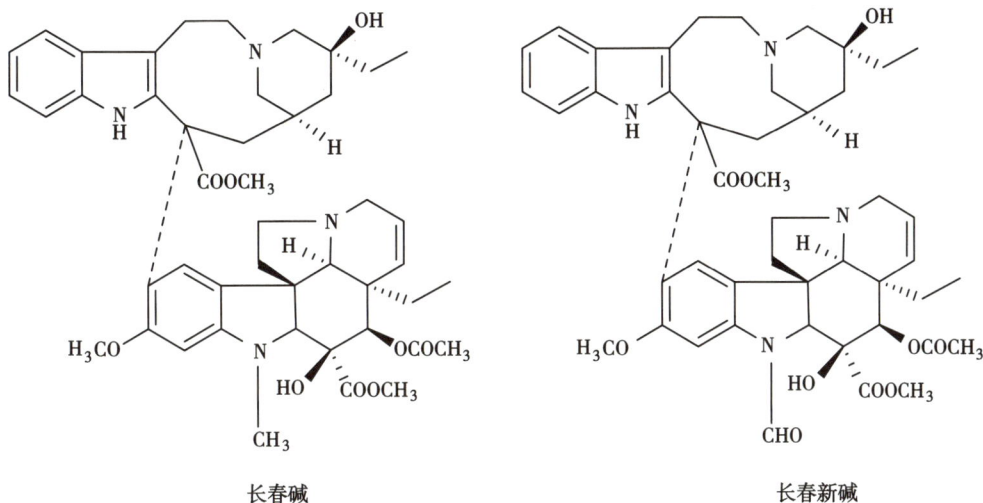

长春碱　　　　长春新碱

十五、萜类生物碱

萜类生物碱(terpenoid alkaloids)主要来源于甲戊二羟酸途径。按其结构中的碳原子个数可分为单萜、倍半萜、二萜及三萜生物碱。

(一) 单萜生物碱

单萜生物碱(monoterpenoid alkaloids)是主要由环烯醚萜衍生而来,常与单萜吲哚类生物碱共存,多分布于猕猴桃科(Actinidiaceae)、龙胆科(Gentianaceae)、马钱科、夹竹桃科及玄参科(Scrophulariaceae)植物中。如具有降血压作用的猕猴桃碱(actinidine)、抗炎镇痛作用的龙胆碱(gentianine)以及强壮作用的肉苁蓉碱(boschniakine)等。

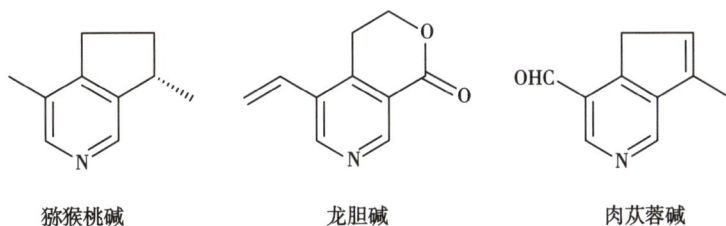

猕猴桃碱　　　　龙胆碱　　　　肉苁蓉碱

(二) 倍半萜生物碱

倍半萜生物碱(sesquiterpenoid alkaloids)具有倍半萜的骨架,在植物界分布很窄,主要集中在兰科(Orchidaceae)石斛属(*Dendrobium*)、睡莲科萍蓬草属(*Nuphar*)等植物中。如具止痛退热作用的石斛碱(dendrobine)、具抗菌活性的黄萍蓬草碱(nuphleine)及萍蓬定(nupharidine)等。

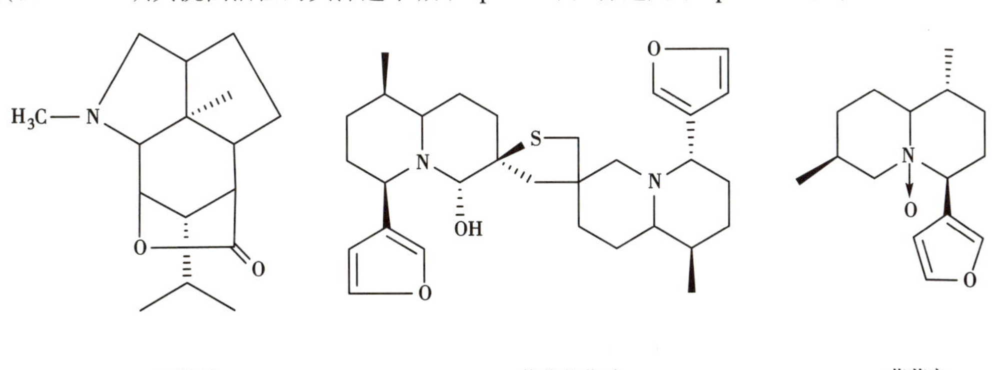

石斛碱　　　　黄萍蓬草碱　　　　萍蓬定

（三）二萜生物碱

二萜生物碱（diterpenoid alkaloids）主要为含 19 个碳原子和 20 个碳原子构成的四环二萜（对映 - 贝壳杉烷）或五环二萜（乌头烷，aconanes）型，分子中具有 β- 氨基乙醇、甲胺或乙胺形成的杂环。主要分布于毛茛科乌头属（*Aconitum*）、翠雀属（*Delphinium*）以及蔷薇科绣线菊属（*Spiraea*）植物中。如具镇痛作用的乌头碱（aconitine）、3- 乙酰乌头碱（3-acetylaconitine）及抗心律失常作用的关附甲素（guan-fu base A）等。

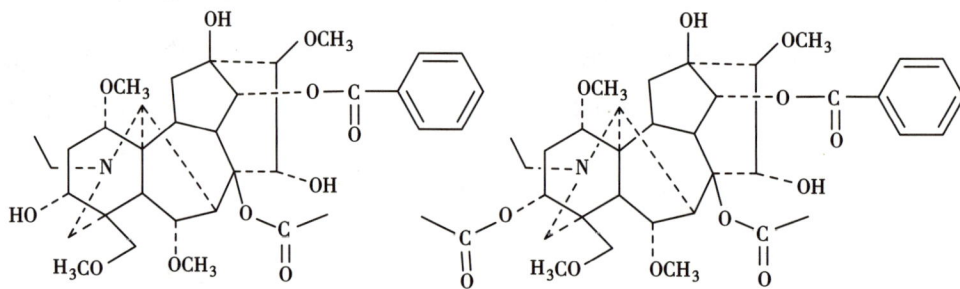

乌头碱　　3-乙酰乌头碱

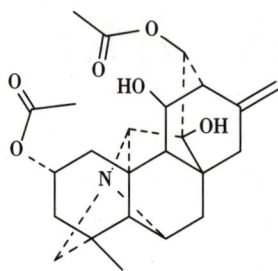

关附甲素

（四）三萜生物碱

三萜生物碱（triterpenoid alkaloids）数目较少，结构中具三萜或降三萜骨架。主要分布于虎皮楠科虎皮楠属（*Daphniphyllum*）及黄杨科黄杨属（*Buxus*）植物中。如交让木碱（daphniphylline）及 *N*-benzoyl-16-acetylcycloxobuxidine 等。

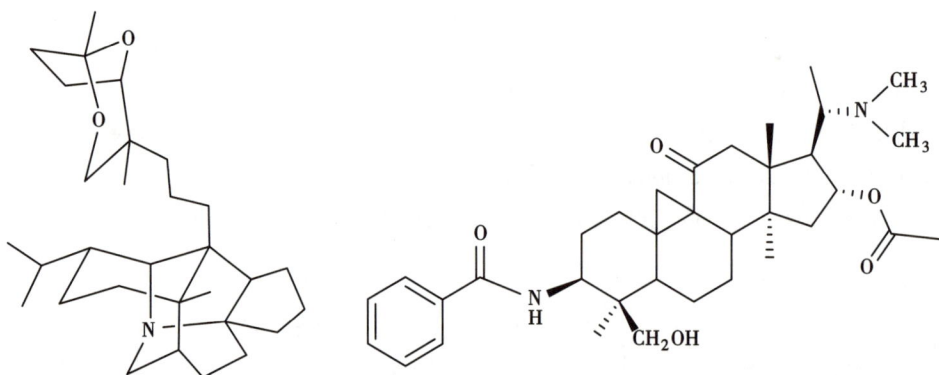

交让木碱　　*N*-benzoyl-16-acetylcycloxobuxidine

十六、甾体生物碱

甾体生物碱（steroid alkaloids）是天然甾体的含氮衍生物，与萜类生物碱同属于非氨基酸来源生物碱，统称为伪生物碱。根据甾体的骨架分为孕甾烷生物碱、环孕甾烷生物碱和胆甾烷生物碱。

(一) 孕甾烷生物碱

孕甾烷生物碱(pregnane alkaloids)具有孕甾烷的基本母核,主要指孕甾烷 C-3 或 C-20 位单氨基或双氨基的衍生物,其骨架一般含有 21 个碳原子,又称 C_{21} 甾生物碱。主要分布于夹竹桃科、黄杨科及百合科植物中。如假橡胶树(*Holarrhena floribunda*)中的康里生(conessine)及从黄杨科野扇花(*Sarcococca ruscifolia*)叶中得到的野扇花碱(saracodine)。

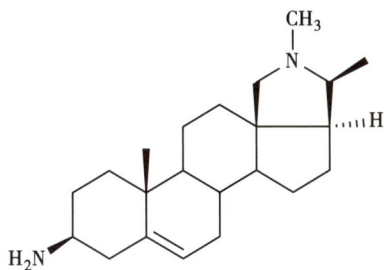

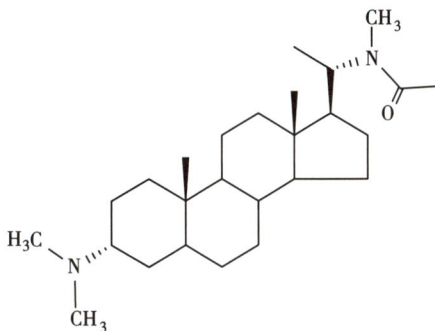

康里生　　　野扇花碱

(二) 环孕甾烷生物碱

环孕甾烷生物碱(cyclopregnane alkaloids)具有 19- 环 -4,4,14*α*- 三甲基孕甾烷结构,一般母核具有 24 个碳原子,又称 C_{24} 甾生物碱。主要分布在黄杨科植物中。如具有增加冠脉流量、强心等作用的环常绿黄杨碱 D(cyclovirobuxine D)及从黄杨木中分离得到的环黄杨酰胺(cycloprotobuxinamine)等。

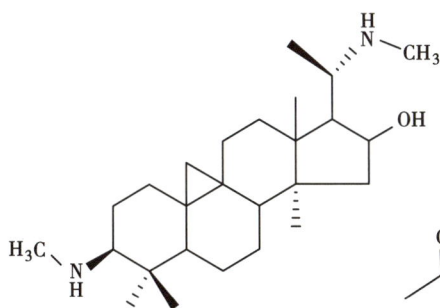

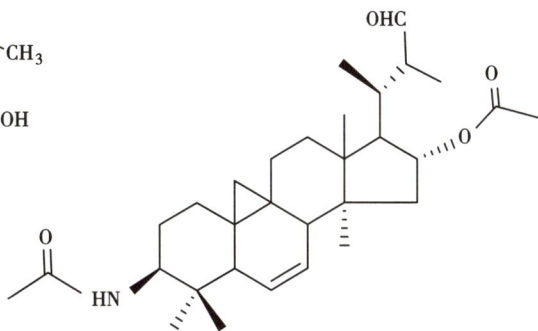

环常绿黄杨碱D　　　环黄杨酰胺

(三) 胆甾烷生物碱

胆甾烷生物碱(cholestane alkaloids)按骨架可分为胆甾烷类生物碱和异胆甾烷类生物碱。胆甾烷类是以天然甾醇为母体的氨基化衍生物,一般母核具有 27 个碳原子,又称 C_{27} 甾生物碱。常以苷的形式存在,主要分布于茄科和百合科植物中,如澳洲茄胺(solasodine)、维藜芦胺(veralkamine)、茄次碱(solanidine)等。异胆甾烷类与胆甾烷类的主要区别在于五元环(C 环)与六元环(D 环)异位,其主要分布于百合科的藜芦属(*Veratrum*)和贝母属(*Fritillaria*)植物中,常以游离碱、酯及苷的形式存在,如藜芦胺(veratramine)、介藜芦胺(jervine)、平贝碱甲(pingpeimine A)等。

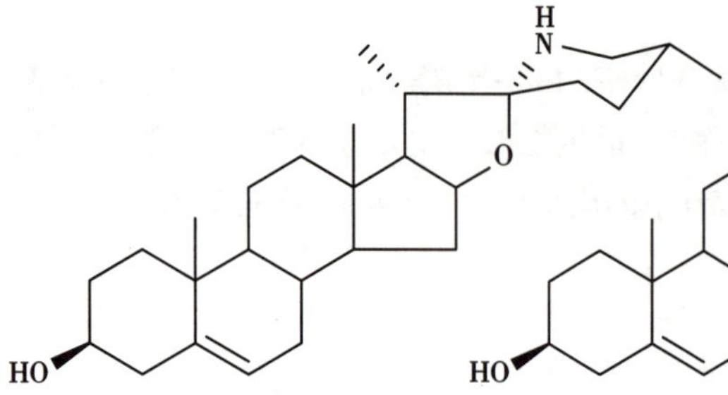

澳洲茄胺 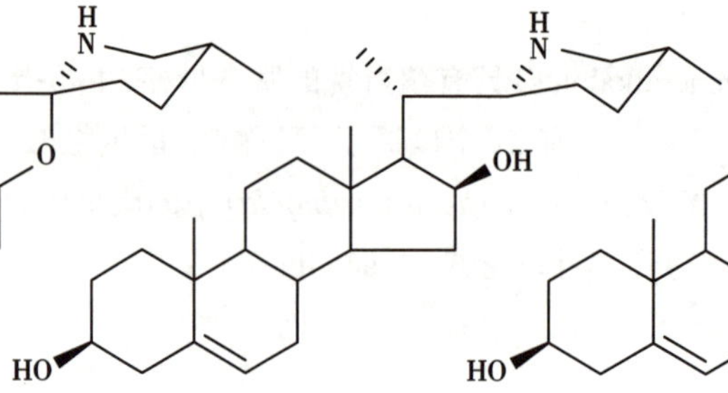　　维藜芦胺 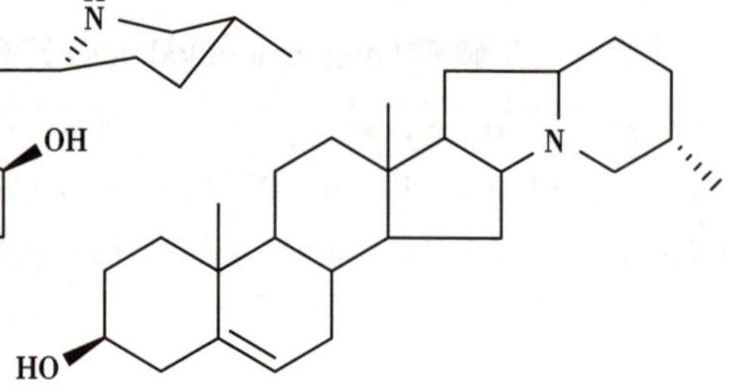　　茄次碱

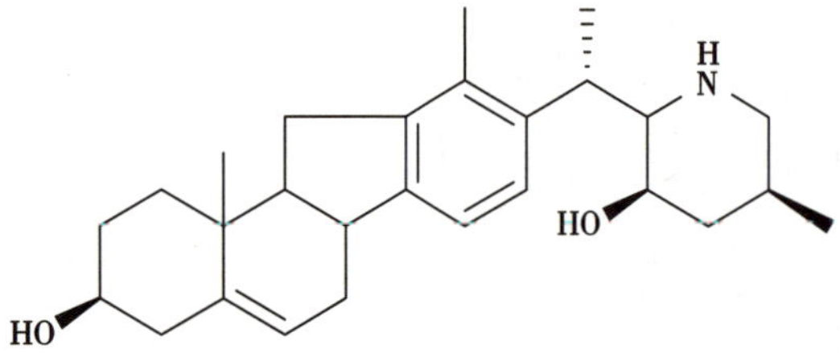

藜芦胺 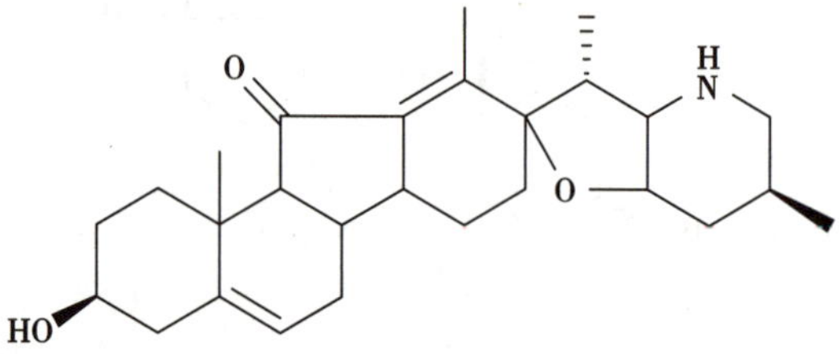　　介藜芦胺

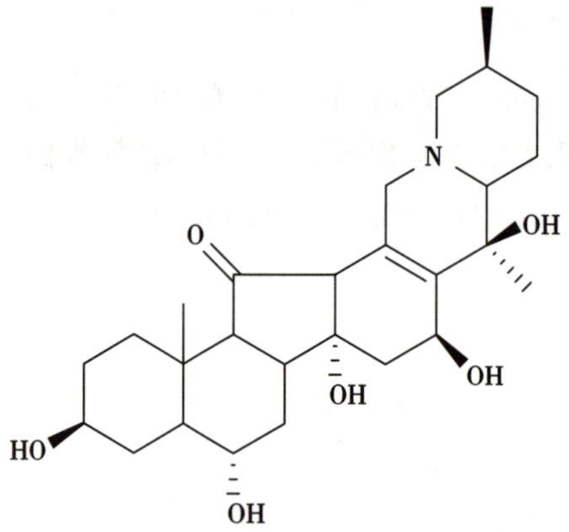

平贝碱甲

第三节　生物碱类化合物的生物合成[4]

生物合成研究表明，自然界已发现的数万种生物碱仅来源于有限的氨基酸、甲戊二羟酸和乙酸酯等前体，生物碱生源主要有氨基酸途径和甲戊二羟酸途径。与生物碱生物合成有关的主要氨基酸有鸟氨酸、赖氨酸、苯丙氨酸、酪氨酸、色氨酸、组氨酸、邻氨基苯甲酸等。鸟氨酸产生吡咯烷和托品烷生物碱，赖氨酸产生哌啶、喹诺里西啶和吲哚里西啶生物碱。酪氨酸产生苯乙胺类和简单的四氢异喹啉类生物碱，也有许多酚氧化偶联作用相关的其他生物碱，如苄基四氢异喹啉、苯乙基异喹啉、萜类四氢异喹啉和石蒜科生物碱。色氨酸为前体的生物碱分为简单吲哚、β- 卡波啉、萜吲哚、喹啉、吡咯烷酮和麦角生物碱。邻氨基苯甲酸是喹啉、喹唑啉和吖啶生物碱的前体，而组氨酸则是咪唑衍生物前体。然而，有些生物碱不是从氨基酸衍生出来的，而是由另一类底物胺化产生的，相关底物可以是乙酸衍生物、苯丙氨酸衍生物、萜类或甾体。

对生物碱的生物合成开展研究，不仅可以阐明不同结构类型生物碱在生物体内形成原理及过程，也可为某些药用生物碱类的活性前体结构改造、人工合成提供重要信息和线索。

一、生物碱生物合成的基本原理

生物碱生物合成的化学原理仅涉及环合反应、C-N 键和 C-C 键的裂解反应，并常伴随某些重排，取代基的形成、增减、消除和转化等少数反应。生物碱骨架类型的形成与转化的化学本质是生物体在其体内酶的参与下，发生 C-C 键、C-N 键、C-O 键的形成与裂解。生物碱生物合成的主要反应类型如表 9-1 所示。

表 9-1 生物碱生物合成过程中的主要反应类型

反应类型			用途
环合反应	一级环合反应	内酰胺形成	合成肽类生物碱
		席夫碱形成	合成吡咯类、托品类、吡咯里西啶类、哌啶类、喹诺里西啶类等生物碱
		Mannich 氨甲基化反应	合成苄基异喹啉类和吲哚类等生物碱
		氨基加成反应	合成环多巴和吖啶酮类生物碱
	次级环合反应	酚氧化偶联	合成阿朴啡类、四氢异喹啉类等生物碱
		亚胺盐次级环合反应	合成托品类、石松碱类等生物碱
C-N 键的裂解	内酰胺开环		涉及多类生物碱的生物合成
	Hofmann 降解和 Von Braun 氧化降解		
C-C 键的裂解	芳香类裂解成脂肪类，裂解再环合，使骨架复杂化		涉及多类生物碱的生物合成
氨基化	萜类氨基化		产生单萜、倍半萜、二萜和三萜生物碱
	甾体氨基化		产生甾体生物碱

二、生物碱的主要生物合成途径

1. 来源于乌氨酸的生物碱 L- 乌氨酸（L-ornithine）是一种非蛋白质氨基酸。在动物体内，乌氨酸是在形成尿素的循环中在精氨酸酶催化下由 L- 精氨酸产生。在植物中，它主要由 L- 谷氨酸（L-glutamate）形成。乌氨酸同时含有 δ- 氨基和 α- 氨基，在生物碱的生物合成过程中经脱羧后，碳链与氨基上的氮一起并入生物碱结构（图 9-2）。

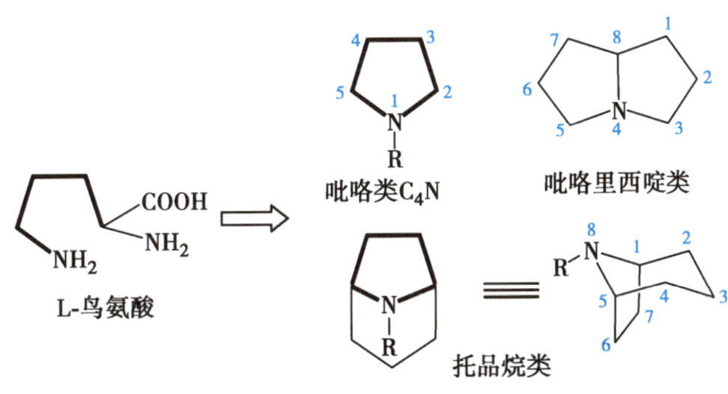

图 9-2 来源于乌氨酸的生物碱

(1) 吡咯类和托品烷类生物碱：古豆碱（hygrine）和红古豆碱（cuscohygrine）是最常见的吡咯类生物碱，而阿托品（atropine）和可卡因（cocaine）是临床上广泛应用的托品烷类生物碱。这两类生物碱的生物合成是由乌氨酸脱羧生产腐胺（putrescine），腐胺再甲基化、脱氨并经席夫碱形成具有吡咯烷环系

的 *N*- 甲基 -Δ^1- 吡咯啉阳离子。吡咯啉阳离子再经过分子间和分子内 Mannich 反应、脱羧等过程，形成托品烷类生物碱。其生合成过程如图 9-3 所示。

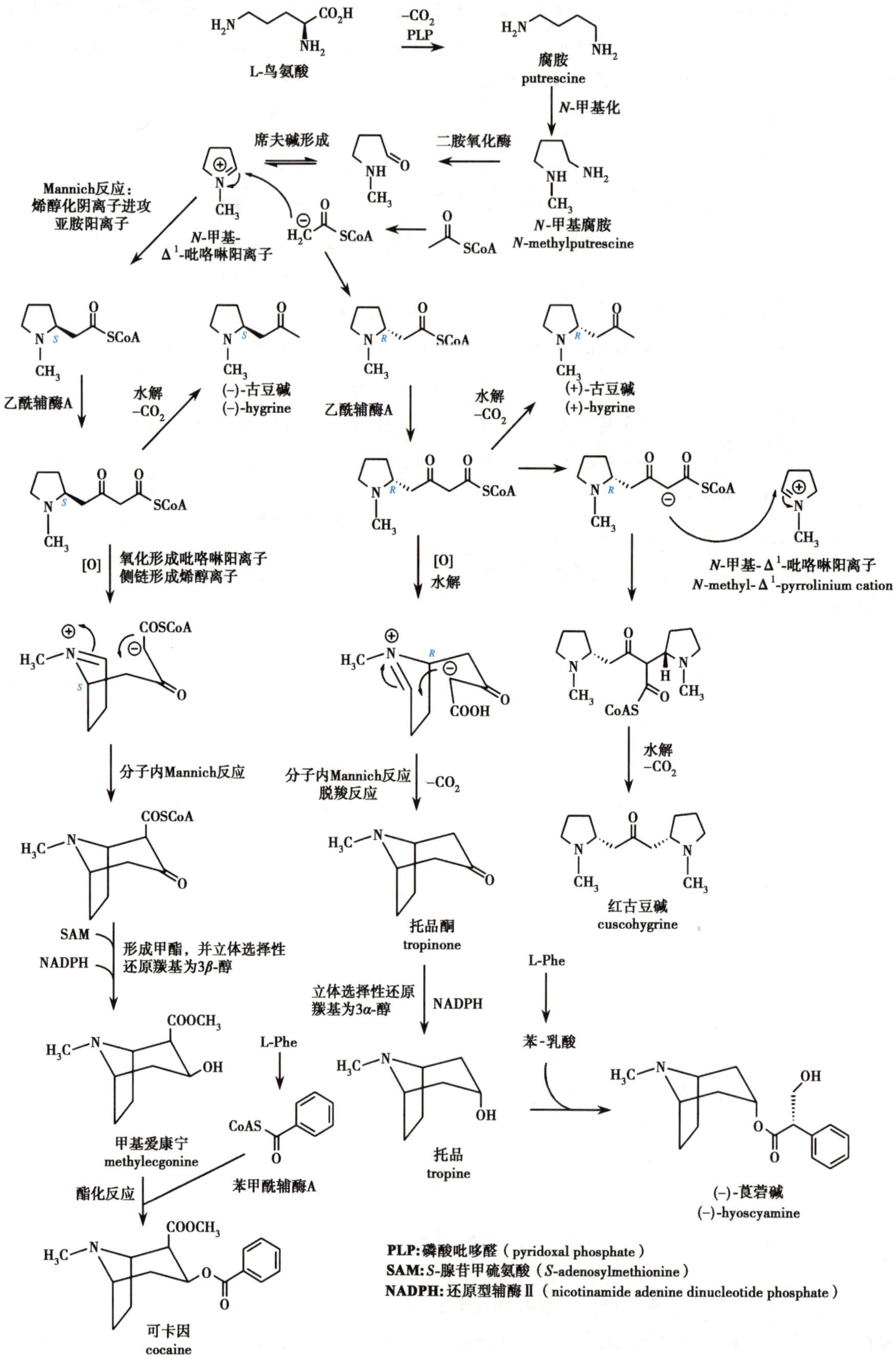

L-鸟氨酸
$-CO_2$ PLP
腐胺 putrescine
N-甲基化
二胺氧化酶
N-甲基腐胺 *N*-methylputrescine
席夫碱形成
N-甲基-Δ^1-吡咯啉阳离子
Mannich反应：烯醇化阴离子进攻亚胺阳离子
乙酰辅酶A
水解 $-CO_2$
(−)-古豆碱 (−)-hygrine
(+)-古豆碱 (+)-hygrine
[O] 氧化形成吡咯啉阳离子 侧链形成烯醇离子
[O] 水解
N-甲基-Δ^1-吡咯啉阳离子 *N*-methyl-Δ^1-pyrrolinium cation
分子内Mannich反应
分子内Mannich反应 脱羧反应 $-CO_2$
水解 $-CO_2$
红古豆碱 cuscohygrine
托品酮 tropinone
SAM NADPH 形成甲酯，并立体选择性还原羰基为3*β*-醇
立体选择性还原羰基为3*α*-醇 NADPH
L-Phe
苯-乳酸
甲基爱康宁 methylecgonine
苯甲酰辅酶A
托品 tropine
(−)-莨菪碱 (−)-hyoscyamine
酯化反应
可卡因 cocaine

PLP: 磷酸吡哆醛（pyridoxal phosphate）
SAM: *S*-腺苷甲硫氨酸（*S*-adenosylmethionine）
NADPH: 还原型辅酶Ⅱ（nicotinamide adenine dinucleotide phosphate）

图 9-3 吡咯类和托品烷类生物碱的生物合成过程

（2）吡咯里西啶类生物碱：两个分子的腐胺通过氧化脱氨基作用生产亚胺，再经 NADH 还原成高精脒（homospermidine），再经连续氧化脱氨、席夫碱形成及 Mannich 反应，生成吡咯里西啶的基本骨架，进一步形成不同的吡咯里西啶类生物碱。图 9-4 为阔叶千里光碱和迷迭香裂碱的生物合成途径。

腐胺 putrescine　高精脒 homospermidine　迷迭香裂碱 rosmarinecine　阔叶千里光碱 platyphylline

千里光酸（senecic acid，虚线内部分）来源于两分子异亮氨酸

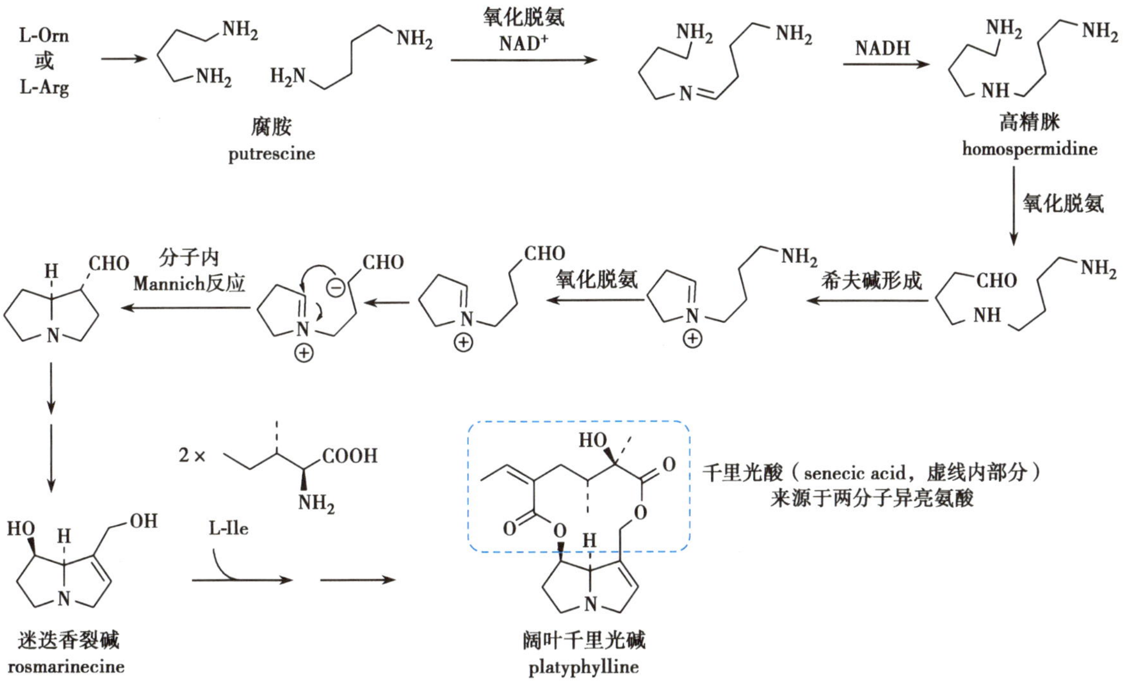

图 9-4　阔叶千里光碱和迷迭香裂碱的生物合成途径

2. 来源于赖氨酸的生物碱　L- 赖氨酸与 L- 鸟氨酸是同系物，其结构多一个碳原子，可形成六元哌啶环，在生物合成中提供一个 C_5N 结构单元。赖氨酸作为生物合成前体，通过与鸟氨酸相似的途径合成哌啶类、喹诺里西啶类及吲哚里西啶类生物碱。

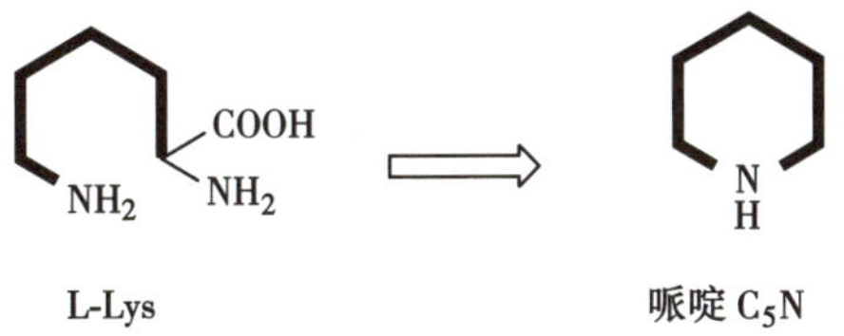

L-Lys　　哌啶 C_5N

（1）哌啶类生物碱：L- 赖氨酸脱羧后形成尸胺，尸胺经二胺氧化酶氧化脱氨基，再经希夫碱形成具有哌啶环骨架的 Δ^1- 哌啶烯。Δ^1- 哌啶烯形成 Δ^1- 哌啶阳离子后，再通过分子内及分子间 Mannich 反应、水解脱羧，引入不同的侧链，形成不同的哌啶类生物碱，如图 9-5 所示的石榴碱（pelletierine）、伪石榴碱（pseudopelletierine）及安拿弗林（anaferine）的生物合成途径。

（2）喹诺里西啶类生物碱：喹诺里西啶类生物碱的双环结构，是赖氨酸形成尸胺后通过二胺氧化酶氧化脱氨形成 5- 氨基戊醛，分子内氨基与醛基缩合形成希夫碱Δ^1- 哌啶亚胺阳离子，再与哌啶 -2- 烯通过类似羟醛缩合反应，形成的亚胺基团水解成醛和胺，再经过氧化脱氨及希夫碱生成反应形成喹诺里西啶的骨架，再通过氧化、希夫碱生成等系列反应，形成不同的喹诺里西啶类生物碱（图 9-6）。

（3）吲哚里西啶类生物碱：吲哚里西啶类生物碱前体是 L- 赖氨酸，其关键中间体是 L- 哌可酸。哌可酸与乙酰辅酶 A 或丙二酰辅酶 A 经 Claisen 反应，在经过环合、羟基化后，生产系列吲哚里西啶类生物碱（图 9-7）。

3. 来源于邻氨基苯甲酸的生物碱　邻氨基苯甲酸（anthranilic acid）是 L- 色氨酸生物合成过程

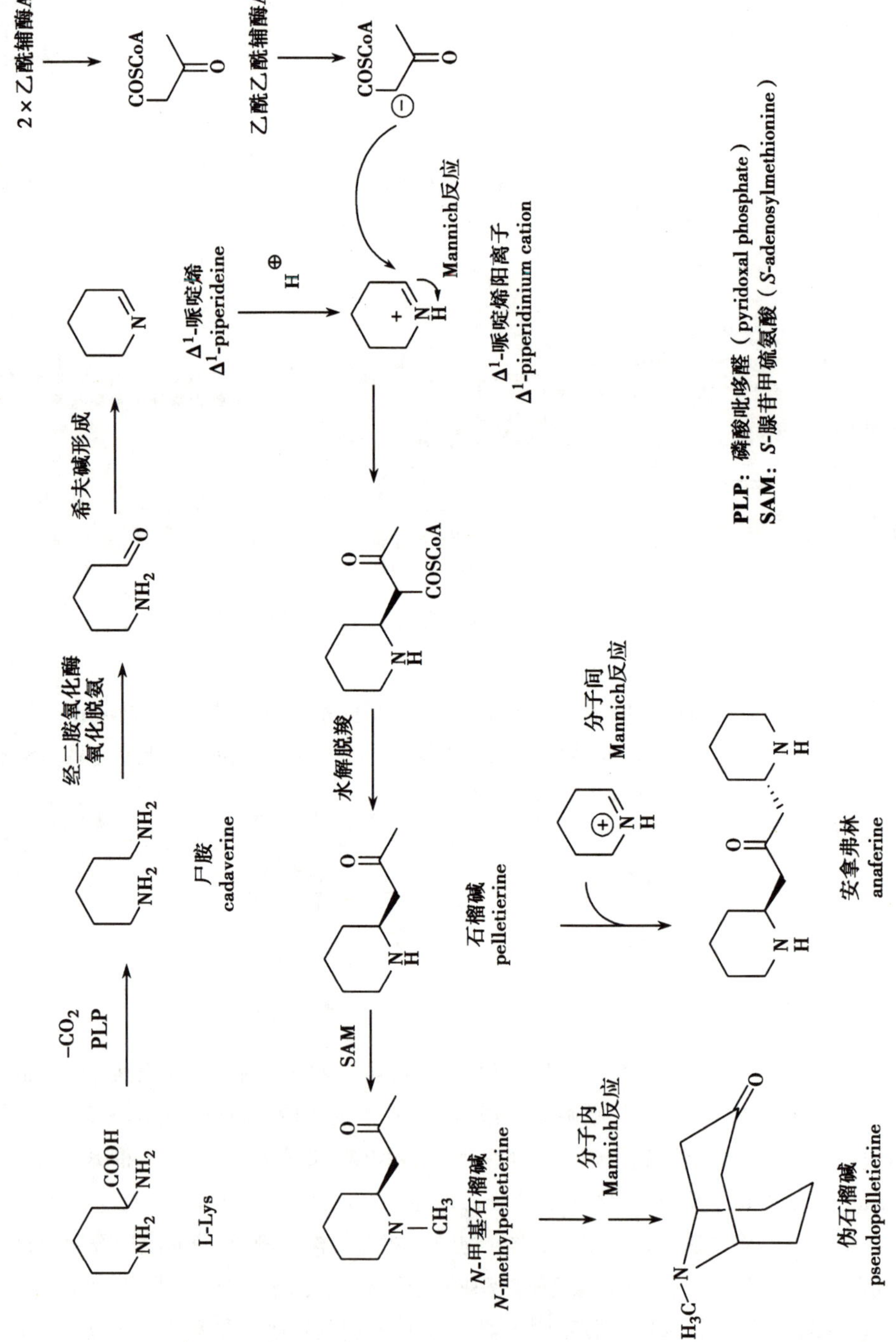

图 9-5　石榴碱、伪石榴碱及安拿弗林的生物合成途径

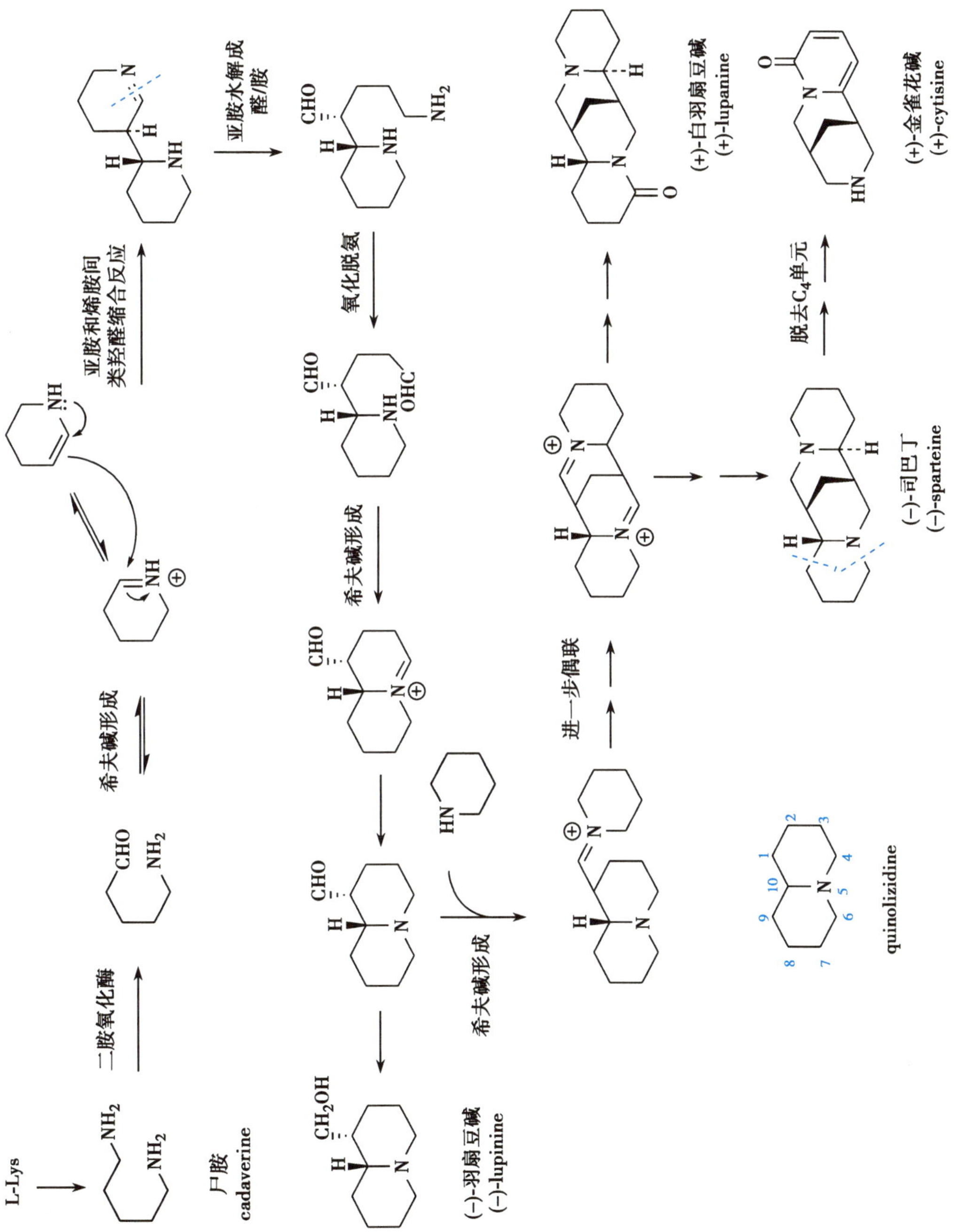

图 9-6　喹诺里西啶类生物碱的生物合成途径

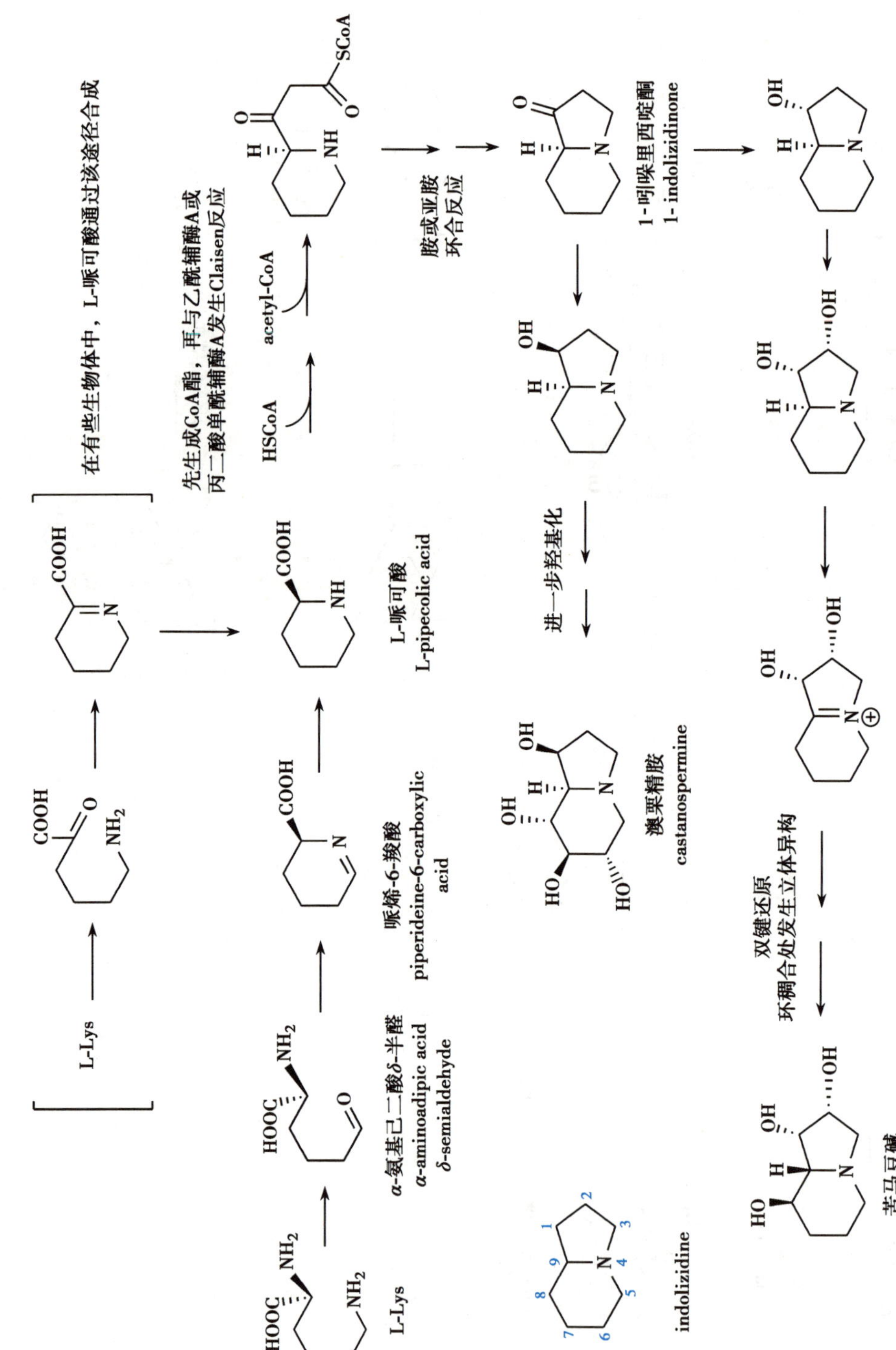

图 9-7　吲哚里西啶类生物碱的生物合成途径

中关键中间体，来源于莽草酸途径的中间产物。其本身也可作为生物碱生物合成的前体，形成 C_6N 骨架，进一步衍生成喹唑啉类、喹啉类及吖啶类生物碱（图 9-8）。

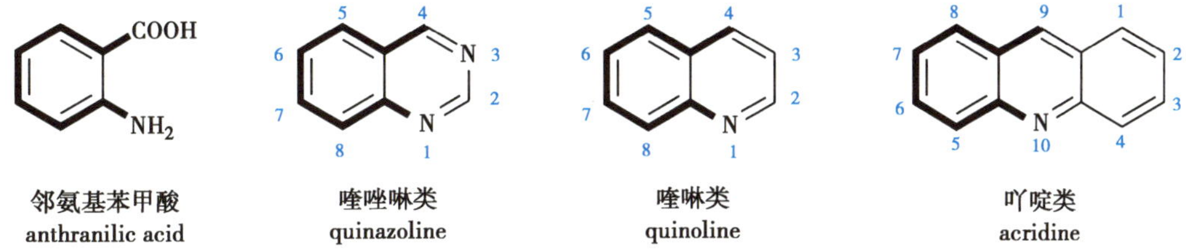

图 9-8　来源于邻氨基苯甲酸的生物碱

（1）喹唑啉类生物碱：鸭嘴花碱是典型的喹唑啉类生物碱，存在于蒺藜科（Zygophyllaceae）植物骆驼蓬（*Peganum harmala*）及爵床科（Acanthaceae）植物鸭嘴花（*Justicia adhatoda*）中，但其在这两种植物中生物合成途径有所不同。在骆驼蓬中，鸭嘴花碱生物合成主要是亲核反应历程，由邻氨基苯甲酰辅酶 A 中氮原子亲核进攻来自鸟氨酸的吡咯啉阳离子形成。而在鸭嘴花中，是以 *N*- 乙酰邻氨基苯甲酸和天冬氨酸为前体生物合成的（图 9-9）。

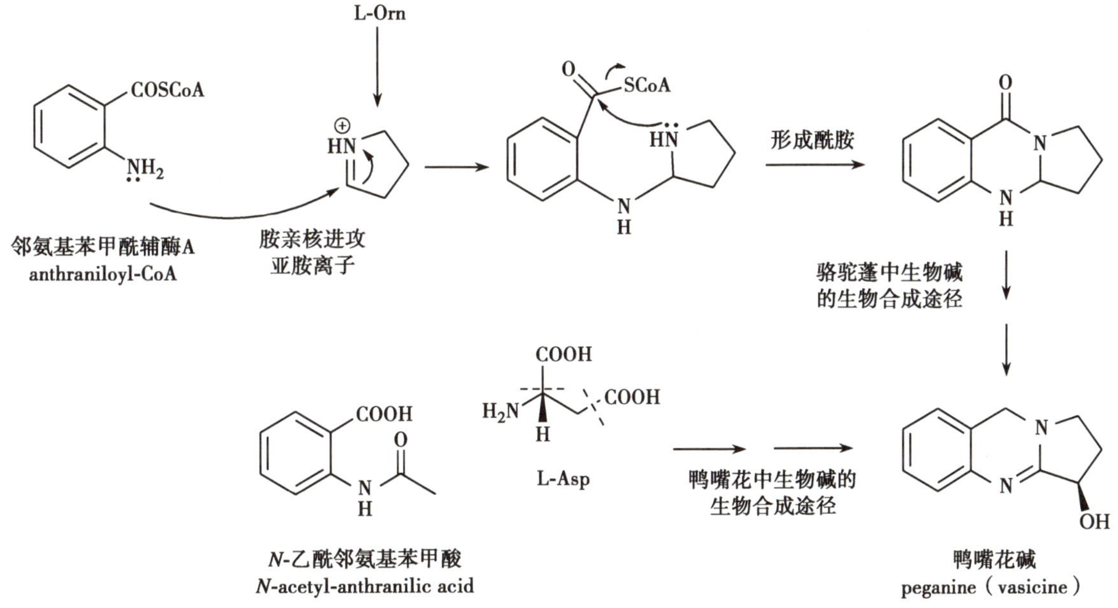

图 9-9　鸭嘴花碱的生物合成途径

（2）喹啉类生物碱：通过邻氨基苯甲酸与乙酸 / 丙二酸复合途径，可以合成喹啉环，进一步可衍生化成吖啶类骨架。喹啉类生物碱的生物合成过程如图 9-10 所示。

4. 来源于酪氨酸的生物碱　L- 酪氨酸转化成 4- 羟基丙酮酸，进一步脱羧生成具有苯乙基单元的 4- 羟基苯乙醛，再与多巴胺发生类 Mannich 反应，生成苄基四氢异喹啉类骨架，进一步转化成苄基四氢异喹啉类生物碱（图 9-11）。

苄基四氢异喹啉类生物碱可通过酚氧化偶联反应，形成修饰的苄基四氢异喹啉类生物碱。酚氧化偶联包括两类：一类是通过醚键偶联，形成粉防己碱（tetrandrine）和筒箭毒碱（tubocurarine）；另一类通过芳环间碳碳偶联，形成具有吗啡烷型苄基异喹啉类生物碱，如吗啡（morphine）、可待因（codeine）和蒂巴因（thebaine），如图 9-12 所示。

5. 来源于色氨酸的生物碱　色氨酸属于芳香氨基酸，结构中含有吲哚环，是多数吲哚类生物碱的生物合成前体。在生物合成中，色氨酸也可以经过系列重排反应将吲哚环转化成喹啉环，进而生成结构丰富的生物碱。

（1）*β*- 卡波啉类：*β*- 卡波啉类生物碱是指具有吲哚环骈合吡啶环，且吡啶环氮原子位于 *β* 位为基

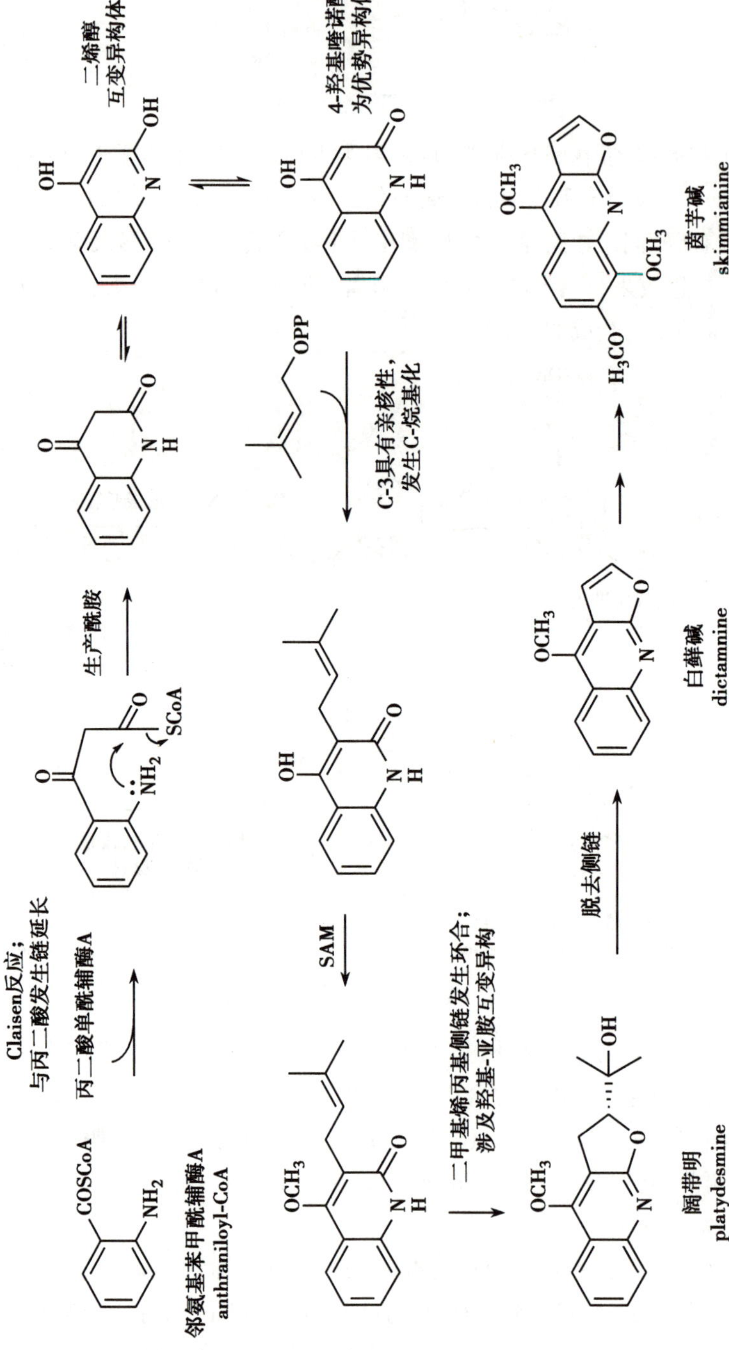

图 9-10 白鲜碱、茵芋碱等喹啉类生物碱的生物合成途径

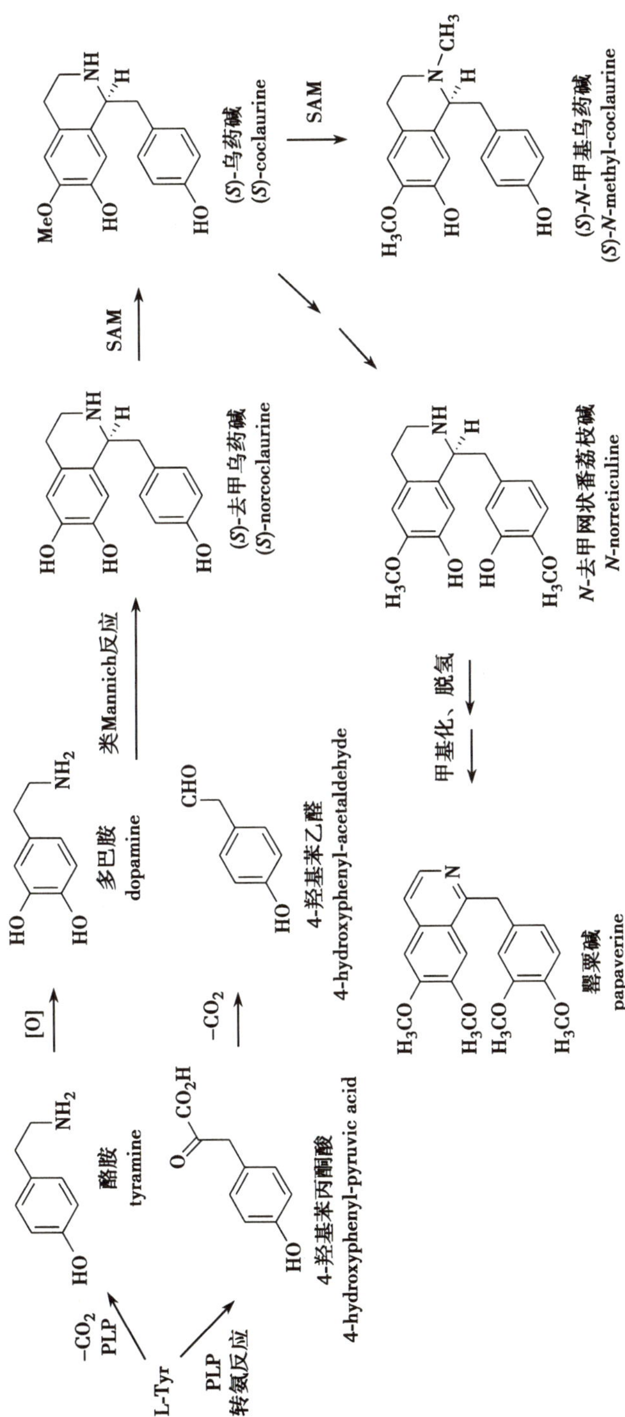

图 9-11　苄基异喹啉类生物碱的生物合成途径

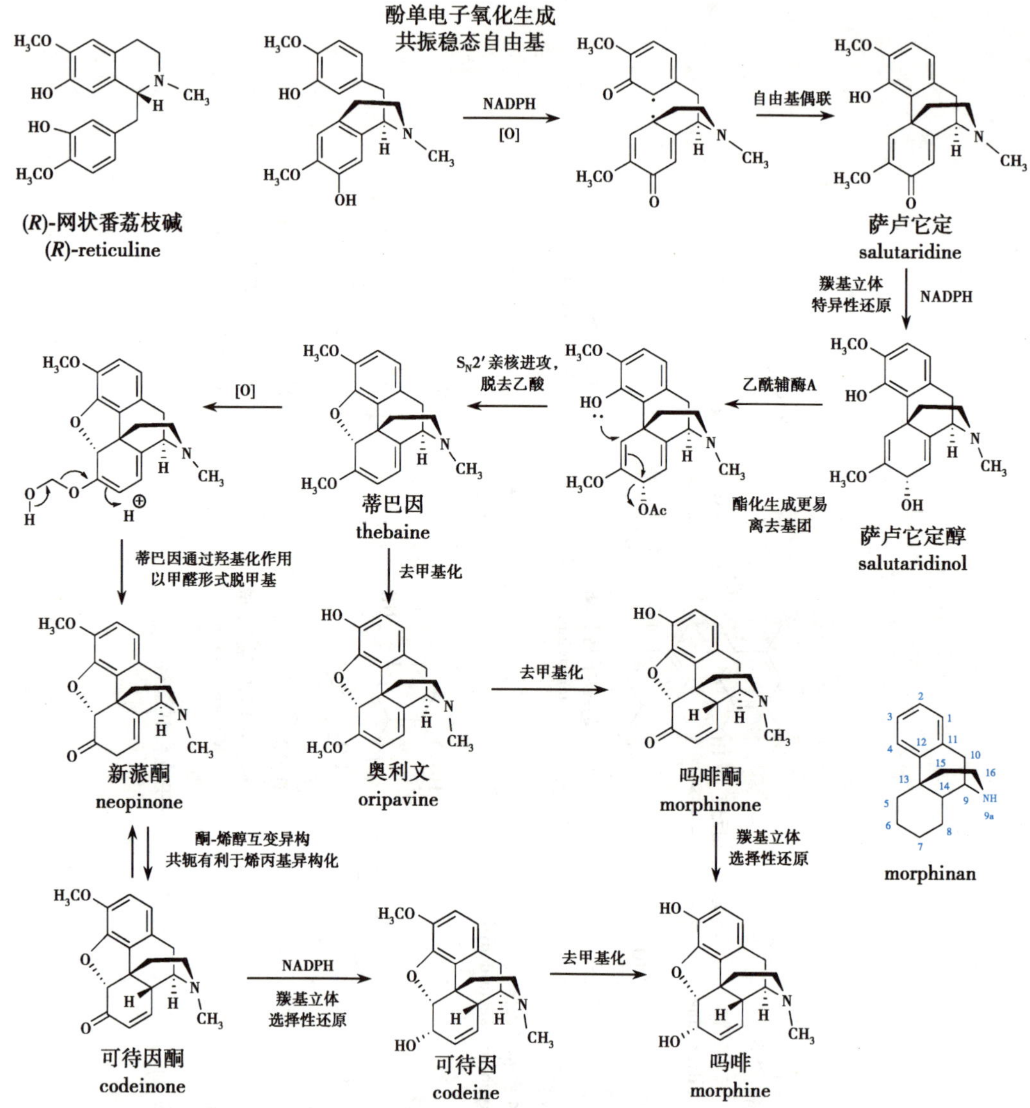

图 9-12 吗啡烷型苄基异喹啉类生物碱的生物合成途径

本骨架的吲哚类生物碱。色胺吲哚环 C-2 因与氮原子相连而具有一定的亲核性，与色胺和醛生成的席夫碱发生类 Mannich 反应，随后通过互变异构和氧化作用生成 β- 卡波啉母核，进一步生成系列 β- 卡波啉类生物碱（图 9-13）。

（2）萜吲哚类：萜吲哚类生物碱是由吲哚环骈合不同类型萜类片段而成，其结构中萜类片段来源于裂环环烯醚萜——裂环番木鳖苷，与色胺形成萜吲哚类生物碱。根据萜类片段重排反应类型不同，可分别形成柯南型、白坚木型、伊波型等萜吲哚生物碱。裂环番木鳖苷中的柯南型萜类结构片段，骨架中 C-3 单元脱去，分别以不同形式经重排反应连接到剩余片段上，形成白坚木型和伊波型萜类结构片段。萜类结构片段在生物合成中通常会失去一个碳原子，形成 C-9 结构片段。其生物合成过程如图 9-14 所示。

6. 来源于甲戊二羟酸途径的生物碱 萜类生物碱结构中含有单萜、倍半萜、二萜、三萜等结构单元，其生物合成机制目前还不是很明确。单萜生物碱的结构与环烯醚萜相似，只是 C-O 杂环被 C-N 杂环取代。目前较认可的萜类生物碱生物合成途径是以香叶醇为前体，经过系列结构修饰和转氨作用，生成萜类生物碱。图 9-15 为猕猴桃碱（actinidine）的生物合成过程。

甾体生物碱通常以 C-27 胆甾烷为基本骨架，在不同位置引入氮原子，可认为是甾体皂苷的含氮结构类似物。在生物合成过程中，其骨架来源于胆固醇，胆固醇侧链经过系列氧化、氨化、环合等反应生成相应甾体母核。图 9-16 为茄科植物中常见的澳洲茄碱（solasonine）的生物合成过程。

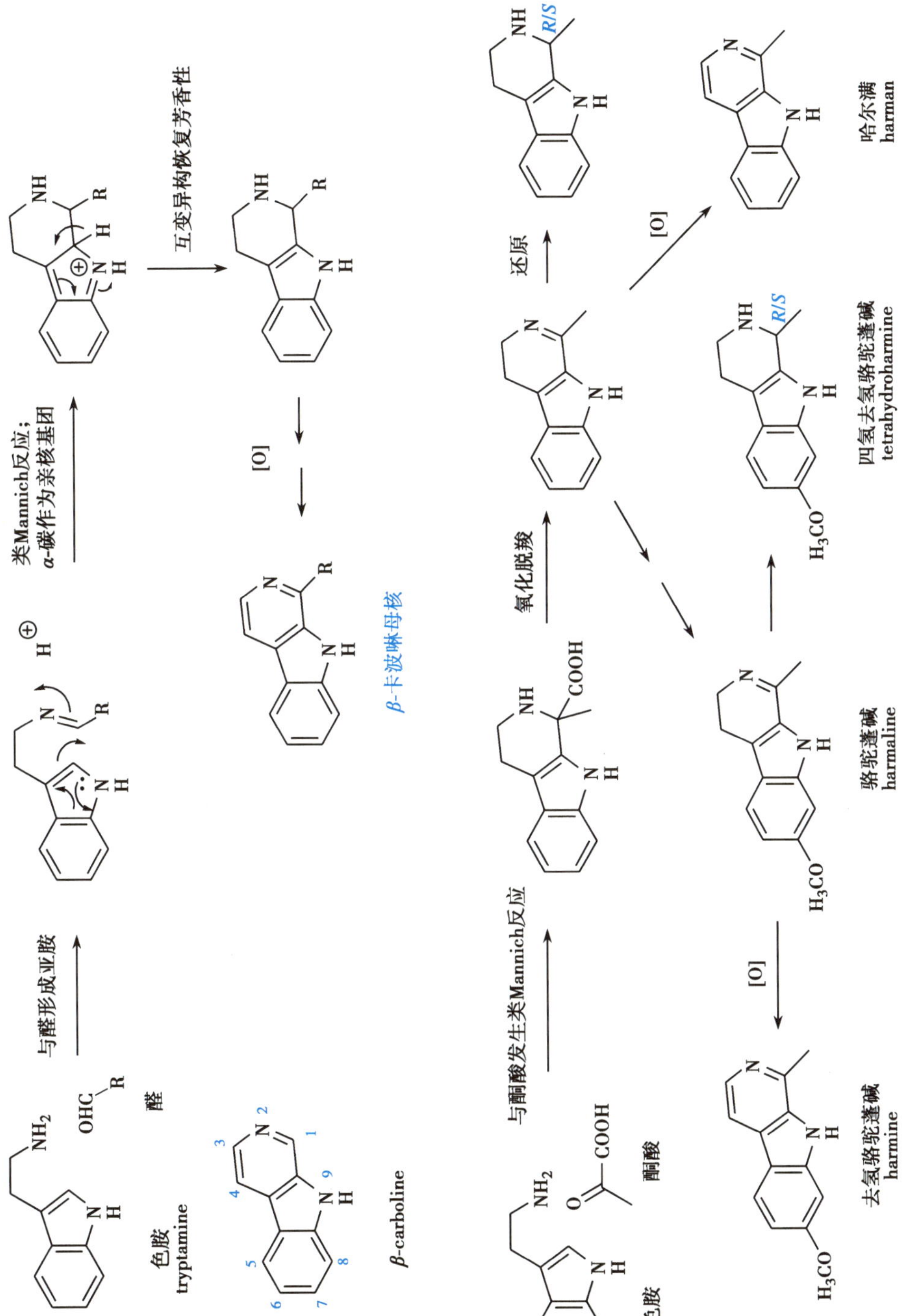

色胺
tryptamine
醛
与醛形成亚胺
$H^{\oplus}$
类Mannich反应；
α-碳作为亲核基团
互变异构恢复芳香性
[O]
β-卡波啉母核
β-carboline
与酮酸发生类Mannich反应
色胺
酮酸
氧化脱羧
还原
[O]
[O]
去氢骆驼蓬碱
harmine
骆驼蓬碱
harmaline
四氢去氢骆驼蓬碱
tetrahydroharmine
哈尔满
harman

图 9-13　β- 卡波啉骨架及简单 β- 卡波啉类生物碱的生物合成途径

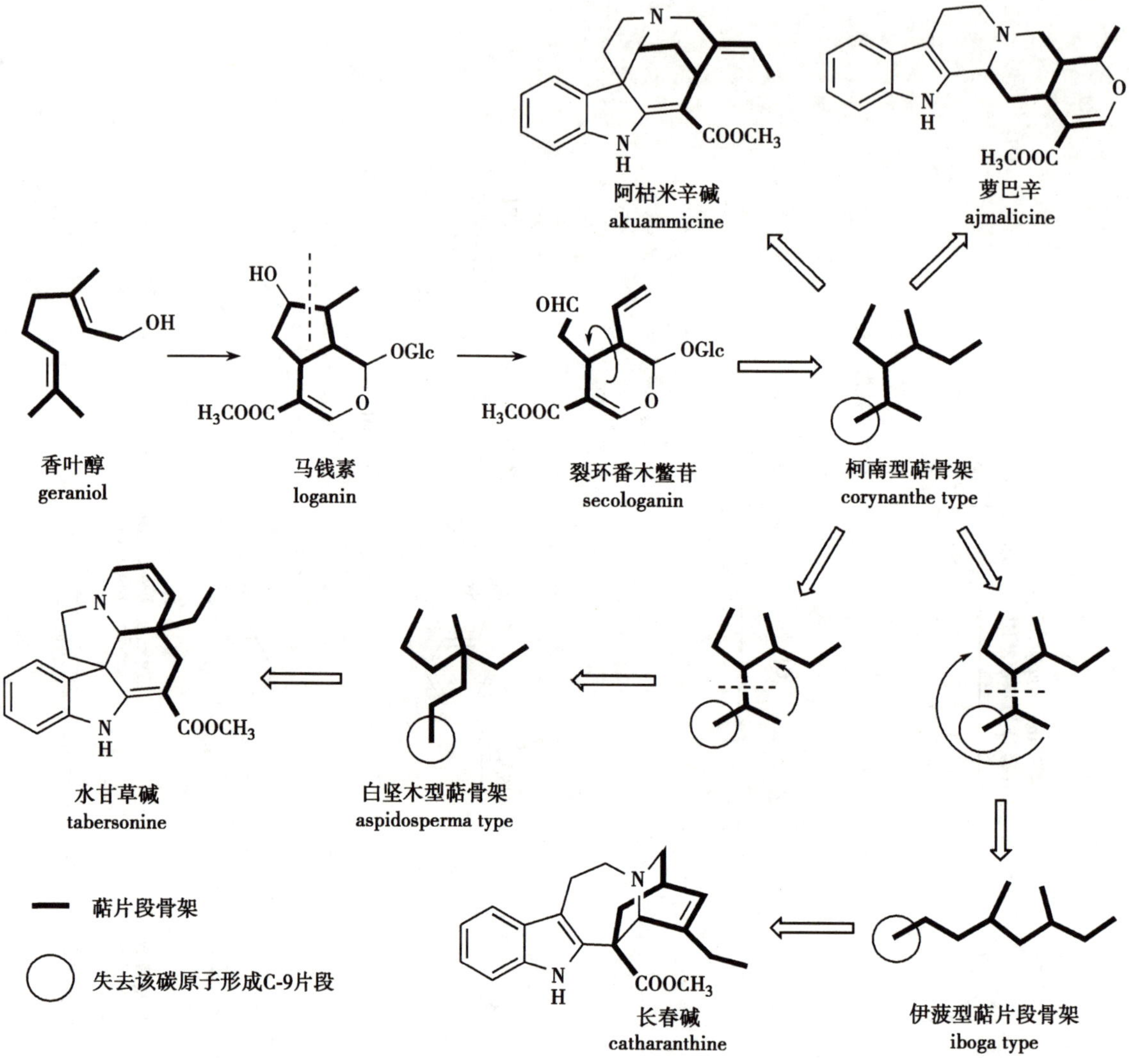

阿枯米辛碱 akuammicine

萝巴辛 ajmalicine

香叶醇 geraniol

马钱素 loganin

裂环番木鳖苷 secologanin

柯南型萜骨架 corynanthe type

水甘草碱 tabersonine

白坚木型萜骨架 aspidosperma type

长春碱 catharanthine

伊菠型萜片段骨架 iboga type

萜片段骨架

失去该碳原子形成C-9片段

图 9-14 萜吲哚类生物碱的生物合成途径

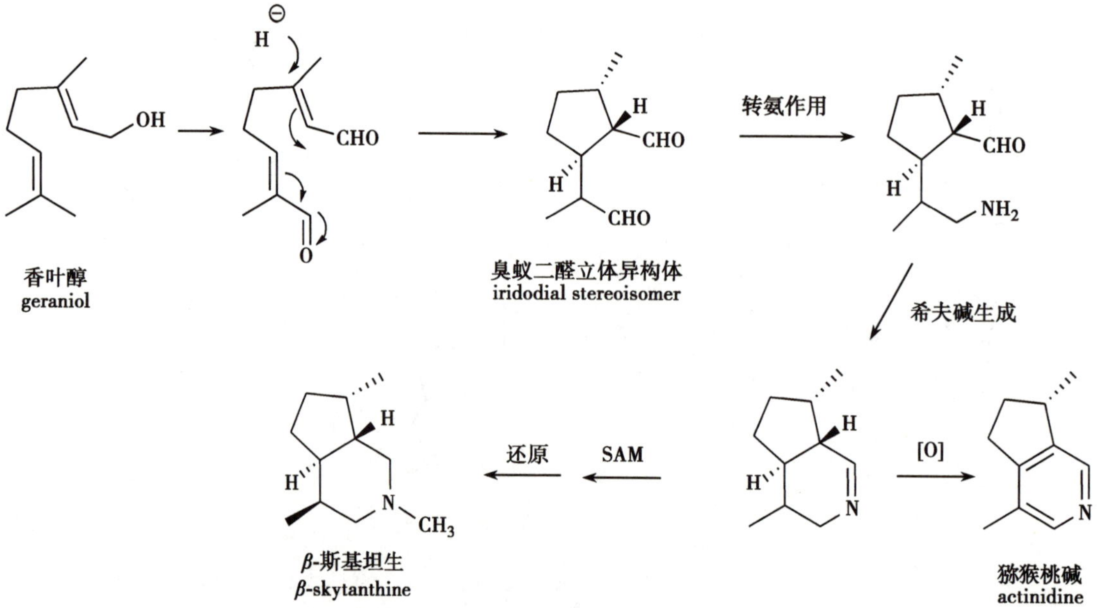

香叶醇 geraniol

臭蚁二醛立体异构体 iridodial stereoisomer

转氨作用

希夫碱生成

还原 SAM

[O]

β-斯基坦生 β-skytanthine

猕猴桃碱 actinidine

图 9-15 猕猴桃碱的生物合成途径

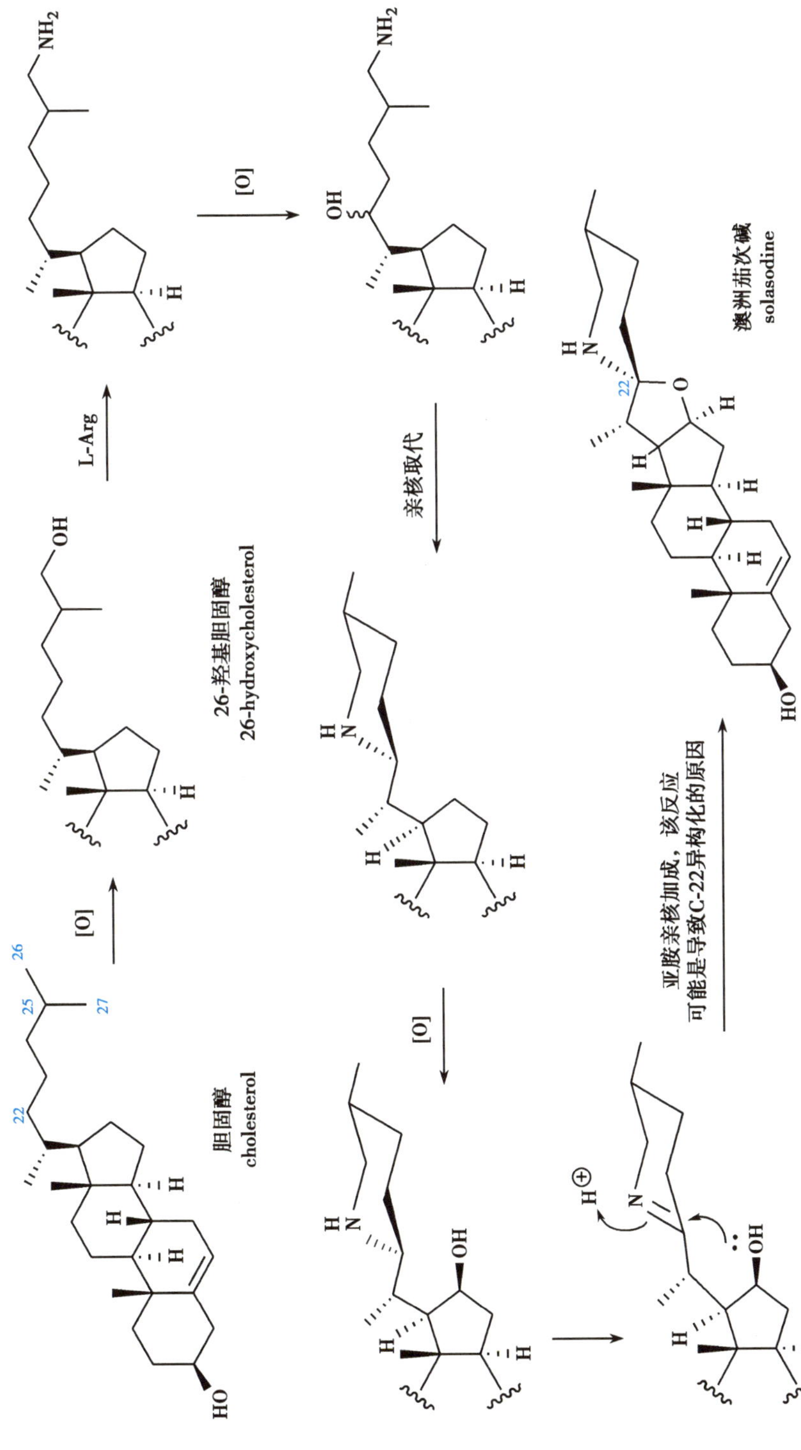

胆固醇
cholesterol

[O]

26-羟基胆固醇
26-hydroxycholesterol

L-Arg

[O]

亲核取代

[O]

亚胺亲核加成，该反应
可能是导致C-22异构化的原因

澳洲茄次碱
solasodine

图 9-16　代表性甾体生物碱的生物合成途径

第四节 生物碱类化合物的理化性质

一、性状

生物碱类化合物绝大多数由 C、H、O、N 元素组成，极少数含有 Cl、S 等元素。多数生物碱为结晶形固体，少数为无定形粉末，个别生物碱为液态。固体生物碱一般具有确定的熔点，极少数如防己诺林碱(fangchinoline)、浙贝乙素(verticinone)等有双熔点。液态生物碱，如烟碱(nicotine)、毒藜碱(anabasine)、槟榔碱(arecoline)等的分子中一般不含有氧原子或氧原子以酯键形式存在。液体生物碱以及个别小分子生物碱，如麻黄碱(ephedrine)等，常压下能随水蒸气蒸馏而逸出。有的生物碱还具有升华性，如咖啡因(caffeine)等。

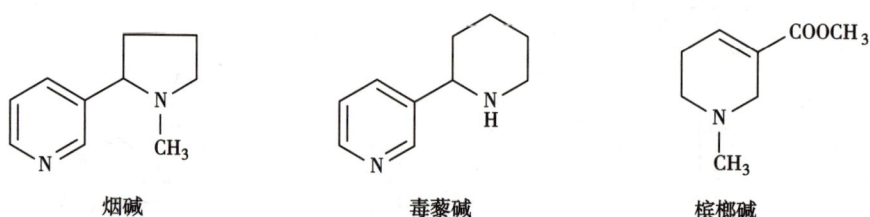

N N CH$_3$ 烟碱　　N N H 毒藜碱　　COOCH$_3$ N CH$_3$ 槟榔碱

生物碱多数具有苦味，有些味极苦，如盐酸小檗碱；有的生物碱具辣味，如胡椒碱；个别生物碱具有甜味，如甜菜碱(betaine)等。

生物碱一般为无色，少数具有较长共轭体系的生物碱呈现出各种颜色。如小檗碱(berberine)、蛇根碱(serpentine)为黄色，小檗红碱(berberubine)为红色，一叶萩碱(securinine)为淡黄色等。当生物碱结构中共轭系统发生变化，颜色也会随之发生改变。如小檗碱为黄色，当被还原成四氢小檗碱时，因共轭系统减小而变为无色。

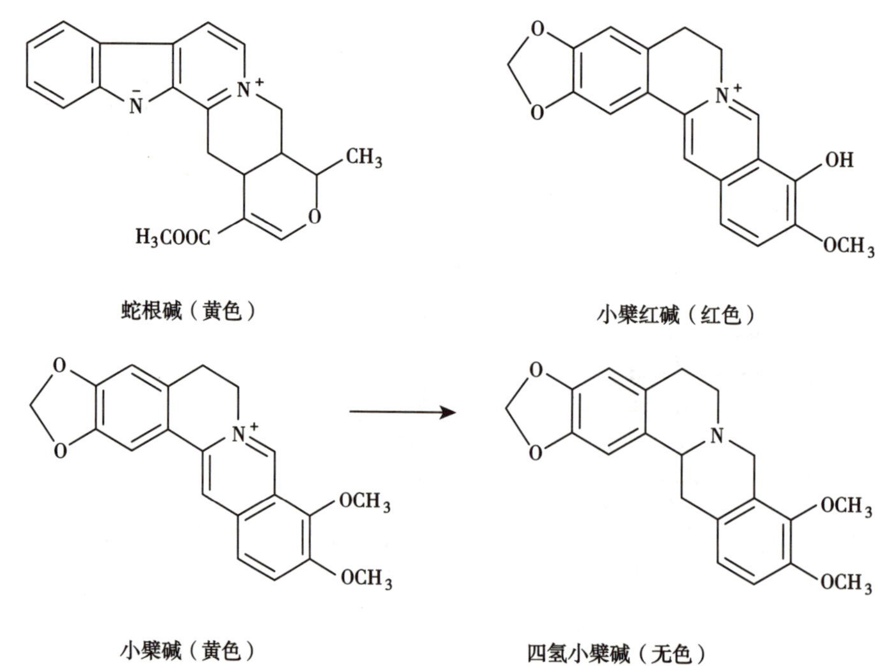

蛇根碱（黄色）　　小檗红碱（红色）

小檗碱（黄色）　　四氢小檗碱（无色）

二、旋光性

生物碱结构中如有手性碳原子，或手性氮原子，即叔氮原子处于环中或桥头上或氮原子上连有 4

个不同基团的季铵化合物，则具有旋光性。其旋光性与手性碳原子的构型有关，并具有加和性。此外，旋光性还受测定时所用的溶剂、pH、浓度、温度等因素的影响。如麻黄碱（ephedrine）在三氯甲烷中测定时呈左旋光，而在水中测定则呈右旋光；烟碱（nicotine）在中性条件下呈左旋光，而在酸性条件下呈右旋光。北美黄连碱（hydrastine）在 95% 以上高浓度乙醇中呈左旋光，而在低浓度乙醇中则为右旋光，且随乙醇浓度降低右旋性增加。除此之外，游离碱与其相应盐类有时旋光性也不一致，如吐根碱（cephaeline）在三氯甲烷中为左旋光，其盐酸盐则为右旋光；长春碱（vinblastine）为右旋光，而其硫酸盐则呈左旋光。

生物碱的生理活性与其旋光性有关，通常左旋体较右旋体的生物活性强。如 *l*- 去甲乌药碱（higenamine）具有强心作用，而右旋体则没有强心作用；*l*- 莨菪碱（hyoscyamine）的散瞳作用比 *d*- 莨菪碱强 100 倍等。也有少数生物碱其右旋体活性强于左旋体，如 *d*- 可卡因（cocaine）的局部麻醉作用强于 *l*- 古柯碱。

三、溶解性

生物碱在不同溶剂中的溶解性能与结构中氮原子的存在状态、分子大小、结构中功能团种类和数目以及溶剂性质等因素有关。

生物碱根据其溶解性能可分为脂溶性生物碱和水溶性生物碱。脂溶性生物碱数目较多，绝大多数叔胺碱和仲胺碱属于此类。该类生物碱易溶于苯、乙醚、卤代烷烃等亲脂性有机溶剂，特别是易溶解于三氯甲烷中；在甲醇、乙醇、丙酮等亲水性有机溶剂中亦有较好的溶解度；但在水中溶解度较小或几乎不溶。水溶性生物碱数目较少，主要包括季铵型生物碱及少数小分子叔胺碱。该类生物碱易溶于水、酸水和碱水，也可溶于甲醇、乙醇和正丁醇等亲水性有机溶剂，在亲脂性有机溶剂中几乎不溶。另外，少数生物碱的溶解行为既类似脂溶性生物碱，又类似水溶性生物碱，既可以溶于亲脂性和亲水性有机溶剂，也可溶于碱水溶液。这些生物碱主要包括一些分子量较小的叔胺碱和液体生物碱，如麻黄碱、苦参碱、秋水仙碱和烟碱等。

有些含 *N*- 氧化物结构的生物碱，因其具有半极性的 N → O 配位键，其极性大于相应的叔胺碱，故水溶性增大，而脂溶性降低。如氧化苦参碱的水溶性大于苦参碱，苦参碱可溶于乙醚，而氧化苦参碱则不溶。

有些生物碱的结构中含有酸性基团，如酚羟基、羧基等，表现出既有一定碱性又有一定酸性，故将这类生物碱称为两性生物碱。含酚羟基的两性生物碱，其溶解行为类似于脂溶性生物碱，可溶于苛性碱溶液，如药根碱（jatrorrhizine）、吗啡（morphine）等。含羧基的两性生物碱常形成分子内盐，其溶解行为类似于水溶性生物碱，如槟榔次碱（arecaidine）、那碎因（narceine）等。

生物碱盐一般易溶于水，难溶或不溶于亲脂性有机溶剂，可溶于甲醇或乙醇。生物碱盐的水溶性大小与成盐所用酸的种类有关。一般情况下，生物碱的无机酸盐的水溶性大于有机酸盐，无机酸盐又以含氧酸盐的水溶性大于卤代酸盐，有机酸盐中又以小分子有机酸盐的水溶性大于大分子的有机酸盐。

有些生物碱盐类的溶解性不符合上述一般规律。有些生物碱盐可溶于亲脂性有机溶剂，如奎宁（quinine）、辛可宁（cinchonine）、罂粟碱（papaverine）、山梗菜碱（lobeline）等的盐酸盐溶于三氯甲烷，麻黄碱草酸盐及小檗碱等一些季铵碱的卤代酸盐在水中溶解度较小或不溶等。

四、生物碱的碱性

生物碱通常表现出一定的碱性，这是因为生物碱分子结构中都含有氮原子之故。碱性是生物碱的重要性质之一，碱性的强弱与多种因素相关。

（一）生物碱碱性强度的表示方法

根据酸碱质子理论，碱是指任何可接受质子的分子或离子。生物碱分子结构中含有的氮原子上通常具有孤电子对，可以接受质子，故显碱性。换句话说，酸碱性通常指水溶液中 H^+ 与 OH^- 的相对

离子浓度大小，H^+ 相对浓度大为酸，OH^- 的相对浓度大则为碱。生物碱碱性的测定通常在水溶液中进行，中性的水可看成 H^+ 和 OH^- 浓度相等的状态。当在水中加入生物碱后，生物碱分子结构中的氮原子上孤电子对与 H^+ 结合，形成共轭酸。此时，溶液中游离的 H^+ 浓度相对降低，而 OH^- 的浓度相对增加，故显示出碱性。

生物碱碱性强弱通常用其接受质子后形成的共轭酸的电解常数的负对数 pK_a（$-lgK_a$）来表示。生物碱的 pK_a 值越大，表明其共轭酸的电离程度越小，氮原子与 H^+ 的结合能力越强，即碱性越强。反之，pK_a 值越小，则碱性越弱。

根据 pK_a 值的大小，可将生物碱分为极弱碱（$pK_a<2$）、弱碱（pK_a 2~7）、中强碱（pK_a 7~12）和强碱（$pK_a>12$）。

处于不同基团中氮原子的 pK_a 值大小顺序为：胍基 [—NHC（═NH）NH_2]＞季铵碱＞脂肪（杂）胺＞芳香（杂）胺＞酰胺。

（二）生物碱碱性强弱与分子结构的关系

生物碱碱性强弱和氮原子上孤电子对的杂化方式、氮原子的电子云密度及分子的空间效应等因素有关。

1. 氮原子的杂化形式 氮原子在形成有机胺分子时，其外层价电子与碳原子外层价电子一样会形成杂化轨道，氮原子也同样有 sp、sp^2 和 sp^3 三种杂化形式，但为不等性杂化。氮原子的碱性强弱与杂化轨道中 p 电子成分比例相关，p 电子比例增加，则更容易供给电子，碱性增强。故不同杂化状态下氮原子的碱性强弱顺序为：sp^3>sp^2>sp。如四氢异喹啉、异喹啉、氰基（—CN）中的氮原子分别为 sp^3、sp^2 和 sp，其碱性则逐渐减弱，其中氰基（—CN）的碱性弱至近中性；再如烟碱中 1- 位氮原子（sp^2，pK_a 3.27）的碱性弱于 2- 位氮原子（sp^3，pK_a 8.04）。

季铵碱如小檗碱，因结构中的氮原子以正离子状态存在、羟基以负离子形式存在而显强碱性（pK_a 11.5）。

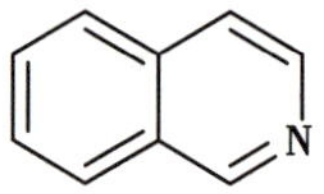

异喹啉 pK_a 5.4

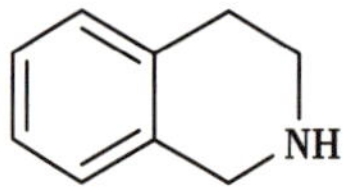

四氢异喹啉 pK_a 9.5

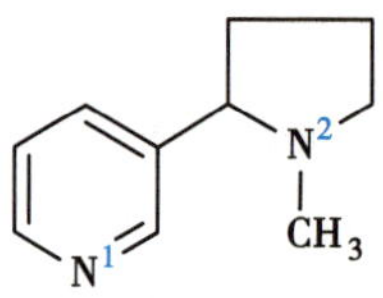

烟碱 N^1 pK_a 3.27 N^2 pK_a 8.04

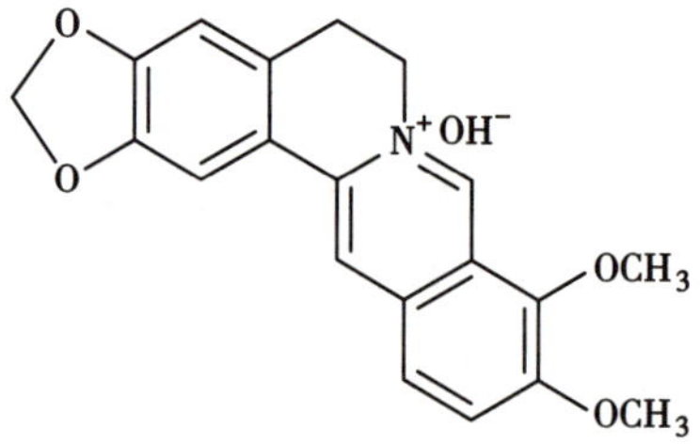

小檗碱 pK_a 11.5

2. 电性效应 生物碱中氮原子的电子云密度大小对其碱性影响较大，电子云密度增大，接受质子的能力越强，则碱性增强；反之，则碱性减弱。影响氮原子上电子云密度的主要因素有诱导效应、诱导 - 场效应和共轭效应等。

（1）诱导效应：邻近取代基的性质可影响氮原子上的电子云密度。取代基为供电子基团（如烷基）时，可增加氮原子电子云密度，使碱性增强。如氨（pK_a 9.75）＜甲胺（pK_a 10.64）＜二甲胺（pK_a 10.70），随着氮原子上引入供电子基团（甲基）数量的增加，碱性增强；再如去甲麻黄碱（demethylephedrine）的碱性（pK_a 9.00）小于麻黄碱（pK_a 9.58）也是同样的道理。当取代基为吸电子基团（如苯基、羟基、羰基、酯基、醚基、酰基、双键等）时，可降低氮原子电子云密度，使碱性降低。如可卡因（pK_a 8.31）碱性较托哌可卡因（tropococaine，pK_a 9.88）弱，是可卡因氮原子 β 位上酯酰基的吸电作用引起氮原子电子云密度降低所致；再如石蒜碱的碱性（pK_a 6.4）弱于二氢石蒜碱（pK_a 8.4），也是其氮原子附近有吸电子的双键所致。

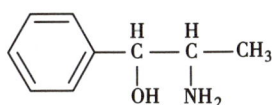

去甲麻黄碱
pK_a 9.00

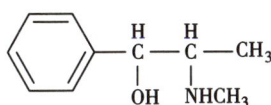

麻黄碱
pK_a 9.58

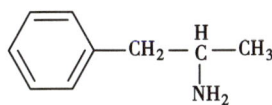

苯异丙胺
pK_a 9.80

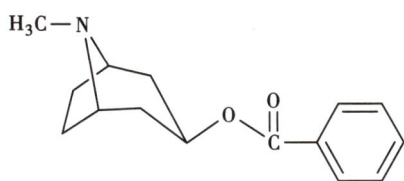

托哌可卡因
pK_a 9.88

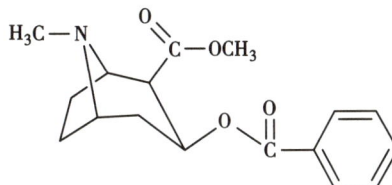

可卡因
pK_a 8.31

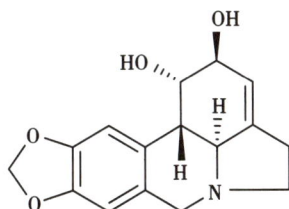

石蒜碱
pK_a 6.4

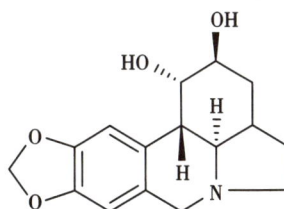

二氢石蒜碱
pK_a 8.4

当生物碱中的氮原子处于氮杂缩醛（酮）结构中时，因氮原子常常容易质子化形成季铵碱而表现出强碱性。如阿替生（atisine）的氮原子处于氮杂缩醛中，故显强碱性（pK_a 12.9）；醇胺型小檗碱中的氮原子处于氮杂半缩醛中，氮原子上的孤对电子与 α- 羟基的 C—O 单键的 σ 电子发生转位，形成稳定的季铵型而呈强碱性（pK_a 11.5）。但是，如果氮杂缩醛（酮）中的氮原子处于稠环桥头时，则不能发生转位，无法形成季铵碱，反而因为—OR（或—OH）基团的吸电子诱导效应而使碱性降低。如阿马林的结构中虽然有 α- 羟胺结构，但是氮原子处于稠环桥头，不能转位，故为中等碱性（pK_a 8.15）；再如伪士的宁（pseudostrychnine）的碱性（pK_a 5.6）弱于士的宁的碱性（pK_a 8.2），也是由于结构中的 α- 羟基只起吸电子作用，而不能使其转化为季铵型。

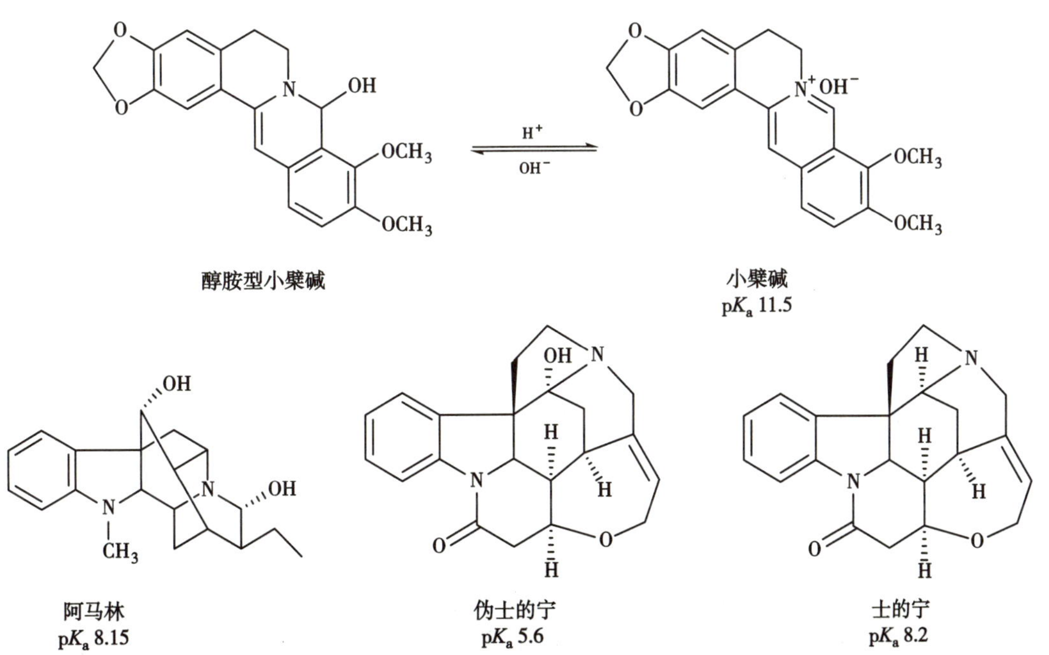

醇胺型小檗碱

小檗碱
pK_a 11.5

阿马林
pK_a 8.15

伪士的宁
pK_a 5.6

士的宁
pK_a 8.2

(2) 诱导 - 场效应：同一个生物碱分子中如果同时含有 2 个氮原子时，即使每个氮原子的杂化形式相同，甚至周围化学环境完全相同，各个氮原子的碱度总是有所差异的。这是因为当其中一个氮原子质子化后，就形成一个强吸电子基团。它会通过两种途径对另一个氮原子产生影响：第一种为诱导效应，即通过碳链传递吸引电子，降低另一个氮原子的电子云密度；但该效应的作用随碳链增长而逐渐降低；第二种为静电场效应，即第一个氮原子质子化后，会产生一个正静电场，该静电场通过空间直接阻碍质子与另一个氮原子的结合（同性排斥），该效应的作用随两个氮原子之间空间距离的增加而逐渐降低。由于这两种效应同时产生，故可统称为诱导 - 场效应。如金雀花碱分子中两个氮原子均为 sp^3 杂化的脂杂环氮，但碱度差别却很大：$\Delta pK_a=11.4-3.3=8.1$，其原因是两个氮原子之间的碳链间隔较短（3 个碳原子），空间距离相近，彼此受诱导 - 场效应的影响较大。而吐根碱分子中两个氮原子也都是 sp^3 杂化的四氢异喹啉脂杂环氮，但两者碳链间隔较长（5 个碳原子），空间距离较远，彼此受诱导 - 场效应的影响较小，故两个氮原子的碱度差别较小：$\Delta pK_a=8.43-7.56=0.87$。

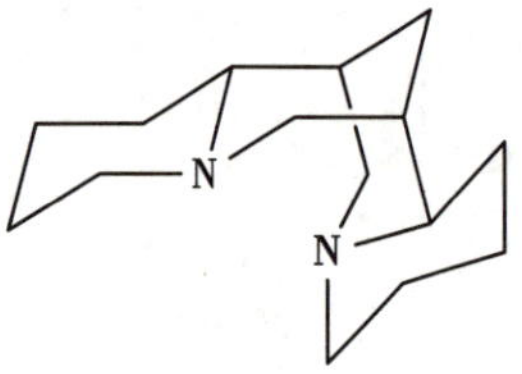

金雀花碱
ΔpK_a 8.1

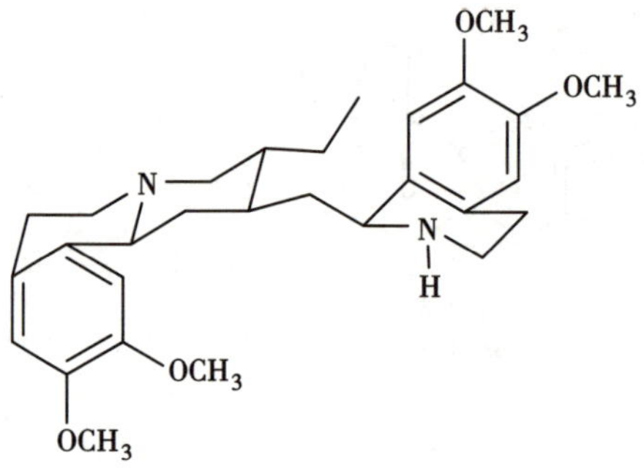

吐根碱
ΔpK_a 0.87

(3) 共轭效应：生物碱分子结构中氮原子与具有 π 电子的基团相连时，因氮原子上的孤电子对可与 π 电子形成 p-π 共轭，氮原子上的电子云密度降低，碱性减弱。常见的 p-π 共轭效应主要有三种类型：苯胺型、烯胺型和酰胺型。

苯胺氮原子上孤电子对可与苯环上大 π 电子形成 p-π 共轭体系，其碱性（pK_a 4.58）比环己胺（pK_a 10.14）弱得多。如毒扁豆碱分子结构中，N^1 和 N^2 均为 sp^3 杂化氮原子，但由于 N^1 与苯环形成 p-π 共轭体系，碱性很弱，pK_a 仅为 1.76，而 N^2 未处于 p-π 共轭体系中，碱性较强，pK_a 为 7.88，两者碱性差异较大。

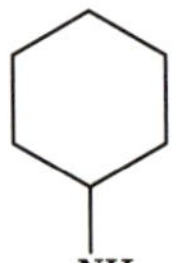

环己胺
pK_a 10.14

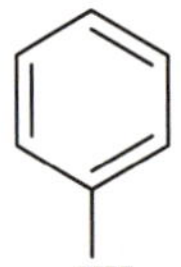

苯胺
pK_a 4.58

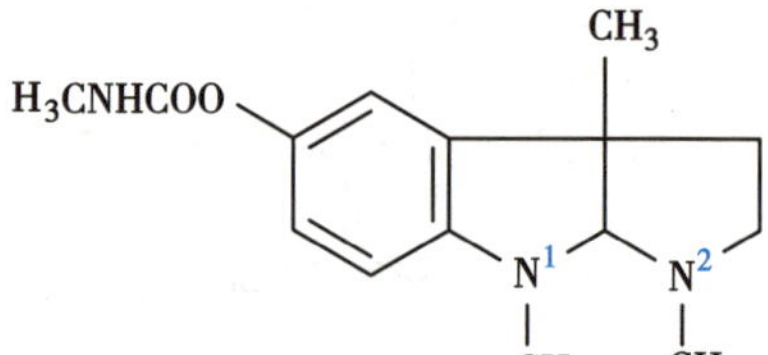

毒扁豆碱
N^1 pK_a 1.76
N^2 pK_a 7.88

有些生物碱的氮原子处于烯胺结构中（烯胺 A），通常存在下列转化。

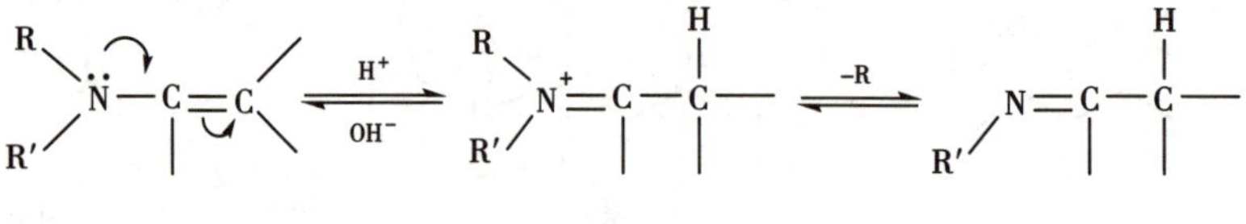

A　　B　　C

烯胺 **A** 可发生双键转位，形成季铵 **B**。若 **A** 为仲烯胺（R 或 R′=H），其季铵 **B** 不稳定，可进一步转化脱去 R（或 R′）成 **C**；若 **A** 为叔烯胺（R，R′为烷基），则其季铵 **B** 比较稳定，碱性较强。如 *N*- 甲基 -2- 甲基二氢吡咯中的氮原子为叔烯胺，碱性较强（pK_a 11.94）。再如蛇根碱的碱性较强（pK_a 10.8），是由于其结构易发生双键转位形成季铵所致。当然，如果叔烯胺的氮原子处于稠环的桥头位置时，因受 Bredt's 规则的影响，则不能形成季铵，反而会受到双键的吸电子诱导效应影响，碱性降低。如新士的宁（pK_a 3.8）的碱性小于士的宁（pK_a 8.2）。

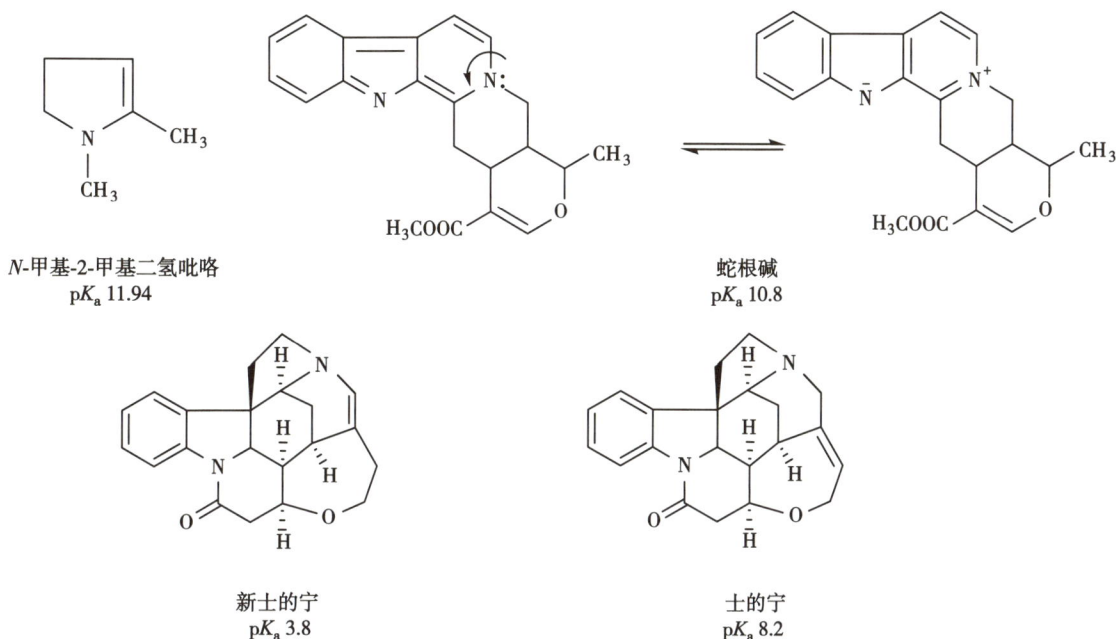

N-甲基-2-甲基二氢吡咯
pK_a 11.94

蛇根碱
pK_a 10.8

新士的宁
pK_a 3.8

士的宁
pK_a 8.2

吡咯、吲哚环中的氮也属于烯胺，但由于氮原子上的孤电子对直接与碳原子上的 π 电子共同形成了大 π 共轭体系，其吸引质子的能力很弱，故碱性极弱（pK_a 0.4）。吡啶中的氮原子上的孤电子对并不参与大 π 共轭，故碱性较强（pK_a 5.25）。

咪唑为含双氮的五元氮杂环，其中一个氮原子与吡咯中的氮原子类似，碱性很弱；但另一个氮原子与吡啶中的氮原子类似，容易接受质子，显示较强碱性，同时当其接收质子后形成共轭酸的稳定性更好（能形成稳定的共振化合物），将进一步增加其碱性，故咪唑的碱性比吡啶更强（pK_a 7.2）。由此可以看出，具有—N—C═N—结构的生物碱，由于其接受质子后形成的共轭酸能产生稳定的共振结构，显强碱性。脒是最小的具有这种结构的化合物，故碱性强（pK_a 12.4）。

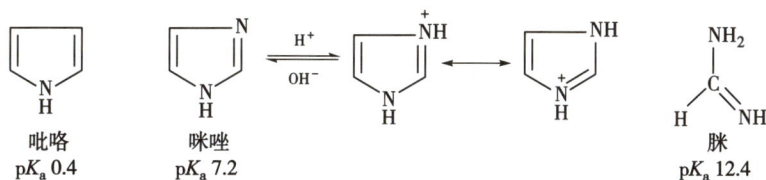

吡咯 pK_a 0.4　　咪唑 pK_a 7.2　　脒 pK_a 12.4

胍（或含胍基），当接受质子后形成稳定性更强于脒的共轭酸共振结构，故碱性更强（胍：pK_a 13.6）。

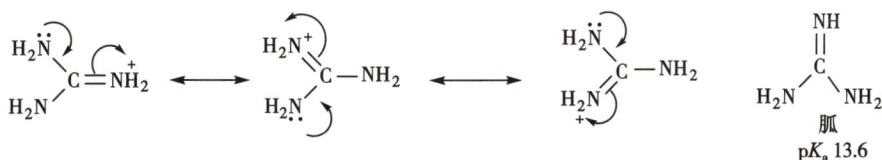

胍
pK_a 13.6

当生物碱分子中的氮原子处于酰胺状态时，因氮原子上孤电子对与羰基形成p-π共轭，碱性极弱，几乎呈中性。如胡椒碱（pK_a 1.42）、秋水仙碱（pK_a 1.84）、咖啡因（pK_a 1.22）的碱性都很弱。

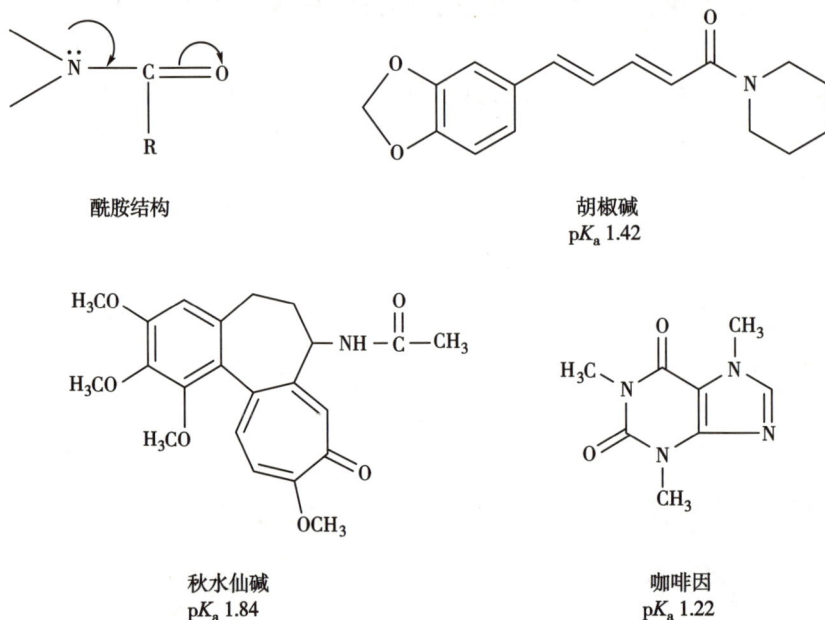

酰胺结构

胡椒碱
pK_a 1.42

秋水仙碱
pK_a 1.84

咖啡因
pK_a 1.22

在共轭效应中，当有干扰 p-π 共轭的因素存在时，可使共轭效应减弱或消失，减少氮原子上孤电子对向 π 键供电子而使碱性增强。如 *N,N*- 二甲基苯胺的碱性（pK_a 4.39）弱于邻甲基 *N,N*- 二甲基苯胺的碱性（pK_a 5.15），正是由于在其邻位引入一个甲基，使氮上孤电子对与苯环的 p-π 共轭效应降低，致使氮原子碱性增强。

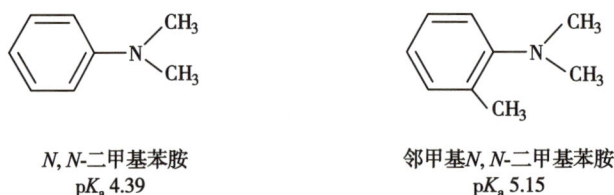

N, N-二甲基苯胺
pK_a 4.39

邻甲基*N, N*-二甲基苯胺
pK_a 5.15

3. 空间效应　生物碱碱性强弱取决于氮原子接受质子的能力，因此生物碱结构中氮原子的空间范围内是否存在空间位阻也会对其碱性产生影响。当氮原子的空间范围内有立体障碍时，会阻碍氮原子接受质子，使其碱性降低，反之则碱性增强。如东莨菪碱的碱性（pK_a 7.50）较莨菪碱的碱性（pK_a 9.65）弱，是由于东莨菪碱分子结构中存在的三元氧环取代基对氮原子产生了空间位阻作用而致；再如甲基麻黄碱分子结构中氮原子上较麻黄碱多 1 个甲基取代，按电子效应其碱性应增强，而实际的碱性却较麻黄碱弱，其原因亦是由于氮原子上多 1 个甲基所产生的空间位阻所致；利血平分子结构中有 2 个氮原子，其中吲哚氮近于中性，而脂环叔胺氮因受 C_{19}—C_{20} 竖键的立体阻碍作用，碱性降低，其 pK_a 仅为 6.07。

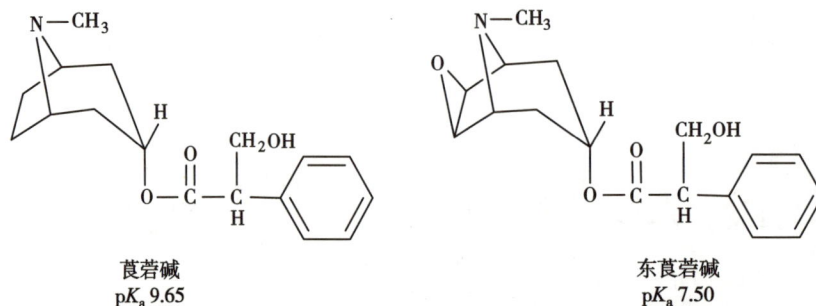

莨菪碱
pK_a 9.65

东莨菪碱
pK_a 7.50

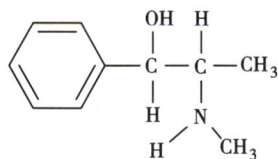

麻黄碱
pK_a 9.58

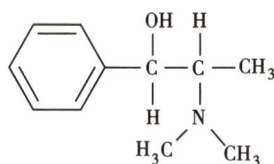

甲基麻黄碱
pK_a 9.30

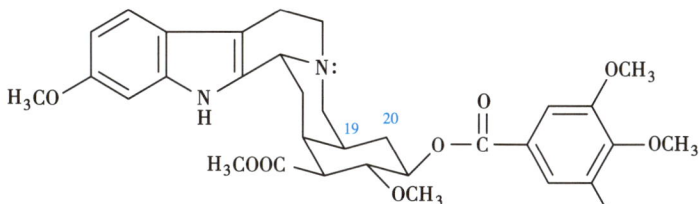

利血平
pK_a 6.07

4. 分子内氢键 生物碱碱性强弱还取决于生物碱接受质子后形成共轭酸的稳定性，共轭酸越稳定，则碱性越强。因此，如果在生物碱的氮原子附近存在羟基、羧基等取代基团，且处于可与生物碱共轭酸的质子形成分子内氢键的位置时，将增加共轭酸的稳定性，从而使生物碱碱性增强。如和钩藤碱(rhynchophylline)的碱性(pK_a 6.32)强于异和钩藤碱(isorhynchophylline，pK_a 5.20)，是由于和钩藤碱的共轭酸质子可与羰基形成分子内氢键，使其更稳定，而异和钩藤碱则不能形成分子内的氢键所致。再如，10-羟基二氢去氧可待因(10-hydroxy-dihydrodeoxycodeine)，有顺、反两种异构体，其中顺式羟基有利于和共轭酸形成分子内氢键，而反式羟基则不能，故10-羟基二氢去氧可待因的顺式结构的碱性强于反式。

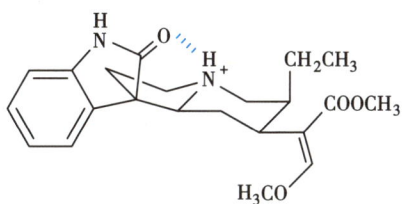

和钩藤碱
pK_a 6.32

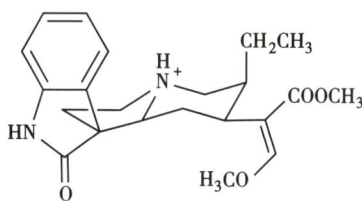

异和钩藤碱
pK_a 5.20

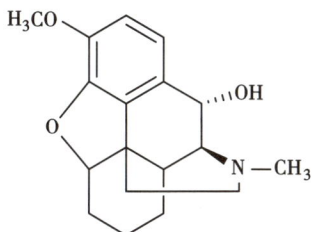

trans-10-羟基二氢去氧可待因
pK_a 7.71

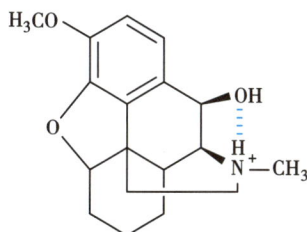

cis-10-羟基二氢去氧可待因
pK_a 9.41

影响生物碱碱性的多种因素往往同时存在，在分析生物碱碱性强度时，常需要综合分析。一般来说，当诱导效应和空间效应同时存在时，空间效应对碱性强度的影响较大；当诱导效应和共轭效应同时存在时，共轭效应对碱性强度的影响较大。此外，溶剂、温度等外界因素对生物碱的碱性也有一定的影响，在分析时也要进行考虑。

五、生物碱的检识

在开展生物碱的相关研究中，需要一些方法来帮助判断天然药物中是否含有生物碱，以及在提取分离和结构鉴定中对生物碱成分进行监测，最常用的检识方法是利用生物碱的沉淀反应和显色反应[5]。

(一) 生物碱的沉淀反应

在酸性条件下，大多数生物碱可与某些试剂反应生成难溶于水的复盐或络合物而产生沉淀，这些反应称为生物碱沉淀反应，这些试剂则称为生物碱沉淀试剂。生物碱沉淀反应，不仅可检识天然药物中是否有生物碱类成分的存在，亦可用于分离纯化生物碱。某些生物碱和沉淀试剂反应产生的沉淀具有很好的结晶和一定的熔点，还可用于生物碱的鉴定。

生物碱沉淀试剂种类较多，根据其组成可分为碘化物复盐、重金属盐、大分子酸类等。常用生物碱沉淀试剂名称、组成及和生物碱反应产物见表 9-2。

表 9-2 常用生物碱沉淀试剂名称、组成及和生物碱反应产物

试剂名称	试剂组成	主要反应产物	用途
碘化铋钾试剂（Dragendoff 试剂）	$KBiI_4$	黄至橘红色沉淀（$B\cdot HBiI_4$）	改良碘化铋钾常用于色谱显色剂
碘 - 碘化钾试剂（Wagner 试剂）	$KI\text{-}I_2$	棕色至褐色沉淀（$B\cdot I_2\cdot HI$）	用于鉴别
碘化汞钾试剂（Mayer 试剂）	K_2HgI_4	类白色沉淀（$B\cdot H\cdot HgI_3$）	用于鉴别
10% 磷钼酸试剂（Sonnen schein 试剂）	$H_3PO_4\cdot 12MoO_3\cdot H_2O$	白色或黄褐色无定形沉淀（$3B\cdot H_3PO_4\cdot 12MoO_3\cdot 2H_2O$）	用于分离
10% 硅钨酸试剂（Bertrand 试剂）	$SiO_2\cdot 12WO_3\cdot nH_2O$	淡黄色或灰白色无定形沉淀（$4B\cdot SiO_2\cdot 12WO_3\cdot 2H_2O$）	用于分离或含量测定
10% 磷钨酸试剂（Scheibler 试剂）	$H_3PO_4\cdot 12WO_3\cdot 2H_2O$	白色或黄褐色无定形沉淀（$3B\cdot H_3PO_4\cdot 12WO_3\cdot 2H_2O$）	用于分离
饱和苦味酸试剂（Hager 试剂）	2,4,6- 三硝基苯酚	显黄色晶形沉淀（$B\cdot C_6H_4N_3O_7$）	用于分离或含量测定
三硝基间苯二酚试剂	三硝基间苯二酚	显黄色晶形沉淀（$2B\cdot C_6H_3N_3O_8$）	用于分离或含量测定
硫氰酸铬铵试剂（雷氏铵盐）（Ammonium Reineckate）	$NH_4[Cr(NH_3)_2(SCN)_4]$	难溶性紫红色复盐（$B\cdot H[Cr(NH_3)_2(SCN)_4]$）	用于分离及含量测定

生物碱沉淀反应通常需要在酸性水溶液中进行，苦味酸试剂和三硝基间苯二酚试剂也可在中性条件下进行。由于生物碱沉淀试剂对各种生物碱的反应灵敏度不同，在鉴别时通常采用三种以上沉淀试剂进行反应后再综合进行判别。另外，在直接对天然药物的酸提取液进行沉淀反应试验时，由于植物中含有的氨基酸、蛋白质、多糖、鞣质等成分亦可与沉淀试剂反应而出现的假阳性结果，这时需要采用一些方法除去上述干扰因素后，再进行鉴定反应。个别生物碱与某些生物碱沉淀试剂不产生沉淀，如麻黄碱（ephedrine）、咖啡因（caffeine）和碘化铋钾试剂不反应。

(二) 显色反应

某些生物碱单体能与一些浓无机酸为主的试剂反应，呈现不同的颜色，这些试剂称为生物碱显色试剂，常可以用于检识和鉴别个别生物碱。常见显色剂名称、组成及反应物颜色特征见表 9-3。

表 9-3　常见生物碱显色剂名称、组成及反应物颜色特征

试剂名称	试剂组成	生物碱及颜色特征
Marquis 试剂	0.2ml 30% 甲醛溶液 -10ml 浓硫酸	吗啡：紫红色 可待因：蓝色
Fröhde 试剂	1% 钼酸钠（5% 钼酸铵）的浓硫酸溶液	吗啡：紫色渐变为棕绿色 小檗碱：棕绿色 利血平：黄色渐变为蓝色
Mandelin 试剂	1% 钒酸铵的浓硫酸溶液	吗啡：蓝紫色 可待因：蓝色 阿托品：红色 奎宁：淡橙色

生物碱显色反应（视频）

第五节　生物碱类化合物的提取与分离

一、生物碱类化合物的提取

生物碱类化合物的提取方法主要包括溶剂法、离子交换树脂法和沉淀法，其中溶剂法最常用。

（一）溶剂法

溶剂法提取生物碱是依据生物碱及其不同存在形式所显示的溶解性，采用不同的溶剂，根据所用的溶剂特点从而采取不同的操作工艺。溶剂法的提取速率与溶剂用量（一般 7~10 倍）、原料粉碎度、操作条件（如温度、搅拌）等因素有关。溶剂法主要包括以下几种提取法及相应的操作方法。

1. 水或酸水提取法　大多数生物碱在植物中以有机酸盐形式存在，少数为无机酸盐，易溶于水。可选 0.1%~2% 的硫酸、盐酸或乙酸等作为溶剂，使原料中溶解度较小的生物碱有机酸盐转变为溶解度较大的无机酸盐，从而提高溶出率。提取以苷形式存在的生物碱，为防止苷键的水解可用水作为溶剂进行提取。酸水提取法多采用浸渍法和渗漉法，以水提取还可以采用煎煮法。

本法提取溶剂廉价易得，工业生产上常用酸水渗漉法提取小檗碱（berberine）、巴马亭（palmatine）、喜树碱（camptothecin）、粉防己碱（tetrandrine）等药用生物碱。

以水或者酸水提取生物碱，其提取液体积较大，浓缩困难，水溶性杂质也较多，常采用有机溶剂萃取，得到生物碱粗品。

酸水提取生物碱的流程图（单图）

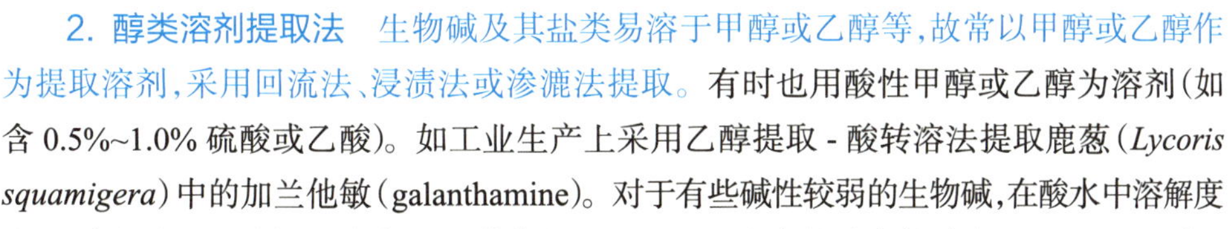

2. 醇类溶剂提取法　生物碱及其盐类易溶于甲醇或乙醇等，故常以甲醇或乙醇作为提取溶剂，采用回流法、浸渍法或渗漉法提取。有时也用酸性甲醇或乙醇为溶剂（如含 0.5%~1.0% 硫酸或乙酸）。如工业生产上采用乙醇提取 - 酸转溶法提取鹿葱（*Lycoris squamigera*）中的加兰他敏（galanthamine）。对于有些碱性较弱的生物碱，在酸水中溶解度小，也常考虑用乙醇提取，如提取山慈菇（*Iphigenia indica*）中的秋水仙碱（colchicine）即采用乙醇提取法。

3. 亲脂性有机溶剂提取法　多数游离生物碱都是亲脂性的，故可用亲脂性有机溶剂如三氯甲烷、二氯甲烷、甲苯等提取。对于植物中以盐形式存在的生物碱，在提取前应先用少量碱水（氨水、碳酸钠溶液或石灰乳等弱碱）与原料拌匀至湿润，使生物碱盐转化为游离碱，再用上述有机溶剂提取。对于含脂溶性杂质较多药材，应先用石油醚等溶剂脱脂再进行提取。

该方法提取的总生物碱一般只含有亲脂性生物碱，不含水溶性生物碱，杂质较少，容易纯化。药用生物碱利血平（reserpine）、长春碱（vinblastine）、长春新碱（vincristine）及士的宁（strychnine）等均采用该方法提取。图 9-17 是以亲脂性有机溶剂法提取分离长春花（*Catharanthus roseus*）中长春碱（vinblastine）和长春新碱（vincristine）的工艺流程。

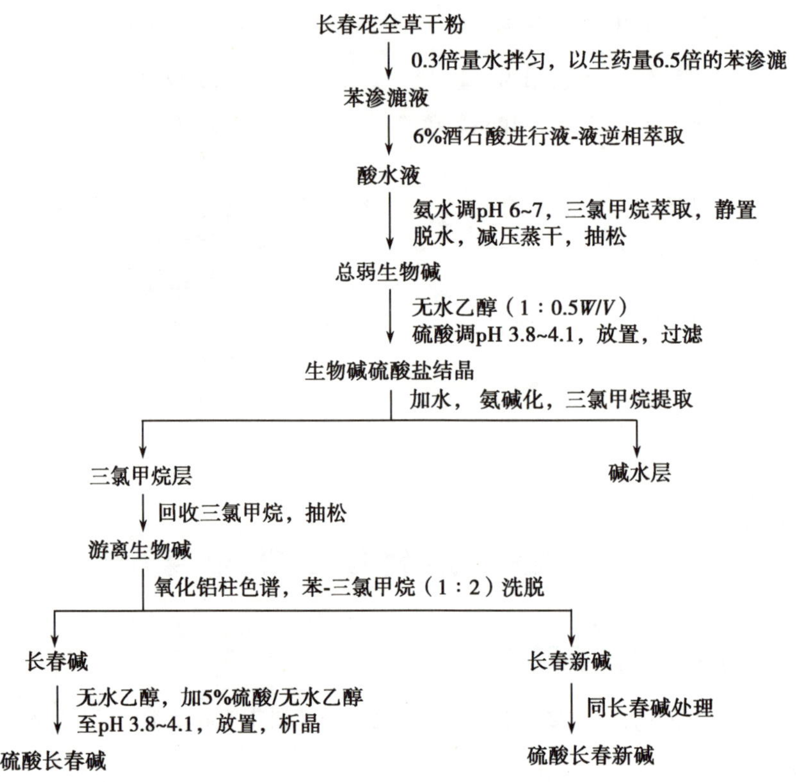

图 9-17 长春碱与长春新碱的提取分离工艺流程

除采用传统的浸渍法、渗漉法、回流法等方法提取生物碱外，随着新技术的发展，溶剂法提取生物碱还可以采用超声波提取、微波辅助提取、超临界 CO_2 流体萃取以及生物酶解辅助提取等技术。这些新的提取方法具有提取时间短、浸取率与纯度高等优势，如采用超声波法提取麻黄草中的麻黄碱（ephedrine）与伪麻黄碱（pseudoephedrine）较传统回流法与浸渍法含量高出 3 倍以上。

有挥发性、升华性的生物碱可分别采用水蒸气蒸馏法、升华法提取。如用水蒸气蒸馏法提取烟叶中的烟碱（nicotine）、麻黄草中的麻黄碱（ephedrine），该方法提取的生物碱纯度高，无须经过其他的处理即可应用。

（二）离子交换树脂法

离子交换法分离生物碱类化合物流程图（单图）

将生物碱的酸水提取液与阳离子交换树脂进行交换，达到与非生物碱成分分离的目的。对已交换生物碱的树脂，先用碱液（如 10% 氨水）进行碱化，再用有机溶剂（如乙醚、三氯甲烷、甲醇等）进行洗脱，回收有机溶剂得到总生物碱。该法在工业生产上应用广泛，许多药用生物碱如筒箭毒碱（tubocurarine）、奎宁（quinine）、石蒜碱（lycorine）、咖啡因（caffeine）、一叶萩碱（securinine）等均用该法生产。

（三）沉淀法

季铵等水溶性生物碱还可以利用沉淀法进行提取，沉淀法又可分为雷氏铵盐沉淀法与盐析法。

1. 雷氏铵盐沉淀法　雷氏铵盐可与季铵碱生成难溶性复盐沉淀，借此与水溶性杂质分开。一般操作步骤如下：①将含季铵碱的水溶液用稀酸调 pH 2~3，加入新配制的雷氏铵盐饱和水溶液，生成生物碱雷氏复盐沉淀，过滤，以少量水洗涤沉淀至洗涤液不呈红色为止；②用丙酮溶解生物碱的雷氏复盐，过滤，于滤液中加入硫酸银饱和水溶液至不再产生雷氏银盐沉淀为止，过滤，滤液中为生物碱硫酸盐；③于滤液中加入与硫酸银摩尔数相等的氯化钡溶液（剧毒），过滤，浓缩滤液，可得到较纯的季铵碱盐酸盐结晶。雷氏铵盐纯化水溶性生物碱的化学反应式如下：

(1) $B^{+}+NH_4[Cr(NH_3)_2(SCN)_4] \longrightarrow B[Cr(NH_3)_2(SCN)_4]\downarrow+NH_4^{+}$

(2) $2B[Cr(NH_3)_2(SCN)_4]+Ag_2SO_4 \longrightarrow B_2SO_4+2Ag[Cr(NH_3)_2(SCN)_4]\downarrow$

(3) $B_2SO_4+BaCl_2 \longrightarrow 2BCl+BaSO_4\downarrow$

(4) $Ag_2SO_4+BaCl_2 \longrightarrow 2AgCl\downarrow+BaSO_4\downarrow$

注:B 代表季铵生物碱。

雷氏铵盐提取生物碱的流程图(单图)

雷氏铵盐沉淀法因其价格较高以及对环境的影响,工业生产中不常用,一般仅用于实验研究,如从粉防己(*Stephania tetrandra*)中提取纯化轮环藤酚碱(cyclanoline)。

2. 盐析法 有些极性较大的生物碱,在水中溶解度较大,通过盐析作用促进生物碱快速析出。如从三颗针(*Berberis diaphana*)的根和根茎中提取小檗碱(berberine),在其酸水提取液中,加入6%~10% 的氯化钠溶液使其水溶液达到饱和,静置,小檗碱即可析出沉淀从而与其他物质分离。

此外,水溶性生物碱还可通过溶剂法、大孔吸附树脂法等进行提取和富集。

二、生物碱类化合物的分离

分离程序一般有系统分离和针对特定生物碱的分离。系统分离法一般用于基础研究,经系统分离后得到碱性、极性不同以及有无酚羟基的几个生物碱部位后,再采用其他方法分离,得到生物碱的单体。特定生物碱的分离则是依据生物碱的特性,选用简便可行、成本低廉的分离方法。

(一) 不同类别生物碱的分离

不同类别生物碱的分离是根据生物碱的碱性以及生物碱中有无酚羟基所表现出的溶解度差异而采用的萃取法分离,流程如图 9-18 所示。

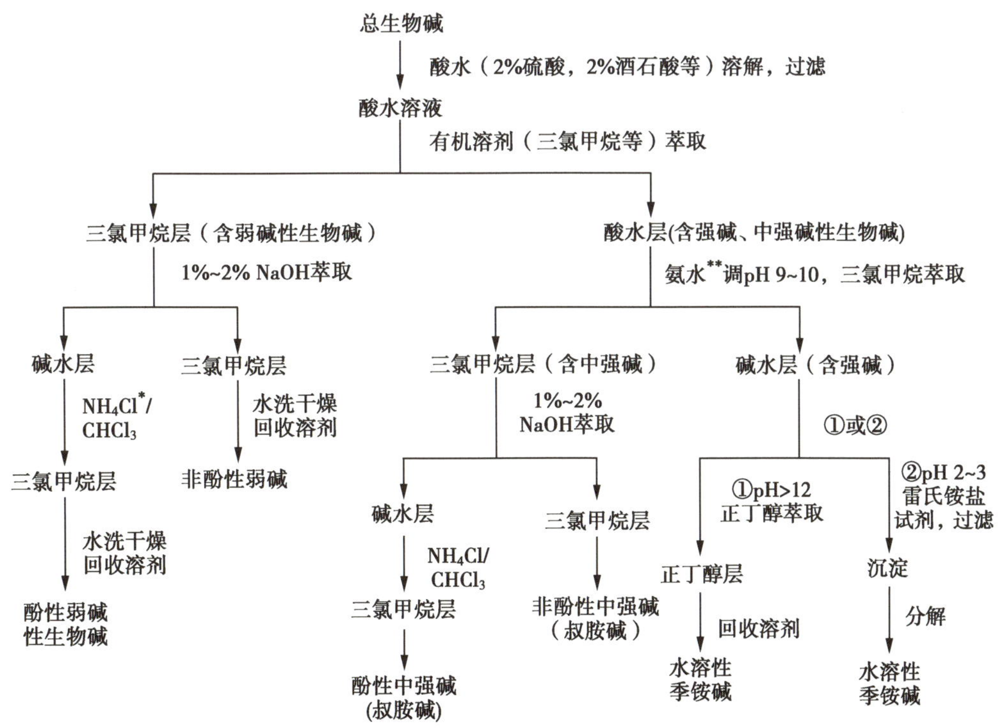

图 9-18 不同类别生物碱的一般分离流程

注:*. 酚羟基生成钠盐后,用强酸弱碱盐氯化铵溶液而不用盐酸等强酸调 pH 9~10,否则,酚羟基虽被还原,但酚性生物碱分子中的氮原子与强酸成盐,仍留在水层,不能被三氯甲烷萃取出来。**. 萃取中强碱先用氨水调 pH 而不用氢氧化钠调 pH,以免酚性中强碱成酚钠盐溶留水层,不被转溶到三氯甲烷层。

（二）利用生物碱的酸碱性差异分离

对碱性强弱有差异的生物碱，可用 pH 梯度萃取法进行分离。

1. 已知 pK_a 生物碱的 pH 梯度萃取法分离　由酸碱质子理论公式可以直接获知使生物碱完全成盐的 pH，如使某生物碱 99% 成盐，萃取液的 pH 比其 pK_a 大约小 2 个单位；反之，如使生物碱有 99% 的游离，其萃取液碱化的 pH 比 pK_a 约大 2 个单位。例如，分离洋金花（白曼陀罗 *Datura metel* 的花）中的莨菪碱（hyoscyaminep，pK_a 9.65）与东莨菪碱（scopolamine，pK_a 7.5），是将其乙醇提取液浓缩后碱化至 pH 10，以三氯甲烷萃取，萃取液中加入 pH 6.5 的缓冲液，莨菪碱的碱性强先成盐溶于水层，而东莨菪碱仍游离留溶于三氯甲烷萃取液。

2. 未知 pK_a 生物碱的 pH 梯度萃取法分离　对未知碱性的生物碱，可以采用缓冲纸色谱对总生物碱中生物碱的数目及碱性进行初步了解，以便确定用不同 pH 的缓冲溶液萃取分离。缓冲液纸色谱是将不同 pH 的酸性缓冲液自起始线由 pH 高到低间隔涂布若干个缓冲带，以水饱和的亲脂性有机溶剂组成的溶剂系统为展开剂，混合物在展层过程中由于碱性不同，碱性强的生物碱在弱酸条件下先成盐，极性变大，斑点不动，其他生物碱同理依碱性由强至弱依次分开，如图 9-19 所示。如果在原点处显示没有被展开的生物碱有可能是水溶性生物碱。缓冲纸色谱可作为 pH 梯度萃取生物碱条件选择的依据。

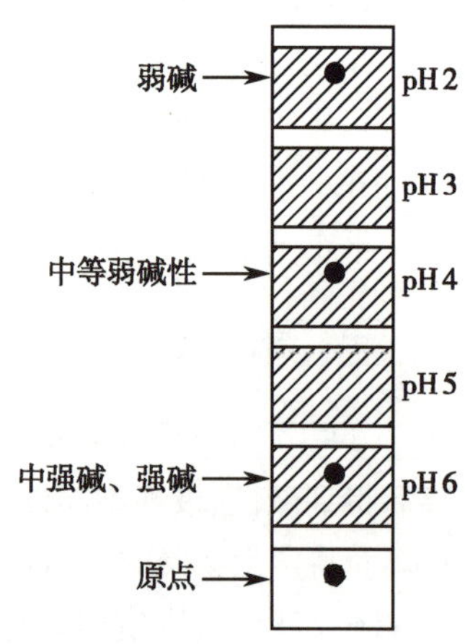

图 9-19　缓冲纸色谱示意图

（三）利用生物碱或生物碱盐溶解度差异分离

利用总生物碱中各生物碱或生物碱盐溶解度差异，采用结晶法与重结晶法获得高纯度的生物碱单体结晶。有时所得的粗结晶是混合物，也可采用不同的溶剂处理，进行分步结晶，使溶解度不同的生物碱分别析出，以获得多个生物碱单体结晶。

1. 利用生物碱溶解度差异分离　总生物碱中各单体存在极性差异，在有机溶剂中的溶解度不同，可以利用这种差异，采用沉淀法分离各生物碱。例如，苦参碱（matrine）与氧化苦参碱（oxymatrine）、汉防己乙素（hanfangichin B）与粉防己碱（tetrandrine）的分离可根据它们的溶解度差异进行分离。

2. 利用生物碱盐溶解度差异分离　不同生物碱与同一种酸形成的盐溶解度往往有差异，借此可以分离生物碱。盐酸小檗碱（berberine hydrochloride）、硫氰酸利血平（reserpine thiocyanic acid）的分离均是利用该生物碱盐的溶解度较小析出沉淀而得到。麻黄中麻黄碱（ephedrine）和伪麻黄碱（pseudoephedrine）的分离，也是利用它们的草酸盐在水中溶解度不同而进行分离，见图 9-20。

（四）利用生物碱的特殊官能团进行分离

有些生物碱的分子中含有酚羟基或羧基，也有少数含内酰胺键或内酯结构。这些基团或结构能发生可逆性化学反应，故能用于分离。

含酚羟基的生物碱，可将其溶于有机溶剂中，用稀氢氧化钠水溶液萃取，得到酚性生物碱部位。带羧基的生物碱可用碳酸氢钠水溶液萃取其有机溶剂层，得到酸性生物碱部位。例如，从鸦片中提取吗啡（morphine），即利用了其具有酚羟基而溶于氢氧化钠溶液的性质，使之与其他生物碱分离。

含有内酰胺或内酯结构的生物碱，可将其在碱水溶液中加热皂化，使之水解开环生成溶于水的羧酸盐，与其他不溶于热碱水的生物碱分离，分出的水层加酸又可使之环合成原生物碱从水溶液沉淀析出。从喜树中提纯喜树碱（camptothecin）即利用了这一性质。

喜树碱的提纯流程图（单图）

（五）利用色谱法分离

1. 离子交换树脂法　生物碱盐在水中可解离出生物碱阳离子，能和阳离子交换树脂发生离子交换反应，被交换到树脂上，从而与酸水提取液中的其他杂质分开。具体操作步骤如下：

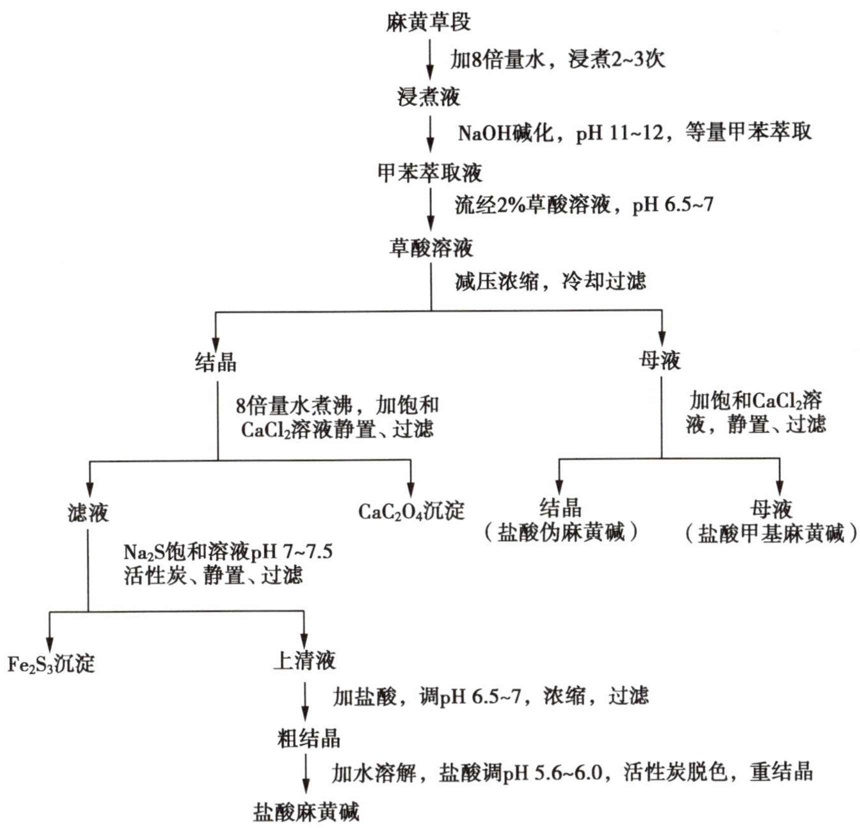

图 9-20 麻黄碱和伪麻黄碱的提取分离流程图

(1) 生物碱交换：生物碱的酸水通过强酸型阳离子交换树脂柱，使酸水中生物碱阳离子与树脂上的阳离子进行交换，用生物碱沉淀反应检查交换是否完全。

(2) 碱化树脂：将已交换上生物碱的树脂从色谱柱中倒出，用水洗去树脂中的杂质，然后用氨水等碱化至 pH 10 左右，晾干。

(3) 有机溶剂洗脱：用三氯甲烷、乙醚或乙醇等有机溶剂连续回流提取碱化后树脂中的游离生物碱，浓缩提取液可得到较纯的总碱。上述过程中生物碱与离子树脂发生如下反应。

$$BH^+Cl^- \longrightarrow BH^+ + Cl^-$$

$$R^-H^+ + BH^+ \longrightarrow R^-BH^+ + H^+$$

注：R 代表阳离子交换树脂，B 代表游离生物碱，BH^+ 代表生物碱盐。

离子交换树脂法的优点是：①酸水通过树脂，生物碱被树脂选择性吸附而达到富集的效果，所得生物碱纯度高；②该方法不仅可用于生物碱酸水提取液的纯化，对于有碱性差异的生物碱，通过碱化的 pH 不同使其分别游离达到分离的目的；③洗脱有机溶剂用量少，离子交换树脂经过再生后可以反复使用，成本相对较低。许多药用生物碱如筒箭毒碱（tubocurarine）、奎宁（quinine）、一叶萩碱（securinine）、石蒜碱（lycorine）、咖啡因（caffeine）均采用离子交换树脂法进行分离纯化。图 9-21 是从洋金花中分离莨菪碱与东莨菪碱的流程。

2. 吸附色谱法 以吸附色谱法分离生物碱时，常用的吸附剂为硅胶或氧化铝。若以硅胶为吸附剂分离生物碱，因硅胶显弱酸性，有时要在洗脱剂中加入适量的碱性溶剂，如常用二乙胺或氨水，以提高分离效果。

3. 分配色谱法 当吸附色谱分离生物碱效果不佳时，可采用分配色谱法分离。如抗肿瘤药物三尖杉酯碱（harringtonine）和高三尖杉酯碱（homoharringtonine）属同系物，两者的结构只差一个亚甲基，采用吸附色谱法难以分离，而采用分配色谱法可获得理想的分离效果。

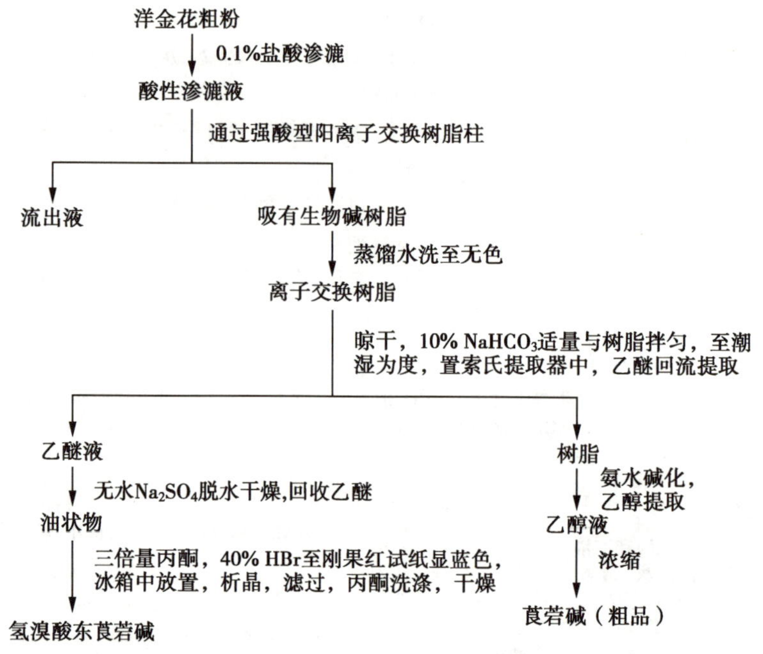

图 9-21　洋金花中莨菪碱和东莨菪碱的提取分离流程

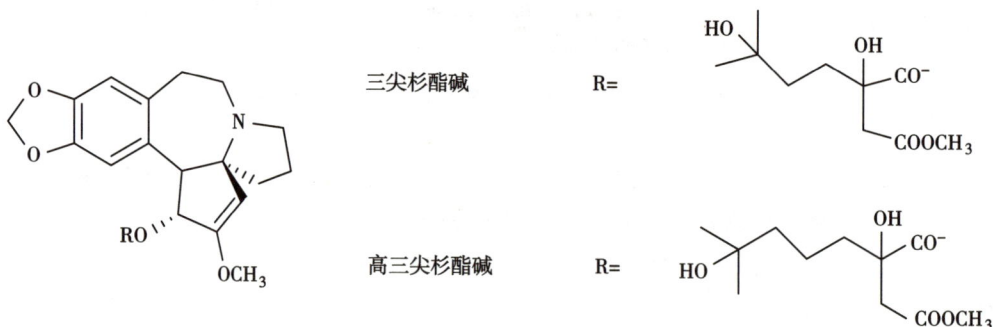

三尖杉酯碱　R=

高三尖杉酯碱　R=

此外,分子量有明显差异的生物碱可以采用凝胶色谱法分离;对于苷类生物碱或极性较大的生物碱,可用大孔吸附树脂、反相色谱材料 RP-8、RP-18 等分离;对组分较多、极性相似难以分离的混合生物碱,可采用中压色谱和高效液相色谱法等。

第六节　生物碱类化合物的结构鉴定

生物碱类化合物的结构鉴定方法主要有化学和波谱学方法。20 世纪 60 年代以前,主要以化学方法为主,生物碱经脱氢、氧化降解、官能团分析、全合成等,测定结构。随着波谱学的快速发展,波谱学方法已经取代了经典的化学方法,成为生物碱结构测定的主要方法。常用的波谱法有紫外光谱、红外光谱、质谱和核磁共振谱(^{1}H-NMR、^{13}C-NMR 和 2D-NMR)。在确定生物碱的立体结构时,常用到 ORD、CD 和单晶 X 射线衍射 [6-7]。

一、生物碱类化合物的紫外光谱

生物碱的紫外光谱能够反映其基本骨架或分子中发色团的结构特点,结构中助色团的种类、数量、位置对紫外光谱会产生明显的影响。因此,紫外光谱对鉴定生物碱基本骨架或结构片段有一定的意义。此外,测试溶液的 pH 也对其紫外光谱特征有影响。

(一) 生物碱的紫外光谱与结构骨架的关系

1. 发色团为生物碱母体的整体结构部分　这类生物碱的发色团组成了分子的基本骨架与结构类型。如吡啶、吲哚、喹啉、异喹啉、氧化阿朴菲类等,其紫外光谱受取代基影响较小,对确定生物碱的骨架有重要作用。

2. 发色团为生物碱母体的主体结构部分　如莨菪烷类、二氢吲哚类、苄基异喹啉类、四氢原小檗碱类等。此类生物碱紫外光谱特点是:不同类型或种类的生物碱具有相同或相似的紫外光谱,故不能通过紫外光谱推断该生物碱的骨架和母核类型,紫外光谱只有辅助推断作用。

3. 发色团为生物碱母体的非主体部分　如吡咯里西啶、喹诺里西啶、萜类和甾体生物碱类等。此类生物碱的紫外光谱不能反映分子的骨架和母核特征,故不能由紫外光谱推断该生物碱的骨架和母核类型,对推断结构作用较小。

(二) 生物碱的紫外光谱与测试溶液 pH 的关系

某些生物碱的紫外光谱受 pH 影响显著,主要有以下 4 种情况:

1. 生物碱的碱性氮原子参与发色团或直接相连　这种类型生物碱紫外光谱数据在中性与酸性液中测定不同,包括喹啉、喹啉酮、吖啶酮以及某些吲哚类化合物。如喹啉在中性液中测试其紫外吸收为 λ_{max}^{EtOH}nm(lgε)227(4.56)、280(3.56)、314(3.56);在酸性液中其紫外吸收为 $\lambda_{max}^{10\%HCl}$ nm(lgε)233(4.50)、236(4.45)、307(3.76)、313(3.79)。

2. 生物碱的非碱性氮原子与发色团直接相连　这种类型生物碱因其不能与酸成盐,故于中性或酸性液中测得的紫外光谱基本相同。如 2- 喹啉酮生物碱,因发色团中含酰胺氮,甚至于 0.2mol/L HCl- 甲醇液中测得的紫外光谱几乎未发生变化。

3. 生物碱的氮原子处于发色团之外的结构部分　这种类型生物碱无论成盐与否,其紫外光谱基本不变。

4. 生物碱分子中有酚羟基处于发色团中　该类生物碱由于发色团中酚羟基在碱性下生成酚氧负离子,其紫外光谱数据发生红移。

二、生物碱类化合物的红外光谱

红外光谱主要用于生物碱结构中官能团的定性及与已知化合物的对照鉴定。对于类型多、结构复杂的生物碱来说,在红外光谱上共性特征不多,仅对个别生物碱骨架的立体构型、功能基的位置以及构型有一定意义。

(一) 羰基吸收

生物碱中羰基具有跨环效应时,$\nu_{C=O}$ 在 1 660~1 690cm^{-1} 区域有吸收,比正常酮羰基吸收向低波数移动,例如普罗托品(protopine)中的酮基吸收 $\nu_{C=O}$ 为 1 661~1 658cm^{-1}。

(二) Bohlmann 吸收带

喹诺里西啶环类生物碱,两个六元环具有顺式和反式两种稠合方式,反式稠合者在 2 800~2 700cm^{-1} 区域有两个以上明显的 ν_{C-H} 吸收峰,而顺式则没有,此峰称为 Bohlmann 吸收峰。这是因为在反式喹诺里西啶环中,氮原子的邻位至少有两个直立 C—H 键与氮的孤电子对成反式,且氮原子孤对电子不参与共轭。而顺式喹诺里西啶环氮原子的邻位只有一个直立 C—H 键与氮的孤电子对成反式,则无 Bohlmann 吸收峰。如苦参碱(matrine)的 IR 光谱显示 2 790cm^{-1},2 750cm^{-1} 两个峰,说明

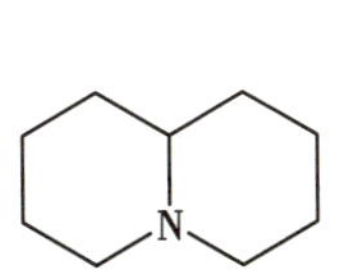

喹诺里西啶

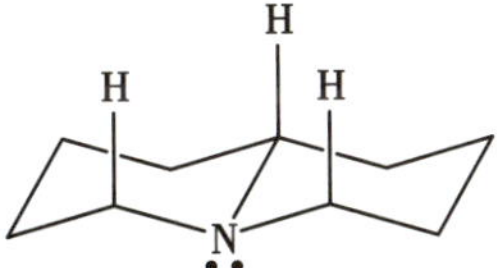

反式双环（有Bohlmam带）

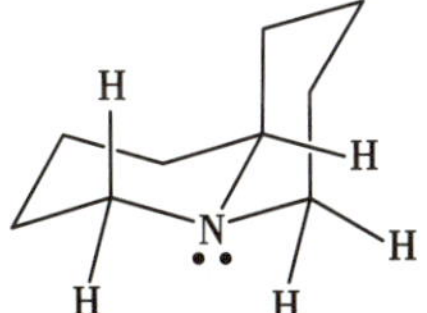

顺式双环（无Bohlmam带）

其喹诺里西啶环为反式结构。

具有 Bohlmann 吸收峰的除喹诺里西啶外，还有吐根碱类、四氢原小檗碱类以及某些吲哚和甾体生物碱类。而反式喹诺里西啶的盐、季铵盐、*N*- 氧化物和内酰胺等，因氮原子上没有孤电子对，故无 Bohlmann 吸收峰。

三、生物碱类化合物的核磁共振谱

核磁共振波谱是生物碱结构测定强有力的工具。核磁共振氢谱（^{1}H-NMR）能提供有关功能基（如—NCH_3、—NCH_2CH_3、—NH、—OCH_3、烯氢、芳氢等）及立体结构的信息，核磁共振碳谱（^{13}C-NMR）能够提供生物碱中碳原子的数量和类型。由于其他类型化合物中的氢谱和碳谱的规律和应用同样适用于生物碱，故本节不再重复。现对与生物碱结构有关的一些核磁共振谱特有规律介绍如下：

1. ^{1}H-NMR　^{1}H-NMR 是解析生物碱类化合物的重要方法，但对大多数生物碱来说，解析规律同其他类型天然产物类似。现将受生物碱氮原子影响的氢化学位移范围及 ^{1}H-NMR 在生物碱结构解析中的一些应用予以介绍。

（1）不同类型氮原子相连氢与甲基的化学位移：生物碱 N-H 的化学位移受溶剂、温度及浓度的影响较大，并可因加重水进行交换而消失。不同类型 N-H、N-CH_3 上氢化学位移范围见表 9-4。

表 9-4　不同类型 N-H、N-CH_3 上氢化学位移范围

氮原子类型	N-H	N-CH_3
叔胺	—	1.9~2.9
伯胺、仲胺	0.3~2.2	2.3~3.1
芳仲胺、芳叔胺	3.5~6.0	2.6~3.5
芳杂环	7.0~13.0	2.7~4.0
酰胺	5.2~10.0	2.6~3.1
季铵	—	2.7~3.5*

注：* 溶剂为 DMSO-d_6，其余为 $CDCl_3$。

（2）氮原子电负性对邻近碳上氢原子化学位移的影响：由于生物碱结构中的氮原子具有较强的电负性，其产生的吸电子诱导效应会导致邻近碳上的氢原子向低场位移，一般遵循 $\delta_{\alpha\text{-C}}>\delta_{\beta\text{-C}}$ 的规律。如 *S*- 反式 - 轮环藤酚碱（*S*-*trans*-cyclanoline）中位于氮原子 α 位的 C-6、C-8 位的 2 个氢化学位移值分别为 δ 4.43、4.57 与 5.24、5.52，明显向低场位移。而处于氮原子 β 位的 C-5、C-13 位的 2 个氢化学位移值分别为 δ 3.15、3.13 与 3.01、3.94。另外，季铵氮可以降低甲基的电子云密度，使与其相连的甲基信号向低场移动。如 *S*- 反式 - 轮环藤酚碱的 N-CH_3 氢信号化学位移为 δ 3.13，明显向低场位移。

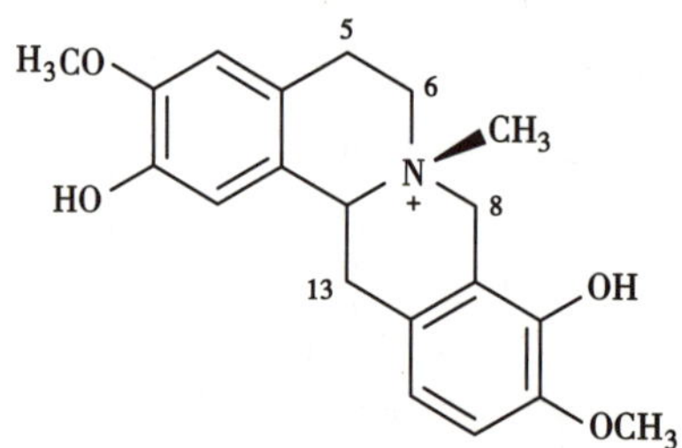

S- 反式 - 轮环藤酚碱

（3）位于苯环正屏蔽区域的化学位移向高场移动：有些生物碱具有芳香苯环，在立体结构中处于苯环上、下方的氢，由于苯的正屏蔽效应其化学位移向高场移动，由此可以判断生物碱结构式构象和取代基的取向。以*N,O,O*–三甲基乌药碱及其衍生物为例，**a**式中A环上7-OCH_3位于C环(于A环下方)的正屏蔽区，受其屏蔽效应影响比6-OCH_3在高场；而**b**式中7-OCH_3则不受此影响。同理，N-CH_3也是如此，在**b**式中，受C环影响，N-CH_3中的质子处于C环的正屏蔽区，比**a**式的N-CH_3质子在高场。由上可推断**a**、**b**两式的结构如下。

a **b**

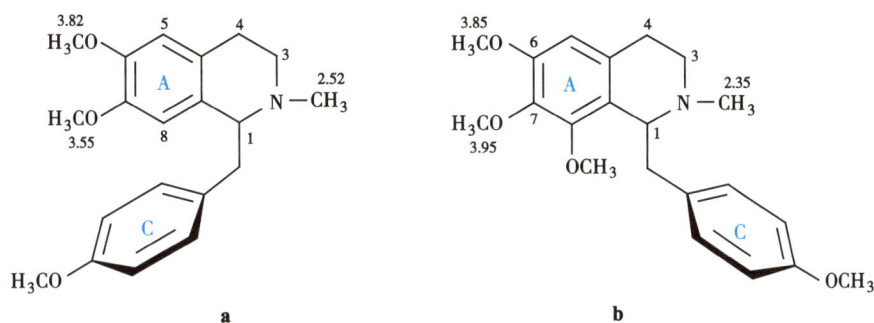

2. ^{13}C-NMR ^{13}C-NMR同^{1}H-NMR一样，是确定生物碱结构的重要方法，其他类型天然产物碳谱规律同样适用于生物碱。现将与生物碱结构有关的一些^{13}C-NMR规律介绍如下。

（1）氮原子对邻近碳原子化学位移的影响：生物碱结构中氮原子电负性产生的吸电子诱导效应使邻近碳原子向低场位移，*α*-碳的位移最大。但在脂肪环与芳香环中，氮原子对碳原子化学位移的影响不同，脂肪环中的一般规律为*α*-碳>*β*-碳>*γ*-碳，在芳香环中影响为*α*-碳>*γ*-碳>*β*-碳。如哌啶、吡啶与烟碱。同样，在*N*-氧化物、季铵以及*N*-甲基季铵盐中的氮原子使*α*-碳向低场位移幅度更大。*N*-甲基的化学位移值一般在*δ* 30~50，酰胺的羰基化学位移一般在*δ* 160~170。

哌啶 吡啶 烟碱

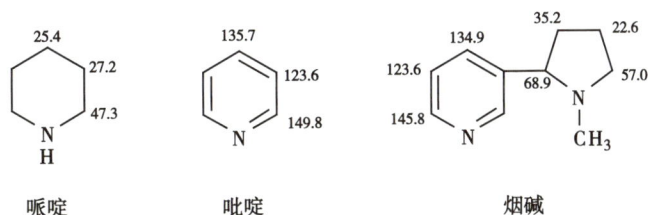

（2）氮原子成盐后对邻近碳原子化学位移的影响：生物碱中的*N*-甲基成盐后，由于质子化作用，使邻近碳原子的化学位移发生变化。如罂粟碱中的亚胺氮生成*N*-甲基盐后的*α*-碳，即C-1、C-3向高场位移约5个化学位移单位，而*β*-碳，*γ*-碳的C-4、C-8a、C-4a不同程度地向低场位移。属于叔胺氮的*N*-甲基四氢罂粟碱(laudanosine)成盐后*α*-碳，即C-1、C-3、N-CH_3向低场位移8~10个化学位移单位，而*β*-碳，*γ*-碳的C-4、C-8a、C-a则不同程度地向高场位移。

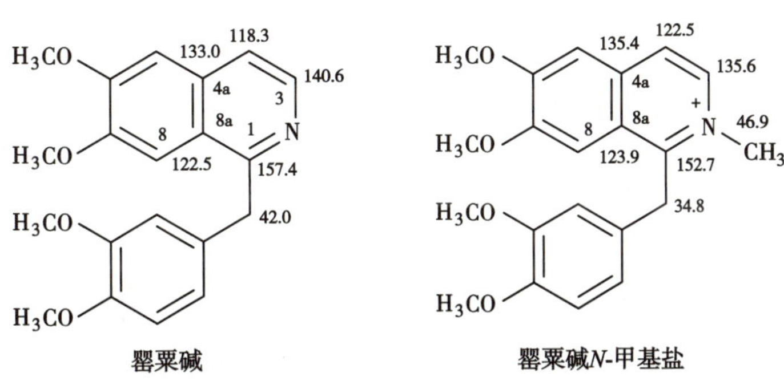

罂粟碱 罂粟碱*N*-甲基盐

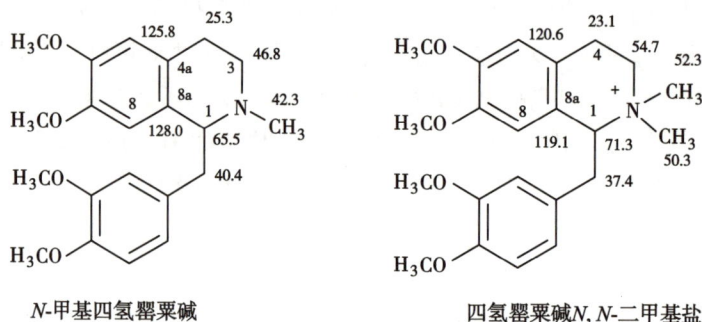

N-甲基四氢罂粟碱　　　　四氢罂粟碱*N*, *N*-二甲基盐

对结构复杂生物碱的结构测定，还需借助 2D-NMR，如 ^{1}H-^{1}H COSY、HMQC、HMBC、NOESY、TOCSY 等技术。

四、生物碱类化合物的质谱

质谱不仅可确定生物碱的分子量、分子式（HR-MS），还可利用生物碱碎片裂解规律推定结构。在判断生物碱的分子离子峰时，要注意该离子峰是否符合氮律。下列是生物碱一些常见的质谱裂解规律。

（一）难于裂解或由取代基及侧链裂解产生的离子

当生物碱母体较稳定时，骨架的裂解较为困难，一般裂解主要发生在取代基或侧链上。此种裂解的 M^{+} 或 $[M-1]^{+}$ 峰多为基峰或强峰。这种裂解主要具有以下 2 种结构特点。

1. 芳香体系组成分子的整体或主体结构　如喹啉类、吖啶酮类、*β*- 卡波啉类、阿朴菲类以及苯丙胺类生物碱。

2. 环系多、分子结构紧密的生物碱　如苦参碱类、吗啡碱类、秋水仙碱、马钱子碱、萜类生物碱及某些取代氨基的甾体生物碱等，大多在侧链上裂解。

（二）以氮原子为中心的 *α*- 裂解

这种裂解方式主要发生在和氮原子的 *α*- 碳和 *β*- 碳之间的键即 *α*- 键上，大多涉及骨架的裂解，对生物碱的骨架测定有重要意义。其特征是分子离子峰很低，裂解后含氮的基团或部分是基峰或强峰。另外，当氮原子的 *α*- 碳连接的基团不同时，则所连接的大基团易于发生 *α*- 裂解。容易发生这种裂解的如氮杂环己烷及其衍生物、四氢异喹啉类、双苄基四氢异喹类、四氢 *β*- 卡波啉环以及莨菪烷类、甾体生物碱等。

1. 金鸡宁碱类的 *α*- 裂解　金鸡宁碱的 *α*- 裂解是在 C-2 与 C-3 键断裂，形成一对互补离子 **a** 与 **b**，基峰离子 **b** 继续通过 *α*- 裂解产生其他的离子（图 9-22）。

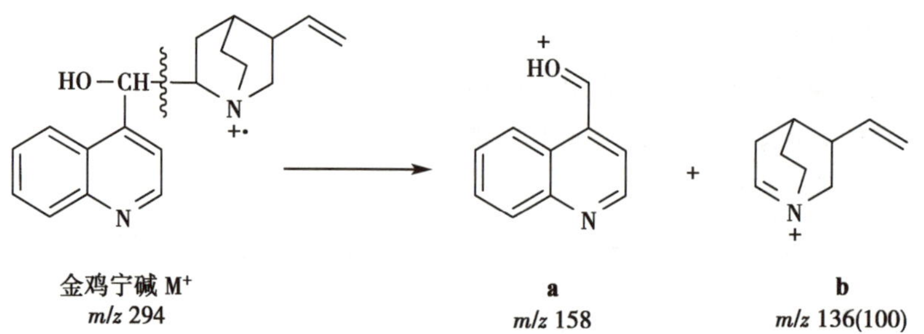

图 9-22　金鸡宁碱的质谱裂解途径

2. 甾体生物碱类的 *α*- 裂解　甾体生物碱的母核无特征性裂解，绝大多数的主要裂解均涉及氮原子，呈现典型的受氮原子支配的 *α*- 裂解规律，且裂解后含氮原子部分均是基峰。如浙贝甲素（peimine）*α*- 裂解后又发生麦氏重排（图 9-23）。

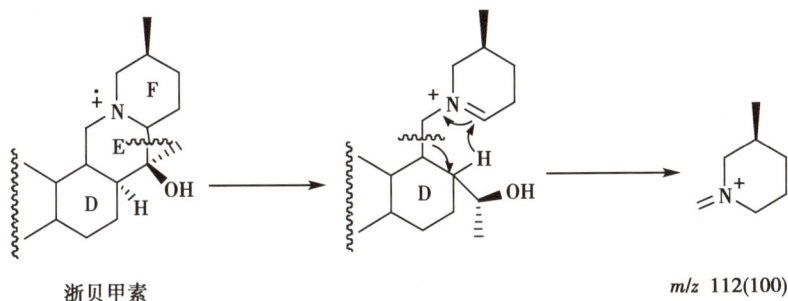

浙贝甲素　　　　m/z 112(100)

图 9-23　浙贝甲素的质谱裂解途径

(三) RDA 裂解

当生物碱存在相当于环己烯结构时，在双键的 α- 碳和 β- 碳之间的键发生 RDA 裂解。如原小檗碱与四氢原小檗碱型生物碱从 C 环发生的 RDA 裂解，产生保留 A、B 环和 D 环的一对互补离子，不但可以证实该生物碱的类型，还可以由相应的碎片峰 m/z 值推断 A 环和 D 环上的取代基类型和数目。该类型生物碱裂解产生 a、b、c、d 四个主要离子碎片，具有诊断价值。

需要注意的是，有些生物碱在发生 RDA 裂解后产生的不是一对互补离子，可进一步发生 α- 裂解，此时产生的含氮环部分离子峰的 m/z 也为基峰。

第七节　生物碱类化合物的研究实例

小檗碱(berberine)也称黄连素，属于小檗碱类生物碱。主要存在于黄连的根中，是黄连抗菌的主要有效成分。小檗碱分布较广，大约存在于 4 个科 10 个属的植物中。小檗碱为黄色针状结晶，味极苦。分子式为 $C_{20}H_{18}NO_4^+$，熔点为 204~206℃，密度为 1.17g/cm^3。在热水中溶解，在水或乙醇中微溶，在三氯甲烷中极微溶解，在乙醚中不溶。

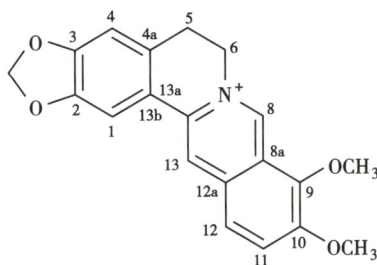

小檗碱通常采用酸水、碱水、乙醇水或甲醇水提取。提取方法包括回流法、超声波法、微波法、酶法等。分离方法包括酸提碱沉法、高效液相色谱法、大孔树脂吸附法、高速逆流色谱法、凝胶柱色谱法等。

小檗碱的四大波谱图(组图)

UV λ_{max}(MeOH)：230、248、350nm；IR：2 913、1 635、1 601、1 506、1 480(苯环)、1 103、1 036、871cm^{-1}。^{1}H-NMR(400MHz，CD$_3$OD)和 ^{13}C-NMR(100MHz，CD$_3$OD)数据见表 9-5。

表 9-5　小檗碱的 NMR 数据(CD_3OD)

No.	^{1}H-NMR δ_H(mult, J in Hz)	^{13}C-NMR δ_C
1	7.61(1H, s)	106.6
2		149.8
3		152.0

续表

No.	^{1}H-NMR δ_H(mult, J in Hz)	^{13}C-NMR δ_C
4	6.94(1H, s)	109.4
4a		131.7
5	3.25(2H, t, J = 6.4Hz)	28.2
6	4.92(2H, t, J = 6.4Hz)	57.2
8	9.75(1H, s)	146.4
8a		123.3
9		145.7
10		152.1
11	8.08(1H, d, J = 8.4Hz)	128.0
12	7.97(1H, d, J = 8.4Hz)	124.6
12a		135.1
13	8.67(1H, s)	121.4
13a		139.7
13b		121.8
—OCH_2O—	6.09(2H, s)	104.6
9-OCH_3	4.18(3H, s)	62.6
10-OCH_3	4.09(3H, s)	57.6

小檗碱作为非处方药物对细菌性痢疾具有优异的治疗效果，在临床上已有很长的应用历史。2004 年蒋建东[8]团队首次发现小檗碱具有优良的降脂效果，并且其作用机制不同于现有的他汀类和贝特类降脂药物，而是显著提高肝脏低密度脂蛋白受体（LDLR）的表达和功能，是一种新机制药物。近 20 年来，小檗碱的降脂功效得到了大量动物和人体临床试验的确证。小檗碱不仅对高脂血症患者疗效良好，而且还适用于肝功能障碍的患者，安全性更好，无他汀类药物的不良反应。目前，小檗碱受到了国内外高脂血症患者的好评，成为一个非常具有前景的降血脂药物，实现了“老药新用”。

第九章
目标测试

（何祥久　张小坡）

参考文献

[1] 裴月湖，娄红祥 . 天然药物化学 . 7 版 . 北京：人民卫生出版社，2016.
[2] CORDELL G A, QUINN-BENTTIE M L, FARNSWORTH N R. The potential of alkaloids in drug discovery. Phyther Res, 2001, 15(3): 183-205.
[3] 王锋鹏 . 生物碱化学 . 北京：化学工业出版社，2008.
[4] DEWICK P M. Medicinal natural products: A biosynthetic approach. 3rd edition. New York: John Wiley & Sons, Ltd, 2009.

[5] 赵泰,吴寿金,秦永祺 . 现代中草药成分化学 . 北京:中国医药科技出版社,2002.
[6] 吴立军 . 实用有机化合物光谱解析 . 北京:人民卫生出版社,2009.
[7] 陈德昌 . 中药化学对照品工作手册 . 北京:中国医药科技出版社,2000.
[8] KONG W, WEI J, ABIDI P, et al. Berberine is a novel cholesterol-lowering drug working through a unique mechanism distinct from statins. Nat Med, 2004, 10(12): 1344-1351.

第十章

海洋药物

第十章
教学课件

学习目标

1. 掌握 海洋药物的研究特点。
2. 熟悉 常见海洋天然产物的主要结构类型及其特点。
3. 了解 海洋药物的发展历史和来源;海洋天然产物的生物活性及其在拓展药源方面的意义;海洋药物的一般研究方法。

第一节 概 述

海洋天然药物(marine natural medicines),常简称海洋药物(marine drugs),是指由来源于海洋生物的天然产物所开发的药物。海洋药物学是应用现代化学和生物学技术从海洋生物中研究和开发新药的一门新兴的交叉应用学科,是药学研究和新药开发的一个新的快速增长领域。海洋药物学历经半个多世纪的发展,研究领域不断拓展,研究水平不断提高,已逐渐发展成为一个较完整的学科体系。其研究领域涉及药物化学、药理学、分子生物学、基因工程、遗传学、生物资源学和临床医学等众多相关学科。海洋药物学的发展既得益于上述各学科的研究方法和技术的进步,同时也促进了各学科的相互融合和相互渗透。研究海洋药物,不仅可以发现新的海洋生物种类以及结构新颖、生物活性显著和作用机制独特的化合物,还可推动提取分离和化学结构鉴定技术的提高,以及有机合成化学、有机化学理论、生物技术和生命科学的发展。本节仅从海洋药物的发展历史、研究特点和来源 3 个方面对其加以介绍[1-4]。

一、海洋药物的发展历史

海洋约占地球表面积的 71.2%,占生物圈(biosphere,地球上所有的生物与其环境的总和)体积的 95%,是迄今所知最大的生命栖息地。多种多样的海洋生态环境造就了海洋生物的多样性、复杂性和特殊性,生物种类达 30 多门,可能超过 200 万种,生物总量占地球总生物量(biomass)的 87%。但与对陆生植物的研究相比,人们对海洋生物的认识还相当有限,利用率仅在 1% 左右。

海洋药物学的发展大致可分为 4 个阶段:①1960 年以前为孕育期;②20 世纪 60—70 年代为形成期;③1980 年进入快速发展期;④2000 年以后为成熟期。

(一) 孕育期

海洋药物的现代研究萌芽可以追溯到 19 世纪末。1881 年 Stanford 发现了褐藻中的多糖褐藻胶;1909 年田原描述并命名了河鲀鱼卵的神经毒性成分河鲀毒素(tetrodotoxin,TTX);1922 年日本学者从异足索沙蚕(*Lumbriconeris heteropoda*)体内分离到具有杀虫作用的沙蚕毒素(nereistoxin);20 世纪 30 年代初,Bergmann 等开始了对海绵的研究,并于 20 年后从海绵 *Crypthoteca crypta* 中得到 3 个核苷类化合物 spongothymidine、spongouridine 和 spongosine,成为抗肿瘤药阿糖胞苷(cytarabine,Ara-C)和抗病毒药阿糖腺苷(vidarabine,Ara-A)的先导化合物;1945 年意大利的 Giuseppe Brotzu 从撒丁岛

海洋淤泥中分离到顶头孢霉菌（*Cephalosporium acremonium*），并从其代谢物中发现若干头孢菌素类化合物；1953 年从日本海藻 *Digenea simplex* 中分离得到海人草酸（kainic acid）。尽管这些学者注意到了海洋天然产物的潜力，但由于当时正值合成药物和抗生素的黄金时代，海洋药物的研究一直没有引起科学界的重视。

（二）形成期

随着合成药物暴露出来的问题，特别是在"反应停事件"出现后，世界范围内掀起了"回归自然"的热潮。20 世纪 60 年代，河鲀毒素的结构鉴定完成；以 spongothymidine 为模板合成的阿糖胞苷被批准在临床用于治疗各种白血病；从柳珊瑚中得到前列腺素 (15*R*)-PGA_2，改变了以往认为前列腺素只存在于哺乳动物的传统认识；日本科学家下村修从水母 *Aequorea victoria* 中分离出绿色荧光蛋白，后来成为当代生物化学研究的最重要工具之一，并因此获得 2008 年诺贝尔化学奖。

这些发现提高了人们对海洋天然产物的认识水平，在 1967 年举办的第一届海洋天然产物国际会议上提出了"向海洋要药（Drugs from the sea）"的口号，从而全面揭开了海洋药物研究与开发的帷幕。20 世纪 60 年代末至 70 年代初，出现了研究海洋药物的一个小高潮。在此期间，Scheuer 等相继出版了 *Chemistry of Marine Natural Products*、*Marine Natural Products-Chemical and Biological Perspectives*、*Marine Pharmacology* 和《海洋天然物化学》（日本化学会）等专著，标志着海洋天然产物化学已成为一门独立的新学科。

（三）快速发展期

进入 20 世纪 80 年代，随着分离技术和结构鉴定技术的进步，海洋药物的研究迅速发展起来。一些结构比较复杂的海洋天然产物，如短裸甲藻毒素（brevetoxin，1981）、大田软海绵酸（okadaic acid，1981）、苔藓虫素（bryostatin，1982）、岩沙海葵毒素（palytoxin，1982）、软海绵素（halichondrin，1985）以及 cephalostatin 1（1988）等相继被分离并完成结构鉴定。90 年代，代表着现代结构鉴定技术最高应用水平的刺尾鱼毒素（maitotoxin，1993）完成了结构鉴定；中西香尔、平田义正、安元健和岸义人等因研究"赤潮"及调查西加鱼中毒事件等而对海洋聚醚类成分的研究备受关注；Pettit 等对耳状截尾海兔（*Dolabella auricularia*）中的抗肿瘤活性多肽 dolastatin 的研究以及西班牙 PharmaMar 公司对红树海鞘（*Ecteinascidia turbinata*）中的生物碱 ecteinascidin 743（Et-743）的开发研究等工作，为之后海洋创新药物的临床应用奠定了基础。

海洋药物学快速发展期所鉴定的代表性化合物的结构（单图）

（四）成熟期

进入 21 世纪，海洋药物研究经过近数十年的积累取得了令人瞩目的成绩，在新药开发方面已逐步进入收获期，至少 11 种创新药物经美国 FDA 或欧洲药品管理局（European Medicines Agency，EMA）等发达国家和地区的药品监管机构批准上市用于肿瘤、慢性疼痛等疾病的治疗；70 个以上的化合物处于各期临床研究中；上千个海洋活性化合物处于成药性评价和临床前研究中。目前每年有上千篇海洋天然产物的文献报道，新结构的海洋天然产物以超过 1 000 个 / 年的速度递增，并不断发现具有新型化学结构和显著生物活性的先导化合物，为海洋新药的研制提供了坚实的物质基础。当前国内外海洋药物研究的热点领域主要包括：①扩大海洋生物的化学研究仍将是海洋活性物质研究的主要课题，并形成新一轮热潮；②组合化学技术以及基因工程、细胞工程、蛋白质工程和发酵工程等生物技术与海洋药物研究紧密结合，从多方面解决海洋创新药物研制中遇到的难题；③对海洋微生物资源的研发形成热潮；④探索性地开展对深海、极地海洋生物的研究等。

二、海洋药物的研究特点

海洋药物研究与开发拥有三大优势：海洋生物的多样性、海洋天然产物的化学多样性和生物活性多样性。当然，也存在较多困难因素，相比起陆地来源的天然药物研发来说，主要概括为三大劣势：药源难以解决、提取分离困难、结构鉴定困难。其中，以药源问题为主要瓶颈。

（一）生物多样性

据不完全统计，具有重要开发潜力的海洋生物多达 15 万种以上，生物多样性远远超过陆地生物。而且，海洋生物生活在具有一定水压、较高盐度、较小温差、有限溶解氧、有限光照和低营养的海水化学缓冲体系中，生长环境与陆生生物迥然不同，造成其生存繁殖方式、适应机制和新陈代谢等的复杂性和特殊性。比如，海洋生物间存在各种共生现象，并广泛存在着生存竞争，海洋生物具有很强的再生能力、防御能力和识别能力，以防范天敌的进攻和有害微生物的附着，并维持物种之间的信息传递，而这些独特的功能往往与其体内的次生代谢产物密不可分。

（二）化学多样性

海洋生物的多样性、复杂性和特殊性决定了海洋天然产物的化学结构多样性、复杂性和新颖性。海洋生物体内存在的代谢产物结构类型丰富，不仅包含了陆地生物天然产物几乎所有的类型，还包含许多与陆地生物生源不同、结构特殊和生物活性显著的海洋天然产物，包括大环内酯类、聚醚类、特殊肽类、C_{15} 乙酸原化合物、前列腺素类似物、皂苷类和有机卤化合物（特别是溴化物）等。

（三）生物活性多样性

海洋天然产物的多样性、复杂性和新颖性造就其生物活性的多样性。由于海洋生物物种之间的生态作用远比陆生生物复杂和广泛，而这些作用多通过物种间的化学作用物质，如信息素、种间激素、拒食剂等来实现，导致这些生物活性物质的活性常比陆生生物活性物质要强，生理作用和药理作用更独特。已发现的诸多海洋天然产物在抗肿瘤、治疗心脑血管疾病、抗菌、抗病毒、神经系统活性、抗炎和抗过敏等方面表现出出色的药理活性。因此，海洋生物资源已成为拓展天然药用资源的新空间和创新药物发现的重要源泉。

（四）药源问题

海洋药物开发的一个重要瓶颈是药源问题。造成药源难以解决的主要原因包括：①海洋生物分布范围广泛，从潮间带到水深数千米的深海均有存在，且种类繁多，某些物种的分布密度极低，目前对海洋生物的认识和研究仍相当有限，大量采集非常困难，或会对海洋生态造成不可逆的破坏；②海洋生物活性物质的含量大多较低，在经人工采集、处理、运输、贮存过程中又会损失部分有效成分，因此对样品的采集量又有较高要求；③目前研究较广泛的多为海洋动物，动物样品采集后易腐败变质，会影响活性成分的研究；④海洋活性化合物的结构大多比较复杂，全合成困难或成本过高，难以通过化学手段解决药源问题；⑤海洋生物，特别是一些低等海洋生物的人工养殖非常困难，多数在目前条件下无法实现。

目前，各国科学家正积极研究药源问题的解决办法，如从海水养殖（如草苔虫的养殖）、细胞培养（如海绵细胞的培养）、基因工程技术（用于一些海洋微生物以及肽类、蛋白质活性成分的研究）和化学合成（如一些活性甾体、肽类、寡糖的合成和修饰）等方面进行探索，但距离问题的完全解决尚需时日。

（五）提取分离问题

海洋药物提取分离的困难在于：①许多活性成分在生物体内含量极微（例如西加毒素在鱼体内的含量只有 1×10^{-9}~1×10^{-8}，因此，即使能够完全提取，也只能从 1 000kg 鱼肉中获得几毫克的样品）；②结构和理化性质极其类似的化合物常共存于同一生物体内，难以分开；③海洋生物研究较多的为动物样

品，与植物样品相比，杂质多，分离程序差异大，分离困难。目前，主要依赖于多种先进的色谱分离手段来得以解决，但使用成本较高。此外，也可直接制备活性部位用于新药开发，而不分离成单体，但创新度不足，较难获得国际公认。

（六）结构鉴定问题

海洋天然产物大多结构极其复杂，结构鉴定较为困难。但随着各种先进波谱技术（如 FAB-MS、ESI-MS、1D-NMR、2D-NMR、3D-NMR、CD、单晶 X 射线衍射等）的发展，以及化学结构沟通技术的日新月异，目前结构鉴定问题已难以阻止海洋药物的研发进程。

三、海洋药物的来源

几乎所有海洋生物都能够产生具有生物活性的次生代谢产物。其中，海洋植物主要为除微藻之外的各种藻类，而生长于潮间带的红树林植物也是较有特色的海洋植物，其代谢产物具有结构多样性和生物活性多样性；海洋动物一直以来都是海洋药物学研究的主要对象，特别是多孔动物门（海绵动物门，Porifera）、腔肠动物门（Coelenterata）、软体动物门（Mollusca）、棘皮动物门（Echinodermata）和苔藓动物门（Bryozoa）等海洋低等无脊椎动物以及脊索动物门的被囊动物亚门（Tunicata）等，目前依然是海洋天然产物的主要来源；海洋微生物则是近年来海洋药物研究领域的热点之一。从海洋药物开发的角度对目前研究较多的海洋生物类别简介如下。

（一）藻类

海洋藻类（algae，seaweeds）是低等隐花植物，按生活习性可分为漂浮生活和附着生活两大类，是海洋中的初级生产者，承担着食物链的基础环节，海洋动物的许多活性物质直接或者间接地来源于藻类。藻类资源丰富，全世界藻类约有 30 000 余种，根据其光合色素的类型分为绿藻、褐藻和红藻等。多数海藻的代谢产物相对于其他海洋生物较为简单，以萜类为主，最大特点是富含卤素；但也有一些附着生活的红藻和褐藻的次生代谢产物具有丰富的结构，如网地藻科（Dictyotaceae）的褐藻。此外，卤素取代的酚类化合物也是藻类的一类特征成分，特别是溴酚类。

（二）海绵

海绵（sponge）是一类原始而奇特的最简单的多细胞生物。海绵种类繁多，资源极为丰富，约占海洋生物总量的 1/15，已知有 15 000 多种，分布广泛。与海藻、珊瑚及其他无脊椎动物相比，海绵孕育着更多结构新颖的次生代谢产物，其中萜类化合物约占 37%，含氮化合物约占 41%。海绵与微生物在长期的进化过程中形成了密切的共生关系（symbiosis），微生物可占海绵本体干重的 30%~70%。因此，许多从海绵中获得的天然产物可能是其共生的微生物，如共生菌（symbiotic bacteria）的次生代谢产物。

（三）腔肠动物

腔肠动物（coelenterate）包括海葵、珊瑚和水母等，研究较多的是珊瑚（coral）。珊瑚是海洋低等无脊椎动物，全球约有 7 000 多种，有“海洋中的热带雨林”之称。其代谢产物主要有脂类、萜类、甾体和前列腺素类化合物，其中萜类化合物约占 85%，且多具有抗肿瘤活性。

（四）软体动物

软体动物（molluscs）中研究较多的是海兔（sea hare），它以海藻为食，并可以储藏海藻中的化学成分。对海兔中生物活性物质的研究已促使多个创新药物上市或进入临床试验。

（五）被囊动物

被囊动物（tunicate，ascidian）在进化地位上十分特殊，处于脊椎动物和无脊椎动物之间，约有 2 000 种。其中海鞘类占绝大多数，从中发现了许多功能独特的新结构化合物，特别是含氮化合物约占 89%。如从加勒比海红树海鞘中分离出来的 Et-743 是一个广受关注的抗癌药物，现已上市，用于软组织肉瘤和卵巢癌的治疗。

(六) 棘皮动物

棘皮动物(echinoderm)是具有特殊水管系统的一大类无脊椎动物,已知约 7 000 种,常见的有海参、海星、海胆等。棘皮动物产生的三萜或甾体皂苷是其体内常见的毒素,多具有抗肿瘤活性。

(七) 海洋苔藓动物

海洋苔藓动物(marine bryozoan)俗称苔藓虫,有 4 000 余种,属于海洋污损生物。从草苔虫中分离的 bryostatins 大环内酯类抗癌活性成分是苔藓动物具有代表性的代谢产物,其他的代谢产物还包括生物碱、甾醇和脑苷脂等。

(八) 海洋微生物

海洋微生物(marine microorganism)包括细菌、真菌、放线菌等,微藻也常被看作海洋微生物。海洋微生物产生结构特殊的大环内酯类、肽类、聚醚类和生物碱类等代谢产物。海洋微生物由于其次生代谢产物丰富、可重复发酵、采集中对海洋生态环境破坏小等特点,被认为是人类最可能开发利用的海洋药物资源之一,已成为海洋新天然产物的重要来源;目前约 1/3 的海洋新化合物来源于海洋微生物,是海洋生物活性物质研究的热点之一。为避免与第十一章内容重复,本章不涉及除微藻外的微生物来源的海洋天然产物。

第二节 海洋天然产物的结构类型

当前,从海洋生物中发现的天然产物有超过 30 000 种,仅 2019 年就有 1 490 个新的海洋天然产物被发现[5]。海洋天然产物结构千差万别,按照化学结构分类主要有:大环内酯类、聚醚类、肽类、生物碱类、C_{15} 乙酸原类、前列腺素类似物、甾体及其苷类、萜类、多糖类等。下面仅就海洋天然产物中结构特殊、生物活性明显的几种类型加以介绍。

一、大环内酯类化合物

大环内酯类化合物的分类和代表化合物(单图)

大环内酯类(macrolides)化合物是海洋生物中常见的一类具有多种生物活性特别是抗肿瘤活性的化合物,结构中含有内酯环,环的大小差别较大,从十元环到六十元环均有。根据结构类型不同可以分为简单大环内酯类、含氧环的大环内酯类、多聚内酯类和其他大环内酯类。

(一) 简单大环内酯类

简单大环内酯是由长链脂肪酸形成的环状内酯,环的大小各异,但环上常有羟基或烷基取代,多数仅有一个内酯环。如从海洋软体动物 *Aplysia depilans* 的皮中分离得到的 alplyolides A(**1**)和 B(**2**),为长链多不饱和脂肪酸的内酯,具有较强的毒鱼活性,是自身的化学防御物质。

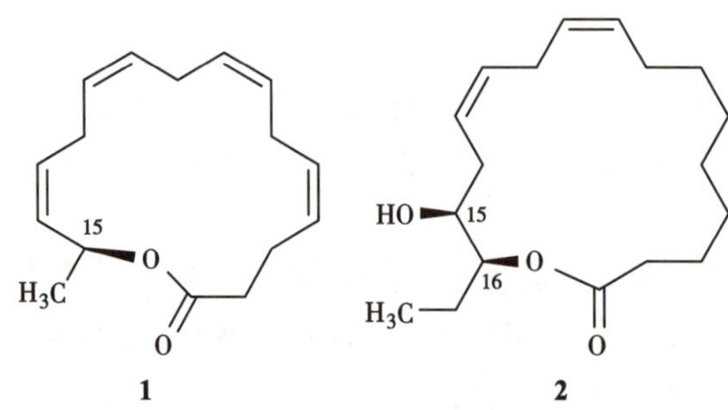

（二）含氧环的大环内酯类

大环内酯类化合物由于环结构上常含有双键、羟基等，在次生代谢过程中氧化、脱水，可形成含氧环的大环内酯类化合物，氧环的大小有三元氧环、五元氧环、六元氧环等。从海绵 *Cinachyrella enigmatica* 中分离得到的 enigmazole A（**3**）是第一个源于海洋生物的磷酸化大环内酯类化合物，通过美国国家癌症研究所（National Cancer Institute，NCI）对 60 种人肿瘤细胞株的细胞毒性筛选，表明其具有显著的广谱抗肿瘤活性，GI_{50} 达 1.7μmol/L。从美国加利福尼亚州的海洋苔藓动物总合草苔虫（*Bugula neritina*）中分离得到的 bryostatins 类化合物，为内酯环高度氧化成分，对白血病、淋巴癌、黑色素瘤及其他肿瘤具有较好的疗效，目前已经确定结构的该类化合物达 24 个。由于该类化合物具有较高的抗肿瘤活性和较低的毒性，是较有发展前途的一类抗肿瘤活性物质。bryostatin 1（**4**）还具有免疫增强、诱导分化、增强其他细胞毒性药物活性等作用，正处于Ⅱ期临床研究阶段。

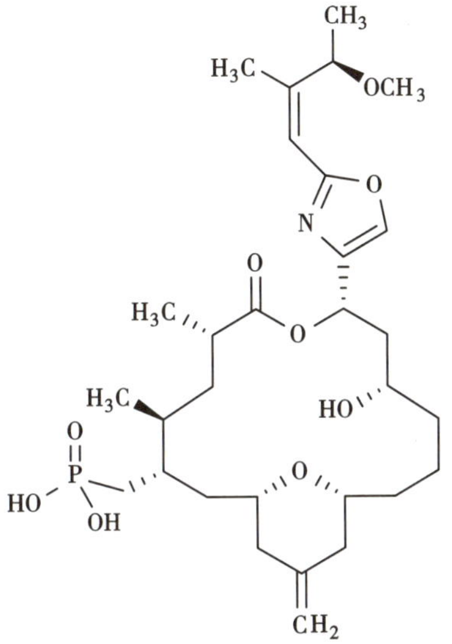

3 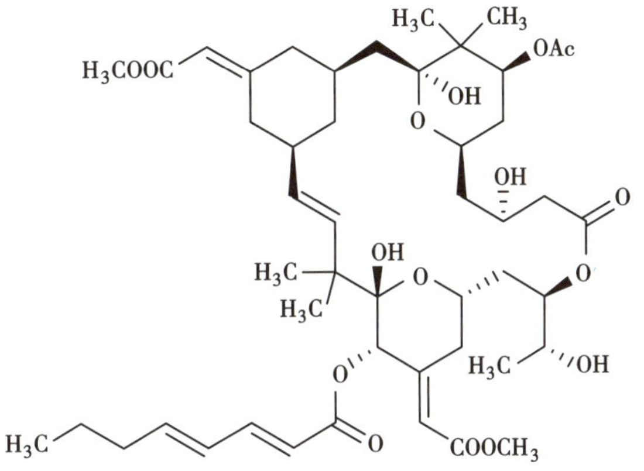　　**4**

（三）多聚内酯类

多聚内酯的结构特点是内酯环上有超过 1 个酯键存在，生物活性多以抗真菌作用为主。例如从红藻 *Varicosporina ramulosa* 中分离得到的 colletodiol 异构体（**5** 和 **6**）和 colletoketol（**7**）均具有抗真菌活性。

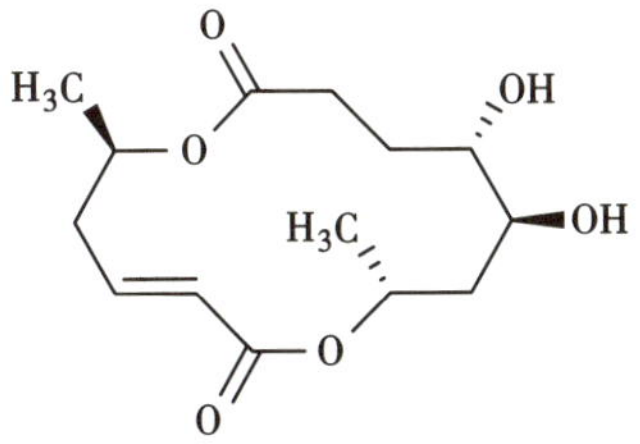

5 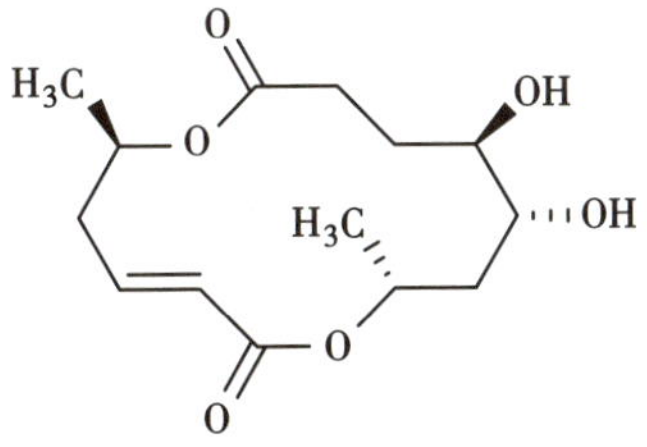　　**6** 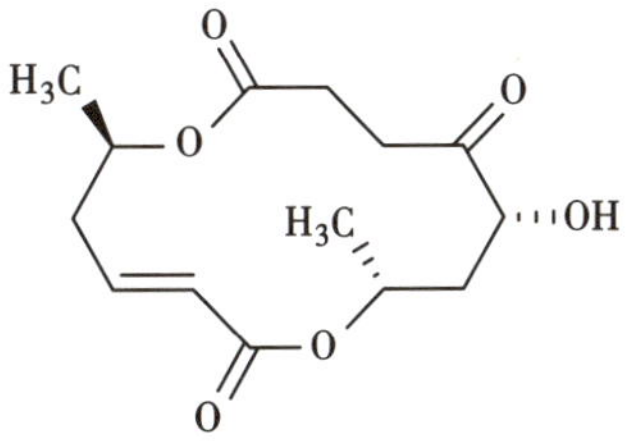　　**7**

（四）其他大环内酯类

海洋中的大环内酯类化合物是活性最广的化合物类型之一，结构也复杂多样。除上述介绍的化合物外，在海洋天然产物中经常可以见到内酯环含有氢化吡喃螺环的化合物，如从海绵 *Hyrtios altum* 中分离得到的 altohyrtins A（**8**）、B（**9**）和 C（**10**），从海绵 *Cinachyra* sp. 中分离获得的

cinachyrolide A（**11**）等。经 NCI 研究证明，该类化合物抗肿瘤谱特殊、活性高，IC_{50} 值可达 0.03nmol/L，是目前发现的细胞毒活性最强的类别之一。特别要指出的是，从被囊动物红树海鞘（*Ecteinascidia turbinata*）中分离得到的 Et-743（**12**），已作为创新药物上市，对软组织肉瘤和卵巢癌有好的疗效，还能够抑制产生多药耐药基因 *MDR*1，因此不易产生多药耐药。其作用机制与一般烷化剂不同，能与组成 DNA 的鸟嘌呤结合，使 DNA 构象发生变化；Et-743 的第 3 个环又与蛋白结合，从而表现出特殊的抗肿瘤作用机制。

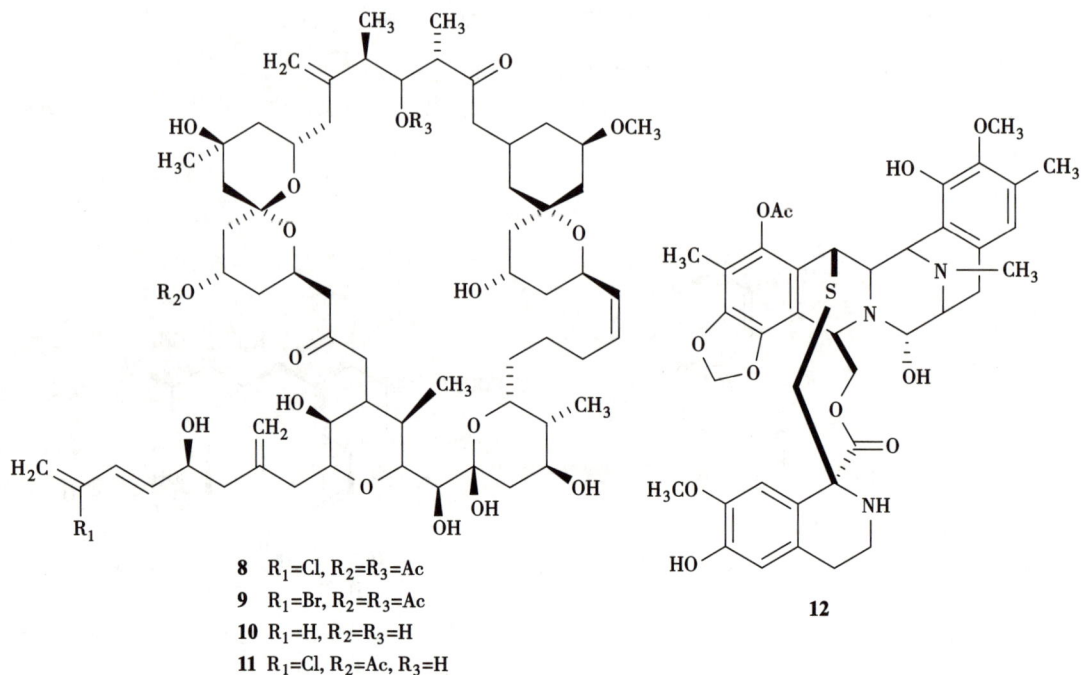

8 R_1=Cl, R_2=R_3=Ac
9 R_1=Br, R_2=R_3=Ac
10 R_1=H, R_2=R_3=H
11 R_1=Cl, R_2=Ac, R_3=H

12

二、聚醚类化合物

聚醚类化合物的分类和代表化合物（单图）

聚醚类（polyethers）化合物是海洋生物中的一类特有的毒性成分，一些是沿海赤潮产生毒鱼作用的主要化学作用物质。根据结构类型不同，可以分为梯形稠环聚醚、线形聚醚、大环内酯聚醚和聚醚三萜等。

（一）梯形稠环聚醚

该类化合物的结构特点是含有多个以六元环为主的醚环，醚环间反式骈合，聚醚的同侧为顺式，氧原子相间排列，形成一个梯子状结构，又称“聚醚梯”（polyether ladder），聚醚梯上有无规则取代的甲基等。这类化合物极性低，为脂溶性毒素，能够兴奋钠通道，在 16ng/ml 浓度即显示毒鱼作用。该类毒素能被贝壳类食用蓄积，当人误食这种贝壳后，往往产生神经毒性或胃肠道反应，严重者危及生命。

如从形成赤潮的涡鞭毛藻（短裸甲藻 *Ptychodiscus brevis*）中分离得到的毒性成分短裸甲藻毒素 B（brevetoxin B，**13**）是引起大量鱼类死亡的主要毒素。从一些泥鳗或其他微藻（如岗比毒甲藻 *Gambierdiscus toxicus*）中分离到的西加毒素（ciguatoxin，**14**）等都属于该类聚醚化合物。

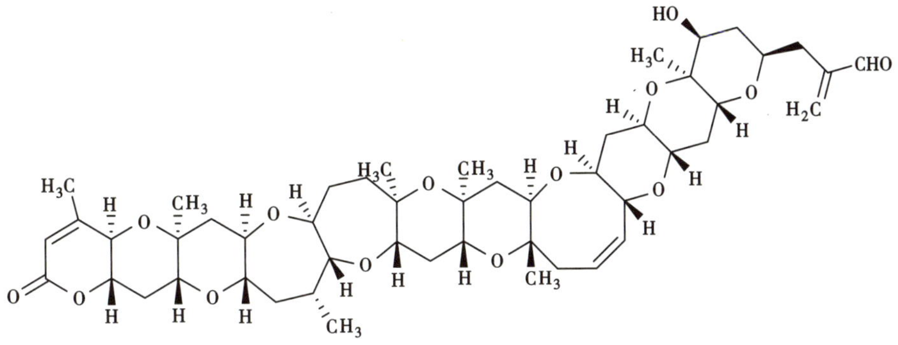

13

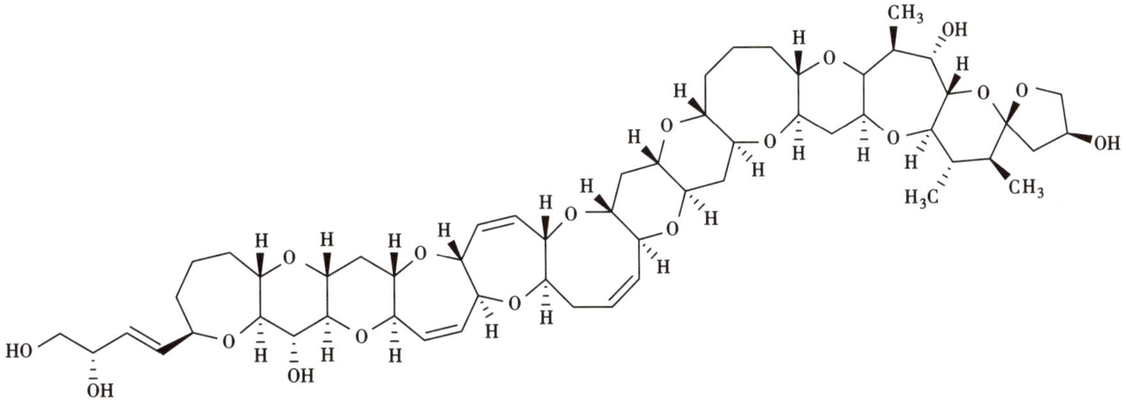

14

从岗比毒甲藻中分离得到的刺尾鱼毒素(maitotoxin,**15**)是目前分离得到的结构最大的聚醚类化合物。其结构通过 3D-NMR 技术、化学降解并与已知合成小分子化合物比较，于 1993 年得以确定。该化合物是目前被明确鉴定结构的、相对分子质量最大的非聚合物天然产物(分子式 $C_{164}H_{256}O_{68}S_2Na_2$),亦被认为是目前发现的非蛋白质类毒性最大的化合物之一，对小鼠的 LD_{50} 一般小于 200ng/kg,甚至低至 50ng/kg。

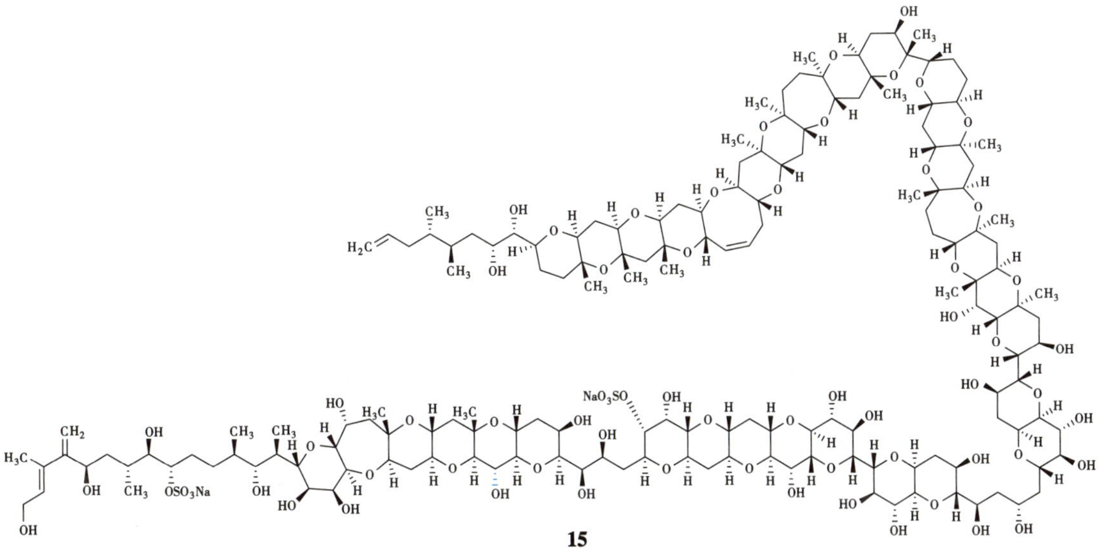

15

（二）线形聚醚

线形聚醚类化合物同样含有高度氧化的碳链，但与聚醚梯类化合物不同的是其结构中仅有部分羟基形成醚环，故多数羟基游离而具有水溶性。例如，从多种岩沙海葵 *Palythoa* spp. 中分离的岩沙海葵毒素（palytoxin，**16**）含有 129 个碳原子，64 个手性中心。利用 ^{1}H-NMR、^{13}C-NMR 和 ^{15}N-NMR 等核磁共振技术对该化合物的信号进行了完全归属。岩沙葵毒素对小鼠的 LD_{50} 为 0.15μg/kg，对兔的 LD_{50} 为 25ng/kg，可与 Na^{+}/K^{+} 泵结合，抑制 ATP 酶活性。

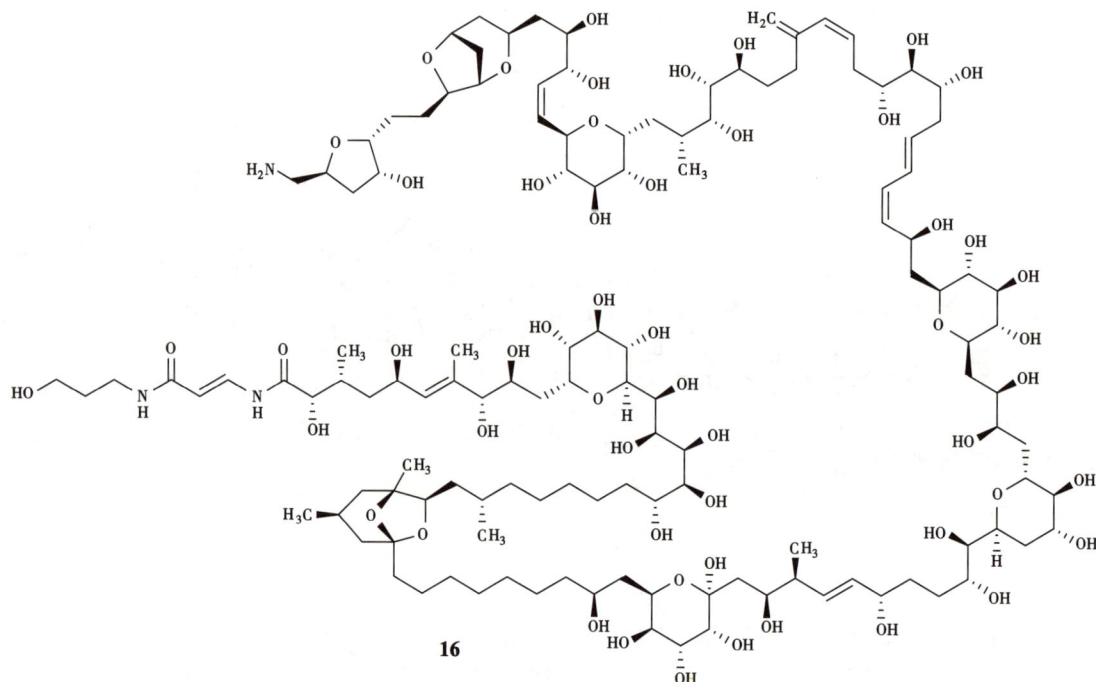

16

（三）大环内酯聚醚

有的聚醚类化合物可以首尾相连，形成大环内酯，如扇贝毒素 2（pectenotoxin 2，PTX_2，**17**）。有的聚醚局部形成大环，如从海绵 *Halichondrai okadai* 中分离得到的软海绵素 B（halichondrin B，**18**）对 B-16 黑色素瘤细胞的 IC_{50} 为 0.093ng/ml，5.0μg/kg 剂量时，对接种了 B-16 黑色素瘤细胞和 P388 白血病细胞小鼠的生命延长率（T/C）分别高达 244% 和 236%。

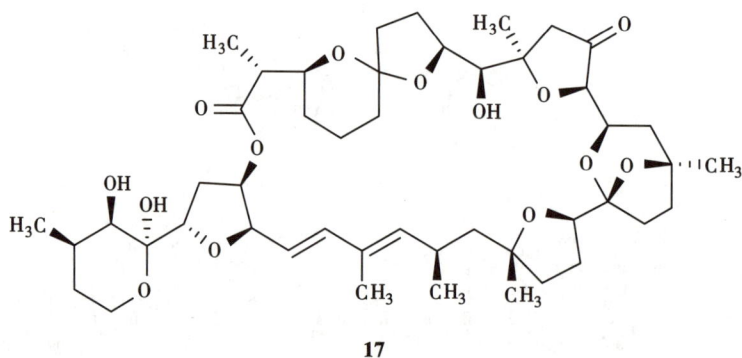

17

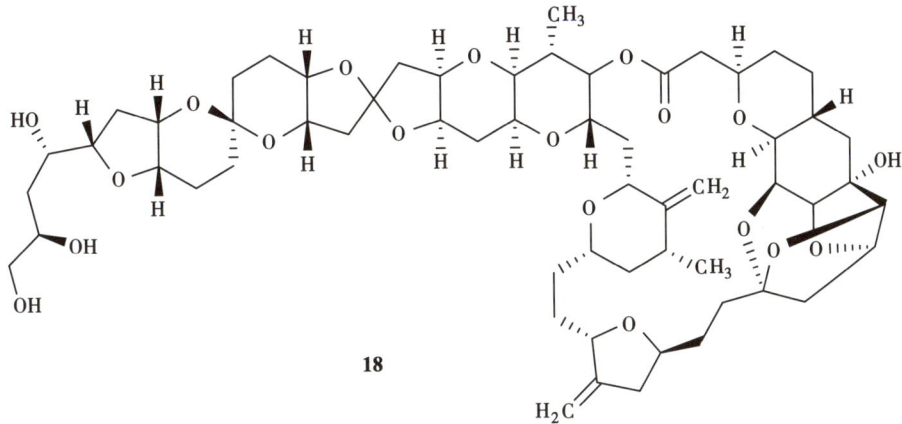

18

（四）聚醚三萜

聚醚三萜为红藻和一些海绵中所含有的一类化合物，氧化度较高，含有多个醚环，但生源过程则是由角鲨烯衍生而来，亦可归属于三萜类化合物，如从红藻 *Laurencia intricata* 中分离得到的 teurilene（**19**）。

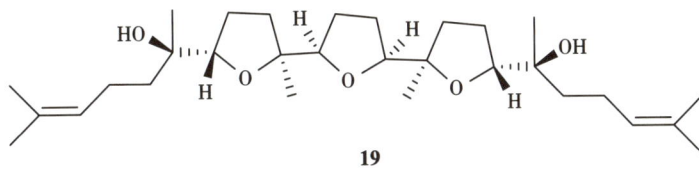

19

三、肽类化合物

自 1902 年第一个生物活性多肽促胰液素（secretin）问世以来，至今已有数万种生物活性多肽被发现，海洋生物已成为此类生物活性物质的一个重要来源。由于海洋特殊环境的影响，组成海洋多肽化合物的除常见的氨基酸外，还有大量的特殊氨基酸，如 *β*- 氨基异丁酸（**20**）、L-baikiain（**21**）、海人草酸（*α*-kainic acid，**22**）和软骨藻酸（domoic acid，**23**）等。有些氨基酸本身具有多种生物活性。海洋肽类化合物常见的有直链肽、环肽、肽类毒素和其他肽类等。

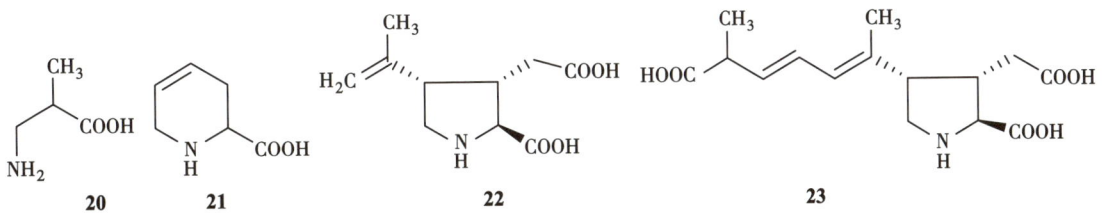

20 **21** **22** **23**

（一）直链肽

从被囊动物 *Didemnum rodriguesi* 中分离得到的 minalemines A~F（**24~29**）为含有胍基的直链肽，其中，**27~29** 因含有磺酸基而具有良好水溶性。

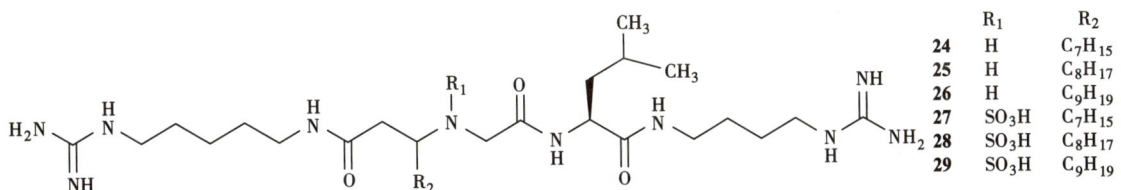

	R_1	R_2
24	H	C_7H_{15}
25	H	C_8H_{17}
26	H	C_9H_{19}
27	SO_3H	C_7H_{15}
28	SO_3H	C_8H_{17}
29	SO_3H	C_9H_{19}

进入临床和上市的海兔毒素类化合物（单图）

海兔毒素（dolastatin）是一类从耳状截尾海兔（*Dolabella auricularia*）中分离到的抗癌活性肽，主要是直链肽。Dolastatin 10（**30**）和 15（**31**）具有较强肿瘤细胞毒性，如 dolastatin 10 对 P388 白血病细胞的 IC_{50} 为 0.04ng/ml。这两种直链肽的合成衍生物 TZT-1027 和 tasidotin（synthadotin，ILX-651）进入了Ⅲ期临床试验，用于治疗非小细胞肺癌等肿瘤，但因严重毒副作用等原因，致使其开发前景尚需进一步明确。此外，对 dolastatin 15 的另一种合成衍生物 cemadotin（LU103793）也开展了Ⅱ期临床试验，但其对转移性胸腺癌和非小细胞肺癌的治疗率较低，并易产生严重的毒副作用。值得欣喜的是，以 dolastatin 10 的衍生物 monomethyl auristatin E（**32**）为主要成分的免疫偶联物制剂泊仁妥西布凡多汀（brentuximab vedotin，SGN-35）已于 2011 年被 FDA 批准上市（商品名 Adcetris®），用于间变性大 T 细胞系统性恶性淋巴瘤和霍奇金淋巴瘤的治疗。同样以 dolastatins 类直链肽为主要成分的免疫偶联物制剂还有 glembatumumab vedotin（CDX-011）和 SGN-75 等，分别处于各期临床研究阶段。

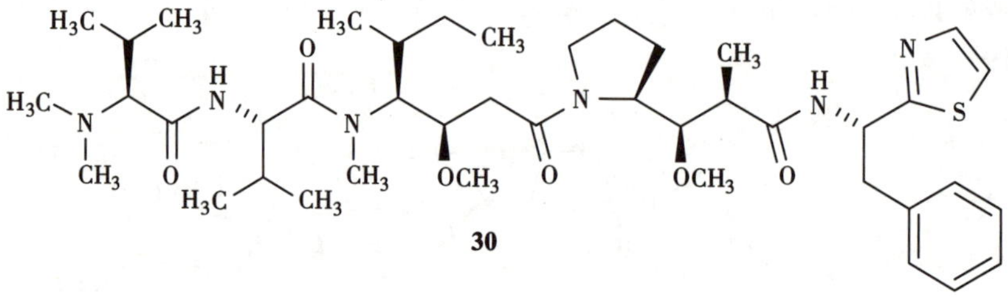

30

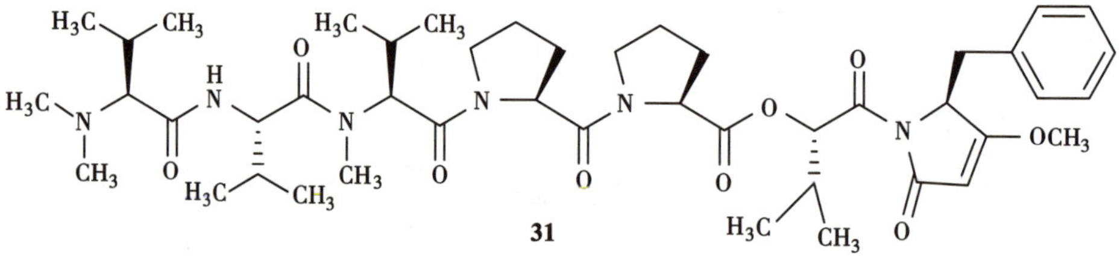

31

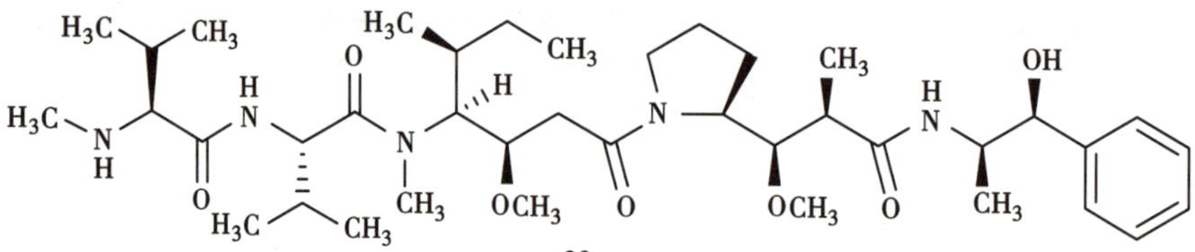

32

（二）环肽

海洋环肽类代表化合物（单图）

海洋环肽类化合物主要来源于海鞘、海兔、海绵和微藻等类海洋生物，较之陆地生物来源的环肽，其结构更为独特和丰富。膜海鞘素 B（didemnin B，**33**）是 1984 年 FDA 批准进入临床研究的一个环肽是从加勒比海膜海鞘 *Trididemnum solidum* 中分离得到的，但未能开发成功。从该种海鞘中发现的脱氢膜海鞘素 B（dehydrodidemnin B）亦从另一种海鞘 *Aplidium albicans* 中分离得到，又命名为 plitidepsin 或 Aplidine®（**34**），结构上与膜海鞘素 B 仅相差 2 个氢原子，对多种肿瘤有效，并部分克服了膜海鞘素 B 的毒副作用。环肽 plitidepsin 被欧盟委员会（European Commission，EC）和 FDA 作为孤儿药用于多发性骨髓瘤的治疗，已于 2012 年 12 月由西班牙 PharmaMar 公司启动Ⅲ期临床研究，2018 年已在澳大利亚上市。

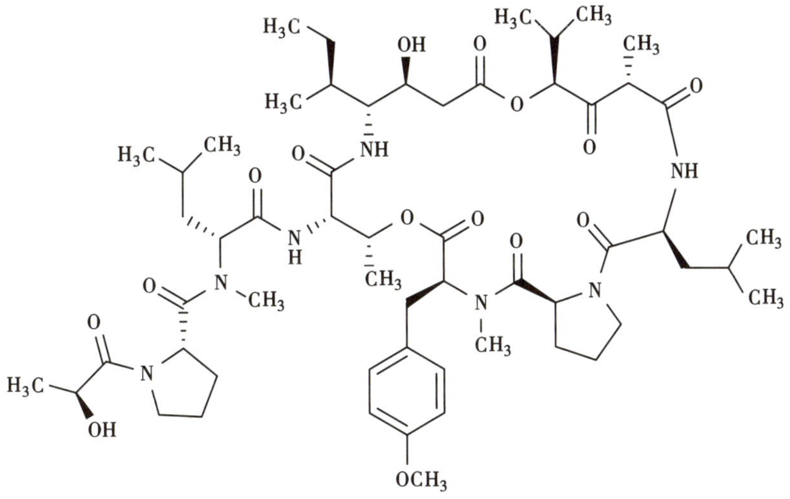

33

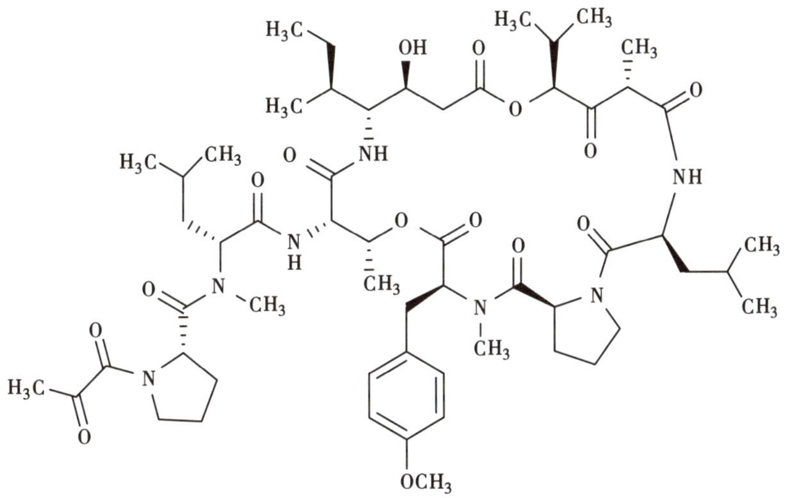

34

(三) 肽类毒素

一些具有显著神经系统或心脑血管系统毒性的多肽和蛋白质成分常被统称为肽类毒素，如芋螺毒素、海葵毒素、海蛇毒素、水母毒素、章鱼毒素和海胆毒素等。

芋螺毒素（conotoxin）作为一类具有神经药理活性的多肽，存在于芋螺属（*Conus*）软体动物分泌的毒液中，被认为是其"捕食武器"。此类毒素一般含有 7~41 个氨基酸，同源芋螺毒素的分子多样性是芋螺毒素的显著特征。研究显示，在已知的数百种芋螺中可能存在数万种甚至十几万种结构不同的芋螺毒素，具有镇痛、神经保护、抗惊厥、镇咳等方面的巨大应用潜力，是新药开发的重要潜在资源。不同结构的芋螺毒素作用靶标不同，有的作用于配体门控离子通道（烟碱受体、5-HT$_3$ 受体和 NMDA 受体等），有的作用于电压门控离子通道（Ca^{2+} 通道、Na^+ 通道和 K^+ 通道等），有的作用于加压素受体、神经紧张素受体和磷脂等，据此可以根据作用靶标分类。

对芋螺毒素药理多样性的发现来自美国犹他大学 Olivera 教授及在其实验室做研究的一批大学新生。其中，Clark 从芋螺中发现了"睡虫肽"（sleeper），Griffin 发现了"懒虫肽"（sluggisher），McIntosh 发现了"摇荡肽"（shaker），目前这些毒素多数已进入临床研究阶段。特别是从"摇荡肽"中分离出的 ω- 芋螺毒素 MⅦA，其合成品齐考诺肽（ziconotide，**35**）已分别于 2004 年和 2005 年获得美国和欧洲授权上市，商品名 Prialt®，用于治疗适合鞘内注射并且对全身镇痛药等不能耐受或无效的严

齐考诺肽（组图）

重慢性疼痛患者。该化合物是含有25个氨基酸的线性多肽，结构中的6个半胱氨酸通过3个二硫键连接形成稳定的三维结构。ω-芋螺毒素MⅦA为N型钙离子通道抑制剂，具有极强的镇痛作用，ED_{50}为49nmol/L，其镇痛作用和持续时间均强于吗啡。

NH_2—CKGKGAKCSRLMYDCCTGSCRSGKC—$CONH_2$

35

（四）其他肽类

随着对海洋中存在的肽类化合物的研究日益深入，一些结构新颖、活性广泛的新肽不断被发现。已从海藻、腔肠动物、软体动物、被囊动物等海洋生物及寄生或共生在这些生物体中的微生物中发现了大量肽类化合物。有相对分子质量较小的二肽、寡肽，也有相对分子质量较大的多肽、蛋白质，它们是活性化合物的重要来源。这些肽类成分不仅可作为新药进行开发，也常被用于生物工程等其他领域的研究。研究较多的肽类化合物包括海藻凝集素、藻胆蛋白、鲎素、麝香蛸素、鲨鱼软骨血管形成抑制因子、降钙素、海洋生物酶和抗冻蛋白等。

四、生物碱类化合物

生物碱是海洋生物的第二大类次生代谢产物，主要来自海绵，其次是海鞘和海洋微生物等，大多有抗肿瘤、抗菌、抗病毒、抗炎等活性，而且结构复杂多变。根据生物碱类化合物的结构，可分为由氨基酸衍化而成的生物碱、甾体和萜类生物碱、肽类生物碱、含喹啉环的生物碱、含异喹啉环的生物碱和其他类型生物碱。

（一）由氨基酸衍化而成的生物碱

该类生物碱是海洋来源生物碱的主要组成部分。作为生物碱前体的氨基酸有芳香族氨基酸（苯丙氨酸、酪氨酸、色氨酸）和二氨基酸（鸟氨酸、赖氨酸）等。如从海绵 *Rhaphisia pallida* 中得到的pallidin（**36**）是含有色氨酸的哌嗪酮类生物碱；来源于一种海绵的xestospongin C（**37**）是2个氧杂喹诺里西啶环由两串锯齿状亚甲基链构成的大环化合物，结构奇特；从橙杯珊瑚（*Tubastrea aurea*）中分离到的tubastrine（**38**）则含有胍基结构。

36　　**37**　　**38**

（二）甾体和萜类生物碱

从白斑角鲨（*Squalus acanthias*）中获得的一种甾体生物碱squalamine（**39**），为有效的内皮细胞增殖抑制剂，目前作为治疗老年性黄斑变性药物已进入Ⅲ期临床试验，作为新生血管抑制剂类抗癌药物已完成Ⅱ期临床研究。Ageloxime B（**40**）是从中国南海群海绵 *Agelas mauritiana* 中分离到的二萜生物碱，对新型隐球菌和耐甲氧西林金黄色葡萄球菌均具有一定的抑制作用，IC_{50}分别为4.96μg/ml和9.20μg/ml。

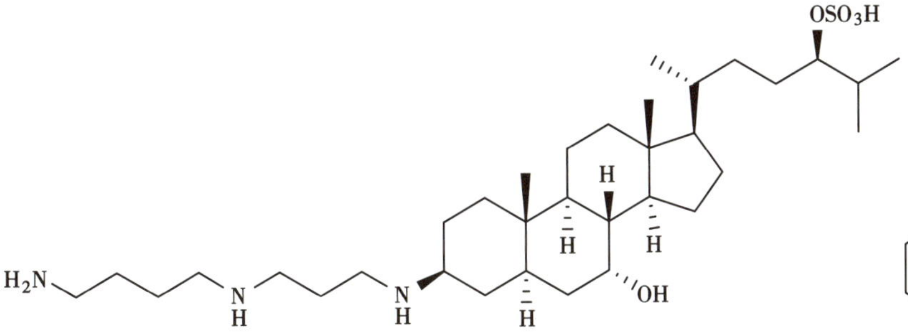

39

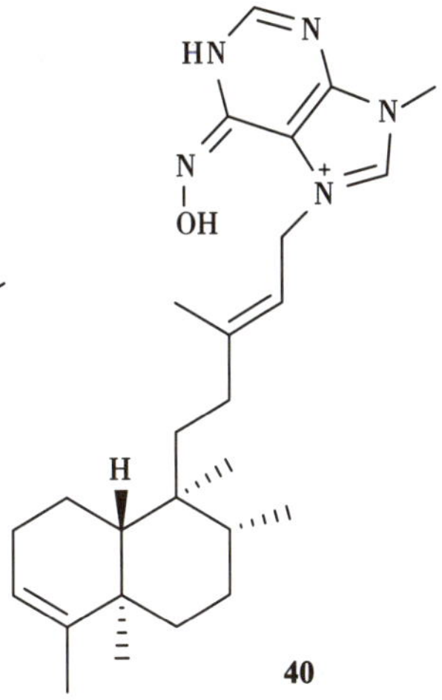

40

(三) 肽类生物碱

从海绵 *Geodia baretti* 中分离到溴代脱氢色氨酸和脯氨酸构成的环状二肽(**41**)是典型的肽类生物碱。从被囊动物 *Lissoclinum patella* 中获得的含有噻唑环的亲脂性环肽 ulithiacyclamide(**42**)对 L-1210 和人 T 细胞白血病 ALL 细胞的 ED_{50} 分别为 0.35μg/ml 和 0.01μg/ml。

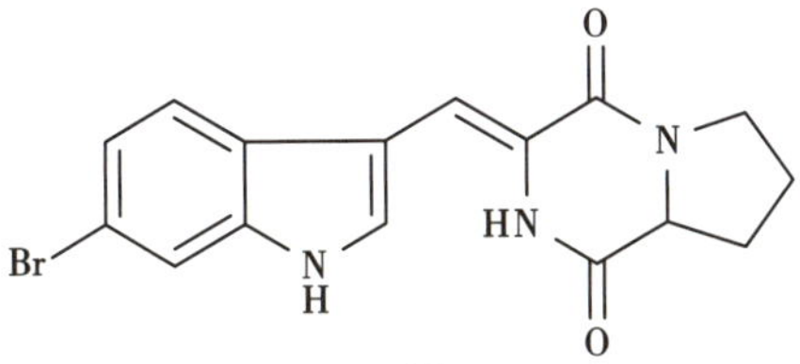

41

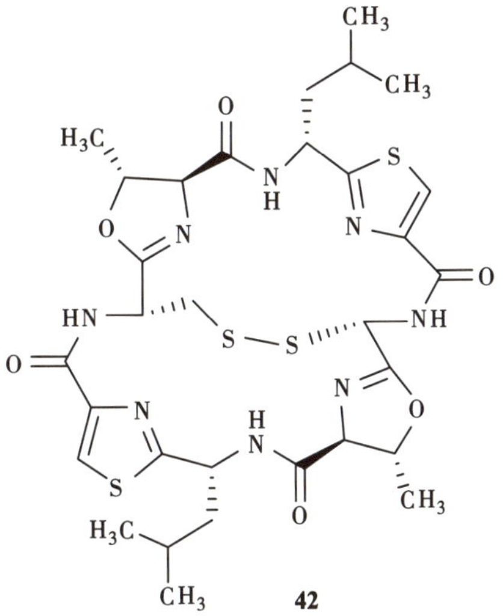

42

(四) 含喹啉环的生物碱

从 *Eudistoma* 属被囊动物中得到的喹啉类生物碱 eudistone A(**43**)具有抗病毒和抗菌活性。从海鞘 *Cystodytes dellechiajei* 中分离到的喹啉类生物碱 cystodimine A(**44**)也具有抗菌活性，对大肠埃希菌和藤黄微球菌的 MIC 分别为 1.2μmol/L 和 2.4μmol/L。

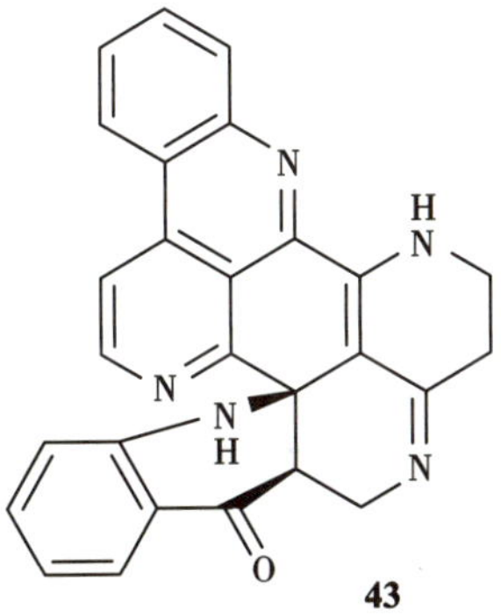

43

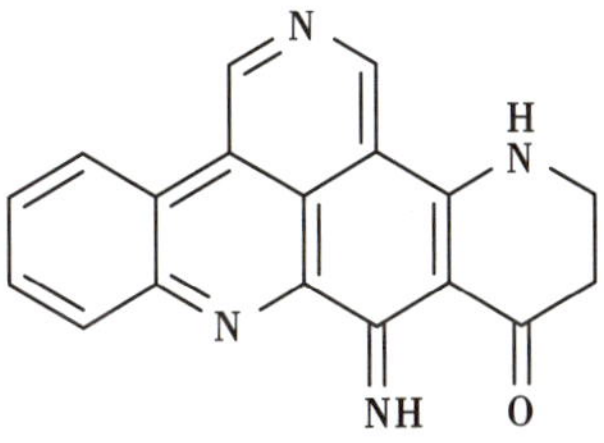

44

(五) 含异喹啉环的生物碱

前文所述，从红树海鞘中分离到的大环内酯化合物 Et-743(**12**)含有四氢异喹啉结构，也是一种生物碱。从裸鳃类 *Jorunna funebris* 中得到的 jorumycin(**45**)具有抗肿瘤和抗菌的活性。

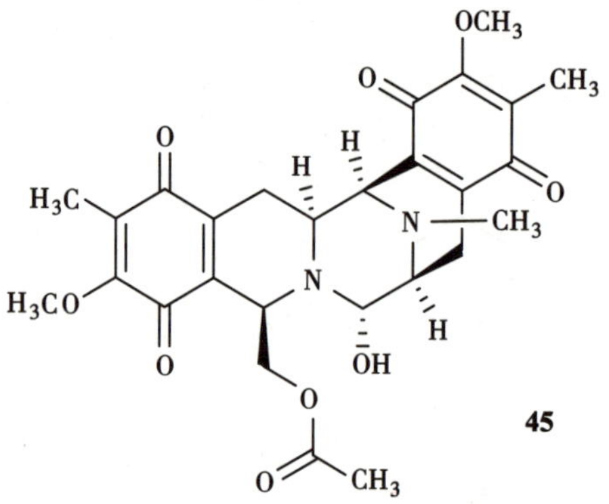

45

(六) 其他类型生物碱

其他类型生物碱还包括嘌呤苷、脲苷、核苷、脑苷脂以及各种杂环生物碱，当然，因为生物碱的定义至今尚无一个令人满意的表述，对其中的部分类别是否归属于生物碱尚存争议。从 *Mycale* 属海绵中分离得到的 mycalisine A(**46**)为一种修饰的核苷，可强烈抑制海星受精卵的分裂，ED_{50} 为 0.5μg/ml。从日本海绵 *Agelas mauritiamus* 中分离得到一类神经酰胺苷(脑苷脂)类化合物 agelasphins，体外试验无细胞毒性，但对荷瘤小鼠的体内试验表明其为有效的抗肿瘤剂，可激活巨噬细胞和 NK 细胞，从而发挥抗肿瘤作用。其合成的衍生物 KRN7000(**47**)目前已进入Ⅱ期临床研究。从海绵 *Stelletta* sp. 中提取得到的吲哚里西啶类生物碱 (*S*)-stellettamide B(**48**)具有诱导海鞘类动物幼虫变态的作用。

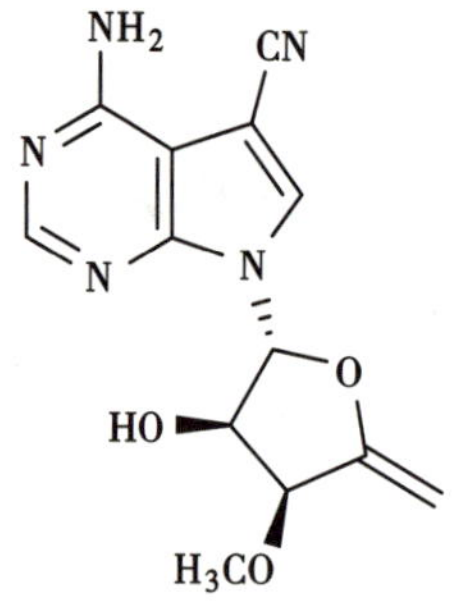

46

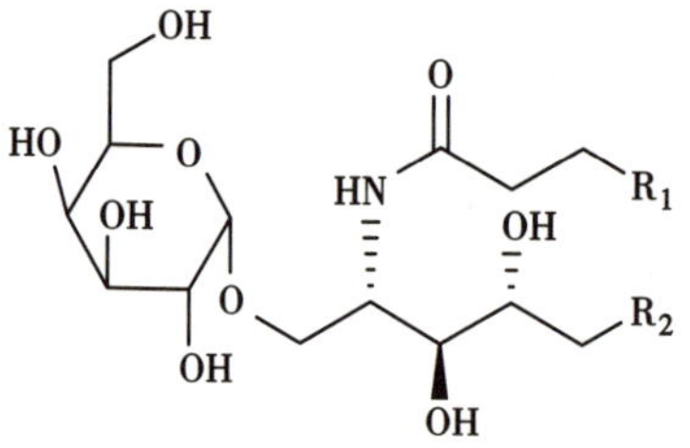

47 $R_1=(CH_2)_{21}CH_3$; $R_2=(CH_2)_{11}CH_3$

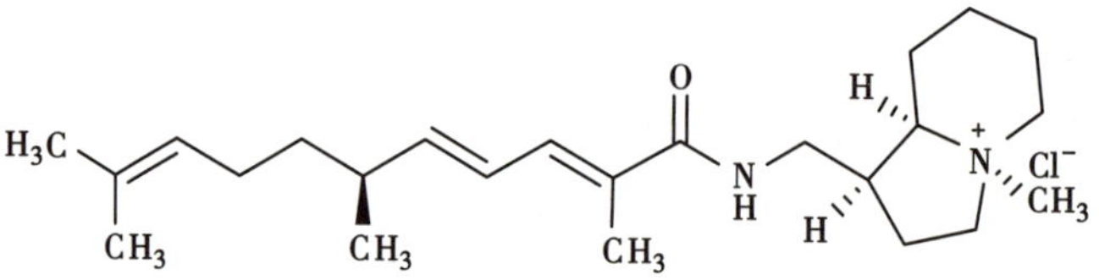

48

五、C_{15} 乙酸原化合物

乙酸原化合物(acetogenin)系指由乙酸乙酯或乙酰辅酶 A 生物合成的一类化合物，陆生番荔枝科(Annonaceae)植物等含有该类型化合物达 300 多个。这里主要介绍从十六碳 -4,7,10,13- 四烯酸(**49**)衍生而来的 15 个碳原子的非萜类化合物。

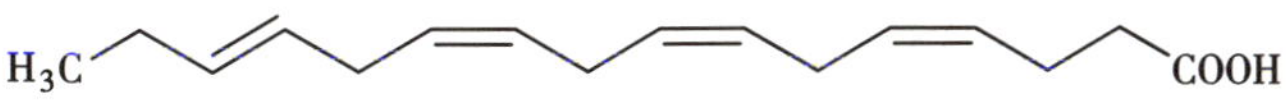

49

非萜类 C_{15} 乙酸原化合物主要存在于红藻 *Laurencia* 属中，包括直链型、环氧型、碳环型和其他类似乙酸原化合物等结构类型，结构相对简单，分子中往往含有氧原子和 / 或卤族元素。

(一) 直链化合物

无氧取代的 C_{15} 乙酸原化合物，如 *trans*-laurencenyne（**50**），结构中含有炔键。直链化合物可以被氧化形成含有羟基或被卤族元素所取代的衍生物，如 **50** 的双键被氧化形成相应的 6,7- 二醇衍生物 **51**。

50 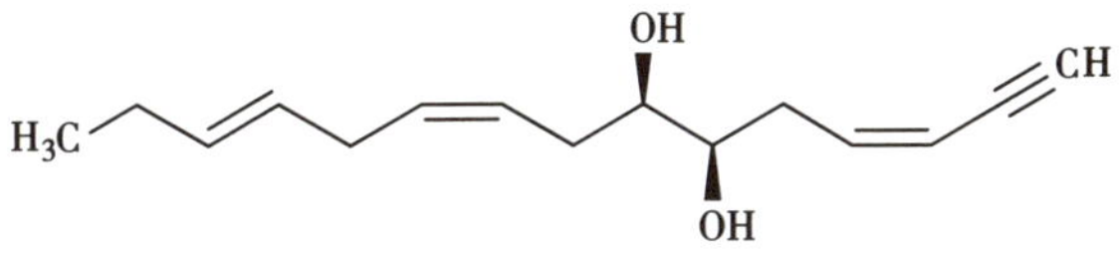　　51

(二) 环氧化合物

不同位置的双键被氧化后可以形成不同大小的氧环，从三元氧环到十二元氧环不等。化合物 bisezakyne A（**52**）为含有五元氧环的 C_{15} 乙酸原化合物；从 *Laurencia japonensis* 中分离得到的 japonenyne A（**53**）是含有五元和六元含氧环稠合的化合物，在结构中有溴原子取代；从 *L. obtuse* 中分离得到的 obtusallene Ⅰ（**54**）的结构中含有十二元氧环，同时还含有六元氧环桥和丙二烯结构。

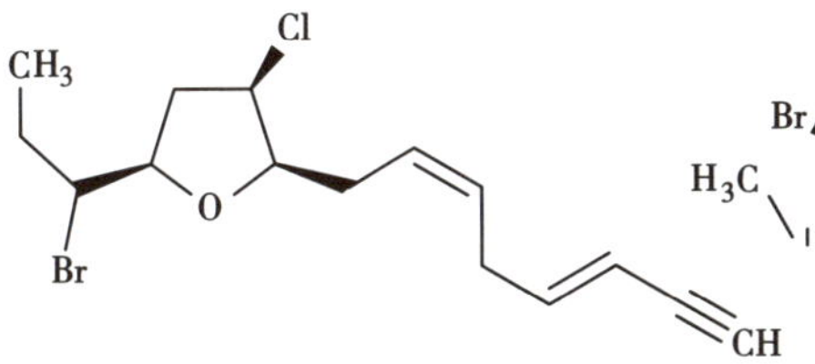

52 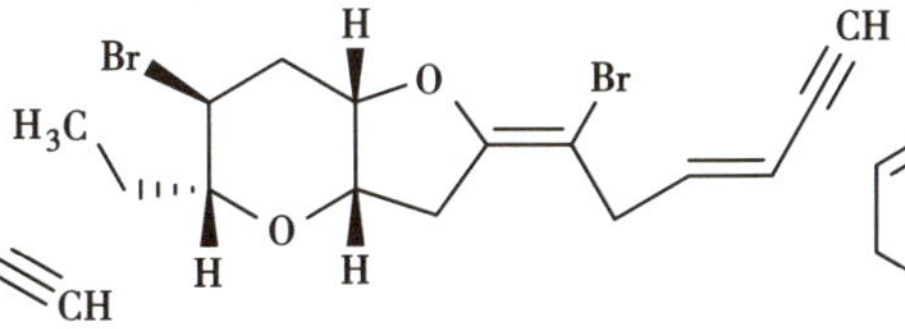　　53 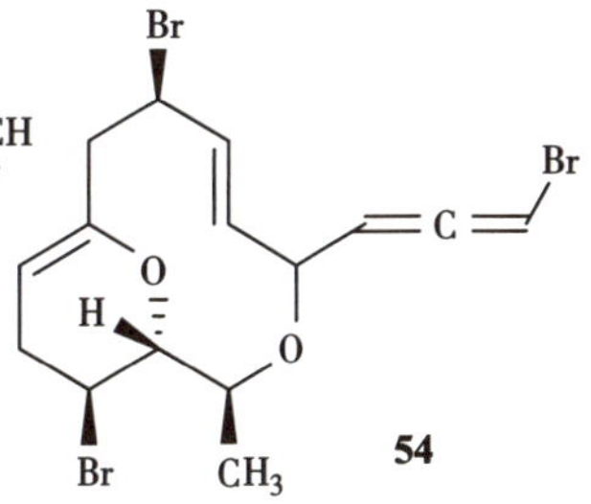　　54

(三) 碳环化合物

从马来西亚红藻中分离到的 lembyne A（**55**）和 lembyne B（**56**）是含碳环的化合物，前者结构中含有 1 个六碳环，后者则含有 1 个五碳环，且均含有五元氧环。

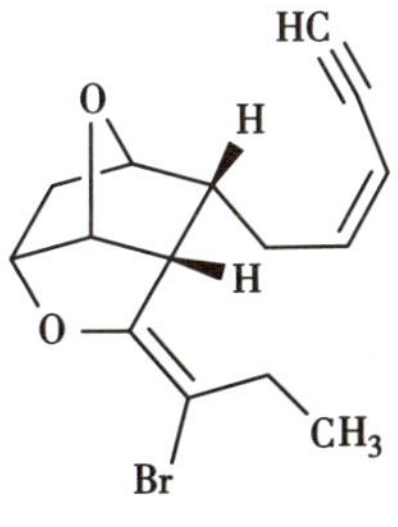

55 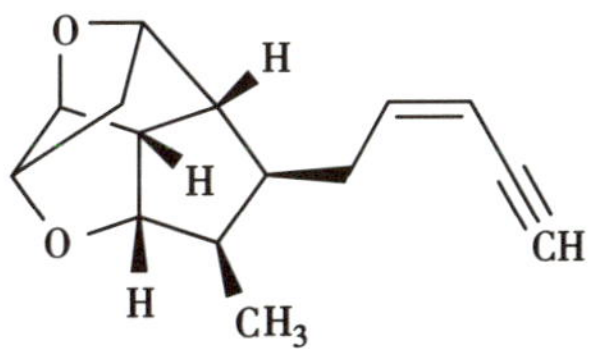　　56

(四) 其他类似乙酸原化合物

从海洋生物中分离得到的一些化合物在结构中含有类似的烯或炔结构，成直链或环状而无分支，其生源途径与 C_{15} 乙酸原化合物相同，如从海绵 *Xestospongia naria* 中分离到的二炔酸 **57** 是十八碳溴

代不饱和酸，属于 C_{15} 乙酸原类似化合物。

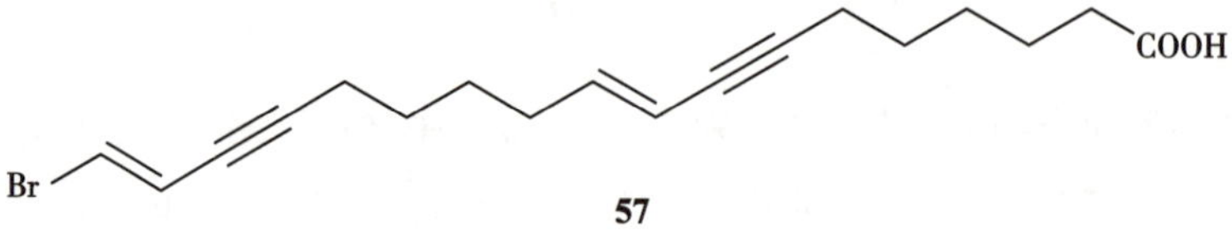

57

目前发现的绝大多数 C_{15} 乙酸原非萜类化合物有共轭的烯炔或丙二烯侧链，通常伴有卤素取代（如氯代、溴代等），虽然结构并不复杂，但由于含有手性中心较多，且双键又存在顺反异构，给结构确定工作带来了一定困难，有些情况下需借助于单晶 X 射线衍射技术。

六、前列腺素类似物

前列腺素（prostaglandin，PG）是一类具有重要生物活性、含 20 个碳原子的非二萜不饱和脂肪酸衍生物，一般由 1 个环戊烷骨架与 1 个七碳侧链和 1 个八碳侧链组成。1969 年，Weinheimer 等从海洋腔肠动物佛罗里达柳珊瑚 *Plexaura homomammalla* 体内首次分离得到前列腺素类似物 (15*R*)-PGA_2（**58**）及其衍生物（**59**）。由于合成获得大量前列腺素类化合物比较困难，这一发现引起了人们从海洋生物中寻找前列腺素的兴趣，陆续分离得到多种前列腺素类似物。例如，从日本珊瑚 *Clavularia viridis* 中分离得到的前列腺素类似物有 17,18-dehydroclavulone Ⅰ（**60**）和 clavulactone Ⅰ（**61**）等；从海鞘中分离到 clavirins Ⅰ（**62**）和Ⅱ（**63**）。不过，近年来已鲜见该类型的新化合物被发现。

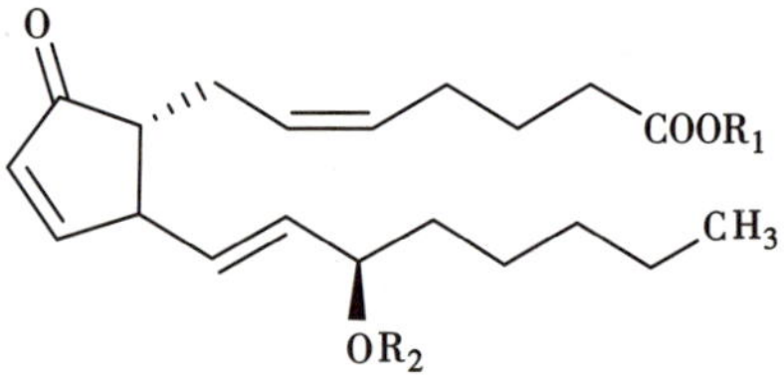

58 R_1=R_2=H

59 R_1=CH_3，R_2=Ac

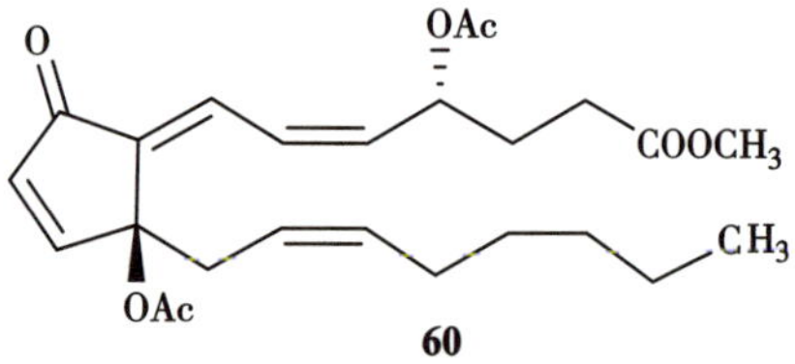

60

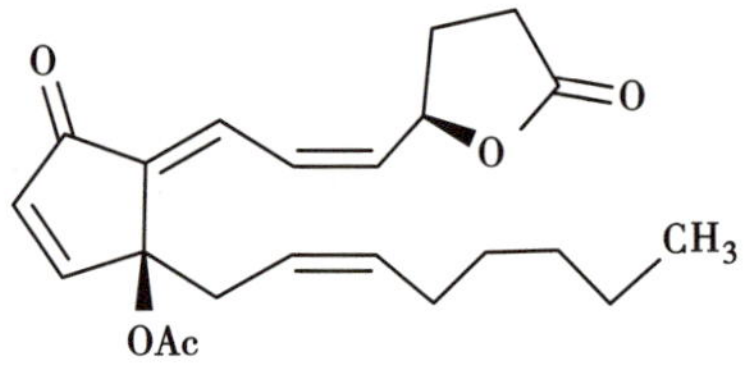

61 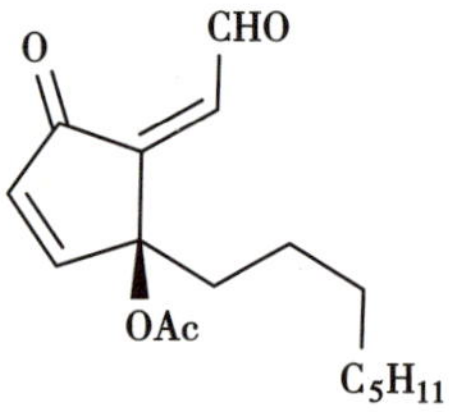 62 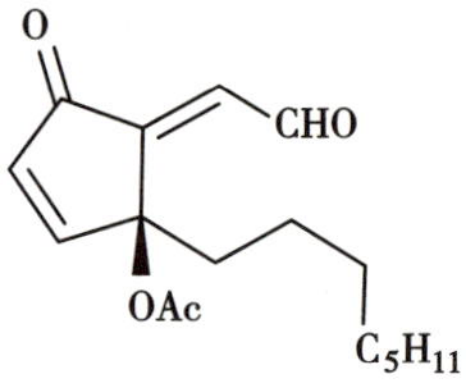 63

除表现出前列腺素样活性外，从海洋生物中分离得到的前列腺素类化合物还具有一定的抗肿瘤活性，特别是一些含卤素取代的化合物。如从八放珊瑚 *Clavularia viridis* 中分离到的含溴前列腺素 bromovulone Ⅲ（**64**）对前列腺癌细胞 PC-3 和结肠癌细胞 HT-29 的 IC_{50} 均为 0.5μmol/L。

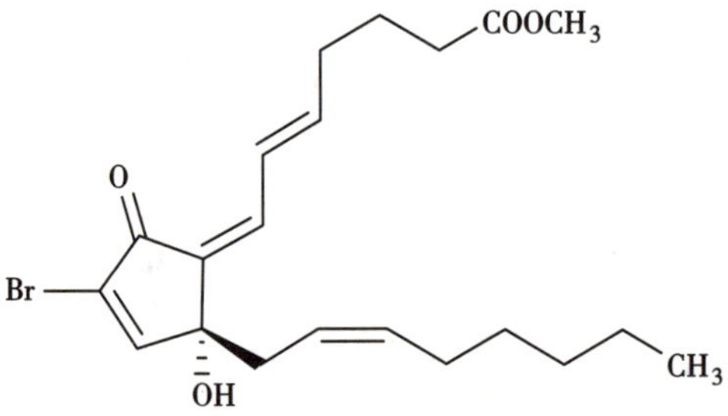

64

七、甾体及其苷类

甾体及其苷类的分类和代表化合物（单图）

甾体是海洋生物中含有的一类重要生物活性成分。与陆生植物所含甾体的结构相比，除具有基本的环戊烷骈多氢菲甾核外，海洋甾体化合物具有更为丰富的结构骨架和支链结构，如分子高度氧化且伴有碳键断裂而形成开环甾体结构等。根据其结构差异，可以分为简单甾体化合物、开环甾体化合物和甾体苷类等类型。

（一）简单甾体化合物

海洋中的简单甾体化合物具有基本的环戊烷骈多氢菲甾核，但其取代基类型和存在形式比陆生植物甾体更为新颖和多样。Agosterol A（**65**）是从 *Spongia* 属海绵中分离得到的多羟基乙酰化甾醇，能够完全逆转两种细胞膜糖蛋白过度表达引起的人肿瘤细胞多药耐药性，分子结构中各基团均为活性必需基团。从 *Axinyssa* 属海绵中分离获得的 9(11)-dehydroaxinysterol（**66**）对人卵巢癌、肺癌、胸腺癌、前列腺癌、胃癌等肿瘤细胞具有强的生长抑制活性，IC_{50} 均小于 1.0μg/ml。从软珊瑚 *Litophyton viridis* 中分离得到的 litosterol（**67**）为 19- 羟基甾醇，具有显著的抗结核活性，对结核分枝杆菌的 MIC 为 3.13μg/ml。

65 **66**

67

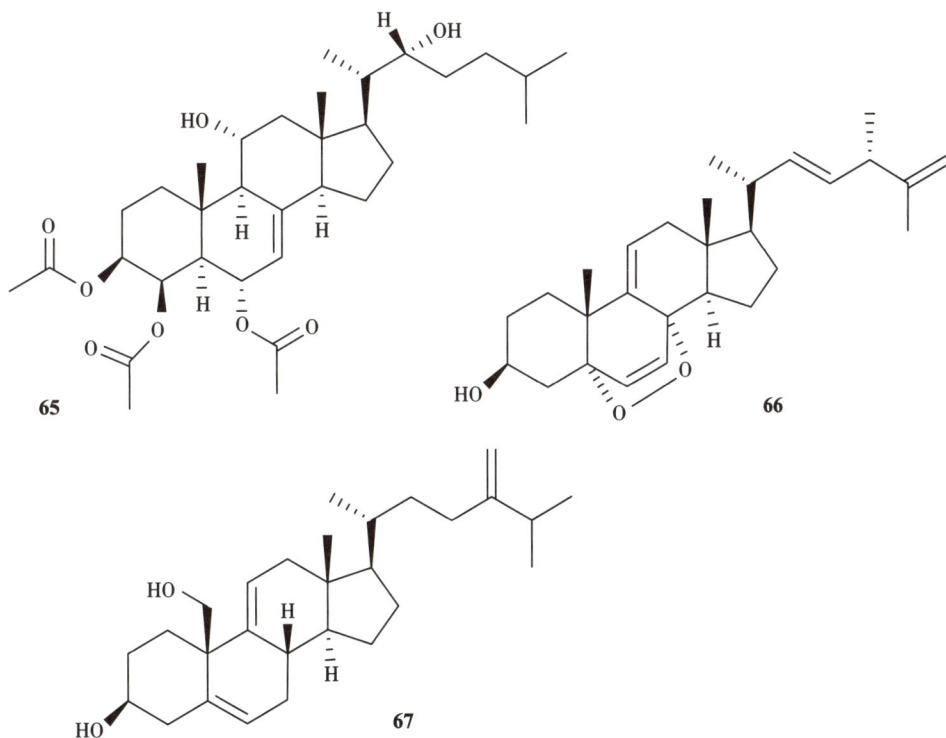

从软珊瑚 *Sarcophyton crassocaule* 中分离获得的 4 个甾体化合物（**68~71**）具有类似马尿素（hippurin）的结构，化合物 **68** 和 **70** 以及 **69** 和 **71** 分别为 C-22 异构体。从 *Crella* 属海绵中分离得到的 crellastatin A（**72**）是 2 个甾醇通过侧链相互连接，结构非常罕见，具有一定的细胞毒活性。

68 R=H **69** R=Ac

70 R=H **71** R=Ac

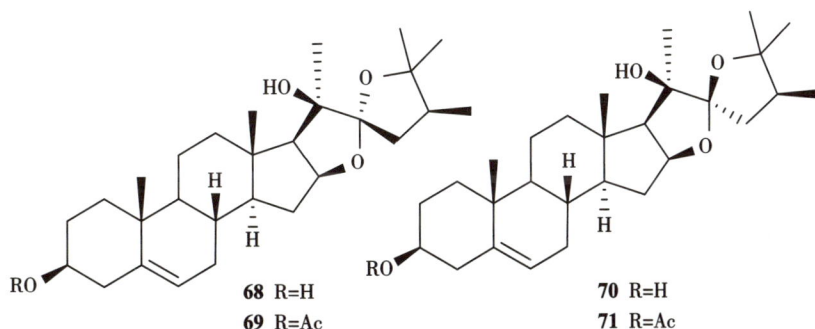

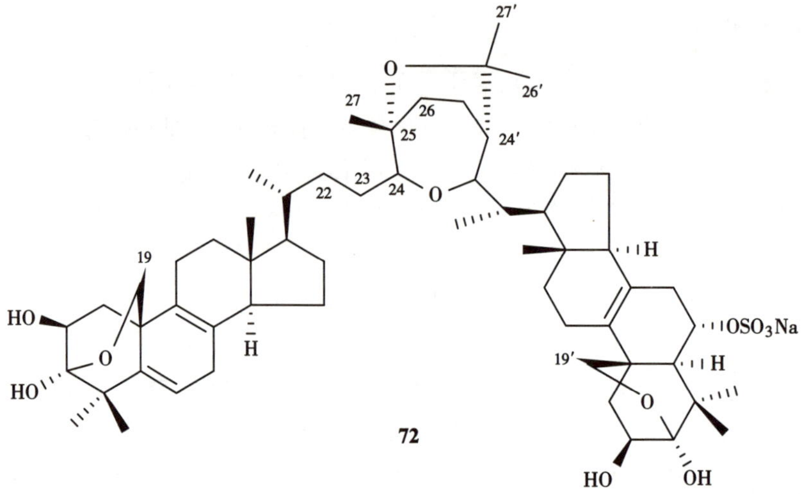

72

（二）开环甾体化合物

开环甾体化合物主要存在于海绵、柳珊瑚、软珊瑚等海洋生物中，按照开环的位置又可分为 6 类：5,6-、9,10-、8,9-、8,14-、9,11- 和 13,17- 开环甾体化合物，其中 9,11- 开环甾体为主要结构类型。

从海绵 *Hippospongia communis* 中分离得到的 hipposterol（**73**）是第一个 5,6- 开环甾体化合物。9,10- 开环的甾体具有 B 环开环结构，是一组维生素 D 结构类似物，多数具有生物活性，如从 *Muricella* 属柳珊瑚中分离获得的 calicoferol Ⅰ（**74**）对人白血病 K562 细胞具有显著的细胞毒活性。8,9- 开环甾体具有 B/C 环开环结构，如从太平洋海绵 *Jereicopsis graphidiophora* 中分离获得的 jereisterol A（**75**）。8,14- 开环甾体具有 C 环开环结构，如从上述海绵中获得的 jereisterol B（**76**）为此类型的第一个结构。从 *Dendronephthya* 属八放珊瑚中分离得到 isogosterones A~D（**77~80**），其分子高度氧化，D 环断裂，属于 13,17- 开环甾体化合物，能够抑制海洋生物纹藤壶（*Balanus amphitrite*）的生长。

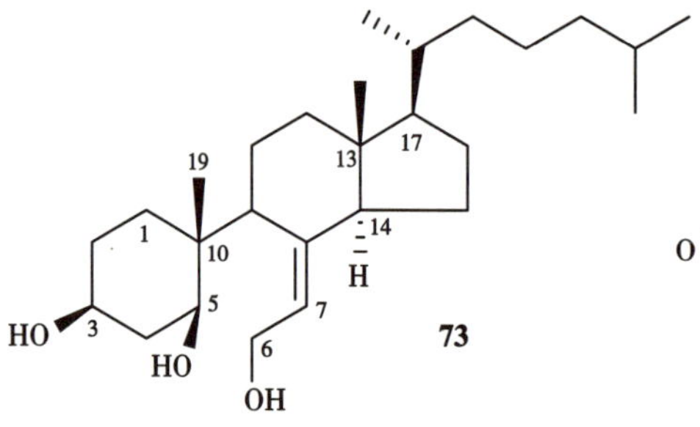

73

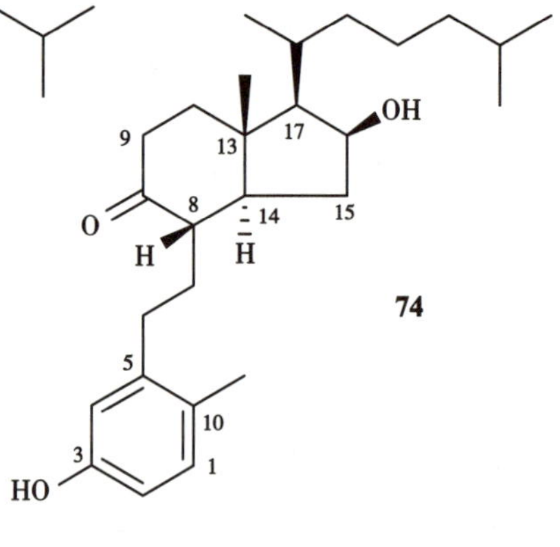

74

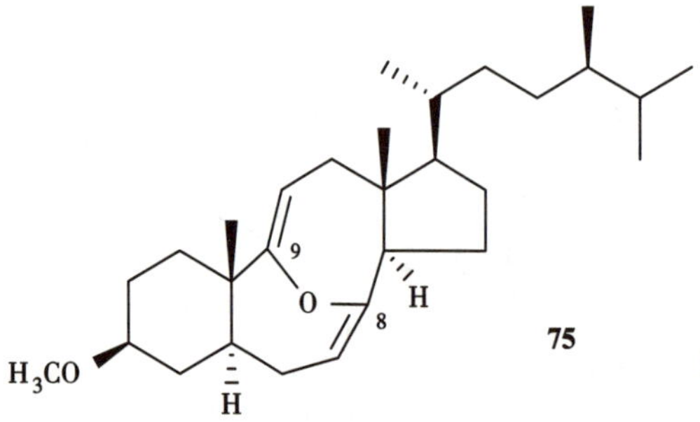

75

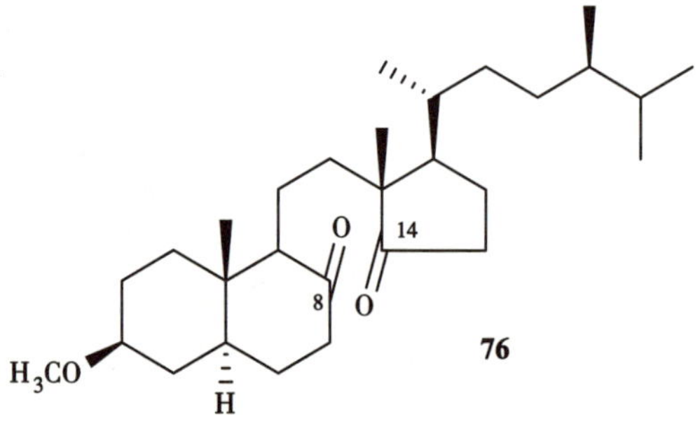

76

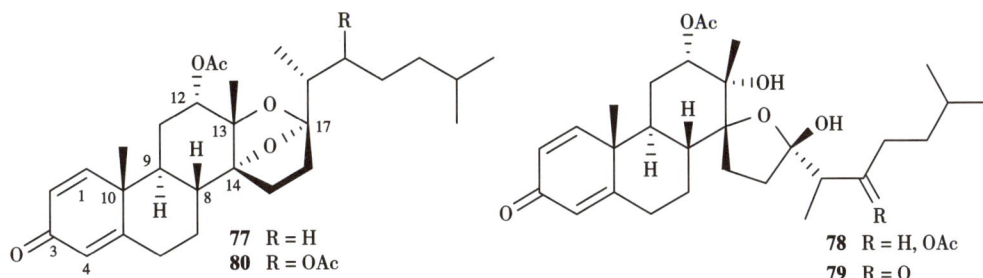

77 R = H
80 R = OAc

78 R = H, OAc
79 R = O

9,11- 开环甾体化合物主要存在于海绵、海鞘和肠腔动物(水母纲、珊瑚纲等)体内,C-9 位均含有羰基基团。如 blancasterol(**81**)是从 *Pleraplysilla* 属海绵中分离获得,对小鼠白血病细胞、敏感和耐药的人胸腺癌细胞有较强的细胞毒活性,EC_{50} 均小于 10μg/ml。从海绵 *Spongia agaricina* 中分离得到的 **82**,分子中含有 5,6- 环氧基团,对小鼠白血病 P388、人肺癌 A549、人结肠癌 HT29 和人黑色素瘤 MEL28 等 4 种细胞株有显著的细胞毒活性。其他 9,11- 开环甾体包括从 *Sclerophytum* 属软珊瑚中分离获得的 nicobarsterol(**83**)和从海绵 *Euryspongia arenaria* 中获得的 stellattasterenol(**84**)等,其分子中都有通过醚键形成的七元环。

81 **82**

83 **84**

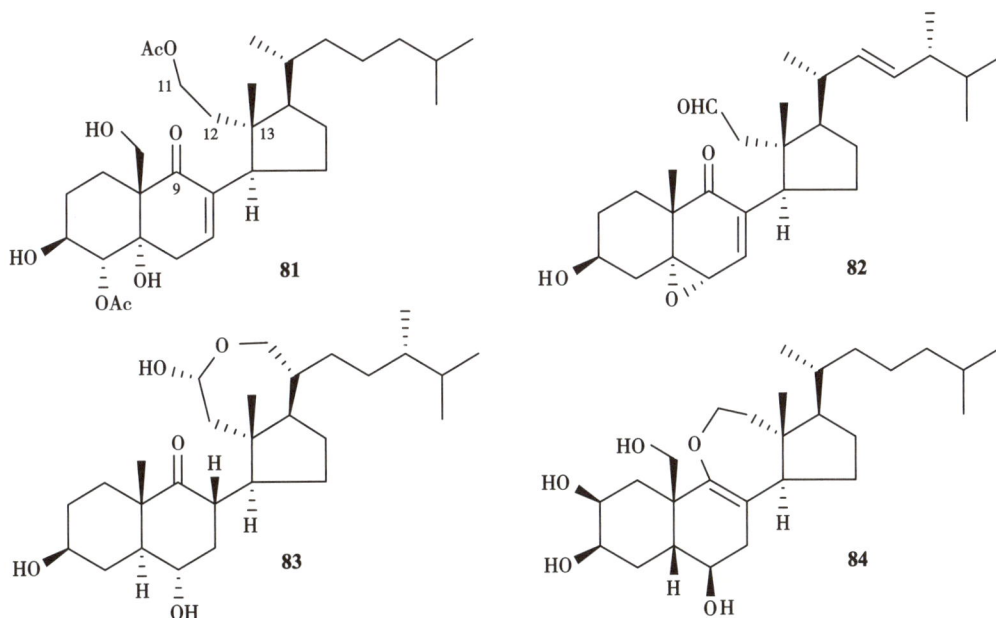

(三) 甾体苷类

尽管从其他海洋生物得到的甾体化合物中也发现少数以糖苷的形式存在,但海星(starfish)无疑是甾体苷类化合物最丰富的来源。海星甾体苷按照结构特点可分为 3 类:环式甾体皂苷、多羟基甾体苷和海星皂苷(asterosaponin)。目前,已从海星纲三个主要目(瓣海星目、桩海星目、钳棘目)的 70 余种海星中分离得到 500 个以上的甾体化合物,基本为后两类成分。从 *Echinaster* 属海星中发现的sepositoside A(**85**)为环式甾体皂苷,在化学分类学上被认为是该属的特征成分。从海星 *Anasterias minuta* 中分离得到的 minutoside A(**86**)则属于多羟基甾体苷类成分,具有一定的抗真菌活性。海星皂苷专指具有 $\Delta^{9(11)}$-3β,6α- 二羟基甾体母核,并在 3 位硫酸化、6 位糖基化的一类特定的大分子甾体化合物,如从至少 15 种海星中发现的 thornasteroside A(**87**)。海星皂苷已被证实具有多种生理和药理活性:溶血活性、肿瘤细胞毒性、抗病毒作用、抗革兰氏阳性菌活性、阻断哺乳动物神经肌肉传导作用、Na^+,K^+-ATP 酶抑制作用、抗溃疡作用以及抗炎、麻醉和降血压活性等。

面包海星皂苷的分离鉴定实例(单图)

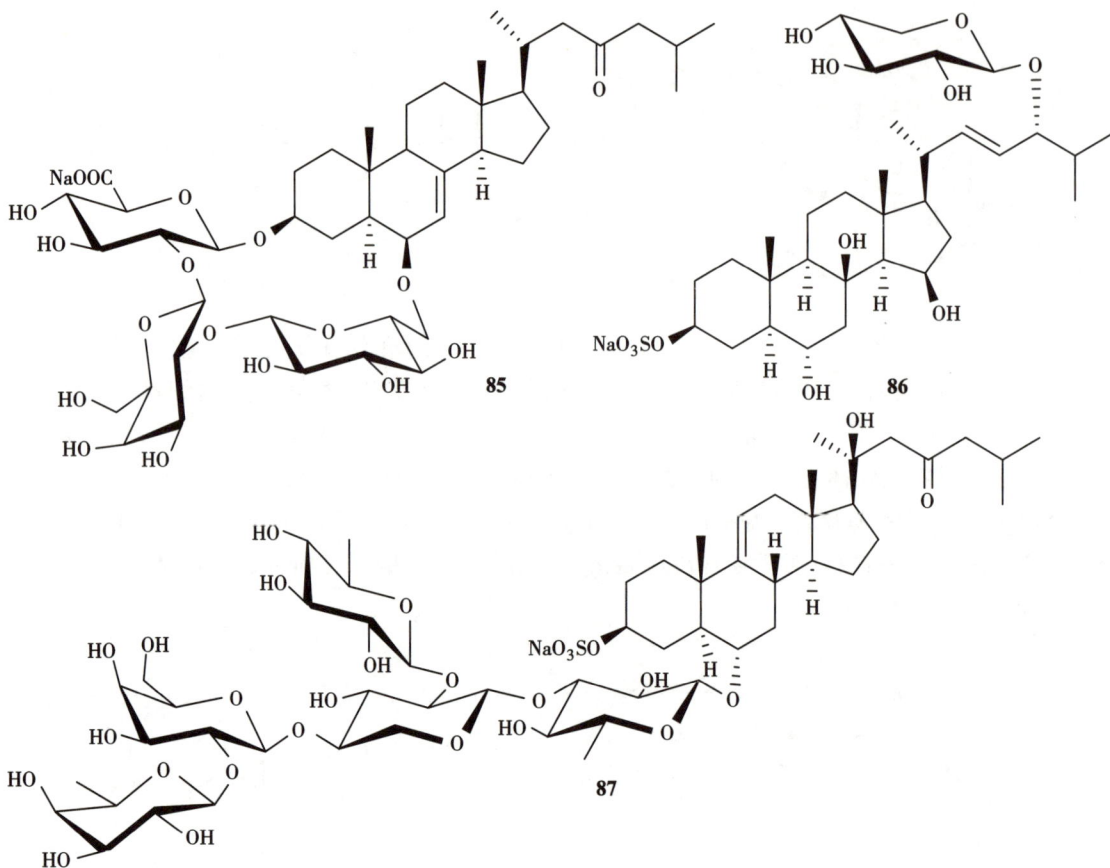

85 86

87

八、萜类化合物

萜类是海洋生物活性物质的重要组成部分，广泛分布于海藻、珊瑚、海绵、软体动物等海洋生物中。海洋来源的萜类化合物以单萜、倍半萜、二萜、二倍半萜为主，三萜和四萜的种类和数量都较少。例如，红藻中的凹顶藻含有多种类型的含卤单萜和倍半萜；珊瑚次生代谢产物中以倍半萜和二萜为主等。由于海洋生物的生存环境与陆地生物显著不同，海洋生物次生代谢产物中含有许多陆地生物中未曾发现过的具有新结构类型和特殊生物活性的萜类化合物。

萜类化合物的分类和代表化合物（拓展阅读）

（一）单萜和倍半萜类

从红藻 *Plocamium cartilagineum* 与 *Laurencia nidifica* 中分离得到多个卤素取代的开链或成环单萜及倍半萜，代表化合物如 **88~90**。海绵中的倍半萜数量和种类都很多，新的碳骨架层出不穷。例如，从一种动物海绵（*Hyrtios* sp.）中得到的 15-oxopuupehenol（**91**），具有显著的抗肿瘤和抗疟疾活性。

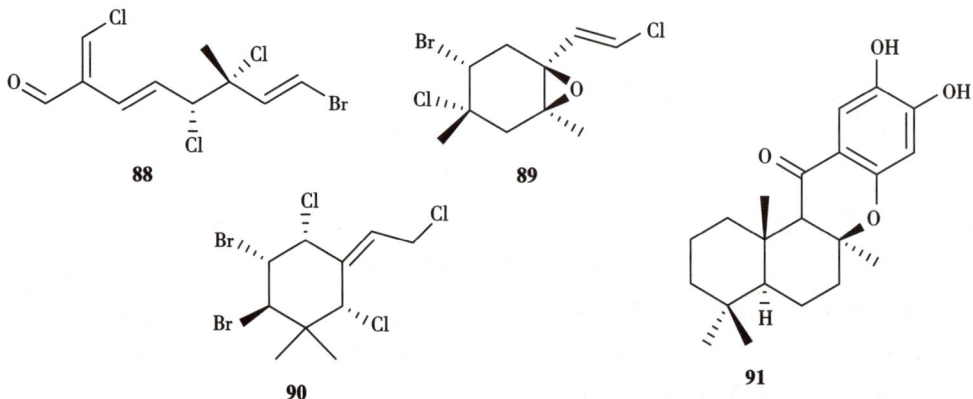

88 89

90 91

（二）二萜类

海绵、腔肠动物、红藻、绿藻和褐藻类海洋生物等都含有二萜类化合物，结构比较独特的如：边缘列子藻（*Stoechospermum marginnatum*）中的 spatane 型二萜 17,18-epoxy-5*R*,16-dihydroxyspata-13-ene（**92**）；舌形厚缘藻（*Dilophus ligulatu*）中的 xenicane 型二萜 dilopholide（**93**），该型二萜是褐藻次生代谢产物的特征化合物类型，不少具有抗肿瘤活性。柳珊瑚 *Dichotella gemmacea* 中的 briarane 型二萜 gemmacolide Y（**94**）对肿瘤细胞 A549 和 MG63 具有显著的细胞毒性，IC_{50} 均小于 0.3μmol/L，该型二萜结构特殊，近年在珊瑚中有大量发现。

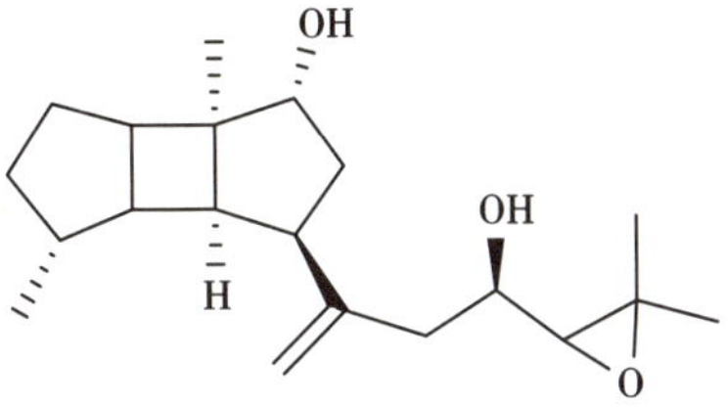

92 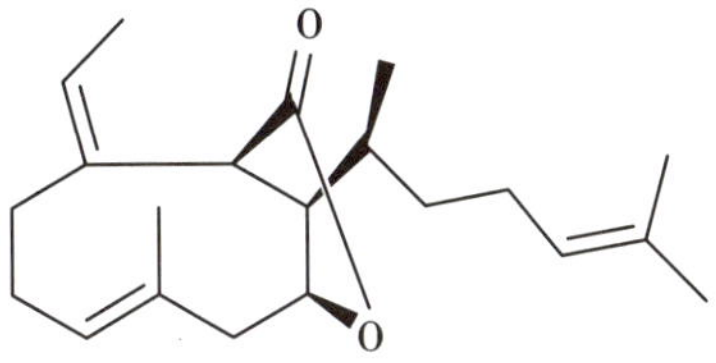　**93**

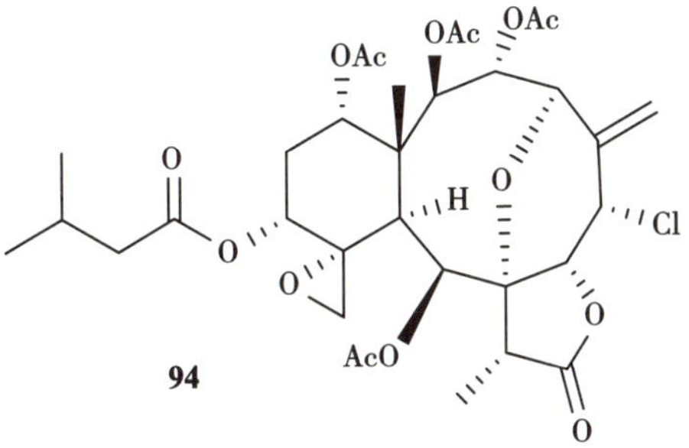

94

（三）二倍半萜类

二倍半萜类化合物在海洋生物中比陆地生物中少，但在海绵中有较多发现，多有抗菌活性，如从土耳其海绵 *Ircinia variabilis* 中分离得到的 variabilin（**95**）等。从 *Fasciosciongia cavernosa* 中分离得到的 cacospongionolide F（**96**）则具有强的细胞毒性。Alotaketal A（**97**）从海绵 *Hamigera* sp. 中分离得到，具有独特的 alotane 结构，能够激活 cAMP 分子信号通路，EC_{50} 为 18nmol/L。

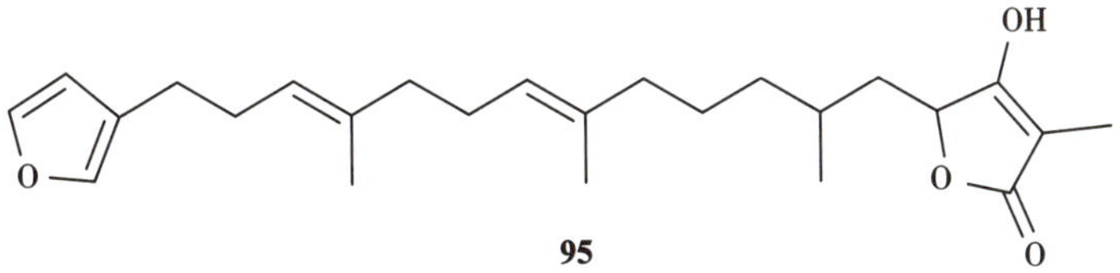

95

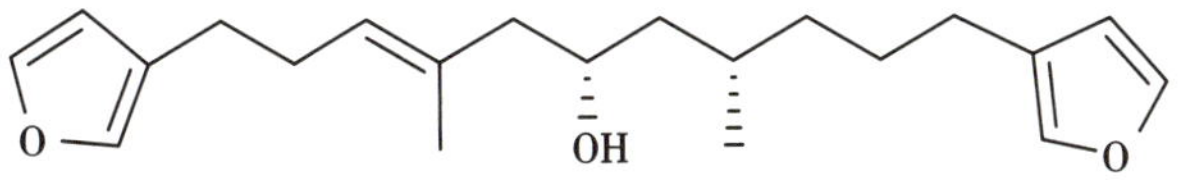

96 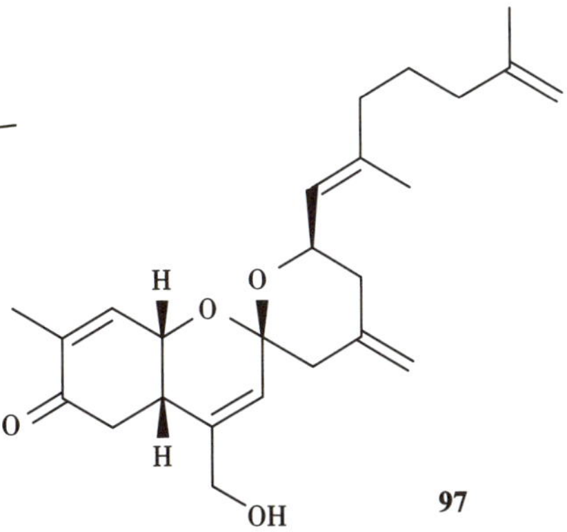　**97**

（四）三萜类

从海洋生物中分离到的游离三萜化合物并不多，仅部分海藻和海绵中含有，属于角鲨烯衍生物的聚醚类化合物，即前文所述聚醚三萜。多数情况下含两个环系，即环氧庚烷 - 环烷烃骨架。Teurilene（**19**）和 intricatetraol（**98**）等化合物是从红藻 *Laurencia intricata* 中分离得到的聚醚三萜，表现出较强的细胞毒活性，对 HeLa S_3 细胞的 IC_{50} 为 4.3μg/ml。Sipholenone B（**99**）则是从海绵 *Siphonochalina*

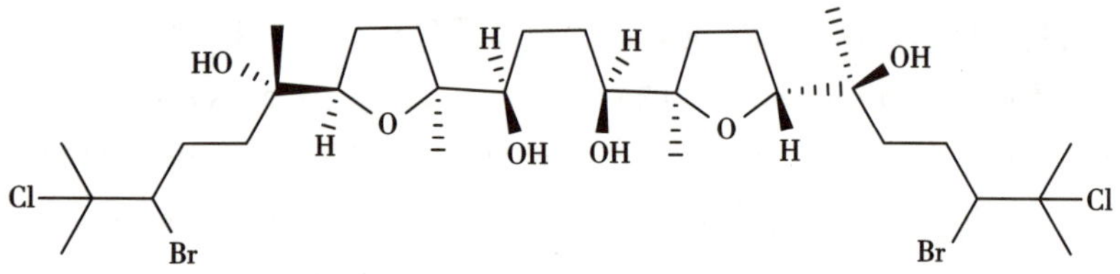

98

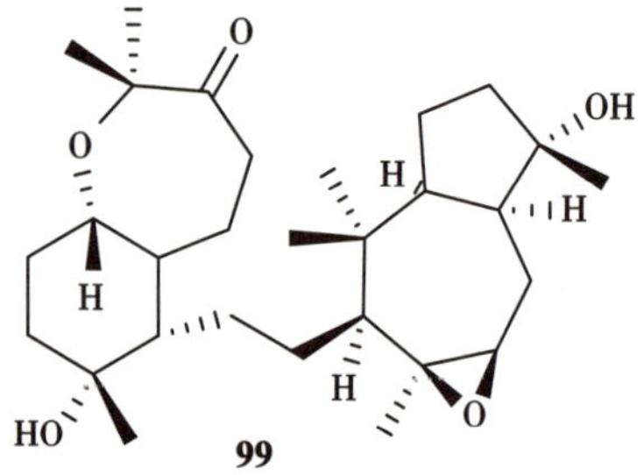

99

siphonella 中分离得到，具有抗结核作用。

另外，从海绵和海参中发现有羊毛脂烷型三萜皂苷。其中，以海参皂苷（sea cucumber glycoside）的存在更为广泛，目前已分离到300余个，具有抗肿瘤、抗真菌、抗病毒和溶血等多种生理和药理活性。如从方柱五角瓜参（*Pentacta quadrangulasis*）中分离得到的海参皂苷philinopside A（**100**）对11种人肿瘤细胞显示显著的细胞毒活性，同时还能抑制肿瘤新生血管的生成，体内试验结果表明其对小鼠S180肉瘤的抑制率为59.4%；从二色桌片参（*Mensamaria intercedens*）中分离得到的海参皂苷intercendenside A（**101**）对人肺癌A549等10种肿瘤细胞株的IC_{50}为0.96~4.0μg/ml。

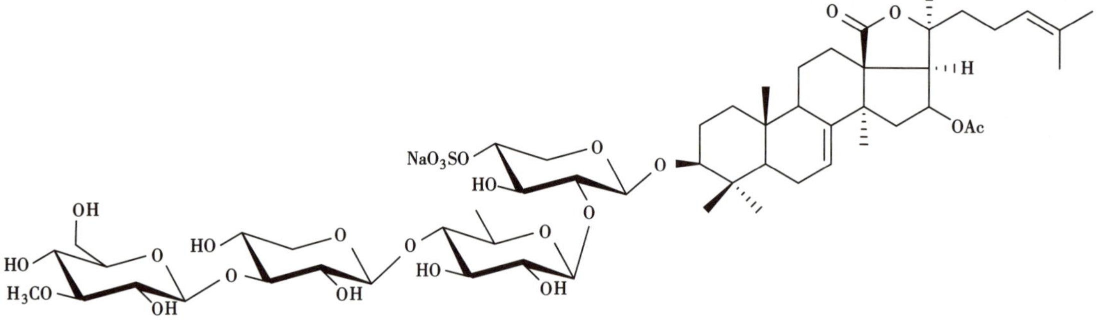

100

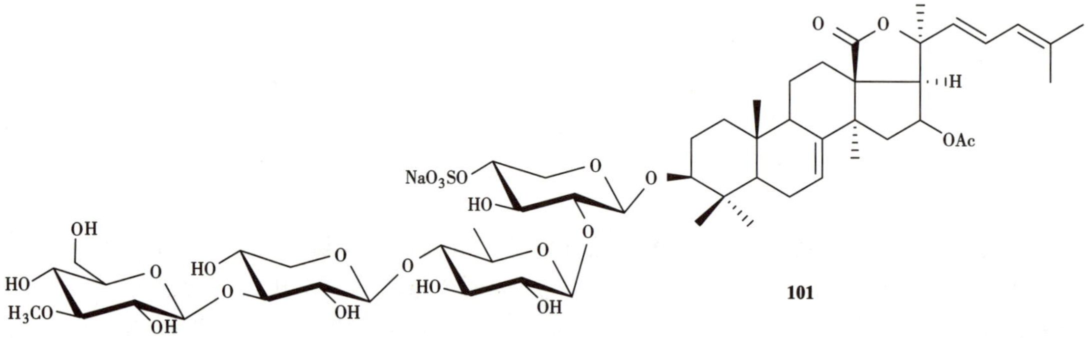

101

第三节　海洋天然产物的生物活性

海洋生物活性物质是指海洋生物体内含有的对生命现象具有影响的微量或少量物质，包括海洋药用物质、生物信息物质、海洋生物毒素和生物功能材料等。本节主要介绍海洋天然产物的生物活性研究。

实际上，β- 内酰胺类抗生素头孢菌素 C（cephalosporin C）应该是最早发现的海洋药物之一，于 20 世纪 50 年代从海洋真菌中分离得到，目前已发展成系列的头孢类抗菌药物，成为临床抗感染的主要用药之一。目前，在国际上上市（FDA 和 EMA 等药品监管机构批准）的海洋小分子药物至少有头孢菌素、利福霉素、阿糖胞苷、阿糖腺苷、氟达拉滨磷酸酯、ω-3- 脂肪酸乙酯、齐考诺肽、奈拉滨、曲贝替定、甲磺酸艾日布林和泊仁妥西布凡多汀等 11 种，还有 70 个以上的海洋天然产物处于各期临床研究之中。表 10-1 列出了目前已上市和处于各期临床研究中的代表性海洋药物[6-9]。

表 10-1　已上市和处于临床研究中的代表性海洋药物

编号	药物名称	研发阶段	结构类型	生物来源	分子靶点	适应证
1	头孢菌素 C（cephalosporin C）	上市（半合成 cephalosporin）	β- 内酰胺抗生素	海洋真菌	细菌黏肽转肽酶	抗菌
2	利福霉素（rifamycin，Rifampin®）	上市	大环内酰胺抗生素	海洋放线菌	敏感菌 RNA 聚合酶	抗结核、麻风病
3	阿糖胞苷（cytarabine，Ara-C）	上市	核苷酸	海绵	DNA 聚合酶	急、慢性淋巴细胞和髓性白血病
4	阿糖腺苷（vidarabine，Ara-A）	上市	核苷酸	海绵	病毒 DNA 聚合酶	单纯病毒疱疹感染
5	氟达拉滨磷酸酯（fludarabine phosphate，Fludara®）	上市	核苷酸	海绵	DNA 聚合酶	白血病、淋巴瘤
6	ω-3- 脂肪酸乙酯（omega-3-acid ethyl esters，Lovaza®）*	上市	脂肪酸酯	海鱼	甘油三酯合成酶	高甘油三酯血症
7	齐考诺肽（ziconotide，Prialt®）	上市	多肽	芋螺	*N*- 型钙离子通道	鞘内注射用于慢性顽固性疼痛
8	奈拉滨（nelarabine，Arranon®，Atriance®）	上市	核苷酸	海绵	DNA 聚合酶	急性 T 淋巴细胞白血病
9	曲贝替定（trabectedin，Et-743，Yondelis®）	上市	生物碱（大环内酯）	海鞘	DNA 烷基化	软组织肉瘤、卵巢癌
10	甲磺酸艾日布林（eribulin mesylate，E7389，Halaven®）	上市	大环内酯	海绵	微管	晚期难治性乳腺癌
11	泊仁妥西布凡多汀（brentuximab vedotin，SGN-35，Adcetris®）	上市	抗体 - 药物偶联物	海兔	$CD30^+$ 微管	霍奇金淋巴瘤
12	普利提环肽（plitidepsin，Aplidine®）	Ⅲ期临床 **	环肽	海鞘	Racl 和 JNK 激活	急性淋巴母细胞性白血病、多发性骨髓瘤
13	索博列多汀（soblidotin，TZT-1027）	Ⅲ期临床	多肽	海兔	微管	非小细胞肺癌

续表

编号	药物名称	研发阶段	结构类型	生物来源	分子靶点	适应证
14	河鲀毒素(tetrodotoxin, Tectin®)	Ⅲ期临床	生物碱	河鲀	钠离子通道	慢性疼痛
15	glembatumumab vedotin (CDX-011)	Ⅲ期临床	抗体-药物偶联物	海兔	NMB糖蛋白$^+$微管	乳腺癌
16	普利纳布林(plinabulin, NPI2358)	Ⅲ期临床	二嗪哌酮(环二肽)	海洋曲霉菌	微管	非小细胞肺癌、脑肿瘤
17	泰斯多汀(tasidotin, synthadotin, ILX-651)	Ⅲ期临床	多肽	海兔	微管	非小细胞肺癌、黑色素瘤等
18	玛丽佐米(marizomib, salinosporamide A, NPI-0052)	Ⅲ期临床	β-内酯-γ-内酰胺	海洋放线菌	20S蛋白酶体	多发性骨髓瘤
19	squalaminc lactatc (MSI-1256F)	Ⅱ/Ⅲ期临床	甾体生物碱	鲨鱼肝脏	内皮细胞增殖抑制	老年性黄斑变性(Ⅲ期)、非小细胞肺癌(Ⅱ期)
20	草苔虫内酯1(bryostatin 1, NSC339555)	Ⅱ期临床	大环内酯	苔藓虫	蛋白激酶C	白血病、食管癌等
21	艾莉丝环肽(elisidepsin, PM02734, Irvalec®)	Ⅱ期临床	环肽	海兔	溶酶体膜	鼻咽癌、胃癌
22	cemadotin (LU103793)	Ⅱ期临床	多肽	海兔	微管	胸腺癌、非小细胞肺癌
23	PM00104 (Zalypsis®)	Ⅱ期临床	生物碱	被囊类裸鳃动物	DNA结合	宫颈癌、子宫内膜癌等
24	KRN7000	Ⅱ期临床	脑苷脂	海绵	巨噬细胞和NK细胞	实体瘤
25	LAQ824 (NVP-LAQ824)	Ⅱ期临床	生物碱	海绵	组蛋白脱乙酰酶抑制	多发性骨髓瘤
26	DMXBA (GTS-21)	Ⅱ期临床	生物碱	海生蠕虫	α-烟碱型乙酰胆碱受体	早老性痴呆
27	IPL576,092	Ⅱ期临床	甾醇	海绵	炎症调控因子	抗炎平喘
28	lurbinectedin (PM01183)	Ⅱ期临床	生物碱(大环内酯)	海鞘	DNA烷基化	急性白血病等
29	HTI-286	Ⅰ期临床	多肽	海绵	微管	前列腺癌、膀胱癌等
30	哈米特林(hemiasterlin, E7974)	Ⅰ期临床	多肽	海绵	微管	鼻咽癌、前列腺癌
31	brentuximab vedotin (SGN-75)	Ⅰ期临床	抗体-药物偶联物	海兔	CD70$^+$微管	肾细胞癌、非霍奇金淋巴瘤
32	ASG-5ME	Ⅰ期临床	抗体-药物偶联物	海兔	SLC44A4$^+$微管	胰腺癌
33	spisulosine (ES-285)	Ⅰ期临床	脂肪胺	海蛤	诱导神经酰胺	实体瘤
34	discodermolide (XAA296A)	Ⅰ期临床	多羟基内酯	海绵	微管	紫杉醇抗性肿瘤
35	拟柳珊瑚素(pseudopterosins)***	Ⅰ期临床*	二萜糖苷	珊瑚	花生四烯酸代谢	创伤修复

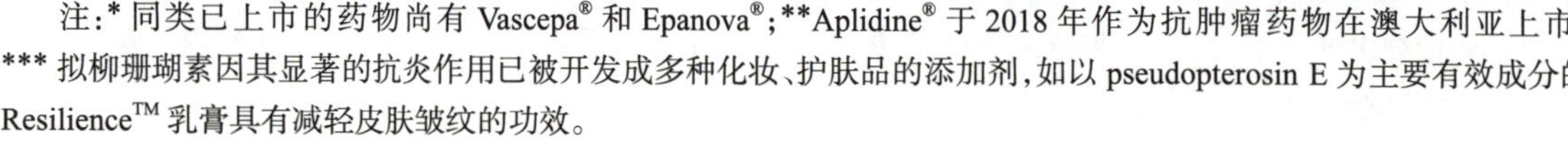

注:* 同类已上市的药物尚有 Vascepa® 和 Epanova®;**Aplidine® 于2018年作为抗肿瘤药物在澳大利亚上市;*** 拟柳珊瑚素因其显著的抗炎作用已被开发成多种化妆、护肤品的添加剂,如以 pseudopterosin E 为主要有效成分的 Resilience™ 乳膏具有减轻皮肤皱纹的功效。

一、抗肿瘤作用

对海洋抗肿瘤活性物质的研究，主要集中在无脊椎动物，如海鞘、海绵、海兔、软珊瑚等海洋生物的研究方面，化合物类型主要是大环内酯、生物碱和多肽等。半个多世纪以来，从海洋生物中分离到了数千种在体外试验中显示较强肿瘤细胞毒性的化合物，其中数百个成分经动物体内试验显示出显著的抗肿瘤作用，有数十个化合物已进入临床研究阶段，6 种海洋抗癌药物已经上市。表 10-1 所列出的 35 种目前已上市和处于各期临床研究中的代表性海洋药物中，就有 26 种用于肿瘤化疗。因此，诸多学者预言："今后最有前途的抗癌药物将来自海洋"。

除前文中已有论述的化合物外，普利纳布林（**102**）是分离自海洋曲霉菌 *Aspergillus* sp. 的低分子环二肽的合成衍生物，可选择性作用于内皮微管蛋白的秋水仙碱结合位点，抑制微管蛋白聚合，阻断微管装配；PM00104（**103**，Zalypsis®）是由分离自被囊类裸鳃动物 *Joruna funebri* 的一种生物碱经化学合成而得到的结构类似物，它能与 DNA 形成加合物从而导致 DNA 双链断裂，使细胞分裂停止在 S 期，进而诱导肿瘤细胞死亡；玛丽佐米（**104**）于 2003 年分离自海洋放线菌 *Salinispora tropica*，是第二代可逆性的蛋白酶体抑制剂；discodermolide（**105**）为多羟基内酯，具有免疫抑制活性。

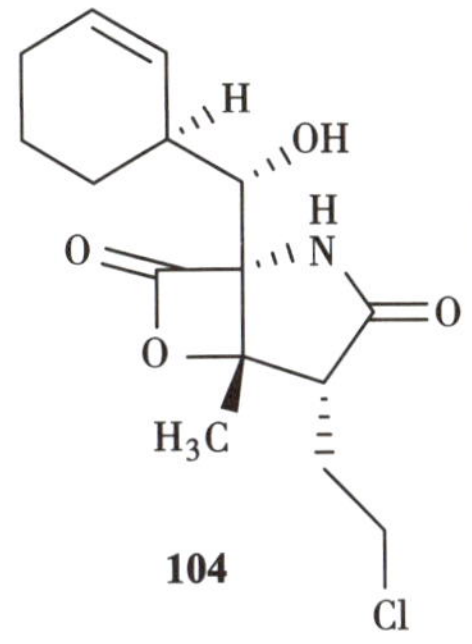

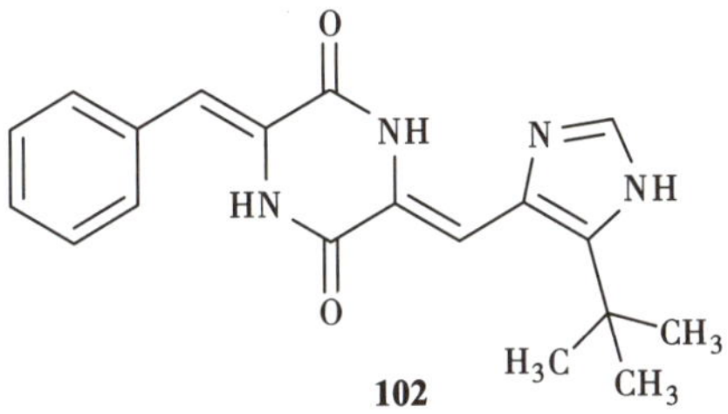

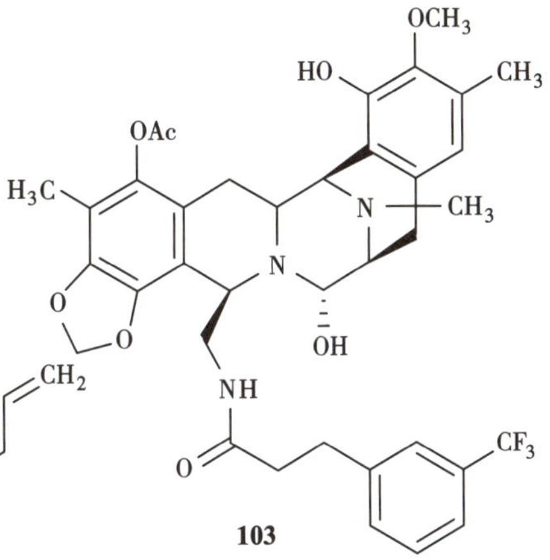

二、对中枢神经系统的作用

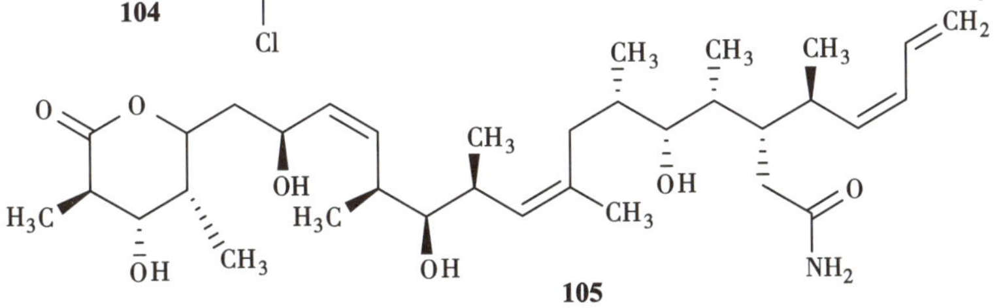

源于海洋的神经系统活性物质主要为各种海洋生物毒素，结构类型主要涉及生物碱、聚醚和肽类等。海洋生物毒素特异作用于神经和肌肉细胞膜上的离子通道，从而影响与离子通道有关的一系列细胞调控活动，具有广泛的神经系统活性。表 10-2 列出了一些具有神经系统活性的海洋生物毒素，其中从河鲀中得到的生物碱类化合物河鲀毒素（**106**）拟作为镇痛药物治疗慢性疼痛，现已进入Ⅲ期临床试验，而在我国作为戒毒药的研究已进入Ⅱ期临床试验。

表 10-2 代表性的具有神经系统活性的海洋生物毒素

毒素	主要作用靶点	结构类型	主要来源
石房蛤毒素（saxitoxin，STX）	钠离子通道（阻滞剂）	生物碱	石房蛤、*Alexandrium* 属甲藻等
河鲀毒素（tetrodotoxin，TTX）	钠离子通道（阻滞剂）	生物碱	河鲀、蝾螈等，细菌等微生物
膝沟藻毒素（gonyautoxin，GTX）	钠离子通道（阻滞剂）	生物碱	膝沟藻
短裸甲藻毒素（brevetoxin，BTX）	钠离子通道（激活剂）	聚醚	短裸甲藻
岩沙海葵毒素（palytoxin，PTX）	钠、钾离子通道	聚醚	岩沙海葵
西加毒素（ciguatoxin，CTX）	电压依赖型钠离子通道（激活剂）	聚醚	西加鱼类、岗比毒甲藻

续表

毒素	主要作用靶点	结构类型	主要来源
刺尾鱼毒素（maitotoxin，MTX）	电压依赖型钠离子通道（激活剂）、钙离子通道（活化）	聚醚	岗比毒甲藻
虾夷扇贝毒素（yessotoxin，YTX）	钠离子通道（激活剂）	聚醚	*Dinophysis* 属多种甲藻、具刺膝沟藻等
海葵毒素（anthoplerin toxin，AP）	钠、钾离子通道	多肽	海葵

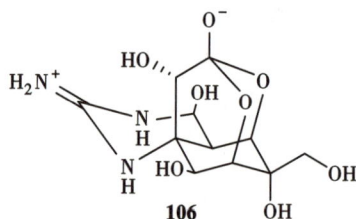

106

三、对心脑血管系统的作用

海洋天然产物在心脑血管疾病方面的研究主要涉及核苷、海洋生物毒素和藻酸双酯钠等海洋多糖。例如，从海洋软体动物 *Anisodoris nobilis* 中分离得到的 doridosine（**107**）属于核苷类药物，可以减慢心律、减弱心肌收缩力、舒张冠脉血管，具有持续降压作用；岩沙海葵毒素（**16**）和类水母毒素等具有降压、抗心律失常等作用；麝香蛸素是迄今所知最强的降压物质，效应比硝酸甘油强数千倍；一些硫酸多糖如藻酸双酯钠等具有降血脂、改善心脑供血的作用。

四、抗病毒作用

海洋抗病毒活性物质主要存在于海绵、珊瑚、海鞘、海藻等海洋生物中，结构类型主要是萜类、核苷、硫酸多糖、生物碱和其他含氮杂环类化合物。阿糖腺苷（vidarabine，Ara-A，**108**）是第一个源自海洋核苷的抗病毒药物，于 20 世纪 70 年代被批准用于治疗单纯疱疹病毒感染。从海绵 *Dysidea avara* 中分离得到的 avarol（**109**）和 avarone（**110**）为萜类化合物，可抑制 HIV 逆转录酶活性，对病毒的装配和释放也有阻断作用。海藻硫酸多糖能够干扰 HIV 病毒吸附和渗入细胞，阻断病毒与靶细胞的结合，并可以与病毒结合形成无感染力的多糖病毒复合物，当其浓度为 2×10^3U/ml 时，对病毒逆转录酶的抑制率高达 92%，而对正常细胞无影响。

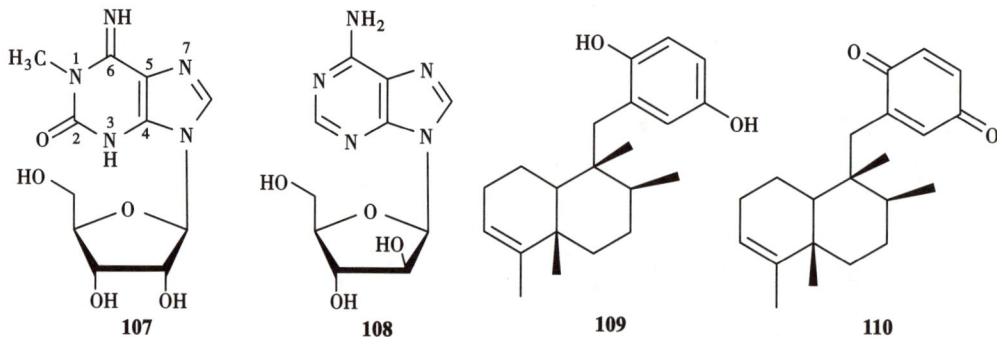

107 **108** **109** **110**

五、抗菌作用

海洋抗菌活性物质主要来自海洋微生物所产生的次生代谢产物及海绵、海藻等。Marinopyrrole A（**111**）是从 *Streptomyces* 属海洋放线菌中分离得到的含双吡咯环的卤代生物碱，对耐甲氧西林金黄色葡萄球菌具有显著的抑制活性，MIC_{90} 为 0.31μmol/L。从海洋放线菌 *Marinispora* sp. 的次生代谢

产物中分离到了聚酮类化合物 marinomycin A（**112**），亦为大环内酯，对 MRSA 和耐万古霉素肠球菌显示显著的抑制活性，如对后者的 MIC_{90} 可达 0.13μmol/L。

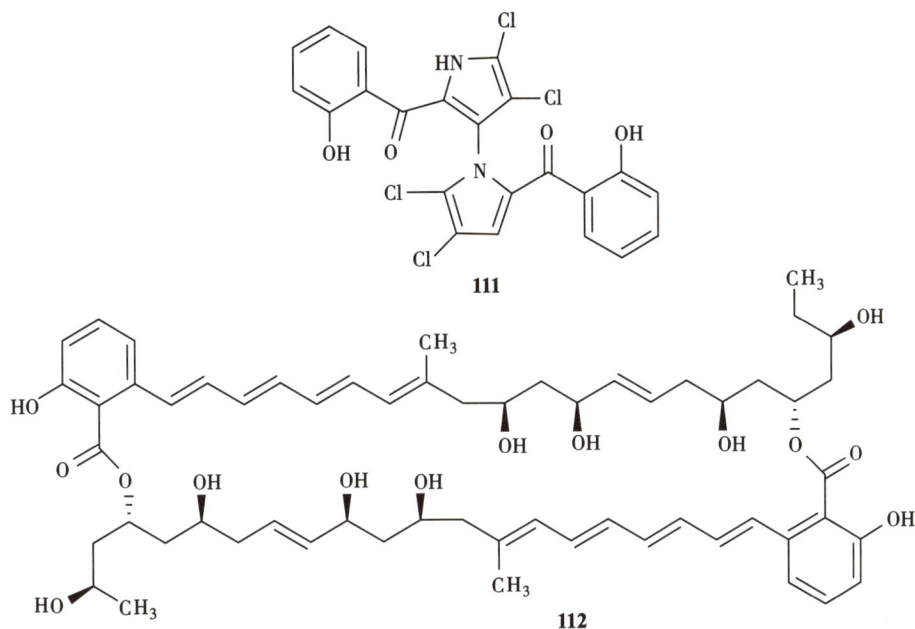

111

112

海洋天然产物的生物活性还包括免疫抑制、抗结核、抗炎、抗过敏等。例如，从海绵 *Xestospongia bergquistia* 中分离得到的五环甾体 xestobergsterol A（**113**）和 xestobergsterol B（**114**）能够抑制 anti-IgE 诱导的小鼠腹膜肥大细胞组胺的释放，IC_{50} 分别为 0.05μmol/L 和 0.1μmol/L，为临床常用抗过敏药物 IC_{50} 的数千分之一。

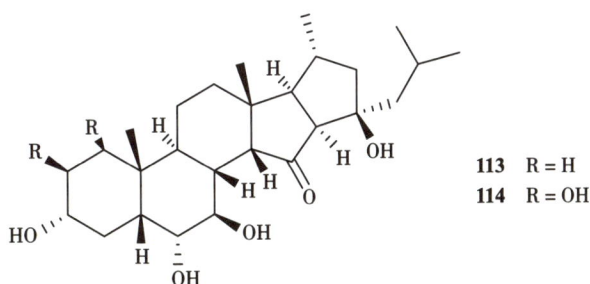

113 R = H
114 R = OH

第四节 海洋药物的研究实例

由于海洋生物生活环境的特殊性，海洋活性物质具有种类繁多、结构特异、活性强而含量少等特点。因此，从海洋中探寻药物往往要经历一个比从陆生植物中发现药物更为漫长的过程，本节仅就总合草苔虫中的抗肿瘤物质研究为例来说明海洋药物的开发。

从总合草苔虫（*Bugula neritina*）中提取的抗癌活性成分苔藓虫素类（bryostatins，草苔虫内酯）大环内酯是从海洋生物中开发抗癌药物最典型的例子之一，代表着海洋药物研究的发展趋势。1968 年，美国亚利桑那州立大学 Pettit 研究小组在对海洋无脊椎动物和脊椎动物的广泛研究中，首次发现了总合草苔虫的抗癌活性。经过十多年的努力，Pettit 小组于 1982 年成功地从采集于加利福尼亚海域的总合草苔虫中分离得到第一个具有抗癌活性的大环内酯类化合物 bryostatin 1（**4**），并用单晶 X 射线衍射法确定了它的完整结构。目前，已从苔藓虫中得到 24 个同类的活性单体化合物，即 bryostatins 1~21 及 9-*O*-methylbryostatins 4、16 和 17，其结构上的主要差别在于 C-7 和 C-20 取代基的不同。bryostatin 1 和 bryostatin 4（**115**）经美国 NCI 的生物鉴定，都已进入Ⅱ期临床试验阶段。

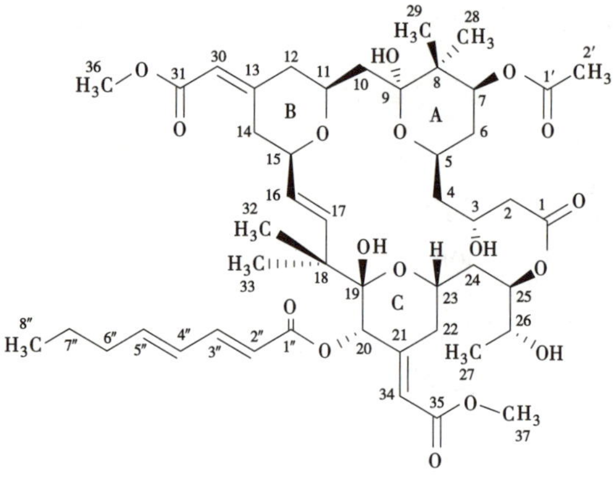

bryostatin 1 (**4**)

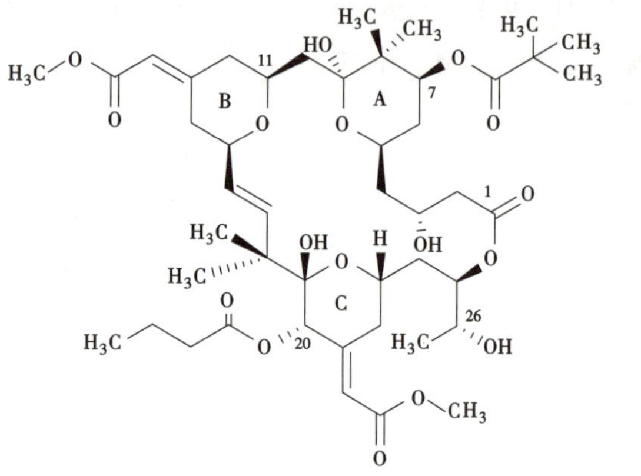

bryostatin 4 (**115**)

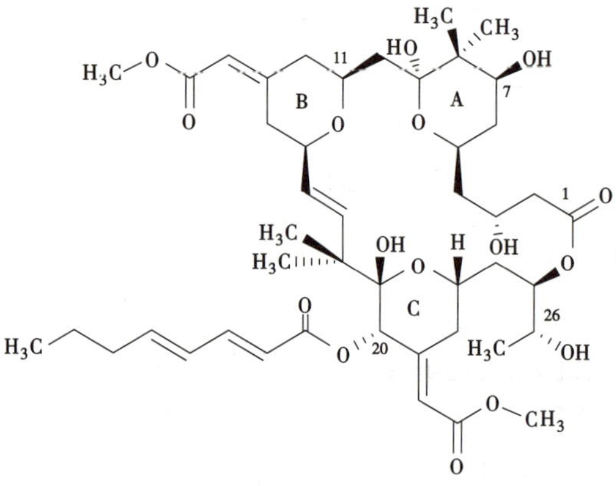

bryostatin 2 (**116**)

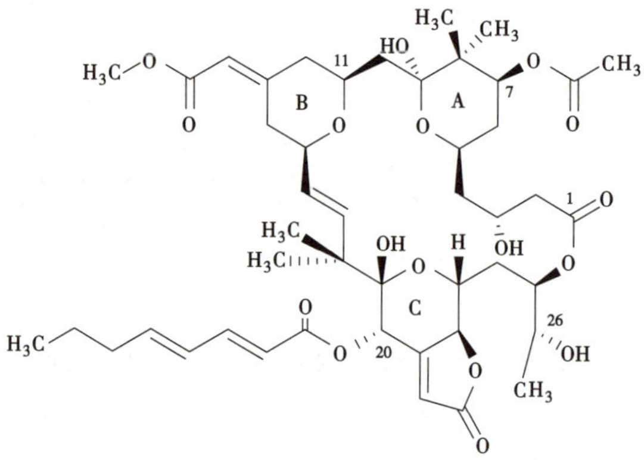

bryostatin 3 (**117**)

一、提取与分离

Bryostatins 类化合物属脂溶性成分，是一种具有 26 元环的大环内酯类化合物。其具体分离多采用活性追踪的方法，对于如何将粗提物中的非活性部分除去，寻找其活性最强部分，Pettit 小组摸索出了一套行之有效的方法，大体如图 10-1 所示。按照分离流程获得活性部位，进一步分离纯化，可以获得相应的单体化合物(**4**、**116** 和 **117**)。此类化合物定性鉴别多采用薄层色谱法，TLC 条件是以正己烷 - 丙酮（7：3）为展开剂，茴香醛 - 乙酸 - 硫酸（1：97：2）为显色剂，R_f 值约为 0.2~0.3。通过重结晶获得的 bryostatin 1 的最终含量虽未报道，但按 1988 年 NCI 组织实施的从美国加利福尼亚州海域采集的天然样本计算，用近两年的时间采集了 13 000kg 样品，经溶剂提取和化学分离，最后仅得到 18g 样品，可见此类化合物在自然界的含量有限。

二、结构鉴定

综合单晶 X 射线衍射、质谱和核磁共振谱确定了 bryostatin 1 的结构，而其他 bryostatins 类化合物主要是通过多种波谱技术并与 bryostatin 1 的波谱数据进行比较来确定结构。这里介绍一个近期发现的大环内酯 bryostatin 21（**118**）的结构鉴定过程 [10]。

Bryostatin 21 的结构鉴定（单图）

Bryostatin 21（**118**）为白色粉末。根据其 HR-ESI-MS 在 m/z 903.434 7 处显示的 $[M+Na]^+$ 峰，可以得知其分子式为 $C_{45}H_{68}O_{17}$，提示分子中含有 12 个不饱和度。UV 光谱在 225nm 显示有吸收峰。IR 光谱提示了分子中羟基（3 459cm^{-1}）和羰基（1 723cm^{-1}）的存在。这些波谱特征结合初步的 ^{1}H-NMR 和 ^{13}C-NMR 分析，可以推测化合物为 bryostatins 类成分。

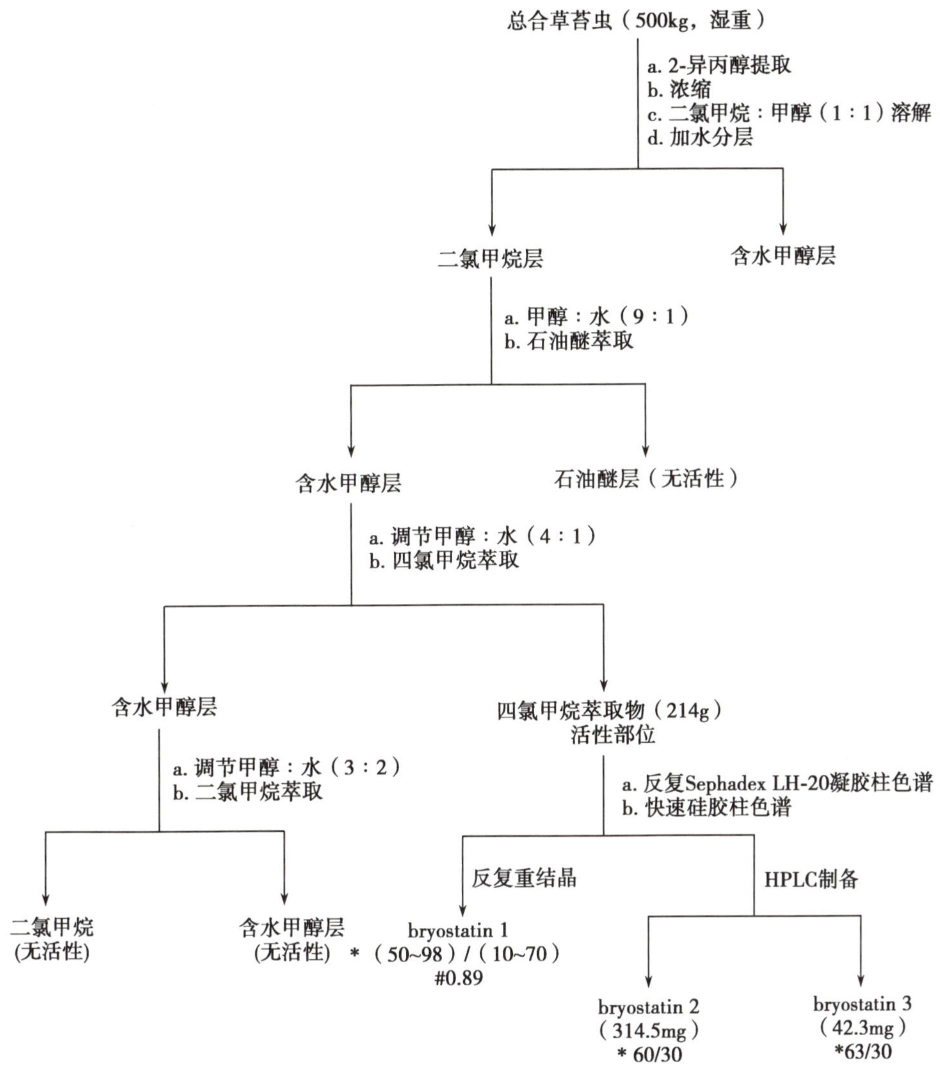

图 10-1　Bryostatins 类化合物的提取与分离

注：* 生命延长 %/ 剂量（μg/kg）；#ED_{50}（μg/kg）。

COSY 谱显示分子中含有 6 个独立的结构单元：a（C-2—C-3）、b（C-4—C-5—C-6—C-7）、c（C-11—C-12）、d（C-14—C-15—C-16—C-17—C-18—C-32）、e（C-22—C-23—C-24—C-25—C-26—C-27）和 f（C-2″—C-3″—C-4″），如图 10-2 所示。其核心的苔藓吡喃环（bryopyran）可以分解为 A、B 和 C 这 3 个结构片段进行解析。

片段 A 包含 C-1 到 C-10。基于 H-2（δ_H 2.52）到 C-1（δ_C 172.4）、H_2-4（δ_H 1.58/1.94）到 C-2（δ_C 42.1）、H-5（δ_H 4.24）到 C-3（δ_C 68.3）的 HMBC 相关，可以确定 C-1 到 C-7 的连接次序。根据 H-6b（δ_H 1.72）到 C-8（δ_C 41.3）、H_3-28（δ_H 1.05）和 H_3-29（δ_H 0.95）到 C-7（δ_C 72.5）、C-8（δ_C 41.3）和 C-9（δ_C 101.8）、H-10b（δ_H 2.12）到 C-9 的 HMBC 相关，确定了 C-7 到 C-10 的连接，同时也确定了两个甲基 CH_3-28 和 CH_3-29 都连接在 C-8 位。

片段 B 包含 C-11 到 C-18。结构单元 c 和 d 通过季碳 C-13 连接可以经 H_2-12（δ_H 2.11/2.22）/C-13、H-14b（δ_H 3.68）/C-12（δ_C 44.1）及 H-14b/C-13 的 HMBC 相关确定。

片段 C 包含 C-19 到 C-27。C-19 到 C-21 的连接是基于 H-20（δ_H 4.99）与 C-19（δ_C 99.5）、C-21（δ_C 150.9）、C-22（δ_C 31.6），以及 H-22b（δ_H 3.70）与 C-20（δ_C 73.2）、C-21 的 HMBC 相关确定的。

从甲氧基 H_3-35（δ_H 3.72）及烯烃 H-30（δ_H 5.69）到羰基 C-31（δ_C 166.7），从甲氧基 H_3-36（δ_H 3.69）

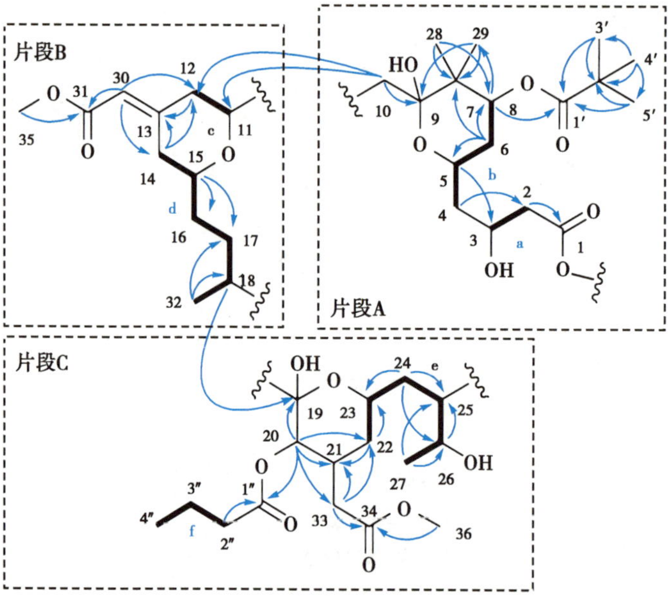

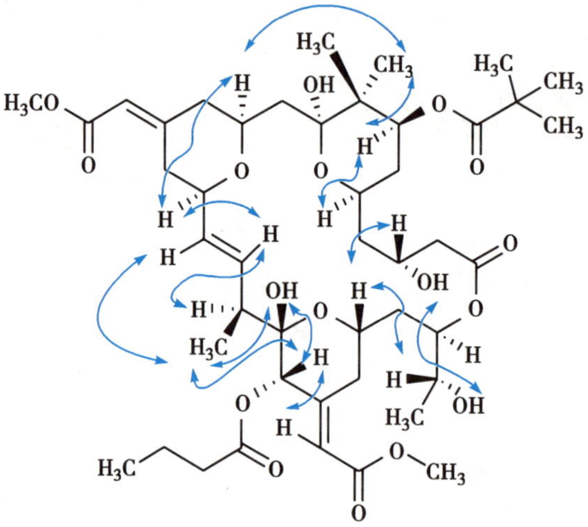

图 10-2　Bryostatin 21 的关键 COSY、HMBC 和 NOESY 相关

注：▬ COSY；→ key HMBC；⟵⟶ selected NOE。

及烯烃 H-33（δ_H 6.05）到羰基 C-34（δ_C 166.7）的 2 组 HMBC 相关，确定了分子中 2 个丙烯酸甲酯基团的存在。这 2 个丙烯酸甲酯基团分别连接在 C-13 和 C-21，由 H-30/C-12、H-30/C-14（δ_C 36.4）、H-33/C-20、H-33/C-21 和 H-33/C-22 的 HMBC 相关确定。由 H_3-3′（δ_H 1.20）、H_3-4′（δ_H 1.20）和 H_3-5′（δ_H 1.20）到 C-1′（δ_C 178.0）和 C-2′（δ_C 39.0）的 HMBC 相关，确定分子中存在 1 个三甲基乙酸基团，该基团经 H-7（δ_H 5.11）/C-1′的 HMBC 相关，确定连接在 C-7 位上。同样的，分子中的由 COSY 和 HMBC 相关证实存在的 1 个丁酸片段连接在 C-20 位。通过与已知草苔虫内酯类化合物对比核磁数据，可以确定分子中 3 个六元氧环的存在，同时也确定了 4 个羟基分别连接在 C-3、C-9、C-19 和 C-26（δ_C 70.2）位。

从 H-10a（δ_H 1.70）到 C-12、H-10a 到 C-9 和 C-11（δ_C 71.3）的 HMBC 相关，可以将结构片段 A 和 B 经 C-10 连接到一起。结构片段 B 和 C 经 C-18—C-19 连接到一起，可由 H_3-32（δ_H 0.90）与 C-18 及 C-19 的 HMBC 相关得以证实。虽然没有观察到 H-25（δ_H 5.21）与 C-1 的 HMBC 相关，但是考虑到分子中还剩余的 1 个不饱和度及 C-25（δ_C 73.5）化学位移处于较低场的特点，可以确定 C-25 与 C-1 是通过 1

个氧原子相连的。这样，bryostatin 21 的平面结构确定如图所示。在结构方面，C-18 位缺少 1 个甲基，这与其他所有已知 bryostatins 类化合物相比明显不同。

Bryostatin 21 的相对构型是通过偶合常数分析和 NOESY 相关分析确定的，如图 10-2 所示。近乎相同的 NMR 化学位移和偶合常数提示了 bryostatin 21 与其他所有的已知 bryostatins 类化合物具有相同的相对构型。C-16/C-17 双键的相对构型确定为反式是依据于两者氢信号较大的偶合常数(16.2Hz)。基于 H-20 与 H-33 之间存在强 NOESY 相关，并且缺少 H-33 与 H-22 之间的 NOESY 相关，可以确定 C-21/C-33 的双键为 E 构型。H-5/H-7、H-7/H_3-29、H_3-29/H-11、H-11/H-15、H-15/H-17、H-17/H-18 及 3-OH/26-OH 之间存在的 NOE 相关信号，证实这些氢在同一平面，为 α- 取向。同样，H_3-32/19-OH、H_3-32/H-20、H-20/19-OH、H-23/H-26 及 H-3/H-23 之间的 NOE 相关信号，证实这些氢也在同一平面，为 β- 取向。因此，bryostatin 21 的相对构型确定为 3*R**,5*R**,7*S**,9*S**,11*S**, 15*R**,18*S**,19*S**,20*S**,23*S**,25*R**,26*R**。综合以上分析，确定了 bryostatin 21 的化学结构，其 ^{1}H-NMR 和 ^{13}C-NMR 信号归属见表 10-3。

表 10-3 Bryostatin 21 的 ^{1}H-NMR 和 ^{13}C-NMR 信号归属

No.	δ_C	δ_H (*J* in Hz)	No.	δ_C	δ_H (*J* in Hz)
1	172.4, C		16	132.4, CH	5.41, ddd (1.2, 7.2, 15.6)
2a	42.1, CH_2	2.47, dd (12.0, 2.4)	17	132.5, CH	5.92, dd (4.8, 16.2)
2b		2.53, d (12.0)	18	39.7, CH	2.66, m
3	68.3, CH	4.14, m	19	99.5, C	
3-OH		4.24, d (12.6)	19-OH		5.46, s
4a	39.8, CH_2	1.58, dt (14.4, 3.6)	20	73.2, CH	4.99, s
4b		1.94, t (12.6)	21	150.9, C	
5	65.6, CH	4.20, t (17.4)	22a	31.6, CH_2	2.02, m
6a	33.1, CH_2	1.44, q (12.0)	22b		3.70, m
6b		1.72m	23	64.6, CH	4.05, m
7	72.5, CH	5.11, dd (4.8, 11.4)	24a	35.6, CH_2	1.84, m
8	41.3, C		24b		1.99, m
9	101.8, C		25	73.5, CH	5.21, m
10a	42.1, CH_2	1.70, m	26	70.2, CH	3.78, m
10b		2.12, m	26-OH		3.20, brs
11	71.3, CH	3.96, t (8.4)	27	19.6, CH_3	1.23, d (6.6)
12a	44.1, CH_2	2.22, d (8.4)	28	17.0, CH_3	1.05, s
12b		2.11, d (8.4)	29	21.0, CH_3	0.95, s
13	156.5, C		30	114.3, CH	5.69, s
14a	36.4, CH_2	1.94, d (10.2)	31	166.7, C	
14b		3.68, d (10.2)	32	10.9, CH_3	0.90, d (6.6)
15	78.7, CH	4.16, m	33	120.5, CH	6.05, s

续表

No.	δ_C	δ_H(*J* in Hz)	No.	δ_C	δ_H(*J* in Hz)
34	166.7,C		2′	39.0,C	
35	51.1,CH_3	3.72,s	3′	27.1,CH_3	1.20,s
36	51.0,CH_3	3.69,s	4′	27.1,CH_3	1.20,s
1′	178.0,C		5′	27.1,CH_3	1.20,s

注:测定溶剂为 $CDCl_3$;^{1}H-NMR 为 600MHz;^{13}C-NMR 为 150MHz。

三、生物合成

目前仅有一篇关于草苔虫内酯生物合成的报道:新采集到的总合草苔虫速冻后粉碎,加入放射性标记的化合物培养以产生草苔虫内酯。研究发现参与卓苔虫内酯生物合成的起始物有乙酸乙酯、甘油和 S- 腺苷甲硫氨酸,而丙酸酯、正丁酸酯、异丁酸酯和琥珀酸酯并不参与该生物合成路线。

四、生物活性

目前分离得到的 24 个 bryostatin 化合物对 P388 白血病细胞的体内外试验都有明显活性。其中 bryostatin 1 最早进入临床试验,其对鼠 P388 白血病和 M5076 网状细胞瘤作用较好,但对乳腺癌、结肠癌和肺癌无明显效果。Bryostatin 1 具有广泛的生物活性,包括免疫调节、生长抑制、诱导分化,但其作用机制是相对复杂的,主要涉及蛋白激酶C(PKC)调节。Bryostatin 1 还具有明显的协同治疗作用,表 10-4 列出了 bryostatin 1 与其他化疗药物的协同治疗效果。

表 10-4 Bryostatin 1 与其他化疗药物的协同治疗

细胞株	治疗程序[†]	细胞毒化合物	结果
人髓样白血病 HL-60	b24/cc6	阿糖胞苷	凋亡细胞数加倍
人白血病 U937	cc6/b15	紫杉醇	凋亡细胞数加倍
鼠淋巴细胞白血病 P388	cc/b	auristatin PE,星状孢子素	加入他莫昔芬生长抑制增加 200 倍
人急性淋巴细胞白血病 Reh	b24/cc	多拉司他汀 10,auristatin PE,长春新碱	auristatin PE 和长春新碱增强细胞凋亡功能比多拉司他汀 10 强
慢性淋巴细胞白血病 WSU-CLL	b/cc	2- 氯脱氧腺苷	动物试验表明,用 5 天 bryostatin 1,接着用 2- 氯脱氧腺苷 5 天,抑制肿瘤生长从 37 天延长到 76 天
扩散性大细胞淋巴瘤 WSU-DLCL2	b24/cc	长春新碱,阿糖胞苷	动物实验表明,长春新碱抑制肿瘤生长从 16 天延长到 38 天,而阿糖胞苷未见变化

注:[†]b 表示 bryostatin 1,cc 表示其他化疗药物,例如 b24/cc6 为 bryostatin 1 给药 24 小时后,接着用其他化疗药物 6 小时后观察结果。

五、构效关系

通过 bryostatin 1 和其衍生物的结构与抗肿瘤活性的关系分析,表明 bryostatin 3 中,因 19 位羟基与 35 位羰基形成内酯而消失的 C-21 位取代基对其生理活性并无影响；尽管 bryostatin 4 在 C-20 位上具有特殊结构并显示明显的抗癌活性，但研究者认为 C-20 位上的直立键 (*E*,*E*)-2,4- 二烯 - 辛酸酯取代基并不是其抗癌活性的功能基团。后来研究者通过化学结构修饰表明，草苔虫内酯上的活性位点包括 C-1、C-9 和 C-26 上的氧原子。

六、结构优化

Bryostatins 类化合物资源有限，天然提取过程复杂，而化学合成没有商业价值，因此通过化学方法合成简化类似物是一种极具有吸引力的解决药源问题的途径。Wender 综述了草苔虫内酯类似物 A~E（**119~123**）对 PKC 的作用（见表 10-5），结果表明，类似物 A 和类似物 C 有很好的活性，一些试验结果甚至优于 bryostatin 1。

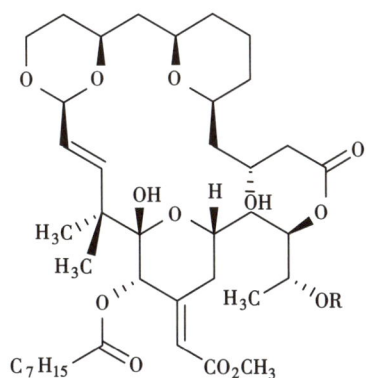

119 类似物A R=H; **120** 类似物B R=Ac

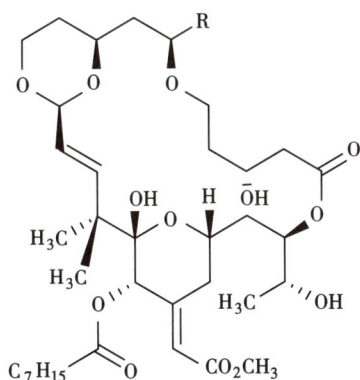

121 类似物C R=*t*-Bu; **122** 类似物D R=H

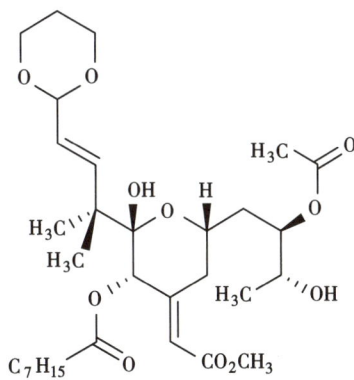

123 类似物E

表 10-5 Bryostatin 类似物的 PKC 亲和力

同系物	K_i/(×10^{-9}mol/L)
类似物 A	3.4
类似物 B	>10 000
类似物 C	8.3
类似物 D	47
类似物 E	>10 000

（汤海峰）

参考文献

[1] 裴月湖，娄红祥．天然药物化学．7 版．北京：人民卫生出版社，2016.

[2] 黄静，袁叶飞．天然药物化学．北京：科学出版社，2018.

[3] 阮汉利，张宇．天然药物化学．2 版．北京：中国医药科技出版社，2021.

[4] 易杨华，焦炳华．现代海洋药物学．北京：科学出版社，2006.

[5] CARROLL A R，COPP B R，DAVIS R A，et al. Marine natural products. Nat Prod Rep，2021，38(2)：362-413.

[6] 王成，张国建，刘文典，等．海洋药物研究开发进展．中国海洋药物，2019，38(6)：35-69.

[7] 张善文，黄洪波，桂春，等．海洋药物及其研发进展．中国海洋药物，2018，37(3)：77-92.

[8] 刘宸畅，徐雪莲，孙延龙，等．海洋小分子药物临床研究进展．中国海洋药物，2015，34(1)：73-89.

[9] NEWMAN D J，CRAGG G M. Marine-sourced anti-cancer and cancer pain control agents in clinical and late preclinical development. Mar Drugs，2014，12(1)：255-278.

[10] YU H B，YANG F，LI Y Y，et al. Cytotoxic bryostatin derivatives from the South China Sea bryozoan *Bugula neritina*. J Nat Prod，2015，78(5)：1169-1173.

第十一章

微生物代谢产物

学习目标

1. **掌握** 微生物次生代谢产物的结构类型。
2. **熟悉** 微生物菌种的分类鉴定；微生物的样品采集、分离、发酵和菌种保藏。
3. **了解** 微生物来源药物的发展简史；微生物来源药物的特点；微生物次生代谢产物的生物活性。

第十一章
教学课件

第一节 概 述

微生物是指借助显微镜才能看得见的微小生物，包括细菌、放线菌、真菌、立克次体、衣原体、支原体以及病毒等[1]。放线菌、真菌、细菌是微生物药物的重要菌种来源[2]。微生物药物按其来源可以分为两类：一是基于微生物整体或部分实体的药物，如疫苗、抗毒素等，称为生物制品。二是来源于微生物代谢产物的药物。微生物代谢产物又可分为初生代谢产物和次生代谢产物。其中初生代谢产物是微生物自身生长、繁殖所必需的物质，多数可作为食品，也有一些可作为药用，如氨基酸、维生素 B_2 等。微生物次生代谢产物则由初生代谢产物进一步衍化而来，并非是微生物基本生命活动所必需的物质。微生物次生代谢产物是微生物药物的主要来源，如青霉素、雷帕霉素等。

一、微生物来源药物的发展简史

人类应用微生物来源药物治疗疾病的历史已有数千年之久。早在 2 500 年前，我们的祖先就已经利用“豆腐上衍之霉”来“医疮疗痈”。传统中医药的炮制方法中通过在酒曲（酵母发酵）的基础上加入其他药物而制成药用的各类曲剂。如神曲，《药性论》记载可“化水谷宿食、癥结积滞，健脾暖胃”，《本草纲目》则记述能“消食下气，除痰逆霍乱，泄痢胀满，闪挫腰痛者”。而在欧洲和南美洲，几百年前的人们也曾用发霉的面包和玉米黍等治疗溃疡、肠感染和化脓创伤等疾病[3]。

随着细菌学、化学及其他学科的逐渐发展，从 19 世纪 70 年代到 20 世纪 40 年代，人们从观察和认识微生物的拮抗作用开始逐渐进入到以抗生素为开端的真正意义上的现代微生物药物阶段。

1876 年，Tynall 发现青霉属的一株菌对细菌的生长有抑制作用。1877 年，Pasteur 和 Jonbert 发现了某些细菌可以抑制炭疽杆菌的生长。1889 年，Doehle 与 Gosio 提出微生物之间的这种拮抗现象是物质作用的结果。同年，Bouchard 观察到铜绿假单胞菌具有拮抗其他细菌的能力。1896 年，Gosio 发现产自青霉菌的霉酚酸能够抑制炭疽杆菌。1929 年，英国科学家 Fleming 在对金黄色葡萄球菌的研究过程中，偶然观察到污染的一种霉菌能够抑制周围葡萄球菌的生长。这种霉菌被分离出来加以培养，其培养液能抑制多种细菌的生长。该霉菌后来经鉴定为音符型青霉菌（*Penicillium notatum*）。Fleming 根据产生菌 *Penicillium* 的拼写将其产生抑菌作用的活性成分命名为 penicillin（盘尼西林），即青霉素。1938—1940 年，Chain 和 Florey 进行了系统研究，提纯获得了青霉素的结晶制品，经过一系列的药理和临床试验，证明了其抗菌的优异疗效。1942 年，青霉素开始被工业化生产和应用于临床，

从而开启了抗生素化学治疗的新时代。1944 年，Waksman 系统地从土壤放线菌中筛选抗生素进而发现了链霉素。在此之后的十几年里，人们陆续发现了许多具有重要临床应用价值的抗生素。如氯霉素、四环素、红霉素、万古霉素和利福霉素等。20 世纪 50—60 年代，人们逐渐将发现新的微生物药物的范围扩展到抗生素之外的具有其他生物活性的微生物次生代谢产物。如具有抗肿瘤作用的柔红霉素、博来霉素、丝裂霉素 C，具有抗病毒作用的阿糖腺苷、他利霉素，具有抗虫作用的盐霉素、莫能菌素、阿维菌素，以及农用抗生素春雷霉素、井冈霉素等。20 世纪 90 年代，尽管从微生物代谢产物中发现可应用于临床的新抗生素的概率逐渐降低，但仍然有具有重要临床意义的抗耐药菌株抗生素被成功发现。如肽古霉素、雷莫拉宁、达托霉素等。

随着抗生素的大量使用，临床上出现了耐药菌，过敏反应也时有发生，对原有抗生素进行结构改造来寻找抗耐药及低毒高效的新的半合成抗生素成为研究的一个重要方向。20 世纪 60 年代起，抗生素的发展进入了半合成时代。其中，半合成头孢菌素类抗生素的出现是这一时期最具代表性的案例：英国 Glaxo 公司的研究人员从低活性的头孢菌素 C 经裂解得到了 7- 氨基头孢烷酸母核，在此基础上进行半合成，先后合成了头孢噻吩、头孢噻肟、头孢他啶等抗菌性较强的头孢菌素类抗生素；另一条途径以 7- 氨基 -3- 去乙酰氧基头孢烷酸为母核，经半合成获得了可供口服的头孢氨苄、头孢克洛等头孢类药物。

在相当长的一段历史时期，微生物来源药物的发展历史可以说就是抗生素的发展历史。抗生素比较公认的一个定义是：抗生素是在低浓度下，能选择性地抑制或杀死他种微生物或肿瘤细胞的微生物次生代谢产物和采用化学或生物学等方法制得的衍生物与结构修饰物。随着抗生素研究的不断深入，其应用领域逐渐超越了抗微生物和抗肿瘤的范围，在作用于酶与受体、影响免疫与细胞功能，甚至在杀虫、除草等方面都有了新的发现与应用。微生物来源药物的发展历史开始转变为从抗生素到微生物药物的发展历史。

在寻找微生物来源的其他生物活性物质的进程中，日本科学家梅泽滨夫在相关研究领域作出了卓越贡献。他提出了酶抑制剂的概念，并从微生物代谢产物中发现了一系列酶抑制剂。其中最具代表性的是由橄榄网状链霉菌（*Streptomyces olivoreticuli*）产生的具有二肽结构的化合物乌苯美司，该物质不仅是氨肽酶 B 和亮氨酸氨肽酶抑制剂，而且具有显著的免疫调节作用。乌苯美司及其功能的发现让研究人员开始从本质上真正认识到微生物次生代谢产物不仅可以作为抗生素，而是具有广泛药理活性，可以开发成各种药物应用于临床。

作为微生物活性次生代谢产物中后来居上的重要成员，酶的抑制剂的发现与应用最为成功。1972 年，日本学者远藤章发现来自京都粮食店的橘青霉（*Penicillium citrinum*）的培养液提取物能够有效抑制胆固醇的生成。1973 年远藤章从提取物中成功纯化出三种活性化合物，其中化合物 ML-236B 的活性最强。该化合物后来被命名为美伐他汀，它可以通过抑制 HMG-CoA 还原酶而发挥降血脂的作用。此后，随着洛伐他汀、辛伐他汀和普伐他汀等的相继问世和应用于临床，他汀类药物书写了降胆固醇类药物的传奇 [4]。又如由德国拜耳公司研发的可通过抑制葡糖苷酶而发挥降糖作用的降糖药阿卡波糖（来源于游动放线菌 *Actinoplanes* sp. SE50 的代谢产物）[5]，由瑞士罗氏公司开发的可通过抑制胰脂肪酶活性而抑制脂肪吸收的减肥药奥利司他（来源于毒三素链霉菌 *Streptomyces toxytricini* 的代谢产物利普司他汀的化学修饰产物）等。

免疫抑制剂是微生物药物的又一重要成员。1978 年瑞士山道士公司把从真菌中分离得到的环状聚肽类化合物环孢素开发成强效的免疫抑制剂并应用于临床的肾脏移植。环孢素的应用改变了过去依靠使用杀伤免疫细胞药物来达到抑制术后免疫排斥反应的状况，极大改善了器官移植患者的免疫功能，显著提高了患者的生存率。此后，从土壤链霉菌 *Streptomyces tsukubaensis* 中分离得到的具有二十三元大环内酯结构的他克莫司是第一个应用定向免疫抑制剂筛选并应用于临床的免疫抑制剂，疗效优于环孢素。1972 年 Surendra N. Sehgal 从采自复活节岛土壤样品中的链霉菌 *S. hygroscopicus*

的代谢产物中分离得到一种具有很好抗炎活性的物质，为了纪念其发现地，Surendra N. Sehgal 将该物质命名为 rapamycin（雷帕霉素）。雷帕霉素结构的一半与他克莫司相同，在他克莫司结构和活性的启示下，科学家对雷帕霉素进行了持续开发。1999 年美国 FDA 批准雷帕霉素作为免疫抑制剂用于肾移植排异治疗；2009 年辉瑞重新包装雷帕霉素，将其命名为西罗莫司。当前，这些微生物来源的代谢产物已成为临床治疗免疫排斥的首选药物。

此外，从微生物代谢产物中发现受体拮抗剂的研究也取得了相当大的进展。如 1985 年，从洋葱曲霉中获得的缩胆囊素（cholecystokinin，CCK）受体拮抗剂 asperlicin，可用于治疗与 CCK 有关的胃肠系统紊乱疾病。

除了应用于临床的微生物药物，从微生物代谢产物中发现作用于动植物的农用和畜用微生物药物的研究也取得了较大的进展。如作为植物生长激素的赤霉素和脱落酸，作为除草剂的除莠霉素以及抗动物寄生虫的阿维菌素、莫西菌素等。

在过去 80 多年的时间里，有近 5 万种微生物来源的天然产物被发现，其中有 1 万余种具有较好的生物活性。在此基础上开发成功的微生物药物在临床治疗中更是有着不可或缺的地位。地球上的微生物资源庞大，微生物次生代谢产物的结构多样、活性广泛及疗效显著等特点，决定了微生物来源药物的未来发展必将为人类的生产、生活作出更大的贡献。

二、微生物来源药物的特点

（一）来源丰富

原核的单细胞细菌、真核的真菌以及所有丝状放线菌是最为重要和普遍的次生代谢产物产生菌类群。这三大微生物类群种类繁多、数量极其庞大，广泛分布于地球表面，从高山、平原到湖泊、森林，从高空、海洋到赤道、两极，从植物内生到动物粪便，处处都有分布。细菌中的产生菌以枯草杆菌、假单胞菌、黏细菌、藻青菌等为主，产生的活性次生代谢产物数量约占所有微生物次生代谢产物的 17%。放线菌是微生物次生代谢产物最主要的来源，所占比例达到 45%，其中又以从链霉菌中发现的次生代谢产物最多，约 7 600 种。来源于稀有放线菌的次生代谢产物约有 2 500 种，产生菌包括小单胞菌、马杜拉放线菌、链轮丝菌、游动放线菌、诺卡菌、糖多孢菌和孢囊链霉菌等。真菌中的不完全真菌、子囊菌（如曲霉、青霉、链孢霉等）和其他一些丝状真菌和内生真菌是较为重要的次生代谢产物的产生菌，其产生的次生代谢产物数量约为 8 600 种，占比约为 38%。

（二）生物活性广泛

微生物次生代谢产物是微生物与其他生物系统或物理环境之间产生各种各样交互作用的化学媒介。这些交互作用包括拮抗、协同、调节或介导及其他生物学或生理学作用。这种交互作用的生物性和多样性决定了微生物次生代谢产物生物活性的广泛性。仅就最主要抗菌活性而言，筛选实验中微生物次生代谢产物可以拮抗的致病菌和其他微生物就有数百种之多，包括革兰氏阳性菌、革兰氏阴性菌、真菌等。其中最多的有枯草芽孢杆菌、金黄色葡萄球菌、藤黄微球菌、大肠埃希菌、铜绿假单胞菌、酿酒酵母和白念珠菌等。此外，微生物次生代谢产物的非抗生素生物活性也十分丰富，包括农业用酶抑制剂在内的 3 000 多种化合物对 300~350 种不同的酶具有抑制活性。具有抑制、拮抗、激动等调节功能以及抗炎、抗氧化、降血脂、抗代谢和各种毒性作用的次生代谢产物达到数百种之多。还有一些化合物具有微管装配抑制、干扰素诱导、抗有丝分裂、DNA 损伤、抗致突变效应、细胞凋亡诱导以及血管发生抑制等生理活性。

（三）化学结构多样

微生物菌种来源的多样性决定了微生物次生代谢产物化学结构的多样性，而且一些特定化合物的结构复杂且独特，在其他生物体（如植物）中很少被发现。一些生物体的代谢产物则被发现很可能是其共附生微生物的次生代谢产物，如海绵。微生物次生代谢产物的结构类型包括 β- 内酰胺类、氨

基糖苷类、肽类、生物碱类、萜类、甾体类、单苯环衍生物、核苷类、聚酮类(大环内酯类、安莎霉素类、聚醚类、他汀类、杂合聚酮类、香豆素类)等。

(四) 化合物生产方式特殊

微生物次生代谢产物大多具有实验室难以合成的化学结构,虽然其中有约 40% 的化合物可以通过化学合成方法得到,但大多数不具备工业化生产的价值。一旦从微生物中获得可以开发成药的代谢产物,就可以通过发酵的方式迅速实现大规模的工业化生产,这是与其他生物相比微生物自身无可替代的巨大优势[6]。微生物的发酵过程涉及微生物生命体的繁殖、生长、生产、衰老等过程,是一个十分复杂的自催化过程。每一个微生物完整细胞就是一个化工厂,发酵过程的化学反应是通过综合生物化学过程来实现的。发酵工业生产特定的微生物药物,要求微生物细胞既能正常生长又能过量地积累目标产物。和化学合成相比,微生物发酵具有环境友好、反应一步完成的特点;与植物药提取的生产方式相比,又具有原料药获取容易、不破坏植物资源、研究与生产的整体周期短等特点。

(五) 化合物生产过程可调控

与植物和动物来源的天然药源相比,微生物具有基因组测序容易、遗传操作简便等特点。随着越来越多微生物天然产物生物合成基因簇被克隆、生物合成途径被初步阐明,次生代谢产物与相关生物合成基因的内在联系越来越清晰,通过基因阻断、异源表达、关键酶的生化特性及合成途径重构等研究,已经可以较为深入地了解相关化合物的生物合成机制,并获得结构和活性多样的"非天然新化合物",为新药研发提供更多先导化合物。也可以使通过定向调控生物合成途径来提高目标化合物产量成为可能。

第二节 微生物的样品采集、分离、发酵和菌种保藏

一、样品的采集

微生物样品的来源可以为土壤、矿脉、河(湖、海)泥和水、枯树叶、堆肥、动物粪便、植物内生、昆虫肠道等几乎任何人们可以想象的地方。采集样品时所用工具与器物(如铲子、镊子、解剖刀、手套、取样袋、塑料瓶等)应作无菌处理,以保证被采集样品不受污染。根据样品来源和目标微生物的不同,采样的方法、方式应有所不同。如采集含有放线菌的土壤样品时,应采集地表面下 5~10cm 深处的土壤,并以未开垦过的土壤为宜;采集含有内生真菌的植物样品时,取样器官的不同会影响到分离真菌的类型和数量,因此,植物的各个部位(花、叶、茎、皮和根等)应分别进行采集。

样品采集后需编号并贴标签做标记,同时需要详细记录采集时间、地点(经度、纬度、海拔高度)及温度等信息,此外,还应对样品及采集地点周边环境进行拍照记录。样品采集后应立即处理,或于 4℃条件下短暂贮存。

二、菌株的分离

根据样品及分离目标菌种的不同,需要在分离前对样品在特定条件下进行预处理,以除去或减少不需要的微生物,增加所需菌种的分出率。预处理的方法包括加热、膜过滤、离心、碱处理、有机溶剂处理、土壤增殖法、诱饵法等。

菌株的分离通常在琼脂平板上进行。分离培养基的选择根据目标菌种的不同会有较大区别,如分离放线菌时可用高氏一号培养基、察氏培养基等;分离真菌可用 PDA 培养基、Martin 培养基等。根据样品来源的不同,可采用不同的平板分离方法,如分离土壤来源样品通常采用稀释法,分离植物内生微生物可采用植入法、压印法等。一些特殊环境下采集到的微生物则需要设计特定的分离方法和培养条件,如从海底沉积物中采集微生物样品需要根据海洋微生物耐盐、耐压等特性,通过在培养基

中加入人造海水和应用特殊的加压装置来模拟海洋的特殊生长环境。

分离放线菌时，通常在培养基中加入青霉素和链霉素等抗生素来抑制细菌的生长，加入制霉菌素、两性霉素和放线菌酮等来抑制真菌的生长；分离真菌时，通常加入青霉素和链霉素等来抑制细菌的生长。这种加入抗生素的选择性抑制培养基可最大程度上降低不需要微生物的分出率。

分离不同微生物的培养温度、培养时间以及 pH 等往往差异较大。如一般放线菌的培养温度通常为 25~30℃，培养时间为 7~14 天。而从海水中分离的放线菌则需要在 20℃条件下培养 6 周。分离真菌通常需要在 24~28℃条件下培养 5~14 天。对于一些嗜热微生物最适宜生长温度可高达 80℃，而对于一些嗜冷菌则需要在 4~15℃的低温条件下进行培养。pH 的选择也和微生物的原始生长环境密切相关，如分离海洋微生物培养基的 pH 可控制在 7.4~7.6，分离一些嗜酸微生物的 pH 则可达到 4.5 左右。

培养过程中一旦有菌落形成，可以通过形态学特征，如菌落形态、颜色，扩散的背面色素情况等进行推测鉴定。然后挑取单菌落至新的平板上进一步培养和纯化。

三、菌株的发酵

微生物经平板分离、培养获得纯化菌株后，为获得代谢产物需进行发酵实验。发酵按照实验目的可分为初筛发酵和大量发酵，按照发酵方式的不同可以分为固体发酵和液体振荡发酵。初筛发酵一般是为菌种代谢产物的化合物筛选和活性筛选提供小量发酵物，大量发酵是在初筛确定目标菌株后，最终产生代谢产物的发酵操作。固体发酵在真菌的发酵培养方式中较为常用，具有操作简便、不受设备限制、发酵产物容易提取等优点。液体振荡发酵则具有条件易于控制、生产周期短、更适合大规模生产等优点。液体振荡培养在实验室研究中广泛用于放线菌和真菌的发酵实验操作。发酵条件通常包括培养基组成、温度、pH、振荡转速及空气量等。

发酵培养基和分离培养基原则上可以通用，分离培养基往往相对较为单一固定，而发酵培养基因需经过培养基筛选，其选择性较为多样化。发酵培养基的主要成分应满足菌种发酵过程中对于碳源、氮源及无机盐等营养成分的需求。

在大量液体振荡发酵之前一般需要制备种子液，这一过程的主要目的是使菌种繁殖，以获得足够数量的菌体，以便接种到大量发酵用的培养器具中。种子液的制备，除其培养时间较短和发酵量较少外，其他条件一般与大量发酵相同。

四、微生物菌种的保藏

微生物菌种在科研和生产实践中容易出现菌种的退化变质和污染杂菌等情况。为保证菌种的可持续利用以及生产能力、遗传性状的稳定，需要采用一定的方法对菌种进行长期保存。

菌种保藏的方法很多，包括低温保藏法、移植培养保藏法、液体石蜡保藏法、砂土保藏法、冷冻干燥保藏法等。其中低温保藏法是一种较为常用的保藏方法。4℃条件下，固体斜面、砂土管和液体孢子等可以保藏 1~2 个月。在 −80℃的超低温条件下，将菌种保藏在含有 10%~30% 的无菌甘油水溶液的冻存管中，其保藏时间可以达到 1 年甚至数年以上。

第三节　微生物菌种的分类鉴定

微生物菌种是微生物药物研发与生产的重要基础性资源。要有效地利用和拓展微生物资源，从中发现结构新颖、活性显著的次生代谢产物，首先要明确微生物菌种的确切“身份”，即对其种属情况进行分类鉴定。应用分类学理论和技术对菌种进行鉴定是微生物代谢产物研究中一项必不可少的基础工作。

放线菌和真菌是微生物药物的主要来源菌，我们以此两种微生物资源为例，介绍菌种鉴定的一般方法和步骤[7]。

1. 通过分离、培养、纯化获得所鉴定菌株的纯培养物

2. 表观特征鉴定

（1）形态特征鉴定：根据菌株在培养基上的培养特征（包括生长速度、大小、菌落纹饰、质地、边缘等）进行分类和去重复化。光学显微镜下观察基丝是否有横隔和断裂，孢子的着生方式、大小、形态等，来进行初步分类。电子显微镜可进一步观察菌株表面的超微结构，清楚地分辨出孢子表面装饰物、鞭毛等形态表征。形态是属划分的重要特征之一。

（2）培养特征鉴定：培养特征鉴定所用培养基应为国际通用培养基，以便与国际发表的菌种进行比较。如放线菌可选用 ISP-4、察氏培养基等，真菌可选用 PDA 培养基等。培养基特征鉴定目的是观察菌种 3~4 周时的生长状况，记载气丝、基丝及可溶性色素的情况。

（3）生理生化特征鉴定：需要进行酶类产生实验、碳源利用实验、氮源利用实验、黑色素产生实验、硫化氢产生实验、蛋白类有机复合物降解实验、明胶液化实验等来鉴定微生物的多个生理生化指标。鉴定前，一般采用斜面培养基活化菌株，待长出丰富孢子后用无菌生理盐水制备菌种悬液备用。

3. 化学特征鉴定　对菌株胞壁的氨基酸和糖型进行分析，确定胞壁类型；对磷脂、醌和脂肪酸等进行分析，可以将菌种鉴定到属。

4. 分子生物学鉴定

（1）DNA（G+C）含量分析：一般生物体的 DNA 分子中（G+C）/（A+T）两对碱基间的比例是非常稳定的，鉴定（G+C）含量百分比常用于验证已建立的分类关系是否正确。常用方法有熔点法、高效液相色谱法等。

（2）基因序列分析和系统发育树的构建：放线菌进行 16S rRNA 序列分析，真菌进行 18S rRNA 或 ITS 序列分析。将测试结果提交至 Genbank 数据库，与库集中的相关序列作 Blast 比较，调取相似性较高的菌株做序列对比。利用 MEGA 等软件构建系统发育树，获得菌株的亲缘关系信息。

（3）同源性分析：将所测菌株与相似菌株或模式菌株进行核酸杂交，分析其同源性。如确定为新属或新种，应将发现成果在相应学术期刊发表，获得认可后，将模式菌株存放至相应的国家菌种保藏机构。

第四节　微生物次生代谢产物的结构类型

微生物次生代谢产物的结构类型丰富且庞杂，现有的分类体系并不能完全囊括已发现的所有化合物。伴随着微生物来源新骨架化合物的不断被发现和新的生物合成机制被揭示，微生物次生代谢产物的结构分类也将持续被重新总结、归纳与完善。

微生物次生代谢产物中不乏经典的化合物结构类型，如以青霉素、头孢菌素为代表的 β- 内酰胺类化合物以及以链霉素、庆大霉素为代表的氨基糖苷类化合物。这两种类型的化合物在各个学科领域的相关研究都较为成熟且新发现的天然化合物较少，故在本节中不做详细阐述。我们将重点介绍聚酮类、肽类、生物碱类、萜类、甾体类、单苯环衍生物以及核苷类化合物。

一、聚酮类化合物

聚酮类（polyketides）化合物是一类数量庞大、结构复杂的天然产物，在微生物次生代谢产物中具有十分重要的地位。细菌、真菌、放线菌均可产生多种类型的聚酮类化合物，在抗菌、抗肿瘤、抗寄生虫、免疫抑制等诸多药物治疗领域展现出巨大的应用价值。从生物合成的角度来讲，聚酮类化合物是由聚酮合酶（PKS）催化合成的一大类天然产物，微生物来源的聚酮类化合物的生物合成主要包括

PKS Ⅰ(模块型)和 PKS Ⅱ(迭代型)两种类型 [8]。其化合物类型主要包括:大环内酯类、安莎类、聚醚类、他汀类、杂合聚酮类以及香豆素类等 [9]。

(一) 大环内酯类

大环内酯类(macrolides)是微生物次生代谢产物的常见化合物类型,主要由链霉菌和小单胞菌产生。大环内酯类作为抗生素在临床上应用十分广泛,其抗菌谱较窄,主要抗革兰氏阳性菌,对支原体、衣原体、军团菌、弯曲杆菌及某些厌氧菌亦有作用。

大环内酯类化合物的结构分类主要有以下几种分类方式:①按分子中内酯键的数量分类;②按内酯环的大小分类;③按分子的组成状态分类。其中第 3 种分类方式又可以分为典型大环内酯、多烯大环内酯以及类大环内酯 3 种类型。下面根据第 3 种分类方式,介绍几种有代表性的大环内酯类化合物。

1. 典型大环内酯类化合物　该类型比较常见的是陆源微生物来源的十四 ~ 十六元环的大环内酯类化合物。如红霉素(erythromycin)为链霉菌 *Streptomyces erythraeus* 的次生代谢产物,是临床广泛应用的重要抗生素,其结构为十四元内酯环上连有一分子的氨基糖和一分子的中性糖。红霉素包括多种衍生物,如红霉素 A~D,其中临床上应用的主要为红霉素 A 及其结构修饰产物。

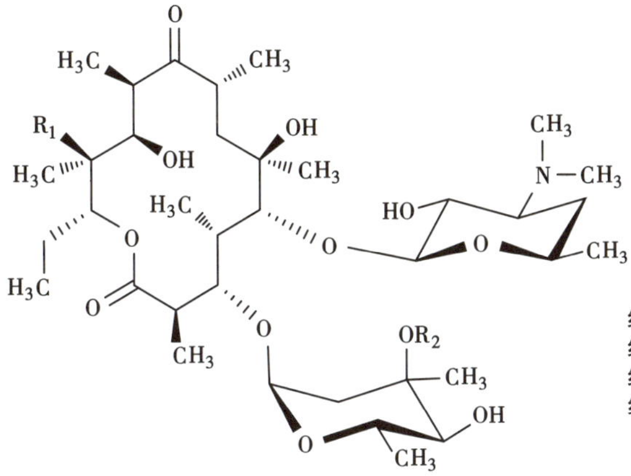

红霉素 A (erythromycin A) R_1=OH, R_2=CH_3
红霉素 B (erythromycin B) R_1=H, R_2=CH_3
红霉素 C (erythromycin C) R_1=OH, R_2=H
红霉素 D (erythromycin D) R_1=H, R_2=H

螺旋霉素(spiramycin)是分离自 *S. ambofaciens* 培养液的十六元大环内酯类抗生素,内酯环上连接一分子中性糖和两分子氨基糖。天然存在的螺旋霉素主要有螺旋霉素Ⅰ、Ⅱ和Ⅲ三种成分,临床上应用的主要为Ⅱ和Ⅲ两种成分的单乙酰和双乙酰化产物。

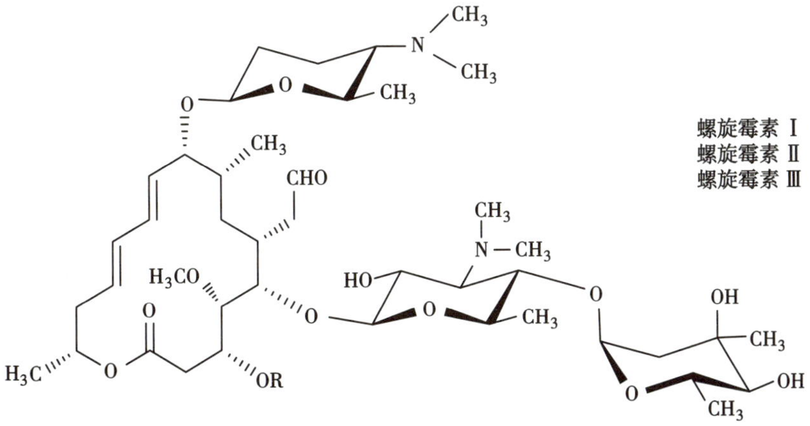

螺旋霉素 Ⅰ (spiramycin Ⅰ) R=H
螺旋霉素 Ⅱ (spiramycin Ⅱ) R=$COCH_3$
螺旋霉素 Ⅲ (spiramycin Ⅲ) R=$COCH_2CH_3$

2. 多烯大环内酯类化合物　该类化合物通常分子中含有 4~7 个共轭双键的多元内酯环结构,在酸性溶液中或紫外线照射下不稳定。多烯大环内酯类化合物主要由链霉菌产生,对霉菌、原虫或酵母有抑制作用。两性霉素 B(amphotericin B)由链霉菌 *S. nodosus* 所产生,内酯环结构中含有 7 个共轭双键。该化合物抗真菌谱广,活性强,是治疗深部真菌感染的重要药物。

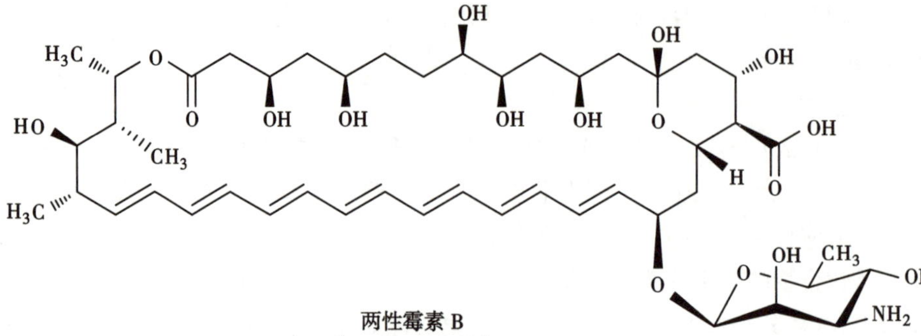

两性霉素 B
（amphotericin B）

3. 类大环内酯类化合物 除典型大环内酯和多烯大环内酯外，微生物还能够产生内酯环中含有氧桥或骨架上含有氮等杂原子的大环内酯，统称为类大环内酯类。阿维菌素（avermectin）是链霉菌 *S. avermitilis* 产生的 8 个结构类似物，分子内均存在氧桥，13 位连接两个 α-L-oleandrose 构成的双糖链形成苷类化合物。这类化合物具有非常好的抗寄生虫作用，而且高效低毒，在农业及畜牧业中已得到了广泛应用。在抗线虫活性方面，类似物中的阿维菌素 B_{1a} 活性最强。

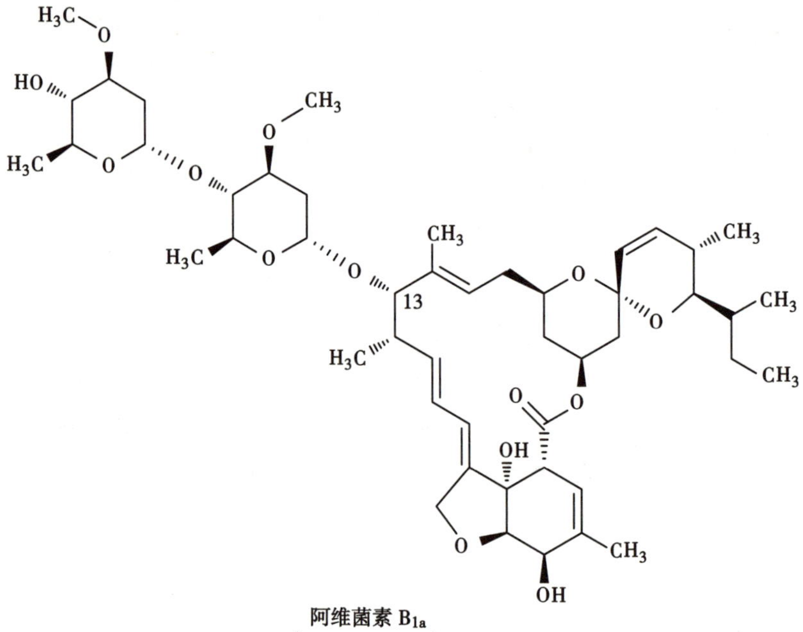

阿维菌素 B_{1a}
（avermectin B_{1a}）

除了上述经典结构的大环内酯类化合物之外，微生物还可以产生大环多内酯类化合物（又称多聚内酯）。如从海洋微生物 *Hypoxylon oceanicum* LL-15G256 中分离得到的具有抗真菌活性的两个化合物 15G256α 和 15G256β。

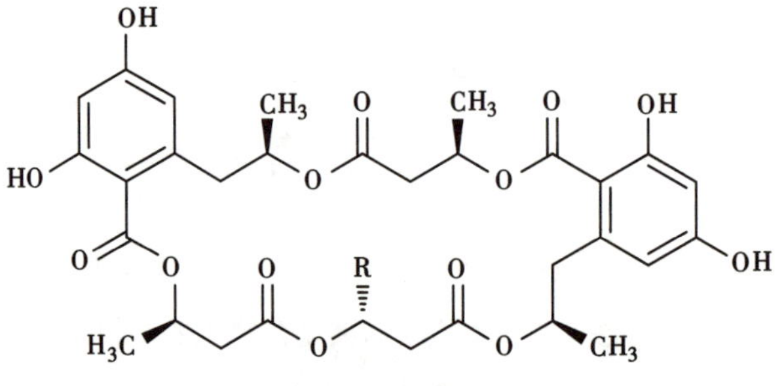

15G256α R=CH_2OH
15G256β R=CH_3

(二) 安莎类

安莎(ansa)类化合物是指一类具有一个脂肪链连接芳香环两个不相邻碳原子的“安莎桥”结构的抗生素，又称安莎霉素类。因利福霉素在此类抗生素中的重要地位，所以又称利福霉素类。这类化合物可以通过抑制逆转录酶而发挥抗菌作用，主要抗革兰氏阳性菌，包括结核分枝杆菌。安莎类化合物根据结构母核中芳香环的不同可以分为两大类，分别为萘安莎类和苯安莎类。

1. 萘安莎类　即结构母核中的芳香环为萘环。利福霉素是该类化合物中最具代表性的化合物，也是第一个被发现的安莎类化合物，由地中海拟无枝酸菌(*Amycolatoposis mediterranei*)产生。1962年，利福霉素 B(rifamycin B)的结构修饰产物利福霉素 SV 被首次应用于临床，而另一个结构修饰产物利福平(rifampicin)可以口服，被广泛应用于临床，是重要的抗结核药物，同时也是分子生物学研究的重要工具药。

2. 苯安莎类　即结构母核中的芳香环为苯环的安莎类化合物。美登素(maytansine)具有苯安莎的结构母核，其细胞毒活性很强，在 10^{-7}~10^{-5}μg/ml 的浓度范围内即能够抑制 L-1210、LY-5178 及 P-388 肿瘤细胞，对动物移植性肿瘤 P-388、Lewis 肺癌、黑色素瘤等有显著的抑制作用。美登素最初分离自卫矛科植物 *Maytenus ovatus*，但含量极少，仅约为五十万分之一。后来，人们从诺卡菌 *Nocardia* sp. C-15003 等菌株中陆续发现了一系列具有美登素母核的化合物，如柄型菌素 P-1~P-4(ansamitocins P-1~P-4)。

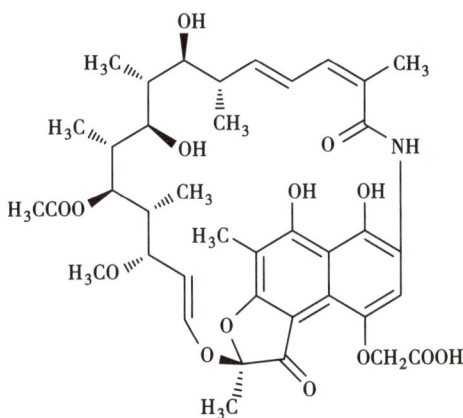

利福霉素 B
(rifamycin B)

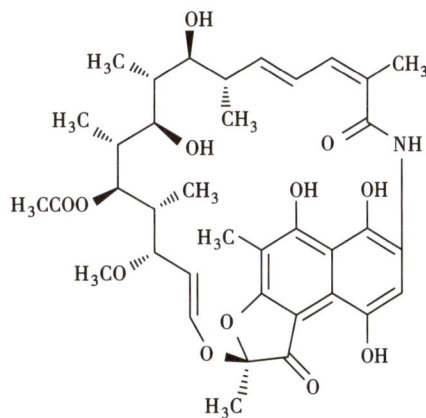

利福霉素 SV
(rifamycin SV)

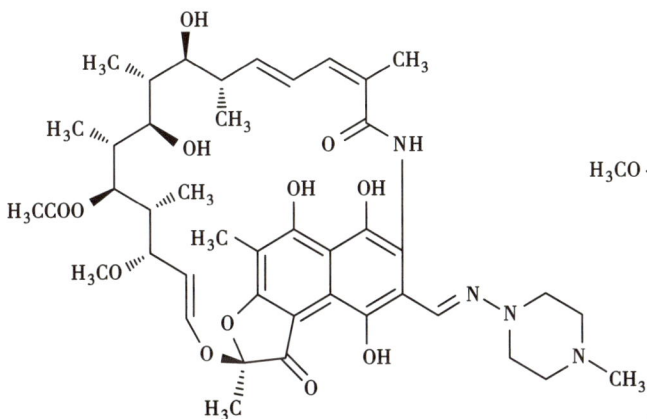

利福平
(rifampicin)

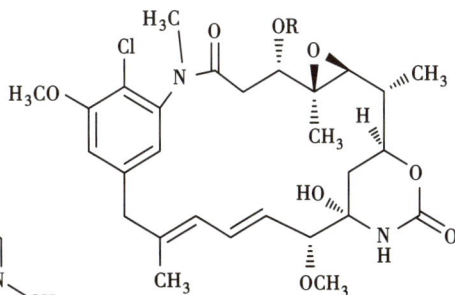

柄型菌素 P-1　R=Ac(ansamitocin P-1)
美登素　R=COCH(CH_3)NCH_3Ac(maytansine)

（三）聚醚类

微生物来源的聚醚类（polyethers）化合物分子中一般含有 2~7 个五元或六元的环状醚键，并带有一个游离羧基，又称为多环聚醚类或多环聚醚 - 羧酸类化合物，其产生菌为链霉菌。而与之相对比，来源于海洋藻类的聚醚类化合物，虽然结构类似，但后者分子更大，含氧杂环的数目一般超过 7 个，多者可超过 30，且毒性更强，常被称之为毒素。

聚醚类化合物具有抗革兰氏阳性菌、霉菌以及原虫活性，特别是对家禽的球虫显示选择毒性，并且几乎不被宿主的消化道所吸收。其作用机制为聚醚类化合物作为离子载体干涉细胞膜离子的转运。代表性化合物有莫能菌素、盐霉素等。

莫能菌素（monensin）分离自肉桂地链霉菌 *Streptomyces cinnamonensis*，是一种广谱的抑制球虫抗生素，作为饲料添加剂广泛用于球虫病的防治。

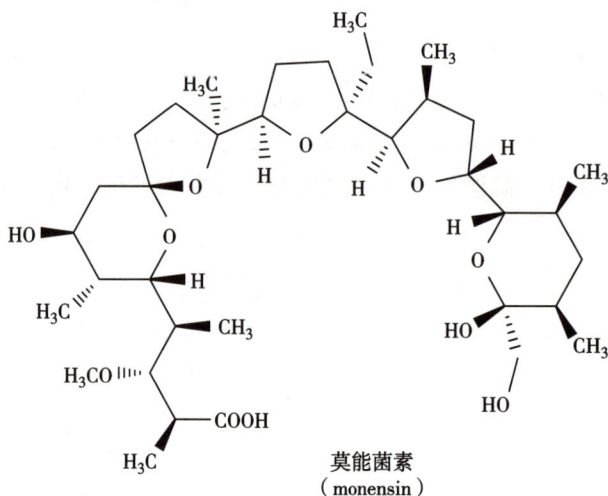

莫能菌素
（monensin）

他汀类药物
（拓展阅读）

（四）他汀类

他汀类（statins）化合物是重要的降血脂药物成分，其作用机制是通过抑制 HMG-CoA 还原酶的活性，来减少胆固醇的合成，刺激低密度脂蛋白（LDL）受体产生而发挥降血脂作用。天然来源的他汀类化合物主要产自真菌的霉菌和放线菌的发酵产物。他汀类化合物的结构主要由三部分组成：一是与底物 HMG-CoA 相似的 3,5- 二羟基庚酸结构片段或开环可转化为羟基酸的 3- 羟基戊内酯环，是他汀类药物的药效团；二是疏水性的氢化萘环；三是环上的其他取代基。

来源于微生物并已应用于临床的他汀类降血脂药物主要有洛伐他汀（lovastatin）、普伐他汀（pravastatin）和辛伐他汀（simvastatin）。其中洛伐他汀是直接来源于真菌的代谢产物，普伐他汀是由放线菌发酵产生美伐他汀（mevastatin），然后由真菌羟化获得，而辛伐他汀则通过对洛伐他汀的化学修饰获得[10]。

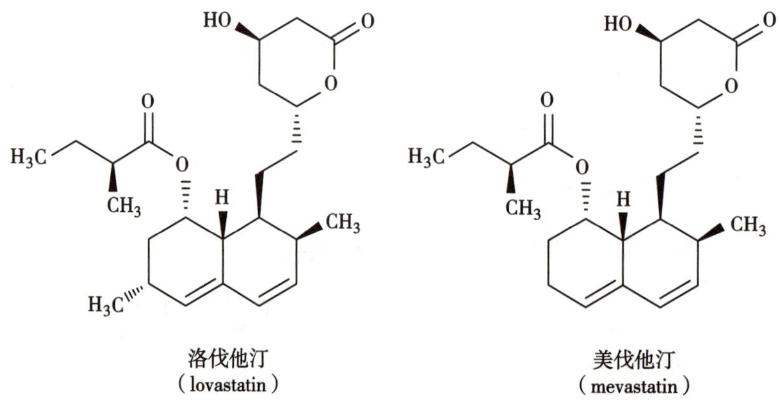

洛伐他汀
（lovastatin）

美伐他汀
（mevastatin）

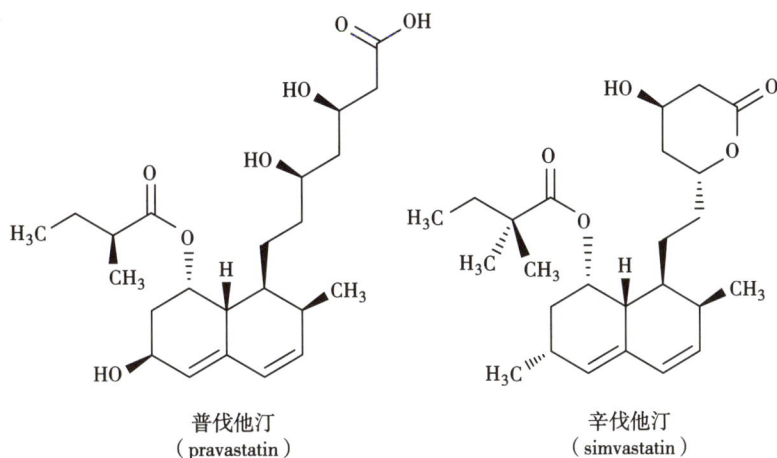

普伐他汀
（pravastatin）

辛伐他汀
（simvastatin）

（五）杂合聚酮类

FR 11-3
雷帕霉素
（拓展阅读）

聚酮类化合物可以在生物合成过程中杂合其他类型天然产物的生物合成途径，生成杂合聚酮类化合物。如化合物 FK-506，分离自链霉菌 *S. tsukubaensis*，具有较强的免疫抑制活性、较低的毒性，临床上主要用于肝脏等器官移植，通用名为他克莫司（tacrolimus）。该化合物属于类大环内酯类化合物，因其结构中包含嵌入聚酮骨架的氨基酸构造单元：哌啶甲酸，同时也是一类聚酮 - 非核糖体肽杂合化合物 [11]。与其结构类似的抗真菌药物雷帕霉素（rapamycin）也属于同类型的杂合聚酮，来源于链霉菌 *S. hygroscopicus*，具有很强的免疫抑制活性，其通用名为西罗莫司（sirolimus）。

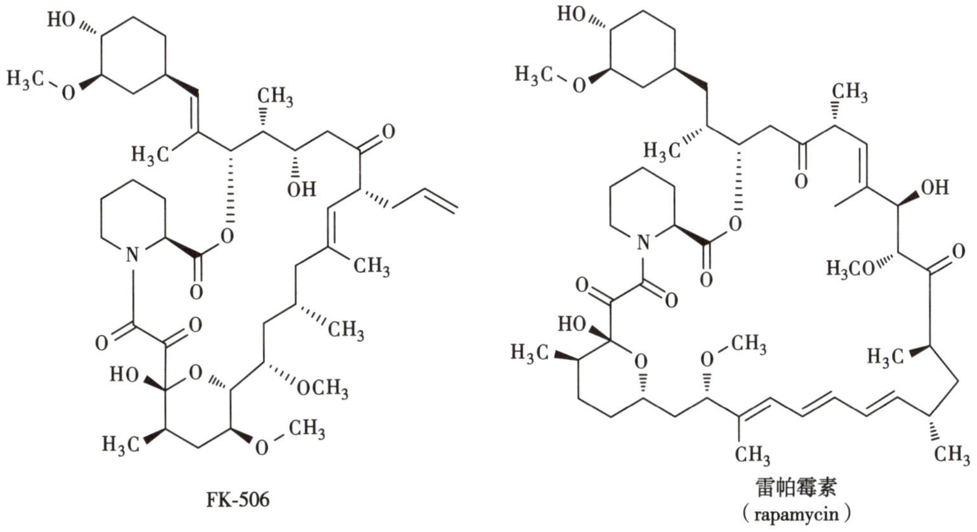

FK-506

雷帕霉素
（rapamycin）

烟曲霉素（fumagillin）分离自烟色曲霉（或烟曲霉，*Aspergillus fumigatus*），具有体外杀阿米巴虫的活性。该化合物具有异戊烯基和聚酮骨架，是典型的聚酮 - 萜类杂合化合物，同时也可以将其归类为杂萜类化合物。

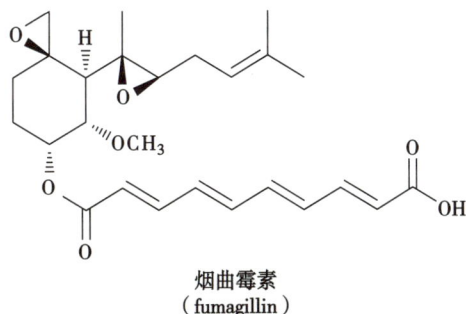

烟曲霉素
（fumagillin）

烯二炔类(enediynes)化合物分子结构独特,是迄今为止抗肿瘤活性最强的一类天然化合物。由烯二炔核心结构引发的 DNA 损伤新机制是该类化合物用于肿瘤化疗的分子基础。自 1965 年从链霉菌 *Streptomyces carzinostaticus* 的发酵液中分离到第一个烯二炔类化合物——新制癌菌素(neocarzinostatin)以来,已有几十种烯二炔类化合物被陆续发现。这类化合物根据核心结构大小的不同,可以分为九元和十元烯二炔两种类型。九元的烯二炔类化合物如新制癌菌素、力达霉素(lidamycin)等,十元的烯二炔代表性化合物有卡利霉素 γ_1^{I}(calicheamicin γ_1^{I})或刺孢霉素(calicheamycin)等。以力达霉素为例,该化合物汇聚了多条天然产物生物合成途径,由聚酮类的不饱和烯二炔核心结构,分支酸环化所衍生的苯并噁唑啉酯,氨基酸代谢产生的氯-β-酪氨酸等部分杂合而成。

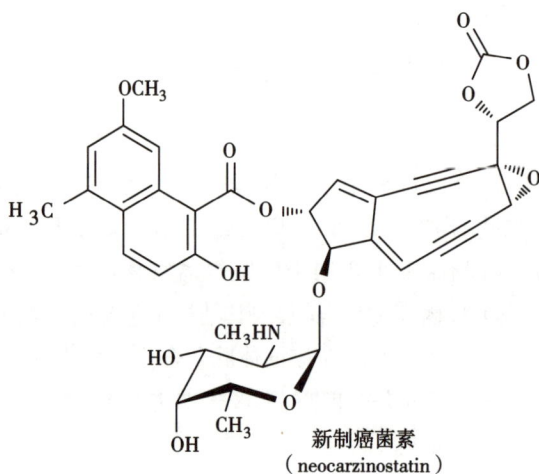

新制癌菌素
(neocarzinostatin)

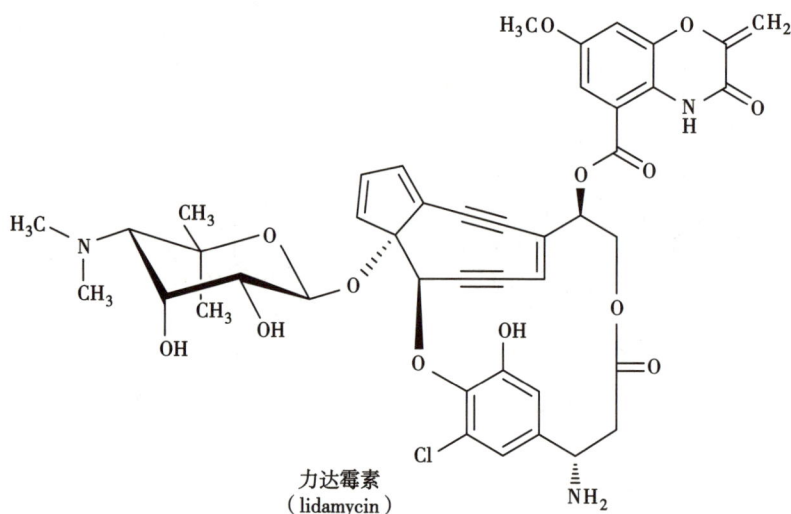

力达霉素
(lidamycin)

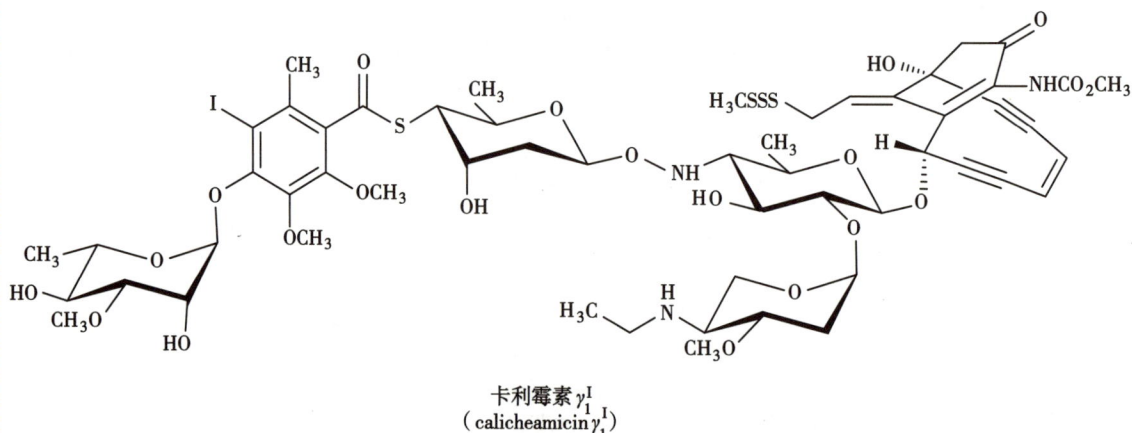

卡利霉素 γ_1^{I}
(calicheamicin γ_1^{I})

（六）香豆素类

微生物在生长繁殖过程中可以产生对人或动物具有非抗生素样毒性作用的代谢产物，称之为微生物毒素。微生物毒素包括细菌毒素和真菌毒素，其中细菌毒素主要为蛋白和脂多糖类物质，而真菌毒素通常为小分子的次生代谢产物。具有香豆素结构的真菌毒素是最为常见的微生物毒素化合物类型之一。黄曲霉毒素（aflatoxins）是其中的代表性化合物，主要由黄曲霉（*Aspergillus flavus*）和寄生曲霉（*A. parasiticus*）产生，结构中具有骈合的双呋喃结构，包括黄曲霉毒素 B_1、B_2、G_1、G_2 等。黄曲霉毒素是剧毒物质并有强烈的致癌性，常通过污染食品和饲料而诱发人类的肝癌疾病，其中黄曲霉毒素 B_1 的毒性和致癌作用最强。

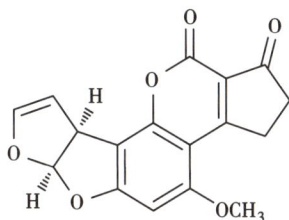

黄曲霉毒素 B_1
（aflatoxin B_1）

二、肽类化合物

微生物来源的肽类次生代谢产物是一类重要的天然药物成分，往往因含有稀有的氨基酸单元而具有新颖的化学结构和独特的生物活性。该类化合物的结构有多种分类方式，根据分子中氨基酸的数量可分为二肽、三肽、四肽……多肽等；按照氨基酸是否连接成环分为线状肽、环状肽、线 - 环状肽；按照分子中存在氨基酸以外成分片段情况又分为脂肽、糖肽等。

环孢素 A（cyclosporin A）是环状肽的代表性化合物，是一系列环孢素衍生物的主要组分，由 11 个氨基酸组成三十三元的环肽。该化合物于 1969 年分离自两种不完全真菌：光泽柱孢菌（*Cylindrocarpon lucidum*）和雪白白僵菌（*Beauveria bassiana*），最初作为抗真菌活性化合物被发现，1976 年首次报道了其免疫抑制活性，并于 1978 年首次应用于临床肾移植试验。目前，环孢素 A 作为重要的免疫抑制剂已广泛应用于临床，用于器官移植的抗排异反应以及自身免疫性疾病的治疗。

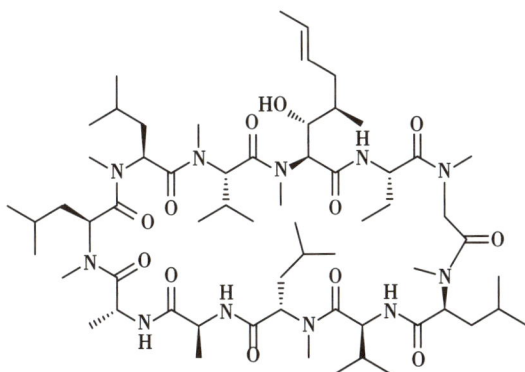

环孢素 A
（cyclosporin A）

放线菌素 D（actinomycin D）分离自微小链霉菌（*Streptomyces parvullus*），曾被命名为更生霉素。该化合物的结构中两分子十六元环肽连接在一个发色团片段上，该发色团片段又称去肽放线菌素（actinocin），即 2- 氨基 -4,5- 二甲基吩噁嗪 -3- 酮 -1,8- 二羧酸。放线菌素 D 通过与 DNA 双链的紧密结合，干扰 DNA 的复制和转录来发挥其抗肿瘤活性。

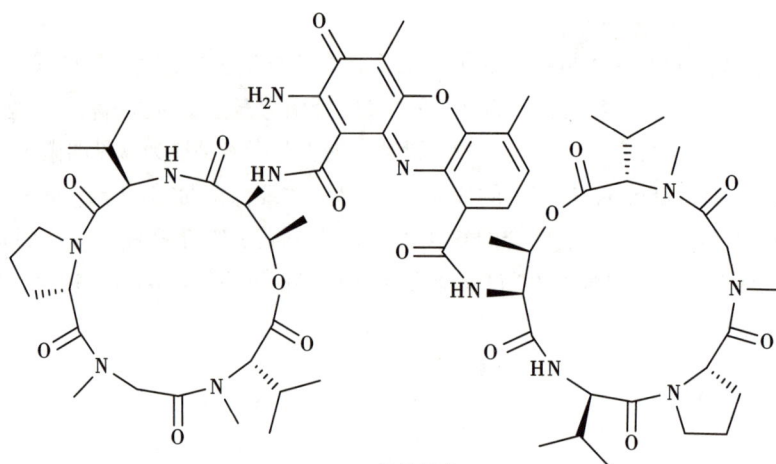

放线菌素 D
（actinomycin D）

多黏菌素（polymyxin）具有线 - 环状肽结构，由多黏芽孢杆菌（*Bacillus polymyxa*）产生，是一组重要的抗革兰氏阴性菌抗生素，以组分 B_1 活性为最强。目前临床应用的为多黏菌素 B、E 和 M。

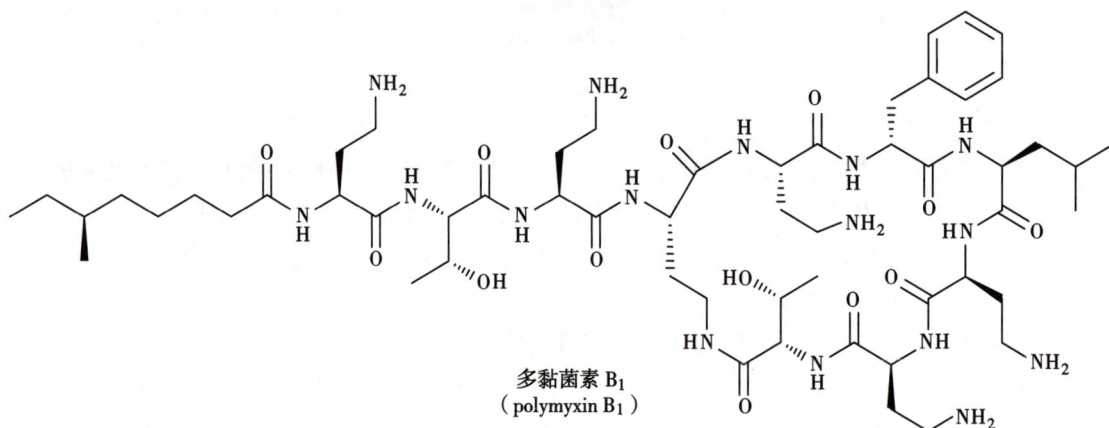

多黏菌素 B_1
（polymyxin B_1）

达托霉素（daptomycin）为当前最具代表性的脂肽类抗生素，主要通过在链霉菌 *Streptomyces roseosporus* 的培养基中加入癸酸，从其发酵产物中分离获得。达托霉素的结构中包括 10 个氨基酸组成的环肽，3 个氨基酸的环外侧链和一个连接在侧链色氨酸上的正癸酰基三部分。达托霉素临床上主要用来对抗由革兰氏阳性菌引起的感染性疾病，特别是复杂的皮肤和软组织感染。

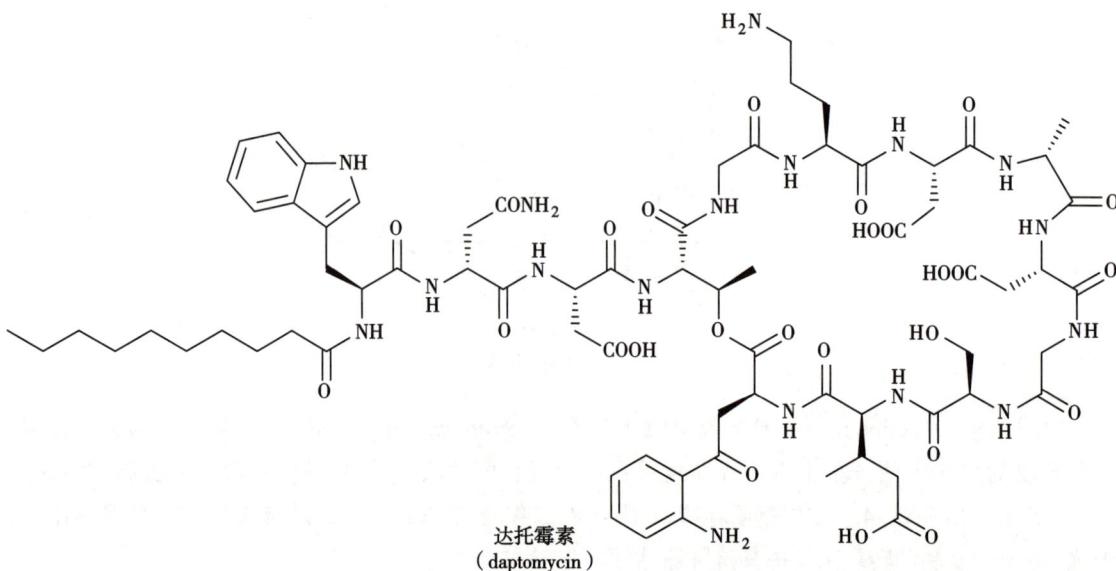

达托霉素
（daptomycin）

万古霉素(vancomycin)产自东方拟无枝酸菌(*Amycolatopsis orientalis*)及链霉菌 *Streptomyces orientalis*,为典型的糖肽类抗生素,其分子中具有 7 个氨基酸组成的环肽结构,氨基酸残基的芳香侧链又彼此交叉连接,形成万古霉素特有的 dalbaheptide 母核。其糖基部分为一个双糖链,为万古糖胺 -1,2- 葡萄糖基。万古霉素可以通过抑制细菌细胞壁肽聚糖合成发挥其抗菌作用,在临床上通常是其他抗菌药物失败后才使用的治疗手段,常被认为是抗菌药物的最后一道防线。

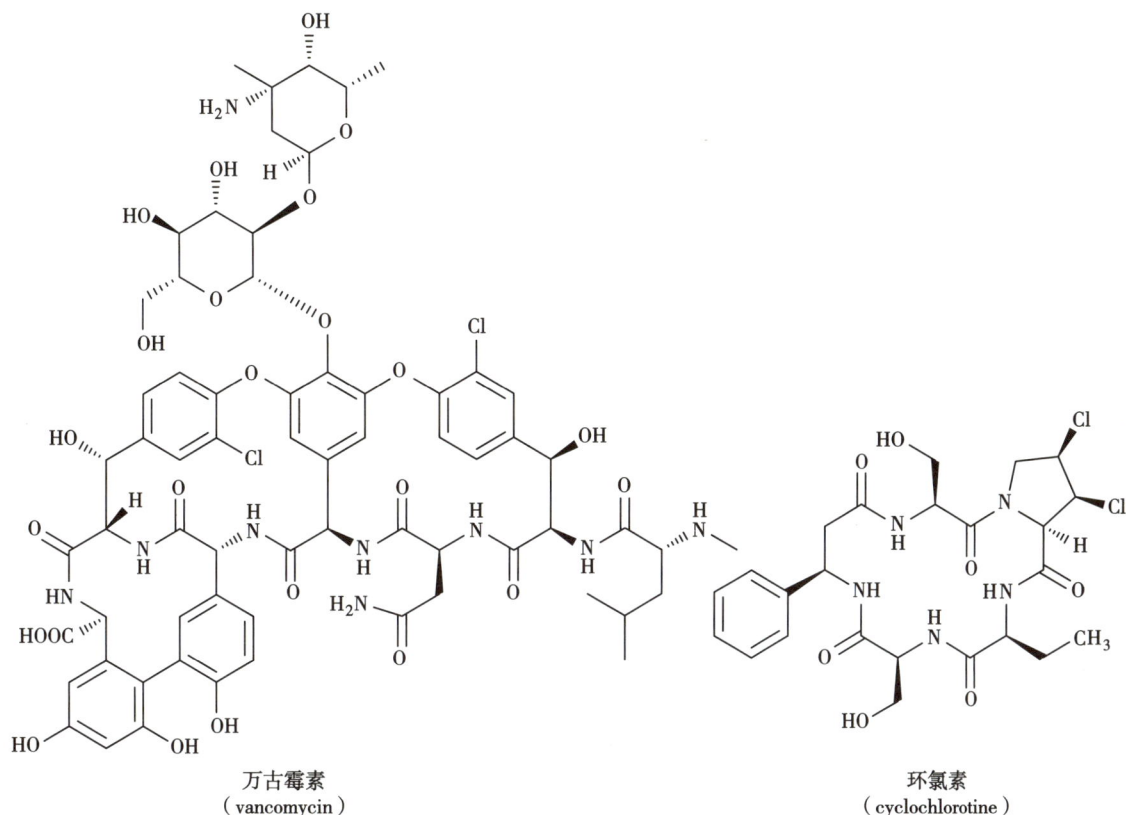

万古霉素
(vancomycin)

环氯素
(cyclochlorotine)

由青霉 *Penicillum islandicum* 产生的一种环状肽类微生物毒素——环氯素(cyclochlorotine),因结构中含有氯原子,又称为氯肽(chloropeptide)。该毒素具有很强的肝毒性[12]。

三、生物碱类化合物

生物碱类化合物是重要的微生物次生代谢产物类型,往往具有十分显著的生物活性特征[13]。喜树碱(camptothecin)最初分离自蓝果树科植物喜树(*Camptotheca acuminata*)的木质部,后来从臭味假柴龙树(*Nothapodytes foetida*)的内皮层分离得到的内生真菌 *Entrophosphora infrequens* 的发酵物中也分离得到该化合物。此后,又陆续从喜树的内生真菌 *Fusarium solani* 中分离得到 9- 甲氧基喜树碱和 10- 羟基喜树碱,这两个化合物和喜树碱相比,具有更好的水溶性,以及更好的 DNA 拓扑异构酶Ⅰ抑制活性。

从产自巴西的植物 *Murraya paniculata* 的叶片的内生真菌 *Eupenicillium* sp. 的发酵产物中分离得到具有一系列相似结构的生物碱类化合物 alantrypinene B、alantryleunone、alantryphenone 和 alanditrypinone。

alantrypinene B　　alantryleunone

alantryphenone　　alanditrypinone

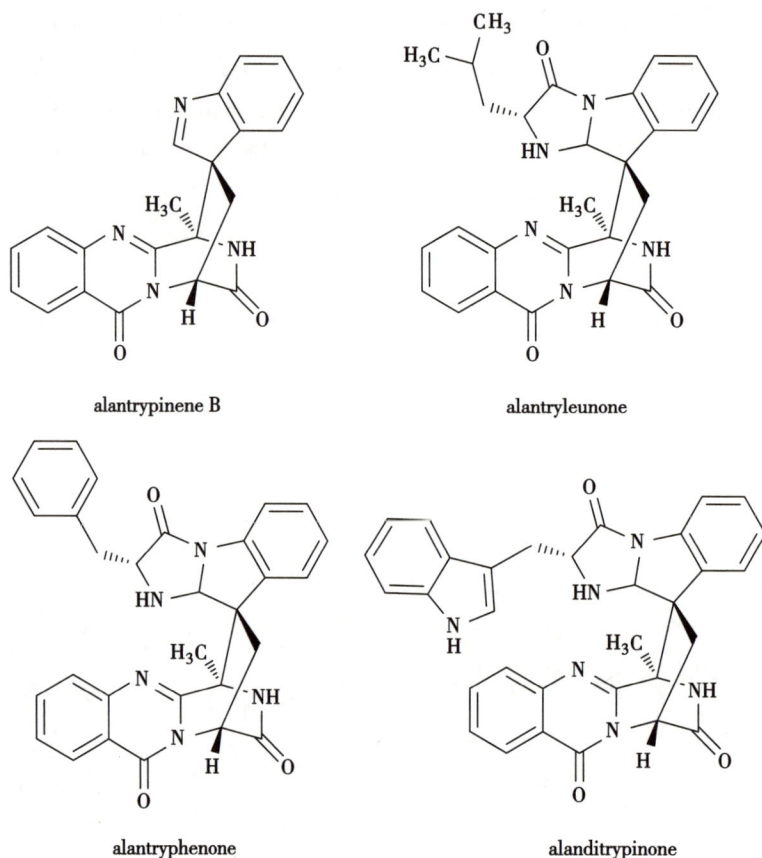

Riguera 等从西班牙海域的一种海洋被囊动物 *Ecteinascidia turbinata* 中分离出来一种细菌 *Agrobacterium* sp. ALET-304，对该菌株进行了深入研究，从中分离得到化合物 agrochelin。该化合物对鼠（P-388）和人类肿瘤细胞（A-549、HT-29、MEL-28）均显示出较强的细胞毒活性（IC_{50} 值为 0.05~0.2μg/ml）。化合物 B-90063 是从海洋细菌 *Blastobacter* sp. SANK 71894 的培养液中分离出来的，结构中具有吡啶酮和噁唑的特殊骨架，该化合物显示出对人类的内皮肽转化酶（*h*-ECE）的抑制能力（IC_{50} 值为 1.0μmol/L）与磷酰胺（IC_{50} 值为 0.9μmol/L）接近，构效关系研究表明，醛基是该化合物发挥 *h*-ECE 抑制活性的重要官能团。

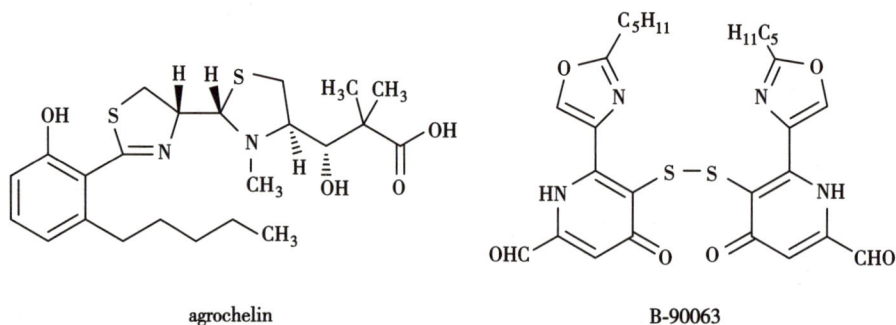

agrochelin　　B-90063

四、萜类化合物

微生物来源的萜类化合物以真菌来源为主，主要集中在倍半萜、二萜和三萜等几种结构类型。如从海绵 *Myxilla incrustans* 分离得到的真菌（*Microsphaeropsis* sp.）中得到一个具有抗微生物活性的雅槛蓝烷类倍半萜化合物 microsphaeropsisin。从南海真菌（*Hypoxylon oceanicum*）的代谢产物中也分离得到一个具有内酯结构的雅槛蓝烷型倍半萜类化合物，其结构为 8- 羟基 -9- 酮 -7(11)- 雅槛蓝烯 -12,8-

交酯 [8-hydroxy-9-one-7(11)-eremophilien-12,8-olide]。Periconicin B 是从巴西塞拉多地区的一种植物 *Xylopia aromatica* 的内生真菌 *Periconia atropurpurea* 中分离得到的壳梭孢烷型（fusicoccane）二萜，显示出与铂制剂相似的抗肿瘤活性。真菌的次生代谢产物中也发现了众多的三萜类化合物，其中不乏具有较好的细胞毒活性的成分。如从茯苓的菌核中分离得到的 poricoic acid G 对白血病细胞显示出较强的生长抑制作用。

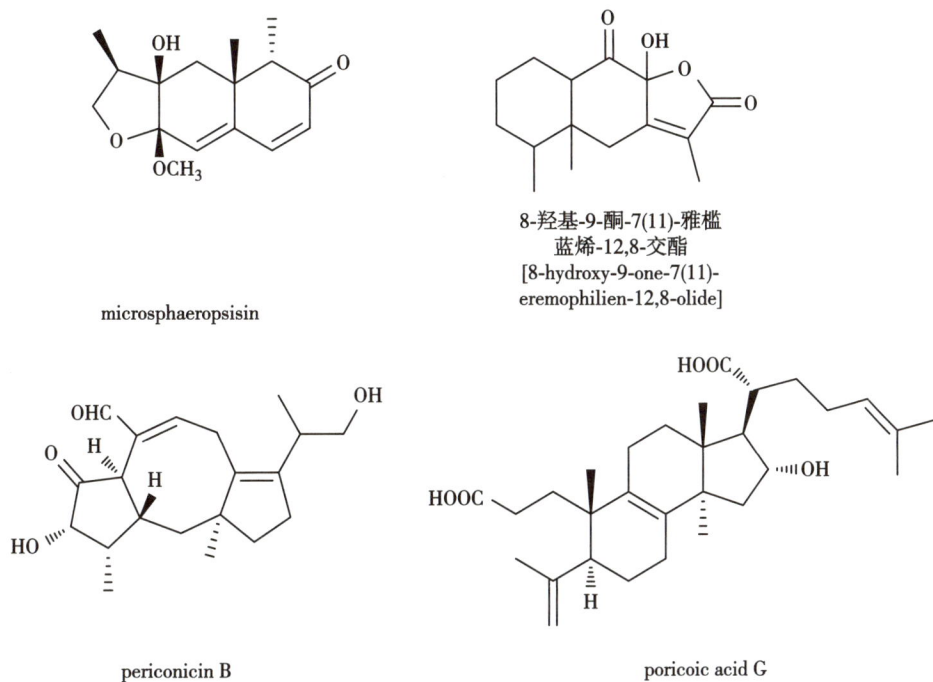

microsphaeropsisin

8-羟基-9-酮-7(11)-雅槛蓝烯-12,8-交酯 [8-hydroxy-9-one-7(11)-eremophilien-12,8-olide]

periconicin B

poricoic acid G

杂萜（meroterpenoids）是指在生源上萜类生物合成途径与其他途径偶联重组生成的一类天然产物。杂萜作为一种常见的次生代谢产物，在动植物、细菌、放线菌和真菌中均有分布。Manginoid A 是从茶树内生真菌芒果球座菌（*Guignardia mangiferae*）发酵产物中分离得到的具有单萜 - 莽草酸骨架的杂萜，对 2 型糖尿病靶点 11β-HSD1 蛋白具有抑制活性，IC_{50} 值为 0.84μmol/L。Teleocidin B 分离自放线菌 *Streptomyces mediocidicus*，作为一种强效的蛋白激酶 C 激动剂，在药学和生物化学方面都具有广阔的应用前景。该化合物是由吲哚内酰胺和单萜在吲哚环的 C-6 和 C-7 位杂合而成的杂萜类化合物。

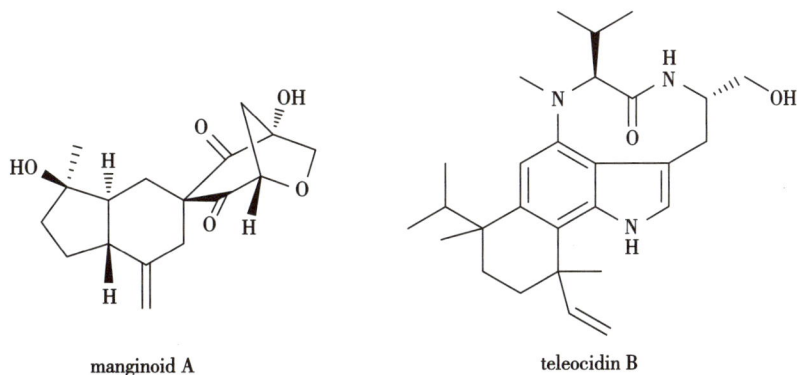

manginoid A

teleocidin B

五、甾体化合物

与植物来源的甾体化合物相比，微生物来源的甾体化合物往往具有更为丰富多样的骨架和支链。如从南海褐藻（*Sargassum kjellmanianum*）分离的曲霉属真菌 *Aspergillus ochraceus* 中分离得

到 3 个新的甾体化合物，分别为 7-nor-ergosterolide（Ⅰ）、3β,11α- 二羟基麦角甾 -8,24(28)- 二烯 -7- 酮（Ⅱ）和 3β- 羟基麦角甾 -8,24(28)- 二烯 -7- 酮（Ⅲ）。其中化合物Ⅰ为一个罕见的 7 位降麦角甾类化合物。化合物Ⅰ对 NCl-H460、SMMC-7721 和 SW1990 细胞株均显示出细胞毒活性，IC_{50} 值分别为 5.0μg/ml、7.0μg/ml、28.0μg/ml。化合物Ⅱ对 SMMC-7721 细胞株显示出细胞毒活性，IC_{50} 值为 28.0μg/ml[14]。

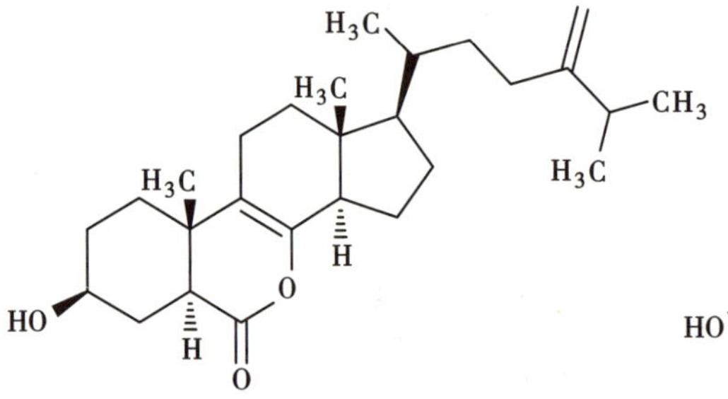

7-nor-ergosterolide

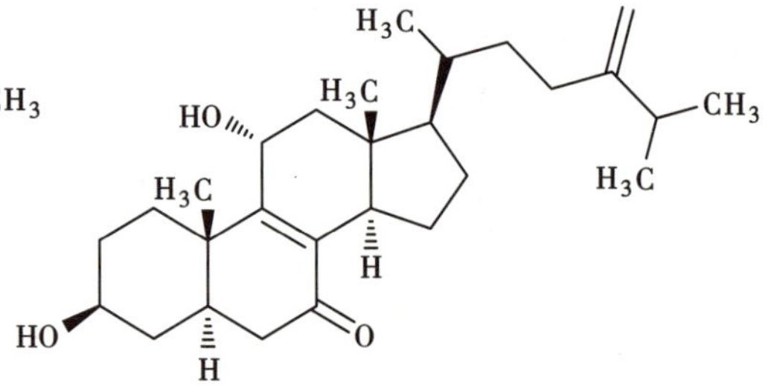

3β,11α-二羟基麦角甾-8,24(28)-二烯-7-酮
[3β,11α-dihydroxyergosta-8,24(28)-dien-7-one]

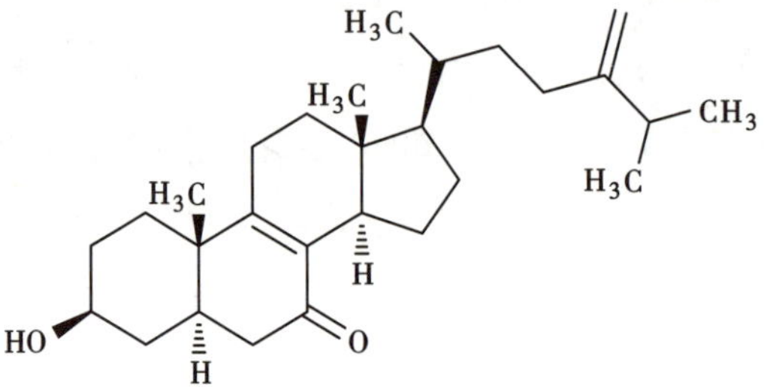

3β-羟基麦角甾-8,24(28)-二烯-7-酮
[3β-hydroxyergosta-8,24(28)-dien-7-one]

从安第斯山脉出产的雪莲果（*Smallanthus sonchifoliu*）的内生真菌 *Papulaspora immerse* H. H. Hotson 中分离得到 (22*E*,24*R*)- 麦角甾 -4,6,8(14),22- 四烯 -3- 酮和 (22*E*,24*R*)-8,14- 环氧麦角甾 -4,22- 二烯 -3,6- 二酮。这两种甾体化合物对多种癌细胞均显示出细胞毒活性[15]。

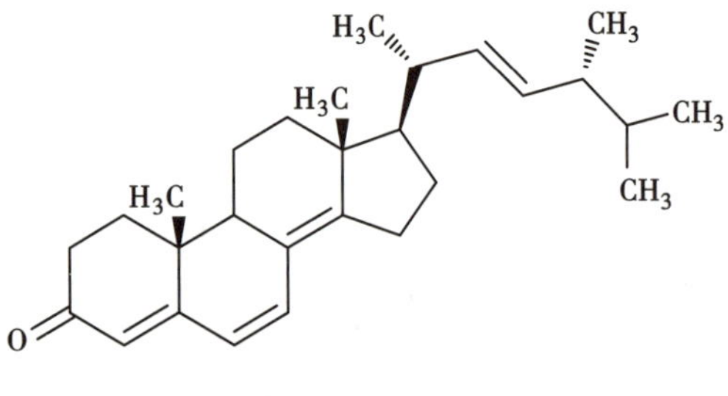

(22*E*,24*R*)-麦角甾-4,6,8(14),22-四烯-3-酮
[(22*E*,24*R*)-ergosta-4,6,8(14),22-tetraen-3-one]

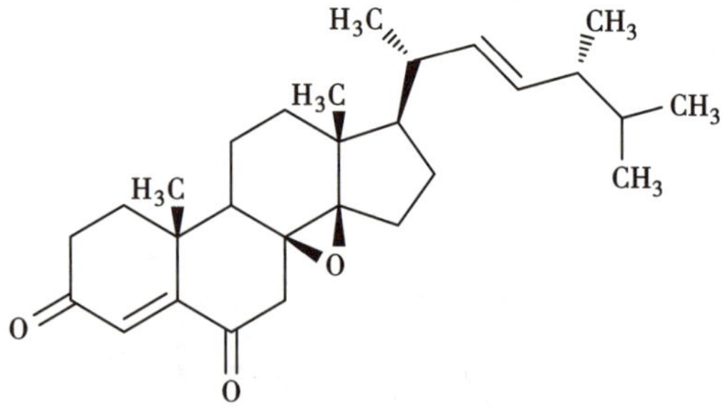

(22*E*,24*R*)-8,14-环氧麦角甾-4,22-二烯-3,6-二酮
[(22*E*,24*R*)-8,14-epoxyergosta-4,22-diene-3,6-dione]

六、单苯环衍生物

以单苯环为母核的微生物次生代谢产物包括氯霉素类、酚类、苯基酮及苯基羧酸衍生物等。其中，氯霉素是最具代表性的化合物。

氯霉素（chloramphenicol）于 1947 年从委内瑞拉链霉菌（*Streptomyces venezuelae*）中分离获得。

氯霉素为广谱抗生素，可用于治疗革兰氏阳性菌、革兰氏阴性菌和铜绿假单胞菌引发的感染，对立克次体、衣原体和支原体也具有活性。但因其可诱发灰婴综合征和再生障碍性贫血等致命性的毒性反应，临床应用受到了极大限制。

壳二孢氯素（ascochlorin）由壳二孢属真菌 *Asochyta viciae* 产生，是异戊二烯取代的单苯环酚类化合物。该化合物具有抗病毒、抗真菌、降血脂、降血压、抗癌、改善 1 型和 2 型糖尿病等多种药理作用。

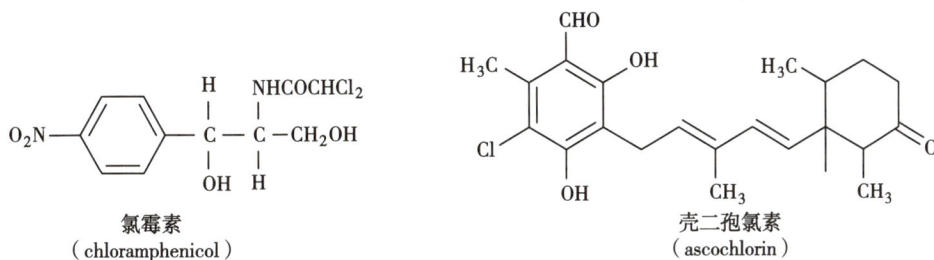

氯霉素
（chloramphenicol）

壳二孢氯素
（ascochlorin）

七、核苷类化合物

微生物来源的核苷类化合物多产自放线菌，也有部分产生于细菌、霉菌等。该类化合物多具有抗细菌、抗真菌、抗肿瘤、抗病毒、钙拮抗以及免疫调节等多种药理活性。核苷类化合物根据苷键原子的不同可以分为两大类：一是苷键原子为氮原子的氮-核苷类化合物，另一类是苷键原子为碳原子的碳-核苷类化合物。代表性化合物有阿糖腺苷、多氧菌素等。

阿糖腺苷（vidarabine）具有嘌呤核苷结构，最初来源于海绵的代谢产物，后从链霉菌 *Streptomyces antibioticus* 的培养液中分离获得。临床上用于治疗单纯疱疹病毒性脑炎，也用于治疗免疫抑制患者的带状疱疹和水痘感染，该化合物的单磷酸酯还具有抑制乙肝病毒复制的作用。

多氧菌素（polyoxin）由土壤放线菌产生，是具有嘧啶核苷结构的多种组分化合物。农业和植保领域主要用来抑制各种植物病原真菌，特别对稻纹枯病有效，其中 D 组分的活性最强。

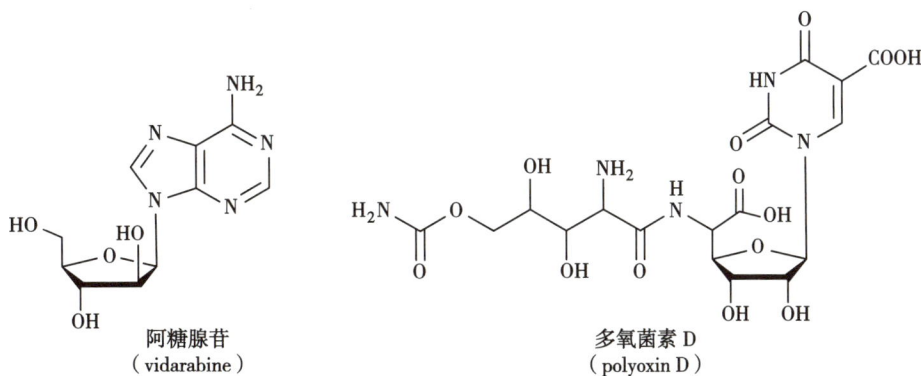

阿糖腺苷
（vidarabine）

多氧菌素 D
（polyoxin D）

第五节　微生物次生代谢产物的生物活性

微生物次生代谢产物具有各种不同的生物活性，除其代表性的抗菌、抗病毒和免疫调节作用外，还具有心血管调节作用、抗肿瘤活性等。

一、抗菌作用

微生物次生代谢产物的抗菌活性主要包括抗细菌和抗真菌活性。其作用机制包括：①抑制细菌细胞壁的合成，如青霉素类、头孢菌素类、万古霉素等；②改变胞质膜的通透性，如抗革兰氏阴性菌的多黏菌素类及抗真菌的两性霉素 B 等；③抑制蛋白质的合成，如氨基糖苷类、四环素类、氯霉素等；

④影响核酸和叶酸代谢，如利福霉素等。

抗菌活性是微生物次生代谢产物最主要的生物活性。有统计数字显示，已知的微生物活性代谢产物中的 60% 表现出抗微生物活性（包括抗细菌、抗真菌和抗原虫活性）。其中的 66% 表现出抗革兰氏阳性菌活性，30% 表现出抗革兰氏阴性菌活性，34% 表现出抗真菌活性[16]。

除传统的在临床上广泛应用的明星化合物外，人们从更广泛来源微生物的代谢产物中陆续发现了具有显著抗菌活性的化合物。如从亚洲象粪便来源链霉菌 *Streptomyces albolongus* 中发现的新型巴芙洛霉素类化合物（bafilomycins）显示出独特的抗真菌活性。巴芙洛霉素类成分能够显著下调多组分与甾醇合成相关基因的表达，且不同于临床应用药物的靶基因，并能够显著抑制新型治疗靶点——真菌 *MET6* 基因的表达。

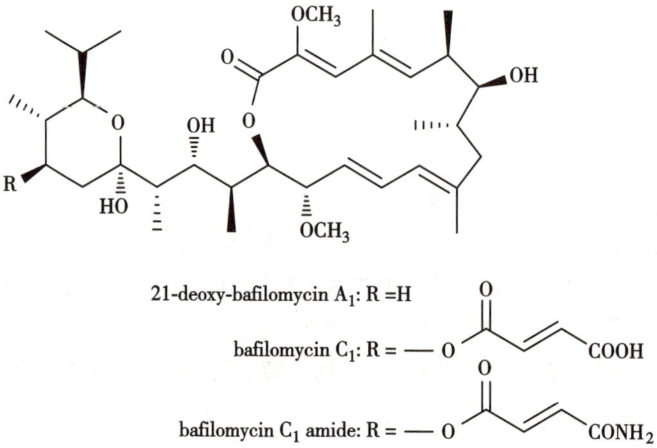

21-deoxy-bafilomycin A_1: R =H

bafilomycin C_1: R = —O—CO—CH=CH—COOH

bafilomycin C_1 amide: R = —O—CO—CH=CH—$CONH_2$

二、抗病毒作用

代表性化合物如直接来源于链霉菌的具有抗单纯疱疹病毒作用的阿糖腺苷，间接来源的如放线菌代谢产物利巴韦林（ribavirin，病毒唑）。利巴韦林广泛应用于临床，是一种广谱抗病毒药物，是根据放线菌代谢产物吡唑呋喃菌素（pyrazofurin）和间型霉素（formycin）的结构人工合成的一种核苷。此外，人们从微生物代谢产物中陆续发现了众多具有显著抗病毒作用的化合物。如 He 等从链霉菌 KIB3133 中分离得到的硫桥联吡喃萘醌二聚体 naquihexcin E 表现出中等的抗 HIV 活性，EC_{50} 值为 2.8μmol/L[17]。

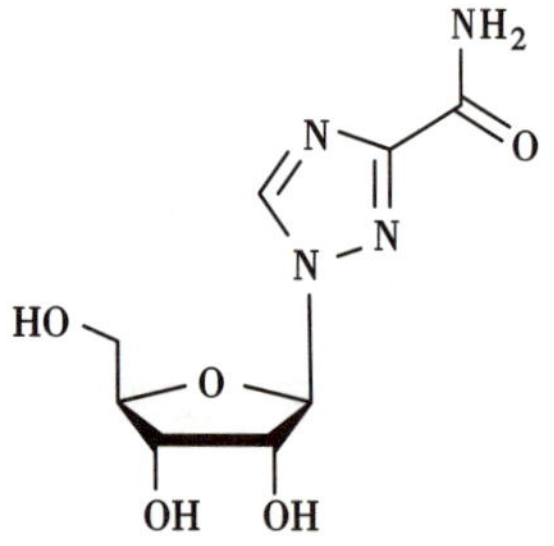

利巴韦林
（ribavirin）

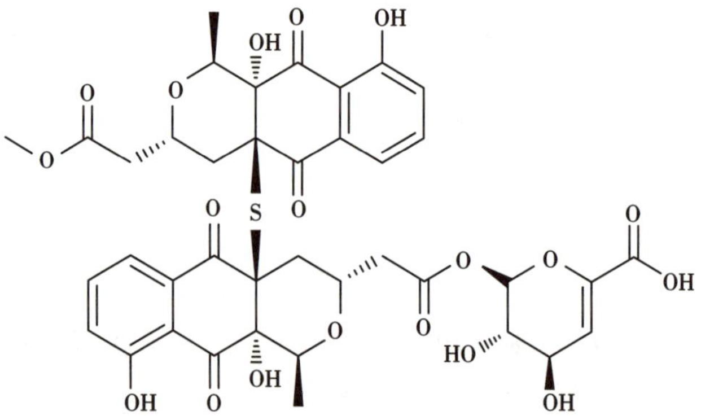

naquihexcin E

三、免疫调节作用

微生物来源的环孢素 A 作为免疫抑制剂成功应用于临床器官移植后，从微生物次生代谢产物中寻找免疫抑制活性物质就受到了各国研究学者的极大关注，一系列重要的免疫抑制活性化合物被陆续发现。到目前为止，具有免疫抑制活性的微生物次生代谢产物主要集中在肽类、大环内酯类以及一些其他结构类型的化合物。代表性化合物包括环孢素 A~D、FK-506、雷帕霉素、依维莫司等。

此外，一些作用靶点独特、结构类型新颖的免疫抑制剂也在不断被发现，如刀豆霉素(concanamycins)是 Kinashi 等从淀粉酶产色链霉菌中分离得到的一系列十八元环大环内酯类化合物，主要包括刀豆霉素 A、B、C 三种衍生物。其对 PWM 和 MLR 引起的淋巴增殖有环一定的抑制作用，对 Na^+, K^+-ATP 酶也有抑制活性。进一步研究表明，刀豆霉素 B 对Ⅱ型 MHC 分子的抗原也有抑制作用，可以减弱机体对异体抗原的免疫应答，因而可以在移植排异反应中起到治疗作用。

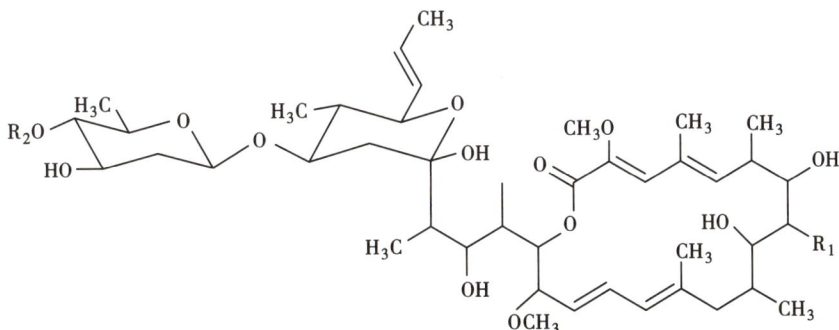

刀豆霉素 A (concanamycin A)　$R_1=CH_2CH_3$, $R_2=CONH_2$
刀豆霉素 B (concanamycin B)　$R_1=CH_3$, $R_2=CONH_2$
刀豆霉素 C (concanamycin C)　$R_1=CH_2CH_3$, $R_2=H$

与免疫抑制剂相比，微生物次生代谢产物中发现的免疫增强剂数量较少。其中的代表性化合物乌苯美司(ubenimex；又名苯丁抑制素，bestatin)分离自橄榄网状链霉菌 *Streptomyces olivoreticuli* 的发酵产物，是一种氨肽酶 B 和亮氨酸氨肽酶抑制剂，同时具有较强的免疫增强作用，对多种肿瘤患者具有免疫治疗作用。乌苯美司可增强细胞介导的免疫性，促进抗体形成；同时能够激活巨噬细胞，刺激体内脾细胞中 T 细胞的增殖。该化合物还可诱导腹膜巨噬细胞产生 IL-1，提高 ConA 或 PHA 刺激脾细胞产生 IL-2 的能力，并能够促进细胞分裂素如集落刺激因子和巨噬细胞刺激因子的产生。乌苯美司在临床上常与化疗剂联合使用，能够增强化疗剂的抗肿瘤效果，显著延长多种肿瘤患者的生存期。

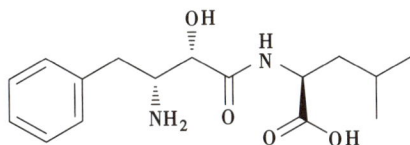

乌苯美司
(ubenimex)

四、对心血管系统的作用

从微生物次生代谢产物中已经发现了多种胆固醇生物合成酶抑制剂，如 HMG-CoA 合成酶抑制剂、HMG-CoA 还原酶抑制剂、鲨烯合成酶抑制剂等，特别是以他汀类药物为代表的 HMG-CoA 还原酶抑制剂，已成为临床上非常重要的高脂血症治疗药物，如洛伐他汀、美伐他汀、普伐他汀、辛伐他汀等。

角鲨烯合成酶在胆固醇生物合成途径中处于关键位置，其抑制剂的发现是降血脂药物研发的重要方向之一。葛兰素史克公司的 Tait 利用 ^{14}C 标记的 FPP 作为底物，筛选到一株茎点霉 *Phoma* sp. 中产生一系列的角鲨烯合成酶抑制剂，将其命名为抑鲨烯菌素(squalestatin)Ⅰ~Ⅲ。

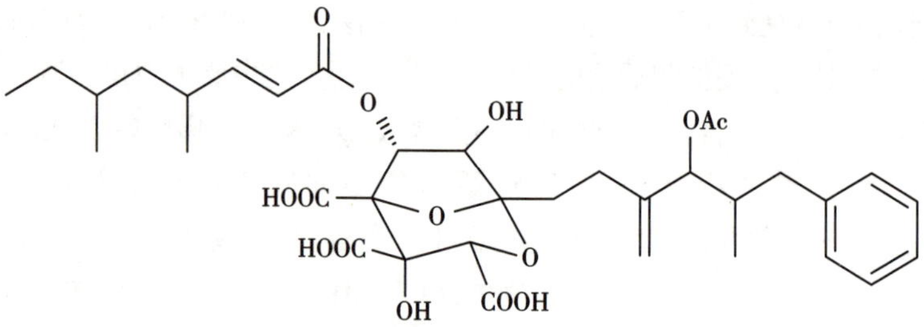

抑鲨烯菌素 I
（squalestatin I）

五、抗肿瘤作用

已发现的具有抗肿瘤活性的化合物很多都具有临床应用价值。如多柔比星、丝裂霉素、博来霉素、放线菌素 D、柔红霉素、平阳霉素等已成为常用的肿瘤治疗药物，在临床的肿瘤化疗中发挥着十分重要的作用。

近年来，从微生物次生代谢产物中获得的具有抗肿瘤活性化合物的结构类型主要包括大环内酯类、萜类、生物碱类、肽类以及醌类等。如 Cañedo 等从小单孢菌属海洋来源放线菌 *Micromonospora* sp. 发酵液中分离得到的具有螺缩酮结构的大环内酯类化合物 IB-96212，该化合物为二十六元环大环内酯的脱氧 L-rhodinose 糖苷，对 P-388、A-549、HT-29 和 MEL-28 肿瘤细胞具有细胞毒活性 [18]。

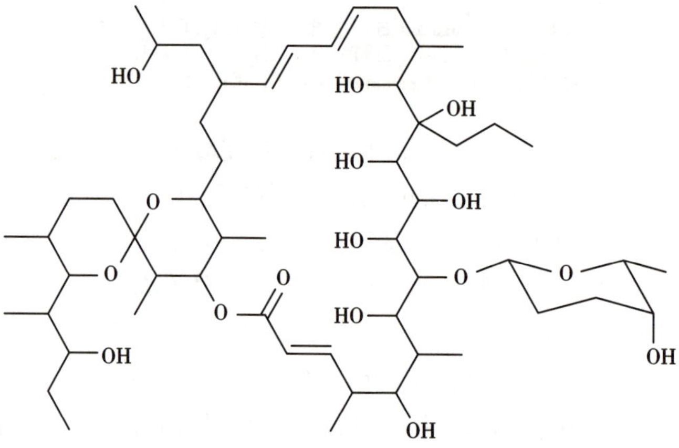

IB-96212

第六节　微生物来源药物的研究实例

微生物次生代谢产物具有结构新颖、药理活性多样的特点，是药物研发先导化合物的重要来源。本节以活性微生物次生代谢产物 epoxomicin 为例，介绍其从分离、鉴定到活性评价以及作为先导化合物开发成为上市药物卡非佐米（carfilzomib）的研发过程。

20 世纪 90 年代，百时美施贵宝公司东京研发部的研究人员从编号为 Q996-17 的放线菌菌株中分离得到一个具有环氧酮结构的线性多肽类化合物，将其命名为 epoxomicin。虽然该化合物体内、体外试验均表现出很强的抗肿瘤活性，但 BMS 认为其结构不稳定、类药性差，且作用机制不明确，放弃了对其进一步研究。而与此同时，耶鲁大学的 Crews 小组则完成了对 epoxomicin 的全合成，并利用生物素标记的方法证明其能高度选择性地抑制蛋白酶体活性。Crews 又通过与慕尼黑理工大学的 Groll 合作得到了 epoxomicin 与酵母菌蛋白酶体的晶体复合物，阐明了其结合机制，证明该化合物优于以往的蛋白酶体抑制剂，具有潜在的成药性。为了得到蛋白酶体抑制活性和抗癌活性更强、成药性更好的候选药物，Crews 小组对 epoxomicin 结构中的环氧酮部分、肽链及取代基部分进行了结构改造和构效关系研究。结果发现具有原始环氧酮结构，肽链长度为四肽时的结构修饰产物 YU-101 活

性最佳，选择性最强。此后，Crews 将该化合物转让给 Proteolix 制药公司，Proteolix 的研发团队继续对其进行结构优化，最后通过引入吗啉环，合成了活性保持而水溶性极大增加的化合物 PR-171（即 carfilzomib）作为候选化合物进入临床研究。2012 年 7 月 20 日 carfilzomib（商品名 Kyrpolis）作为美国 Onys 制药公司研发的新一代蛋白酶体抑制剂获得 FDA 批准上市，主要用于曾接受过两种或两种以上过往治疗方案（包括 bortezomib 和免疫调节剂治疗）的多发性骨髓瘤患者。

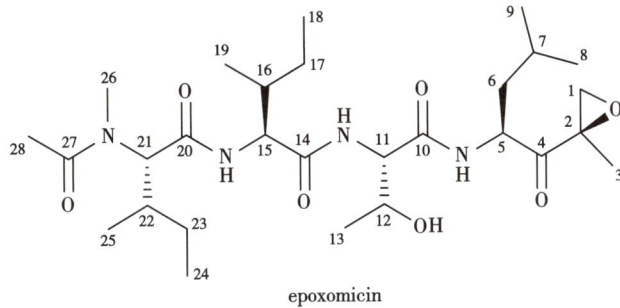

epoxomicin

一、提取与分离

首次发现 epoxomicin 的提取分离流程见图 11-1。

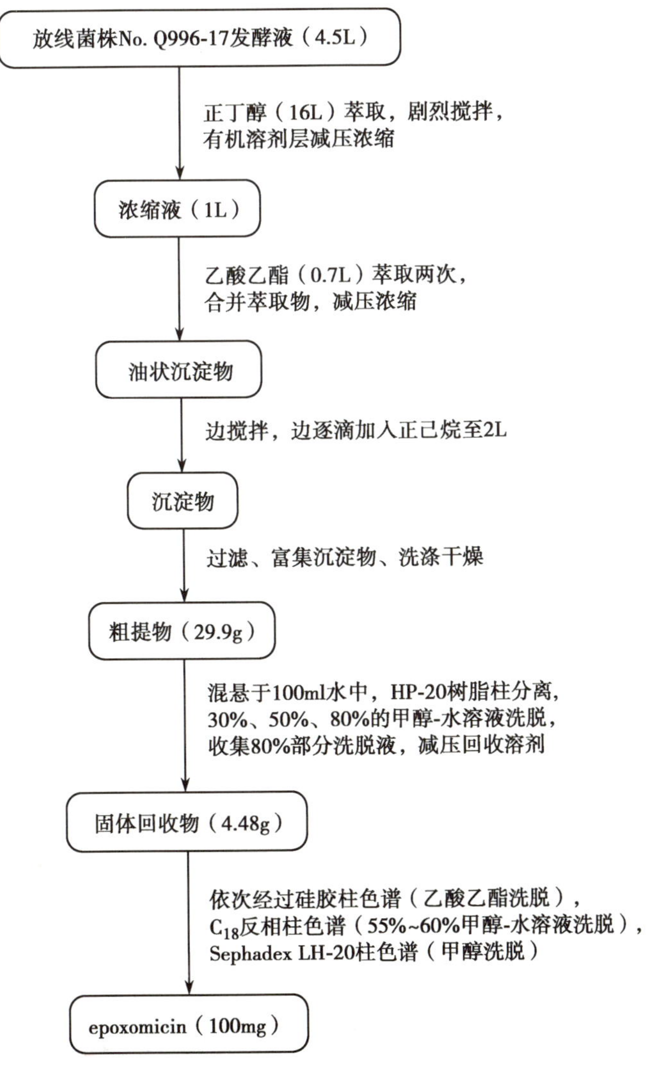

图 11-1　epoxomicin 的提取分离流程图

二、结构鉴定

Epoxomicin 的结构确证主要通过 1D-NMR、2D-NMR（见表 11-1）及 MS 来实现。

1. NMR 信号归属

表 11-1　Epoxomicin 的 NMR 信号归属

Position	^{1}H-NMR δ (multiplicity, J=Hz)	^{13}C-NMR δ (multiplicity)	Position	^{1}H-NMR δ(multiplicity, J=Hz)	^{13}C-NMR δ (multiplicity)
1	2.88 (d, 5.1) 3.31 (d, 5.1)	52.4 (t)	15	4.26 (m)	58.0 (d)
2	—	59.2 (s)	15-NH	7.28 (d, 8.1)	—
3	1.51 (s)	16.8 (q)	16	1.96 (m)	36.2 (d)
4	—	208.3 (s)	17	0.84 (m)^{b} 0.95 (m)^{b}	24.7 (t)^{b}
5	4.52 (m)	50.6 (d)	18	0.86 (m)^{c}	15.5 (q)^{c}
5-NH	7.36 (d, 7.7)	—	19	0.84 (m)^{d}	11.1 (q)^{d}
6	1.35 (m) 1.53 (m)	39.5 (t)	20	—	170.6 (s)
7	1.64 (m)	25.1 (d)	21	4.68 (d, 11.4)	61.5 (d)
8	0.92 (d, 6.5)^{a}	23.3 (q)^{a}	22	2.10 (m)	31.9 (d)
9	0.90 (d, 6.5)^{a}	21.1 (q)^{a}	23	1.11 (m)^{b} 1.35 (m)^{b}	24.6 (t)
10	—	170.8 (s)	24	0.83 (m)^{c}	15.6 (q)^{c}
11	4.45 (dd, 2.9, 7.7)	56.4 (d)	25	0.85 (m)^{d}	10.5 (q)^{d}
11-NH	6.93 (d, 7.7)	—	26	2.98 (s)	32.1 (q)
12	4.24 (dq, 2.9, 6.5)	66.5 (d)	27	—	172.1 (s)
13	1.10 (d, 6.5)	17.8 (q)	28	2.11 (s)	22.1 (q)
14	—	171.7 (s)			

注：测试溶剂为 $CDCl_3$；a~d 信号可以互换。

2. 质谱和 ^{13}C-^{1}H 远程相关

ESI-MS 测定显示 *m/z*：555$[M+H]^+$、577$[M+Na]^+$，EI-MS 给出碎片峰信息；^{13}C-^{1}H 远程相关可确定相隔两根和三根化学键的 C 和 H 的相互关系，对于确定结构骨架尤为重要（该方法为早期 2D-NMR 测试方法，现已被 HMBC 等方法取代）（见图 11-2）。

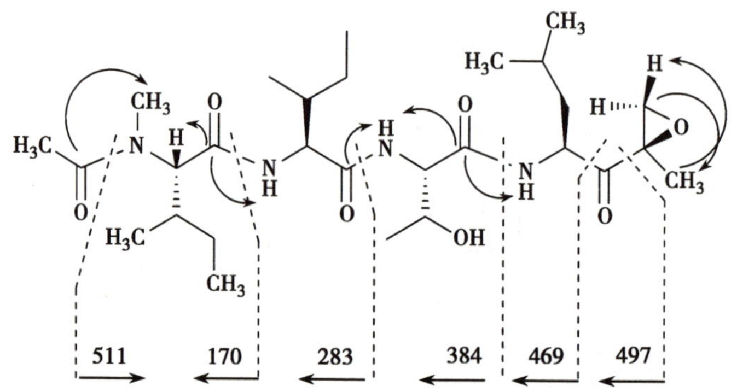

图 11-2　epoxomicin 的 ^{13}C-^{1}H 远程相关及质谱裂解情况

三、抗肿瘤活性

体外、体内试验显示，epoxomicin 表现出较强的抗肿瘤活性（见表 11-2~ 表 11-4）。

表 11-2　epoxomicin 的体外细胞毒活性

测试细胞		IC_{50}/(μg/ml)	
		epoxomicin	eponemycin
鼠黑色素瘤	B16-F10	0.002	0.002
人结肠癌	HCT-116	0.005	0.010
人结直肠癌	Moser	0.044	0.012
鼠白血病	P-388	0.002	0.005
人髓性白血病	K-562	0.037	0.061

表 11-3　epoxomicin 的体内抗 B16 黑色素瘤活性（腹腔注射给药）

化合物	剂量 /[mg/(kg·d)]	给药计划	MST[a]/d	T/C[b]/%	第 5 天平均体重变化量 /g
epoxomicin	1.0	Q1D×9[d]	9.0	Toxic	–3.8
	0.5	Q1D×9	21.0	140	–1.0
	0.25	Q1D×9	20.5	137	–0.2
	0.13	Q1D×9	19.5	130	+0.8
	0.063	Q1D×9	17.5	117	+1.3
eponemycin	1.0	Q1D×9	6.5	Toxic	–3.8
	0.5	Q1D×9	26.0	173	–2.5
	0.25	Q1D×9	23.5	157	+0.5
	0.13	Q1D×9	19.0	127	+1.5
	0.063	Q1D×9	17.5	117	+1.3
mitomycin C	1.0	Q1D×9	30.5	203	–0.5
	0.3	Q1D×9	23.5	157	0.0
	0.1	Q1D×9	16.5	110	+1.8
空白对照[c]	—	Q1D×9	15.0	—	+0.5

注：[a] 中位生存时间；[b]T/C（给药组小鼠的中位生存时间 / 对照组小鼠的中位生存时间 ×100）≥125% 被认为是具有显著性抗肿瘤作用；[c] 含有 10% DMSO 的生理盐水；[d] 每天 1 次，共给药 9 天。

表 11-4　epoxomicin 的体内抗 P-388 白血病活性（腹腔注射给药）

化合物	剂量 /[mg/(kg·d)]	给药计划	MST/d	T/C/%	第 4 天体重变化量 /g
epoxomicin	1.0	Q1D×9	10.5	105	–1.3
	0.5	Q1D×9	13.0	130	–1.5
	0.25	Q1D×9	11.5	115	–0.3
	0.13	Q1D×9	11.0	110	–0.5
	0.063	Q1D×9	10.5	105	+0.3
mitomycin C	1.0	Q1D×9	17.0	170	–0.8
	0.5	Q1D×9	15.5	155	0.0
	0.25	Q1D×9	13.0	130	+1.0
	0.13	Q1D×9	12.0	120	+1.3
	0.063	Q1D×9	11.0	110	+0.8
空白对照	—	Q1D×9	10.0	—	+0.8

生物素标记试验表明，epoxomicin 能高度选择性的与蛋白酶体结合，发挥其抗肿瘤作用。晶体复合物研究结果揭示其结合机制为 epoxomicin 的羰基部分能被蛋白酶体的 Thr1Oγ 进攻后形成半缩醛结构复合物，这个复合物中亲核性的 Thr1N 亲核进攻环氧，生成吗啉环。这样的两步反应使 epoxomicin 通过共价键和蛋白酶体不可逆地紧密结合在一起（见图 11-3）。

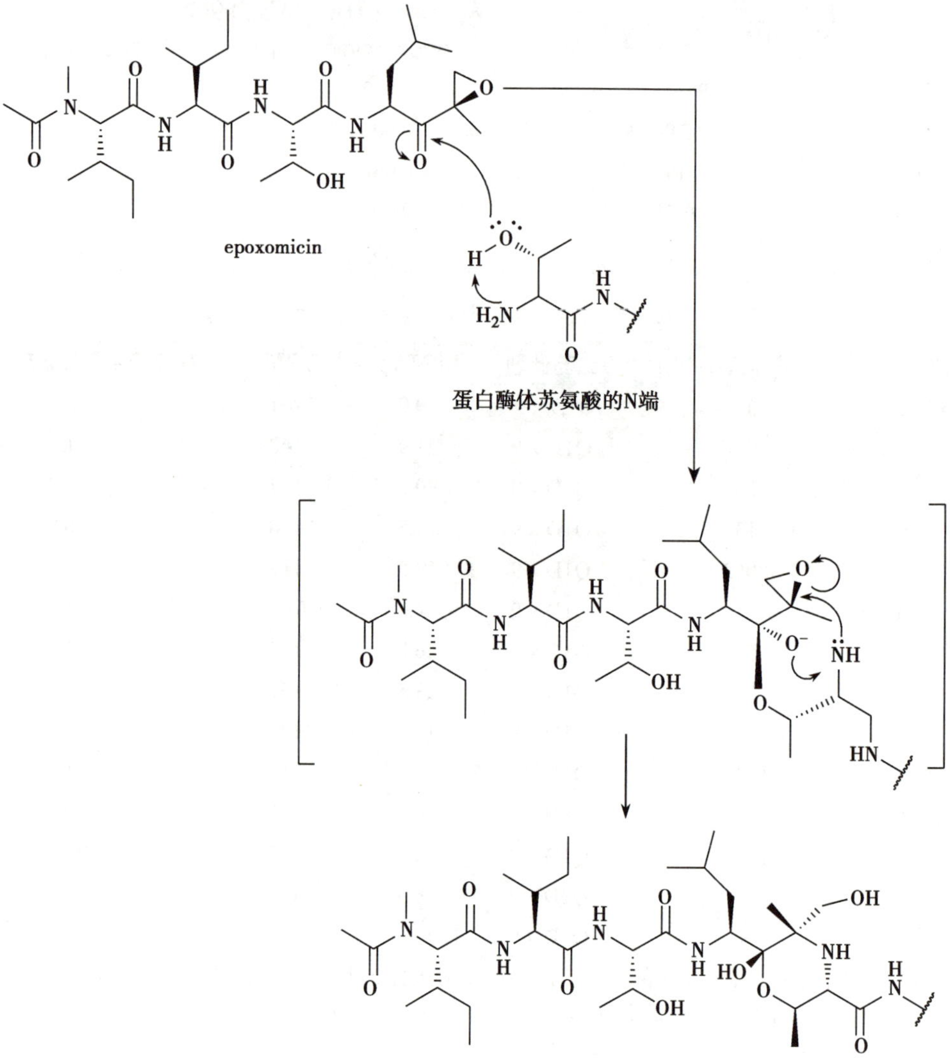

epoxomicin

蛋白酶体苏氨酸的N端

吗啉加合物

图 11-3 epoxomicin 和蛋白酶体的结合机制

四、结构优化

为得到蛋白酶体抑制活性和抗癌活性更强、成药性更好的候选药物，对肽链长度和 R_1~R_4 取代基类型与抗癌活性之间进行了构效关系研究，获得了结构优化的候选药物。早期研究表明，环氧结构及 P_1 片段是保持活性和蛋白酶结合的关键位点（见图 11-4），因此，该部分不进行改造。首先将 R_2~R_4 均用异丁基取代，设计并合成化合物 **1~4**，考察活性与链长的关系。结果显示，长度为四肽链时，选择性和活性均最佳（见表 11-5）。

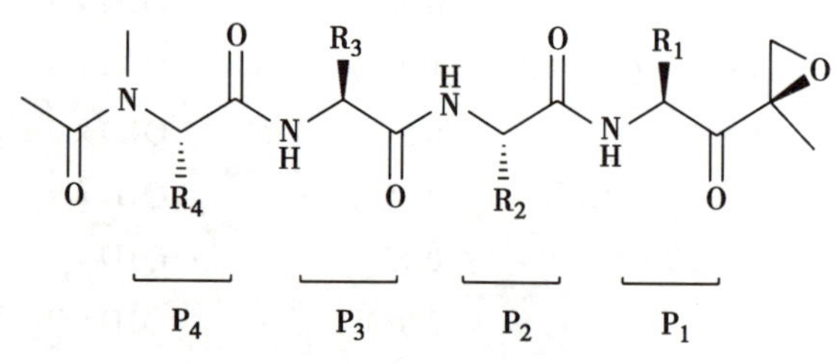

图 11-4 多肽结构示意图

表 11-5　肽链长度与蛋白酶体不同亚基抑制活性关系

		IC_{50}		
		$\beta 5$	$\beta 2$	$\beta 1$
1		50~150nmol/L	—	100~160μmol/L
2		1~2.5μmol/L	100~150μmol/L	8~12μmol/L
3		100~160μmol/L	—	—
4		—	—	—

注：—表示 150μmol/L 条件下未见阳性结果或结果无统计学意义。

确定四肽环氧酮的基本骨架之后，研究人员以化合物 **1** 为基础，通过改变 P_2、P_3、P_4 片段的氨基酸种类来继续优化其结构。最后发现化合物 **8**（编号 YU-101）活性及选择性均最佳，其抑制蛋白酶体 $\beta 5$ 亚基的活性明显强于 epoxomicin 和 bortezomib（见表 11-6）。

表 11-6　部分取代基修饰产物对蛋白酶体不同亚基的抑制活性

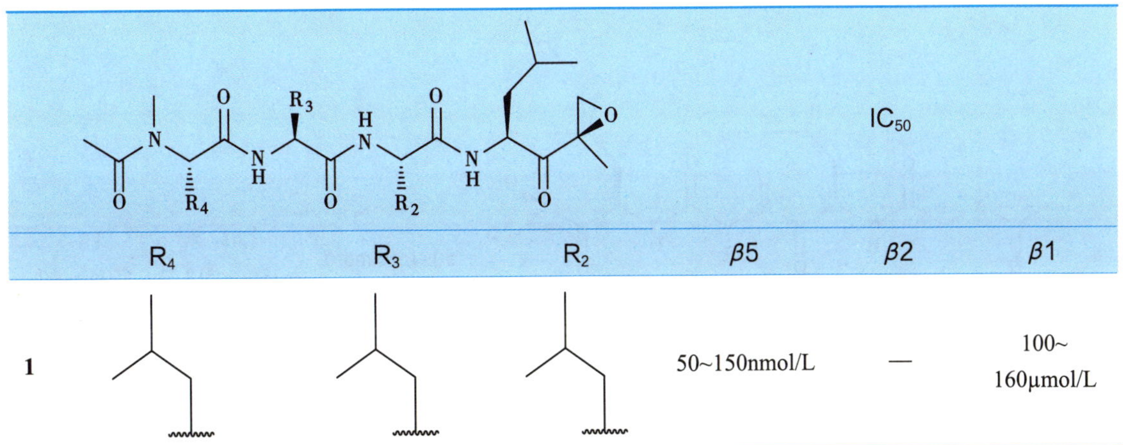

	R4	R3	R2	$\beta 5$ (IC_{50})	$\beta 2$ (IC_{50})	$\beta 1$ (IC_{50})
1				50~150nmol/L	—	100~160μmol/L

续表

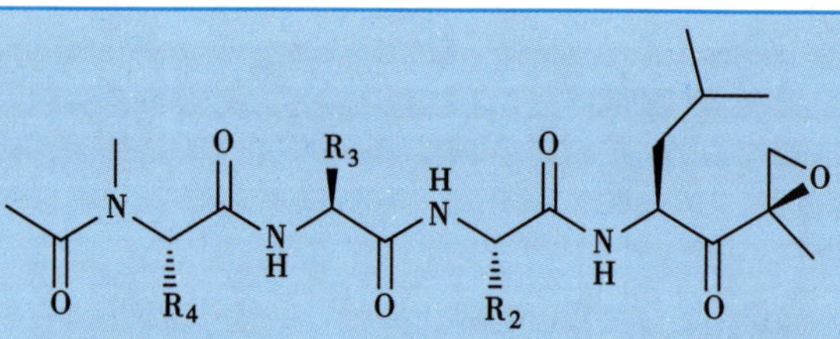

	R_4	R_3	R_2	IC50 $\beta5$	IC50 $\beta2$	IC50 $\beta1$
2	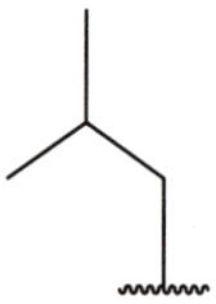	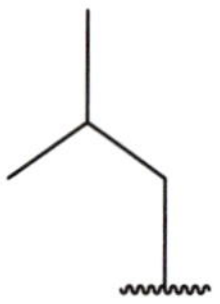		80~20nmol/L	100~150μmol/L	60~80μmol/L
3	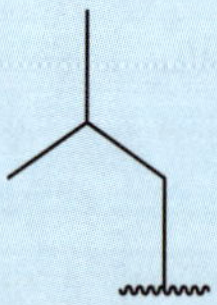	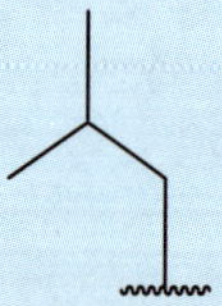	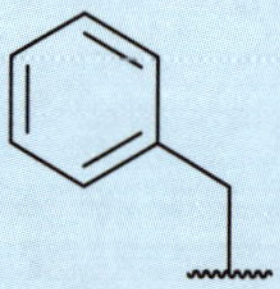	40~60nmol/L	—	—
4	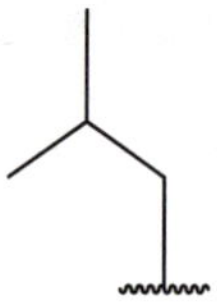		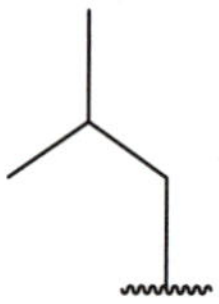	500~1 000nmol/L	120~150μmol/L	10~16μmol/L
5	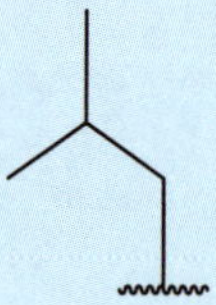	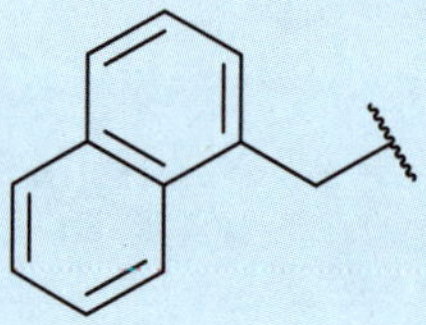	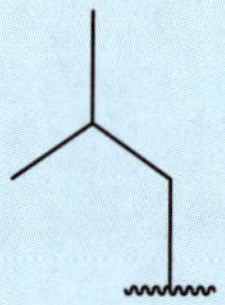	40~100nmol/L	—	—
6		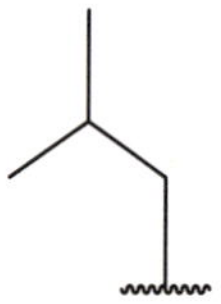	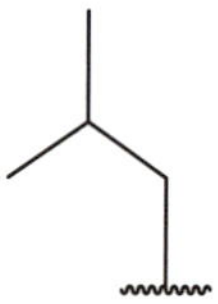	400~800nmol/L	100~150μmol/L	8~12μmol/L
7	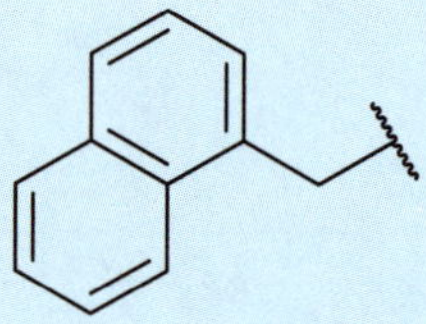	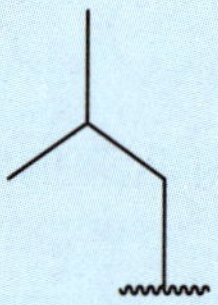	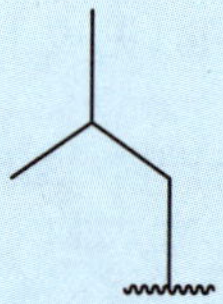	40~80nmol/L	100~150μmol/L	20~50μmol/L
8	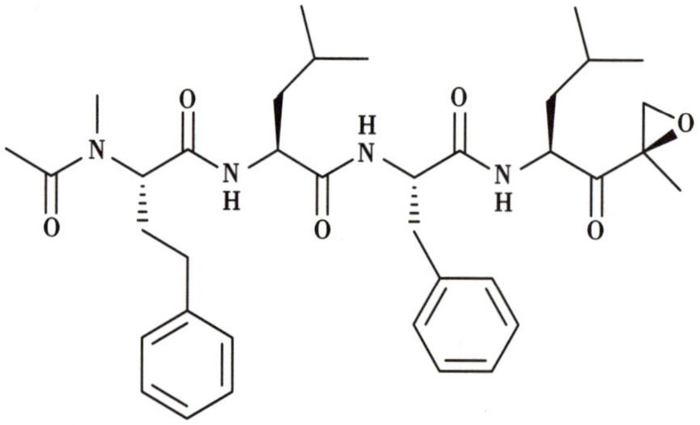			50~150nmol/L	80~130μmol/L	80~150μmol/L

研究人员继续对 YU-101（**8**）进行结构改造，但得到的上百个化合物的活性都不如 YU-101。但 YU-101 的水溶性差，难以成药，结构中引入吗啉环之后，活性保持而水溶性增加了几个数量级（见图 11-5），最终得到了编号为 PR-171 的候选药物进入下一步的临床研究，该化合物就是最后成功上市的卡非佐米（carfilzomib）[19-20]。

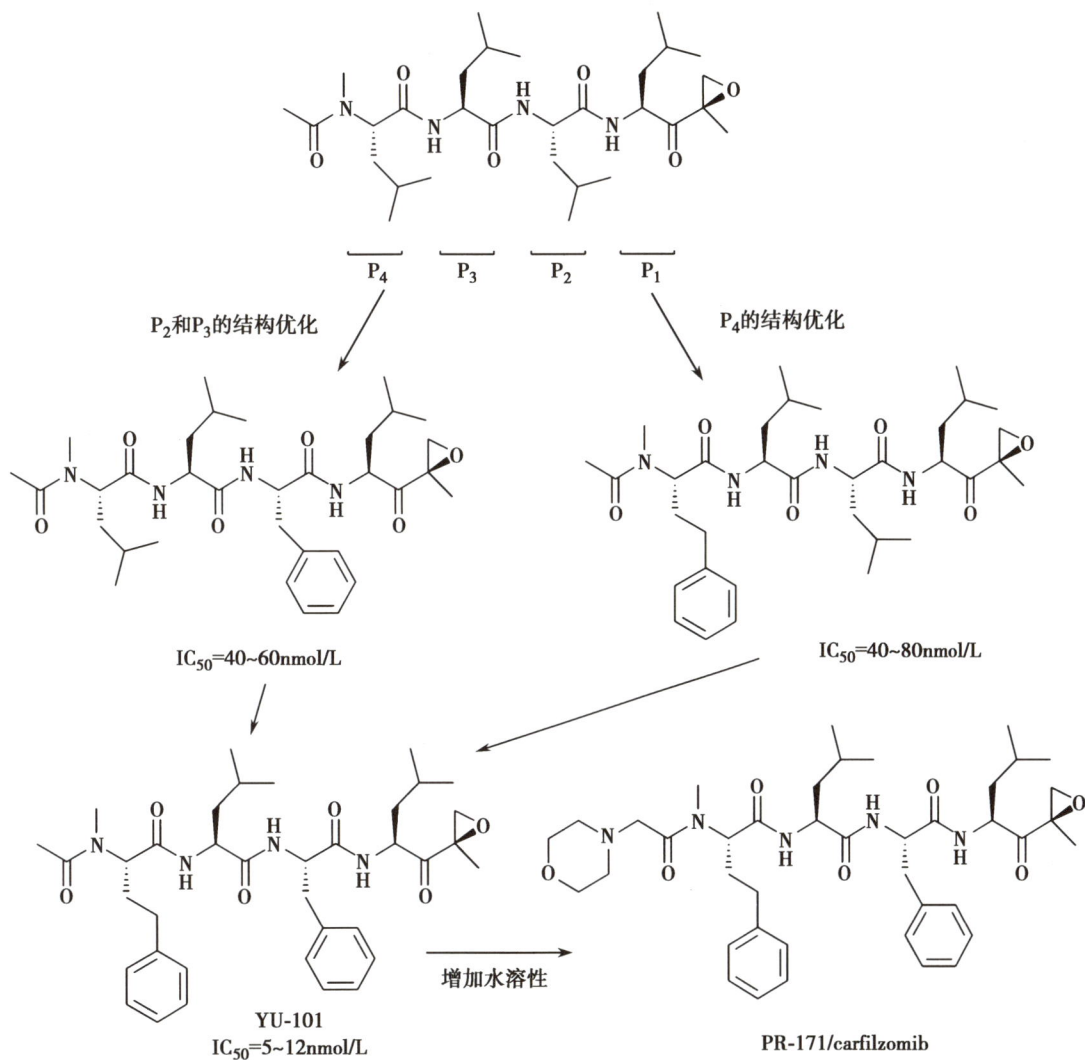

P_4　P_3　P_2　P_1

P_2和P_3的结构优化

P_4的结构优化

IC_{50}=40~60nmol/L

IC_{50}=40~80nmol/L

增加水溶性

YU-101
IC_{50}=5~12nmol/L

PR-171/carfilzomib

图 11-5　卡非佐米（carfizomib）的优化过程

（刘　涛）

参考文献

[1] I·E·阿喀莫 . 微生物学 . 林稚兰,宋怡玲,洪龙,等译 . 北京:科学出版社,2002.
[2] 张勇慧 . 微生物天然药物化学研究 . 武汉:华中大学科技出版社,2019.
[3] 陈代杰 . 微生物药物学 . 北京:化学工业出版社,2007.
[4] 史清文,顾玉诚 . 天然药物化学史话 . 北京:科学出版社,2019.
[5] 顾觉奋,陈菁 . 阿卡波糖生物合成和发酵工艺研究进展 . 国外医药(抗生素分册),2006(3):122-125.
[6] 姜怡,姜明国,黄学石,等 . 放线菌资源及药物发现 . 北京:科学出版社,2021.
[7] 阮继生,黄英 . 放线菌快速鉴定与系统分类 . 北京:科学出版社,2011.
[8] 李雪清,于大永,冯宝民,等 . 微生物代谢产物中聚酮类化合物的研究进展 . 中成药,2016,38(10):2233-2239.
[9] STAUNTON J,WEISSMAN K J. Polyketide biosynthesis: a millennium review. Nat Prod Rep,2001,18:380-416.
[10] 李丹丹,陶涛 . 他汀类药物化学结构和理化性质对其药效及药动学特性的影响 . 中国医药工业杂志,2012,43(6):497-502.
[11] 克里斯托弗 T. 沃尔什,唐奕 . 天然产物生物合成:化学原理与酶学机制 . 胡友财译 . 北京:化学工业出版社,2020.
[12] MIZUTANI K,HIRASAWA Y,SUGITA-KONISHI Y,et al. Structural and conformational analysis of hydroxycyclochlorotine and cyclochlorotine, chlorinated cyclic peptides from *Penicillium islandicum*. J Nat Prod,2008,71(7):1297-1300.
[13] 阮汉利,张宇 . 天然药物化学 .2 版 . 北京:中国医药科技出版社,2021.
[14] CUI C M,LI X M,MENG L,et al. 7-Nor-ergosterolide, a pentalactone-containing norsteroid and related steroids from the marine-derived endophytic *Aspergillus ochraceus* EN-31. J Nat Prod,2010,73(11):1780-1784.
[15] GALLO M B,CAVALCANTI B C,BARROS F W,et al. Chemical constituents of *Papulaspora immersa*, an endophyte from *Smallanthus sonchifolius* (Asteraceae), and their cytotoxic activity. Chem Biodivers,2010,7(12):2941-2950.
[16] BÉDY J. Bioactive microbial metabolites. J. Antibiot,2005,58(1):1-26.
[17] 付志鹏,周忠霞,刘新泳,等 . 天然产物抗病毒药物的研究进展 . 药学学报,2020,55(4):703-719.
[18] FERNÁNDEZ-CHIMENO R I,CAÑEDO L,ESPLIEGO F,et al. IB-96212, a novel cytotoxic macrolide produced by a marine *Micromonospora*. I. Taxonomy, fermentation, isolation and biological activities. J Antibiot,2000,53(5):474-478.
[19] 钮俊兴,徐星宇,胡立宏 .Carfilzomib: 从天然产物到药物的研发历程 . 药学研究,2015,34(10):559-563.
[20] HANADA M,SUGAWARA K,KANETA K,et al. Epoxomicin, a new antitumor agent of microbial origin. J Antibiot,1992,45(11):1746-1752.

第十二章

天然药物的研究开发

学习目标

1. **掌握** 天然药物的研究开发过程。
2. **熟悉** 中药和天然药物注册分类。
3. **了解** 天然药物中生物活性成分和中药复方的研究方法。

第十二章
教学课件

第一节 概　述

进入 21 世纪，“回归自然”的呼声越来越高，天然药物备受青睐。据统计，1981—2019 年全球上市的 1 881 多种小分子药品中，46% 是来自天然产物、植物药、天然产物衍生物和天然产物类似物的，其中 3.8% 为天然产物[1]。中华人民共和国成立 70 多年来研究成功的新药 90% 以上与天然产物有关，如 20 世纪 60—70 年代研制出的青蒿素和 2020 年批准上市的桑枝总生物碱片等。由此可见，天然产物在药物研究开发中的重要地位。

一、我国中药和天然药物注册分类

根据《药品注册管理办法》(2020 年) 第四条，药品注册按照中药、化学药和生物制品等进行分类注册管理。其中，中药注册按照中药创新药、中药改良型新药、古代经典名方中药复方制剂、同名同方药等进行分类。天然药物参照中药注册分类，具体内容详见国家药品监督管理局2020年第68号通告，中药注册分类及申报资料要求。

二、国外对植物药管理情况

欧盟成员国和美国、日本等发达国家和地区在肯定植物药对疾病有预防和治疗作用的同时，也灵活调整了药品的监管方向，在近十年相继出台了植物药的新法令 / 指南，如欧盟药物管理局于 2011 年实施《欧盟传统植物药品注册指令》(2004/EC/24 指令)、美国 FDA 于 2015 年 8 月 17 日发布修订版的《植物药研发工业指南》和日本于 2014 年 6 月 12 日颁布的“药事法”等，以科学的态度对植物药进行系统评价，逐步接纳其作为治疗性产品。

第二节 天然药物的研究开发过程

一、从天然药物和中药中开发新药的方式

(一) 新动植物、矿物药等的开发

经过文献资料调查、民间用药的调研或通过现代药理活性筛选，发现某种动物、植物、矿物或微生物具有药用价值，然后将其开发成为新药。如从加拿大引种的具有免疫调节作用的松果菊 [*Echinacea purpurea* (Linn.) Moench]，已研制成为国家一类新药 (药材)，其乙醇提取物研发成松果菊健体片。

（二）亲缘动植物药的开发

已知某种 / 某类成分具有药用价值或已成为新药，根据动植物的亲缘关系，寻找含有这种 / 这类成分的动植物，进而将其开发成为新药。如来自黄连、黄柏中的小檗碱具有抗菌、消炎的作用，临床疗效良好，但因黄连、黄柏药材价格较高，资源有限，限制其广泛使用。根据植物的亲缘关系发现三颗针和古山龙中也含有小檗碱，进而将三颗针和古山龙开发成新药。又如人参皂苷是人参中的主要有效成分，具有多方面的药理作用。通过对人参茎叶的研究发现其含有大量的皂苷，且与人参中的皂苷类似，进而将人参茎叶中的皂苷开发成新药，广泛用于保健药物和某些中药复方。再如具有良好镇痛作用的延胡索乙素，其在延胡索中的含量很低，而对其全合成成本又很高，从而限制了延胡索乙素的使用。根据植物亲缘关系研究发现防己科植物黄藤（*Fibraurea recisa*）的块根中含有大量的巴马汀（含量高达 2.5%~3%），其经锌粉和硫酸还原可转化成延胡索乙素，从而解决了延胡索乙素的资源问题。

（三）有效部位的开发

在基本搞清有效成分的基础上，将有效部位开发成新药，如目前在临床上广泛使用的血塞通片（三七总皂苷）、注射用丹参多酚酸、地奥心血康胶囊（穿龙薯蓣甾体总皂苷）、白芍总苷胶囊及银杏叶提取物片（银杏总黄酮和银杏总内酯）等。因有效成分已明确或基本明确，故采用这种方法开发的新药具有药品的均一性较易控制、临床疗效稳定、质量易于保证等特点。

（四）有效成分的开发

王逸平与丹参多酚酸盐的故事（拓展阅读）

通过天然药物和中药中有效成分或生物活性成分的研究，从中发现有或潜在药用价值的活性单体，即先导化合物（有一定的生物活性，但因其活性不够显著或毒副作用较大无法将其开发成新药的具有潜在药用价值的化合物）。通过对先导化合物的结构改造与构效关系的研究，进而发现有药用价值的化合物，然后按照国际惯例经过一系列的研究将其开发成新药。麻黄碱、小檗碱、长春碱、长春新碱、紫杉醇、丹参多酚酸盐（丹参乙酸镁）、石杉碱甲和三氧化二砷等，均是直接从天然药物 / 中药中开发出来的新药；蒿甲醚、普鲁卡因、喷他佐辛、β- 甲基地高辛等，则是天然先导化合物经构效关系的研究和结构修饰开发出来的新药。虽然这些新药均起源于对天然药物或中药中生物活性物质的研究，但在工业生产中它们并不局限于从天然药物中提取，通过对材料来源、经济效益、环境保护等综合因素考虑，可以直接从天然药物中提取、半合成或全合成 3 种方法中选取一种方式。

天然药物化学的研究开发课程思政教育的案例 - 石杉碱甲（拓展阅读）

（五）中药复方的开发

将临床疗效明确的经典方、经验方或经药效学研究具有开发价值的中药复方开发成新药，或将现有的新药改变剂型，如由口服液改为片剂、注射剂等。采用这种形式开发的新药虽然有效成分不明确，药品的质量控制难度较大，但它符合中医药理论，具有生产工艺较简单、成本较低、比较符合我国国情等特点。

三氧化二砷（视频）

（六）中药大品种二次开发

中药二次开发（secondary development of traditional Chinese medicine）是在有较好的临床基础和药学基础的前提下，吸收相关学科提供的新理论、新观念、新技术，及临床研究和方剂研究的最新成果，对已有中成药产品内在的或外延的质量的再开发，以便得到更加安全有效并适合市场需求的新药[2]。“外延型开发”主要是制药工艺和剂型标准的现代化；而“内涵型开发”是以中医药理论为基础，在中医药理论指导下的中药新药开发研究，通过药效物质基础研究，药理、药性和配伍研究等，对中药进行科学阐述。即通过对中药复方的药效物质的提取、分离、鉴定，阐明这些药效物质的作用机制及这些作用之间的关系，以及药效物质的最佳配伍和配比。如治疗冠心病的中药复方丹参滴丸的研制就是一个范例。

二、新药开发的阶段

虽然从天然药物 / 中药中开发新药的方法有多种多样，但是对于具体情况要做具体分析，不可能采用一个固定的模式，应根据具体研究课题的特点采用不同的途径，但无论采用何种方法和途径开发新药，都要大体经过以下 3 个阶段：①临床前研究；②临床研究；③试生产。图 12-1 是国际上开发新药的大致过程和各个阶段所需的时间和经费，可供参考。

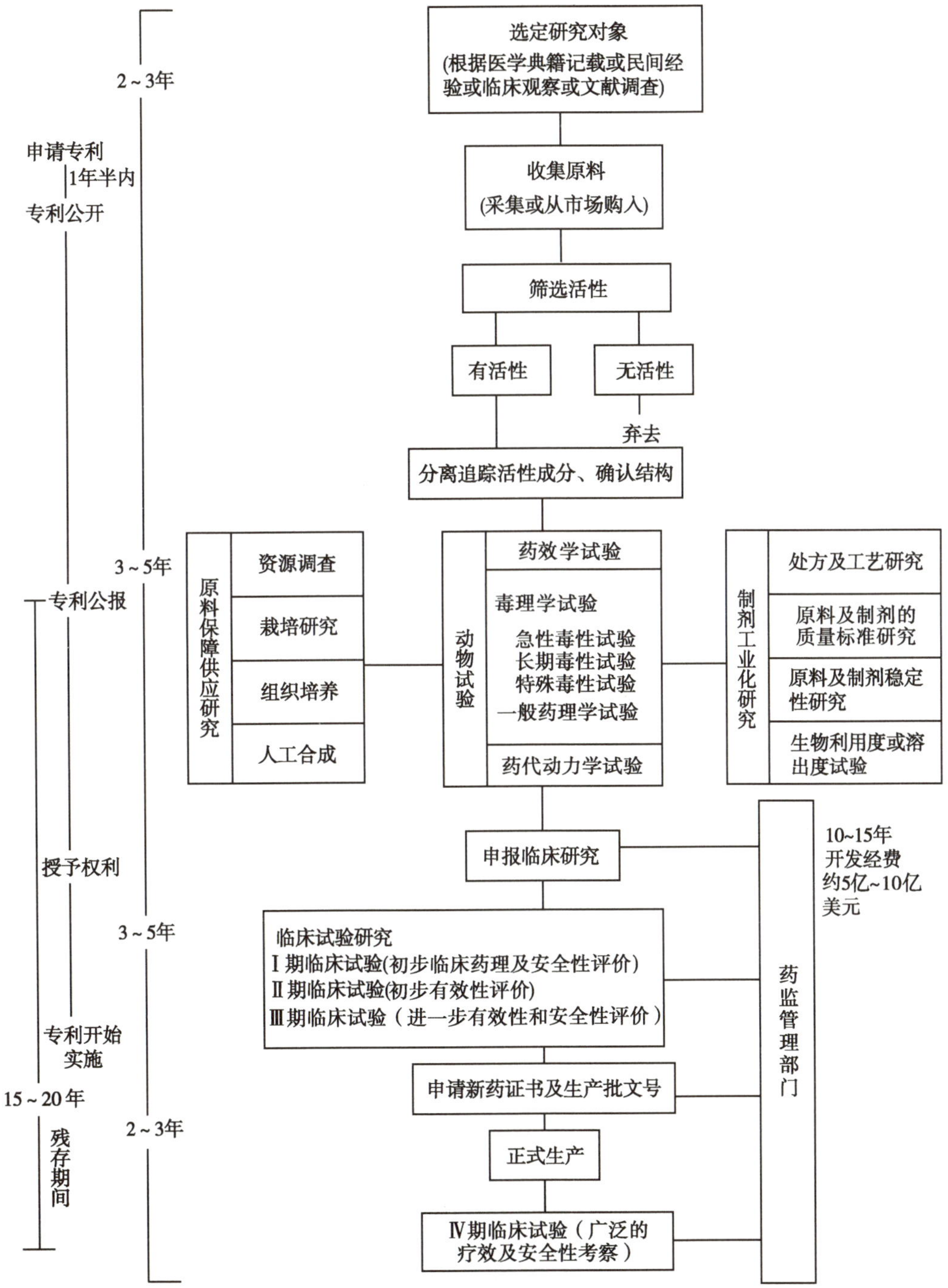

2～3年
申请专利
1年半内
专利公开
选定研究对象
(根据医学典籍记载或民间经验或临床观察或文献调查)
收集原料
(采集或从市场购入)
筛选活性
有活性
无活性
弃去
分离追踪活性成分、确认结构
3～5年
专利公报
原料保障供应研究
资源调查
栽培研究
组织培养
人工合成
动物试验
药效学试验
毒理学试验
急性毒性试验
长期毒性试验
特殊毒性试验
一般药理学试验
药代动力学试验
制剂工业化研究
处方及工艺研究
原料及制剂的质量标准研究
原料及制剂稳定性研究
生物利用度或溶出度试验
申报临床研究
授予权利
10~15年
开发经费
约5亿~10亿美元
3～5年
临床试验研究
Ⅰ期临床试验(初步临床药理及安全性评价)
Ⅱ期临床试验(初步有效性评价)
Ⅲ期临床试验（进一步有效性和安全性评价）
药监管理部门
专利开始实施
15～20年
申请新药证书及生产批文号
2～3年
残存期间
正式生产
Ⅳ期临床试验（广泛的疗效及安全性考察）

图 12-1　天然药物创新药的研究开发过程

第三节　天然药物中生物活性成分的研究方法

从天然药物和中药中开发创新药物的关键是能否从天然药物和中药中分离得到有或潜在药用价值的活性化合物。没有新结构、新活性的化合物，创新药物的研究开发就成了无源之水、无本之木。中药具有数千年的用药历史，对某些疾病具有独特的疗效，临床基础非常雄厚，其中的化学成分种类繁多、结构新颖，是创新药物及其先导化合物的重要来源，这也是为什么国际上对于从天然药物中开发新药非常重视的根本原因。

一、天然药物和中药中原生生物活性成分的研究

天然药物和中药中原生生物活性成分的研究过程（图 12-2）主要有以下几步。

（一）选定天然药物

通过调研或广泛筛选选定需要开发的天然药物，然后对该药进行体内药效学评价，以便再次确认该药的开发价值和在有效部位或活性部位寻找所使用的活性测试模型或指标。对于没有经过体外活

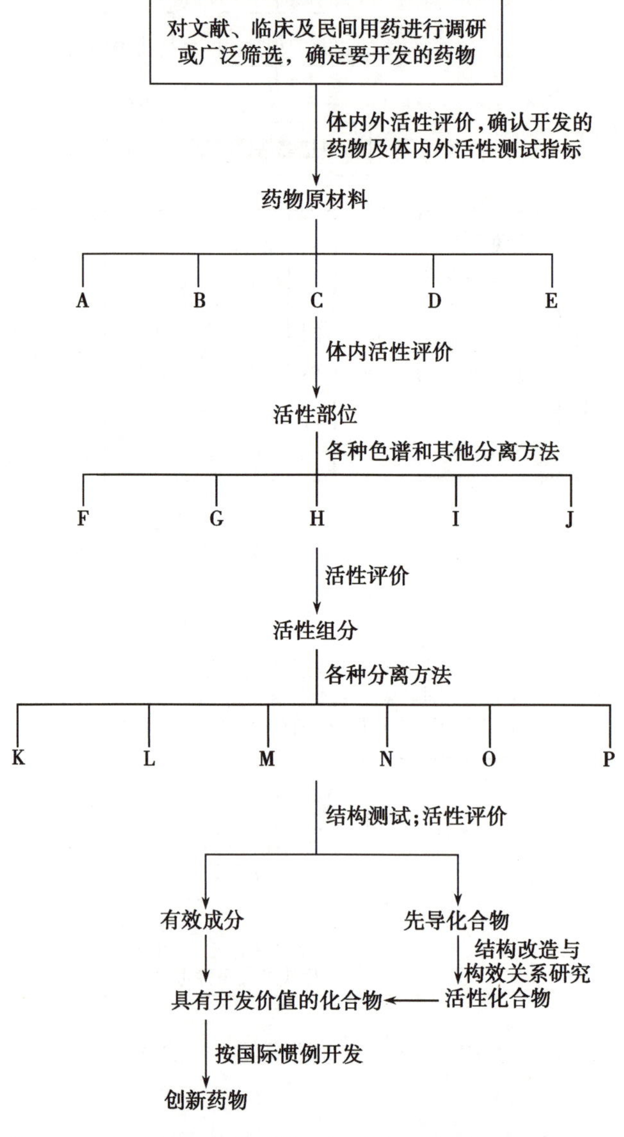

图 12-2　天然药物和中药中原生生物活性成分的研究流程

性测试的药物还需确定在活性成分追踪分离中所使用的体外活性测试方法及指标。

（二）确定有效部位

根据原料药中化学成分的性质将其粗分成几个部分，按等剂量不等强度的原则对每部分均进行活性测试，确定有效部位。如果每部分均有活性，但活性均不强，则说明粗分失败，需要改用其他方法进行粗分，直到找到其中某一部分或几部分活性强，剩余部分无活性或活性很弱为止。由于这部分往往得量较高，加之某些天然成分属于前体药物（即本身并无活性或活性弱，在体内代谢后其代谢产物具有活性），故在活性测试时最好采用体内方法。最常用的粗分方法是将其中的化学成分按极性大小不同分成几部分，如水煎、醇沉后，水溶液依次用石油醚、三氯甲烷、乙酸乙酯、正丁醇等萃取，或将原料药物依次用石油醚、三氯甲烷、乙酸乙酯、丙酮、乙醇、水等提取。当然也可根据其中化学成分的不同类型采用不同的粗分方法。

（三）分离活性部位

采用各种色谱方法和其他方法对活性部位进行分离，每次分离所得组分均需要经过活性测试，对于无效的组分常弃去不再研究，只研究那些有效或有活性的组分，直到追踪到活性成分。虽然采用活性追踪的方法，其活性测试的样品和工作量以及所需费用均大大增加，而且还需要有简易、灵敏、快速、可靠的活性测试方法，以及与药理工作者良好的工作配合条件。但由于采用这种方法可大大减少分离工作的盲目性和在分离过程中造成的活性成分的丢失，特别是微量活性成分的丢失，以及即使在分离过程第一阶段，由于化合物本身的原因或选择方法失当导致活性化合物分解变化或流失，也能查明原因，采取有关补救措施获得分解变化或流失的活性成分，所以大多采用这种方法进行活性成分的研究。那种只追踪活性部位，进而对活性部位中的化学成分进行系统研究，最后通过测试所得化学成分的活性来阐明天然药物中活性成分的研究方法已逐渐不被人们所采用。

（四）确定化学结构

根据理化性质和波谱数据确定单体的化学结构，对已明确化学结构的单体进行活性评价（由于确定化学结构通常并不消耗样品，而进行活性评价则需消耗样品，故先确定结构，后测试活性）。

（五）进行结构修饰

天然活性成分往往成药性质不好，应对有开发价值的化合物进行结构修饰和构效关系的研究，进行成药性评价，进而将其开发成创新药物。

二、天然药物和中药中前体活性成分的研究

有些中药中的化学成分本身并无生物活性，但经体内代谢后所产生的代谢产物具有很强的生物活性，这实际上也是它们中的有效成分。如中药秦皮具有清热利湿的作用，在临床上用于治疗痢疾效果良好，其中的主要成分秦皮素并无抗菌活性，但经在体内代谢成 3,4- 二羟基苯丙酸后，其抗菌作用优于氯霉素。对于天然药物中这类生物活性成分的研究（图 12-3）常采用体内代谢的方法进行，即将天然药物（既可以是天然药物中的某种成分，也可以是动植物原材料）口服给予动物后，分别收集动物的粪便、尿、胆汁等，然后采用各种提取分离方法分离它们中的代谢产物，并采用谱学和与对照品对照的方法确定它们的化学结构，再进行生物活性评价，对于有开发价值的化合物同上法进行进一步开发。

三、天然药物中生物活性成分的研究需要注意的问题

（一）知识产权的保护

从图 12-1 可看出，创新药物的开发是一个高技术、高风险、高投入、高回报、知识密集型的系统工程，涉及化学、药理学、药剂学、临床医学、毒理学等多学科领域。据统计，开发成功一个创新药物需要筛选 1 万甚至数万个化合物，故成功率极低，难度极大，所用时间约为 10~15 年，所需经费约 5 亿 ~10 亿

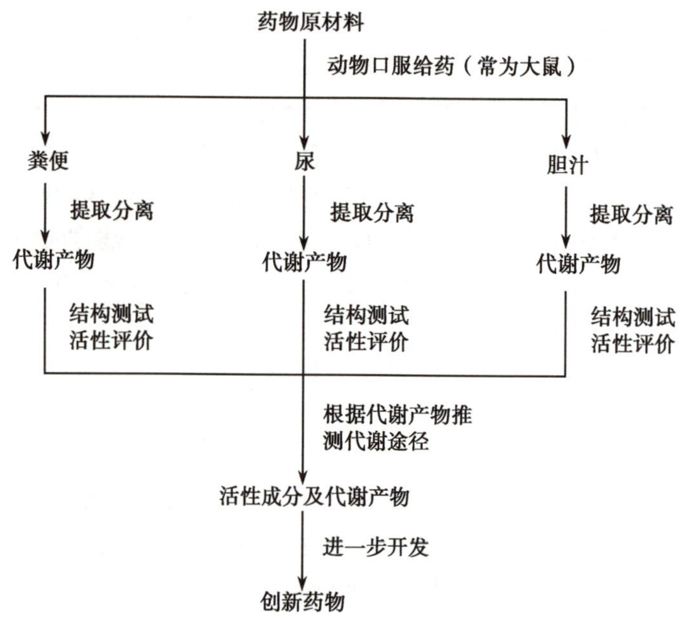

图 12-3 天然药物 / 中药中前体活性成分的研究流程

美元，但回报率也很高（一个创新药物其单品种的年销售额以出厂价计则可达到百亿美元），这也是世界经济强国都对创新药物的研究开发极为重视的一个原因。虽然天然药物 / 中药有数千年临床实践经验的积累，从中开发一些新药其成本会相对较低，成功率较高，所需时间较短，但也不能认为天然药物或中药的某个具有活性甚至活性很好的成分就可开发成一个创新药物。作为创新药物不仅要考虑到它的体内药效，而且还要考虑到它的急性毒性，长期毒性，临床药效，是否易于制成制剂，生物利用度及在体内的分布、代谢、排泄，原料是否易得及成本如何，与现有同类药物相比有何特点等多方面的问题。如果其中的活性成分无法开发成创新药物，但活性部位具有开发价值，则可考虑将活性部位直接开发成新药。

无论是开发创新药物还是将活性部位开发成新药都要投入大量的人力、物力和财力，故要特别注重知识产权的保护。一旦获得具有开发价值的活性化合物或活性部位，总是要在适当的时机申请专利；只有在确保知识产权的情况下，才能做大量、长期、全面的战略投入，并在研究过程中随时分析、调整开发计划，以求获得最好效果。

（二）活性测试方法的正确选择

活性测试方法选择的正确与否是活性追踪分离能否取得成功的关键。常用的活性测试方法有整体动物、器官、组织、酶、受体以及药物对体内某些内源生物活性物质的抑制或促进等。尽管采用整体动物进行试验与人比较相近，但所需实验费用很大、现象复杂、时间长，加之动物个体差异以及病理模型难于建立等因素，实际上用其指导活性追踪分离难以做到。最好的方法是寻找活性部位时用整体动物实验，追踪分离成分选用体外的方法。理想的体外活性测试方法应该是具有简易、快速、不需特殊设备、方便、抗干扰性强、假阳性和假阴性均较低、临床相关性强等优点，但在实际工作中理想的活性测试方法往往很难找到，只有综合分析考虑，根据实际情况、条件以及研究开发的课题选择较理想的活性测试方法。同时也要根据实践工作经验的积累和科学技术的发展，改进现有的一些活性测试方法和建立一些新的活性测试方法。由于一个药物疗效的发挥并不只取决于它与药物靶点的作用强弱，还与它的吸收、分布、代谢、排泄，到达靶点的浓度及持续时间，体内对外来影响的综合平衡能力等有关，所以体外活性测试方法所得结果与药物在体内实际作用并不平行。即使是动物整体实验，由于种族的差异以及病理模型与临床上的实际病症并不完全一样，所以也存在动物实验与临床疗效不平行的问题，故在实际工作中应予以注意。

（三）供试材料活性的确保

确保供试材料具有活性是能够追踪到活性化合物的前提。在活性追踪分离之前一定要采用体内、体外多种方法，多个指标对实验材料进行活性测试，其目的是再次确证实验材料的活性，确定有无进一步研究的价值；同时也为选择活性追踪分离所用的活性测试方法提供依据。图 12-4 的流程是美国国家癌症研究所（NCI）用于筛选确认植物或动物粗提物抗肿瘤活性的改进方案，可供研究时参考。通过该方案确认的实验材料至少有以下 3 个优点：①不至于丢失活性低或含量少的化合物；②增加了分离出新化合物的机会；③有可能分离到具有不同作用机制或新的作用机制的化合物。

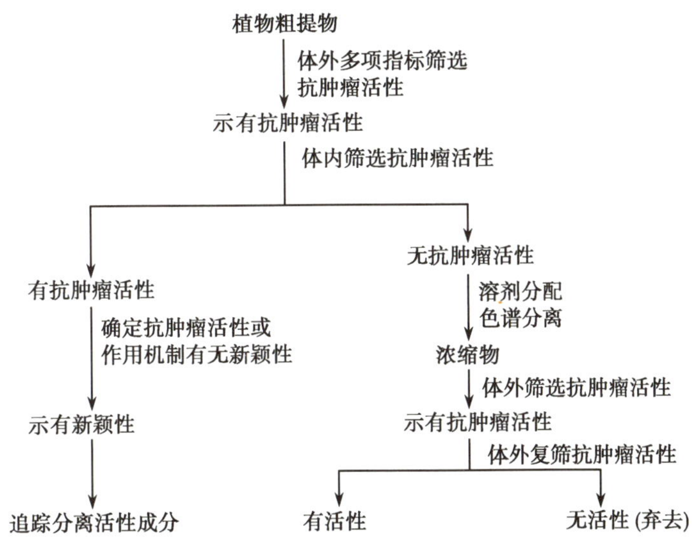

图 12-4　植物粗提取物抗肿瘤活性的筛选流程

由于植物原材料中所含的化学成分及活性成分与产地、采收季节、气候、品种及放置时间等有关，为了保证所用实验材料质量的稳定性，在正式开始活性追踪分离之前，最好要一次性采集或购买到所需的实验材料，并经简易的方法再次确认活性和一次性提取完毕，将提取物置于冰箱中保存。

（四）活性测试体系的建立

天然药物 / 中药在临床上往往具有多方面的治疗作用，在动物实验上具有多方面的活性，在体外实验中具有多个作用靶点。研究者应当从这些杂乱的实验现象中找出其中最本质的作用，选择建立能反映临床治疗特点且效果与之平行的活性测试体系，这样才有可能追踪分离出有开发价值的活性成分及先导化合物，表 12-1 是这方面工作的一些典型实例。

表 12-1　活性成分及先导化合物发现实例

供试材料	生物活性	活性测试方法	目的活性物质
乌头（*Aconitum* sp.）	强心、利尿 兴奋、镇痛	Yagi-Hartung 法（离体蛙心）	去甲乌药碱（higenamine）
掌叶大黄（*Rheum palmatum*）	健胃、缓泻	致泻活性（小鼠）	番泻苷（sennoside）
茵陈蒿（*Artemisia capillaris*）	利胆、抗炎	胆汁分泌促进作用	茵陈色原酮（capillarisin）等
日本东风螺（*Babylonia japonica*）	治疗口渴、视力减退、瞳孔散大、言语障碍、便秘	atropine 定量法（小鼠散瞳率实验）	surugatoxin
新疆紫草（*Arnebia euchroma*）	止血、抗炎、抗菌、抗病毒、抗癌	前列腺素 PGE_2 合成抑制活性	arnebinol arnebinone arnebifuranone

（五）活性最强成分的追踪分离

在分离过程中要按"等剂量不等强度原则"对每一阶段所得组分进行活性定量评估并与母体进行比较，追踪分离活性最强的流分。通常如与母体比较所得几个组分活性强弱参差不齐，则说明活性分离与物质分离平行，预示可能获得良好的分离效果；如果某个组分活性显著增强，则说明在分离过程中可能除去了某种具有拮抗作用的物质；如果所得各组分活性均明显减弱，即使将其合并，其活性与母体相比也大大减弱，则提示活性成分可能发生分解、破坏或产生了不可逆吸附；如果所得各组分分别测试其活性虽然明显降低，但将其合并后其活性与母体相当，则提示是活性成分被分散或该药中的成分存在明显的协同作用（相加或相乘），故分离后反而导致活性的减弱或消失。如附子的水煎剂对蛙心呈现明显的强心作用，当除去水煎剂中的钙离子后则对蛙心的强心作用明显降低，但单纯的钙离子的作用并没有附子水煎剂强。经系统研究发现，附子的水煎剂中存在微量的乌头碱；虽然乌头碱本身对蛙心并不表现多大的强心作用，但微量乌头碱与钙离子混合后却具有明显的强心作用，其作用强度与附子水煎剂类似，说明其强心作用的有效成分是钙离子和乌头碱的混合物，且它们之间存在明显的协同作用。以上说明在活性追踪分离中具体问题应做具体分析，并在查明原因后采取相应对策处理。

（六）脂溶性成分活性的确定

传统天然药物或中药多为汤剂，从某种意义上来讲，只有溶于汤剂中的成分，即水溶性成分才是有效成分，但脂溶性成分是否就一定不是有效成分？实际上未必，其原因主要有三点：一是在煎煮过程中有些本不溶于水的脂溶性成分会因其他成分的助溶作用而溶于汤剂中；二是古人会用增大剂量的方法提高脂溶性成分的用量，从而达到防病治病的目的；三是受科技发展的限制，古人没有意识到的并不是不存在的，所以脂溶性成分也可能是天然药物及中药的有效成分。

（七）微量活性成分的分离

天然药物活性成分（active constituents）是指药用植物或植物中具有生物活性的成分，其特点是含量低、难以富集；另外天然产物化学多样性，数量繁多，分离纯化难度大。传统经典的提取分离方法，不具备分子结构的选择性，往往在提取分离过程中会造成一些高活性微量成分的丢失而被漏筛，这样就有可能错过发现新药的机会。因此，在实际工作中要注意发展针对天然活性成分的高选择性的分离纯化技术，如分子印记技术（molecular imprinting technique，MIT），因其具有高选择性、高分离效率，独特的化学、物理稳定性，制备简单，可重复使用等优点，而受到了越来越多的研究开发人员的重视。

分子印记技术简介（拓展阅读）

四、活性成分追踪分离的实例

（一）大黄泻下活性成分的研究

大黄是蓼科植物掌叶大黄（*Rheum palmatum*）、唐古特大黄（*R. tanguticum*）或药用大黄（*R. officinale*）的干燥根及根茎，具有泻下攻积、清热泻火、凉血解毒、逐瘀通经、利湿退黄的功效。生大黄在临床上用于术前清肠和治疗便秘具有良好的效果。生大黄粉碎后依次用正己烷、三氯甲烷、丙酮、乙醇、水提取（流程见图 12-5），各提取物以大鼠口服后观察其致泻作用作为活性追踪指标，结果见表 12-2。从表 12-2 中可看出，正己烷提取物在剂量达 500mg/kg 时仍无效；三氯甲烷提取物和丙酮提取物亦基本上无泻下作用；乙醇提取物虽有泻下作用，但较弱，在剂量为 100mg/kg 以下时无效，200mg/kg 剂量时，10 只大鼠中只有两只有效，到 500mg/kg 的大剂量时亦只有 7 只大鼠有效；而水提取物泻下作用最强，50mg/kg 剂量时有 4 只大鼠有效，200mg/kg 时 10 只大鼠全部具有泻下作用，故其主要活性部位应为水提取物。

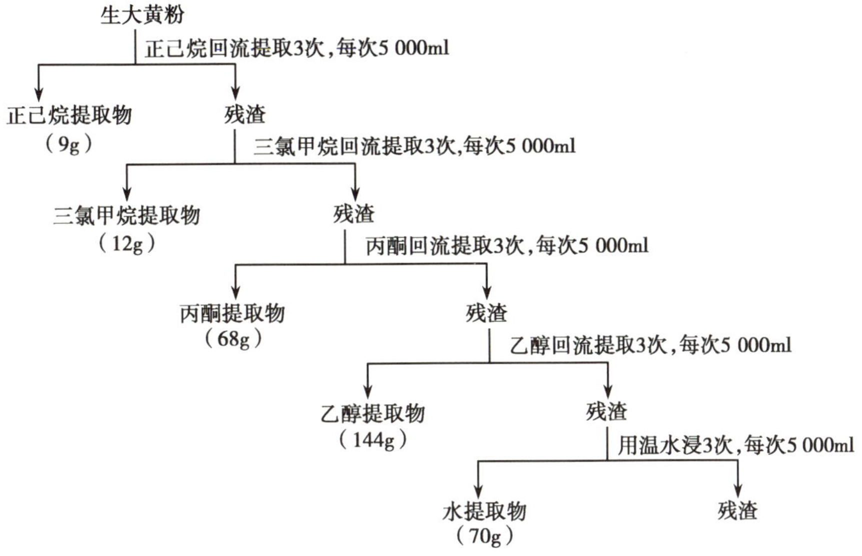

图 12-5　大黄泻下活性部位的提取流程

表 12-2　生大黄提取物泻下作用

提取物	剂量 /(mg/kg)				
	20	50	100	200	500
正己烷提取物	—	—	—	—	—
三氯甲烷提取物	—	—	—	—	2
丙酮提取物	—	—	—	—	2
乙醇提取物	—	—	—	2	7
水提取物	—	4	4	10	10

注：各组实验动物均为 10 只大鼠，表中数值为具有泻下作用的动物数。

取水提取物 70g，加水 1 000ml，研磨均匀后通过阳离子交换树脂除去离子成分，流出液用正丁醇萃取，正丁醇提取物加入乙醇溶解，乙醇不溶物用丙酮重结晶，得番泻苷 A 2.4g（图 12-6），各部分分别进行活性测试，结果见表 12-3。由表 12-3 可看出水溶物无效，乙醇可溶物虽略有效，但不是主要有效部分，乙醇不溶物才是它的有效部位或组分，番泻苷 A 的作用较乙醇不溶物强，应该是它的泻下有效

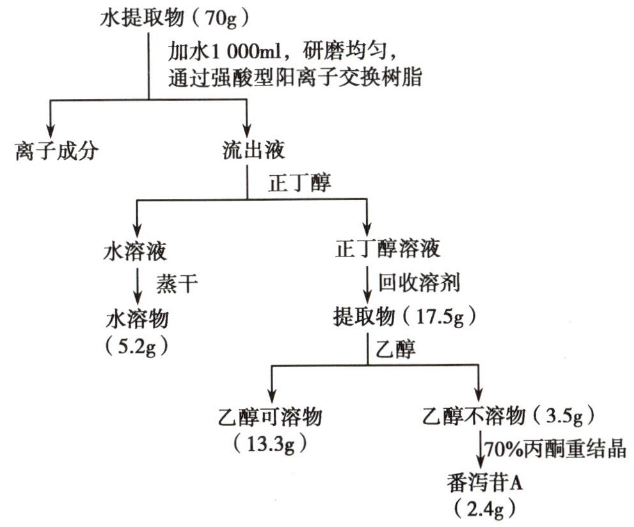

图 12-6　大黄水提取物中泻下活性成分的分离流程

成分。此外通过色谱方法从乙醇不溶物中还检出番泻苷 B 和 C，可能也是其泻下的有效成分。

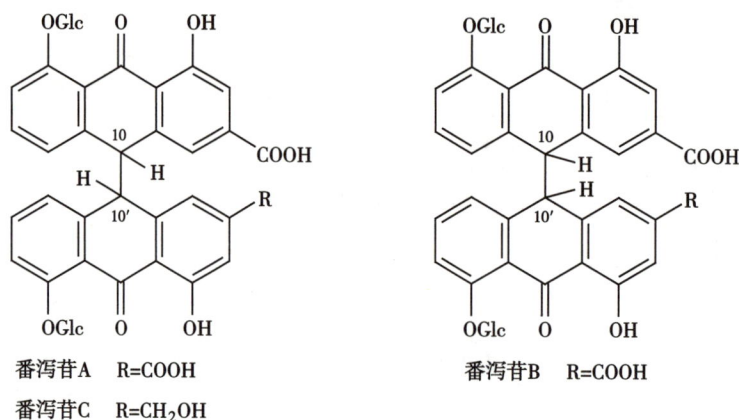

番泻苷A　R=COOH
番泻苷C　R=CH_2OH

番泻苷B　R=COOH

表 12-3　生大黄各组分泻下作用

组分	剂量 /(mg/kg)										
	5	8	10	12	15	18	20	50	100	200	500
水溶物	—	—	—	—	—	—	—	—	—	—	—
乙醇可溶物	—	—	—	—	—	—	—	1	7	9	10
乙醇不溶物	—	3	4	5	7	7	9	10	10	10	10
番泻苷 A	2	4	4	5	8	8	9	10	10	10	10

（二）茜草根中抗肿瘤活性成分研究

茜草为茜草科植物茜草（*Rubia cordifolia*）的根，Itokawa H 等[3]经体内抗肿瘤活性筛选发现茜草根对 S180 荷瘤小鼠具有活性，随后以 S180 为活性测试指标对茜草根中抗肿瘤活性成分进行追踪分离，从中分离得到了具有抗肿瘤活性的 RA-Ⅴ、RA-Ⅶ等环肽类化合物（图 12-7）。

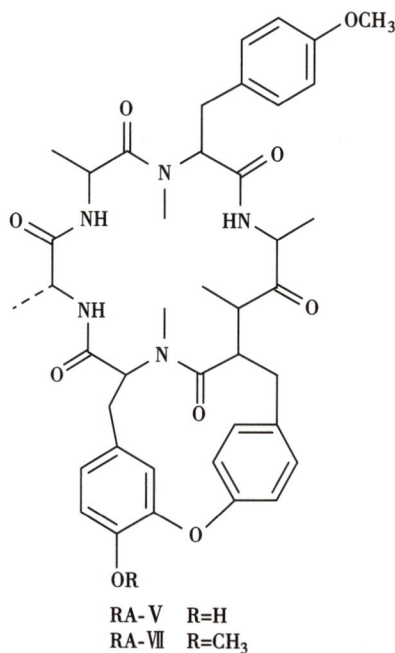

RA-Ⅴ　R=H
RA-Ⅶ　R=CH_3

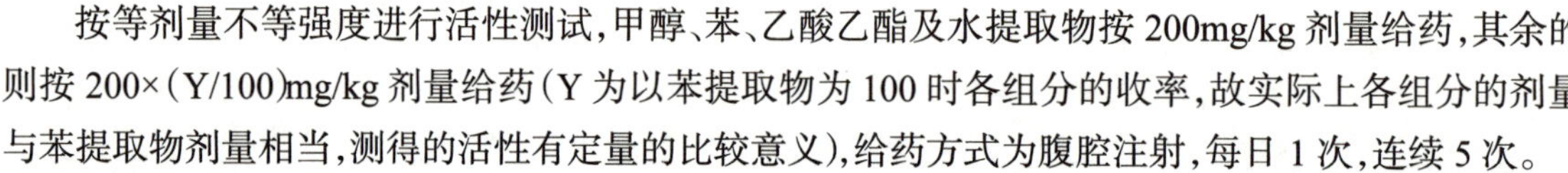
按等剂量不等强度进行活性测试，甲醇、苯、乙酸乙酯及水提取物按 200mg/kg 剂量给药，其余的则按 200×（Y/100）mg/kg 剂量给药（Y 为以苯提取物为 100 时各组分的收率，故实际上各组分的剂量与苯提取物剂量相当，测得的活性有定量的比较意义），给药方式为腹腔注射，每日 1 次，连续 5 次。

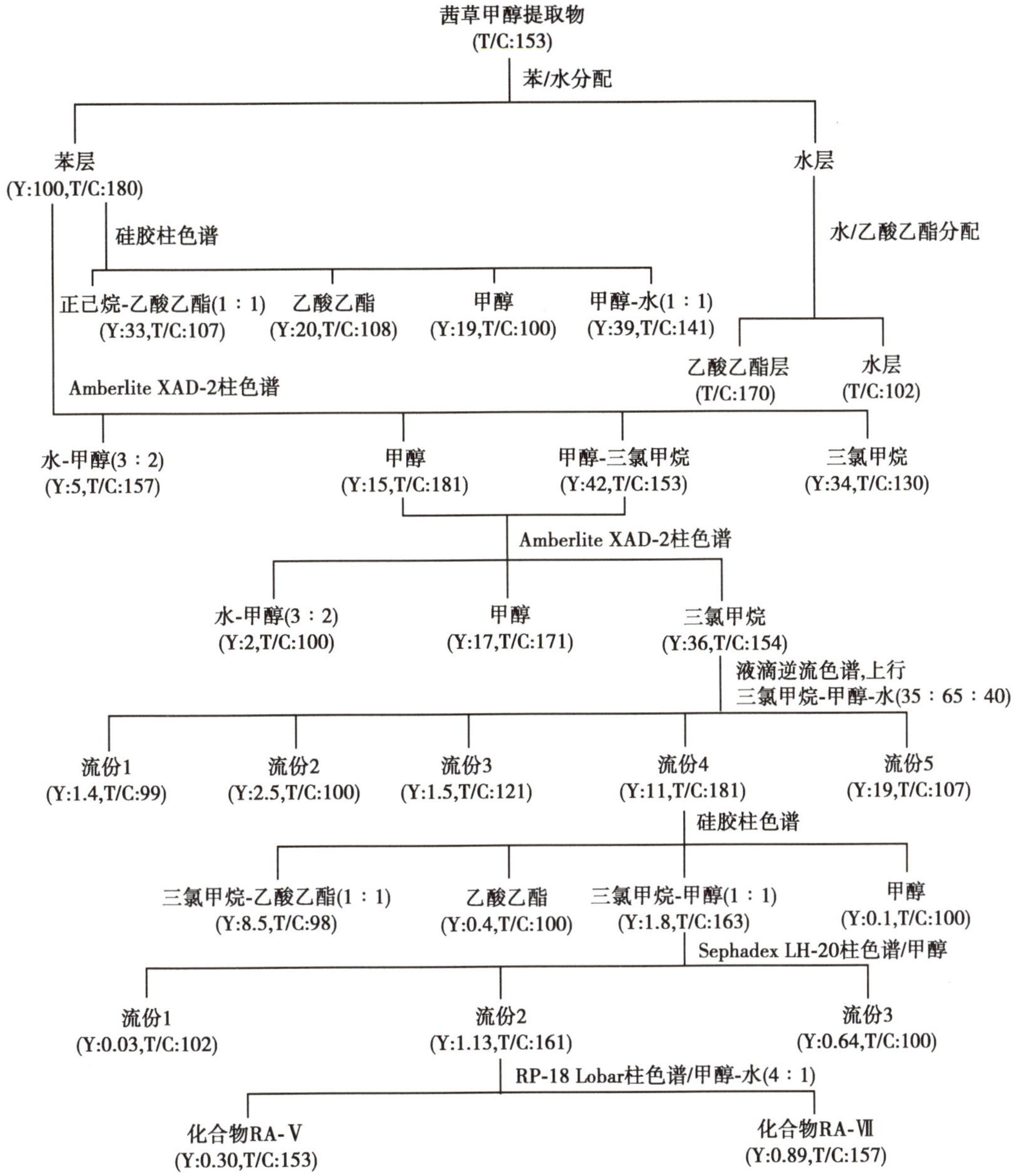

- 茜草甲醇提取物（T/C:153）
  - 苯/水分配
    - 苯层（Y:100,T/C:180）
      - 硅胶柱色谱
        - 正己烷-乙酸乙酯(1 : 1)（Y:33,T/C:107）
        - 乙酸乙酯（Y:20,T/C:108）
        - 甲醇（Y:19,T/C:100）
        - 甲醇-水(1 : 1)（Y:39,T/C:141）
      - Amberlite XAD-2柱色谱
        - 水-甲醇(3 : 2)（Y:5,T/C:157）
        - 甲醇（Y:15,T/C:181）
        - 甲醇-三氯甲烷（Y:42,T/C:153）
        - 三氯甲烷（Y:34,T/C:130）
    - 水层
      - 水/乙酸乙酯分配
        - 乙酸乙酯层（T/C:170）
        - 水层（T/C:102）
- 甲醇（Y:15,T/C:181）+ 甲醇-三氯甲烷（Y:42,T/C:153）
  - Amberlite XAD-2柱色谱
    - 水-甲醇(3 : 2)（Y:2,T/C:100）
    - 甲醇（Y:17,T/C:171）
    - 三氯甲烷（Y:36,T/C:154）
      - 液滴逆流色谱,上行 三氯甲烷-甲醇-水(35 : 65 : 40)
        - 流份1（Y:1.4,T/C:99）
        - 流份2（Y:2.5,T/C:100）
        - 流份3（Y:1.5,T/C:121）
        - 流份4（Y:11,T/C:181）
          - 硅胶柱色谱
            - 三氯甲烷-乙酸乙酯(1 : 1)（Y:8.5,T/C:98）
            - 乙酸乙酯（Y:0.4,T/C:100）
            - 三氯甲烷-甲醇(1 : 1)（Y:1.8,T/C:163）
              - Sephadex LH-20柱色谱/甲醇
                - 流份1（Y:0.03,T/C:102）
                - 流份2（Y:1.13,T/C:161）
                  - RP-18 Lobar柱色谱/甲醇-水(4 : 1)
                    - 化合物RA-V（Y:0.30,T/C:153）
                    - 化合物RA-Ⅶ（Y:0.89,T/C:157）
                - 流份3（Y:0.64,T/C:100）
            - 甲醇（Y:0.1,T/C:100）
        - 流份5（Y:19,T/C:107）

图 12-7　茜草根中抗肿瘤活性成分的提取分离流程

注：T/C，给药组动物平均存活天数（T）与对照组动物平均存活天数（C）的比值 ×100%。

（三）桑白皮平喘活性成分的研究

桑白皮是桑科植物桑（*Morus alba*）的干燥根皮，具有宣肺平喘、利水消肿的功效。采用体内代谢的方法对桑白皮中平喘活性成分进行研究，让大鼠口服桑白皮水提取物后，分别收集胆汁和尿，经 3D-HPLC 分析发现血液中含有 *trans*-mulberroside A（M-1）和 *cis*-mulberroside A（M-2），胆汁中含有 oxyresveratrol 2,3′-di-*O*-*β*-D-glucuronide（M-3）、oxyresveratrol（M-4）、oxyresveratrol 2-*O*-*β*-D-glucuronide-3′-*O*-sulfate（M-5）和 M-1，尿中含有 M-3、M-4、M-5。经体外活性测试表明，M-1 和 M-2 对豚鼠支气管平滑肌无松弛作用，而 M-4 在 50μg/ml 浓度下具有明显的松弛作用且有一定的量效关系。由此提示，桑白皮的平喘有效成分可能是 mulberroside A，而真正起平喘作用的是其苷元 oxyresveratrol，即 mulberroside 为一个前体活性成分。

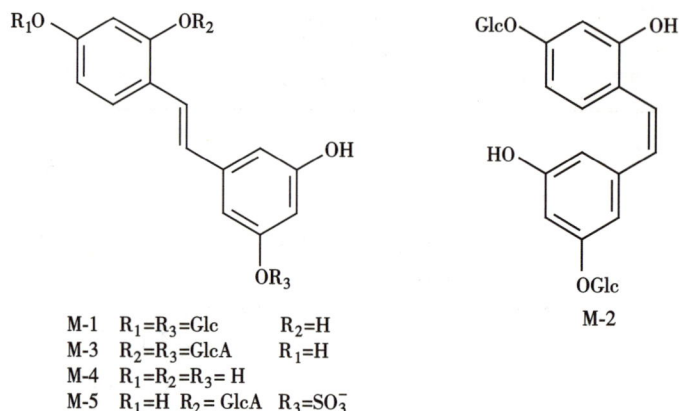

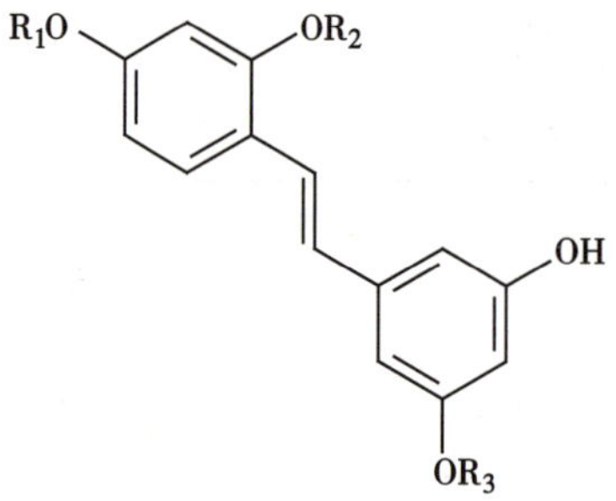

R_1O　OR_2　OH　OR_3

GlcO　OH　HO　OGlc

M-1　$R_1=R_3=Glc$　$R_2=H$
M-3　$R_2=R_3=GlcA$　$R_1=H$
M-4　$R_1=R_2=R_3=H$
M-5　$R_1=H$　$R_2=GlcA$　$R_3=SO_3^-$

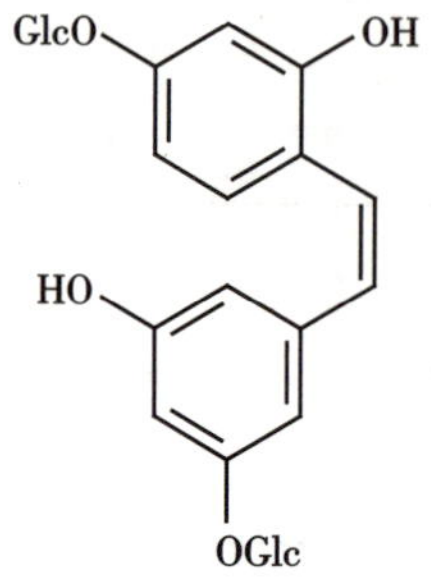

M-2

（四）艾叶中止咳平喘有效成分的研究

艾叶为菊科植物艾（*Artemisia argyi*）的干燥叶，具有驱蚊虫、抗菌等作用，民间用其挥发油治疗慢性气管炎。其中的主要有效成分为 β- 丁香烯（β-caryophyllene），其口服制剂在临床上疗效良好，但当其制成气雾剂时，则失去了平喘作用。经对其在体内的代谢研究发现，β- 丁香烯在胃中很快被代谢成 β- 丁香烯醇。经体外活性测试表明，β- 丁香烯在体外对支气管平滑肌没有作用，但 β- 丁香烯醇具有很强的作用，说明 β- 丁香烯为一个前体药物。通过对 β- 丁香烯的结构修饰（见图 12-8）研究中发现了一个作用持久、毒性更小的治疗慢性气管炎的新药 β- 丁香醇。

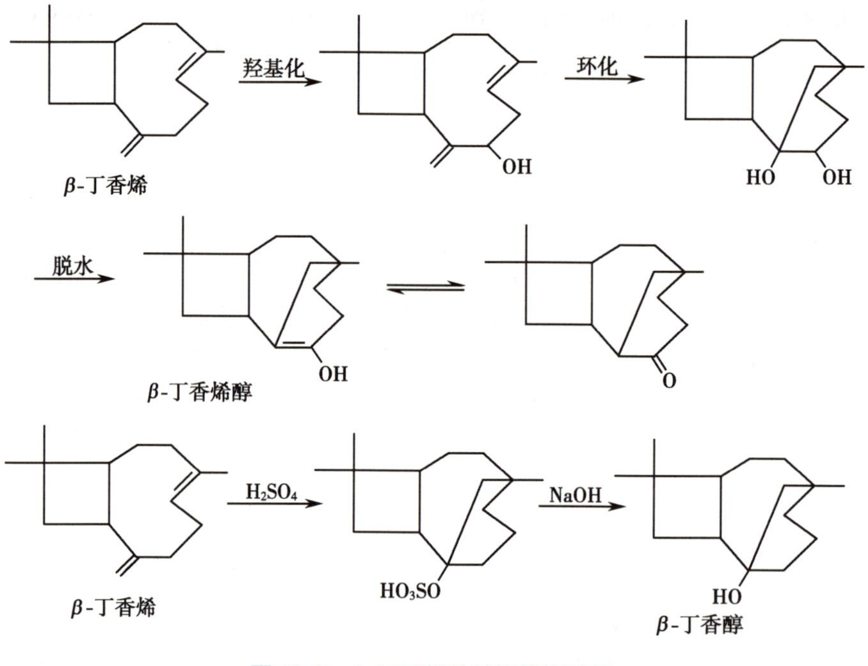

β-丁香烯　羟基化　OH　环化　HO　OH

脱水　OH　β-丁香烯醇　O

β-丁香烯　H_2SO_4　HO_3SO　NaOH　HO　β-丁香醇

图 12-8　β- 丁香烯的结构修饰过程

（五）五味子中抗肝炎新药研究

五味子（*Schisandra chinensis*）是一种常用中药，临床上用于治疗肝炎，现代药理学试验结果表明五味子具有明显的降血清转氨酶作用。五味子中主要含有木脂素类化合物，其中五味子丙素（schizandrin C）对小鼠四氯化碳引起的肝损伤具有明显的保护作用，故对五味子丙素进行了一系列类似物合成。研究发现中间体联苯双酯（bifendate）具有明显的抗肝毒作用。药理试验证明 α- 联苯双酯对多种化学性肝损伤动物模型具有保护作用，增强了肝脏对毒物的解毒作用。临床应用结果表明，α- 联苯双酯对病毒性肝炎患者有显著的降低血清谷丙转氨酶作用，并可改善其主要症状。在此基础

上将其进一步开发成了一个抗肝炎新药。

后来，将 α- 联苯双酯的 2- 甲氧羰基改为羟甲基，通用名为双环醇[4]。药理实验结果表明，双环醇对四氯化碳、D- 氨基半乳糖胺、对乙酰氨基酚引起的小鼠急性肝损伤及小鼠免疫性肝炎等 4 种动物模型均具有显著降低血清转氨酶的作用，对大鼠慢性四氯化碳肝损伤模型除具有降低血清转氨酶作用外，还有减轻肝纤维化的作用。临床试验结果表明，慢性乙肝患者服用双环醇 6 个月血清谷丙转氨酶复常率为 53.5%，停药 3 个月 70% 以上谷丙转氨酶恢复正常的患者谷丙转氨酶保持稳定；血清谷草转氨酶复常率为 48.7%，停药 3 个月全部谷丙转氨酶恢复正常的患者谷草转氨酶保持稳定；对慢性丙肝患者的谷丙转氨酶复常率为 64.1%，其中 70% 的患者 ALT 保持稳定。目前该药已批准上市（百赛诺）。

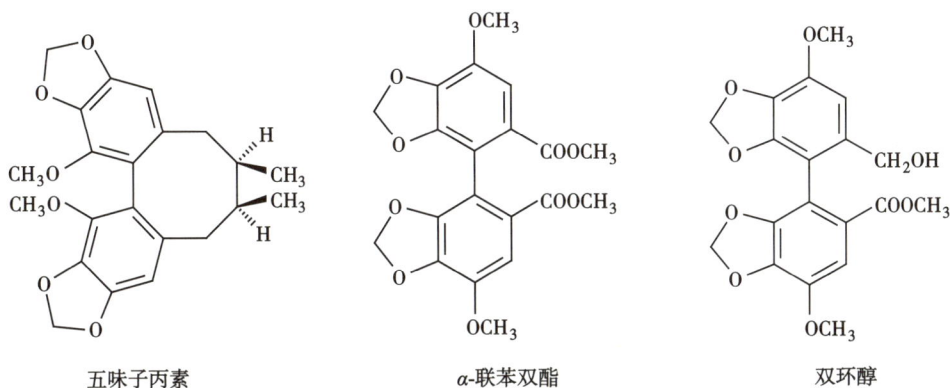

五味子丙素　　α-联苯双酯　　双环醇

第四节　中药复方的研究方法

中药复方有着数千年的历史，蕴含着丰富的哲学理论，然而到了近代，由于西方医学的冲击，传统中医药一度踌躇不前，甚至被全盘否定。随着人类疾病谱的改变、人口老龄化、保健养生以及“回归自然”世界潮流的影响，中国的传统医学在世界范围内备受关注。然而仅凭四气五味、阴阳五行这种传统的描述，中药复方无法让世人认识与接受。开展中药复方研究的重要意义在于利用现代先进的研究手段来探究中医药理论和方药应用原则，用现代知识体系来解释中药复方的作用机制和配伍原理，向国际社会展示中药复方科学合理性的内涵，是促进中医药创新发展并实现现代化、国际化的迫切需要。

一、中药复方药效物质基础研究

中药复方药效物质基础一般指中药复方制剂中产生药效的物质。中药复方依赖这些化学成分起到有主次的多靶点、有机的整体协同的治疗效果。中药复方所含成分复杂，每味中药都含有数十种，甚至上百种成分，每味中药的作用都是多成分的协同作用，单独某一单体成分往往不能产生明显的疗效。中药复方药效物质基础研究可以从本质上阐明复方配伍的科学内涵，使中药复方向标准化和规范化发展。

（一）拆方研究

中药复方拆方研究的策略是通过精简方剂，寻找发挥增效减毒作用的最佳药物组合及确定方中主要活性物质的来源。一种方式是在全方药效评价的基础上，分别从方中撤出一味药和一组药后进行实验，用以评价撤出的药味对原方功效影响的大小，此法适用于研究某单味药对全方药效的影响。另一种方法是在全方药效评价的基础上，对方中每一味药用同一剂量或不同剂量进行平行实验，或按

照“君、臣、佐、使”或“药对”等原则分为几组药物进行平行实验。

例如清开灵注射液具有清热解毒、镇静安神、抗菌、抗病毒、退热消炎等功效，有片剂、颗粒剂、胶囊剂和冻干粉针剂等各种剂型，是在安宫牛黄丸的基础上，汲取其精华，用功效相同的药物替代贵细药品，并赋予现代剂型，经拆方而得，现为全国中医院急症必备药。

（二）血清药物化学和血清药理学研究

一种中药中含有的化学成分多达数百种，而中药复方中的化学成分的数量将会更加巨大，要对这些药物中所有的化学成分进行系统的分离，进而阐明天然药物及中药的药效物质基础，需要花费大量的人力、物力和财力，有时即使有充足的财力，由于种种原因实际上也难以完成。除了治疗消化道系统疾病或某些特殊疾病的成分，通常中药中化学成分只有吸收入血后才能发挥药效。一味中药中虽然含有数百个化学成分，但能吸收入血的成分毕竟有限，如果只研究吸收入血的化学成分（血清药物化学）及药理作用（血清药理学），必将大大简化所要研究的成分，而且还可排除那些虽然体外有活性但因其不能吸收入血无法发挥药效的伪活性成分的干扰，以及找出那些有活性的前体成分。例如利用 UPLC-ESI-TOF 和 GC-MS 技术确认麝香保心丸中的 70 个非挥发性成分和 40 个挥发性成分中，22 个以原型入血，并进一步鉴定了 8 个代谢产物。血清药物化学的研究有助于建立麝香保心丸的“化学指纹图谱”，有利于产品质量的稳定性控制，为复方药物临床有效性和安全性提供了重要保障。

需要注意的是，由于复方中化学成分的含量相差巨大，多的可达百分之几，少的则仅有十万分甚至百万分之几；化学成分与血浆蛋白的结合率随成分不同而异；化学成分吸收入血后会很快被分布、代谢、排泄，不同时间检测同一种成分含量会有很大差异；动物所用剂量毕竟有限，难于积累到足量样品；所用的结构测定方法绝大多数只能依靠质谱如 LC-MS 等，而用质谱测定化学结构不但需要对该天然药物中的化学成分有透彻的了解，而且有时还需要对照品，可靠性也差，所以目前采用血清药物化学方法研究天然药物中生物活性成分的进展并不大，从中研究出的一些成分多数是含量较高的已知成分或其代谢产物。

二、中药复方作用机制研究

中药复方治疗疾病的机制一直处于黑箱状态，只知道其有疗效，但是对其产生疗效的具体过程并不清楚。中药复方成分的复杂性决定了其药理作用机制的多靶点、多途径等特点。如果中药复方药理评价方法及作用机制研究单纯借鉴化学药物的评价体系，研究理念基于单一的“疾病 - 基因 - 靶点 - 药物”研究模式，必定会掩盖部分中药复方药理药效。近年来，代谢组学、网络药理学等整体观的评价方法也逐步兴起，为中药复方作用机制提供了可行的方法。

（一）中药复方的代谢组学研究

由于中药复方的成分复杂以及多途径、多靶点的作用特点，用传统的方法研究起来费时费力，且无法体现出复方的整体性。采用代谢组学的研究方法，可以快速筛选多种活性组分，不仅有助于揭示中药复方产生药效的物质基础，更能进一步解释复方的作用机制。

任何外源物质、病理生理变化或遗传变异的作用都会反映到各种生物学途径上，对内源性代谢物质的稳态平衡产生干扰，从而使内源性代谢物中的各种物质的浓度和比例发生变化。相反，内源性代谢物组的变化是通过中药体内代谢物组的变化而引起的，追踪中药体内代谢物组的组成和变化，阐明其引起内源性代谢物组变化的关系，可以证实中国传统中医中药的疗效，阐明中药作用的机制。

唐文富等[5]采用代谢组学方法来研究大承气汤在急性胰腺炎模型的方剂药效成分及药动学；利用 LC-MS-MS 技术测定给药模型犬血清和胰腺组织中各种方剂有效成分和多种胰源性代谢物质的动态变化，从代谢物组成分和量的经时变化探索大承气汤治疗急性胰腺炎具有疗效的生物标记物，以全局观点从药物整体作用所产生的生物化学物质（酶、神经递质和内分泌激素）来寻找其药效的物质基础。从代谢物变化出发探索方剂作用多靶点的生化 - 药效物质基础，有利于阐明大承气汤治疗“阳

明腑实证”的急性胰腺炎的药效物质基础和作用靶点。该研究从中医学整体观出发，创新性地运用代谢物组学的整体分析方法研究“阳明腑实证”的证本质，从而建立方剂代谢物组学新假说，为复方研究提供了一种很好的方法。

吕永海等[6]采用代谢组学和偏最小二乘法判别分析的方法研究假手术组大鼠、心肌缺血模型组大鼠及采用中药复方（复方丹参片）和阳性对照组（卡托普利、维拉帕米、普萘洛尔、曲美他嗪和硝酸异山梨酯）干预心肌缺血大鼠的代谢谱。用 UPLC/Q-TOF-MS 研究心肌缺血模型大鼠的内源性代谢物，鉴定了 22 个与心肌缺血相关的生物标记物。同时应用偏最小二乘法辨别分析复方丹参片的对心肌缺血的保护效应，结果显示复方丹参片可以通过回调潜在的生物标记物（黄嘌呤、次黄嘌呤、肌苷、尿囊素、L- 异亮氨酸 -L- 脯氨酸和 15*S*- 羟基二十碳四烯酸等）至假手术组水平来发挥保护效应，有利于阐明复方丹参片治疗心肌缺血的作用机制。

（二）网络药理学研究

Andrew L Hopkins 于 2007 年提出了“网络药理学”概念，并定义其为一门运用网络方法分析药物与疾病和靶点之间“多成分、多靶点、多途径”协同作用关系的药理学分支学科。网络药理学是随着基因组学、蛋白组学和系统生物学的发展应运而生的，在系统生物学和多向药理学快速发展基础之上，打破单一靶点选择性药物设计思想的束缚，从系统生物学的高度分析药物靶标网络、疾病网络和药物网络之间的相互关联，确定疾病相关生物网络中的重要靶标节点，使用多靶点药物设计和药物组合应用的策略，优化平衡化合物在靶标疾病网络中的响应，提高疾病的临床治疗疗效并降低其毒副作用。其多靶点协同的相互辅佐相互制约的思想与我国传统的中医药“君臣佐使”哲学思想存在异曲同工之处。

中药复方的药效作用是通过中药中多种有效成分形成的有效成分组与疾病相关多个靶点的相互作用，相互调节的结果。其有效成分组包括主要有效成分、次要有效成分以及协同有效成分，多种具有不同药效作用的有效成分的相互作用，形成有效成分 - 有效成分关联网络的有机组合，协同调节疾病相关主要靶点、次要靶点和协同靶点形成的疾病网络，使病理条件下机体的多个非平衡状态调节到新的平衡状态，最终达到治愈疾病的目的。中药复方是在病证结合、方证对应、理法方药一致的条件下，通过多组分作用在多靶点，融拮抗、补充、整合及调节等多种功效于一体而起到治疗作用。由此可见，中药复方的药效作用十分注重系统性和整体性。网络药理学中功能基因的表达决定疾病在不同阶段的表型不同，以及某些关键功能蛋白在不同疾病中均起到枢纽作用，可以很好地与中医药中的“同病异治”和“异病同治”的思想内涵相对应。因此，发展网络药理学方法对避免重复陷入西方国家的研发思想误区具有重要的现实意义，也是对现代药理学水平上对中医药的辨证哲学思想的继承和发展。

（三）分子生物学研究

分子生物学主要是从分子水平阐明生命现象本质的一门边缘科学，近年来发展迅速，在诸多领域广泛应用。分子生物学以空前的力度正在改变人们的疾病观、健康观、生命观。虽然中医学理论与分子生物学属于两种不同的科学体系，中医学侧重于从宏观上认识人体，主张通过调整人体自身的阴阳平衡以维护健康，而分子生物学则是从微观上揭示生命的现象，但两种科学都是研究生命现象本质的科学，具有同一性。因此，从分子水平研究中医药，对推动中医现代化、促进中医药学的发展以及防病治病很有意义。自 20 世纪 80 年代以来，利用分子生物学技术进行中医“证”实质方面的研究较为突出，如对肾虚证、脾虚证、血瘀证和阴虚证、阳虚证，在整体水平、器官水平、细胞水平和分子水平进行了研究。从总的研究成果来看，整体水平、器官水平和细胞水平的研究较为广泛而深入，而分子水平的研究显得较少。如沈自尹[7]用 RT-PCR 技术发现肾阳虚证和下丘脑室旁核促肾上腺皮质激素的 mRNA 表达受抑，将肾阳虚证定位在下丘脑。刘福春等[8]通过 ^{3}HTdR 掺入细胞核 DNA 的方法，发现“阳虚”动物骨髓细胞 DNA 合成率下降。

与“证”实质研究相对应的，利用分子生物学进行中药复方功效研究就要复杂得多。其中涉及的主要关键问题包括：中药复方是否具有确切的临床疗效、是否具有明确的物质基础、如何构建合适的细胞模型和动物模型等。例如陈竺的团队对中药方剂复方黄黛片治疗急性早幼粒细胞性白血病的分子机制进行了系统分析，用生物化学的方法，从分子水平阐明了一个完全依据中医药理论研发出来的中药复方黄黛片治疗白血病的多成分多靶点作用机制[9]。复方黄黛片由雄黄、青黛、丹参、太子参组成。本品是化学成分较为复杂的复方，在经过物质基础研究和多中心临床试验后，确定雄黄、青黛、丹参的有效成分分别为四硫化四砷、靛玉红与丹参酮II_A，将复杂的物质基础精简为3个有效成分。进一步在分子水平上研究3个药的协同作用，研究结果证实3个药联合可显著增强由硫化砷引起的对急性早幼粒细胞性白血病的致病性PML-RARα癌蛋白的降解破坏，因此具有“去邪”的作用，硫化砷是“君药”；在药物作用下，促进细胞分化的基因表达明显增高，抑制细胞分化的基因显著降低，丹参酮II_A在其中起重要作用；促进细胞周期的蛋白明显得到压制，而抑制细胞周期的蛋白显著增多，其中靛玉红发挥重要作用，因此丹参酮II_A是“臣药”、靛玉红是“佐药”。除以上研究外，研究还发现，丹参酮II_A与靛玉红通过增加负责运输硫化砷的水甘油通道蛋白9的含量，促使进入白血病细胞的硫化砷明显增多，因此两者都起到“使药”的作用。

（四）多靶点“钩钓”策略

2004年Morphy R等[10]为药物发现提供了一种全新的思路——多靶点药物治疗（multi-target therapeutics），从此多靶点药物的研究与发展进入了一个新时期。相比于单靶点药物，多靶点药物可以作用于在疾病中具有内在联系的多个靶点，即使其针对单一靶点的活性相比于单靶点药物可能有所降低，但由于多靶点调节所产生的协同作用，使总效应大于单个效应的总和，从而产生更好的疗效和更小的不良反应。

早期多靶点药物研发主要以化学合成或者通过对已有物质的筛选而获得，而天然产物/中药因结构/成分多样性、多靶点活性较高、毒副作用低等优势，已成为多靶点药物的研究热点，也是多靶点药物获得的一个重要途径。多靶点药物广义上讲，包括多组分多靶点药物和单组分多靶点药物。

目前，多组分多靶点药物在恶性肿瘤、心血管疾病、艾滋病、阿尔茨海默病和慢性病等复杂疾病治疗领域已经取得了一定进展。如郭强等[11]基于靶点“钩钓”策略鉴定首荟通便胶囊发挥润肠通便作用的直接药理靶点，探索靶点相关药理学信号通路，揭示润肠通便机制。首先制备键合首荟通便胶囊药材总提取物的磁性固相微球，然后从大鼠肠道总蛋白裂解液中捕获直接作用靶点蛋白，并通过高分辨质谱进行鉴定，最后利用Cytoscape软件进行通路富集分析。共计发现138个首荟通便胶囊的潜在作用靶点蛋白。通过Cytoscape软件进行通路富集分析发现这些靶蛋白主要与三羧酸循环，嘧啶代谢，硫代谢，脂肪酸降解，丙氨酸、天冬氨酸和谷氨酸代谢，精氨酸和脯氨酸代谢，缬氨酸、亮氨酸和异亮氨酸降解，*β*-丙氨酸代谢这8条信号通路相关。以上结果表明，首荟通便胶囊主要通过作用于三羧酸循环等多个通路的138个靶点蛋白，进而发挥促进肠道动力学、抗炎、改善肠道细胞屏障功能、改善肠道水分泌和改善肠道菌群等多种作用，最终发挥润肠通便的临床疗效。因此，中药多靶点的诠释将有助于从源头阐明中药的作用机制。

三、中药复方安全性评价

中药的安全性一直是在国际上饱受争议的话题。虽然几千年的临床实践证实了中药复方的显著疗效，但是其毒副作用也不可忽视，已经引起了人们的重视。中药复方的开发，不仅要进行严格的临床前、临床安全性评价，更有必要积极引入新方法来研究中药中的毒性成分和毒性机制。1964年吴松寒首次报道了木通所致肾毒性，国外将中药引起的肾损伤称之为中草药肾病（Chinese herbs nephropathy）。研究发现，中药肾病主要是由于木通、马兜铃中所含的马兜铃酸(aristolochic acid)所致。前期采用病理学、药物代谢和药代动力学方法研究马兜铃酸的肾毒性，指出了肾毒性的现象和特征，

但未阐明其毒性物质基础的变化规律，更未从整体观点上阐明中药在机体内的生化过程。

近年来，由于全面性系统策略与中医药的整体观念思维方式不谋而合，新技术越来越多地被应用到中药毒性的探索性研究中。例如前述的代谢组学分析技术，具有简便快捷、动态性和无伤害性，通过研究不同时间点的生物机体的体液，在毒性的“终点”位置分析代谢谱的改变，通过模式识别方法可以快速确定毒性靶组织、毒性作用过程、机制以及生物标志物。需要特别提出的是，中药的毒性不仅与药物自身性能有关，还涉及其所作用的对象。通过探查比较中药复方对不同证的作用差异，发现与毒性相关的生物标志物，对于认识中药复方药效、毒与证的关系具有重要意义。

张晓雨等[12]以马兜铃酸及相关中药作为研究对象，寻找马兜铃酸肝肾毒性的代谢模式特征，发现新的肝肾毒性生物标志物，并探讨了马兜铃酸致肝肾毒性的分子机制，在此基础上建立了用代谢组学评价中药肝肾毒性的新方法。赵剑宇等[13]利用代谢组学方法研究关木通的毒性，分析了经关木通染毒后大鼠尿液的代谢表型改变及其与组织病理和尿液、血浆生化指标的相关性。染毒后，大鼠肾脏出现不同程度的炎症坏死，尿样中氧化三甲胺、柠檬酸、牛磺酸、肌酐和甜菜碱等代谢物均有不同程度的下降，而乙酸和丙氨酸则显著上升。主成分分析表明，给药组与对照组的代谢谱有明显差异，能够被区分开，而造成组间差异的主要影响因素是乙酸和氧化三甲胺的变化。结果表明，关木通能够对肾脏造成损害，且大鼠尿液的代谢物谱与关木通毒性作用强度密切相关。

四、中药复方新药研究

中药复方新药研究的难度很大，也是我国近年来国家支持力度最大、研究力量最多的重点研究课题。从大的原则上讲，中药复方的创制，必须要具有中医药特色，就是以中医药理论为基础，充分利用现代科学的技术和手段。但至今尚未有完善的研究模式，必须在实践中探索，在探索中前进。

例如在上面的论述中，我们利用系统生物学、代谢组学、网络药理学、分子生物学、多靶点“钩钓”等技术手段，可以对传统中药复方的药效物质基础、药味配伍规律、药效物质配伍变化的生物效应差异性以及药效物质发挥生物效应的作用机制（靶点等）有比较明确的解析。以此为据，可实现在一个中药复方或一组类方配伍的科学内涵分析的基础上，进行一个或系列现代化中药复方新药的重组（配伍）研究。这种重组中药复方的理论前提是对药效物质构成已经比较清楚，各成分间的化学关系明确，安全性、复方作用的环节、靶点及针对的病证病理特征信息资料已初步掌握，因此重组中药复方的质量控制、药代动力学、药效学及作用机制的研究才能实现。

尽管国内学者提出了很多中药复方的现代化研究思路和方法，譬如拆方研究、药对研究、有效部位配伍及有效成分配伍等，但这些研究思路都遵循了以下原则。

1. 以中医药理论为指导　中医药理论是研究中药复方配伍理论的基础，离开中医药理论的指导，中药复方配伍研究就难以取得预期成果。从目前的情况来看，真正从科学意义上阐明中药复方配伍理论的研究不多。因此，中医药基础理论的现代化才是中药现代化的基础，必须要重视和加强中医药基础理论的研究与创新，尤其是证候理论、组方理论、药性理论这些与中药现代化密切相关的基础理论。

2. 以临床疗效为最终的评价指标　中医药的疗效是中医药学科的支撑和生命力。任何中药复方的研究，都必须要落到临床疗效上，要经得起临床实践的检验。因此，选择临床疗效明确的重点中药品种、具有特色的经方验方进行开发和二次开发，不失为一条可行的研究思路。

3. 以系统理论为指导　中药复方和人体都是复杂的体系，因此中医药的发展不适合建立在“还原论”的基础上。在中药复方研究的最初阶段，大多数的研究沿用的是“还原论”，导致现代的科学手段依然难以阐明中药作用本质、作用机制和中药药性等关键问题。近几年，随着计算机技术和信息技术的迅猛发展，数据计算和处理能力得到极大的提升，使得系统生物学、代谢组学、网络药理学和基因芯片等最新的技术可以应用于中药复方的研究，相信在这个方向上，在未来的几年中，将会取得令人

瞩目的成绩。

五、中药复方研究实例——“黄连解毒汤”的研究

黄连解毒汤首载于葛洪《肘后备急方》，在我国已有 1 700 年的应用历史，本方由黄连、黄芩、黄柏、栀子四味中药配伍组成，是清热解毒的经典方剂，具有清热、泻火、解毒之功，主治实热火毒、三焦热盛之证。现代药理研究表明，黄连解毒汤具有明显的抗炎、镇痛、抗菌、抗内毒素、调节消化系统、解热、降压、改善脑血流量、抗血栓、改善人眼球微循环、提高中枢神经系统功能、抗肝损伤、降糖和降脂等多方面作用。

为系统把握中药复方的整体思路，根据中药复方的固有特点，遵循系统论和还原论相结合、宏观研究与微观研究相结合、体内分析和体外分析相结合的原则，以系统生物学和网络生物学为核心技术，综合利用现有的技术手段对黄连解毒汤探索建立包括化学物质基础研究、现代药理研究以及网络生物学研究在内的现代中药复方研究体系[14-18]（图 12-9）。

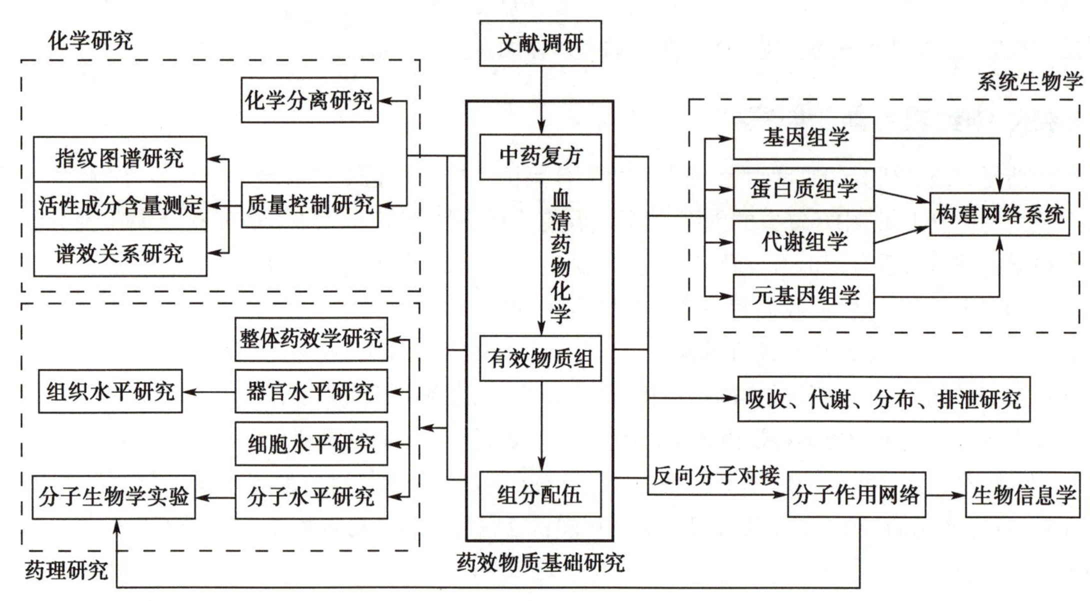

图 12-9　黄连解毒汤的现代研究思路

（一）黄连解毒汤血清药物化学研究

采用 HPLC-DAD-ESI-MS 技术，建立了一种简单、迅速的方法来鉴定黄连解毒汤经口服给药后含药血清中的活性成分。经分析大鼠口服给药后血中的大量成分，检测到 33 种成分，通过 ESI-MS/MS 分析方法，鉴定了其中 22 种成分（图 12-10）。入血成分及其代谢产物很可能是有效成分，这为黄连解毒汤的药理学活性和进一步机制研究提供了依据。

（二）黄连解毒汤治疗类风湿关节炎的代谢组学研究

为考察黄连解毒汤对类风湿关节炎（rheumatoid arthritis，RA）大鼠的治疗作用机制，建立了基于高效液相色谱联合飞行时间检测器质谱（LC-Q-TOF-MS）的代谢组学研究方法。CIA 大鼠造模后 4 天，出现炎症症状（红斑、轻微肿胀），连续给药 20 天。对实验过程中第 18、25、31 天采集到的尿样进行整体代谢谱分析。通过偏最小二乘法判别分析（PLS-DA）建立数学模型，比较大鼠尿液整体代谢物水平的变化，从而探讨黄连解毒汤的具体作用机制。在大鼠尿液中鉴定了 24 个潜在生物标志物（图 12-11）。

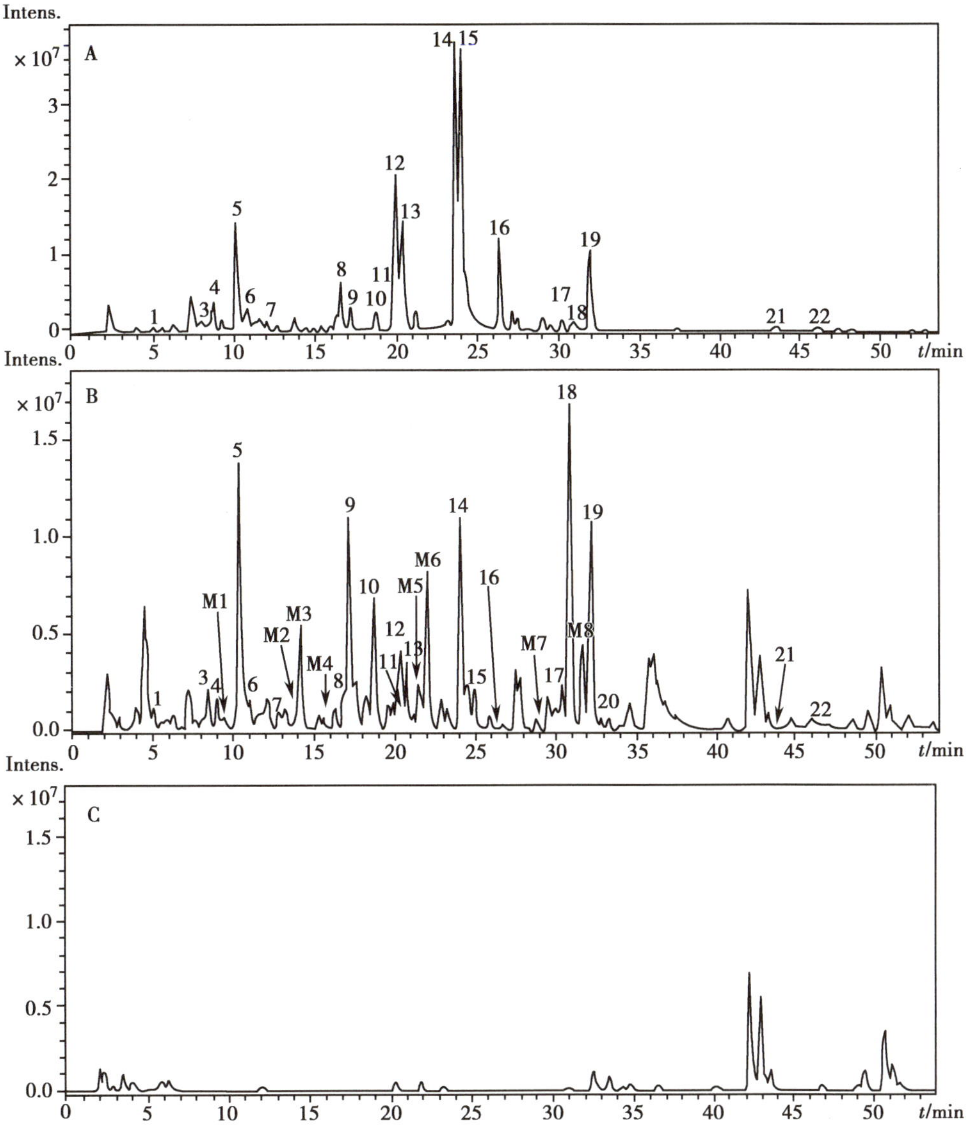

图 12-10　黄连解毒汤血清 LC-MS 分析

A. 黄连解毒汤甲醇提取物；B. 灌胃给予大鼠黄连解毒汤后血浆；C. 未给药大鼠血浆。

通过查阅文献及 KEGG PATHWAY Database 和 HMDB 网上数据库，鉴定的 24 个潜在生物标志物主要涉及能量代谢、氨基酸代谢及脂肪酸代谢。如三羧酸循环（酮戊二酸、柠檬酸、琥珀酸、泛酸）、色氨酸代谢（3- 吲哚乳酸、吲哚 -3- 羧酸、黄尿烯酸、犬尿喹啉酸）、苯丙氨酸（苯甲酸、苯乙酰甘氨酸、马尿酸）、精氨酸和脯氨酸代谢（精脒、肌酸）。在 CIA 模型大鼠尿样中发现柠檬酸、琥珀酸水平升高，表明三羧酸循环活动增强，干扰了软骨和软骨细胞代谢所导致。参与三羧酸循环的绝大多数酶位于软骨细胞的线粒体中，三羧酸循环中间产物的代谢异常可能说明类风湿关节炎存在线粒体功能障碍。

通过分析鉴定的生物标志物，发现类风湿关节炎病理机制可能与能量代谢、苯丙氨酸及氧化损伤相关。这些生物标志物不仅为类风湿关节炎早期疾病预测和诊断提供依据，而且为类风湿关节炎的早期治疗提供评价指标。

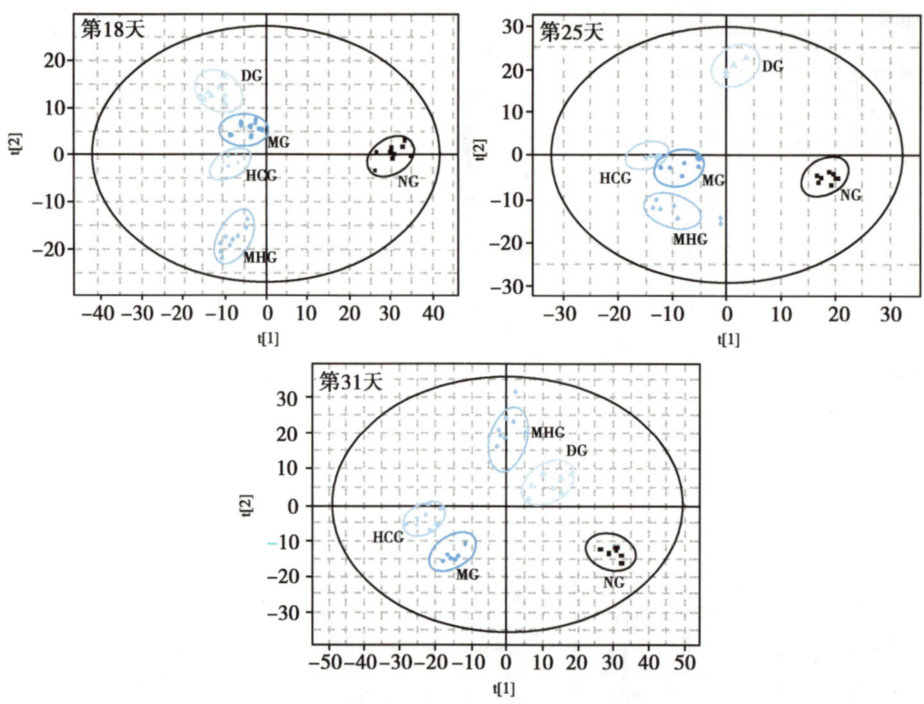

图 12-11　黄连解毒汤治疗类风湿关节炎模型大鼠血样的 PLS-DA 聚类图

NG:正常组;MG:模型组;DG:地塞米松;MHG:黄连解毒汤中剂量;HCG:配伍高剂量组。

（都述虎）

参 考 文 献

[1] NEWMAN D and CRAGG G. Natural products as sources of new drugs over the nearly four decades from 01/1981 to 09/2019. J Nat Prod, 2020, 83 (3): 770-803.

[2] 孙昱,徐敢,汪祺 . 中药二次开发的研究思路探讨 . 中草药,2021,52(13):4107-4112.

[3] ITOKAWA H, TAKEYAK K, MIHARA K, et al. Studies on the antitumor cyclic hexapeptides obtained from Rubia Radix. Chem Pharm Bull, 1983, 31 (4): 1424-1427.

[4] 郭瑞云,常俊标,陈荣峰,等. α- 联苯双酯酯基的修饰 . 药学学报,1999,34:439-441.

[5] 唐文富,陈光远,黄熙 . 方剂代谢物组学新假说 . 中草药,2007,38(6):801-803.

[6] LV Y, LIU X, YAN S, et al. Metabolomic study of myocardial ischemia and intervention effects of Compound Danshen Tablets in rats using ultra-performance liquid chromatography/quadrupole time-of-flight mass spectrometry. J Pharm Biomed Anal, 2010, 52 (1): 129-135.

[7] 沈自尹 . 肾阳虚证的定位研究 . 中国中西医结合杂志,1997,7(1):50-52.

[8] 刘福春,丁光霞,李菊仙 . 淫羊藿多糖对羟基脲所致"阳虚"动物骨髓细胞 DNA 合成率的影响 . 中国中药杂志,1991,16(10):620-622+641.

[9] WANG L, ZHOU G, LIU P, et al. Dissection of mechanisms of Chinese medicinal formula Realgar-Indigo

naturalis as an effective treatment for promyelocytic leukemia. PNAS, 2008, 105 (12): 4826-4831.

[10] MORPHY R, KAY C, RANKOVIC Z. From magic bullets to designed multiple ligands. Drug Discov Today, 2004, 9: 641-651.

[11] 郭强, 姚璐, 刘忠, 等. 基于靶点"钩钓"策略的首荟通便胶囊肠道直接作用靶点鉴定. 中国中药杂志, 2021, 46 (3): 505-510.

[12] ZHANG X, WU H, LIAO P, et al. NMR-based metabonomic study on subacute toxicity of ariotolochic acid in rats. Food & Chem Toxicol, 2006, 44 (7): 1006-1014.

[13] 赵剑宇, 颜贤忠, 彭双清. 关木通肾毒性的代谢组学研究. 中草药, 2006, 37 (5): 725-730.

[14] FANG H, WANG Y, YANG T, et al. Bioinformatics analysis for the antirheumatic effects of Huang-Lian-Jie-Du-Tang from a network perspective. Evid Based Complement Alternat Med, 2013, 2013 (9): 245357.

[15] YUE R, ZHAO L, HU Y, et al. Metabolomic study of collagen-induced arthritis in rats and the interventional effects of Huang-Lian-Jie-Du-Tang, a traditional chinese medicine. Evid Based Complement Alternat Med, 2013, 2013: 439690.

[16] YUE R, ZHAO L, HU Y, et al. Rapid-resolution liquid chromatography TOF-MS for urine metabolomic analysis of collagen-induced arthritis in rats and its applications. J Ethnopharmacol, 2013, 145 (2): 465-475.

[17] HU Y, JIANG P, WANG S, et al. Plasma pharmacochemistry based approach to screening potential bioactive components in Huang-Lian-Jie-Du-Tang using high performance liquid chromatography coupled with mass spectrometric detection. J Ethnopharmacol, 2012, 141 (2): 728-735.

[18] ZHANG H, FU P, KE B, et al. Metabolomic analysis of biochemical changes in the plasma and urine of collagen-induced arthritis in rats after treatment with Huang-Lian-Jie-Du-Tang. J Ethnopharmacol, 2014, 154(1): 55-64.

第十三章

天然产物的结构修饰

第十三章
教学课件

学习目标

1. **掌握** 天然产物结构修饰常用的策略和方法。
2. **熟悉** 青蒿素、喜树碱、吗啡等经典药物结构修饰案例。
3. **了解** 天然产物结构修饰在新药开发中的意义。

天然产物是生物体产生的次级代谢物，其骨架的复杂性和官能团的丰富性赋予了天然产物独有的生物活性。因此，天然产物作为药物研究的先导化合物有其无法替代的作用。现有的化学药物超过半数来源于天然产物及其衍生物，如抗疟药青蒿素（artemisinin）及其衍生物蒿甲醚（artemether）、抗癌药紫杉醇（taxol，paclitaxel）及其类似物、长春碱（vinblastine）、长春新碱（vincristine）及其衍生物长春地辛（vindesine）等[1]。

天然产物在药物化学研究中的突出意义在于为药物设计提供灵感，为药物发现提供先导化合物。世界各国投入了大量的人力和财力，积极开展对天然产物的研究，从天然产物中寻找新药或先导化合物的研究是当前国内外创制新药的重要研究方向和非常活跃的研究领域[2]。以天然产物为先导化合物，结合构效关系和代谢研究，进一步进行结构修饰和类似物合成，以提高药效和降低毒性，一个有效的天然先导化合物往往可以衍生出一系列新药[3-4]，这一过程已经成为新药创制的重要途径，而且已经取得了丰硕的成果。在当代竞争激烈的药物研究中，天然产物提供的分子多样性和生物活性具有其独特的性质，是创制新药不可替代的源泉[5-8]。

第一节　天然产物结构修饰基本理论

一、生物电子等排理论

生物电子等排理论是将化合物结构中的某些原子或基团，用其外层电子总数相等（同价）或在体积、形状、构象、电子分布、脂水分配系数 pK_a、化学反应性和氢键形成能力等重要参数上存在相似性的原子或基团进行替换，而所产生的新化合物的一种方法。产生的新化合物具有优于、近于或拮抗原来药物的特点。先导化合物的优化是研究和开发新药的重要途径，生物电子等排理论是对先导化合物进行合理优化的有效策略之一[9]。

“生物电子等排”（bioisostere）是由早期的“电子等排”发展而来的。1919 年 Langmuir 提出，凡是具有相同数目的原子和相同数目的电子，并且电子排列状况也相同的分子、原子或基团（离子）称为电子等排体。其在理化性质方面具有相似性，如 O^{2-}、F^- 和 Ne，N_2 和 CO、N_2O 和 CO_2，以及 N_3 与 NCO 等。1916 年，Hinsbeng 提出“环等价部分”，即当芳香环的等价部分相互替代，不会显著改变理化性质。

1925 年，Grimm 总结了 Hinsbeng 和 Huckel 有关等价的概念，提出了“氢化物取代规律”，指出从周期表中第Ⅳ主族起，任何一种元素当与一个或几个氢原子结合形成分子或基团时可以称为假原子，即某一元素与一个氢原子结合形成的假原子的性质与比它高一族的元素相似，如 CH 和 N；与两个氢原子结合的假原子性质与较其高两族的元素相似，如 CH_2 和 O 相似。

1932 年，Erlenmeyer 将电子等排体的概念进一步拓展，即凡原子、离子或分子的外围电子数目相等者为电子等排体，并首先把电子等排概念与生物活性联系起来，应用其解释电子等排体生物活性的相似性。1947 年，Hansch 提出，凡在同一标准的实验系统中能引起相似生化或药理作用的化合物，均是电子等排体。1951 年，Friedman 提出了“生物电子等排”及“生物电子等排体”等新概念，把化合物的理化性质与生物活性联系起来。1979 年，Thornber 将电子等排体的概念总结，综述为：凡具有相似理化性质且由其产生广泛的相似生物活性的分子或基团都应是生物电子等排体。

药物化学研究中，生物电子等排取代法寻找先导化合物一般经历从低级先导化合物、抽出部分结构、等排取代、高级先导化合物的过程。在对先导化合物进行合理生物等排取代时，通常需要考虑和分析所改变基团的各种参数，主要为大小、形状（键角、杂化）、电子分布（极性、诱导效应、电荷、偶极）、脂溶性、水溶性、pK_a、化学活性（包括新陈代谢的可能性）、氢键能力等。当然，要求所选择的生物等排体与原有部分的所有参数都相似是很难的，所以只要两者在生物性质中起决定性的参数能够匹配即可。

生物电子等排理论在药物设计中的应用实例是相当丰富的，并在药物开发中取得了显著的成效。与生物节律密切相关的激素美乐托宁（melatonin）具有抗肿瘤、抗衰老、免疫调节和清除自由基等生理作用，根据生物电子等排理论，将其结构中的吲哚环替换为萘环得到的类似物阿戈美拉汀（agomelatine，S20098），具有很好的抗焦虑和抗抑郁作用；哌替啶（meperidine）为一种阿片受体激动剂，作用与吗啡相似，在对哌替啶类似物（meperidine analogue）的构效关系研究中发现，当 X 为 O、NH 或 CH_2 时，均显示强效止痛活性；当二价氧用电子等排体 S 置换，可以增加脂溶性，增大吸收速度，对中枢神经系统药物常有利，如硫代巴比妥类药物。

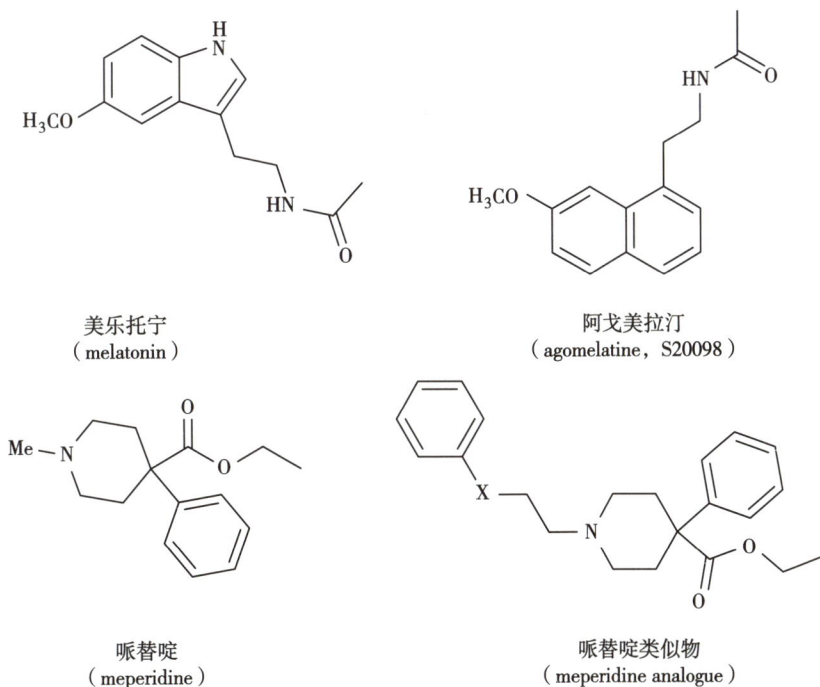

美乐托宁
（melatonin）

阿戈美拉汀
（agomelatine，S20098）

哌替啶
（meperidine）

哌替啶类似物
（meperidine analogue）

二、虚拟筛选与分子对接

随着基因技术、蛋白质化学、蛋白质纯化与鉴定技术的快速发展，近年来，蛋白质三维结构的数量正在不断增加，大量成药与潜在成药靶标蛋白已被破解。相比之下，新药研发的速度却依旧落后。最近几年，计算机辅助药物设计中的虚拟筛选方法，已经成为可靠、相对廉价的用于先导化合物发现的一种重要技术手段。

虚拟筛选(virtual screening,VS)是指在进行生物活性筛选之前,基于药物设计理论,借助计算机技术和专业应用软件,模拟评价目标靶点与化合物之间的作用效果,帮助研究者从大量化合物中挑选出一些苗头化合物的一种方法,其目的是从海量候选化合物中筛选出少量潜在的活性化合物,从而大幅度降低后续实验验证工作的盲目性。虚拟筛选技术已广泛应用于化学药物的研发中,其独特优势尤其适用于天然产物先导化合物的发现。

从原理上来讲,虚拟筛选可以分为两类,即基于受体的虚拟筛选(receptor-based virtual screening)和基于配体的虚拟筛选(ligand-based virtual screening)。

基于受体的虚拟筛选也称为基于结构的虚拟筛选,利用分子对接技术,基于受体的三维结构,在结合位点处自动匹配化合物数据库中的分子,然后运用基于分子力场的打分函数对可能的结合模式进行结合能计算,最终得到化合物能量排名。

相对于基于配体的虚拟筛选,其优势是能避免活性化合物微小的结构变化所引起的活性改变,但也存在一些不足:①最大的问题就是打分函数的准确性及适用性,一般考虑到计算速度,通常采用比较简单的打分函数,但简单的打分函数不能很好地考虑到较弱的相互作用;②基于受体的虚拟筛选需要受体结构和指定结合位点,但许多重要的靶标都没有可用的受体结构。

基于配体的虚拟筛选是依据结构决定性质原理,这类筛选的方法有:①药效团模型(pharmacophore modeling),是对一系列已知有活性的化合物进行药效团研究,通过构象分析、分子叠合等方法归纳得到对化合物活性起到关键作用的一些基团的信息;②定量构效关系(quantitative structure activity relationship,QSAR),是一种借助分子的理化性质参数或结构参数,以数学和统计学手段定量研究有机小分子和生物大分子相互作用,有机小分子在生物体内吸收、分布、代谢、排泄等生理相关性质的方法;③结构相似性方法(structual similarity,SSIM),是通过各种描述符或指纹进行相似性匹配,从而判断化合物是否具有类似活性或治病机制。

分子对接是通过受体的特征以及受体和药物分子之间的相互作用方式来进行药物设计的方法,主要研究分子间(如配体和受体)相互作用,并预测其结合模式和亲合力的一种理论模拟方法。近年来,分子对接方法已成为计算机辅助药物研究领域的一项重要技术。分子对接技术可采用一个或多个蛋白质作用靶点对天然产物数据库进行筛选,寻找出与靶标蛋白特异性结合的化合物,最终筛选出具有一定活性的先导化合物。此外,分子对接能为构效关系和药效团模型研究提供合理的活性构象,为进一步先导化合物结构优化提供线索。

分子对接这一想法的历史可以追溯到19世纪提出的受体学说。Fisher提出的受体学说认为,药物与体内的蛋白质大分子(即受体)会发生类似钥匙与锁的识别关系,这种识别关系主要依赖两者的空间匹配。随着受体学说的发展,人们对生理活性分子与生物分子的相互作用有了更加深刻的认识,从基于空间匹配的刚性模型逐渐发展成为基于空间匹配和能量匹配的柔性模型。模型的优化使通过计算模拟分子间相互作用的设想更容易实现。另一方面,计算机和计算科学的迅速发展又使得人们能够处理大量数据,这两方面的因素共同促成了分子对接方法的出现。

早期的分子对接方法用分子力学方法或者量子化学方法计算小分子之间分子识别,在一些分子模拟软件包中也含有分子对接的模块。但是由于算法和计算机处理能力的限制,早期的对接方法较难处理含有大分子的分子对接过程。

1995年由Accelrys公司开发的计算化学软件Affinity上市,这是第一个可以进行有大分子参与的商业化分子对接软件。此后,商业化和免费的分子对接软件层出不穷。应用中的分子对接软件涵盖了刚性对接、半柔性对接、柔性对接等各种对接方法,在能量优化方面则使用了人工神经网络、遗传算法、模拟退火、禁忌搜索、局部搜索等各种方法,分子对接方法是研究小分子与大分子相互作用模式、生物大分子间识别、分子自组装、超分子结构等课题的常用方法之一。

分子对接方法的两大课题是分子之间的空间识别和能量识别。空间匹配是分子间发生相互作用

的基础，能量匹配是分子间保持稳定结合的基础。对于几何匹配的计算，通常采用格点计算、片断生长等方法，能量计算则使用模拟退火、遗传算法等方法。

各种分子对接方法对体系均有一定的简化，根据简化的程度和方式，可以将分子对接方法分为3类。

(1) 刚性对接：刚性对接方法在计算过程中，参与对接的分子构象不发生变化，仅改变分子的空间位置与姿态，刚性对接方法的简化程度最高，计算量相对较小，适合于处理大分子之间的对接。

(2) 半柔性对接：半柔性对接方法允许对接过程中小分子构象发生一定程度的变化，但通常会固定大分子的构象，另外小分子构象的调整也可能受到一定程度的限制，如固定某些非关键部位的键长、键角等，半柔性对接方法兼顾计算量与模型的预测能力，是应用比较广泛的对接方法之一。

(3) 柔性对接：柔性对接方法在对接过程中允许研究体系的构象发生自由变化，由于变量随着体系的原子数呈几何级数增长，柔性对接方法的计算量非常大，消耗计算机时很多，适合精确考察分子间识别情况。

Dock 是应用最广泛的分子对接软件之一，由 Kuntz 课题组开发。Dock 应用半柔性对接方法，固定小分子的键长和键角，将小分子配体拆分成若干刚性片段，根据受体表面的几何性质，将小分子的刚性片段重新组合，进行构象搜索。在能量计算方面，Dock 考虑了静电相互作用、范德瓦耳斯力等非键相互作用，在进行构象搜索的过程中搜索体系势能面。最终软件以能量评分和原子接触罚分之和作为对接结果的评价依据。

Autodock 是另外一个应用广泛的分子对接程序，由 Olson 课题组开发。AutoDock 应用半柔性对接方法，允许小分子的构象发生变化，以结合自由能作为评价对接结果的依据。自从 AutoDock 3.0 版本以后，对能量的优化采用拉马克遗传算法（lamarckian genetic algorithm，LGA），LGA 将遗传算法与局部搜索方法相结合，以遗传算法迅速搜索势能面，用局部搜索方法对势能面进行精细的优化。

FlexX 是德国国家信息技术研究中心生物信息学算法和科学计算研究室开发的分子对接软件，已经作为分子设计软件包 BioSolveIT LeadIT 的一个模块实现商业化。FlexX 使用碎片生长的方法寻找最佳构象，根据对接自由能的数值选择最佳构象。FlexX 程序对接速度快效率高，可以用于小分子数据库的虚拟筛选[10]。

三、药效团的确定

药效团（pharmacophore）的原始概念由 Paul Ehrlich 在19世纪末期提出，指载有活性必需特征原子的分子框架。1977年 Peter Gund 把药效团的概念进一步明确为“分子中的一组能够识别受体，并能形成生物活性的结构特征”。此后的定义表述虽略有变化，但基本已达成共识。概括地说，药效团指对于活性起重要作用的结构特征的空间排列形式[11]。

自1997年以来，国际纯粹和应用化学联合会定义了药效团：药物分子与受体靶点发生作用时，要与靶点产生几何匹配和能量匹配的活性构象。

药效团的最大共同特征是由一组活性分子共享的分子相互作用，因此药效团不代表真正的分子或一组化学基团，而是一个抽象的概念。

药效团是特征化的三维结构要素的组合，可以分为2种类型。一类是具有相同药理作用的类似物，它们具有某种基本结构，即相同的化学结构部分，如磺胺类抗菌药、局麻药、受体阻断剂、拟肾上腺素药物等；另一类是一组化学结构完全不同的分子，但它们以相同的机制与同一受体键合，产生同样的药理作用，如己烯雌酚的化学结构比较简单，但因其立体构象与雌二醇相似，也具有雌激素样作用。

虽然药效团概念先于电子计算机出现，但它仍然是在计算机辅助药物设计（computer-aided drug design，CADD）的重要工具。在药效团水平上比较不同的分子，这种方法通常被描述为“药效团指纹”。当在3D模型中仅考虑几个药效特征时，药效团有时被描述为“查询”（query）。

虽然分子是3D实体，但药效团表示将分子减少到2D或3D水平的特征集合。药效团指纹是这个概念的延伸，并且注释一个分子作为一个独特的数据串。每个配体列举了所有可能的三点或四点药效团特征。特征点之间的距离计算在结合点（拓扑指纹）中，生成的指纹是描述字符串内预定位置的可能组合的频率字符串。

药效团指纹可用于分析分子之间或分子库之间的相似性。或者，可以使用指纹模型来分析活性配体的共同元素，以识别生物功能的关键贡献特征。

药效团模型由特定3D模式的几个特征组成。每个特征通常表示为球体（尽管存在变体）、半径确定与精确位置偏差的公差。这些特征可以被标记为单个特征或由“AND”、“OR”和“NOT”组成的任何逻辑组合。

药效团特征通常用作筛选小分子库的查询。这些库中所有的化合物存在生物相关的低能量构象，如果一个分子可以放置在代表查询特征的球体内，则它被认为是命中分子。通常，药效团查询可能太复杂，无法从给定的库中发现命中分子。在这种情况下，只有某些被认为是活性必不可少的特征才能匹配。这种模型的其他用途是调整分子或促进分子对接模拟。

根据具体情况和实验类型，可以使用多种策略来手动构建药效团模型，也可以使用自动算法。

第二节 改善天然产物的药代动力学性质

一、增加天然产物的溶解性

天然产物如果溶解性不好，会影响药物在体内的吸收，进而导致生物利用度不佳。增加天然产物的溶解性，是改善天然产物药代动力学性质的有效手段[12]。在处理天然产物所面临的药代动力学问题时，首先应考虑如何改变药物亲水/亲脂平衡来改善药物的溶解性。

极性太大的天然产物分子可以通过在极性官能团上引入烃基或酰基而使极性降低，例如醇或酚可转变为醚或酯，羧酸可转变为酯或酰胺。当药物分子的极性不够，则可以采用相反的策略，在药物分子中增加极性基团来增大其极性。

1. 通过结构修饰改善青蒿素的溶解性 青蒿素（artemisinin）是20世纪70年代我国科技工作者从黄花蒿（*Artemisia annua*）中分离得到的具有抗疟活性的带过氧基团的新型倍半萜内酯化合物，它的发现打破了以前抗疟药均是含氮环化合物的框架，在疟疾化疗史上是继氯喹之后的又一重大突破。全球疟疾感染每年接近2亿人，当青蒿素结合治疗时，可以减少超过20%因为疟疾而引起的死亡。仅在非洲，青蒿素对氯喹敏感株和抗性株的恶性疟和间日疟均有很好的效果，意味着每年有十万人的生命被挽救。因而，作为第一个发现青蒿素对疟疾寄生虫有出色疗效的科学家，屠呦呦获得了2015年诺贝尔生理学或医学奖，这是我国首个自然科学领域的诺贝尔奖项。

青蒿素能在疟原虫生长初期迅速将其杀死，虽然是高效、低毒、速效的抗疟药物，但在水和油中几乎不溶解，口服吸收不好，难以直接用于临床治疗，因此有必要进行体内代谢转化过程和结构修饰研究。

对青蒿素进行人体内代谢转化研究，发现疟疾患者口服青蒿素后体内代谢转化研究结果证明大部分以原型药排出，提示其口服吸收不好，从尿中分离得到的代谢物均无抗疟活性，说明是失活化代谢，经研究发现代谢物均失去过氧基团。青蒿素接触氢化后失去过氧键也无抗疟活性。改善青蒿素的溶解性是将内酯的羰基还原成羟基（成环状半缩酮），当青蒿素在甲醇中用硼氢化钠或硼氢化钾还

原得双氢青蒿素（dihydroartemisinin）时，保留了过氧基团，它的抗疟效果比青蒿素强，从体内代谢和上述一系列试验证明过氧基团是抗疟活性基团，所以稳定过氧键，从而提高疗效。以此为起始原料，半合成了一系列青蒿素衍生物，主要包括醚类、酯类和碳酸酯类，其中蒿甲醚(artemether)脂溶性极好，易制成油针剂。

蒿甲醚的合成路径为：

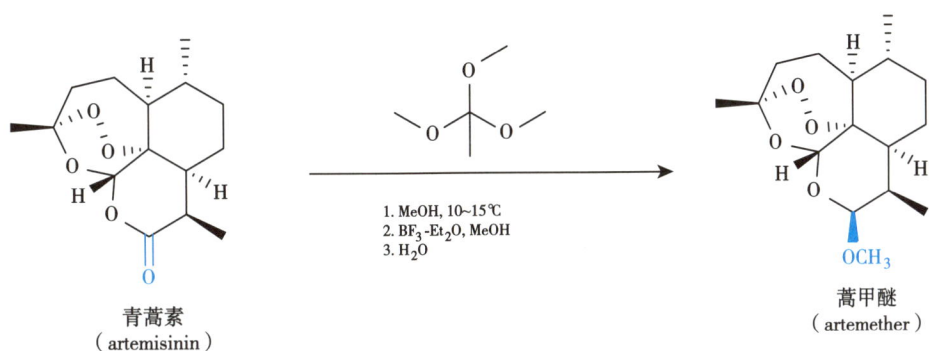

1. MeOH, 10~15℃
2. BF_3-Et_2O, MeOH
3. H_2O

青蒿素
（artemisinin）

蒿甲醚
（artemether）

双氢青蒿素的合成路径为：

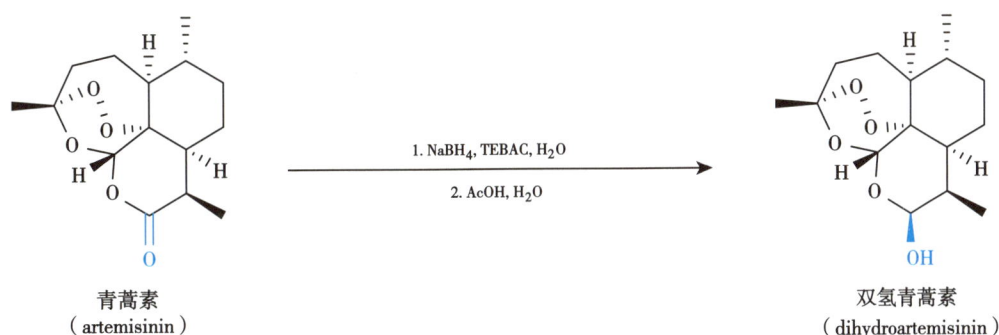

1. $NaBH_4$, TEBAC, H_2O
2. AcOH, H_2O

青蒿素
（artemisinin）

双氢青蒿素
（dihydroartemisinin）

蒿甲醚是我国首创的，为数极少的进入国际药品主流市场的抗疟新药。毒理学等临床前药理研究（包括急性毒性、长期毒性、局部用药毒性，动物体内吸收分布排泄、药代动力学）和三致试验，证明蒿甲醚无明显毒副作用，无致突变、致癌、致畸作用。在泰国、柬埔寨、巴西的疟疾高发区以及多哥、坦桑尼亚等非洲疟疾高发区感染了非洲疟原虫株的我国援外人员对应用蒿甲醚的疗效亦满意。临床上使用蒿甲醚的患者，治疗后对其测定肝、肾功能和心电图均未发现明显毒副反应，孕妇应用后对其本人及后代亦无影响。证明蒿甲醚是高效（剂量小）、速效（控制症状快、退热时间快、血中疟原虫消失时间快）、低毒（未出现明显毒副反应）、复发率低的抗疟新药。

作为新一类的抗疟药物，青蒿素是不含氮原子、具有双氧桥特异化学结构的倍半萜内酯，其作用方式与已有的抗疟药不同，显示了速效、高效、低毒的特点。由青蒿素肇始，双氢青蒿素等衍生物研发，ACT（artemisinin-based combination therapy）应用，已成世界疟疾治疗的首选药物，成功降低了疟疾患者的死亡率，在全球特别是发展中国家已挽救了数百万人的生命[13]。

2. 通过结构修饰改善喜树碱的溶解性　喜树碱（camptothecin）是 1966 年从珙桐科植物喜树（*Camptotheca acuminata*）中提取的一种细胞毒性生物碱，具有明显的抗肿瘤活性，尤其对消化道肿瘤、白血病、膀胱癌等活性更强，但不溶于水，且脂溶性差，不方便制成适宜的剂型，进一步限制了它的应用。直到 1985 年，研究发现喜树碱是拓扑异构酶Ⅰ的特异性抑制剂，使其又成为抗肿瘤药物研究的热点[14-15]。通过对喜树碱进行结构改造，引入氨基等极性基团，得到拓扑替康（topotecan）、伊立替康（irinotecan）等衍生物，溶解性均有极大改善。

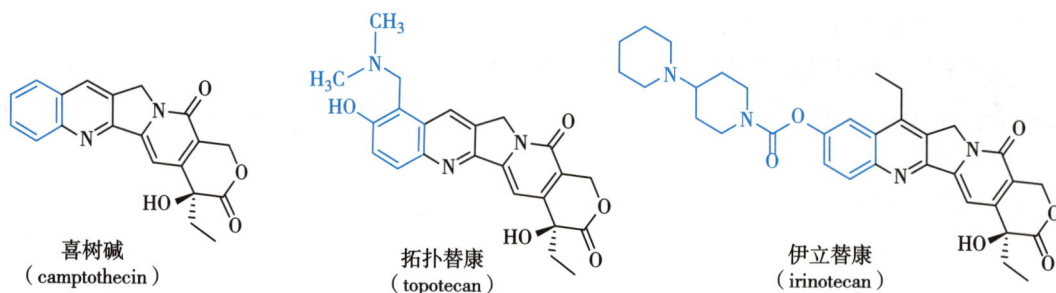

喜树碱
(camptothecin)

拓扑替康
(topotecan)

伊立替康
(irinotecan)

二、增加血脑屏障通透性

作用于中枢神经系统的药物透过血脑屏障(blood brain barrier,BBB)的能力是决定药效的重要因素;而作用于外周神经或其他非中枢系统的药物则应避免穿过血脑屏障,以免损伤神经中枢,产生毒副作用。血脑屏障的存在,使得治疗药物难以进入脑组织发挥作用,研究药物在血液和大脑之间的分布,预测药物透过血脑屏障的能力,是药物设计中应考虑的一个重要因素。对于用于治疗脑部疾病的天然产物分子,通过化学修饰方法,来改善血脑屏障通透性非常关键。

影响药物分子透过血脑屏障因素很多,包括药物分子在生理条件下的电离能力、结合血浆蛋白的能力、药物分子本身的亲脂性及大脑的血流量等。除大脑血流量不能控制外,其他因素都能通过对药物分子的修饰加以改善。

通过结构修饰,可以改善天然药物分子的理化性质,使其通过被动扩散的方式到达脑部,也可将药物修饰成能借助载体或受体介导的转运系统运输的结构,经由载体或受体转运进入脑部。

吗啡(morphine)是 1806 年德国化学家泽尔蒂纳首次将其从鸦片中分离出来的天然产物。作为临床上最重要的强效镇痛药,吗啡被广泛用于治疗因烧伤、刀枪伤、晚期癌症等引发的剧痛,因此它也被世界卫生组织(World Health Organization,WHO)列为"基本药物"(essential medicine)。同时具有吗啡结构的多个类似物也被用于治疗疼痛相关的疾病。将镇痛药吗啡的 3- 位酚羟基烷基化,引入一个甲基,得到可待因(codeine),可待因的血脑屏障通透率比吗啡增加了 10 倍 [16];将吗啡的两个羟基分别引入乙酰基,形成酯键,得到海洛因(heroin),海洛因的血脑屏障通透率比吗啡增加了 100 倍 [17]。

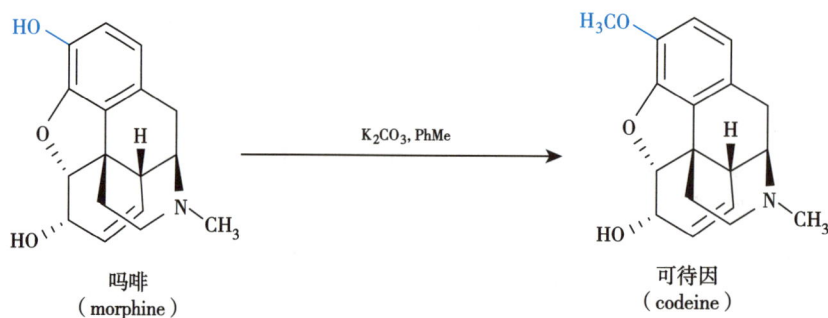

可待因的合成路径为:

K_2CO_3, PhMe

吗啡
(morphine)

可待因
(codeine)

海洛因的合成路径为：

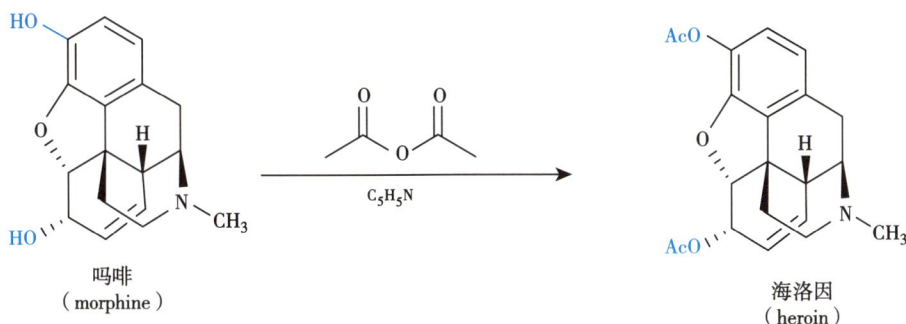

吗啡
（morphine）

海洛因
（heroin）

三、提高天然产物代谢稳定性

药物要具有活性，必须具备一定的代谢稳定性，应对可能遭遇的众多消化酶及代谢酶。很多天然产物会在体内经过代谢失活，从而影响其临床应用。通过结构修饰，来提高其天然产物的代谢稳定性，非常具有实际意义。

1. 通过结构修饰提高埃博霉素B的稳定性 埃博霉素B（epothilone B）是从黏细菌的纤维堆囊菌发酵液中分离得到的大环内酯类化合物[18]，在体外抗癌活性实验中，显示出良好的活性，甚至在对紫杉醇类有耐药性的细胞中同样表现出良好的活性。但是其体内活性实验的效果一般，这很可能是由于体内的酯解酶使大环内酯开环而导致失活。在对埃博霉素B的一系列衍生物的活性测试中，发现用内酰胺键代替原来的内酯键的产物——伊沙匹隆可以很好地保留抗癌活性。

伊沙匹隆（ixabepilone）是治疗转移性和晚期乳腺癌的药物。伊沙匹隆可以作为抗癌药物单独使用或者与卡培他滨（capecitabine）联合使用。2007年10月16日由FDA批准上市，商品名为ixempra[19]。

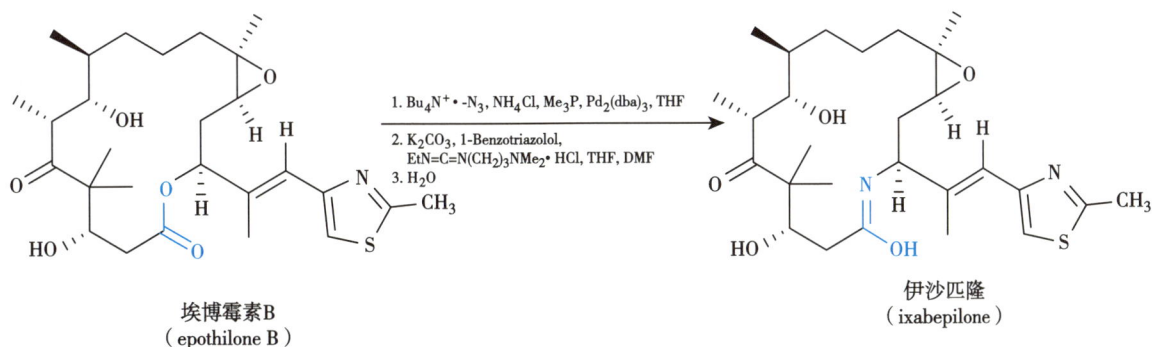

埃博霉素B
（epothilone B）

伊沙匹隆
（ixabepilone）

2. 红霉素的结构修饰 红霉素的抗菌作用是由于抑制细菌核糖体50S亚单位的23S核糖体RNA，它的副作用是恶心呕吐和腹泻，原因是在酸性环境下，6位羟基与9位酮基缩合成半缩酮，脱水成二氢呋喃，再与12位羟基缩合成6,9,9,12-双缩酮，不仅失去活性，而且刺激胃肠道产生上述副作用。为避免此过程，增强抗菌效果，对红霉素的改造可有两个途径，一是将6位羟基醚化，断绝发生缩酮化的根源，6-*O*-甲基红霉素即克拉霉素（clarithromycin），体内药效强于红霉素3倍，不良反应显著降低[20]。另一途径是将9位酮基肟化经贝克曼重排，消除了酮基，扩环成十五元环，即为阿奇霉素（azithromycin），其抗菌谱、强度和药代性质都优于红霉素，也提高了安全性[21]。红霉素3位的克拉定糖并非抗菌所必需，还会诱导细菌对大环内酯的耐药性，将3位克拉定糖片段水解，并氧化成3-酮基，6位*O*-甲基化，11,12位形成环状氨甲酸酯，得到泰利霉素（telithromycin），药效、药代和安全性均优于前面提及的大环内酯，于2001年上市。

红霉素
（erythromycin）

克拉霉素
（clarithromycin）

阿奇霉素
（azithromycin）

泰利霉素
（telithromycin）

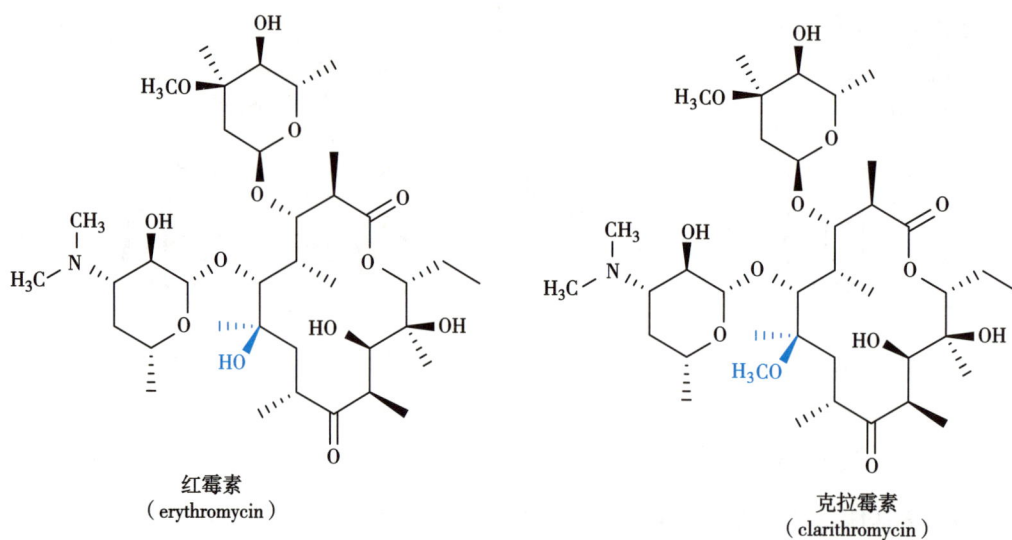

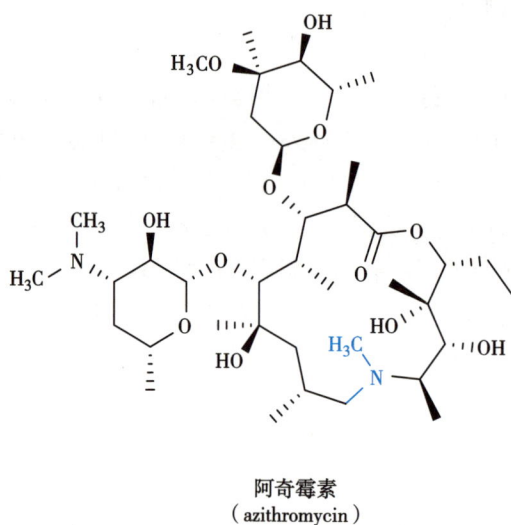

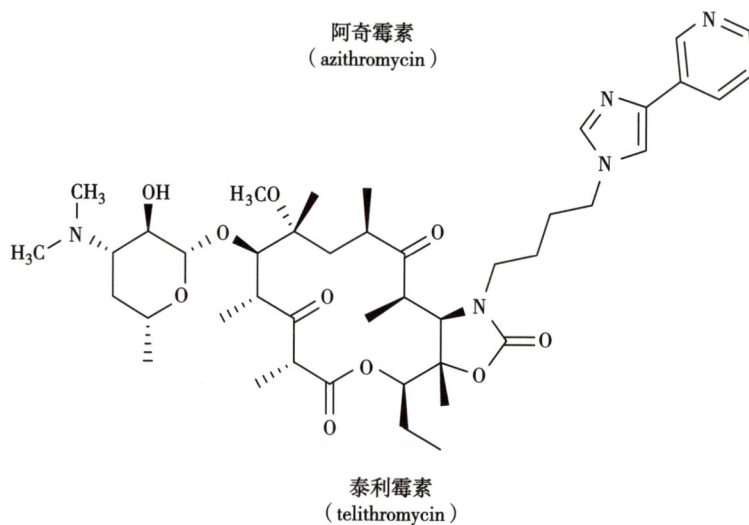

第三节　天然产物的结构简化

天然产物结构大多复杂，根据 Lipinski 类药性规律[22]，分子量大于 500 的化合物缺乏成药性，因而，对复杂的天然产物进行结构简化就变得很有必要。根据天然产物的分子大小和复杂程度，采取不同的化学修饰方式，复杂和较大的分子作结构剖裂，去除冗余原子，研究构效关系，提取药效团，进行

骨架跃迁，获得新结构类型分子，消除不必要的手性中心，保留与靶标结合的必需基团。

分子尺寸大的或结构复杂的天然产物，往往只有一部分原子与靶标结合，针对不必要的多余原子或片段可去除，在复杂天然产物的改造中，中间体和简化物具有活性，就在于保留了与受体结合的药效团特征。

1. 五味子丙素的结构简化　木脂素中五味子丙素具有保肝和降低转氨酶作用，在全合成研究中，将亚甲二氧基和甲氧基位置调换，打开八元环，合成的中间体联苯双酯的活性强于五味子丙素，后发展成新药，已临床应用多年。联苯双酯（bifendate/DDB）是对称性分子（mp. 180℃），通常对称性固体分子的晶格能较高，导致溶解度差，将其中一个羧酸酯基还原成羟甲基，即双环醇（bicyclol），降低了分子对称性(mp 137℃)，提高了溶解性，改善了药物代谢性质[23]。双环醇也是上市的降低转氨酶药物。

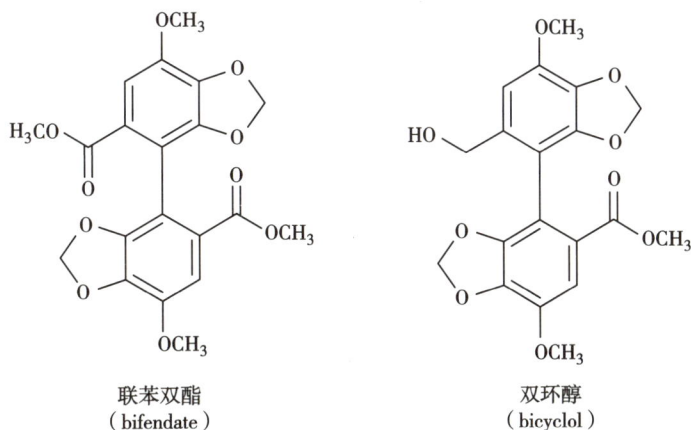

联苯双酯
（bifendate）

双环醇
（bicyclol）

2. 鬼臼毒素的结构简化　鬼臼毒素（podophyllotoxin）主要来源于小檗科鬼臼属植物，是一种具有显著细胞毒性的天然抗肿瘤活性成分，还具有显著的抗病毒、抗寄生虫和抑制植物生长等作用，受到国内外学者的广泛关注。其结构简化物去氧鬼臼毒素（deoxypodophyllotoxin，DPT）具有强效抗有丝分裂和抗病毒特性。作为靶向微管的药物，在肿瘤学中具有重大影响。另外，去氧鬼臼毒素在诱导细胞自噬、细胞凋亡，并引起 DRG 神经元细胞内 Ca^{2+} 浓度增加方面效果甚益。

去氧鬼臼毒素的合成路径为：

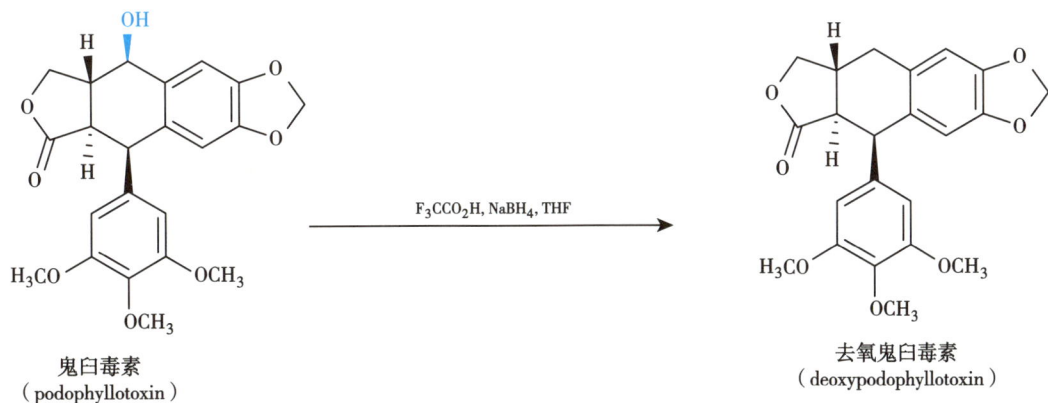

F_3CCO_2H, $NaBH_4$, THF

鬼臼毒素
（podophyllotoxin）

去氧鬼臼毒素
（deoxypodophyllotoxin）

第四节　提高天然产物的化学稳定性

在活性测试中，不稳定的天然产物会在配制样品的缓冲液中发生分解，分解产物可能会影响活性测试的准确性。因而，可以采取某些修饰方法针对不稳定的化学基团进行结构修饰，比如去除、替换或修饰不稳定的化学基团。

1. 青蒿素的结构修饰　1976年，中国科学院上海药物研究所合成化学、植物化学、药理学等研究室分工合作，在已有的青蒿素化学反应研究的基础上，李英等用双氢青蒿素合成了它的醚类、羧酸酯类和碳酸酯类衍生物，将它们溶于植物油中进行肌内注射，在鼠疟（伯氏疟原虫）抗氯喹株实验中，发现蒿甲醚、蒿乙醚均能较好抑制疟原虫的作用，相对于青蒿素而言，蒿甲醚（artemether）和蒿乙醚（arteether）具有更强的化学稳定性以及生物活性。

双氢青蒿素的抗疟活性强于青蒿素，但水溶性低，不利于注射应用，将其制成青蒿琥酯，利用琥珀酸具有双羧酸官能团——一个羧基与双氢青蒿素形成单酯，另一个游离羧基可形成钠盐来增加水溶性，不仅可以制成注射剂，而且还提高了生物利用度，临床用于治疗各种疟疾。1977年刘旭等在青蒿素的还原反应中，以硼氢化钾代替硼氢化钠，合成了双氢青蒿素的琥珀酸半酯（即青蒿琥酯，artesunate），鼠疟的抗疟效价高于青蒿素。1978年7月将青蒿琥酯制成片剂、其钠盐制成可供注射的粉针剂，并进行临床验证[24]。

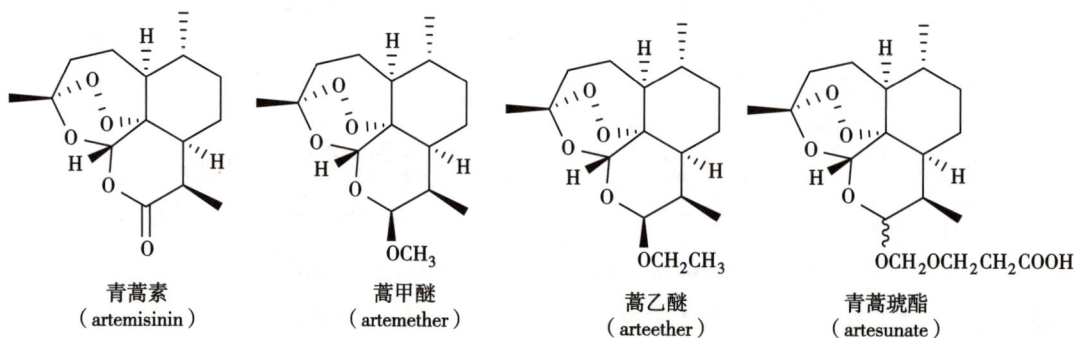

青蒿素（artemisinin）　蒿甲醚（artemether）　蒿乙醚（arteether）　青蒿琥酯（artesunate）

2. 全反式维甲酸的结构修饰　全反式维甲酸（all-*trans*-retinoic acid）诱导上皮细胞分化，临床上治疗早幼粒白血病和痤疮，其作用机制是激活维甲酸RAR受体。该化合物的共轭多烯结构导致化学稳定性低，在室温下容易聚合成高分子而失效。根据构效关系研究，维甲类化合物的药效团是由一端为立体取代的疏水片段，另一端为极性基团（羧基），中间由一定长度的共轭链连接。若化合物能够满足这些特征，就具有维甲酸样的作用。例如他米洛亭（tamibarotene）是四甲基取代的四氢萘胺与对苯二甲酸缩合形成的酰胺，酰胺片段的p-π共轭将分子连接成共轭体系，一端的立体疏水性和另一端的羧基符合了与RAR受体结合的要求，为强效激动剂，化学性质稳定。他米洛亭已于2005上市，治疗白血病。9-顺式维甲酸（9-*cis*-retinoic acid）是全反式维甲酸的异构体，为RXR激动剂，临床上用于治疗皮肤病和卡波西肉瘤，化学稳定性也比较低。巴扎洛亭（bexarotene）也是按照同样的思路设计的，提高了化学稳定性，于2000年上市，临床上用于治疗银屑病和皮肤病。

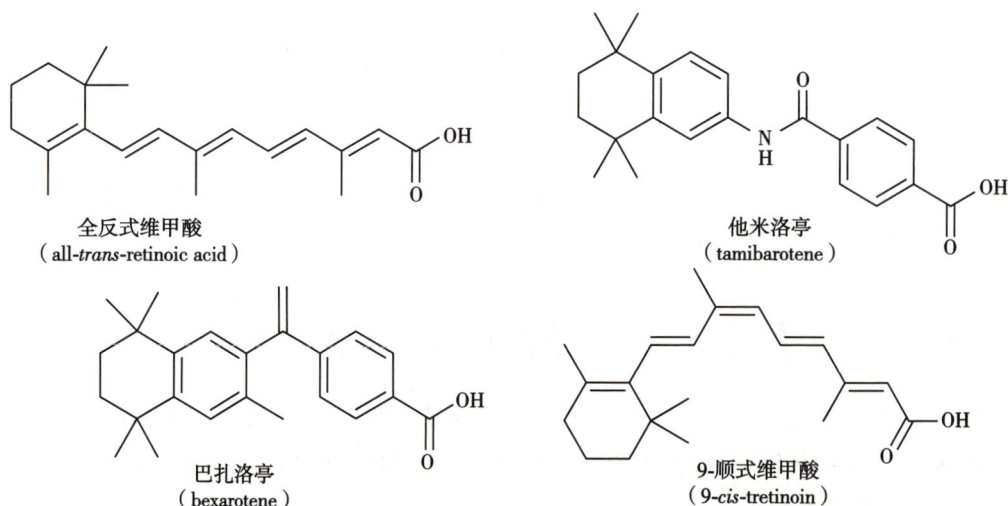

全反式维甲酸（all-*trans*-retinoic acid）　他米洛亭（tamibarotene）

巴扎洛亭（bexarotene）　9-顺式维甲酸（9-*cis*-tretinoin）

第五节　提高天然产物的活性和选择性

很多天然产物在最初使用时，往往缺乏足够的活性或选择性。通过结构修饰，来提高天然产物的活性或选择性，是发现新药的重要途径。当天然产物的分子尺寸较小时，可以引入药效基团，以提高其与靶酶的结合能力。

1. 万古霉素的结构修饰　万古霉素首先被 EC Kornfeld 从一个传教士采集的婆罗洲丛林深处的土壤中分离出来。产生万古霉素的细菌最终被命名为东方拟无枝酸菌（*Amycolatopsis orientalis*）。使用万古霉素的最初目的是治疗由耐青霉素的金黄色葡萄球菌引起的感染。很快，万古霉素的优点就表现了出来：尽管在含万古霉素的培养基上经过多代的传代培养，葡萄球菌仍然未显示出明显的抗药性。当时，越来越多的葡萄球菌对青霉素类抗生素产生了抗药性，这使万古霉素很快在 1958 年获得了 FDA 的许可。但是，万古霉素从来没有成为治疗金黄色葡萄球菌感染的一线药物，主要原因是：①万古霉素必须静脉注射给药，口服无法吸收。②早期的实验中所用的纯度不高的万古霉素具有很强的耳毒性及肾毒性。③抗 *β*- 内酰胺酶半合成青霉素类药物的快速发展，可以有效地抑制对青霉素产生耐药性的细菌。因此万古霉素最终没有成为一线用药。泰拉维万（telavancin）是一种用于 MRSA 或其他革兰氏阳性感染的杀菌脂肽，是万古霉素的半合成衍生物。2009 年 9 月，FDA 批准了用于复杂皮肤和皮肤结构感染（cSSSI）的药物，2013 年 6 月批准用于由金黄色葡萄球菌引起的医院获得性和呼吸机相关性细菌性肺炎。

2. 靛玉红的结构修饰　靛玉红（indirubin）是我国从中药青黛中发现的一种对慢性粒细胞白血病（慢粒）有治疗作用的新型双吲哚类抗肿瘤药物，为我国首创的新型结构的抗白血病药物，现已能人工合成。甲异靛玉红简称甲异靛（meisoindigo），是靛玉红衍生物，其溶解度和临床疗效均优于靛玉红，不良反应较轻，自 20 世纪 80 年代起逐渐成为我国慢性粒细胞白血病（chronic myelocytic leukemia，CML）临床治疗的常用药物。甲异靛可以在微摩尔浓度级别抑制多种白血病细胞的增殖，并可促进凋亡。甲异靛作用的分子机制尚不完全明确，它可抑制白血病细胞 DNA 生物合成与微管组装。

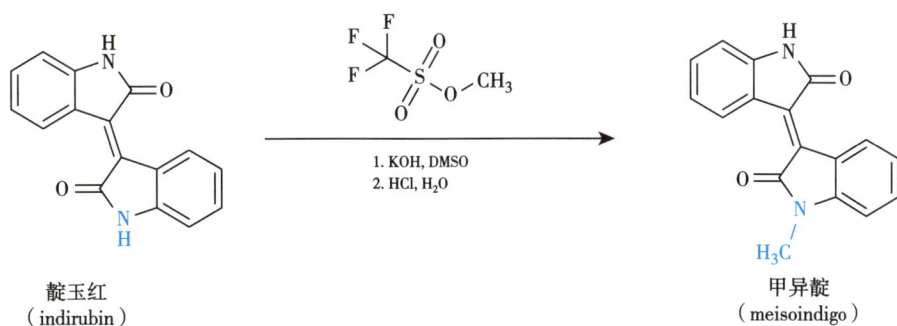

$CF_3SO_2OCH_3$
1. KOH, DMSO
2. HCl, H_2O

靛玉红（indirubin）　→　甲异靛（meisoindigo）

第六节　降低天然产物的毒性

药物在体内代谢的后果之一是生成有反应活性的产物，其往往为亲电性物质，可与蛋白发生共价结合，对机体产生特质性不良反应，导致药物在临床研究后期终止开发甚至上市后被撤市或严格限用。

1. 紫杉醇的结构修饰　紫杉醇（paclitaxel，taxol）是 20 世纪 70 年代由 Wani 等人从短叶红豆杉（*Taxus brevifolia*）树皮中提取分离出来的二萜化合物。它存在水溶性差、对某些癌症无效、易产生多

药耐受性等缺点，在对其进行构效关系和结构修饰优化研究，以求寻找高效低毒、抗瘤谱广、综合性能好又不依赖自然资源的新一代紫杉醇类抗癌药具有重要意义。泰索帝（taxotere，docetaxel）是 3′-N 上修饰改造最成功的代表，其活性甚至高于紫杉醇，具有较强的诱导微管聚合的功能，在敏感细胞中抑制微管解聚的作用为紫杉醇的 2 倍。

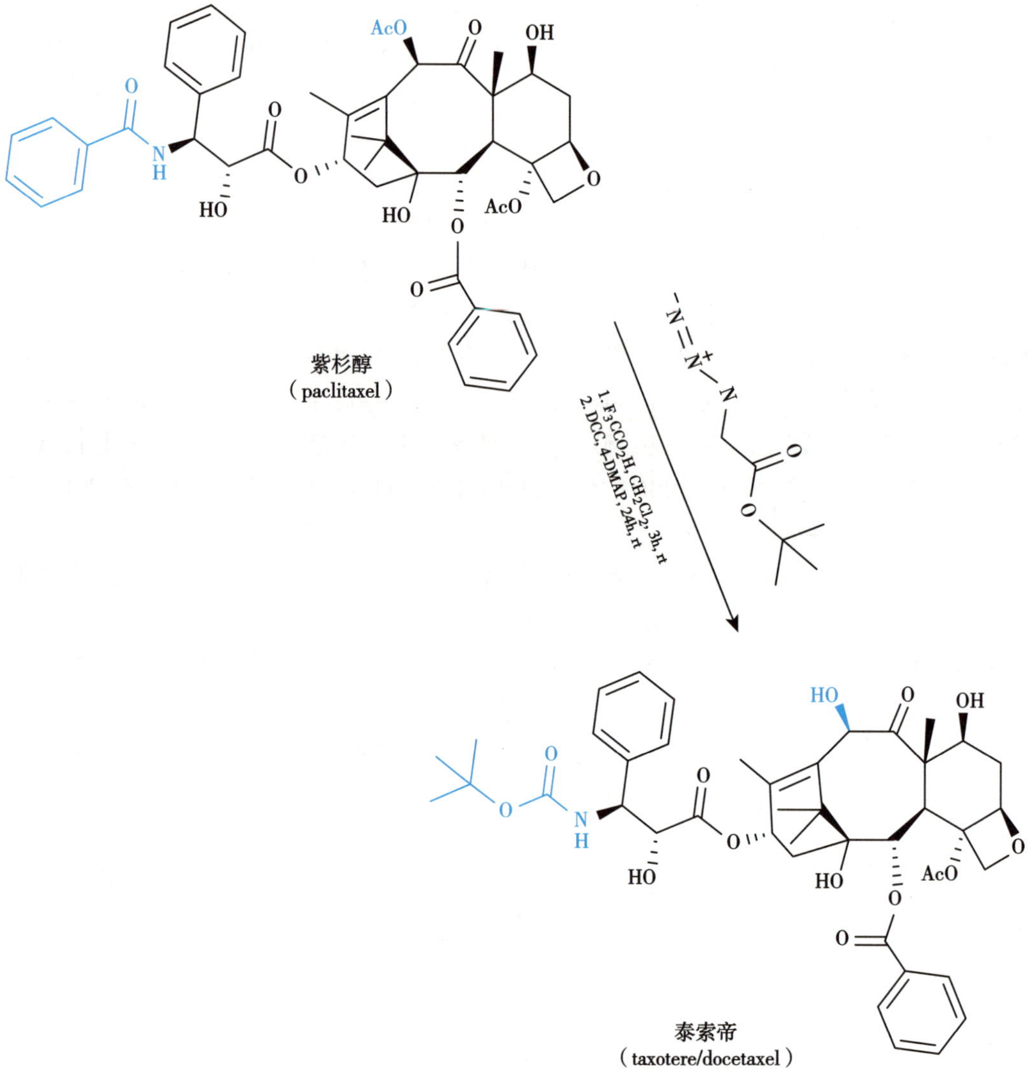

紫杉醇
（paclitaxel）

1. F_3CCO_2H, CH_2Cl_2, 3h, rt
2. DCC, 4-DMAP, 24h, rt

泰索帝
（taxotere/docetaxel）

2. 鬼臼毒素的结构修饰　鬼臼毒素（podophyllotoxin）是众所周知的具有抗癌活性的天然产物，存在于小檗科，包括八角莲属（*Dysosma*）、鬼臼（足叶草）属（*Podophyllum*）和山荷叶属（*Diphylleia*）3 个属的 10 多种植物中。虽然其具有强的抗肿瘤活性，但又具有强毒性，限制了它的临床应用。因此也吸引了众多药物化学家和药理学家对鬼臼毒素进行构效关系和结构优化研究，其中代表性并已成为临床用药的是 4′- 去甲表鬼臼毒素 -4*β*- 葡萄糖衍生物：依托泊苷（etoposide，VP-16）和替尼泊苷（teniposide，VM-26）。

由于 VP-16 和 VM-26 存在着抗瘤谱窄、生物利用度低、骨髓抑制和胃肠道毒副作用等不足，因此对鬼臼毒素的结构改造研究还在广泛地进行中。

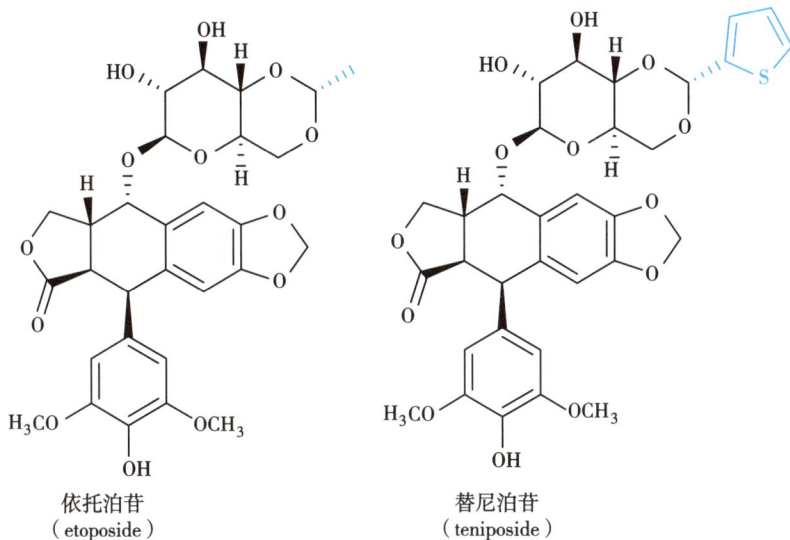

依托泊苷
（etoposide）

替尼泊苷
（teniposide）

3. 喜树碱的结构修饰　喜树碱（camptothecin）在治疗胃癌、直肠结肠癌、肝癌、白血病等恶性肿瘤有较好疗效，但它有骨髓抑制、出血性膀胱炎及腹泻等严重的毒副反应。有学者结合喜树碱的结构，合成了 10- 羟基喜树碱（10-hydroxy camptothecin），它是一种水溶性的半合成喜树碱衍生物，安全性好，是在降低药物毒副作用方面成功的典型例子[14]。

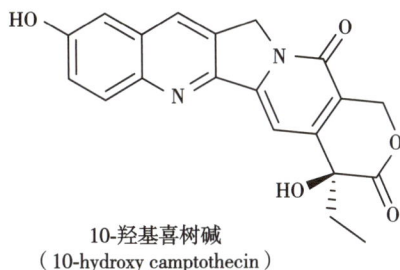

10-羟基喜树碱
（10-hydroxy camptothecin）

第七节　天然产物前药设计

前药是指药物经过化学结构改造后在体外无活性或活性很低的化合物。前药的设计一般利用药物分子中的羟基、氨基、羧基或羧酸等化学活性基团，制成易于在体内释放原药的衍生物，通过衍生物的理化性质变化，来改善药物性能。前药本身没有生物活性或活性很低，经过体内代谢后变为有活性的物质，前药修饰的主要目的在于提高药物的代谢稳定性、延长药物在体内的作用时间、增加药物的生物利用度、加强靶向性、降低药物的毒性和副作用。

1. 雷帕霉素前药设计　雷帕霉素（rapamycin，RAPA）最初作为低毒性的抗真菌药物，1977 年发现其具有免疫抑制作用，1989 年开始把 RAPA 作为治疗器官移植排斥反应的新药进行试用，是一种新型大环内酯类免疫抑制剂。雷帕霉素通过不同的细胞因子受体阻断信号转导，阻断 T 淋巴细胞及其他细胞由 G_1 期至 S 期的进程，从而发挥免疫抑制效应。研究者为了提高雷帕霉素的溶解性、稳定性和生物利用度，将其制备为酯类前药 temsirolimus，水溶性得到提高[25]。

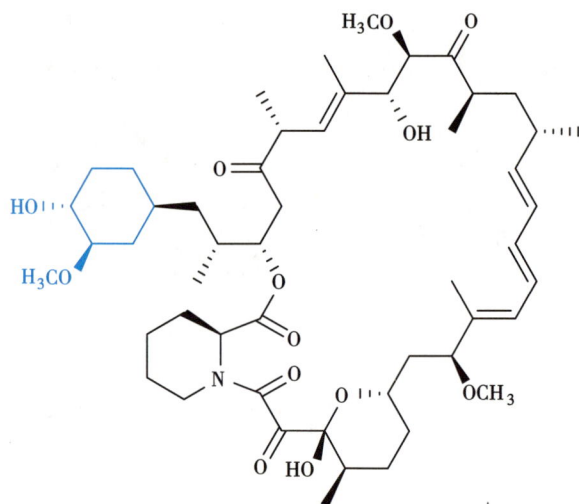

雷帕霉素
（rapamycin）

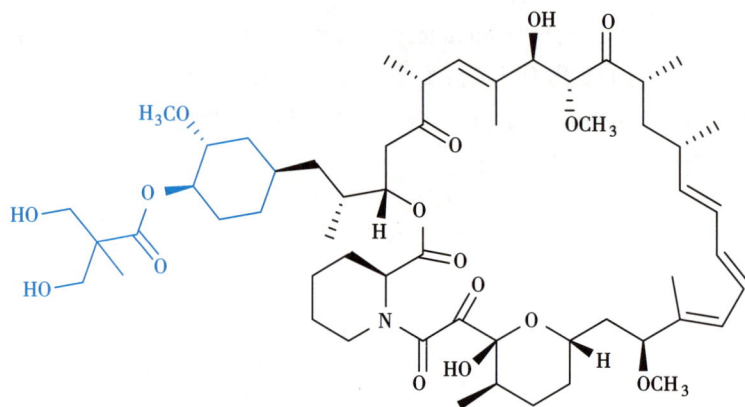

temsirolimus

2. 阿昔洛韦前药设计　伐昔洛韦（valaciclovir）是鸟嘌呤类似物类抗病毒药物，在临床上用于单纯疱疹和带状疱疹感染的治疗。本品是阿昔洛韦的前体药物，口服后吸收迅速并在体内很快转化为阿昔洛韦，其抗病毒作用为阿昔洛韦所发挥。阿昔洛韦进入疱疹感染细胞之后，与脱氧核苷竞争病毒胸腺嘧啶脱氧核苷激酶或细胞激酶，药物被磷酸化成活化型无环鸟苷三磷酸酯，作为病毒复制的底物与脱氧鸟嘌呤三磷酸酯竞争病毒 DNA 多聚酶，从而抑制病毒 DNA 合成，显示抗病毒作用。本品体内的抗病毒活性优于阿昔洛韦，对单纯性疱疹病毒Ⅰ型和Ⅱ型的治疗指数分别比阿昔洛韦高 42.91% 和 30.13%。对水痘 - 带状疱疹病毒也有很高的疗效[26]。

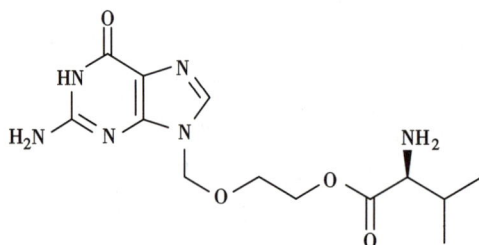

伐昔洛韦
（valaciclovir）

第八节　天然产物的临床新用途开发

1. 黄连素的临床新应用　黄连素(小檗碱)是一种重要的生物碱,可从黄连、黄柏、三颗针等植物中提取。它具有显著的抑菌作用,常用其盐酸盐。黄连素能对抗病原微生物,对多种细菌如痢疾杆菌、结核分枝杆菌、肺炎球菌、伤寒杆菌及白喉杆菌等都有抑制作用,其中对痢疾杆菌作用最强,它无抗药性和副作用。近年来,随着医学科学的不断发展和药理研究的不断深入,发现黄连素在心血管系统和神经系统疾病方面将可能有广泛、重要的应用前景,从而日益受到重视。

在心血管疾病治疗方面,黄连素可以显著抑制延迟激活的钾离子流,从而使心肌细胞的动作电位时间(action potential duration,APD)和有效不应期(effective refractive period,ERP)延长,从而可以用于治疗心律失常;同时,黄连素在治疗高血压中表现的降压作用与 α 受体阻断有关,它能直接作用于血管平滑肌,舒张血管,同时该药还能改善血流动力学状态,减少对心脏及肾的损害,即使长期服用也无不良反应;在治疗充血性心力衰竭方面,黄连素可促进心肌细胞 Ca^{2+} 跨膜内流和细胞内 Ca^{2+} 跨膜内流和细胞内 Ca^{2+} 的利用,抑制羟自由基产生,减少脂质过氧化物对细胞的损伤等来起效。

在治疗非胰岛素依赖性糖尿病方面,黄连素能够拮抗升血糖激素,促进胰岛 β 细胞的再生及功能恢复,发挥受体后效应,增强靶细胞对胰岛素的敏感性,减低高胰岛素血症,增加胰岛素的生物活性,减少糖耐量损伤。

此外,黄连素还具有防癌、抗菌、抗血小板聚集、治疗高脂血症、防治冠状动脉痉挛等作用,因此,对黄连素进行进一步的临床应用开发具有深远的意义。

2. 心血管药常咯啉的结构修饰　常山(*Dichroa febrifuga*)用于治疗疟疾已有两千多年历史,早年已证明其有效成分之一为常山乙素(β-dichroine),是喹唑酮类的生物碱,因其有强烈催吐作用,阻止了其临床应用。因此,对其结构进行各种改造,保留其喹唑环,合成了一系列化合物。其中,常咯啉(changrolin)对疟原虫有杀灭作用,经临床试验证实,其近期疗效与氯喹相仿,毒性和副作用明显低于氯喹,但仍有疟原虫早期再现的缺点。在抗疟临床观察中,发现常咯啉有减少心脏异位节律作用,再进行动物试验证明其能阻止乌头碱、乌巴因、氯化钡或缺血引起的室性心律失常,并提高刺激室颤阈。临床验证其对各种病因引起的室性早搏和阵发性心动过速有良好疗效,对使用过其他抗心律失常药而无效的顽固性心律失常患者也有良好效果。目前,常咯啉已作为抗心律失常药应用于临床。

常咯啉在临床应用中发现有改变皮肤色泽的副作用,因此结构改造工作继续进行。舒心啶(sulcadine)是常咯啉进一步结构改造的新化合物,作用于钠、钾和钙离子通道,是复合型离子通道阻滞剂,是一种有新型作用机制的抗心律失常药。动物的体内外实验研究证明,舒心啶对各种心律失常模型具有明显疗效,不少指标优于常咯啉。

近几十年来,以天然产物为先导化合物,通过结构修饰已经开发出一系列的上市药物,现将其中代表性的药物总结成表 13-1。

表 13-1　以天然产物为先导化合物通过结构修饰开发的代表性药物

序号	天然产物		结构修饰后上市的药物	
	名称	来源	名称	作用与用途
1	喜树碱	蓝果树科喜树的种子或根皮	伊立替康	抗癌
2			拓扑替康	抗癌
3			贝洛替康	抗癌
4	奎宁	金鸡纳树树皮	甲氟喹	抗寄生虫

续表

序号	天然产物		结构修饰后上市的药物	
	名称	来源	名称	作用与用途
5	咖啡因	茜草科咖啡属植物的种子	多索茶碱	支气管扩张
6			丙戊茶碱	血管舒张
7	青蒿素	菊科黄花蒿的茎叶	蒿甲醚	抗寄生虫
8			青蒿琥酯	抗寄生虫
9			蒿乙醚	抗寄生虫
10	铁锈醇	罗汉松属植物铁罗汉的树脂	依卡倍特	抗溃疡
11	紫杉醇	红豆杉科红豆杉的树皮	多西他赛	抗癌
12			卡巴他赛	抗癌
13	维甲酸	动物肝脏	异维甲酸	祛青春痘
14			阿利维 A 酸	抗癌
15			托可维 A 酸	抗溃疡
16			阿维 A 酸	抗银屑病
17	截短侧耳素	真菌伞菌科侧耳菌	瑞他莫林	抗菌
18	母菊薁	菊科母菊的花或全草	呱仑酸钠	抗溃疡
19	水杨苷	柳属柳树的树皮和叶子	阿司匹林	抗炎
20	山羊豆碱	豆科山羊豆的种子	二甲双胍	降糖
21	野尻霉素	桑科桑的叶	伏格列波糖	降糖
22			米格列醇	降糖
23			美格鲁特	抗高雪氏病
24	卡那霉素	链霉菌科链霉菌	阿贝卡星	抗菌
25	唾液酸	母乳、牛奶、鸡蛋和奶酪	奥司他韦	抗病毒
26			扎那米韦	抗病毒
27			辛酸拉尼米韦	抗病毒
28	根皮苷	蔷薇科的苹果果实、树皮及叶	坎格列净	降糖
29	青霉素	真菌散囊菌科青霉菌	青霉素 V	抗菌
30			阿莫西林	抗菌
31			氨苄西林	抗菌
32	玫瑰树碱	夹竹科莫氏玫瑰树的叶	依利醋铵	抗癌
33	麦角胺	真菌麦角菌科麦角菌	麦角乙脲	抗乳素血症
34			甲麦角林	抗乳素血症
35			卡麦角林	抗乳素血症
36			喹高利特	抗乳素血症
37			培高利特	抗乳素血症
38	莨菪碱	茄科颠茄的根	氟托溴铵	支气管扩张
39			氧托溴铵	支气管扩张
40			噻托溴铵	支气管扩张

续表

序号	天然产物		结构修饰后上市的药物	
	名称	来源	名称	作用与用途
41	吗啡	罂粟科罂粟的果实	可待因	麻醉
42			纳曲酮	解麻醉
43			纳美芬	解麻醉
44			海洛因	阿片受体拮抗
45			甲基纳曲酮	阿片受体拮抗
46	东莨菪碱	茄科白花曼陀罗的干燥花	西托溴铵	解痉药
47	筒箭毒碱	防己科锡生藤全株	阿曲库铵	肌松药
48	长春新碱	夹竹桃科长春花全草	长春瑞滨	抗癌
49			长春氟宁	抗癌
50	鬼臼毒素	小檗科八角莲的根茎	依托泊苷	抗癌
51	利普斯他汀	毒三素链霉菌(*Streptomyces toxytricini*)	奥利司他	减肥
52	多柔比星	链霉菌科链霉菌	替加环素	抗菌
53	埃博霉素	黏细菌纤维堆囊菌	伊沙匹隆	抗癌
54	洛伐他汀	红曲霉的菌丝体寄生在粳米上而成的红曲米	辛伐他汀	降脂
55			普伐他汀	降脂
56	红霉素	链球菌科链球菌	克拉霉素	抗菌
57			阿奇霉素	抗菌

天然产物结构修饰案例(组图)

第十三章目标测试

(罗建光)

参 考 文 献

[1] CHEN J, LI W, YAO H, et al. Insights into drug discovery from natural products through structural modification. Fitoterapia, 2015, 103(3): 231-241.

[2] GANESAN A. The impact of natural products upon modern drug discovery. Curr Opin Chem Biol, 2008, 12(3): 306-317.

[3] HARVEY A L. Natural products as a screening resource. Curr Opin Chem Biol, 2007, 11(5): 480-484.

[4] HALLAND N, BRÖNSTRUP M, CZECH J, et al. Novel small molecule inhibitors of activated thrombin activatable fibrinolysis inhibitor (TAFIa) from natural product anabaenopeptin. J Med Chem, 2015, 58(11): 4839-4844.

[5] MUTAI P, PAVADAI E, WIID I, et al. Synthesis, antimycobacterial evaluation and pharmacophore modeling of analogues of the natural product formononetin. Bioorg Med Chem Lett, 2015, 25(12): 2510-2513.

[6] WU Y, HU M, YANG L, et al. Novel natural-product-like caged xanthones with improved druglike properties and in vivo antitumor potency. Bioorg Med Chem Lett, 2015, 25(12): 2584-2588.

[7] LEE C H, CHEN C Y. Natural product-based therapeutics for the treatment of cancer stem cells: a patent review (2010-2013). Expert Opin Ther Pat, 2015 (6): 737.
[8] 孙炳峰, 林国强. 天然产物与药物化学概述. 中国科学院院刊, 2011, (Z1): 125-133.
[9] 欧春艳. 生物电子等排及其在新药设计中的应用综述. 湛江海洋大学学报, 2004 (4): 82-86.
[10] LIU S, VAKSER I A. DECK: Distance and environment-dependent, coarse-grained, knowledge-based potentials for protein-protein docking. BMC Bioinformatics, 2011, 12 (1): 280.
[11] VOET A, ZHANG K Y J. Pharmacophore modelling as a virtual screening tool for the discovery of small molecule protein-protein interaction inhibitors. Curr Pharm Des, 2012, 18 (30): 4586-4598.
[12] 杨静怡, 徐进宜, 吴晓明, 等. 抗肿瘤天然药物的研究概况. 中国现代应用药学, 2007 (4): 277-282.
[13] HAYNES R K, FUGMANN B, STETTER J, et al. Artemisone: a highly active antimalarial drug of the artemisinin class. Angewandte Chemie, 2006, 118 (13): 2136-2142.
[14] OBERLIES N H, KROLL D J. Camptothecin and taxol: historic achievements in natural products research. J Nat Prod, 2004, 67 (2): 129-135.
[15] LIEW S T, YANG L X. Design, synthesis and development of novel camptothecin drugs. Curr Pharm Des, 2008, 14 (11): 1078-1097.
[16] AI L, CHEN X, ZHANG L. Synthesis of codeine from morphine.CN1600784A [P/OL], 2005. https://patents.google.com/patent/CN1600784A/en?oq=CN1600784A
[17] SAWYNOK J. The therapeutic use of heroin-a review of the pharmacological literature. Can J Physiol Pharm, 1986, 64 (1): 1-6.
[18] ALTAHA R, FOJO T, REED E, et al. Epothilones: a novel class of non-taxane microtubule-stabilizing agents. Curr Pharm Des, 2002, 8 (19): 1707-1712.
[19] DE LUCA A, ALESSIO A, MAIELLO M R, et al. Evaluation of the pharmacokinetics of ixabepilone for the treatment of breast cancer. Expert Opin Drug Metab Toxicol. 2015, 11 (7): 1177-1185.
[20] DE LA TORRE GARCIA J A, FRANCO ANDRADE F, LARA OCHOA, et al. Single-step process for preparing 7, 16-deoxa-2-aza-10-O-cladinosyl-12-O-desosaminyl-4, 5-dihydroxy-6-ethyl-3, 5, 9, 11, 13, 15-hexamethylbicyclo [11.2.1]hexadeca-1 (2)-en-8-one and obtaining a new form of 9-deoxo-9a-methyl-9a-aza-9a-homoerythromycin A. WO2002010144A1 [P/OL], 2002. https://patents.google.com/patent/WO2002010144A1/en?oq=WO2002010144A1.
[21] HLASTA D, HENNINGER T C, GRANT E B, et al. Preparation of erythromycin ketolides as antibacterial agents. US6590083B1 [P/OL], 2003.
[22] LIPINSKI C A, LOMBARDO F, DOMINY B W, et al. Experimental and computational approaches to estimate solubility and permeability in drug discovery and development settings. Adv Drug Deliv Rev, 2001, 46 (1/2/3): 3-26.
[23] YIN X, GU X, LU Q, et al. Alkoxy biphenyl/chalcone hybrid compound, and its preparation method and application in preparation of anti-inflammatory drugs or antioxidant drugs. CN108586426A [P/OL], 2018. https://patents.google.com/patent/CN108586426A/en?oq=CN108586426A.
[24] 袁亚男, 姜廷良, 周兴, 等. 青蒿素的发现和发展. 科学通报, 2017, 62 (18): 1914-1927.
[25] CAO K, SUN J, XIE Y, et al. Separation and purification method of temsirolimus. CN109851626A [P/OL], 2019. https://patents.google.com/patent/CN109851626A/en?oq=CN109851626A.
[26] TAKAHASHI S, ISHIKAWA T, OKUNO H. Process for producing valacyclovir. WO2008139539A1 [P/OL], 2008. https://patents.google.com/patent/WO2008139539A1/en?oq=WO2008139539A1.

附录　药用天然化合物

一、生物碱类

中文名	英文名	主要来源	作用与用途
3- 乙酰乌头碱 *	3-acetyl-aconitine	毛茛科植物伏毛铁棒锤（*Aconitum flavum* Hand.-Mazz.）	镇痛
氢溴酸山莨菪碱	anisodamine hydrobromide	茄科植物山莨菪（*Scopolia tangutica* Maxim.）	抗胆碱药。用于胃肠道绞痛，感染中毒性休克，有机磷中毒
硫酸阿托品	atropine sulfate	茄科植物天仙子（*Hyoscyamus niger* L.） 洋金花（*Datura metel* L.）	抗胆碱药。可解除平滑肌痉挛，用于急性微循环障碍、有机磷中毒，眼科用于散瞳
盐酸小檗碱	berberine hydrochloride	毛茛科植物黄连（*Coptis chinensis* Franch.） 小檗科植物台湾十大功劳[*Mahonia japonica* (Thunb.) DC.]	抑菌。用于肠道感染、菌痢、眼结膜炎、化脓性中耳炎等
草乌甲素	bulleyaconitine A	毛茛科植物北乌头（*Aconitum kusnezoffii* Reichb.）	镇痛
咖啡因	caffeine	茜草科植物小粒咖啡（*Coffea arabica* L.） 山茶科植物茶[*Camellia sinensis* (L.) O. Ktze.]	中枢兴奋药。用于中枢性呼吸及循环功能不全
喜树碱 *	camptothecine	蓝果树科植物喜树（*Camptotheca acuminata* Decne.）	抗肿瘤
磷酸可待因	codeine phosphate	罂粟科植物罂粟（*Papaver somniferum* L.）	镇痛、镇咳
盐酸可卡因	cocaine hydrochloride	古柯科植物古柯[*Erythroxylum novogranatense* (Morris) Hier.]	局麻药，用于表面麻醉
秋水仙碱	colchicine	百合科植物山慈菇（*Iphigenia indica* Kunth） 秋水仙科植物秋水仙（*Colchicum autumnale* L.）	抗肿瘤、抗痛风
龙葵总碱 **	coramsine	茄科植物龙葵（*Solanum nigrum* L.）	抗肿瘤
山豆根碱 *	dauricine	防己科植物蝙蝠葛（*Menispermum dauricum* DC.）	具降压、解痉作用
左旋多巴	levodopa	豆科植物常春油麻藤（*Mucuna sempervirens* Hemsl.）	抗帕金森病
马来酸麦角新碱	ergometrine maleate	麦角菌科麦角[*Claviceps purpurea* (Fr.) Tul.]寄生在禾本科植物黑麦 *Secale cereale* L. 子房中形成的菌核	收缩子宫。用于产后止血、加速子宫复原

续表

中文名	英文名	主要来源	作用与用途
盐酸麻黄碱	ephedrine hydrochloride	麻黄科植物草麻黄（*Ephedra sinica* Stapf 等）	拟肾上腺素药，有松弛支气管平滑肌、收缩血管、兴奋中枢作用
酒石酸麦角胺	ergotamine tartrate	麦角菌科麦角菌［*Claviceps purpurea* (Fr.) Tul.］寄生在禾本科植物黑麦 *Secale cereale* L. 子房中形成的菌核	能使脑动脉血管的过度扩张与搏动恢复正常。主要用于偏头痛
水杨酸毒扁豆碱 *	eserine salicylate	豆科植物毒扁豆（*Physostigma venenosum* Balf.）	有抗胆碱酯酶作用，主要用于治疗青光眼
吴茱萸碱 *	evodiamine	芸香科植物吴茱萸［*Tetradium ruticarpum* (A. Jussieu) T. G. Hartley］	镇痛、降血压
常山碱 *	β-febrifugine	虎耳草科植物常山（*Dichroa febrifuga* Lour.）	抗肿瘤、抗疟疾
黄藤素	fibriuretinin	防己科植物天仙藤（*Fibraurea recisa* Pierre）	解热镇痛原料药
氢溴酸加兰他敏	galantamine hydrobromide	石蒜科植物黄花石蒜［*Lycoris aurea* (L'Her.) Herb. 等］	抗胆碱酯酶药。用于重症肌无力、小儿麻痹后遗症
盐酸去甲乌药碱 **	higenamine hydrochloride	樟科植物乌药［*Lindera aggregata* (Sims) Kosterm.］马兜铃科植物细辛（*Asarum sieboldii* Miq.）	增加冠脉流量、增加心收缩力
高三尖杉酯碱	homoharringtonine	三尖杉科植物三尖杉（*Cephalotaxus fortune* Hooker 等）	抗肿瘤
石杉碱甲	huperzine A	石松科植物蛇足石杉（*Huperzia serrata*）	胆碱酯酶抑制剂
刺乌头碱 *	lappaconitine	毛茛科植物高乌头（*Aconitum sinomontanum* Nakai）	止痛、局麻
盐酸川芎嗪	ligustrazine hydrochloride	伞形科植物川芎（*Ligusticum chuanxiong* Hort.）	血管扩张药
磷酸川芎嗪	ligustrazine phosphate	伞形科植物川芎（*Ligusticum chuanxiong* Hort.）	血管扩张药
盐酸洛贝林	lobeline hydrochloride	桔梗科植物山梗菜（*Lobelia sessilifolia* Lamb.）桔梗科植物北美山梗菜（*Lobelia inflata* L.）	中枢兴奋药。用于治疗呼吸衰竭，并有祛痰作用，治疗呼吸道疾病
苦参碱 *	matrine	豆科植物苦参（*Sophora flavescens* Alt.）	抗菌、平喘、升白细胞
野百合碱 *	monocrotaline	豆科多种植物	具抗肿瘤和降血压作用
桑枝总碱 *	morus total alkaloids	桑科植物桑（*Morus alba* L.）	降血糖、抗氧化
盐酸吗啡	morphine hydrochloride	罂粟科植物罂粟（*Papaver somniferum* L.）	镇痛

续表

中文名	英文名	主要来源	作用与用途
硫酸吗啡	morphine Sulfate	罂粟科植物罂粟 （*Papaver somniferum* L.）	镇痛
那可丁	noscapine	罂粟科植物罂粟 （*Papaver somniferum* L.） 罂粟科植物虞美人 （*Papaver rhoeas* L.） 芸香科植物甜橙 [*Citrus sinensis* (L.) Osbeck]	镇咳
尼古丁 *	nicotine	茄科植物烟草 （*Nicotiana tabacum* L.）	止痛、兴奋中枢神经
盐酸罂粟碱	papaverine hydrochloride	罂粟科植物罂粟 （*Papaver somniferum* L.）	血管扩张药。用于解除动脉痉挛
硝酸毛果芸香碱	pilocarpine nitrate	芸香科植物毛果芸香 （*Pilocarpus jaborandi* Holmes）	兴奋胆碱反应系统、缩瞳、收缩平滑肌。主要用于治疗青光眼
硫酸奎尼丁	quinidine sulfate	茜草科植物金鸡纳树 （*Cinchona calisaya* Weddell）	抗心律失常药
二盐酸奎宁	quinine dihydrochloride	茜草科植物金鸡纳树 （*Cinchona calisaya* Weddell）	抗疟
利血平	reserpine	夹竹桃科植物萝芙木 [*Rauvolfia verticillate* (Lour.) Baill.]	降血压
罗通定	rotundine	防己科植物广西地不容 （*Stephania kwangsiensis* Lo）	镇痛
氢溴酸东莨菪碱	scopolamine hydrobromide	茄科植物东莨菪 （*Scopolia japonica* Maxim.） 茄科植物天仙子 （*Hyoscyamus niger* L.） 茄科植物颠茄 （*Atropa belladonna* L.）	抗胆碱药。用于镇静、晕动、麻醉药辅助药
硝酸一叶萩碱 *	securinine nitrate	大戟科植物一叶萩 [*Flueggea suffruticosa* (Pall.) Baill.]	用于小儿麻痹后遗症、面神经麻痹，抑制胆碱酯酶
盐酸青藤碱 *	sinomenine hydrochloride	防己科植物风龙 [*Sinomenium acutum* (Thunb.) Rehd. et Wils.] 防己科植物血散薯 （*Stephania dielsiana* Y. C. Wu）	治疗类风湿关节炎
青风藤碱 *	sinoacutine	防己科植物风龙 [*Sinomenium acutum* (Thunb.) Rehd. et Wils.] 罂粟科植物黄堇变种 （*Corydalis pallida* var. *tenuis* Yatabe） 罂粟科植物刻叶紫堇 [*C. incisa* (Thunb.) Pers.]	镇痛、抗炎、松弛平滑肌

续表

中文名	英文名	主要来源	作用与用途
千金藤啶碱 **	stepholidine	防己科植物千金藤 [*Stephania japonica* (Thunb.) Miers] 防己科多种同属植物	抗血管性头痛、偏头痛、多动性运动障碍
辛弗林 *	synephrine	芸香科植物酸橙 (*Citrus* × *aurantium* Linnaeus)	肾上腺素 *α*- 受体激动药、平喘
延胡索乙素 *	*dl*-tetrahydropalmatine	罂粟科植物延胡索 (*Corydalis yanhusuo* W. T. Wang) 防己科植物天仙藤 (*Fibraurea recisa* Pierre)	镇痛药
粉防己碱 *	tetrandrine	防己科植物粉防己 (*Stephania tetrandra S.* Moore)	具有镇痛、消炎、降压、肌肉松弛以及抗菌、抗癌等作用
茶碱	theophylline	山茶科植物茶 [*Camellia sinensis* (L.) O. Ktze.]	平滑肌松弛。用于支气管性哮喘
长春胺 **	vincamine	夹竹桃科植物长春花 [*Catharanthus roseus* (L.) G. Don]	改善脑循环、镇静
硫酸长春碱	vinblastine sulfate	夹竹桃科植物长春花 [*Catharanthus roseus* (L.) G. Don]	抗肿瘤
硫酸长春新碱	vincristine sulfate	夹竹桃科植物长春花 [*Catharanthus roseus* (L.) G. Don]	抗肿瘤
氯化筒箭毒碱	tubocurarine chloride	防己科植物锡生藤 (*Cissampelos pareira* L.)	骨骼肌松弛药

二、萜类

中文名	英文名	主要来源	作用与用途
松香酸 *	abietic acid	柏科植物尖叶刺柏 (*Juniperus oxycedrus* Hochst.)	具有抗菌、抗溃疡、抗血栓、抗肿瘤作用
穿心莲内酯 *	andrographolide	爵床科植物穿心莲 [*Andrographis paniculate* (Burm. F.) Nees]	抗菌、消炎。用于上呼吸道感染、菌痢
青蒿素	artemisinin	菊科植物黄花蒿 (*Artemisia annua* L.)	抗疟
龙脑	borneol	姜科植物姜 (*Zingiber officinale* Roscoe) 樟科植物乌药 [*Lindera aggregate* (Sims) Kosterm.] 南天星科植物菖蒲 (*Acorus calamus* L.)	开窍醒神,清热止痛
樟脑	camphor	樟科植物樟 [*Cinnamomum camphora* (L.) Presl]	皮肤刺激药
斑蝥素 *	cantharidin	芫青科昆虫南方大斑蝥 (*Mylabris phalerata*)	抗肿瘤

续表

中文名	英文名	主要来源	作用与用途
积雪草总苷	centella total glucosides	伞形科植物积雪草 [*Centella asiatica* (L.) Urban]	促进成纤维细胞的增殖和胶原蛋白的合成；促进伤口愈合；主要用于抗皱化妆品、瘦身、减肥、瘢痕修复等
总葫芦 *	cucurbitacin	葫芦科植物甜瓜 (*Cucumis melo* L.)	抗肝炎
环维黄杨星 D	cyclovirobuxine	黄杨科植物黄杨 (*Buxus microphylla* Sieb. et Zucc.) 及其同属植物	具有改善冠脉循环、提高机体耐缺氧能力和防治心绞痛、心律不齐的作用，用于冠状动脉粥样硬化性心脏病
薯蓣皂苷元 *	diosgenin	薯蓣科多种植物所含皂苷的水解产品	制药工业原料
薯蓣皂苷 **	dioscin	广泛存在于薯蓣属植物	保护心肌细胞、调节免疫
人参皂苷 Rg_3**	ginsenoside Rg_3	五加科植物人参 (*Panax ginseng* C. A. Meyer)	抗肿瘤
甘草次酸 *	glycyrrhetinic acid	豆科植物甘草 (*Glycyrrhiza uralensis* Fisch.)	具肾上腺皮质激素样作用。抗炎、抗免疫、抗肿瘤。镇咳、祛痰、利尿
愈创木醇 *	guaiol	桃金娘科植物柠檬桉 (*Eucalyptus citriodora* Hook. f.)	镇咳、祛痰。用于治疗支气管炎
关附甲素 *	guan fu base A	毛茛科植物黄花乌头 [*Aconitum coreanum* (Lévl.) Rapaics]	抗心律不齐
薄荷脑	menthol	唇形科植物薄荷 (*Mentha canadensis* Linnaeus)	刺激、清凉、抗炎等作用
三七三醇皂苷	notoginseng triol saponins	五加科植物三七 [*Panax notoginseng* (Burkill) F. H. Chen ex C. Chow & W. G. Huang]	活血化瘀，活络通脉
三七总皂苷	notoginseng total saponins	五加科植物三七 [*Panax notoginseng* (Burkill) F. H. Chen ex C. Chow & W. G. Huang]	活血祛瘀，通脉活络，具有抑制血小板聚集和增加心脑血流量的作用于心脑血管疾病
齐墩果酸 *	oleanolic acid	木犀科植物木樨榄 (*Olea europaea* L.) 木犀科植物女贞 (*Ligustrum lucidum* Ait. 等)	降转氨酶。用于治疗急性黄疸型肝炎
松醇 *	pinitol	松科植物糖松 (*Pinus lambertiana* Douglas) 豆科植物截叶铁扫帚 [*Lespedezae Cuneata* (Dum.-Cours.) G. Don] 豆科植物葛 [*Pueraria montana* (Loureiro) Merrill]	镇咳、祛痰。用于治疗多年慢性气管炎
山道年 *	santonin	菊科植物蛔蒿 [*Seriphidium cinum* (Berg. ex Poljak.) Poljak.] 菊科植物黑苞千里光 (*Senecio nigrocinctus* Franch)	驱蛔虫

续表

中文名	英文名	主要来源	作用与用途
七叶皂苷钠 **	sodium aescinate	无患子科植物七叶树（*Aesculus chinensis* Bunge） 无患子科植物大叶七叶树（*A. megaphylla* Hu et Fang 等多种植物）	抑制水肿、抗炎
甜菊糖苷	steviol glycosides	菊科植物甜叶菊（*Stevia rebaudiana*）	药用辅料，矫味剂和甜味剂
丹参酮	tanshinone	唇形科植物丹参（*Salvia miltiorrhiza* Bunge）	抗菌抗炎
紫杉醇 ***	taxol	红豆杉科植物东北红豆杉（*Taxus cuspidate* Sieb. et Zucc.） 红豆杉科植物美国红豆杉（*T. brevifolia* Nutt.）	抗肿瘤
麝香草酚	thymol	唇形科多种植物	药用辅料，具杀菌、祛痰作用。用于治疗气管炎、百日咳等
人参茎叶总皂苷	total ginsenoside of ginseng stems and leaves	五加科植物人参（*Panax ginseng* C. A. Meyer）	具有滋补强壮，安神益智，增强免疫的功能
人参总皂苷	total ginsenoside ginseng root	五加科植物人参（*Panax ginseng* C. A. Meyer）	治疗肿瘤，肝炎，高血压，动脉粥样硬化，哮喘等
川楝素 *	toosendanin	楝科植物楝（*Melia azedarach* L.）	驱蛔虫药
雷公藤甲素 *	triptolide	卫矛科植物雷公藤（*Tripterygium wilfordii* Hook. f.） 卫矛科植物昆明山海棠［*T. hypoglaucum* (H. Lév.) Hutch.］	抗白血病和抑制肿瘤
雷公藤多苷 **	tripterygium glycosides	卫矛科植物雷公藤（*Tripterygium wilfordii* Hook. f.） 卫矛科植物昆明山海棠［*T. hypoglaucum* (H. Lév.) Hutch.］	抑制肿瘤
芫花萜 *	yuanhuacin A	瑞香科植物芫花（*Daphne genkwa* Sieb. et Zucc.） 瑞香科植物瑞香（*Daphne odora* Thunb.） 大戟科植物乌桕［*Triadica sebifera* (Linnaeus) Small］	中期妊娠引产药、有抗肿瘤作用

三、香豆素、木脂素、黄酮类

中文名	英文名	主要来源	作用与用途
亮菌甲素 *	armillarisin A	白蘑科真菌假密环菌［*Armillariella tabescens* (Scop. Fr.) Sing.］	促进胆汁分泌。用于急性胆道感染
黄芩苷 *	baicalin	唇形科植物黄芩（*Scutellaria baicalensis* Georgi）	清热、解毒、消炎。用于急、慢性肝炎，上呼吸道感染

续表

中文名	英文名	主要来源	作用与用途
岩白菜素	bergenin	虎耳草科植物厚叶岩白菜［*Bergenia crassifolia* (L.) Fritsch］	镇咳祛痰。用于慢性支气管炎
灯盏花 ***	breviscapine	菊科植物短莛飞蓬［*Erigeron breviscapus* (Vant.) Hand.- Mazz.］	增加脑血流量
绿原酸 **	chlorogenic acid	蔷薇科、忍冬科等多种植物	降压、抗菌、抗病毒、抗肿瘤
大豆素 *	daidzein	豆科植物红车轴草（*Trifolium pratense* L.）	具有雄激素样作用。解痉、有增加冠状动脉血流量及降低心肌耗氧量等作用
双香豆素 **	dicoumarin	豆科植物紫苜蓿 *Medicago sativa* L. 的腐草 豆科植物红车轴草 *Trifolium pratense* L. 的鲜草	抗凝血药
羟甲香豆素 ***	hymecromone	菊科植物母菊（*Matricaria chamomilla* L.）	利胆药
秦皮乙素 *	esculetin	木樨科植物花曲柳［*Fraxinus chinensis* subsp. *Rhynchophylla* (Hance) E. Murray］	抗炎、抗菌
连翘苷 **	phillyrin	木樨科植物连翘［*Forsythia suspensa* (Thunb.) Vahl］	抗菌、抗病毒、抗氧化
染料木素 **	genistein	主要存在于豆科植物中	雌激素样作用、抗肿瘤、降血糖
银杏黄素 *	ginkgetin	银杏科植物银杏（*Ginkgo biloba* L.） 三尖杉科植物粗榧［*Cephalotaxus sinensis* (Rehder et E. H. Wilson) H. L. Li］ 泽米铁科植物狭叶泽米铁（*Zamia angustifolia* Jacq.）	具有扩张冠脉、降低心肌脱氧作用。用于治疗心绞痛，能降低血清胆固醇，可使磷脂和胆固醇的比例趋于正常
木犀草素 *	luteolin	豆科植物落花生（*Arachis hypogaea* L.） 忍冬科植物忍冬（*Lonicera japonica* Thunb.）	具抗菌、抗炎、解痉、祛痰和抗肿瘤作用
橙皮苷 **	neohesperidin	芸香科植物甜橙［*Citrus sinensis* (L.) Osbeck］及同属植物	保护毛细血管、抗菌、抗病毒
8- 甲氧基补骨脂素 *	8-methoxypsoralen	豆科植物补骨脂［*Cullen corylifolium* (Linnaeus) Medikus］	光敏作用。用于治疗白癜风、银屑病
鬼臼毒素 *	podophyllotoxin	小檗科植物桃儿七［*Sinopodophyllum hexandrum* (Royle) Ying］	具有抗肿瘤、抗真菌作用
葛根素	puerarin	豆科植物野葛［*Pueraria lobata* (Willd.) Ohwi］	血管扩张药

续表

中文名	英文名	主要来源	作用与用途
芦丁 *	rutin	豆科植物槐［*Styphnolobium japonicum* (L.) Schott］	心血管疾病的辅助治疗药物
水杨苷 **	salicin	广泛存在于杨柳科植物	抗炎、解热、镇痛
丹酚酸 B 盐 **	salvianolic acid B	唇形科鼠尾草属植物丹参（*Salvia miltiorrhiza* Bunge）	保护心脏、抗氧化
五味子酯甲 *	schisantherin A	五味子科植物华中五味子（*Schisandra sphenanthera* Rehd. et Wils.）	保肝和降低血清谷丙转氨酶作用，治疗慢性肝炎
水飞蓟素 *	silymarin	菊科植物水飞蓟［*Silybum marianum* (L.) Gaertn.］	抗肝炎药
地奥司明 ***	diosmin	芸香科植物酸橙（*Citrus* × *aurantium Linnaeus*）	毛细血管保护药

四、强心苷类

中文名	英文名	主要来源	作用与用途
铃兰毒苷 *	convallatoxin	天冬门科植物铃兰（*Convallaria majalis* L.）	强效强心药
去乙酰毛花苷	deslanoside	车前科植物狭叶毛地黄 *Digitalis lanata* Ehrh. 中的毛花苷丙去乙酰基而得	强心药
洋地黄毒苷 **	digitoxin	车前科植物狭叶毛地黄（*Digitalis lanata* Ehrh.）	强心药
地高辛	digoxin	车前科植物狭叶毛地黄 *Digitalis lanata* Ehrh. 中的毛花苷丙去葡萄糖、去乙酰基而得	强心药
蟾力苏 *	resibufogenine	蟾蜍科植物中华大蟾蜍（*Bufo gargarizans*）	强心、升压、兴奋呼吸等作用。用于心力衰竭、外伤性休克
毒毛花苷 K*	k-strophanthin	夹竹桃科植物毒毛旋花（*Strophanthus kombe* Oliv.）	强心药。用于急性心力衰竭

五、挥发油

中文名	英文名	主要来源	作用与用途
丁香罗勒油	ocimum gratissimum oil（丁香酚 eugenol）	唇形科植物丁香罗勒（*Ocimum gratissimum* L.）	局部止痛、防腐
八角茴香油	star anise oil（茴香醚 anethole）	木兰科植物八角（*Illicium verum* Hook. f.）	芳香调味剂、健胃药
蓖麻油	castor oil（蓖麻酸 ricinoleic acid）	大戟科植物蓖麻（*Ricinus communis* L.）	药用泻剂

续表

中文名	英文名	主要来源	作用与用途
肉桂油	cinnamon oil（桂皮醛 cinnamaldehyde）	樟科植物肉桂（*Cinnamomum cassia* Presl）	驱风药、健胃药
满山红油	Dahurian rhododendron leaf oil	杜鹃花科植物兴安杜鹃（*Rhododendron dauricum* L.）	止咳，祛痰。用于急、慢性支气管炎
鱼腥草素 *	decanoyl acetaldehyde	三白科植物蕺菜（*Houttuynia cordata* Thunb.）	抗菌消炎药
薄荷脑	menthol	唇形科植物薄荷（*Mentha canadensis* Linnaeus）	刺激药，驱风药
薄荷素油	peppermint oil	唇形科植物薄荷（*Mentha canadensis* Linnaeus）	芳香药、调味药及驱风药
芸香草油 *	oleum cymbopogonis（胡椒酮 piperitone）	禾本科植物芸香草［*Cymbopogon distans* (Nees) Wats.］	平喘、松弛支气管平滑肌。用于慢性支气管炎
松节油	turpentine oil（α 及 β- 派烯 α and β-pinene）	松科松属多种植物	皮肤刺激药。用于肌肉、关节疼痛
桉油	eucalyptus oil（桉油精 eucalyptol）	桃金娘科植物蓝桉（*Eucalyptus globulus* Labill.） 樟科植物樟［*Cinnamomum camphora* (L.) Presl］	解热、镇痛、抗菌
广藿香油	patchouli oil（百秋李醇 patchouli alcohol）	唇形科植物广藿香［*Pogostemon cablin* (Blanco) Benth.］	抗菌抗炎
牡荆油	vitex oil（丁香烯 caryophyllene）	马鞭草科植物牡荆［*Vitex negundo* var. *cannabifolia* (Sieb.et Zucc.) Hand.-Mazz.］	祛痰，止咳，平喘。用于慢性支气管炎
茶油	tea-seed oil	山茶科植物油茶（*Camellia oleifera* Abel.） 山茶科植物小叶油茶（*C. Meiocarpa* Abel.）	清热化湿，杀虫解毒
麻油	sesame oil	胡麻科植物芝麻（*Sesamum indicum* L.）	润滑剂及赋形剂。内服可润肠、润肺；外用作为软膏及硬膏基质
莪术油	zedoary turmeric oil	姜科植物莪术（温莪术）（*Curcuma zedoaria* Valeton）	跌打损伤、四肢寒厥、汤火灼伤、刀伤流血、蚊叮虫咬、外用忌食

六、其他类

中文名	英文名	主要来源	作用与用途
鹤草酚 *	agrimophol	蔷薇科植物龙芽草（*Agrimonia Pilosa* Ldb.）	抗菌、驱绦虫

续表

中文名	英文名	主要来源	作用与用途
海藻酸	alginic acid	海带科植物海带（*Laminaria japonica*） 翅藻科植物昆布（*Ecklonia kurome*）	药用辅料，黏合剂和崩解剂
胡黄连苷 -Ⅱ**	amphicoside II	车前科植物胡黄连［*Neopicrorhiza scrophulariiflora* (Pennell) D. Y. Hong］	抗乙肝病毒
知母皂苷 BⅡ**	anemarsaponin BII	天冬门科植物知母（*Anemarrhena asphodeloides* Bunge）	提高记忆力、降脂、抗动脉硬化
α- 细辛醚 **	α-asarone	菖蒲科植物金钱蒲（*Acorus gramineus* Soland.）	平喘、止咳、祛痰、镇静、解痉
鸦胆子油 **	brucea javanicaseed oil	苦木科植物鸦胆子［*Brucea javanica* (L.) Merr.］	抗消化道肿瘤及宫颈癌
泡番荔枝辛 *	bullatacin	番荔枝科植物番荔枝（*Annona squamosa* L.） 番荔枝科植物牛心番荔枝（*A. reticulata* L.）	抗肿瘤，杀虫
咖啡酸 **	caffeic acid	菊科植物一枝黄花（*Solidago decurrens* Lour.）	抗菌、抗病毒和蛇毒
西红花酸 **	α-crocetin	鸢尾科植物番红花（*Crocus sativus* L.）	凝血、强心
姜黄素 **	curcumin	姜科植物郁金（*Curcuma aromatica* Salisb.） 姜科植物莪术（*C. zedoaria* Valeton 等）	利胆、抗菌
南瓜子氨酸 *	cucurbitine	葫芦科植物南瓜［*Cucuribita moschata* (Duch. ex Lam.) Duch. ex Poiret］ 葫芦科植物西葫芦（*C. pepo* L.）	驱虫药
阿魏酸 **	ferulate acid	伞形科植物阿魏（*Ferula assa-foetida* L.） 伞形科植物川芎（*Ligusticum sinense* ‘Chuanxiong’） 石松科植物卷柏状石松（*Lycopodium selago* L.）	抗血小板聚集药
叶酸	folic acid	伞形科植物东当归［*Angelica acutiloba* (Sieb. et Zucc.) Kitagawa］ 伞形科植物北海当归（*A. acutiloba* var. *sugiyama*）	维生素类药
没食子酸	gallic acid	五倍子鞣质水解而得	抑菌、制药工业原料
藤黄酸 **	gambogic acid	藤黄科植物藤黄（*Garcinia hanburyi* Hook. f.）	抗肿瘤

续表

中文名	英文名	主要来源	作用与用途
天麻素 *	gastrodin	兰科植物天麻（*Gastrodia elata* Bl.）	镇静、抗惊厥
栀子苷 **	geniposide	茜草科植物栀子（*Gardenia jasminoides* Ellis）	保肝、利胆
生姜总酚 **	gingerols	姜科植物姜（*Zingiber officinale* Roscoe）	抗凝、抗氧化、抗肿瘤、升压强心、降血脂
海柯皂素 *	hecogenin	天冬门科植物剑麻（*Agave sisalana* Perr. ex Engelm.）	制药工业合成甾体激素原料
豆腐果苷 **	helicid	山龙眼科植物网脉山龙眼（*Helicia reticulata* W. T. Wang）	镇静、安眠、止痛
金丝桃素 **	hypericin	金丝桃科植物贯叶连翘（*Hypericum perforatum* L.）	抗抑郁，增加免疫力
靛玉红 *	indirubin	豆科植物木蓝（*Indigofera tinctoria* L.） 十字花科植物欧洲菘蓝（*Isatis tinctoria* Linnaeus）	抗肿瘤
甘露醇	mannitol	车前科植物水蔓菁［*Pseudolysimachion linariifolium* subsp. *dilatatum* (Nakai & Kitagawa) D. Y. Hong］	脱水药
白藜芦醇苷 **	polydatin	蓼科植物虎杖（*Reynoutria japonica* Houtt. 及多种植物）	保护心肌细胞、抗血小板聚集
大黄降脂 **	rhaponticin	蓼科多种植物	治疗高脂血症
白藜芦醇 **	resveratrol	蓼科植物虎杖（*Reynoutria japonica* Houtt.）	抗衰老、抗氧化
迷迭香酸 **	rosmarinic acid	唇形科、伞形科、紫草科多种植物	抗氧化、抗抑郁、抗菌
西红花多苷 **	saffron multi-glycoside	鸢尾科植物番红花（*Crocus sativus* L.）	扩张冠状动脉
水杨酸	salicylic acid	毛茛科植物升麻（*Cimicifuga foetida* L.） 百合科植物郁金香（*Tulipa gesneriana* L.）	消毒防腐药
红景天苷 **	salidroside	景天科植物红景天（*Rhodiola rosea* L.）	抗肿瘤、增强免疫
升麻总甾酮 **	serratula total sterones	菊科植物麻花头［*Klasea centauroides* (L.) Cass.］	降胆固醇、抗炎
丹皮酚磺酸钠 *	sodium paeonolsilate	芍药科植物牡丹（*Paeonia Suffruticosa* Andr.） 芍药科植物芍药（*P. lactiflora* Pall.）	镇静、催眠、抗菌、抗炎、抗氧化、降血压
山梨醇	sorbitol	蔷薇科植物台湾花楸［*Pyrus aucuparia* (Hayata) Koidz］	药用辅料，溶剂和稳定剂等，脱水剂

续表

中文名	英文名	主要来源	作用与用途
木糖醇 ***	xylitol	禾本科植物玉蜀黍（*Zea mays* L.）	天然甜味剂，营养药

注：* 为非《中华人民共和国药典》收录，但具有显著活性的药用天然化合物。** 为在 2020 年版以前的《中华人民共和国药典》中收录但是 2020 年版《中华人民共和国药典》未收录。*** 为 2020 年版《中华人民共和国药典》新收录。

（李　宁）

中文索引

C

D

J

K

L

M

Z

英文索引

B

D

E

F

G

H

I

N

O

P

U

V

W

X

Z

拉丁文索引